"十三五"国家知识产权规划研究

SHISANWU GUOJIA ZHISHICHANQUAN
GUIHUA YANJIU

国家知识产权局规划发展司 组织编写

知识产权出版社
全国百佳图书出版单位

图书在版编目（CIP）数据

"十三五"国家知识产权规划研究/国家知识产权局规划发展司组织编写. —北京：知识产权出版社，2017.6
 ISBN 978-7-5130-4992-4

Ⅰ.①十… Ⅱ.①国… Ⅲ.①知识产权—工作—五年计划—研究报告—中国—2016—2020 Ⅳ.①D923.4

中国版本图书馆CIP数据核字（2017）第150348号

责任编辑：牛洁颖　　　　　　　　　责任校对：王　岩
文字编辑：王颖超　　　　　　　　　责任出版：刘译文

"十三五"国家知识产权规划研究
国家知识产权局规划发展司　组织编写

出版发行：知识产权出版社有限责任公司	网　　址：http://www.ipph.cn
社　　址：北京市海淀区西外太平庄55号	邮　　编：100081
责编电话：010-82000860转8109	责编邮箱：niujieying@sina.com
发行电话：010-82000860转8101/8102	发行传真：010-82000893/82005070/82000270
印　　刷：北京科信印刷有限公司	经　　销：各大网上书店、新华书店及相关专业书店
开　　本：787mm×1092mm　1/16	印　　张：48.75
版　　次：2017年6月第1版	印　　次：2017年6月第1次印刷
字　　数：1130千字	定　　价：160.00元
ISBN 978-7-5130-4992-4	

出版权专有　侵权必究
如有印装质量问题，本社负责调换。

序

十八大以来，党中央国务院高度重视知识产权工作，习近平总书记多次强调，要加强知识产权保护工作，营造公开透明、高效平等的市场环境，让各类人才的创新智慧竞相迸发。李克强总理指出，保护知识产权就是保护创新，是给创新的火花加油，要实行严格的知识产权保护。党中央、国务院的一系列重大决策部署和科学指引，使得知识产权对于我国总体战略布局和经济社会发展的支撑作用日益明显。科学规划好"十三五"时期的知识产权工作，将为我国经济社会的稳步发展奠定良好基础。

经过充分准备和扎实工作，2016年3月，经国务院批准，国家发展和改革委员会发文正式确定由国家知识产权局牵头、国务院知识产权战略实施工作部际联席会议有关成员单位参与编制《"十三五"国家知识产权保护和运用规划》，这是知识产权规划首次列入国家重点专项规划。2016年3月，国务院知识产权战略实施工作部际联席会议第一次全体会议指出，《"十三五"国家知识产权保护和运用规划》是"十三五"时期知识产权工作的重要纲领性文件，要把规划谋划好、制定好，推出一批知识产权强国建设的重大工程和项目，真正把知识产权强国建设的"设计图"变成"施工图"。

2014年11月，国家知识产权局规划编制工作领导小组成立，规划编制工作列入主要议事议程，各项工作扎实有序推进。2016年12月31日，国务院正式印发了《"十三五"国家知识产权保护和运用规划》。

在规划编制过程中，国家知识产权局坚持以问题为导向，联合11个部委、7个地方知识产权局，以及中科院等研究机构开展了21项专题研究，研究成果包括文字报告和拟写入规划的文本建议，各专题研究系统地梳理了知识产权相关领域取得的成绩、面临的问题和"十三五"时期的政策建议，有力地保证了规划的权威性、系统性和针对性。这些研究成果理论联系实际，凝聚了众多知识产权领域专家、学者及从业人员的心血和智慧，将这些成果结集出版，有利于读者更好地理解规划编制工作，对《"十三五"国家知识产权保护和运用规划》的顺利实施也具有重要的指导和借鉴作用。

目 录

专题1 "十三五"企业知识产权运用与保护能力提升研究　　/ 1
　　承担单位：中国电子信息产业发展研究院
　　作　　者：张义忠　何　颖　邹　卞　王　磊　刘　珊

专题2 国防知识产权政策法规体系研究　　/ 17
　　承担单位：中国船舶工业综合技术经济研究院
　　作　　者：温振宁　梁骄阳　罗成华　陈炜然　肖霁轩
　　　　　　　王丽军　高　峰　陈　旭　栾　硕　王　然
　　　　　　　王聪军　石　磊　陈兆旺　董素沫

专题3 版权工作发展思路与政策研究　　/ 57
　　承担单位：中国新闻出版研究院
　　作　　者：范　军　赵　冰　汤雪梅　杨　昆
　　　　　　　郝丽美　季　成　宋嘉庚

专题4 "十三五"期间知识产权海关保护工作面临的挑战及对策研究　　/ 73
　　承担单位：北京君策知识产权发展中心
　　作　　者：李群英　张芬涛　王丽婷　励志斌
　　　　　　　徐　枫　黄　晖　曹中强

专题5 科技创新中的知识产权问题研究　　/ 99
　　承担单位：北京化工大学
　　作　　者：陈冬生　邱晓燕　范晓波　蔡中华　杨　巍
　　　　　　　项　项　刘学之　张　静　杨亚栩

专题6 林业知识产权工作发展思路与政策研究　　/ 125
　　承担单位：中国林业科学研究院林业科技信息研究所
　　作　　者：王忠明　黎祜琛　马文君　刘　婕　范圣明

专题7 "十三五"农业知识产权工作重大思路和政策研究　　/ 163
　　承担单位：中国农业科学院农业知识产权研究中心
　　作　　者：宋　敏　任　静　谭　艳
　　　　　　　周绪晨　郭倩倩　陈志峰

| 专题 8 | 商标品牌工作发展思路与政策研究 | / 201 |

承担单位：国家工商行政管理总局研究中心

作　　者：刘　敏　兰士勇　叶宝文　谢冬伟
　　　　　李　怡　徐东升　李秀玉

| 专题 9 | 国际贸易中的知识产权热点问题研究 | / 233 |

承担单位：商务部国际贸易经济合作研究院

作　　者：李光辉　李　健　肖新艳
　　　　　章海源　白光裕　齐冠钧

| 专题 10 | 文化领域知识产权工作政策与重点问题研究 | / 277 |

承担单位：中国人民大学创意产业技术研究院

作　　者：彭　翊　郭　禾　李方丽　宋洋洋
　　　　　李　丽　张　浩　俞彦超　费　萱

| 专题 11 | 知识产权标准体系建设相关问题研究 | / 297 |

承担单位：中国标准化研究院

作　　者：朱翔华　裴晓颖　姚泽华　刘学伟
　　　　　王益谊　杜晓燕　逄征虎　张敬娟
　　　　　王丽君　刘　辉　付　强　赵文慧

| 专题 12 | 知识产权服务业"十三五"发展思路与对策研究 | / 329 |

承担单位：北京强国知识产权研究院

作　　者：杨旭日　张思重　徐　霞　戴　越　袁　雨

| 专题 13 | "一带一路"战略下企业"走出去"的知识产权困境及对策研究 | / 371 |

承担单位：大连理工大学、大连海事大学

作　　者：贺高红　徐红菊　李冬梅　张志刚　任　毅　张丽霞
　　　　　李楠楠　张凌男　李晓亮　刘丽娟　潘雪娇

| 专题 14 | "十三五"知识产权运营体系建设规划研究 | / 405 |

承担单位：国家专利导航试点工程（江苏）研究基地
　　　　　（镇江市高等专科学校）

作　　者：陆介平　胡军建　饶波华　杨　琥　王宇航　李　艳

| 专题 15 | 国家整体利益最大化原则下知识产权强国建设的路径研究 | / 463 |

承担单位：南京理工大学知识产权学院

作　　者：刘运华　陈方冉　李黎明　李军政　林秀芹
　　　　　李　晶　罗　敏　唐代盛　曹佳音　朱一青
　　　　　孟　扬　锁福涛　余长林

专题 16 法治背景下知识产权工作服务创新驱动发展战略研究 / 507
承担单位：陕西省社会科学院
作　　者：陈　波　冯家臻　郑敬蓉　张　生
　　　　　姚新动　蒋瑞雪　胡映雪　张小号

专题 17 我国知识产权行政执法发展路径研究 / 549
承担单位：上海知识产权研究所
作　　者：游闽键　王勉青　李静之　苗　雨
　　　　　黄阳阳　于　光　关　健　安亚磊

专题 18 自贸区知识产权保护与管理机制研究 / 595
承担单位：天津大学管理与经济学部　天津市科学学研究所
作　　者：张慧颖　张俊艳　李晓锋　俞风雷　马虎兆
　　　　　余慧华　栾　明　邢　彦　陈玺光

专题 19 经济新常态下知识产权发展趋势研究 / 645
承担单位：中国科学技术大学
作　　者：宋　伟　周　宏　苟小菊　狄　勇　孙　伟　彭小宝
　　　　　宋晓燕　胡海洋　葛章志　许斌丰　刘　奇　李敏思

专题 20 促进战略性新兴产业发展的知识产权政策体系研究 / 683
承担单位：中国科学院大学公共政策与管理学院
作　　者：霍国庆　李玲娟　卢文祥　张　艳　张继承　徐　辉
　　　　　尹锋林　张古鹏　李慧聪　王少永　王　萌　袁　铭

专题 21 "十三五"知识产权保护和运用政策研究 / 725
承担单位：中国科学院科技政策与管理科学研究所
作　　者：宋河发　李振兴　吴　博　张思重

专题 1 "十三五"企业知识产权运用与保护能力提升研究

承担单位：中国电子信息产业发展研究院

作　　者：张义忠　何　颖　邹　卞
　　　　　王　磊　刘　珊

一、工业企业知识产权运用与保护的内容

随着新一轮产业变革加速,知识和信息生产量增加,高新技术不断涌现,知识产权的内容和范围逐步丰富扩大,知识产权的运用和保护日益成为政府和企业关注的焦点。工业企业知识产权运用是指其作为市场主体依法获得、拥有知识产权,并在生产经营中有效利用知识产权,促进企业创新成果转化、实现核心技术突破,增强企业合法参与市场竞争以及"走出去"的能力,提高工业企业知识产权防卫能力,实现企业向产业链高端跃升。工业企业的知识产权保护是以法律条款和国家意志力从立法、司法、行政等层面对拥有的知识产权进行保护。在我国,企业知识产权保护还需强调企业的守法意识,运用法律、市场手段维护自身权益,实现知识产权风险应对等内容,包括社会各行业协会、产业联盟及知识产权服务机构等通过行业监管与自律、知识产权联盟及服务等维持知识产权保护和公平竞争的秩序和环境。

二、"十二五"期间企业知识产权运用与保护现状

"十二五"时期,国家发布实施一系列重大战略和政策措施,着力推动企业知识产权能力的提升。目前我国知识产权战略推进进入第五年,随着国家深化创新驱动发展战略,中小企业知识产权战略推进工程、专利导航工程等众多鼓励政策和重大工程的出台与实施,企业的知识产权主体地位进一步加强,知识产权创造、运用、保护、管理能力协调发展,中小企业知识产权工作有序推进,重点产业和骨干企业知识产权工作取得显著成果,企业知识产权运用与保护为提升产业创新能力和国际竞争力发挥着日益重要的作用。

(一)我国企业知识产权拥有量进一步增加,保障创新成效显著

"十二五"期间,我国企业知识产权创造数量持续增长,保障和促进企业自主创新能力提升。据统计,2011~2013年,我国企业专利申请数量逐年增长,到2013年我国企业专利申请总量达到56 0918件,年均增长率41.28%。2013年专利申请量增长速度虽较2012年有所减缓,但其中发明专利205 146件,占全部专利申请数的36.57%,为近三年最高。在商标方面,2011~2013年的年均增长率为29.90%,截至2013年,我国企业拥有商标341621件,相比2011年实现倍增。

"十二五"期间,我国企业知识产权创造和储备在保持较快增速的情况下,可喜的是质量相应提升,反映企业知识产权意识和策略的逐步成熟。例如,对比2011~2013年专利申请数和有效发明专利数增长情况可见,有效发明专利数的增速(43.68%)高于专利申请数的增速(41.28%),这显示企业专利申请质量有所提升。此外,我国企业专利形成国家或行业标准数稳步增长,2013年达到23 348项,这表明企业从运用知识产权为获得竞争主导权,进而逐步重视发掘应用知识产权的市场价值,从一个侧面显示只重视数量、为申请而申请的短视行为正在减少,企业创造和储备知识产权的目的性、战略性增强,更加注重知识产权的有效运用。

表1-1　2011~2013年我国企业自主知识产权及相关情况

	专利申请数（件）	发明专利	有效发明专利数（件）	专利所有权转让及许可数（件）	专利所有权转让及许可收入（万元）	拥有注册商标数（件）	形成国家或行业标准数（项）
2011年	198 890	72 523	113 074			155 840	14 532
2012年	386 075	134 843	201 089	56 031	490 939	255 362	22 299
2013年	560 918	205 146	335 401	10 807	477 413	341 621	23 348

数据来源：工业企业科技活动统计年鉴2012年、2013年、2014年。

工业和信息化领域是知识产权最密集的区域，知识产权创造和运用支撑了我国工业创新发展。截至2014年7月31日，我国工业和信息化领域的电子信息、装备制造、轻工、纺织、石化、钢铁、汽车、船舶、有色金属九大领域发明专利和实用新型专利总量达到7 613 061件，占全国专利总量的82.4%。其中，发明授权1 210 589件，占全国发明授权总量的83.2%。九大工业领域的发明专利年均增长10.4%，软件著作权登记量年均增长达24.7%，集成电路布图设计申请登记累计增长超过1倍。近五年，企业发明专利占行业发明专利总量从2008年的35.1%上升到2013年的58.2%。值得关注的是软件著作权方面，"十二五"期间我国软件登记量处于高速增长期。根据中国版权保护中心组织报告，2014年我国软件著作权登记218 783件，这是继2011年我国软件登记量超过10万件后又一重大突破。其中企业著作权人51340个，约占著作权人总量的71.16%；企业登记软件172 570件，约占我国登记总量的78.88%。这表明我国政府大力开展软件正版化工作、振兴软件产业的鼓励政策发挥了重要作用，企业创新能力和知识产权保护意识显著提高，企业已经成为知识产权创造和保护的主体。

（二）推进重点工程，企业知识产权运用取得显著成效

"十二五"期间，工信部与多部门联合推进多项重要工程，推动企业知识产权运用能力稳步提升。如工信部实施了"工业企业知识产权运用能力培育工程"（以下简称"培育工程"），编制印发了《工业企业知识产权管理指南》，推动企业建立知识产权管理制度，促进企业加强知识产权运用。截至2014年8月，工信部会同31个省、市、自治区工业和信息化主管部门，选择了"培育工程"试点企业1425家，其中1211家已建立企业知识产权管理制度。在试点工作基础上，培育了357家知识产权运用示范企业并进行地方特色培育工程。建立工业企业知识产权运用平台。根据对1425家试点企业数据统计，2011~2013年，试点企业知识产权运用从数量和收益上都稳步增长。知识产权资本化发展迅速，知识产权融资实现约6倍增长；专利转让、许可、标准化持续增加，为企业带来更多收益；在培育工程的相关调研中，我们发现，大量企业通过商业秘密的运用得到的收益远远高于专利，转让许可的收益增长迅速，商业秘密作为企业知识产权运用和保护不可或缺的内容有待于得到更高程度的重视。

表1-2 2011~2013年培育工程试点企业知识产权运用情况

	2011年	2012年	2013年	三年平均增长率
知识产权作价投资（万元）	177 084.00	214 841.38	280 546.65	16.58%
利用知识产权融资（万元）	136 114.88	303 515	785 774.21	79.39%
自主专利新产品销售收入（万元）	99 266 436.72	120 484 125.33	147 644 641.07	14.15%
专利许可实施（件）	2514	3219	3654	45.35%
专利许可实施收益（万元）	631 874.91	784 689.29	1 030 487.66	17.71%
专利转让（件）	285	262	499	20.53%
专利转让收益（万元）	104 757.76	159 886.98	130 131.28	7.50%
专利标准化（件）	1491	2223	3002	26.27%
运用商业秘密收益（万元）	1 0957 075.14	12 636 555.95	12 938 704.69	5.70%
转让或许可商业秘密收益（万元）	59 604.70	86 542.10	103 229.60	20.09%

数据来源：工业企业知识产权运用能力培育工程试点企业数据统计。

初步建立了重点产业知识产权风险防控机制。工业和信息化部实施了"产业知识产权风险评估与预警工程"（以下简称"预警工程"），组织行业、专业机构在装备制造、船舶工程、新能源汽车、移动互联网、智能终端等关键技术领域开展了近百项课题研究，进行专利分析与预警预判，组织年度专利态势发布，为产业政策制定和行业管理提供了决策咨询与支撑，初步构建了重点产业知识产权风险防控机制。

国家知识产权局从2013年起实施专利导航试点工程，确定了北京中关村科技园区等8个产业集聚区为国家专利导航产业发展实验区，甄选5家行业协会为国家专利协同运用试点单位，在35家企业开展国家专利运营试点工作。试点工程是以专利信息资源利用和专利分析为基础，把专利运用嵌入产业技术创新、产品创新、组织创新和商业模式创新，在各示范区和试点企业取得突出成效。上海张江国家自主创新示范区建立了生物医药大型研发平台和产业体系，初步完成药物品种专利研发布局；2013年武汉东湖示范区共提交专利申请超过1.2万件，同比增长近17%，占武汉市企业专利申请量的50%；特变电工建立起较为完善的企业知识产权管理体系，公司还开通"绿色通道"，促进企业专利申请质量的提高。

（三）中小企业知识产权战略推进工程有序开展，企业知识产权能力大幅提升

"十二五"期间党中央、国务院出台了关于支持中小企业创新和小微企业发展的战略部署，中小企业知识产权创造、运用、保护和管理能力均有提升。这些针对中小企业的鼓励政策包括：给予中小企业优先审查等便利，缩短其专利获权时间，完善专利资助政策，推动开发符合小微企业创新特点的知识产权金融产品，还开展涉及知识产权托管、维权援助等多种政策支持，为中小企业知识产权服务、诉讼等提供便利。2014年年底，国家中小企业知识产权托管工程正式启动，首个国家中小企业知识产权托管平台同日投入运行，将为中小企业提供全流程、一站式知识产权服务模式。

2009年，工信部和国家知识产权局联合启动实施了中小企业知识产权战略推进工

程,并在 32 个城市从完善政策环境、构建服务体系、培育知识产权优势产业集群和中小企业等方面开展试点,成效明显。中小企业知识产权战略推进工程的具体成效表现在以下四个方面:一是中小企业的创新能力得到增强。每年集聚区内有研发活动和专利申请的中小企业的数量以 20%左右的速度增长,研发投入资金量的增速为 43.85%。二是中小企业的知识产权意识有所提高。集聚区内中小企业的专利申请数量以年均 53.8%的速度上升,专利授权的增速超过 30%,平均每个集聚区有专利申请的中小企业占企业总数的比例为 43.5%。三是培育了具有知识产权优势的中小企业。集聚区内中小企业对专利、商标、著作权方面的保护意识逐渐提升,中小企业的软件著作权、国家驰名商标、省级著名商标、国外专利申请和授权的年均增速在 40%以上;中小企业参与制定行业标准、国家标准、国际标准的数量显著上升,年均增速在 30%以上。四是建立了知识产权服务支撑体系。集聚区中小企业知识产权工作人员的数量每年增长 40.45%,现有公益性、非盈利和市场化的知识产权专业服务机构 216 家;每个集聚区服务中小企业的数量年平均为 172.9 家,服务次数 354.9 次。

(四)企业知识产权管理日益走向制度化和规范化

随着知识产权积累数量的快速增长,我国企业对知识产权的有效管理需求日渐增强。企业知识产权管理这一薄弱环节,从中央到地方政府高度重视企业知识产权管理体系建设工作,国家知识产权局、工信部、科技部等联合印发《关于深入实施国家知识产权战略加强和改进知识产权管理的若干意见》,推动科学提高知识产权管理水平;江苏、山西、陕西等地出台相关管理规范,开展企业知识产权管理标准工作,在政策推动下,大批企业建立了知识产权管理制度,并向标准化、体系化的方向迈进。2013 年,国家知识产权局制定实施了我国第一部企业知识产权管理国家标准《企业知识产权管理规范》(以下简称《规范》),指导企业策划、实施、检查、改进知识产权管理体系。从 2012 年 6 月起,国家知识产权局开始在北京、河北、浙江、陕西、湖南、江西 6 个省市启动了贯标试点工作,参与试点的企业达到 386 家,2013 年有 30 个省市的知识产权局制定了贯标工作方案。经过一年多的推广,贯标工作加强了企业对知识产权的全面管理,帮助企业实现知识产权的潜在价值。

工信部实施工业企业知识产权运用能力培育工程工作中,编制印发了《工业企业知识产权管理指南》(以下简称《指南》),指导企业开展知识产权管理工作检查评估和改进,促进企业加强知识产权运用。工信部与各地积极推广《指南》的实施,例如,甘肃运用实务培训和现场指导等方式,面向 130 家企业宣传贯彻《指南》;宁夏为自治区 80 余家民族特色企业围绕宣传贯彻进行专题培训;湖北 106 家企业管理体系导入实施《指南》。截至 2014 年 8 月,1425 家"培育工程"试点企业中,1211 家已建立了企业知识产权管理制度,《指南》在推动工业企业知识产权管理的规范化和制度化、引导和激发企业运用知识产权的内在动力方面发挥了重要作用。

(五)注重海外布局和纠纷应对,对外抵御风险能力提升

目前,我国已成为名副其实的知识产权大国,海外知识产权申请大幅增长,专利结

构和质量迅速提升。面对我国的崛起，近年来美国、欧盟、日本的跨国公司加强全球知识产权布局和运营，企图制造专利壁垒抑制我国企业的快速发展，印度、巴西等后起的发展中国家也通过加速申请、诉讼纠纷等手段阻碍我国企业"走出去"的进程，我国企业面临更为严峻的知识产权风险挑战。2014年我继续位居美国"337调查"涉案国之首，我国产品遭受美国"337调查"12起，欧盟发起的反规避调查和反吸收调查各1起，除了市场准入受阻，我国企业还遭受知识产权诉讼和赔偿，以及因知识产权纠纷被扣押货物、贻误商机。严峻的局势倒逼我国企业积极探索海外知识产权风险防范机制，提升对外抵御风险能力。

近年来，为帮助企业提升知识产权海外风险防御能力，商务部成立企业知识产权海外维权援助中心，为企业提供预警信息发布、专利布局调查、重大纠纷协调处理等服务。工业和信息化部实施的"产业知识产权风险评估与预警工程"，进行专利分析与预警预判，发布年度专利态势，帮助企业提升知识产权海外维权的意识与能力。我国企业积极学习运用知识产权国际竞争规则，在风险防范和诉讼维权方面进行探索，取得了很多成功经验。

风险防范方面。我国企业逐步变被动为主动，知识产权海外布局能力快速提升，海外专利申请量在以较快的速度逐年增长。知识产权海外申请曾是我国企业的软肋，但我国自2009年跻身PCT申请第五大来源国以来，排名不断提前，自2013年以来连续两年居全球第三，并且连续两年保持两位数高速增长，这在前十位国家中是唯一的，体现了伴随企业"走出去"的步伐，知识产权海外布局意识和能力的显著提升。企业主体地位提升，特别是一些行业龙头企业表现十分突出。2014年华为超越高通，以3442件成为世界PCT申请最多的企业，中兴以2179件排名第三，腾讯科技、深圳华星光电、京东方、华为终端均进入前五十名。增速方面，华为、腾讯更是力压微软包揽冠亚。目前很多领军企业制定了有效的知识产权海外布局战略，通过核心专利、商标、标准、外围专利等合理布局申请，并进行充分的海外市场知识产权预警工作，三一集团、广州广电运通等企业积极有效地开展知识产权的国际化布局，为开拓有价值的海外市场占得先机。

表1-3 我国国际发明专利申请情况

	中国排名（位）	进入国家阶段的国际发明专利申请（PCT）数量（项）	增速（%）
2011年	4	16 406	33.4
2012年	4	18 627	13.6
2013年	3	21 516	15.6
2014年	3	25 539	18.7

数据来源：世界知识产权组织网站 http://www.wipo.int/portal/en/index.html。

诉讼维权方面。在外向型程度高、国际竞争激烈、技术密集度高的领域，涌现出了一批娴熟使用知识产权规则的企业，积极冷静应诉，探索出海外知识产权应诉的组合策略。在面对"337调查"中，我国企业积极应诉抗辩、策略反击，突破竞争对手专利壁垒，为拓展国际市场保驾护航。其中专利战最为激烈的通信产业企业走在前列，如中兴通讯建立了业界领先的从采购到市场的全流程知识产权风险防控机制与合规管理体系，在遭受美国"337调查"6起情况下，从2013年12月到2014年3月，连续赢得了3起终裁胜诉，并且赢得美国专利运营公司Smart Phone Technologies LLC在德国提起的诉讼、Vringo及其子公司在印度的专利诉讼等海外知识产权纠纷。

（六）重点产业知识产权储备能力提升

《中国制造2025》提出强化知识产权运用，加强制造业重点领域关键核心技术知识产权储备的要求，并提出新一代信息技术产业、高档数控机床和机器人、航空航天装备等十个重点突破发展的领域，其中新一代信息技术产业、高档数控机床产业既是新型工业化的战略产业，又是知识产权密集、敏感且需求旺盛的领域。新一代信息技术发明专利授权量在经历多年快速增长后，出现高位震荡，2013年相比2012年降幅14.23%。从授权的国内国外数量分析可见，国内授权仍然处于劣势，国内授权13 648件仍少于国外授权13 754件，相比2012年与国外差距在逐渐缩小，表明国内企业技术研发创新逐步增强。新一代信息技术领域是美日德等国外在华PCT类型发明专利授权的主要阵地，专利布局呈现向几大主要国家、几大企业集中的趋势，2013年，87.08%国外在华发明专利被日本、美国、韩国、德国和荷兰掌握。2013年授权数量前20位的申请人中，企业申请人占18席，我国企业仅占5席。国内的新一代信息技术产业的发明专利技术主要集中在华为技术有限公司和中兴通讯股份有限公司这两个企业，三星、高通、微软等仍是不可忽视的强劲对手。

数控机床产业方面。我国在知识产权储备方面占据优势，龙头企业表现突出。机床行业专利密集，截至2013年12月31日，全球专利申请2 280 282件，中国专利申请238 010件，占全球总量的10.44%，世界排名第三。近五年来，我国机床领域发明专利为60 963件，占全国发明专利的2.4%。高档数控机床国家科技重大专项已形成计算机软件著作权250项。数控系统和加工中心是数控机床的两大关键技术领域。数控系统领域，截至2013年12月31日，全球共申请专利51 056件，其中我国申请1443件，占全球总量的2.84%，世界排名第五。近五年，中国数控系统专利申请数量保持在130件/年左右。加工中心领域，截至2013年12月31日，全球共申请专利391 376件，其中我国专利申请27 670件，占全球总量的7.07%，世界排名第二。近五年，中国加工中心专利申请数量年均增长24.8%，其中国内申请人占79.99%。目前，沈阳机床股份有限公司等企业基本掌握加工中心相关核心技术，是国内专利的主要申请人。

三、"十三五"国际国内形势对我国企业知识产权运用和保护能力提出的新要求

（一）面临的形势

当前，世界正在发生新一轮技术革命和产业变革，知识产权已经成为各国竞争的焦

点。其一，欧美等国持续推进各国知识产权战略，不断强化知识产权运用和保护，争夺竞争主导权。美国在新兴工业领域为本国企业海外布局和战略并购提供指导和便利。日本在其优势技术领域着力推动全球布局与运用，提升其产业国际竞争力。欧盟强化知识产权与标准综合运用，不断提升工业技术标准和环保要求，构筑知识产权壁垒。韩国通过布局抢占绿色、智能发展先机。其二，美、欧等国在双边、多边国际经贸合作框架内，将知识产权作为重要谈判议题，向发展中国家施压，并对包括我国在内的一些新兴国家开展知识产权监测、调查，借此延缓、阻碍我国等发展中国家的创新发展进程。其三，美、日、欧等跨国公司一方面加速知识产权的全球战略布局，加强新兴工业领域全产业链知识产权运用；另一方面与知识产权运营公司联手在全球范围加强关键核心技术领域知识产权战略收购、储备与运营，抢占未来市场竞争和产业变革制高点。同时，随着我国改革开放的发展，国际影响力和科技水平不断提高，越来越多企业的技术和产品进入到国际市场，参与国际竞争，面对的知识产权争议越来越多。我国从 20 世纪 80 年代开始在国际竞争中不断遭受知识产权问题，发达国家针对知识产权的保护策略不断冲击我国企业，国外技术领先企业借助知识产权优势构筑贸易壁垒阻碍我国企业发展。

从国内形势看，2014 年我国经济总量已经跃升世界第二，社会发展前景广阔，同时也面临不少困难和挑战，经济发展进入"新常态"，调结构、转方式、促创新任务仍然艰巨，比以往任何时候都更加需要加强知识产权的运用和保护。其一，党的十八大作出了实施创新驱动发展战略的重大部署，迫切需要将知识产权运用与技术创新、产品创新、品牌创新、商业模式创新等创新有机融合，激发各类创新主体的创造活力，打通技术创新与产业转型发展的通道，促进工业创新成果价值实现；党的十八届三中全会强调"加强知识产权运用和保护"，这是中央对知识产权工作的重大决策和总体部署，"十三五"期间的知识产权领域重要政策、重点任务和重大工程必须以此为依据和根本出发点，也是我国企业知识产权工作的重中之重；《国家知识产权战略行动计划》进一步贯彻落实了国家知识产权战略。其二，我国已成为世界制造业大国，工业大而不强是当前的主要问题。提升自主创新能力，促进工业转型升级发展是实现工业大国向工业强国转变的必由之路；《中共中央 国务院关于深化体制机制改革加快实施创新驱动发展战略的若干意见》提出要实现"让知识产权制度成为激励创新的基本保障"，要求实行严格的知识产权保护制度，加强知识产权综合执法，完善知识产权服务；《中国制造 2025》指出要"强化知识产权运用。加强制造业重点领域关键核心技术知识产权储备，构建产业化导向的专利组合和战略布局"。其三，大力推进技术创新，深化推广知识产权战略，成为经济发展新业态、新动力的必要支撑。2015 年 7 月发布的《国务院关于积极推进"互联网+"行动的指导意见》，明确提出要强化知识产权战略，加快推进专利基础信息资源开放共享，鼓励服务模式创新，提升知识产权服务附加值，促进互联网开源社区与标准规范、知识产权等机构的对接与合作。既要发挥知识产权对"互联网+"新模式的保障作用，又要借助"互联网+"促进知识产权工作模式创新、提质增效。在网络时代大众创业、万众创新的新趋势下，国家发布《关于发展众创空间推进大众创新创业的指导意见》，也将知识产权作为营造良好的创新创业生态环境的重要支持，鼓励围绕为初创企业的知识产权服务业发展。

（二）新要求

政府和主管部门要具有全球化视野。从我国现实需求、发展需求出发，整合国内创新资源的同时，深化国际交流合作，充分利用全球创新资源，在更高起点上推进知识产权的运用和保护。一是深化体制改革，有效地释放知识产权制度红利，健全知识产权工作机制，完善顶层设计。二是鼓励和支持知识产权联盟建设，有选择、有重点地开展国际布局和知识产权许可，运用知识产权参与国际标准制定。三是培育一批具备知识产权综合实力的优势企业，鼓励和支持企业运用知识产权参与市场竞争，推动市场主体开展知识产权协同运用。同时，构建知识产权综合运用公共服务平台，研究制定降低中小企业知识产权申请、保护及维权成本的政策措施。

产业发展要提高整体创新能力。一是明确问题所在。工业大而不强，关键领域核心技术缺乏自主知识产权，受制于人的格局难以根本改变，国际知名品牌缺乏。二是要着力加强知识产权保护的统筹协调，加快建立健全各行业、各产业、大中小企业有机互动、协同高效的知识产权运用与保护体系。三是建立健全产业知识产权风险联合应对和维权援助机制，鼓励和支持行业骨干企业与专业机构在重点领域合作开展知识产权的风险预警与应对，鼓励支持行业协会和产业联盟建立产业知识产权维权援助机制。

企业要加强机遇意识。紧紧把握"中国制造2025"时代浪潮，在深远的产业变革中加强创新和知识产权运用，抢占新生产方式、新产业形态的制高点。一是要紧紧抓住我国推进科技创新的重要历史机遇，用好实施创新驱动发展战略基础条件，加强关键核心技术知识产权储备，形成一批产业化导向的专利组合和布局，培育一批国际知名品牌，研制一批拥有核心技术的国内、国际标准。二是开展知识产权协同运用，力争成为行业执掌话语权的龙头企业。强化精准对接产业链的产学研用联合，探索开放共享、协同运用和风险应对的新模式、新机制，知识产权许可、交易、并购更加活跃，积极运用知识产权参与国内国际市场竞争。三是培养规则主导意识，抓住新一轮科技革命和产业变革中规则主导权变化的重大机遇，加强参与或主导新赛场能力的建设，使自身成为新的竞赛规则的重要制定者、主导者，实现后来居上、弯道超车。

四、我国企业知识产权运用和保护能力提升过程中的问题

（一）企业知识产权协同运用能力有待进一步提升

新一轮全球科技竞争和创新资源的整合重构使得重点产业关键技术领域知识产权战略储备、布局、并购和运营呈现复杂、多变的态势，我国企业应对难度加大，知识产权运用能力不足。问题主要表现在：一是我国的专利年申请量居世界前一位，但知识产权的利用效率和实施率不高。2012年，我国登记注册类型的企业拥有有效发明专利的277 196件，专利权转让及许可件数23 819件，转让实施率为8.6%；形成国家行业标准的22 635项，占总发明专利的比例为8.1%。而60%的日本企业的有效专利实施率在40%，可见我国企业在专利转化运用上的差距。产业链关键环节知识产权协同运用

能力尚需提升，在知识产权许可、转让、资本化等方面存在提高空间。二是目前我国主要工业领域专利数量大，但我国企业掌握的关键核心技术专利缺乏，在"互联网+"时代面临更多知识产权风险。移动通信、电子信息领域虽有一定专利优势，但知识产权骨干企业少，缺乏优势企业的龙头带动作用。三是产学研用协同创新和运用知识产权的机制不健全，企业创新主体的活力没有得到充分释放，高校和研究机构发明专利比重相对较高，但高校和研究机构知识产权成果转化应用率低。

（二）知识产权管理体系亟待有效建立和运行

目前，我国很多工业企业建立了知识产权管理制度，成立了知识产权管理部门，"培育工程"的数据显示，1425家企业中，90%的企业建立知识产权管理制度，86%的企业制定了知识产权战略，但多数企业无法有效运用内部的知识产权管理制度，企业的知识产权战略游离于企业的发展战略，制度建设尚未形成体系，企业知识产权的管理、运用与企业产品的研发、销售等环节脱节现象严重，企业知识产权的规划、管理对企业技术创新能力的提升作用尚未充分显现。企业对知识产权管理的重要性认识有待提高，专业人才配置不足，经费需要保障。当前，知识产权的内容、运用和保护方式日新月异，对企业知识产权管理内容和模式提出了更高的要求，既要促进技术创新和产品研发，又要求能实现对产品全生命周期管理过程中的保护、对企业市场竞争地位和无形资产的提升，将知识产权进一步融入企业创新研发、生产经营的全过程。

（三）中小企业知识产权服务不到位，政策亟待落实

中小企业在我国国民经济中占有十分重要的地位，是最活跃的市场主体，其知识产权问题已成为我国知识产权保护工作的重点。近年，我国鼓励中小企业发展的政策频出，力度加大，但针对中小企业知识产权保护工作的政策未得到有效落实，知识产权服务不到位。虽然我国中小企业的知识产权意识逐渐增强，但仍存在专利产品与技术缺乏、知识产权专业人才缺失及保护的专业机制不健全等问题。中小企业改进知识产权工作，迫切需要专业的服务机构进行辅导。目前我国知识产权服务布局不完善，地区资源分布不平衡，市场上高质量、体系完善的知识产权专业服务机构缺乏，且针对中小企业的知识产权专业服务不足，对中小企业的关注度和重视程度有待提升。针对中小企业的知识产权公共服务体系尚未建立，提供的服务缺乏针对性和精准性，不能满足中小企业的现实需求，维权诉讼、转化实施、预警分析三大困扰中小企业的知识产权难题仍未破解。另一个突出问题是，国家出台的优惠鼓励政策未能有效落实，由于没有考虑到小微企业的特点，一些普惠性的政策落实力度不足或是门槛过高。中小企业知识产权战略推进工程的相关数据也证明了这点，在中小企业集聚区，平均仅有2.97%的中小企业能够享受到研发费用税前扣除150%的优惠政策；平均每个集聚区只有12.9%的中小企业能够得到各级财政的资金支持，鼓励政策的普惠力度亟需加强。

（四）企业运用知识产权参与国际竞争的能力不足

随着我国在国际贸易中参与程度不断加深，与其他国家的知识产权纠纷时有发生，

也成为"一带一路"战略实现中不可回避的挑战。中国连续多年是美国"337条款"调查最多的目标国，因海外知识产权侵权问题而导致产品被海关扣押、展会被查封、被索巨额赔偿或者海外收购受阻，甚至全行业被排除在某国市场之外的现象频频发生，成为压制我国企业"走出去"、产业向高端转型升级的壁垒。具体问题表现在：首先，国际专利比重小，海外专利布局能力弱。从历年 PCT 申请变化趋势来看，美、日、德等发达国家企业的国外专利授权占全部专利授权数比重超过了50%，非常重视企业的国外专利布局，而中国企业国外专利授权占全部专利授权比重始终在10%以下。高铁产业作为我国竞争国际市场的重要产业，我国高铁企业在美、日、欧的专利申请量尚不足该区域申请总量的1%。其次，海外布局优势企业少。对照入选的全球创新百强企业可以发现，我国企业专利质量、海外专利申请或获批数量和专利影响力与全球创新百强企业差距巨大。我国企业海外专利布局明显不足，只有约6%的专利在海外进行申请，而美国企业专利中接近50%为海外申请专利。再次，应对海外知识产权风险机制尚待建立，知识产权运营不足。应用并购、许可等方式获取海外专利的不多。最后，海外知识产权信息利用和诉讼维权能力不足，涉外知识产权专业服务未跟上。与发达国家相比，行业协会和产业联盟海外知识产权风险应对机制尚未有效发挥作用，缺乏知识产权海外维权联盟工作体系和维权援助机制。

（五）企业知识产权保护的制度和机制亟待创新

在"互联网+"浪潮中，与网络相关的知识产权保护问题再度突显，基于互联网的商业模式纠纷和冲突不断，跟风克隆者严重损害了企业创新商业模式的利益，亟需探索合理有效的知识产权保护模式。软件著作权保护中也存在的一些问题，如软件正版化制度基础薄弱问题、网络环境下软件作品的使用问题、软件盗版行为屡禁不止等问题，亟需全面深入的制度创新以更好地保护互联网知识产权环境。经过多年工作，我国知识产权保护环境得到明显改善，企业知识产权保护意识显著提升，但多数企业仍缺乏有效运用知识产权保护自己的创新成果的能力，如中国石化己内酰胺技术秘密遭受侵权案，显示出企业对知识产权权利体系认识不够深入，在选择合适的知识产权保护方式和程序上尚不成熟。近年来，企业知识产权保护问题的新焦点集中在商业秘密领域。商业秘密作为制造业企业的核心竞争力之一受到美国等发达国家的高度重视，我国商业秘密管理保护工作还处于起步阶段，日渐成为我国企业国际竞争力的一大"软肋"，美国历年因商业秘密侵权对我国发起的"337调查"占此类案件总数一半以上，且无一例外地集中于制造业领域。我国大部分企业还没有根据实际建立起包括保密协议、离职竞业禁止协议等商业秘密管理制度，以及相应的保密津贴、补偿制度，或者有制度无落实，导致商业秘密泄密、侵权事件多发。

（六）重点产业知识产权布局不足，缺乏龙头骨干企业

制造强国建设中的一些重点领域，我国企业知识产权布局不足，给国外企业通过发起知识产权诉讼抢占国内市场、限制国内企业的国际化埋下了隐患。

如新一代信息技术产业、新能源汽车产业在华发明专利授权数量中国内少于国外，

比值分别为 0.93、0.66，即国内布局处于劣势。数控机床方面，国内企业约 1/3 的专利申请集中于基础设计、制造技术领域，国外企业 1/3 以上专利申请集中在刀库等提高加工效率的技术领域，表明我国在高精、高效加工技术以及机床可靠性等方面与国外差距较大。骨干企业数量较少，如 2013 年年战略性新兴产业发明专利授权量的申请人排名前 10 位的仅有华为、中兴、中石化三家企业，前 20 位中国企业仅占 5 席，说明产业中领军企业一枝独秀，其他企业创新和掌握产业核心技术能力明显不足。

五、对策建议

（一）提升知识产权协同运用能力

协同运用涵盖知识产权类型的协同，知识产权运用方式的协同，知识产权市场化、产业化等运用体系协同，知识产权价值实现的协同等方面。深化企业知识产权协同运用是一项长期的、综合性的工作。首先，要打通产学研合作关键节点，释放企业创新主体活力，推动高等院校、科研院所和产业链上下游企业建立知识产权协同运用的联合体；其次，鼓励引导企业建设工业知识产权推广转化、协同运用中心，促进创新成果转化和产业化应用，将具有核心技术的标准推向国际；再次，引导企业灵活运用专利转让、许可、知识产权投融资、布局、诉讼等方式实现知识产权价值；加强商标运用，促进知识产权运用与技术创新、产业园区/基地建设、质量品牌建设、标准化、产业活动等有机结合，形成知识产权协同运用的长效机制。

（二）进一步完善中小企业知识产权服务体系，落实相关政策措施

首先，统筹资源，建设以服务中小企业为核心的、更为精准的知识产权服务链。引入市场竞争机制，鼓励和支持专业机构为中小企业和创客群体提供高效、优质、精准的服务，建立创业辅导、管理咨询、完善代理服务、人才培训、专利运营等多层次知识产权服务体系，着力解决维权诉讼、转化实施、预警分析三大问题。其次，充分发挥中小企业服务平台、行业协会及产业联盟的功能，完善知识产权服务功能模块，指导企业制定知识产权战略和管理制度，提供知识产权信息服务及咨询，提高中小企业知识产权工作的便利度。再次，深入掌握中小企业知识产权工作特点，进一步完善中小企业知识产权相关制定和政策体系，提供低门槛、高针对性的普惠政策，加大宣传推广力度，切实解决中小企业知识产权经费不足、人才缺乏、税费负担等问题。

（三）强化企业知识产权管理，提升管理标准化和体系化

要继续实施企业知识产权管理标准化工程，引导企业将知识产权规范管理贯穿到生产经营全过程之中。引导企业贯彻实施《企业知识产权管理规范》，提高知识产权规范化管理水平。加强《工业企业知识产权管理指南》宣传贯彻推广，组织专家力量开展《工业企业知识产权管理指南》实务培训，指导企业将知识产权管理贯穿于生产经营全流程，开展知识产权运用评估。加强专业人才的培养，保障管理经费投入，建立与生产

经营发展相协调的企业知识产权管理体系。

（四）建设海外知识产权风险应对机制，提升海外布局能力

首先，建立起海外知识产权风险防范应对机制，增强企业风险防御和处置能力。政府在政策中给予企业针对知识产权海外诉讼的资金和法律支援，帮助企业降低海外司法程序的难度和风险，引导完善针对海外的知识产权服务体系，协助企业建立海外知识产权运用沟通桥梁和纽带，解决企业海外知识产权工作的共性问题。其次，提升知识产权海外布局能力，培育一批海外知识产权布局优势企业。目前我国国际知识产权布局产业覆盖范围窄、优势企业稀少，应对重点产业进行针对性的培育，给予指导和政策优惠，鼓励和支持已经走出去或者即将"走出去"的企业加快海外知识产权布局。再次，发挥行业协会在解决知识产权纠纷和争端中的作用，建设海外知识产权风险联合应对机制。组织建立知识产权维权、援助机制，筹建知识产权信息平台，进行风险预警，通过知识产权联合布局、谈判和联合应诉等多种形式，共同应对可能发生的产业重大知识产权纠纷与争端。

（五）聚焦企业商业秘密，切实发挥知识产权保护创新成果的效用

严厉打击网络侵权假冒，依法关闭违法违规网站；推动建立互联网市场主体信用评价体系；鼓励行业协会、产业联盟与中介机构形成合力，采取行业自律、监测、预警和维权援助等手段，引导企业合规使用知识产权。通过针对性宣传培训，借助新媒体等新渠道，帮助企业加深对知识产权保护体系的认识，建立适应本企业特点的知识产权保护体系和专利战略体系。以企业的商业秘密认定与管理为切入点，重点提升企业知识产权保护方式选择、知识产权维护能力，建立由企业、行业组织、研发机构和服务机构共同参与的维权援助体系，形成知识产权保护、运用的合力与协同体系。重点完善商业秘密法律法规制度和政策体系，通过咨询、培训、检查评估等指导督促工业企业加强技术秘密及经营秘密管理制度建设。收集、整理、汇编商业秘密管理典型案例，广泛宣传推广，以点带面，整体提升工业企业商业秘密管理水平。强化部门协同，进一步加大应对包括海外商业间谍行为及其他商业秘密侵权行为工作力度。

（六）强化重点产业知识产权战略储备和运营，培育一批优势企业

在新一代信息技术产业、高档数控机床和机器人、航空航天装备、海洋工程装备及高技术船舶、先进轨道交通装备、节能与新能源汽车、电力装备、农机装备、新材料、生物医药及高性能医疗器械等重点发展领域，以及"互联网＋"的重点领域和关键环节积累和储备一批关键核心技术专利，实施重大关键技术、工艺和关键零部件的专利储备和战略布局。充分发挥行业协会、产业联盟以及专业的知识产权产业联盟作为产业的协调者、组织者和服务者的作用，建立专利开放共享、知识产权信息数据服务等有效机制，引导组织企业加强关键核心共性技术专利、软件著作权和商业秘密等方面的研发和转化，促进关键技术专利标准化，强化国内国际战略性专利布局。形成一批产业化导向的关键核心技术专利组合、专利布局以及拥有核心技术的标准。多途径培育一批具备知

识产权综合实力的优势企业。推动行业优势企业与专业机构合作，加强战略性新兴产业知识产权集群式管理，在重点领域开展专利评估、收购、运营、风险预警与应对，推动标准专利处置规则的研究与实践，支持企业积极参与和主导国内、国际标准制定，掌握产业竞争制高点。

专题 2　国防知识产权政策法规体系研究

承担单位：中国船舶工业综合技术经济研究院

作　　者：温振宁　梁骄阳　罗成华　陈炜然
　　　　　肖霁轩　王丽军　高　峰　陈　旭
　　　　　栾　硕　王　然　王聪军　石　磊
　　　　　陈兆旺　董素沫

一、我国国防知识产权管理现状分析

（一）相关概念的界定

1. 国防知识产权

关于国防知识产权，目前学术界和管理部门还没有统一的定义。一般认为国防知识产权是由国家为国防和军队建设直接投入的资金所形成的知识产权，以及其他投资形成并用于国防和军队建设目的的知识产权。国防知识产权不是一种新的知识产权类型，只是由于涉及国防这一特殊的领域，因此，除具有知识产权的一般特征外，还具有以下特点：一是涉及国家安全，具有保密性；二是只能在国家授权和指定的范围内实施，具有非完全市场性；三是属于国防资产，具有权益特殊性。❶

外国虽没有"国防知识产权"的概念，但是对于国防领域的知识产权管理均有一系列制度进行规制，尤其是美国等西方军事强国，对于涉及国防和军队建设的知识产权的管理都有一整套的政策和法规进行管理。

2. 国防知识产权管理

国防知识产权的管理是指特定的国家、军队管理机构，通过计划、组织、指挥、协调、控制及创新等手段，结合人力、物力、财力、信息等资源，实现国防知识产权的激励创造、促进运用、加强保护、有效管理等目标的活动过程的有机统一。

管理一般包括制定、执行、检查和改进等环节。制定，就是制定计划、规定、规范、标准、法规等。执行，就是按照计划去做，即实施。检查，就是将执行的过程或结果与计划进行对比，总结出经验，找出差距。改进，首先是推广通过检查总结出的经验，将经验转变为长效机制或新的规定；再次是针对检查发现的问题进行纠正，制定纠正、预防措施。

管理由四个基本要素构成，即管理主体、管理客体、组织目的和组织环境或条件。国防知识产权管理的主体是指负有管理职责的国家行政管理机构、军队相关部门和机构以及因承担生产研制任务而产生管理义务的生产研究企业、事业单位。管理的依据是国家和军队有关国防知识产权的政策法规与制度。管理的目的是实现国防知识产权的激励创造、促进运用、加强保护、有效管理。

国防知识产权的自身特性决定了国防知识产权管理制度构建与普通知识产权管理制度构建的不同原则与要求。较知识产权管理而言，国防知识产权管理具有以下的特殊性。

（1）保密性。大多数国防科技成果涉及国家安全，因此国防科技知识产权具有保密性。从知识产权客体所处状态看，国防知识产权种类中的客体多处于保密状态，这不仅表现在有相当多的国防知识产权客体特别是属于国防性质的发明创造，在申请国防知识产权特别是在申请国防专利权之前、申请后的审查中、被确认后的维持或应用过程

---

❶ 参见《国防知识产权问题研究》研究报告。

中,一般都处于保密状态,有些国防性质的技术信息和经营信息在产生前后,特别是在被应用期间一般也都被设置于保密状态。

(2) 国家利益性。从知识产权功能看,国防知识产权维护和巩固国防安全的最直接原因,在于国防知识产权或高新技术可产业化,用于制造和生产先进的武器装备,提高维护和巩固国防安全的能力,从而实现有效维护和巩固国家安全。间接原因是国防知识产权及其武器装备、军民两用国防知识产权及其产品可以在国际、国内市场交易中实现或扩大经济效益,并以经济效益中的相应利润再投入到国防科技研究中,为提高国防科技水平和为确保武器装备的先进性发挥作用。

(3) 运用实施的非完全市场性。国防知识产权因其在国家安全方面的特殊地位,不能完全按照市场规律进行管理和交易。在《关于推进军工企业股份制改造的指导意见》中要求,军工企业的改制应分类进行。依据所涉及国防机密的等级,将军工企业参与的经济行为分为禁止类、限制类与完全开放类。根据武器装备生产的国防知识产权种类,分别禁止、有限制地、有条件地、完全开放参与各类市场上的经济行为。

(4) 资金经费来源公共性。从知识产权形成或维持费用看,国防知识产权的形成或维持的费用多属于国家出资,虽然在特定条件下有些国防知识产权的形成或维持的费用有时会由其他社会主体支出,但相当多的国防知识产权形成或维持的费用多属于国家性经费支出。取得或维持国防知识产权的目的几乎都是为了国家安全的需要,而世界各国维护国家安全的费用基本属于国家性经费支出,也决定了为了国家安全需要必须形成或维持国防知识产权的费用只能属于国家性经费支出。

(5) 管理监督的特殊性。从知识产权取得或确认的程序看,世界各国对国防知识产权的取得或确认一般都采取特殊程序。主要表现在以下几个方面:一是受理条件特殊,即凡申请国防专利权的发明创造必须是与国防利益有密切关系或是对国防建设有潜在作用的发明创造,其中属于绝密级的与国防利益有密切关系的发明创造有时还不得申请国防专利。二是审批过程的不公开。三是受理部门特殊,即凡申请国防专利权的必须由国家法定特殊部门受理,一般是国家特设的国防专利部门受理。四是代理机构特殊,即凡申请国防专利权的一般都要委托由国防专利机构指定的代理机构代理。

(二) 取得的成就分析

我国国防知识产权工作经过30年发展,颁布实施了《国防专利条例》,开展国防专利确权、管理和运用工作,通过立法承认、保护国防领域技术成果的财产属性和商品属性。释放了承研承制单位创新活力,国防专利申请量累计超过6.7万件,授权超过3.6万件,国防知识产权创造能力大幅提升,国防科技工业各类科学技术奖获奖项目,平均每项拥有的专利数由十年前的0.09件,增加到3.11件,在"杀手锏"工程和国防关键技术领域掌握了一批自主知识产权,有力支撑了武器装备自主发展。

1. 组织实施国防知识产权战略

在国家层面初步建立了统一领导、军地协调工作机制,积极推进国防知识产权工作同国防科技和武器装备建设、经济社会发展衔接融合。国防知识产权战略实施制定了

65项工作任务，明确了实施目标、步骤和保障措施。结合工作现状和需求，每年制定、发布战略实施年度工作要点和年度工作计划。建立了检查制度、评审制度和协调制度等工作机制。从顶层设计和工作机制上，做到了总体规划、分步实施、上下联动、横向配合，形成了良好的战略实施运行机制。

2. 积极推进国防知识产权行政管理体制调整改革

成立了国防知识产权战略实施领导小组，对国防知识产权战略实施工作进行统一部署和指导；组建了总装备部国防知识产权局和国防专利审查中心，解决了30年来国防知识产权组织建设的重大难题，健全了国防知识产权的组织体系。在宏观治理上，更加注重发挥知识产权政策导向作用；在管理着力点上，更加注重与装备采购、国防科研生产具体问题相结合；在工作组织实施上，更加注重对知识产权内在规律性、科学性、合理性的把握；切实增强了国防知识产权宏观管理的前瞻性、针对性、协同性。

3. 加强政策法规研究制定

根据国防科技和武器装备建设工作需要，积极推动国防知识产权法规制度建设，开展国防知识产权权利归属与利益分配、国防知识产权定价、价值评估等政策的研究，开展《关于妥善处理国防知识产权权利归属与利益分配若干问题的意见》的拟制，开展《国防专利条例》修订工作，明确了条例修订的主要内容，形成征求意见稿并征求意见，已纳入国务院立法计划；开展《军用计算机软件登记办法》《军用集成电路布图设计登记办法》的研究制定，促进了知识产权工作制度化、规范化。

4. 加强国防科技和武器装备建设中的知识产权管理

围绕创新驱动，加强国防知识产权管理，促进提升自主创新能力。一是将知识产权管理的相关要求纳入武器装备研制采购全过程，推动建立装备采购合同知识产权、军用软件著作权、技术资料管理制度。二是加强国防科研、生产及经营的全过程知识产权管理。研究建立国防发明报告、涉军企事业单位重大经济活动国防知识产权审议制度。三是加强军事技术合作及军品贸易中的知识产权管理，研究拟制装备技术引进、引进装备技术再利用、军品出口过程中的知识产权管理制度。

5. 建立国防知识产权工作的支撑保障体系

积极谋划国防知识产权信息平台建设，推动承研承制单位围绕重点型号和重大工程开展专利态势分析，在发挥专利信息对技术研发方向、技术路径选择的导向作用方面进行了积极探索；建立定期报送、年度分析的专利信息报送机制，为装备建设和国防科研主管部门实施绩效评价、科研立项、成果评审等重大决策提供重要支持；加强国防专利审查能力建设，缩短了审查周期，在国防专利确权上提升了公共服务能力；推进国防专利审查员队伍、代理人队伍以及专家队伍建设，研究制定国防知识产权服务业管理规范，引导代理机构为装备建设重点任务和科研一线提供主动和贴近服务；培养国防专利审查员100余名，审查能力由过去每年不足1000件，提高到超过10 000件。加强专业人才队伍建设，为军队和军工系统培养知识产权研究生近300人，形成了一支400余人的专利代理人和知识产权骨干研究队伍。建立了人才培养和队伍建设长效机制，战略型专家、专家型管理者、中介服务人才初具规模,加强了国防知识产权发展的人才储备。通过"4·26"论坛、报刊、宣讲等方式,广泛、持续地开展国防知识产权宣传、教育和培训。

6. 发挥对国防科技和武器装备建设的支撑保障作用

探索建立国防知识产权工作的支撑保障机制,保障国防科技和武器装备建设工作的开展。围绕国防关键技术领域,开展专利态势分析,取得显著实效。一是为破解技术难题、攻克相关技术瓶颈,提供了重大技术支持。通过系统的专利检索,促进我国某新型武器的技术突破,外形设计的关键技术,填补了这一技术的国内空白。二是为系统梳理技术发展脉络、明确攻关方向和重点,提供了参考借鉴。例如,在"大运"研制过程中,通过检索分析2万多件专利,掌握了技术现状及发展趋势,使技术起点直接与国际接轨。针对国外在某些武器的相关领域的专利申请呈现增长的动向,结合情报研究,较客观地判断出国外在这两个技术领域的技术发展路线和方向,为制订我国技术预研和技术储备规划计划,提供了支撑。三是配合对外军技合作主管部门,开展对俄罗斯、意大利、白俄罗斯等国家的知识产权谈判,保证了合作的顺利开展。

7. 军民融合知识产权工作继续深化

总结与上海市知识产权局的试点合作经验,探索军地知识产权政策互通互用的经验。落实与中关村管委会的试点合作,发挥中关村地区高新技术企业集聚的优势,探索军民融合特别是民参军的经验。探索国防技术推动国民经济建设的试点工作。充分发挥地方工办的作用,协调地方政府知识产权部门,推动地方军工企业国防专利享受地方知识产权优惠政策。加强军民结合领域中的知识产权管理,建立军民知识产权相互转化、军民结合知识产权促进制度,打通军民知识产权信息交流渠道,探索转化运用机制,为国防建设和国民经济建设服务。

(三)存在的问题分析

1. 权利归属利益分配问题尚未明确

权属与利益分配是整个国防知识产权制度的基础,现有制度存在的问题主要表现为以下几个方面。(1)把创新成果的知识产权划归国家所有(《国防法》第37条),而由哪个机构代表国家行使所有者的权能没有相应的规定。(2)法规政策仅注重知识产权的静态占有,而忽视了知识产权的使用、收益与处分等权能分配。(3)相关法律法规(《科技进步法》第20条)将国防科研与武器装备建设中,不涉及国家安全和国防利益的创新成果的知识产权,划归项目承担单位所有,但在科研合同实际订立过程中,一般以格式条款的形式,约定国防科研和武器装备建设中产生的所有知识产权由项目委托方所有。(4)知识产权的转化实施所取得利润分配的规定不合理,以转让收入体现的非税收入必须上交国库,以投资或许可取得的使用收入则可留给单位。单位从自身利益出发多采用许可或投资的方式,从而限制了科技成果实施转化的途径,不利于知识产权效益的充分发挥。(5)国防专利的补偿机制未能实现对专利权人的有效补偿,且缺少相应的救济申诉渠道。

2. 国防知识产权有偿使用落实不理想

国防知识产权的实施利用，应体现智力成果的价值。现有国防科研与武器装备建设相关法规中，有关国防知识产权有偿使用的规定，或者完全空缺或者缺乏可操作性。《国防科研计价管理办法》和《军品定价管理办法》中缺少国防知识产权的相关规定。即便是我国《国防专利条例》第25条规定，实施转化他人专利应当支付专利使用费，在符合产生国防知识产权的经费使用目的的情况下，实施国防专利时要支付实施费❶，但国防知识产权无偿调拨使用的现象仍大量存在。

国防知识产权有偿使用落实不理想，除了实施转化他人的国防专利不支付使用费等知识产权侵权行为以外，还有因"符合产生经费使用目的"规定不明确，而对其理解不一致而进行的无偿调拨行为。有人认为，这里所指的"产生国防专利的经费使用目的"，应当是指国家安全与国防目的。因此，只要是以国防科研和武器装备建设目的投入经费产生的国防知识产权，再将其用于国防科研和武器装备建设时，不管是装备采购中的竞争对手为了生产同类或相似产品使用该项国防专利，还是行政机构或军队为了进行武器装备的维修和保障使用该项国防专利，应当只支付实施费，而不需要支付国防专利的使用费。

产生这种认识，主要基于以下两个理由。

一是认为美国拜杜法虽将发明授予项目承担者，但仍保留了无偿使用该发明的权利，而我国在没有将发明授予给承担单位的情况下，更应当享有无偿使用的权利。拜杜法规定，美国在将权利授予项目承担者的情况下，联邦机构还拥有"实施该发明的非独占的、不可转让、不可撤销的无偿使用权"。而按照我国现有法律法规，国家投资产生的国防专利属于国有资产❷，应当属于国家所有。在国防知识产权属于国家的情况下，国家和军队应当拥有无偿使用的权利。而现有体制下，承担国防科研和武器装备建设任务的单位，大部分或者几乎全部属于国有企业或事业单位，其进行的生产经营活动代表国家，因此所有军队、国有企业、事业单位应当具有无偿使用国家投资产生的国防知识产权的权利。

而实际上，《拜杜法案》（《美国联邦法典》第35篇第202条（c）(4)❸）的规定是，对于联邦政府资助研发所完成发明，项目承担者选择保留权利的项目发明，联邦机构应当拥有实施该发明的非独占的、不可转让、不可撤销的无偿使用权。即这种使用权是一种非独占的使用权、无偿的使用权、不可撤销的使用权。因此，联邦机构是不能将此种权利转让给第三方，而这里所指的联邦机构是有特定范围的，是指《美国联邦法典》第5篇第105条规定的任何行政机构以及第5篇第102条规定的军事机关。

二是认为国家保留实施或指定他人实施国家投资产生的国防专利的权利，是国家一

---

❶ 国防专利的实施费仅包括国防专利实施中发生的为提供技术资料、培训人员以及进一步开发技术等所需的费用。

❷ 参见《国防法》第37条。

❸ "《拜杜法案》及其实施细则"，转引自朱雪忠、乔永忠等编著，《国家资助发明创造专利权归属研究》，法律出版社2009年版，第187~226页。

种当然的权利。国家投资产生的研究成果，其资金来源是国家公共财政，国家作为出资人，当然有权保留权利；另外，有可能出现国家因特殊原因自己使用或指定实施的情况。在特殊情况下，国家保留无偿实施或指定他人实施国防专利的权利，这是国际的通行做法，也符合国家公共利益优先的原则。问题的关键在于，这里的保留是一种特殊情况，而不是一般情况。国家无偿使用国防知识产权应当受到限制，只有在特殊情况出现时，经过特殊的程序才能行使实施或指定他人实施国防专利的无偿使用权利。因为如果不对政府无偿使用国防专利的权利进行限制，任由相关政府部门或机构在任何条件下无偿使用，一方面，会造成国家直接管理和运用国防知识产权效果不佳的状况，美国和日本等国家都有类似的经历；另一方面，会造成与项目承担单位等权利人竞争和冲突，不利于知识产权的推广和利用，而且适当的限制不会影响到国家的利益。

3. 国防知识产权转化运用不畅

知识产权在军军、军民之间相互实施转化困难。对知识产权在军、民领域的转化运用，现有政策法规缺乏有效地引导和评价。大量国防知识产权被权利主体束之高阁，缺乏相应的奖励与惩罚制度，用与不用一个样，用多用少一个样，国防知识产权的转化实施率偏低。一是国防专利等国防知识产权的实施转化，因涉及保守国家秘密这条红线，通常在国防科工产业内部进行，但因信息交流、评估、奖励等实施机制不健全的原因，先进关键技术在国防领域军事科研、生产单位之间也不能有效的实施转化。二是由于解密程序复杂、解密主体需要承担一定的解密责任，限制了其在经济、社会效益方面作用的发挥，不利于军民两用技术的市场化推广运用和参与市场竞争。三是军品科研单位主要是从事军品科研，缺乏参与市场竞争的自主性，国防领域的知识产权不能有效向民口转移。四是因准入门槛高、技术标准不统一等原因，民用领域的先进技术产品不能有序进入军品采购。

4. 国防知识产权信息交流机制不完善

对国家投资产生的国防知识产权掌控不足。管理部门对国家投资产生的国防领域创新成果，往往缺乏科学合理的管理机制，未能建立创新成果报告制度，对自主关键核心技术掌握不完全。当因国防建设需要而实施转化某项国防专利时，有些承研承制单位往往利用其技术垄断地位，阻碍正常的技术转化和运用，从而不利于国防科研与装备建设的长远发展。

我国虽然建立了国防专利信息检索系统，但由于很大一部分国防技术创新成果，是以技术秘密方式进行保护，由不同的机构和部门或者研制单位掌握，单个系统的开发研制相对封闭，缺少统一信息发布、实施转化平台，承研承制单位对本领域最新创新成果的检索和利用无法实现，制约了国防知识产权有效利用。在项目和任务下达时，缺乏本领域其他投资渠道产生的知识产权信息的掌握，重复研制。对于不同系统、不同管理部门之间共用技术的交流和共享，缺乏有效激励机制，不利于国防科技整体实力的提升与武器装备建设的发展。

5. 管理机制不健全

长期以来，知识产权管理和国防科研计划管理、武器装备研制管理各自为政、各行其是，知识产权管理与国防科研生产和装备采购管理"两张皮"。在宏观层面，科研计划管理和研制合同管理中知识产权管理缺位，不利于实现国家对重大国防知识产权的掌控；在微观层面，承研承制单位没有将知识产权管理融入科技创新、市场经营等活动中去，不利于提升技术创新的研发起点，不利于科研成果的实施转化。

6. 权利保护与纠纷解决机制不健全

《国防专利条例》只规定了国防专利行政执法主体和司法保护的原则，缺乏有效的司法解决程序，国防知识产权纠纷调处机制缺失，国防知识产权执法维权体系不健全，行政执法取证困难，侵权行为难以追究，司法维权渠道不畅通，缺少相应的救济申诉渠道。国防知识产权侵权信息不易获取，侵权行为难以追究，导致侵犯国防知识产权现象还比较突出。

（四）问题产生的原因分析

面对新形势、新需求，国防知识产权领域体制性障碍、制度性约束和长期存在的重大利益诉求分歧，日益成为制约国防科技发展和武器装备建设的突出矛盾和问题。

1. 重国防知识产权的国防属性轻财产属性

国防知识产权具有多种利益属性，如以国家安全与国防建设表现的公共利益，以具有经济价值、具有营利性表现的经济利益。就知识产权的财产属性，我国学者早有论述，知识产权系"权利人对其所创作的智力劳动成果所享有的专有权利"[1]，知识产权从来就是地道的财产法[2]。西方的知识产权理论认为，个人的劳动应当属于个人[3]，"只要他使任何东西脱离自然所提供的和那个东西所处的自然状态，他就已经在那个东西中掺进他的劳动，加进了他自己的某种东西，因而使它成为他的财产"。国防知识产权作为知识产权制度的一个组成部分，其制度安排，如产权的归属、管理、主体地位的界定、各种利益分配等都应在"经济人"的假设前提下进行设定。[4] 国防知识产权出于对国家安全和国防利益的考虑，难免会对权利人的利益作出一定的限制，但是这两者之间必须有一个平衡，因国家利益的需要而采取的保密等措施，使得技术无法公开市场化使用，必须能在其他方面得到补偿。

国防知识产权在满足国防建设与国家安全需要的前提下，应当保障其财产利益的实现。对国防知识产权的财产属性的认识不足，产生了流转与运用的不充分、保护的积极性不强等多重问题。现有的国防知识产权制度，对于权利人的保护处于较低的水平，如权利的归属、利益的分配、纠纷的处理等都没有得到很好的解决。笼统地把职务发明成果划归国家所有，缺少在军品研制合同中对完成人的权益进行法律法规保障的明确规定，违背了理性经济人追求利益的本能。在创新主体缺乏有效的激励的情况下，不管是作为法人的单位，还是作为自然人的研究生产人员，不利于发挥权利人创新与实施推广

---

[1] 郑成思：《知识产权法教程》，法律出版社1993年版，第1页。
[2] 刘春田主编：《知识产权法》，高等教育出版社2000年版，第23页。
[3] ［澳］彼得·德霍斯：《知识产权法哲学》，周林译，商务印书馆2008年版，第53页。
[4] 梁波：《国防专利产权制度研究》，国防科技大学2009年硕士论文。

的积极性。这就需要扭转国防知识产权不是一种财产权、为国家利益可以任意使用的思想，尊重国防知识产权的知识产权属性，树立国防知识产权的产权观念，并建立相应的制度切实维护好国防知产权人的各项利益，在维护国家的安全利益的前提下，充分保护好国防知识产权各项权能的实现。

2. 对国防知识产权制度作用的认识不准确

国防知识产权制度的设立应当以国防建设和武器装备的发展为最终目的，其制度优势在于，充分实现国防领域内的智力创新成果在国防领域内的交流与共享，从而达到对国防科研和武器装备建设的支撑保障作用，从而区别于普通的知识产权制度。而这一目的的实现，则以国防关键技术领域知识产权的创造和掌握、实施运用为前提。现有的国防知识产权制度，并没有充分发挥其在国防科研与武器装备创新发展中的应有作用。国防专利等国防知识产权被用于成果评定的一个指标，某些单位为了应付现行科研考核制度的要求，将一些边缘性的技术申请专利，而把那些具有真正竞争实力的技术则以技术秘密的形式保存起来。军队采购部门和国防知识产权管理部门对真正的关键技术缺乏必要的管理。现有国防知识产权管理以对国防专利的管理为主，而对其他的国防知识产权的管理不足。国防知识产权的管理与国防科研及武器装备建设尚未融合，国防知识产权未能达到有效避免重复研究以及促进先进技术交流利用的作用。

3. 现有的国防知识产权法规体系不完善

国防知识产权现阶段工作中存在的各项问题，一方面是由于思想认识层面上的原因，另一方面则是法规制度层面上的原因。两者相比较，制度的空缺是更主要的原因。

我国的知识产权事业经过30多年的发展，已经基本形成门类齐全、相互配套、结构合理、体系完备的知识产权法律体系。一方面，国防知识产权工作是国家知识产权事业的有机组成部分，其法规制度是建立在国家知识产权法律体系基础之上的，国家知识产权制度的建立和完善为国防知识产权法规体系的建立和完善奠定了坚实基础。我国的国防知识产权法规制度作为国家知识产权制度的重要组成部分，对促进国防科技进步和军队武器装备发展具有关键性作用。

另一方面，国防知识产权所具有的国家安全与国防建设因素，使得其制度构建必须体现国防特色，所以不能完全适用国家的知识产权法规体系。国家现有的知识产权法律法规和规章，大多把国防知识产权作为特殊情形对待，设置了国防利益和国家安全的例外，因此必须构建一套自己的法规体系，来具体指导国防知识产权工作的开展。

我国国防知识产权法规体系的现状是，除了《国防专利条例》外，其他的法规和制度或者尚未进行研究拟制，或者即使进行了研究拟制工作，也未能及时颁布实施，国防知识产权法规体系建设总体上还处于探索阶段，各项工作开展缺乏具体明确的法规依据。面对党中央全面依法治国和中央军委依法治军、从严治军的新的战略要求，在"十三五"期间必须进一步加强国防知识产权制度建设，通过相关法规与制度的制定、修改与完善，构建更加符合现实需求的国防科研创新生产关系，优化创新环境、配置创新资源、打通创新链条，实现对国防科技创新成果的有效保护，推动创新成果向武器装备和战斗力转化，提高国防知识产权工作的法治化水平。

二、国外政策法规体系借鉴研究

他山之石，可以攻玉。对世界主要军事强国的国防相关知识产权政策法规体系进行比较研究，探寻其发展中的共性规律，提炼总结出有益于我国国防知识产权事业发展的政策法规构建经验，具有重要的理论与现实意义。

（一）美国

美国是世界上实行知识产权制度最早的国家之一。美国在1787年宪法第1条第8款里就有版权和专利权的规定。1790年颁布第一部专利法。迄今为止，美国已经基本建立起一套完整的知识产权法律体系，主要包括：专利法、商标法、版权法和反不正当竞争法。在知识产权体系三大支柱之一的专利权管理政策方面，旨在界定国家资助项目所产生的知识产权权益分配政策的《拜杜法案》，成为美国知识产权保护政策最重要的里程碑。该法案确认了"谁研制，谁所有"的原则，极大地促进了发明的转化，对美国的经济增长作出了重要贡献。

1. 国防相关知识产权法律体系

迄今为止，美国没有专门的国防知识产权法律、法规，国防知识产权的保护与管理除了遵守国家知识产权法律外，其特殊的管理规定分散在相关的法律、法规和政策性文件中。具体地讲，与国防知识产权有关的法律、体系包括以下方面。

（1）知识产权法律。

涉及国防知识产权的内容包括：专利（含保密专利）、版权（含计算机软件）、半导体芯片、技术秘密，相应的法律包括：专利法、版权法、半导体芯片保护法，其中，保密专利包含在专利法中，而技术秘密的保护则由各州制定的商业秘密法律来保护。

（2）涉及国防知识产权相关法律、法规。

涉及国防知识产权的相关法律、法规包括：涉及政府采办中的知识产权由《美国联邦采办条例》来规范，涉及知识产权实施由《美国联邦技术转移法》规范；涉及军品贸易的知识产权由《美国军品出口控制法》《美国出口管理法》《美国出口管理条例》等来规范。

此外，各国防部门，如国防部、能源部、国家航空航天局（NASA），各军种等也制定了一些涉及国防知识产权管理的规定，如，《美国联邦采办条例国防部补充条例》《美国联邦采办条例能源部补充条例》《美国联邦采办条例国家航空航天局补充条例》《美国陆军知识产权管理规定》等。

2. 国防相关知识产权的管理政策

（1）政府资助国防项目产生的知识产权管理政策。

政府资助国防项目产生的知识产权管理政策主要是指国防部门研究开发合同（完成单位与国防部门没有隶属关系）产生的知识产权管理政策。国防部研究开发合同产生的知识产权包括专利权、技术秘密权、计算机软件权和版权。下面以国防部为例，介绍合同产生的知识产权管理政策。其他国防部门与国防部类似。

"二战"以前,美国国防部的研究开发合同多数由其研究机构承担,其知识产权归国防部所有,因此,国防部对知识产权管理政策并没有引起足够的重视。"二战"以后,国防部投资的研究开发项目不断增加,与工业界签订了大量合同。除了涉及国家安全需要保密的情况外,执行国防部研究开发合同的知识产权管理政策引起了政府和工业界的广泛关注。其中,关注的焦点是国防部和承包商之间的知识产权权益界定问题。为此,美国联邦政府及国防部经过近40年的研究、实践,于20世纪80年代末形成一套比较完善的知识产权管理政策。

（2）国防部门拥有的知识产权管理政策。

国防部门拥有的知识产权的管理包括两方面的内容,一是对国防部门研究开发合同（完成单位与国防部门没有隶属关系）产生的,归国防部门的知识产权管理,二是对隶属于国防部门的研究机构的知识产权管理。上述专利管理政策的主要内容为:国防部门以自己的名义申请专利并拥有专利权;对拥有的专利权进行管理和维护;促进具有商业化的专利技术转移。从1977~2003年美国各国防部门申请专利量和拥有的专利量可以看出,20世纪90年代末以后,各国防部门专利申请量逐年减少,主要有两方面的原因,一是工业界的技术开发工作由国防部投资为主导逐步转移到工业界自己投资,如在60年代,私营部门的研究开发投资约占国家研究开发投资总额的1/3。而到1999年,这个比例已变为2/3。同期,军事研究开发的投资份额,由占国家研究开发投资总额的53%降到16%。1999年,工业界的研究开发投资约为1660亿美元,而军事研究开发投资仅为400亿美元。二是为了更好地促进发明的商业应用,承包商保留专利权数量增加。

（3）民转军中的知识产权政策。

"二战"以后,美国充分利用民用科技优势和民间科技力量为军事服务,大量吸收民用科学技术装备军队,率先把市场上成熟的高新技术应用在军事领域。这种做法,不仅大大降低了高新技术武器的使用成本,而且还有助于民用技术通过军需的巨大牵引而延长其产业链条。美国认为,在民转军中,知识产权问题是一个关键问题。为此,在《美国联邦采办条例》《美国联邦采办条例国防部补充条例》等法规和国防部采办文件中,不仅详细规定了民用产品和技术的采购管理部门、采购计划制定程序和合同签订办法,而且对涉及的知识产权问题也作了规定。近几年来,为了吸引工业界参与国防部的研发工作,以及促进更多的先进民用技术向国防领域转移,美国国防部采取了一些措施,以保障现有知识产权法律和法规的灵活性。为此,美国国防部于2000年9月5日和2001年1月5日发布了政策备忘录,该备忘录强调,和商业公司合作时应保护其知识产权的权利。2001年10月15日,国防部发布了题为"知识产权:在商海中航行"的指南,该指南的副标题是"与商业公司谈判知识产权时的问题和解决办法"。这份指南阐述了国防部与商业公司和非传统意义上的防御公司进行合同谈判时,如何掌握知识产权法律和法规的灵活性。

3. 国防相关知识产权管理机构

各国防部门都设有知识产权管理机构,负责本部门的知识产权管理。下面以陆军和

NASA 为例，介绍其知识产权管理机构及其职责，其他国防部门类似。

陆军部军法署署长是陆军知识产权管理的最高行政长官，负责陆军知识产权法律计划的控制、管理和监督，该职责被委任给陆军知识产权法律顾问，并履行以下职责：

（1）控制、管理和监督陆军的知识产权法律计划；

（2）对陆军的知识产权管理人员进行技术监督；

（3）制定陆军与知识产权有关的政策、法规；

（4）向陆军采办执行官提供知识产权方面的法律建议；

（5）代表陆军部长授予陆军所拥有专利和专利申请的非独占许可证；

（6）按照陆军部长的指示，签署依有关法规提交的专利申请请求书；

（7）按照陆军部长的指示，签署或取消代表陆军与美国专利商标局进行交涉的委托书。

此外，陆军知识产权法律顾问的职责还包括代表陆军参加有关专利、版权和商标的诉讼事务、代表陆军放弃专利申请等。

军法署署长办公室下设知识产权法律处，是陆军知识产权的主管机构，由上述陆军知识产权法律顾问担任处长。陆军知识产权法律处的职责是：

（1）在与知识产权有关的法律事务中代表陆军；

（2）提起专利或版权侵权的行政诉讼；

（3）就陆军合作研究与开发协议，为负责研究、开发与采办的陆军助理部长以及相关的各级官员提供法律建议；

（4）负责陆军所拥有专利的许可证谈判；

（5）为陆军和部分国防部部局办理和维持商标注册；

（6）协助司法部解决涉及陆军所拥有专利或版权的侵权诉讼；

（7）维护许可或转让给陆军的专利、版权和商标的记录；

（8）监督陆军的专利保密审查。

此外，知识产权法律处的职责还包括为未指定专利律师或代理人的陆军机构准备和提出专利申请、应请求为有关机构或个人提供版权方面的服务、就知识产权事项与美国政府其他机构和外国机构联络等等。

除了上述知识产权的归口管理机构外，各业务部门也根据需要设置相应的知识产权管理职能。

NASA 的知识产权管理机构是法律总顾问办公室知识产权法律处。其职责是：

（1）制订、执行、管理 NASA 的知识产权计划；

（2）负责专利申请工作，包括发明报告、专利申请的准备和提交；

（3）制定专利、版权许可的政策和程序；

（4）负责答复国会的质询，起草或解释所建议的法律法规，出席 NASA 部门间会议和谈判；

（5）协助司法部解决涉及 NASA 所拥有的知识产权侵权诉讼；

（6）检查《信息自由法》对技术资料和计算机软件的要求；

（7）负责商标申请工作；

（8）负责合同、资助协议、合作协议和国际协议等涉及知识产权条款的检查和谈判。

（二）英国

英国是世界上公认的最早保护知识产权的国家，也是知识产权制度最完善的国家之一。1623年颁布的《垄断权条例》，是世界上第一部正式而完整的专利法。1709年制定的《安娜女王法令》，是世界上第一部版权法。1859年制定的《军需品发明专利法案》，是世界上第一部保密专利法规。在知识产权保护中，英国在保持知识垄断性和促进知识流动性两方面不断完善法规，不断寻求两者之间的较好平衡。迄今，英国已经建立起一套完整的知识产权法律体系，主要包括：专利法、商标法、版权法、数据库保护法等。

1. 国防相关知识产权法律体系

英国没有专门的国防知识产权法律、法规，对国防知识产权的保护与管理，除遵守国家知识产权法律外，国防部通过制定一系列政策，来规范和指导知识产权工作。例如，2003年9月，国防部发布了《国防部知识产权指南》，在国防部内提供知识产权法律和实践指导。

2. 国防相关知识产权管理政策

（1）国防部合同产生的知识产权政策。

国防部合同产生的知识产权政策的主要内容是：一般情况下，合同产生的知识产权归项目承担者，国防部拥有免费、非独占许可的权利，以保证国防部需要的货物和服务便于竞争签约。特殊情况下，合同产生的知识产权归国防部所有，这些特殊情况包括：

（a）合同涉及的研究工作建立在国防部早先工作或另一承包商工作的基础上；

（b）采购保障合同，实验、试验和评价第三方设备合同，保障人员服务合同，产生标准或准备采购文件合同，以及高度保密工作合同；

（c）合同产生的成果具有特别的军事敏感性，例如，与核、化学或生物武器有关的；

（d）合同产生的成果的商品化依赖于国防部拥有的其他成果，这些成果可以是国防部产生的或者其他承包商产生的；

（e）项目承担者不愿意或不能够满意地保护和应用好成果。

（2）军转民中的知识产权政策。

英国政府制定了一系列的政策措施，将国防研究成果及设施转向民用领域。具体的知识产权政策和措施是：改革专利许可证管理办法，鼓励向民用部门转让国防科研成果。国防鉴定与研究局出台政策，允许国防部门通过专利许可向民用部门有偿转让专利技术。民用部门使用国防科研成果时，需交纳专利权使用费，以此作为国家科研投入的回报，并保护知识产权。

3. 国防相关知识产权管理机构

英国国防知识产权由国防部国防采办局知识产权组（IPRG）负责，其专业人员都是高级科学家和工程师，经培训成为知识产权专家，达到专利代理人和欧洲专利律师的水平。其主要任务是提供处理国防部知识产权的政策框架，以及提供支持国防部业务的知识产权服务。具体包括以下职责：

（1）为国防部合同谈判提供标准的知识产权条款；

（2）负责保证日常的知识产权事务遵循法规和政府政策；

（3）帮助合同官员和计划管理人员，处理知识产权问题和难题；

（4）参与国际合作谈判；

（5）负责保护和开发国防部拥有的知识产权，包括准备、提交专利和商标申请，以及与工业界谈判许可协议。

（三）俄罗斯

在苏联时期公有制条件下，采用了发明证书制度和专利制度，但专利制度只适用外国人。在这种"双轨制"的情况下，所有发明（包括军事领域内的发明）都归国家所有，而发明人得到的仅仅是一张"发明证书"。国家是使用发明的唯一法律主体，国家任何派出机构、指定的企业在无须经过发明人允许和未签订任何许可证协议的情况下有权使用发明。另外，发明的集中工业化应用，由于缺乏竞争，经常出现与市场相悖的情况，成为计划经济条件下最大的缺憾。苏联解体后，为向市场经济过渡，保护知识产权和发明人的利益，俄罗斯实施了一整套旨在建立知识产权法律保护体系的措施，以便迅速完成向市场经济过渡。首先，采取了单一的专利制度。其次，调整知识产权法律。1992年以后，俄罗斯联邦通过了一系列知识产权保护的法律、法规、条令和条例等，用于调整知识产权获取、保护、使用之间的关系。

1. 国防相关知识产权法律体系

俄罗斯的国防知识产权法律体系由若干法律、总统令和政府令组成。例如，知识产权法律主要包括专利法，商标、服务标记和原产地名称法，版权和相关权利法，保护集成电路布图设计法，计算机程序和数据库保护法等，总统令如《俄罗斯军用、专用和两用科学研究、试验设计和技术工作成果的保护法》（No. 556号），政府令如《俄罗斯在军用、专用和两用科学研究、试验设计和技术工作成果产业化过程中保护国家利益的首要措施》（No. 1132号）等。

2. 国防相关知识产权管理政策

（1）政府资助国防项目产生的知识产权政策。

根据1998年5月4日No. 556号总统令，俄罗斯联邦政府于1998年9月29日签署了No. 1132号政府令，该政府令规定，联邦预算或地方预算支持的军用、专用和两用科学研究、试验设计和技术工作的成果的所有权归俄罗斯联邦。军用、专用和两用科学研究、试验设计和技术工作的研制合同中应规定如下内容：

（a）研制过程中的发明、工业样机、育种成果专利、有效模型、计算机程序、数据库、微电子集成电路以及其他智力活动成果所有权归俄罗斯联邦，由俄罗斯联邦司法部和国家订货单位代表俄罗斯联邦享有所有权；

（b）研制单位必须每两个月向俄罗斯联邦司法部和国家订货单位通报一次工作进展情况；

（c）军用、专用和两用科学研究、试验设计和技术工作的研制单位必须同从事该工作的工作人员签署智力活动成果保密合同。

2003年2月7日颁布的《俄罗斯专利法》规定，执行国家合同项目时，如果合同规定专利权应属于联邦或者联邦主体，国家订购人有权在规定的时间内申请专利；如果在既定的时间内，国家订购人没有提出申请，专利权可以属于项目的执行者。如果合同规定专利权不属于联邦或者联邦主体，那么专利权属于执行者，但专利权人按照国家定购人的要求，有责任向国家定购人指定的人提供非独占的无偿许可使用专利，以满足俄罗斯联邦或俄罗斯联邦主体完成任务或供货需求之目的。

（2）军事技术合作中的知识产权政策。

俄罗斯领导人认识到，为了弥补军费不足、维持军工企业生存并增加国家收益，当前唯一的出路是扩大军品出口，并不断推出新产品，满足国际市场对高技术含量大的武器装备的需求。但是，由于全球仿制俄制武器、侵害俄军事知识产权的情况普遍存在，俄罗斯每年在国际军火市场上损失巨大的经济利益。为此，2003年11月，在莫斯科召开的俄罗斯军事技术合作委员会会议上，关于保护俄军事知识产权成为最重要的议题。普京总统在会上指出，俄必须要通过立法来保护军事知识产权，并形成统一战略。近几年来，俄罗斯采取积极措施，从国内立法和对外签订知识产权协议两个方面来保护军事知识产权。例如，2003年3月，俄罗斯和以色列签署了《知识产权保护协议》，该协议规定，为了保障军事技术合作工作的有序进行，每个合同或政府间协议都要有保护俄罗斯的知识产权相应条款规定。2005年12月，俄罗斯与印度签订了《军事技术合作过程中加强知识产权保护的协议》。

3. 国防相关知识产权管理机构

为了加强国防知识产权的保护与管理。根据No.1132号政府令，俄罗斯联邦司法部成立了"为军用、专用和两用智力活动成果提供法律保护的联邦局（以下简称联邦局）"。联邦局是法人实体，其主要任务是：

（1）管理智力活动成果统一清单；

（2）对智力活动成果的使用及其产业化情况进行监督；

（3）对智力活动成果及其产业化情况进行清查；

（4）行使智力活动成果及其产业化的支配权；

（5）同军用、专用和两用科学研究、试验设计和技术工作的研制单位签署智力活动成果保密合同；

（6）对所有权归俄罗斯联邦的智力活动成果提供法律保护；

（7）签署许可智力活动成果产业化合同；

（8）行使智力活动成果部分所有权继承人的职能等。

（四）印度

印度知识产权法律主要包括专利法、商标法、版权法、设计法等。以专利法为例，

1970年，印度议会通过了独立后的第一部《印度专利法》。为了使《印度专利法》与TRIPs协议相关规定靠拢，印度先后于1999年、2002年、2004年对1970年《印度专利法》做了三次大幅修订。特别是2002年的修订版，将专利保护期定为20年，并规定因公共利益、国家安全、印度传统、公共健康等原因，国家可以对专利实施强制许可。

1. 国防相关知识产权法律体系

印度没有专门的国防知识产权法律、法规，国防知识产权的保护主要遵守国家知识产权法律和法规。

2. 国防相关知识产权的主要管理政策

（1）国家国防投资项目知识产权政策。

国家投资项目（包括国防投资项目）产生的知识产权归国家所有。政府各部局（如能源部、国防部国防研究与发展局等）设立知识产权管理小组或中心或单位，管理归本部门的知识产权。2004年，印度国防研究与发展局申请专利28项，获得专利27项（含3项外国专利），登记版权1项。

（2）军事技术合作中的知识产权政策。

印度政府规定，为尽快提高自行研制武器装备的水平，同时确保战时不受制于人，凡大量装备部队的武器，在从国外直接购买的同时必须引进专利技术，以便在国内仿制和生产。因此，印度在购买国外先进武器装备时，要求按许可证引进对方专利技术和生产线，以此借鉴、掌握和消化国外的先进技术，并结合自身特点加以创新，逐步走上了自行设计和生产的发展轨道。如根据苏联和德国提供的许可证和专利技术，成功仿造了"卡辛2"级大型导弹驱逐舰、209型潜艇等现代化的海军主战装备。30多年来，印度按照这一原则，从国外成功地引进了一系列先进武器装备的许可证和专利技术，提高印度武器装备现代化水平和促进了国防工业发展。

3. 国防相关知识产权管理机构

国防部知识产权归口管理机构是国防部国防研究与发展局，该局设立知识产权管理机构，具体职责是：

（1）负责国防部的知识产权保护工作；

（2）负责涉及国防有关的保密专利申请的保密、解密审查等事务；

（3）负责军事技术合作中的知识产权工作；

（4）负责国防部技术转民用工作等。

（五）相关立法经验的总结与借鉴意义

世界主要国家高度重视国防领域知识产权的保护与管理。以美国为代表的西方军事强国在国防科技和武器装备发展中，强化国防相关知识产权保护与管理，建立完善国防知识产权保护与管理的体制机制。通过采取将知识产权管理与国防科研生产和武器装备采办全过程紧密结合，调整和完善政府与承包商之间的知识产权利益关系，加大在军事技术合作中的知识产权保护等有效措施，确保在世界范围内的军事领先地位。印度、巴西等发展中国家，也开始关注国防知识产权问题。

1. 充分体现国家安全和国防利益优先原则

首先，建立保密专利制度，对涉及国家安全与国防利益的专利进行保密处理。目前，除日本外，世界上实行专利制度的国家均有保密专利。其次，美国国家资助产生的知识产权权利归属法规政策，以知识产权"谁研制，谁拥有"为原则，但涉及国防安全的例外，如规定涉及国防安全的重大发明或需要保密的发明的专利权归国防部。最后，在承包商保留知识产权的情形，国家有指定实施权、审批权和介入权。

2. 注重构建完善的国防知识产权管理机构和法规体系

世界主要军事强国对国防知识产权管理都有一套完整的法规体系和管理工作体系。例如，美国在国防部门及各军兵种的法律部门下设知识产权管理机构，并建立了层次分明、相互协调的国防知识产权法规体系；英国和印度在国防部设立了专门的机构；俄罗斯在司法部设立了具有独立法人性质的机构，代表国家管理和经营国家拥有的国防知识产权；德国、法国在国防部武器装备部门设立了管理国防专利的专门机构。

3. 通过采取"放权原则"激励创新

知识产权的归属和分享是装备采办领域的核心问题之一。许多国家高度重视政府资助国防项目产生的知识产权管理，制定了国防知识产权归属和利益分配政策，如美国、英国等国制定了较为灵活的产权归属和利益分配政策，将部分知识产权归承包商，同时政府加强了对权利的监管。

4. 加强采办合同中的知识产权管理，合理配置技术资料权

世界主要军事强国注重将国防知识产权管理与武器装备采办全过程管理有机融合，不仅将知识产权管理与采办全过程紧密结合，而且国防部还发布知识产权文件，调节各方利益关系，促进研究开发成果的共享，以便武器装备的科研、生产和使用、维护等。

5. 重视知识产权信息利用，促进技术创造和运用

世界上许多国家都将"军转民"作为提高国家竞争力的一项战略措施，纷纷制定政策措施，积极推进国防知识产权转民用。例如，英国政府制定了一系列政策措施，允许国防部门通过专利许可向民用部门有偿转让专利技术，从而促进了国防技术向民用转移。2014年9月，美国国防部部长表示，国防部将加大帮助小企业和新企业的力度，如今美国国防采购的20%的资金进入了小企业，有效的帮助了小企业的创新和创造，当他们有新的观点和创造新的技术时，国防部将帮助他们而不是阻碍他们成功。2014年美国国土安全部科技委员会与专利发明人签署许可协议，允许发明人将该专利商业化，这在国土安全部系统内尚属首次。

2014年12月16日俄国家杜马全体会议通过《俄罗斯联邦工业政策法》，规定了企业有义务在实际生产中有效地运用国家投资开发出的科研成果，生产定量产品，这项义务将成为企业获得国家补贴的新条件。如果企业在3年内未将获得的技术运用到生产中，没有使获得的科研成果商业化，则该企业在法律上不仅不能获得补偿，还可能有义务返还国家给予的预算资金。这一政策将有效地提高本国产品的质量，保证产品在全球

市场中的竞争力，同时还能实现对进口产品的替代，促进科研成果向生产转化，并产生经济效益。

多年来，国外非常重视"民技军用"中的知识产权保护问题，制定了一整套政策法规作保障。例如，美国国防部在其指导性文件中强调，采用民用技术时，应尊重和保护私营企业的知识产权；同时，美国国防部还将由此获得的知识产权权利严格限制在基本的国防目的之内。

此外，各国在军事技术合作过程中，将知识产权作为一项重要手段。例如，俄罗斯为了在对外军事技术合作中保护其知识产权，与许多国家签订了知识产权保护协议。各国在引进武器装备时，都注意引进专利技术，在保护对方知识产权前提条件下，通过消化吸收和再创新，形成自主知识产权，从而全面提高国防科技创新能力。

综上所述，国外国防知识产权的主要发展趋势可以归纳为以下几个方面：一是权利归属和利益分配政策向承包商倾斜，除涉及国家安全的重大发明和需要保密的发明外，一般情况下，都采用了"谁创造，谁拥有"的原则。二是促进国防技术转移的政策力度逐步加大。三是国防知识产权的采购模式日益商业化，充分吸引民用科技优势和民间科技力量服务于国防建设。四是军事技术合作越来越强调知识产权的保护，为了在对外军事技术合作中保护其知识产权，往往以与合作国家签订知识产权保护协议作为合作的前提。

三、我国国防知识产权政策法规体系现状分析

（一）国防领域相关法律、法规、规章及其他规范性文件

我国的国防知识产权法规制度是国家知识产权制度的重要组成部分。通过研究和分析，虽然目前我国的国防知识产权法规体系还处于初步构建阶段，但是通过20多年的不懈努力，已经有了宪法、法律、法规和规章等层级的相关依据和规定，形成了国防知识产权法规体系的雏形，为进一步完善国防知识产权法规体系建设提供了有力的法规制度基础。

1. 国防法

我国《国防法》第37条规定，"国家为武装力量建设、国防科研生产和其他国防建设直接投入的资金、划拨使用的土地等资源以及由此形成的用于国防目的的武器装备和设备设施、物资器材、技术成果等属于国防资产。国防资产归国家所有"。按照最高人民法院《关于审理技术合同纠纷案件适用法律若干问题的解释》的规定，技术成果是指利用科学技术知识、信息和经验作出的涉及产品、工艺、材料及其改进等的技术方案，包括专利、专利申请、技术秘密、计算机软件、集成电路布图设计、植物新品种等。因此，国防资金投入产生的知识产权归国家所有，国防知识产权管理单位占有并需充分发挥其效能。

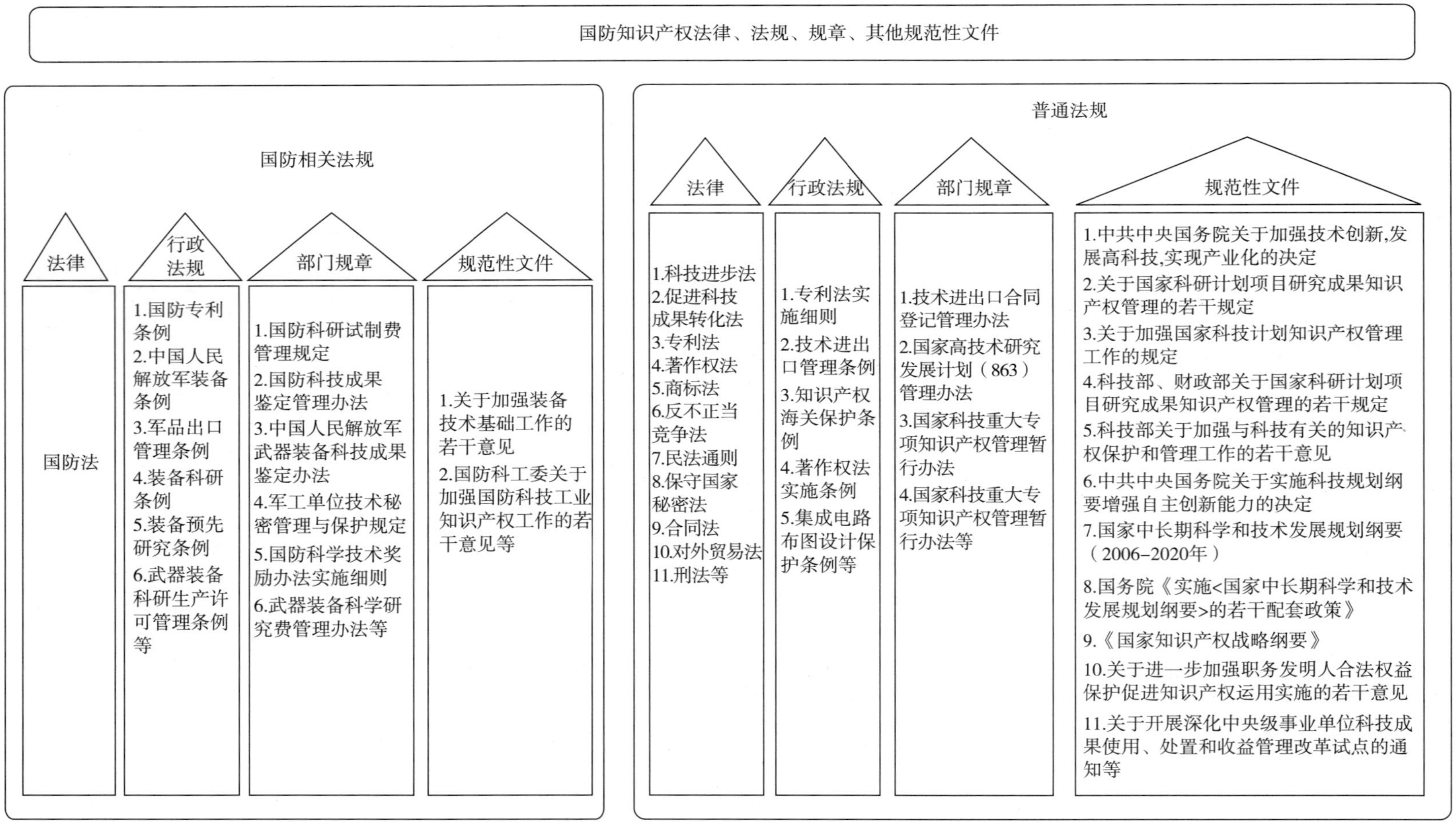

图 2-1 国防领域与知识产权相关的法律、法规、规章及其他规范性文件

2. 国防领域相关行政、军事法规

2004年9月17日国务院和中央军委颁布了《国防专利条例》，对1990年文本进行了修改和调整：国家国防专利机构负责和审查国防专利申请，国务院国防科学技术工业主管部门和中国人民解放军总装备部分别负责地方系统和军队系统的国防专利管理工作；明确了国防专利申请权和国防专利权转移审批程序；为了鼓励技术创新和国防专利技术的推广应用，规定实施他人国防专利的，原则上应当向国防专利权人支付国防专利使用费；明确了国防专利补偿费。该条例的颁布，进一步完善了国防专利制度，加大了对国防专利和专利所有人利益的保护力度。

《中国人民解放军装备条例》（2000年12月中央军委发布）第146条规定，总装备部管理与装备建设有关的专利、技术资料、计算机软件等知识产权工作。

《军品出口管理条例》（1997年10月22日国务院、中央军委第234号发布，2002年10月15日修订）规定，中国的武器出口实行许可证制度，境内一切军品出口均由政府授权的部门和经政府批准注册的公司对外经营，这些部门和公司须严格按照政府批准的项目从事经营活动。军品贸易公司在军品出口经营活动中不得有下列行为：危害国家安全或者社会公共利益；侵害中华人民共和国法律保护的知识产权。

3. 国防领域相关规章

为奖励在推动国防科学技术进步中作出突出贡献的单位和个人，激发国防科技工作者的积极性与创造性，原国防科工委国防科学技术奖励办法及其实施细则、《国防科技成果鉴定管理办法》对国防科学技术奖评审及国防科技成果鉴定中的知识产权问题作了规定，如保护知识产权，以自主知识产权的数量和质量作为评奖及鉴定国防科技成果的参考等。

《军工单位技术秘密管理与保护规定》对军工单位技术秘密的管理、保护和奖惩进行了规定，其中第3条规定，"执行单位计划、任务或利用单位资金、物质条件、非公开资料等形成的技术秘密，其使用权和转让权归单位"。第22条规定，"在对外技术合作中，凡涉及单位技术秘密的，在合同中应订有要求对方保守本单位技术秘密的条款。对于在合作中可能产生技术秘密的，应在合同中订有保密及分享的条款"。

《国防科研项目计价管理办法》规定，国防科研项目计价成本，包括从项目论证阶段到试生产阶段所发生的设计费、材料费、外协费、专用费、试验费、固定资产使用费、工资费、管理费等八项内容。科研项目计价收益，按计价成本（不包括拨付分承包单位的科研费）扣除外购成品附件费、外购样品样机费、专用设备仪器购置费后的5%计算。科研过程中使用的知识产权无法通过现有的计价办法得到补偿，知识产权的价值没有体现，不利于激励创新。

国家计委、财政部、总参谋部、国防科工委制定的《军品价格管理办法》（1996年）明确，军品价格由军品定价成本和按军品定价成本5%的利润率计算的利润两部分组成。未列入军品价格管理目录的军品，由供需双方按照军品定价原则，协商制定价格。现有的军品价格管理办法，军品定价成本包括制造成本与期间费用两部分，而这两项内容均没有把知识产权纳入军品的定价成本，知识产权的价值没有得到充分体现，造成采购过程中的软件硬件化等问题。

4. 其他规范性文件

总装备部《关于加强装备技术基础工作的若干意见》对建立健全与装备有关的知识产权制度，加强对装备经费投入所产生的知识产权的保护，申请国防专利是科技人员在科研活动中应享有的权利等进行了规定。

《国防科工委关于加强国防科技工业知识产权工作的若干意见》（2001年12月26日）对国防科技工业知识产权具有直接指导作用，它针对国防科技工业知识产权工作中遇到的一些重要问题，对规章制度建设、工作体系建立、科研生产过程中的知识产权全过程管理、专业队伍培养、知识产权的归属及使用等提出了具体的指导性意见。在强化过程管理、明确知识产权的归属方面具有创新性。明确规定除国家安全或者重大利益外，执行国家国防科技计划项目形成的智力成果的知识产权，属于项目承担单位；国防科技工业知识产权实行有偿使用原则。

（二）国家相关法律、法规、规章及其他规范性文件

我国国防知识产权法规制度是建立在国家知识产权法律体系基础之上的，国家知识产权制度的建立和完善为国防知识产权法规体系的建立和完善奠定了坚实基础。经过30多年的发展，我国的知识产权法律体系已经基本形成，是以宪法作为最高法律依据，以规范知识产权的法律、法规和规章（60件左右）和与知识产权相关的法律（10件左右）为主体，以规范性文件和我国加入的国际条约相关条款等为辅助。

1. 相关法律

（1）知识产权专门法律。

《专利法》第4条对国防专利作了例外规定，即"申请专利的发明创造涉及国家安全或者重大利益需要保密的，按照国家有关规定办理"。因此，对于涉及国防利益以及对国防建设具有潜在作用、需要保密的发明专利的申请、审查、补偿、保护和保密解密等问题应当适用《国防专利条例》的有关规定，国防专利条例没有规定的，才适用《专利法》的一般规定。

《著作权法》对涉及国防的著作权未作出规定。对于涉及国防利益的作品，权利人尽管享有著作权，但特别需要注意的是由于此类作品多为国防科技作品，一般必须在保守国家秘密的同时，维护权利人的合法利益。

由于商标的功能在于区分和识别不同的产品或服务的提供者并证明商品或服务的质量，国防企业的商标、名称应该受《商标法》的保护，但对于涉及武器装备名称、型号等涉及国防利益的商标抢注行为，并未明确规定。

对于涉及国防利益的不正当竞争、侵犯国防企事业单位商业秘密的行为，应依据《反不正当竞争法》追究侵权人的责任，维护国防企事业单位合法权益。

（2）其他与知识产权相关法律。

《民法通则》第五章第三节专门对公民、法人的知识产权进行了确认，第118条规定了侵犯公民、法人知识产权应当承担的民事责任，"公民、法人的著作权（版权）、

专利权、商标专用权、发现权、发明权和其他科技成果权受到剽窃、篡改、假冒等侵害的，有权要求停止侵害、消除影响、赔偿损失"。

《保守国家秘密法》第 9 条规定，"国家秘密包括国防建设和武装力量活动中的秘密事项"。第 11 条规定，"国家秘密及其密级的具体范围，由国家保密工作部门分别会同外交、公安、国家安全和其他中央有关机关规定。国防方面的国家秘密及其密级的具体范围，由中央军事委员会规定。关于国家秘密及其密级的具体范围的规定，应当在有关范围内公布"。一般来说，国防知识产权绝大部分涉及军事和武器装备，属于《保守国家秘密法》规范的范畴，是国家秘密的重要组成部分。如果某项知识产权仅仅涉及国防建设或武器装备但不属于国家秘密的范畴，那么该项创新成果就可能不是国防知识产权，可以通过普通专利来保护。因此，《保守国家秘密法》是保护国防知识产权的重要法律渊源之一。

《合同法》中关于"技术合同"的规定，为国防知识产权合同管理提供了基本规范。技术合同主要分为技术开发、技术转移、技术咨询合同和技术服务合同等。具体到国防知识产权领域，涉及国防利益和国家安全的技术开发、转移、咨询和服务合同，都必须遵守合同法的相关规定，受合同法相关条款的约束，享有合同法规定的各项权利，承担相关的法定义务。如国家或其主体投资、委托他人研发的产生的知识产权归属、产生利益的分配等问题，如合同签订、履行、中止、终止等环节等都要遵守合同法的相关规定。

《对外贸易法》设专章对对外贸易中的知识产权保护进行了规定。其第 29 条明确规定，"国家依照有关知识产权的法律、行政法规，保护与对外贸易有关的知识产权"。第 16 条规定，"国家基于维护国家安全、社会公共利益或者公共道德的原因，可以限制或者禁止有关货物、技术的进口或者出口"。第 17 条规定，"国家对与裂变、聚变物质或者衍生此类物质的物质有关的货物、技术进出口，以及与武器、弹药或者其他军用物资有关的进出口，可以采取任何必要的措施，维护国家安全。在战时或者为维护国际和平与安全，国家在货物、技术进出口方面可以采取任何必要的措施"。由于国防知识产权涉及国防利益和国家安全，国家可以对国防相关的技术进出口进行必要的管制，但是具体的管制措施并没有在《对外贸易法》中详细规定。

《刑法》在第三章破坏社会主义市场经济秩序罪中，对侵犯专利、著作权、商标、商业秘密等的知识产权刑事犯罪行为进行了专门的规定。《国防专利条例》规定，对于侵犯国防专利权、造成权利人损失的行为，权利人可以通过行政调处与司法诉讼的方式进行维权；对泄露国家秘密的，适用国家保密法及其他相关法律法规的规定；但对于侵犯知识产权的、不涉及国家保密法的各类刑事犯罪，没有作出规定。按照特殊法没有规定时，适用普通法的相关规定，因此，侵犯知识产权的、不涉及国家保密法的各类刑事犯罪，应当适用刑法的相关规定。

《科学技术进步法》第 20 条规定，利用财政性资金设立的科学技术基金项目或者科学技术计划项目所形成的发明专利权、计算机软件著作权、集成电路布图设计专有权和植物新品种权，除涉及国家安全、国家利益和重大社会公共利益的外，授权项目承担者依法取得。项目承担者应当依法实施前款规定的知识产权，同时采取保护措施，并就实施和保护情况向项目管理机构提交年度报告；在合理期限内没有实施的，国家可以无偿实施，也可以许可他人有偿实施或者无偿实施。项目承担者依法取得的本条第1款规定的知识产权，国家为了国家安全、国家利益和重大社会公共利益的需要，可以无偿实施，也可以许可他人有偿实施或者无偿实施。项目承担者因实施本条第1款规定的知识产权所产生的利益分配，依照有关法律、行政法规的规定执行；法律、行政法规没有规定的，按照约定执行。国防单位承担国家科技计划项目所产生的知识产权管理应遵循该法规定。

《促进科技成果转化法》的立法宗旨在于促进科技成果转化为现实生产力，规范科技成果转化活动，加速科学技术进步，推动经济建设和社会发展。国防知识产权中最为重要的专利和专有技术（即技术秘密）属于该法中科技成果的范围，这些科技成果具有较高的技术含量，加速国防科技成果的转化不仅有利于提高国家的军事水平，更有助于巩固国家的技术基础，提高制造业的产出，增加就业机会。国防科技成果的转化应适用该法规定。

2. 相关行政法规

适用于国防知识产权的其他法规主要有：《专利法实施细则》《技术进出口管理条例》《知识产权海关保护条例》。

《专利法实施细则》第7条规定，专利申请涉及国防利益需要保密的，由国防专利机构受理并进行审查；国务院专利行政部门受理的专利申请涉及国防利益需要保密的，应当及时移交国防专利机构进行审查。经国防专利机构审查没有发现驳回理由的，由国务院专利行政部门作出授予国防专利权的决定。国务院专利行政部门认为其受理的发明或者实用新型专利申请涉及国防利益以外的国家安全或者重大利益需要保密的，应当及时作出按照保密专利申请处理的决定，并通知申请人。保密专利申请的审查、复审以及保密专利权无效宣告的特殊程序，由国务院专利行政部门规定。该细则第55条规定，保密专利申请经审查没有发现驳回理由的，国务院专利行政部门应当作出授予保密专利权的决定，颁发保密专利证书，登记保密专利权的有关事项。

《技术进出口管理条例》规定，称技术进出口，是指从中华人民共和国境外向中华人民共和国境内，或者从中华人民共和国境内向中华人民共和国境外，通过贸易、投资或者经济技术合作的方式转移技术的行为。前款规定的行为包括专利权转让、专利申请权转让、专利实施许可、技术秘密转让、技术服务和其他方式的技术转移。属于禁止出口的技术，不得出口；属于限制出口的技术，实行许可证管理；未经许可，不得出口；出口属于限制出口的技术，应当向国务院外经贸主管部门提出申请；限制出口的技术需经有关部门进行保密审查的，按照国家有关规定执行；出口核技术、核用品相关技术、监控化学品生产技术、军事技术等出口管制技术的，依照有关行政法规的规定办理。

《知识产权海关保护条例》规定，海关对与进出口货物有关并受中华人民共和国法律、行政法规保护的商标专用权、著作权和与著作权有关的权利、专利权（以下统称知识产权）实施的保护，国家禁止侵犯知识产权的货物进出口。

3. 相关规章

《技术进出口合同登记管理办法》第 2 条规定，技术进出口合同包括专利权转让合同、专利申请权转让合同、专利实施许可合同、技术秘密许可合同、技术服务合同和含有技术进出口的其他合同。

《海关关于〈中华人民共和国知识产权海关保护条例〉的实施办法》，对知识产权权利人请求海关采取知识产权保护措施或者向海关总署办理知识产权海关保护备案，请求海关扣留即将进出口的侵权嫌疑货物和海关依职权查处侵权等相关程序进行了具体规定。

《国家高技术研究发展计划（863 计划）管理办法》第 40 条规定，"863 计划管理机构、课题依托单位和课题承担单位要加强知识产权管理，严格执行科技部《关于加强国家科技计划知识产权管理工作的规定》。863 计划课题形成的知识产权，其归属、使用和管理按照《关于国家科研计划项目研究成果知识产权管理的若干规定》执行"。第 42 条规定，"课题研究过程中形成的无形资产，由课题依托单位负责管理和使用。课题研究成果转化及无形资产使用产生的经济效益按《中华人民共和国促进科技成果转化法》和国家有关规定执行"。

《国家科技重大专项知识产权管理暂行办法》第 22 条规定，重大专项产生的知识产权，其权利归属按照下列原则分配：（1）涉及国家安全、国家利益和重大社会公共利益的，属于国家，项目（课题）责任单位有免费使用的权利。（2）除第（1）项规定的情况外，授权项目（课题）责任单位依法取得，为了国家安全、国家利益和重大社会公共利益的需要，国家可以无偿实施，也可以许可他人有偿实施或者无偿实施。项目（课题）任务合同书应当根据上述原则对所产生的知识产权归属作出明确约定。属于国家所有的知识产权的管理办法另行规定。牵头组织单位或其指定机构对属于国家所有的知识产权负有保护、管理和运用的义务。

4. 相关的其他规范性文件

《中共中央 国务院关于加强技术创新，发展高科技，实现产业化的决定》第 2 条规定，"大力发展军民两用技术。加快军用技术向民用领域的转移及其相关产业的发展，注重发挥高新技术在科技强军中的重要作用，军民团结协作，为国家安全提供高科技支持"。第 13 条规定，"加强对知识产权的管理和保护。对于政府财政资金支持的科技项目，要充分运用知识产权和信息资源，选准高起点，避免低水平重复研究；对于取得的科研成果，要重视运用知识产权制度保护其合法权益；对于知识产权的职务发明人、设计人、作者以及主要实施者，要给予其实际贡献相当的报酬和股权收益。要大力加强知识产权法律宣传和人才培训工作，引导企业、科研机构和高等学校建立和完善知识产权管理制度。要进一步提高全社会知识产权保护意识和法制观念，加大知识产权保护和执法力度，坚决查处和制裁各种侵权行为，及时有效地处理知识产权侵权和纠纷案件"。

《科技部关于加强与科技有关的知识产权保护和管理工作的若干意见》规定，要逐步调整科技成果的知识产权归属政策，除以保证重大国家利益、国家安全和社会公共利益为目的，并由科技计划项目主管部门与承担单位在合同中明确约定外，执行国家科技计划项目所形成科技成果的知识产权，可以由承担单位所有。执行国家科技计划项目所产生的发明权、发现权及其他科技成果权等精神权利，属于对项目单独或者共同作出创造性贡献的科技人员。承担单位应当依法落实并保障科技成果完成人员取得相应的经济利益。承担单位应当建立和完善科技成果的知识产权管理制度及相应的转化制度，应对其所有的科技计划项目研究成果采取必要措施，依法申请相关知识产权并加以管理和保护，对侵犯其知识产权的违法行为，有责任寻求法律手段予以制止。对于承担单位无正当理由不采取或者不适当采取知识产权保护措施，以及无正当理由在一定期限内确能转化而不转化应用科技计划项目研究成果的，科技计划项目的行政主管部门可以依法另行决定相关研究成果的知识产权归属，并以完成成果的科技人员为优先受让人。

《科技部、财政部关于国家科研计划项目研究成果知识产权管理的若干规定》第1条规定，"科研项目研究成果及其形成的知识产权，除涉及国家安全、国家利益和重大社会公共利益的以外，国家授予科研项目承担单位（以下简称项目承担单位）。项目承担单位可以依法自主决定实施、许可他人实施、转让、作价入股等，并取得相应的收益。同时，在特定情况下，国家根据需要保留无偿使用、开发、使之有效利用和获取收益的权利"。该条将涉及国家安全的知识产权排除在外，国防科研项目中产生的知识产权不适用该规定。由于国防科研单位承担的国家科研计划项目由科技部、国防科工委、总装备部下达，既有基础研究项目，也有国防技术基础和武器装备研制项目，该规定对"涉及国家安全、国家利益和重大社会公共利益"未作明确界定，使得国防知识产权很难适用该项规定。

《关于加强国家科技计划知识产权管理工作的规定》规定，科技行政管理部门在下达任务书或签订合同时，对涉及国家安全、国家利益和重大社会公共利益的项目，应当明确约定国家对研究成果拥有的权利，并指定机构负责成果及其知识产权的管理，同时保障研发人员根据法律法规和政策应当享有的精神权利、奖励和报酬。对项目的知识产权权属问题作出详细规定，确保国家科技计划项目成果的知识产权权属清晰。内容包括：在单位已有科技成果基础上执行国家项目，国家项目成果与已有成果的界限；项目实施过程中需购入技术的，与技术转让方的权利利益关系；项目实施中与第三方合作或向第三方转委托时，与第三方的权利利益关系等。承担单位为执行项目与第三方签订的技术合同，报科技行政管理部门备案。国家科技计划项目经费中可以列支知识产权事务经费，用于专利申请和维持等费用。经财政部门批准，在国家有关科研计划经费中可以开支知识产权事务费，用于补助负担上述费用确有困难的项目承担单位，和具有抢占国际专利竞争制高点意义的重大专利的国外专利申请和维持费。

《中共中央 国务院关于实施科技规划纲要增强自主创新能力的决定》规定，从现在起到2020年，我国科学和技术发展要以提升国家竞争力为核心，实现国防科技基本满足现代武器装备自主研制和信息化建设的需要，为维护国家安全提供保障等重要目标。必须深化科技体制改革和经济体制改革，形成技术创新、知识创新、国防科技创新、区域创新、科技中介服务等相互促进、充满活力的国家创新体系。深化国防科研体制改革，建设军民结合、寓军于民的国防科技创新体系。统筹军民科技计划和军民两用科技发展，建立健全科技资源共享、军民互动合作的协调机制，实现从基础研究、应用研究开发、产品设计制造到技术和产品采购的有机结合。建设严格保护知识产权的法治环境。健全法律制度，依法严厉打击各种侵犯知识产权的行为，为知识产权的产生与转移提供切实有效的法律保障。重视自主知识产权的应用和保护，支持以我为主形成重大技术标准。

《国家中长期科学和技术发展规划纲要（2006～2020年）》规定，到2020年国防科技要基本满足现代武器装备自主研制和信息化建设的需要，为维护国家安全提供保障。建设军民结合、寓军于民的国防科技创新体系。从宏观管理、发展战略和计划、研究开发活动、科技产业化等多个方面，促进军民科技的紧密结合，加强军民两用技术的开发，形成全国优秀科技力量服务国防科技创新、国防科技成果迅速向民用转化的良好格局。完善军民结合、寓军于民的机制。加强军民结合的统筹和协调。改革军民分离的科技管理体制，建立军民结合的新的科技管理体制。鼓励军口科研机构承担民用科技任务；国防研究开发工作向民口科研机构和企业开放；扩大军品采购向民口科研机构和企业采购的范围。改革相关管理体制和制度，保障非军工科研企事业单位平等参与军事装备科研和生产的竞争。建立军民结合、军民共用的科技基础条件平台。建立适应国防科研和军民两用科研活动特点的新机制。统筹部署和协调军民基础研究，加强军民高技术研究开发力量的集成，建立军民有效互动的协作机制，实现军用产品与民用产品研制生产的协调，促进军民科技各环节的有机结合。

国务院《实施〈国家中长期科学和技术发展规划纲要〉的若干配套政策》规定，发挥国防采购扶持自主创新的作用。国防采购应立足于国内自主创新产品和技术。自主创新产品和技术满足国防或国家安全需求的，应优先采购。政府部门对于涉及国家安全的采购项目，应首先采购国内自主创新产品，采购合同应优先授予具有自主创新能力的企业或科研机构。促进"军民结合、寓军于民"。建立促进军民科技资源协调配置的联席会议制度。加强军民科技计划的衔接与协调。建立军用、民用自主创新信息共享平台，促进军用、民用技术研究开发需求的互通交流及创新成果的双向转移。根据相关法律法规，起草、制定促进军民结合、寓军于民的国防科研生产和武器装备采购法等法律法规以及相关配套制度。制定军品承研、承制单位资格审查认证办法，引入基于资格审查的军品市场准入制度，扩大军品市场的准入范围，将符合条件的民口科研机构和企业纳入装备承研承制单位名录。在满足军用要求的前提下，积极采用先进适用的民用标准用于武器装备研制，建立国家标准、军用标准和行业标准协调互补的标准体系。对承担武器装备科研生产任务的民口企事业单位给予必要的政策支持。

《国家知识产权战略纲要》指出，要建立国防知识产权的统一协调管理机制，着力解决权利归属与利益分配、有偿使用、激励机制以及紧急状态下技术有效实施等重大问题。加强国防知识产权管理。将知识产权管理纳入国防科研、生产、经营及装备采购、保障和项目管理各环节，增强对重大国防知识产权的掌控能力。发布关键技术指南，在武器装备关键技术和军民结合高新技术领域形成一批自主知识产权。建立国防知识产权安全预警机制，对军事技术合作和军品贸易中的国防知识产权进行特别审查。促进国防知识产权有效运用。完善国防知识产权保密解密制度，在确保国家安全和国防利益基础上，促进国防知识产权向民用领域转移。鼓励民用领域知识产权在国防领域运用。

《关于进一步加强职务发明人合法权益保护 促进知识产权运用实施的若干意见》规定，第一，支持企事业单位和军队单位依法建立和完善职务发明的知识产权管理制度。国有企事业单位和军队单位应当建立发明创造报告制度，明确研发过程中尤其是形成发明创造后单位与发明人之间的权利、义务与责任，及时确定发明创造的权益归属。建立职务发明的知识产权管理制度，设立专门机构或者指定专门人员负责知识产权管理工作。建立和完善职务发明奖励和报酬制度，明确职务发明奖励、报酬的条件、程序、方式和数额，单位与发明人约定奖励、报酬的数额或者方式的，应当切实履行承诺。第二，依法保护职务发明人的合法权益。鼓励单位与发明人约定发明创造的知识产权归属，支持职务发明人受让单位拟放弃的知识产权，鼓励职务发明人积极参与知识产权的运用与实施，保障职务发明人在专利文件以及各类相关文件中的署名权，提高职务发明的报酬比例，自行实施的不低于实施该发明专利的营业利润的3%，转让、许可他人实施或出资入股的，不低于转让费、许可费或者出资比例的20%，合理确定职务发明的报酬数额，及时给予职务发明人奖励和报酬，保障特定情形下职务发明人获得奖励和报酬的权利。第三，完善保护职务发明人权益的政策措施，落实和完善职务发明人获得奖金和报酬的财政税收优惠政策，将与职务发明知识产权相关要素纳入考评范围，将对职务发明人权益的保护情况纳入考核指标，建立职务发明人维权援助机制。

《财政部、科技部、国家知识产权局关于开展深化中央级事业单位科技成果使用、处置和收益管理改革试点的通知》要求，除涉及国家安全、国家利益和重大社会公共利益的科技成果转移转化，试点单位可以自主决定对其持有的科技成果转移转化的方式，不再审批或备案。建立符合科技成果转移转化规律的市场定价机制，试点单位科技成果转移转化所获得的收入全部留归单位，纳入单位预算，实行统一管理，处置收入不上缴国库。科技成果转移转化收入除用于人员奖励外，其余部分应当用于科研、知识产权管理及科技成果转移转化工作。试点单位应当按规定将上一年度科技成果转移转化情况（主要包括获得的科技成果情况、科技成果转移转化情况、收入及分配情况等）向单位主管部门报告。

（三）现有政策法规存在的问题分析

1. 缺乏统一的顶层规范性文件

我国《国防法》规定，国家直接投入国防资金形成的技术成果归国家所有，但谁代表国家认识不统一。《科技进步法》《专利法》等将涉及国家安全、国家利益以及重大社会公共利益的知识产权的归属和管理问题，排除在规范调整范围之外。《国防专利条例》对于权利的归属没有作相应的规定，对有偿使用制度的规定也过于原则，无法在现实中具体落实。国防知识产权的管理没有国家层面的、统一性的法律法规依据。

2. 管理客体仍较单一

完整的国防知识产权制度，应当包括对国防专利、商标、著作权以及技术秘密等在内相关智力成果的管理。而国防知识产权制度实施以来，仅出台了《国防专利条例》，其他知识产权的管理规范以及相关配套制度一直未制定实施，还处于摸着石头过河的阶段，与当前依法治国的国家方针政策不符，应当加强相关的立法协调工作，实现有法可依。

3. 国防科研与装备采购中的知识产权制度不完善

在《装备条例》《装备科研条例》《装备预研条例》等相关法规中缺少知识产权相关条款；国防知识产权权属政策和有偿使用制度仍欠缺；缺少国防科研试制费和军品定价相关管理规定和价值评估标准规范；军事技术合作与军援军贸缺少相关制度规章指引；知识产权军民双向转化实施转化的政策意见尚不完善。

4. 管理机构的职责分工缺乏明确法律依据

军民之间、行业之间、部门之间国防知识产权管理缺乏协调，国防科研与武器装备采购部门与知识产权管理部门政策不统一。国防知识产权管理机构在国防科技和装备建设业务方面管理职能不明确，目前只有工作指导职能，导致协调监督难度大。国防知识产权各相关管理机构之间缺乏规范化信息交流沟通机制，管理部门未能形成政策合力。

5. 支撑服务机构管理制度不完善

国防知识产权的代理、研究、咨询、检索、培训、转化、法律、评估等支撑服务机构未健全，管理机制不完善，未能形成规范化管理，对机构的进入、退出及考核等没有建立管理规范，不能有效满足国防知识产权的社会化管理需求。

四、形势需求分析

为全面贯彻党的十八大、十八届三中、四中全会和习近平主席在全军装备工作会议上的讲话精神，推进落实"深化国防和军队改革""依法治国""推进装备领域改革"等总体要求，发挥国防知识产权在促进创新驱动发展、军民融合深度发展中的战略作用，在国家层面建立统一领导、需求对接、资源共享的国防知识产权工作机制，亟需在国家层面建立健全国防知识产权管理的科学性、系统性政策法规体系。

（一）是全面贯彻落实依法治军、从严治军决定的要求

根据党的十八届四中全会全面依法治军、从严治军的要求，需要在国防和军队建设领域进一步完善制度体系。国防知识产权制度作为武器装备采购制度的重要组成部分，具有调整国防科研创新生产关系的重要作用，通过相关法规与制度的制定、修改与完善，强化法治意识，充分发挥法律法规对优化创新环境、配置创新资源、打通创新链条的作用，实现对国防科技创新成果的有效保护，推动创新成果向武器装备和战斗力转化，提高国防知识产权工作的法治化水平。

（二）是健全管理制度，解决重点难点问题的要求

目前军队和装备建设正处于改革和发展的关键时期，按照党的十八届四中全会关于"实现立法和改革决策相衔接，做到重大改革于法有据、立法主动适应改革和经济社会发展需要；实践证明行之有效的，要及时上升为法律；对不适应改革要求的法律法规，要及时修改和废止"的要求，针对目前我国国防知识产权管理领域中存在的问题，将那些实践证明行之有效的做法，及时通过制定管理条例的方式予以固化，将那些实践证明

已经不适应国防科技与武器装备建设需要的做法，及时进行修改，做到国防科研生产和装备建设领域的重大改革于法有据。通过管理制度的建设，解决国防知识产权管理中的重点难点问题，是国内外形势与武器装备建设时代要求的集中体现。

（三）是提高国防科技和武器装备创新能力的要求

武器装备是军队现代化的重要标志，是国家安全和民族复兴的重要支撑。新中国成立后，特别是改革开放以来，我国国防领域科技创新能力不断增强，在国防科研和武器装备建设上取得了许多令人振奋的成绩，但在高精尖技术的研发和运用上与发达国家尚存一定的差距，与国家科技发展计划"到2020年国防科技基本满足军队和武器装备建设要求"的发展目标也存在距离，在某些武器装备的重点关键技术研制上，还存在瓶颈问题。十八届四中全会指出，要"完善激励创新的产权制度、知识产权保护制度和促进科技成果转化的体制机制"，激发社会各主体的创新动力，紧跟世界军事革命特别是军事科技发展方向，加速发展步伐，适应国防和武器装备建设创新驱动发展的要求，实现国防科研和武器装备自主创新、突出重点，构建适应履行使命要求的装备体系，为实现强军梦提供强大物质技术支撑。

（四）是增强国防知识产权运用和保护能力的要求

知识产权制度在规范科技管理，调节利益关系，激励和保障技术创新方面的重要功能和作用。而我国的国防知识产权，尤其是国防专利还基本处于休眠状况，习近平主席将国防专利比喻成正在睡大觉的"睡美人"，国防知识产权的实施转化不足，导致国防知识产权的运用不充分，制约了国防产权作用的发挥。此外，国防知识产权的保护力度不足，没有一套比较健全的权利保护与维权机制，调解方式单一且薄弱，行政执法力量不足，司法解决途径不畅通，侵权信息获取及取证困难，造成权利人在权利受到侵害时没有维权的合理的途径和手段，损害了创新的积极性。因此，应当积极贯彻党中央"完善激励创新的产权制度、知识产权保护制度和促进科技成果转化的体制机制"的有关决定，通过健全国防知识产权管理法规制度，强化知识产权管理部门知识产权执法保护的职能，加强国防知识产权的运用和保护，发挥制度激励和保障国防科技创新的作用。

（五）是贯彻落实国防知识产权战略的要求

国防知识产权战略作为国家知识产权战略的重要组成部分，自实施以来，有力地促进了国防和军队建设的创新发展，但国防知识产权创造、运用、管理、保护能力仍有不足。目前，国防知识产权战略实施多项政策法规建设重点任务，已纳入全国人大、政协、军委的战略规划或督办事项。为了进一步推动国防知识产权战略实施，落实相关任务要求，须进一步健全国防知识产权政策法规体系，明确重点方向和任务，推进战略实施不断向前发展。

五、发展思路与目标分析

(一) 指导思想

建立和完善国防知识产权政策法规体系,必须深入贯彻落实党的十八届三中、四中全会及习近平主席系列讲话精神,围绕国防科技和武器装备发展需求,深化重点问题论证研究,制定科学合理的立法计划,努力纳入国家和军队的立法规划,抓紧制定专门法律法规,积极修订完善相关法律法规,逐步构建有利于创新的国防知识产权政策法规体系,推动知识产权管理与国防科技和武器装备建设的融合融入,全面提升国防知识产权创造、运用、保护和管理能力,为国防科技、武器装备创新和军民融合深度发展提供有力支撑。

(二) 发展原则

1. 深化改革,健全体系

加强制约国防知识产权事业发展的重点问题研究与探索实践,重点研究国防科研和武器装备采购对国防知识产权管理的要求,关注未来发展中各类知识产权的管理内容,深化国防知识产权制度改革,健全国防知识产权政策法规体系,完善国防知识产权管理与国防科研生产和装备采购管理衔接融合机制,营造有利于装备建设和国防科技创新发展的知识产权法制环境和组织保障体系。

2. 合理论证,分步实施

通过对现行国防知识产权法规体系进行全面总结和评估,形成新的国防知识产权法规体系建设规划,得出需要保留、修订、配套、制定或废止的法律法规,为修订、配套和制定国防知识产权法规提供支撑。具体建设过程,可根据《国家知识产权战略实施纲要》确定的战略目标,分为三个阶段实施:近期(2015年前)为现行国防知识产权法规体系评估和方案论证及制定立法规划阶段;中期(2016～2017年)为起草和推动颁布部分法律法规阶段;远期(2018～2020年)为全面建设并基本形成系统、完善的国防知识产权法规体系阶段。

3. 整体布局,科学筹划

要总体考量、科学谋划、有序推进。在谋划国防知识产权法规体系建设时,应充分考虑到国际国内社会环境、国防知识产权的内在规律和立法特点等多种因素的影响。在制定和实施立法规划时,应注重整体布局,即在制定立法规划时就应通盘考虑各种情况,既要符合国家的有关立法、规划和政策要求,又要适应国防知识产权的实际状况;既要制定近期规划,又要制定中、长期规划;既要考虑制定统合性法规,又要考虑制定单行法规;既要考虑国家国防利益,又要兼顾其他主体的利益等等。

4. 满足急需,着眼发展

针对现实需求情况,可优先考虑实践中亟待立法支持的事项,加快相关立法步伐。在具体实施时应综合平衡稳步推进,成熟一项推动一项,不必搞"一刀切"。应深入分析国防知识产权立法的各个层面和特点,分清轻重缓急、突出重点、有序推进,既要具有一定的前瞻性，又要符合实践需要，尤其是不能为追求立法的速度和数量而牺牲立法质量和效益。

（三）立法模式

国防知识产权政策法规体系是国家政策法规体系中的有机组成部分，既与国防政策法规相关，又与知识产权政策法规相关。因此，国防知识产权政策法规体系的构建应当融入整个国家的政策法规体系之中，既与国防政策法规相互衔接，又与知识产权的政策法规相互衔接。从立法权能分配上来说，国防与知识产权相关的政策法规体系构建，在中央层面的主要立法主体有全国人大及其常委会、国务院、中央军委、国务院和中央军委组成部门，形成的法律规范按效力层级分为法律、法规和规章。

完善和创设与国防知识产权保护的相关制度可以通过以下方式来完成：综合性立法与单行法规相结合，分散立法，国防领域统一立法等。外国大多数国家国防知识产权立法思路是分散立法，具体地讲，在本国知识产权法律体系框架下，根据国防知识产权保护和管理的特点，在国防相关法律、法规中增加知识产权的内容。因此，其国防知识产权法规体系包括本国知识产权法律和与国防相关法律、法规。

根据我国实际，我国国防知识产权立法思路可考虑综合立法与单行相结合。综合性立法概括性强，比较节约立法资源，单行法明确具体、可操作性强，但需要较多的立法资源。综合性立法是指对国防知识产权有关问题进行总体调整或者对国防知识产权诸多问题进行法律调整的立法，如在综合性法律法规方面，可以以《国防知识产权法》为导向，以制定《国防知识产权条例》为突破口。在与国防相关的法律、法规中，增加知识产权内容。例如，在《装备条例》中增加了装备知识产权内容。单行性法规是指以国家知识产权法律、法规为基础，制定专门调整国防知识产权某一方面问题的专门国防知识产权法规。如以综合性法律法规《国防知识产权管理条例》为基础，制定多部类似于《国防专利条例》的单行法规。

总的来说，国防知识产权法规体系与本国政治、经济、军事、历史等因素有关，可根据本国国情、军情选择不同的立法思路，建立不同的立法体系。在制定立法规划时应当遵循一些基本的原则：整体协调原则，能适用普通知识产权规范达到效果的，原则上沿用普通管理规范；突出国防特色原则，在不能通用的领域，要做好国防知识产权的特殊性文章，以国家安全与国防利益为先导，构建体系完整、运转有效的政策法规体系，做好特殊领域中的知识产权管理。

（四）发展目标

到 2020 年，形成完善的国防知识产权法规政策体系，国防知识产权创造和运用能力明显提升，国防科研和装备采购知识产权管理能力明显增强，国防知识产权保护体系、支撑体系基本建立。

2020 年前，提出对《国防法》等上位法中与知识产权相关内容的修改建议；修订《国防专利条例》，妥善处理国防知识产权归属和利益分配问题，重新制定国防专利补偿办法；完善国防技术秘密管理，颁布实施军用软件著作权登记办法、军用集成电路布图设计登记办法；制定《装备采购合同知识产权管理办法》《装备采购军用软件著作权管理办法》《装备采购技术资料管理办法》《装备采购合同知识产权标准条款》《国防发明报告工作规范》《装备立项论证知识产权管理办法》等规范，完善装备采购知识产权相关规章制度；制定《装备技术引进知识产权管理办法》《装备技术出口知识产权审查办法》，完善对外军事技术合作与军贸中的知识产权管理；制定国防专利侵权纠纷处理办法，健全国防知识产权保护法规；修订《军品价格管理办法》和《国防科研项目计价管理办法》，建立国防知识产权有偿使用制度；编制并定期发布、修订应掌握自主知识产权国防关键技术指南和军民结合高新技术领域应掌握自主知识产权的关键技术和产品目录；制定国防知识产权价值评估办法，编制重大国防知识产权清单；制定国防知识产权管理条例，规范国防知识产权管理的范围、原则、机构及职责、模式及内容、法律责任等。

发展目标具体时间节点请见图 2-2。

（五）体系架构

国防知识产权管理政策法规体系，由三个层次组成，即全国人大及其常委会制定的法律，国务院与中央军委制定的法规，国务院相关部委与解放军各部门的规章和规范性文件。

国防知识产权政策法规体系的法律层面，由军事法律和普通知识产权法律组成，军事法规主要有现行的《国防法》，以及待制定的"武器装备采购供应法"等，普通知识产权法律有《专利法》《著作权法》《反不正当竞争法》《科技进步法》《促进科技成果转化法》等。

在法规层面，主要有《国防专利条例》《装备条例》《装备科研条例》《装备预研条例》及列入立法计划待制定的"国防知识产权管理条例""军用著作权管理办法"及其他法规组成；国务院制定的《专利法实施细则》《技术进出口管理条例》《知识产权海关保护条例》等相关法规。

国防知识产权相关规章制度大部分都在研究制定的过程中，如，（1）装备采购知识产权相关规章制度，如《装备采购合同知识产权管理办法》《装备采购军用软件著作权管理办法》《装备采购技术资料管理办法》《装备采购合同知识产权标准条款》《国防发明报告工作规范》《装备立项论证知识产权管理办法》《装备技术引进知识产权管理办法》《装备技术出口知识产权审查办法》；（2）国防知识产权专门规章，如《军用计算机软件著作权登记办法》《军用集成电路布图设计登记办法》，并配套制定国防专利解密规程、标准表格体系；（3）促进军民融合相关规章，如《关于促进国防知识产权双向转化的指导意见》《国防知识产权转民用评估规范》；（4）标准化管理相关规章制度，如《装备承制单位知识产权管理规范》《装备型号、重大专项知识产权管理规范》；（5）权利归属相关政策和制度，如出台《关于妥善处理国防知识产权权利归属与利益分配的若干意见》，修改《国防科研项目计价管理办法》《军品价格管理办法》，建立和完善军队职务发明奖酬办法等；（6）国防知识产权的保护制度，如国防知识产权案件的执法规程、审判规则等；（7）国防知识产权支撑服务和保障制度，如国防产权服务机构管理办法，军队知识产权服务管理专项规定等。

国防知识产权政策法规体系建构图详见图 2-3。

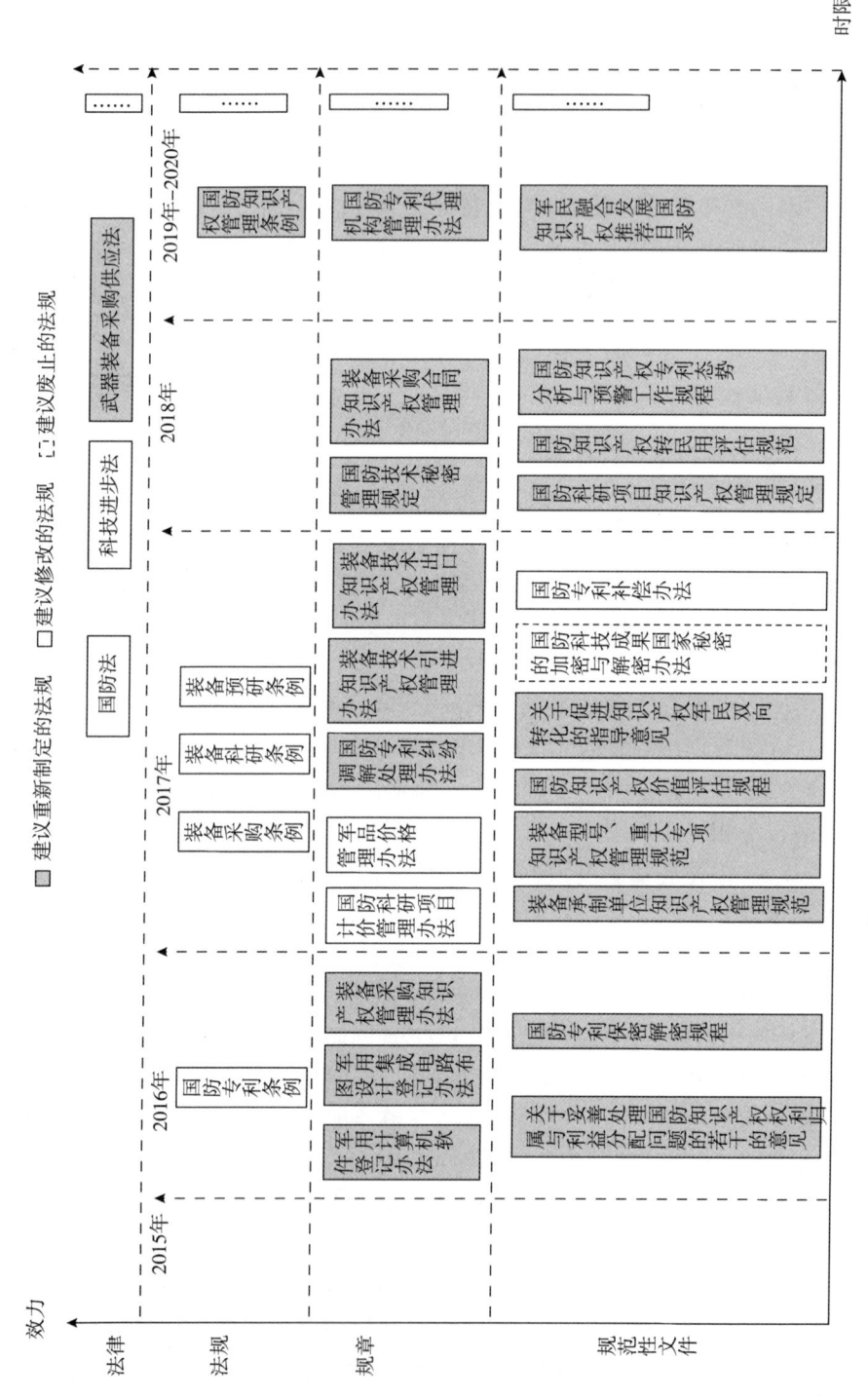

图 2-2 国防知识产权管理法规立法规划示意图

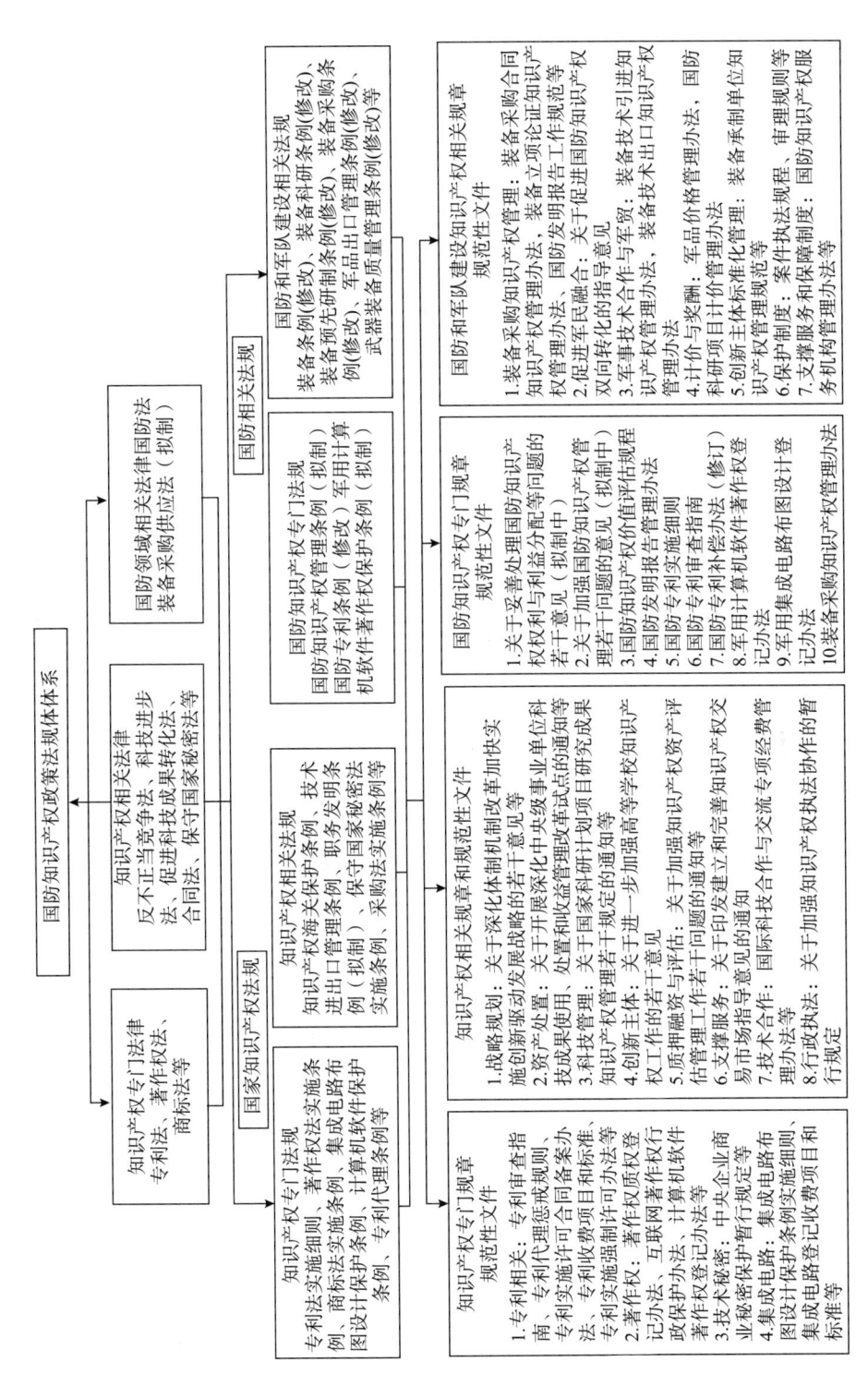

图 2-3 国防知识产权法规体系建构图

六、重点任务分析

国防知识产权政策法规体系建设，是一项长期性、系统性的工程，由一系列的国防知识产权政策、法规的研究、论证、拟制颁布等工作组成。

（一）做好国防知识产权与国家相关法律法规的衔接

要做好国防知识产权与国家相关法律法规的衔接，需完善相关法律中有关国防知识产权的规定，梳理现行与国防知识产权有关的国家法律法规，研究提出对《科技进步法》《促进科技成果转化法》《国防法》《装备采购供应法》（拟制定）等上位法中与国防知识产权有关内容的立法建议，构建国防知识产权顶层法规体系，为国防知识产权相关规章制度提供立法依据。

建议由总装备部国防知识产权局牵头，由国防科工局科技与质量司作为参与部门。

（二）完善国防科研和装备采购知识产权管理制度

1. 健全装备采购中的知识产权制度

按照"十三五"装备采购制度改革要求，在《装备条例》《装备科研条例》《装备预研条例》等相关法规中，纳入知识产权相关条款，出台《装备采购合同知识产权管理办法》等。

建议由总装备部综合计划部综合局牵头，由总装备部国防知识产权局，国防科工局科技与质量司作为参与部门。

2. 健全国防科研中的知识产权制度

根据国家创新发展的新形势和科技体制改革的新环境，结合国内外国防科研中知识产权管理的有效经验，研究制定《国防科研项目知识产权管理办法》，推动颁布实施。

建议由国防科工局科技与质量司牵头，由总装备部国防知识产权局作为参与部门。

3. 完善国防知识产权权属与利益分配政策

改革国防知识产权权属政策，出台《关于妥善处理国防知识产权权利归属与利益问题的若干意见》，确立关于国防知识产权权利归属与利益分配的基本原则，并在相关法规规章明确投入方和产生方之间的权利义务关系。

建议由总装备部国防知识产权局，国防科工局科技与质量司牵头，由总装备部综合计划部，工业和信息化部军民结合推进司，总装备部综合计划部科研局、预研局作为参与部门。

4. 建立健全知识产权价值评估与计价相关制度

研究国防知识产权价值评估与国家无形资产评估体系的关系，明确国防知识产权价值评估的标准、规范，修订《国防科研项目计价管理办法》《军品价格管理办法》，将国防知识产权使用费用纳入国防科研和装备采购成本。

建议由总装备部国防知识产权局牵头，财政部国防司，国防科工局科技与质量司，总装备部综合计划部装备财务局作为参与部门。

5. 完善军技合作、军援军贸中的知识产权管理制度

修订相关法规规章，配套出台《装备技术引进知识产权管理办法》《装备技术出口知识产权管理办法》等，编制政府间知识产权保护协议范本。

建设由总装备部综合计划部装备技术引进局、装备军援军贸局，国防科工局军贸与外事司牵头，总装备部国防知识产权局、国防科工局科技与质量司作为参与部门。

（三）建立完善促进军民融合的知识产权政策体系

应建立知识产权军民双向转化政策体系。出台《关于促进知识产权军民双向转化实施的指导意见》，协调有关部门出台关于促进国防知识产权军民融合的装备采购、财政、金融、税收、外贸政策，营造有利于促进军民协同创新、民参军、军转军、军转民的知识产权政策环境。制定《国防知识产权转民用评估规范》，建立民用领域知识产权在国防领域运用信息发布与筛选评估机制。

建议由总装备部国防知识产权局，工业和信息化部军民结合推进司牵头，由科技部高新技术发展及产业化司，财政部国防司，国家税务总局政策法规司，国家知识产权局保护协调司，国防科工局科技与质量司作为参与部门。

（四）建立完善国防知识产权专门法规体系

1. 研究拟制《国防知识产权管理条例》

重点解决国家投入资金产生的国防知识产权的归属、分配和管理使用问题，要对国防知识产权的定位、立法目的和依据和国防知识产权管理所涉及的各类事项进行规范：主要包括管理原则、管理机构职责、权利形成、国防知识产权的性质及利益归属、激励机制（奖励与报酬）、保密解密、国防科研、生产经营中的管理，装备采购、信息平台、中介服务、纠纷处理、法律责任，以及战时或紧急状态下的有效实施等方面的重要事项。

建议由总装备部国防知识产权局牵头，由装备部综合计划部科研局、国家知识产权局条法司、工业和信息化部政策法规司、国家国防科技工业局科技与质量司作为参与部门。

2. 修订《国防专利条例》，完善国防专利相关制度

修订现行《国防专利条例》中与国家法律、法规相抵触的部分，与现行《专利法》等法律法规保持一致。开展国家国防专利纠纷处理和调解研究，制定国防专利纠纷处理和调解办法，并颁布实施。开展国防专利密级范围及其密级划分，定密解密责任主体，密级确定、变更与解除的工作程序，信息交流和使用，以及补偿机制等研究，适时制定相关规定。

建议由总装备部国防知识产权局、国防科工局科技与质量司牵头，由军委法制局、国务院法制办、国家保密局政策法规司、总装备部司令部综合局、总装备部综合计划部综合局作为参与部门。

3. 制定军用计算机软件著作权和军用集成电路布图设计登记制度

设计适应武器装备建设发展要求的军用计算机软件著作权登记和军用集成电路布图

设计登记制度，制定相应登记办法，明确登记的法律效力、登记的形式要件与实质要件。

建议由总装备部国防知识产权局牵头，由总装综合计划部预研局、科研局，总装司令部综合局作为参与部门。

4. 健全国防知识产权支撑服务管理制度

加强国防知识产权服务体系建设，大力推进国防知识产权服务规范化，制定服务执业行为规范，根据服务内容和特点制定服务标准。强化国防知识产权服务行业诚信管理，加强行业监管和自律，强化对违规行为的惩戒，建立国防知识产权服务秩序。健全国防知识产权管理人员、服务人员等各类人员培训、管理制度。

建议由总装备部国防知识产权局牵头。

（五）建立国防知识产权管理标准体系

制定《装备承制单位知识产权管理规范》《装备型号、重大专项知识产权管理规范》，形成装备采购、科研等方面的知识产权管理国家军用标准，广泛开展贯标工作，具体指导创新主体、型号专项知识产权管理。

建议由总装备部国防知识产权局牵头，由国防科工局科技与质量司，国家知识产权局专利管理司作为参与部门。

七、保障措施分析

（一）制定科学的法规体系建设规划

立法工作是靠科学的法规体系建设规划和年度计划指导进行的，要想实现国防知识产权法规体系建设目标，必须通盘考虑，妥善安排法规立法计划，使国防知识产权法规体系建设工作有计划、有步骤、有组织、有重点地进行。要科学整合立法需求，提高综合性、系统性立法比重，改善立法结构。增强国防知识产权工作的规范性和可操作性，从而保证国防知识产权工作有效进行和国防知识产权战略实施方案的稳步推进。

（二）加强法规体系建设的组织协调

首先，各有关部门要加强组织协调、立法论证、法规起草和法规草案审查的等工作，为国防知识产权政策法规体系构建提供人员支撑和经费保障。其次，要处理好总装备部与军队相关部门、军队与地方立法相关部门的立法关系。再次，国防知识产权法规体系建设中必须处理好与国家、政府和军队其他部门有关立法或体系的关系和衔接。国防知识产权是国家知识产权的重要组成部分，国防知识产权法规体系建设必须与国家知识产权法规体系建设相衔接；国防知识产权又是装备建设的重要组成部分，国防知识产权法规体系的法规项目必须与军事法规体系中的有关法规保持一致。

（三）遵循合理可行的立法技术规范

拓宽法规草案征求意见的途径和渠道，防止部门不当利益合法化。要把规范重点放在界定职权责任和明确程序规则上,增强法规制度的协调性、刚性、可操作性和解决问题的实效性,有针对性地解决法规质量不高的问题。要建立健全国防知识产权立法审查制度,对全军性和专业性较强的国防知识产权法规制度,在呈报前应组织有关部门和专家进行评审修改,并跟踪法律法规的实施效果,及时解决立法中存在的问题。要定期组织对国防知识产权立法人员进行培训,了解立法形势,提高立法技能。

参考文献

[1] 缪蕾. 我国国防知识产权的十大特点[J]. 中国科技论坛,2007(8).
[2] 李惠工. 国防知识产权的特殊性[J]. 中国资产评估,2008(1).
[3] 员智凯,桂立昌. 国防科技知识产权保护与管理研究[J]. 图书馆理论与实践,2006(6).
[4] 国防科技工业知识产权管理研究中心. 国防科技工业知识产权问题研究.
[5] 周天华. 知识产权全面实时价值评估[M]. 北京:知识产权出版社,2012.
[6] 吴伟仁. 国防科技工业知识产权实务[M]. 北京:知识产权出版社,2005.
[7] 郑成思. 知识产权法教程[M]. 北京:法律出版社,1993.
[8] 刘春田. 知识产权法[M]. 北京:高等教育出版社,2000.
[9] [澳]彼得·德霍斯. 知识产权法哲学[M]. 周林译. 北京:商务印书馆,2008.
[10] 梁波. 国防专利产权制度研究[D]. 长沙:国防科技大学,2009.

专题3 版权工作发展思路与政策研究

承担单位：中国新闻出版研究院

作　　者：范　军　赵　冰　汤雪梅　杨　昆
　　　　　郝丽美　季　成　宋嘉庚

一、"十二五"时期我国版权工作取得的成绩和存在的问题

（一）取得的成绩

1. 关于法律政策体系建设

"十二五"时期，我国版权政策法律体系不断完善，结合新形势下版权工作的实际，对相关法律、法规、规章和规范性文件开展了立改废的工作，进一步提升了版权工作的法治水平。

（1）《著作权法》第三次修订启动，本次修订秉承开门修法的原则，广泛听取社会群众和专家学者的意见，并根据社会意见数易其稿，极大地提升了版权工作在全社会的关注度。

（2）完成《著作权法实施条例》《计算机软件保护条例》《信息网络传播权保护条例》《著作权集体管理条例》等行政法规修改工作；发布《民间文学艺术作品著作权保护条例（征求意见稿）》。

（3）修订《全国版权示范城市、基地、单位（园区）管理办法》；公布《使用文字作品支付报酬办法》《教科书法定许可使用作品支付报酬办法》《关于规范网络转载版权秩序的通知》；起草《互联网传播影视作品著作权监督管理办法（草案）》《版权执法指导意见》等。

2. 关于执法监管工作

"十二五"时期，版权执法监管工作制度机制不断完善，各级版权行政管理部门将日常监管与专项治理、重点监管相结合，并加大对侵权盗版的刑事处罚力度，查破了一批有较大社会影响的侵权盗版大案要案，形成强大震慑；软件正版化工作按期完成工作目标，中央和省、市、县四级政府机关全部实现正版化。

（1）国家版权局等四部门连续开展"剑网行动"打击网络侵权盗版，以查办大案要案为抓手，针对网络文学、音乐、视频、游戏、动漫、软件等重点领域，通过依法关闭侵权盗版网站、没收服务器和相关设备、罚款、移送司法机关等形式办理了一批有较大社会影响的案件，并及时向社会通报典型案件，有效打击和震慑了网络侵权盗版活动，行政执法和司法保护水平进一步加强。

（2）加大对网络影视、网络文学、网络新闻转载等涉及作品授权使用问题的主动检查力度，网站版权重点监管工作取得显著成效，各地版权部门实施版权重点监管的网站已有3000多家，包括淘宝网、百度、搜狐、新浪、优酷等全国知名网站。主要视频网站视频内容正版率大幅提高，净化了网络视频行业的版权环境，有效带动了其他领域网络版权状况的改善。

（3）各地区、各部门建立健全软件正版化工作制度和常态化工作机制，软件正版化工作取得显著成效，中央、省、市、县四级政府机关以及中央企业三级以上企业、大中型金融机构、新闻出版行业企业集团总部已全部实现软件正版化。

（4）国家版权监管平台建设取得重要进展。一期工程升级改造完成，国家版权局

和省级版权行政管理及执法机构实现互联互通。二期工程完成了对视频作品的互联网版权执法监管及著作权登记的汇总统计发布等功能。目前针对其他所有类型作品的版权执法监管及软件正版化、著作权集体管理等重要功能正在建设当中。

3. 关于版权服务体系构建

"十二五"时期，我国版权公共服务和社会服务框架体系基本形成并不断完善，以各地版权协会、版权保护中心以及著作权集体管理组织等为主体的版权服务机构逐步形成了政府监督管理、社团自我维权、企业依法经营良性互动机制。著作权登记工作规范化水平提高，作品登记量保持持续增长。

（1）全国著作权登记工作规范化、标准化、信息化的水平不断提升，从受理、审查、登记、证书、信息统计以及鼓励政策等方面统一规范了全国的作品登记工作，登记数量持续增长，2014年作品登记量和计算机软件著作权登记量分别突破99万件和21万件。

（2）著作权集体管理组织业务拓展，在实践中不断探索适合管理的权利类型和管理方式，使用费收入和会员数量均有较大增长，并积极与相关国外组织建立联系，签订了相互代表协议。

（3）实现对涉外著作权认证机构、国际著作权组织在华常驻机构的日常管理与服务，并通过定期召开年度通气会的形式保持与代表处的沟通联系，加强了中外双方的沟通联系。

4. 关于版权产业发展

"十二五"时期，版权产业发展的市场环境进一步改善，全国新成立了一批发挥版权资源集聚优势的交易中心（贸易基地），相关机构在版权金融和保险服务等方面取得一定成绩，版权示范主体的作用开始显现，版权产业对国民经济的贡献持续增长。

（1）版权交易中心（贸易基地）建设进展顺利，"十二五"期间新成立了八家版权贸易中心（贸易基地），开始从北京向华中、华东、华南、西北、西南等区域中心城市扩展。

（2）版权示范工作顺利开展，截至2014年8月18日，已授予1个国家软件版权保护试点城市称号，7个全国版权示范城市称号，批准创建全国版权示范城市1个，授予22个全国版权示范单位称号、13个全国版权示范园区（基地）称号和1个全国展会版权示范单位称号。

（3）版权质押融资工作取得进展，2014年全国共完成著作权质权登记496件，涉及合同数量233个，涉及作品数量1045件，涉及主债务金额262 543.1万元，涉及担保金额287 245.1万元。

（4）我国版权产业对国民经济贡献的比重保持增长，2012年已占全国GDP的6.87%。

5. 关于宣传培训机制

"十二五"时期，国家版权局将宣传培训工作与立法、执法、司法、产业发展紧密结合，并根据版权体系的发展不断扩展宣传培训的重点，并不断创新宣传培训方式和手段，建立了政府主导、新闻媒体支持、社会公众广泛参与的宣传培训常态机制。

（1）版权重点工作宣传与日常宣传成效显著，以"4·26知识产权宣传周"为重要平台，并配合"剑网行动"、国际会议等版权重点工作开展宣传。同时还结合新型传播媒体时代的特点，搭建新媒体平台开展宣传，开通了"国家版权"官方微信和新浪官方微博@国家版权局。

（2）针对不同类型、不同人群开展的版权培训工作，培训内容涉及执法、版权贸易、软件正版化、监管平台等多个领域，并连续举办了"版权相关热点问题媒体研修班"，提高了媒体对版权问题的正确认识。

6. 关于国际交流与合作

"十二五"期间，我国积极发展与相关国际组织、有关国家的版权合作对话机制，开展版权国际交流与合作，积极参与国际版权体系建设和国际应对工作，提升了我国在版权领域的话语权和影响力，维护了我国的国家利益。

（1）增强与世界知识产权组织等国际组织的交流合作，参加世界知识产权组织的各类会议和培训，并积极推进世界知识产权组织在福建德化设立版权保护优秀案例示范点调研活动；与相关国际组织联合举办多场研讨会和培训；推动世界知识产权组织中国办事处的设立以及国际作者和作曲者协会联合会（CISAC）亚太区总部迁至北京。

（2）成功申办世界知识产权组织保护音像表演外交会议并顺利缔结《视听表演北京条约》，增强我国在国际知识产权领域的话语权和影响力；签署世界知识产权组织通过的《马拉喀什条约》。

（3）积极发展与美、欧、日、韩等国家对话机制，积极推进和落实与相关国家的版权合作战略备忘录相关工作，参加第四次世界知识产权组织对华贸易政策审议的应对工作。

（二）存在的问题

（1）现行版权法律政策体系不能完全适应和满足经济发展新常态下创新驱动发展战略的现实要求，部分法律法规有待进一步完善健全。

（2）网络环境下版权执法监管工作面临着新困难，执法力量薄弱，执法队伍不健全，现有监管手段不能适应不断出现的利用网络新技术和新应用的侵权盗版行为。

（3）版权公共社会服务体系虽已基本建成，但相关服务机制对版权产业发展的支撑作用不够明显。

（4）版权产业尤其是核心版权产业的竞争力不足，产业支撑的配套政策和制度不够完善，版权产业在金融、信贷、融资等方面的市场化服务水平仍然较低。

（5）社会公众的版权意识虽不断增强，但总体水平仍然不高，全社会自觉尊重和保护版权的大环境仍需改善，版权宣传培训工作有待加强。

（6）版权国际应对体系初步形成，但应对水平仍较弱，难以参与国际规则的制定，版权国际话语权较弱，对我国版权保护成果的对外宣传力度不够，海外版权保护乏力。

二、"十三五"时期版权工作发展形势及面临的挑战

(一) 发展的机遇

"十三五"时期是全面建成小康社会最后冲刺的五年,也是全面深化改革取得决定性成果的五年。我国经济发展已全面进入"新常态",各项改革事业进入"攻坚期"。在这一重大历史转变期,党中央、国务院高度重视包括版权在内的知识产权工作,将知识产权和版权工作作为深化体制机制改革、实施创新驱动发展战略的重要抓手和保障手段。党的十八大报告提出"实施知识产权战略,加强知识产权保护"的任务要求,并先后颁布了《中共中央关于全面深化改革若干重大问题的决定》《关于推动传统媒体和新兴媒体融合发展的指导意见》《深入实施国家知识产权战略行动计划(2014~2020年)》《中共中央 国务院关于深化体制机制改革加快实施创新驱动发展战略的若干意见》等文件,从各个方面对我国今后的知识产权工作提出了更高的任务要求和战略部署,知识产权工作在国家大局中的重要地位日益凸显。在经济增长将更多依靠人力资本质量和技术进步的未来,创新将成为驱动发展新引擎,版权工作作为实施创新驱动发展战略中的重要一环,面临着难得的发展机遇。

(二) 面临的挑战

全球经济进入深度调整期,创新能力和新兴产业成为世界各国经济增长新的增长点。随着中国经济体量的增大,当前知识产权成为中外经贸关系中的焦点议题,双边交涉国家增多,由传统发达国家扩展至新兴发展中国家。发达国家对我国知识产权保护制度要求越来越高,不断以单方报告对我国施压。可以预见的是知识产权将在较长一个时间段内成为发达国家向我国施压的主要手段,我国知识产权国际形势依然严峻,我国版权工作仍将面临更为复杂的国际环境和地缘政治形势。我国版权工作虽然取得了一定的进步,但需要认识到的是,我国现行的版权制度仍不够完善,对经济发展新常态趋势下的适应性不足,版权的创造、运用、保护、管理能力在加快实施创新驱动发展战略中的作用不够显著,版权运营能力较弱,侵权盗版现象仍然比较普遍,版权保护在传统媒体与新兴媒体融合的背景下面临新的挑战。

总体来说,"十三五"时期版权工作既处于难得的发展机遇期,又面临着国内外的巨大挑战,但机遇大于挑战,版权工作仍处于大有作为的重要战略机遇期,将在实施创新驱动发展战略、推进文化体制机制创新、促进经济平稳健康发展中作出更大的贡献。

三、"十三五"时期版权工作发展的指导思想、基本原则和发展目标

(一) 指导思想

以邓小平理论和"三个代表"重要思想为指导,深入贯彻落实科学发展观,全面贯彻党的十八大和十八届二中、三中、四中全会精神,以贯彻习近平总书记系列重要讲

话精神为主线,全面落实党中央、国务院各项决策部署,紧紧围绕服务经济发展新常态,紧紧围绕"两个巩固"的根本任务,坚持稳中求进的工作总基调,扎实做好版权改革发展管理服务各项工作,全面深化改革,加快实施创新驱动发展战略,认真贯彻《国家知识产权战略纲要》和《深入实施国家知识产权战略行动计划(2014~2020年)》,按照激励创造、有效运用、依法保护、科学管理的方针,为我国版权产业和版权事业的发展营造良好的法治环境、市场环境、文化环境,大力推进版权与相关产业融合发展,更好地为经济结构调整、产业转型升级服务,为建设创新型国家和全面建成小康社会提供有力支撑。

(二)基本原则

(1)坚持服务大局。版权工作要紧紧围绕服务经济发展新常态,紧紧围绕"两个巩固"的根本任务,将各项工作自觉放到深化体制机制改革、实施创新驱动发展战略、建设创新型国家这一党和国家的工作大局中来。

(2)坚持全面创新。把全面深化体制机制摆在版权工作发展的核心位置,充分认识到数字网络技术迅猛发展对版权工作的重大影响,结合新形势,研究新现象,拓展新思路,创新新机制,推动版权工作适应新形势、新需求,提高版权工作水平。

(3)坚持统筹兼顾。正确处理和把握版权保护与版权产业发展的重大关系。日常工作中做到立法和执法并重。坚持基础工作和制度建设相结合。统筹国内国际两种资源和两个大局,拓展版权国际交流与合作,切实维护我国海外版权利益。

(三)发展目标

"十三五"时期,版权工作的观念、体制、方式方法要适应经济发展新常态的新要求,与创新驱动发展战略的总体目标相适应,以国家文化改革发展总体目标为统领,版权法律政策体系更加健全,版权工作法治水平进一步提升,版权执法监管体制机制更加完善,版权保护环境明显改善,创造、运用、保护、管理版权的能力明显增强,作品登记数量和版权质押融资金额显著增长,版权社会服务能力进一步提升,版权示范工作继续加强,版权产业发展环境进一步改善,版权产业规模化、集约化、专业化水平得到提升,版权产业健康有序发展,版权产业对国民经济贡献的比重明显提高,我国在国际版权体系中的代表性和话语权进一步提高,版权涉外应对水平有所提升,版权制度在我国经济发展新常态的趋势下对加快实施创新驱动发展战略,促进经济、文化、社会发展的推动作用充分显现。

四、"十三五"时期版权工作发展的重要任务

(一)完善法律政策体制,提升版权工作法治水平

围绕中心工作规划立法项目,着力解决版权领域法律修改相对滞后、操作性差等问题,加强重点领域立法,为改革、发展、管理、服务创造良好的法治环境,提供有力的

法律保障。

（1）继续推进《著作权法》第三次修改，加快推进《民间文学艺术作品著作权保护条例》立法工作，并对相关行政法规开展修订工作。

（2）加紧对《著作权行政处罚实施办法》等有关部门规章的修改。

（3）进一步完善规范网络版权秩序的法律体系。

（4）鼓励各地在立法权限和范围内因地制宜制定地方性法规和政府规章。

（二）把握新形势新要求，加强版权执法监管工作

加强版权执法监管工作，将工作重点集中到大案要案的查处和重点产业的专项治理上来，密切行政执法和刑事司法协作工作机制，加强对版权执法面临新情况、新问题、新做法的研究。

（1）把执法监管工作作为版权工作的首要任务来抓，查办重点案件、专项整治与日常监管相结合，加强重点作品版权预警保护工作，强化约谈、警示、公开通报等监管手段，推动权利人与网站建立版权保护合作机制，建立长效执法监管工作机制。

（2）将网络作为履行监管职责的重要阵地，继续联合相关部门开展打击网络侵权盗版"剑网"专项行动，并开展规范网络音乐版权、网络云存储空间、打击智能移动终端第三方应用程序（APP）侵权盗版、网络广告联盟专项整治行动，进一步规范网络转载版权秩序，完善打击网络侵权盗版的快速反应和长效机制，进一步建立健全与基础电信企业、互联网信息服务企业构建快速有效的"通知—移除侵权"工作机制，将监管措施和成功经验及时转化为工作机制和制度。

（3）完善版权重点监管，将智能移动终端第三方应用程序（APP）、网络云存储空间、网络广告联盟、应用软件商店、网络字幕组、网络销售平台等信息平台纳入监管范围，创新执法监管方式和手段，积极推动权利人及组织与互联网企业建立版权合作机制，建立完善网站版权信息库、权利人维权绿色通道。

（4）推动发展水平相近、地理位置接近的地区建立执法协作工作机制，完善跨地区执法线索移转、案件会商、信息共享、案情通报、执法联动、集群作战等程序机制，建立版权执法快速反应工作机制，充分发挥中心城市和地市执法部门的重要作用，通过中心城市的工作带动全国的版权保护。

（5）做好大案要案的查处和督办工作，加强行政处罚与刑事司法的衔接，加大对侵犯著作权违法行为的刑事打击力度，积极参与建设全国打击侵权假冒工作行政执法与刑事司法衔接工作信息共享平台，推进版权执法案件的信息公开工作。

（6）积极化解版权纠纷案件，通过调解等手段降低纠纷解决成本，化解社会矛盾。

（7）完成国家版权监管平台建设，完善对互联网侵权盗版行为的监控、取证功能，并针对移动互联网领域版权保护研究技术解决方案。

（8）巩固提高软件正版化工作，推动各级政府机关建立健全软件正版化工作责任、软件采购、安装使用、资产管理、审计监督和督促检查等制度，建立并完善软件正版化工作管理平台，以地方国有企业和金融机构为重点深入推进各类企业的软件正版化工作，督促企业建立软件资产台账，规范软件使用管理，营造全社会使用正版软件的良好氛围。

(三) 创新工作方式方法，完善版权社会服务体系

全面完善版权公共社会服务体系，创新工作方式方法，加强公共信息平台建设，充分发挥版权社会服务机构的作用，进一步提升版权服务与管理能力。

(1) 完善全国作品登记数据报送、统计和发布工作，提升著作权登记的数量和质量，进一步规范涉外著作权合同登记、著作权专有权合同备案及著作权转让合同备案工作，探索建立全国统一的著作权登记查询系统。

(2) 加强对著作权集体管理组织、版权行业协会、版权中介机构的管理与服务，进一步规范其市场行为，支持和鼓励其依法开展市场活动。

(3) 加强对涉外著作权认证机构、国际著作权组织在华常驻代表机构的监管，建立相关规范制度，推动其在国内发挥更大的作用。

(四) 促进版权创造运用，推动版权产业有序发展

多措并举促进版权创造运用，加强对国家版权贸易基地、交易中心的指导和管理，建立版权贸易基地、交易中心工作协调机制，推动版权资产管理制度建设，充分发挥版权示范基地提升城市和单位自主创新能力、促进版权产业发展的示范、引导和带动作用，通过一大批规模化、集约化、专业化的版权企业带动版权产业健康快速发展。

(1) 依托"互联网+"时代平台和传播方式的革新，推动版权产业与互联网的深度融合，支持企业利用数字技术、互联网等高新技术支撑优秀作品的开发和版权利用，鼓励电子商务平台提供版权专项服务。

(2) 进一步加强版权贸易基地、交易中心建设，探索建立全国性的协商合作机制和协作联盟，促进版权交易的规范化运作，提升版权交易平台的信息化和网络化水平，加强国家级版权贸易基地、交易中心的服务能力建设，推进完善版权服务标准体系。

(3) 推动版权示范工作深入开展，进一步修订现行《全国版权示范城市、示范单位、示范园区（基地）管理办法》，将中央单位的评选管理纳入办法之中。持续开展全国版权示范城市、示范单位、示范园区（基地）评选工作，充分发挥各示范主体的版权示范、引导和带动作用。

(4) 推动版权资产管理制度建设，完善版权评估、质押、融资机制，开展版权资产管理体系和制度研究，加强对新闻出版、广播影视行业内版权资产管理模式的调研，与中央企业无形资产评估工作相衔接，进一步探索版权资产管理的方法体系和制度流程。

(5) 继续推动版权产业对国民经济贡献的调研，规范和完善调查统计方法，加强对版权产业的监测和分析。

(五) 加强版权宣传培训，扩大版权工作社会影响

充分利用各种传播形式尤其是新型传播形式，全方位地开展版权宣传活动，广泛开展版权培训活动，提升版权的社会认知度，扩大版权工作的社会影响。

(1) 以"4·26知识产权宣传周"为重要平台，以重大版权事件为契机，充分利用

各种媒体形式，充分利用国家版权局门户网站及官方微信、微博，并探索新的宣传形式，做好版权重点工作宣传与日常宣传，开展多种形式的版权主题宣传活动。

（2）建立和完善版权热点问题应对机制，积极运用各种媒体特别是网络媒体，利用版权敏感、热点问题开展有针对性的专题宣传活动，引导产业链各环节及社会公众树立和强化版权保护意识。

（3）加强版权培训工作，针对不同地区、不同部门、不同人群开展培训，将版权培训的对象从版权执法人员向公众、媒体和版权相关从业人员扩展，继续办好"版权媒体热点问题研修班"，提高全社会的版权认知水平。

（六）拓展国际交流合作，增强版权涉外应对水平

正确判断当前国际形势，统筹国内国际两个大局，积极稳妥处理国际版权事务，主动参与国际版权体系建设，做好多边、双边国际条约的磋商研究和应对工作，拓展国际交流与合作，进一步提高版权涉外应对水平。

（1）推动国际版权体系建设，增加我国的代表性和话语权，深化与世界知识产权组织等国际组织的交流合作，积极参与版权相关国际条约的磋商、制定，推进《视听表演北京条约》生效，做好加入《马拉喀什条约》相关工作。

（2）推动建立以合作共赢为核心的新型国际版权关系，积极稳妥处理版权多边、双边事务，完善与美、欧、日、韩的对话交流平台，与其他国家建立对话协商机制，形成遍及重点国家和地区的版权关系网络。

（3）继续开展版权国际事务分析研究，建立国际版权专家咨询库，进一步完善版权涉外应对机制，实现多部门、多行业、多协会的联动应对机制，切实维护我国版权的海外利益，不断提高保障能力和水平，加强海外版权保护力度。

五、"十三五"时期版权工作发展的保障措施

（一）加强组织领导，强化督促检查，各项目标工作落到实处

建立完善版权工作主要领导负责制，加强对各级版权行政管理部门的组织领导，发挥中央和地方两个层面的积极性，统一部署各项任务目标和实施工作，强化对各项任务的监督、指导与考核，建立目标责任考核体系，确保各项工作任务的落实。

（二）加强队伍建设，建设高效协调的版权管理执法体系

加强版权执法队伍建设，强化国家版权局与地方版权局及文化市场行政执法总队的联系，用好各地文化市场综合执法力量，充分发挥和调动公安、工业和信息化、互联网信息办公室等部门版权执法的积极性，运用好"两法"衔接机制，定期召开版权执法工作会议。

（三）增强财政政策支持力度，加大对版权保护和版权产业的扶持力度

积极与财政、金融、税务、发展和改革等部门沟通协调，争取相关财政和政策支

持,力争将版权工作纳入国家和地方的相关规划中去,使各项版权工作能够得到财政和政策保障。

(四)创新工作方式方法,整合社会资源,对版权产业加强指导

不断创新版权工作形式,提高版权管理和服务水平,充分调动各种社会资源和力量,整合版权社会资源,完善版权社会服务体系,加强对版权产业的指导。

(五)加大版权宣传培训,提高全社会的版权保护意识

坚持抓好重点宣传、日常宣传和热点问题应对工作,在"4·26知识产权宣传周"期间集中开展宣传活动,根据重要版权工作组织重点专题宣传,定期开展版权执法培训,增强版权行政管理人员和执法队伍的业务素质,广泛开展面向公众、媒体和版权相关从业人员的培训,提高全社会的版权保护意识。

六、写入《"十三五"国家知识产权发展规划》的内容

(一)具体内容

继续完善版权法律政策体系,切实加强版权执法监管力度,特别要加大对通过新型网络传播形式侵权盗版行为的监管和打击力度,全面推动建立软件正版化的长效机制,创新工作方式方法完善版权社会服务体系,推动版权的创造、运用、保护和管理,推动版权资产管理制度建设,引导版权企业向规模化、集约化、专业化方向发展,推动版权产业与互联网的深度融合,促进版权产业有序发展,广泛开展版权宣传培训活动,拓展国际交流合作,进一步增强版权涉外应对水平,提高我国在国际版权体系中的代表性和话语权。

(二)写入原因

党的十八大以来,我国在政治、经济、文化、社会等各个方面的情况均发生了重大变化,面临更加严峻复杂的国际环境和艰巨繁重的国内改革发展稳定任务。党的十八大报告明确提出全面建成小康社会和深化改革开放的宏伟目标,围绕这一目标,党中央、国务院科学认识当前形势,准确研判未来走势,指出我国经济发展进入新常态,认识新常态,适应新常态,引领新常态,是当前和今后一个时期我国经济发展的大逻辑。中央为适应经济发展方式的转变,提出实施创新驱动发展战略,推动创新型国家建设,并先后制定颁布了《中共中央关于全面深化改革若干重大问题的决定》《中共中央关于全面推进依法治国若干重大问题的决定》《中共中央 国务院关于深化体制机制改革加快实施创新驱动发展战略的若干意见》《关于推动传统媒体和新兴媒体融合发展的指导意见》《国务院关于推进文化创意和设计服务与相关产业融合发展的若干意见》《国务院关于大力推进大众创业万众创新若干政策措施的意见》《深入实施国家知识产权战略行动计划(2014~2020年)》等政策文件,对加强知识产权保护、推动创新提出了新的部署和具体要求,也为"十三五"时期版权工作指明了新的任务目标和发展方向。

1. 适应经济发展新常态和全面推进依法治国的新要求

当前我国经济发展动力正从传统增长点转向新的增长点，经济增长将更多依靠人力资本质量和技术进步，必须进一步实施创新驱动发展战略、大力推动创新型国家建设，而有效的知识产权保护是实施创新驱动发展战略、促进自主创新的重要保障。知识产权成为经济发展新常态的重要支撑。版权法律政策体制是整个版权工作有序开展的基础，执法监管工作又是我国版权工作的重中之重。党的十八届四中全会从促进国家治理体系和治理能力现代化的目标出发，对全面推进依法治国和依法行政作出了重要部署。四中全会明确提出，要加强重点领域立法，完善激励创新的知识产权保护制度和促进科技成果转化的体制机制；要创新执法体制，完善执法程序，严格执法责任，建立权责统一、权威高效的依法行政体制；要健全行政执法和刑事司法衔接机制，完善案件移送标准和程序，实现行政处罚和刑事处罚无缝对接。

"十二五"期间，虽然我国版权工作取得了巨大的成绩，但仍面临着部分法律政策体制不适应当前经济社会发展的需要、版权执法力量薄弱、两法衔接仍然有待加强、版权执法合作还不够紧密等问题。特别是当前我国正处在互联网技术快速发展的时期，网络环境下的版权保护已经成为事关国家安全和国家发展、事关广大人民群众工作生活的重大战略问题，中央领导同志多次强调要"依法加强网络社会管理，加强网络新技术新应用的管理，规范网络传播秩序"，在今后相当长一段时期，版权保护的矛盾纠纷突出表现在信息网络中。这些问题如果不能妥善解决，将直接影响我国版权工作的大局。经济发展新常态的实际环境和全面推进依法治国的重要部署要求我们进一步完善版权法律政策体制，切实加强版权执法监管力度。

2. 深化体制机制改革实施创新驱动发展战略的新要求

创新是推动一个国家和民族向前发展的重要力量，也是推动整个人类社会向前发展的重要力量。面对全球新一轮科技革命与产业变革的重大机遇和挑战，面对经济发展新常态下的趋势变化和特点，面对实现"两个一百年"奋斗目标的历史任务和要求，必须深化体制机制改革，加快实施创新驱动发展战略。《中共中央国务院关于深化体制机制改革加快实施创新驱动发展战略的若干意见》指出，加快实施创新驱动发展战略，就是要使市场在资源配置中起决定性作用和更好发挥政府作用，激发全社会创新活力和创造潜能，提升劳动、信息、知识、技术、管理、资本的效率和效益，营造大众创业、万众创新的政策环境和制度环境。

在推进产业创新和发展的过程中，如何使版权成果转化为生产力和经济价值，已成为版权管理部门面临的重大课题。通过提供完善的版权公共服务和社会服务，可以推动版权及相关产业健康发展。目前我国已经在实践中初步探索建立起一个良好的版权公共社会服务体系，包括建立了全国统一的著作权登记制度，成立了覆盖文字、音乐、音像、摄影、电影领域的五家著作权集体管理组织，授予了一批国家版权交易中心和贸易基地，批准创建了一系列版权示范城市及示范单位、园区（基地），鼓励企业开展版权投融资等相关金融、保险服务等，对推动版权产业健康发展产生了积极作用。

但另一方面，我国现有的版权公共社会服务体系还很不完善，对版权产业的服务支撑作用仍然处于初级水平。比如现行的著作权登记系统还不能与相关交易系统的有效联接，社会公众无法对登记作品信息的公开查询，作品登记信息不能为版权交易活动提供支撑帮助；金融助力版权产业仍处于"有案例，无规模"的初级阶段，版权质押融资的成功案例和金额仍然较少，版权金融服务缺乏相关政策和行业支持。中央在实施创新驱动发展战略中提出要强化金融创新的功能，发挥金融创新对技术创新的助推作用，形成各类金融工具协同支持创新发展的良好局面。《深入实施国家知识产权战略行动计划（2014~2020年）》中将知识产权信息服务工程列为未来的基础工程之一，推动各类知识产权基础信息公共服务平台互联互通，逐步实现基础信息共享，提高知识产权信息利用便利度，鼓励社会机构对知识产权信息进行深加工，提供专业化、市场化的知识产权信息服务，满足社会多层次需求。正是基于此，"十三五"时期仍需要进一步完善我国版权公共社会服务体系，推动版权产业的健康发展，这也是深化体制机制改革、实施创新驱动发展战略的具体要求。

3. 维护国家利益、营造有利国际环境的新要求

习近平总书记在中央外事工作会议上强调当今世界是一个国际体系和国际秩序深度调整的世界，我国同国际社会的互联互动也已变得空前紧密，我们观察和规划改革发展，必须统筹考虑和综合运用国际国内两个市场、国际国内两种资源、国际国内两类规则。一方面要坚持合作共赢，推动建立以合作共赢为核心的新型国际关系，坚持互利共赢的开放战略，另一方面也要贯彻落实总体国家安全观，统筹发展安全两件大事，维护国家主权、安全、发展利益，为和平发展营造更加有利的国际环境，维护和延长我国发展的重要战略机遇期，为实现"两个一百年"奋斗目标、实现中华民族伟大复兴的中国梦提供有力保障。

知识产权是维护国家利益和经济安全的重要战略资源，已成为世界各国经济、科技、文化实力和国际竞争力的重要体现。把知识产权和经济、贸易联系在一起，是当今世界的一大显著特点，是国际竞争的发展趋势。近年来，一些发达国家利用知识产权问题不断对我国施压，同我国的知识产权纠纷和冲突不断升级。因而在"十三五"时期，我国版权工作要积极主动地开展国际交流合作，积极应对版权国际事务，构建对等交流、平等保护的版权保护机制，这既是我国履行对外承诺的客观要求，又是我国进一步扩大对外开放、树立国际形象的迫切需要，同时也是开创我国版权对外工作新局面、维护我国国家利益的根本要求。

附录

(一) 中央相关文件

[1] 中共十八大报告《坚定不移沿着中国特色社会主义道路前进 为全面建成小康社会而奋斗》。
[2] 中共十八届二中全会公报。
[3] 中共十八届三中全会公报。
[4] 中共十八届四中全会公报。
[5] 《中共中央关于全面深化改革若干重大问题的决定》。
[6] 《中共中央关于全面推进依法治国若干重大问题的决定》。
[7] 《中共中央国务院关于深化体制机制改革加快实施创新驱动发展战略的若干意见》。
[8] 《关于推动传统媒体和新兴媒体融合发展的指导意见》。
[9] 《国务院关于推进文化创意和设计服务与相关产业融合发展的若干意见》。
[10] 《国务院关于大力推进大众创业万众创新若干政策措施的意见》。
[11] 习近平、李克强2014年12月9日至11日在中央经济工作会议上的讲话。
[12] 习近平2013年8月19日至20日在全国宣传思想工作会议上的讲话。
[13] 习近平2014年11月28日至29日在中央外事工作会议上的讲话。
[14] 李克强2014年9月2日在研究部署"十三五"国民经济和社会发展规划编制启动工作会议上的讲话。

(二) 国家相关规划、文件

[1] 《中华人民共和国国民经济和社会发展第十二个五年规划纲要》。
[2] 《国家知识产权战略纲要》。
[3] 《深入实施国家知识产权战略行动计划（2014~2020年）》。
[4] 《国家知识产权事业发展"十二五"规划》。
[5] 《国家"十二五"时期文化改革发展规划纲要》。
[6] 《版权工作"十二五"规划》。
[7] 《文化部"十二五"时期文化改革发展规划》。
[8] 《国家版权局关于贯彻国家知识产权战略纲要的实施意见》。
[9] 《国家新闻出版广电总局关于贯彻〈中共中央关于全面推进依法治国若干重大问题的决定〉的实施意见》。
[10] 《2012年版权工作要点》。
[11] 《2013年版权工作要点》。
[12] 《2014年版权工作要点》。
[13] 《2015年版权工作要点》。
[14] 《2011年中国知识产权保护状况》。

[15]《2012 年中国知识产权保护状况》。
[16]《2013 年中国知识产权保护状况》。
[17]《2014 年中国知识产权保护状况》。
[18]《2015 年全国新闻出版（版权）打击侵权假冒工作要点》。
[19]《深化新闻出版体制改革实施方案》。

（三）领导讲话

[1] 刘奇葆：加快推动传统媒体和新兴媒体融合发展。

[2] 蔡赴朝在 2015 年全国新闻出版广播影视工作会议上的讲话。

[3] 蒋建国在 2014 年 12 月 22 日至 23 日召开的国家新闻出版广电总局新闻出版工作务虚会上的讲话。

[4] 阎晓宏在 2014 年 11 月 15 日第七届中国版权年会主题论坛上的讲话。

[5] 阎晓宏 2014 年 12 月 13 日在国家新闻出版广电总局新闻出版工作务虚会上的讲话。

[6] 阎晓宏 2014 年 9 月 15 日就版权保护与创新发展通过国家版权局官方微博@国家版权局做客微访谈的访谈全文。

[7] 阎晓宏 2014 年 11 月 20 日在全国新闻出版（版权）行政复议座谈会上的讲话。

[8] 阎晓宏 2015 年 1 月 14 日在"剑网 2014"专项行动总结会暨版权执法高级研修班上的讲话。

[9] 阎晓宏 2015 年 4 月 30 日在 2015 年第一期版权执法培训班结业仪式上的讲话。

[10] 阎晓宏在 2014 年政府机关软件正版化工作培训会上的讲话。

[11] 阎晓宏 2014 年 9 月 17 日在全国版权社会服务工作交流会上的讲话。

[12] 于慈珂在 2014 年国际版权论坛上的主旨演讲"版权制度的实践与发展"。

[13] 于慈珂在 2015 年 4 月 22 日召开的"规范网络转载版权秩序座谈会暨传统媒体与新媒体版权合作签约仪式"上的讲话。

[14] 新闻出版广电总局版权管理司相关负责人 2015 年 5 月 10 日就打击侵权假冒工作答记者问。

[15] 申长雨在 2015 年全国知识产权局局长会议上的工作报告《改革创新 奋发有为 深入实施知识产权战略 努力建设知识产权强国》。

专题4 "十三五"期间知识产权海关保护工作面临的挑战及对策研究

承担单位：北京君策知识产权发展中心

作　　者：李群英　张芬涛　王丽婷　励志斌
　　　　　徐　枫　黄　晖　曹中强

知识产权海关保护是指海关根据国家法律法规的授权，采取的旨在阻止侵犯知识产权的货物进境或者出境的措施。我国知识产权海关保护制度建立于20世纪90年代中期，至今已经走过20年的发展历程。知识产权海关保护对履行我国对外承诺的国际义务、维护公平竞争的对外贸易秩序和"中国制造"的国际声誉等方面发挥了十分积极的促进作用。

但是由于我国现行知识产权海关保护制度是在中美知识产权协议的基础上产生的，在指导思想和结构设计方面存在先天性缺陷，使海关保护知识产权的职能难以得到充分发挥，进而造成进出境环节侵犯知识产权违法活动不能从根本上得到遏制。海关的知识产权保护现状已不能适应国家大力推进的创新性发展战略和打击侵犯知识产权和制售假冒伪劣商品工作的要求，亟需改革和完善。本文旨在通过总结和分析"十二五"期间知识产权海关保护工作以及遇到的问题，以在"十三五"期间从立法和执法等方面进一步改进和完善我国知识产权海关保护制度提出具体的建议。

一、知识产权海关保护的现状和面临的问题

（一）"十二五"期间知识产权海关保护的成效

"十二五"期间我国知识产权海关保护工作在边境执法、制度建设、建立跨部门执法协作机制以及开展国际海关合作等各方面都得到了大力推动，取得了明显的成效。

1. 制止大量侵权货物进出口

"十二五"期间，海关继续加强知识产权边境执法，保持对侵犯知识产权国际贸易的高压态势，制止了大量侵权货物的进出口。据海关总署统计，中国海关仅在"十二五"期间的前4年内（2011~2014年）就截获侵权货物7.8万批，扣留侵权嫌疑商品逾3.6亿件（见表4-1）。

表4-1　2011~2014年海关扣留侵权货物统计

年份	扣留批次（批）	商品数量（件）
2011	18 188	103 211 267
2012	15 690	93 117 335
2013	20 464	75 945 594
2014	23 860	91 965 548
合计	78 202	364 239 744

在海关扣留的侵权嫌疑货物中，出口货物的批次和商品数量都占绝大多数。以2014年为例，海关在出口环节扣留的侵权嫌疑货物批次和商品数量分别占当年扣留总批次和总数量的96.5%和99.5%（见表4-2）。

表4-2 2014年海关扣留侵权嫌疑货物运输方向统计

	扣留批次（批）	%	商品数量（件）	%
合计	23 861		91 965 548	
进口	842	3.5	439 933	0.5
出口	23 019	96.5	91 525 615	99.5

海关查获的侵权货物涵盖了我国主要的出口商品种类（见表4-3），说明我国目前各出口行业的侵权问题都比较严重。

表4-3 2014年海关扣留侵权嫌疑货物种类统计

商品类别	商品数量（件）	案值（人民币元）
合计	91 965 548	289 039 950
烟草	40 493 850	14 935 315
其他	22 648 898	42 942 028
食品饮料	485 305	1 802 861
其他轻工产品	10 019 557	19 059 621
五金机械	2 383 334	19 904 417
化妆、个人护理用品	7 632 429	12 812 975
服装	2 939 996	34 014 528
鞋类	1 226 648	23 680 749
汽车、摩托车	636 862	16 584 075
其他机电产品	1 361 271	47 092 820
帽类	178 532	2 686 443
箱包及皮革制品	375 282	8 087 844
通讯设备	371 278	13 922 859
手表	154 987	2 867 706
玩具游戏	254 236	1 252 304
药品	307 500	1 605 860
存储介质	367 375	23 623 573
运动器具	103 752	1 739 774
珠宝首饰	21 539	375 649
医疗器械	2917	48 548

海关作为国家进出境的监督管理机关，其执法范围覆盖所有与国际贸易和进出境活动有关的海港、空港和边境陆路口岸。为全方位堵截侵权货物的进出口，我国各口岸海关都积极主动地开展了保护知识产权的执法活动（见表4-4）。

表4-4 2014年口岸海关扣留货物统计

关区	批次（批）	关区	商品数量（件/双）	关区	案值（元）
南京	7860	深圳	42 244 659	深圳	83 545 744
杭州	4373	杭州	15 276 280	上海	45 759 987
北京	3189	上海	12 514 580	宁波	42 593 068
深圳	3066	宁波	9 055 697	杭州	29 209 663
天津	1006	江门	4 058 772	拱北	14 983 887
上海	987	天津	2 298 183	厦门	14 277 581
青岛	908	厦门	1 569 689	天津	9 820 320
厦门	764	广州	1 518 977	广州	9 231 897
宁波	334	黄埔	1 039 673	昆明	6 964 661
广州	318	福州	636 718	重庆	5 600 124
拱北	192	昆明	531 069	青岛	5 305 686
福州	180	汕头	387 510	黄埔	5 113 059
黄埔	141	青岛	275 711	江门	4 110 688
昆明	110	拱北	259 859	福州	3 162 505
南宁	101	南京	88 819	北京	2 445 963
大连	61	北京	80 427	南京	1 364 610
哈尔滨	49	乌鲁木齐	34 988	乌鲁木齐	1 353 304
乌鲁木齐	43	南宁	30 080	南宁	1 115 712
汕头	42	长春	21 272	汕头	983 858
拉萨	38	拉萨	13 415	湛江	579 302
江门	23	武汉	7168	武汉	314 681
呼和浩特	13	湛江	5624	大连	304 891
重庆	13	大连	5181	哈尔滨	268 210
武汉	12	重庆	3374	拉萨	229 280
长春	8	哈尔滨	2671	长春	180 758
郑州	7	呼和浩特	2051	呼和浩特	75 100
沈阳	5	满洲里	1604	满洲里	74 800
满洲里	4	济南	608	济南	19 711
济南	4	西安	410	沈阳	18 770
湛江	3	沈阳	305	郑州	16 290
西安	3	郑州	140	西安	12 010
海口	2	石家庄	28	石家庄	2800
石家庄	1	海口	6	海口	1030

2. 自主知识产权受到有效保护

海关在进出口环节实施知识产权保护也使国内拥有自主知识产权的企业从中受益。

据海关总署统计,"十二五"期间的前四年间海关共扣留涉嫌侵犯自主知识产权的货物超过2000批次,涉及商品数量达8600多万件,案值达3亿多万元(见表4-5)。侵犯国内自主知识产权货物已经成为我国海关知识产权执法的重点。以2014年为例,海关扣留的涉嫌侵犯自主知识产权的货物数量已名列第三(见表4-6)。

表4-5 "十二五"期间海关扣留侵犯自主知识产权货物统计

年度	商品数量(件)	批次(批)	案值(元)
2011	19 779 026	623	84 109 994
2012	28 482 335	538	77 237 023
2013	26 401 075	563	72 665 580
2014	11 961 097	514	74 243 420
合计	86 623 533	2238	308 256 017

表4-6 2014年海关扣留侵权嫌疑货物权利人来源统计(前10位)

权利人来源	商品数量(件)	批次(批)	案值(元)
瑞士	43 031 351	491	22 630 365
美国	13 850 107	2266	78 962 480
中国(大陆)	11 961 097	514	74 243 420
日本	9 534 357	467	28 860 810
卢森堡	2 853 911	106	845 998
法国	2 216 955	863	7 297 611
德国	1 992 121	711	21 622 243
韩国	1 304 409	423	9 400 629
英国	1 126 165	237	9 432 963

3. 规章制度得到进一步完善

"十二五"期间,海关总署根据口岸执法遇到的困难和问题,根据国家有关法律法规,制定和发布了一系列旨在提高执法统一性和规范性的文件和指导意见。

(1)办理邮递快件渠道案件的简易程序。

"十二五"期间,随着全球电子商务的快速发展,通过国际邮递渠道跨境运输侵犯知识产权商品的数量也呈大幅增长的趋势。近年来在我国海关查获的侵犯知识产权案件中,邮递渠道查获案件的数量已连续多年位居第一。以2014年为例,海关在邮递和快件渠道查获的侵权商品的批次已占所有渠道查获批次总数的85%(见表4-7)。因此,海关在继续加强海运等传统运输渠道的知识产权执法的同时,还根据跨境电子商务的迅猛发展,有针对性地对以邮寄和快件方式进出口的侵权商品加强了查缉。目前邮递和快件渠道已经成为海关知识产权执法的主战场。

表 4-7　2014 年海关扣留侵权嫌疑货物的运输渠道统计

	邮递	快件	海运	空运	汽车	火车	旅客
批次（批）	19 134	1239	2130	561	295	21	484
占比	80.19%	5.19%	8.93%	2.35%	1.24%	0.09%	2.03%

通过邮递渠道运输的侵权商品中许多属于假冒药品和汽车配件等严重危害消费者健康和安全的产品，但是由于邮递渠道货物存在批次多、通关时间短以及见货不见人等特点，造成海关查处知识产权案件存在办案程序繁琐、办案周期过长以及难以对当事人实施处罚等困难。为树立我国负责任大国的国际形象，进一步加强邮递渠道海关知识产权保护工作的力度，海关总署于 2013 年研究制定了《海关办理邮递渠道知识产权案件的暂行规定》，规定对邮递和快件渠道查获的侵犯知识产权案件实行简易的办案程序，提高了海关执法的效率和力度。

（2）撤销知识产权备案的操作规程。

为保障合法货物的正常通关，维护有关当事人的合法权益，海关总署于 2011 年 9 月发布了关于撤销知识产权海关保护备案有关事项的公告，对撤销备案的申请、告知、答辩和撤销决定生效等作出了明确的规定。

（3）知识产权案件证据开示的操作规程。

为客观、准确查明知识产权海关保护案件中进出口货物的知识产权状况，规范海关对进出口货物相关知识产权状况认定程序，畅通知识产权案件当事人的意见表达渠道，海关总署在借鉴法院证据交换制度的基础上于 2013 年制定了《知识产权海关保护案件证据开示操作规程（试行）》。知识产权案件的"证据开示"制度的建立，使进出口侵权货物案件的双方当事人可以在海关主持下相互质证，不仅有助于化解此前经常发生的对海关是否能公平公正办案的疑虑，而且许多还在质证过程中当场达成和解协议，化干戈为玉帛，实现了保护知识产权和扩大出口的双赢局面。

（4）公开行政处罚案件信息的实施办法。

为贯彻落实国务院关于依法公开制售假冒伪劣商品和侵犯知识产权行政处罚案件信息公开的工作部署，加大对进出口环节侵犯知识产权违法行为的打击力度，提高海关执法透明度，规范全国海关公开进出口侵犯知识产权货物行政处罚案件信息工作，海关总署于 2014 年 4 月下发了《海关依法公开进出口侵犯知识产权货物行政处罚案件信息的实施办法（试行）》，要求各地海关自 2014 年 4 月 15 日起，要将本关按照一般程序办理的知识产权行政处罚案件的信息通过互联网门户网站主动向社会公开。

4. 执法力量得到充实和加强

"十二五"期间，海关总署大力推动知识产权执法机制的建设。目前除海关总署和大多数有知识产权执法业务的直属海关设立了知识产权海关保护的专门机构外，许多承担进出口货物实际监管的隶属海关也先后设置了从事知识产权查缉工作的部门。

5. 执法人员保护知识产权的意识空前提高

为提高各口岸现场查获侵权货物的效能，海关总署和各直属海关通过建立和完善激励机制和开展执法培训等措施,不断强化和提高一线执法人员保护知识产权的意识和查缉侵权货物的能力,取得了明显成效。目前海关扣留的进出口侵权货物绝大多数属于执法人员在没有受到知识产权权利人提供的信息的情况下,通过查验货物和开展风险分析等积极主动的执法手段查获的(见表4-8)。

表4-8 2014年海关扣留侵权嫌疑货物的执法模式统计

执法模式	批次(批)	占比	商品数量(件)	占比
依职权扣留	23 817	99.82%	90 331 038	98.22%
依申请扣留	43	0.18%	1 634 510	1.78%

6. 执法手段实现多样化

长期以来,海关查缉进出口侵权货物的手段主要是对货物进行开箱查验。但受到查验率和开箱率的限制,许多未被查验的侵权货物仍然会蒙混过关。为更加有效地阻止侵权货物进出口,各关按照海关总署的要求,加强了两个方面的工作:一是积极开展专项集中执法行动,针对"重点渠道""重点航线"和"重点商品",有针对性地提高查验和开箱的比例。例如,2013年3~4月开展的打击输美假冒消费电子产品专项执法行动和2014年4~7月开展的保护巴西世界杯知识产权专项执法"绿茵"行动等;二是大力推广风险分析技术在知识产权执法中的运用,在收集和分析风险信息的基础上,提前锁定侵权对象,实现精确执法和智能执法。此外,海关还采取措施鼓励知识产权权利人和社会公众积极向海关举报侵权,加强与其他执法机关的信息交流,拓宽信息来源,也取得良好的效果。

7. 海关与其他部门建立了知识产权执法协作机制

"十二五"期间,海关进一步加强了与公安机关合作打击进出口环节侵犯知识产权违法犯罪行为的执法协作力度,通过向公安机关通报和移送涉嫌犯罪案件,推动"两法衔接"进一步向前发展。

为有效实施对商标专用权的保护,加强海关和工商行政管理机关的执法协作,海关总署和国家工商总局于2011年联合下发了《关于加强商标专用权保护执法协作的暂行规定》,要求各地海关和工商行政管理部门在相互提供执法数据和案件信息、开展法律法规和执法经验的交流、相互提供执法协助、组织联合执法行动、组织开展执法调研、培训和理论研讨活动以及组织面向社会公众的宣传教育活动等领域开展合作。

8. 国际执法合作不断拓展和深化

侵权贸易是一个全球性问题,需要各国执法机关(特别是海关)之间通力合作,才能有效切断侵权商品的国际贸易供应链。根据海关总署2014年执法统计,目前我国海关扣留的侵权嫌疑货物涉及世界150多个国家和地区(见表4-9)。所以中国海关在"十二五"期间大力开展了与主要贸易国和地区海关的知识产权执法合作。

"十二五"期间,中国海关还先后与美国海关及边境保护局、美国移民及海关执法局、欧盟海关及税务总司、俄罗斯海关署签署了开展知识产权执法合作的备忘录或行动计划。其中,中美海关合作和中欧海关合作已经不断深入,取得了丰硕成果。

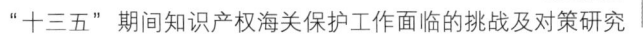

表4-9 中国海关2014年扣留侵权嫌疑货物贸易国别统计

国别地区	合计 批次（批）	合计 货物数量（件）	合计 案值（元）	进口 批次（批）	进口 货物数量（件）	进口 案值（元）	出口 批次（批）	出口 货物数量（件）	出口 案值（元）
合计	23 862	91 965 548	289 039 950	842	439 933	8 325 477	23 020	91 525 615	280 714 473
巴西	3653	354 825	4 702 995	34	489	25060	3619	354 336	4 677 935
西班牙	2881	107 878	2 381 565	0	0	0.00	2881	107 878	2 381 565
俄罗斯	2168	611 299	3 996 523	12	22 821	276 730	2156	588 478	3 719 793
英国	1643	308 929	4 830 811	8	992	12 100	1635	307 937	4 818 711
美国	1533	655 610	14 725 435	45	9965	725 391	1488	645 645	14 000 044
意大利	1031	78 888	1 598 624	1	250	50 000	1030	78 638	1 548 624
韩国	949	69 958	1 160 413	335	23 665	157 043	614	46 293	1 003 370
日本	844	170 343	2 708 735	59	2369	74 340	785	167 974	2 634 395
匈牙利	828	1127	86 200	0	0	0.00	828	1127	86 200
比利时	753	25 314	2 417 541	9	650	87 880	744	24 664	2 329 661
中国香港	506	835 987	27 722 705	47	119 949	639 180	459	716 038	27 083 525
乌拉圭	459	32 191	587 930	0	0	0.00	459	32 191	587 930
法国	434	1 184 441	1 318 522	24	739	30 350	410	1 183 702	1 288 172
巴林	403	13 911	330 327	0	0	0.00	403	13 911	330 327
荷兰	331	166 095	2 237 137	3	2217	240 396	328	163 878	1 996 741
奥地利	305	3219	210 735	0	0	0.00	305	3219	210 735
以色列	294	36 100	496 835	16	1175	37 900	278	34 925	458 935
澳大利亚	280	539 552	5 437 489	38	3246	197 510	242	536 306	5 239 979
阿联酋	226	7 535 785	12 386 507	8	68 022	515 243	218	7 467 763	11 871 265
秘鲁	194	1 203 713	1 941 185	0	0	0.00	194	1 203 713	1 941 185
菲律宾	174	3 191 766	10 461 019	5	6015	474 413	169	3 185 751	9 986 606
巴基斯坦	172	3 979 249	4 016 610	0	0	0.00	172	3 979 249	4 016 610
中国澳门	163	19 662	667 851	37	1848	63 710	126	17 814	604 141
中国台湾	160	24 845	1 701 524	11	5449	203 963	149	19 396	1 497 562
加拿大	146	45 569	1 692 323	3	146	1460	143	45 423	1 690 863
马来西亚	141	1 130 046	8 118 996	4	100 532	420 633	137	1 029 514	7 698 363
印度	140	790 211	9 981 135	1	9200	92 000	139	781 011	9 889 135
德国	128	108 290	890 473	6	18 320	92 820	122	89 970	797 652
爱沙尼亚	117	128	25 600	0	0	0.00	117	128	25 600
阿根廷	116	187 636	1 796 146	1	180	1800	115	187 456	1 794 346
波兰	114	354 578	797 817	1	180	1800	113	354 398	796 017
伊朗	114	10 038 133	13 114 642	0	0	0.00	114	10 038 133	13 114 642
越南	106	239 440	3 678 408	37	13 241	339 842	69	226 199	3 338 566

续表

国别地区	合计 批次（批）	合计 货物数量（件）	合计 案值（元）	进口 批次（批）	进口 货物数量（件）	进口 案值（元）	出口 批次（批）	出口 货物数量（件）	出口 案值（元）
斯洛文尼亚	104	7614	144 882	0	0	0.00	104	7614	144 882
爱尔兰	87	29 457	30 700	4	310	8300	83	29 147	22 400
吉尔吉斯斯坦	87	446	10 920	0	0	0.00	87	446	10 920
墨西哥	83	228 808	2 482 255	1	20	307	82	228 788	2 481 948
智利	78	1 568 053	3 079 534	0	0	0.00	78	1 568 053	3 079 534
阿曼	77	16 849	315 908	0	0	0.00	77	16 849	315 908
拉脱维亚	70	164	10 963	0	0	0.00	70	164	10 963
新加坡	68	9 584 677	5 823 583	13	13 086	220 007	55	9 571 591	5 603 577
卡塔尔	61	3904	402 994	3	49	3700	58	3855	399 294
克罗地亚	58	33 870	57 311	1	90	900	57	33 780	56 411
希腊	57	209 063	711 958	0	0	0.00	57	209 063	711 958
印度尼西亚	55	2 877 503	6 799 211	3	742	38 200	52	2 876 761	6 761 011
尼日利亚	53	875 631	8 626 606	1	959	2 366 428	52	874 672	6 260 178
瑞典	52	16 791	388 231	0	0	0.00	52	16 791	388 231
缅甸	48	753 105	10 271 964	2	266	7 465	46	752 839	10 264 499
苏丹	48	289 038	1 745 447	0	0	0.00	48	289 038	1 745 447
白俄罗斯	46	1834	61 720	0	0	0.00	46	1834	61 720
泰国	46	1 298 236	5 446 703	5	326	17 620	41	1 297 910	5 429 083
伊拉克	46	379 046	13 238 796	0	0	0.00	46	379 046	13 238 796
埃及	45	7 009 680	10 697 316	0	0	0.00	45	7 009 680	10 697 316
瑞士	44	2070	41 253	5	427	7800	39	1643	33 453
肯尼亚	39	1 698 218	2 470 557	0	0	0.00	39	1 698 218	2 470 557
尼泊尔	39	13 415	229 280	1	250	20 000	38	13 165	209 280
沙特阿拉伯	37	9 636 395	7 580 182	1	180	9000	36	9 636 215	7 571 182
哥伦比亚	36	5 290 541	936 283	0	0	0.00	36	5 290 541	936 283
哈萨克斯坦	33	293 372	1 731 811	0	0	0.00	33	293 372	1 731 811
乌克兰	32	203 419	1 185 560	0	0	0.00	32	203 419	1 185 560
阿尔及利亚	31	1 455 850	3 250 865	0	0	0.00	31	1 455 850	3 250 865
安哥拉	31	233 025	2 232 806	0	0	0.00	31	233 025	2 232 806
土耳其	31	47 242	1 768 509	10	152	25 279	21	47 090	1 743 230

续表

国别地区	合计 批次（批）	合计 货物数量（件）	合计 案值（元）	进口 批次（批）	进口 货物数量（件）	进口 案值（元）	出口 批次（批）	出口 货物数量（件）	出口 案值（元）
委内瑞拉	31	850 638	4 519 339	0	0	0.00	31	850 638	4 519 339
罗马尼亚	28	224 924	443 851	0	0	0.00	28	224 924	443 851
孟加拉国	27	265 982	2 536 735	4	744	78 290	23	265 238	2 458 445
塞浦路斯	27	24 855	200 926	0	0	0.00	27	24 855	200 926
新西兰	27	1272	68 760	9	766	63 500	18	506	5260
捷克	26	3164	318 672	3	116	5520	23	3048	313 152
莫桑比克	25	687 612	1 989 398	0	0	0.00	25	687 612	1 989 398
中国	25	12 568	646 987	7	4086	91 369	18	8482	555 618
冰岛	24	27	5400	0	0	0.00	24	27	5400
芬兰	23	19 899	341 453	0	0	0.00	23	19 899	341 453
黎巴嫩	20	77 178	1 547 316	0	0	0.00	20	77 178	1 547 316
坦桑尼亚	19	1 049 913	2 642 005	1	3 180	25 440	18	1 046 733	2 616 565
南非	18	254 575	1 412 638	2	106	1060	16	254 469	1 411 578
巴拿马	16	562 675	2 085 589	0	0	0.00	16	562 675	2 085 589
喀麦隆	16	1 004 420	1 596 692	0	0	0.00	16	1 004 420	1 596 692
利比亚	15	124 783	1 070 750	0	0	0.00	15	124 783	1 070 750
塞内加尔	15	1 015 899	929 530	0	0	0.00	15	1 015 899	929 530
保加利亚	14	3669	88 487	0	0	0.00	14	3669	88 487
蒙古	13	2051	75 100	4	838	14 460	9	1213	60 640
加纳	12	63 554	1 630 445	0	0	0.00	12	63 554	1 630 445
老挝	12	867	156 680	8	697	90 740	4	170	65 940
挪威	12	1747	264 829	0	0	0.00	12	1747	264 829
突尼斯	12	901 173	970 475	0	0	0.00	12	901 173	970 475
多哥	11	539 878	533 849	0	0	0.00	11	539 878	533 849
也门	11	157 080	1 020 767	0	0	0.00	11	157 080	1 020 767
约旦	11	406 578	1 897 107	0	0	0.00	11	406 578	1 897 107
巴布亚新几内亚	10	12 242	225 500	0	0	0.00	10	12 242	225 500
斯里兰卡	10	77 293	529 355	0	0	0.00	10	77 293	529 355
刚果	9	73 415	353 395	0	0	0.00	9	73 415	353 395
摩洛哥	9	63 557	2 191 212	0	0	0.00	9	63 557	2 191 212
塔吉克斯坦	9	1635	46 920	3	138	14 600	6	1497	32 320
贝宁	8	81 303	1 982 226	0	0	0.00	8	81 303	1 982 226

续表

国别地区	合计 批次（批）	合计 货物数量（件）	合计 案值（元）	进口 批次（批）	进口 货物数量（件）	进口 案值（元）	出口 批次（批）	出口 货物数量（件）	出口 案值（元）
哥斯达黎加	8	115 637	877 642	1	40	2000	7	115 597	875 642
吉布提	8	23 090	256 400	0	0	0.00	8	23 090	256 400
斯洛伐克	8	9745	47 267	0	0	0.00	8	9745	47 267
埃塞俄比亚	7	9820	1 432 848	1	447	447 000	6	9373	985 848
朝鲜	7	299	54 558	0	0	0.00	7	299	54 558
格鲁吉亚	7	201 141	665 030	1	41	1230	6	201 100	663 800
柬埔寨	7	9381	141 512	3	217	3700	4	9164	137 812
科威特	7	8890	142 198	0	0	0.00	7	8890	142 198
牙买加	7	68 473	1 513 230	0	0	0.00	7	68 473	1 513 230
丹麦	6	42 371	749 645	0	0	0.00	6	42 371	749 645
马达加斯加	6	58 242	236 366	0	0	0.00	6	58 242	236 366
毛里塔尼亚	6	24 608	410 576	0	0	0.00	6	24 608	410 576
葡萄牙	6	3046	128 270	0	0	0.00	6	3046	128 270
安道尔	5	5	250	0	0	0.00	5	5	250
圭亚那	5	27 309	68 103	0	0	0.00	5	27 309	68 103
科特迪瓦	5	106 298	263 681	0	0	0.00	5	106 298	263 681
民主刚果	5	16 220	249 100	0	0	0.00	5	16 220	249 100
危地马拉	5	165 188	1 002 278	0	0	0.00	5	165 188	1 002 278
乌兹别克斯坦	5	6387	151 300	0	0	0.00	5	6387	151 300
多米尼加	4	61 572	480 283	0	0	0.00	4	61 572	480 283
厄瓜多尔	4	30 985	392 625	0	0	0.00	4	30 985	392 625
土库曼斯坦	4	898	17 390	0	0	0.00	4	898	17 390
巴拉圭	3	16 627	32 221	0	0	0.00	3	16 627	32 221
几内亚	3	12 554	83 180	0	0	0.00	3	12 554	83 180
马耳他	3	3407	303 294	0	0	0.00	3	3407	303 294
毛里求斯	3	12 400	264 210	0	0	0.00	3	12 400	264 210
纳米比亚	3	68 067	1 029 560	0	0	0.00	3	68 067	1 029 560
文莱	3	8482	729 400	0	0	0.00	3	8482	729 400
叙利亚	3	130 938	364 097	0	0	0.00	3	130 938	364 097

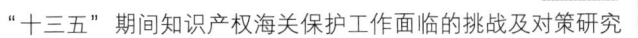

续表

国别地区	合计 批次（批）	合计 货物数量（件）	合计 案值（元）	进口 批次（批）	进口 货物数量（件）	进口 案值（元）	出口 批次（批）	出口 货物数量（件）	出口 案值（元）
阿尔巴尼亚	2	103	65 201	0	0	0.00	2	103	65 201
阿塞拜疆	2	1363	414 642	0	0	0.00	2	1363	414 642
伯利兹	2	1 089 733	217 980	0	0	0.00	2	1 089 733	217 980
利比里亚	2	2 399 630	523 043	0	0	0.00	2	2 399 630	523 043
马尔代夫	2	6079	50 461	0	0	0.00	2	6079	50 461
塞拉利昂	2	286 135	197 340	0	0	0.00	2	286 135	197 340
苏里南	2	5460	50 760	0	0	0.00	2	5460	50 760
安提瓜和巴布达	1	12 496	6872	0	0	0.00	1	12 496	6872
巴勒斯坦	1	120	12 960	0	0	0.00	1	120	12 960
博茨瓦那	1	2232	647 937	0	0	0.00	1	2232	647 937
赤道几内亚	1	48 000	24 000	0	0	0.00	1	48 000	24 000
多米尼亚共和国	1	3120	15 372	0	0	0.00	1	3120	15 372
玻利维亚	1	8660	80 568	0	0	0.00	1	8660	80 568
斐济	1	150	2441	0	0	0.00	1	150	2441
佛得角	1	902	52 700	0	0	0.00	1	902	52 700
冈比亚	1	240	4800	0	0	0.00	1	240	4800
古巴	1	3120	21 788	0	0	0.00	1	3120	21 788
黑山	1	540	5400	0	0	0.00	1	540	5400
洪都拉斯	1	389	7780	0	0	0.00	1	389	7780
基里巴斯	1	2000	20 000	0	0	0.00	1	2000	20 000
加蓬	1	2208	22 080	0	0	0.00	1	2208	22 080
津巴布韦	1	9600	19 200	0	0	0.00	1	9600	19 200
莱索托	1	80	800	0	0	0.00	1	80	800
马拉维	1	672	13 000	0	0	0.00	1	672	13 000
尼加拉瓜	1	9600	7200	0	0	0.00	1	9600	7200
索马里	1	20 000	20 000	0	0	0.00	1	20 000	20 000
特立尼达和多巴哥	1	3520	35 200	0	0	0.00	1	3520	35 200
瓦努阿图	1	138 000	11 400	0	0	0.00	1	138 000	11 400
乌干达	1	856	85 262	0	0	0.00	1	856	85 262

（二）知识产权海关保护面临的问题和挑战

尽管我国知识产权海关保护工作取得了很大的成绩并在国内外获得高度评价，但在和很多方面仍存在亟待解决的问题，集中反映在以下几个方面。

1. 进出口环节的侵权货物仍比较严重

尽管我国海关在进出口环节采取了积极主动的执法措施，截获了大量侵权商品，但从总体上看，我国对外贸易中的侵权违法活动仍然比较严重。根据目前欧盟、美国和日本等国海关发布的上一年度查获进口侵权商品的执法统计报告，来自中国的侵权商品的比例仍然居高不下。例如，2013年欧盟各成员国共扣留进出境侵权商品近3600万件，按国内零售价格计算约为7.7亿欧元，其中来自中国的侵权商品数量占66.12%，商品价值占72.43%（见图4-1）。再如美国海关2013年查获来自中国的侵权商品金额按"厂商建议零售价-MSRP"（即真品价格）计算约为11.8亿美元，占查获商品总额的68%；查获来自中国香港的侵权商品金额为4.38亿美元，占总额的25%（见图4-2）。另据联合国毒品和犯罪问题办公室（UNODC）2013年4月23日发表的一份报告称，中国是全球约2/3假冒商品的直接来源地。

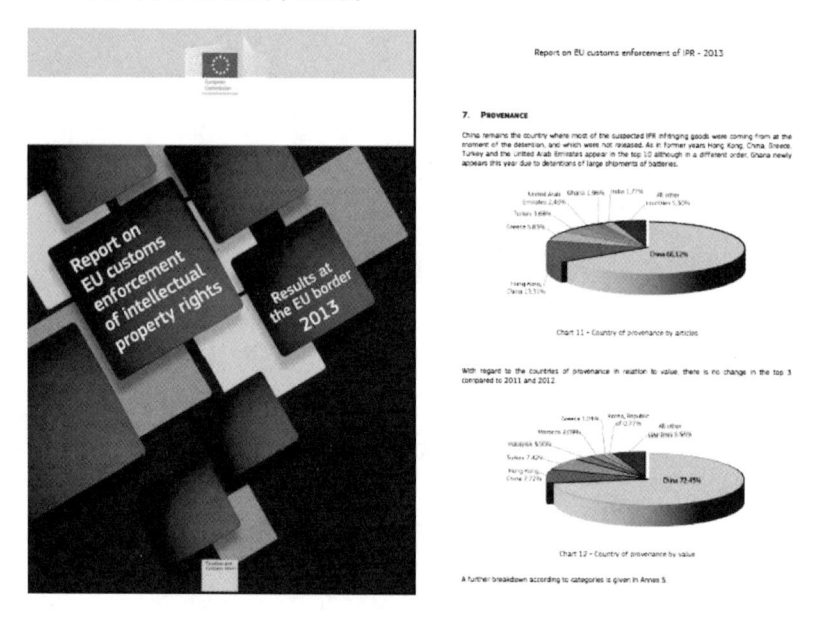

图4-1 欧盟海关2013年知识产权执法报告

侵权贸易屡禁不止，给我国的政治、经济和国际形象造成非常十分严重的危害。

第一，破坏正常的对外贸易秩序。经过我国外贸企业在海外长期的苦心经营，我国许多出口名牌商品已经在国际市场上建立了稳定的销售渠道，赢得了当地消费者的认可。但是来自我国的质量低劣的假冒商品大量涌入海外市场，不仅破坏了我国品牌的国际声誉，而且扰乱了合法产品的销售渠道，使许多长期代理我国出口商品的海外经销商和消费者对经销和购买我国商品失去信心。近年来随着我国成为"世界工厂"和国内企业生产技术水平及产品质量的提高，具有自主知识产权的产品出口也大幅增长，越来越多的中国品牌扬名海外,但不可避免的是,"搭便车"出口假冒产品的情况也随之增加。所以有效遏制出口环节的侵权违法活动是保护"中国制造"海外声誉的关键一环。

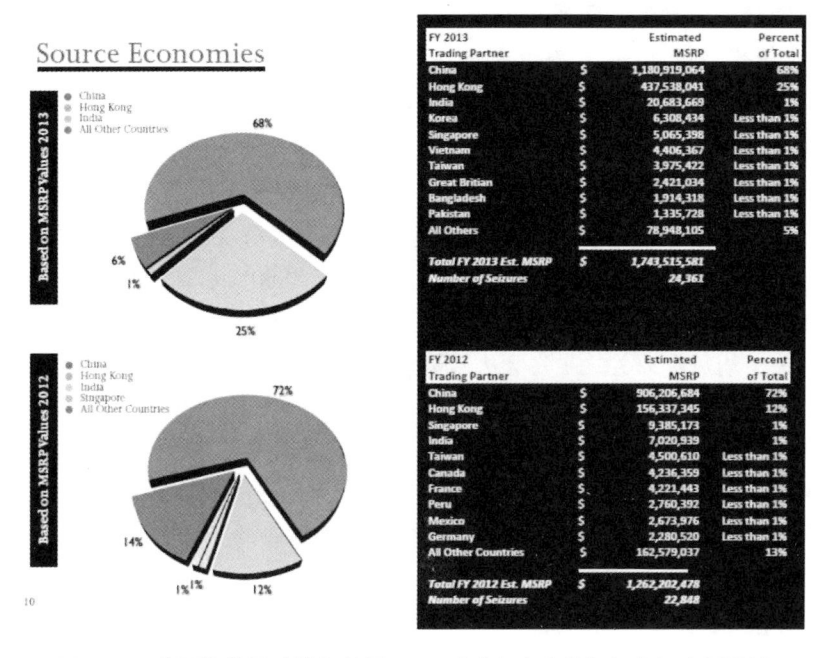

图 4-2　美国海关及边境保护局 2013 财政年度查获知识产权商品统计

第二,造成国家外汇收入的大量流失。出口假冒商品的企业由于事先在品牌宣传广告、技术研发和市场开发方面没有投入任何费用,侵权企业的产品的价格普遍低于合法企业,具备对外低价竞销的条件。面对来自侵权企业的价格竞争压力,众多合法企业为避免国外客户流失,也只得把自己产品的出口售价降低到假冒商品的价格水平。这种局面不仅使外商得以从中渔利和合法企业的利润严重下降,而且整体上也造成国家外汇收入的大量流失。

第三,损害我国的国际声誉。侵权产品的大量出口,为西方国家极力鼓吹的"中国是侵权的源头"论调提供了口实。其实,将侵权贸易泛滥的责任完全归结于中国很不公平。我国目前出口的侵权商品中许多属于根据外商指定品牌生产的产品。在整个交易中我国企业作为生产者只收取生产加工费,获利十分有限,而大部分的销售利润则是由委托生产的外商获得。但因出口产品上都会标有"中国制造",即使侵权产品是由外商组织生产和销售的,也容易给外国公众造成"中国企业在向全世界兜售侵权产品"错误印象,从而助长所谓"侵权假冒使中国获得不正当的竞争优势"的错误言论。此外,由于在出口的假冒产品中有相当比例属于假冒伪劣的药品、汽车和摩托车配件、电气产品和化妆品,存在严重的安全隐患,极易造成对消费者的人身伤害。我国出口假冒产品伤人的案例经常被国外媒体大肆渲染,国际影响极坏。特别需要警惕的是,许多非洲国家对中国生产的假冒伪劣产品给他们的经济和人民安全造成损害的不满正逐渐增加。如果不尽快遏制我国输非产品中的假冒伪劣现象,非洲国家民众的不满可能会被一些别有用心的敌对势力用于挑拨中非关系,从而抵消我国长期以来对非无私援助所产生的正面影响。随着我国在国际社会的政治和经济影响力的提升,国际社会对中国是否会成为一个负责任大国都抱有很强的期待和疑虑。中国生产的假冒伪劣产品在国际市场泛滥,会给"中国威胁论"以口实,阻碍我国在世界范围内软实力的提升。

2. 海关执法能力和水平亟需提高

与进出口环节侵权违法严重程度相比,海关的知识产权执法能力严重不足,主要体现在以下方面。

(1) 查缉侵权货物过于依赖查验环节,提高查获率遭遇瓶颈。

我国自改革开放以来,对外贸易发展迅猛发展。据海关总署统计,自 1980～2012 年,我国外贸商品数量增长了 10 100%,金额增长了 3800%。期间海关的货运监管量以年均 19% 的速度上升。在一些进出口业务量较大的海关承受着巨大的通关压力。据了解,上海海关平均每个海关关员每天大致要验放 1000 票货物;而深圳海关则必须在 10 秒钟内完成对一辆货车的检查。许多沿海地区的海关目前都实行了每周 7 天、每天 24 小时的不间断通关。目前海关查缉进出口环节的侵权仍主要依靠对货物进行开箱查验。虽然查验对发现侵权货物十分有效,但迫于通关压力,查验货物数量受到十分严格的限制,目前平均查验的比例仅为 5%。由于不能大幅提高查验率,在很大程度上影响了海关查获更多的侵权货物。

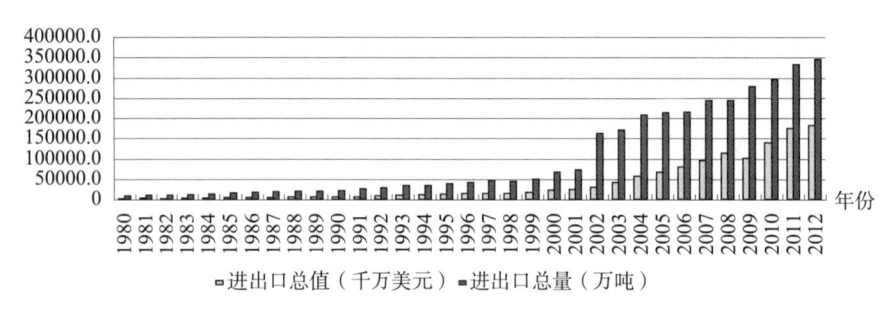

图 4-3 1980～2012 年我国外贸增长示意图

(2) 风险分析的应用水平较低。

作为弥补查验率不足的措施,风险分析被视为能够提高查获率的有效途径。所谓风险分析,是指海关在对收集的风险信息进行分析的基础上,筛选出具有较高风险的货物或者贸易商,然后有针对性地实施进出口布控。风险分析是目前世界各国海关都大力推广应用的海关监管技术。但是由于各国情况不同,风险分析的效果也有所不同。目前我国海关开展知识产权风险分析存在两个困难。

一是缺乏信息。风险分析基于事先收集大量风险信息。目前我国海关开展知识产权风险分析的信息来源比较单一,主要来自此前已经查获的案件。由于侵权企业经常采用变换出口商名义和伪报货物品名等方式逃避海关执法,使海关难以掌握用于风险布控的可靠信息。

二是难以获得开展风险分析所需的时间。美国和欧盟等国海关的知识产权执法主要集中在进口环节,他们可以早在进口货物抵达港口之前数月就能获得货物名称、价格、出口港、进出口贸易商、货物产地和最终目的地等用于进行风险分析所需的信息,所以查获侵权货物的成效比较明显；而我国海关查缉的基本上是出口货物，而出口货物一般从向海关申报到装船只有数天甚至数小时的时间，海关只有在出口商申报后才能掌握出口货物的具体信息，很难有足够的时间来开展风险分析，因此风险分析的成效有限。

（3）缺少通关环节之外的前期和后期执法。

由于进出口货物，特别是出口货物的通关时间较短且受查验率限制，海关在货运监管环节发现侵权货物的几率较小。但进出口货物在通关前一般都会在口岸或者贸易商的仓库中存储较长时间，贸易商对海关放行的货物也会保留相关交易和运输的账册和单证或者记录，如果通过实现巡查和事后稽查可以发现更多的侵权违法行为。但是根据我国现行《海关法》，海关对出口货物的监管始于货物向海关申报。所以对已经运抵口岸的侵权货物即使海关已经发现也无权采取执法措施。而对已经放行的货物，海关即使能够通过稽查发现涉嫌侵权，也无权予以查处。

（4）执法对侵权违法缺乏足够的威慑。

根据《海关行政处罚实施条例》，对进出口侵权货物行为海关可以没收侵权货物并处货物价值30%以下的罚款。对涉嫌构成犯罪的海关应当移送公安机关追究刑事责任。以上惩处措施在实践中能够产生的威慑作用十分有限。首先，由于违法嫌疑人在得知其货物被海关扣留后通常会逃之夭夭，改换新的名称后继续从事对外贸易，海关不仅难以执行作出的处罚决定，也无法对其以后的进出口行为实施重点监控；其次，海关向公安机关移送的案件难以被公安机关立案。因海关是设立在口岸的执法机关，而涉案的犯罪嫌疑人大多来自内地，口岸公安机关对案件进行侦查存在地域管辖问题和实际侦查方面困难。以上问题形成对违法行为的追究"雷声大，雨点小"，难以发挥应有威慑作用的窘境。

3. 加强海关知识产权执法存在法律障碍

由于我国知识产权海关保护制度建立的初衷是应对来自美国的压力，对海关积极主动采取保护知识产权的执法措施存在授权不足的问题，致使海关在进出境环节保护知识产权的职能未能得到充分发挥。这方面存在的问题主要有以下方面。

（1）海关保护知识产权的范围不够广。

现行《知识产权海关保护条例》规定海关保护的知识产权只限商标专用权、著作权和与著作权有关的权利、专利权，未能包括TRIPs协议规定的其他与国际贸易有关的知识产权，如地理标志、植物新品种、集成电路布图设计和商业秘密。尽管我国海关保护的知识产权已经超出了TRIPs协议关于边境措施必须适用假冒和盗版的最低要求，但我国海关扩大保护知识产权的范围也确有必要。

首先，可以提高国家保护知识产权的整体水平。根据欧盟关于知识产权海关执法的第608/2013号条例的规定，各成员国海关保护的知识产权应当包括商标、外观设计、版权和邻接权、地理标志、专利权、药品附加保护证书、植物产品附加保护证书、植物新品种、半导体产品拓扑图、实用新型和贸易名称。欧盟海关条例的规定主要是考虑到海关边境执法是各国知识产权保护体系中不可或缺的一环，特别是在及时制止国际贸易中的侵权商品进入各国国内销售渠道，防止给知识产权权利人造成实质性损害方面的作用是无可替代的。目前我国知识产权保护中一个饱受诟病的问题是司法判决不能得到有效执行。对法院已经作出的侵权判决，如果被告不履行判决继续从事侵权行为，法院和知识产权权利人很难发现和获得证据。知识产权权利人往往是"赢了官司，输了市场"，使其失去依法维权的信心。所以将更多的受我国法律保护的知识产权纳入海关保护的范围，可以充分发挥海关制止侵权货物进出境的作用，对提高我国知识产权保护的整体水平有十分积极的意义。

其次，有助于保护我国传统产品声誉和境内消费者的权益。我国作为地大物博和有悠久文化历史的国家，各地都用于大量的具有本地传统特色的地理标志产品。随着对外交往的扩大，我国将会有越来越多的地理标志产品走出国门与境外消费者见面。假冒地理标志的产品进入国际市场将会造成国外消费者对我国地理标志产品的误认，从而损害我国传统知名产品的声誉。同时，随着生活水平的提高，境内消费者对国外知名地理标志产品（如波尔多红酒、香槟酒和帕尔马火腿等）的需求也会不断增加，假冒的进口地理标志产品将会对我国消费者的合法权益造成损害。所以，将地理标志纳入海关的保护范围而加强海关在进口环节或者出口环节的执法都具有十分积极的意义。

（2）特殊监管区内的侵权货物不能得到及时查缉。

根据现行《知识产权海关保护条例》第 2 条规定，海关保护的知识产权是"与进出口货物有关的知识产权"，没有包括过境、转运和通运货物。根据我国《海关法》，进出境货物由两类货物构成，"进出口货物"和途经我国的"过境、转运和通运货物"（以下简称"过转通货物"）。"过转通货物"在国际海关公约中又被称为"过境货物"（Goods in transit）和"转船货物"（Goods in transshipment）。本来 1995 年《知识产权海关保护条例》曾规定海关应当对进出境货物的知识产权实施保护。2003 年 12 月国务院决定对《知识产权海关保护条例》进行修订，将"进出境货物"改为"进出口货物"。作此修改是因为 1995 年《知识产权海关保护条例》的条文中同时使用了"进出境"和"进出口"的概念，容易造成有关海关执法范围的困惑，且同时也考虑到 TRIPs 协议并没有将保护过境货物作为世界贸易组织成员必须承担的义务。所以我国海关一直没有将途经我国的过转通货物纳入海关知识产权保护措施的适用范围。因为过转通货物在我国境内大多是暂时存放在保税区、出口加工区等海关特殊监管区内，事实上也造成海关对特殊监管区内的许多货物没有知识产权执法权。这个问题在中国（上海）自由贸易试验区（以下简称上海自贸区）建成后越来越引起人们的关注。按照国务院批准的上海自贸区总体方案，区内将设生产和加工企业，而海关将对进出区的货物实施"一线放开"和"二线安全高效关注"的监管模式。海关放宽对区内货物的监管虽然会给自贸区的生产经营活动提供较大的便利，但同时也可能会给区内侵权活动造成便利的条件。为此许多专家学者建议修改现行《知识产权海关保护条例》，对通过自贸试验区过境的侵权货物增加海关可以对其采取知识产权执法措施的权力。随着越来越多的自贸区在我国出现，自贸区知识产权保护问题越来越引起关注。由于自贸区内大部分区域与保税区等海关监管区重合，根据法律规定只有海关才能行使执法权，所以如果按照现行《知识产权海关保护条例》，海关对自贸区内存放的侵权货物不采取执法措施，而其他执法机关又无权介入，会造成区内侵权违法活动的泛滥，严重影响自贸区的健康发展。

(3) 海关执法过于依赖权利人的意愿。

根据现行《知识产权海关保护条例》第16条的规定，海关发现涉嫌侵犯已经在海关总署备案的知识产权的进出口货物后，需要通知有关知识产权的权利人，只有知识产权权利人在收到海关通知后3个工作日内向海关提出扣留申请并提供担保，海关才能扣留货物。该条规定在执行中存在以下问题。

首先，海关执法过度依赖知识产权权利人的意志。知识产权权利人将其知识产权向海关总署备案时其意思表示已经很清楚，就是要求海关制止侵犯其知识产权的货物进出口。海关对依据备案发现的侵权嫌疑货物通知知识产权权利人协助确认侵权状况也很有必要，但如果再由知识产权权利人来决定海关能否扣留货物则有问题。海关为查获涉嫌侵犯已经备案知识产权的货物，需要对货物采取监控和查验措施，已经动用了执法资源，此后不应再允许知识产权权利人有放弃海关保护的权利。

其次，海关执法容易被知识产权权利人滥用。目前在执法实践中经常发生知识产权权利人在收到海关通知后，不是积极配合海关鉴别货物的侵权状况，而是热衷于与侵权人达成和解协议来获得赔偿，将海关执法作为其牟利的手段。

(4) 关于海关调查期限的规定不合理。

现行《知识产权海关保护条例》对海关调查货物的侵权状况规定了30个工作日的调查期限，但没有对当事人在海关调查期间向海关提供证据规定举证期限，容易造成当事人通过故意拖延提交证据的时间，使海关难以在法定调查期限内作出侵权认定，形成海关执法的漏洞。

以上制约海关行使保护知识产权职能的法律障碍，其形成的根本原因是我国知识产权海关保护制度产生的特殊历史背景。众所周知，我国知识产权海关保护制度是20世纪90年代中美知识产权协议的产物，换言之，我国是在美国的压力下建立知识产权海关保护制度的。所以长期以来，国内许多人都持有海关保护知识产权就是保护外国企业的利益的认识，在执法力度上应当适可而止的观点。这种看法在我国加入世界贸易组织后就更加强烈。因为TRIPs协议只要求各国要在进口环节实施保护知识产权的边境措施，对出口环节没有强制性规定。所以《知识产权海关保护条例》关于海关禁止侵权货物出口的规定显然超出了我国入世应当承担的义务。在这种情况下，任何关于加强我国海关知识产权执法权的建议很容易招致非议。

不可否认，我国建立知识产权海关保护制度的初衷是履行中美协议规定的义务，但自发展的历程充分证明强化海关知识产权的执法也完全符合我国的根本利益。因为进出口环节的侵权活动也对我国本身造成严重的损害。改革开放前由于我国一直实行对外贸易统一经营的管理体制，只有少数国有外贸企业有权从事对外贸易经营货物，各个外贸企业之间经营范围有严格的划分，不宜发生相互之间侵犯知识产权的情况。但自20世纪80年代起外贸体制改革不断深入，国家逐渐放开了对进出口经营权和进出口商品经营品种方面的限制，越来越多的企业可以直接从事进出口贸易，随之也出现了外贸经营秩序混乱的问题，特别是许多企业大量出口假冒他人注册商标的商品，给国家和合法拥有注册商标的企业造成了严重的损害。尽管当时我国的一些法律中也有禁止在对外贸易活动中侵犯他人知识产权的规定。例如，1992年修正的《专利法》第11条规定，专利权人有权阻止他人未经权利人许可，进口专利产品或者进口依照其专利方法直接获得的产品。1994年颁布的《对外贸易法》第27条也规定，对外贸易经营者在对外贸易经营活动中，应当合法经营，公平竞争，不得有损害中华人民共和国法律保护的知识产权的行为。但是在1994年9月我国海关被授予知识产权边境执法的职责之前，国家对进出口环节的侵权行为缺少行之有效的管制手段。所以，当1995年我国正式建立知识产权海关保护备案制度时，率先向海关总署申请备案的不是外国企业，而是我国广州轻工业品进出口公司等一批出口骨干企业。目前在海关总署备案的近3万件知识产权中，近半数来自中国企业，在备案的各国企业中数量最多。

当前我国经济进入了"新常态"发展时期，需要调整经济结构和改变增长模式。2015年3月13日《中共中央 国务院关于深化体制机制改革加快实施创新驱动发展战略的若干意见》指出，当前在面对全球新一轮科技革命与产业变革的重大机遇和挑战，以及我国经济发展进入新常态的趋势变化情况下，要加快实施创新驱动发展战略。而实施创新发展战略的一个重要措施是要营造激励创新的公平竞争环境，实行严格的知识产权保护制度，健全知识产权侵权查处机制，强化行政执法与司法衔接，加强知识产权综合行政执法，健全知识产权维权援助体系。我国《国家知识产权战略纲要》也提出了"实施国家知识产权战略，大力提升知识产权创造、运用、保护和管理能力，有利于增强我国自主创新能力，建设创新型国家"的战略目标。其中在进出口环节有效实施对知识产权的保护是鼓励创新和实现国家经济发展目标的一个重要举措。如果我国没有一个强有力的知识产权边境保护制度，进出口领域的侵权行为不能得到有效制止，那些在出口产品研发和培育品牌方面前期投入巨额资金的企业就无法通过市场获得回报，其创新的积极性受到严重挫伤，以致形成"谁创新谁吃亏，谁侵权谁受益"恶劣环境，致使越来越多的出口企业被"逼良为娼"，在遭受他人侵权时，不是去运用法律武器维权，而是同样也去从事侵犯他人知识产权的活动，最终使整个社会失去创新的动力。所以知识产权海关保护不仅是我国相关司法保护和其他行政保护的补充，更是国家知识产权法律保护体系中不可或缺的重要一环。

4. 知识产权执法资源的投入严重不足

尽管知识产权保护已经被视为继监管、征税、缉私和统计等传统海关职能后的一项海关新职能，但目前在执法资源的投入方面却与履行这项新职能的需要不相适应，主要体现在以下方面。

（1）机构设置不健全。

知识产权海关保护工作是一项全新的工作，它的覆盖面涉及海关法和知识产权法两个法律部门，而且由于知识产权权利人的加入，其法律关系也超出了海关法范畴内的"海关与管理相对人"之间管理与被管理的传统行政法律关系，是一项带有明显行政法律救济性质的工作，也是一项专业性很强的工作，需要投入较大的精力去研究、探索和实施。但自1995年以来，海关总署负责实施《知识产权海关保护条例》的部门一直只是一个处级机构，尽管与海关开始实施知识产权保护初期相比，知识产权案件的数量已经大大增加（见表4-10），但实施部门一直没有变化（期间还曾一度被合并到其处)。与其他海关行政法规都是以司局为实施单位的格局相比,知识产权保护工作的机构设置长期以来严重滞后。

表4-10 1994~2014年海关知识产权执法统计

年度	批次（批）	货物数量（件）	案值（元）
1994~2005	5246		700 000 000
2006	5598	181 809 776	202 638 503
2007	7456	333 498 249	438 855 566
2008	11 135	645 182 937	294 802 157
2009	65 810	280 058 800	452 334 298
2010	21 073	133 599 569	277 153 317
2011	18 188	103 211 267	1 446 039 718
2012	15 690	93 117 335	375 689 558
2013	20 464	75 945 594	301 039 094
2014	23 860	91 965 548	289 039 950
总计	194 520	1 938 389 075	4 777 592 161

（2）人员配备严重不足。

目前全国海关专职从事知识产权保护的人员不足100人,除负责各地海关知识产权职能管理外,还承担着受理申请、风险布控、执法培训、案件调查、行政处罚、侵权货物处置、开展对外协作和国际执法合作等许多具体工作,人员捉襟见肘,根本无暇顾及知识产权的政策和法律问题研究和对侵权贸易的趋势性分析,使知识产权执法的效率和整体水平难以提高。

（3）现行执法机制需要改革。

目前海关法规部门在知识产权执法方面存在单打独斗和"小而全"的执法模式,海关的监管、稽查、企业管理、风险管理、缉私、财务等部门未能广泛参与知识产权保护工作,这也是造成海关知识产权保护的资源不足一个重要原因。

5. 保护知识产权与便利合法贸易存在冲突

尽管现行《知识产权海关保护条例》在起草时充分考虑到知识产权滥用的可能性,并在条文中充分体现了"保护知识产权不应对合法贸易造成障碍"的原则,但是在实践中仍出现合法货物因涉及知识产权保护而被延误。造成这种情况有以下方面原因。

（1）知识产权权利人滥用申请权。

知识产权权利人滥用权利或者怠于履行法定义务主要体现在：

首先,不如实进行知识产权备案或者在其知识产权失效后不履行向海关总署变更备案手续,造成海关继续对已失效的知识产权继续采取保护措施。

其次,不及时向海关提供合法使用知识产权的被许可人的信息。海关对在监管中发现的涉及备案知识产权的进出口货物,如果权利人不事先提供合法被许可人的信息,海关只能暂时中止货物的通关等待权利人对货物是否合法予以确认。如果货物事后被确认为合法产品,就会造成其通关被不当延误,出口商会遭受一定程度的损失。权利人实现未将有关情况通知海关,大多数情况下属于疏忽或者懈怠,但也有出于监督被许可人履行许可合同故意向海关隐瞒的情况。

再次,恶意或者随意申请扣了他人合法货物。在实践中有许多权利人以侵权为由向海关申请扣留他人的出口货物,不是为了打假维权或者寻求司法救济,而是出于打击竞争对手的目的而采取的恶意手段。在这种情况下进出口商虽然可以就其所遭受的损失可以通过诉讼寻求赔偿,但如果权利人十分频繁地使用这种手法,进出口商则处于疲于奔命、无所适从的境地。

又次,专门为向进出口商索赔而申请扣留他人的货物。这种情况通常与恶意抢注他人在先使用的商标有关。因申请撤销恶意抢注的商标需要较长的时间和较复杂的程序,进出口商为及时履行贸易合同往往被迫与权利人和解并支付巨额的"赔偿"或者"商标使用费"。

最后,对海关发现涉嫌侵犯其备案知识产权货物的通知不予答复或者轻易放弃保护。这种情况的发生通常因货物数额较小、非权利人感兴趣产品或者代理机构未与委托人明确代理事项的范围等原因。

对以上权利人滥用权利,损害他人合法权益及影响海关执法的行为,海关目前除依照《知识产权海关保护条例》撤销有关权利人的备案外,缺少更加有效的制约手段。

(2) 海关执法程序设计存在缺陷。

首先,依职权扣留和依申请扣留的划分不合理。按照现行《知识产权海关保护条例》的规定,海关可以在两种情况下采取知识产权保护措施:一是知识产权权利人发现侵权嫌疑货物即将进出口时向进出境地海关提出申请;二是海关发现进出口货物涉嫌侵犯在海关总署备案的知识产权。前者惯常被称作"依申请保护",后者则被称为"依职权保护"。现行《知识产权海关保护条例》设置的上述模式在实践中存在以下问题。

第一,海关对备案的专利权难以实施依职权保护。海关对专利权依职权保护的困难主要有两点:一是发明专利和实用新型专利属于技术专利,海关难以借助视觉查验发现侵权货物;二是实用新型专利和外观设计专利普遍存在法律状态不稳定,被宣告无效的可能性较大,容易造成海关依职权保护的失误。目前在海关总署备案的专利权有5000多项,占全部知识产权备案的20%,但海关每年依据备案发现和扣留的侵犯专利权的货物的情况比较罕见。以2014年为例,海关全年共扣留进出口侵权嫌疑货物2万多批,涉及商品9200万件,但其中涉嫌侵犯专利权的货物只有53批,涉及商品仅180万件,只占扣留商品总数的1.94%(见表4-11),而且这些货物也都是依据专利权人的申请扣留的,没有一件是海关依据备案发现的。目前知识产权权利人将其专利权向海关备案主要是用于阻吓竞争对手。所以专利权备案不仅不能为海关查获侵权货物提供信息指引,而且还容易被专利权人滥用,成为其无理阻碍他人进出口或者索赔的工具。

表4-11 2014年海关扣留货物涉及的知识产权类型

知识产权类型	商品数量(件)	占比(%)
合计	91 965 548	100
商标专用权	89 075 040	96.86
著作权	1 100 857	1.20
专利权	1 786 551	1.94
奥林匹克标志专有权	3100	0.01

第二，区分依申请和依职权保护的标准不科学。海关对在依申请保护模式扣留的侵权嫌疑货物不进行调查，而是由知识产权权利人寻求司法途径处理，这本来应当是处理案情比较复杂的知识产权争议的适当方式，但现行《知识产权海关保护条例》却将其设计为处理侵犯涉及未备案知识产权的途径。知识产权备案与否对海关采取依职权保护措施确实有一定影响，但其影响应当只限于海关能否及时发现侵权货物，而不是海关是否权或者有能力处理相关侵权纠纷。目前许多著名企业都拥有大量的知识产权，但往往只会将其认为经常遭到侵权的知识产权向海关总署备案。如果只因事先没有备案海关就不能再对已经发现侵权货物采取依职权保护措施不尽合理。此外，这样划分也缺乏可操作性。由于海关依申请保护和依职权保护在对知识产权权利人提交担保的要求和案件后续处理的力度方面差异较大，事实上，许多知识产权一旦发现其未备案知识产权在进出口环节被侵犯，通常是选择向海关总署申请紧急备案，而并非按照现行《知识产权海关保护条例》的规定要求海关采取依申请保护措施。

其次，海关中止放行货物的期限过长。按照现行《知识产权海关保护条例》，应当将侵权争议提交人民法院处理的，权利人可以在海关中止放行侵权嫌疑货物后大约20个工作日内向人民法院申请财产保全或者诉前停止侵权的禁令。由于权利人并非在任何情况下都会向法院提出申请，即使申请也并非都需要这么长时间，但在20个工作日期满前，海关无权恢复货物的通关程序，特别是涉嫌侵犯商标权和著作权的货物，进出口商在期满前还不允许像涉及专利权货物那样提交反担保金后请求海关放行货物，所以上述中止放行时间过长，极易造成对合法货物不合理地滞留海关通关环节。

6. 海关执法与其他救济程序的衔接配合不够顺畅

（1）海关与司法程序的衔接仍不够顺畅。

根据《知识产权海关保护条例》的规定，权利人如果要求海关扣留侵权嫌疑货物，应当向海关提供不超过货物价值的担保；如果权利人针对海关已经扣留的货物向法院申请财产保全或者诉前禁令，还需要依据《民事诉讼法》再次向人民法院提供担保。这样就会产生对同一批侵权嫌疑货物，权利人存在重复提供两次担保的问题，无端加重了知识产权权利人维权的经济负担。

（2）海关执法与其他部门的相关执法缺乏统一和协调。

尽管目前海关已经与商标和专利管理部门建立了保护知识产权的执法合作关系，但在统一判定侵权的标准、相互通报案件信息及组织开展联合执法行动和大要案协办等方面还缺乏经常性的、有效的合作机制。

7. 国际合作成效未得到彰显

（1）国际合作缺乏主动性和长远规划。

虽然我国海关已经先后与多个国家或者地区的执法机关签订了保护知识产权的执法合作协议，并开展了一些卓有成效的合作。但我方开展国际合作仍存在很大的被动性，合作的目的仍出于应对国际压力和配合高层领导的外交活动的目的，在合作的主动性、深度和广度方面还存在很大的不足。合作对象仍局限在美国、欧盟和日本等发达国家的执法机关，与非洲、拉美、西亚等我国新兴贸易伙伴国的相关部门的执法合作还处于空白的阶段，未能充分利用海关间的国际合作，为我国企业走出去开拓这些地区的市场保驾护航。

（2）各方缺乏互信，容易被对抗思维主导。

开展与境外执法机关的合作是一把双刃剑，一方面可以向国际社会展现我国保护知识产权的坚定决心和良好的合作意愿，另一方面也可能带来意想不到的负面影响。由于美国、欧盟和日本等国海关定期发布查获来自中国侵权产品的统计数字，给我国的国际形象和我国海关的知识产权执法造成很大的负面影响和压力，使我国对扩大与上述国家海关的合作存有强烈的戒心，担心合作会造成更多的中国出口侵权产品被在境外查获，反而更加对我国不利。所以在双方真正形成平等互信、相互尊重的合作氛围前，扩大和深化合作仍存在很大的障碍。

二、"十三五"知识产权海关保护工作的发展目标

"十三五"期间我国知识产权海关保护的发展目标是：

（1）按照中央关于建设创新型国家的总体要求和《国家知识产权战略纲要》的总体安排，发扬"十二五"期间我国知识产权海关保护工作取得成绩，继续积极主动地开展知识产权边境执法；

（2）以改革创新的精神完善知识产权海关保护法律法规和规章制度，使海关知识产权执法在维护公平竞争的对外贸易秩序、保护消费者健康安全、维护国家和"中国制造"国际声誉方面的重要作用得到更加充分的发挥；

（3）解决"有效保护知识产权"与"促进合法贸易"之间的矛盾和冲突，建立更加公平、公正、高效的知识产权海关保护机制；

（4）改革知识产权执法体制，增加知识产权保护的资源投入，提升海关保护知识产权的执法能力，丰富海关的执法手段，增加知识产权保护的资源投入和科技应用；

（5）继续推进"两法衔接"工作，保持对侵犯知识产权违法犯罪活动的高压态势，加大海关执法的威慑力；

（6）大力开展与工商、公安、版权、专利管理部门和司法机关的合作，实现海关执法与境内执法及司法程序的无缝衔接，探索开展进出口通关前的前期执法及通关后的后续执法，形成全方位保护知识产权的合力，拓展知识产权海关保护的成效；

（7）在平等、互利的基础上进一步深化和拓展知识产权国际海关合作，扩大我国知识产权保护的国际影响，为我国企业"走出去"和国家"一带一路"战略的实施保驾护航。

三、实现发展目标的保障措施

（1）制定知识产权海关保护的五年发展规划，确定每年工作的重点和评估指标。

（2）修订《知识产权海关保护条例》，扩大海关保护知识产权的范围，重新设计海关执法程序，解决制约海关行使保护知识产权职能的疑难问题。

（3）改造"知识产权海关保护系统"，实现海关办理知识产权案件的在线流转和与

知识产权权利人之间的数据共享。研发推广用于提高海关知识产权执法效能的科技装备。

（4）学习借鉴美国"知识产权协调中心"的经验，会同相关部门建立我国打击跨境侵权的协调机制。

（5）研究建立海关总署知识产权信息中心，为口岸执法提供法律指引、知识产权备案、侵权动态预警、风险分析和鉴别侵权货物等方面的信息支持。

（6）与国内外知识产权权利人组织建立保护知识产权的战略合作伙伴关系，引导和扶持国内企业成立保护自主知识产权的同盟。

（7）本着"把关和服务并举"的指导思想，积极主动地为国内生产企业提供鉴定国外订单知识产权状况的服务。

（8）制订周密可行的实施方案，组织海关系统认真开展"维护中国制造海外形象维护清风行动"，有效遏制出口环节的侵权违法活动，净化口岸的贸易秩序。

（9）通过深化与美国、日本、欧盟等主要贸易国家海关的知识产权执法合作，充分展现我国坚决打击侵权贸易的意愿和诚意，促使其放弃对抗思维，将双边合作纳入互信、互利的轨道；此外通过签署合作协议和提供执法培训援助等方式与"一带一路"国家和地区海关建立保护知识产权的执法合作关系，维护"中国制造"的国际声誉，帮助我国知名品牌产品占领海外市场。

专题5 科技创新中的知识产权问题研究

承担单位：北京化工大学

作　　者：陈冬生　邱晓燕　范晓波
　　　　　蔡中华　杨　巍　项　项
　　　　　刘学之　张　静　杨亚栩

一、"十三五"时期科技创新中的知识产权面临的形势和需求

"十三五"是我国落实创新驱动发展战略的关键时期，是世界深刻变化的复杂时期，在全球范围内，创新周期不断缩短，创新频率不断加快，企业的技术、产品、服务、生产流程和商业模式的生命周期大大缩短，科技创新成为推动经济社会发展的最强力引擎。发达国家纷纷实施"再工业化"战略，加速推进新一轮全球贸易投资新格局，我国在新一轮发展中面临巨大挑战。

我国经济发展环境发生重大变化，经济发展进入新常态。新型工业化、信息化、城镇化、农业现代化不断推进，超大规模内需潜力不断释放。但我国仍处于工业化进程中，与先进国家相比还有较大差距。资源和环境约束不断强化，劳动力等生产要素成本不断上升，投资和出口增速明显放缓，主要依靠资源要素投入、规模扩张的粗放发展模式难以为继，调整结构、转型升级、提质增效刻不容缓。面对新的发展形势和要求，我们必须科学判断和准确把握发展趋势，抓住机遇、重点突破、创新发展，为建设创新型国家和全面建设小康社会提供有力支撑。当前，我国进入升级发展的关键阶段，要在世界科技革命中抢占制高点，破解资源环境等约束，实现新旧动能转换，关键是要做强科技，用好创新，实现科技与经济深度融合，促进经济保持中高速增长、迈向中高端水平。

随着知识经济不断发展，国家的发展越来越依赖于科学技术的进步，科技创新能力成为国家核心竞争力的决定性因素。在信息网络、生物科技、新材料与先进制造等领域，颠覆性技术层出不穷，不断创造新产品、新需求、新业态，为经济社会发展提供前所未有的驱动力，推动经济格局和产业形态深刻调整，成为国家竞争力的关键。随着国际科技竞争日趋激励，科技制高点不断拓进，国家间综合国力竞争越来越表现为科技创新能力竞争，并日益聚焦于知识产权。知识产权的数量和质量已成为国际通行的衡量国家竞争力和科技创新能力的核心评价指标。知识产权作为一种有效的创新激励机制，能够在科技创新中发挥极其重要的基础性作用。如果没有知识产权保护及其战略安排，科技创新就会缺乏动力和长远的发展空间。加强知识产权战略部署，提高知识产权创造和应用转化能力，是促进科技创新、持续增强国家综合竞争力的必然选择。

"十三五"时期，知识产权的创造、应用、保护都增加了新的内涵。在正在推进的"中国制造 2025""互联网+"等新兴工业革命中，设计和生产过程的合一，将使知识产权的保护和综合运用变得更为重要。"十三五"时期，是我国实施创新驱动战略的关键阶段。发挥科技创新对转变经济发展方式和发展战略性新兴产业的支撑引领作用，迫切要求在科技工作中全面落实知识产权战略，加强知识产权管理，提高知识产权创造能力，在若干关键技术领域获得一批核心技术知识产权，促进知识产权扩散和运用，为经济社会发展提供强有力的技术支撑和权利保障。

二、"十二五"期间科技创新中知识产权面临的主要问题

我国创新发展已经到了从量变到质变的阶段。创新产出正在从注重数量增长向注重

质量和价值提升的阶段转变。在创新产出数量大幅增长后，反映我国创新质量的指标正在持续改善。2007年我国科学论文数量即已达到世界第二位，但论文质量相对不高，科学论文引证数世界排名曾经多年大大落后于论文数。但2013年我国科学论文引证数的世界排名已经从2007年的第8位上升到第3位。三方专利数量的世界排名则从第11位提高到第6位。虽然进步很快，但是保证创新的动力还不够强劲，表现在知识产权方面，主要包括核心知识产权供给不足、知识产权运营环节不顺畅、知识产权保护比较薄弱等问题。

（一）支撑我国核心竞争力的知识产权供给不足

1. 知识产权质量不高

企业拥有的专利偏少，核心专利被国外垄断。到2014年年底，我国有效发明专利中企业占比为11.67%，与发达国家相比差距较大。国家高新技术企业是我国企业创新能力不断提升，企业拥有发明专利逐年递增，但2012年户均拥有发明专利仅为4.12件。2010年，美国授权发明专利中，企业占比高达91.9%。

我国具有知识产权优势的企业不多。2009年全国42.9万家规模以上工业企业中，仅有25 375家申请专利，占全部规模以上工业企业的5.9%；获得专利授权的企业共18 951家，占全部规模以上工业企业的4.4%。同期开展研发活动的规模以上工业企业超过3.6万家，但申请专利的仅2.5万家，其中申请发明专利的不到1.3万家。开展研发活动的企业中约有1/3未申请专利，约有2/3未申请发明专利。截至2009年年底，拥有100件以上发明专利的企业仅29家，其中接近一半是港澳台商和外商控股企业。2010年全球PCT申请公布量百强排名中，我国仅中兴、华为技术和华为终端3家公司入围，远远落后于日本的30家、美国的25家、德国的14家。即使把比较范围放宽到前500名，我国也仅有11家企业入围。

近年来，我国高校和科研机构的专利申请和授权量增长很快，年均增长率在30%左右。在专利申请中，绝大部分是发明专利。但是静态有效率（有效专利量占累计授权量的比）很低，5年有效率很小。很多专利市场前景较差，不具有产业化实现的价值。高校和科研机构的职称评审与评奖时往往强调专利数量，导致专利数量虚增和质量下降，同时由于审查资源有限，真正有价值的专利申请被延误。

2. 发明专利、实用新型专利、外观设计专利未能形成互相支撑的体系

中国的专利包括发明、实用新型和外观设计，前两者都是技术方面的专利，外观设计是艺术设计方面的专利。创新活动的实现，往往需要不同种类专利互为表里、相互支撑。研究三类专利差异及分布的情况研究较少，仅仅关注某种专利，不深入这三类专利的相互关系和影响，也缺乏相应的政策部署。对目前的创新和经济发展是有失偏颇的，相关研究表明，工业设计在产品创新、流程创新中的作用越来越重要，在部分地区、部分产业中，实用新型和外观设计等专利对产业经济的发展具有重要影响。目前，我国有超过1000所高校开始对设计相关的专业进行人才培养，从一个方面说明了社会存在对工业设计类型人才的需求，已经进入了需要注重实用新型、外观设计等专利的发展

阶段。

因此，不能独立分散地看待三种类型的专利，而要研究他们之间的关系，使之在创新中能够互相配合、互相促进，最大限度地发挥各自的作用，并提升整体效应，才能顺利实现专利的应用和产业化。

3. 国有大企业的 R&D 强度不高，类型结构不合理

近年来，中国企业 R&D 经费投入规模大幅度增长，但企业的 R&D 经费强度与发达国家相比仍有很大差距。2012 年，全国规模以上工业企业的 R&D 经费强度为 0.77%，全国大中型企业的 R&D 经费强度为 0.99%，而美国、日本、德国等发达国家则普遍在 2% 以上。大部分企业仍处于跟踪模仿和引进技术消化吸收的阶段，以及低端加工制造和低价竞争阶段，缺乏资金积累和技术能力。总体来看，企业的专利活动还不普遍，集中在少数创新型企业。

我国大部分企业以渐进式创新为主，原始创新乏力。我国企业的 R&D 活动类型结构与发达国家相比，存在较大差异。长期以来，在基础研究、应用研究和试验发展三类 R&D 活动中，中国企业一直以试验发展为主，在应用研究上投入不多，基础研究更是微乎其微，占比几乎不足 1%（见表 5-1）。

表 5-1 中国企业 R&D 经费按活动类型分布（2010~2012 年）

年份	总额（亿元）	基础研究 总额（亿元）	基础研究 比重（%）	应用研究 总额（亿元）	应用研究 比重（%）	试验发展 总额（亿元）	试验发展 比重（%）
2010	5185.5	4.3	0.08	126.2	2.43	5054.9	97.48
2011	6579.3	7.3	0.11	191.0	2.90	6381.1	96.98
2012	7842.2	7.1	0.09	238.9	3.05	7596.3	96.86

资料来源：国家统计局、科学技术部：《中国科技统计年鉴2011》《中国科技统计年鉴2012》《中国科技统计年鉴2013》。

相比之下，发达国家企业的 R&D 活动虽然也是以试验发展为主，但在基础研究和应用研究上的投入占相当大的份额。发达国家的基础研究经费占比一般为 4%~8%，应用研究经费所占比重一般超过 20%，最高的超过 50%。[1]

（二）知识产权运营环节不顺畅

1. 碎片化、孤岛式的技术突破落后于产业发展需求

在制造业领域，经过多年的引进吸收再创新、自主研发等，尽管在某些技术点上取得了突破，但在设计流程、材料、制造工艺、测试技术等环节都存在瓶颈。例如，燃气轮机是关系到国家能源和国防安全的战略性装备，融合多种高技术于一体，是动力装备的最高端产品，一直被称为装备制造业皇冠上的明珠。燃气轮机的产业链长，覆盖面广，涉及机械、冶金、材料、化工、能源、船舶、航空、电子、信息诸多工业部门。然

---

[1] 《中国创新型企业发展报告2013~2014》，经济管理出版社2015年。

而,特别是在重型燃气轮机上,研发各自为政、力量分散,难以形成合力,航空发动机和重型燃气轮机、船用燃气轮机具有统一的学科基础,技术上也许有很多共性,但各自属于不同的行业和管理部门,相互之间比较独立,缺少联系。❶

高校科研机构的专利权也比较分散,提高了专利许可的交易成本。例如,LED 技术,中科院掌握着 400 多项专利,分布在 20 多个研究所,如果企业想要这项 LED 技术,可能需要和 20 多个所的若干个课题组进行谈判。如果有一个得不到许可,可能就制造不了。❷ 在产学研合作方面,学术机构和产业部门属于两个分割的系统,基本上自我循环,未能很好地融合合作;虽然产学研经过多年推进,但由于世界产业发展形势的变化,传统的学术界和产业界的合作已不适应大规模研发创新的需要。

2. 创新主体对知识产权管理运用缺乏积极性

企业的知识产权工作稳定性较差,大多数企业都对知识产权运用管理缺乏需求,可干可不干,一遇到经营问题,首当其冲会缩减甚至取消知识产权方面的投入。对企业来说,知识产权都是一项负资产,而不是带来收益的资产。

对科研机构来说,由于缺乏产业的视野,将专利等同于论文,或者仅仅是报奖的一个资本。技术转移服务机构缺乏机制保障,技术转移服务机构的治理结构、运行模式亟需探索和制度保障,严重缺乏复合型人才。造成的结果是,对科研机构来说,知识产权也没有带来投资回报,也只是负资产。

3. 知识产权中介服务缺乏层次性,服务能力较差

技术转移服务没有形成体系和层次。我国虽然已经建立了一些全国性和区域性的技术转移中心、技术交易所、资产评估公司等技术转移服务机构,截至 2013 年,科技部等部门认定的国家技术转移示范机构累计达到 274 家,从业人员 29 462 人。北京、广东、江苏等地政府主导发起设立了具有政府背景的知识产权运营公司。但大都处于初期发展的阶段,规模普遍较小,分工不明确,尚未形成完整体系和层次。

而发达国家,例如德国,在技术转移服务方面,形成了明显的层次定位和分工,主要由德国国家技术转移中心、史太白技术转移中心和弗朗霍夫协会组成,德国技术转移中心是国家级的公共技术转移信息平台,提供最基本的技术供需、专利等信息查询和咨询服务;史太白技术转移中心是市场化运作的,在德国国内和国际上都建立了庞大的分支系统,提供深层次的技术咨询、研究开发、人力培训;弗朗霍夫协会则直接为中小企业提供技术创新和研发服务。

美国的技术转移中介机构的种类丰富,虽然没有设立专门从事科技转移与科技管理的部门,但是这部分业务分别由美国航空航天局、能源部、联邦小企业局、商务部等部门分管。有国家层面的国家技术转移中心 NTTC、联邦实验室技术转移联合体 FLC;区域层面的区域技术转移中心 RTTCs,民间性质的主要包括大学技术管理者协会 AUTM 和大学内部的技术转移办公室 OTL。这些中介机构主要提供技术转让"入门服务"、搭建

---

❶ 上海产业技术研究院:"推动燃气涡轮机产业发展的建议",http://www.siti.sh.cn/files/image/20131018/金桥会议传真第三期.pdf。

❷ 宋河发:"创新驱动战略与专利运营若干问题的思考",载《强国参考》2014 第 2 期。

网络信息服务、提供专题培训服务、发行技术转让出版物服务、促进技术需求者与技术所有合作等，这些中介机构提供的服务不仅专业而且全面，并且大部分中介机构都是非营利性的，美国国家实验室运行科技成果转化的管理组织与服务部门已经形成了较为成熟的国家实验室技术转移服务体系，对推动美国的科技成果转化作出了重大的贡献。

（三）知识产权保护不能满足需要

2014年，我国试点设立知识产权法院，逐步扩大具有一般知识产权案件管辖权的基层法院数量，调整具有部分专利案件管辖权的基层法院；在全国范围内推进民事、行政、刑事"三合一"改革试点工作；组织实施"雷雨""天网""护航"等专项行动，有效遏制违法行为发生，维护公平有序的市场经济秩序。2007～2013年，全国知识产权系统专利行政执法办案总量从1662件提高到16 227件，增长近10倍。然而，加强知识产权保护仍然是目前面临的重要任务。

现有知识产权法律法规侵权惩罚性规定少，《专利法》等法律法规规定知识产权侵权赔偿实行"填平原则"而非"惩罚性赔偿原则"。据统计，我国专利侵权实际赔偿额平均只有8万多元，商标只有7万元，著作权只有1.5万元。而美国平均专利侵权赔偿在500万～800万美元；法国刑法规定，专利权人有权要求赔偿，同时侵权者要接受3年监禁和30万欧元罚金。在北京、上海、广州试点建设知识产权法院虽然取得重大进展，但仍没有解决知识产权侵权审判标准的统一问题。同时，我国还缺乏高素质的专业化知识产权法官队伍，行政执法缺乏调查和法定处罚手段，而且行政与司法衔接不够。

1. 在司法保护方面，知识产权司法保护举证难、审判难、执行难

专利侵权诉讼赔偿数额较低，诉讼成本较高，责令停止侵权的判决执行措施不到位，难以有效制裁恶意侵权行为。基于知识产权本身的特点，很难取得普通法意义上的证据，因此合法证据少。在专利侵权诉讼中，关于违法所得等相关证据由侵权行为人持有，权利人难以获取；在涉及制作工艺、中间产品的专利侵权诉讼中，权利人无法直接获取侵权行为相关证据，只能通过派人进入侵权行为人生产场地内部等方式获取证据；各地法院证据保全措施适用标准不统一；电子商务领域专利侵权日益增多，电子证据时效性强、易篡改，取证尤其困难。在制定法的国家，知识产权审判明文规定往往不够细致全面，很多都需要法官作出裁量，作出创造性的发挥，因此判决依据少。

知识产权侵权损害难以准确计算，是一个世界性难题，这是由知识产权本身的无形性和侵权行为的多态性导致的。目前知识产权侵权案件实际判赔额与当事人请求额和期待目标相差较大，主要原因包括两个方面：一是权利人未能提交或者缺少与确定赔偿数额相关的证据；二是立法规则和执法标准本身仍存在有待改进之处。法官为了避免受到过多压力，主观上也不愿意判决较多的赔偿数额，造成知识产权案件所得赔偿较少，据《法制日报》的报道，根据抽样调查结果显示，2008～2012年的专利侵权案件，97%的侵权赔偿判决采用的是法定赔偿，平均是8万元，非法定赔偿额平均也只有15万元。专利侵权诉讼审理周期过长，随着专利侵权诉讼的拖延，专利价值日益贬值，难以及时制止侵权行为和获得充分赔偿。

2. 在行政执法方面，程序复杂、执法水平有待提升

在专利确权和授权时，行政审判程序复杂，行政诉讼、民事诉讼程序重叠，出现大量一事多重审理，甚至会发生一些循环诉讼。与国际相比，我国专利保护的主要问题是处罚力度轻、办案透明度和水平有待提高。

知识产权保护力度不足，导致侵权成本低，企业维权成本高，赢了官司赔了钱，严重影响了企业知识产权投入的积极性。目前，假冒侵权案件95%以上发生在国内企业之间，创新成果得不到应有的保护，严重影响企业和个人创新的积极性。❶

三、科技创新中知识产权存在问题的原因分析

（一）观念认识上与客观规律不匹配

1. 对创新规律认识不够

知识产权形成过程中对科研规律认识不足，对科研人员价值的尊重不够。在现行制度中，科研管理制度、科研经费使用制度等背后的核心理念，是科研成果没有价值，只有为科研成果而支出的费用才有价值。这是典型的本末倒置。科学研究，最大的价值不是过程以及过程的支出，而是结果，是科学研究的最终成果。这个道理是无需论证的。人类社会的发展和进步，都是建立在千千万万的科研成果基础之上，而不是建立在科研过程基础之上。很多科研制度，以科研过程及过程支出为核心，而置科研成果价值于不顾，是本末倒置的理念偏差。❷

不科学的业绩评价机制严重遏制了科研人员的学术自由和创新。当前以论文发表为核心的评价制度，造成科研人员不重视专利，或者拆分申请多个专利等行为，造成的结果是大量专利保护范围狭窄，无产业化应用价值，同时，很多有潜力有价值的成果没有申请专利。

企业重视知识产权，但大多是将知识产权作为一个考核指标来看待，是体现创新的政绩或面子工程，没有将其定位为市场竞争的利器，没有放在与企业发展战略密切配合的高度来做。

2. 在知识产权管理中混淆了私权利与公权利

由于知识产权具有部分公权属性，知识产权的取得、变更、丧失要经过国家公权力部门的确认和审批；一般针对权利滥用等行为，为了保护社会公共利益而对知识产权的权利范围进行限制，权利限制主要有合理使用、法定许可、强制许可等。在知识产权的公权利和私权利之间，需要寻求利益平衡机制，在国家公权力干预和权利保护之间寻求一种合适的中间点，既保护权利人获得合适的回报，也使得社会公众利益不受影响，这体现了公法和私法一定程度上的整合。因此，在权利权属方面，往往会有公权的过分介入。

---

❶ 吕薇主编：《创新驱动发展与知识产权制度》，中国发展出版社2014年版，第29页。
❷ 杨小军："科研经费管理要尊重科研规律"，载《检察日报》2014年5月14日，第7版。

但从法学本质上，知识产权是一种私权。因此，即使是公共财政资助项目形成的知识产权，也隶属于研究机构，属于组织。是组织的私权利，政府不能以公权身份来攫取或干预。

3. 国有资产管理的观念是制约成果转化的瓶颈

我国高校和科研机构集聚了大量高层次人才，承担了大量国家科研任务，积累了大量科技成果，是成果转化的重要力量。近年来，随着科技的快速发展，高校和科研机构科技成果转化活动日趋活跃，但在实践中还存在事业单位科技成果相关管理制度不适应成果转化需要的情况，主要有：政府部门对成果使用、处置事项的审批环节多、周期长，影响了转化的时效性；成果处置收益上缴国库，用于人员奖励的支出挤占了工资总额基数，削弱了单位和科技人员科技成果转移转化的积极性，等等。

尽管出台了一些试点办法，但在管理观念上还落后于实际需求。在科技成果转化激励方面，试点办法将权利下放到科研单位，然而，我国大部分高校和科研机构属于事业单位，其资产按照国有资产来管理，科技成果转化收益的国有资产性质不改变，在产权登记时就遇到问题，股权收益相关激励就无法落实。

4. 对知识产权的强调面比较狭窄

建设创新型国家，核心就是把增强自主创新能力作为发展科学技术的战略基点，走出中国特色自主创新道路。自主创新包括三种类型：原始创新、集成创新、在引进消化基础上的再创新（即二次创新）。新的发展时期，科学、技术、创新应构成一个完整的"生态系统"，集成创新显得更加重要，过去只强调专利（特别是发明专利）和论文，对外观设计、实用新型、商标、版权、商业模式等广义知识产权重视不足，最完善的数据都是关于专利的数据，相关的平台和数据库也都是基于专利而建，对其他类型的知识产权的统计、分析、数据采集等都比较薄弱，相应的政策、战略支持不够。科技发展新趋势下，只强调专利不能满足发展需要，工业设计、品牌商标等知识产权类型的地位更加凸显。因此，应从广义知识产权角度完善相关政策。

（二）相关的法律政策体系不完备，缺乏明确和可操作性的条款

2002年以前，我国将财政资助科技项目中的知识产权视为国家所有；2002年以后，借鉴美国《拜杜法案》，我国开始在一些部门规章中规定了由项目承担单位享有财政资助科技项目中的知识产权，2007年我国修改了《科技进步法》，首次从法律层面对这一问题作出了明确规定。《科技进步法》强调了科技创新的知识产权战略目标和原则，明确了财政性科技计划和基金项目的知识产权归属，规定了项目承担者转化和应用科技成果的义务。该法第20条和第21条被视为中国版的"拜杜法案"。

具体而言，我国《科学技术进步法》第20条、第21条存在以下方面问题：

（1）《科技进步法》第20条没有规定项目承担者负有及时报告其有关发明的义务以及其违反义务的后果。如果将其项目承担者有关报告发明之义务仅交由双方资助协议加以约定，一旦约定不明或欠缺究责措施，当项目承担者借机瞒报而侵占其职务发明创造时，不免会遭遇其法律调整的疏漏。

（2）《科技进步法》第20条第1款将涉及"国家安全、国家利益和重大社会公共利益"的知识产权作为其可予授权项目承担者的"除外"，第3款将"涉及国际利益及公益"之目的作为"政府介入权"行使条件，但对"涉及国家利益及公益"的认定标准、认定机构、认定时间、认定程序及救济方式未作具体规定。

（3）对于政府介入权，《科技进步法》规定了在两种情形下可以实施，即"在合理期限内没有实施的"，"为国家利益社会公共利益的需要"。而对政府介入权的行使主体、启动方式、行使条件、行使程序、行使对象（即项目承担者等相对人）及其行使不当时相对人陈述、申辩乃至诉讼等程序救济权并无具体规定。即对"政府介入权行使的主体"仅表述为"国家"而未明示为"项目管理机构"或"项目资助机构"；对"政府介入权行使的相对人范围"只述及"项目承担者"而未明确涵盖其知识产权"受让人"或其独占许可的"被许可人"；对项目承担者义务（如实施与保护其知识产权、提交年度报告等）是否及于其"受让人"或"被许可人"，以及其"提交年度报告"义务的履行程序与违反后果均未明确；上述"合理期限"的认定条件可否适用《专利法》第48条第（1）项规定，"没有实施"的判断标准可否扩大解释为"不适当实施"或"不以合理条件"实施，立法均未明示；在"国家可以无偿实施，也可以许可他人有偿实施或无偿实施"的立法表述中，未明确政府介入权行使的启动方式（如"依国家职权"或"依第三人申请"）；对政府介入权行使中"项目管理机构/资助机构"的告知、说明理由等义务，以及相对人（项目承担者等）因政府介入权行使不当的救济权（知情权、有异议时陈述与申诉权）缺乏具体规定；对国家"许可他人有偿实施"所得收益应否收缴国库未作具体规定；对违背"本国产业优先"原则是否应作为政府介入权之行使条件未予明确。❶

（4）随着科技投入的多元化，越来越多的单位倾向于通过与政府财政联合资助或者合作研究的方式进行科学研究，使得第三方参与财政性资金资助项目研究的现象逐渐增多。合理分配参与资助或研究第三方的利益，是研究利用财政性资金形成科研成果的知识产权问题不可回避的。❷《科技进步法》对此规定不明确。

（5）《科技进步法》第21条第1款未明确界定"使用"的内涵，并未明确将违背该项原则作为介入权行使条件。从第2款规定来看，我国通过项目管理机构审批制来规范有关知识产权"向境外的组织或者个人转让或者许可……独占实施"，此款规定中的"转让或许可独占实施"相对第1款中"使用"用语的内涵有所缩减，难以确保其"本国产业优先使用"原则的全面实现。❸对于知识产权向境外的组织或者个人转让或者许可境外的组织或者个人独占实施的，应当经项目管理机构批准，但并未规定具体的审查条件以及违反规定应承担的法律责任与后果。

---

❶ 胡朝阳、张雨青、赵亚鲁："国家资助科技项目成果转化的法律规范缺失分析"，载《科技与法律》2011年第3期。

❷ 乔永忠、朱雪忠："利用财政性资金形成科研成果的知识产权问题研究——兼评新修订的《科学技术进步法》第20条和第21条"，载《科技与法律》2008年第6期。

❸ 胡朝阳、张雨青、赵亚鲁："国家资助科技项目成果转化的法律规范缺失分析"，载《科技与法律》2011年第3期。

总体上看，我国知识产权制度政策执行落实不够。政策缺乏实施细则，针对性不强，没有形成较好的监测评估机制，实践成效还有待提升。以考核、补贴和税收优惠为主的数量导向政策效果不好。知识产权制度没有促进企业创新，反而助长了企业的寻租行为。

（三）知识产权信息平台功能不足

目前已有的平台，主要以查询为主，功能比较单一。无法为知识产权创造、储备、管理、运营等环节提供深层次服务。国家知识产权局有专利数据服务试验系统，与国资委合作建设的国家重点产业专利信息服务平台，财政部和国家知识产权局正在筹划建设"全国知识产权运营公共服务平台"，这些平台在数据库建设、深度服务等方面都难以满足需求。

在科技计划项目中知识产权信息的利用、公开，现在并未成为项目承担单位的自觉行动，由于相关信息平台缺失，项目承担单位对项目相关的知识产权信息获取、分析、利用的水平还很低。具体表现在：在项目申报环节，项目申报单位所提交的材料中的知识产权信息很不充分、具体，难以支撑评审专家作出决策；在项目评审环节，知识产权信息内容还未成为决策的重要依据；在项目实施过程中，对知识产权信息的分析利用不足，向行政主管部门上报汇总信息不及时主动，验收环节无法深入详实的作出知识产权评价；在项目完成后，对科技成果中的知识产权信息公开不积极充分等。

当科技计划项目处于跟踪模仿为主、以追赶已有技术水平为主要研发目标时，知识产权信息仅有学习、借鉴的意义，对研发工作作用有限，甚至可以忽略不计。但若追求发明创造、实现原始创新，就必须了解现有知识产权和技术水平，否则就是无的放矢。对知识产权信息的获取分析、借鉴、利用就成为不可替代的工作，对知识产权信息方会产生内在的、真正的需求。我国正处在由科技大国向科技强国迈进的历史进程中，科技实力进入"三跑并存"的新阶段。"领跑"要进一步扩大优势，"并跑"要找到突破口，"跟跑"要实现弯道超车，不同科技领域对科技资源配置和保障的需求有显著差异。前沿科技创新、企业技术创新、大众创新创业等不同类型的创新活动日益活跃，对科技资源及知识产权的需求将更加多元。区域创新体系建设蓬勃发展，国家区域发展战略不断出台，区域创新发展对进一步推进科技资源和知识产权合理布局、有效共享的呼声日益强烈。所有这些都迫切要求我们增强知识产权平台管理和服务的针对性、专业性。

（四）知识产权人才队伍建设滞后

人才缺乏，围绕知识产权提供各类服务的人才不足。代理、审核授权、执法、管理、交易等一系列的管理和服务人才不适应知识产权和创新发展的实际需求。制造业的智能化发展，创新模式也日益平台化，创新速度加快，如高技术行业技术变化速度快，知识产权竞争激烈，知识产权的审查、授权，宽严尺度等把握不准，不适应新业态和新技术的要求。

1. 审查人员的专业知识和经验不足

"十二五"期间，我国专利申请数量快速增长。相关数据显示，2011~2014年，国家知识产权局共受理3种专利申请842.2万件,是"十一五"期间的1.96倍;受理PCT国际专利申请8.65万件,是"十一五"期间的2.4倍;受理复审请求7.4万件,无效请求1.2万件,分别是"十一五"期间的2.3倍和1.1倍。国家知识产权局通过积极扩充审查队伍、合理调配审查资源、全流程分段管理审查周期、建立并完善灵活高效的审查方式、持续优化审查流程,提高审查效率。国家知识产权局在江苏、广东、河南、湖北、天津、四川新建了6个专利审查协作中心,加上原有的专利审查协作北京中心、专利复审委员会,形成了"一局一委七中心"的专利审查格局。

2010年时,我国三种专利受理量为122.2万件;2014年,三种专利受理量增加到237.7万件,增加了近1倍。此期间,审查员数量则增量迅速,从2010年的3000人左右增加到2014年年底的10 000多人。审查员的数量扩充很快,但面临专业知识和经验不足的问题。尽管新审查员入职之后经过4个月的脱产培训,涉及知识产权管理实务、法律知识、检索应用等方面,但内容偏基础性、综合性,多限定在法律专业、知识产权专业领域,到专业技术领域的深度培训不够。因此往往只是在浅显层面照章办事,不能深入探究专利的本质原理与特性。例如,某大学教授将某试验方案中的试件几何形状由圆形改为方形,并且申请专利。尽管只是几何形状上有了变化,但会造成原理上的本质不同和产生新的、具有实效的特性。但审查人员不理解也不会细究原理与特性的有何差别,只会认为从圆形变为方形是"属于本领域公知常识","不需要付出创造性劳动",便否决了该专利申请。尽管申请人三次提出异议性复议,对照审查员给出的"对比文件",从技术领域、技术内容、技术问题和技术效果四个方面提出专业性的原理和特性解释,但审查员只是简单的重复审查意见,最终否决了该专利申请。❶

2. 专利代理人尤其是高水平的专利代理人缺乏

目前,我国专利代理行业已经涌现出一定数量的专利代理人才,截至2013年12月31日,我国专利代理机构共1002家,专利代理人共8988人。❷ 而美国截至2010年10月18日,在美国专利商标局注册的专利代理人共有10 083人,专利律师共有30 574人。❸ 从数量来看,美国人均拥有的专利代理人是我国的10多倍。

同时,专利代理人队伍仍存在知识结构不合理、人才队伍能力参差不齐、区域发展不平衡、无法为企业提供优质服务等现状。❹ 作为跨领域复合型人才,专利代理人需要具备理工科背景,拥有专利法律知识、专利代理实务、技术领域经验等能力储备,在具有执业资格的专利代理人中,具有丰富经验、高业务水平的优秀代理人才十分稀缺。

3. 专利法官稀缺,尚无"专利律师"

近年来,专利执法办案数量增长迅速,而法官、执法人员并没有相应大幅度增长,

---

❶ 朱涵:"中国发明专利现状的若干讨论",科学网博客,http://blog.sciencenet.cn/wap.php?mod=index&do=blog&id=880538。
❷ 吕薇主编:《创新驱动发展与知识产权制度》,中国发展出版社2014年版,第185页。
❸ 同上书,第165页。
❹ 贺化:"大力加强专利代理人才队伍建设",载《中国知识产权报》2013年10月30日,http://www.sipo.gov.cn/jldzz/hh/zyjh/201310/t20131031_873570.html。

平均到相应人员身上的执法工作量负担大大增加。2014年，专利行政执法办案总量首次突破2万件，达到24 479件，同比增长50.9%。其中，专利纠纷案件8220件（其中专利侵权纠纷7671件），同比增长62.6%；假冒专利案件16 259件，同比增长45.5%。❶从数据可以看出，专利纠纷案件增长率在50%左右，相比较而言，处理专利纠纷的人员并未显著增加。

我国在广州、上海、北京等地设立了知识产权法院，北京、上海、广州知识产权法院的法官都必须在法院系统或面向社会选拔产生，而不能直接转任。强调一律公开、面向社会遴选，是知识产权法院与目前其他法院通常做法的显著区别。知识产权法官属于"复合型"法律人才，既要具有法律审判专业素养，又要具备自然科学和社会科学知识基础，还需要对当前科学技术的总体状况和发展趋势有恰当的把握，而我国法官大多只具有法律专业背景，这类复合型人才非常稀缺，社会人才储备数量有限，即使是面向社会公开选任，也难以满足知识产权法院的实际需求。我国没有"专利律师"的职业认证，每个律师皆可当然地代理专利诉讼，但不具备专利代理人资格则不能代理专利申请、专利复审和宣告专利无效事务。

4. 专利运营人才缺乏

专利运营人才是复合型人才，需要拥有技术、法律和营销等多重知识背景。目前我国没有专利运营人才培养机构，人才队伍严重匮乏；市场化专利运营机构主要依靠自身培养人才，多是对理工科博士毕业生进行法律和营销等专业培训，这种人才培养方式经济成本和时间成本均较高，人才队伍建设缓慢，人才流失严重。上海盛知华知识产权服务公司经验表明，企业培养一名合格的知识产权运营人才需要2~3年，建立一支相对稳定的团队需要3~5年，跨国公司高薪酬也会造成人才流失。

四、国外科技创新知识产权制度方面的经验借鉴

（一）美国在科技成果转化和知识产权保护方面的经验

1. 专利代理制度

在美国，专利代理的执业人员有两种——专利代理人和专利律师。专利代理人要求具有理工科学士学位，经过专利代理人资格考试，向美国专利商标局提出申请并获得注册登记。专利律师除了满足专利代理人的条件外，还需通过普通律师执业资格考试。考试资格对工作经验没有要求。美国专利商标局只审查专利执业人员的主体资格条件，并不要求其隶属于某个代理机构或者律师事务所。美国所有州都运行专利代理人个人执业和合伙执业，部分州不允许法人形式，除限制非执业者加入外，对专利代理机构规模、人员没有特别规定。

专利代理人主要提供专利法律咨询、申请、审查授权手续等业务，可以为专利诉讼

---

❶ 国家知识产权局："知识产权系统2014年与2013年专利执法办案数据对比分析"，http：//www.sipo.gov.cn/zlgls/zfgl/zftjyfx/201504/t20150416_1102519.html。

案件进行准备工作，但专利诉讼工作只能由专利律师代理。专利律师主要提供专利侵权、专利效力方面的服务，以及代理所有的专利诉讼案件。

美国专利代理人和专利律师没有全国统一的协会组织，美国专利商标局和律师协会共同负责职业道德监管。有些城市有专利执业者自发成立的协会，执业人员可自愿加入。

2. 执法保护情况

联邦知识产权管理机构分两类，第一类是行政主管机关。如美国专利商标局负责专利和商标的受理、审查、注册或授权、公开等；美国著作权局负责著作权的登记和管理；美国商务部负责国有专利的推广。其他政府机构也拥有各自的专利管理部门，有权以本机构的名义从事专利的申请、维护以及许可转让等工作。此外，国家技术转让中心作为联邦政府支持的、规模最大的知识产权管理服务机构，负责协调知识产权的相关资讯和促进技术转让事务。第二类是特别设立的、与科技法律有关的机构，如国会研究服务署、会计署、科技评估室、国会预算室。

美国知识产权保护方式主要是司法保护。在执法方面，美国建立了多层次的司法体系。版权、注册商标、专利、植物品种、集成电路布图设计等侵权案件的初审管辖法院为美国联邦地区法院。美国知识产权纠纷案件一般是在州法院审理，州法院判决后，原被告双方如有不服可向联邦巡回法院上诉，联邦巡回法院的判决为终审判决。知识产权案件中的专利纠纷一般在联邦巡回法院审理，上诉则在联邦高级法院上诉法庭审理。除上述案件外，联邦地区法院还管辖涉及上述权利的不正当竞争和滥用商业秘密的初审案件。各州法院一般管辖州注册商标和按习惯法取得的商标侵权案及商业秘密的滥用和不正当竞争等案件。

在美国，知识产权民事责任包括损害赔偿和颁布禁令，此外，在侵权案件中，权利人可以要求没收销毁处理侵权物品。对损害赔偿，法律没有规定民事赔偿数额的上限，可判决惩罚性赔偿金，其数额可以很高。在判例法上，法院会要求专利权人提供下列证据：①市场上对专利产品的需求；②市场上是否存在可以接受的非侵权替代品；③专利权人及其被许可人生产和上市销售专利产品的能力；④专利权人及其被许可人在专利产品上可以赚取的利润。

(二) 欧盟在科技计划管理中的经验

1. 清晰界定科技成果

欧盟框架计划的知识产权制度设计始于对计划项目成果的界定。欧盟框架计划中涉及的成果知识产权范围和类型力求周延，既包括目前已经受到各国法律认可且类型化的法定权利，又包括其他与项目产出成果相关的集成电路布图设计权、技术秘密、植物新品种权等新型知识产权，还包括其他可能被法律保护的智力成果的权利，如数据库专有权等。

欧盟第七框架计划在知识产权政策上的变化首先就反映在了对于计划项目产出成果的界定方面。第七框架计划在其法定协议中首次使用了"新产成果"（FOREGROUND）

和"已有成果"（BACKGROUND）的概念，以区别于第五、六框架计划中曾经使用的"知识"和"已有技术"（KNOWLEDGE AND PRE – EXISTING KNOW – HOW）。根据《第七框架项目知识产权规则指引》的解释，由于"知识"一词具有的一般含义会使得概念界定存在理解混淆，因此第七框架采用新的表达方式，以便于准确表述，但其含义并未发生变化。

按照知识产权法的一般原理，"已有成果"的界定显然明确了，该类成果并非属于第七框架计划的知识产权政策调整的主要范围，参与者也不会因为参与第七框架计划项目的研究而丧失对于"已有成果"的原有权属控制。而与之相反，"新产成果"则是第七框架计划的知识产权政策调整的主要范围，包括了"新产成果"的所有权归属、知识产权保护、利用和公开。

2. 根据每个项目制定协议进行差别化管理

根据欧盟框架知识产权政策的基本思路，授权协议即科研委托合同是约束课题承担者、合作者与欧盟委员会之间关于科研成果权利义务关系的主要法律文件。并且将欧盟框架计划对于项目知识产权管理的模式、制度融入科研合同中，既强化项目知识产权保护的最低门槛，又赋予项目承担者自由运用知识产权的基本权利。这一模式看似松散、灵活，但实际上保证了成果管理与成果运营、知识产权保护与知识产权利用、知识产权的私权与知识流动的社会公益之间的必要平衡。❶

欧盟第七框架计划的以法定协议为内容的知识产权制度主要包括：以《参与规则》（Rules for Participation，RfP）、《（通用）授权协议》（Grant Agreement，GA）为核心的通用规则，以《欧洲科学研究委员会授权协议》（ERC Grant Agreements）、《居里夫人计划授权协议》（Marie Curie Grant Agreements）、《授权协议特别条款》（Grant Agreementspecial clauses）为形式的特定规则，和《第七框架项目知识产权规则指引》（Guide to Intellectual Property Rulesfor FP7 projects）。其中，《参与规则》和《（通用）授权协议》中关于知识产权的规定对于欧盟第七框架计划下的项目和科研活动具有优先适用的法律约束力。欧盟第七框架的知识产权政策体现了项目研究属性同知识产权规则相结合，针对不同研究专项计划适用不同的知识产权协议和规则。

3. 强制利用和信息公开制度

在欧盟第七框架的知识产权规则体系内，为"新产成果"设置了强制利用义务制度，即要求参与者应当自行利用为其所有的"新产成果"，或者确保其为他人代为利用。

（1）强制公开义务。第七框架的《参与规则》和《（通用）授权协议》中明确规定，每一位项目参与者均应保证由其所有的"新产成果"能够得到尽快公开。如果参与者无法实现尽快公开，欧盟委员会将代为公开该技术成果。当然，这一强制公开义务也具有明确的适用前提，即"新产成果"的公开对于其法律保护和利用并无不利影响。"新产成果"在获得合法保护前不宜公开也就成为制度必然。

---

❶ 肖尤丹：《国外公共科技计划知识产权管理政策研究》，内部研究报告。

（2）报告义务。不同于上述权属和保护制度，第七框架计划对于"新产成果"的利用和公开设立了报告制度。根据《参与规则》和《（通用）授权协议》的具体规定，任何公开行动应当在利用和公开"新产成果"的书面计划中得以报告，该报告应提供足够充分的详细信息以使得使欧盟委员会能够跟踪该行动的进展。对于在最终报告之前或之后出版的涉及"新产成果"的科学出版物，关于该出版物的详细信息和摘要最迟应当在其出版后两个月内提交给欧盟委员会。此外，该出版物的电子版或者最终手稿也应当同时提交欧盟委员会审查。

（三）国外关于知识产权管理的新探索

韩国专利局从2012年开始构筑产业专利战略蓝图，划分了18个技术领域，对2.5亿件专利进行大规模的专利分析，发掘可以确保创新性与核心专利的前景技术，到2014年已经完成了12个领域的蓝图规划。2015年4月针对六大产业：信息通信媒体、显示器、半导体、陆路运输、核能（电力）、基础生产，开始构筑2015年国家专利战略蓝图。❶

2014年12月16日，美国专利商标局举办科技周，邀请来自公司、大学和其他机构的领域技术人员、科学家、工程师以及其他专利审查员技术培训项目专家，为专利审查员介绍各自领域的创新。有助于专利审查员了解技术和学科发展现状，帮助他们判断是否应该授予专利权，使专利审查员能够跟踪了解专业技术领域的最新进展，提高专利审查能力。

日本知识产权局（JPO）2014年4月25日正式推出"专利审查质量控制原则"，提出六个方面重点，作为之后JPO专利审查工作必须遵循的基本准则。该质量控制原则包括六个方面：①保证授权专利的实效性、充分性及有价性。即必须确保所授权专利是可靠的，不存在可能被无效的情况，专利覆盖范围要与发明及披露的技术水平相匹配，必须确保有价值的专利在世界范围内得到认可。②保证专利审查工作公正、透明，与各项条例、法规、政策等协调衔接，并同专利申请人、专利代理人及其他相关人员积极沟通，以满足专利体系相关各方的需求与预期。③保证专利审查人员发挥能动作用，与专利体系相关各方合作，致力于专利审查质量的提升。④积极推动全球专利审查质量的提升。⑤持续完善与专利审查相关的各项举措。⑥不断提升专利审查人员的知识水平与技能。在日常工作及培训中提升人力资本水平，以及鼓励自学。日本建立了审查质量管理小组委员会，经济产业省下属的产业结构委员会，下设知识产权委员会，在知识产委员会下，设立小组委员会，由来自企业界、法律界、学术界的人士组成。

五、"十三五"时期科技创新知识产权规划的指导思想和原则

（一）指导思想

以邓小平理论、"三个代表"重要思想和科学发展观为指导，深入贯彻落实党的十

---

❶ 中国科学院知识产权网："韩国专利局构筑2015年国家专利战略蓝图"，载《知识产权动态》2015年。

八大和十八届二中全会、三中全会、四中全会精神,根据《中共中央 国务院关于深化科技体制改革加快实施创新驱动发展战略的若干意见》,落实《国家中长期科学和技术发展规划纲要(2006~2020年)》《国家知识产权战略纲要》和《深入实施国家知识产权战略行动计划(2014~2020年)》提出的各项任务,围绕"十三五"科技发展的重点工作,坚持激励创造、有效运用、依法保护、科学管理的方针,以提高知识产权创造和运用能力为目标,结合科技体制改革,健全法律体系,抓好平台建设和人才队伍建设,充分利用知识产权制度提高科技创新水平,营造有利于科技创新的知识产权环境,为实现我国经济社会创新驱动发展提供有力支撑。

(二) 基本原则

"十三五"时期加强科技创新知识产权工作,应坚持以下原则:
(1) 盘活存量与扩充有效增量相结合的原则。
(2) 核心知识产权的突破与知识产权集成运用相结合的原则。
(3) 人才队伍建设与环境营造相结合的原则。

六、"十三五"时期科技创新知识产权发展目标

(1) 知识产权创造水平显著提高。知识产权拥有量进一步提高,结构明显优化,形成一批拥有国外专利布局和全球知名品牌的知识产权优势企业。
(2) 知识产权运用效果显著增强。市场主体运用知识产权参与市场竞争的能力明显提升,知识产权市场价值充分显现。知识产权密集型产业增加值占国内生产总值的比重显著提高,知识产权服务业快速发展,对产业结构优化升级的支撑作用明显提高。
(3) 知识产权保护状况显著改善。知识产权保护体系更加完善,司法保护主导作用充分发挥,行政执法效能和市场监管水平明显提升。

表5-2 2014~2020年知识产权战略实施工作主要预期指标

指 标	2013年	2015年	2020年
每万人口发明专利拥有量(件)	4	6	14
通过《专利合作条约》途径提交的专利申请量(万件)	22	3.0	7.5
国内发明专利平均维持年限(年)	5.8	6.4	9.0
作品著作权登记量(万件)	84.5	90	100
计算机软件著作权登记量(万件)	16.4	17.2	20
全国技术市场登记的技术合同交易总额(万亿元)	0.8	1.0	2.0
知识产权质押融资年度金融(亿元)	687.5	750	1 800
专有权利使用费和特许费出口收入(亿美元)	13.6	20	80
知识产权服务业营业收入年均增长率(%)	18	20	20
知识产权保护社会满意度(分)	65	70	80
发明专利申请平均实质审查周期(月)	22.3	21.7	20.2
商标注册平均审查周期(月)	10	9	9

七、"十三五"时期科技创新知识产权发展的重点任务

（一）建立知识产权集成创新服务平台

依托科技资源共享平台和专利数据服务试验系统，建立知识产权集成创新功能性平台，可提供技术现状分析、预测技术发展趋势，满足产品、服务和加工流程对多种技术的整合需求。对知识产权发展潜力、前景性和创造性等指标进行深度分析，提供面向国家宏观决策需要的知识产权战略研究和面向技术主题、行业、企业的知识产权信息检索、查新、深度分析及预警服务。

围绕国家战略目标，支撑新一代信息技术、高端装备、新材料、生物医药等战略重点工业领域共性、关键技术创新，提升核心基础零部件（元器件）、先进基础工艺、关键基础材料和产业技术基础等工业基础能力，破解制约重点产业发展的瓶颈，促进战略产业快速发展。

国家知识产权局、科技部等部门联合牵头，通过加强与行业协会、学会、产业技术创新战略联盟等组织的合作，由来自企业界、学术界、政府部门的专家，组建若干个"专利战略委员会"，为技术集成提供战略咨询。

（二）建立国家财政资助项目知识产权信息管理平台

在国家科技管理平台中，根据五类科技计划的特点构建相应的知识产权制度，通过新建、整合及对现有知识产权数据资源进行加工，针对科技重大专项和重点研发计划部署的领域，建设知识产权信息管理平台，并向社会公开。加强财政资助项目形成的知识产权的管理、使用，整合已有资源，促进科技成果的产业化应用，并为财政项目提供管理依据，避免重复资助和资源浪费。

借助该管理平台，加强对项目知识产权保护与转化实施情况的监督检查，将项目知识产权保护情况与转移转化成效纳入立项评审及验收指标体系。建立计划和专项实施所形成的知识产权报告、统计、跟踪、评估制度，对科技重大专项和重点研发计划实行集知识产权目标、过程和动态管理为一体的全方位管理。

建立健全国家科技报告组织管理机制和开放共享体系，进一步完善国家科技报告制度的政策、标准和规范，理顺组织管理架构，推进收藏共享服务，到2020年建成全国统一的科技报告呈交、收藏、管理、共享体系，形成科学、规范、高效的科技报告管理模式和运行机制。

（三）提升知识产权服务人才的知识水平与技能，优化专利人才队伍

对解决目前的问题，人才队伍建设起着根本性的作用，加强包括专利审查员、专利法律人才、评估运营人才全方位相关人才的培养迫在眉睫。

1. 开展专利审查培训项目，加强对专利审查员的培训

由国家知识产权局组织开展专利审查员培训项目，强化技术培训。可借鉴美国的经

验，组织各领域的技术人员和科学家、工程师队伍组成志愿者，对专利审查员开展培训。

2. 加强专利法官培养

借鉴欧盟经验，由国家知识产权局和最高法院联合开设"专利法官培训中心"，培训专利法官。例如，欧盟在布达佩斯成立了专门为统一专利法院（UPC）开设的培训中心，该中心是培训新法院体系的法官和法官候选人的协调办公室，由欧洲专利局（EPO）提供培训，中心在2015年开始运行。

提高各类知识产权维权服务机构、法律援助机构中的人才培养力度，为企业提供知识产权与法律咨询、纠纷调解与处理、专利信息分析与预警、重点行业知识产权竞争与布局调查等服务。

3. 加强评估、专利运营人才的培养

通过探索人才培养新机制，加强对专利评估人才、专利经纪人、技术转移人才的培训，提升其为科研院所、高等学校和科技型中小企业提供知识产权管理咨询、价值评估、专利代理、法律援助、培训等服务的能力。例如，美国国家航空航天局（NASA）发布新的标准化软件对项目管理人和发明人开展技术创新成果登记培训，培训内容包括形成技术创新成果的价值、发明披露的适当时机、成果提交时间、提交后的处理过程、可能发生的事件等内容。❶

高校与产业界联合培育专业化的知识产权战略分析和预警人才。

建立国有企业事业单位技术研发团队专利专员制度。并积极探索对专利专员开展培训交流的新机制。

八、推进科技创新知识产权发展的政策建议

（一）完善法律法规政策体系

根据国家科技发展规划和国家知识产权发展规划的总体部署，完善法律和法规政策体系，加强科技创新知识产权工作规划与行业科技规划、各专项科技规划、区域和地方科技规划等的有效衔接，强化相关政策措施的配套，保证规划任务的协调落实。

1. 制定法律的实施细则

全面贯彻落实《科技进步法》《国家中长期科技发展规划纲要》及其配套政策，《国家知识产权战略纲要》等法律法规和纲领性文件中的科技创新知识产权政策措施，研究制定并实施相关配套政策。加快《促进科技成果转化法》及其相关实施细则的修订工作，完善促进科技成果应用转化措施。深入落实《科技进步法》第20条规定，研究制定细则或配套政策措施。我国应在"十三五"期间，制定《科技进步法实施细则》，进一步明确规定，有利于法律的实施，发挥法律的实效。

应进一步明确"涉及国家安全、国家利益或者重大社会公共利益"的认定原则判

---

❶ 李萍："美国国家航空航天局技术转移体系研究及启示"，载战略前沿技术微信公众平台。

断标准。明确确立项目管理或资助机构作为"涉及公益"项目认定及其政府介入权行使的主体,组织相关领域专家,负责对该项目是否属于"涉及国家安全、国家利益或重大社会公共利益"进行认定。由于科研项目本身的复杂性、不确定性和研发过程的周期性,可以在科研成果完成时进行认定。

美国《拜杜法案》第 203 条将联邦资助机构作为其介入权行政主体,其启动方式包括联邦机构依第三人申请或特定情形依职权,其行使对象除项目承担者外还扩及受让人或获独占许可人,而其依职权行使介入权的条件包括相对人未及时实际应用、不适当应用或违背本国产业优先原则运用其知识产权等,对政府介入行使程序及其行使不当时相对人的行政程序救济权则更是详加规定。例如,项目承担者认为联邦机构对政府资助科技项目成果归属的认定或决定存在权力滥用,或项目承担者、发明人、受让人、取得独占许可的被许可人认为有关认定致其遭受不利影响,均可通过上诉或申诉等程序而寻求行政救济;该法案实施细则还对此申诉程序的启动、处理及其事实调查等详加规定,明确规定政府介入权执行中的通告、异议及其事实调查等。❶ 我国可以借鉴美国立法对介入权行使的方式、条件等进行规定。在充分考虑权利人的利益诉求情况下增加介入权行使程序规定。可以要求在实施介入权之前,资助机构应书面告知项目承担者并说明所依据的事实和理由,给予项目承担者等权利人陈述意见的机会,在资助机构作出最终决定后,权利人若对该决定不服,应有权提起诉讼。对介入权行使的规定应与我国专利法强制许可制度进行协调。❷

美国 1986 年《联邦技术转移法》规定,联邦机构实验室若决定不提出专利申请或不计划对该发明商业化时,可准许发明人行使专利申请权,其 1980 年《拜杜法案》第 202 条(d)也有类似规定。我国欠缺相关制度,可在科技进步法实施细则中规定该内容,为国际资助项目产生知识产权的产业化增添新的途径。对于第三方参与财政性资金资助项目研究的情况,规定对第三方利益的保障条款。美国《拜杜法案》及其辅助法案不仅要求其国家财政资助所形成的知识产权的转让要向中小企业倾斜,而且要求其知识产权转化须体现"本国工业优先使用"原则,规定没有在本国进行实质性生产的许可无效,通过促进有关知识产权在本国的优先转化以带来国家税收的增加,进而为国家增加科技投入创造良性循环机制。且其第 203 条明确将违背该原则作为其介入权行使条件之一。❸ 我国有必要在实施细则中明确"使用"的具体含义,不要仅将其限缩在转让与独占许可,应当规定违背"本国产业优先"原则,国家将行使介入权。对于知识产权向境外的组织或者个人转让或者许可境外的组织或者个人独占实施的,应当经项目管理机构批准,应规定具体的审查条件,即在何种情况下可以向境外转让或独占许可以及违反规定应承担的法律责任与后果,如相关的转让或独占许可无效等。

2. 完善政策法规执行落实机制,制定切实可行、操作性强的保障措施配套政策和实施细则

完善和落实知识产权政策,在科技管理的各个方面和科技创新的各个环节强化知识

---

❶❷❸ 胡朝阳:"科技进步法第 20 条和第 21 条的立法比较与完善",载《科学学研究》2011 年第 3 期。

产权导向，为推动科技创新提供有力的知识产权政策和制度保障。

强化科技政策与知识产权政策的衔接，激励创新的研发政策、技术转移配套政策；地方科技管理部门结合地区科技创新特色，制定地方知识产权战略，强化地区科技创新政策环境建设中的知识产权工作内容。定期开展科技创新知识产权制度措施实施情况评估。研究制定职务发明条例、技术转移条例等法规以及促进产学研结合和科技资源开放共享的政策规范，完善知识产权激励和技术转移机制。以利益平衡作为科技创新知识产权保护工作的指导原则，完善政策体系，营造良好环境。

充分运用财政、税收、金融等政策，激励知识产权的创造、运用、保护和管理。研究制定职务发明条例、技术转移条例等法规。完善与落实科研院所和高等学校成果转化激励政策，落实对科技成果完成人员和为成果转化作出贡献人员的奖励措施。完善和落实技术转移所得税优惠政策和股权激励政策，制定国家科技计划项目知识产权信息管理和对外转让审批管理办法。

研究科技发展带来的知识产权法律保护的新问题，关注科技创新和产业化面临的知识产权新挑战，并及时提出应对策略和政策措施。加强科技政策与知识产权政策的协调衔接，在依法保护知识产权的同时，保障公众依法合理使用创新成果和信息的权利，促进创新成果合理分享。

（二）优化评价机制，提高科技创新知识产权创造的质量

加大对重点领域知识产权创造活动的扶持力度，围绕战略性新兴产业、前沿技术领域产生一批对经济、社会和科技发展具有重大意义的发明创造。探索各类创新主体、不同类型创新活动的知识产权管理策略，提高把创新成果转变为知识产权的能力。

1. 改变目前以数量为主的评价机制，建立着重质量的评价机制

建立质量为主的评价机制，使企业、高校和科研机构的科研人员能够潜心创新，出高质量的知识产权成果。改革和创新高校、院所现有职称评审体制，建立有利于知识产权管理、应用类技术研发人员和科技成果转化人员的独立评审渠道和评价指标。

2. 提高原创性标准，提升各类创新主体的知识产权创造能力

推动企业成为知识产权创造的主体，引导企业开展知识产权信息分析，合理确定研发路线和市场策略。在产业技术创新战略联盟中，探索开展合作研究的知识产权管理模式，鼓励企业与科研院所、高等学校开展以知识产权获取和共享为目标的产学研合作。充分发挥科研院所、高等学校在知识产权创造中的重要作用，努力在重点产业和重点领域取得一批具有原创性、基础性的核心技术知识产权。

在关系国民经济、科技、社会发展的若干重大领域，设立科技创新成果知识产权专项支持资金，对重大科技成果的知识产权申请和维护费用进行补贴、补助，激励、推动创新主体积极开展知识产权创造活动。鼓励企业、院所、高校和社会团体加大对知识产权管理的资金投入，引导创投等社会资本进入科技创新成果知识产权运营阶段，形成风险共担、利益共享的投入和分配机制。

3. 增加"活用度"评价，引导专利和成果实现从重数量到重质量的转变

改变以往数量导向的评价制度和补贴政策，加强专利审查质量控制，制定和运用相

关质量成果评价指标，构建新的指标体系，开发专利质量指数等指标，如使用专利数量、近三年发明专利、专利申请成功率、影响力（后续被其他主体在发明中引用的频率），引导创新主体产出高质量专利。

在高校和科研机构中，专利申请应首先通过技术转移管理部门的审查，对各级政府财政资助的科研项目，原则上由所在机构的名义申请和注册，改变目前由学者个人自行申请专利的局面，从源头上减少垃圾专利申请。例如，美国申请专利的平均费用是20 000美元，并需通过专利办公室的审查。

鼓励和引导大学和科研机构的技术转移机构设立专利利用率等指标，评价技术转移工作绩效。美国科罗拉多大学技术转移办公室采用专利利用率来监测技术转移工作绩效，即大学持有的专利中，已授权许可的占比，跟踪专利利用率数据，有助于技术转移办公室指定专利许可战略。

（三）细化行政司法保护程序，提高知识产权保护的效力

深化各部门执法协作，推动开展知识产权执法信息共享、案件会商、执法联动等工作。建立重大案件部门间联合督办机制。加强行政执法与刑事司法有效衔接，强化行政监察和司法监督，建立案件移送协调工作机制。加大知识产权侵权损害赔偿力度，提高处罚额度。完善信用体系建设，深化知识产权维权援助，细化知识产权案件的举证责任。

1. 深化维权援助

目前，知识产权维权援助中心大多把知识产权举报投诉作为工作的主要任务，将举报投诉案件移交给司法机构，并将办理情况反馈给举报投诉方。

深入推进知识产权的维权援助工作，拓展服务内容和深度，加强专项援助。重点包括为当事人提供有关知识产权法律法规、纠纷处理和诉讼咨询及推介服务机构；为重大涉外知识产权纠纷案件出具解决方案；对知识产权案件提供专业咨询意见、人员定期培训和分析预警等。

2. 引进专家证人制度，细化举证责任

在知识产权诉讼案件中，因知识产权的特殊属性和侵犯知识产权犯罪案件的自身特点，若机械地强调"谁主张，谁举证"或举证责任由起诉方承担的过错责任说往往缺乏合理性和可操作性，尤其是在自诉案件中由自诉人承担其常常无法触及的证据，无法充分保障知识产权权利人的合法权益。因此在侵犯知识产权案件证据制度中采用过错责任为主、推定过错责任为辅的观点、科学合理地分配举证责任和举证内容，并作出严格限制更为合理。第一，由自诉人或公诉方承担主要证明责任。只有在有确切证据证明有侵权犯罪事实存在，但却因为客观原因所限使自诉人或公诉方举证不能的情况下，才由法院决定举证责任倒置或转移。第二，适用举证责任倒置和转移的制度必须受到严格的限制，需要满足民事诉讼法或知识产权法规定的被告人的举证责任倒置和转移制度并通过严格的程序性规定来启动。第三，必须建立严格的举证时限制度和合理的证据保全制度。

侵犯知识产权犯罪案件因其专业性和科学性，其证据鉴定需要科学准确的鉴定规则作为技术支撑，其中涉及的知识面宽，专业性强，往往涉及科学技术领域的尖端领域和前沿问题。这就要求鉴定机构具有很强的技术实力和理论水平。进一步完善鉴定机构建设，制定完备的鉴定规则、实行鉴定机构分级管理制度、提高从业人员专业素质，保证鉴定结论的客观真实与权威。对于一些专业性极强、涉及科技理论前沿的知识产权案件，对于相关证据审判机关往往囿于知识结构所限很难正确解读，因而无法作出准确的判断，这就需要引入专家证人制度，由商标、专利、著作权等方面的专家作为专家证人参与案件的侦查和诉讼活动。规定专家出庭作证，接受控辩双方的质证，由法庭来决定鉴定结论的采信与否，保证证据的科学性和权威性。❶

3. 完善技术调查官制度

目前，我国在北京、上海、广州设立了知识产权法院。在制度方面进行了新的探索，配备了技术调查官。2014年12月30日，最高人民法院发布《关于知识产权法院技术调查官参与诉讼活动若干问题的暂行规定》，对技术调查官参与案件的范围、工作职责、技术审查意见的作用等作出规定，为技术调查官参与诉讼活动提供了指引。规定中明确知识产权法院配备技术调查官，技术调查官属于司法辅助人员。知识产权法院设置技术调查室，负责技术调查官的日常管理。技术调查官的岗位设置应考虑专利更新迅速，技术变化快的特点。

目前主要通过三个方法来解决技术类难题，但这些方法都有弊端：一是民事诉讼法规定的专家辅助人制度，通过专家辅助人就技术事实和技术要点进行说明。但是专家证人会为各方说话，所以无法彻底解决问题。二是司法鉴定，但是由于司法成本比较高，不可能每个案件都进行鉴定，且时间较长。三是一些法院设立技术专家库，向专家来咨询。这个方法很好，但由于专家的参与度受到时间等因素的限制，局限性也很明显。

技术调查官制度刚刚运行，还有很多不完善之处，应结合实践中出现的问题，不断优化这一机制。可借鉴日本经验，将各领域的顶级专家任命为专门委员，组成技术专业委员会，定期与技术调查官开展交流培训，并可从专业委员会中选任技术调查官，让其参与到案件审理中。

4. 完善案例引证制度

完善知识产权的判例制度，让知识产权审批经验积累，用判例规范和引导司法审判过程。最高人民法院公布了《〈关于案例指导工作的规定〉实施细则》，就如何参照适用指导性案例作出了规定，明确了"类似案件"的判定标准，要求具体参照指导性案例的裁判要点，并在裁判文书说理部分予以援引。案例引证制度的推进有利于统一法律适用和裁判尺度、提升司法效率、促进司法公正。尤其在我国知识产权案件数量不断增加，新型疑难、复杂案件日益增多的背景下，案例引证制度或将为知识产权类案件的审理起到积极的促进作用。探索相应的机制，完善知识产权方面的案例引证制度，对案例引证的适用范围、引证程序、引证方法等内容进行具体规范，为知识产权立法、司法保

---

❶ 朱晓艳："降低知识产权保护维权成本的法律思考"，载江苏法院网，2015年1月19日，http://www.jsfy.gov.cn/xwzx2014/llyj/xslw/2015/01/19094524925.html。

护以及行政执法等方面提供指导。

（四）建立适应科技管理新平台的知识产权管理制度体系

1. 建立与科技体制改革相适应的知识产权工作体系

在科技管理新平台中探索建立知识产权管理体系及工作机制，落实知识产权相关责任主体，明确参与各方在知识产权管理中的责、权、利，建立以知识产权为核心的管理机制。进一步完善重大专项和重点研发计划的知识产权管理制度及政策，对实施中的重大知识产权问题进行统筹协调和宏观指导，推动有利于科技创新的知识产权权利归属、利益分配及分享机制形成。

在国家科技管理平台中，根据五类科技计划的特点构建相应的知识产权制度体系，提高项目管理专业机构在知识产权管理方面的能力。深化科技评价制度改革，强化科技评价及科技奖励制度的知识产权内涵。把知识产权作为重要考核指标纳入科技项目、科研成果、科研机构、科技人才、科技奖励评价指标体系。在基础研究活动评价中适当增加知识产权指标权重，引导科研人员将创新成果知识产权权利化。把知识产权的获取和应用转化作为应用类技术开发活动的重要评价指标。在科研机构、高新技术开发区、创新型企业、高新技术企业认定与评价中加大对知识产权管理的硬性要求。在科技奖励评定中进一步强化知识产权导向，探索建立对科技创新知识产权管理组织和个人的奖励制度。

建立健全财政资助项目的知识产权信息登记、统计与评估制度。

2. 强化财政资助项目的知识产权全过程管理

加强对项目知识产权保护与转化实施情况的监督检查，将项目知识产权保护情况与转移转化成效纳入立项评审及验收指标体系。加强知识产权战略研究及态势分析工作，建立计划和专项实施所形成的知识产权报告、统计、跟踪、评估制度，将知识产权管理纳入科技计划和重大专项管理全过程，对科技计划及重大专项实行集知识产权目标、过程和动态管理为一体的全方位管理。

建立健全国家科技报告组织管理机制和开放共享体系，形成统一的国家科技报告制度，为提升我国科技实力、深入实施创新驱动发展战略提供支撑。拟订国家科技报告制度建设的相关政策，制定科技报告标准和规范，进一步完善国家科技报告制度的政策、标准和规范，理顺组织管理架构，推进收藏共享服务，到2020年建成全国统一的科技报告呈交、收藏、管理、共享体系，形成科学、规范、高效的科技报告管理模式和运行机制。

3. 建立知识产权目标评估制度

2014年12月国务院发布《深入实施国家知识产权战略行动计划（2014～2020年）》，提出要加强国家科技重大专项和科技计划知识产权管理，促进高校和科研院所知识产权转移转化。提出将知识产权管理纳入国家科技重大专项和科技计划全过程管理，建立国家科技重大专项和科技计划完成后的知识产权目标评估制度。"十三五"期间，建议出台具体实施细则，对国家科技重大专项和科技计划完成后，对取得的知识产权成果,及实施转化的成效,明确评价标准,确定指标体系,开展专项评估。强化国家科技计划的知识产权目标导向,强调科技计划获取知识产权的质量和效率,定期开展科技计划、重大专项知识产权评价。

4. 加强财政资助项目产生的知识产权对外许可转让中的审查审批

《科技进步法》第 21 条规定,"国家鼓励利用财政性资金设立的科学技术基金项目或者科学技术计划项目所形成的知识产权首先在境内使用。前款规定的知识产权向境外的组织或者个人转让或者许可境外的组织或者个人独占实施的,应当经项目管理机构批准;法律、行政法规对批准机构另有规定的,依照其规定"。"十三五"期间,我国加入 WTO 的缓冲期结束,市场更加开放,更大范围内参与国际分工,势必会有很多知识产权的国际合作及对外转移。制定相关实施细则,明确实施主体,确保财政资助科研成果能够首先在境内实施。建立健全对跨国并购、涉外技术交易等重大经济活动的知识产权审查机制。

(五)完善信用体系建设,构建知识产权保护的文化氛围和社会环境

进一步加强信用体系建设。6 月 11 日,国务院批转了发展改革委等部门《法人和其他组织统一社会信用代码制度建设总体方案》,建立覆盖全面、稳定且唯一的统一代码制度,实现管理从多头到统一转变、资源从分散到统筹转变、流程从脱节到衔接转变,保证信息在全国统一信用信息共享交换平台等实现互联共享。这是社会信用体系建设的重要一步。

建立知识产权信用档案,完善知识产权信用信息并适时纳入社会信用体系,构建知识产权保护诚信体系,培育和再造"知识产权文化"。

(六)提供财政支持

在财政科技计划管理改革后的五类科技计划体系中,在技术创新引导专项(基金)中,加大财政投入引导,鼓励企业、社会资本进入,为知识产权集成创新平台提供资金保障。在基地、人才专项里,研究设立知识产权平台建设支持资金专项,支持知识产权信息管理平台建设。

在国家自然科学基金、国家重大科技计划和国家重点研发计划的资金安排中,增加对获取专利等知识产权的资金支持。

专题6　林业知识产权工作发展思路与政策研究

承担单位：中国林业科学研究院林业科技信息研究所

作　　者：王忠明　黎祜琛　马文君

　　　　　刘　婕　范圣明

一、"十二五"时期林业知识产权事业取得的成绩和存在的问题

国家林业局高度重视知识产权工作,把知识产权工作作为推动林业自主创新、转变林业发展方式、服务集体林权制度改革、带动林农增收致富的重要举措,深入贯彻实施国家知识产权战略,有效提升了林业知识产权创造、运用、保护和管理能力。

(一)完善林业知识产权管理制度与政策

建立林业实施知识产权战略和规划的联席会议制度,协调并指导林业知识产权战略、规划、计划和政策的制定和实施。制定林业知识产权年度推进计划,组织落实国家林业局知识产权年度推进计划安排的重点工作和重大活动。健全知识产权的组织体系和工作人员队伍,2012年成立国家林业局知识产权研究中心,配备专职人员开展林业知识产权相关工作。完善林业知识产权管理制度与政策,促进知识产权工作的制度化和规范化,2011年发布《国家林业局关于贯彻实施〈国家知识产权战略纲要〉的指导意见》,明确林业知识产权工作的指导思想、发展目标、重点任务和保障措施;2013年印发《全国林业知识产权事业发展规划(2013~2020年)》,发布《中华人民共和国植物新品种保护名录(林业部分)(第五批)》,包括120个植物属(种),林业植物新品种保护名录累计达到198个属(种)。2014年印发《林业植物新品种保护行政执法办法》,对各级林业行政主管部门的执法范围和权限、侵犯林业植物新品种权行为及处罚标准作出明确规定,健全行政执法行为规范,增强了林业植物新品种保护执法的严肃性和权威性。与相关部委联合印发《关于加强对外合作与交流中生物遗传资源利用与惠益分享管理的通知》。

表6-1 "十二五"期间国家林业局出台的知识产权重要文件一览表

文号	文件名称	颁布部门	颁布时间
林技发〔2011〕5号	国家林业局关于贯彻实施《国家知识产权战略纲要》的指导意见	国家林业局	2011.1.7
林规发〔2013〕228号	国家林业局关于印发《全国林业知识产权事业发展规划(2013~2020年)》的通知	国家林业局	2013.12.31
国家林业局令 第29号	中华人民共和国植物新品种保护名录(林业部分)(第五批)	国家林业局	2013.1.22
林技发〔2014〕114号	国家林业局关于印发《林业植物新品种保护行政执法办法》的通知	国家林业局	2014.8.12
环发〔2014〕156号	关于加强对外合作与交流中生物遗传资源利用与惠益分享管理的通知	环境保护部、教育部、科技部、农业部、国家林业局、中国科学院	2014.10.28

（二）林业植物新品种保护体系不断完善

1. 林业植物新品种申请量和授权量大幅增加

加强林业植物新品种培育，鼓励单位和个人积极培育和开发植物新品种。以加快品种权受理、审查为突破口，林业植物新品种的申请量和授权量大幅增加。截至2014年年底，国家林业局植物新品种保护办公室共受理国内外植物新品种申请1515件，授予植物新品种权827件。"十二五"时期共受理林业植物新品种申请792件，授权507件，比整个"十一五"期间分别增加129.6%和144.9%（见表6-2、图6-1）。2012年7月获国家林业局植物新品种授权的"赤子之心"获欧盟植物新品种授权，2006年获国家林业局植物新品种授权的"美人榆"获美国植物专利保护。

表6-2 1999~2014年林业植物新品种申请量和授权量统计　　　　单位：件

年度	申请量 国内申请人	申请量 国外申请人	申请量 合计	授权量 国内品种权人	授权量 国外品种权人	授权量 合计
1999	181	1	182	6	0	6
2000	7	4	11	18	5	23
2001	8	2	10	19	0	19
2002	13	4	17	1	0	1
2003	14	35	49	7	0	7
2004	17	19	36	16	0	16
2005	41	32	73	19	22	41
2006	22	29	51	8	0	8
2007	35	26	61	33	45	78
2008	57	20	77	35	5	40
2009	62	5	67	42	13	55
2010	85	4	89	26	0	26
2011	123	16	139	11	0	11
2012	196	26	222	169	0	169
2013	169	8	177	115	43	158
2014	243	11	254	150	19	169
合计	1273	242	1515	675	152	827

（1）植物类别分析。

林业授权植物新品种的植物类别以观赏植物为主，截至2014年年底，林业授权植物新品种中木本观赏植物567件，占总量的68.6%，其次是林木159件（19.2%）、果树66件（8%）（见表6-3）。"十二五"时期林业授权植物新品种中木本观赏植物353件，比整个"十一五"期间增加150%，其次是林木87件（17.1%）、果树43件（8.4%），同比分别增加89%和207%。

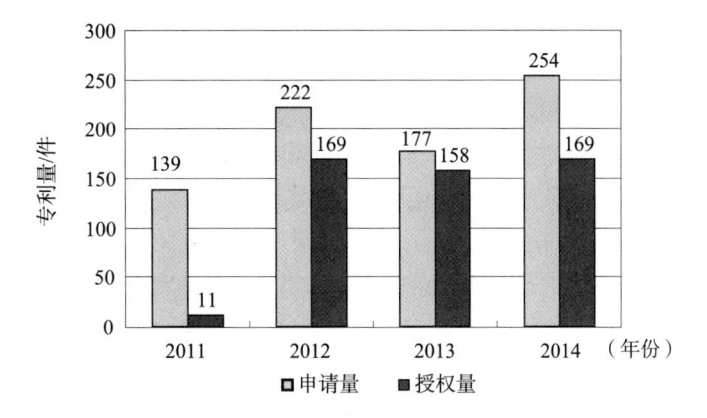

图6-1 2010~2014年林业植物新品种申请量和授权量统计

表6-3 1999~2014年林业授权植物新品种中不同植物类别的授权量统计　　单位：件

年份	林木	果树	观赏植物	竹	木质藤本	其他	合计
1999	6	0	0	0	0	0	6
2000	3	0	20	0	0	0	23
2001	2	2	14	0	0	1	19
2002	0	1	0	0	0	0	1
2003	6	1	0	0	0	0	7
2004	6	4	5	0	0	1	16
2005	3	1	34	0	0	3	41
2006	5	0	3	0	0	0	8
2007	7	1	70	0	0	0	78
2008	10	6	19	1	0	4	40
2009	14	1	39	0	0	1	55
2010	10	6	10	0	0	0	26
2011	2	1	5	0	0	3	11
2012	27	20	113	0	2	7	169
2013	34	9	114	1	0	0	158
2014	24	13	121	1	0	10	169
合计	159	66	567	3	2	30	827

（2）申请国家分析。

截至2014年年底，国内申请人共获得675件林业植物新品种权，占授权总量的81.6%，授权品种以蔷薇属和杨属为主；国外共有9个国家在中国获得了152件植物新品种权，占授权总量的18.4%，授权品种以蔷薇属和大戟属为主，授权量最多的是德国，共57件，其次是荷兰（31件）和法国（25件）（见表6-4）。"十二五"时期国内申请人共获得445件林业植物新品种权，比整个"十一五"期间增加301.1%；国外申请人共获得62件林业植物新品种权，比整个"十一五"期间的授权量略少，授权量最多的是荷兰（19件）和德国（18件）。

表6-4 1999~2014年林业授权植物新品种中不同申请国家的授权量统计　　单位：件

排名	国家	授权总量	"十二五"期间授权量	主要属种
1	中国	675	445	蔷薇属、杨属、山茶属、杜鹃花属
2	德国	57	5	蔷薇属、大戟属
3	荷兰	31	19	蔷薇属、紫金牛属
4	法国	25	9	蔷薇属
5	英国	18	18	蔷薇属
6	美国	9	2	大戟属、杏
7	比利时	6	3	杜鹃花属
8	意大利	3	3	蔷薇属
9	丹麦	2	2	蔷薇属
10	新西兰	1	1	蔷薇属
	合计	827	507	

（3）属种分析。

林业授权植物新品种的属种以蔷薇属和杨属为主。截至2014年年底，授权量最多的依次是蔷薇属222件，占授权总量的26.8%，杨属93件（11.3%）、杜鹃花属53件（6.4%）、山茶属50件（6.1%）。国外品种权人的授权品种以蔷薇属和大戟属为主，主要是观赏植物（见表6-5）。"十二五"时期授权量最多的是蔷薇属117件，比整个"十一五"期间增加48.1%，其次是山茶属43件（8.5%）、杜鹃花属41件（8.1%）、杨属36件（7.1%）。

表6-5 1999~2014年不同国家品种权人授权品种的属（种）授权量统计　　单位：件

属（种）	授权总量									
	中国	比利时	丹麦	德国	法国	荷兰	美国	新西兰	意大利	英国	合计
杜鹃花属	47	6	0	0	0	0	0	0	0	0	53
蔷薇属	101	0	2	42	25	30	0	1	3	18	222
大戟属	3	0	0	15	0	0	7	0	0	0	25
紫金牛属	2	0	0	0	0	1	0	0	0	0	3
杏	16	0	0	0	0	0	2	0	0	0	18
杨属	93	0	0	0	0	0	0	0	0	0	93
山茶属	50	0	0	0	0	0	0	0	0	0	50
牡丹	32	0	0	0	0	0	0	0	0	0	32
其他	331	0	0	0	0	0	0	0	0	0	331
合计	675	6	2	57	25	31	9	1	3	18	827

（4）品种权人授权量分析。

截至2014年年底，林业植物新品种授权总量排名前5的品种权人分别是北京林业大学（107件）、中国林业科学研究院（58件）、中国科学院（29件）、昆明杨月季园艺有限责任公司（29件）和山东省林业科学研究院（26件）（见表6-6）。"十二五"时期林业植物新品种授权总量排名前两位的品种权人是北京林业大学（70件）和中国林业科学研究院（37件），比整个"十一五"期间分别增加125.8%和270.0%，其次是棕榈园林股份有限公司（23件）、大卫奥斯汀月季公司（David Austin Roses Limited）（18件）、上海植物园（17件）。

表6-6 1999~2014年林业授权品种主要品种权人的授权量统计　　　单位：件

序号	品种权人	授权量	十二五期间授权量
1	北京林业大学	107	70
2	中国林业科学研究院	58	37
3	中国科学院	29	13
4	昆明杨月季园艺有限责任公司	29	14
5	山东省林业科学研究院	26	15
6	棕榈园林股份有限公司	23	23
7	德国科德斯月季育种公司（W. Korder'Sohne）	18	0
8	英国大卫奥斯汀月季公司（David Austin Roses Limited）	18	18
9	上海植物园	17	17
10	法国玫兰国际有限公司（Meilland International S. A）	17	9

（5）品种权人构成分析。

品种权人构成分析以第一品种权人类型进行统计。林业植物新品种的品种权人以企业为主。截至2014年年底，企业获得植物新品种权326件，占总量的39.4%，其次是科研院所178件（21.6%）和高等院校161件（19.5%）（见表6-7）。"十二五"时期企业获得植物新品种权204件，比整个"十一五"期间增加113.7%，其次是科研院所117件（23.1%）和高等院校103件（20.3%），比整个"十一五"期间分别增加160.0%和145.2%。

表6-7 1999~2014年林业授权品种中不同植物类别品种权人的授权量统计　　单位：件

植物类别＼品种权人	科研院所	高等院校	个人	企业	繁育场	其他	合计
林木	73	55	8	23	0	0	159
果树	30	17	7	9	0	3	66
木本观赏植物	58	85	92	281	32	19	567
竹	2	1	0	0	0	0	3
木质藤本	2	0	0	0	0	0	2
其他	13	3	1	13	0	0	30
合计	178	161	108	326	32	22	827

(6) 授权品种地域分析。

截至 2014 年年底,全国共有 25 个省(市)获得林业植物新品种权,授权量最多的是北京,共 182 件,占国内授权总量的 27.0%,其次是云南、山东和浙江。北京以杨属、云南以蔷薇属、山东以银杏、浙江以杜鹃花属为主要授权品种(见表 6-8)。"十二五"时期授权量最多的地区是北京,共 114 件,比整个"十一五"期间增加 137.5%,其次是浙江、云南、广东和山东。

表 6-8　1999~2014 年国内授权品种中不同地域的授权量统计　　　　单位:件

地域	授权总量	十二五期间授权量	主要属(种)
北京	182	114	杨属、蔷薇属、芍药属、牡丹、梅
云南	94	54	蔷薇属、含笑属
山东	78	49	银杏、杏、核桃属
浙江	73	57	杜鹃花属、木兰属
广东	60	52	山茶属、桉属
河南	49	32	卫矛属、泡桐属
上海	25	18	木瓜属、山茶属
江苏	24	18	银杏、落羽杉属
甘肃	13	0	牡丹
河北	13	11	板栗、杨属、榆属
湖南	10	8	山茶属
其他	54	32	杨属、枸杞属、杏
合计	675	445	

2. 林业植物新品种 DUS 测试体系不断完善

开展植物新品种 DUS 测试,是审批授权机关对申请品种进行实质审查的重要内容,通过建立健全林业植物新品种保护的技术支撑体系,加快测试指南编制,完善已知品种数据库,加强测试机构的合理布局和条件能力建设,有效提高了审查测试能力。完善林业植物新品种的测试机构及配套设施,重点加强了 1 个植物新品种测试中心、3 个分中心、2 个分子测定实验室和 5 个专业测试站的条件能力建设(见表 6-9)。截至 2014 年年底,开展了 83 项林业植物新品种测试指南的编制工作,完成了杏、槐属、蔷薇属、桉属、枸杞属等 33 项测试指南的编制,分别以国家标准或行业标准发布,提高了授权质量和审查测试能力(见表 6-10)。

表 6-9　林业植物新品种 DUS 测试机构

分类	测试机构名称	承担单位	所在地
测试中心	植物新品种测试中心	国家林业局植物新品种保护办公室	北京市东城区
测试分中心	华北分中心	中国林业科学研究院华北林业实验中心	北京市门头沟区
	华东分中心	中国林业科学研究院亚热带林业实验中心	江西分宜县
	华南分中心	中国林业科学研究院热带林业实验中心	广西凭祥市

续表

分类	测试机构名称	承担单位	所在地
分子测定实验室	国家分子测定实验室	中国林业科学研究院林业研究所	北京市海淀区
	南方分子测定实验室	南京林业大学	江苏省南京市
专业测试站	月季测试站	云南省花卉技术培训推广中心	云南省昆明市
	一品红测试站	上海市林木花卉育种中心	上海市九亭乡
	牡丹测试站	山东省菏泽市牡丹高新技术产业基地	山东省菏泽市
	杏测试站	北京市农林科学院林业果树研究所	北京市海淀区
	竹子测试站	国际竹藤中心安徽太平试验中心	安徽省黄山市

表6-10 林业植物新品种DUS测试指南

序号	标准号	标准名称	发布日期
1	GB/T 24883-2010	植物新品种特异性、一致性、稳定性测试指南 连翘属	20100630
2	GB/T 24884-2010	植物新品种特异性、一致性、稳定性测试指南 梅	20100630
3	GB/T 24885-2010	植物新品种特异性、一致性、稳定性测试指南 桂花	20100630
4	GB/T 24886-2010	植物新品种特异性、一致性、稳定性测试指南 榛属	20100630
5	GB/T 24887-2010	植物新品种特异性、一致性、稳定性测试指南 鹅掌楸属	20100630
6	GB/T 26909-2011	植物新品种特异性、一致性、稳定性测试指南 核桃属	20110929
7	GB/T 26910-2011	植物新品种特异性、一致性、稳定性测试指南 柳属	20110929
8	GB/T 26911-2011	植物新品种特异性、一致性、稳定性测试指南 山茶属	20110929
9	GB/T 30362-2013	植物新品种特异性、一致性、稳定性测试指南 杏	20131231
10	LY/T 1847-2009	植物新品种特异性、一致性、稳定性测试指南 紫薇	20090618
11	LY/T 1848-2009	植物新品种特异性、一致性、稳定性测试指南 榆叶梅	20090618
12	LY/T 1849-2009	植物新品种特异性、一致性、稳定性测试指南 丁香属	20090618
13	LY/T 1850-2009	植物新品种特异性、一致性、稳定性测试指南 一品红	20090618
14	LY/T 1851-2009	植物新品种特异性、一致性、稳定性测试指南 板栗	20090618
15	LY/T 1852-2009	植物新品种特异性、一致性、稳定性测试指南 杜鹃花 映山红亚属和羊踯躅亚属	20090618
16	LY/T 1853-2009	植物新品种特异性、一致性、稳定性测试指南 杜鹃花属常绿杜鹃亚属和杜鹃花亚属	20090618
17	LY/T 1868-2010	植物新品种特异性、一致性、稳定性测试指南 蔷薇属	20100209
18	LY/T 1869-2010	植物新品种特异性、一致性、稳定性测试指南 云杉属	20100209
19	LY/T 1870-2010	植物新品种特异性、一致性、稳定性测试指南 柿	20100209
20	LY/T 1871-2010	植物新品种特异性、一致性、稳定性测试指南 刺槐属	20100209
21	LY/T 2190-2013	植物新品种特异性、一致性、稳定性测试指南 枣	20131017
22	LY/T 2094-2013	植物新品种特异性、一致性、稳定性测试指南 臭椿属	20130315

续表

序号	标准号	标准名称	发布日期
23	LY/T 2095-2013	植物新品种特异性、一致性、稳定性测试指南 黄杨属	20130315
24	LY/T 2096-2013	植物新品种特异性、一致性、稳定性测试指南 桑属	20130315
25	LY/T 2097-2013	植物新品种特异性、一致性、稳定性测试指南 木兰属	20130315
26	LY/T 2098-2013	植物新品种特异性、一致性、稳定性测试指南 蜡梅	20130315
27	LY/T 2099-2013	植物新品种特异性、一致性、稳定性测试指南 枸杞属	20130315
28	LY/T 2283-2014	植物新品种特异性、一致性、稳定性测试指南 栾树属	20140821
29	LY/T 2284-2014	植物新品种特异性、一致性、稳定性测试指南 桦木属	20140821
30	LY/T 2285-2014	植物新品种特异性、一致性和稳定性测试指南 槐属	20140821
31	LY/T 2286-2014	植物新品种特异性、一致性、稳定性测试指南 梓树属	20140821
32	LY/T 2287-2014	植物新品种特异性、一致性、稳定性测试指南 沙棘	20140821
33	LY/T 2288-2014	植物新品种特异性、一致性、稳定性测试指南 卫矛属	20140821

3. 林业植物新品种保护的行政执法力度不断加大

为贯彻落实国务院打击侵犯知识产权和制售假冒伪劣商品工作决策部署，规范市场，有效保护植物新品种权人合法权益，国家林业局印发《林业植物新品种保护行政执法办法》《2014年国家林业局打击侵犯植物新品种权专项行动方案》，对各省（区、市）林业厅（局）林业植物新品种行政执法机构进行备案，发放《林业植物新品种权行政执法手册》，同时构建了月季、牡丹品种DNA图谱数据库，为执法取证提供技术支撑。在2014年开展的专项行动中，全国29个省（区、市）林业厅（局）设立举报电话、电子邮箱或其他举报方式。各地区通过印发宣传材料、利用媒体宣传等形式广泛宣传，形成打击植物新品种违法行为的高压态势，加大植物新品种保护执法力度，有效遏制了侵权、假冒植物新品种违法行为，规范植物新品种交易市场，保护了品种权人合法权益，激励创新，促进植物新品种培育，推动植物新品种保护事业健康发展。重点开展"美人榆""全红杨"等新品种的维权执法工作，有效打击了植物新品种侵权行为。同时，为了探索建立行政执法长效机制，推动品种权行政执法信息平台，促进行政执法与刑事司法的衔接，在陕西、河北、山东启动林业植物新品种权行政执法试点工作。

4. 林业植物新品种的转化运用能力明显提高

建立林业植物新品种权转化运用的政策导向和激励机制，开展林业授权植物新品种应用情况调研，多次召开林业植物新品种保护与应用交流研讨会、植物新品种职务育种座谈会，在会上发布和推介新的授权植物新品种，有效促进了林业植物新品种的推广应用。桉树、杨树等新品种已成为速生丰产用材林基地建设的主要树种。板栗、核桃、枣等经济林新品种为维护国家粮油安全，调整农村产业结构，促进农民增收发挥了重要作用。月季、茶花、牡丹、海棠等花卉新品种带动了花卉产业发展，美化了人民生活，为建设生态文明和美丽中国作出了贡献。

（1）授权植物新品种转化应用试点。

授权植物新品种转化应用是展示新品种生产潜力、发挥新品种效益的重要途径。从

2013年开始,国家林业局科技发展中心(植物新品种保护办公室)组织实施4个林业授权植物新品种转化应用试点项目,涉及6个授权植物新品种(见表6-11)。

表6-11 2013~2014年林业授权植物新品种转化应用试点项目

年份	项目名称	承担单位
2013	"朝霞""赤霞"油茶授权新品种转化应用	湖南省林业科学院
	"小粉玉""玫玉"茶花授权新品种转化应用	上海植物园
2014	"松韵"马尾松授权新品种转化应用	广西壮族自治区林业科学研究院
	"华桉1号"桉树授权新品种转化应用	华南农业大学

(2)授权植物新品种权转让。

2010~2014年国家林业局植物新品种保护办公室发布了植物新品种权转让公告16批,共涉及41个授权品种,这表明授权新品种的市场潜力越来越大(见表6-12)。

表6-12 2010~2014年林业授权植物新品种权转让

年份	转让公告	品种数量	转让授权品种
2010	转让公告1批	1	桂花新品种"云田彩桂"
2011	转让公告6批	21	银杏新品种"松针""夏金""聚宝""金带"和"泰山玉帝",蔷薇新品种"米雅""艾丽""雅苏娜""云熙""雅美""丽娜""安琪拉""美琪""瓦蒂""艾佛莉""云艳""蜜糖""粉妆""云玫"和"云粉",木兰新品种"红笑星"
2012	转让公告2批	7	杜鹃花新品种"春满园"和"紫金山",蔷薇新品种"华贵人""黄莺",山茶新品种"可可茶1号"和"可可茶2号",大戟属新品种"锦上花"
2013	转让公告3批	3	连翘新品种"春雪""红如意石榴"、月季新品种"天山祥云"
2014	转让公告4批	9	银杏新品种"优雅"和"甜心",桉树新品种"普桉1号"和"普桉2号",樟树新品种"龙脑1号",刺槐新品种"黄金刺槐",桃花新品种"红伞寿星桃"和"红宝石寿星桃",紫薇新品种"红云紫薇"

(三)林业专利数量和质量稳步提高

1. 林业相关专利

(1)专利总量。

2014年国家知识产权局专利数据库公开的林业相关专利公开量为31 512件,首次突破3万件,比2013年增长了21.5%。近5年来(2010~2014年),林业相关专利共计102 832件,同比增长112.9%。截至2014年年底,林业相关专利公开量共计185 707件。"十二五"时期(2011~2014年),取得林业相关专利8.98万件,比整个"十一五"期间增长63.8%(见表6-13,图6-2)。

表6-13 1985~2014年林业相关专利公开量统计　　　　　　　　　单位：件

年份	专利总量	发明专利	实用新型	外观设计
1985	8	6	1	1
1986	195	112	82	1
1987	387	194	185	8
1988	494	175	310	9
1989	608	223	361	24
1990	611	274	296	41
1991	743	248	437	58
1992	1106	316	718	72
1993	941	402	478	61
1994	1378	604	707	67
1995	1365	562	675	128
1996	1487	666	623	198
1997	1669	687	698	284
1998	1944	762	779	403
1999	2683	766	1328	589
2000	2777	867	1288	622
2001	3249	1128	1341	780
2002	3745	1237	1451	1057
2003	4729	1741	1614	1374
2004	4453	1836	1506	1111
2005	6436	3412	1787	1237
2006	7570	3345	2469	1756
2007	9460	4277	3028	2155
2008	11 307	5209	3916	2182
2009	13 530	6249	3933	3348
2010	12 995	5105	3617	4273
2011	13 985	7522	4681	1782
2012	18 401	11393	6119	889
2013	25 939	14122	9478	2339
2014	31 512	19 888	9526	2098
合计	185 707	93 328	63 432	28 947

（2）林业重点领域专利。

按森林培育、木材加工、林业机械、竹藤产业、木地板产业、林产化工和林业生物质能源7个主要领域对林业相关专利进行统计分析。"十二五"期间森林培育领域专利公开量为13 199件、木材加工7146件、林业机械6799件、竹藤产业12 673件、木地板产业3157件、林产化工4282件、林业生物质能源3112件。截至2014年年底，专利量最多的是竹藤产业和森林培育，分别为20 288件和19 068件，其次是木材加工和林业机械，专利量均在1万件以上。7个林业重点领域中发明专利比重较高的是森林培育、林产化工和林业生物质能源，分别为70.9%、73.9%、70.0%（见表6-14，图6-3）。

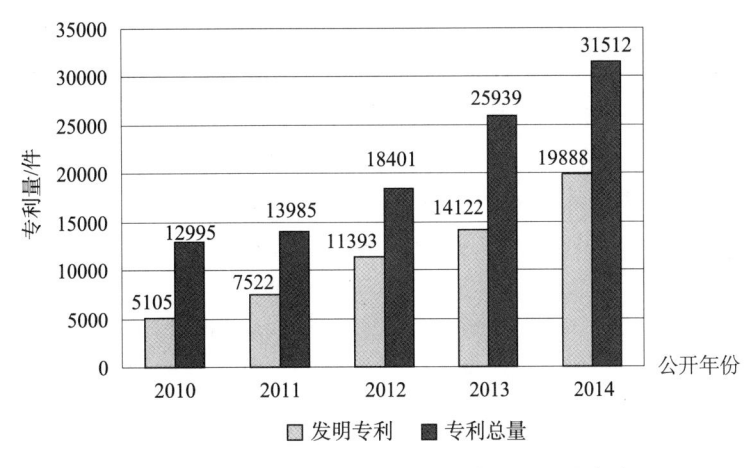

图 6-2 2010~2014 年林业相关专利公开量统计

表 6-14 1985~2014 年林业重点领域专利公开量统计　　　　　　　　　　　单位：件

领域分类	公开总量 发明	实用新型	外观设计	合计	2011~2014 年公开量 发明	实用新型	外观设计	合计
森林培育	13534	5177	357	19068	9332	3649	218	13199
木材加工	7025	7444	178	14647	3193	3929	24	7146
林业机械	4514	5987	386	10887	3010	3762	27	6799
竹藤产业	7489	6796	6003	20288	4119	3452	5102	12673
木地板产业	1253	2986	1034	5273	734	1308	1115	3157
林产化工	5262	1713	143	7118	3129	1084	69	4282
林业生物质能源	3436	1423	52	4911	2033	1032	47	3112

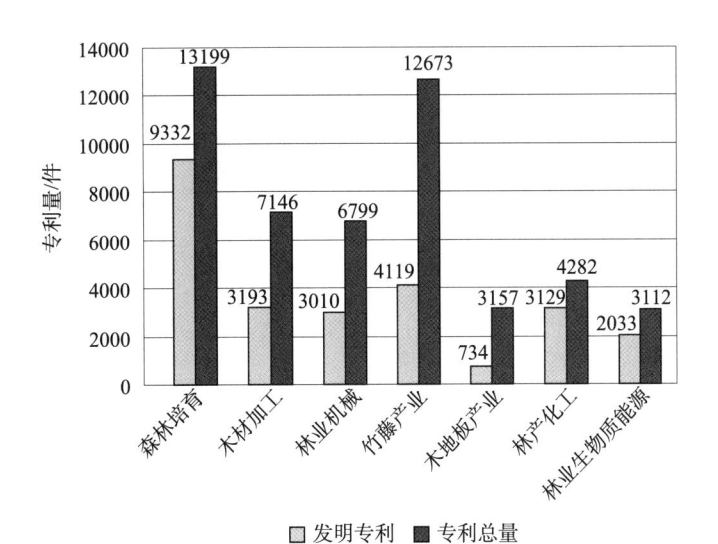

图 6-3 "十二五"期间（2011~2014 年）林业重点领域专利公开量统计

2. 林业科研和教育机构专利

（1）专利公开量。

截至 2014 年年底，全国 261 家林业科研院所的专利公开量共计 3376 件，其中发明专利 2564 件，占其专利总量的 76.0%；29 家林业高等院校的专利公开量共计 9608 件，其中发明专利 6367 件，占其专利总量的 66.3%（见表 6-15，图 6-4）。

表 6-15　1985~2014 年林业科研和教育机构的专利公开量统计　　　　单位：件

公开年份	科研院所 发明专利	实用新型	外观设计	合计	高等院校 发明专利	实用新型	外观设计	合计
1985	1	0	0	1	0	0	0	0
1986	9	5	0	14	1	1	0	2
1987	14	9	0	23	3	5	0	8
1988	6	10	0	16	6	2	0	8
1989	10	4	0	14	3	9	0	12
1990	3	6	0	9	7	4	0	11
1991	12	4	0	16	3	11	0	14
1992	13	11	1	25	13	8	0	21
1993	9	9	0	18	10	7	0	17
1994	7	8	0	15	3	7	0	10
1995	11	6	2	19	6	6	0	12
1996	7	6	1	14	8	11	0	19
1997	8	6	1	15	6	6	0	12
1998	9	6	0	15	7	9	0	16
1999	8	8	0	16	5	10	0	15
2000	9	12	0	21	12	13	0	25
2001	10	12	0	22	12	21	0	33
2002	7	5	0	12	20	10	0	30
2003	21	12	0	33	48	14	0	62
2004	29	14	2	45	49	11	0	60
2005	42	8	4	54	150	23	0	173
2006	63	9	0	72	190	35	0	225
2007	95	7	1	103	290	26	2	318
2008	160	44	0	204	426	58	54	538
2009	184	52	1	237	531	93	48	672
2010	118	40	3	161	454	96	14	564
2011	270	97	3	370	608	304	77	989
2012	401	93	7	501	929	367	167	1463
2013	434	124	4	562	1143	679	93	1915
2014	594	153	2	749	1424	604	336	2364
合计	2564	780	32	3376	6367	2450	791	9608

"十二五"时期林业科研院所的专利公开量共计 2182 件，比整个"十一五"期间增长 180.8%，其中发明专利 1699 件，占"十二五"期间林业科研院所专利总量的

77.9%；林业高等院校的专利公开量共计 6731 件，比整个"十一五"期间增长 190.6%，其中发明专利 4104 件，占"十二五"期间林业高等院校专利总量的 61.0%。

(2) 授权发明专利。

截至 2014 年年底，全国有授权的 122 家林业科研院所的发明专利授权量共计 1236 件，占林业科研院所发明专利申请总量的 36.6%；有授权的 16 家林业高等院校的发明专利授权量共计 3007 件，占林业高等院校发明专利申请总量的 31.3%（见表 6-16，图 6-5）。

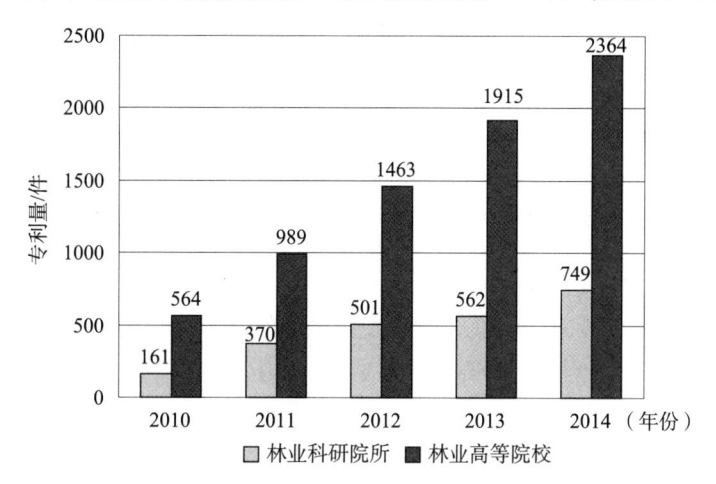

图 6-4　2010~2014 年林业科研和教育机构专利公开量统计

"十二五"时期林业科研院所的发明专利授权量共计 816 件，占林业科研院所发明授权总量的 66.0%，同比"十一五"期间增长 172.0%；林业高等院校的发明专利授权量共计 2259 件，占林业高等院校发明授权总量的 75.1%，同比"十一五"期间增长 249.1%。

表 6-16　1985~2014 年林业科研和教育机构发明专利授权量统计　单位：件

授权年份	科研院所	高等院校	小计	授权年份	科研院所	高等院校	小计
1985	1	0	1	2001	8	6	14
1986	0	0	0	2002	6	4	10
1987	2	1	3	2003	9	5	14
1988	4	1	5	2004	13	20	33
1989	9	2	11	2005	21	32	53
1990	4	2	6	2006	31	53	84
1991	7	1	8	2007	44	72	116
1992	7	2	9	2008	37	105	142
1993	6	2	8	2009	75	170	245
1994	2	6	8	2010	113	247	360
1995	6	3	9	2011	158	412	570
1996	2	3	5	2012	182	527	709
1997	1	2	3	2013	234	606	840
1998	2	1	3	2014	242	714	956
1999	5	5	10				
2000	5	3	8	合计	1236	3007	4243

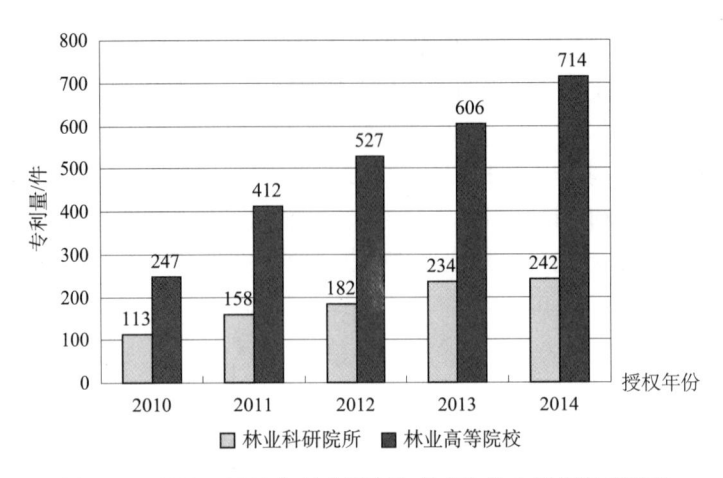

图 6-5 2010~2014 年林业科研和教育构的专利授权量统计

截至 2014 年年底，林业科研院所发明专利授权量排名第 1 的是中国林业科学研究院，共 698 件，占林业科研院所发明专利授权总量的 56.5%，其次是广西壮族自治区林业科学研究院、浙江省林业科学研究院和国际竹藤中心。在林业高等院校中，排名前 3 的分别是西北农林科技大学、南京林业大学和北京林业大学（见表 6-17）。"十二五"时期，林业科研院所的发明专利授权量排名第 1 的是中国林业科学研究院，共 436 件，占"十二五"时期林业科研院所发明专利授权总量的 53.4%，其次是广西壮族自治区林业科学研究院和浙江省林业科学研究院；林业高等院校发明专利授权量排名前 3 的是北京林业大学、福建农林大学和南京林业大学。

表 6-17 1985~2014 年林业科研和教育机构发明专利授权量排行榜　　单位：件

分类	排名	授权总量		2011~2014 年授权量	
		专利权人	发明	专利权人	发明
科研院所	1	中国林业科学研究院	698	中国林业科学研究院	436
	2	广西壮族自治区林业科学研究院	68	广西壮族自治区林业科学研究院	65
	3	浙江省林业科学研究院	59	浙江省林业科学研究院	47
	4	国际竹藤中心	40	国际竹藤中心	33
	5	湖南省林业科学院	23	湖南省林业科学院	20
	6	山东省林业科学研究院	21	山东省林业科学研究院	18
	7	江苏省林业科学研究院	20	江苏省林业科学研究院	16
	8	河北省林业科学研究院	17	河北省林业科学研究院	14
	9	上海市园林科学研究所	14	广东省林业科学研究院	11
	10	广东省林业科学研究院	12	上海市园林科学研究所	11
高等院校	1	西北农林科技大学	574	北京林业大学	380
	2	南京林业大学	504	福建农林大学	373
	3	北京林业大学	476	南京林业大学	373
	4	福建农林大学	440	西北农林科技大学	361
	5	东北林业大学	367	东北林业大学	256
	6	浙江农林大学	305	中南林业科技大学	222
	7	中南林业科技大学	254	浙江农林大学	153
	8	西南林业大学	42	浙江林学院	66
	9	江苏农林职业技术学院	25	西南林业大学	30

(3) 国外专利申请。

根据德温特世界专利索引数据库（DWPI）的检索，截至 2014 年年底，我国林业系统国外专利申请公开量共 76 件，申请主要集中在 2009 年以后，其中：世界知识产权组织 32 件，美国 18 件，日本 7 件，加拿大 5 件，欧洲专利局 4 件，德国和韩国各 3 件，澳大利亚 2 件，瑞士和印度各 1 件。申请量排名前 3 位的是中国林业科学研究院林产化学工业研究所、中国林业科学研究院木材工业研究所和浙江农林大学（见表 6-18）。"十二五"时期，国外专利申请共 51 件，申请量排名前 3 位的是中国林业科学研究院林产化学工业研究所、浙江农林大学和中国林业科学研究院木材工业研究所。

表 6-18　林业系统国外专利申请公开量排行榜　　　　　　　　　　单位：件

申请人	累计总量	世界知识产权组织	美国	韩国	日本	印度	欧洲专利局	德国	瑞士	加拿大	澳大利亚
中国林业科学研究院林产化学工业研究所	21	5	5	1	4	0	1	1	1	1	2
中国林业科学研究院木材工业研究所	14	6	5	0	0	0	3	0	0	0	0
浙江农林大学	13	5	2	2	2	1	0	1	0	0	0
东北林业大学	8	3	2	0	1	0	0	0	0	2	0
中国林业科学研究院林业研究所	5	1	2	0	0	0	0	0	0	2	0
北京林业大学	3	3	0	0	0	0	0	0	0	0	0
南京林业大学	3	2	1	0	0	0	0	0	0	0	0
国家林业局北京林业机械研究所	2	1	1	0	0	0	0	0	0	0	0
福建农林大学	2	2	0	0	0	0	0	0	0	0	0
河北省农林科学院遗传生理研究所	2	2	0	0	0	0	0	0	0	0	0
西北农林大学	2	1	0	0	0	0	0	1	0	0	0
中国林业科学研究院资源昆虫研究所	1	1	0	0	0	0	0	0	0	0	0
合计	76	32	18	3	7	1	4	3	1	5	2

截至 2014 年年底，林业系统国外专利授权量 10 件，其中中国林业科学研究院林产化学工业研究所 5 件，中国林业科学研究院林业研究所 2 件，中国林业科学研究院木材工业研究所、东北林业大学和浙江农林大学各 1 件（见图 6-6）。

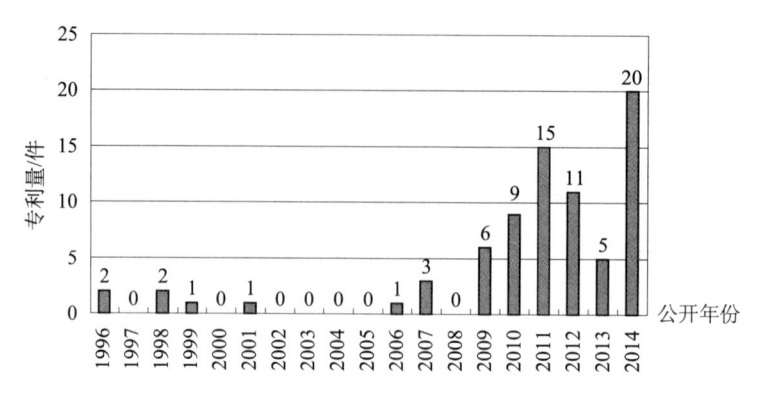

图 6-6　1996~2014 年林业系统国外专利申请公开量统计

3. 10 项林业专利获中国专利优秀奖

2012~2014 年共有 10 项林业专利荣获中国专利优秀奖，有效激励了林业科研创新主体和发明人，有利于促进林业科技自主创新，增强林业核心竞争力（见表 6-19）。

表 6-19　中国专利优秀奖——林业项目

年份届次	专利号	专利名称	专利权人	发明人	推荐单位或院士
2012 第 14 届	ZL200810093764.4	竹重组型材及其制造方法	浙江大庄实业集团有限公司	张齐生、蒋身学、林海、徐旭峰、刘红征、许斌、何文	国家林业局
2013 第 15 届	ZL200610200331.5	实木地板加工方法	久盛地板有限公司	张恩玖、钱新民、巫汉生	张齐生、王明庥
	ZL01108139.2	生物质内循环锥形流化床气化工艺及设备	中国林业科学研究院林产化学工业研究所	蒋剑春、张进平、应浩、戴伟娣、刘石彩、陶渊博、金淳	国家林业局
	ZL200910181331.9	利用杨木加工剩余物制取文化用纸配抄用漂白化机浆的方法	中国林业科学研究院林产化学工业研究所	邓拥军、房桂干、韩善明、焦健、李红斌、李萍	国家林业局
	ZL200910082277.2	脲醛树脂助剂及其制备方法和应用	永港伟方（北京）科技股份有限公司	雷得定、刘波	国家林业局
	ZL00134681.4	环保型胶合板生产工艺	中国林业科学研究院木材工业研究所	王正、郭文静	中国林产工业协会
	ZL98111153.X	一种集装箱底板及其制造方法	南京林业大学、迪勤国际发展有限公司	张齐生、陈瑞晃、孙丰文	王明庥、李坚

续表

年份届次	专利号	专利名称	专利权人	发明人	推荐单位或院士
2014 第16届	ZL200710179001.7	竹材原态多方重组材料及其制造方法	国家林业局北京林业机械研究所	傅万四、周建波	国家林业局
	ZL200910089413.0	一种增强、阻燃改性人工林木材及其制备方法	中国林业科学研究院木材工业研究所	刘君良、柴宇博、刘焕荣、阳财喜、孙柏玲、王雪花	国家林业局
	ZL200910077384.6	一种大片竹束帘及其制造方法和所用的设备	中国林业科学研究院木材工业研究所	于文吉、余养伦、苏志英	国家林业局

4. 实施林业专利技术产业化推进项目

从2011年开始，国家林业局科技发展中心在地方林业部门和有关单位推荐的基础上，经过专家评审，组织实施了16项林业专利技术产业化推进项目（见表6-20）。

表6-20　2011~2014年林业专利技术产业化推进项目

年份	项目名称	承担单位
2011	纤维化单板重组木制造技术	中国林业科学研究院木材工业研究所
	风机叶片用竹木复合材料加长技术	国际竹藤中心
2012	木塑复合工程材料系列专利推广应用	中国林业科学研究院木材工业研究所
	竹木复合系列专利技术	国际竹藤中心
	炭化木地板系列专利技术转化	浙江世友木业有限公司
	纤维板系列专利技术转化	山东正和木业有限公司
2013	户外高耐竹材专利技术产业化推进	浙江大庄实业集团有限公司
	环保型木材防腐剂的推广和应用	广东省林业科学研究院
	平衡根系轻基质容器育苗专利技术产业化开发	山东省林业科学研究院
	林用专化性白僵菌菌剂产业化关键技术研发与示范	福建省林业科学研究院
	压力升降式育苗床产业化示范	广西壮族自治区林业科学研究院
2014	竹林专用钢渣肥加工及应用示范	国际竹藤中心
	新型竹地板专利技术产业化推进项目	安徽龙华竹业有限公司
	环保型重组竹专利技术应用与推广	江西康替龙竹业有限公司
	树皮粉酚醛树脂胶粘剂科技成果转化项目	内蒙古森工栲胶制品有限责任公司

围绕林业重点产业发展对新技术的需求，优选林业专利技术成果，通过工艺完善及技术组装配套，进一步熟化专利技术，形成完整的技术体系和产品线，扶持符合林业发展需要和市场推广前景广阔的专利技术转化和推广运用项目，建立林业专利产业化示范基地，既要扶持开发科技含量高、特色鲜明、市场竞争优势明显的专利新产品、新技术，又要重视培育科技型林业中小企业的发展，开展林业专利转化服务，以点带面，推

动林业专利成果转化。以林业龙头企业的专利转化运用为突破口,带动中小企业积极参与,形成专利产业化集群和示范基地。绿色植物生长调节剂、轻基质网袋育苗容器机等专利技术的广泛应用促进了种苗业快速发展,无甲醛环保型胶合板、装饰用竹材胶合板等专利技术产业化增强了传统产业市场竞争力。林木种苗培育、木材加工、林产化工、竹藤资源利用等重点领域专利技术的转化运用有效提升了林业发展的质量和效益。

(四) 林业生物遗传资源

开展林业生物遗传资源及相关传统知识调查,建立林木遗传资源基础数据库,组织编制《中国林木遗传资源国家报告》《中国林业遗传资源保护与可持续利用行动计划(2014~2025年)》。完成油茶遗传资源调查编目工作,基本查明了我国油茶遗传资源的分布状况,发现了一大批具有保护和潜在利用价值的优良遗传资源。启动全国核桃遗传资源调查编目工作,将查清我国核桃遗传资源的分布、数量及利用状况等,建立全国核桃遗传资源信息数据库,编制完成中国核桃遗传资源状况报告和中国核桃遗传资源目录。在贵州省黔东南苗族侗族自治州实施林业生物遗传资源获取与惠益分享试点项目。

(五) 林产品地理标志

国家质检总局、农业部和国家工商总局分别开展地理标志的注册和登记工作,据统计,截至2014年年底,我国已注册和登记的林产品地理标志共673件,主要以枣和核桃为主,分别占总量的15.3%和13.8%,其次是板栗、杏、花椒、木耳和枸杞等。从林产品地理标志的地域分布来看,以山东和四川为主,分别占总量的11.3%和10.4%(见表6-21,图6-7)。"十二五"时期,林产品地理标志476件,比整个"十一五"期间增长207%。

表6-21 2001~2014年主要林产品地理标志登记量统计　　　　单位:件

产品类别	累计总量	十二五期间	农业部	质检总局	商标局
枣	103	43	27	30	46
核桃	93	60	21	33	39
板栗	52	33	9	15	28
杏	31	20	13	14	4
花椒	27	12	5	14	8
木耳	27	25	10	4	13
枸杞	16	13	3	9	4
油茶	8	8	1	1	6
其他	316	262	81	111	124
合计	673	476	170	231	272

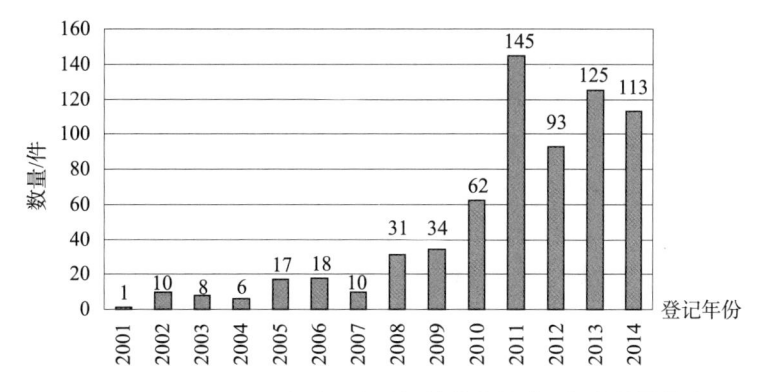

图 6-7 2001~2014 年注册和登记的林产品地理标志数量统计

（六）林业软件著作权数量快速增长

根据中国版权保护中心计算机软件著作权登记公告统计，截至 2014 年年底，林业软件著作权登记共 3462 项，软件著作权人主要来自林业高等院校、科研院所及相关的林业企业。林业软件著作权登记量最多的是北京林业大学，共 562 项，其次是中南林业科技大学 224 项，东北林业科技大学 176 项（见表 6-22，图 6-8）。"十二五"时期林业软件著作权 3033 件，同比增长 726%。

表 6-22 2001~2014 年林业软件著作权登记量统计   单位：项

序号	软件著作权人	登记总量	2011~2014 年登记量
1	北京林业大学	562	502
2	中南林业科技大学	227	227
3	东北林业大学	178	168
4	中国林业科学研究院	174	87
5	浙江农林大学	163	110
6	西北农林科技大学	158	113
7	西南林业大学	26	18
8	其他	1974	1808
合计		3462	3033

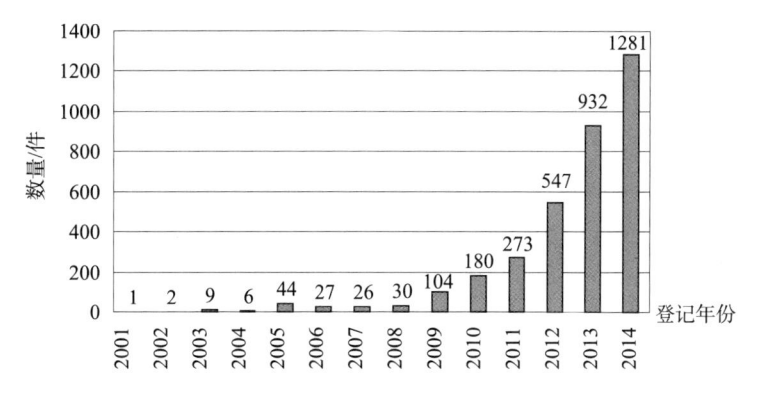

图 6-8 2001~2014 年林业软件著作权登记量统计

（七）林业知识产权试点工作成效显著

国家林业局从2010年开始，分3批共选择75家林业科研院所、高等院校和重点企业作为全国林业知识产权试点单位。通过试点先行、典型引路、示范带动，全国林业知识产权试点工作水平不断提高。各试点单位以健全机构、完善制度、提高能力为重点，取得了显著成效，培育了一批知识产权管理水平高、核心竞争力强的林业企事业单位，发挥了试点单位的辐射带动作用，提高了林业行业的知识产权创造、运用、保护和管理水平。

国家林业局组织专家先后对第一、二批全国林业知识产权试点单位进行了考核验收。2014年6月国家林业局办公室发文公布了53家全国林业知识产权试点工作合格单位名单，包括中国林业科学研究院林业研究所、国际竹藤中心、深圳市燕加隆实业发展有限公司等26家第一批全国林业知识产权试点单位，和中国林业科学研究院亚热带林业研究所、北京林业大学、圣象集团有限公司等27家第二批全国林业知识产权试点单位（见表6-23）。

开展林业知识产权联盟建设工作，建成了"木地板专利联盟"。该专利联盟由中国林业科学研究院木材工业研究所牵头，国家林业局知识产权研究中心、全国木地板专业委员会、南京林业大学、常州地板协会，以及圣象集团、德威木业等木地板行业领头企业共14家单位发起，起草了联盟章程和管理办法等文件，成立了联盟理事会和秘书处，建立了联盟运行机制和木地板专利联盟信息共享平台，包括"联盟介绍、新闻动态、专利介绍、专利供求、专利百科、地板知识"等版块，为会员提供准确科学的知识产权信息服务，建立木地板领域核心"专利池"，推动会员之间的专利转让、交叉许可和对外协同实施，促进专利向产业技术体系集聚，实现增值共赢，促进联盟会员守法自律，针对重点侵权案件提供维权救助，参与国际知识产权谈判和争议解决，共同应对知识产权纠纷，维护联盟会员合法权益。

表6-23 全国林业知识产权试点工作合格单位名单

序号	第一批试点工作合格单位	第二批试点工作合格单位
1	中国林业科学研究院林业研究所	中国林业科学研究院亚热带林业研究所
2	中国林业科学研究院木材工业研究所	中国林业科学研究院林产化学工业研究所
3	国际竹藤中心	山西省林业科学研究院
4	河北省林业科学研究院	圣象集团有限公司
5	内蒙古自治区林业研究院	江苏洛基木业有限公司
6	辽宁省干旱地区造林研究所	浙江省林业科学研究院
7	吉林省林业科学研究院	浙江森禾种业股份有限公司
8	吉林省白城市林业科学研究院	浙江大庄实业集团有限公司
9	上海市林业总站	浙江世友木业有限公司
10	大亚科技集团有限公司	浙江富得利木业有限公司
11	福建省林业科学研究院	江西康替龙竹业有限公司
12	江西省林业科学院	江西铜鼓江桥竹木业有限责任公司

续表

序号	第一批试点工作合格单位	第二批试点工作合格单位
13	泰安市泰山林业科学研究院	山东省林业科学研究院
14	湖北省林业科学研究院	山东东营正和木业有限公司
15	湖南省林业科学院	河南省林业科学研究院
16	湖南恒盾集团有限公司	湖南康派木业有限公司
17	广东省林业科学研究院	湖南福湘木业有限责任公司
18	广西壮族自治区林业科学研究院	广东盈然木业有限公司
19	四川林合益竹业有限公司	巴洛克木业（中山）有限公司
20	甘肃省治沙研究所	广西华峰林业股份有限公司
21	青海清华博众生物技术有限公司	重庆星星套装门有限责任公司
22	宁夏林业研究所（有限公司）	贵州大自然科技有限公司
23	中国吉林森工集团有限责任公司	甘肃省林业科学研究院
24	黑龙江省带岭林业科学研究所	黑龙江省林副特产研究所
25	大兴安岭地区农业林业科学研究院	北京林业大学
26	深圳市燕加隆实业发展有限公司	南京林业大学
27		浙江农林大学

（八）林业知识产权公共服务体系逐步完善

1. 林业知识产权基础数据库

系统收集和整理国内外与林业知识产权相关的主要科学数据和文献资料，加大林业知识产权信息资源的整合、专家知识的搜集和数据库建设力度，整合国内外林业知识产权信息资源，完善林业专利、植物新品种权、林产品地理标志、商标、著作权、林业知识产权动态、案例、文献、法律法规和资源导航等林业知识产权基础数据库15个，数据记录累计55万条。开发的《林业知识产权管理信息系统》软件获国家版权局颁发的计算机软件著作权登记。

2. 林业知识产权公共信息服务平台

维护和管理了"中国林业知识产权网"（http://www.cfip.cn）、"中国林业植物新品种保护网"（http://www.cnpvp.net）和网上林业专利动态决策分析系统（http://www.cfip.cn:81），网上信息每日更新，免费使用，扩大了林业知识产权信息资源的共享途径和使用范围，网站提供全年不间断、安全、稳定的在线检索服务。

3. 开展林业重点领域专利预警分析研究

跟踪世界各国林业知识产权动态，开展知识产权相关法律法规、各国专利、植物新品种保护、林产品地理标志和生物遗传资源保护等相关问题研究，为国际履约和谈判提供技术支撑。从2012年开始每年编印《林业知识产权动态》6期。针对林业行业容易遭到国外专利壁垒的重点林产品领域进行动态跟踪和调查分析，做好专利数据统计和预警分析研究，完成木/竹重组材、木地板锁扣技术、采暖木地板、核桃、杨树、木质素胶黏剂、人造板连续压机等一系列专利分析报告。出版《世界林业专利技术现状与发展趋势》《木/竹重组材技术专利分析报告》《木地板锁扣技术专利分析报告》。

4. 林业知识产权宣传培训

自 2010 年开始每年定期举办全国林业知识产权宣传周系列活动，举办林业知识产权和植物新品种保护管理培训班，每年出版《林业知识产权年度报告》和《中国林业植物授权新品种》，举办全国林业知识产权成就展览，采取多种形式宣传林业知识产权知识以及林业植物新品种保护成效，进一步扩大林业知识产权的影响。

（九）国际履约与对外交流合作成效显著

认真履行《国际植物新品种保护公约》（UPOV）和《生物多样性公约遗传资源获取和惠益分享议定书》，成功举办 UPOV 测试及分子技术会议。派员参加 UPOV 技术委员会、理事会特别会议、顾问委员会和法律委员会会议、行政和法律委员会、实质衍生品种研讨会、顾问委员会会议、联合国粮农组织（FAO）森林遗传资源政府间技术工作组会议和 FAO 粮食与农业遗传资源委员会例会。积极参与东亚植物新品种保护论坛活动、中日韩自由贸易协定谈判（FTA）、中欧知识产权工作组会议。与德国、荷兰等国家持续开展了新品种保护和测试技术交流及人员培训，广泛参与多边和双边保护知识产权对话及谈判，与韩国林木植物新品种保护部门签署植物新品种保护谅解备忘录。完成了山茶属、丁香属和牡丹 3 项国际测试指南编制，承担核桃属国际测试指南编制工作。

总之，近年来，特别是"十二五"期间，我国林业知识产权工作已取得了显著成绩，但由于起步相对较晚，基础比较薄弱，还存在一些亟待解决的问题。

首先，知识产权意识薄弱。林业行业对知识产权工作的重要性、紧迫性认识不足，主动将创新成果转化为知识产权加以保护的意识不强，林业拥有自主知识产权的数量、质量和转化运用能力，与其他行业相比还有较大差距。

其次，法规制度建设滞后。林业知识产权政策法规、行政执法体系和管理制度亟待完善，执法能力明显不足，尤其是与林业植物新品种维权执法需求不相适应。林业植物新品种大多采用无性繁殖，保密性差，保护难、维权难。

再次，转化运用能力较弱。林业知识产权质量还有待提高，企业的知识产权运营能力较弱、转化动力不足，创造与运用依然存在"两张皮"现象，特别是缺乏有效的政策激励和市场联接机制。

最后，支撑保障能力不足。林业植物新品种测试机构、测试标准以及技术装备等支撑条件亟待完善，林业知识产权服务体系有待健全，人才培养与现实需求有较大差距。

二、"十三五"时期知识产权发展形势及面临的挑战

随着经济全球化深入发展，越来越多的国家，尤其是发达国家，已把知识产权上升到显示国家核心竞争力和综合实力的战略高度。全球知识产权保护呈现出"多主题、宽领域、大力度、严处罚"的国际化新趋势。知识产权作为国家发展战略性资源和国际竞争力核心要素，已成为我国建设创新型国家和建设现代林业的重要支撑。

近年来，知识产权国际保护与国际贸易的联系日益紧密，过高的知识产权保护标准已经成为一种新的贸易壁垒。以美国为首的部分发达国家正在力图绕开 WTO 和 WIPO 的知识产权国际保护体制，通过多边协议确立知识产权国际保护的更高标准，然后逐渐影响和干预发展中国家的国内知识产权立法和执法，最终实现全球趋同化。

植物新品种和遗传资源成为国际知识产权制度中日益重要的组成部分。《生物多样性公约》（CBD）将国际知识产权制度的保护范围从智力成果本身扩及智力成果的源泉，这遭到了美国等育种发达国家的强烈反对。美国至今未批准该公约。从本质上看，无论是大多数发达国家对 UPOV 公约的青睐还是众多发展中国家对 CBD 理念的推崇，所反映的无非是各自内在的利益诉求。在未来的一段时间内，发达国家与发展中国家的这一博弈还将继续。

（一）植物新品种保护方面

1. 植物新品种交流日益频繁，DUS 测试技术将逐步国际化

随着国际贸易的快速发展，UPOV 成员国之间的植物品种交流日渐频繁，这样就要求育种者在国外申请品种权保护。目前，UPOV 正在鼓励各成员国间新品种测试的国际合作，根据国家具体情况（地理条件、资源状况、技术实力等）分配植物测试指南制定任务。通过国际合作，实现相互信任、资源共享，降低各国在测试指南制定、行政审批的成本，提高新品种审查和授权工作效率。

2. UPOV 组织进一步发展壮大，更多成员向 1991 年文本过渡

各国对农林领域知识产权保护日益重视，越来越多的国家立法保护植物新品种，纷纷加入 UPOV。截至 2014 年年底，UPOV 成员达到 72 个。由于 1991 年文本扩大了保护范围，增加了保护力度，为育种者提供了更有效的保护，UPOV 新成员都是实施 1991 年文本，实施 1978 年文本的国家也纷纷转入 1991 年文本，实施 1991 年文本已是国际主流和大势所趋，我国目前加入的是 1978 年文本，植物新品种保护体制与国际接轨，加入 UPOV 公约 1991 年文本的国际压力加大。

3. 分子生物技术将在未来新品种保护工作中起重要作用

现阶段，国际上通用的 DUS 测试主要是田间测试，采用性状形态描述法。该方法存在诸多问题，例如测试周期时间长、易受环境影响、费用高等，而且对于转基因植物新品种难以通过一般性状鉴定。寻找简单、快速、准确的品种测试技术已成为植物新品种审查测试未来的发展方向。DNA 指纹技术已被应用于品种鉴定及品种侵权案件中，为品种权案件最终处理提供了有力的证据。此外，分子技术在植物新品种描述与管理等方面的作用也日趋显著。

4. 对植物新品种专门立法，加强植物新品种保护

截至 2014 年年底，UPOV 成员共 72 个，其中 66 个国家植物新品种保护方面的法律在 UPOV 备案。这些国家中仅日本、肯尼亚、荷兰、巴拉圭、突尼斯 5 个国家是将植物新品种保护与种子管理合并，采用种苗法，其余 61 个国家均对植物新品种进行了单独立法。从各主要国家植物新品种保护的立法历程来看，对植物新品种进行专门立法是一

种发展趋势。如德国、韩国等在立法初期将植物新品种保护与种子管理集成在一部法律当中，但是为了进一步加强植物新品种保护，将对种子管理和植物新品种的保护单独立法。

5. 品种权逐渐成为一种重要的贸易壁垒，将在未来市场竞争中起决定作用

1991年文本带来的积极影响是使品种权得到更全面和更高标准的保护，但同时也使各国对品种权保护过度，造成种子大战，成为新型的贸易壁垒。实际上，1991年文本将植物新品种的保护范围从繁殖材料扩大到收获材料和加工产品就已经彰显出发达国家企图利用品种权构筑非关税贸易壁垒的动机。

从国际层面来看，植物新品种保护制度已经成为发达国家在全球范围内抢占种质资源、加强知识产权保护的游戏规则。发达国家为维护自身育种技术优势，大力推动植物新品种保护的国际化进程，在当前国际植物新品种保护格局形成中扮演主导角色。跨国种业公司更是将生物技术专利和植物品种权作为开拓国际市场的利器，利用育种技术优势，抢占国际种子种苗市场。

（二）生物遗传资源保护方面

1. 发达国家注重利用技术和资金优势从发展中国家攫取遗传资源，并注重本土遗传资源的保护

虽然遗传资源具有巨大的经济价值，但其在世界各国分布不均。大多数的遗传资源提供国都属于发展中国家，对遗传资源的利用效率较低；而大多数发达国家的遗传资源较为贫乏，需要从遗传资源大国获取遗传材料。发达国家往往凭借其资金和技术优势，通过对广大发展中国家的遗传资源开发利用研制出新的产品，并以申请专利的方式获得知识产权的保护。发展中国家虽然是遗传资源大国并且是遗传资源的提供者，却要在遗传资源的使用上付出较多的资金，同时还要承担本国遗传资源保护的压力。这种不公平的利用方式严重阻碍了遗传资源在世界各国的流动。在保护生物遗传资源方面，美国一方面制定了一系列的法律法规，另外一方面，建立了完善的资源保存系统。除了最大的种子库——国家种子储存实验室（NSSL）外，美国还有许多地区和特定作物种子库（如谷物、蔬菜等），美国国家植物种质体系（NPGS）包括19个组织和机构，主要负责植物种质资源的收集、整理、保存、鉴定、改良和推广工作。

2. 遗传资源的获取与惠益分享已经成为国际争论的焦点

《生物多样性公约》率先确立了遗传资源及传统知识的获取与惠益分享原则，要求缔约方尊重和承认遗传资源提供者的权利。《名古屋议定书》已于2014年10月12日正式生效。至目前，共有92个国家和地区签署，54个国家和地区核准，中国政府尚未签署，拟将签署和批准合二为一，一步到位成为缔约方。《名古屋议定书》的生效将显著推进《生物多样性公约》第三项目标——公正和公平地分享利用遗传资源所产生惠益的实现，并进而为另外两项目标——保护生物多样性和可持续利用其组成部分的实现创造重要的激励。目前，发展中国家与发达国家在遗传资源获取与惠益分享问题上仍存在较大分歧。《名古屋议定书》的批准国以非洲地区的发展中国家为主，而美国和日本等

育种技术发达国家尚未加入。《名古屋议定书》将知识产权保护范围从智力成果本身扩及智力成果的源泉，同时开启了传统部族参与利益分享的门扉，使所有人的收益权有了一定的保障。这对于遗传资源丰富的发展中国家而言，更切合自身利益。因此，发展中国家普遍支持《名古屋议定书》。但是，《名古屋议定书》却遭到了一些育种发达国家的强烈反对。美国至今未批准该公约，法国、英国、意大利等国虽批准了公约，但作了保留。美国等发达国家对待国外和国内生物遗传资源的获取与惠益分享态度是不同的。在对待国外遗传资源方面，美国反对主权国家特别是发展中国家的政府通过其国内法对其遗传资源的获取与惠益分享作太多的干涉，从而为美国生物技术发达的大公司对别国遗传资源的获取扫除制度上的障碍。然而美国对其国内遗传资源的管理，采取了许多政府干预的措施，相关法律有《美国植物品种保护法》《美国联邦植物专利法》《美国国家公园管理局组织法》和《美国科学技术转让法》和《美国濒危物种法》等。

（三）地理标志保护方面

1. 世界各国形成了多种地理标志保护模式

《巴黎公约》和TRIPs协议确定的只是地理标志保护的最低标准。由于地理标志的重要作用，世界各国纷纷从各自的历史文化传统和经济发展实际出发，探索建立不同的地理标志保护制度。目前主要有4种保护模式：一是通过商标法进行保护，以美国、英国、德国为代表，其通过商标法对地理标志（或原产地名称）进行保护，规定当事人可以申请注册证明商标或集体商标来加以保护，这主要是地理标志资源比较贫乏的国家的选择。二是通过专门法进行保护，以法国为代表，制定专门的保护法律和法规，指定专门的机构、规定具体的注册登记制度、保护条件和程序，并以官方机构、官方文件认可的形式来保护，到目前为止，国际上只有19个国家按照法国模式保护原产地名称，如古巴、墨西哥、葡萄牙等国，这主要是地理标志资源比较丰富的国家的选择。三是通过反不正当竞争法进行保护，以瑞典、日本为代表，将侵犯地理标志的行为作为不正当竞争行为予以禁止，这也是地理标志资源比较匮乏的国家的选择。四是通过混合立法模式进行保护，以中国和西班牙为代表。

2. 地理标志的国际保护制度仍然存在较大分歧

在TRIPs协议的谈判过程中，对于专利、植物新品种和遗传资源等方面，发达成员之间的利益诉求基本是一致的。但是，在地理标志这方面却一直存在着矛盾和冲突。在WTO最新一轮谈判中，涉及地理标志的主要有两个议题，一个是讨论将TRIPs协议对葡萄酒、烈性酒地理标志的补充保护延伸到其他产品地理标志上的问题，一个是谈判建立葡萄酒、烈性酒地理标志及注册多边体系问题。这些争议反映出了国际地理标志保护发展的新趋势。以欧盟为首的地理标志资源丰富的国家，积极主张将地理标志保护范围扩大到葡萄酒、烈性酒以外的其他产品。以美国为首的地理标志资源相对缺乏的国家，则坚决反对扩大地理标志的保护范围。地理标志的国际保护是多重利益主体的博弈，争论还将继续，近期之内很难在WTO层面上找到进一步保护地理标志的方法。

3. 国际地理标志保护的双边合作将进一步加强

TRIPs协议下，地理标志的谈判始终未有突破性进展。但是，在双边条约领域，从

20世纪90年代起，就呈现一派生机。有关地理标志保护的内容或是出现在双边贸易条约中，或是出现在自由贸易协定中。欧盟与加拿大、摩尔多瓦、格鲁吉亚、日本、越南已经签订了贸易协议，开展地理标志保护，目前正在与韩国进行磋商。2006年我国与欧盟签署了《中华人民共和国国家质量监督查验检疫总局与欧洲委员会交易总司关于地舆象征的体谅备忘录》，我国和欧盟在第一批各选取了10个地理标志商品予以双方互认，并于2013年认证成功。中国实现互认的地理标志商品享有与欧盟地舆象征维护商品相同的专门维护。此外，中国和泰国于2014年签署了《地理标志合作备忘录》。

地理标志随着人们对农产品和食品安全问题的关注程度不断提高，未来地理标志的保护范围和保护程度有可能进一步扩大和提高。

(四) 战略需求

1. 加强知识产权和植物新品种保护工作是建设生态林业和民生林业的战略选择

林业是国家生态建设的主体，是生态文明建设的主力，是国家生态安全的核心，发展生态林业和民生林业，建设美丽中国，国土绿化，林农增收，城镇化建设，加快解决困难立地造林技术难题，增加森林资源总量，提高森林资源质量，全面推进现代林业发展，需要以专利和植物新品种的创造和运用为支撑；全国木材战略储备，建设全国木材战略储备生产基地；重点布局发展优势特色经济林。选择木本油料、木本粮食、特色鲜果、木本药材、木本调料五大类30个优势特色经济林树种，进行科学布局，重点引导发展均需要以植物新品种的创造和运用为支撑。大力开发和利用知识资源是紧密围绕国家战略大局，保证国家粮油安全，加快发展生态林业和民生林业的战略选择。

2. 加强知识产权和植物新品种保护工作是解决国家粮油安全与能源安全的重要途径

随着现代科学技术的发展，林业在全球粮食安全和能源安全中显现出巨大潜力。一是新中国成立后，为了保障粮食供应，我国不断扩大耕地面积，在山区毁林开荒，造成了严重的水土流失，在北方牧区毁草地为耕地，导致土地不断沙化。当前，尽管粮食产量得到保障，但是由于环境污染、重金属和农药残留污染所造成的粮食质量安全问题却日益严重。在这种情况下，加快林业植物新品种培育，特别是木本粮油植物新品种培育，大力挖掘山区潜力，同时注重环境保护，实现草本粮棉油与木本粮棉油并举的格局，是解决国家粮油安全问题的最佳途径。二是随着生物技术的发展，林业生物质能源产业潜力巨大，前景广阔。我国有5400多万公顷宜林荒山荒地和近1亿公顷的盐碱地、沙地和矿山、油田复垦地，经过开发和改良，都可以发展林业生物质能源。目前，提高林业育种技术，加快能源新品种培育是发展林业生物质能源产业的核心。

3. 加强知识产权和植物新品种保护工作是提升林业产业核心竞争力的重要手段

我国现代林业发展正处于重要战略机遇期和黄金发展期，需要充分发挥科技在转变经济发展方式和调整经济结构中的支撑引领作用，加快转变林业发展方式。今后五到十年，尤其要注重提高林业生态重点工程质量效益，加快林业产业结构深度调整和林业企业转型升级，迫切需要强化林业知识产权和植物新品种创造和运用，充分发挥知识产权在推进林业产业升级换代和增强核心竞争力中的重要作用，运用知识产权等要素投入，合理配置各类资源，促进林业发明专利技术和植物新品种转化运用，依靠科技创新形成的知识产权引领和带动产业升级，提高林业核心竞争力，使我国林业走创新驱动、绿色发展之路。

4. 加强知识产权和植物新品种保护工作是应对知识产权国际化的迫切需要

面对经济全球化的严峻挑战，知识产权保护呈现国际化趋势，以创新和技术升级为主要特征的林业国际竞争越来越激烈，知识产权在现代林业发展中的支撑作用日益凸显。特别是近年来，我国林业企业涉外知识产权纠纷不断，已对林业产业健康发展和林产品国际贸易构成威胁，迫切需要提高林业知识产权创造水平，建立林业知识产权预警机制，运用知识产权战略主动应对国际知识产权技术壁垒。

5. 加强知识产权和植物新品种保护工作是推进林业科技创新的强大动力

实行知识产权制度，维护知识成果创造者合法权益，建立有利于激励创新意愿和行动的长效机制，已成为提高林业自主创新能力，实现科技兴林、科技强林、科技富民的关键环节。进一步加强林业知识产权工作，有利于保护和激发广大林业科技工作者的创新激情，创造和掌握更多拥有自主知识产权的核心技术，不断优化创新环境，加快转化运用，为林业自主创新注入不竭的动力。

三、"十三五"时期知识产权事业发展的指导思想、基本原则和发展目标

（一）指导思想

以邓小平理论、"三个代表"重要思想、科学发展观为指导，深入贯彻党的十八大精神，按照《国家知识产权战略纲要》和现代林业发展的总体要求，不断加强林业知识产权工作，完善管理制度，增强创造能力，促进转化运用，加大保护力度，健全服务体系，为强化林业自主创新、加快林业发展方式转变、提升林业核心竞争力、促进生态林业和民生林业发展提供支撑，为我国生态文明和美丽中国建设作出积极的贡献。

（二）基本原则

1. 全面推进 重点突破

对不同类型的林业知识产权实施分类指导，全面推进林业知识产权工作。着力强化林业植物新品种和林业专利的创造运用，增强共性、核心、关键技术突破能力，促进科技成果向现实生产力转化。加强林业生物遗传资源、林产品地理标志、商标和版权等知识产权保护。

2. 统筹兼顾 整体提升

统筹协调好林业知识产权创造者、传播者、使用者和社会公众之间的权益关系，处理好林业知识产权发展速度、质量和效益的关系，把握好保护与利用的关系，整体提升

林业知识产权的创造、运用、保护和管理能力。

3. 夯实基础 能力优先

以林业植物新品种保护条件能力建设为重点，把制度建设、人才培养、信息服务、预警机制、试点示范、技术培训和中介服务等放在林业知识产权工作的优先位置，夯实基础，服务全局，支撑发展。

4. 政策激励 市场引导

建立政府加大投入、政策扶持和金融服务等激励机制，充分发挥市场资源配置作用，引导和鼓励林业企业、研发机构积极开展林业知识产权的创造和转化运用，构建以企业为主体，以知识产权为纽带，产学研紧密结合的长效机制，提高林业产业发展的核心竞争力。

5. 服务发展 创新为民

坚持服务发展，积极推动科技与经济紧密结合，既要从经济社会发展需求中找准林业科技创新主攻方向，又要把林业科技成果迅速转化为现实生产力。坚持创新为民，积极促进林业科技成果造福人民，必须坚持把以人为本贯穿林业科技工作始终，让广大人民群众共享林业科技创新成果。

(三) 发展目标

1. 总体目标

到 2020 年，林业知识产权实现量的增长和质的提升，创造运用能力明显增强，政策法规不断完善，保护水平不断提高，管理服务体系更加健全，对科技创新和现代林业发展的支撑作用充分显现，营造大众创新万众创业的良好社会环境。

2. 具体目标

(1) 林业知识产权创造能力逐步提高。加强林业核心技术研发和专利申请，提高专利质量，构建林业核心技术专利群和重点领域专利池。"十三五"期间新增林业授权植物新品种 800 件；涉林专利公开量 10 万件，其中林业科研教育机构新增专利公开 1 万件，发明专利比重达到 80%，国外专利公开 80~100 件。

(2) 林业知识产权运用成效明显提升。"十三五"期间建成林业行业知识产权示范单位 30 家；林业植物新品种示范基地 15 家，实施重大专利产业化示范项目 30 项，组建 5 家林业知识产权联盟。

(3) 林业知识产权保护水平大幅提高。完善林业植物新品种保护法律法规，开展打击侵犯植物新品种权专项行动，建立林业知识产权维权执法的长效机制。"十三五"期间建立 10 个授权植物品种的基因图谱数据库，开展 10 个林业授权植物新品种的维权试点工作。

(4) 林业知识产权服务能力显著增强。完善林业科技管理评价考核体系和激励机制，建立林业知识产权公共信息服务平台，培育林业知识产权交易市场，建立林业重点领域知识产权预警机制，完成 8~10 个林业重点领域或核心技术的专利分析报告。

四、"十三五"时期知识产权事业发展的主要政策、任务与工程

"十三五"时期林业知识产权将以提升林业专利质量,构建林业核心技术专利群和重点领域专利池为重点,加快构建林业知识产权创造体系;以实施林业专利和优良植物新品种产业化示范工程为重点,促进林业知识产权的转化运用;以林业植物新品种保护为重点,加大林业知识产权保护执法力度;以构建信息平台和预警机制为重点,健全林业知识产权公共服务体系;以财政支持、金融服务、激励机制为重点,完善各项支持和保障措施。"十三五"时期林业知识产权将落实9项重点任务,实施9项林业知识产权行动计划。

(一)加强林业植物新品种创制与运用

加快林业植物新品种培育,围绕生物育种前沿技术,重点开展林木、花卉高效分子育种及转基因技术研究,培育一批高抗、优质、速生林木新品种,重点布局发展优势特色经济林。鼓励育种单位和个人积极培育开发植物新品种,支持建立具有自主林业植物新品种权的生产示范基地。加快建设植物新品种保护测试机构和保藏机构,组织开展测试技术与方法研究,制定测试指南,提高审查测试能力。完善林业植物新品种权利益分享制度,使品种权人、品种生产经营单位和品种使用人共同受益。探索建立公益性林业植物新品种政府补贴制度。

表6-24 行动计划1 林业植物新品种创制与运用

项目	主要内容
植物新品种培育	加强林业植物新品种培育,重点支持优质高效、抗逆性强的种苗、花卉、竹藤、木本粮油和生物质能源等植物新品种培育。新增林业授权植物新品种800件
植物新品种转化运用	建立林业植物新品种权转化运用示范基地15家,发挥示范和辐射带动作用,促进林业植物新品种推广和转化应用,提升授权新品种在林业产业中的贡献率
植物新品种能力建设	完善植物新品种测试机构及配套设施,重点加强1个植物新品种测试中心、3个分中心、1个分子实验室和5个专业测试站建设,新建5个专业测试站,编制测试指南100项、UPOV测试指南5~8项

(二)促进林业专利创造与转化运用

建立以企业为主体、市场为导向、产学研紧密结合的林业技术协同创新体系,强化基础性、前沿性技术和共性技术研究平台建设,使企业真正成为技术创新、专利转化应用、投入和受益的主体,全面提升企业自主创新能力。充分发挥科研教学单位在林业知识产权创造中的重要带动作用,支持和鼓励林业企业、高校和科研院所构建多种形式的知识产权战略联盟,协同攻关,形成林业核心技术专利群和重点领域专利池。加大林业专利技术储备,大幅度提高发明专利比重,提升专利质量和效益,重点支持林业生物技术、育种技术、生物质能源技术相关的专利创造与运用,充分发挥林业在解决国家粮油安全和能源安全方面的重要作用。加快林业专利转化运用,组织实施重大专利技术产业

化项目，建立林业专利产业化示范基地。以林业骨干企业专利转化运用为突破口，带动中小企业积极参与，形成专利产业化集群。推动林业行业具有核心专利技术的林产品纳入政府优先采购计划，鼓励将专利转化为标准，推广专利标准化应用。

表6-25　行动计划2　林业专利创造与转化运用

项目	主要内容
林业专利创造	加强林业核心技术研发和专利申请，提高专利质量，形成林业核心技术专利群和重点领域专利池。新增涉林专利公开量10万件，其中林业科研教育机构新增专利公开量1万件，发明专利比重达到80%
知识产权战略联盟	以林业重点领域和战略新兴产业的技术创新需求为导向，组建5家林业知识产权联盟，建立产学研合作新机制，协同攻关，权益共享，共同突破林业产业发展技术瓶颈
重大专利技术产业化	以林业骨干企业专利转化运用为突破口，带动中小企业积极参与，形成专利产业化集群。优选林业专利技术成果，纳入各级科技计划进行转化运用。组织实施30项重大专利产业化项目，建立一批林业专利产业化示范基地

（三）推进林业生物遗传资源及相关传统知识保护

组织开展林业生物遗传资源及相关传统知识调查，建立林业遗传资源信息共享平台、监测评价体系、权属管理和保护制度，有效防止林业生物遗传资源的流失和无序利用。统筹协调林业生物遗传资源保护、开发和利用关系，构建合理的林业生物遗传资源获取与惠益分享机制。切实保护林业生物遗传资源及其衍生物产权，促进林业生物遗传资源的利用。探索建立遗传资源及相关传统知识的权属登记与保护机制。依托林业生物遗传资源及相关传统知识资源丰富的地区，开展保护试点示范。制订森林遗传资源国家行动计划。

表6-26　行动计划3　林业生物遗传资源及相关传统知识保护

项目	主要内容
遗传资源调查编目	开展林业生物遗传资源及相关传统知识调查，建立基础数据库和管理信息系统。制定木本粮油及中国特有珍稀树种遗传资源的调查编目技术规程，重点开展核桃、竹类等遗传资源调查编目工作。制订森林遗传资源国家行动计划
遗传资源及相关传统知识保护试点示范	探索建立林业生物遗传资源及相关传统知识权属登记和保护制度、遗传资源原产地信息披露制度，建立林业生物遗传资源获取和惠益分享制度，开展林业生物遗传资源获取和惠益分享试点

（四）加强林业软件著作权保护

以"3S"技术、云计算和林业物联网等关键技术研发为重点，加强软件产品开发和信息系统建设，加强对森林生态系统、荒漠生态系统、湿地生态系统和生物多样性的有效监管，建设全国林业一张图，提升林业遥感、全球定位和数字模拟等信息化技术在林业资源监管、营造林管理、森林灾害监控和应急管理等领域的应用水平，推进全国林业信息化建设。鼓励科技人员进行软件产品研发，申报计算机软件著作权登记，加强知识产权保护,提高林业信息化水平。

表6-27 行动计划4 林业软件著作权保护

项目	主要内容
林业软件著作权	加强林业"3S"技术、云计算和林业物联网等林业信息化关键技术的软件和信息系统开发,新增林业软件著作权登记5000件。

(五)实施林业品牌战略

大力推进林业品牌建设,增强品牌意识,做好品牌定位,整合品牌资源,维护品牌声誉。重点鼓励企业做好品牌战略谋划,争创中国驰名商标,提升产品质量和企业形象,引导和扶持拥有中国驰名商标、著名品牌和林产品地理标志的林业企业做大做强。完善林产品地理标志保护制度,支持建立林产品地理标志产品示范基地,加快地方特色资源和产品的开发利用,规范林产品市场流通秩序,促进林业企业和林产品品牌培育。推进林业知名品牌国际化,鼓励和资助林业企业在国外注册商标,提高林产品附加值和市场竞争力。

表6-28 行动计划5 林业品牌建设

项目	主要内容
林业驰名商标	鼓励林业企业做好品牌战略谋划,争创中国驰名商标,提升产品质量和企业形象,引导和扶持拥有中国驰名商标、著名品牌和林产品地理标志的林业企业做大做强。鼓励林业企业在国外注册商标
林产品地理标志	建成10家林产品地理标志产品示范基地。新增林产品地理标志登记700件

(六)开展林业知识产权示范

在全国遴选一批综合运用能力强、具有核心竞争力的林业企事业单位,以健全机构、完善制度、提高能力为重点,开展林业知识产权试点示范。鼓励林业企业申报国家级创新型企业,引导林业企业加大研发投入,建立研发团队,制定知识产权战略,将知识产权工作贯穿于技术创新全过程,以专利的创造运用为重点,促进林业企业优化结构、转型升级,形成具有自主知识产权的核心技术,提高专利市场价值,增强产品市场竞争力和占有率。

表6-29 行动计划6 林业知识产权示范

项目	主要内容
林业知识产权示范	林业知识产权试点验收合格、成效显著的试点单位中遴选30家作为示范单位
林业创新型企业	鼓励和引导林业企业申报国家级创新型企业,在林业行业形成10~20家拥有自主知识产权、核心竞争力强的优秀企业,成为国家级创新型企业

(七)强化林业植物新品种保护执法

完善林业植物新品种保护法律法规。建立健全植物新品种权行政执法体系,完善执法协作机制，加强行政执法与刑事司法的衔接，充实专业执法力量，加大执法力度，将植物新品种保护执法纳入林业行政综合执法范畴，保证执法经费，提高执法队伍素质和执法水平，增强县级以上林业行政主管部门植物新品种保护的行政执法能力，重点查处侵犯植物新品种权和假冒授权品种的案件，集中打击侵犯植物新品种权行为。

表6-30 行动计划7 林业植物新品种保护执法

项目	主要内容
法律法规完善	修改完善植物新品种保护法律法规，制定《林业植物新品种复审管理办法》，建立重大案件查处、督导和通报制度
条件能力建设	加强林业植物新品种权行政执法能力建设，健全国家、省、市、县四级林业植物新品种保护执法体系，建立执法队伍，提高执法水平。建立10个授权植物品种的基因图谱数据库，为维权取证和执法提供技术支撑
行政执法试点	开展10个林业授权植物新品种的维权试点工作，探索维权执法和综合执法新途径，促进新品种权行政执法与刑事司法的衔接，实现数据共享和协调配合，总结维权经验，形成植物新品种权的维权和执法案例

（八）完善林业知识产权公共服务体系

整合国内外林业知识产权信息资源，进行数据深加工和统计分析，构建林业知识产权基础数据库、管理信息系统和公共信息服务平台，拓宽知识产权信息共享与咨询服务领域。在林业重大科研项目、重大工程立项阶段，强化专利查新、检索和审查，避免重复研究。在项目实施过程中，动态跟踪国内外相关技术的最新进展，找准技术创新的突破口。建立林业重点领域知识产权预警机制，制订应对预案，实时监测并发布林业重点领域国际知识产权动态，超前预警，引导林业企业公平参与国际竞争。培育林业知识产权交易市场，建立评估机制和交易平台，完善中介服务体系。支持中国林业产业联合会、中国花卉协会、中国竹产业协会等行业协会协调解决知识产权纠纷，提升行业维权与诉讼能力。

表6-31 行动计划8 林业知识产权公共服务体系建设

项目	主要内容
公共信息服务平台	完善和建设15个林业知识产权基础数据库，维护和管理"中国林业知识产权网"和"中国林业植物新品种保护网"，建立林业植物新品种电子申报系统，开展林业知识产权信息化示范，加强林业知识产权数据统计与分析，建成信息咨询服务综合平台
知识产权预警机制	建立和完善林业专利信息预警分析系统，针对国际林产品贸易中知识产权纠纷易发领域进行动态跟踪和调查分析，完成8~10个林业重点领域或核心技术的专利分析报告
中介服务机构	扶持建立区域性、专业性林业知识产权中介服务机构，开展林业知识产权咨询、代理、评估和交易等中介服务
培育交易市场	探索建立林业知识产权评估机制和交易平台，开展专利或植物新品种权的有偿转让、作价入股和质押融资等工作，举办林业植物新品种和专利技术展览会、推广会和交易会，促进林业知识产权转化运用

（九）推进国际履约与合作交流

积极开展《国际植物新品种保护公约》（UPOV）和《生物多样性公约遗传资源获取和惠益分享议定书》的履约工作。加强对国际知识产权制度和规则的研究，为国际履约和谈判提供技术支撑。参加国际多边及双边活动，扩大国内外林业知识产权交流与合作。加大对重点林产品领域在国外申请专利的支持力度，做好海外专利布局，引导林业科研院所、高等院校和企业积极融入科技全球化进程，在国外申请专利，参与制定国际标准。建立林业知识产权重大涉外案件上报制度和维权援助机制，提高涉外知识产权纠纷的应对能力。

表 6-32　行动计划 9　国际履约与合作交流

项目	主要内容
国际履约对策研究	开展 UPOV 公约 1991 年文本与 1978 年文本的利弊分析与对策研究，探讨我国植物新品种保护加入 UPOV1991 文本的可行性和必要性。开展林业生物遗传资源获取和惠益分享制度研究，提出应对预案，为林业国际履约提供科学依据和技术支撑
国外专利和植物新品种申请	鼓励并扶持林业企事业单位在国外申请专利和植物新品种权，林业科研教育机构新增国外专利公开量 80~100 件

五、保障措施

（一）加强林业知识产权工作组织领导

建立林业实施知识产权战略和规划的联席会议制度，协调并指导林业知识产权战略、规划、计划和政策的制定和实施。制定林业知识产权战略年度推进计划，组织实施林业知识产权重点工作和重大活动。各级林业主管部门要切实加强林业知识产权工作的组织领导，明确管理机构和职责，结合本地区特点和实际，制定相应的政策措施，切实有效地推进本地区的知识产权保护工作。

（二）多渠道加大林业知识产权资金投入

各级林业主管部门应设立林业知识产权发展专项资金，用于林业知识产权工作的实施、奖励和专项补助。鼓励林业企事业单位多渠道筹集资金，切实保障知识产权工作机构运转和事业发展。鼓励和引导各类金融机构、风险投资、创业投资基金及社会资本进入林业知识产权转化和信息开发利用领域，营造政府、社会和企业等多元化投入的政策支持环境，共同推进专利技术的转化运用。鼓励金融机构依法开展林业专利等知识产权质押贷款，完善信用担保体系，加大对林业企业自主知识产权实施的贷款担保力度。

（三）强化林业企事业单位知识产权管理

鼓励林业企业建立知识产权的管理部门，完善管理体系，并设专人负责本单位知识产权的申请、管理和保护工作，建立健全知识产权档案和数据库。切实加强林业科研院所和高等院校的知识产权工作，完善管理机构和制度。积极推进林业科技计划管理体制改革，完善科技管理评价考核体系，突出知识产权在林业科技创新活动中的引领和导向作用，将知识产权工作纳入科研计划管理的全过程。加强对林业行业协会知识产权工作的指导、协调和服务，提高林业行业知识产权保护和管理水平。

（四）健全林业知识产权激励机制

各级林业主管部门及企事业单位要建立健全林业知识产权奖励机制，完善奖励办法，改革林业科研考核评价体系，把知识产权的数量、质量和效益作为评价地区或企事业单位坚持绿色发展、科技创新能力和技术进步水平的重要指标和条件。重点奖励职务发明人、植物新品种培育人以及在推动知识产权产业化过程中有突出贡献的单位和个人。积极推进林业专利权的转让、实施许可、投资入股、质押融资等各项政策措施的落实，支持、鼓励和推广林业专利技术的有偿转让或作价入股，让职务发明人分享更多的知识产权收益。加大对国内外林业发明专利、林业植物新品种权申请的资助力度，探索建立公益性林业植物新品种的政府补贴制度。

（五）加快林业知识产权人才培养和队伍建设

充分发挥和调动各方面的积极性，形成多层次、多渠道的林业知识产权教育培训体系，对林业知识产权管理及相关人员实施分类分级培训。完善吸引、使用和管理专业人才的相关制度，优化人才结构，形成一支与现代林业发展相适应的知识产权人才队伍。鼓励林业高等院校开设林业知识产权课程，培养专门人才。重点加强林业植物新品种专业测试队伍建设，以测试机构的测试人员为重点，定期开展田间测试、图像获取与分析、数据库构建和新测试技术的培训，建立面向育种人员和育种企业的长期培训制度。

（六）营造林业知识产权文化环境

创新林业知识产权宣传形式和内容，增强全社会的知识产权意识。充分利用报纸杂志、广播电视、网络等媒体以及科普平台，结合世界知识产权日、知识产权保护宣传周等，多渠道、多层次扩大林业知识产权保护知识、法律法规、政策激励以及典型案例的宣传面和普及率。积极培育尊重知识、崇尚创新、诚信守法的知识产权文化，营造有利于林业知识产权创造、保护和运用的良好氛围，提高林业行业的知识产权保护意识，形成全社会关注支持林业知识产权工作的文化环境。

六、希望写入知识产权"十三五"规划中的要点

（一）根据上述研究内容，罗列需要写入知识产权"十三五"规划中的相关内容及具体表述

1. 政策法规方面

建议将《中华人民共和国植物新品种保护条例》上升为《中华人民共和国植物新

品种保护法》。

2. 林业植物新品种方面

（1）建立健全林业植物新品种保护的技术支撑体系，加快测试指南编制，完善已知品种数据库，加强测试机构的合理布局和条件能力建设，扩大测试范围，有效提高审查测试能力。

（2）健全完善植物新品种电子申报系统，提高林业植物新品种的申报和审批效率。

（3）建立林业授权植物品种的基因图谱数据库，健全林业植物新品种权行政执法体系，维护品种权人的合法权益。

（4）完善林业知识产权公共服务体系，探索建立林业知识产权评估机制和交易平台。

（5）扶持植物新品种培育，支持形成一批拥有植物新品种权的种业企业，提升授权新品种在林业产业中的贡献率。

3. 林业遗传资源与传统知识方面

建立林业遗传资源获取和惠益分享制度，开展林业生物遗传资源调查编目工作，建立林业遗传资源基础数据库和管理信息系统。

（二）分析写入知识产权"十三五"规划内容的缘由

项目研究建议将《中华人民共和国植物新品种保护条例》上升为《中华人民共和国植物新品种保护法》，为有关政策法规方面的建设提供相关材料，仅供参考。

1. 建议《中华人民共和国植物新品种保护条例》上升为《中华人民共和国植物新品种保护法》

（1）植物新品种保护的管理模式。

国际上通行的植物新品种保护管理模式大致有以下3种类型。

一是专门立法实施保护。如加拿大、瑞士、德国、英国、荷兰等。

国际植物新品种联盟（UPOV）共有72个成员，其中66个国家植物新品种保护方面的法律在UPOV备案。这些国家中仅日本、肯尼亚、荷兰、巴拉圭、突尼斯5个国家是将植物新品种保护与种子管理合并，采用《种苗法》，没有单独为植物新品种立法，其余61个国家均对植物新品种进行了单独立法。

二是利用专利法实施保护。如意大利、匈牙利、新西兰等。

三是专门立法和专利法保护相结合。

如美国。对无性繁殖作物和遗传工程方面的品种通过植物专利保护，由美国专利局与商标局负责审批；对于有性繁殖作物的品种通过植物新品种保护法保护，由美国农业部植物新品种保护办公室负责审批。

总体来看，世界上大部分国家对植物新品种保护采用专门立法的做法。

（2）我国植物新品种保护立法现状。

目前我国有《中华人民共和国种子法》和《中华人民共和国植物新品种保护条例》。

我国《种子法》2004年修订，主要是规范品种选育和种子生产、经营、使用行为，维护品种选育者和种子生产者、经营者、使用者的合法权益，提高种子质量水平，推动种子产业化。目前《中华人民共和国种子法》正在进一步修订。

1997年颁布《中华人民共和国植物新品种保护条例》，2013年1月修订，主要是为了保护植物新品种权，鼓励培育和使用植物新品种，促进农业、林业的发展。

1999年4月23日，中国正式加入UPOV 1978年文本，成为UPOV第39个成员国。

现行的《植物新品种保护条例》是我国植物新品种保护的法律基础。该法规与UPOV 1978年文本相匹配，但一些条款高于1978年文本要求，介于1978年文本与1991年文本之间。UPOV公约1991年文本已于1999年生效，1991年文本与1978年文本的最大区别在于前者扩大了保护范围，延长了保护期限，对"育种者免除"增加了限制条件，不再强制实施"农民特权"等方面。

（3）发展趋势。

从各主要国家植物新品种保护的立法历程来看，对植物新品种进行专门立法是一种发展趋势。如德国、韩国等在立法初期将植物新品种保护与种子管理集成在一部法律当中，但是为了进一步加强植物新品种保护，而对种子管理和植物新品种保护单独立法。

《韩国种业法》（1997～2013年）主要涵盖植物新品种保护、国家品种名录、种子认证与市场流通三方面的内容。2013年，韩国对植物新品种进行了单独立法，形成新的《韩国种子法》和《韩国植物新品种保护法》。《韩国种子法》主要包括加强产业化以及种子认证与市场流通两方面的内容。《韩国植物新品种保护法》主要涵盖植物新品种保护和国家品种名录两方面的内容。

另外，根据UPOV规定，自1999年4月起，所有新加入UPOV的国家需按1991年文本的要求制定或修订本国法律，因此越来越多的国家制定了专门的植物新品种保护法。

因此，建议将《中华人民共和国植物新品种保护条例》上升为《中华人民共和国植物新品种保护法》。

专题7 "十三五"农业知识产权工作重大思路和政策研究

承担单位：中国农业科学院农业知识产权研究中心

作　　者：宋　敏　任　静　谭　艳
　　　　　周绪晨　郭倩倩　陈志峰

一、背景

随着知识经济发展和经济全球化进程加快,知识产权已经成为发达国家抢占市场、控制资源,从而维护国家经济、科技优势及增强国家竞争力的战略武器。对于跨国企业,知识产权更是其保护自身不受伤害,同时牵制他人发展的有效手段,成为其增强竞争力的核心要素。为此,《国家中长期科学和技术发展规划纲要》明确提出要把提高自主创新能力摆在全部科技工作的突出位置,并明确把自主知识产权的获取数量作为考核国家科技发展指标,同时习近平总书记关于"创新驱动发展"的一系列讲话进一步明确了科技资源要优化配置,科技要通过创新加快向现实生产力转化,从而为经济社会发展提供强大支撑。

农业知识产权作为促进农业技术创新和农业生产发展中最活跃的因素,发达国家早已把农业知识产权保护问题提升到国家大政方针和发展战略的宏观高度,把加强农业知识产权保护作为其在科技领域、经济领域夺取和保持国际竞争优势的一项重要战略举措。

近几年,我国政府对农业知识产权的保护问题也高度重视,2004～2015年发布的"中央一号"文件已连续11年对农业知识产权保护问题作出了明文规定,这些问题主要包括依法保护农产品注册商标、地理标志和知名品牌,加强植物新品种研发创新,明确转基因生物育种的培育工作,从专利技术的高度强化农业关键技术开发,依法开展专利权、商标专用权等权利质押贷款,加快农业技术转移和成果转化等一系列问题。2008年颁布的《国家知识产权战略纲要》更是明确了要建立激励机制,扶持新品种培育,推动育种创新成果转化为植物新品种,加强农业知识产权保护。可见,我国政府在重视三农问题的同时,也强化了对农业知识产权的保护。

二、农业知识产权保护取得的成绩与存在的问题

(一) 取得的成绩

1. 农业知识产权创造水平不断增强

(1) 植物新品种权。

截至2014年年底,我国累计受理品种权申请13 482件,累计授权4842件。"十二五"期间,我国累计受理品种权申请5721件,比"十一五"增长20.06%,其中国内种业企业占国内总申请量(3680件)的47.83%;累计授权535件,比"十一五"降低40.82%。据UPOV统计,截至2013年年底,我国品种权国外申请量为132件,授权46件,"十二五"期间为23件,比"十一五"期间同比增长43.75%。

(2) 农产品地理标志。

截至2014年年底,农业部、国家质检总局、国家工商总局批准的地理标志共5607件,国内地理标志5516件,国外地理标志91件,"十二五"期间,我国登记注册的地理标志共有3584件,比"十一五"增长73.14%。其中国内农产品地理标志2915件,

占国内所有地理标志的52.85%。在2915件农产品地理标志中，农业部共登记1181件，占40.52%；国家质检总局共批准579件，占19.86%；国家工商总局共注册1155件，占39.62%。

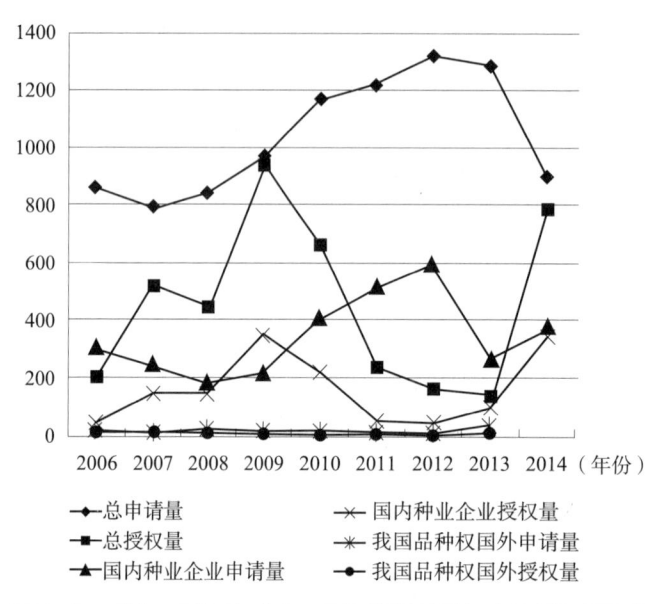

图7-1 "十一五"和"十二五"期间品种权申请授权量比较

注：2014年UPOV数据尚未更新。

累计登记注册的5405件农产品地理标志中，初级农产品4683件，占86.64%，加工农产品722件，占13.36%。其中农业部登记注册的农产品地理标志98.72%为初级农产品。在登记注册的4683件初级农产品中，种植业3558件，占75.98%，畜牧业683件，占14.58%，渔业442件，占9.44%。农产品地理标志登记注册5405件，主要集中在山东、四川、湖北、浙江、福建等省，分别为661件、591件、487件、316件和292件，五省合计占总登记注册量的37.84%，北京、西藏、台湾等省区市拥有量均在25件以下。

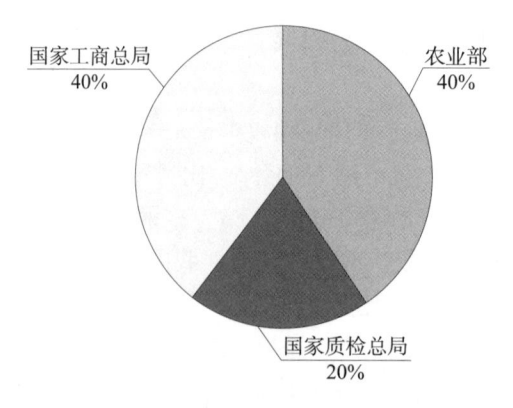

图7-2 初级农产品类型构成（种植业、畜牧业、渔业）

(3) 农业专利。

截至 2014 年年底，我国共公开农业专利申请 514 858 件（未包括尚未公开的申请），其中发明 361 957 件占 70.30%，实用新型 152 901 件占 29.70%。"十二五"期间，我国累计公开农业专利申请 251 135 件，比"十一五"增长 79.11%，其中国内企业占国内总申请量（241 607 件）的 43.98%；累计授权 112 679 件，比"十一五"增长 36.44%。截至 2014 年年底，我国农业发明专利国外申请量为 24 143 件，授权 3144 件，"十二五"期间为 1800 件，比"十一五"期间同比增长 134.38%。

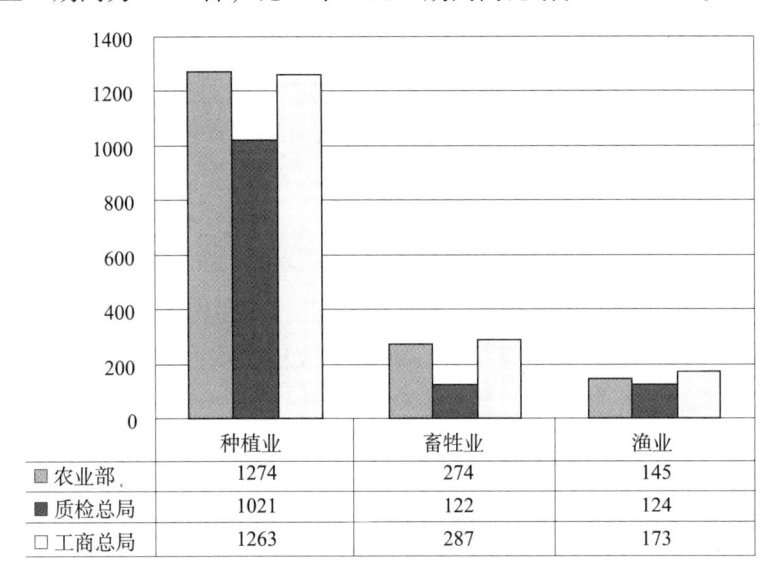

	种植业	畜牧业	渔业
农业部	1274	274	145
质检总局	1021	122	124
工商总局	1263	287	173

图 7-3 "十一五"和"十二五"期间专利申请授权量

(4) 遗传资源。

"十二五"以来，国家有关部门贯彻"整合、共享、完善、提高"的方针，组织开展国家科技基础条件平台建设工作，其中针对遗传资源整合共享与高效利用，设立国家农作物种质资源平台、国家林木种质资源平台、家养动物种质资源平台、水产种质资源平台、国家微生物资源平台。

国家农作物种质资源平台包含国家作物种质长期库、10 个中期库以及 43 个国家级作物种质资源圃，涵盖 200 种作物（隶属 78 个科、256 个属、810 个种或亚种）、41 万份种质信息；国家林木种质资源平台整理与数字化描述林木、竹藤、花卉种质资源，截至 2014 年年底共计 7.2 万份；家养动物种质资源平台的内容包括猪、鸡、牛等畜禽和狐狸、鹿、貂等特种经济动物的活体、遗传物质和信息资源，截至 2014 年年底收集种质资源 3866 份；水产种质资源平台包含 129 个数据库，标准化表达了 3.5 万条资源记录，并根据水产种质资源生态分布类型和特点，按照各海区和内陆主要流域设计建立 8 个保存整合分中心；国家微生物资源平台以 9 个国家专业微生物菌种管理保藏中心为核心单位，开展微生物资源的整理整合和共享运行服务，建立了完善的微生物资源信息库、实物库和共享体系，累计完成标准化整理 16.2 万株，多媒体信息 4.5 万幅，截至 2008 年年底，完成整合入库的菌种资源约占国内微生物资源量的近 40%~45%。

2. 知识产权保护力度逐渐强化

农业部从2002年开始，先后在全国22个省市开展农业品种权行政执法试点，探索品种权行政执法模式。近年来，结合国务院开展打击侵犯知识产权和制售假冒伪劣商品专项行动，农业部共查处了100多件侵犯品种权案件，涉案种子达200多万公斤，案值达3000余万元，维护了品种权人和广大农民的利益。在全国范围内组织开展地理标志农产品标志监督管理工作，先后对内蒙古、吉林、黑龙江、福建、广西、浙江等省（自治区）的农产品地理标志产品进行抽样监测，维护了农产品地理标志产品市场秩序。组织全国种业行业50余家有影响的企事业单位成立了中国种业知识产权联盟，发布《中国种业联盟自律维权公约》，正式启动"种业知识产权联盟侵权监督举报平台"。农业知识产权制度在促进农业科技创新、支撑现代农业发展、保障国家粮食安全和促进农民增收等方面的制度功效日益凸显。

3. 农业知识产权成果转化运用不断深化

通过参加农作物授权品种展示交易会等品种权交流活动，运用品种权电子交易平台等转化渠道，极大促进了品种权交易和授权品种的推广应用，授权品种成为保障我国粮食产量自2003年以来九连增的主要力量。在主要大田作物中，推广面积排名前十的授权品种的推广面积比例不断扩大，已经占到冬小麦的35.58%、玉米的33.13%、常规棉的29.78%、常规稻的22.47%、杂交棉的22.09%，出现了郑单958、先玉335、济麦22、浚单20、周麦22、龙粳31、百农AK58等一批丰产性好的国内授权品种，深受农民欢迎。

表7-1 主要大田作物授权品种推广面积排行榜

作物	常规稻	常规棉	大豆	冬小麦	玉米	杂交稻	杂交棉
品种	龙粳31	鲁棉研28号	中黄13	济麦22	郑单958	深两优5814	鄂杂棉11
	连粳7号	中棉49	绥农26	周麦22	先玉335	扬两优6号	鲁棉研24号
	黄华占	中棉所41	冀豆12	百农AK58	浚单20	冈优188	瑞杂816
	淮稻5号	冀丰554	垦丰16	西农979	登海605	新两优6号	鲁棉研22
品种	吉粳88号	农大棉7号	合丰50	郑麦9023	蠡玉16号	中浙优1号	德棉998
	龙粳29	农大棉8号	徐豆14	良星66	隆平206	Q优6号	湘杂棉8号
	绥粳10	新陆早26号	周豆12	扬麦16	伟科702	两优6326	豫杂37
	中早39	鲁棉研21	垦丰17	众麦1号	中科11	甬优9号	EK288
	五优稻4号	新陆早33号	黑农48	良星99	农华101	皖稻153	豫杂35
	白粳1号	中棉所50	徐豆16	邯6172	中单909	陆两优996	绿亿棉11
占比（%）	22.47	29.78	20.11	35.58	33.13	12.01	22.09

4. 农业知识产权管理体制和机制不断完善

农业知识产权管理体制主要包括行政管理体制、企业管理体制和农业科研单位管理体制。农业知识产权管理机制应主要包括风险应对机制、沟通衔接机制、激励机制和文化培育机制。

我国农业知识产权的管理体制已基本形成，行政管理体制实行的是"一体多元"模式管理，即由国家知识产权局、商标局、国家版权局、农业部、国家林业局、国家工商行政管理局、国家质量监督检验检疫总局等统一管理；企业管理体制，按照企业自身需求实行集中管理制、分散管理制或行列管理制；农业科研单位管理体制基本上采取了挂靠式管理机构和独立式管理机构两种模式。在此管理体制下，我国农业企业分析知识产权能力以及对未来技术与市场的预测能力增强，促进了知识产权管理的可持续发展；我国高校农业知识产权管理的专业化和系统化水平增强，农业知识产权技术信息筛选与评估、申报、运营和收益分配逐渐优化。

在我国农业知识产权管理机制方面，农业知识产权预警机制不断完善，农业知识产权创造和使用的风险降低；基本建立了科学的绩效评价体系和收益分配体系，从激励机制上激发了权利人的创造性；建立了长效的农业知识产权文化培育机制，通过宣传、培训、典型引导、参与管理等多种方式培育相关成员的农业知识产权文化，提高了农业知识产权保护和创造的自觉性和积极性。

5. 农业知识产权政策法律体系不断健全

1997年，我国正式发布《植物新品种保护条例》，并于1999年和2002年分别制定《植物新品种保护条例实施细则（农业部分）》和《农业植物新品种权侵权案件处理规定》。2012年，农业部又制定了《农业植物品种命名规定》，不断修订和完善《种子法》，保证了我国植物新品种保护制度体系初步形成，成为我国知识产权法律体系中的重要组成部分。在技术支撑方面，农业部于2007年8月颁发《农业植物新品种测试指南研制管理办法》，规定了DUS测试指南的申报、研制、审定、发布、修订等程序和要求。

2007年12月25日，农业部依据《农业法》和《农产品质量安全法》，颁布了《农产品地理标志管理办法》，并于2008年2月1日起实施。在此基础上，农业部配套制定了《农产品地理标志登记程序》《农产品地理标志使用规范》《农产品地理标志产品品质鉴定规范》和《农产品地理标志现场核查规范》等一系列制度规范，初步建立了农产品地理标志登记管理制度，实现对农产品地理标志的依法登记保护。

为了合理协调遗传资源提供者与利用之间的关系，2008年新修订的《专利法》规定，依赖遗传资源完成的发明创造在申请专利时需要说明该遗传资源的直接来源和原始来源。同时规定，对违反法律、行政法规的规定获取或者利用遗传资源，并依赖该遗传资源完成的发明创造，不授予专利权。另外，在《种畜禽管理条例》和《植物新品种保护条例》中也对畜禽遗传资源的获取、农民权利等作了相应的规定，初步形成了我国遗传资源来源披露和惠益分享的制度框架。

2010年，农业部颁布制定了《农业知识产权战略纲要》，进一步提升和促进了农业知识产权创造、运用、保护和管理能力。

6. 农业知识产权服务体系不断完善

我国农业知识产权服务体系已经建立了以农业专利代理、农产品商标代理、植物新品种权代理、农业知识产权信息检索、农业知识产权诉讼代理等为主要核心的农业知识产权服务体系，培养了更多兼具专利代理人资格又有农学专业知识的农业专利代理人；加强了对农业知识产权研究中心的农业知识产权信息平台的建设，标准信息分析和相关技术咨询等标准化服务能力，逐步扩大了农业知识产权相关基础信息和资源的共享范围，使各层次知识产权相关主体可以较低成本地获得大量的基础信息和资源；在农业知识产权价值评估方面，逐步建立了植物新品种、农业专利和农产品地理标志等价值评估标准，保障了农业知识产权人在进行农业知识产权质押和交易中的经济利益。

（二）存在的问题

1. 植物新品种权存在的问题

（1）植物新品种权有效量少，质量不高，创造力严重不足。

第一，有效品种权少。据 UPOV 的统计，2013 年年末我国有效品种权 3487 件，只占 UPOV 各成员的年末有效品种权总数 103 261 件的 3.38%，只相当于美国（21 041）的 16.57%，日本（8048）的 43.33%。第二，质量不高，创造力严重不足。首先，在品种权申请中，玉米、水稻和小麦等大田作物的申请量占 80% 以上，作为发达国家育种研发重点的花卉、蔬菜、水果和其他经济作物等领域的申请量仍然很少。其次申请品种中，创新度低的商业修饰型品种多，原创性的主控品种少，急功近利型的短线品种多，防御型战略型的原创品种少。第三，品种权申请都集中在国内，到 2013 年我国共向国外申请品种权仅为 131 件，授权 46 件，而荷兰仅在 2013 年一年就向国外申请品种权 1078 件、授权 791 件。

（2）维权困难，地方保护主义严重。

一些地方政府为保护本地利益，直接或间接插手种子行业，违规设置障碍排斥外来企业和优良品种，甚至保护本地违规侵权单位，阻挠执法部门查处。同时，维权诉讼程序复杂，侵权行为缺乏规范的鉴定技术、鉴定机构和鉴定程序，另外品种侵权案件要由指定的省级以上法院审理。

（3）审查速度较慢，不适应植物新品种保护发展的需要。

新品种保护组织管理体制还没有完全理顺，品种权初审、实审、复审、无效等程序尚未有效建立和顺利运转，再加上品种权审查测试技术支撑体系建设滞后，人员数量和质量不能满足发展的需要，审查速度较慢，不利于品种权申请人合法权益及时得到有效的保护；品种权审查流程繁琐，缺乏快捷的审查信息化系统的建立；品种权审查测试方式单一，多以现场测试方式为主等都影响植物新品种保护申请的审查速度。

（4）植物新品种权用权少，成果转化水平低。

我国植物新品权的产业化处于低效运转的状态。一是由于现行科研考核制度注重论文，知识产权申请多用于报奖、评职称等用途，导致大量创造出来的知识产权不能得到真正的运用。二是由于农业科研周期长、自主开发风险大、投资成本过高等原因，在短期利益的驱动下，假冒侵权、盗取亲本等现象猖獗，使得权利人不能取得合理的市场回报。我国农业企业由于缺乏核心技术，自主创新能力严重不足，只能依赖于科研机构转让的知识产权。但是，在转让过程中，企业通常不愿意或不按照要求支付。

2. 农产品地理标志存在的问题

（1）地理标志中多重法律规范和规章制度之间的相互冲突。

2001年修订的《商标法》开始对地理标志的保护制度有所规定，2005年6月国家质检总局颁布了《地理标志产品保护规定》，2007年2月国家工商总局发布《地理标志产品专用标志管理办法》，2007年12月农业部也颁布了《农产品地理标志管理办法》，并于2008年2月1日起施行。农业部自此开始全面启动农产品地理标志登记工作。2008年8月8日农业部又颁布实施了与之配套的《农产品地理标志登记程序》和《农产品地理标志使用规范》，初步建立起一套地理标志登记管理制度。由此可见，一个农产品地理标志将受到多重法律规范和规章制度的束缚。

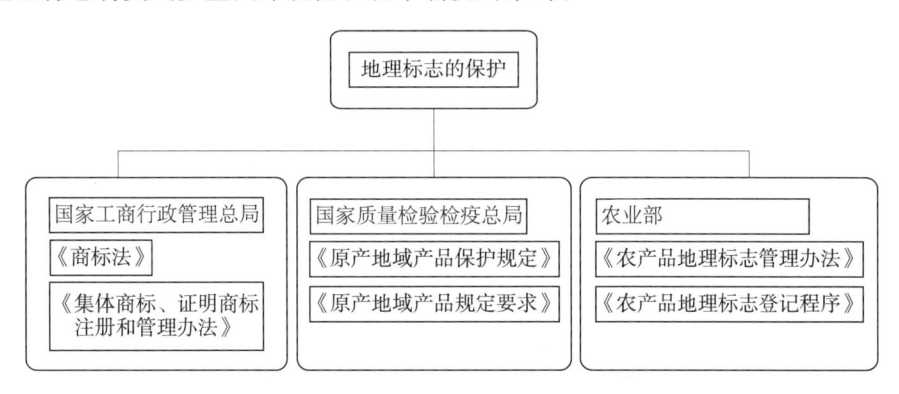

图 7-4　农产品地理标志保护的多重法律制度的规范

至今中国对地理标志的保护存在着三个行政机构，分别是国家工商行政管理总局、国家质量检验及检疫总局和国家农业部。虽然他们在各自相关的市场监管基础上积累了许多与地理标志保护相关的登记注册，但是由于他们开展工作的历史时期不同，三者还没有直接的行政管理关系，对农产品地理标志保护存在管理重叠的现象。三个部门在行政审批原产地标志和地理标志方面，所依据的法规不够完善，并且在保护标准、保护对象、保护内容、保护方式等方面，存在着交叉和矛盾。因此，我国地理标志保护工作面临的最大困扰来自管理体制上的冲突，即行政部门管理之间管理权限的冲突和碰撞：部门之间缺乏必要的协调和统一，政出多门、法出多门的状况导致的后果只能给企业带来麻烦，从而导致注册商标保护和原产地保护部门的碰撞，使所有人的权利发生冲突并使市场使用发生混乱。

（2）淡薄的保护意识。

一是法律意识欠缺。地理标志的法律意识的欠缺是由于对地理标志的概念认识不一致。我国不断出现产地标志、原产地标志、地理标志混为一谈的现象，特别是将原产地标志等同于产地标志（又称货源标志）。二是缺乏品牌意识。一方面是生产经营者不懂得利用地理标志广开销路，另一方面却是不法分子利用地理标志牟取暴利，严重损害了产地生产者和广大消费者的利益。三是忽视产品的质量。目前很多企业为了追求短期的既得利益，片面强调产地的真实性，一味地扩大产量，忽视了产品的质量和特色。

(3) 地理标志滥用和不规范使用的现象比较严重。

地理标志的滥用和不规范使用大大降低地理标志存在的意义，损害消费者和地理标志注册人的合法权益，甚至会使地理标志"去地理化"，即转变成不具有质量声誉含义的通用名称。我国经济环境仍不够健康，地理标志产品市场环境也存在不同程度的不诚信问题，加之立法和管理上的漏洞，企业滥用和不规范使用地理标志的现象仍较普遍。我国出口的许多传统特产也因一些企业假冒地理标志，粗制滥造，而变成了伪劣产品的代名词。

3. 植物遗传资源存在的问题

(1) 植物遗传资源生态环境破坏，损失严重。

由于气候变化、人口的增长、自然环境条件的恶化，一些重要的遗传品种及其野生近缘植物正在迅速减少，甚至灭绝。据估计，目前我国自然物种正以每天一个的速度走向濒危甚至灭绝，作物栽培品种正以每年15%的速度在递减。由于新品种的推广，致使大量的老品种特别是农家（地方）品种被淘汰。如50年代初我国种植的小麦品种约10 000个，几乎都是地方品种，迄今推广的小麦品种全国仅有400多个，其中原有的地方品种几乎灭绝。山东省种植的花生品种在1963年大约有470个，1981年尚存30个，到目前仅存15个左右。另据统计，我国的普通野生稻、药用野生稻和疣粒野生稻的栖息地和种群数量，分别减少大约70%、50%、30%。

(2) 遗传资源管理不善，珍稀种质流失严重。

我国是发达国家掠取生物遗传资源的重要地区，其生物遗传资源流失的确切数量难以统计。发达国家十分重视生物遗传资源，采取合作研究、出资购买等手段，大肆掠夺和控制我国的生物遗传资源，利用先进技术，开发出新的药品或作物品种，再申请专利保护，以知识产权保护来制约我国。例如，大豆原产于我国，世界上90%以上的野生大豆资源分布在我国，但现在美国作物基因库中保存的大豆资源已达20 000多份，成为仅次于我国的大豆资源大国，很多原产我国的大豆资源成了美国的专利产品。猕猴桃原产于我国，其资源流失到新西兰后，新西兰培育出优质高产的新品种，已畅销全世界，并源源不断地销售到中国市场。

(3) 我国有关遗传资源的法律法规和规章制度有待进一步完善。

第一，现有的法律法规保护范围过于狭窄。现行的与遗传资源相关的法律法规保护范围比较狭窄，主要强调生物品种的保护，而对遗传资源的保护却被忽略了；《植物新品种保护条例》注重对植物品种权和品种权人的保护，而没有对遗传资源的使用和交换中的权属进行规定，也没有任何对农民长期保存和使用的地方品种的保护措施的规定。第二，缺乏统一的综合立法。我国对遗传资源的管理模式是统一与分级分部门相结合，目前对遗传资源的保护法律条文都是由各部门来起草，没有对遗传资源保护立法的宏观性总体规划，这种状况已经不再适应当前社会对遗传资源保护的需要。第三，缺少有关遗传资源的获取和惠益分享的法律规定。目前与遗传资源有关的法律，对遗传资源的输出、引进、交换以及惠益分享问题并没有得到规定，致使遗传资源交流渠道混乱，为个人或者单位自作主张进行遗传资源的交流大开方便之门,加上管理体制不健全,致使我国的遗传资源遭到了严重的流失和破坏。

(4) 植物遗传资源保护和持续利用科技支撑不力。

由于缺乏高效的开发利用技术,许多种质资源种类的利用价值还没有得到充分发掘。植物遗传资源的基础科学研究和开发不足,在对某些未定名或新发现物种的鉴定能力和对物种资源潜在价值的研究不够。在重要遗传资源植物可持续利用技术研究方面,很少能开发出成熟的技术以满足市场需求。

三、国内外农业知识产权保护发展趋势与研究动态

(一) 国外农业知识产权保护的发展趋势

1. 农业知识产权的保护范围不断扩大

第一,随着农业科技高新领域的发展,对知识产权的保护提出了新问题和新要求。第二,知识产权保护的地域范围不断扩大。各国在寻求统一的保护制度的同时,借助参加保护知识产权的国际性或者区域性组织,签订国际保护公约,扩大有关知识产权保护的地域范围,从而达到更为有效地保护知识产权的目的。第三,知识产权保护的内容也不断扩展。

2. 对于植物遗传资源的国家主权仍然避而不谈

虽然这一直是发展中国家所主张的,但是未来一段时间,植物新品种保护中仍然不会涉及这一问题,一方面是因为制定保护植物遗传资源的法律存在操作上的困难,另一方面由于技术上的优势,挖掘和利用遗传资源的主动性掌握在发达国家手中,发展中国家有时候很难判断一个品种是否利用了自己国家或其他国家的遗传资源。

3. 发达国家的农业知识产权保护问题将会演变成为一种重要的非关税贸易壁垒

以品种权为例,品种权壁垒的依据是 TRIPs 协议,各成员方不仅要保护本国的品种权人,还要保护国外的品种权人,因此,在实施过程中较少导致贸易摩擦。正由于如此,一些发达国家积极利用品种权构筑新的贸易壁垒。实际上,将对植物新品种的保护范围从繁殖材料扩大到收获材料和加工产品就已经彰显出发达国家企图利用品种权构筑非关税贸易壁垒的动机。

4. 跨国农业公司重视知识产权保护工作,并从制度、政策、人才和投资方面给予保证

以跨国种业公司为例,据统计,居于世界前 10 位的跨国种业公司利用知识产权手段控制着全世界种子市场份额的 67%。所以,跨国种业公司运用知识产权的优势而展开的跨国生产、经营活动,通过大规模的国际投资以及庞大的公司内贸易,和其他跨国公司之间形成战略同盟,形成一体化的国际生产体系。在争夺国际市场份额和市场优势,打击、挤压竞争对手方面,跨国公司往往采取积极的知识产权战略和策略。

（二）国内农业知识产权保护的发展趋势

1. 随着知识产权全球化发展，我国要继续加强品种权"走出去"战略

我国品种权"走出去"效果很不理想，根据农业部 2007 年的调查显示，只有 9.5% 的被调查育种企业和科研单位向国外申请或代理申请过农业植物新品种权，而且向国外申请的品种仅占该企业申请国内申请品种权数量的 5.6%，甚至更低，我国国内育种企业和科研单位向国外申请植物新品种权的数量很低。因此设立机制鼓励育种机构增加向国外的申请，并提供国外申请程序及相关法律的咨询服务，以使我国品种权更好地走出国门。

2. 继续加强我国植物遗传资源的保护

目前，发达国家凭借自身雄厚的经济和科技实力，采取合作研究、出资购买、甚至偷窃的方式，无偿或廉价地获取我国大量植物遗传资源，使中国植物遗传资源大量流失，造成中国资源上的巨大损失；而且他们利用先进技术开发出新的产品，如作物品种，再申请知识产权保护，并将成果以专利技术和专利产品的形式高价向发展中国家出售，获取高额利润。中国不仅无法获得因植物遗传资源开发所产生的惠益，反而使用这些产品则必须支付高昂的专利费用。所以在以后的植物新品种保护工作中加强植物遗传资源的保护成为重中之重。

3. 继续加强制度建设，形成我国农业科技自主创新的激励与引导机制

知识产权制度将构建我国农业科技成果创新水平与市场价值的评价体系。在这个体系中，科技成果主体在实现科技生产力中的利益将得到确切认定和充分体现，并为技术转移、转化效益最大化提供依据和保障。这样一个体系运行所形成的科技创新激励导向机制，以及农业科技研究开发多元化投入引导效应，对于实现我国新的农业科技革命的目标至关重要。同时，通过知识产权制度体系对科技资源和技术资产实施有效管理，建立我国农业科技研究开发项目目标成果创新度、产业化、市场性前景的知识产权评价体系和模式，是我国农业科技研究开发创新性预测及策略性定向的基础，对我国新的农业科技革命的目标、进程、策略、途径等战略性问题的决策，以及运行过程中的调制，具有极为重要的意义。

4. 扩大对外开放，充分利用国外科技成果加速我国农业科技发展进步

面对经济技术全球化的格局，我国必须立足自主创新，发挥比较优势，取得自控能力。同时，在其他一些技术领域，则可以积极面向知识经济体系及全球化运行空间，通过国际科技交流、技术贸易，充分利用国外先进实用的科技成果，满足本国农业科技的结构需求，实现农业发展的整体目标。通过知识产权的合理、有效运作，引进和消化国外的农业技术及新品种，使之同国内具有显在和潜在比较优势的其他自然、社会及技术资源结合，形成经济上的比较优势。

知识产权制度的有力实施，将大大提高我国利用国外科技资源发展自身农业的能力和水平。根据我国的国情，我国农业必须保证在一些重点领域和关键环节，如：主要粮食及油料、棉花作物品种资源研究开发及高产、优质新品种选育的生物技术，普遍、多

发性农业病虫害与畜禽疫病的防治技术,以及针对我国地理、气候特点的可持续发展技术体系等方面,具有独立创新的自主知识产权,保持主动的竞争地位,形成独特的产业优势,实现可靠的自控能力。而在另外一些技术领域,则可以积极、充分地运用知识产权策略,以引进、合作等方式利用国外已有的先进、实用技术,并在积极消化、吸收的基础上再创新,直至实现替代。自主创新和引进利用的有机组合与有效协调,是支持我国农业科技进步,加快实现我国农业现代化的现实选择。

四、我国农业知识产权保护与主要国家的差距

(一)主要发达国家植物新品种保护制度与中国的比较

随着植物新品种保护在国际农业竞争中的作用越来越凸显,各发达国家纷纷制定了完备的国内立法。例如意大利、匈牙利、新西兰、乌克兰等采用专利制度对植物新品种实施保护,美国采用专利制度和专门保护相结合的方式对植物新品种实施保护,其他大多数国家也都采用专门立法来进行植物新品种保护,而中国的植物新品种保护制度还没有上升到的法律的层面,植物新品种的保护制度还只是出于法规的层面,这给我国植物新品种保护制度的实施带来了很大的障碍。

1. 美国

(1)美国植物新品种保护的基本模式。

美国是世界上最早对植物新品种进行保护的国家,也有着比较成熟的保护制度。1930 年美国出台了植物专利法(PPA),是世界上第一个以专利形式保护植物新品种权的立法,对无性繁殖植物提供特殊的专利保护,由美国专利商标局负责。1970 年,《美国植物新品种保护法》(Plant Variety Protection Act,PVPA)出台,对有性繁殖植物进行专门保护,由美国农业部植物新品种保护办公室负责。自从 1985 年,在 Exparte Hibberd 案中,美国专利商标局的专利申诉与冲突委员会裁定:植物,不管是无性繁殖的植物还是有性繁殖的植物都是《美国专利法》第 101 条规定的实用发明专利的法定主题,之后遗传工程方面的植物新品种也被纳入植物专利法的保护范围,从而,美国便确立了植物专利法、植物新品种保护法和实用专利法对植物新品种的三重保护,三重保护互相配合,形成了较为完善和严密的植物新品种保护体系。

虽然美国植物新品种的保护模式比较复杂,即对无性繁殖作物(但不包括块根、块茎植物)和遗传工程方面的品种通过植物专利保护,由美国专利商标局负责审批和管理,并颁发专利证书;对于有性繁殖作物的品种通过植物新品种保护法保护,由美国农业部植物新品种保护办公室负责审批和管理,并颁发植物品种保护证书;无论是有性繁殖还是无性繁殖,都可以取得实用专利(又叫普通专利),也就是说实用专利可以覆盖包括植物品种在内的任何植物发明,而且实用专利保护的是技术方案,植物专利与品种权保护的是植物或植物新品种本身。

(2)美国植物新品种保护的审查方式。

就世界范围来看,常见的植物新品种审查方式主要有两种:书面审查和 DUS 测试。

美国植物新品种保护制度的特点在于对 DUS 的审查，它是所有 UPOV 成员国中唯一通过书面材料进行实质审查的国家。在美国，DUS 测试完全是由育种者自己组织实施，植物新品种保护办公室只对育种者提供的信息和实验数据进行书面审查，作出是否符合授权条件的判断。为了防止申请人使其新品种得到保护而提供虚假数据，办公室有三种解决办法：首先，申请人必须在申请书上签字，这样做，就等于申请人签字了法律文本，如果日后发现申请人提供的信息不实，审判机关可以宣告其品种权无效；其次，如果客户发现新品种名不符实，他可以对品种权人提起诉讼，并停止购买该品牌的品种，品种权人将失去市场份额。最后，许多大学对一些主要性状进行独立田间试验，并公布这些品种性状。

（3）美国的品种审定和认定制度。

美国联邦种子法对品种的登记注册没有要求，但全国有一半以上的州立种子法规定品种必须登记或注册才可在生产上推广应用。有的州种子法在品种发放方面虽然没有强制性的规定，但各育种单位都有自己的品种发放程序。无论品种的来源如何，均需具备特异性、一致性和稳定性，才能确定为新品种，而所有的新品种并非都能发放，还必须在农艺性状和生产率方面与现有品种进行比较，至少在某一方面有独特的优点，或与现有的当家品种有显著的改进并达到美国品种保护条例或申请专利保护的要求，才获准发放（注册或审定）。

种子认证是种子质量控制的一个体系。在美国几乎所有的种子都要经过认证才能在市场上销售。运用 ISO9002 质量体系对私人种子公司的检测机构进行审核，审核通过后委托其进行认证，而官方认证机构进行监督。种子认证制度的实行为美国发展种子产业和建立规范的企业行为发挥了巨大作用。

2. 欧盟

欧盟 2005 年 7 月 29 日加入 UPOV，履行 UPOV 公约 1991 年文本，欧盟大部分的成员国都采取特别法保护植物新品种，即参加公约的欧洲国家及以公约为样本制定植物新品种保护法的国家都采取了专门保护方式，以植物新品种专门立法来保护育种者权利，同时在专利法中明确将植物新品种排除出专利保护范围。

从 20 世纪 70 年代开始，现代生物技术，特别是基因工程被越来越多地应用于植物品种的改良。而在欧盟，无论是《欧洲专利公约》《国际植物新品种保护公约》还是《欧共体植物新品种保护条例》均是针对传统植物栽培技术而制定的，对于应用现代生物技术产生的与植物品种有关发明的法律保护问题，并未作出清晰、明确的规定。尽管《欧洲专利公约》将植物新品种排除出了专利保护范围，但欧洲在实践中仍然存在着对植物新品种的专利保护。欧盟各国之间的交流十分频繁，而且在种子管理和品种保护方面的许多政策和运作方式基本是相类似的，只是在机构设置和个别地方有些不同而已。法国是欧盟中较早开展植物新品种保护的国家，在国际植物新品种保护体系建立过程中曾发挥了重要作用，下面以法国为例重点研究欧盟国家在植物新品种保护的基本做法。

（1）法国植物新品种保护的管理机构。

法国的植物新品种保护工作主要由法国农业部种子办公室所属的品种保护委员会负

责,这个组织既为法国育种者权益保护委员会服务,又为法国种子苗木跨行业联合会服务。它的主要职责包括:一是负责发布农作物新品种、种子贸易等的信息;二是协调种子行业与政府之间的关系;三是起顾问作用,如对种子在生产、实验中出现的问题提出改革建议,进行协调、咨询和帮助等。

(2)法国植物新品种保护的审查方式。

在法国,植物新品种只有申请保护之后,才能进入市场。其植物新品种保护的程序为:首先对品种进行 DUS 和 VCU(Value for Cultivation and Use;品种的区域试验,主要是测试品种的产量和抗性,一般 2~3 年)测试❶,其所有的测试都由法国品种鉴定与种子检测中心的专门人员负责进行。每一个物种都有一个农业部任命的 DUS 检测专家组。经过测试品种鉴定与种子检测中心的专门负责人员对每个申请保护的品种作出测试报告,然后专家组开会讨论。通过测试达到所具备条件的,再履行相关的法律程序,向植物新品种保护办公室提供命名、新颖性证明等。最后才能获得植物新品种权利(PBR),植物新品种得到保护之后进入市场。

(3)法国的品种审定和检测制度。

法国的植物新品种保护与品种审定和种子检测"合二为一",植物育种者将植物新品种提交政府部门审定的目的是为了登记注册,获得品种保护。实行植物新品种的登记注册是为了保护育种者的合法权益与促进育种的科技进步,满足农业生产、消费者与加工工业不断更新的要求,从而达到保证农业增产增收的目的。

在法国负责品种鉴定和种子检测的是一个非赢利性股份制企业,其中法国农科院占 20% 的股份,私人团体占 20% 的股份。这种组织方式有利于保护品种鉴定和种子检测的公开与客观。另外法国对申请保护与注册的植物新品种实行保密原则,这一点与美国不同。为了做到保密,申请保护与登记注册的植物新品种,从收到申请开始就编了密码。在整个鉴定过程中,除专职负责人之外,其他人包括专家组都不知道审定品种的名称、选育者和选育方式。由于国家品种鉴定与种子检测中心是专门的技术鉴定机构,与所有的育种者的关系都是平等的,从而保证了品种鉴定过程中的公正与公平。

3. 日本

(1)日本植物新品种保护制度的建立。

日本于 1982 年加入 UPOV,是亚洲最早加入 UPOV 的国家,也是亚洲最早实施植物新品种保护制度的国家,1998 年 11 月升级 UPOV 1978 年文本为 UPOV 1991 年文本。日本对植物新品种进行保护的法律主要是《日本种苗法》。该法于 1947 年首次制定,当时称为"农产种苗法",首次确立了品种注册登记制度,对植物新品种实施保护。但在当时只有品质优良的品种才能被纳入注册保护范围,保护的期限也较短,限定在 3~10 年。此外,主要的粮食作物,如水稻、小麦、大麦和大豆等都被排除在保护范围之外。随着植物新品种培育和种子国际贸易的发展,这一制度的局限性越来越明显。1978 年

---

❶ 在法国,DUS 测试仅是确认申请品种是否是一个新品种(从植物学的观点看)。通过 DUS 测试的新品种根据育种者的意愿,决定是否申请植物育种者权利(PBR),无论是否申请 PBR,只要进入市场,就必须再进行 VCU 测试,这是法定的。

日本对《日本农产种苗法》进行了部分修订，并改称《日本种苗法》，后分别于1982年、1998年、2003年、2005年进行过修订。1998年修改后的《日本种苗法》的保护对象、内容与UPOV公约1991文本相同。

1998年以前，日本的植物新品种登录保护由农林水产省园艺局的种苗科负责，1998年《日本种苗法》实施后，负责植物品种保护的机构为日本农林水产省种子与种苗科，其业务包括品种登记、种子与种苗的生产、运销和消费以及管理国家种子与种苗中心，其中的植物育种者权利办公室负责建立检验方针和进行审查。而国家种子与种苗中心（NCSS）的业务包括OUS（区别性、一致性和稳定性）试验、种子与种苗的检查、基因种原的保存和种子与种苗的研究工作。

（2）日本植物新品种保护的审查方式。

日本采取书面审查和DUS测试相结合的审查方式，根据品种的不同和申请者的情况，来决定采取何种方式进行审查，以最大可能地提高效率，节省花费。

日本在进行新品种审查时要对申请报告的内容公开，并在公开一定时间后才开始审查工作。这种做法可以使申请者受到社会监督，保证了他拥有品种所有权的可靠性，避免授权之后由于权属问题产生纠纷，同时也全面地保护了育种者的合法权益。

（3）日本的品种审定制度。

日本的品种审定制度又叫品种注册制度，其品种注册和品种保护是"合二为一"的，凡是申请保护的品种都必须登记注册，这样可以降低运作成本，节省时间，提高效率。

（4）育种策略的调整。

日本为了鼓励农业发展，在实施植物新品种保护制度之后，也相应调整了育种策略。一方面制定优惠政策，鼓励私人育种者强化育种创新，从不断开发优良的植物新品种中获取收益，而不是从提高种子价格上获利。另一方面，日本将国有育种科研单位的研究重点做了调整，主要从事基础研究，为私人育种部门培育新品种提供科技储备和技术支撑。进入21世纪以来，随着日本"知识产权立国战略"的实施，农林水产省生产局按照"战略推进计划"的要求，对植物新品种保护制度进行了一系列的改革，核心问题是缩短审查时间和强化保护措施。

在缩短审查时间方面，一是从2003年开始实现了申请、审查、公示、通知等手续的网络化；二是加强了栽培试验机构（种苗管理中心）的能力建设，提高了审查效率。在强化保护措施方面，一是从2003年开始，将以登录品种的收获材料为原料的加工品纳入新品种权的范畴；二是为加快侵权判定速度，进一步加强DNA识别技术的开发和应用；三是在种苗管理中心新增加为新品种权人等开展品种类似性试验（包括比较栽培试验和DNA分析）的委托服务，从技术上支持对侵权的判定；四是就农民特权的范围等开展国际动向调查，在此基础上进行必要的法律修改。

4. 中国

（1）我国的植物新品种保护模式。

我国的植物新品种保护工作起步较晚，在《植物新品种保护条例》实施之前，仅有《专利法》对动植物品种的非生物学培育方法加以保护。综合我国制定的关于保护植物新品种的法律来看，主要包括：1997 年颁布《植物新品种保护条例》，这是我国关于植物新品种法律保护的首部法律；1999 年加入国际植物新品种保护联盟（UPOV）后，颁布了《植物新品种保护条例实施细则》农业部分和林业部分。2000 年通过《种子法》，还有《农业法》《农作物种植资源管理办法》，另外还有《农业部植物新品种复审委员会审理规定》《农业植物新品种权侵权案件处理规定》等。最高人民法院颁布了《最高人民法院关于审理植物新品种纠纷案件若干问题的解释》和《最高人民法院关于审理侵犯植物新品种权纠纷案件具体应用法律问题的若干规定》。我国于 2007 年颁发了《农业植物新品种测试指南研制管理办法》，规定了 DUS 测试指南的申报、研制、审定、发布、修订等程序和要求。这一办法的制定，标志着我国农业植物新品种测试工作开始进入一个用国际标准为指导的规范时期，至此我国农业植物新品种保护制度的法律框架基本形成。所以，我国采取的是类似于欧洲的专门法保护模式，因为我国的专利法明确的将植物新品种排除出可授予专利的客体之外。

（2）我国植物新品种的审查方式。

第一，依据申请文件和其他有关书面文件材料；第二，委托指定的测试机构进行测试；第三，考察业已完成的种植或者其他试验的结果。以第一种审查方式为主，对于植物新品种的测试则采取测试机构集中测试的方法，这符合 UPOV 植物新品种 DUS 测试的发展趋势。但是中国的植物新品种的审查面临的问题在于实际操作过程的复杂性。无论是书面审查还是测试申请手续极其繁琐，而且地方缺少专门的受理机关，省农业主管部门为基层接受单位，这导致审查的周期认为延长。而且在品种申请保护的过程中必须按时缴纳每一阶段的费用，否则视为放弃。

（3）我国的品种审定和认定。

品种保护与品种审（认）定属于不同的审批制度，是由不同的国家机关完成的。品种审定只表示主管部门批准该品种在一定范围内可以生产、推广和销售，申请人对审定品种不享有垄断权，通过品种审（认）定的品种，如果品种所有权人想享受该品种的生产销售垄断权，还必须获得品种权。审定通过的新品种，一定可以在生产上推广应用，而申请品种权的品种有些可以通过审定在生产上推广应用，有些则可以作为科研育种材料加以开发。

5. 我国植物新品种保护制度与其他国家的差距

（1）关于管理体系的差距。

① 审查效率和审查方式。健全的审查制度有利于提高品种审查授权的工作效率。美国农业部植物新品种保护办公室只有 5 名审查员，工作量是相当大的，经验就是审查员在整个审查过程中，必须与育种者保持密切的联系，另外还要求申请人保证这些描述的真实性，这种保证具有法律效力，一旦将来发生权属纠纷，申请人就要对其保证负法律责任。这种制度减少了审查员的工作量，通过对育种者的有效配合提高了审查效率。我国对植物新品种的审查是采取书面审查和 DUS 测试相结合的方式，目前植物新品种的审查、授权时间还比较长，不能尽快地保护育种者的权利。所以我国应当修订目前的植物新品种申请、审查和授权的程序，采取更为灵活的方式，尽量加快新品种申请的审

批速度，使品种权人的合法权益及早得到保护，并且这在《农业知识产权战略大纲》中已明确提出。

② 关于执法制度。国外由于法律制度比较健全，所以相应的侵权和假冒纠纷较少，其执法体系基本由司法机关组成，对由纠纷的处理也是一种方式：提起诉讼。我国由于实施植物新品护的时间比较短，人们的知识产权意识和法律意识相对比较薄弱，侵权和假冒纠纷较多。目前我国主要以行政调查处理的方式来处理权属纠纷，对行政处理不服的，可以上法院提起诉讼。因此我国应尽快完善植物新品种保护的相关法律，将条例尽快上升到国家的地位，同时采取各种手段来提高公民的知识产权意识，从根本上减少和杜绝侵权行为。

③ 关于品种审定制度。我国是采取强制审定的国家。国外许多发达国家的品种审定机构和植物新品种保护机构是"合二为一"的，而我国目前的植物新品种的审定和保护由两个机构来完成，这样会浪费大量的人力物力等资源，如果我国也将品种审定和保护机构"合二为一"，可以减少费用，节省人力和物力加快对新品种保护的时间。

（2）关于技术体系的差距。

① 品种性状描述数据库。品种性状描述数据库是一个国家对植物新品种进行审查的关键性因素，如果一个国家有很大的已知品种性状描述数据库，就是大大节省新品种审查的人力物力，使新品种审查更加快速和高效。而我国在这方面的技术支撑还是非常薄弱的，故应当尽快建立植物新品种性状描述数据库，以便科学高效地开展植物新品种权的授权工作。

② DUS 测试体系和相应测试指南编制。目前，我国 DUS 测试体系包括国家 DUS 测试中心和分布于全国各地的 14 个分中心，负责对植物新品种进行实质审查程序中 DUS 测试，组织研制新品种测试指南。测试中心已经完成了玉米、水稻等 79 种植物新品种 DUS 测试指南研制工作，为农业植物新品种保护工作的顺利开展提供了有力的组织保障和技术支撑。但是这与发达国家相比差距还是很大的，所以应当加快植物新品种的 DUS 测南的编制工作，结合我国的实际，早日出台具有较强实用性的测试指南。

（3）种子管理体系的差距。

① 种子法规和执法管理。美国早在 20 世纪初就开始了种子立法工作，目前形成了比较完善的种子法制管理体系。《美国种子法》通过标签的形式保护种子购买者和育种者，同时也为生产者规定了明确的可操作的法规和程序，避免种子质量而引起纠纷，种子法包括联邦种子法和州种子法。目前，在我国虽然也颁布并实施了《种子法》，对规范种子市场起到了一定作用。但是，由于市场竞争主体及参与者的素质较低，自我约束机制尚未形成，因而，我国应当尽快建立自己的种子产业管理体制。

② 加强种子企业内部管理，建立竞争机制。在市场经济高度发达的美国，残酷的竞争迫使种子企业必须靠严格的内部管理来提高产品质量，完善售后服务，以求在竞争中生存和发展。但是，目前我国的种子市场基本上处于分割、封闭状态，长期以来种子公司"小、全、散"的局面一直也没有大的改变。因而，市场稍有个风吹草动，许多企业就会大伤元气。所以，我国的种子企业必须尽快实现管理与经营的真正脱钩，打破专区封锁、减少行政干预，积极引进国外先进的管理机制，靠规范管理来自我约束，

靠产品质量和信誉来提高自身实力，这样才能在市场竞争中立于不败之地。

③ 积极推行种子认证制度，规范产业化发展。我国种子行业起步较晚，规模小，经营分散，种子营销行为非常不规范；而现有的种子质量管理体制始终是以种子检验为主线，难以保证种子质量。而在国外，实行种子认证制度可以解决这一问题，既有利于规范种子行业主体的行为、加强宏观管理、促进种子贸易的健康开展，又有利于植物新品种保护工作的开展，有效保护育种者的合法权益。

表7-2 各国植物新品种权保护制度的差别

	美国	欧盟	日本	荷兰	加拿大	英国	中国
法案名称	1. 植物专利法 2. 植物新品种保护法 3. 实用专利法	1. 共同体植物品种保护规则 2. 欧盟植物新品种权条约	种苗法	1. 植物育种者法 2. 种子和植物条例	植物育种者产权法	1. 植物品种与种子法 2. 植物品种权	植物新品种保护条例
加入条约	1991文本	1991文本	1991文本	1991文本	1978文本	1991文本	1978文本
主管部门	专利商标局（政府机构）、农业部（政府机构）	NA	农林水产省种子与种苗科（政府机构）	植物育种者权利委员会	农业部	农业部植物新品种保护办公室	农业部植物新品种保护办公室，国家林业局
审查类型	书面审查、DUS测试	DUS测试审查	DUS测试审查	DUS测试审查	DUS测试审查	实质审查 DUS测试 VCU测试	书面审查 DUS测试审查 田间审查
测试机构	由育种者组织实施	NA	国家种子与种苗中心（隶属于政府）	植物育种与繁殖研究中心（隶属于政府）	育种者自己主办的DUS测试	英国国家植物研究所；苏格兰农业科学院等	农业部组建的测试中心和分中心
品种权类型	植物专利、植物新品种权、实用专利	植物新品种权、一般专利	植物新品种权	植物新品种权	植物新品种权	植物新品种权	植物新品种权
保护的范围	繁殖材料、实质性派生品种；收获物，加工物	繁殖材料、实质性派生品种；收获物，加工物	繁殖材料、实质性派生品种；收获物，加工物	繁殖材料、实质性派生品种；收获物，加工物	繁殖材料	繁殖材料、实质性派生品种；收获物，加工物	繁殖材料
农民免责情况	无限制	对农民免责有严格限制	有限制	NA	无任何限制	NA	无任何限制
研究员免责情况	有限制	有限制	有限制	有限制	无限制	有限制	无限制
保护期限	一般植物25年、木本植物30年	一般植物25年，藤本或木本植物30年	一般植物25年木本植物30年	一般植物20年、木本植物25年	一般植物15年、木本植物18年	一般植物20年、木本植物25年	一般植物15年，藤本植物、木本植物20年

(二) 主要国家地理标志保护制度与中国的比较

目前，建立和完善各自的地理标志保护制度，已经成为各国提升其产品国际市场竞争力和扩大出口的重要手段之一。由于不同国家和地区存在历史传统和法律文化上的差异，其地理标志的保护模式也各具特色。根据这些差别，可以将地理标志的保护大概分为以下四类。

1. 法国——专门法保护模式

法国是地理标志保护制度的首创者，也是世界上对地理标志保护较为完备的国家。法国首先是根据《法国消费者法典》对原产地名称作出规定，原产地名称即表示地理标志，它表示产品的质量和特征完全地取决于其所属的地理环境，包括自然因素和人文因素。

在法国，经营者的产品若想获得原产地名称保护，经营者必须先向法国原产地名称局提出申请，然后由法国原产地名称局下设的一个国家委员会对经营者的申请核实之后，对原产地名称的认定提出建议，并通过法令的形式予以确认。

在诉讼的主体上，《法国保护原产地名称法》规定，法国原产地名称局是原产地名称的确权和维权机构。法国原产地名称局可以充当诉讼当事人的角色，即发现原产地名称被侵权后，可以直接向法院提起诉讼，要求查处该侵权行为。

在侵权的认定上，法国的规定也非常严格。《法国保护原产地名称法》规定，"对构成原产地名称的地理名称或使人联想起原产地名称的其他任何说明，都不能在任何相类似产品上使用。当这种使用会改变或削弱其原产地名称的知名度时，即使不违反各种条款和管理规定，也不能使用在其他任何产品和服务上"。因此，即使一方当事人将原产地名称用于与原产地名称持有人毫不相干的产品上，也属于一种侵权。

总之，法国原产地名称局不仅对使用法国原产地名称产品的原材料、加工工艺、制作条件等有严格的规定，而且对原产地名称的保护也非常的严格。

2. 美国——商标法保护模式

美国将地理标志引用与证明商标，并按照商标法来对地理标志进行保护。《美国兰哈姆商标法》规定，证明商标的所有人不得就证明商标进行商标意义上的使用，而应该由其他人经证明商标所有人授权后，在他们的商品和服务上使用该证明商标。由此可见，地理标志在美国表现为一种私有权利，由商标注册人所有，一旦证明商标被他人假冒或滥用，则一般只能由商标持有人向法院提起诉讼，行政机关和主管机关一般不能参与诉讼。

质量方面，因为不生产或提供使用该标志的商品或服务，所以证明商标所有人不承担维护商品或服务质量的义务。但是，证明商标所有人必须采取措施以确保该证明商标仅仅用于特定的商品或服务上。纠纷发生后，美国专利商标局等官方机构仅仅承担纠纷裁决的作用，而不是作为诉讼当事人参加诉讼。感觉利益受影响的当事人在美国可以通过反对注册或寻求撤销注册来维护其权益。

表 7-3　地理标志专门法和商标法保护模式的比较

	专门法	商标法
权利的性质	主要是一种公权或私权，由国家或有关的国家职权机构所有	主要是一种私权，由同业公会或生产商协会所有
目标	表示产品的地理来源，以及产品的质量或声誉与该地理来源的联系	证明产品具有某种特性和质量，包括证明产品具有特定的地理来源
法律和保护	对地理标志注册和保护以国家职权行为和私人行为为基础	对证明商标或集体商标。注册和保护以商标所有人的私人行为为基础，私权性质浓厚
监察	由政府机关或其他独立机构实施	由商标所有人、政府，或经过授权的其他组织实施
管理	由管理委员会负责管理，该管理委员会通常就是代表产品供应各个环节的商生产商协会	由享有证明商标或集体商标所有权的生产商协协会负责管理
保护期限	自注册或公告之日起即受到法律保护，在多数情况下，只要符合保护条件，该地理标志就一直有效	自获得商标注册之日起即受到商标法的保护，保护期满（通常为10年）后需要续展

3. 德国——商业标志法模式

德国是采用商业标志法来保护地理标志的典型。1994年制定了《德国商标和其他标志保护法（商标法）》，将地理标志纳入并作了专章规定。在其中，德国采取了两种方式来对地理标志进行保护：一种是通过将地理标志注册为集体商标对其进行保护；另一种则是在商标法中以专门的章节规定了对地理标志的保护。

在集体商标制度保护体系方面，《德国商标和其他标志保护法（商标法）》规定，当事人可以直接申请，将地理标志注册为集体商标。集体商标的申请人必须为具有法定资格的团体和协会。如果集体商标由地理标志组成，如果任何人的商品或服务来自源于集体的地域，并达到了规则中规定的使用条件，则应当获准成为该集体成员，并且应被确认为该集体商标的有权使用人。这样就以法律的形式保证了某一地区所有符合条件的生产者都可以拥有被获准成为该集体成员，并拥有该集体商标的权利。

在独立的地理标志保护体系方面，《德国商标和其他标志保护法（商标法）》对享有地理标志权的主体，地理标志的认定、保护范围，地理标志权的确定，侵犯地理标志权的救济方式等均作出了明确规定。德国在允许将地理标志注册为集体商标，通过商标法体系对之进行保护的同时，又在其商标法中以独立的章节规定了地理标志这一独立体系，这样，就使得德国法律中存在两种保护模式并存的状态，但无论是将相关标志作为地理标志，从而使地理标志作为一种单独的权利受到保护，还是将地理标志注册为一种特殊的集体商标去寻求法律的保护，都是可行的。因而，德国虽然有两套体系，但当当事人的地理标志权受到侵害时他能够并只能够选择其中的一种方式来保护自己的权利，这样就会有效防止了两套体系的相互冲突，使得在对地理标志提供保护上起到相互补缺，相互融合的作用。

4. 日本——反不正当竞争法模式

日本于1934年颁布了《日本防止不正当竞争法》，规定假冒商品原产地标志的行为和使用使人误认商品出处标志的行为会使公众产生混淆认识，从而使得原产地标记持有人的经营受到影响并造成经济损失，因此对该行为加以禁止。原产地标记持有人可以请求实施人承担赔偿损失、恢复名誉等责任。

反不正当竞争法是建立在禁止与诚实信用观念相悖的基础之上，而不是建立在专用权利保护之上的。地理标志的相关权利人、其他进行正当竞争的经营者以及消费者都享有在自己的权利受到侵害时，通过向法院诉讼的方式来禁止不正当竞争的权利。但是，由于反不正当竞争法对于地理标志规定的概括性规定，使得当事人使用反不正当竞争法保护模式保护自己的权利时容易造成司法中的障碍。

因而，从世界范围来看，许多国家只是将这种模式作为保护地理标志的一种辅助方式，而不将其视为严格意义上的对地理标志进行保护的法律模式。

5. 中国

目前我国虽然也是采用双重法律保护模式来保护地理标志，即将地理标志作为一种特殊的证明商标来保护。但是，由于这两种保护模式并没有相互确认对方为在先权利，以及其内部存在的权限不清，管理混乱，对地理标志认识不足，执法水平不高等诸方面的问题，使的地理标志保护在我国仍然处在一个较低的水平。

我国修改后的《商标法》第2条规定，"国务院工商行政管理部门商标局主管全国商标的注册和管理工作"。第3条规定，"经商标局核准注册的商标为注册商标，包括商品商标、服务商标和集体商标、证明商标"。第16条规定，"二，……地理标志，是指标示某商品来源于某地区，该商品的特定质量、信誉或者其他特征，主要由该地区的自然因素或者人文因素所决定的标志"。可见，修改后的《商标法》明确地将地理标志纳入到了证明商标的保护范围。

（三）主要国家遗传资源保护制度与中国的比较

国际上关于遗传资源的保护模式，大致分为公法和私法两种保护模式，作为提供者的发展中国家大都采取公法模式，以《生物多样性公约》规定的国家主权原则、事先知情同意原则和惠益分享原则为基本框架建立本国的具体法律制度；而主要作为利用者的发达国家基本上采取私法模式来管制遗传资源，主要是为海外的遗传资源获取和开发活动提供支持，一般都是主张通过合同机制与遗传资源提供国来进行遗传资源获取与惠益分享的协商和谈判。在这两者之间，还有处于提供者和利用者双重地位的一些国家，例如欧盟中的北欧国家以及大洋洲的澳大利亚和新西兰等国家，因此他们的立场大致介于以上两者之间。

1. 发达国家

发达国家在生物科技领域的步调并不一致，美国、德国、日本、法国、英国等少数几个科研大国在该领域中起步较早，生物经济产业化规模大，发展水平高，国内为数不多的遗传资源远远满足不了其日益扩张的需求;而澳大利亚、北欧等国家地广人稀、资源丰富,生物经济尚不发达,对遗传资源的需求较之前几个国家要小。不同的国情导致发达国家内部对待遗传资源的不同态度,下面对美国和澳大利亚的遗传资源保护制度进行阐述。

(1) 美国。

目前,美国已建立了完善的种质资源保存系统。除了最大的种子库——国家种子储存实验室以外,美国还有许多地区和特定作物种子库(如谷物、蔬菜等),目前收集的各种植物遗传材料已达 55 万份。同时,美国也积极介入国际双边和多边合作与交流,1986～1992 年美国种质库共向全世界提供了 175 400 份植物遗传资源样本。

美国自 19 世纪末 20 世纪初就开始了大规模的农业研发,后来,随着现代生物技术的不断发展和提高,生物技术产业逐渐转向医药领域,以早期从世界各地自由收集的丰富遗传资源为基础,美国获得了现代生物技术研发和产业化的先机,并保持在该领域的领先地位。

美国对遗传资源的保护措施相当细致,对其进行分类保护:遗传资源分为人工培育和自然遗传两种。

对于人工培育的遗传资源,首先其本身可以获得美国知识产权的保护,包括专利、植物新品种、植物专利等;其次,对于这类遗传资源的获取和转让以及惠益分享,美国主要是以私权自治的合同模式来进行的,可以说是完全开放的。

而对于自然遗传资源,又有国内和国外之别,目前在美国尚没有专门的法律制度来进行规制。但美国不是《生物多样性公约》的缔约国,在国外遗传资源获取与惠益分享中,一直采取合同机制,反对国家和政府的干预。对于国内私人所有的遗传资源,国家不予干涉,也是处于开放的状态;而国有遗传资源,如国家公园内的自然遗传资源,则由国家公园管理局负责获取许可的审批,国家公园与获取者进行惠益共享的具体协商,其基本模式还是合同机制,但需经国家公园管理局最后确认。

(2) 澳大利亚。

美国的经验大致上代表了主要作为遗传资源利用者的发达国家的立场,但是澳大利亚虽然也是发达国家,却持不同的立场。因为澳大利亚地广人稀,独自驻守着大洋洲这块孤立的陆地,由于地理位置封闭,与地球上其他大陆之间的物种交流贫乏。除此之外,还有大量丰富的生物遗传资源,澳大利亚是占世界生物多样性70% 的 12 个生物多样性最为丰富的国家之一。

目前对澳大利亚丰富的遗传资源进行开发利用的主要是外国实体。因此,在遗传资源的开发利用领域,澳大利亚不仅仅是主要的利用国,也是主要的提供国。除了个别例外,澳大利亚所有的作物植物、水果和蔬菜、肉和动物纤维生产,绝大部分改良畜牧品种,都引自国外。但是和其他发展中国家一样,澳大利亚也深感未能从向外国实体提供本土生物资源的开发利用中获得足够的回报。

因此,为了更好地对本国的生物遗传资源进行管制,以平衡本国在利用和提供之间的利益,澳大利亚环境与遗产部根据1999 年《澳大利亚环境保护与生物多样性保护法》的授权规定,于 2001 年起草了控制联邦区域内生物资源获取的实施条例。与此同时,各州已经开始了遗传资源获取管制的立法，其中，《昆士兰州2004年生物开发法》比较完整地体现了澳大利亚在遗传资源方面的立场和原则。

《昆士兰州2004年生物开发法》在立法目的上有所创新，除了对生物遗传资源的获取进行管制、促进公平合理分享惠益、促进生物资源的保护和可持续利用等常见的立法目的以外，该法将"便利生物开发实体为生物开发而获取本州本土生物资源"和"鼓励本州内增值性生物开发活动的发展"作为重要的立法目的，这样的立法目的具有创新意识。作为遗传资源提供大国的许多发展中国家在对遗传资源进行立法管制时，一般的做法是对外严格加强管制，制定复杂的获取程序和手续，而澳大利亚昆士兰州不仅不进行限制，反而鼓励获取和开发。该法的另一个创新之处在于，规定生物开发者在根据收集批准文件获取了昆士兰州的本土生物资源后必须通过条形码等方式对该资源进行标识，并在该标识上记载收集日期、材料的科学分类和材料的实际地理来源等重要信息，除此之外，该生物开发实体还需要将获取的本土生物资源样本提供给该法指定的接收实体，一般是当地科研机构或者生物资源库等实体。这种规定不仅可以方便主管部门日后对该遗传资源的开发利用情况进行跟踪和追溯，有利于促进惠益分享，还为当地科研活动提供了原料和基础，有利于当地生物技术水平的发展。

2. 发展中国家

发展中国家拥有大量未经开发的遗传资源，但由于缺乏科研开发所需的技术、设备、资金和人力，这些蕴藏着巨大价值的遗传资源只能借助于发达国家得到实现，在如何开展国际合作、实现遗传资源价值的惠益分享以及最大限度维护本国应有利益方面，各个发展中国家也根据自身国情，进行了有针对性的制度设计。

（1）哥斯达黎加。

哥斯达黎加拥有丰富多样的生物遗传资源，是南北美洲之间的生物汇集地。在其仅5.1万平方公里的国土面积上，生活着至少50万的生物物种，其中陆栖生物占全球总数的4%。由于丰富的遗传资源，哥斯达黎加很早就面临着美国等发达国家的生物开发活动，因此哥斯达黎加逐渐认识到了保护生物多样性的重要性，相继制定了大量管理生物资源的单项立法。如1992年《哥斯达黎加野生生物保护法》、1996年《哥斯达黎加森林法》、1972年《哥斯达黎加国家公园署组织法》和1995年《哥斯达黎加环境组织法》，1998年立法院通过了关于调整生物多样性的综合立法《哥斯达黎加生物多样性法》，随后根据该法制定了《哥斯达黎加生物多样性遗传和生化成分与资源获取通则》。1998年《哥斯达黎加生物多样性法》是较早出现的关于生物多样性的综合立法，其特点是，涉及与生物多样性有关的全部问题，而不限于遗传资源获取与惠益分享，在很多方面为后来的立法树立了典范。作为综合性立法，该法涉及的内容非常之多：资源获取的管制、惠益分享的安排、土著与地方社区和传统知识的保护、知识产权的限制和共享等与惠益分享相关的问题几乎都是其要调整的内容。因此，其中关于遗传资源的规定不可能面面俱到，主要是一些原则性的规定。对于分歧或者当前制定有困难的问题，留待以后制定的实施条例来进行规范。哥斯达黎加这种"综合性立法+实施条例"的立法模式，既能够在短期内构建本国的遗传资源管制框架，也为以后适应形势变化进行调整和修改留下了空间，不失为发展中国家立法的典范。

（2）印度。

印度是世界公认的生物多样性大国。目前，印度所拥有的高等植物物种的数量在世界上排名第九位，拥有10个完全不同的天然生物地理区域。全世界共计有25个生物多样性热点地区，其中的2个就分布在印度。印度还被认为是一些主要农作物物种的原产地中心。此外，印度境内分布着4000多个部族社区，部族内部和部族之间在长期的农业生产和生活当中，积累了大量利用自然资源的传统知识和经验。

但是随着印度经济的发展和对方开放程度的扩大，印度丰富的遗传资源遭到了前所未有的破坏，不仅损害了本应由印度享有的生物遗传资源的权利和巨大经济价值，甚至反过来剥夺了印度农民延续对自己培育出来的植物物种的传统利用方式的权利，对印度部族和社区的传统生活方式造成了干扰和破坏。印度面临着严峻的生物物种危机。

鉴于此种严峻形势，印度开始了其生物资源政策和法律的制定进程。1994年印度加入了《生物多样性公约》，1999年制定了《印度生物多样性国家政策与宏观行动战略》。2002年，印度议会通过了《生物多样性法》的立法草案，2004年，《印度生物多样性条例》获得通过，以便更好地贯彻执行《印度生物多样性法》，其重心在于遗传资源的获取管制和惠益分享的制度安排，而且印度在管制体制上采取了相当严格的立场。

印度在遗传资源的立法方面，对外国实体采取了严格管制的态度，但是对国内开发者却是采取鼓励和开放的态度，反映出印度在经历过大量"生物剽窃"事件之后对外来开发者的警惕和戒备，印度认识到只有依靠本国生物技术的发展，才能真正实现本国的进步和强大。

（3）中国。

关于遗传资源，我国早就制定了大量相关的法律法规，为我国对遗传资源的管制提供了初步的法律依据。

遗传资源的保护是自然生态保护的重要主题，《环境保护法》是我国环境保护领域的基本法。此外，《海洋环境保护法》为海洋生态和海洋生物资源保护作出了相关规定。其余关于遗传资源保护的单行立法主要包括《森林法》《草原法》《渔业法》《野生动物保护法》《农业法》《种子法》《海关法》《进出境动植物检疫法》等，这些法律分别从农业、渔业、林业、海关等部门角度对遗传资源进行了保护。

除了法律之外，我国还有大量的行政法规、部门规章中涉及对遗传资源的监管和保护：《野生药材资源保护管理条例》《种畜禽管理条例》《自然保护区条例》《野生植物保护条例》《陆生野生动物保护法实施条例》《水生野生动物保护法实施条例》《进出境动植物检疫法实施条例》《濒危野生动植物进出口管理条例》等。有些省市还根据当地需要对遗传资源保护进行了地方性立法。

此外，我国还加入了《生物多样性公约》《国际植物新品种保护公约》《濒危野生动植物物种国际贸易公约》等国际条约。

我国虽然已经初步建立起了关于遗传资源保护的法律框架，但是与世界上其他遗传资源大国相比，我国的立法显得粗陋分散，不成体系，而且缺乏对当今遗传资源领域最为人关注的获取与惠益分享问题的立法管制。

虽然我国关于遗传资源保护的法律法规数量很多，但是在制定的过程中多是采取临时补救性的立法模式，缺少立法前的全面调查和论证，法律法规之间缺少衔接和统一性，出现重复规定、缺漏规定，规定不一致的情况不在少数，法规内容也值得商榷。而且我国目前所有涉及遗传资源的法律法规，针对的都是动植物资源作为"生物资源"的传统利用方式，没有从遗传功能角度作出规定。

我国加入了一些关于遗传资源保护的国际公约，但尚不全面。例如《粮食和农业植物遗传资源国际条约》是在联合国粮农组织主持下缔结的一份具有法律约束力的国际法律文件，其宗旨在于保护、可持续利用粮农植物遗传资源以及公平合理地分享因此而产生的惠益，最终确保粮食安全和农业的可持续发展，然而中国至今还未批准加入该条约。

即使是中国已经加入的国际条约，如《生物多样性公约》，我国也未能在国内法中进行及时的消化和吸收，如关于遗传资源的"CBD"三原则——国家主权原则、事先知情同意原则、惠益分享原则，目前我国立法中尚未确立，更没有具体的制度设计出台。

3. 各国立法模式评析

发达国家和发展中国家在遗传资源的法律保护这一领域，既有分歧之处，也有一致的地方，同时这两者内部也并不完全一致。关于遗传资源的国家主权原则、获取的事先知情同意和惠益分享原则，在国际上已经得到了广泛的认同和遵守，但是《生物多样性公约》只是提出了三大原则，对于具体的实施方案却并没有明确的指示，因此，具体到国家层面，由于受到国家立场、经济利益以及法治传统等各方面因素的综合作用，国内立法出现了重大分歧和对立。

以美国为代表的发达国家，倾向于以合同自治的方式来处理遗传资源的获取与惠益分享，这主要是依托于其国内完善的法制体系和私权自治的优良传统，最主要的是，有利于其在进行海外生物开发活动时，向提供国主张合同自治，以排除提供国的政府干预，进而利用己方的资金和技术优势，签订实质上不平等的获取和惠益分享协议。

反观印度的立法模式，《印度生物多样性法》强调政府在遗传资源管理事务中的主导作用，以严格的获取条件和程序遏制了外国开发者的"生物剽窃"行为，保证了遗传资源惠益的合理共享，而对国内生物开发者采取鼓励政策，大大简化了获取条件和程序，为国内的生物开发活动打开方便之门。

与中国一样，印度是正在快速发展中的大国，生物技术的发展还有无限潜力，因此印度将利益重心移至国内生物技术科研活动，是非常明智的。但其内外有别的态度有可能助长国内遗传资源的走私活动。此外，过于严格的获取和惠益分享条件，在无形中拒绝了外国资本和技术的引入，长远来看，不利于印度国内生物科技水平的发展和进步。

澳大利亚和哥斯达黎加处于发达国家和发展中国家立场两大阵营的中间地带，澳大利亚双重身份和经济利益的考虑，使得其法律政策中和了发达国家完全的私法自治倾向和发展中国家完全的公法管制倾向，体现了以澳大利亚为代表的一批国家的立法选择。而哥斯达黎加作为一个温和的小国，生物技术并不发达，更缺乏成为生物技术大国的实力，因此，对于其代表的一批国家来说，引进外国资本和技术，最大限度地利用遗传资源带来的经济利益为国家谋取福利，并且维持和保护好本国的生物多样性才是最适当的选择。

综上，这些国家代表的国家立场和立法经验有以下值得我国借鉴之处：美国是世界上生物技术最发达的国家，也是生物资源开发活动最为活跃的国家，作为一个遗传资源提供大国，我国将会频繁面对其国内众多的生物技术公司对我国遗传资源的获取和开发活动，因此，其主张的合同机制值得我国相关主体进行深入研究和参考。澳大利亚对我国最大的启示就在于，作为一个在遗传资源提供和利用双方面都有着发展潜力的国家，我国应该在遗传资源的国际交往中为未来的发展留下空间，而不能紧闭国门造成落后。

印度是在面对外国"生物剽窃"的威胁时，其当机立断、全民动员展开立法运动的魄力值得我国学习，政府主导型的管制模式值得我国借鉴；鼓励本国生物开发和科研活动的立场是我国最需要借鉴的。

哥斯达黎加作为遗传资源立法史上的先行者，其国内立法注重与《生物多样性公约》的高度契合与一致，也使其立法赢得了国际上的普遍认同，因此我国立法也应当注意保持与国际规则的一致，以减少国际交流的法律障碍和摩擦，便利生物开发活动的顺利开展。

表7-4 各国遗传资源保护制度的差别

	印度	哥斯达黎加	美国	菲律宾	巴西	中国
法案名称	生物多样性法案（2000）	生物多样性法；生物多样性遗传和生化成分与资源获取通则	无专门立法，但遗传资源保护和利用要受地方、州、区域乃至全国不同层面法律法规、政策的调整	科学和商业及其他目的的勘探生物与遗传资源，及其副产品和衍生物而规定指南和建立规范性框架	有法律约束的"2186—16号"临时措施；巴西保护生物多样性和遗传资源暂行条例	无统一综合立法
主管部门	国家生物多样性管理局	生物多样性管理委员会	国家层面由美国内政部下属的国家公园署管理	生物与遗传资源跨部门委员会	遗传资源管理委员会	无统一管理部门，分散主管
遗传资源所有权	国家所有	国家所有且受私人土地所有产权的影响	由资源的所有者所归属的土地产权来确定。若土地是国家或地方政府的，则要取得相应的许可证	国家所有，但没有对所有权性质作出明确的规定	遗传资源中的无形部分（遗传资源信息）属于国家财产，而其有形部分可以为私人所有	国家对野生动植物资源享有所有权，对其他遗传资源没做明确的规定

续表

	印度	哥斯达黎加	美国	菲律宾	巴西	中国
获取程序	国家生物多样性管理局的正式批准	NA	获取美国国家公园内的生物遗传资源都需要美国国家公园署签发样本采集许可证，公园负责人对该申请和研究计划进行审查，（科学有效性、研究者身份、对公园和公众的利益、对遗传资源的影响等）。最后，公园负责人作出批准或拒绝		联邦有关当局的批准，遗传资源管理委员会审批。另外，禁止外国人在无巴西研究机构直接监督的情况下，在巴西国土上收集遗传资源。	我国尚无明确与完善的规范遗传资源的获取的实质性和程序性法律规定
惠益分享方式	技术转让、共同研究开发、建立投资基金、货币补偿或非货币补偿	没有作出具体的规定	签订分享协议或者合同。例如：黄石国家公园与Diversa公司签署的关于生物勘探惠益分享安排的协议	缴纳资源使用费	根据合约各方之间分享利润、给付特许使用费、获得和转让技术、免费颁发产品和流程使用许可等	不明确
是否采用事先知情同意双重原则	是	是	NA	是	是	无规定

五、我国农业知识产权保护面临的挑战

（一）农业知识产权保护意识淡薄

目前，当提到农业知识产权保护问题时，公众还是意识淡薄，尤其是对农业科研、生产、销售等产业链上的知识产权问题缺少梳理，认识不清，相关产品在市场竞争上没有体现出权利人所拥有的权利，权利人的发明创造性劳动没能得到尊重，其创造性价值也未能体现。

一是在科技管理理念层面，对科技成果缺乏知识产权管理思想和意识，特别是知识产权战略管理意识，没有把农业知识产权保护、利用和转移作为科研和创新成果转化的重要支撑。

二是科研单位和科研人员普遍认为农业科技成果研究的对象是动物和植物，服务的对象是广大农民，成果获得的周期长，相关因素复杂，保密性差，直接经济效益低，从而忽视知识产权申请和保护工作。

三是大部分科研人员只埋头搞科研，对自身拥有的知识产权保护问题不关注、不重视，只重研究、重论文、重评奖。

四是在科技管理政策方面，对如何处理科技成果与知识产权关系的导向上存在偏差，对国家、省部级设立的科技进步奖，均承认其权威性，对获得省部级二等奖以上的成果给予重奖，而对取得的专利权、品种权、商业秘密等重视程度不够。虽然有些单位也制定了知识产权管理制度，明确规定取得专利权、新品种保护权给予项目资助和奖励，但由于在落实工作中存在经费问题，而成了纸上谈兵，削弱了科研人员对知识产权申请和保护的积极性。

（二）农业知识产权激励机制不足

1. 农业知识产权缺乏相应的奖励政策

目前，我国农业科研机构大多数还是公益性科研单位，在工作上一直延续科技成果的服务性推广的理念，加上科技成果推广的对象不具备产业性质，使科技成果的推广缺少市场机制。科研单位普遍缺乏竞争意识，认为没有技术秘密可保护，科研人员完成的成果只要通过鉴定、获奖，则在职务、职称晋升等方面享有一系列的优惠待遇，而申请专利，发明人最多只能获得一定金额的奖励，有的甚至有明文规定也不兑现。另外，在对科研单位综合能力评估过程中，也是成果占的分量重，专利权等无形资产占的分量轻，加之科技成果转化率低，科研单位看不到无形资产带来的经济效益，从而不重视对自主知识产权的保护和利用。由于不用法律手段进行知识产权保护，许多科研成果，特别是一些技术含量高的成果，一旦公开就等于奉送别人，农业知识产权也就随着成果鉴定、论文论著的发表出版而流失。

2. 农业知识产权奖励制度建设缺乏资金保障

知识产权奖励制度的具体实施，需要有效的政策和资金保证。虽然有的单位有知识产权管理制度，明确了对获得知识产权的单位和个人进行奖励，但由于缺乏专项资金，没有一项专利和品种权获得奖励和资助，直接影响到科研人员的创新积极性和对自主知识产权的保护和应用。

3. 农业知识产权界定不清

知识产权界定是知识产权经济的主要问题，产权界定不清，会阻碍知识产权的实施和转化。目前，农业科研项目多数是在政府投资下完成的，由此产生的发明创造归属于职务发明，个人利益得不到体现，这在一定程度上影响了研发人员的创造积极性。申请品种权和个人的自身利益相关性不大，发明者也缺少积极性。

（三）企业知识产权申请数量少，创新水平低

我国企业知识产权的申请量较少，仅是美国或日本的1/30。据统计，近几年来，我国每年取得的省部级以上科技成果就达3万多项，而申请专利的不到10%。在商标方面，2014年，我国生产出口产品的企业数以万计，有外贸出口权的企业也近万家，但这些外贸企业在国外120多个国家和地区注册的商标数量总共不到2万件。而且，不少知名品牌屡屡被外商在境外抢注。

（四）部分地区农业高层次人才流失严重

农业的国际竞争归根结底是科技实力的竞争和人才素质的竞争，科技人才是农业单位最宝贵的资产。20世纪80年代以来，西北地区人才流出量是流入量的2倍以上，特别是中青年骨干人才大量外流。近几年，仅西北地区调入沿海及内地的科研人员就超过了3.5万人，且多为中高级专业人才。

（五）农业知识产权实施及产业化程度较低

我国大多数涉农知识产权属于职务发明，近几年，由于国家强调加强知识产权保护工作，有些科研项目在申请项目、实施计划中，也将申请取得专利数及获权数列入目标任务中，在某种程度上促进了农业知识产权的保护。但是，仍有研究者缺乏对专利等知识产权的转让，只为完成任务而申报专利，将取得的科技成果束之高阁，甚至丧失产权。另外，据科技部的一项研究表明，我国每年有省部级以上科技成果3万多项，但是能大面积推广并产生规模效益的仅占10%~15%；截至2014年年底，我国总计申请农业专利504 877件，但专利实施率仅为1.82%左右。科技进步对经济增长的贡献率为39%左右，其中，高新技术对经济增长的贡献率仅为20%，远远低于发达国家60%的贡献率。

（六）农业知识产权侵权容易，保护难

以小麦新品种为例，小麦是自花授粉作物，常规育种获得的品种推广后很难控制种源，公司、农民和产粮大户都可以通过直接留种用作进一步生产的种子。所以，即使申请了品种权保护，也很难获得相应的知识产权利益。另外，国内大多数科研单位没有设立以知识产权利益为基础的技术推广制度，管理部门仅限于相关知识产权的申请、登记和考核奖励，没有制定知识产权战略和具体管理办法，缺乏相应监督机制，这容易导致科研人员把职务发明转卖给企业，谋取私利。并且，法院在审理植物新品种权等案件时有一定难度，因为农业知识产权侵权的鉴定过程通常较为复杂，加上涉及多家相关职能部门，即使发生侵权行为，往往也很难辨别，同时，调查取证工作也较为复杂，造成保护难。

六、我国农业知识产权保护的目标与任务

（一）目标

"十三五"期间农业知识产权保护事业发展的主要目标：一是进一步完善农业知识

产权法律法规和相关政策，充分发挥制度效应；二是加强农业知识产权保护技术支撑体系建设，改善基础条件，增强技术储备，提高人员素质，大幅提升知识产权审查、鉴定能力；三是健全农业知识产权行政执法体系，改善执法条件，完善执法程序，大幅提升知识产权执法水平与效率；四是进一步提升参与农业知识产权国际事务的能力，争取宽松有利的国际发展空间；五是引导农业科研、教学单位和企业实施农业知识产权发展战略，培育一批拥有自主知识产权和知名品牌、能够参与国际竞争的优势企业。

"十三五"期间的植物新品种的具体目标要从以下几个方面入手。

（1）修订《植物新品种保护条例》，开展立法调研，努力将条例上升为法律；加快修订《种子法》，促进育种创新；建立统一的植物遗传资源保护法律，完善遗传资源来源纰漏和惠益分享制度。

（2）植物新品种权的DUS测试指南的研究与修订要达到200种以上，扩大植物新品种的保护名录，要力争从现有的92个植物种属扩大到200个以上。

（3）扩充植物新品种权受理、测试和审批授权能力，加快植物新品种的年申请量，到2020年国内农业植物新品种的年申请量达到1500件以上，总量突破20 000件；鼓励国内育种人向国外申请品种权，并达到600件以上，同时也要争取国外优良品种来我国申请品种权。到2020年农产品地理标志的登记注册达到1000件，并且初级农产品地理标志要达到8000件。

（4）初步建立水稻、玉米、小麦、大豆、油菜和棉花等主要农作物已知品种性状数据库，收录品种达到5000件以上。建立植物新品种繁殖材料保藏中心。

（5）初步建立数字信息化服务体系。建立申请、审查、测试和授权电子化管理系统，提高农业知识产权的审查效率。建立农业知识产权综合信息服务平台。

（6）初步建成专门的人才队伍。对知识产权管理、服务及相关工作人员实施分类培训，推进农业知识产权专业人员对外交流。鼓励高校开设农业知识产权课程，加快知识产权人才培养。

（二）重点任务

1. 建立符合我国国情的农业知识产权法规体系

从健全农业育种创新激励机制入手，优化植物新品种权申请审批程序，强化品种权行政保护力度，防止植物新品种权滥用，制定、修订与《植物新品种保护条例》相配套的规章制度，解决植物新品种权审批事务与行政执法中遇到的问题；加快修订《种子法》，解决现代种业育种创新机制；调整《地理标志保护管理办法》，完善地理标志登记、评审和监管工作；制定遗传资源统一立法，健全遗传资源保护制度，逐步形成既符合我国国情又与国际接轨的遗传资源保护体系。

2. 建设适应发展要求的技术支撑体系

加快研制和修订植物新品种测试指南和DNA鉴定技术，扩大植物品种保护范围。建立健全DUS测试标准品种和已知品种收集、鉴定、繁殖与保存体系，研究制定小麦、棉花和大豆等主要农作物DNA指纹图谱鉴定技术标准。通过技术交流、研讨和培训，加强人才队伍建设，努力提高新品种审查测试技术水平和能力，保证授权质量。加强植物新品种审查测试数据库信息平台建设，建设植物新品种种子种苗保藏库（圃），提高繁殖材料保藏能力，推动资源共享，加快建设植物新品种真实性鉴定机构，提高品种权审批效率和透明度。建立植物遗传资源保护和持续利用科技支撑体系，增强遗传资源价值开发和成分测定技术以及对某些未定名或新发现物种的鉴定能力等。

3. 构建农业知识产权保护体系

加强农业知识产权行政执法体系建设，积极构建与工商、海关以及司法部门的执法联动机制，规范市场秩序，构建公平、有序的农业知识产权实施环境。加强对农业企事业单位的政策引导，促进育种创新成果的知识产权化、商品化和产业化。充分发挥品种权、地理标志中介机构和行业协会的组织协调和服务功能，加强行业自律。通过不断建设和完善，加快形成权责一致、分工合理、执行顺畅、监管有力的农业知识产权管理体系。

4. 加强宣传培训，切实提高公众的知识产权意识

利用多种渠道，采取多种方式，组织社会团体和公众广泛参与植物新品种保护、地理标志、遗传资源等农业知识产权的宣传培训，促进形成尊重知识、崇尚创新、诚信守法的知识产权社会氛围。

5. 履行国际公约，加强与 WTO、CBD、UPOV 的合作

积极组织参与 WTO、CBD、UPOV 相关国际会议，扩大我国在国际上的影响力。加强与 WTO、CBD、UPOV 成员的合作与交流，开展中日、中欧、中澳和中美植物新品种保护、地理标志以及遗传资源的合作。及时跟踪其他国家农业知识产权保护进展情况，积极研究加入《国际植物新品种保护公约》1991 年文本对我国农业发展的影响，提出预案，确保国家战略利益。

6. 增强国内农业企业的育种创新能力，培育一批拥有自主知识产权、能够参与国际竞争的优势种业集团

我国的农业企业应该增强农业科技创新能力，引导国内研发资源在粮食作物等关键领域强化原始创新，在园艺等高效农业领域提高创新层次，不断形成具有世界先进水平的自主知识产权品种，参与国际的交流与竞争。加强农业企业的知识产权意识，在企业内部实施知识产权战略，尽快形成具有综合竞争力的企业集团。

七、对策措施

（一）完善相关法律法规及配套政策

1. 提高《植物新品种保护条例》的法律位阶

现行《植物新品种保护条例》规定的育种者权利显然是一项民事权利，然而现行《植物新品种保护条例》是国务院行政法规，按照《立法法》的规定，行政法规是没有权力设立民事权利的。因此，立法机关应尽快将品种权法律化，即通过授权立法或者法律条文中准用性条款的规定，对《植物新品种保护条例》的法律层次予以提升。

2. 完善相关法律

我国至今没有植物遗传资源权属管理法，现有的有关植物遗传资源管理规定，都是在《种子法》《森林法》等法律法规内附带作出的，内容主要是关于种质资源保护的，很少有关于遗传资源权属管理的规定。中国需要建立并完善相关的遗传资源权属登记管理办法，规定哪些物种是自己独有的，是稀缺重要的，明确保护重点和保护、利用的方式，为将来实现惠益分享建立制度基础。

（二）完善新品种执法体系

现阶段，我国农业知识产权滥用以及假冒侵权行为呈上升趋势，极大地损害了品种权人的合法权益。而且由于一些农业行政部门执法工作薄弱、人员业务素质不高等问题，不少案件得不到及时、公正和有效查处。另外，个别地区的地方保护意识严重，县与县间、地市之间查处假冒侵权案件受地方保护意识制约，工作难度较大。因此，我们应加强品种权、地理标志等农业知识产权的执法队伍建设，提高执法水平，端正执法态度；通过开展执法试点，探索和归纳行政执法经验，提高执法效果；加强执法宣传，提高守法自觉性，降低品种权、地理标志等产权假冒侵权案件的发生率。

（三）健全农业知识产权激励机制

1. 建立新的农业科研成果评价体系

要改变过去国内科研、教学单位重论文轻科技成果的现状，要加强教学单位农业科研立项过程中知识产权状况的分析和评估，改革农业科技成果管理和鉴定的方式方法，把农业科研机构和教学单位的知识产权的申请授权量纳入到科研人员科研成果的评价指标体系中。

2. 鼓励院校和企业的合作，加强资源优化配置

政府要设立机制和政策，鼓励企业与院校的研发合作，充分发挥农业科研机构和农业教学单位的研发优势，发挥企业资金、管理运作模式的优势，结合两者的优势，以加强农业育种创新和农业科技成果的转化。

3. 政府要对育种领域进行重点规划

从资金、政策上激励和引导育种科研机构和企业保持对水稻、玉米、小麦等关系国计民生的主要粮食作物的育种创新，另外也要引导和鼓励育种科研机构和企业加快对蔬菜、果树和花卉的育种科研，尤其要鼓励育种科研机构和企业加强对我国丰富的植物遗传资源的利用和开发，加大培育我们的育种自主科研能力。

（四）建立农业知识产权应急和预警机制

建立农业知识产权保护预警机制，追踪研究主要国家、国际组织的立法动向，分析其可能对我国相关研究和产业发展带来的影响，进行及时预告和预警。尤其要关注其对农产品贸易领域、中国种子产业、植物遗传资源领域的影响。设立科学的指标体系，建立相应的数据平台，建立相应的数据信息库和专家库，提供与品种权、地理标志有关的

农产品国际贸易动向、跨国种子集团动向、植物遗传资源保护等相关信息的查询与咨询，提供相关数据的查询、分析与统计，加强对农业植物新品种的开发和保护以及地理标志的注册登记，加大宣传力度，使我国的相关农产品出口企业、农民、种子企业和民众能较快的获得相关信息，从而使国内相关企业能及时作出应对和准备，有效避开贸易壁垒，最终提升农产品国际竞争力和国内种子企业的国际竞争力；同时提高全民族的农业知识产权保护意识，及时有效构筑国家种质资源保护壁垒、促进我国农业科技自主创新，确保我国农业可持续发展和保护国家经济安全。

（五）完善农业知识产权中介服务体系

完善农业知识产权中介服务体系。目前我国农业知识产权中介服务机构仍发展不成熟，体系仍需完善。国家首先应继续加强对农业知识产权中介服务机构的管理，规范中介服务市场，加强其行业自律性；其次要加强对农业知识产权中介服务机构的扶持和引导，鼓励组建与品种权和地理标志保护相关的自律性和维权组织；再次要提供相关公共服务，如建立中介服务信息平台，提供国内外申请的有关法律规定、申请手续等信息的查询，提供全国大型中介服务机构主营业务、联系方式等，并设立投诉平台，加强对其监督、管理；另外，还要加强运用广播、电视、网络等媒体手段进行相关免费讲座，对农业知识产权申请途径、方式等进行宣传、介绍。

（六）加强对国际知识产权规则前沿动态追踪

要加强对国际知识产权保护规则的前沿发展进行及时有效的追踪调研，并进行系统深入研究，在一定程度上优化我国对农业知识产权保护工作的决策。因此，我们今后要加大对植物新品种保护国际规则的制定、调整以及发展趋势的研究预测，加强对国际植物新品种保护前沿动态追踪，还要加强对各国的申请程序、法律制度规则的详细介绍，以便我国更好地决策国内制度走向，从而为国内品种走出国门提供方便；关注地理标志保护的国际格局动向，尤其是不同历史背景下各国对于地理标志保护的选择路径问题；关注各国对植物遗传资源的保护机制以及遗传资源来源纰漏和惠益分享制度。

（七）慎重考虑采用UPOV1991年文本

对于植物新品种权，还有一个加入UPOV1991年文本的问题。UPOV1991年文本在保护范围、保护期限等方面加强了对育种者权利的保护，对"农民免责"和"育种者豁免"增加了限制。这种制度设置与规定整体上更适合于自主知识产权数量更多、育种科技创新能力更强的发达国家。而UPOV1991年文本对中国农业育种者创新、中国种子企业发展以及中国农产品国际贸易方面的作用弊大于利，因此，在中国目前农业育种科技实力还较弱、农业发展状况还较落后的情况下，采用UPOV1991年文本显然是不适合中国实际情况的。建议至少要15～20年后，待中国的育种科技能力和农业发展状况达到中等发达国家水平的时候，我们再考虑采用UPOV1991年文本。

参考文献

[1] UK Commission on Intellectual Property Rights. Integrating Intellectual Property Rights and Development Policy [R]. London：2002，http：//www. iprcommission. org/papers/pdfs/final_report/Ch2final. pdf, 2005 – 09 – 15.

[2] 牟平. 印度植物新品种保护对亚太地区其他发展中国家的示范效应 [J]. 世界农业, 2008 (6).

[3] 非洲联合组织. African Model Legislation for the Protection of the Rights of Local Communities, Farmers and Breeders and for the Regulation of Access to Biological Resources [EB/OL]. 2000, 第 26 条 http：//www. grain. org/publications/oau – model – law – en. cfm.

[4] 吴勇, 王霞. TRIPs 与非洲植物品种保护 [J]. 电子知识产权, 2005 (10)：17 – 20.

[5] The Contraction Parties and Article 92Farmers' Righrs (912)（913），International Treaty on PlantGenetic Resources for Food and Agriculture [EB/OL]. http：//www. fao. org/ag/cgrfa/Default. htm, 2001.

[6] 原晓爽. 国际植物新品种保护的发展趋势 [J]. 山西大学学报, 2006 (3).

[7] 孙玮琳, 王瑞波. 国际植物新品种保护的变革趋势及中国的策略选择 [J]. 世界农业, 2008 (8).

[8] David Godden1 Plant variety rights：Framework for evaluating recent research and continuing issues [J]. Journal of Rural Studies, 1987：255 – 2721.

[9] VanWijk, J. & Jaffe, W. . Impact of Plant Breeders Rights in Developing Countries [Z]. Inter – American Institutefor Cooperation on Agriculture, SanJose, 和 Amsterdam College, 1995.

[10] Butler, B. J.；B. W. Marion. The Impacts of Patent Protection in the U. S. Seed Industry and Public PlantBreeding [M]. Madisom：University of Wisconsin, 1996.

[11] Rangnekar, Dwijen. Access to Genetic Reources, Gene – Based Inventions and Agricultrue [R]. Study Paper 3a. UK Commission on Intellectual Property Rights, London：2001.

[12] Julian M. Alston, Raymond J. Vennerb. The effect of the US Plant Variety Protection Act on wheat genetic improment [J]. Reseach Policy, 2002 (5).

[13] 张宝瑜, 董涛, 李芳译. 英国政府对知识产权委员会"知识产权和发展政策的整合"报告的回应 [EB/OL]. http：//app. sipo. gov. cn：8080/was40/outline? page = 240& channelid = 50763, 2005 – 09 – 05 [14] Louwaars, N. & Marrewijk, G. . Seed Supply Systems in Developing Countries [M]. Technical Centre for Agricultural and Rural Cooperation, Wageningen Agricultural university, Wageningen, 1996.

[14] Louwaars, N. & Marrewijk, G. . Seed Supply Systems in Developing Countries [M]. Technical Centre for Agricultural and Rural Cooperation, Wageningen Agricultural university, Wageningen, 1996.

[15] Paulo A1 L1 D1 Nunes, Jeroen C1 J1 M1 van den Bergh1 Economic valuation of biodiversity：sense or nonsense Ecological Economics, 2001 (11)：203 – 2221.

[16] 联合国计划开发署著, 中国商务部译. 惠及民众的全球贸易 [M]. 北京：中国财政经济出版社, 2004.

[17] De Janvry, A., Graff, G., Sadoulet, E. &Zilberman, D. . Technological Change in Agriculture and Poverty Reduction [R]. 加利福尼亚大学, 伯克利, WDR 关于贫穷和发展的概念报告, 2000/2001, 第 6 – 7 页, http：//www. worldbank. org/poverty/wdrpoverty/background/dejanvry. pdf, 2005 – 10 – 25.

[18] Wilkinson, J.; Castelli, P. The Internationalisation of Brazil's Seed Industry: Biotechnology, Patents and Biodiversity [M]. ActionAid Brazil, Rio de Janeiro: 2000.

[19] C. S. Srinivasan, Concentration in ownership of plant variety rights: some implications for developing countries [J], Food Policy 28 (2003) 519-546.

[20] IPGRI (International Plant Genetic Resources Institute). Key Questions for Decisionmakers: Protection of Plant Varieties under the WTO TRIPs Agreement [R]. Rome: 1999.

[21] D. &Flitner, M.. Intellectual Property Rights and Plant Genetic Resources: Options for a Sui Generis System [J]. Issues in Genetic Resources 1997 (6), IPGRI, Rome.

[22] 参见英国知识产权委员会报告 (2002) UK Commission on Intellectual Property Rights. Integrating Intellectual Property Rights and Development Policy [R]. London: 2002.

[23] Robert Taripp, Niels Louwaars, Derek Eaton, Plant variety protection in developing countries. A report from the field [J], Food Policy, 2007 (32).

[24] 我们的基因，他们的专利 [N]. 南方周末, 2001-04-05; 庞瑞锋. 种中国豆侵美国"权"? [N]. 南方周末, 2001-10-25.

[25] 孙炜琳, 蒋和平. 农业植物新品种保护的基本现状与对策措施 [J]. 知识产权, 2004 (2).

[26] 吴汉东. 知识产权的私权属性与人权属性——以《知识产权协议》与《世界人权公约》为对象 [J]. 法学研究, 2003 (3): 66-78.

[27] 吴向东, 龙凤, 丁怡. TRIPs和植物新品种保护 [J]. 当代法学, 2003 (7): 128-131.

[28] 吴立增, 刘伟平, 黄秀娟. 植物新品种权对品种权人的经济效益影响分析 [J]. 农业技术经济, 2005 (3): 54-60.

[29] 陈超, 李道国. 品种权保护对农户增收的影响分析 [J]. 中国农村经济, 2004 (9): 38-48.

[30] 周宏, 陈超. 植物新品种保护制度对农业创新的影响 [J]. 南京农业大学学报（社会科学版）, 2004 (4): 13-16.

[31] 展进涛, 黄武, 陈超. 植物新品种保护制度对育种投资结构的影响分析 [J]. 南京农业大学学报（社会科学版）, 2006 (3): 49-54.

[32] 黄武, 林详明. 植物新品种保护对育种者研发行为影响的实证研究 [J]. 中国农村经济, 2007 (4): 69-74.

[33] 李道国, 谭涛. 国际植物新品种保护联盟公约背景下的农民留种行为分析 [J]. 中国农村经济, 2006 (3): 23-27.

[34] 黄颉, 胡法瑞, Carl Pray, 黄季焜. 我国植物新品种保护申请及其决定因素 [J]. 中国农村经济, 2005 (5): 47-53.

[35] 吕凤金. 植物新品种保护对我国种子产业的影响研究 [D]. 中国农业科学院, 2006.

[36] 林祥明. 加入UPOV1991文本对我国种子产业的影响研究 [D]. 中国农业科学院, 2006.

[37] 李道国. 品种权保护对我国农业的影响研究 [D]. 南京农业大学, 2006.

[38] 罗忠玲. 农作物新品种知识产权制度研究 [D]. 华中农业大学, 2006.

[39] 王学君, 宋敏. 国际化背景下中国种业竞争力分析 [J]. 调研世界, 2009 (4).

[40] 宋敏. 中国农业植物新品种保护的国际比较研究 [J]. 世界农业, 2009 (1), 23-27.

[41] 罗忠玲. 国际植物新品种知识产权保护模式研究 [J], 科学管理研究, 2006 (1).

[42] Claire balodck or oliver kingsbury: where did it come from and where is it going? The biotechnology directive and its relation to the EPC, Biotechnology law report. vol. 19, p7 (2000).

[43] Decisions of The Enlarged Board of APPeal GI/98, official Joural EP02000, P111.

[44] 蒋和平等. 国外实施植物新品种保护的管理规则及对我国的借鉴 [J]. 世界知识产权, 2003 (5).
[45] 廖秀建, 张晓妮. 中日澳植物新品种保护制度的比较 [J]. 西北农林科技大学学报 (社会科学版), 2010.
[46] 廖秀健. 中日澳植物新品种保护制度的比较 [J]. 西北农林科技大学学报, 2010 (1).
[47] 佟屏亚. 跨国种业公司兴起及其全球战略 [J]. 调研世界, 2003 (4).
[48] 林祥明. 亚洲和太平洋地区植物新品种保护的特点及立法经验借鉴 [J]. 农业科技管理, 2005 (6).
[49] 刘紫凌, 李昌政. 加强植物知识产权保护刻不容缓 [EB/OL]. 国家知识产权战略网：http://www.nipso.cn/gnwzscqxx/swxpz/t20070509_ 85262.asp, 2007 - 05 - 08.
[50] 张凤桐. 在全国农业植物新品种保护战略研讨会上的讲话 [C]. 海口：2007 - 3 - 20, 资料来源：中国农业部科技教育司, 农业部植物新品种保护办公室.
[51] 北京、黑龙江省农业厅. 农业植物品种权执法试点工作中期总结 [C]. 农业植物品种权执法试点工作和农业知识产权主体研究汇报会交流材料, 农业部科技教育司, 合肥：2007.9.
[52] 李道国. 品种权保护对我国农业的影响研究 [D]. 南京农业大学, 2006.
[53] 柯美金. 对原产地名称和产地名称、商标名称、企业名称的比较分析 [J]. 电子知识产权, 1996 (4): 21 - 24.
[54] 董炳和. 地理标志保护的模式之争——美欧地理标志案及对我国的启示 [J]. 法治与和谐社会建设, 2006 (5): 42.
[55] 荣民. 加快完善我国地理标识的法律保护体系建设 [J]. 上海知识产权论坛第二辑知识 2004 (2): 254.
[56] 宋才发. 论保护世界遗产与培育民族精神 [J]. 中央民族大学学报 (哲社版), 2005 (1).
[57] 郭颖飞. 谈谈我国地理标志的认定及保护 [J]. 经济论坛. 2004 (5): 145.
[58] 李晓秋. 对农产品领域地理标志法律保护的思考 [J]. 电子知识产权, 2005 (11): 23.
[59] 范汉云. 地理标志保护应注意的问题 [J]. 中华商标, 2004 (10).
[60] 冯晓青. 利益衡量论：知识产权法的理论基础 [J]. 知识产权, 2003 (6): 18.
[61] 赵小平. 地理标识的延伸保护探析 [J]. 法学家, 2005 (5): 97.
[62] 李凯年. 国内外原产地保护综述 [J]. 世界标准化与质量管理, 2005 (5): 50.
[63] 王鸿飞. 完善我国地理标志商标法保护模式的构想 [J]. 法制与社会, 2009 (5): 145.

专题 8　商标品牌工作发展思路与政策研究

承担单位：国家工商行政管理总局研究中心

作　　者：刘　敏　兰士勇　叶宝文　谢冬伟
　　　　　李　怡　徐东升　李秀玉

一、"十二五"时期商标品牌工作的成绩和困难

(一)"十二五"时期商标品牌工作的成绩

1. 商标法律体系更加完善

"十二五"期间,新《商标法》顺利完成修订工作。截至 2014 年年底,全国人大常委会、国务院共修订、制定知识产权相关法律法规 14 部❶,其中《商标法》第三次修订于 2013 年完成。2012 年,国务院常务会议讨论通过《中华人民共和国商标法修正案(草案)》,并提交全国人大常委会审议;2013 年,十二届全国人大常委会第四次会议审议通过了《关于修改〈中华人民共和国商标法〉的决定》,从四个方面对《商标法》进行了修订:一是完善商标申请注册的有关内容。二是完善驰名商标和未注册商标的保护制度。三是加大对商标专用权的保护力度。四是制定商标代理执业规范,明确相关违法行为的法律责任。

"十二五"期间,商标品牌工作的各项配套保障制度建设和指导工作全面展开。2012 年 11 月,国家工商总局、司法部联合下发《律师事务所从事商标代理业务管理办法》,允许律师事务所以商标代理机构身份从事商标代理业务,进一步拓展商标代理机构的类型。2013 年,国家工商总局为切实保证新《商标法》的顺利实施,下发《关于做好新商标法贯彻落实工作的通知》,并加快修订、起草《商标法实施条例》等配套法规规章;其中,新修订的《商标法实施条例》于 2014 年 5 月 1 日与新《商标法》同步施行,条例规定商标代理机构除对其代理服务申请商标注册外,不得申请注册其他商标,为新《商标法》顺利实施和提高依法行政水平创造条件。同时,国家工商总局为推动新《商标法》的实施,积极开展商标法治宣传培训工作,举办了《商标法实施条例》暨第二届夏季青年奥林匹克运动会标志保护培训班;制定下发《关于执行修改后的〈中华人民共和国商标法〉有关问题的通知》,全国各级工商行政管理和市场监管部门按照国家工商总局统一部署,通过"4·26 知识产权宣传周",围绕新《商标法》组织开展了系列宣传培训活动,全面普及商标法律知识。

2. 商标注册和评审工作成效显著

"十二五"期间,商标注册量保持快速增长态势。截至 2014 年年底,中国商标累计注册申请量为 1552.67 万件,累计商标注册量为 1002.75 万件,商标有效注册量为 839 万件,实现三个"世界第一"。其中,2011 年申请量为 141.68 万件,同比增长 32.14%,比 2008 年翻一番;2012 年为 164.83 万件,同比增长 16.3%,商标累计申请量突破千万大关,达 1136 万件,累计注册量 765.6 万件,有效注册商标 640 万件;2013 年商标注册申请量持续大幅攀升,全年共受理商标注册申请 188.15 万件,同比增

---

❶ 《国家知识产权战略纲要》实施五年评估小组编著:《〈国家知识产权战略纲要〉实施五年评估报告》,知识产权出版社 2014 年,第 45 页。

长14.15%，占全球总量的26.7%❶，注册量达到了99.67万件，达到了百万件的数量级，表明商标战略实施成效显著；2014年，随着我国经济转型升级和商事制度改革，市场主体自主创新活力不断增强，商标注册申请量继续保持快速增长态势，首次突破200万大关，达228.5万件，同比增长21.5%，连续13年位居世界第一（如图8-1❷，图8-2所示）。

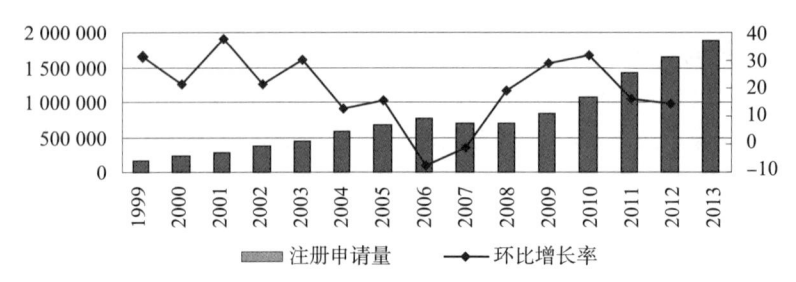

图8-1 国家工商总局商标局受理商标注册申请情况（1999~2013年）

资料来源：国家工商总局商标局。

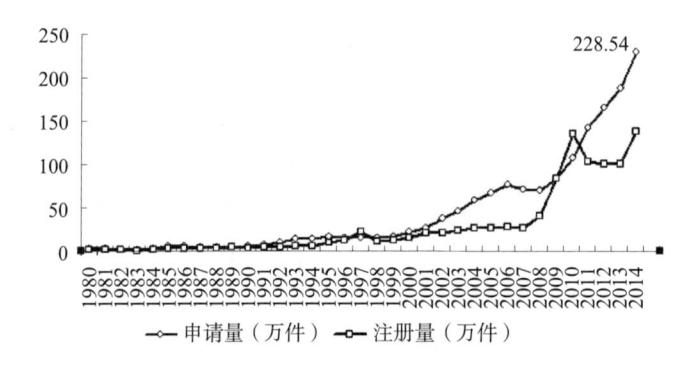

图8-2 历年商标申请量和注册量（1980~2014年）

"十二五"期间，商标跨境注册量呈现稳步增长趋势。随着我国企业参与国际竞争的不断深化，品牌意识不断提升，商标运用积极性不断增强。除了2009年受金融危机影响，同比下降幅度较大外，国内申请人的马德里商标国际注册申请量基本保持稳步上升的态势（如图8-3所示）。"十二五"期间，我国申请人提交马德里商标国际申请量、注册量和核准注册的商标量均逐年攀升。据世界知识产权组织国际局统计，2014年国内申请人的马德里商标国际注册申请2140件（一标多类），在马德里体系中排名第七，累计有效注册量达1.86万件；外国申请人指定我国的马德里商标国际注册申请20 309件（一标多类），连续10年位居马德里体系第一，累计有效注册量达20.89万件❸（如图8-4所示）。

---

❶ 占全球总量比重数据出自WIPO等机构发布的《2014年全球创新指数报告》。
❷ 未标明出处的图表资料均来源于国家工商总局商标局。
❸ 世界知识产权组织，http://www.wipo.int/portal/zh/，最后访问时间：2015年6月25日。

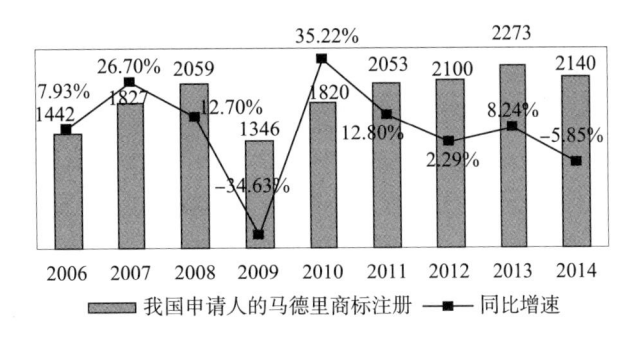

图 8-3 马德里商标注册申请量（2006~2014 年）

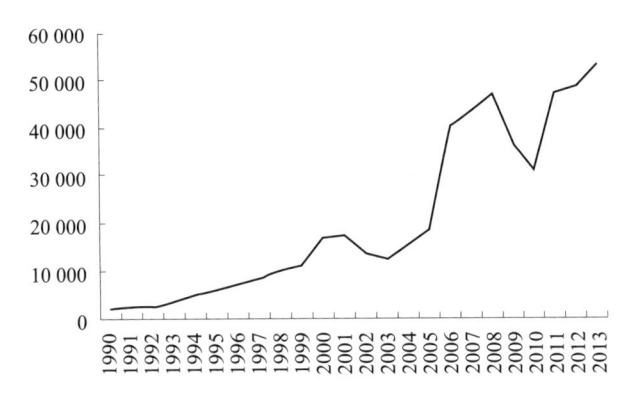

图 8-4 马德里商标注册申请量趋势图（1990~2013 年）

从外国来华申请量（包括马德里商标国际注册领土延伸申请）的国别分布看，美国（3.09 万件）、日本（1.66 万件）、德国（1.08 万件）排在前三位，共计 5.82 万件，占外国在华商标注册申请总量的 39.30%（如表 8-1 所示）。截至 2013 年，排在前列的国家或地区主要有美国、日本、德国、法国、英国和韩国等。

表 8-1 2013 年外国来华申请量排在前三的国家或地区

外国（地区）	外国来华申请量（万件）	占比	同比增速
合计	148 185	100%	1.65%
美国	30 875	20.84%	7.24%
日本	16 604	11.20%	-32.71%
德国	10 765	7.26%	-1.27%

"十二五"期间，商标审查审理效能进一步提升。工商总局商标局和商评委积极应对商标申请量快速增长，三期系统上线和审查期限法定带来的挑战和要求，多措并举，优化商标注册流程，统筹调配审查力量，对商标审查辅助人员施行绩效激励，实行"双节点"管理，完善工作机制，充分挖掘内部潜力，大幅提升商标审查审理效能。截至 2014 年年底，商标年核准注册量保持在 100 万件左右（如图 8-5 所示），远高于 2000~2009 年的年核准注册量；累计完成商标注册申请审查 628.31 万件，商标平均审查周期控制在法定 9 个月期限以内；累计审理商标评审案件 34.75 万件，案件审理周期控制

在18个月内。其中，2014年，商标审查能力首次突破200万件大关，同比增长70.3%（如图8-6所示），共审查商标注册申请242.64万件，同比增长70.32%，核准注册商标1 375 104件，同比增长37.96%。

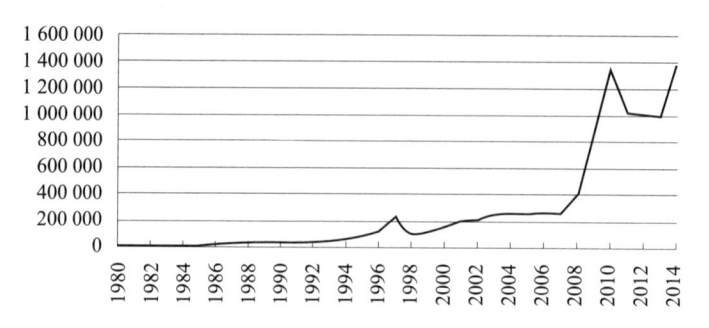

图8-5　中国商标年核准注册量变化趋势图（1980~2014年）

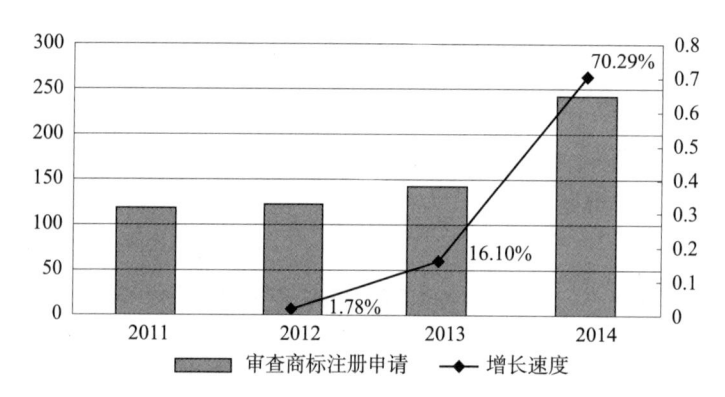

图8-6　审查商标注册申请量示意图（2011~2014年）

3. 商标执法和保护工作成效明显

"十二五"期间，打击侵权假冒专项行动深入开展，驰名商标保护力度进一步加大。为适应商标品牌工作发展需要，国家工商总局商标局增加了5个审查处，全国工商系统商标行政执法人员数量达13 951人，比2007年增加了4.2%。截至2014年年底，立案查处商标侵权假冒案件累计42.92万件，在商标管理和异议程序中新认定驰名商标累计2000余件。其中，2013年，全年共立案查处商标侵权假冒案件8.31万件，环比减少30.98%；2014年查处侵权假冒案件6.75万件，环比减少18.77%，说明打击侵权假冒的高压态势成效显著（如图8-7所示）。

"十二五"期间，为进一步完善依法、规范、高效的商标保护长效机制，构建商标日常监管与专项执法相结合，行政执法与刑事司法相衔接，注册、运用、保护和管理相统一的工作模式，国家工商总局2012年出台《关于构建商标保护长效机制的意见》，对商标品牌的保护力度不断加大；2014年制定《工商总局关于依法公开制售假冒伪劣商品和侵犯知识产权行政处罚案件信息的意见（试行）》，进一步组织做好案件信息的依法公开工作；同年7月3日，国家工商总局修订公布《驰名商标认定和保护规定》，再次确立驰名商标保护制度，厘清驰名商标概念，进一步确立驰名商标认定原则，明晰驰

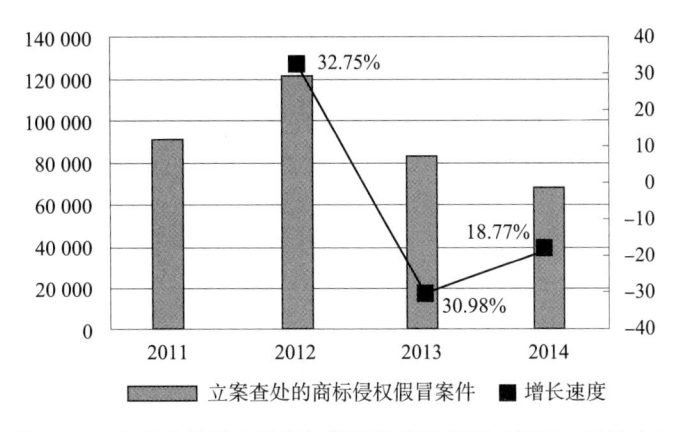

图 8-7 立案查处的商标侵权假冒案件示意图（2011~2014年）

名商标案件处理、当事人和工商部门工作职责等，体现了新《商标法》在驰名商标保护制度方面的立法精神和要求。

"十二五"期间，地理标志等注册和保护力度继续加大，进一步服务社会主义新农村建设，在促进农户和涉农企业的商标品牌意识不断提升、增收等方面发挥了重要作用。截至2014年年底，累计注册农产品商标达168.9万件；累计注册和初步审定地理标志商标2697件，其中，外国在我国注册和初步审定的地理标志商标达到81件。2012年，按照中央一号文件精神以及中央关于"充分运用地理标志和农产品商标促进特色农业发展"的要求，全国各级工商行政管理机关和市场监管部门将"商标富农"工作和推动地理标志运用作为加快地方经济发展方式转变的重要措施。2013年，按照中央一号文件中"深入实施商标富农工程，强化农产品地理标志和商标保护"的要求，进一步加大农产品地理标志和商标保护力度。2014年，研究制定《关于深入实施商标富农工程，强化农产品地理标志和商标保护的工作方案》，把贯彻落实中央一号文件精神落到实处。

4. 商标战略积极推进

"十二五"期间，商标战略全面深入推进，积极服务创新型国家的建设。国家工商总局通过每年发布《中国商标战略年度发展报告》，为各地深入实施商标战略工作提供参考和引导；通过与世界知识产权在第四届中国商标节上举办的首届"中国商标金奖"颁奖典礼，表彰和鼓励我国在商标注册、运用、保护和管理方面作出突出成绩的单位和个人；通过组织商标战略宣讲团，运用商标战略支持新疆等老少边穷地区发展经济；通过"4.26知识产权宣传周"的各项宣传活动，宣传商标知识，树立商标意识；通过由41家商标战略实施示范企业签署的《芜湖倡议》和由53个商标战略实施示范城市签订的《苏州共识》，倡导企业树立自主品牌形象，加大商标保护力度，树立负责任的企业形象和品牌形象，向全社会作出大力实施商标战略、尊重保护知识产权等8项公开承诺；通过派出10个督导评估组，对首批示范城市（区）和示范企业商标战略实施工作进行全面评估，充分挖掘示范城市、示范企业在商标战略实施中的创新经验，有效激励示范城市、示范企业进一步做好商标品牌工作。2015年7月，"中国商标品牌研究院"

成立，国家工商总局和中国人民大学签订了《国家工商行政管理总局中国人民大学战略合作协议》和《中华商标协会中国人民大学合作协议书》。

"十二五"期间，商标战略实施工作重点向有效运用和依法保护转变取得新成效。2012年，国家工商总局通过系统总结商标战略实施中的实践经验和理论研究成果，将商标战略实施重心转移到有效运用和依法保护。2013年，围绕党的十八大关于"实施创新驱动发展战略"的重要部署，工商系统立足商标战略实施重心，深入贯彻《国家知识产权战略纲要》，突出企业主体地位和市场决定作用，充分发挥示范城市（区）、示范企业的典型带动作用，及时总结经验教训，推广先进经验，形成互相促进、共同提高的商标战略实施新局面，向企业主体、市场导向和政府引导相结合转变，向注重发挥示范、创新和服务作用转变；通过创新商标行政指导工作机制，推动行政指导工作的常态化和规范化，进一步加强商标战略实施分类指导力度，鼓励和指导市场主体结合自身发展要求制定和实施企业商标战略。

5. 商标信息化等基础性建设持续完善

"十二五"期间，商标信息化建设扎实推进，为社会公众提供了高效便捷服务。随着商标审查和审理自动化系统三期工程的建设完善，网上申请范围不断扩大，基本实现了"构建国家基础知识产权信息公开服务平台"的阶段性目标。商标注册大厅便民利民措施不断完善；中国商标网的信息发布工作和商标政务公开工作扎实推进，全面提升商标公共服务水平。2012年，以商标局办公场所搬迁为契机，完善了商标档案的规范化管理；商标注册管理自动化系统硬件设施全面升级，三期工程建设取得重要进展；商标网上服务系统得到升级完善，建立了商标国际注册和维权数据库，实现商标注册计算机检索、网上查询、网上公告、商标代理组织网上申请，积极探索网上缴费；全年网站点击量达33.3亿次，接听答复咨询电话59 600个，共回复网上公众留言1765件，办理率达100%，公众对网上回复留言满意度达五星级。同年，工商总局首次作为正式成员加入商标五方会谈，与美、日、欧、韩商标主管机关以项目合作的方式推进商标信息资源的交流与合作。2013年，认真贯彻落实《关于构建商标保护长效机制的意见》，稳步推进商标行政执法信息共享平台建设，积极推动实现商标行政执法与刑事司法的有效衔接。2014年，进一步加快推进建设商标行政执法信息共享平台，积极参与全国打击侵

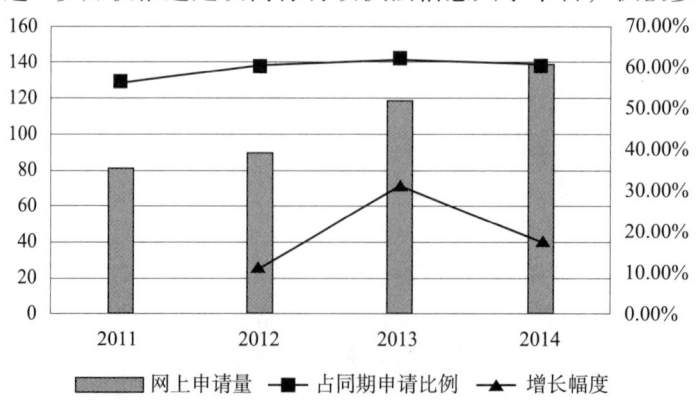

图8-8 商标注册网上申请情况示意图（2011~2014年）

权假冒工作行政执法与刑事司法衔接工作信息共享平台建设，做好商标行政执法与刑事司法衔接配合工作。截至2014年年底，商标注册网上申请量持续增加，占同期商标注册申请总量的比例稳步增长（如图8-8所示）。

"十二五"期间，商标基础性建设进一步完善。商标大楼竣工交付使用，商标档案保存环境大为改善；建立健全商标档案管理制度，档案管理更加科学有效；引进RFID电子标签技术，档案管理水平进一步提高；档案查询调阅工作更加高效，提升档案服务利用水平。

6. 商标品牌的经济推动力更加强劲

"十二五"期间，商标服务和运用水平显著提升。地理标志在促进农民增收、农业增效，带动地方农业产业结构调整等方面的作用日益凸显，调查表明，受地理标志保护的产品，经济效益普遍提高20%左右，有的甚至成倍增长[1]。截至2014年年底，累计共核准注册和初步审定地理标志商标2697件。根据《地理标志商标与区域经济发展调查表》的统计分析结果[2]，地理标志商标注册前后产品价格平均提高了50.11%，来自地理标志收入占到当地农民总收入的65.94%，地理标志带动相关产业发展的产值带动比达到1:5.20，就业带动比达到1:3.34，已有53.38%的地理标志成为区域经济的支柱产业。

商标密集型产业[3]对经济的推动作用尤其突出。自2009年以来，商标密集型产业增加值占GDP的比重逐年提高，2009~2012年，我国主要的商标密集型产业增加值合计60.82万亿元，占当期国内生产总值GDP的35.11%。据统计，2009~2012年，商标密集型产业所创造的就业绝对数量在稳步提升，四年间，平均每年可创造9414.87万人的就业机会，占全部城镇、私营单位就业人数的45.61%；商标密集型产业的城镇单位就业人员平均工资均要明显高于非商标密集型产业的薪资水平，"工资溢价"最高可达21.11%，四年平均溢价水平为19.60%。此外，商标密集型产业工业企业的出口交货值占出口总额的比例平均为71.18%，而且，自2009年以来商标密集型产业的出口交货值占销售产值比重约为非商标密集型产业的3.6倍，表明商标密集型产业的产品比非商标密集型产业的产品具有更高的产品出口水平和更强的国际出口竞争力。从国际比较看，我国商标密集型产业的GDP贡献率（35.1%）略高于欧盟（34%）和美国（31%），

---

[1] 《国家知识产权战略纲要》实施五年评估小组编著：《〈国家知识产权战略纲要〉实施五年评估报告》，知识产权出版社2014年版，第45页。

[2] 源自国家工商总局商标局关于"地理标志商标与区域经济发展研究"课题的研究成果，2015年1月。

[3] 根据国家工商总局2015年《商标密集型产业与经济发展研究》第三章的论述，综合使用基于市场主体与行业类别匹配法、绝对申请量法和基于商标类似群与行业类别匹配法，采用比例加权法对商标密集型产业进行综合甄选。一般步骤为：以第一种方法即用就业数据计算的基于市场主体与行业类别匹配法的商标密度为主方法，然后，用按照企业数据计算的基于市场主体与行业类别匹配法的商标密度、绝对申请量法和基于商标类似群与行业类别匹配法的商标密度为辅助补充的方法，为了能统一量纲，将每种方法计算出的数据指标首先通过公式将其标准化，然后借助NORM.DTST函数将标准化后的值转化到0与1区间之间，最后再利用比例加权法得到最终排名结果。其中，按照就业数据计算的基于市场主体与行业类别匹配法的商标密度赋予70%的比重，按照企业数据计算的基于市场主体与行业类别匹配法的商标密度赋予10%的比重，绝对申请量法赋予10%的比重，基于商标类似群与行业类别匹配法的商标密度占10%的比重。

但就业贡献率（45.6%）要远高于欧盟（21%）和美国（15.7%）。

"十二五"期间，创新商标运用模式，充分挖掘商标权的市场价值，服务经济社会发展作出新贡献。通过商标权质押支持和鼓励企业利用商标出质、出资，发挥了无形资产的融资功能，成为企业、特别是中小型创新企业获得资金的新途径。2011年办理商标权质权登记申请493件，融资金额133亿元，2012年完善商标权质权登记服务，帮助企业拓宽融资渠道，全年共帮助企业融资214.6亿元。2013年创新工作方式，全年共办理质权登记申请818件，质押商标7438件，质押金额401.8亿元，同比分别增长19.2%、41.8%和87.2%。2014年，积极引导和支持企业运用商标权质权融资，全年共办理商标质权登记申请758件，质押商标8721件，帮助企业融资519亿元、同比增长29%。

"十二五"期间，商标公共服务水平不断提高，促进市场主体商标意识不断增强。我国申请商标注册的主体❶数量总体呈现上升趋势。其中，2013年达到了71.53万个，每万个市场主体拥有商标1000多件❷，且平均拥有量逐年提高，说明市场主体对商标重要性的认识和商标品牌价值对其发展的重要性逐步增强，对商标运用的积极性逐步提高（如图8-9所示）。

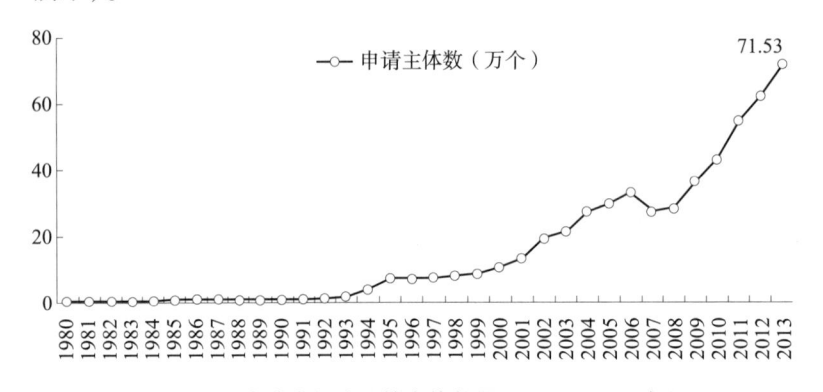

图8-9 申请商标注册的主体数量（1980~2013年）

此外，在"十二五"期间，商标理论研究、商标代理管理、商标国际及与港澳台交流和合作、商标队伍建设等各项工作也取得新进步和新成绩，为商标事业的持续健康发展提供了有力保证，为商标事业的改革发展提供了重要支持。

(二)"十二五"时期商标品牌工作中遇到的困难

1. 商标注册和管理机制有待进一步完善

"十二五"期间，政府和企业的商标管理水平不断加强，然而，随着改革深入和市场主体创新能力的增强，企业对加强商标管理的诉求日益强烈，商标管理能力与社会需求不完全匹配，距离充分履行公共服务和市场监管职能的科学管理体系还有差距。如商

---

❶ 该主体包括自然人、企业、个体工商户等。
❷ 刘俊臣："我国每万户企业商标拥有量仅是发达国家1/3"，人民网，http://ip.people.com.cn/。

标审查人员动态调整机制尚未建立，商标行政执法专业化建设有待加强；地理标志由多部门共同管理，存在职能交叉、职责不清的情况。鉴于此，我国商标注册和管理体制有待进一步改革和完善，需加强宏观统筹协调机制建设，解决商标注册和管理工作中部分存在系列问题。

2. 商标运用水平和环境建设需进一步提升

在商标战略实施带动下，商标总量一直呈现增长态势，商标的经济效益日益凸显，但总体上还处于较低水平，具有世界影响力和知名度的品牌少；商标权质量和运用效益不高，地理标志对地方特色经济发展的助力作用还不明显，直接表现为商标权的市场价值尚未充分体现，企业缺乏运用商标获取市场利益的内生动力，商标还未成为创新发展的核心要素；商标资产管理、运营、投融资等业务发展有限。这与我国所处的发展阶段有关，也与法治环境和政策体系不够完善有关，商标品牌工作仍需继续以市场为导向，优化完善商标运用和管理的各项政策，以充分发挥商标制度激励创新、支撑创新发展的作用。

3. 商标保护和服务能力需进一步提高

商标战略实施以来，保护商标权的行政执法力度明显加大，但随着现代物流的发展，侵权行为呈现链条化、网络化、复杂化的新特点，商标侵权违法行为更加隐蔽，侵权行为多发和侵权救济不力损害了创新主体的创新热情。商标的行政执法与民事司法的"两法"衔接程序优化方面虽做了大量工作，但还有改进空间，还存在程序复杂、衔接不顺的现象，商标侵权入刑案件比例偏低，行政执法与刑事司法之间的衔接配合仍需加强；对商标侵权案件的处理还存在纠纷处理周期长、跨地区维权成本高，侵权成本低的情况，商标专有权保护的实际效果与社会期待还存在一定差距。抽样数据显示，97%以上的商标侵权由于难以证明造成损失和违法所得❶，不得不采取法定赔偿，有的远低于企业培育商标知名度的广告费，无法真正补偿权利人损失，更不足以制裁和威慑侵权行为。此外，地方保护也在一定范围内存在，增加了权利人诉讼的难度和成本；商标服务标准和规范仍不完善，商标服务机构综合服务能力仍然不足，国内商标服务行业的无序竞争现象还时有发生，商标服务业务发展总水平与快速的服务需求不相适应。而且，相对于我国经济技术发展水平、市场主体规模和庞大的市场需求，商标人才相对不足，人才结构和布局尚需完善，与商标专业人才配套的职业资格认定、考评机制和优惠待遇等激励机制仍需进一步改进和完善。

4. 商标意识和宣传力度和广度需进一步增强

商标意识的树立不仅是商标战略实施的保障因素，还是创新驱动发展的重要基础条件。每年围绕不同主题开展的各项商标形式多样的宣传活动和专项行动，特别是"4·26知识产权宣传周"活动，取得了较好的社会效应。然而，截至2014年年底，工商注册

---

❶ 《国家知识产权战略纲要》实施五周年评估组编著：《〈国家知识产权战略纲要〉实施五周年评估报告》，知识产权出版社2014年版，第73页。

登记企业每百家仅拥有 8.11 个注册商标❶，虽然与 2008 年相比，公众对商标权和地理标志的认知度均有不同程度提升（如图 8 - 10 所示）❷，但公众对商标相关知识点了解程度较低，鉴于此，商标宣传方式的吸引力、感染力和深度等方面还有提升空间，企业商标意识及相关宣传工作还有待进一步提升和加强。

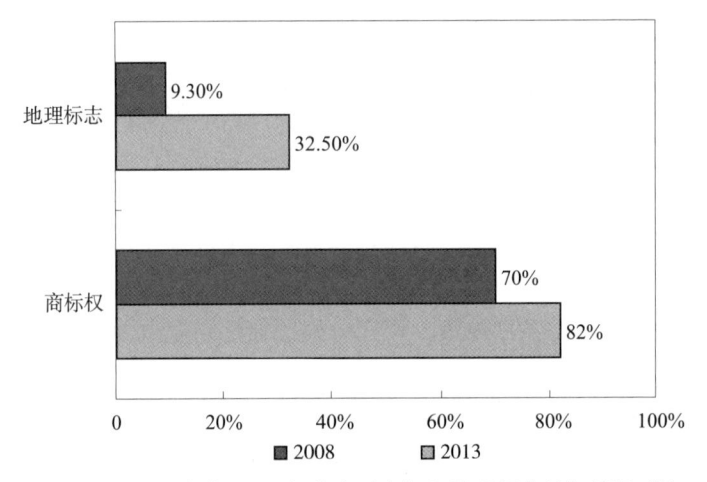

图 8 - 10　2013 年与 2008 年公众对商标和地理标志认知情况对比

2008 年资料来源：《〈国家知识产权战略纲要〉实施五周年评估报告》。本次评估的调查对象为全国 31 个城市的城乡居民，调查方式为入户和网络调查，样本规模为 15 373 个。

2013 年数据来源：《〈国家知识产权战略纲要〉实施五周年评估报告》。本次评估的调查对象为东北、东部、中部和西部 24 个城市的城镇居民，调查方式为计算机辅助电话调查，样本规模为 3657 个。

二、"十三五"时期商标品牌工作发展面临的形势及挑战

（一）"十三五"时期商标品牌工作发展面临的形势

1. "十三五"时期商标品牌工作发展的政策法律形势

党中央、国务院高度重视商标品牌工作。党的十八大报告明确提出，要形成技术、品牌、质量、服务的出口核心竞争优势。党的十八届三中全会强调要"加强知识产权的运用和保护"。2014 年 12 月，国务院办公厅转发知识产权局等单位《深入实施国家知识产权战略行动计划（2014~2020 年）》中提出，商标审查周期从 2015 年始缩短为 9 个月、加强农产品商标创造运用、优化商标审查体系、完善商标审查标准、建立地理标志联合认定机制等多项要求。2015 年政府工作报告中再次提出"要加强质量、标准和品牌建设，促进服务业和战略性新兴产业比重提高、水平提升"；2015 年 3 月 25 日，国务院发布了《2015 年全国打击侵犯知识产权和制售假冒伪劣商品工作要点》，部署了"完善法律法规，健全规章制度；强化保障措施，提高执法效能；深化改革创新，强化

---

❶《国家知识产权战略纲要》实施五周年评估组编著：《〈国家知识产权战略纲要〉实施五周年评估报告》，知识产权出版社 2014 年版，第 79 页。

❷ 同上书，第 89 页。

司法保护；推动社会共治，引导全民守法；深化合作交流，做好涉外应对"等多项工作，对加强商标品牌工作提出了明确的要求；2015年5月，国务院发布了《中国制造2025》，多次强调了商标和品牌，充分凸显出商标和品牌制度在中国制造转型升级中的重要作用。此外，各有关部委也按照党中央、国务院的要求，积极制定各项相关措施，严格贯彻落实各项商标政策，如2012年6月，国家工商总局发布《关于构建商标保护长效机制的意见》，为进一步完善商标保护机制提供了指导；2014年工业和信息化部发布了《关于2014年工业质量品牌建设工作的通知》，提出塑造中国工业企业质量品牌国际形象；由国家知识产权局牵头，28个部门参加的国家知识产权战略实施工作部际联席会议制度从2009~2015年，每年制定的年度推进计划中都对商标品牌工作进行了具体的分工和部署。未来，这些政策将持续推进中国商标事业健康发展。

商标事业发展的法律环境也得到了进一步的优化。从1983年《商标法》实施到2013年，我国商标法经历了三次修订，不仅为保护商标专用权，加强商标管理，促进商品生产者和经营者提高商品和服务的质量，维护商标的信誉，保障消费者的权益，促进社会主义市场经济的发展提供了重要的法律依据；而且为实现我国商标法与国际接轨，实施国家知识产权战略，充分发挥商标制度的作用，提高我国注册商标管理水平作出了积极的贡献。2014年5月1日，新修订的《商标法实施条例》正式实施。该条例适应当前商标工作实践的需要，细化了新《商标法》的相关条款，特别是在便利当事人方面作出了多项规定，更加便于社会公众办理各类商标申请事宜。与之同时，为适应商标法及其实施条例的修改，《商标评审规则》也进行了修订，补充完善了相关评审程序。此外，最高人民法院和国家有关部委也积极推进法律体系建设，为商标事业发展提供更加全面的法律保护，如最高人民法院2014年公布了《关于商标法修改决定施行后商标案件管辖和法律适用问题的解释》；商务部2011年发布的《第三方电子商务交易平台服务规范》规定，"平台经营者应通过合同或其他方式要求站内经营者遵守《商标法》……不得侵犯他人的注册商标专用权等权利"；国家工商总局2014年发布的《网络交易管理办法》规定：网络商品经营者、有关服务经营者销售商品或者提供服务，应当遵守《商标法》《企业名称登记管理规定》等法律、法规、规章的规定，不得侵犯他人的注册商标专用权。为配合新《商标法》的实施，国家工商总局还先后下发了《关于执行修改后的〈中华人民共和国商标法〉有关问题的通知》《关于商标代理机构备案有关问题的通知》《关于商标注册申请分割业务说明及申请注意事项的公告》《关于商标法修改决定施行后商标评审案件有关问题的通知》等文件，对有关问题向公众进行说明和提示，便于当事人依法主张权利。目前，我国以《商标法》为核心，以相关行政法规、部门规章为补充的商标法律体系随着经济社会的发展，得到了进一步的完善。

总体而言，商标品牌工作在"十三五"期间将得到政策法律方面的大力支持，但在政策落实、严格依法行政等方面还需要进一步加强。

2. "十三五"时期商标品牌工作发展的经济形势

当前，中国经济发展进入新常态，商标品牌工作面临新的经济发展形势。首先，中国经济从高速增长转为中高速增长。国家统计局的数据显示：2014年，国内生产总值为636 463亿元，跨越60万亿元关口，按可比价格计算，比上年增长7.4%。从宏观发展的角度来看待中国经济增长速度下降这一现实情况，中国经济发展将更加注重转变方式和调整结构，更加注重提高质量和效益，更加注重资源节约和环境保护，更加注重改善民生。其次，中国经济结构不断优化升级。随着产业结构的不断调整，第三产业占GDP的比重逐渐扩大。国家统计局的数据显示：2014年，第三产业增加值增长8.1%，快于第二产业的7.3%，也快于第一产业的4.1%，服务业的比重提高到48.2%。这表明了中国服务业比重不断提升，意味着中国经济由工业主导向服务业主导加快转变，开始进入服务业经济时代。第三，中国经济增长从要素驱动、投资驱动转向创新驱动。与互联网和电子商务有关的各类新兴业态快速发展，成为中国经济未来的希望所在。

中国市场活力的进一步释放，为商标事业的发展提供了新的机遇。各类市场主体是我国商标申请、使用、培育、管理的主体，也是我国商标事业发展的基础。国家工商总局发布的数据显示：截至2015年3月底，全国实有各类市场主体7125万户，同比增长15.3%。未来一段时期内，随着我国商事制度改革的不断推进，市场主体的体量将进一步增大，为中国商标事业的发展提供更加坚实的基础。

此外，中国正在协同推进的新型工业化、信息化、城镇化、农业现代化建设，不仅会创造更大和更高层次的市场需求，还会带来更全面和更深刻的产业结构调整以及更广泛的社会需求结构升级，也将给中国商标事业带来了新的发展机遇；区域经济协调发展特别是中西部地区加快发展，将催生商标事业新的发展热点地区；世界经济融合带来的人们经济生活方式的转变，特别是给改革开放后成长起来的年轻一代带来了丰富的物质生活体验，将对中国商标事业的发展产生重要的影响。

总体而言，未来一段时期内，中国经济总量将继续增大，新型经济形态将获得较快发展，各类市场主体数量将持续增长，我国国内经济运行总体将保持平稳；但经济增长下行压力依然存在，外贸出口存在的不确定性也依然存在，产能过剩也将持续，结构调整阵痛将逐步显现，发展速度将变缓，一些产业的发展速度将会下降，商标品牌工作面临的经济形势将更为复杂。

3."十三五"时期商标品牌工作发展的社会形势

商标是一种知识产权，标示着产品的独特品质和声誉，内涵信息丰富，具有较强的社会属性，关联着特定人文因素。进入21世纪以来，中国社会发展取得了重大进展，社会结构不断优化，人民生活和社会保障水平显著提高，各项社会事业加快发展，为商标品牌工作的发展提供了良好的社会基础。

社会教育的完善程度决定了人口整体的道德素质、专业素质和认识水平，直接影响着社会经济的发展速度和质量，也直接影响着商标事业的发展水平和前景。近年来，我国居民教育程度和文化水平不断提升。中国第六次全国人口普查的数据显示：2010年，中国的文盲率从2000年的6.72%下降到4.08%，每10万人中具有大学文化程度的由2000年的3611人上升为8930人，反映了我国人口素质的不断提高。未来，随着我国义务教育普及工作和高等教育的发展，我国居民教育程度和文化水平的将得到进一步的提升，从而为商标事业提供更加充分的人才资源和更加完备的社会基础。

社会普遍价值观对商标事业的发展具有重要的影响。随着改革开放的不断深入和人民生活水平的不断提高，人们对物质生活的追求也不断提升，我国公众的价值观和审美观点都发生了重大的变化，消费心理、消费习惯也随之改变。人们不再满足于单纯的商品质量，也逐渐习惯于对品牌的拥有、展示，从而对商标品牌产生了较强的需求。经过多年的发展和培育，特别是实施国家商标战略、建立商标战略示范城市等宏观政策产生的积极影响，中国公众和市场主体对商标的认识得到了极大的提高。此外，中国行业组织和民间组织的各类商标节等品牌公益活动对促进中国品牌发展和提高公众对商标的认识水平发挥了积极的作用。《中国自主品牌发展调研报告（2015）》显示，自20世纪80年代以来，我国各行业均涌现出一大批自主品牌，企业自主品牌建设意识增强，步伐加快，品牌管理、创新、市场能力不断提高。

社会力量对于商标相关理论的研究对商标事业具有积极的推动作用。近年来，以高校为主的各类研究机构对商标理论、法律等的研究不断深入，为我国商标事业的发展提供了重要的理论支撑。2015年7月28日，由中华商标协会、中国人民大学共同主办的"中国人民大学中国商标品牌研究院揭牌仪式暨品牌竞争与创新发展论坛"在京举行。中国商标品牌研究院主要开展与商标品牌相关的基础理论研究及实务应用研究，推动国际学术交流与合作，并发布《中国品牌500强》《中国行业品牌100强》《中国商标品牌发展报告》等重大研究成果，必将进一步推进中国商标理论研究工作的发展。

但整体来看，中国社会的商标社会意识还存在一些不足，如商标保护意识还有待提高；商标申请意识还存在不平衡现象等。国家工商总局"商标与经济发展关系"课题组（2015）的研究显示：外资企业相较于内资企业商标保护意识更强；从行业来看，金融业、房地产业、文化体育娱乐业等行业商标注册申请量居前三位，商标意识较强，而居民服务、建筑业、农林牧渔业户等产品服务相对单一的行业，商标注册申请量排在后三位，商标意识较弱；从国内申请量的区域分布看，东部最多，西部次之，中部地区最少。

4. "十三五"时期商标品牌工作发展的技术形势

国家科技政策的实施及科研投入持续提高，将为中国商标事业创造新的技术环境。党中央、国务院高度重视科学技术的发展，为提高科技创新能力出台了一系列的政策。2015年的政府工作报告中再次对科技工作作出了更加具体的部署，包括推动移动互联网、云计算、大数据、物联网等与现代制造业结合；促进工业化和信息化深度融合；以体制创新推动科技创新，加快科技成果使用处置和收益管理改革；落实和完善高新技术企业扶持等普惠性政策，鼓励企业增加创新投入等内容。此外，中国科研投入持续提高，将为中国科技创新提供经费保障。近年来，中国研究与试验发展（R&D）经费投入持续增加，2013年达到11 846.6亿元，比2012年增加1548.2亿元，研究与试验发展（R&D）经费投入强度（研究与试验发展经费投入与国内生产总值之比）为2.08%。2015年1月，人民网发布的消息显示：2014年全国科技经费投入达13 400亿元，比2013年增加1553.4亿元；研究与试验发展（R&D）经费投入强度可达2.1%。未来，中国的科学技术创新必将在各类利好政策和持续投入的推动下获得长足的进步,为中国商标品牌工作提供新的技术环境。

网络等新技术应用更加广泛。第一,信息技术的应用更加广泛。信息技术主要包括传感技术、通信技术和计算机技术。国家信息中心发布《全球信息社会发展报告2015》指出,全球信息社会指数(ISI)达到0.5494,正从工业社会向信息社会加速转型;物联网、三网融合、下一代通信网络、高性能集成电路、新型平板显示和以云计算为代表的高端软件等新一代信息技术的应用越来越广泛,为商标注册、运用和保护提供了新的技术基础。第二,数字化技术应用更加广泛。数字化技术不仅为中国制造产业的升级带来机遇,也对我们生活的方方面面产生了持久的影响。未来,随着数字化技术对生产和生活的渗透,数字技术的应用水平必定会得到进一步的提高,将在商标设计、制造、运用等方面产生重要的影响。第三,网络技术将得到更加广泛的应用。网络技术的最终目标是实现资源的全面共享和有机协作。未来,随着4G的普及,融合SNS和LBS理念的社区消费类网络、网络云存储以及移动网络等新的网络技术的应用将更加广泛,也将为品牌建设、品牌推广等工作提供积极的技术支持。第四,各类防伪技术的应用将更加广泛。随着各类经营主体产品保护意识的增强,各类防伪技术的市场将进一步扩大,为商标区分功能、定位功能提供技术保障。此外,国际技术交流与合作以及跨国企业技术溢出的影响,也会对中国的技术发展产生重要的影响。

未来,随着全球新一轮技术革命和产业变革的加速到来,各类高新技术在提高人们生活舒适化程度、企业成长、产业发展、国家竞争力方面将发挥越来越重要的作用,特别是网络等新技术的快速发展,将带动创业、创意和创新经济的发展,为中国商标品牌工作提供更加广阔的领域。但同时,新技术的应用也给商标品牌工作带来一些新的挑战。

5. "十三五"时期商标品牌工作发展的国际形势

近年来,世界范围内的商标事务呈现出一些新的发展趋势,中国商标事业面临新的国际形势。首先,世界各国更加重视商标的价值。美国在2013年修改了会计制度,将商标等无形资产列入国民收入。欧盟在其"2020战略"中也提出,要以知识经济来维护自己在高附加值产品方面的优势。2013年中国联合美国向ISO提出成立品牌评价标准化技术委员会的提案,并得到了各成员国的高度认可;2014年9月,国际标准化组织品牌价值评价技术委员会(ISO/TC289)第一次全体会议在北京召开,美国、德国、英国、中国、奥地利、瑞典、加拿大、法国、芬兰9个国家代表出席会议,为品牌价值评价国际标准体系的建立进行了积极的探索,也反映了与会各国对商标价值的重视。其次,商标国际合作更加多元。一方面,全球性的商标国际合作不断得到发展,如《商标国际注册马德里协定》《巴黎公约》仍然发挥着十分重要的作用,马德里体系缔约国目前有92个,巴黎公约缔约方总数已经达到176个国家。另一方面,地区性商标事务合作地位更加突出,同时又产生许多新的多边合作机制。如欧盟于2011年起开始对《共同体商标条例》(Community Trade Mark Regulation)与《商标指令》(Trade Mark Directive)进行修订,以促使在欧盟层面和成员国层面上商标注册方面的协调机制更加现代化;2013年,欧盟推出的欧盟商标系统改革法案。再如2013年科摩罗加入1999年修订版班吉协定，成为非洲知识产权组织（OAPI）第 17 个成员国，由此，向 OAPI 递交的商标注册申请，注册后在 17 个成员国全部受保护；2011 年 10 月，美国、日本、加拿大等 8 个国家签署了《反仿冒贸易协定》（ACTA），以加强国际贸易中知识产权的保护，也进一步提升了打击商标侵权的国际合作力度；2012 年，由全球最大的五个商标主管机构（TM5）——日本专利局、韩国知识产权局、欧盟内部市场协调局、中国国家工商行政管理总局和美国专利商标局——共同发起的框架性合作项目开始运行，目前，全球每年的新增申请与审理工作量的 75%~80% 都是由 5 国的商标管理部门来承担的。此外，商标双边国际合作也进一步发展，如中美、中欧、中俄、中韩、中澳、中瑞等双边知识产权工作都在稳步推进，国与国之间的商标事务合作更加紧密。第三，适用新型注册标识的国家范围进一步扩大。2011 年 11 月 1 日生效的《新加坡条约实施细则》为一些非传统商标，如立体商标、全息图商标、动作商标、颜色商标、位置商标和声音商标申请使用的图样规定了统一标准，为国际范围内新型注册标识在商标中的应用提供了参考。在此形势下，许多国家或地区为加强对本国商标权利人的保护，纷纷对本国、本地区商标法规进行修订，将一些新型标识纳入注册范围。如韩国根据其与美国之间 FTA 缔约（2011 年）修改了商标法，引入了声音商标、气味商标、证明商标制度。中国 2013 年修订的新商标法中规定，声音也可以注册成商标。日本内阁会议在 2014 年通过了一项商标法修正案，规定，"当电脑启动时播放的音乐等'声音'及决定产品印象的'色彩'等被认为是企业商品所特有的物品时，就可将其作为新商标进行注册"。第四，商标注册、运用和保护中的技术要素更加凸显。如我国商标局受理的商品服务项目在 2014 年 3 月 17 日正式接入欧洲内部市场协调局开发的对商标申请中的商品和服务进行分类的在线查询工具——TMClass 系统；世界名牌协会与世界品牌协会开发了一个全世界最大的 NGO 系统，品牌一旦纳入数据库里面就代表着获得了世界名牌协会、世界品牌协会的官方认可，能够获得更好的防伪保护；TM5 成员局在 2015 年 1 月正式推出了 TM5 ID List 检索工具，使用户可以快速并高效地在 ID 共享数据库也即 TM5 IDList 中进行检索；欧盟内部市场协调局（OHIM）的免费的在线咨询工具——TMView，可以提供用户想要查询的所有参与商标局的各个商标在国内、国际和欧盟的注册情况。此外，商标所有人使用先进的技术进行商标设计、制造、防伪已经成为一种普遍的做法。第五，各国商事主体的商标国际意识进一步增强。一方面，商事主体的国际注册意识增强。世界知识产权组织（WIPO）公布的马德里商标国际注册体系 2014 年的相关数据显示，WIPO 管理的马德里体系下提交的国际商标申请量增至 47 885，比 2013 年增长 2.3%。美国成为该体系最大用户；澳大利亚和英国在 2014 年的申请量分别增长 23.3% 和 19.3%，成为申请量排名靠前的国家中，增长最快的国家。另一方面，商事主体的商标国际保护意识进一步增强。许多企业都在加大商标防御性注册的同时，也加大了商标侵权行为的责任追究力度。

此外，国际贸易知识产权壁垒日益强化，世界各国更加注重运用商标进行竞争的能力；在全球一体化和区域经济发展的大背景下，世界各国商标制度也向全球化、区域化方向发展，如 TM5 正在努力制定一种通用的审查状态标记。

(二)"十三五"时期商标品牌工作面临的挑战

1. 新《商标法》及配套法规的实施对商标品牌工作提出了新挑战

2014年5月1日,新《商标法》正式施行。同一天,新修订的《商标法实施条例》和《最高人民法院关于商标法修改决定施行后商标案件管辖和法律适用问题的解释》也开始施行。6月1日,新的《商标评审规则》正式实施。伴随着新《商标法》和配套法规的施行,中国商标品牌工作需要进一步的调整、适应。首先,新《商标法》对商标行政管理工作提出了新的要求。如新《商标法》扩大了可以申请注册商标的标志范围,修改删除了商标注册的"可视性"要求,并明确"声音"可以申请注册商标,使得商标审查工作在内容、方式、技术手段上都面临新的挑战,需要通过案件不断积累经验。再如新《商标法》增加了商标审查时限的规定,在中国商标注册申请量连续攀升的情况下,此规定无疑对商标注册管理工作的效率提出了更高的要求。此外,新《商标法》中关于商标显著性、允许跨类申请和电子申请等规定,以及新《商标法实施条例》和新《商标评审规则》中的相关修订也对商标行政管理工作提出了新的要求。其次,新《商标法》对商标司法审判工作提出了新的挑战。如新《商标法》关于商标审查时限的规定施行后,商标行政管理部门处理案件的速度提高,导致受理的商标授权确权行政案件有大幅度上升,对司法审判部门案件审理工作提出新的挑战。此外,新《商标法》在商标审查理由、保护标准等方面都有一些新的规定,如注册商标成为通用名称后应被撤销的规定、混淆成立的情况下的在先使用抗辩制度等,在司法实践中还没有太多经验可供参照,需要法院通过实践来逐步积累经验,确定裁判标准。再次,新《商标法》对商标权利人开展商标管理工作提出了新的要求。如新《商标法》增加对"驰名商标"宣传和使用行为的禁止性规定,对广大拥有驰名商标的企业来说,如何充分挖掘驰名商标的价值,提高产品附加值,将成为新的挑战。

2. 行政体制改革给商标行政管理工作带来新的挑战

当前,在商标行政管理领域的体制改革正在进行,省级以下工商部门由垂直管理调整为分级管理的体制改革已全面展开,机构合并与职能调整也在逐步推进,工商行政管理部门进入了"两费"停征之后又一历史性的重要改革、转型时期,给商标行政管理工作带来新的挑战。首先,从当前的情况来看,许多地方的县级和部分市级工商行政管理部门已经与质监、食药监等部门进行了合并,省、市一级保留工商行政管理部门,商标行政执法工作要在新的管理体制下顺利推进,在工作协调、执法配合、人员配备等方面都面临一些挑战。其次,商标行政执法工作具有较强的专业性,对执法能力要求较高。随着体制改革的推进,基层市场监管部门的职能得到扩充,监管领域得到拓展,而执法力量相对于商标侵权、不正当竞争违法、网络监管、合同侵权等众多执法事项而言明显不足,面临执法效能提高、执法方式改进、技术装备提升等诸多挑战。再次,适应服务型政府建设要求,要进一步提高商标行政管理工作服务发展的能力。行政体制改革的目标是要建设服务型政府。对商标品牌工作而言就是要构建廉洁高效、管理科学、人民满意的服务型商标管理部门,不断创新监管方式,推进商标注册便利化,更好的服务于经济社会又好又快发展,服务于国家品牌建设的整体目标,服务于各类市场主体。

3. 知识产权司法体制改革给商标司法工作带来新的挑战

党的十八届三中全会提出要深化司法体制改革,探索建立知识产权法院。党的十八届四中全会又提出"完善司法管理体制和司法权力运行机制"的改革要求。2014年8月31日第十二届全国人民代表大会常务委员会第十次会议通过关于在北京、上海、广州设立知识产权法院的决定；2014年年底,北京、广州、上海知识产权法院先后建立,司法体制改革迈出了重要一步,这是我国包括商标在内的知识产权司法保护事业发展的一个重要标志,也对商标司法工作提出了新的要求。第一,司法体制改革是党中央在全面深化改革的新形势下,提出的一项重大任务,知识产权司法体制改革是司法改革的重要内容,商标司法审判工作必须适应司法体制改革的发展方向,在宪法规定的司法体制基本框架内,实现自我创新、自我完善和自我发展。第二,知识产权司法体制改革是一项复杂工程,是一个持续的过程。商标审判工作要适应改革的需要,就必须立足全局,不断探索,切实加强各种能力建设。未来,随着改革的深入,商标司法工作的创新能力、审查能力、审判执行能力都面临新的挑战,需要认真对待。第三,商标案件具有较强的专业性,对司法审判人员的要求较高。随着知识产权司法体制改革的推进,全国范围内的知识产权法院将逐步建立,知识产权司法审判资源也将进一步集中,对于司法人员分类管理、职业准入、职业培训、规范遴选、交流轮岗、法律职称待遇、考核晋升、终身职业保障等方面的问题需要进行统筹考虑,以稳固商标司法干部队伍,保障商标司法工作。此外,知识产权司法体制改革在法院管理、审判模式等方面都将产生重要的影响,而商标案件审理工作还需要适应这些新的变化。

4. 新技术的运用与普及使商标品牌工作面临新的挑战

随着大数据、物联网、云计算技术的发展,以及远程访问和监控技术的运用与普及,世界范围内的商标品牌工作将使用更多、更新的技术,促进商标事业的发展,也将对中国商标品牌工作的适应能力、技术运用能力提出了许多新的挑战。首先,新技术的应用,使商标品牌工作面临一些新的问题。如随着互联网的不断发展,网络已经成为商标权利人宣传和维护其权利的主要阵地,但互联网自身的跨界、虚拟性等特点也给商标监测、保护带来很大的困难,网络市场已经成为商标侵权的重灾区。未来,面对海量的网络交易活动,如何实现有效管理,将是商标品牌工作面临的重要课题。此外,新型侵权案件也不断增多,WIPO的仲裁与调解中心在2013年共受理2585件商标域名抢注案,涉及抢注的域名数量达6191个,为历年之最,比2012年增加22%。未来,如何适应网络技术的发展,在互联网上对商标权给予充分的保护成为商标品牌工作的新挑战。其次,随着科技的发展和新技术的普及,商标品牌工作参与人对新技术的理解、掌握程度都直接影响商标品牌工作的成效,需要不断掌握相关新技术,适应新的技术环境。从当前商标品牌工作主体的现实情况来看,对各类新技术的学习、运用将成为做好商标品牌工作的基础,需要付出相应的努力。第三,随着信息技术的发展,商标通过网络实现了全球化、虚拟化,以地域性、专有性为根本特征的商标权制度面临新的挑战,如何在理论基础方面进行系统的研究和分析,从而为商标制度的完善和改进提供理论依据,将是商标理论研究工作面临的新挑战。此外，新形式商标的出现，也给商标注册理论、保护理论提出了新的问题。

5. 中国经济社会发展状况对商标品牌工作提出新挑战

首先，中国经济发展进入新常态，"创新驱动发展"成为最强音。未来，如何充分发挥商标在创新驱动中的积极作用，支持社会创新，促进"创新红利"充分释放，将成为商标品牌工作的一个重点。其次，当前，中国区域经济协调发展依然是中国经济工作中的一个重点。未来随着长江经济带、京津冀协调发展等区域经济发展战略的逐步推进，原来在省级商标行政管理部门的商标管理工作需要在区域经济协调发展的大背景下统一规划、部署，这将对商标行政管理的协调能力，管理能力和执法水平提出更高的要求。再次，当前，中国对外经济合作不断发展，在促进中国经济不断进步的同时，也对中国商标品牌提出了新的要求。一方面，中国商标事业将面临新的发展机遇；另一方面，国内企业必然面临新的国际竞争，需要发挥知识产权在核心竞争力培养方面的重要作用，尤其是与相关国家经贸往来中，我国商事主体应当通过注册商标或者申请专利等进行知识产权布局，避免损失。未来，积极鼓励企业利用商标实施"走出去"战略，提高与合作国家在商标管理方面的协作能力，加强对合作国家商标制度的研究，完善企业品牌管理，将成为商标品牌工作的新的挑战。第四，随着我国社会商标意识的提高，商标培育、提高注册效率、简化申请手续、提升执法水平等方面都面临着更高的要求。

6. 商标国际发展新趋势对中国商标品牌工作提出新挑战

首先，在国际商标合作不断增强的情况下，中国商标品牌工作需更加注重培养自身的国际交往能力。中国商标行政管理部门需要积极参与商标国际事务，进一步加强与相关组织的沟通协调能力；中国司法部门需要加强对国际商标法律事务的研究，充分借鉴其他国家先进的立法成果和司法经验，提高自身的能力；中国企业在商标国际规则、国际惯例、海外运作等方面的认识和运用水平也需要进一步提高。其次，在各国商事主体商标意识不断增强的情况，中国商标品牌工作需更加注重培养自身的国际维权能力。在加强商标国际注册工作，提高市场主体商标国际注册意识方面，为各类市场主体商标国际注册提供更好的服务将成为商标注册管理工作的重要方面；在加大对国内企业在海外维护商标权益的支持力度方面，进一步完善与各国商标主管机构和协会的合作交流，畅通维权渠道，为国内企业海外维权提供更加切合实际的指导，将成为商标行政管理部门的重要任务。再次，针对国际社会更加重视品牌价值的情况，中国品牌需注重提升品牌价值的能力。进一步加强品牌培育，强化对企业在国际贸易中培育自主品牌的指导，积极推动我国从"中国产品"向"中国品牌"转变，将成为商标行政管理部门的一项重要工作。未来，在国际场合中加强对中国品牌的使用和宣传，展示对中国品牌的信心，将成为商标品牌工作的一项挑战。此外，商标制度的国际发展新方向、新形式商标的国际发展新趋势等也对中国商标事业提出了相应的要求。

三、"十三五"商标品牌工作的指导思想、基本原则和发展目标

(一) 指导思想

深入贯彻党的十八大、十八届三中、四中全会精神，按照全面深化改革、全面推进依法治国的要求，主动适应经济发展新常态和职能转变的新形势，依法保护、促进运用、科学管理、营造环境，提升商标的注册、运用、管理和保护综合能力，促进我国企业市场竞争能力的提高，推动我国向"中国创造"和"中国品牌"转变，建设创新型国家和商标品牌强国。

(二) 基本原则

1. 坚持以推动经济社会发展为核心

以促进社会经济健康有序发展为核心思想，遵循提升市场竞争力、维护公平竞争秩序和建设法治诚信社会的内在要求，尊重企业市场主体地位和经济发展规律，出台更具针对性的商标政策，依法保护商标专用权，创新和完善商标监管的长效机制，提升企业竞争能力。

2. 坚持以向"中国创造"和"中国品牌"转变为方向

在经济发展新常态背景下，根据产业结构升级优化与商标品牌的联动关系，优化商标品品牌的法制环境、政策环境和市场环境，努力实现用品牌提升产业竞争力，帮助企业实施国际化战略，推动我国从"中国制造"向"中国创造"转变，从"中国产品"向"中国品牌"转变。

3. 坚持以全面推进商标战略为重点

按照党的十八大作出的"实施创新驱动发展战略"重要部署，以《深入实施国家知识产权战略行动计划（2014~2020年)》为指南，深入贯彻落实《国家知识产权战略纲要》，以全面推进商标战略为重点工作，完善商标保护和服务体系，树立商标品牌意识，提升商标运用和管理水平，促进商标各项工作取得新成绩。

4. 坚持以商标注册便利化和强化商标执法为抓手

探索商标注册便利化工作融入商事登记改革进程的科学途径，将强化商标执法工作融入"一带一路"、京津冀协调发展和《中国制造2025》等战略中，对重点区域和重点行业的侵权假冒行为进行重点监管，鼓励和支持企业培育和运用商标品牌，提升商标实际使用率和品牌市场价值。

(三) 发展目标

党的十八大明确了"两个一百年目标"，要求在2020年全面建成小康社会，进入创新型国家行列。2020年是实现第一个百年目标的标志性节点，也是21世纪中叶实现第二个一百年目标，即建成富强、民主、文明、和谐的社会主义现代化国家的基石。为此，商标品牌工作面对新形势，坚持"依法保护、促进运用、科学管理、营造环境"

的基本方法,在2020年努力实现以下目标。

1. 进一步提升商标注册审查管理水平,实现商标注册申请量持续增长和向"商标强国"转变的目标

国务院部署的商事制度改革,极大地激发了社会创业创新活力,商标注册申请量随之大幅提升,这对商标审查、管理、运用和信息化建设等工作提出挑战。为此,未来五年,商标品牌工作要建立适应经济社会发展的商标行政管理体系和协调机制,推进商标注册便利化,促使行政效率显著提高,积极预防商标注册泡沫化,实现注册审查和管理运用能力达到国际先进水平;促使商标市场价值充分显现,实现商标权质押融资规模显著增加;促使商标在产业升级与优化中的作用更加突出,助推企业实施"走出去"战略,实现商标对经济增长的贡献率进一步提升;促使商标信息化和服务水平更上台阶,构建商标品牌信息库,进一步推进网上申请系统升级,尽快实现企业和个人直接提交网上申请;促使商标注册审查流程和商标结构更加优化,涌现一批具有国际影响力的商标品牌,实现中国向"商标强国"转变的目标。

2. 构建科学的商标专用权保护体系和市场化机制,实现以品牌促发展的目标

数据分析结果显示[1],我国主要商标密集型产业增加值占当期国内生产总值GDP的35.11%;所创造的就业数量占全部城镇、私营单位就业人数的45.61%;出口交货值占销售产值比重约为非商标密集型产业的3.6倍,表明商标密集型产业的产品比非商标密集型产业的产品具有更高的产品出口水平和更强的国际出口竞争力。此外,地理标志商标促进区域产品充分发挥品牌效益,对区域经济发展影响指数高达0.306[2]。为此,未来五年,要促使商标专用权保护体系更加科学,协作机制更加健全,商标行政执法与司法衔接更加顺畅,构建商标执法与竞争执法、消费者保护紧密联系的保护网,加大对恶意注册、侵权行为的制裁力度,使商标侵权代价更加高昂,有效遏制各类商标违法现象,为商标密集型企业维护、运用和管理商标品牌提供基础条件,促使商标密集型企业数量显著增加;要"发挥市场在资源配置中的决定性作用和更好发挥政府作用",建立商标品牌"利益共同体",联动协作,提高地理标志、驰名商标等可持续发展能力,不断深化商标品牌国际化、市场化程度,加强商标品牌建设和运用,实现推动产业升级和经济发展的目标。

3. 为品牌经济发展创造良好环境,实现我国企业在国际上排名进一步提升的目标

根据世界品牌实验室发布的"世界品牌500强"排名,可以初步评判我国品牌发展

---

[1] 数据采用2009~2012年的数据,详细分析过程请参见国家工商总局商标局《商标密集型产业与经济发展研究》报告。

[2] 指标体系包括5个一级指标和10个二级指标,5个一级指标是产业地位指数、就业指数、增收指数、税收贡献指数和经济要素指数等。采用因子分析法和综合指数法,计算影响指数。地理标志商标与区域经济发展影响指数高达0.306,说明在已注册和运用地理标志商标的全国952个县市区旗(占全国县级行政区划单位总数的33.39%,涉及103个地市州盟)中,地理标志商标对当地就业、居民增收和经济发展的综合贡献率和影响程度超过30%,综合贡献率比较高,影响程度比较大。

水平和世界影响力在持续提升❶❷，主要表现为 2007~2014 年间我国进入世界 500 强的品牌数量稳步增加（如图 8-11 所示），到 2014 年我国具有世界影响力的品牌增长到 29 个。然而，相对于我国 13 亿多人口规模和世界第二经济体的经济总量，我国国际知名品牌非常稀少。因此，在未来五年要积极贯彻落实国家知识产权战略、新《商标法》等相关政策法规，普及、培养和鼓励商标意识形成，促使商标意识深入人心，为商标培育和发展营造有利的法制环境和政策环境。要进一步强化商标行政保护力度，提高行政执法能力，维护市场竞争秩序，保护企业商标合法权益，努力营造商标品牌发展的市场环境，促使商标质量进一步提升，提高我国品牌忠诚度和全球领导力；帮助企业利用商标拓展市场和增强世界影响的能力明显提升，实现中国品牌在国内、国际市场上占有率大幅提高，全球知名品牌排名前列的中国企业数目显著增加。

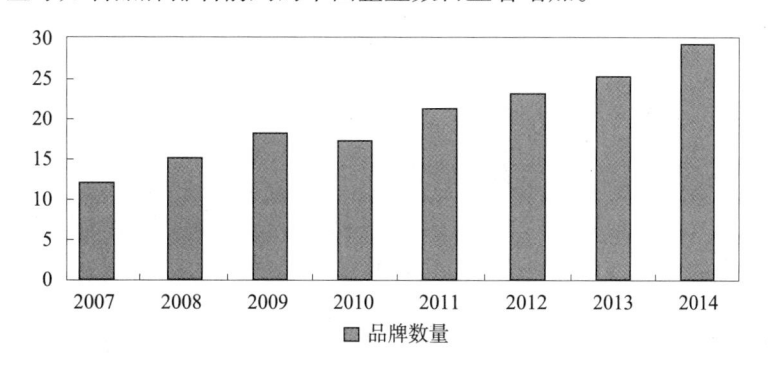

图 8-11　我国进入"世界品牌 500 强"排行榜的品牌数量（2007~2014 年）

资料来源：世界品牌实验室，网址：http://www.worldbrandlab.com，最后访问时间：2015 年 6 月 25 日。

4. 以商标人才队伍建设促商标管理和服务能力提高，实现商标战略对社会经济发展支撑作用显著提升的目标

只有健全的商标人才队伍、高水平的商标服务和良好的商标保护氛围，商标战略才能有效转化为社会经济发展的强大动力。商标战略依托工商行政管理队伍，在全球经济一体化进程不断推进的背景下，为促进经济改革发展和建设创新型国家发挥了重要作用，然而，商标战略要持续助推经济健康有序发展，仍需要大批业务水平高、综合素质强、职业道德修养好的商标人才。因此，未来五年，要继续通过举办培训班、开展业务技能大比武、以会代训、岗位练兵、经验交流、以案说法等形式进行业务培训，提高执法人员办案能力和综合素养；要建立科学的专业技术人才管理体制机制，界定商标人才，建立符合知识产权人才特点的职业资格认证、职称评定和能力评价机制等制度，使商标专业人才可以享受应有的优惠政策，提升工作积极性和队伍稳定性；要培养商标高端人才、跨专业知识和能力的商标实务人才，实现商标人才结构更加优化，人才布局更加合理，人才队伍层级更加健全，以高水平商标服务水平，充分发挥品牌经济聚集效

---

❶ 判定指标包括品牌开拓市场、占领市场并获得利润的能力等。
❷ 本报告中提及的"品牌经济"指以品牌为核心整合各种经济要素，带动经济整体运营的一种经济形态。它是企业经营的高级形态，也是市场经济高级阶段形态、一种新高度的经济文明。根据中国经济网资料整理。

应，推动商标战略有效转化为社会经济发展的强大动力。

四、"十三五"商标品牌工作的重点任务和战略措施

以商标品牌强国为目标，大力发展品牌经济，逐步实现"中国创造""中国品牌"的市场格局。将商标品牌对经济增长的贡献率纳入国民经济和社会发展指标体系。建立"国家商标品牌信息库"。进一步提升商标注册便利化程度，充分发挥商标品牌助推经济社会发展的积极作用。加大商标行政执法力度，强化商标专用权保护。促进商标代理机构健康发展，切实维护商标代理市场秩序。建立健全商标品牌价值评估体系和制度。充分发挥商标品牌对实施创新驱动发展战略的推动作用，对扩大内需、发展实体经济的促进作用，对服务新农村建设、统筹城乡发展的保障作用，对推动企业加快走出去步伐、增强国际竞争力的支撑作用。

（一）创新和完善商标注册管理体制机制

1. 深入推进商标审查评审制度改革

建立灵活应对商标申请发展趋势的审查体制机制。充分发挥协助审查机构的作用，不断完善协审工作模式。优化审查流程，以独任审查制全面替代一审一核制。完善审查质量监管和协调保障制度，依法落实审限要求，进一步提升审查质量。健全完善新型商标的审查标准。建立重大、疑难案件审查会商制度。积极探索口头审理和巡回审理机制。推进商标评审公开化，提高商标审查和评审效率。

2. 提升商标注册便利化程度

扩大网上申请范围，全面开通网上缴费。进一步加大商标数据库开放力度。简化办事程序，逐步缩短商标许可备案、质权登记、转让、续展等的办理时间。对具有自主创新、自主知识产权的高新技术企业申请注册商标以及注册商标争议的案件，符合提前审查和审理条件的，设立快速处理绿色通道。加强信息化建设，推进国际注册申请便利化。

3. 优化商标行政管理体制

着眼商标事业长远发展需求，进一步优化商标行政管理体制，建立商标综合服务系统和商标异地协同审查系统。逐步实现对已受理商标注册申请信息和已注册商标信息向各省（区）市商标主管机关的全面开放。根据区域发展需求，在条件成熟的地区，有序推进设立商标注册与服务派出机构。

4. 建立"国家商标品牌信息库"

整合工商（市场监管）部门与市场主体商标注册、运用、管理、保护和品牌发展的基本信息，建立"国家商标品牌信息库"。运用大数据、云计算等现代信息技术，深度挖掘商标品牌数据信息价值，拓展商标监测、预警、服务等功能，并实现与企业信用信息公示系统的对接。将"国家商标品牌信息库"打造成为服务党委政府推动经济发展的决策参考平台，服务政府有关部门、市场主体以及社会各界信息数据运用的共享平台，服务企业提升信用、强化自律的推进平台，服务工商（市场监管）部门加强商标

行政执法的协作平台。

5. 构建商标品牌对经济增长贡献率的指标体系

以地理标志、商标密集型产业为切入点，构建商标品牌与 GDP、就业规模、可支配收入、出口交货值等与经济发展关系密切的指标体系，科学评估和分析商标品牌对经济增长的贡献率和推动力，充分发挥商标品牌对经济发展的推动作用。

（二）营造公平竞争的品牌发展环境

1. 维护商标确权领域公平竞争秩序

通过强化商标确权保护，明确界定商标权利行使和保护的范围，维护和谐诚信的商标注册秩序，最大限度地维护市场主体的商标信誉和创新成果。进一步强化对商标领域不正当竞争行为的制止和打击，对非法抢注他人未注册商标、攀附他人商标声誉、恶意抢占公共资源的商标依法不予核准注册或者予以撤销，不断提高打击恶意抢注行为的精准性和威慑力，促进商标知识产权整体保护水平的提高。

2. 加大商标行政执法力度

加强执法区域协作和部门协作。不断扩大协作执法的范围，完善协作机制，提升协作水平，逐步形成标准统一、信息共享、协调联动、反应快速的商标案件查处机制。完善商标行政执法与司法的衔接机制，加大涉嫌犯罪案件移交工作力度。加强部门间信息共享机制建设。加强上级机关对下级机关商标行政执法工作的指导和协调，增强全国打击侵权假冒工作的协同性和统一性。提高行政执法效率和水平，加强对大要案件的宣传和总结。

3. 加强重点领域商标行政执法

深入开展打击侵犯知识产权和制售假冒伪劣商品专项行动，以高知名度商标、地理标志、涉外商标为重点，积极查办跨区域、大规模和社会反响强烈的商标侵权案件，加大对民生、重大项目和优势产业等领域商标侵权行为的打击力度，加强大型商业场所、展会商标专用权保护。对出口非洲、拉美和"一带一路"沿线国家和地区的重点商品，开展专项整治，防止侵权假冒商品走出国门，维护中国制造的海外形象。

4. 强化网络商标专用权保护

完善网络环境下的商标保护制度，严厉打击网络商标侵权、销售假冒伪劣商品等违法违规行为。督促电子商务平台企业落实相关责任，探索加强跨境贸易电子商务服务的商标监管。

5. 加强商标行政执法信息公开

推行商标行政执法信息公示制度，通过企业信用信息公示系统、商标行政执法机关门户网站、新闻媒体等多种渠道，依法向社会公开制售假冒伪劣商品和侵犯商标专用权行政处罚案件的相关信息。将案件信息公开情况纳入打击侵权假冒工作统计通报范围并加强考核。

6. 提高驰名商标认定和保护水平

进一步完善驰名商标认定工作机制，严格依法认定和保护驰名商标，推进驰名商标认定保护工作的常态化。

7. 建立完善商标品牌长效保护机制

继续加强监管执法体系建设，完善省级工商、市场监管部门间商标行政执法的协作网络与联动机制。建立健全合理协调的商标监管执法机制，加强相关部门之间的沟通配合，切实做到日常监管与专项行动相结合，行政执法与刑事司法相衔接，提升商标监管执法工作效能，形成长效保护机制。

8. 完善企业、社会、政府三位一体的商标保护工作共治格局

构建和完善以企业自我保护为主体、行政保护和司法保护相结合、社会公众广泛参与的商标权益保护体系，切实保护商标专用权。

（三）依托商标战略实施促进企业发展产业转型

1. 引导中小企业培育发展自主商标

支持具有较强创新能力、成长性好、有发展潜力的中小企业注册培育自主商标。加强对中小企业商标注册运用的指导和服务。推进自主创新与自主商标培育工作。

2. 大力培育和发展新兴产业商标

根据国家产业发展战略布局，大力扶持移动互联网、集成电路、高端装备制造、新能源汽车等战略性新兴产业的商标培育和品牌建设，打造一批代表国际先进水平，具有中国优势的中高端民族品牌。

3. 推进制造业品牌建设

以《中国制造2025》打造具有国际竞争力的制造业为目标，以提高国家制造业创新能力、加强质量品牌建设为重点，引导制造业企业制定品牌管理体系，围绕研发创新、生产制造、质量管理和营销服务全过程，提升内在素质，夯实品牌发展基础。鼓励企业追求卓越品质，形成具有自主知识产权的名牌产品，不断提升企业品牌价值和中国制造整体形象。

4. 培育产业集群特色品牌

健全集体商标、证明商标注册管理制度。大力培育地方特色产业集群，打造一批特色鲜明、竞争力强、市场信誉好的产业集群区域品牌。

5. 围绕现代服务业发展目标打造服务品牌

引导传统服务业企业通过商标授权许可，实施品牌连锁经营，提升市场占有率和品牌知名度。引导新兴服务业企业加强商标意识，积极注册商标，有效运用商标，打造服务品牌。

6. 促进商标密集型产业发展

针对高水平商标密度产业的发展特征，推动商标密集型产业继续加快商标注册和保护，加快高水平商标密集产业的商标保护和发展。开展专项、专门的商标保护、应用和管理推进工作，促进商标密集型产业发展。加大对国家战略新兴产业、文化产业以及竞争性产业的商标管理和保护，引导相关产业向高水平商标密集型产业发展。

7. 积极服务混合所有制改造和传统行业转型升级

引导和支持企业做好改制、并购、股权流转、对外投资等活动中的商标续展、变更、评估、转让等产权管理。

8. 推进品牌创新

把品牌创新融入实施创新驱动发展战略的全过程，引导企业牢固树立品牌意识，切实加大品牌建设投入，以产品创新、产业组织创新、商业模式创新推进品牌创新，以品牌创新带动引领企业全面创新。鼓励企业摆脱同质化竞争、价格竞争，通过技术创新、品牌营销、品牌竞争实现创新发展、转型发展。

9. 建设品牌文化

引导企业增强以质量和信誉为核心的品牌意识，树立品牌消费理念，提升品牌附加值和软实力。充分发挥各类媒体作用，加大中国品牌宣传推广力度，树立中国品牌良好形象。

10. 引导企业运用"互联网＋"提升品牌影响力

引导企业抓住机遇，拓展品牌推广渠道，创新品牌竞争形式，丰富品牌竞争内容，努力形成适应互联网发展的多层次、全方位、立体化的品牌推广格局，不断提升品牌附加值和竞争力。

（四）充分发挥地理标志和农产品商标的富农效应和区域经济带动效应

1. 加强地理标志和农产品商标的注册和运用

引导农产品特别是具有地方特色的名、特、优、新、稀农副产品申请注册农产品商标或地理标志商标，保护特色农产品，促进特色农业发展，带动地方农业结构调整和区域经济发展。

2. 深入推进商标富农工作

推广农户、基地、龙头企业、地理标志和农产品商标紧密结合的产业化经营模式，促进农业生产经营专业化、规模化、集约化，推动农业龙头企业技术创新、产品升级、品牌建设，促进农民增收、农业增效。

3. 加快建立地理标志部际联席协调机制和联合认定机制

完善地理标志保护法律法规及综合性政策，建立相关部门统一协调的地理标志联合认定机制。

4. 搭建地理标志促进区域经济发展交流平台

加强地方经验交流，推广成熟经验。鼓励企业和行业协会通过特色展会、专题展览或产品博览会等形式，进一步扩大宣传。

5. 加强地理标志和农产品商标保护

建立"地理标志商标保护基金"。

（五）建立社会化的商标服务体系

1. 进一步增强行业协会的服务功能

积极发挥行业协会在商标信息交流、维护会员利益等方面的优势和作用，鼓励行业协会大力开展商标教育培训和专题活动。支持商标协会、消费者协会、个体私营经济协会等协会组织搭建专业服务平台，提供有关商标、品牌运作及商标维权方面的指导、协调和服务。

2. 促进商标代理机构健康发展

规范商标代理行为，提高代理服务质量。加强商标代理组织管理制度建设。开展商标代理机构的信用信息记录、评价和公开等管理工作，规范商标代理市场秩序。充分发挥商标协会规范商标代理机构行为的职能作用，加强商标代理行业监管和职业道德培训，强化行业自律。

3. 建立健全商标品牌价值评估体系和制度

适应品牌经济发展和企业经营的现实需要，研究建立科学的评估方法和相对完善的商标品牌价值评估体系，不断提升我国在商标品牌评价领域的影响力。

4. 充分发挥社会组织在商标品牌评价制度建设中的作用

支持中国商标品牌研究院等社会组织加强商标品牌理论研究，发布中国品牌发展报告，积极开展商标品牌评价国际交流与合作，不断提升我国在商标品牌评价领域的话语权。

5. 完善商标专用权融资平台

支持银行、保险、信托等机构广泛参与商标知识产权金融服务，鼓励商业银行开发商标知识产权融资服务产品。引导和鼓励地方人民政府建立小微企业信贷风险补偿基金，对商标质押贷款提供重点支持。

（六）扩大商标对外交流与合作

1. 深化国际及与我国港澳台地区交流与合作

不断深化和扩大与世界知识产权组织（WIPO）、亚太经合组织（APEC）等国际组织以及与美国、欧盟、英国、韩国、日本等国家和我国港澳台地区的合作与交流。加强与瑞士、法国、泰国、非洲知识产权组织、非洲地区知识产权组织等国家、组织的合作与联系。完善商标领域多边双边交流机制，畅通交流渠道，拓宽合作内容，促进经贸往来。积极参与商标国际秩序构建，提升我国商标领域的对外工作水平和国际影响力。适应企业"走出去"的战略需要，研究我国加入《商标法新加坡条约》的可行性。

2. 支持中国企业和中国品牌"走出去"

加强对商标境外注册工作的指导和培训。鼓励和支持品牌企业到境外申请注册商标，支持开展对出口型企业商标国际注册的培训，增强出口型企业在境外注册商标的意识，提高出口型企业运用国际规则参与国际市场竞争和保护自己合法权益的能力。跟踪研究有关国家的商标法规政策，收集发布主要贸易目的地、对外投资目的地商标政策法律信息，为中国企业和中国品牌"走出去"及时提供支持。

3. 积极维护海外商标权益

健全完善海外维权工作机制，畅通维权渠道。建立海外商标维权援助机构，向被侵权的我国企业提供法律咨询、法律援助、侵权调查、政府协调等方面的实质性帮助。鼓励企业建立海外维权联盟，帮助企业在当地及时获得商标保护。支持在对外贸易中加强商标管理，建立和完善国际争端协调解决机制。探索建立专门的商标海外维权基金。

（七）稳步推进商标信息化建设

1. 全面提升商标注册与管理信息化水平

全面升级商标注册与管理自动化系统。启动商标审查与审理自动化系统升级，通过技术进步，实现流程优化、智能检索、电子发文上的突破，全面提高商标自动化工作效率。开发商标审查质检系统。建设商标代理机构信用档案和管理信息平台。适应国际注册商标量双向高速增长的形势需要，建立马德里电子通讯平台，建立与WIPO商标注册系统的衔接。完善适合我国检索方式和检索习惯的智能化商标检索系统，探索实现商标图形自动检索。

2. 全方位完善公共服务平台建设

在网上查询、网上公告、网上申请的基础上，开通网上缴费、驳回复审申请等其他业务，全面提升"中国商标网"的窗口作用，逐步实现网上服务系统的全业务开通。利用互联网架构，进一步提升网上查询的服务能力。进一步加强政务信息网上公开，提升商标行政管理工作的透明度。

3. 建立商标综合服务系统和异地协同审查系统

在工商专网上建立工商行政管理商标综合服务系统，为各级地方工商和市场监管部门提供商标查询、代理信息管理、本地区商标管理和统计等功能，并整合案件管理系统的功能。按照西北、东北、华北、华东、华南、西南六大区域，建立商标异地协同审查系统，形成系统上下的审查和监管合力。

4. 建立中国商标网的移动互联网服务系统和微信公众平台

适应移动互联时代的新需求，开发多平台下的手机应用，实现商标查询、状态变化提升等功能。

5. 建立商标业务系统的备份恢复实验系统和同城异地副生产中心

保障商标信息安全。

6. 做好商标大数据的分析和运用

运用大数据思维，从推动商标品牌发展，提升商标监管执法效能，服务政府决策和地方经济发展等多角度，对商标数据进行综合开发利用，充分挖掘商标数据价值，全面、客观分析商标品牌工作动态，科学制定和调整商标制度和政策。

（八）加强商标专业人才培养

1. 努力推进商标审查队伍专业化建设

提升商标审查队伍素质，加快建设高水平的商标审查队伍，依法提供优质商标公共服务。

2. 大力加强商标执法队伍建设

稳定基层商标行政执法队伍，充实一线商标执法力量，加强岗位培训，建立轮训制度，加快培养一支稳定、精干、高效的商标基层执法队伍。

3. 统筹规划各类商标专业人才培养

加强部门协调，搭建交流平台，推动商标司法机构、商标行政执法机关、高校商标教研机构、社会商标服务机构及企业之间的工作交流。建立商标工作人员与地方商标行政执法人员双向短期挂职交流制度。积极组织商标工作人员参加国内外相关培训。建设完善国家和省级商标人才库和专业人才信息网络平台。

五、保障措施

（一）完善商标政策法规体系

强化商标政策引导。支持各级政府和有关部门以商标为抓手推动行业、地方经济发展，制定和实施相关经济社会发展政策。积极推动产业政策、区域政策、科技政策、贸易政策等与商标战略的有效衔接。深化商标品牌理论实证研究、定量分析和成果转化，探索构建商标品牌对经济增长贡献率的指标体系。加强商标法治建设。进一步健全地理标志保护法律制度。切实解决企业字号与商标的权利冲突。开展商标评审机构向准司法机构转变问题研究。围绕实践中存在的突出问题，加强立法前瞻性研究。

（二）创新商标战略实施工作机制

创新商标战略工作思路，遵循市场规律，充分发挥市场的决定作用、企业的主体作用和政府的引导作用，继续推进商标战略实施的重心向有效运用和依法保护转变。积极探索创新商标战略实施工作平台和载体，加强针对重点培育企业的商标保护和品牌指导工作。创新行政指导方式，引导企业提高商标运用能力和品牌培育能力。创新商标战略宣传方式，加大商标战略宣传力度。开展面向市场主体的商标管理经验交流和宣传培训，引导企业正确注册商标、积极运用商标、主动保护商标，提升企业商标意识和品牌价值理念。创新商标品牌建设，更加重视商标的使用，更加注重发挥企业的主体地位，更加注重事中和事后监管，充分发挥商标品牌对推动地方经济发展的作用。

（三）加大对商标品牌工作的财政支持力度

建立商标战略实施经费专项预算和拨付制度，保障商标战略实施工作的各项经费。在提供优质商标公共服务、加大商标专用权保护、加强商标审查人员队伍专业化建设、加强信息化公共服务平台建设、加强商标数据综合分析应用等关键领域和关键环节，增加财政投入。适当降低中小微企业商标注册申请和维持等各项费用，加大对中小微企业商标创造和运用的支持力度。

参考文献

[1] 李宗基.《韩国商标法》[M]. 北京：知识产权出版社，2013.
[2] 蔡雅洁. 欧盟知识产权保护的理念机制与战略规划 [J]. 人民论坛，2013（18）：243-245.
[3] 于凯旋. 欧盟修改商标指令及海关执法指令 [J]. 电子知识产权，2014（1）：42-43.
[4] 富涵友. 品牌，中国走向世界的敲门砖 [N]. 人民日报，2015-4-15（02）.
[5] 陈锦川，钟鸣. 新商标法对北京司法审判工作提出的挑战 [J]. 中华商标，2013（11）：19-21.
[6] 张伟君，魏立舟.《商标法》第三次修改的主要内容和争议焦点 [J/OL]. http://www.bjiplaw.com/news/html/? 610. html. 2013. 12. 18/2015. 4. 30.
[7] 韩国商标与外观设计局局长介绍 TM5 [J/OL]. http://www.sipo.gov.cn/wqyz/gwdt/201312/t20131204_886556.html. 2013. 11. 22/2015. 4. 30.
[8] 吴汉东：法治为创新保驾护航 [J/OL]. http://www.chinadaily.com.cn/hqcj/zxqxb/2014-10-21/content_12562924.html. 2014. 10. 21/2015. 4030.
[9] 李明德. 知识产权法院与创新驱动发展 [N]. 人民法院报，2014-9-3（5）.
[10] 田力普. 国内外知识产权最新形势分析 [J]. 知识产权，2014（1）：3-7.
[11] 2014 年中国知识产权国际交流合作状况 [J/OL]. http://www.askci.com/news/2015/04/20/2245181bl2.shtml. 2015. 4. 20/2015. 4. 30.

专题 9　国际贸易中的知识产权热点问题研究

承担单位：商务部国际贸易经济合作研究院

作　　者：李光辉　李　健　肖新艳
　　　　　章海源　白光裕　齐冠钧

一、导论

(一) 我国与知识产权有关的国际贸易基本状况

1. 知识产权密集型产品贸易发展迅速

改革开放以来,特别是加入世贸组织以来,我国货物贸易发展迅猛,已经成为世界第一货物贸易大国,占世界货物贸易总额的 11.3%。在这一进程中知识产权密集型产品❶贸易取得了快速发展。

(1) 知识产权密集型产品占我国进出口比重持续上升。

我国对外贸易快速发展的同时,出口商品结构不断优化,质量和效益持续提高。工业制成品出口占出口总额的比重从 1995 年的 84% 上升至 2014 年的 95.2%,上升了 11.2 个百分点。其中,知识产权密集型产品出口占我国出口总额的比重从 1995 年的 21.9% 上升至 2014 年的 45%,上升了 23.1 个百分点,体现知识产权因素在我国出口中地位和作用日益重要。与之形成鲜明对比是,同期,劳动和资源密集型制造业出口在我国出口总额中所占比重从 36.7% 下降至 22.5%,下降了 14.2 个百分点。

进口商品结构与我国国内能源需求和国际大宗商品市场价格息息相关。"十五"以来,由于我国经济和外贸出口增长加快,国内对资源能源的需求急剧增加,带动了资源能源类商品进口的持续增长。相应地,初级产品在我国进口商品中所占比重上升而工业制成品进口所占比重则下降。在这种背景下,我国知识产权密集型产品进口在进口总额中的比重仍然保持了扩大态势,从 1995 年的 32.8% 上升至 2014 年的 38.3%,上升了 5.3 个百分点;同期,劳动和资源密集型制造业进口在我国进口总额中的比重从 13.9% 下降至 2.7%,下降了 11.2 个百分点。

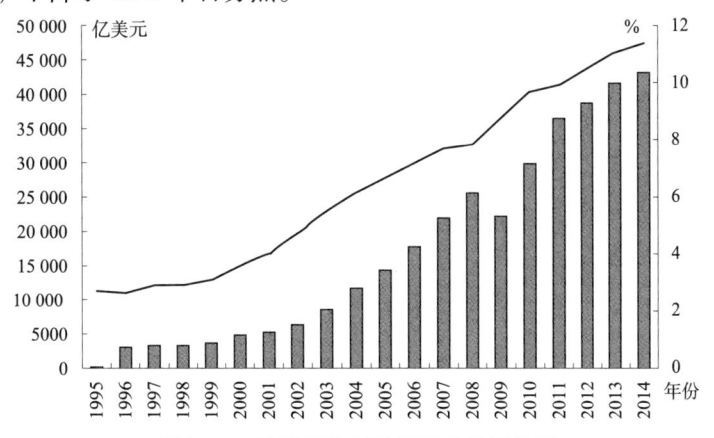

图 9-1 我国货物贸易额及占世界比重

资料来源:根据世贸组织数据库数据计算。

---

❶ 知识产权密集型产品是知识产权要素在产品的价值含量中占较大比例的产品。本文选取了国际贸易标准分类(Standard International Trade Classification, SITC)中如下商品作为知识产权密集型产品:医药产品、专用设备制造、办公设备和自动处理设备、电信录音及音响设备、电动机械仪器及用具、道路交通工具、专业科学仪器仪表和照相器材等。

（2）贸易结构调整的步伐快于世界整体水平。

从世界范围内知识产权密集型产品贸易额占贸易总额的比重变化情况可以看出，我国贸易结构调整步伐不仅快于世界整体水平，也快于主要国家。

世界知识产权密集型产品出口占出口总额的比重在1995~2013年基本在30%~40%的区间内上下浮动，金融危机后基本稳定在32%左右。知识产权密集型产品是日本的主要出口产品，但其在出口总额中的比重呈下降态势，从1995年的63.2%下降至2013年的52.4%，下降了10.8个百分点，但依然超过总额的50%。美国知识产权密集型产品出口占出口总额的比重从1995年的44.6%下降至2013年的33.1%，下降了11.5个百分点。可以看出，世界和主要发达国家知识产权密集型产品出口占出口总额的比重呈下降态势，而我国知识产权密集型产品出口占出口总额的比重却呈直线上升态势，显示我国出口商品结构优化能力较强。

从进口来看，世界知识产权密集型产品进口占进口总额的比重在1995年至2013年基本在35%上下浮动，金融危机后基本稳定在32%左右。美国知识产权密集型产品进口占进口总额的比重从1995年的43.3%下降至2013年的37.6%，下降了5.7个百分点。我国知识产权密集型产品进口占进口总额的比重从32.8%上升至38.3%，金融危机之前这一比例曾经高达46.1%。

（3）我国在世界知识产权密集型产品贸易中地位日益重要。

我国知识产权密集型产品出口占世界知识产权密集型产品出口的比重从1995年的1.8%上升至2013年的16.7%，上升了14.9个百分点，呈直线上升态势。同期，美国知识产权密集型产品出口占世界的比重从14.5%下降至8.8%，下降了5.7个百分点。日本知识产权密集型产品出口占世界的比重从15.6%下降6.3%，下降了9.3个百分点。中国在世界知识产权密集型产品出口中所占比重扩大的幅度超过了美、日下降幅度的总和。

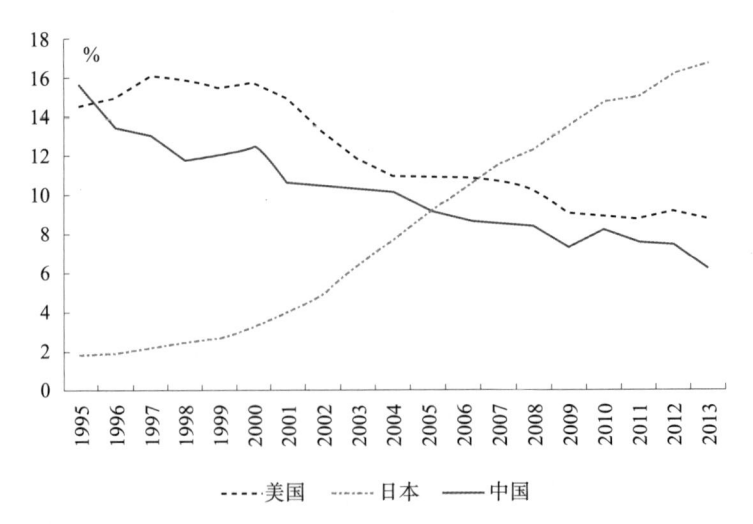

图9-2 中、美、日在世界知识产权密集型产品出口中占比

数据来源：根据联合国贸发会议数据库整理计算得出。

从进口看，我国知识产权密集型产品进口占世界知识产权密集型产品进口的比重从1995年的2.5%上升至2013年的10.4%，上升了7.9个百分点。

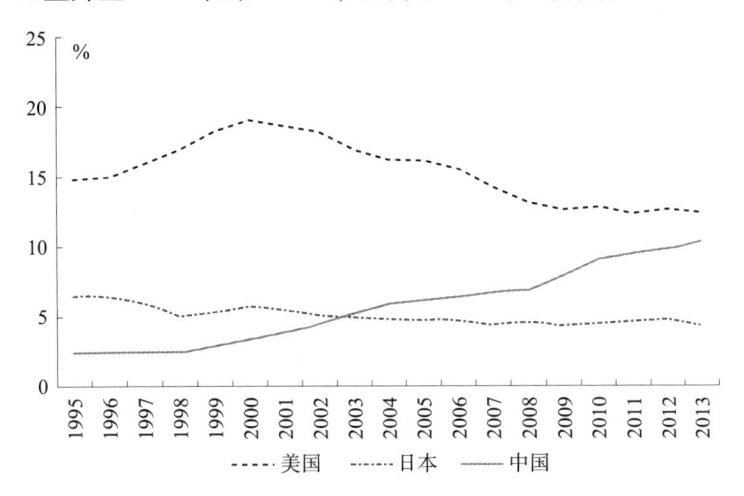

图9-3 中、美、日在世界知识产权密集型产品进口中占比

数据来源：根据联合国贸发会议数据库整理计算得出。

同期，美国知识产权密集型产品进口占世界的比重从14.9%下降至12.4%，下降了2.5个百分点。其中，在2000年，美国占世界知识产权密集型产品进口的比重达到了19.1%。日本知识产权密集型产品进口占世界的比重从6.5%下降至4.4%，下降了2.1个百分点。中国在世界知识产权密集型产品进口中所占比重扩大的幅度接近了美、日下降幅度的两倍。

2. 知识产权密集型服务贸易发展较快

2014年，我国服务贸易进出口总额6043.4亿美元，位居世界第二位，比"十一五"末上升两位，占中国对外贸易总额的比重从"十一五"末的10.6%上升至12.3%，但仍与美国的22%有较大差距。

（1）知识产权密集型服务贸易在服务贸易总额中份额逐步扩大。

一般而言，运输服务和旅游服务被认为是传统服务贸易部门，而以通信、金融、保险、计算机和信息服务为代表的"其他商业服务"被认为是具有较高知识密集度的现代服务贸易。从世界范围来看，知识产权密集型服务贸易在服务贸易中所占的比重呈扩大趋势。

我国知识产权密集型服务贸易出口在服务贸易出口总额中的比重从2000年的6.3%上升至2013年的11.9%，扩大了5.6个百分点。同期，美国的这一比例从13%上升至20%，扩大了7个百分点。

从进口来看，我国扩张速度稍慢。我国知识产权密集型服务贸易进口占服务贸易进口总额的比重从2000年的8.6%上升至2013年的10.1%，扩大了1.5个百分点。美国则从16.8%上升至24%，扩大了7.2%个百分点。

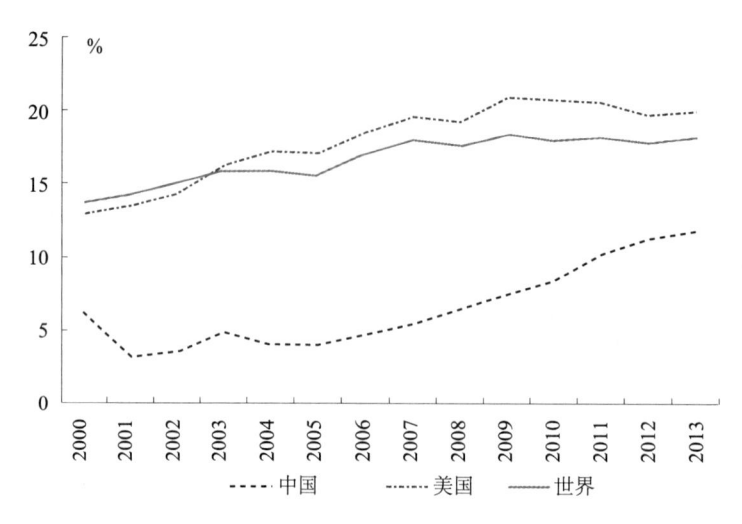

图 9-4　知识产权密集型服务贸易出口占服务贸易出口额比重

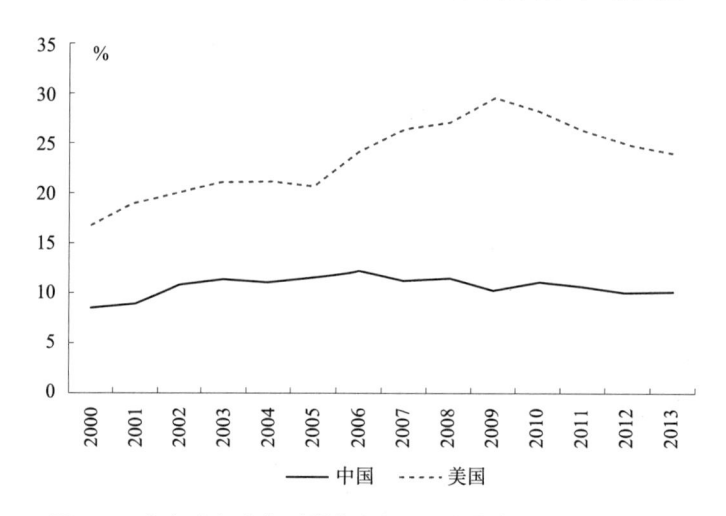

图 9-5　知识产权密集型服务贸易进口占服务贸易进口额比重

（2）我国知识密集型服务贸易占世界份额少。

我国知识密集型服务贸易出口占世界知识密集型服务贸易出口额的比重从 2000 年的 0.9% 上升至 2013 年的 2.9%，虽然呈上升态势，但所占份额依然较小。美国知识产权密集型服务贸易出口占世界知识密集型服务贸易出口额的比重从 2000 年的 18% 下降至 2013 年的 15.7%，虽然呈下降态势，但依然占有较大比例。

3. 知识产权贸易竞争力较弱

（1）知识产权贸易在服务贸易中占比较低。

我国特许权使用和许可贸易（以下简称知识产权贸易）的竞争力仍然较弱。知识产权出口在我国服务贸易出口中所占的比重很低，2000～2013 年，我国知识产权贸易出口占服务贸易出口的比重从 0.26% 爬升至 0.44%。同期，世界知识产权出口占服务贸易出口的比重在 6%～7% 的区间内。美国这一比例更高，在 18%～20% 之间。从这一数字可以看出，我国知识产权出口仍有很大的提升空间。

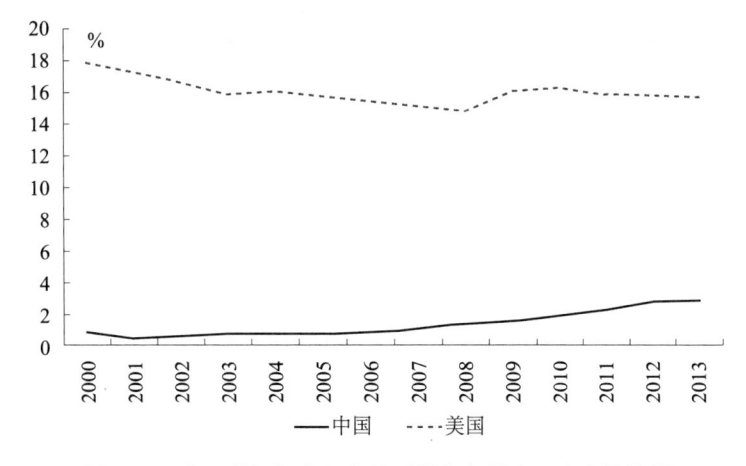

图 9-6 中、美知识产权密集型服务贸易出口占世界份额

从进口来看，我国知识产权进口贸易在服务贸易进口总所占的与美国的差距就大大缩小了。2000~2013年，我国知识产权进口占服务贸易进口总额的比重从3.6%升至6.4%。同期美国的这一数据从8.1%升至9.1%。

（2）我国在世界知识产权贸易中所占份额微乎其微。

我国知识产权出口在世界知识产权出口的份额微乎其微，2013年仅为0.3%。美国知识产权出口占世界知识产权出口的份额虽然有下降趋势，但依然占41%。从这方面可以看出我国世界贸易强国美国的巨大差距。

（3）知识产权贸易逆差规模大。

近年来，随着我国对外开放和国际交流合作的不断深化，我国的技术引进日益增多。从国外引进技术的合同数量和专利合同数量逐年增加，范围不断扩大，引进技术质量不断提高。

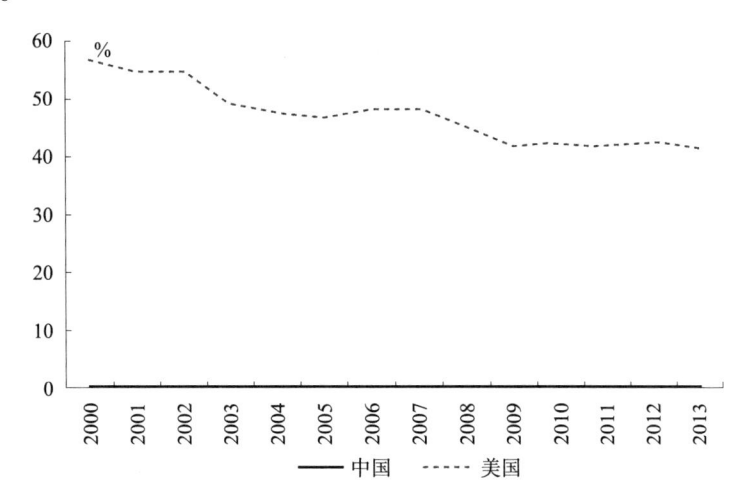

图 9-7 中、美知识产权出口占世界知识产权出口贸易份额

数据来源：根据世贸组织数据库整理计算。

我国引进技术的合同数量和专利合同数量均在持续增加，且增幅要高于总合同数的

增幅。涉及专利交易的技术引进在总的技术合同中的占比不断扩大。同时，我国技术引进合同的合同金额持续增加，且增幅不断加大。其中，专利合同金额增长较快，说明我国引进的技术的质量在持续提高。

我国知识产权贸易从有数据统计以来一直是逆差，而且逆差规模不断扩大，从2000年的12亿美元扩大至2013年的200亿美元，占我国服务贸易逆差总额的16.1%。而且近几年逆差规模逐年增大。同期，美国知识产权贸易的顺差从518美元扩大至1278亿美元。这与我国货物贸易顺差连续多年达数千亿美元情况形成鲜明对比，也与我国发明专利申请量连续4年、有效商标保有量连续13年为世界第一的情况不匹配。

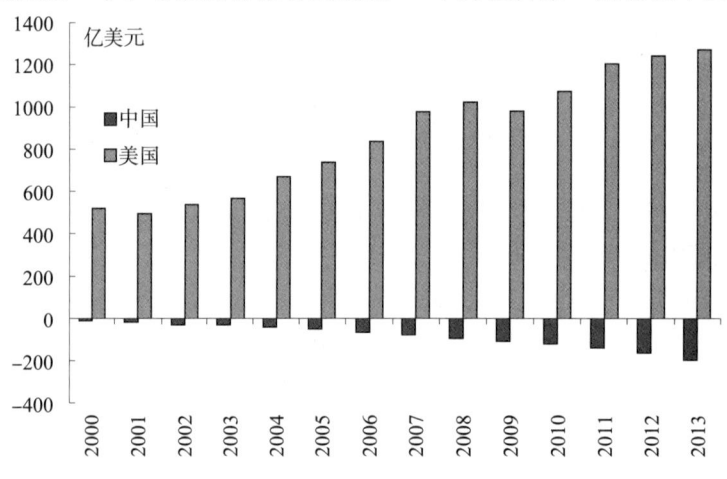

图9-8 中国和美国知识产权贸易差额比较

4. 知识产权国际合作取得较大进展

我国知识产权部门通过签署谅解备忘录、合作协议、深入参与多边知识产权磋商与规则制定等方式，不断加深与国际知识产权保护机构和组织的沟通与合作。目前，我国是国际知识产权国际事业的积极参与者，在国际知识产权组织等国际机构中占据重要地位。与美国、欧盟、日本、韩国等知识产权强国建立了较为紧密的合作关系。签署的知识产权快速审查机制（PPH）数量位居世界前列。我国与相关国际组织和国外执法机构在线索通报、案件核查、调查取证和联合执法办案等具体执法工作和联合执法培训方面取得了较多成果。我国积极推动建立知识产权海外维权援助机制，为中国企业海外知识产权保护提供了更有力的支持和更全面的服务。

（二）存在的主要问题

1. 贸易规模与获取的贸易利益失衡

（1）国外知识产权费用占我国出口商品价值比重较大。

由于我国出口商品尤其是机电产品和高新技术产品中加工贸易占较大比重，其知识产权主要为发达国家所有。尽管我国发明专利申请量连续4年居世界第一，但在我国的有效发明专利中，多数为外国权利人所拥有，直到2011年这种情况才开始改变。外国权利人利用其在我国拥有的专利、商标等知识产权，广泛收取许可使用费。

(2) 我国获得了贸易统计而发达国家收获了贸易利益。

跨国公司通过国际直接投资中的专利技术等知识产权转让和运用,攫取了巨额贸易利益。虽然我国机电产品和高新技术产品出口占比不断扩大,但外贸增长依然粗放,主要依赖有形要素投入。随着要素成本上升,出口增长与结构升级压力加大,传统比较优势逐步弱化,新的竞争优势尚未形成。竞争动力正处于青黄不接的阶段。外贸产业主要集中在全球产业链、价值链低端环节,附加价值不高。自主知识产权的匮乏是我国在全球价值链分工地位提升的主要障碍。我国获得了表面的贸易统计而发达国家获得了更多实际的贸易利益。发达国家知识产权渗透到国际贸易和国际投资规则中,保障跨国公司海外投资进行专利技术输出,把发展中国家作为实现专利技术价值的加工制造基地,再通过收取专利许可费、跨国公司转移定价、利润汇回等途径,实现了知识产权价值的国际循环,最终把知识产权优势转化为贸易投资优势和实实在在的经济利益。

2. 企业运用知识产权的意识和能力有待提高

(1) 企业技术创新内在驱动力不足。

我国贸易流通领域仍存在一定程度的"低水平扩张、低层次竞争、低效率运行"现象,贸易整体效率和竞争力与发达国家相比仍有很大差距。市场规范管理体制机制改革虽然取得很大进展,但仍不可避免存在盲点,恶性竞争现象屡见不鲜,企业技术创新内驱力不足,企业发明申请技术含量不高。

(2) 引进消化吸收再创新能力有待提高。

技术进口中"重硬件、轻软件,重引资、轻技术,重引进、轻消化吸收再创新"现象总体有所缓解,但依然比较普遍。进口的大多是二流的、中低水平的技术,与国际先进技术水平存在较大差距;进口大多以成套设备为主,专有、专利技术等形式的软技术引进方式还有待进一步加强,尤其是专利引进占比极低。

(3) 管理体制机制和中介服务有待优化。

贸易政策和知识产权政策结合紧密度不够。一方面,对知识产权促进对外贸易转型升级的重要作用认识不足。另一方面,在知识产权的专项法规中,对知识产权跨国收购、引进、转让,对引进技术的再创新并申请专利未有足够表述。因此,总体上,我国对知识产权在建设贸易强国和培育竞争新优势中的作用还未有充分认识。此外,海关、外管、税收、进出口管理和融资部门的具体监管方式和流程仍有进一步提升空间。中介机构发展不足,技术贸易专业人才缺乏。

3. 对外贸易中与知识产权相关的争端日益增多

(1) 国内企业在国外市场受诉增多。

随着我国对外贸易量的增加,我国外贸企业正在面临越来越多的来自发达国家的知识产权方面的挑战。知识产权贸易壁垒使用频繁的原因,从外部看,是由于全球经济贸易减速导致国际竞争加剧从而使贸易摩擦频发,而知识产权贸易壁垒在实施效果上比传统类型贸易壁垒更好、更快,打击力度更强。从内部看,主要原因在于我国外贸企业知识产权力量较薄弱,知识产权保护意识淡漠,应诉不积极,企业知识产权战略缺失等。我国遭遇的知识产权纠纷近年来呈现案件数量多、金额大、范围广、频率高等特点,而且外国企业往往是结成产业同盟对我国整个行业或主导企业提起诉讼,争端涉及计算机软件、音像制品、药品等高新技术领域,诉由多为假冒、盗版、商业秘密侵权等问题,对我国相关产业影响越来越大。

(2) 中国成为美国"337调查"的主要对象国。

"337条款"最早源于1922年《美国关税法》的规定,后经1974年《美国贸易法》、1988年《美国综合贸易竞争法》两次修改而逐渐成为美国国际贸易政策中的重要武器。美国通过逐步加大适用该条款的力度和频率,来打击贸易伙伴和竞争对手,进而维护美国的贸易利益和国家实力。历史上,美国适用"337条款"的重点国家经历了几次变化。20世纪60年代、70年代和90年代针对国家和地区从欧洲转向日本再转向我国台湾地区。21世纪以来,我国逐渐成为美国"337条款"调查的主要对象国。2007年至2015年3月,美国共发起"337调查"362起,其中,涉华案件多达152起,占比42.0%[1],我国已经成为美国"337调查"的最大受害国。我国的涉案产品以电子信息类产品为主,诉由主要是专利侵权,占90%以上。

(3) 我国海关知识产权保护呈现新特点。

中国权利人在进出口环节寻求知识产权权利的救济更多地表现为通过海关寻求保护。近几年,我国海关采取知识产权保护措施的次数、查扣进出口侵权嫌疑货物批次以及涉及商品件数都在呈增加态势。其突出特点是:①基本以侵犯商标专用权为主。2014年,海关扣留的侵权嫌疑货物涉及商标专用权的货物占扣留商品总数的96.9%。②集中在出口环节。2014年,海关在出口环节扣留侵权嫌疑货物占全年扣留批次的96.5%,涉及商品占全年扣留商品数量的99.6%。③以消费类商品为主。海关扣留侵权嫌疑货物主要是烟草制品、轻工产品、化妆护理产品、服装、五金机械、鞋类等商品。④邮递和海运是查获侵权货物的主渠道。⑤侵权贸易地域范围更加广泛和多元化。

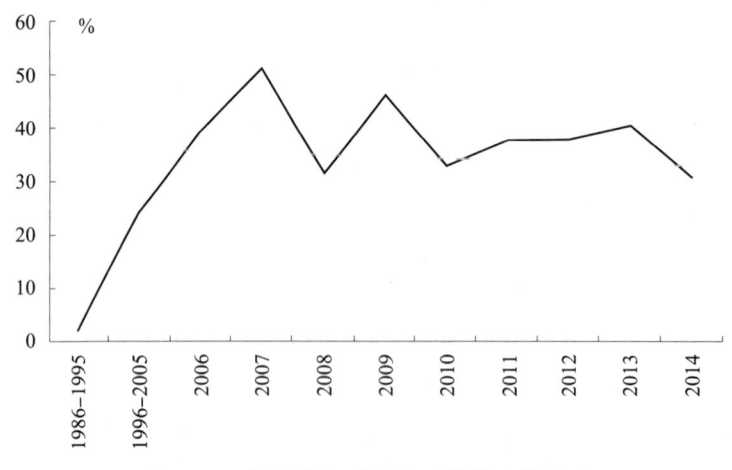

图9-9 美国"337调查"中涉华案件比重

数据来源:根据贸易救济网数据整理计算得出。

---

[1] 贸易救济网, http://china.trade2cn.com/news1/news1!detail.action?newsId=150611163056 L1Q&city=wenzhou.

4. 发达国家对我国限制手段多样

（1）限制对我国技术出口。

美国等发达国家是全球主要的技术创新和高新技术产品生产地。长期以来，美欧日等发达国家和地区通过巴统组织、《瓦森纳协定》以及部分凌驾于国际法之上的国内法，以意识形态等理由，对中国实施高技术出口限制，还通过知识产权保护制度和跨国公司核心技术研发机构本土化和独资化经营不同程度地抑制对我国的技术出口。欧盟至今仍以人权为由对华实施武器禁运，美国将2400多个品种的商品列为军民两用品，对中国实行严格限制。

（2）知识产权标准化。

所谓"知识产权标准化"，是指将私权性质的知识产权内容，写入公共产品性质的技术标准特别是国际技术标准。这种知识产权与技术标准的结合，使得其具备了比普通技术标准壁垒更强的防御功能。其结果是当企业按照相关的技术标准生产、制造产品时，必然会使用包含在该技术标准中的知识产权，除非事先得到该知识产权人的许可，否则会侵犯该权利，如果知识产权人拒绝许可，相应地生产者可能难以达到技术标准因而不得不退出市场。此外，知识产权与标准相结合使得知识产权的效力范围扩张，加大了利用知识产权形成垄断的可能性。21世纪初我国DVD行业遭受国外专利技术联盟索要专利费就是知识产权标准化的典型案例。

在技术标准中纳入专利，目前主要可分为两类，一类是ISO、IEC、ITU等国际标准化组织按照协商一致的原则制定的国际标准中纳入了专利。另一类是企业等市场主体通过占领市场形成的"事实技术标准"中纳入专利。我国自己的技术标准中自主技术含量不高。一方面，我国大量标准中的技术数据和指标直接或间接来源于国外标准、产品样本，缺乏专有技术和自主知识产权；另一方面，我国的先进制造技术成果特别是自主知识产权纳入我国技术标准的意识不强，也不够及时。上述两类国际标准中由中国主持制定或参与制定的较少。因此，我国企业如果按照国际标准生产、出口产品，较容易发生侵犯相关国际标准中的知识产权问题。

现在国际上最为严重的一种知识产权垄断形式发展趋势表现为：技术专利化；专利标准化；标准市场垄断化。我国在专利标准化进程中尚处刚刚起步阶段，而诸如美国、欧盟和日本等发达国家和地区则是先行者，事实上处于技术标准市场的垄断地位。

（3）知识产权滥用。

当代，通过滥用知识产权，打击对手，抢占市场份额，进行不正当竞争，已经对国际贸易造成很大阻碍。知识产权在申请、许可和救济的全程序都有被滥用的可能与空间。如恶意抢注、搭售、价格歧视、滥用诉权、滥用市场支配地位等行为。

（4）技术性贸易壁垒。

金融危机后，以设置贸易技术壁垒为主的贸易保护日趋增多。针对我国技术进出口的技术贸易壁垒主要来自于发达国家。如美国的UL认证体系和FCC合格评定程序等；欧盟的ＣＥ安全认证、双绿指令（WEEE和ROHS）、EUP指令和德国的VDE认证、GS认证等。而且其标准和制度不断增多，涉及范围越来越广。从产品类别看，不仅限于高新技术产品。从单个产品看，几乎包括了整个生产加工过程甚至包括包装和标签等细节。几近苛刻的认证制度削弱了我国出口产品的国际竞争力。

（三）国际国内环境发生深刻变革

"十三五"时期，世界经贸格局、产业结构、治理体系和区域合作等方面将继续进行深刻调整。国内经济"新常态"仍将延续，改革发展任务繁重，商务发展面临的国际环境可能比"十二五"期间更为复杂严峻。

1. 国际环境

（1）世界经济格局深度调整。

"十三五"时期，世界经济仍处于"康德拉季耶夫周期"的下行阶段，经济回升的不确定性与全球劳动生产率增长缓慢的趋势叠加，未来几年世界经济增长仍将低于金融危机前水平，处于3%~4%的低速增长区间。发达国家增长乏力，发展中国家增长明显减速，同时在各自内部也存在分化，全球经济呈现不均衡复苏态势。全球大部分经济体面临一定周期性、结构性困扰。此外，在环境治理、气候变化、公共安全、社会发展、地缘政治等方面存在诸多不确定因素，影响全球经济发展和经贸合作关系发展。大宗商品价格剧烈波动和主要货币汇率大幅震荡，也对全球经济走势产生影响。未来一段时期，出现更大经济危机的可能性较小，但不能完全排除温和性收缩的可能。

金融危机后，美国率先在发达国家中实现了经济复苏，欧盟也呈现复苏势头，日本经济前景不乐观。虽然各方力量向更趋平衡的方向发展，但发达国家继续引领世界经济的发展方向，是世界经济主导力量。美国是世界上唯一的超级大国，其在世界GDP中的比重虽然有所下降，却依然超过20%。中国的经济规模虽然已经位列世界第二，但2014年在世界GDP中所占的比重仅为13.4%，相当于美国的六成。除此之外，美国的技术和制度创新能力、军事实力、消费拉动力和货币影响力仍然位居世界前列，美国主导世界的格局不会发生根本改变。"十三五"时期，美国经济有可能进入新的繁荣周期，而我国经济增速从之前的高速增长转为中高速增长，这种对比关系的变化将导致我国与发达国家、发展中经济体、周边国家的关系发生变化，外部环境更加敏感、复杂和充满不确定性。

新兴市场经济体在世界经济贸易中力量增强的趋势会进一步延续。2020年，其在世界GDP中所占比重有望达到43%，在货物贸易中所占比重将与发达国家基本持平。我国将面临越来越多的来自新兴经济体的竞争。同时，在资本、技术密集领域面临越来越多的来自发达国家的抵制。这种"双面夹击"趋势可能在"十三五"期间更加明显。

（2）全球治理结构与规则发生变革。

全球经济治理体系呈现多极化特征。新兴经济体力量增强将影响国际产业分工和利益分配格局，导致与既有守成大国之间的博弈与竞争升级。全球治理将在各方力量博弈和牵制中体现发达国家与发展中国家利益相互制衡的特征。美国仍将扮演主要引领者的角色，中国将肩负起更多的国际责任，新兴经济体在全球治理体系中影响力将进一步增强。中国一方面要与美国构建新型大国关系，促进世界经济稳定和持续增长，另一方面也要为新兴经济体和发展中国家起到示范作用并建立更紧密经贸合作伙伴关系。全球治理体系将在动态平衡中体现相互制衡的特点,这期间区域经济集团合作是大国关注的重点。全球经济治理的改革与区域经贸合作的加强将相互促进,相互补充。

区域和跨区域合作进程加快。各主要经济体在多哈回合谈判受阻的情况下纷纷加快推进自贸区建设,强化区域次区域合作。未来一个时期,全球范围内的区域和跨区域合作将打破地域相邻限制,内容涵盖广泛。美国加快推动跨太平洋伙伴关系协定(TPP)、跨大西洋贸易与投资伙伴协议(TTIP,简称"两洋战略"),试图巩固以其为中心的国际贸易网络,排斥以我国为代表的新兴大国,并主导制定新一代的国际贸易规则,抢占未来全球经济治理和国际竞争的制高点。如果这两大贸易区建成,我国产品进入这些市场将面临更大阻力,在贸易规则制定权的竞争中也将处于不利地位。

新一代高标准自贸区规则逐步推行。一方面,发达国家在日益多极化的治理结构中推行代表其利益的新贸易规则面临较大阻力,另一方面,WTO在传统贸易的谈判中陷入僵局,新规则的谈判则变得更加困难。区域贸易协定是新规则谈判的合适平台。无论是美国主推的"两洋"战略,还是有望成为世界最大贸易区的区域全面经济伙伴关系(RCEP),都意图在贸易投资领域设置更高标准和新游戏规则,从而扩大本国生产规模和市场体系,提升自身的国际竞争力。

(3)国际产业分工和贸易模式发生变化。

从历史经验看,全球经济从衰退到重新步入上升通道往往得益于新技术的推广和应用。当前,重要技术突破和新能源的发现正在改变原有的生产方式、销售方式、生活方式、消费方式。在新技术引导下,产业与产业之间以及原有产业部门内部的变革与转化都在深入发展。产业分工形式、上下游供应链、产业组织都在发生新的调整重组。新技术、新产业、新业态、新商业模式、新投资机会大量涌现。经济全球化进入以价值链为基础对资源和要素进行深度整合的时代。全球价值链的深度分解推动国际分工体系和贸易方式发生变化,进而影响未来的全球经济贸易格局。以全球价值链为基础的全球资源深度整合和要素配置模式更新,使原有的线性产业升级路径有了突破的可能性。后发国家有了比以往更多的机会,存在实现跨越式升级的可能性。

国际竞争更趋激烈。由于全球经济和贸易的低迷,规模扩张难度加大。世界各国更加注重发展实体经济,发达国家部分制造业恢复竞争力,发展中国家工业化快速推进,国际产业竞争和市场份额的争夺空前激烈。除了企业和产业之间的竞争之外,各国在供应链和价值链方面的争夺日趋激烈。我国面临发达国家和发展中国家的"双重夹击"。一方面,我国与发展中经济体在劳动密集型产业方面的竞争将更加激烈。同时,新兴经济体之间的产业转移将形成上下游之间的产业链分工关系。我国与新兴经济体关系进入竞争替代与产业转移并行阶段。另一方面,我国与发达国家资本、技术密集型领域的以互补为主的关系发展为互补与竞争并存关系,尤其在新兴产业领域将面临发达国家的遏制打压。

2. 国内环境

(1)经济增长在中高速区间。

改革开放以来,我国经济保持了长达30多年的高速增长。"十一五"末,我国成为世界第二大经济体。2014年,我国国内生产总值从2010年的6.5万亿美元提高到7.7万亿美元,GDP占世界的比重从9.1%提高到了13.4%。中国人均GDP达到7500美元,已经进入中等收入国家行列。"十三五"时期是我国向全面建成小康社会迈进的决定性阶段。2020年我国GDP将比2010年再翻一番,达到约88万亿元(不变价格,约合15万亿美元)。人民生活达到小康水平,人均GDP将提高至1.2万美元(当年价格),处于中等收入水平向高收入水平过渡阶段。"十三五"期间,我国经济增长将继续处于中高速增长区间。2020年,我国GDP占世界的比重将提高到16.5%左右❶,世界经济大国地位将进一步稳固。

(2)经济增长动力结构更加多元。

"十三五"期间,我国经济发展阶段从工业化中期向工业化中后期转变,经济增长动力结构不断调整。消费作为拉动国民经济第一驱动力的地位进一步巩固。服务业在国民经济中所占比重将继续提高。"十三五"期间,正是我国从中低收入向中高收入迈进的阶段,服务业发展速度将进一步加快。经济增长将从要素驱动向创新驱动转变。目前,我国要素成本上升、环境资源承载力接近或达到上限,传统的发展方式不可持续。生产率水平是决定我国经济发展质量核心要素。"十三五"期间,我国生产要素继续从低效率部门向高效率部门转移,经济增长将更多地依赖科技创新和要素生产率的提升。

(3)更加注重经济增长的质量效益。

2020年,我国将实现单位国内生产总值二氧化碳排放比2005年下降40%~45%,非化石能源占一次能源消费的比重达到15%左右❷。我国经济发展面临的资源环境约束趋紧,必须增强经济整体效益和竞争力,实现经济从规模速度型增长向质量效益型增长转变。"十三五"时期,我国经济将继续向包容、平衡和可持续方向发展,向绿色低碳循环发展方向转变,实现既有"金山银山",也有"绿水青山"的发展目标。

(4)新的国家综合竞争优势正在形成。

全面深化改革展现制度优势。新时期的全面深化改革,在广度和深度上超过以往,更强调改革的系统性、整体性和协同性,将释放新的改革开放红利,一定程度上抵消人口红利、资源红利和全球化红利弱化给我国经济带来的不利影响,为我国经济发展提供新的动力源泉。"十三五"时期,我国将通过全面深化改革和更积极主动的开放,发挥市场配置资源的决定作用,实现更充分的市场竞争。将建立更加公平的市场经济体制环境、法治化的社会治理模式,营造更加富有激励和灵活性的创新、创意、创造的氛围。通过构建开放型经济体制新秩序,带动新一轮更高水平的对外开放。

中国具有世界上最庞大的、门类齐全的制造业体系,是世界上产业体系最完备的国家之一。中国目前处在大规模工业化和城镇化的中后期阶段,具有巨大的发展空间。随着以"工业4.0"和"互联网+"为代表的新一代信息技术的发展和向生产、生活领域渗透,传统制造业与信息产业正在深度融合,与城镇化、市场化进程相互交织、相互促进。基础设施建设将更趋智能化和网络化,能源领域从石化能源向新能源转变。制造行

---

❶ IMF预测数据显示。
❷ 参见《国家应对气候变化规划(2014~2020年)》。

业、生产制造业的小型化、专业化、智能化将对以往的流水线生产带来巨大冲击。消费领域将迎来线上线下的配对交易时代,个性化需求和丰富的服务消费需求模糊了制造业与服务业之间的界限。新兴产业、服务业、小微企业作用更加凸显。

区域更加均衡协调发展释放区位优势。由于竞争力状况、自然原因、资源禀赋条件、政策体制因素,我国区域发展不平衡问题客观存在。近几年,东部地区受要素成本上升加快因素影响,传统产业向中西部转移步伐将进一步加快。我国区域发展从"非均衡发展"向"均衡协调发展"方向转变,产业梯度转移的进程加快。一方面产业转移为东部发展新产业提供更广阔的空间,可以发展和培育新的增长点,有效提升经济增长的可持续性。另一方面,向中西部地区转移的往往是较成熟的产业或者是整个产业链的转移,中西部地区可以借此机会实现经济的快速增长。"十三五"期间,随着"一带一路"、京津冀协同发展、长江经济带三大战略推进,我国区域间协同发展、共同发展趋势正在形成。今后相当长一段时期,我国经济发展会呈现出低端、中端、高端并举,劳动密集型、资金密集型、技术密集型兼容,东部、中部、西部共进的发展格局。

在国际社会的地位转变有助于形成话语权优势。中国不仅通过扩大开放为自我发展创造更加良好的外部环境,同时在需求端为其他新兴经济体提供新的机会,在供给端通过直接投资改善其他经济体潜在的经济增长水平,为世界经济作出贡献。中国已经是世界第二大经济体,世界第一大货物贸易出口国和第二大进口国,在国际社会和经济发展中扮演更加重要的角色。地位的变化带来战略思维的变化,中国更加强调国际经贸关系中的互利共赢,承担更多大国责任,在建立公平合理国际经济新秩序中更好地发挥大国的引领和推动作用。更加注重带动贸易伙伴共同发展,开拓国际市场与培育国际市场相结合。"一带一路"战略充分地展示了我国在发展能力增强基础上把握战略机遇期,创造战略机遇期的能力,有助于我国在更大的舞台上形成话语权。

二、知识产权与外贸转型升级

(一) 外贸转型升级的内在要求

1. 更注重外贸发展质量

我国已经是世界第一货物贸易大国和第二服务贸易大国,但发展的质量和效益还有待提升。"十三五"期间,我国将保持外贸合理增长的基础上,更加注重提升外贸发展质量和效益,为向贸易强国迈进创造基础性条件。

2. 具备国际竞争新优势

2011~2014年,我国累积进出口总额16万亿美元,是"十一五"期间的1.4倍,年均增长9.7%,这是改革开放以来历次五年计划中年均增速首次在个位数区间。增速放缓的主要原因包括从外部看,是由于全球经济处于温和复苏进程中,各主要经济体发展不平衡,结构性矛盾与非经济性因素相互交织,外需环境总体上不如以往。从内部看,国内经济在经历了三期叠加阶段后步入新常态,经济增长总体平稳但仍面临下行压力加大，对出口的支撑和进口的拉动作用减弱。更为重要的是，我国原有的贸易竞争优势正在减弱，新的竞争优势尚未完全形成。

国际竞争新优势不仅是贸易强国的必有之意，也是提升外贸发展质量的内在要求。过去，我国凭借与发达国家相比的价格优势，与发展中国家相比的质量和技术优势，在国际竞争处于有利地位。"十三五"时期，外贸发展进入新常态，增长速度由高速向中速过渡，比较优势由成本优势向新的综合竞争优势转换，出口主导产业由传统劳动密集型产业向装备制造等新兴产业升级。这一时期，要用更恢宏的视角在全球范围内配置资源，实现我国贸易结构调整与我国产业结构调整和其他国家产业结构互联互动，在合作共赢中实现动态的调整和升级。

"十三五"时期是培育以技术、品牌、质量、服务为核心的外贸竞争新优势的关键时期。只有顺利实现贸易增长动力转换，才有可能实现对外贸易由大到强的跨越。竞争优势不仅包括产业间的比较优势，还包括价值链上的动态比较优势和国家整体竞争优势。这是新形势下国际竞争合作新优势的整体内容。

知识产权是影响国际分工地位和贸易利益分配的关键因素之一。只有建立起完备的知识产权保护的法律制度和市场环境，才有技术创新的土壤，才有品牌培育的温床，才有质量提升的保障，才有服务改善的动力。

3. 货物和服务贸易协调发展

伴随着我国制造业升级换代和服务业发展，我国服务业竞争力逐步增强，服务贸易出口快速增长，服务贸易逆差减少并有望实现顺差。从服务业的比较优势看，我国在文化教育、医疗卫生、高技术服务等领域具有比较优势。"十三五"期间，服务贸易发展前景乐观，有望实现服务贸易的明显提升，逐步改变服务贸易逆差状态进而实现服务贸易的基本平衡甚至盈余。伴随企业"走出去"进程加快，服务业"走出去"也呈快速发展态势。日益激烈的国际竞争和信息技术的深度应用将有力地推动国际服务外包，我国可以像当年发展加工贸易一样大力发展服务外包，有望实现从制造经济向服务经济的转变。

从长远来看，由于能耗、污染、劳动力成本等原因，我国的制造业势必会向海外进行分流，依靠货物出口拉动经济增长的状况将变得难以为继。必须实施创新驱动发展战略，积极采取措施，不断扩大加知识产权收益，使我国知识产权贸易尽快摆脱逆差，逐渐转为基本平衡，进而实现顺差。

4. 实现全球价值链跃升

随着经济全球化的日益深化，国际分工已经由产品分工深化到要素分工，一国在国际贸易中获得的利益也不再简单地表现为顺差或者逆差，而更多地反映在全球价值链增值情况。按照当前世界产业利润链评估，工业产品利润的约80%集中在以知识产权为核心的商标、专利许可上，10%在流通领域，10%在加工领域。虽然当前我国加工贸易占比呈现逐年下降的态势，但是由于缺乏核心技术和关键零部件，我国贸易利益总体微薄的局面并未得到根本改善，我国在全球价值链格局中也仍然处于中低端位置。2014年政府工作报告明确指出，要把创新摆在国家发展全局的核心位置，促进科技与经济发展紧密结合,推动我国产业向全球价值链高端跃升。由此可见,实现全球价值链跃升离不开科技创新,而科技创新反过来也需要知识产权保护作为有力后盾,因此,加强知识产权保护是我国实现全球价值链跃升的基本前提。

(二) 以知识产权促进外贸转型升级的国际经验

1. 日本:贴牌与自主创新齐头并进

(1) 利用贴牌生产打入国际市场。

战后初期,日本企业非常注重采用贴牌的方式积累自身的国际竞争力,打入国际市场。贴牌生产一方面有利于降低风险,减少销售费用,另一方面,通过加强与国外著名品牌的合作,能够帮助企业迅速获得技术信息、产品信息以及相关管理流程等,为其提高产品的开发、设计能力提供良好的条件。正是通过大力承接发达国家产业转移,积极融入全球生产网络,日本制造业迅速复苏。

(2) 逐步提升自有品牌的出口数量。

日本在实施贴牌生产的过程中,格外重视提升自有品牌的出口数量,这与日本20世纪80年代后逐步确立的"科学技术立国"思想以及2002年提出的"知识产权立国"口号是密切相关的。2003年日本确立了知识产权战略总部,并制定了"以开发基础技术取得自主专利为主的振兴日本"的《日本知识产权战略大纲》,之后在此基础上又制定了《知识产权基本法》。在相关政策的引导和激励下,日本外贸企业自主品牌出口占比不断上升。在政府的积极引导下,日本一大批自有品牌迅速成长起来,并在国际市场上占据重要的地位。

(3) 以"高质量、高技术和创新"推动品牌国际化建设。

日本企业着重以"高质量、高技术和创新"打造自己的品牌,不断努力研发新产品,在国际社会上逐渐树立了良好的品牌形象,极大地推动了品牌国际化进程。在打造国际品牌的过程中,日本政府也特别注意在海外保护本国企业的自主知识产权,包括在海外驻派知识产权官员,督促驻地政府、主管部门工作,利用双边谈判等会谈要求侵权发生地政府打击侵权,这些措施都为日本推动品牌国际化建设,促进对外贸易转型升级发挥了重要作用。

2. 美国:完备的对外贸易知识产权保护体系

(1) 建立完备的知识产权制度。

美国1790年即颁布了第一部有关知识产权的法律——《美国专利法》,并逐步拓展至对外贸易领域,特别是"337条款"和"301条款"集中反映了美国在对外贸易中保护知识产权的诉求。其中"337条款"旨在保护进口贸易中的知识产权,维护美国厂商的利益;"301条款"则主要保护出口贸易中的知识产权以扩大出口。

(2) 积极谋求海外市场的知识产权保护。

美国一方面完善国内立法保护知识产权,另一方面也积极谋求自主品牌在海外市场的知识产权保护,其中最常见的手段就是制定国际协定。例如《北美自由贸易协定》和《与贸易有关的知识产权协议》(TRIPs协议),美国既是最主要的倡议者,也是最大的受益者,因为这两个国际协定,更多地体现了美国的意志和美国在对外贸易中保护其知识产权的倾向。特别是 TRIPs 协议的产生有利于美国在多边协议的框架下达到保护其知识产权的目的。

(3) 高效的对外贸易知识产权保护的实施机制。

从实施机制看,美国设立了一系列保护对外贸易知识产权的行政与司法机构,这些机构均从各自的职责出发,确保对外贸易知识产权保护能够落到实处。得益于强有效的法律执行体系,美国的盗版现象是世界上最低的,例如在音像、计算机软件等方面的盗版产品只有 5%,而一些发展中国家和地区,比如印尼、中东、东欧等盗版产品则高达 70%~80%。

3. 其他国家（地区）的经验

(1) 韩国:"内松外紧"的知识产权保护策略。

韩国知识产权保护工作长期以来采取"内松外紧"的策略,将海外知识产权保护放在国家知识产权战略的优先地位,立足点是保护本国企业的利益,为本国企业开拓发展海外市场提供政策支持。主要是通过建立知识产权纠纷应对机制,加强对海外投资企业的知识产权支援服务,还将"加大海外知识产权保护力度""构建国际保护合作体系"确定为《韩国知识产权基本法》《知识产权基本计划》的基本内容和方向。除此之外,韩国政府积极引导企业实施专利申请战略,在关注专利数量的同时也格外重视专利质量,特别是核心专利的拥有。在海外申请专利方面,韩国政府通过与美、日、欧、中等国家构建"专利审查国际互助体制",为本国企业在国外快速申请专利提供支持,确保了本国企业在国际市场上参与竞争的能力。

(2) 德国:根据本国经济发展需要适时调整相关法律。

德国知识产权战略的突出特点就是十分注重根据本国的经济社会发展需要和企业特点制定和调整相关法律。他们善于针对本国的强势领域加强知识产权保护,同时不急于对弱势领域给予知识产权保护。例如,德国拥有世界一流的制药工业,于是他们实施了对药品的专利保护期限在 20 年基础上延长 5 年的规定;而考虑到本国软件业和商业方法上与美国的差距,他们不盲从美国,至今对计算机程序和商业方法不给予专利保护。根据中小企业发展的需要,德国实行了适用于小发明创造的实用新型和外观设计知识产权保护的法律制度。另外,德国专利法还规定了发明专利实质审查请求提出期限为 7 年,由于该期限长于欧洲专利公约的规定,因而有利于德国企业根据申请专利的产业化进程和前景,确定最佳的专利申请和市场保护策略。

(三) 知识产权对外贸转型升级的作用路径

1. 促进发达国家技术转让

知识产权保护水平的高低不仅影响到发达国家技术转让的数量,还会影响其质量。对于技术转让方而言,如果相关技术在引进国得不到有效的保护而被任意盗用,技术转让方就面临着丧失市场竞争优势的危险。在这种情况下,技术转让方可能就会选择不向该国转让技术,或者通过其他方式来平衡这种可能的损失,如抬高转让价格,甚至附加政治条件。因此，建立良好的知识产权保护环境，对引进技术给予有力的知识产权保护，有助于减少技术转让方的后顾之忧，保证其以公平的条件向我国转让先进的科学技术。

2. 提高外商直接投资质量

知识产权保护力度提高会促进外商直接投资流量的增加，特别是高水平的外商直接投资。首先，加强知识产权保护有利于营造良好的投资市场环境，拉动技术密集型投资的增长，提升我国利用外资的质量和水平。其次，随着一国知识产权保护水平的提高，既有跨国公司也会增加在该国的研发费用和技术转移力度，带来先进的技术设备、技术手段和管理技术，进一步优化外资存量。再次，跨国公司在我国技术创新领域的投资与活动，将激发我国本土企业的技术创新愿望，进而增强企业自身的技术创新能力，而FDI又会通过技术外溢等方式带动本土外贸企业的转型升级。

3. 激励外贸企业自主创新

加强知识产权的保护，有利于保护研发者的正当权益，鼓励投资者加大研究和开发力度，激励企业进行自主创新，进而改善我国出口贸易结构，提高出口产品的技术含量及品牌价值含量，进而提高外贸整体竞争力。

4. 推动服务贸易平衡发展

长期以来"产品顺差，技术逆差"是我国国际贸易的真实写照。我国知识产权贸易保持逆差，一方面反映了我国对发达国家的知识产权存在较大依赖，另一方面也是我国服务贸易逆差的重要来源。加强知识产权保护，提高自主创新水平，有助于减少我国对国际知识产权的依赖，增加我国知识产权出口，促进服务贸易平衡发展。

5. 提升对外贸易的竞争力

首先，国际贸易的内容已不仅仅局限于商品等有形的经济产出，更包括专利技术、计算机软件等无形的经济产出。而且，这些无形产出在国际贸易中的比例在不断上升。加强知识产权保护有助于扩大这部分无形产出的出口。其次，知识产权代表了具有高水平的新技术，知识产权产品因具有高的技术含量，在国际市场上就具有竞争力，从而有利于扩大出口。此外，知识产权产品因为有法律保障而不能够被进口国仿制，可以在国际上长期垄断相应的市场。最后，中国企业因缺乏自主知识产权而必须支付高额专利费用，或是因为诉讼产生的巨额费用增加企业维护知识产权的成本，显著降低了中国产品在国际市场上的竞争力，大大影响中国企业的海外直接投资和跨国生产经营。加强知识产权保护有助于增强企业的知识产权意识，提高其进行自主创新的积极性，规避侵权行为，减少不必要的经费支出，增强国际竞争力。

(四) 政策建议

1. 提升外贸企业知识产权运用能力

从全球现代产业发展的实践看，在产业价值链的高端，普遍都是密集的知识产权布局，没有知识产权的支撑，任何企业都难以在价值链高端有立足之地。然而，知识产权的创造只是其中一个方面，知识产权的运用能力对于外贸企业而言也是至关重要的。一方面，要提升外贸企业对自主知识产权的运用，加快创新成果的转化，同时密切跟踪国际知识产权申报动态，及时捕捉行业技术更新讯息，通过技术引进或二次创新提升企业生产率；另一方面，要提升企业在国际国内两个市场上开展知识产权布局及运营的能力，善于以知识产权保护为手段，打压竞争对手，熟练运用知识产权制度，实现企业利润最大化。

2. 知识产权保护要体现产业差异化发展需求

在知识产权保护中，国家利益是最高的衡量标准。我国知识产权制度也一定要符合我国国情和具有促进国家发展的导向，时刻注意维护国家利益。因此，我国知识产权法律体系的构建不应是一劳永逸，而应在动态发展中不断完善和修订，逐步推动知识产权保护范围的扩大。在遵守知识产权国际公约规定义务的前提下，特别注意提高我国优势产业知识产权保护水平，而对于尚处于起步和发展阶段的产业则给予一定的灵活性，推动产业结构优化和升级，提升"中国制造"在国际市场上的竞争力。

3. 强化知识产权执法

建议逐步加强知识产权行政执法力度，不断提高专利行政执法人员业务能力，加快推进建立专利侵权判定咨询机制、专利行政执法工作协调机制和专利纠纷快速调解机制，协调跨区域执法，降低维权成本，加大侵权处罚力度，有效遏制侵权行为发生。对发达国家跨国公司知识产权滥用行为给予特别关注。在对外贸易领域，海关部门要严格依据我国有关知识产权保护的法律对侵犯我国知识产权的侵权人和相应的货物进行查处。

4. 鼓励知识产权密集型产品和服务出口

实施知识产权商品出口专项支持计划，针对拥有自主知识产权的关键成套设备、航空航天、生物制药、集成电路、交通运输设备、智能精密机械等制定重大出口专项支持计划，优先支持鼓励出口。鼓励具有自主专利、品牌等知识产权的轻工、纺织服装、一般化工、一般机电产品出口，以知识产权战略在外贸领域的实施，推动对外贸易转型升级。对我国具有品牌效应的地理标志农产品、传统中医药商品等制定专门的出口支持计划。研究建立知识产权商品出口示范基地。

积极鼓励知识产权密集型服务出口，提升软件、信息技术、文化创意等知识产权密集型服务出口。研究建立知识产权服务出口示范基地。

三、知识产权与国际经贸规则制定

（一）我国参与国际经贸规则制定的新条件

1. 在推进经济外交过程中积累了丰富经验

（1）积极推动"一带一路"建设。

"十二五"期间，我国提出并推进"丝绸之路经济带"和"21世纪海上丝绸之路"（以下简称"一带一路"）战略，积极深化与沿线国家的经贸合作，开展贸易投资促进活动，深化与沿线国家贸易投资往来，取得了积极成效。

（2）自由贸易区战略取得重大突破。

"十二五"期间，我国迄今为止覆盖议题最广、涉及贸易额最大的中韩自贸协定正式签署，实现自贸区建设历史性突破。中澳自贸区完成实质性谈判，中国与冰岛、瑞士自贸区全面实施。中国—东盟自贸区升级版谈判启动，区域全面合作伙伴关系（RCEP）谈判开始进行实质性磋商。海峡两岸经济合作框架协议（ECFA）后续协商稳步推进，内地对港澳基本实现服务贸易自由化。2014年，我国自贸伙伴数量达到20个，与自贸伙伴的贸易额约为进出口总额的30%。中国与自贸伙伴之间的进出口增速高于与其他国家增速2个百分点，出口增速高于对其他国家增速5个百分点。

（3）积极参与经贸规则制定。

"十二五"期间，我国积极推动世贸组织审议批准《贸易便利化协定》，成功举办亚太经合组织（APEC）经贸部长会议，与美欧等14个成员启动环境产品协定谈判，与美国就信息技术产品扩围谈判达成共识，全面参与20国集团、金砖国家合作，我国在全球治理中的影响力和话语权进一步提升。

（4）深化双边经贸合作。

"十二五"期间，中欧合作成果丰硕，中欧贸易快速、均衡发展，经贸合作领域不断拓宽。欧盟已经连续10年成为我国第一大贸易伙伴；中美商贸联委会和战略与经济对话取得积极成果，中美投资协定实质性结束文本谈判；中非经贸合作开启新篇章，高层互访引领合作升级，贸易、投融资实现较快增长，承包工程增长强劲，互联互通合作不断推进。

（5）积极推动区域次区域经济合作。

"十二五"期间，我国积极推动上海合作组织、亚太经合组织、大湄公河次区域经济合作、泛北部湾经济合作、东盟东部增长区、大图们江倡议等区域次区域合作机制，次区域互联互通和经济发展水平大幅提高。我国还先后倡议建立孟中缅印经济走廊、中巴经济走廊、中蒙俄经济走廊等规划。

2. 具备更坚实的经济基础

中国不仅通过扩大开放为自我发展创造更加良好的外部环境，同时在需求端为其他新兴经济体提供新的机会，在供给端通过直接投资改善其他经济体潜在的经济增长水平，为世界经济作出贡献。中国已经是世界第二大经济体，世界第一大货物贸易出口国和第二大进口国，在国际社会和经济发展中扮演更加重要的角色。地位的变化带来战略思维的变化，中国更加强调国际经贸关系中的互利共赢，承担更多大国责任，在建立公平合理国际经济新秩序中更好地发挥大国的引领和推动作用。更加注重带动贸易伙伴共同发展，开拓国际市场与培育国际市场相结合。"一带一路"战略充分地展示了我国在发展能力增强基础上把握战略机遇期，创造战略机遇期的能力，有助于我国在更大的舞台上形成话语权。

全球经济治理变革，给中国参与和引领全球规则制定提供了机遇。中国正在通过从被动适应向主动参与和引领转变，在承担与经济贸易大国地位匹配的大国国际责任同时，将推动全球经济治理和贸易规则的重构，更多地反映新兴经济体利益，平衡发达国家和发展中国家诉求，拓展新兴经济体和发展中国家更大的发展空间。

3. 在知识产权制度建设方面处于获得认可阶段

中国尚处于自身的知识产权政策、立法和体制得到认可的阶段，尚未对外输出中国的立法观念。重在强调已有条约,对一些具体问题创设符合自身利益的具体规则能力尚有欠缺。对知识产权国际规则的制定处于被动防御地位,对国际规则制定的参与度和影响力不够。当前,发达国家在多边层面发起的《反假冒贸易协定》,将关注重点从实体权利完全转移到执法实践,从而将对知识产权国际规则体制产生重要影响。在区域层面,美国主导的"跨太平洋伙伴关系协定"(TPP)和美欧"跨大西洋贸易与投资伙伴关系协定"(TTIP)谈判中,都将知识产权列为重要议题,美欧日等发达国家正试图通过签署区域经济合作安排,来制定标准更高的知识产权国际规则。而我国目前签署的FTA协议中,还没有一份包含有较多内容和更高标准的知识产权条款。

4. 知识产权国际规则强调机制与能力建设

美国的区域贸易协定中的知识产权条款大多以专章形式详细规定了具体要求,同时在投资和争端解决等章节也纳入了知识产权保护的内容。

欧盟区域贸易协定不要求以内部立法为明确标准,而是要求加入一些知识产权公约,规定比较原则、抽象。主要源自与欧共体对外缔结条约的有限能力。

中日韩遵从现有多边义务的软性协调机制。多数条件下未创设新的国际义务。部分条款包含了知识产权实体规定,但只针对某一特定事项。

中国的区域谈判经历了从简到繁,从若干条款过渡到专章规定的过程,一定程度上反映了我国未来谈判和缔结区域贸易协定的趋向。中国区域贸易协定中的知识产权规定在保护水平上坚持TRIPs协议标准,更强调建立合作与信息交流机制,加强能力建设。主张加强双边合作,旨在建立灵活的软性机制。

(二)知识产权国际规则的新动向

1. 知识产权国际保护四个发展阶段

根据国际贸易规则发展阶段不同,知识产权国际保护规则经历了"双边安排——多边国际条约的形成——区域协定安排"的过程,相应地出现了四个发展阶段,即巴黎联盟和伯尔尼联盟时期、世界知识产权组织(WIPO)时期、世界贸易组织(WTO)时期以及后TRIPs协议时代。

(1)知识产权国际保护规则的初步建立。

19世纪,巴黎联盟和伯尔尼联盟时期,初步建立了知识产权主要领域的国际保护规则。国民待遇原则、独立保护原则、著作权自动保护原则、工业产权优先权等基本原则都已经基本确立。知识产权的国际保护规则已经初步确立。

(2)全球性知识产权国际保护体系逐步完善。

1974年,WIPO正式成为联合国系统内的特别机构,标志着知识产权国际保护规则进入到了一个新阶段。WIPO成立后,建立了较完整的全球性知识产权国际保护体系,扩大了知识产权保护范围,相对统一了保护标准,建立了知识产权国际协调机制,知识产权国际体制进入到保护与协调并举的时代。

(3)知识产权国际保护标准水平提高。

1994年,WTO签订了TRIPs协议。与WIPO不同,TRIPs协议主要承接了WTO的制度体系，将国际贸易与知识产权挂钩，具有保护范围全面、保护水平统一、保护方式强制等特点。WTO 与 TRIPs 协议进一步奠定了知识产权在国际贸易中的地位，同时也标志着高水平保护标准的初步实现，体现了全球化进一步加快背景下的发达国家最大限度地在国际贸易中保护优势产业的需求。

（4）知识产权国际规则处于博弈和改革期。

后 TRIPs 协议时代，发展中成员认识到了合理的国际知识产权规则对自身利益保障的重要性，不再甘于一味地受制于人，特别是随着一些发展中国家国力的不断强盛、经济实力的不断提升、在国际社会的作用与影响与日俱增，在国际知识产权舞台上亦不再像 TRIPs 协议缔约时那样默默无闻、无所作为，而是也开始尝试努力，积极表达自己的主张。不仅发展中成员在努力，国际社会的相关组织也一直在推动着国际知识产权规则的变化，从而揭开了后 TRIPs 协议时代国际知识产权规则改革的序幕。

从 WIPO 的发展角度来看，WIPO 为国际知识产权规则的发展作出了较多的努力。《巴黎公约》和《伯尔尼公约》为国际知识产权规则打下了良好的基础，但还不足以满足现实的需要。随着时代的进步，一些新的知识产权内容出现了，在 TRIPs 协议之后，WIPO 又确立了一些新的规则。在《伯尔尼公约》的基础上，1996 年通过了《世界知识产权组织版权公约》（WIPO Copyright Treaty，WCT）和《世界知识产权组织表演和录音制品条约》。2000 年通过了《专利法条约》（Patent Law Treaty，PLT）。2006 年通过了《商标法新加坡条约》（Singapore Treaty on the Law of Trademarks，STLT）及 2011 年的《商标法新加坡条约实施细则》。2012 年，WIPO 通过了《视听表演北京条约》（Beijing Treaty on Audiovisual Performances，BTAP）。

从 WTO 的发展角度出发，随着谈判进程的深入，国际知识产权规则也产生了一些变化，在各种力量的推动下，WTO 做了有益和必要的尝试。

但是，发达国家追求知识产权更高标准的步伐从未停止。2010 年在日本东京达成的《反假冒贸易协定》（ACTA）就反映了发达国家的这种诉求，也反映了后 TRIPs 协议时代知识产权国际规则制定领域的博弈更加激烈和频繁的新趋势和新动态。

2. 发达国家采取迂回策略提高保护标准

知识产权作为非关税壁垒的主要形式之一，是国际竞争的制高点。国际贸易向知识化方向发展，知识产权日益成为国家发展的战略性资源和国际竞争力的核心要素。无论是国内制度国际化还是国际制度国内化，各国知识产权竞争从具体技术的竞争转化为相关制度的系统性竞争。

TRIPs 协议只是发达国家主导的谈判场所中转换的一个环节。将知识产权谈判重心从阻力较大的 WTO 转向区域贸易协定，通过缔结分散的区域贸易协定竞争性地提高知识产权保护标准是发达国家展开知识产权谈判的新方略。发展中国家根据国情制定和实施适当的知识产权政策的自主空间日益被压缩。

WTO 最终涵盖知识产权是发达国家"胡萝卜加大棒"策略的结果。对愿意强化知识产权保护的国家给予财政援助和政治支持，对不予配合的国家施加压力和采取贸易制裁。为避免单边制裁和换取在农产品和非农产品领域的市场准入，发展中国家签署了

TRIPs协议，以为一劳永逸。谁知道，发达国家已经又开始酝酿提高知识产权保护水平了。历史经验就是发达国家通过适时选择多边、双边和区域谈判场所，以达到不断提高知识产权保护水平的目的。目前有能力引导场所转化的国家只有欧美。

发达国家对TRIPs协议所确立的最低标准不满足，但重新谈判修改又面临重重困难。因此，发达国家采取了迂回的策略。一方面通过强硬的国内立法加强知识产权保护，例如美国的"特殊301条款"，另一方面通过签订双边协议或者在双边协议中设定知识产权条款设定高于TRIPs协议的标准。发展中国家往往为了降低产品的市场准入门槛而在知识产权保护标准方面作出妥协。但随着区域和跨区域合作进程加快，在区域合作范围内的知识产权制度有演变为多边协议的可能。而这也正是发达国家最终意图所在。以ACTA为例，它超出了TRIPs协议规定的知识产权执法标准和最低保护标准，形式上倡导发达国家和发展中国家共同参与，但实际上将大多数发展中国家拒之门外，将双边协议上升为准多边协议。除此之外，正在推进中的TPP、TTIP都提出了更加严格的知识产权条款，也体现了这一动向。如果这一进程顺利的话，发达国家主导的新一轮知识产权国际立法进程即将开启，将使知识产权国际保护再次扩大化，发展中国家将再次面临巨大压力。

3. 联盟标准影响力日益扩大

随着通信、信息技术的发展，产业间合作和竞争日益深化和复杂，市场和技术快速变化，国家指导或协调的国家标准体系越来越难以处理信息不全面和不对称问题，标准化组织加快了市场化进程，商业模式相同或类似的企业间制定联盟标准成为一种趋势。联盟标准作为一种较灵活的组织形式，因为能更加灵活快速地适应技术和市场条件的迅速变化很有可能成为标准化治理的未来趋势。联盟标准中多个标准并存，不同联盟制定的标准存在竞争关系和不同的知识产权政策。

发达国家在力推联盟标准上升为国际标准。条件是在市场上广泛应用并且知识产权许可不会对标准实施造成障碍。事实上，一些联盟标准化组织在全球的影响已经超过了国际标准化组织。二者开始合作。联盟标准和知识产权打包竞争是通过市场机制解决"阻抑"和"许可费累加"难题的方法之一。联盟标准本身也可能存在反垄断法严格禁止的"串谋"等问题。

4. 开始重视知识产权过度保护的消极影响

(1) 知识产权最低保护标准与各国经济发展水平不一致存在矛盾。

知识产权制度本质是为了促进发展和科技进步的，但对于发展中国家和最不发达国家而言，却在某种程度上形成了事实上的阻碍。如TRIPs协议的最低保护标准原则，更多地顾及了发达国家的利益，体现了权利的高度扩张和高水平保护。缺乏较强的科技创新能力的发展中国家和最不发达国家无法实质性地运用现有规则来促进发展。TRIPs协议确定了知识产权的私权属性，在这种私权保护下如何使全球共享科技创新带来的福利是一直未曾妥善解决的问题。

(2) TRIPs+侵蚀了发展中国家政策空间。

TRIPs+条款分为三类，一是超出保护范围，引入新的知识产权保护内容，二是超出保护水平。三是限制或取消 TRIPs 协议所允许的灵活性和例外。现有的 TRIPs 条款主要集中在专利、版权、地理标志及知识产权实施领域。一旦发展中国家在双边场合接受了更高水平的保护要求，就很难阻止多边场合保护标准的整体提高。从而丧失在知识产权领域的自主决定权。

（3）注重财产利益，忽视精神权利保护。

国际知识产权规则强调了与"贸易"有关的知识产权保护，重视了财产性内容实体规定，却忽视了精神层面的人权保护问题。比如由于专利的合法垄断性，专利权人可以控制药品的生产和销售。专利药品的昂贵价格常常超出一般贫穷患者的承受能力，从而影响不发达国家的居民的治疗。由于利益性的驱动，制药业的研发投资者首先投向市场利润回报率高的疾病，而不会优先考虑贫困国家的需求。由此，新药品研发者的专利权与这些药品的普通消费者的健康权会存在一定的矛盾。

（三）我国参与与知识产权有关的国际规则制定的方略

1. 在自贸区全球战略布局中充分考虑知识产权因素

"十三五"期间，我国将加快自贸区全球战略布局。中国—东盟自贸区升级谈判和区域全面经济伙伴关系协定谈判、中国—斯里兰卡自贸区谈判、中日韩自贸区谈判、与海合会、以色列等自贸区谈判等将稳步推进。同时，将积极参与全球经济治理和经贸规则重构，扩大同主要贸易伙伴、主要利益集团利益汇合点，维护以世贸组织为代表的多边贸易体制改革，为新一轮多边谈判早日达成平衡和互惠的成果作出建设性贡献。积极参与环境产品、政府采购等国际谈判，争取参加《服务贸易协定谈判》。在亚太经合组织（APEC）、20 国集团（G20）等层面上发挥更大作用。深化与亚太经合组织合作和上海合作组织区域经济合作。加大对湄公河、泛北部湾、图们江、中亚等次区域合作的战略投入。

发展中国家不能寄望于发达国家会照顾发展中国家的发展需要而主动作出让步，要在新的规则制定中发挥积极作用。通过多种形式的联合广开渠道，积极增强在国际社会相关领域的话语权，在发展中成员并不占有优势的领域积极努力制定新的规则。

2. 拓展 TRIPs 协议以外的领域

在经济全球化背景下，参与到知识产权国际保护中的主体呈现多元化特点，其中国际组织的数量和作用逐渐凸显。一些以前不太关注知识产权的国际组织，如世界卫生组织、世界粮农组织、联合国人权委员会、生物多样性公约成员大会等开始把知识产权问题放在重要位置。把知识产权保护从 WTO 转移到这些组织，是继知识产权保护从 WIPO 转移到 WTO 之后的又一次论坛转移。这些组织制定新协议、重新解释已有条约和发布非约束性的宣言、指南、建议等"软法"制约 TRIPs 协议这个"硬法"，挑战并影响现行知识产权保护制度。

3. 把握知识产权保护的合理边界

权利主体在行使权利时不应超过必要限度，否则可能构成权利滥用。要注重利益平衡原则，避免绝对单一保护，在发达国家和发展中国家之间实现动态利益平衡。在利益平衡基础上，满足权利人的私人利益和社会公共利益及他人合法权益。要有合理、适当的激励机制和权利保障机制，充分保护知识产权人的合法权益，保障知识产权人能够通过控制和行使自己的权利而收回知识创造的成本并获得必要的报偿[1]。

4. 不盲目追求知识产权保护的高标准

在区域经济合作中可尝试引入内涵更丰富的、更高标准的知识产权条款，为我国应对新一轮国际知识产权规则的调整进行试验。但知识产权国际保护标准意味着作为知识产权国际公约成员方应履行的基本义务，对知识产权国际保护标准的合理利用可以增强知识产权国际法治的进程。发展中国家不宜在最低保护标准之外，盲目追求知识产权保护的高标准。高标准可能是一种受益，但更多的是一种义务。超出经济发展阶段盲目提高知识产权保护水平将对发展中国家的公共利益带来诸多负面影响。发达国家同样存在合理利用知识产权国际保护标准的问题，如果一味追求扩张、加强保护、提升标准，有可能引起更多的反抗，继而失去应有的市场。

要对我国在知识产权国际规则制定体系中的地位有一个清醒地认识。知识产权国际规则的制定权、话语权的决定性因素是一国科技发展水平和知识产权运用能力。发展中国家虽然在国际经济、贸易、投资中地位日益上升，甚至全球经济中心向亚太转移的进程已经开启。但是，全球86%的研发投入来自发达国家，98%以上的技术转让和许可收入进入发达国家囊中。发展中国家与发达国家在科技实力上的巨大差距使得我们想要掌握知识产权国际规则制定的话语权缺乏强有力的支撑。

（四）通过国际合作打击侵权的典型案例

上海海关查获出口假冒兴奋剂案：快件牵出特大跨境生产、销售兴奋剂案

2013年3月26日，上海海关浦东国际机场海关快件处在对某快递公司承运的准备发往美国的快件货物进行查验时，发现有一批被申报为"静止式变流器"货物比较可疑。经实际开包查验，发现在5个变流器中藏匿有26种、共计1010瓶标有"Decabol""Testbol"商标的瓶装药剂、10支注射针剂、605张药品标签贴和若干散装无标识颗粒。海关人员通过上网查询药瓶上的标识，得知该片药物的品名为类固醇、激素诺龙和康力龙等用于促进人体生长的激素类药物。

经查，该批假药是由一伙伊朗籍人在中国寄出的，经多家快递公司层层转单后，最后再通过快递向海关报关出口，准备交由美国境内的收货人在乔治亚州等地销售。2013年5月1日20时，中美警方开展跨境同步收网，成功侦破一起由伊朗籍人蒙特凡立·赛义德·阿里为首的涉案金额高达2.18亿余元人民币的特大跨境生产、销售兴奋剂案。

快件运输通关时间短，而快件物品具有体积小、品种琐碎和数量零星的特点，极易被伪装、隐匿和夹藏。所以目前一些体积小、价值大的假冒产品，如药品、电子产品和化妆品等大多采用快件方式进行跨境运输。此案也充分证明国际合作对打击侵权贸易的重要性。

---

[1] 杨健：《知识产权国际法治研究》，博士论文。

四、"走出去"中的知识产权保护

"十二五"期间，我国大力实施"走出去"战略，对外投资流量屡创新高，企业海外并购取得突破，对外投资领域不断拓宽，结构持续优化。

（一）我国"走出去"发展的基本态势

1. 新兴对外投资大国地位基本确立

2012 年，中国成为仅次于美国和日本的世界第三大对外投资国。2013 年我国对外直接投资规模首次超过千亿美元。2014 年，我国对外直接投资 1160 亿美元，与吸收外资规模基本持平。

2. 产业结构继续优化

我国对外直接投资产业门类广泛，其中租赁和商务服务业、采矿业和批发零售业是对外投资比较集中的领域，2014 年上述领域占流量总额的 63.7%。此外，铁路、电力、油气、通信等领域对外合作取得重要成果。企业海外并购蓬勃发展，呈现多元化趋势。能源矿产领域是投资热点，制造业领域并购活跃，农业领域跨国并购取得突破。装备制造业和高新技术产品成为重要增长点。

3. 承包工程和劳务合作增长较快

"十二五"期间，我国装备走出去取得新进展，中国高铁进入海外市场，同时推动"中国标准"走出去。2011～2014 年，我国对外承包工程业务累计签订合同额 6623 亿美元，完成营业额 4996 亿美元，分别比"十一五"期间增长 30% 和 68.1%。截至 2014 年年底，累计派出各类劳务人员 748 万人。

（二）"走出去"过程中面临的知识产权问题

1. 存在恶性竞争和短期行为

近年来，随着我国越来越多的自主品牌逐步成长起来，一些品牌在国外遭受抢注的情况也时有发生，比如"康佳"商标在美国、科龙商标在新加坡遭到抢注，"HiSense"在德国被抢注，"大宝"在美国、英国、荷兰、比利时被抢注，等等，这不仅严重影响了我国自主品牌的国际化步伐，同时也打击了我国相关产品的出口。同时一些假冒侵权新手法、逃避企业拦截和海关监管的新方法开始出现，对政府知识产权保护提出了挑战。

随着"一带一路"的深入推进，我国与"一带一路"沿线国家的贸易额保持较快增速。由于"一带一路"上不少国家属于新兴市场，市场经济相关法律尚未完善，消费者的知识产权意识不强，导致一些侵权产品乘虚而入。以东南亚市场为例，由于东南亚国家对泰国、马来西亚等周边国家的产品有较高的信任度，如果中国产品开拓这些市场不注重产品品质，树立中国的品牌形象，那么将难以实现可持续、健康的发展。

2. 核心竞争力不强

目前，中国在世界上拥有核心技术和关键技术领域的自主知识产权数量偏少、质量偏低。除此之外，中国知识产权工作总体状况还存在着与国家经济、科技和社会的发展要求不相适应，以及与面临的国际新形势的发展要求不相适应的问题。中国的出口产品缺乏自主知识产权、缺乏世界知名品牌和核心竞争力。

3. 风险防范意识和危机应对能力薄弱

我国企业知识产权组织体系不健全，对知识产权的开发、利用及保护明显不足，缺乏知识产权管理与运作的专门人才，知识产权管理内容不全面。目前，我国企业设有知识产权专门机构的很少。调查显示，被调查企业中只有少数大中型企业设有 IPM 机构，大多数企业既没有设立 IPM 机构，也没有相应的 IPM 制度，更没有将知识产权贯穿到企业技术创新、生产经营的全过程。

4. 缺乏知识产权国际布局意识和能力

我国企业在知识产权国际布局意识和能力方面与发达国家存在较大差距。发达国家跨国公司以在华知识产权布局为基础，不断加大对华专利的技术输出，通过收取专利许可费用的途径，获取了大量贸易利益。根据调研，跨国公司对华专利技术专利费用至少超过合同销售金额的 7%，对于没有独立谈判能力的合资企业或中外合资企业，专利费用占销售收入的比重普遍超过 10%。当前，全球跨国公司年均获得的特许和许可费近 2500 亿美元❶。IBM、高通等公司每年通过专利出售和收取许可金即可取得数十亿美元的收入，而国内领先 IT 公司每年都要支付不菲的专利许可费用。

(三) 加强"走出去"中的知识产权保护

1. 支持有条件的企业在境外建立研发中心

鼓励企业参与境外基础设施建设和产能合作，推动重点领域投资合作，增强企业国际化经营能力，使企业"走出去"并且"扎下来"。推动高铁、电力、通信、工程机械、传播等装备制造业以及钢铁、水泥、电解铝、平板玻璃等过剩行业"走出去"。推进制造、服务一体化"走出去"，以中国资本"走出去"带动中国品牌"走出去"。逐步实现由"生产性走出去"向"生产、服务一体化走出去"转变。促进对外投资合作转型升级，支持有条件的企业在境外建立研发中心、设计中心，以多种方式开展境外高新技术和先进制造业投资合作。扩大对重点国家、地区投资合作。配合国家重大战略，完善境外经贸合作区战略布局，推动对"一带一路"沿线国家的投资与经济技术合作。

2. 优化对外投资环境

对知识产权制度的定位从以前的被动保护转向更加积极主动保护。尽量避免或减少如商标被恶意抢注之类的事件发生，保护企业海外知识产权正当权益，服务对外贸易和企业"走出去"，需要进一步强化国际贸易投资，促进中知识产权公共服务，加大资源整合力度，加强统筹协调，帮助企业提高知识产权创造、运用、保护和管理能力，推动企业自主创新，提高企业竞争力，更好应对海外知识产权纠纷和摩擦，开展国际交流与合作，提升知识产权国际话语权。

---

❶ 李俊，等："从'科技兴贸'向'知识产权强贸'迈进"，载《国际贸易》2015 年第 1 期。

实行以备案制为主的对外投资管理方式，加强对境外投资备案和核准情况的监控分析。建立对外投资台账制度。规范对外承包工程和大型成套设备出口项目竞争秩序，完善信用等级评价制度。增强海外资产的公共安全保障，加快与美、欧等发达国家签署多双边投资保障协议，以制度保障我国海外投资者的利益。加强海外投资保护机构和力量建设，强化政府机构在保障中资企业海外投资安全中的主导作用，积极运用法律、传媒、外交、国防等手段，切实保障我国海外资产安全。

3. 强化支持和服务

完善对外投资贷款管理体制，创新金融支持模式。保持对外投资政策的连续性和稳定性，加大对装备制造业、对外承包工程等重点领域支持。大力完善对外投资服务体系，包括信息、融资、安全保障等服务，拓宽用外汇支持走出去的渠道和方式。收集、发布企业投资地的知识产权相关信息，加强企业知识产权培训，支持企业在国外进行知识产权布局。加大海外维权机制建设，鼓励企业建立海外维权联盟。加强风险评估和安全预警机制。

在"走出去"中体现货物贸易和服务贸易的结合的重要性。如果有完善的会展服务、电子商务平台、知识产权帮助等支持，企业将会得到很大的支持。还有与货物贸易紧密相关的运输、金融保险等服务，是货物贸易的支撑。

4. 拓展海外知识产权保护渠道

建立和完善对外贸易知识产权公共服务机制。第一，充分发挥政府及行业协会的作用，建立知识产权保护预警机制，包括信息发布预警、贸易动态评估预警、在线服务预警、事件跟踪预警等，对跨国公司的知识产权布局进行充分地调查和分析，对相关知识产权诉讼的热点进行预测，及时预警知识产权纠纷事件，从而有效地应对发达国家的知识产权壁垒。第二，相关管理部门和行业协会积极为企业知识产权纠纷和跨国侵权诉讼提供相关的信息和法律咨询服务，提升企业知识产权纠纷应诉能力，保障我国企业的合法权益。第三，提升我国在国际知识产权规则制定中的主导权，积极参与国际知识产权规则的制定，切实有效地维护我国国家利益和知识产权人的利益。我国政府应与欧美等主要发达国家建立常规化沟通机制，对出现的分歧和矛盾进行及时的交流与磋商，从而减少贸易摩擦。

5. 提升海外知识产权布局能力

支持企业和个人积极向国内外申请取得各种类型的知识产权。随着未来我国增强自主创新能力、发展自主品牌，我国的产品将更加具有国际竞争力，必将在发展中国家市场占有重要地位。我们要积极布局在发展中国家的知识产权保护，加强与发展中国家的知识产权保护合作，建立和发展官方和民间的知识产权沟通机制。

在主要出口国，根据市场需要积极取得高质量的专利、商标等知识产权。结合"一带一路"的建设，在有关国家推动保护我国出口的大型成套设备及技术、标准、服务等涉及的知识产权。

6. 建立知识产权专员制度

强化海外知识产权保护与维权，利用综合手段支持我国企业申请国际专利，大幅提高我国企业申请国际专利的数量和质量。建立海外企业知识产权维权援助中心。积极应对知识产权国际纠纷，妥善应对知识产权摩擦。针对美国等重点国家对我国发起的知识产权调查，应积极支持企业开展应诉工作。研究利用贸易政策工具，包括建立"中国版337"调查制度，对美国发起的不合理不合则的知识产权争端进行适度反制。研究在我国驻外大使馆和经商参赞处设立知识产权专员制度，专职负责与相关国家协商知识产权事宜。

（四）经典案例

案例1　通过海关执法帮助企业海外维权

2014年5月，苏州某公司向上海海关隶属洋山海关申报出口300台点钞机。海关查验时发现该批点钞机上标有苏州日宝科技有限责任公司"RIBAO TECHNOLOGY"商标，且出口企业并非是该商标的所有人。海关随即中止了该批货物的通关程序并将有关情况通知了苏州日宝公司。经查，2007年苏州日宝公司与美国当地销售商合作成立了美国日宝公司，专门负责在美国销售带有"RIBAO TECHNOLOGY"商标的产品，后美国日宝公司擅自在美国抢注了"RIBAO TECHNOLOGY"商标。苏州日宝公司随即停止了与美国日宝公司的合作，将其"RIBAO TECHNOLOGY"商标向海关总署进行了备案。经过双方协商，苏州日宝公司同意不向海关申请扣留涉案的300台点钞机，而美国日宝公司则同意放弃"RIBAO TECHNOLOGY"商标在美国的专用权。至此困扰苏州日宝公司多年的境外商标权纠纷得以顺利解决，其实施国际化战略道路上的一大障碍被扫清。

案例2　通过国际合作维护国际供应链安全

2014年1月1日，南京海关隶属苏州海关驻邮局办事处在通过X光机检查一批出口邮政快件时，发现其中一个包裹显示含有大量颗粒状物体。在开拆邮包后发现内有8750粒标有"Pfizer"字样的蓝色菱形颗粒药品。海关查验人员判断该批药品可能属于假冒药品。该批药品寄往美国印第安纳州，南京海关向海关总署建议针对此批假药组织一次中美海关联合执法行动。海关总署立即联系美国国土安全部移民及海关执法局。2014年1月5日当该假药邮包在纽约机场落地时，美国海关立即告知中国海关，1月7日，美国海关再次告知中国海关，已将收件人抓获，并成功捣毁了一个在美国销售假药的犯罪团伙。

案例3　"假冒"与"正版"的双赢

阿拉伯袍是我国大宗传统出口商品。其中中纺国际服装有限公司的"AL OTHAIMAN"品牌，在阿拉伯地区有很高的知名度和市场占有率。2014年1月，上海某公司向天津新港海关申报出口一批化纤制男式阿拉伯袍。海关查验发现该批阿拉伯袍共有2.6万件，全部带有"AL OTHAIMAN"商标，经中纺国际确认全部为假冒产品。天津海关在随后的一个月内又连续查获两批共计3.7万件假冒的"AL OTHAIMAN"阿拉伯袍。中纺国际先后与三家出口假冒产品的企业达成和解协议，将其吸收为合法产品的供货商，同时向天津海关提出撤回扣留货物申请的要求。天津海关将已扣留的货物放行出口。

五、与进口相关的知识产权问题

贸易平衡是我国贸易战略取向之一，未来扩大进口的重要方式之一就是鼓励先进技术设备和关键零部件进口和积极扩大国内急需的咨询、研发设计、节能环保、环境服务等知识、技术密集型生产性服务进口。要改变以往进口知识产权中的"重引进，轻消化"现象，加强进口知识产权的吸收和利用。

（一）平行进口问题

1. 平行进口涉及的基本问题

（1）平行进口的概念和核心权利冲突。

平行进口主要指进口货物来自于未经授权的分销渠道。用"平行"这一术语主要是来描绘未经授权的产品跨越国界被进口，由此产生一个与被授权销售渠道竞争的平行销售渠道。其最核心的权利冲突在于知识产权的权力人或者独占被许可人有无权利禁止合法生产的产品从国外进口的问题。随着国际知识产权贸易与国际知识产权产品贸易出现交叉，又产生了更为复杂的国际知识产权贸易中的平行进口。

（2）平行进口的法律特征。

第一，平行进口的对象是附带知识产权的产品而非知识产权权利。第二，平行进口针对的是取得合法授权而生产的正品，而非冒牌货。第三，平行进口产品所负载的知识产权在进口国受到保护。第四，平行进口商在进口国销售涉案知识产权产品未获得知识产权权利人授权。

（3）产生平行进口的根本原因。

产生平行进口的根本原因是同一产品不在不同市场存在较大的价格差异。这种价格差有可能是汇率原因造成的，有可能是知识产权所有人在不同区域间进行价格控制造成的，也有可能是不同国家政府进行价格管控造成的。此外还有平行进口商的"搭便车"行为，也就是授权经销商前期投放了广告、宣传等成本，在产品销售时机成熟的时候，平行进口商开始销售产品从而节省了前期的投入获得较高利润。

（4）平行进口最主要的影响。

平行进口通常会导致廉价的真品大量涌入进口国市场，对进口国知识产权权利人的产品形成较强冲击，其市场份额会减少。同时，由于平行进口的知识产权产品销售中可能存在服务不到位或售后服务缺失等问题，消费者对于该专利产品的任何不满都可能影响进口国专利权人或被许可人的形象。平行进口肯定会损害进口国知识产权所有人或独占被许可人的利益，从长远来看，将会导致进口国产品质量的下降和产品种类的减少。

2. 对平行进口进行规制的理论

权利一次用尽原则，是指任何一件受知识产权保护的产品，一旦由权利人自己或由经其同意首次投放市场之后，则权利人就丧失了控制该产品在相关市场上的继续自由流通的权利。该原则在许多国家和地区的知识产权法律中得到了普遍体现。

还有进口权规则，指权利人享有自己进口或者禁止他人未经许可，为生产经营目的进口其知识产权产品的权利。我国《专利法》对专利权进行较为完善的规定。从我国专利法的规定看，进口权包括三个方面的内容：一是权利人可以自己进口知识产权产品。二是权利人有权禁止他人进口知识产权产品。三是进口权具有一定的限制性，即在法律另有规定的情况下，权利人无权禁止他人进口知识产权产品。比如依照强制许可进口知识产权产品，或者为个人消费性使用而进口知识产权产品。我国在2008年第三次修订的《专利法》中明确了对专利进口权的限制。

除此之外，还有默示许可原则、地域限制条款、反不正当竞争法等。每一种方法都有合理之处也都有局限。

3. 我国可采取的方法

（1）分类规制。

平行进口在现实中表现出类型多样、利益关系复杂的特点。由此决定了任何一种规制平行进口的理论或方法都不能一劳永逸地解决所有平行进口衍生的问题。对平行进口的有效规制还是应着重体现在司法层面，根据不同的平行进口类型及其中的利益关系适用相应的依据，即实现平行进口的分类规制。

（2）尽到促成标示义务。

美国海关的标示义务是边境执法对平行进口的突破。我国海关也可以规定进口商在商品上明确标示商品的原产地及厂商名称，防止消费者混淆该商品原产地，同时还要标明商品品质与售后服务。禁止平行进口商在购得商品后擅自改变商品质量或原商品包装，除非更改包装不影响商品的原始状态，且不损害商标及其所有人的利益。

（3）防止不正当竞争。

海关需要进一步加强对平行进口商品的价格监管，审查是否构成价格瞒骗、是否存在不正当竞争。相关部门在立法和作出司法解释之时也应进一步完善不正当竞争法对平行进口的约束，防止平行进口商采用不正当竞争手段损害他人利益或破坏市场正常秩序的行为。

（4）适度灵活掌握允许与限制的界限。

平行进口在不同领域有着不同的表现形式，没有一以贯之的标准。平行进口的规制依据也呈现出多样化的特点。特定的平行进口案件就可能适用特定的依据进行分析与判决。因此，即便是同一类的平行进口案例，具体的案件仍然可能出现不同的结果。从研究的角度看，对平行进口不宜进行过多的"禁止"还是"允许"的结论性分析，而应当更加关注如何对其进行规制的问题。依据不同的方法，采用不同的路径，对平行进口也就能够作出相对灵活的应对。因此，对于平行进口，允许与限制都有可能。

需要说明的是，从各国对平行进口的规制实践看，都是随着具体情况发展而发生变化的。随着此类纠纷的逐渐增多应当从实现利益最大化的角度出发采取灵活的方法予以规制。

（二）过境货物知识产权保护

1. 过境货物知识产权执法日益受到重视

（1）边境执法保护的对象已经扩张至过境货物的知识产权执法。

过境自由原则的发展逻辑是为促进自由贸易而给予有限的过境自由，避免因过境障碍而影响正常合法的国际贸易。过境自由的行使并不是一种绝对的权利，还需要得到过境国的许可和协助。有关国际条约没有否定过境国有权基于知识产权执法的理由而限制或禁止货物过境。知识产权的边境执法作为一国或地区知识产权执法体系中重要的一环,在知识产权国际条约体系中得到重视并不断加强。边境执法保护的对象和客体不断扩张,以至于扩展到过境货物的知识产权执法。

(2) 严格的知识产权执法成为区域协定中加强知识产权保护的主要内容之一。

《反假冒贸易协定》明确表示反假冒贸易在未来依然是知识产权过境执法的强化重点。正在谈判中的《跨太平洋伙伴关系协定》(TPP)的特征之一就是严格知识产权执法,在知识产权边境执法环节,将过境货物和自贸区货物相关知识产权执法纳入协调范围。TPP 草案规定,每一成员应赋予主管机关有权依职权就出口、进口、过境以及自由贸易区中的涉嫌假冒和盗版的货物采取边境措施。从执法环节的角度来看,TPP 的知识产权执法标准将高于 ACTA 的规定,它已明确将自贸区货物知识产权执法义务上升为强制性条约义务。2012 年 3 月 15 日生效的《美韩自由贸易协定》也在"边境措施相关的特别要求"中规定,一旦进口、出口、过境货物或自由贸易区中的货物被怀疑是假冒货物或盗版货物,每一成员方应当规定其主管机关可以依职权启动边境措施。

2. 过境货物知识产权执法的国际经验

(1) 各国采取的立法规则不同,效果各异。

由于国际条约对过境货物知识产权执法规则并没有明确的规定,日本、韩国、新加坡、巴布亚新几内亚、美国等国以及中国香港地区和欧盟等单独关税区采取不同的立法规则来确立海关有权对过境货物进行知识产权执法,但执法实践的效果迥异。

(2) 欧盟地区的积极实践。

欧盟地区的荷兰、德国、法国、英国、比利时等国发生了许多过境货物知识产权执法的相关案例。欧盟的积极实践是《反假冒贸易协定》缔约方所希望的发展方向。欧盟的《过境货物知识产权执法指南》明确了货物侵犯知识产权的判定依据是欧盟法和成员国法,过境货物是否侵权由主管机关根据相关知识产权实体法和个案情况决定。如果非共同体货物在进入欧盟流通之前,甚至在到达欧盟之前就有销售、许诺销售和广告宣传等针对欧盟市场的商业行为,或从文档或书信上能够明显看出货物意欲进入欧盟市场,则该货物因可能进入欧盟市场而被认定为侵犯知识产权。然而,欧洲法院在过境英国假冒诺基亚手机案和过境比利时假冒飞利浦剃须刀案的并案审理中认定,欧盟条例是执法规则的程序性规定,它不包含界定过境货物侵犯知识产权的实体性规则。除欧盟及其成员国的相关实践,《反假冒贸易协定》签署国正在考虑该协定在本国履行的立法和执法问题。

3. 我国的应对策略

中国《知识产权海关保护条例》已经符合 TRIPs 协议关于边境措施的义务要求,在知识产权边境执法的保护模式、保护客体和保护环节方面都超越了该协定的最低标准,执法的成绩也非常显著。实践中,中国没有要为加入《反假冒贸易协定》而修改《知识产权海关保护条例》的外在压力和紧迫性。实际上,知识产权边境执法的全面覆盖是大势所趋,世界贸易组织成员方应当将过境货物和海关特殊监管区货物都纳入边境执法的范围。同时,其他知识产权国际协调成果也积极将高于《与贸易相关知识产权协定》和《反假冒贸易协定》中最低标准的执法规则上升为条约义务。中国要做好制定和实施知识产权过境执法规则的准备,在知识产权侵权认定标准保持不变的前提下,明确海关对过境货物和海关特殊监管区货物的执法权。

(三)自贸试验区的知识产权

自贸试验区是国内特殊经济区,不应当成为知识产权侵权的避风港。上海自贸试验区在知识产权方面的意义在于两个方面,一个是利用"先行先试"在知识产权管理和执法体制方面为促进和完善国家知识产权政策体系提供示范效应,另一个是为知识产权规则的国际协调提供实证支撑。

1. 有存在规则漏洞的可能

国内自由贸易区的概念可追溯到世界海关组织《关于协调和简化海关手续的国际公约》(简称《京都公约》)中的"自由区"(free zone)和"海关仓库"(customswarehouse)。国际海关法视角下的国内自由贸易区类似中国海关制度中的海关特殊监管区。由于存在国内自由贸易区和海关特殊监管区,货物进出境的目的不再是简单地进口或出口,可能是简单加工或实质加工,也有可能是利用过境国高效的中转和物流服务,但也可能是利用海关特殊监管区的知识产权执法规则的空白或漏洞而规避执法,从而使侵权货物潜入过境国市场或转运至第三国。所以,海关特殊监管区和自由贸易试验区的知识产权执法相辅相成,任何一方面的欠缺或不力,都会对另一方的执法效果造成负面影响;只有二者在执法规则上协调互补,才能确保国际贸易供应链的安全,使侵犯知识产权的货物无所遁形。所以,应当对现行的海关特殊监管区知识产权执法问题进行讨论和归纳,以期为中国(上海)自由贸易试验区知识产权保护问题提供经验支持。

2. 上海管委会与其他机构的关系

上海自贸区既不是国际自贸区也不是《京都公约》中的自由区,是中国主动开放市场,直接的国际法渊源是《入世议定书》。从关税意义上讲,上海自贸区是境内关外;从政府监管和法律规制方面来看,属于境内关内。

现行国家层面的知识产权行政管理体制与上海自贸区内综合监管、统一执法的体制存在冲突,需要加强协调。上海自贸区管委会是上海市人民政府的派出机构,管委会综合执法机构依法集中行使原由上海市知识产权部门的行政处罚权、行政强制措施与行政检察权。这与先行知识产权行政管理和执法体制存在较大差异。我国现行的知识产权行政主体涉及知识产权局、工商总局、版权局等多家单位,其行政管理职责是受到《专利法》《商标法》《著作权法》等法律保护的。上海自贸试验区的做法突破了现有的基本法律框架,而且没有全国人大及其常委会的明确授权。那么自贸区管委会对知识产权事务的行政管理职责与上海市知识产权局、工商管理局以及版权局如何协调?上海自贸区涵盖的四个海关特殊监管区属于上海浦东新区的管辖范围,管委会与浦东新区知识产权管理部门如何协调?

值得注意的是,《中国(上海)自由贸易试验区管理办法》第5条第2款与第3款的措辞不同，对于工商、质检、税务和公安等行政管理工作，中国（上海）自由贸易试验区管理委员会起领导作用，但具体执行管理机关仍然是工商、质检、税务和公安等行政机关。对海关、检验检疫、海事、金融等行政管理工作，中国（上海）自由贸易试验区管理委员会起协调作用，既不能主动执法，也不能领导和决策，而只能是起协调作用。所以，除商标权执法之外的知识产权执法职责已经直接划归上海自贸区管理委员会行使。

3. 《海关保护条例》与上位法冲突

货物从上海自贸区进入境内应视为进口货物，海关依据《知识产权海关保护条例》对它们进行监管和执法。货物从境外进入上海自贸区并不是进口货物，而是一种进入"国境"的货物，而非进入"关境"的货物；同理，货物从上海自贸区出口，也不是海关法语境下的"出口货物"。侵犯知识产权货物从境外进入自贸区或从自贸区出口的问题该如何解决值得思考。

问题的本质是知识产权海关保护的对象是"进出口货物"抑或是"进出境货物"。从《海关法》的条文规定来看，知识产权海关保护的对象是进出境货物，而不是进出口货物，即包括过境货物、转运货物和通运货物等海关监管货物，而《知识产权海关保护条例》和海关总署的实施办法则规定，知识产权海关保护是指海关对与"进出口货物"有关并受中华人民共和国法律、行政法规保护的商标专用权、著作权和与著作权有关的权利、专利权实施的保护。所以，从法律的位阶来说，《知识产权海关保护条例》有违背上位法《海关法》和《对外贸易法》之嫌，因为《对外贸易法》第29条规定，国家依照有关知识产权的法律、行政法规，保护与对外贸易有关的知识产权。《对外贸易法》没有区分"进出境货物"和"进出口货物"，广义上与对外贸易有关的货物、技术和服务都要受到其调整和规范。因此，对于货物从境外进出上海自贸区的知识产权执法问题应当立法加以明确。

4. 国际借鉴以及制度突破点

实现贸易便利和通关便利是为商家考虑，促进贸易的发展。但过于强调通关便利，放松必要的海关监管，就有可能被一些不法商家利用来逃避海关监管，导致海关税收的流失，甚至对本土安全构成威胁。

贸易安全和贸易便利之间存在一定的冲突。这两大主题也成了各国和地区海关组织在推进世界经济发展和维护世界经济贸易秩序过程中海关工作的两个价值目标。如何平衡知识产权保护水平与保障自由贸易的便利与高效是关键。

为了鼓励自由贸易给予有限的过境自由，但也要为了保护本国的公共秩序、生命及财产安全而采取必要的保护措施和检查。可以借鉴欧盟2012年发布的《过境货物知识产权执法指南》，即证明国际中转的货物意图在中国大陆销售的才能被认定为侵犯相关权利，构成侵权货物。

从创造和保护的角度，区内外制度和实践基本是一致的，上海自贸区作为承载制度改革使命的试验区，应当在运用和管理规则上有所突破。如知识产权质押与金融创新制度融合、知识产权信托与资产证券化等。

（四）经典案例

2013年12月8~16日，北京海关连续查获4批进口的假冒"BURBERRY"商标的服装，共计14 511件，价值高达420余万元人民币。经查，这4批假冒服装进口后将被通过电子商务平台按照真品在我国境内销售，在初步确定货物的侵权性质后，北京海关立即将有关情况向北京市公安机关和北京市工商行政管理局通报，会同相关部门对案情研究分析并搜查了收货人准备存放上述假冒服装的仓库。

假冒服装的最终收货人北京某电子商务公司认为自己被国外卖家欺骗，也是假冒服装的受害者，并向海关提供了该公司按照真品价格向国外卖家付款的凭证。鉴于进口服装的侵权事实清楚，证据确凿，北京海关作出没收货物并对进口假冒服装的当事人处以罚款的决定。

此案涉案商品数量较多、案值较大。随着我国经济的迅速发展和人们购买力的大幅提升，境内消费者对进口名牌产品的需求愈加旺盛。北京海关此次查获的进口假冒名牌服装一旦流入境内，将在专业网店以几千甚至上万元人民币的价格销售，消费者将会蒙受巨大的经济损失。

六、"十三五"时期国际贸易中知识产权发展战略

（一）指导思想

"十三五"期间与国际贸易相关的知识产权发展战略的指导思想是以邓小平理论、"三个代表"重要思想、科学发展观为指导，全面贯彻落实党的十八大和十八届三中、四中全会精神，按照"四个全面"战略布局和创新驱动发展战略的总体要求，主动适应国际国内经济发展新趋势，全面深化改革和更积极主动实施新一轮对外开放，统筹国际国内两个大局，兼顾当前利益与长远发展，培育和催生商务发展新动力、新空间，打造国际竞争合作新优势，努力建设贸易强国和知识产权强国"双强国"，为建设创新型国家和全面建成小康社会作出更大贡献。

（二）总体目标

"十三五"时期，国际贸易中知识产权战略的总体目标就是努力建设贸易强国和知识产权强国的"双强国"。

"双强国"目标体现了"贸易强国"和"知识产权强国"二者互为表里、互相支撑关系，符合新时期国际国内形势变化的新要求。

"贸易强国"要求贸易发展的优质高效，要求具备国际竞争新优势，要求承担更多国际责任，要求实现货物贸易和服务贸易的协调发展。应当说，在新的国际国内形势下，加强知识产权因素在国际贸易领域内的应用，是实现上述要求的最有力工具和最有效途径之一。

"知识产权强国"是2014年年底公布的《深入实施国家知识产权战略行动计划

(2014~2020年)》中首次明确提出的。"知识产权强国"要求的更高水平的知识产权创造、运用、保护、管理和服务，要求知识产权制度对经济发展、文化繁荣和社会建设进程的促进作用得到充分体现。"更高水平"和"充分体现"除了纵向比较之外，横向的国际比较也是其应有之义。如果我国的知识产权密集型产品、服务仍旧将更大比例的贸易利益和价值输送到了发达国家，如果我国的知识产权贸易占世界的比重仍旧连1%都不到，那么就算连续再多年拥有世界第一专利申请量和注册商标申请量，中国也很难理直气壮地说是真正意义上的"知识产权强国"。因此贸易强国也是"知识产权强国"的重要支撑。

如同我们经历了许多年"建设小康社会"最终即将迎来"全面建成小康社会"的"十三五"时期一样，在实现"双强国"目标之前，也会经历很长一段的建设时期。"十三五"时期仍然属于建设时期。

(三) 主要任务

1. 完善法律法规体系

(1) 清理、废止不适宜的政策法规。

建立政策协调审查机制，及时清理、废止妨碍公平竞争、与新趋势相悖、有违改革创新精神、阻碍商务发展的政策条款。按照全面依法治国战略部署要求，加快完善以法律规章为主体，由发展规划、行业准则、标准等组成的制度体系建设。

(2) 推动修法进程。

推动专利法、著作权法及配套法规修订工作，建立健全知识产权保护长效机制，加大对侵权行为的惩处力度。研究修订反不正当竞争法、知识产权海关保护条例、植物新品种保护条例等法律法规。在相关贸易政策中提出增加知识产权密集型产品和服务贸易的指引，大力发展知识产权贸易，强化知识产权对国际竞争新优势的作用。

建议将《对外贸易法》中对"对外贸易"的范围界定从原来的"货物进出口、技术进出口和国际服务贸易"修改为"货物进出口、知识产权进出口和国际服务贸易"❶，并对相关条款进行修改。建议《对外贸易法》第五章中增加"与对外贸易有关的知识产权保护"的内容。

(3) 加快立法进程。

适时做好遗传资源、传统知识、民间文艺和地理标志等方面的立法工作。研究制定防止知识产权滥用的规范性文件。推动反垄断制度体系建设，完善反垄断执法和协调机制。完善标准化立法的相关规定，建立标准制定过程中的知识产权披露制度，以及对含有知识产权的技术纳入标准作出知识产权使用安排的机制❷。

推动《商品流通基本法》《电子商务法》《外国投资法》《对外援助法》及《产业安全保障条例》等法律和行政法规尽快出台。制定或完善服务贸易相关法律法规。

---

❶ 除了非专利的专有技术之外，国际知识产权贸易已经涵盖了以专利技术为主要标的的国际技术贸易并发展出许多新的形式。

❷ 金武卫："关于防止知识产权滥用的立法思考"，载《中国发明与专利》2008年第9期。

(4) 做好跟踪研究。

对新制定的政策进行跟踪分析、定期审查，调整完善。建立调查与评价制度，广泛听取企业和社会公众意见。建立健全与境外企业社会责任有关的法律体系和社会评估监督体系。

2. 打造国际化法治化营商环境

(1) 创造公平竞争的市场环境。

推进要素市场发展，创造有利于要素自由进出、各类经营主体公平竞争、法律法规统一透明、基本政策稳定可预见的营商环境。创造公平竞争的市场环境，破除各类市场壁垒，建立和维护全国市场统一开放、竞争有序的长效机制，推进法治化营商环境建设。

(2) 加大市场整治力度。

加大市场整治力度。深入开展旅游、电信、医疗、养老、互联网信息服务等领域的专项整治。实施"强化执法司法协作，加大市场整治力度"行动计划，加强打击侵权假冒统筹协调机制建设。继续围绕商标权、著作权、专利权、商业秘密、植物新品种、地理标志、集成电路布图设计等知识产权，加大整治力度。加快建设商务举报投诉服务网络。深入开展互联网领域打击侵权假冒工作，完成好农村和城乡结合部伪劣专项整治，启动中国制造海外形象维护"清风"行动，继续推进软件正版化。

坚持打建结合、标本兼治，建立健全政企联动、部门联动、区域联动机制，形成全产业链、供应链监管合力和社会共治格局，重点开展联合研究、执法互助、人员培训等领域的合作，努力提升打击侵权假冒工作水平，维护公平竞争的市场环境。

(3) 推进商务诚信建设。

建立部门间、区域间信息共享和执法协作机制。设立商贸流通企业行政管理信息平台和企业信用信息平台。推动行业协会、商会完善各项行业基础性工作，建立健全自律规范，完善企业信用记录、披露和评价制度，推进行业诚信建设和健康发展。指导行业协会完善行业信用评价基本规范、指标体系和操作流程。推动行政管理事项中使用企业信用信息和信用报告，推动企业信用信息逐步在重点行业、新兴业态、重点领域中运用。发展信用经济，加强诚信宣传。

(4) 创新监管方式。

加强互联网领域侵权假冒治理。立足中国国情，借鉴国际经验，厘清政府与市场的责任，运用云计算、大数据、物联网、移动互联等信息技术手段，创新执法监管方式，提高监管能力，强化在线监测，查处非法网站，铲除链条式、产业化犯罪网络，促进电商、微商长期健康发展。

进一步加强长效机制建设，按照要求依法全部公开行政处罚信息，推广打击假冒领域信用体系建设。加快行政执法与刑事司法衔接信息共享平台建设及应用，完善工作机制。加强立案监督和司法审判，强化司法保护作用。

(5) 建立和完善公共服务机制。

建立管理部门间的协调共享机制。继续发挥各地各层级与内贸流通相关的联席会议制度的作用。建设中央和省级信息共享平台，完成信息互联互通，实现网上数据交换。

推动相关机构之间的信息共享，完善网上移送、受理和监督机制。推动有关部门利用现代信息技术加强市场监管。

强化部门协作，推动建立跨部门协同、执法联动的制度机制，鼓励发展水平相近、地理位置接近的地区建立执法协作。完善执法与司法衔接，完善公共服务功能。

建立和完善对外贸易知识产权公共服务机制。充分发挥政府及行业协会的作用，建立知识产权保护预警机制，对跨国公司的知识产权布局进行充分地调查和分析，对相关知识产权诉讼的热点进行预测，及时预警知识产权纠纷事件，从而有效地应对发达国家的知识产权壁垒。

相关管理部门和行业协会积极为企业知识产权纠纷和跨国侵权诉讼提供相关的信息和法律咨询服务，提升企业知识产权纠纷应诉能力，保障我国企业的合法权益。

3. 重视知识产权因素在贸易中的作用

（1）在战略层面注重国际贸易与知识产权的融合。

强化国家知识产权战略在对外贸易领域的运用。制定与贸易有关的知识产权国家战略，做好顶层设计，既作为国家知识产权战略的重要补充，又服务中国外贸转型升级。

实施知识产权商品出口专项支持计划针对拥有自主知识产权的关键成套设备、航空航天、生物制药、集成电路、交通运输设备、智能精密机械等制定重大出口专项支持计划，优先支持鼓励出口。鼓励具有自主专利、品牌等知识产权的轻工、纺织服装、一般化工、一般机电产品出口，以知识产权战略在外贸领域的实施，推动对外贸易转型升级。对我国具有品牌效应的地理标识农产品、传统中医药商品等制订专门的出口支持计划。研究建立知识产权商品出口示范基地。

（2）推动知识产权密集型产品出口。

积极发展知识产权密集型产业，推动知识产权密集型产品的出口，降低资源消耗型、劳动密集型产品出口的比重。鼓励知识产权密集型服务出口提升软件、信息技术、文化创意等知识产权密集型服务出口。利用综合措施支持知识产权密集型服务的出口。研究建立知识产权服务出口示范基地。

（3）加强进口知识产权的利用和吸收。

贸易平衡是我国贸易战略取向之一，未来扩大进口的重要方式之一就是鼓励先进技术设备和关键零部件进口和积极扩大国内急需的咨询、研发设计、节能环保、环境服务等知识、技术密集型生产性服务进口。鼓励知识产权的自主引进与输出，增强我国企业知识产权跨国经营管理能力要通过优化税收减免等途径，鼓励本土企业独立进行包括知识产权在内的技术引进，为技术的深度开发利用打开知识产权的束缚。加强进口知识产权的吸收和利用。探索和解决自贸区中的平行进口、过境货物的知识产权保护问题，探索建立自贸试验区重点产业知识产权快速维权机制。

落实对外贸易法中知识产权保护相关规定，研究针对进口贸易建立知识产权境内保护制度，对进口产品侵犯中国知识产权的行为和进口贸易中其他不公平竞争行为开展调查。

（4）鼓励企业制定自己的知识产权战略。

鼓励企业将知识产权战略作为企业总体发展战略的重要组成部分，是为完成企业总体发展战略目标服务的。形成一批拥有国外专利布局和全球知名品牌的知识产权优势企业。

4. 积极进行海外知识产权布局

（1）完善知识产权海外保护。

及时收集发布主要贸易目的地、对外投资目的地知识产权相关信息。加强知识产权培训，支持企业在国外布局知识产权。加强政府、企业和社会资本的协作，在信息技术等重点领域探索建立公益性和市场化运作的专利运营公司。引导知识产权服务机构提高海外知识产权事务处理能力，为企业"走出去"提供专业服务。

（2）鼓励技术输出。

在主要出口国，根据市场需要积极取得高质量的专利、商标等知识产权。鼓励中国有条件的高技术公司和品牌企业向国外输出专利、品牌、版权等，开展知识产权转让与许可，利用国际交易盘活知识产权存量。

（3）建立海外维权援助机制。

加大海外知识产权维权援助机制建设，鼓励企业建立知识产权海外维权联盟，帮助企业在当地及时获得知识产权保护，加强风险评估和安全预警机制。

利用专家资源组织专业人士对企业进行辅导。协助企业建立专利管理制度，积累专利筹码，引导企业建立专利网络，并以此为基础建立我国企业的反侵权联盟。

（4）加强企业知识产权运用能力。

鼓励企业通过海外并购、设立海外研发中心等途径获取国外企业的专利、品牌等知识产权。

支持中国企业以具有自主知识产权的技术、品牌开展海外投资和跨国经营，提高对外投资质量和项目影响力。借鉴国际知名的知识产权经营管理公司经验，大力培育我国大型知识产权经营管理公司。我国企业应以"走出去"战略为契机，将母公司在东道国取得的知识产权内部许可给在东道国的子公司以获取稳定的收益。

（5）提高应对技术性贸易壁垒的能力。

采用多种投资方式，绕开技术壁垒。采取直接投资、间接投资等方式进行跨国经营，带动相关产品跨越技术性贸易壁垒。

建立信息中心和数据库，加强研究和引导生产。在政府部门建立起专门的技术性贸易壁垒咨询中心的基础上，企业应当特别关注贸易对象国的技术性贸易壁垒动态，根据国际市场需求和发展趋势及时调整本企业的标准，积极与驻外使馆经商室（处）联系，获取最新的和第一手的资料，研究相关对策。

企业要尽可能采用国际标准，积极收集相关产品的最新国际标准和国外先进标准，有条件的企业应该积极采用条码技术，使产品顺利进入国际市场。企业要加强收集和研究各国和国际组织的技术法规、标准、检验和认证制度，把企业出口的相关的内容加以吸收，并制定到自己的产品中去，严格按标准组织生产，提高产品应对技术性贸易壁垒的能力。

积极加强与国际标准组织和有关机构沟通和合作，争取参与国际标准的制定和修改，使国际标准可以反映我国的意见和要求。将我国在国际上处于领先地位的科研成果及较大的技术优势及时转为国际标准，并研究制定一批重要技术标准在国际贸易中采用。

5. 加强国际交流与合作

（1）加强与主要国家和国际组织合作。

巩固和发展与主要国家和地区的多、双边知识产权交流。提高专利审查国际业务承接能力，建设专利审查高速路，加强专利审查国际合作，提升我国专利审查业务国际影响力。

继续发挥中美欧日韩五局为用户和公众提供更好服务的作用，继续改进工作共享所需的基础设施和工具，推动工作共享相关项目取得实质成果，提升工作效率。

积极落实中美商贸联委会知识产权议题磋商成果，制订和落实中欧知识产权合作项目年度计划，全面推进与金砖国家在知识产权领域的合作。与主要国家建立常规化沟通机制，对出现的分歧和矛盾进行及时的交流与磋商，从而减少贸易摩擦的产生。

（2）充分发挥驻外使领馆在知识产权方面的作用。

驻外使领馆和经商参赞处要加强知识产权工作力度，密切跟踪研究有关国家的知识产权法规政策，加强知识产权涉外信息交流，做好涉外知识产权应对工作。

（3）积极参与知识产权国际规则制定。

提升我国的影响力和话语权，提高参与国际经济治理的能力。加快对外谈判体制改革，提高对国际规则的引导与制定能力。改进涉外经济贸易决策协调机制，加大高层协调力度。建立智库参与涉外经济决策的机制，增强我国在国际经济治理机制中的主动设置议题并提出建设性倡议的能力。

追踪各类贸易区知识产权谈判进程，推动形成有利于公平贸易的知识产权规则。采取积极措施，充分利用政府、高等院校、科研机构、企业等各方面资源，根据我国的利益要求、社会发展需要和公平公正原则，充分考虑到广大发展中国家的利益，积极参与知识产权国际规则的制定和修订，以推动与贸易有关的知识产权国际规则更趋合理。善于利用规则，在规则允许的前提下争取为我国商品出口创造更有利的内部和外部环境。

积极参与国际标准的制定，完善国家技术标准和技术法规，实施国家标准战略。采取有效具体措施，鼓励企业积极参与国际标准的制定，增强我国企业、团体技术标准中知识产权的运用能力，着力提高我国技术标准中的自主知识产权含量。

（4）完善国际知识产权执法合作。

公平公正保护知识产权，对国内外企业和个人的知识产权一视同仁、同等保护。建立完善多双边执法合作机制，推进国际海关间知识产权执法合作。

6. 强化全社会知识产权保护意识

（1）加强宣传教育。

加大宣传，积极报道进展和成效，发布典型案例，营造舆论氛围。深入解读相关法律法规和政策文件，做好舆情监测和舆论引导工作，加强权威信息发布，及时回应境内外舆论关切。

（2）推展中国产品、服务和中国企业新形象。

扩大商务领域公共形象投入和队伍建设，建立一支高水准的研究、新闻、出版、宣传和公关推展体系，用"中国智造""中国创造""中国服务""中国价值""中国声音""中国主张"等元素打造包括商品、服务、文化、综合实力等在内的中国新形象。提高企业社会责任和环境保护责任意识。培育企业家精神和创客文化，加强新闻宣传与舆论引导，打造崇尚创新、创业致富、合规经营、负责任、勇担当的中国企业形象。提高舆情监测和应对能力，营造有利的舆论环境。

（四）保障措施

1. 加大财税支持力度

整合现有资金渠道，加大中央财政对"一带一路"重大项目的支持力度，扩大经济技术合作资金、对外承包工程保函风险基金及进口促平衡工作资金等专项资金规模。研究建立境外投资风险准备金制度。完善企业所得税制度，调整优化进出口关税和边境小额税收政策。创新投入机制，发挥财政资金引导作用，大力吸引社会资金投入知识产权管理和运营平台建设，逐步建立多渠道资金保障机制。

2. 扩大金融领域开放

推动落实亚洲基础设施投资银行、金砖国家开发银行、丝路基金等国家重大金融安排，提高资金运作效率。加大国内资本市场开放力度，建立和健全企业金融支持体系，扩宽企业融资渠道和信用担保渠道。强化金融创新功能，加快金融产品和服务方式创新，形成各类金融工具协同支持贸易发展的良好局面。探索试点为企业提供股权和债权相结合的融资服务方式。开展互联网股权众筹融资试点，增强对大众创业、万众创新的服务能力。推动中国本土银行走出去，设立海外投资基金，建立科技创新、"走出去"、服务贸易等专项促进基金和担保基金，加大政府支持力度。

3. 优化创新体系建设

重视科学技术对创新驱动的引领与支撑作用，遵循规律、强化激励，加大对基础理论和基础研究的支持。深化高校和科研院所改革，切实提升创新能力与研发能力。完善成果转化激励政策，建立技术转移机制。完善创新驱动评价导向体系。改进和完善商务工作评价体系，建立以营商环境、优质高效、绿色环保、科技创新为导向的发展评价指标体系。创造全社会创新创业的文化氛围。

4. 强化人才队伍建设

提高教育质量，多渠道培养各类型人才，尊重个性化发展、兴趣化发展和创造性思维培养。按照市场规律实现人才自由流动，建立和完善人才培养激励机制和引进制度，完善高层次人才回国优惠政策，积极参与国际人才竞争与合作，优先引进一批亟需的海外高端管理人才。发挥市场对研究资源、发展方向的导向作用，扩大企业在国家创新决策中的话语权，使企业真正成为技术创新决策者、科学研发投入者、成果转化受益者。完善知识产权专业技术人才评价制度，鼓励高等院校发展知识产权学科，支持高等院校和科研院所的知识产权专员队伍建设，培养和培训一批熟悉科技前沿动态、国际经贸知识、知识产权法律和管理的人才。

5. 加强部门统筹协调

加强推进国家知识产权战略实施工作部际联席会议机制建设。各有关部门要加强协调配合，各级政府要加强知识产权战略协调机构建设，研究制定加强知识产权管理工作的配套政策，积极探索、稳步推进知识产权管理模式改革创新。加强产业、贸易、创新等领域政策、规划的统筹协调与有效对接，形成整体合力。加强部门协作，建立健全风险评估和突发事件应急机制，强化风险防控。通过大部门制改革，促进相关管理和执法部门精简机构、整合职能、简化环节、提高效率、科学施政，切实为企业提供统一、高效、便捷的商务公共服务。

参考文献

[1] 徐元. 制定和实施对外贸易知识产权战略的思考——写在《国家知识产权战略》实施五周年之际［J］. 财政研究，2014，4.

[2] 张燕林，郑礼明. 从比较优势到知识产权优势为主导的竞争优势——论我国外贸发展的战略转变［J］. 现代经济探讨，2005，11.

[3] 姜江. 以知识产权政策促进高技术产业转型升级［J］. 中国经贸导刊，2014，5.

[4] 王晓晔. 理应高度关注的问题——与对外贸易相关的知识产权保护［J］. 国际贸易，2005，3.

[5] 徐元. 当前我国实施外贸领域国家知识产权战略的思考［J］. 国际贸易，2013，4.

[6] 高虎城. 从贸易大国迈向贸易强国［J］. 服务外包，2014，6.

[7] 卢中原. 客观认识产业结构调整的新形势［J］. 政策瞭望，2013，8.

[8] 李健，等. 大国工业化新阶段外贸更协调和可持续发展［J］. 国际贸易，2014，11.

[9] 刘世锦. 攀登效率高地（中国经济增长十年展望）［M］. 北京：中信出版社，2015.

[10] 徐建国. 中国经济增长的效率与结构问题研究［M］. 北京：北京大学出版社，2012.

[11] 孙治宇. 全球价值链分工与价值链升级研究［M］. 北京：经济科学出版社，2013.

[12] 冯雷，夏先良. 中国"走出去"方式创新研究［M］. 北京：社会科学文献出版社，2011.

[13] 约瑟夫·熊彼特. 经济发展理论［M］. 北京：商务印书馆，2014.

[14] 国家发展和改革委员会经济研究所. "十三五"规划研究经济发展和深化改革［M］. 北京：经济科学出版社，2014.

[15] 马乐. 国际知识产权贸易中的平行进口法律规制研究［M］. 北京：法律出版社，2011.

[16] 高华. 国际贸易中的知识产权滥用及我国应对研究［M］. 北京：科学出版社，2015.

[17] 李顺. WTO 的 TRIPs 协定解析［M］. 知识产权出版社，2006.

[18] 韩立余，等. 美国对外贸易中的知识产权保护［M］. 知识产权出版社，2006.

[19] 苏珊. K. 赛尔（美），董刚、周超，译. 私法、公法——知识产权的全球化［M］. 北京：中国人民大学出版社，2008.

[20] Donald G. Richards, Intellectual Property Rights and Global Capitalism: The Political Economy of the TRIPs Agreement, M. E. Sharpe Inc., 2004.

[21] Czubala W, Shepherd B, Wilson J S. Help or Hindrance – The Impact of Harmonized Standards on African Exports, World Bank Policy Research Working Paper Series, Vol. 2007.

[22] Hargreaves L Digital Opportunity: A Review of Intellectual Property and Growth, An Independent Report. 2011.

[23] Correa Carlos M., Intellectual property and international trade: the TRIPs agreement, Leidon: Kluwer Law International, 2008.

专题 10　文化领域知识产权工作政策与重点问题研究

承担单位：中国人民大学创意产业技术研究院

作　　者：彭　翊　郭　禾　李方丽　宋洋洋
　　　　　李　丽　张　浩　俞彦超　费　萱

一、"十二五"期间文化领域知识产权发展现状

"十二五"期间，我国文化领域知识产权事业获得全面发展，知识产权法律制度不断完善，知识产权数量持续增长，知识产权保护力度不断加大，知识产权管理意识明显增强，知识产权国际合作不断深化，文化市场知识产权环境得到较大改善，但也存在知识产权侵权严重、原创文化精品不足、知识产权运用效率不高、对外文化贸易逆差等问题。

（一）文化领域知识产权工作成绩与经验

1. 知识产权法律制度逐步完善

（1）《著作权法》第三次修订工作全面启动。

与文化艺术作品创作密切相关的《著作权法》于2011年启动第三次修订工作，向社会公开征求意见。2014年7月5日，国务院法制办公布《著作权法》修改草案第3稿，在权利客体、权利内容、权利归属、权利期限等方面进行了修改。权利内容方面，通过新设美术作品追续权、延长摄影作品保护期限、增设表演者出租权及表演者对视听作品享有的获酬权等具体条文丰富著作权人权项；授权机制方面修改现行《著作权法》法定许可中使用者不承担报酬支付责任的缺陷，设立著作权集体管理制度，以保障因缺乏维权意识和能力而权益受损的著作权人，同时为集体著作权人作品的使用者提供合理的授权机制和交易模式；权利保护方面通过新增行政执法措施进一步完善著作权管理和保护机制。鼓励智力创新、保护智力成果的立法思想为文化作品的创作提供动力，也为文化产业的发展构建了良好的市场环境。全国人大常委会2015年立法工作计划将修改《著作权法》列入预备项目。

（2）著作权相关行政法规完成修订。

《著作权法实施条例》于2013年完成第二次修订，将第36条为《著作权法》第48条所列侵权行为设定的罚款制度予以调整，可计算非法经营额时的罚款标准由统一"非法经营额3倍以下"改为，"非法经营额5万元以下的"根据情节轻重"可处25万元以下的罚款"，"非法经营额5万元以上的"处非法经营额"1倍以上5倍以下"；难以计算非法经营额的罚款标准由"可以处10万元以下的罚款"改为，根据情节轻重"可处25万元以下的罚款"。

与《著作权法实施条例》同时完成修订的还有《信息网络传播权保护条例》，将第18条、第19条的"可处以10万元以下的罚款"改为"非法经营额5万元以上的，可处非法经营额1倍以上5倍以下的罚款；没有非法经营额或者非法经营额5万元以下的，根据情节轻重，可处25万元以下的罚款"。两项条例的修订内容一致，在增设"非法经营额5万元"罚款额度分界的同时提高罚款幅度和上限，使惩罚力度与侵权程度相适应，总体上加重侵权行为的惩罚力度，有利于规制文化作品侵权行为、保障权利人著作权。

（3）《民间文学艺术作品著作权保护条例》草案完成。

2014年9月2日，国家版权局公布《民间文学艺术作品著作权保护条例（征集意见

稿)》，并公开征求意见。该条例共计21条，第2～20条为实体性条文，可划分为概念界定、权利规制、权利保护三大部分。条例定义"民间文学艺术作品"时结合内涵与外延，在概括描述其本质属性的同时，采取非穷尽罗列的方式进行分类；权利规制涉及条例适用范围、行政主管部门、权利归属、权利内容；权利保护就保护期限、权利授权机制、权利转让和负担、利益与分配、限制与例外、侵权问题等作出规定。条例的制定将改变中国非物质文化遗产知识产权保护空白的法律状态，落实民间文学艺术作品的知识产权法制建设，为传统文化提供法律保障，促进文化及相关产业健康快速发展。

(4)《商标法》完成修订。

《商标法》于2013年完成修订，部分修改内容对企业文化的发展具有重要意义。加大对已使用未注册商标的保护力度，进一步遏止商标抢注现象，彰显对凝聚企业文化的商标之权益保障；增加声音商标，使商标文化的表现形式更加丰富；设置"一标多类"制度，鼓励经营种类多的企业一次申请多类商品的商标注册，避免因相异类别商品的商标权利人不同引起企业文化混淆，误导消费者的文化认同；"驰名商标"法律化，禁止企业使用"驰名商标"进行宣传，从而导致消费者商品认知错误；通过增加惩罚性赔偿、提高侵权赔偿额以加大商标权保护力度，为企业文化营造健康、积极的市场环境。

(5)《专利法》修改草案公开征求意见。

2015年4月1日，国家知识产权局就《专利法修改草案（征求意见稿）》公开征求意见。修改草案送审稿涉及30条规定的实质性修改，修订内容包括强化产品外观设计保护制度、明确设计专利的市场监督管理职责、建设专利信息公共服务体系、重新划分职务发明创造的权利归属、完善行政执法等内容，旨在加大专利保护力度，促进专利的实践运用，完善专利代理和审查制度，建设服务型政府。《专利法》对文化系统的作用主要表现在工具优化上，《专利法》的修订鼓励创造发明，为我国创新文化提供法律支持，便于创造发明转化为文化产品进军市场，有助于创新文化产业的发展和繁荣。

2. 知识产权执法力度不断加大

(1)"双打"行动有力打击文化市场知识产权侵权行为。

2010年10月27日，国务院办公厅印发《打击侵犯知识产权和制售假冒伪劣商品专项行动方案》的通知，文化部与新闻出版（版权）、广电等部门在专项行动中协作配合，加强对图书、软件、音像制品的印刷复制源头治理和市场巡查，严厉打击侵权盗版行为；加强网络知识产权保护，重点打击对影视剧作品的互联网侵权盗版行为；加强娱乐、网络游戏、网络音乐及动漫市场监管，依法查处各类违法文化产品。

2010年11月，文化部制订下发《全国文化市场知识产权保护专项执法行动方案》，以规范网络文化市场为重点，切实加大打击整治力度。专项行动期间，全国文化市场共出动执法人员696万余人次，检查经营单位472万余家次。查处涉及知识产权案件5416件，涉案金额2816.67万元；移送司法机关163件，捣毁侵权制假窝点930个，罚没物品917万余件。

2014年4月，文化部印发《文化市场领域制售假冒伪劣商品和侵犯知识产权行政处罚案件信息公开实施办法（试行）》的通知，自2014年6月1日起，各级文化行政部门和文化市场综合执法机构办理文化市场案件，应当通过全国文化市场技术监管与服务平台或与其对接的综合执法办公系统、电子政务系统办理；适用一般程序查办的文化市场领域制售假冒伪劣商品和侵犯知识产权行政处罚案件信息，原则上应当依法全部、主动、及时对社会公众公开。

（2）"剑网行动"有效规范网络文化市场知识产权环境。

国家版权局、国家互联网信息办公室、工业和信息化部与公安部联合开展的打击网络侵权盗版专项治理"剑网行动"，重点加强对互联网传播影视作品、文字作品和音乐作品的监管，对规范网络文化市场知识产权环境起到积极作用。以2014年"剑网行动"为例，各地版权行政执法部门共查处案件440起，移送司法机关66起，罚款人民币352万余元，关闭网站750家。其中上海"射手网"侵犯影视作品著作权案、一点网聚公司非法转载文字作品案等10起案件被列为十大案件。"剑网行动"的实施，有力地打击了互联网领域的著作权侵权行为，净化了网络文化市场知识产权环境。

2015年，"剑网行动"在网络视频监管取得明显成效的基础上，将监管重点转向音乐和文字两类作品的互联网传播平台，于7月8日下发《关于责令网络音乐服务商停止未经授权传播音乐作品的通知》，责令各网络音乐服务商停止未经授权传播音乐作品，并于2015年7月31日前将未经授权传播的音乐作品全部下线。

3. 知识产权创造能力有效提升

（1）著作权登记数量情况。

2011~2014年，我国作品自愿登记总量由461 363件增长到992 034件，年均增速为29.43%（如图10-1所示）。其中，摄影作品从2011年的297 056件增长到2014年的428 819年，平均增长率为14.79%；美术作品从2011年的67 474件增长到2014年的177 095件，平均增长率为54.15%；音乐作品从2011年的2339件增长到2014年的6977件，平均增长率为66.1%；曲艺、舞蹈、杂技类型的作品登记数量从2011年的81件增长到2013年的144件，平均增长率为38.89%。

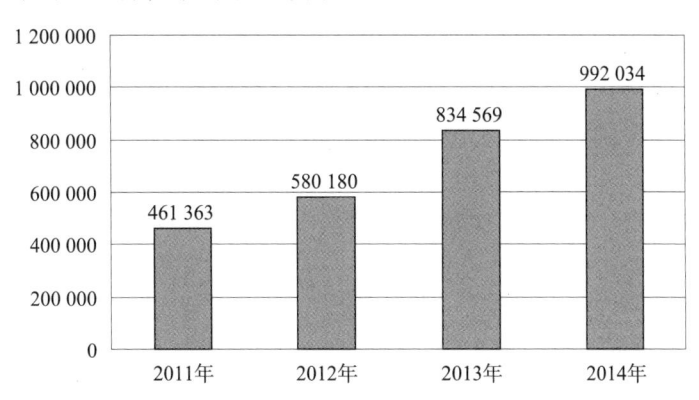

图10-1 2011~2014年我国作品自愿登记总量

从作品类型构成看，以2014年为例，登记数量排名前三的分别是：摄影作品428 819件，占比43.23%；文字作品340 576件，占比34.33%；美术作品177 095件，占比17.85%（如图10-2所示）。

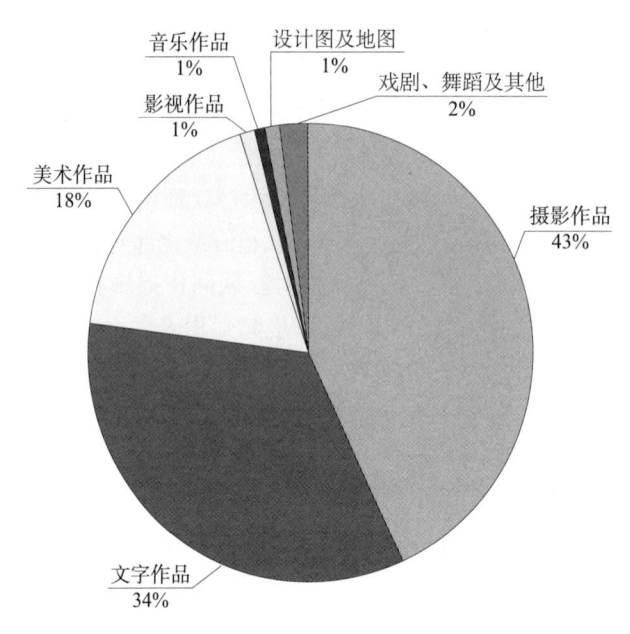

图 10-2　2014 年我国作品自愿登记类型构成

（2）专利申请受理情况。

我国专利申请受理数量在"十二五"期间保持了较好的增长趋势（如图 10-3 所示）。2013 年，专利申请受理总数首次突破了 200 万件，达 2 234 560 件。2014 年，申请受理数量达到 2 361 000 件，年平均增长率为 16.53%。

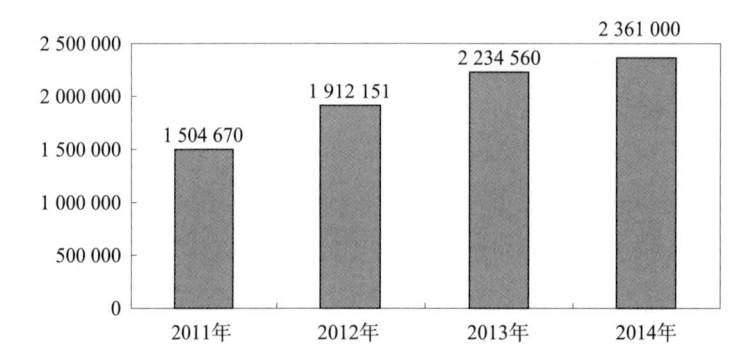

图 10-3　2011～2014 年我国专利申请受理数量

从专利类型看，以 2014 年为例，我国共受理发明专利、实用新型和外观设计申请 236.1 万件。其中发明专利申请数量为 92.8 万件，同比增长 12.5%，申请量连续 4 年居世界第一；共授权发明专利 23.3 万件，每万人发明专利拥有量达到 4.9 件。实用新型申请数量为 86.7 万件，外观设计为 56.5 万件，相比 2013 年有小幅下降，表明专利申请中类型结构有所调整（如图 10-4 所示）。

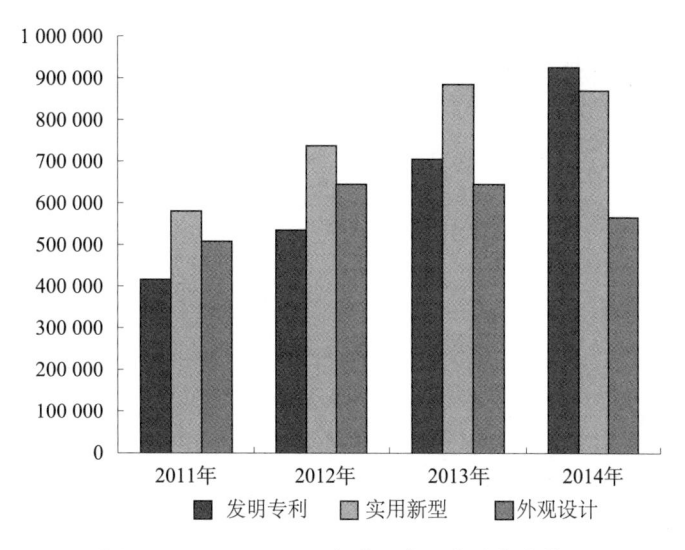

图 10 -4　2011~2014 年我国专利申请构成情况

在文化企事业单位中，对专利的重视也日益增强，以代表新兴媒体的互联网企业为例，近年来在搜索引擎、互联网支付、即时通信等领域树立了各自的领先地位。其中，与文化产业紧密相关的网络游戏领域，专利拥有量排名前三位的互联网企业分别是腾讯公司、华为公司和科乐美（KONAMI）[1]。此外，纯公益性文化机构也开始申请专利，如国家图书馆在古籍修复、电子图书领域有 10 余项专利，故宫博物院和全国公共文化发展中心均拥有专利。

（3）商标注册申请受理情况。

近年来我国商标注册申请受理数量不断增长（如图 10 -5 所示）。2014 年，我国共受理商标申请 228.5 万件，首次突破 200 万件大关，再创历史新高，同比 2013 年 188.2 万件增长了 21.46%；商标有效注册量达 723.8 万件，同比 2013 年 634.3 万件增长了 14.12%。

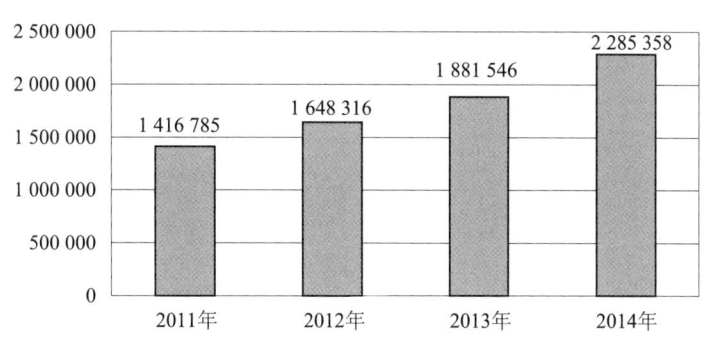

图 10 -5　2011~2014 年我国注册商标申请数量

---

[1] 参见国家知识产权局网站："我国互联网企业知识产权意识不断增强"，2014 年 12 月 10 日，http://www.sipo.gov.cn/mtjj/2014/201412/t20141210_1044136.html。

截至2014年年底，我国累计商标注册申请量已达1552.67万件，连续13年位居世界第一；累计商标注册量达1002.75万件，商标有效注册量839万件，保持世界第一地位。

在文化领域，注册商标以塑造自身品牌、确保经营特权，同时通过商标的许可使用获取经济收益已引起文化企事业单位的高度重视。如国家博物馆（19个元素，涉及300多件商品和服务）、故宫博物院（拥有7枚商标，以"故宫"和"紫禁城"字样的商标早在1996年就已经注册，并成为中国驰名商标）、国家图书馆（11个文字商标）等以保护和传承优秀历史文化、提供公共文化服务的机构均申请注册商标，以确保优秀文化资源不被抢注和滥用。

4. 知识产权服务意识明显增强

（1）文化政策强调知识产权内容。

2014年2月26日，国务院印发《关于推进文化创意和设计服务与相关产业融合发展的若干意见》，要求深入实施知识产权战略，加强知识产权运用和保护，健全创新、创意和设计激励机制，以增强创新动力。3月25日，国务院印发《关于加快发展对外文化贸易的意见》，提出要"打造一批具有国际影响力的文化品牌……使核心文化产品和服务贸易逆差状况得以扭转"，要求鼓励和引导文化企业加大内容创新力度。

2015年5月19日，文化部在京召开全国文化法治工作会议，文化部党组书记、部长雒树刚出席会议并发表讲话。雒树刚在谈及文化知识产权工作时指出，文化知识产权工作仍存在不足，提出要建立适应文化工作规律和发展要求的知识产权法律制度，有效应对互联网等新技术发展的挑战，健全文化系统知识产权侵权查处机制；尽快制定关于加强文化知识产权工作的指导意见和工作指南，对文化知识产权工作进行全面部署；要开展文化系统知识产权统计工作，对文化资源的知识产权状况进行确权、登记、评估；要积极培育知识产权中介服务机构，为文化系统的院团、企事业单位、艺术家等提供知识产权咨询、确权、评估等全方位服务。

（2）日常工作强化知识产权引导。

2014年10月至2015年3月与2015年7月，文化部政策法规司先后两次组织文化领域知识产权情况调研，赴北京、上海、江苏、湖北、广东等地区，实地调研了国家博物馆、故宫博物院、国家图书馆、国家话剧院、恭王府、全国公共文化发展中心、民族民间文艺发展中心等直属单位，中国人民大学、中南财经政法大学等2家高校，以及腾讯公司、中青宝网络公司等10余家文化企业，召开有地方文化行政部门参加的座谈会，了解相关单位知识产权工作情况和需求，听取对各级文化行政部门的意见建议。并在听取有关单位的意见和建议后，形成调研报告《文化系统知识产权工作的问题与对策研究》，分析了文化系统知识产权工作的现状与问题，提出要加快完善知识产权法律体系、加强知识产权工作指导、提高知识产权服务能力、强化知识产权人才队伍等几项工作措施。

2015年4月，文化部就《关于加强文化知识产权工作的指导意见（征求意见稿）》向系统内征求意见。该指导意见提出总体目标：到2020年，知识产权法治环境、市场环境、文化环境更加完善，文化系统创造、运用、保护和管理知识产权的能力显著增强，知识产权意识深入人心，知识产权制度对经济发展、文化繁荣和社会建设的促进作用充分显现。同时提出提升文化领域知识产权质量、提高文化领域知识产权运用效益、建立文化领域知识产权保护长效机制与强化文化部门知识产权管理能力四个方面的主要任务。指导意见正式出台后，将引导文化系统提升知识产权管理能力。

（3）文化执法加强综合能力培训。

2010年11月23日，文化部印发《全国文化市场综合执法队伍培训规划（2011~2015年）》的通知，通过建立四级培训网络、组建师资队伍、编撰培训教材、建立培训基地、建立对口交流培训机制、搭建远程教学平台等工作，加强文化市场综合执法队伍建设和人才培养，为加强文化领域知识产权保护工作提供人力支撑。

（4）公共决策借助知识产权外脑。

2014年12月21日，文化部同意建设的文化知识产权研究中心落户中南财经政法大学。研究中心将整合国内研究资源，加强对文化知识产权、文化法治以及影响和制约文化改革发展的其他重大问题的研究，形成研究成果，为文化部战略规划、重要决策、政策制定、文化立法、重要文件起草等提供咨询和智力支持。

5. 知识产权国际交流不断深化

（1）举办WIPO保护音像表演外交会议。

2012年6月，由世界知识产权组织主办、国家版权局与北京市政府共同承办的保护音像表演外交会议在北京召开，文化部作为组委会成员积极参与相关组织工作。外交会议是联合国及其所属机构签订国际条约（公约）的专门形式，也是最重要的会议之一。此次保护音像表演外交会议通过以保护表演者的著作权合法权益为宗旨的《视听表演北京条约》，规定表演者对视听录制品中的表演享有表明身份权、禁止歪曲权、复制权、发行权和提供权（这一权利在我国称为信息网络传播权），缔约方还可视情况规定针对视听录制品中表演的出租权、广播和以其他方式进行传播的权利，将对表演者的保护延伸至视听录制品中的表演，为表演者提供全面保护。2014年4月24日，十二届全国人大常委会第八次会议表决通过了关于批准《视听表演北京条约》的决定，批准了这一条约。

（2）参与《马拉喀什条约》制定。

2013年6月，世界知识产权组织在摩洛哥马拉喀什召开"关于缔结一项为视力障碍者和印刷品阅读障碍者获取已出版的作品提供便利的条约的外交会议"，成功缔结《关于为盲人、视障者和其他印刷品阅读障碍者获得已出版作品提供便利的马拉喀什条约》（《马拉喀什条约》）。条约为阅读障碍者设立著作权限制与例外，要求成员国允许阅读障碍者及其监护人、被授权实体无需著作权人授权即有权将普通格式版本的作品转换为可供阅读障碍者学习使用的无障碍格式版，此例外适用于文字作品、视听作品的复制、发行，缔约方可视情况规定其他不损害著作权人合法权益的限制与例外适用权项。

2014年12月12日，国家版权局与世界知识产权组织在京举办《马拉喀什条约》研讨会，就我国著作权法与该条约之间的关系、我国加入或批准国际条约的具体审查程序、世界知识产权组织在推进《马拉喀什条约》生效方面所作的工作等议题进行了深入探讨和交流,显示了我国积极参与制定国际条约的决心。

(3) 世界知识产权组织中国办事处设立。

2014年7月10日,世界知识产权组织(WIPO)中国办事处在北京举行揭幕暨启用仪式。这是继美国、日本、新加坡、巴西之后,世界知识产权组织设立的第五个驻外办事处。世界知识产权组织总干事弗朗西斯·高锐在启动仪式的致辞中表示,世界知识产权组织中国办事处的设立,将进一步加深中国各相关知识产权部门与世界知识产权组织业已深厚的合作关系。

世界知识产权组织成立后,举办了系列知识产权交流培训活动,如2014年12月与上海市人民政府举办上海知识产权国际论坛,2015年7月先后在苏州和北京举办商标国际注册与保护研讨班与中国媒体研修班,为中国企业及相关机构提高知识产权意识和能力提供平台和机会。

(二) 文化领域知识产权工作存在的问题与不足

1. 知识产权侵权现象严重

由于文学艺术作品具有复制容易、传播快速的特点,尤其是在互联网环境下,海量作品被数字化传播,现行知识产权法律制度框架下有效的授权模式未能建立,文学艺术作品知识产权侵权现象严重。

从案件总量看,根据最高人民法院公布的数据显示,2010~2014年,我国知识产权纠纷案件数量呈直线上升趋势,其中与文学艺术作品密切相关的著作权侵权纠纷占据所有知识产权纠纷案件的一半(如图10-6所示)。

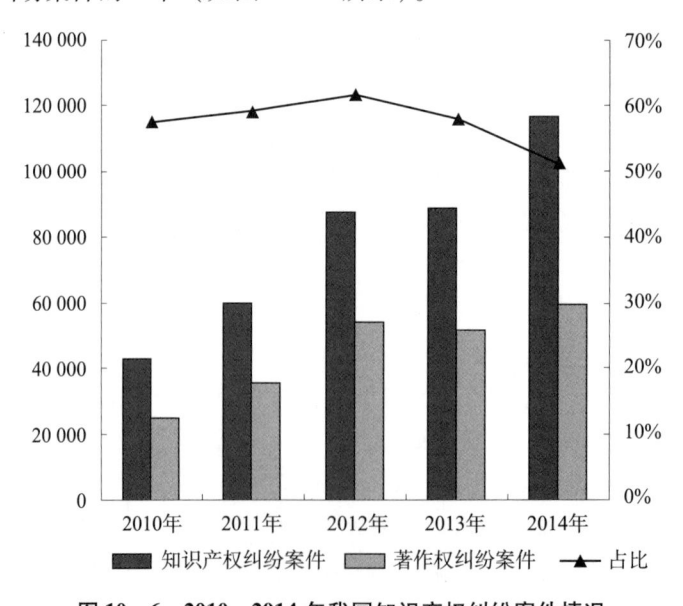

图10-6 2010~2014年我国知识产权纠纷案件情况

从案件影响力看，在最高人民法院连续公布的50件典型案件中，涉及文化系统的案件[1]，2010~2014年每年案件数量均在10件以上，最高年份达到18件（如图10-7所示）。其中，2014年影响较大的案件有：苹果公司与麦家侵害信息网络传播权纠纷上诉案；华盖创意（北京）图像技术有限公司与哈尔滨正林软件开发有限责任公司侵害著作权纠纷提审案；北京永旭良辰文化发展有限公司与北京泽西年代影业有限公司、北京星河联盟影视传媒有限公司及泽西年代公司反诉永旭良辰公司不正当竞争纠纷案；滚石国际音乐股份有限公司与武汉滚石娱乐有限公司不正当竞争纠纷上诉案。

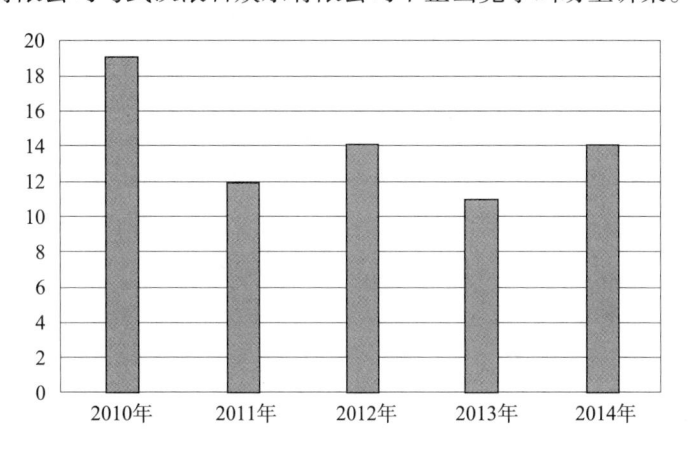

图 10-7 2010~2014年50件典型案件中涉及文化系统的案件数

从案件发生领域看，互联网成为知识产权侵权案件高发领域。以音乐行业为例，据北京知识产权法院立案厅的法官助理张天浩在2015年音乐作品版权保护国际研讨会上介绍，涉及音乐作品的著作权侵权的七类案件中，除KTV播放音乐MV外，网站下载音乐作品和在网络上在线播放音乐作品的案件最多，这三类案件占所有音乐作品著作权侵权案件的90%以上[2]。

文化领域存在大规模侵权现象的原因很多，综合起来主要表现为以下几类：一是数字技术与网络环境下文学艺术作品被复制和传播的难度大大降低，为大规模侵权和反复侵权扫除了技术障碍；二是侵权成本低、维权成本高的状态持续存在，根据现行知识产权产权法律制度，侵权赔偿标准低，诉讼维权的时间成本和经济成本高，一方面对侵权行为起不到震慑作用，另一方面严重影响权利人维权的积极性；三是国有文化单位知识产权归属不明，由于我国知识产权制度建立的时间较晚，国有文化单位中，有很多过去形成的职务作品和委托作品，未能约定清楚知识产权归属，导致现在对作品的使用和开发利用存在一定的知识产权风险，容易引发知识产权纠纷；四是社会整体知识产权意识不强，社会公众对盗版作品和侵权假冒产品的容忍度较高，容易滋生侵权盗版作品的温床。

---

[1] 计算范围包括所有著作权案件、涉及文化系统的商标案件和不正当竞争案件。
[2] 信息来源：音乐作品版权保护国际研讨会速记。

2. 原创文学艺术精品不足

从国家统计的知识产权数量看，我国近年来知识产权创造数量不断攀高，但从市场经营效果看，能兼顾社会效益和经济效益的原创文学艺术精品却略显不足，文化领域存在较为严重的千篇一律、抄袭模仿现象，原创能力明显不够。

从音乐电视节目看，浙江卫视《中国好声音》和湖南卫视《我是歌手》等音乐类节目火爆荧屏，但是在节目带来高收视率、参赛歌手获得高关注度以外，并未因为音乐电视节目的成功激发更多原创优秀音乐作品的创作和传播，而只是让曾经的经典作品重新焕发生命力。尤其随着传统唱片行业的没落和数字音乐的兴起，音乐行业新的商业模式尚待建立，数字音乐已经变成"免费的空气"供网民任意下载，在此背景下，音乐行业的原创动力大受挫折，优秀的原创音乐作品严重缺乏。

从动漫市场看，2014年中国内地票房排名前十的动画电影中，国产影片仅占50%（如表10-1所示）。

表10-1 2014年中国内地票房排名前十的动画电影

片名	票房	类型
《驯龙高手2》	4亿	进口
《神偷奶爸2》	3.23亿	进口
《冰雪奇缘》	2.99亿	进口
《熊出没之夺宝熊兵》	2.47亿	国产
《里约大冒险2》	2.43亿	进口
《天才眼镜狗》	1.21亿	进口
《喜羊羊与灰太狼之飞马奇遇记》	8715万	国产
《赛尔号大电影4：圣魔之战》	6231万	国产
《神秘世界历险记2》	6153万	国产
《秦时明月大电影之龙腾万里》	5971万	国产

（注：以上数据截至2014年9月9日❶。）

从游戏市场看，中国游戏市场近年一直保持高速增长态势，2014年全行业产值达到1144.8亿元（约合184.2亿美元），已经超越美国成为全球第一大游戏市场❷。但据市场调查机构Super Data公布的数据显示，2013年全球收入最高的十大网游作品，其开发公司无一来自中国。

3. 知识产权运营效率不高

对文化企业来说，知识产权是其赖以生存和发展的基础资源与核心要素，通过知识产权的运营，能够提升文化企业核心竞争力。近年来，广播电台、电视台、出版社也逐步探索建立知识产权管理部门和队伍，制定和实施知识产权管理制度，开发知识产权管

---

❶ 数据来源：http://j.news.163.com/docs/2/20140910l8/A5Q8032J00032DGD.html。

❷ 参见17173网：中国成全球第一大游戏市场：仍存四大问题，http://news.17173.com/content/2014-12-30/20141230094821753.shtml。

理系统工具,加强知识产权的运营和管理,以提高知识产权运用效率,但总体而言,我国文化企业知识产权运用效率不高。

从电影行业看,根据艺恩咨询发布的《2012~2013中国电影产业研究报告》显示,2012年我国电影产业总收入达209.6亿元,其中票房收入170.73亿元,占总收入的81.46%,非票房收入29亿元,占总收入的13.84%。❶而美国电影产业通过知识产权运用,获得的非票房收入占到85%以上。

从动漫行业看,当文化产业发达国家文化企业通过知识产权授权实现收益最大化时,我国动漫产业还在饱受知识产权侵权危害中寻求国家支持。国外通过知识产权运营获得巨大成功的典型企业是华特·迪士尼,它涉及的产业包括广播、动画、电影和娱乐活动等。产品涵盖电影电视、音乐、主题公园、传媒网络、电子游戏、玩具、儿童书籍等。2010年,迪士尼消费品部以286亿美元零售额继续成为全球最大的授权方。

从互联网行业看,视频网站与数字运营平台近年来均投入大量资金进行版权和内容的竞争,但由于受国内网络消费习惯和企业商业模式的限制,要通过视频和数字音乐版权的运营,实现视频网站和数字运营平台全面盈利,尚需时日。

从公共文化服务领域看,大量优秀的历史文化资源还处于"沉睡"状态,尚未得到有效的开发利用。近年来,即使有部分公共文化服务机构,如国家博物馆、故宫博物院等对馆藏资源进行了影像化和数字化,并开发了部分衍生产品,但这种利用尚处于比较基础和简单的状态,未能实现精品化、高端化和国际化,从而获得经济效益和社会效益的双丰收。另外,由于知识产权制度的不完善及体制机制的限制,举全国之力搜集整理的大量民间文艺资源未能得到充分有效的利用,几乎完全属于"沉默"资源。

二、"十三五"期间文化系统知识产权工作新形势

当前,随着知识经济时代的到来和全球化的深入发展,包含知识产权在内的无形资产日益成为各国发展经济的核心要素,知识产权成为推动经济转型升级和提升国际竞争力的战略性资源,知识产权工作面临新的机遇和挑战。

(一)知识产权工作国际新形势

1. 各国知识产权工作得到加强

金融危机后,世界主要国家更加注重创新的力量,美国、欧洲、日本、韩国等都通过实施知识产权战略推动本国经济发展,一些过去不重视知识产权工作的发展中国家也开始高度关注知识产权工作。

立法方面,美国参议院通过《创新设计保护法案》,拟使版权保护的范围扩展至时装设计领域;西班牙通过新的知识产权法修正草案《拉萨尔法案》,规定大规模侵犯著作权的网站将面临高达30万欧元的罚款,并附有移除付款处理器和广告商的责任。俄

---

❶ 参见《北京商报》报道:"票房收入占电影产业比例超八成",http://www.bjbusiness.com.cn/site1/bjsb/html/2013-03/15/content_207416.htm?div=-1。

罗斯通过《反网络盗版法案》；日本决定将著作权保护期从权利人死后50年延长至70年；英国决定将音乐作品的版权及录音制品中的表演者权利从原来的50年延长至70年。

司法方面，新西兰"三振出局"法案开始执行，对一名音乐盗版者判处616.57美元的罚款；美国联邦最高法院在"Kirtsaengv. John Wiley & Son"一案中将首次销售原则的适用范围扩展至全球；德国最高法院确认云托管提供商必须监管网络内容并限制匿名用户。

执法方面，英国伦敦警察局成立专门打击知识产权犯罪的部门，即知识产权犯罪专管单位，主要打击对象为利用盗版牟利的犯罪分子；美国版权信息中心推出版权警告系统，重点打击非法下载以及网上侵权盗版行为。

2. 知识产权经济价值日受重视

从发达国家的经济发展情况看，知识产权在近20年的时间里逐步成为拉动国民经济增长的重要引擎。发达国家将知识产权等无形资产纳入国民经济核算体系，通过政府政策充分肯定了知识产权的经济价值，以增强国家的经济能力。

知识产权的经济价值首先反映在科技创新对GDP的贡献。在科技创新型国家，科技创新对GDP的贡献率高达70%，美国和德国甚至高达80%，中国则为45%[1]。其次反映在版权产业对GDP的贡献。以美国为例，2010年美国全部版权产业的行业增加值为16 269亿美元，占GDP的比重为11.1%。再次反映在知识产权对国际贸易的影响。就知识经济最发达的美国而言，对知识产权集中产业对美国对外贸易的贡占全美商品出口总额的60.7%，服务出口总额的19%。

由于知识产权对国民经济的影响日益加大，各主要国家纷纷将知识产权等无形资产纳入国民经济统计体系。2012年6月19日，英国知识产权局和伦敦帝国理工学院公布了英国版权行业一份新的投资估算，当统计到国民经济核算中时，这些投资会为国民经济额外贡献30多亿英镑。2013年7月底，美国经济分析局公布第14次对国民收入和产品账户（NIPAs）综合调查的初步结果，并调整国内生产总值（GDP）统计方式，首次把企业技术研发、娱乐文化等知识产权相关指标并入政府统计数据中。有关专家指出，这意味着，美国已经开始将知识产权产品作为资产加以管理并纳入经济核算体系，这一调整无论是对发展中国家还是创新型国家，都将产生重要影响。

（二）知识产权工作国内新形势

1. 经济新常态对知识产权工作提出新要求

2014年12月召开的中央经济工作会议提出："我国经济正在向形态更高级、分工更复杂、结构更合理的阶段演化，经济发展进入新常态，正从高速增长转向中高速增长，经济发展方式正从规模速度型粗放增长转向质量效率型集约增长，经济结构正从增量扩能为主转向调整存量、做优增量并存的深度调整，经济发展动力正从传统增长点转

---

[1] 参见吴汉东："设计未来：中国发展与知识产权"，载《法律科学》（西北政法大学学报），2011年第4期。

向新的增长点。"习近平主席在 APEC 期间曾总结过经济新常态的三个主要特征,其中一个为:从要素驱动、投资驱动转向创新驱动。经济新常态下实施创新驱动战略,将对知识产权工作提出新要求。

首先,要求知识产权创造能力进一步加强。创新驱动战略的实施,必然要求各级政府、高校、科研院所、企事业单位进一步加大研发投入,创造更多优秀文学艺术和科学作品、发明专利、外观设计,培育更多知名文化品牌,以量变促成质变,实现知识产权大国向知识产权强国的转变。

其次,要求知识产权保护力度进一步加大。创新驱动战略的实施,必然要求立法部门、司法部门、执法部门进一步完善知识产权保护制度,积极应对新技术、新模式对知识产权工作带来的冲击,加大力度、创新方式,为日益增多的知识产权成果提供全方位保护。

再次,要求知识产权运用效益进一步提高。创新驱动战略的实施,必然要求相关主管部门加强知识产权管理能力,要求高校和科研院所加快科研成果转化,要求企事业单位加强知识产权运营,促使知识产权商品化、产业化、市场化,提升知识产权运用效益。

2. 知识产权大国向知识产权强国转变任重道远

2014 年 12 月 16 日,世界知识产权组织在日内瓦发布的《2014 世界知识产权指数》报告显示,2013 年全世界专利申请量和商标申请数量,中国均为第一。从专利申请来看,2013 年全世界共提交了约 257 万件专利申请,其中中国 82 万多件,占世界总量的 32.1%;美国 57 万多件,占 22.3%。日本约 32.8 万件,而欧洲专利局在全世界的份额降至 5.8%。从商标申请量看,中国第一,为 188 万件;其次是美国,为 48 万件,欧盟为 32 万件。❶

从知识产权数量看,我国已经成为名副其实的知识产权大国,但从知识产权结构和质量看,距知识产权强国的目标还很远。从专利构成看,2011~2014 年,代表更高技术含量与创新能力的发明专利比重虽然在不断上升,但最高值仅为 39.3%,而发达国家这一比重基本在 85% 以上。从企业创新能力的企业职务发明数量看,2013 年我国企业获得发明专利授权 7.9 万件,占国内总量的 54.9%❷,这与国外发达国家 95% 的企业职务发明相比,仍然存在一定差距。从专利市场转化实施效果看,科技部火炬中心技术市场发展咨询专家林耕认为,专利转让实施率是 0.41%❸。知识产权数量持续增长,质量和结构却有待改善的状况仍将继续存在,在此背景下,要实现从知识产权大国向知识产权强国转变的目标任重道远。

---

❶ 数据来源参见 2014 年 12 月 17 日国际在线报道:报告显示 2013 年全球知识产权申请量中国占三分之一,http://gb.cri.cn/42071/2014/12/17/5931s4806958.htm。

❷ 数据来源参见 2014 年 2 月 20 日国家知识产权局网站图文直播:2013 年我国发明专利授权及有关情况新闻发布会,http://www.sipo.gov.cn/twzb/2013nwgfmzlphqk/。

❸ 参见 2014 年 1 月 3 日和讯网:"中国专利数量全球第一背后",http://news.hexun.com/2014-01-03/161125592.html。

三、文化领域知识产权工作"十三五"规划总体思路

"十三五"时期是我国经济由规模速度型向质量效益型转变的关键时期,是我国实施依法治国战略的起步阶段,也是建设社会主义文化强国和创新型国家的重要时期。制定"十三五"期间文化领域知识产权工作规划意义重大,其总体思路如下:

(一)指导思想与基本原则

以邓小平理论、"三个代表"重要思想和科学发展观为指导,深入贯彻党的十八大和十八届三中、四中全会精神,实施依法治国战略、创新驱动发展战略和知识产权战略,按照激励创造、有效运用、依法保护和科学管理的方针,着力提升文化领域知识产权的创造、运用、保护和管理水平,激发全社会文化创新活力,为文化产业和文化事业发展提供有力支撑,促进社会主义文化大繁荣和大发展。

文化领域知识产权工作应遵循如下原则:

——坚持以激发文化创新活力为主要方向。以建设社会主义文化强国为目标,加强知识产权的保护和管理,鼓励优秀作品的创造、传播与运用,激发全社会文化创新活力。

——坚持以促进文化繁荣发展为根本目标。以创新驱动战略为导向,实施版权战略以促进文化精品创造,实施专利战略以推动文化科技融合,实施商标战略以提升文化品牌国际竞争力,促进文化产业和文化事业繁荣发展,推动经济发展方式由规模速度型向质量效益型转变。

——坚持以加强知识产权保护为重点任务。完善知识产权法制体系,充分运用司法与执法双重保护机制,加强文化市场领域知识产权综合执法与联合执法,有力打击知识产权侵权行为,加大知识产权保护力度,净化文化市场知识产权环境。

——坚持以提升知识产权意识为基础工程。加大知识产权宣传教育力度,创新知识产权宣传教育方式,推动文化行政管理部门、文化企事业单位、社会公众全面提升知识产权意识。

——坚持以提升公共服务能力为关键路径。完善知识产权扶持政策体系,搭建知识产权公共服务平台,培育知识产权中介服务机构,创新知识产权服务模式,有效提升文化领域知识产权公共服务能力。

(二)主要目标

到2020年,文化领域知识产权法治体系更加完善,知识产权市场环境逐步改善,知识产权创造与运用能力有效提升,知识产权服务水平明显增强,知识产权文化逐渐形成。在知识产权制度的支撑下,文化精品不断涌现,文化产业快速发展,文化公共服务水平大幅提高,文化信息资源共享工程有序推进,知识产权对经济发展、文化繁荣和社会建设的促进作用充分显现。

——文化领域知识产权法治体系更加完善。知识产权法律制度研究与文化领域知识产权法治状况调研工作逐步加强,文化管理部门与知识产权立法部门、司法部门有效衔

接，兼顾文化创造权利保障与文化服务公平的知识产权法治体系建立并不断完善。

——文化领域知识产权市场环境逐步改善。文化市场知识产权执法监管力度加大，文化管理部门与公安、电信、版权、商标、专利等有关部门联合执法的工作机制逐步建立，侵权盗版行为受到严厉打击与有效遏制，文化市场知识产权环境逐步改善。

——文化领域知识产权创造与运用能力有效提升。新作品、新专利、新商标实现数量与质量同步提升，文化精品、核心专利、知名商标的商品化、产业化、资本化运用能力显著增强，文化品牌的国际竞争力大幅提升。

——文化领域知识产权服务水平明显增强。文化领域知识产权扶持政策不断强化，知识产权服务平台与队伍逐步建立，知识产权社会中介服务组织积极涌现，知识产权确权、评估、运营和投融资等服务水平明显增强。

——文化领域知识产权文化逐步形成。知识产权宣传教育力度不断加大、方式不断创新，文化领域知识产权意识明显加强，社会公众尊重文化、尊重知识、尊重创新的知识产权文化逐步形成。

（三）重点任务

1. 完善文化领域知识产权法制体系

推动著作权法、专利法及相关法规的修订，有效应对互联网等新技术发展的挑战，加大著作权侵权处罚力度，适当放宽对图书馆、文化馆和博物馆等公共文化服务机构合理使用文化知识产权的限制，促进知识产权权利人利益保障与公共文化利益的平衡；深入研究民间文学艺术作品的特点，推动《民间文学艺术作品著作权保护条例》向有利于保护和运用民间文艺资源的方向制定与实施；鼓励各地根据知识产权法律法规，结合文化系统自身特征和地方特色，有针对性地制定文化系统知识产权地方性法规和规章。

2. 激发文化领域知识产权创造活力

将知识产权数量和质量作为政府资助项目的重要参考指标，引导和扶持文化企事业单位创造文化精品、核心专利和知名商标；开展优秀版权作品评选工作，鼓励音乐、舞蹈、戏剧、曲艺、杂技、创意设计、动漫、游戏作品的创作；设立文化科技发展专项资金，扶持文化领域前沿技术、关键技术的研究攻关，解决一批具有前瞻性、全局性和引领性的重大科技问题，支持文化科技融合发展；建立并不断完善文化品牌评估体系，定期认定和发布文化企业品牌、文化产品品牌、文化地域品牌和文化人才品牌排行榜，引导文化企事业单位提升品牌塑造能力，培育具有国际竞争力的知名文化品牌；加大对博物馆、图书馆、美术馆、档案馆和文化馆藏品衍生产品的开发力度，注重对衍生品知名商标的培育，提升衍生品的知识产权市场价值。

3. 加强文化领域知识产权保护能力

加强文化系统知识产权执法队伍建设，积极参与全国打击侵犯知识产权和制售假冒伪劣商品重点工作，打击针对文学、音乐、影视、游戏、动漫、软件等重点领域的侵权盗版行为，加强以手机、平板电脑等为载体的网络文化产品监管，加强互联网知识产权治理工作，全面提升文化领域知识产权保护水平；加强知识产权执法信息宣传，定期公布知识产权行政处罚案件和刑事案件，对知识产权侵权者形成震慑作用，并增强社会公众知识产权意识；探索建立文化领域知识产权纠纷多元化解决机制，充分发挥文化行政管理部门、相关行业协会和社会服务机构的作用，有效解决文化领域知识产权纠纷，充分保护权利人权益。

4. 提高文化领域知识产权运用效益

加强文化领域知识产权政策引导与工作指导，推动文化企事业单位实施知识产权战略，提升知识产权运用水平；鼓励文化企事业单位建立知识产权管理制度与管理系统，设立知识产权管理部门，加强对自主知识产权的管理与运用；制定并落实文化领域涉及知识产权交易、评估、质押融资和资本化运营的优惠政策，引导资金、人才、项目向知识产权优势企业转移；加强文化创意、设计服务与相关产业的融合，引导企业将文化创意、设计服务成果产权化、市场化和产业化；推动文化与旅游的深度融合，鼓励创作具有地域特色和民族风情的演出艺术作品和工艺美术品，促进旅游消费；依托社会服务机构组建文化知识产权服务中心，为艺术院团、企事业单位、艺术家提供知识产权咨询、确权、维权、交易、评估、运营等全方位服务，激活传统文化资源和现代文化创意的市场价值；支持有条件的企业实施"走出去"战略，进行知识产权国际化运营，大力培育国际知名文化品牌。

5. 提升文化领域知识产权管理水平

加强文化领域知识产权研究与规划工作，明确主要方向和重点领域，实施重点项目，开展文化行政管理部门知识产权工作绩效评价工作；研究建立文化领域知识产权统计指标体系，加强文化领域知识产权统计调查工作，梳理文化领域知识产权文化资源，加强对存量知识产权的管理和运用，促进增量知识产权的创造与开发；研究制定文化领域知识产权工作指导意见和工作指南，加强对艺术院团、图书馆、博物馆等文化企事业单位知识产权工作的指导；加大文化系统知识产权宣传教育力度，提升文化系统知识产权保护意识，营造尊重知识、崇尚创新、诚信守法的文化市场环境；加强国际交流与合作，扶持有条件的文化企事业单位通过知识产权贸易实现文学艺术作品和文化产品"走出去"。

6. 加强文化领域知识产权人才培养

全面实施文化领域知识产权人才工程，吸引海内外知识产权人才进入文化领域工作；实施文化领域知识产权人才培养计划，根据各文化企事业单位实际业务需要，开展知识产权任职培训、岗位培训、业务培训、技能培训，建立多渠道知识产权人才培养机制；加强文化领域知识产权执法队伍的法律知识培训和执法技能培训，提高文化领域知识产权执法效力；建立文化领域知识产权管理人才库，推动产学研用复合型人才队伍建设。

（四）保障措施

1. 加强组织协调

各级文化行政管理部门要切实加强对知识产权工作的领导，制定并实施文化领域知识产权发展规划，健全文化领域知识产权重点联系单位制度，立足部门间协作、地区间协作，建立密切协作、运转顺畅的工作机制，逐步实现文化领域知识产权资源的整合和共享；文化企事业单位要将知识产权工作纳入重点工作，保障知识产权工作有效开展。

2. 加大人力投入

依托文化市场综合执法力量，加大知识产权执法人力投入，重点突出文化领域知识产权执法；加强文化与版权、专利、商标、公安、电信等有关部门的协调，充分调动有关部门的人力资源，加强文化领域知识产权执法；鼓励相关行业协会、社会服务组织发挥各自优势，加强知识产权保护与管理工作。

3. 加强资金支持

设立文化领域知识产权专项经费，扶持文化知识产权相关工作，对开展知识产权工作成果突出的单位和地区给予补贴和奖励；设立文化领域知识产权公共基金，用于保护、开发与运用传统历史文化资源，使之在全社会得到广泛运用；鼓励文化企事业单位多渠道筹措资金，鼓励和引导各类金融机构及社会资本进入文化领域知识产权的创造、运用、转化和服务领域。

4. 加强督促检查

各级文化行政管理部门要定期评估知识产权工作实施情况，对各项任务落实情况组织开展监督检查，协助解决面临的重大问题。要建立健全文化领域知识产权工作绩效评价体系，及时总结和推广知识产权运用和保护的经验。

四、国家知识产权事业"十三五"规划建议内容

为适应文化发展新形势，鼓励文化创新，促进文化事业与文化产业发展，塑造知名文化品牌，提升国家文化软实力，建设社会主义文化强国，建议《国家知识产权事业"十三五"规划》加强对文化领域的支持力度，充分发挥知识产权在推动文化繁荣发展方面的重要作用。

（一）加大文化领域知识产权保护力度

文化领域知识产权侵权现象长期大量存在，严重挫伤原创文学艺术精品的积极性。建议在立法和执法两个层面加大文化领域知识产权保护力度。

1. 完成《著作权法》的修订与颁布实施

使修订后的《著作权法》更加适应当前文化、经济和社会发展形势；通过立法提高知识产权侵权赔偿额度，增加针对反复侵权、恶意侵权的惩罚性赔偿机制，提高侵权成本，加强对违法侵权行为的震慑力；适当扩大作品的合理使用范围，推动公共文化服务体系建设；建立互联网版权研究机构，深入研究互联网环境下的版权问题，为《著作权法》的修订与实施开展理论研究，以有效应对互联网等新技术发展对知识产权制度的挑战。

2. 探索建立民族民间文学艺术作品的法律保护体系，颁布实施《民间文学艺术作品著作权保护条例》

加快推进对民间文学艺术作品法律制度的调研，探索建立民间文学艺术作品的法律保护体系；广泛征集社会各界关于《民间文学艺术作品著作权保护条例（草案）》的意见，推动该条例的制定向着有利于保护民族民间传统文化资源和保护文学艺术作品的

方向完善。

3. 进一步完善司法保护和行政保护双轨并行的知识产权保护机制，加大文化领域知识产权保护力度

继续深入实施打击侵犯知识产权和制售假冒伪劣商品专项行动，加大对文化领域知识产权侵权行为的打击力度；继续深入实施打击侵权盗版网络治理"剑网行动"，有效规范互联网领域文字、音乐、影视等作品的传播秩序。

（二）实施文化领域知识产权重大工程

实施文化领域知识产权重大工程，制定并落实文化领域涉及知识产权创造、转让、许可、评估、质押融资和资本化运营的优惠政策，引导资金、人才、项目向知识产权优势企事业单位转移。

1. 实施文化精品工程，扶持文化精品的创造

鼓励广大文艺工作者和社会公众参与文字、音乐、影视、动漫、游戏、设计等文学艺术作品的创作，建立优秀作品评选机制，对文化精品进行物质和精神鼓励，以推动文化精品的创造与运用。

2. 实施文化品牌行动计划，扶持文化品牌的提升

建设文化品牌实验室，建立文化品牌价值评估模型与文化品牌经营模拟决策系统，为文化品牌的塑造与提升提供专业服务，为优秀文化品牌提供优惠政策，进行扶持。

3. 继续深入实施文化信息资源共享工程，扶持文化信息资源的传播

适当放宽对公共文化服务机构在知识产权合理使用方面的限制，加大对文化工程知识产权授权方面的投入，促进优秀传统文化资源与现代文艺作品在少数民族地区、贫困落后地区等特殊地域及视力或听力障碍等特殊人群的传播，促进文化信息资源的共享与社会公平。

4. 对接文化科技创新工程，扶持文化领域重大科技成果的转化应用

设立文化科技发展专项资金，扶持文化领域前沿技术、关键技术的研究攻关，解决一批具有前瞻性、全局性和引领性的重大科技问题，支持文化科技融合发展。

（三）提升文化领域知识产权管理能力

1. 建立文化知识产权服务中心

为文化企事业单位提供知识产权确权、维权、调解、评估、交易、运营、投融资等各方面的专业服务，以盘活遗传资源、传统知识和民族民间文艺资源，同时激活现代文化创意的市场价值。

2. 加强文化领域知识产权工作指导

研究制定《文化知识产权工作指导意见》与相关工作指南，指导艺术院团、图书馆、博物馆等文化企事业单位实施知识产权战略，加强识产权运用与管理。

3. 加强文化领域知识产权管理人才培养

组织开展文化管理部门系统内和文化企事业单位知识产权管理培训，培养文化领域知识产权技术人才、管理人才和法律人才，提高文化领域知识产权管理水平。

专题 11　知识产权标准体系建设相关问题研究

承担单位：中国标准化研究院

作　　者：朱翔华　裴晓颖　姚泽华　刘学伟
　　　　　王益谊　杜晓燕　逄征虎　张敬娟
　　　　　王丽君　刘　辉　付　强　赵文慧

一、知识产权的范畴界定

迄今为止,国内外关于知识产权的概念都是从划定范围的角度来定义的。世界知识产权组织(WIPO)公约列出的知识产权包括:(1)与文学、艺术及科学作品有关的权利。这主要是指作者权或者版权(著作权)。(2)与表演艺术家的表演活动、与录音制品及广播有关的权利。这主要是指邻接权。(3)与人类创造性活动的一切领域内的发明有关的权利。这主要指专利、实用新型及非专利发明享有的权利。(4)与科学发现有关的权利。(5)与工业品外观设计有关的权利。(6)与商品商标、服务商标、商号及其他商业标记有关的权利。(7)与防止不正当竞争有关的权利。这主要是指专利权中无法包含的技术秘密,商标权中无法包含的禁止假冒他人产品的权利。(8)一切其他来自工业、科学及文学艺术领域的智力创作活动所产生的权利。WIPO关于知识产权的界定的精髓在于:知识产权原则上涵盖"一切来自活动的权利",它的保护主题是随着科技、经济、文化发展而与时俱进的。

TRIPs协议所列示的知识产权包括:(1)版权与邻接权(有关权)。(2)商标权。(3)地理标志权。(4)工业品外观设计权。(5)专利权。(6)集成电路布图设计。(7)未披露过的信息专有权。这主要是指商业秘密。WTO有关知识产权的协定第一次在国际贸易平台上建立起货物贸易、服务贸易、知识产权(技术贸易)三位一体的规则体系,规定了其成员知识产权保护的最低标准、执法措施和争议解决机制。这意味着在走向知识经济时代的当今,知识产权彰显为国际经济秩序的重要组成部分。

德国在TRIPs协议签署之前,将知识产权的范围限定为版权与工业产权,这个范围是排斥某些内容的,例如技术秘密。

在我国,GB/T 21374—2008《知识产权文献与信息基本词汇》给出了知识产权的如下定义:在科学技术、文学艺术等领域中,发明者、创造者等对自己的创造性劳动成果依法享有的专有权,其范围包括专利、商标、著作权及相关权、集成电路布图设计、地理标志、植物新品种、商业秘密、传统知识、遗传资源以及民间文艺等。从我国对知识产权的定义可以看出,我国根据实际国情,在WTO关于知识产权的范围基础上补充了我国具有特色和优势的传统知识、遗传资源、民间文艺等方面的内容。

综上所述,广义的知识产权包括一切人类智力创作的成果,也就是WIPO所划的范围。狭义的知识产权则包括工业产权和版权两部分。本报告中所研究的知识产权限定在GB/T 21374—2008中所定义的范围内。

二、知识产权标准体系建设研究

(一)国外知识产权相关标准和标准体系发展现状与趋势研究

1. 国际标准化组织

当前,创新被视为各个组织强化竞争优势取得成功的关键要素。如果成功管理好创新,那么,创新能够为组织创造高附加值,推动业务发展和劳动力市场增长。然而,随着全球化的发展，国际标准化组织所面临的环境发生了变化。在这种环境中，国际标准化组织需要持续创新以提高和保持其竞争力，以可持续的方式推动短期和长期业务发展。国际标准化组织需要清晰的创新战略、创新的组织架构和文化，并将创新战略转变为有效和高效的创新过程和一系列创新驱动因子（如市场需求、知识产权、知识管理、信息技术、创新活动控制、设计管理、资源管理、竞争性情报、创意等）。不仅如此，在这种环境中，国际标准化组织与其供应商、客户、消费者以及其他业务伙伴是互通的。因此，国际标准化组织需要建造创新管理体系，分享共同实践，以促进国际范围内价值网络中所有参与者之间的联络和合作。这些创新管理中的共同实践将促进价值网络中合作伙伴的创新战略更加协调，更加注重发展互补型创新能力，实现价值网络中创新过程的无缝对接。此外，各国政府越来越意识到创新与经济发展之间的联系，它们为此投入了数量可观的刺激创新的资金。同时它们也在寻求有效的实践，以确保所投入的公共资金能够产出最好的回报。

在不确定性占主要地位的背景下，标准化通过汇聚各国共同实践，提供构建有效的创新管理的指南，产生重要的附加价值。标准化是组织治理中实施创新的强大推动力。为此，2013年5月，国际标准化组织（ISO）成立了 ISO/TC 279 创新管理标准化技术委员会，负责创新管理系统的术语、工具和方法，以及相关机构之间交互作用的标准化，以促进创新。秘书处设在法国标准化协会。ISO/TC 279 拟处理以下与创新有关的标准化议题：协同环境中的合作伙伴关系，文化变迁，市场需求的识别，知识产权管理，无形资产评估，创新过程的治理，学术界与企业、社会组织或政府之间的技术联系，项目选择，监督和技术前瞻，渐进式创新，创新项目的管理，思想管理，知识管理，创新传播，技术转移，市场化和商业化，技术发展的社会影响，技术和业务战略的整合，公共采购等等。目前，ISO/TC 279 已经成立了创新管理系统工作组和工具与方法工作组，分别制定创新管理体系标准（ISO/AWI 20511）和协同创新的工具与方法标准（ISO/NP 20731）。

2. 区域标准化组织

欧盟将创新视为保持欧洲在全球市场中竞争力、创造增长和就业以及可持续发展的关键。不仅如此，欧盟委员会《促进欧洲标准化对创新的贡献》中特别强调，标准化必须强化在支撑创新和竞争力中的作用。欧洲标准化委员会（CEN）将标准化作为支撑创新文化的途径。2008年之前，已经有15项与创新管理相关的国家标准发布实施。为统一欧洲范围内的最佳实践，CEN 在 2009 年成立了 CEN/TC 389 创新管理技术委员会，负责制定改进企业和组织创新管理（包括各类创新及所有相关方面）的工具的标准化以及与研发活动的关系。秘书处设在西班牙标准化和认证协会。截至 2015 年 7 月，CEN/TC 389 已经成立了6个工作组，分别是协作与创意管理工作组、创新管理体系工作组、创新自评估工具工作组、设计思维工作组、知识产权管理工作组、战略情报管理工作组。截至目前，已经发布了六项技术规范，分别是 CEN/TS 16555-1：2013《创新管理 第1部分：创新管理体系》、CEN/TS 16555-2：2014《创新管理 第2部分：战略情报管理》、CEN/TS 16555-3：2014《创新管理 第3部分：创新思维》、CEN/TS 16555-4：2014《创新管理 第4部分：知识产权管理》、CEN/TS 16555-5：2014

《创新管理 第5部分：协作管理》、CEN/TS 16555-6：2014《创新管理 第6部分：创意管理》。目前，有1项标准正在制定中，即 FprCEN/TS 16555-7《创新管理 第7部分：创新管理评估》。

在2013年ISO/TC 279成立之后，CEN/TC 389与ISO/TC 279建立了联络关系，以避免工作重复和资源浪费。

3. 国外主要国家

在国家层面，巴西、哥伦比亚、法国、德国、爱尔兰、葡萄牙、俄罗斯、英国和西班牙都制定发布了与创新相关的国家标准。

巴西制定发布了 ABNT NBR 16500《管理研究、开发和创新（R&D&I）的活动术语》、ABNT NBR 16501《研究、开发和创新（R&D&I）管理系统指南》和 ABNT NBR 16502《研究、开发和创新（R&D&I）的管理 策划R&D&I项目的指引》。

哥伦比亚制定发布了 NTC 5800《RDI RDI活动的术语和定义》、NTC 5801《RDI RDI管理系统要求》、NTC 5802《RDI RDI项目管理要求》、GTC 186《RDI技术观察系统》、GTC 187《RDI管理的资质与评价》、GTC 247《管理系统审计员》。

法国制定发布了 FD X50-052：2011《创新管理 战略情报管理》、FD X50-146：2011《创新管理 知识产权管理》、FD X50-271《实施创新管理的指南》、FD X50-272《实施开放创新的指南》、FD X50-273《将可持续发展整合到创新过程的指南》。

德国制定发布了 DIN 77100：2010《专利估价 专利估价的基本原则》。

爱尔兰制定发布了 NWA 1：2009《创新和产品开发过程中的良好实践指南》。

葡萄牙制定发布了 NP 4457：2007《RDI的管理 RDI管理体系要求》。

俄罗斯制定发布了 GOST R 54147：2010《战略和创新管理 术语和定义》。

英国制定发布了 BS 7000-1：2008《管理创新的指南 第1部分：设计管理体系》。

西班牙制定发布了 UNE 166001：2006《R&D&I管理 与计划、组织、实施和控制R&D项目相关的要求》、UNE 166002：2014《R&D&I管理 R&D&I管理体系》、UNE 166006：2011《R&D&I管理 技术观察系统》、UNE 166008：2012《R&D&I管理 技术转移》。

4. 小结

综上所述，国际关于知识产权领域相关标准的研制源于欧洲，兴起于近10年，且主要集中于创新管理方面的标准研制和标准体系建设。起初由相关国家根据本国需求制定实施，进而先后发展到区域层面、国际层面相关技术机构的成立和标准的研制。且国家层面的标准研制往往根据实际需要制定，并未形成较为完整的体系，而在区域层面、国际层面的标准化活动，则在汇聚主要国家最佳实践的基础之上，体现出整个标准体系的构建等特征。

（二）我国知识产权标准发展现状及存在的关键性问题研究

1. 发展现状

（1）标准制定、修订工作逐步推进。

近年来，根据知识产权事业发展需要，我国先后在术语、分类、编码/代码、文件格式、管理体系以及服务等方面制定、修订了一批知识产权相关标准,这些标准除了分布在知识产权领域之外,在知识产权通用标准方面也有标准分布,具体如表11-1所示。

表11-1 知识产权相关标准

序号	标准号	标准名称
		专利领域
1	QJ 2034—1991	专利文件管理制定
2	ZC 0001—2001	专利申请人和专利权人(单位)代码标准
3	ZC 0002—2001	专利代理人代码标准
4	ZC 0005—2012	专利公共统计数据项
5	ZC 0006—2003	专利申请号标准
6	ZC 0007—2012	中国专利文献号
7	ZC 0008—2012	中国专利文献种类标识代码
8	ZC 0009—2012	中国专利文献著录项目
9	ZC 0011—2006	专利费用基本信息代码规范(试行)
10	ZC 0012.1—2006	专利数据元素标准 第1部分:关于用XML处理复审请求审查决定、无效请求审查决定和司法判决文件的暂行办法
11	ZC 0012.2—2006	专利数据元素标准 第2部分:关于用XML处理中国发明、实用新型专利文献数据的暂行办法
12	ZC 0012.3—2012	中国专利数据元素标准 第3部分:关于用XML处理专利申请数据的规范
13	ZC 0013—2012	中国专利文献版式
14	ZC 0014—2012	专利文献数据规范
15	SZDB/Z 71—2013	专利代理机构服务规范
16	SZDB/Z 102—2014	企业专利运营指南
17	SZDB/Z 103—2014	专利交易价值评估指南
		版权领域
1	GB/T 30247—2013	信息技术 数字版权管理 术语
2	GY/T 246—2011	数字版权管理系统与IPTV集成播控平台接口技术规范
3	GY/T 260—2012	广播电视数字版权管理数字内容标识
4	GY/T 261—2012	广播电视数字版权管理元数据规范
5	GY/T 277—2014	互联网电视数字版权管理技术规范
6	CY/T 112—2015	电子图书版权记录
7	CY/T 115—2015	电子书内容版权保护通用规范
8	CY/T 126—2015	数字版权唯一标识符
		知识产权领域通用标准
		知识产权领域通用标准—知识产权管理及服务标准
1	GB/T 21373—2008	知识产权文献与信息分类及代码
2	GB/T 21374—2008	知识产权文献与信息 基本词汇
3	GB/T 29490—2013	企业知识产权管理规范

续表

序号	标准号	标准名称
4	DB 11/T 937—2012	企业知识产权管理规范
5	DB 21/T 2155—2013	知识产权机构服务管理规范
6	DB 32/T 1204—2008	企业知识产权管理规范
7	DB 32/T 1381—2009	知识产权质押贷款服务规范
8	DB 44/T 797—2010	创新知识企业知识产权管理通用规范
		知识产权领域通用标准—知识管理标准
1	GB/T 23703.1—2009	知识管理 第1部分：框架
2	GB/T 23703.2—2010	知识管理 第2部分：术语
3	GB/T 23703.3—2010	知识管理 第3部分：组织文化
4	GB/T 23703.4—2010	知识管理 第4部分：知识活动
5	GB/T 23703.5—2010	知识管理 第5部分：实施指南
6	GB/T 23703.6—2010	知识管理 第6部分：评价
7	GB/T 23703.7—2014	知识管理 第7部分：知识分类通用要求
8	GB/T 23703.8—2014	知识管理 第8部分：知识管理系统功能构件

由表11-1可以看出，目前，我国已经发布实施的与知识产权相关的标准共有41项，其中，专利领域标准17项，版权领域标准8项，知识产权通用标准16项：知识产权管理及服务标准8项，知识管理标准8项。仅"十二五"时期，我国制定修订的知识产权相关标准数量为29项，占知识产权标准总数的70.73%。由此可见，"十二五"时期是我国知识产权标准快速发展的关键时期。

（2）知识产权服务标准体系逐步建立。

为贯彻落实《国家知识产权战略纲要》以及《国家知识产权事业发展"十二五"规划》，2014年年底，国家知识产权局、国家标准化管理委员会、国家工商总局、国家版权局联合发布了《关于知识产权服务标准体系建设的指导意见》，明确了知识产权服务标准体系建设的目标、重点任务以及亟需制定修订的标准。根据《关于知识产权服务标准体系建设的指导意见》，未来5年，我国将建成由通用基础标准、业务支撑标准和服务提供标准构成的知识产权服务标准体系（知识产权服务标准体系明细表见附件一），并重点完成知识产权服务术语、服务指南、服务分类、行为规范等通用基础标准，知识产权服务设施、服务环境、服务合同、服务质量、服务质量测评等业务支撑标准，专利、商标、著作权、集成电路布图设计、植物新品种的申请、注册、登记、复审、无效等代理服务标准，企业上市、并购、重组、清算、投融资等商业活动中知识产权法律服务标准，知识产权信息检索分析、数据加工、文献翻译、数据库建设、软件开发、系统集成等信息服务标准，知识产权评估、价值分析、交易、转化、质押、投融资、运营等商用化服务标准，知识产权战略咨询、政策法规咨询、管理咨询、实务咨询等知识产权咨询服务标准，知识产权市场化培训、公共培训等培训服务标准，知识产权信息传播利用、服务平台建设、维权援助、客户咨询、信息帮扶等公共服务标准的制定工作。我国知识产权服务标准将逐步建立起来。

（3）知识管理标准化工作系统开展。

2015年年初，国家标准化管理委员会批准成立了全国知识管理标准化技术委员会，主要负责开展全国知识管理（知识产权管理、传统知识管理、组织知识管理等）国家标准制定、修订工作，研究构建全国知识管理标准体系；开展全国知识管理标准化宣传贯彻工作，推动知识管理国家标准的实施；对外承担国际标准化组织创新管理技术委员会的对口工作，参与相关领域的国际标准制定、修订活动。负责修订的标准领域包括：知识产权管理、传统知识保护和管理、组织知识管理。根据创新管理技术委员会标准制定、修订规划，未来一段时期内，该技术委员会将重点制定、修订知识管理通用、知识产权管理（细分为知识产权通用标准、知识产权管理体系标准、知识产权业务规范、文献与信息化）、传统知识保护、组织知识管理等方面的90项国家标准（见附件二）。

目前，在知识产权管理方面，我国已经发布了GB/T 29490—2013《企业知识产权管理规范》国家标准，另有3项标准已列入国家标准制定计划，同时积极推动高校、科研院所知识产权管理规范、知识管理术语、专利价值分析、专利价值评估、专利交易、质押贷款、专利代理机构管理规范、重大项目评议等国家标准的制定。

（4）标准实施成效初现。

以GB/T 29490—2013《企业知识产权管理规范》国家标准为例，该国家标准实施以来，很多地方都在积极推进标准实施，启动并实施企业知识产权管理标准化试点工作，截至目前很多企业从此项工作中获得了收益，该项工作帮助企业进一步建立和完善知识产权管理体系，通过管理强化运用，创造收益，充分体现知识产权的战略价值，同时为企业培养一批熟练掌握企业知识产权管理标准和运作技巧的高素质管理人才。

2. 存在的关键性问题

从知识产权标准体系建设发展现状可以看出，我国知识产权标准化工作已经取得了重要的阶段性进展。尤其是"十二五"时期的最后两年，我国知识产权标准化工作开启了系统规划、顶层设计的发展模式，为今后一段时期知识产权重点领域标准的制定、修订指明了方向。然而，从目前知识产权标准化的领域和方向来看，我国知识产权标准化工作主要涉及术语、分类、编码/代码、文件格式、管理体系等基础通用方面，知识产权服务方面和知识管理方面的标准制定、修订，所覆盖的领域还很狭窄，且诸多层面的标准化工作还没有完全的开展。同时也存在一些与我国知识产权事业发展不相适应的突出问题。

（1）知识产权工作协同推进机制有待充分发挥。

在我国，知识产权包括专利、商标、著作权及相关权、集成电路布图设计、地理标志、植物新品种、商业秘密、传统知识、遗传资源以及民间文艺等。这些知识产权分别由不同的行政主管部门来管理。推动知识产权相关的标准制定、修订和标准体系建设往往需要多个部门的参与，例如，2014年年底发布的《关于知识产权服务标准体系建设的指导意见》由国家知识产权局、国家标准委、工商总局、版权局四个部门联合发布和推动实施。因而,全面系统推进我国知识产权标准化工作,需要在更高的层面建立知识产权标准化工作协同推进机制。

(2) 知识产权标准体系不完善、不系统。

当前,我国已经建立的知识产权相关标准体系主要涉及知识产权基础通用标准、知识产权服务标准和知识管理标准,并未完整涵盖知识产权创造、运用、保护、管理、服务的全过程,且尚未覆盖政府的行政审批事项标准化方面的内容。不仅如此,在标准体系的规划方面,还存在着交叉的问题。因而,有必要深入梳理知识产权标准化对象,建立更加全面、系统、分类科学的知识产权标准体系。

(3) 知识产权标准缺失仍比较严重。

由表11-1可以看出,在我国目前发布实施的41项标准中,专利领域标准国家标准17项,行业版权领域标准8项,知识产权管理及服务标准8项,知识管理标准8项。国际上较为活跃的涉及知识产权创造的创新管理标准在我国还没有开始制定,知识产权运用、保护、政府管理、服务等方面的标准严重缺失。

(4) 知识产权没有实现标准化管理。

在我国,相关组织如高校、科研单位及企事业单位知识产权管理方面的工作整体起步比较晚,对知识产权这类无形资产的管理普遍不是很重视,知识产权创造、运用、保护、成果认定等方面的工作没有建立相关的制度,标准化管理手段在组织对于知识产权管理工作方面没有得到很好地运用。

(5) 知识产权国际标准化亟待推进。

一方面,我国现有已开展的知识产权相关标准研制工作与国际接轨的程度不高。当前,较为活跃的国际国外标准组织或机构主要集中开展创新管理方面的标准研制,而我国的标准制定、修订工作则主要集中于基础通用方面的标准制定。与国际标准化活动的主攻方向不一致,可能会导致我国企业参与国际竞争、进行对外贸易时处于劣势。另一方面,我国在国际上尚未覆盖的领域和方面制定的标准的国际化进程尚未启动。当前,国际上尚未开展涉及知识产权服务的标准化工作,而我国已经制定发布了相关标准体系建设指导意见,并且正在组织筹建相关技术组织,我国在知识产权服务标准制定、修订方面已经超前于国际,因而,亟待推进由我国主导制定知识产权服务国际标准。

(三)"十三五"时期我国知识产权标准体系建设的需求

1. 深入实施国家知识产权战略需要知识产权相关标准的支撑

2014年12月,国务院办公厅转发了国家知识产权局等单位《深入实施国家知识产权战略行动计划(2014~2020年)》(以下简称行动计划),确立了进一步贯彻落实《国家知识产权战略纲要》的主要目标、行动和基础工程等。行动计划在知识产权服务、知识产权保护社会信用、专利审查、商标审查、知识产权管理、知识产权价值评估、知识产权委托管理等方面提出了明确的标准制修订需求(如表11-2所示)。

表11-2 行动计划所提出的标准需求

章节	具体内容
二、主要行动 （一）促进知识产权创造运用，支撑产业转型升级	——促进现代服务业发展。大力发展知识产权服务业，扩大服务规模、完善服务标准、提高服务质量，推动服务业向高端发展。……建立健全知识产权服务标准规范，加强对服务机构和从业人员的监管
二、主要行动 （二）加强知识产权保护，营造良好市场环境	——加强知识产权行政执法信息公开。……探索建立与知识产权保护有关的信用标准，将恶意侵权行为纳入社会信用评价体系，向征信机构公开相关信息，提高知识产权保护社会信用水平
二、主要行动 （三）强化知识产权管理，提升管理效能	——加强知识产权审查。……加强专利审查质量管理，完善专利审查标准。……优化商标审查体系，建立健全便捷高效的商标审查协作机制，完善商标审查标准，提高商标审查质量和效率 ——引导企业加强知识产权管理。……建立知识产权管理标准认证制度，引导企业贯彻知识产权管理规范。建立健全知识产权价值分析标准和评估方法，完善会计准则及其相关资产管理制度，推动企业在并购、股权流转、对外投资等活动中加强知识产权资产管理。制定知识产权委托管理服务规范，引导和支持知识产权服务机构为中小微企业提供知识产权委托管理服务

此外，行动规划中关于专利联盟的建设与运营、版权交易平台建设与运营、知识产权金融服务、知识产权纠纷调解规范、国家科技重大专项和科技计划知识产权管理、知识产权转移转化、高校和科研院所知识产权管理规范、知识产权评议、知识产权基础信息公共服务平台建设与运营、知识产权信息调查统计与深加工等也需要标准的支撑。

2. 实施"一带一路"对外开放总战略、支持企业"走出去"需要知识产权相关标准的支撑

随着知识经济和经济全球化深入发展，知识产权日益成为企业参与国际竞争的核心要素。通过在知识产权风险评估与预警、知识产权风险管控、知识产权风险防控、知识产权分析评议、知识产权尽职调查、知识产权培训、知识产权市场化运营、海外知识产权维权援助等方面制定标准，对促进企业知识产权的国际化运用与保护，提升企业国际竞争力具有重要作用。

3. 知识产权主管部门事项需要知识产权相关标准的支撑

目前，知识产权行政主管部门涉及的事项主要有专利代理人资格认定，专利代理机构设立，向外申请专利保密审查，著作权集体管理组织及分支机构设立，著作权涉外机构、国（境）外著作权认证机构、外国和国际著作权组织在华设立代表机构等，上述工作都需要借助标准化手段优化提升知识产权服务。

（四）"十三五"时期我国知识产权标准体系建设的重大政策建议

根据《深入实施国家知识产权战略行动计划（2014~2020年）》对知识产权标准化工作的要求和部署，基于我国知识产权标准化工作存在的问题和面临的新形势，提出"十三五"时期我国知识产权标准体系建设的如下政策建议。

加强知识产权标准体系的统筹规划，建立和完善覆盖知识产权创造、运用、保护、

管理（政府）和服务全过程的、与国际接轨的标准体系。加快知识产权事项的办理流程和服务指南、知识产权管理、知识产权服务、与知识产权保护有关的信用标准、专利和商标审查、知识产权价值分析与评估、专利分析评议等方面的标准研制。积极引导各类组织建立知识产权管理体系。充分发挥现有知识产权协调机制作用，推进知识产权标准化工作。

围绕上述政策建议，提出如下知识产权标准化工作的重点任务。

一是做好知识产权标准化的顶层设计工作。运用顶层设计思想，从知识产权事业发展全局视野出发，围绕知识产权的各个领域、不同的层级及相关要素方面进行统筹考虑，出台知识产权标准化建设规划及实施方案。

二是积极参与知识产权国际标准化工作。及时跟踪国际国外标准化组织或机构知识产权标准化动态，加强对国际标准的分析评估和及时转化，推动优势国际标准"引进来"。同时，如果条件具备，力争在我国知识产权优势领域，主导开展国际标准化相关工作。

三是建立并逐步完善知识产权标准体系。在深入分析知识产权方面国际标准化发展现状与趋势的基础上，研究建立覆盖知识产权创造、运用、保护、管理（政府）和服务全过程的、与国际接轨的标准体系（标准体系明细表草案见附件三）。

四是加快知识产权领域标准制定、修订步伐。结合"十三五"时期知识产权领域的重点工作，按照轻重缓急，分步骤、分阶段地制定相关标准（建议制定的标准见附件三）。加快制定专利代理人资格认定、专利代理机构设立、向外申请专利保密审查、著作权集体管理组织及分支机构设立、著作权涉外机构、国（境）外著作权认证机构、外国和国际著作权组织在华设立代表机构等知识产权事项办理方面的标准；建立健全知识产权服务标准规范，加强对服务机构和从业人员的监管，提高服务质量，推动服务业向高端发展；探索建立与知识产权保护有关的信用标准，将恶意侵权行为纳入社会信用评价体系，向征信机构公开相关信息，提高知识产权保护社会信用水平；完善专利审查标准、商标审查标准等知识产权审查标准，提高知识产权审查质量和效率；建立健全知识产权价值分析标准和评估方法，完善会计准则及其相关资产管理制度，推动企业在并购、股权流转、对外投资等活动中加强知识产权资产管理。

五是加强知识产权标准实施监督力度。加大对知识产权重点标准宣传贯彻力度，利用媒体、网络、会议等平台，开展多层次、多角度的培训、研讨和解读。基于我国区域经济发展不平衡的情况，综合考虑不同行业、不同组织对知识产权标准需求的差异性，秉持分类指导的原则推行标准在实践中的应用。发挥企业在标准实施中的主体作用，鼓励企业、高校、科研单位等组织建立知识产权管理标准体系。充分利用认证认可、政策引用等方式，强化标准实施，完善行业协会、第三方组织、社会公众和媒体的多方监督机制。

六是深化知识产权标准化试点示范，进一步扩大知识产权管理标准化试点范围，同时探索建立知识产权服务标准化示范试点工作机制，全面发展知识产权事业。

为确保上述政策建议和主要任务的实施，提出如下保障措施。

一是积极发挥知识产权协调机制的推动作用。充分利用并发挥现有知识产权协调机制的作用,及时协调解决工作中遇到的问题,共同推动重点领域标准的制定、修订、实施推广、监管等工作的开展。

二是各专业部门积极发挥自身在知识产权标准化领域的作用。知识产权领域各专业部门在其实际工作中协调落实好国家支持科技创新、实施知识产权战略、标准化战略等相关政策,同时标准化管理机构及标准化研究机构应积极发挥在标准化工作中的技术支撑作用。

三是进一步完善知识产权标准化的发展环境,加强政策创新和试点示范,针对知识产权标准化发展的重点领域和重点任务,制定和完善相关政策措施。

四是完善知识产权标准化人才培养体系,加强标准化技术机构建设,提高技术委员会专家队伍的能力和水平,着力培养国际标准化复合型人才。完善知识产权标准化培训体系,提高从业人员标准化素养与能力。

五是进一步加强行业协会及标准化研究机构的桥梁和纽带作用,进一步深入做好知识产权标准化需求分析、调查研究、推广实施、人才培养等方面工作。探索团体标准新模式,鼓励行业协会开展团体标准的制修订和实施推广工作,积极推动知识产权标准化工作健康有序开展。

三、标准与专利结合的发展态势与趋势研究

在知识经济时代,作为标准制定基础的科学研究的成就、技术进步的新成果和实践中积累的先进经验大多受专利保护,这就使得许多标准的制定都无法回避受专利保护的技术。标准中涉及专利的现象越来越难以避免。在这种情形下,标准组织必须妥善处理标准中的专利问题,以确保标准的顺利制定和实施。为此,国际标准组织、区域标准组织、国外发达国家标准机构都出台了相应的标准和专利政策。在我国涉及专利的国家标准数量也在逐年增多。为规范国家标准管理工作,鼓励创新和技术进步,促进国家标准合理采用新技术,保护社会公众和专利权人及相关权利人的合法权益,保障国家标准的有效实施,2013年12月19日,国家标准化管理委员会与国家知识产权局联合发布了《国家标准涉及专利的管理规定(暂行)》(以下简称暂行规定)。

然而,专利政策的发布和实施并不是解决问题的终点。随着实践的发展,标准组织的专利政策还在不断进行修订和完善。

(一)国外标准涉及专利相关政策发展趋势研究

为了妥善地处理标准中专利的问题,国际标准组织、区域标准组织以及各国家标准组织都已经发布了专利政策。归纳起来,这些政策的主要原则有:标准中必要专利(SEP)原则、披露原则、公平合理无歧视(RAND)许可原则。这些专利政策为处理标准中的专利问题起到了非常重要的作用。然而,由于专利问题的处理通常会牵涉复杂的法律问题,所以对于该问题的处置细节无法在标准组织的专利政策中一一明示。再加上世界经济形势的不断变化也给处理标准中的专利问题带来了新的挑战。这些都导致了在处理标准和专利问题过程中的不确定性。这些问题也引起了业界相关人士的热烈讨论。

1. 标准中专利问题的争议焦点

(1)"合理"的含义。

对于"合理"的定义，主要的争议是在以下三个方面。

一是专利许可费的计算依据。目前，对于"合理"含义的争议主要在于：有部分观点认为，在判定 SEP 的"合理"价格时，应基于该专利本身的价值，而不应包括其能给标准带来的任何价值增值。任何因为实施标准而创造的价值都应转嫁给用户和消费者。然而，也有人反对这一观点，认为忽略标准创造的价值将使专利持有人不能够获得足够的补偿，从而会打击他们对研发投入的积极性。持该观点的人认为，如果标准中有某一专利的技术特性可以让标准实施者获得显著的额外利润，该专利技术的发明者也应该得到这些利润的公平份额。

二是专利许可费的总额限制。在信息通讯技术领域中，很多标准可能涉及数十个甚至上百个专利技术，对于一个标准中涉及多个专利，是否该对其中专利许可费用的总额进行限制，也存在众多争议。

有观点认为一个标准中所有 SEP 所收取的许可费总额应合理，从而避免将过高的专利许可费用转嫁给客户。而另一方面的观点则认为，除非被许可人证明一个标准中所有的专利许可总额实际上对市场采用标准具有影响作用或扭曲制造商之间的竞争，否则就不应该限制 SEP 持有人应该获得的专利许可费。

三是专利许可费的计算基础。对于专利许可费计算的基础，也存在较多争议。许多观点认为，在评估 SEP 许可费时，其计算基础应该是实施了该专利的最小组件。如果采用更大的设备作为许可费的计算基础，会使 SEP 持有人获取超额的利润。然而，也有人强烈反对使用最小组件作为相关专利许可费计算的基础，因为该组件增加了整个设备的价值（例如更快的互联网访问可能会增加游戏软件的价值），所以就应将整个设备作为计算 SEP 许可费的基础。

RAND 承诺的合理性意味着在计算 SEP 的许可费用时应该考虑一些特殊的原则。尽管在某些情况下，这些原则可能会限制 SEP 持有人取得许可费的金额，但这种限制对标准的推广来说是有好处的。较低的实施成本有助于推动更多的人来采用和实施标准。进而，标准的使用越广泛，这类标准化产品的市场占有率越高。这样一来，即使每个产品的专利许可费可能是相对较少，但 SEP 持有人可以通过较大的市场来获得合理的补偿。

(2)"无歧视"的含义。

对"无歧视"的争议很多，例如，SEP 持有人是否可以歧视某些类型的被许可人，比如拒绝向某些特定类别的公司作出许可。一些观点认为，专利持有人应有权决定选择对某类公司许可其专利，而拒绝向其他类型的公司进行许可。比如，SEP 持有人可能仅向"最终用户"的产品制造商进行许可，而不是直接对实施标准的组件的供应商进行许可。反之亦可。

许多企业反对这种选择性的许可行为。首先，他们认为，供应链上的各类公司都为标准的技术和商业发展作出了贡献，这些贡献是基于他们期望能获得 RAND 许可。持这种观点的人认为，允许 SEP 持有人仅对最终用户的产品进行许可，而不对组件供应商进行许可，这会导致专利挟持，因为 SEP 持有人可能会尝试从售价较高的终端设备，而不是售价较低的组件上来获取税收收入。

(3) SEP 禁令救济。

专利法中规定，专利权人有证据证明他人实施侵犯其专利权的行为，并会使其合法权益受到损害的，可以向人民法院申请责令停止有关侵权行为的措施。这是专利权人在其权利受到侵害时有权获得的一项临时救济措施，在各国知识产权法律保护体系中都占有重要位置。然而，对于 SEP，禁令救济的可用性目前正在受到众多质疑。有观点认为，RAND 声明本身就是不可撤回的许可承诺，因此禁令不适合已经作出 RAND 声明的 SEP。而另外的观点则认为，如果 SEP 禁令被不适当地限制，SEP 的许可费可能会变得过低；而且禁令威胁对激励谈判和促成协议来说是必要的，因为它能防止潜在被许可人的不当行为和恶意延迟。

对于 SEP 实施禁令，可能造成的后果是：其一，可能会迫使潜在的被许可人接受高昂的专利费，而不是按照 RAND 条款进行许可；其二，SEP 持有人可能会通过实施禁令将潜在的竞争对手或竞争产品排除在市场外。这样一来，这可能会给用户和消费者产生过多的成本，或打击生产商按照标准进行生产和销售的积极性。因而，只要当事人愿意参与到对 RAND 许可费的谈判中来，就不应该寻求颁发禁令，以避免禁令可能带来的扭曲当事人在议价中地位的威胁。

(4) SEP 所有权转移。

SEP 持有人已经向标准制定组织提交 RAND 许可承诺，若是日后转移了其专利权，该许可承诺对于在这之后获得专利权的专利权人是否应该具有约束力，这成为目前争论的焦点之一。目前市场上的一些专利收购公司主张他们不是 RAND 承诺一方当事人，因此 RAND 承诺对他们来说不具有约束力。而对于标准实施者来说，其在决定是否按照某一标准生产产品时可能会依赖 RAND 承诺。如果 SEP 持有人不履行其作出的 RAND 承诺，标准实施者的生产投资将会受到损害。

从标准组织的角度来说，标准制定组织应设计自己的专利政策，以确保 RAND 承诺约束专利受让人。目前，众多标准制定组织之间已达成了共识：当专利权进行转移或转让时，RAND 许可承诺应与专利转让捆绑在一起；RAND 承诺应被理解为将专利受让人和作出 RAND 许可的专利转让人捆绑在一起的产权负担。因此，一些标准制定组织制定了规定，要求成员在进行专利转移或转让时要通知受让人该 RAND 许可承诺，且在转移或转让专利时要有适当的合同来规定，对于这类专利，许可声明同样对受让人具有约束力。同样，受让人在将来转移或转让该专利时也要有适当的规定来约束他的受让人。

(5) SEP 的互惠和/或交叉许可。

许多标准制定组织的专利政策允许专利持有人将其 RAND 承诺建立在"互惠"的基础上，即 SEP 持有人可以决定只有被许可人也愿意对其进行"互惠"许可时，SEP 持有人才愿意对被许可人进行 RAND 许可。尽管知识产权政策和竞争法允许在一些互惠措施下进行 RAND 承诺，但不同主体可能还是会对互惠要求的适用范围有不同的看法。有一种观点认为，互惠允许对 SEP 的 RAND 许可的条件是被许可人同意对同一标准的专利按照 RAND 条件进行交叉许可。另一种观点则认为：对 SEP 的 RAND 许可条件是被许可人愿意对其非 SEP 进行交叉许可（基于 RAND 或其他条款）。

要求对任何专利都进行交叉许可，而不是基于相同标准的 SEP 进行交叉许可，这是一种对 SEP 的不恰当使用。一个公司的非 SEP 可以让他们在专利保护期内追求功能和技术差异化。尽管 SEP 持有人应该获得合理的投资回报，但他们不应该利用 SEP 锁定的力量来迫使竞争对手许可其差异化的技术，也不应该获得许可。

2. 政府和法庭的观点

（1）政府的观点。

对于已经提交 RAND 许可承诺的 SEP，针对竞争对手而寻求实施禁令的行为的合法性，已引起很多关注，特别是在美国和欧洲引起相当多的关注。

从最近谷歌与摩托罗拉移动合并判例中可以看出，欧盟认为禁令会被当作一种反竞争的手段来排除市场上的竞争商品，或不管潜在的被许可人是否愿意依据 RAND 条款获取 SEP 的许可而对其收取高昂的许可费。

对已经提交 RAND 许可承诺的 SEP 的潜在滥用也在美国引起了类似的关注。2013年7月，在谷歌宣布同意禁止其子公司摩托罗拉对那些愿意遵守 RAND 许可的被许可人寻求禁令后，美国联邦贸易委员会（FTC）结束了对摩托罗拉的调查。在美国，该案例中针对那些已经提交了 RAND 许可承诺的 SEP 寻求禁令成为了大家争论的焦点。如今，向美国国际贸易委员会（ITC）寻求排除令的请求在日益增加，这促使 ITC、美国司法部（DoJ）以及美国专利与商标局（USPTO）发表声明，让 ITC 对其所做的决策可能产生的潜在影响加以考虑（特别是涉及到标准制定过程），并且针对那些愿意或者能够根据 RAND 条款来获取 SEP 许可的被许可人不予发放排除令。

（2）法庭的观点。

RAND 许可承诺的作用之一在于如果认为有违反该承诺的行为时，可通过法律诉讼予以解决。对于过去几年大量增加的与 RAND 有关的诉讼案件的影响，各方持不同意见。一些人认为，这说明 RAND 系统本身有问题；一些人则认为，这说明了 RAND 系统实际是有效的，当违反 RAND 承诺时，各方能够去法院解决问题。对于标准中的专利问题，法院的裁决不仅解决了各方的冲突，同时很多其他利益相关方也可以基于这些案例来了解什么样的做法是允许的，什么样的做法是不允许的。

2013年4月，法官 Robart（美国地区法院）在微软诉摩托罗拉一案中作出了被认为是全球第一个有关 RAND 费率的司法认定，为计算合理费率确定了风向标。专利持有人是否被允许对已经作出了 RAND 许可承诺的 SEP 寻求禁令救济，在什么情况下可以寻求禁令救济的问题，不同的法院已经作出了不同的回答。在美国，某些区法院认为 SEP 持有人作出了 RAND 许可承诺一般不应享有禁令。

在欧洲，各国法院在处理 RAND 禁令救济的问题时采用了各种不同的法律尝试。一些欧盟成员国，如荷兰、法国和英国，法院普遍认为，授予禁令可能会使潜在的 SEP 被许可人在进行 RAND 许可条款和条件的谈判中承受巨大压力，迫使被许可人同意超过 RAND 水平的专利费。

3. 解决问题的新途径

SEP 有关的纠纷可以通过到法院诉讼加以解决。但由于标准和专利问题的复杂性和新颖性，法院可能也没有能力考虑到每个纠纷的细节。这也造成了很多纠纷的解决会带来较高的成本，例如诉讼时间很长、诉讼成本很高。特别是对于一些规模较小的厂商来说，对SEP的诉讼可能会延长其产品的生产和市场份额的扩大，形成一定的贸易壁垒。尤其在国外，由于法律管辖区的差异，会造成不同国家对同一案件的不同诉讼结果。这样一来，这会鼓励产生一种叫"择地行诉"的行为。在这种行为中，原告方往往会选择一个有利于自己观点的辖区来提起诉讼，这对被告方不一定是有利。

鉴于这些问题，"替代性纠纷解决方案"——如调解和仲裁，已经成为解决SEP冲突的一种很有前途的方法。替代性纠纷解决方案是一个双方自愿的过程，在这个过程中，冲突各方将他们的争端提交给一个或多个他们选择的调解员或仲裁员。该过程将产生一份协议或最终决定，以明确各自的权利、义务，并根据适用"替代性纠纷解决方案"的法律加以实施。作为当事人自己的选择，"替代性纠纷解决方案"通常不会选择到法院进行诉讼，请求法院的裁决。

4. 小结

近些年，围绕标准中涉及的专利技术的冲突日益增长。尤其是在全球信息通讯技术领域中已出现对SEP诉讼的高潮。尽管国际、区域和各国标准组织在处理标准和专利问题的原则上达成了广泛的共识，但是对于如何同时满足专利持有人和标准实施者共同的需求，还存在很多不同的观点和争议。解决这些争议的根本出发点其实就是要在专利持有人和标准实施者的利益之间形成均衡。

（二）暂行规定及其实施细则的实施情况及遇到的问题

暂行规定自2014年1月1日起实施，GB/T 20003.1—2014《标准制定的特殊程序 第1部分：涉及专利的标准》自2014年5月1日起实施。暂行规定及其配套的国家标准发布实施之后，国家标准化管理委员会先后组织了两次大型宣贯培训活动，近200名来自技术委员会、行业协会的标准化工作人员参加了培训。中国标准化研究院作为暂行规定的起草支撑单位和GB/T 20003.1—2014的技术归口单位，也多次通过研讨会、座谈会等形式，宣传介绍暂行规定及其配套国家标准，接收社会各界的反馈意见。收到的反馈意见情况见附件四。

从反馈意见来看，暂行规定及其配套国家标准存在的问题主要包括以下方面：一是亟需开发标准涉及专利的数据库，通过它真正实现国际通行的"不介入"原则。国际标准化组织的《ITU—T/ITU—R/ISO/IEC共同专利政策》由一个专利信息数据库作为中介，专利说明和许可声明表由专利权人填写后直接递交给组织，录入数据库。该数据库由组织以声明表方式收到的信息构成，只反映组织收到的专利权人提供的信息，不保证这些信息的正确性和完整性。只是提醒用户可以联系提供信息的专利权人。这是《ITU—T/ITU—R/ISO/IEC共同专利政策》典型的"不介入原则"的做法。二是对于标准实施过程中发现专利的处置规定得过于笼统，很多细节的内容有待补充。此外，关于"暂停实施"标准的说法以及其可操作性都需要深入推敲。三是我国的暂行规定由标准化主管部门与专利主管部门联合发布，这本身就与国际标准化组织的专利政策存在差异，需要进一步结合我国国情研究和探索我国专利政策，以使其更加符合我国现实情况。《ITU—T/ITU—R/ISO/IEC 共同专利政策》是三个标准化组织联合发布的政策，只有一个标准化的立场，而暂行规定是标准化部门会同专利部门发布的，具有标准化和专利两个立场，因此，需要进一步结合我国国情研究和探索我国专利政策。四是 GB/T 20003.1—2014 在某些地方与暂行规定的条款不一致。

除此之外，国家标准化管理委员会还分别针对与标准涉及专利相关的专利侵权司法解释的条款、《关于禁止滥用知识产权排除、限制竞争行为的规定》相关条款同最高人民法院、国家工商行政管理总局进行了协调与沟通，以确保政策执行的一致性。

（三）完善我国标准涉及专利相关政策的建议

当前，国际国外标准组织关于标准中涉及专利相关问题（如禁令救济、专利权转移或转让）的讨论仍在继续，尚未达成广泛一致的意见。在此背景下，本研究建议，在"十三五"时期，加大力度跟踪研究国际国外标准与专利结合的发展态势和政策走向，探索建立国务院标准化行政主管部门与国家专利主管部门的合作机制。深入推进实施《国家标准涉及专利的管理规定（暂行）》及其配套实施细则，并结合实践予以及时修订和完善。深入推进标准、知识产权和司法方面政策的有机协调，研究构建限制标准中专利权滥用的司法救济体系。

围绕上述政策建议，提出如下重点任务。

一是持续深入开展标准涉及专利关键问题研究。持续跟踪国际国外标准组织或机构的工作动态、专利政策讨论与修改等情况，归纳总结和分析标准专利政策发展趋向。深入推进实施《国家标准涉及专利的管理规定（暂行）》及其配套实施细则，并对实施情况进行跟踪，及时收集反馈意见，适时修订完善《国家标准涉及专利的管理规定（暂行）》及其配套实施细则。

二是开展我国国家标准中涉及专利的现状分析。搜集我国采标和自主制定的国家标准中涉及的专利信息；通过数据分析，研究现行国家标准中涉及的专利名称、数量、分布领域及标准的推广实施等情况，以及涉及专利的国家标准数量和分布领域等情况；通过与国际标准中纳入专利的状况对比，分析国家标准中纳入专利的发展趋势。

三是国外技术法规涉及专利的情况分析。通过文献搜集和资料调查，查询国外技术法规对其中涉及专利问题的规制；寻找国外技术法规涉及专利的案例，分析其处理技术法规中涉及专利问题的一般做法。从平衡专利权所有人利益和社会公共利益的角度出发，结合我国标准化体制的现状，提出对我国强制性技术标准下的专利权滥用限制的立法建议和制度建设的建议。

四是研究标准中专利问题的司法救济体系。研究涉及技术标准的专利侵权救济的特殊性，分析国内外有关标准中专利侵权案例。在考虑公共利益的基础上，从专利法、合同法和反垄断法等角度构建限制标准专利权滥用的司法救济体系，提出限制标准中专利权滥用的司法救济原则与措施，明确落实公平合理无歧视原则的具体政策，建立有关标准专利禁令适用规则。

五是建立我国国家标准涉及专利的数据库。构建我国国家标准涉及专利数据库，通过该数据库搜集并公布我国国家标准中涉及专利的信息,包括专利的相关信息、专利权人的相关信息、专利权人的许可承诺的条件等信息;同时将该数据库作为标准使用者查询国家标准中有关专利信息的公共平台。

四、地理标志产品保护研究

我国丰富的地理资源和悠久的农耕文明,孕育出很多具有归因于当地特殊自然和人文因素的特定质量、声誉或者其他特征的地理标志产品。TRIPs协议规定,地理标志是与专利、商标、版权等并列、相互独立的一种知识产权,这是包括我国在内的全体世贸成员必须履行的义务。随着我国加入世界贸易组织,地理标志已成为受到当今国际社会广泛关注的一项重要的知识产权,对地理标志进行保护,对我国经济发展来说具有重要意义,特别是对农业经济的发展尤为重要。因此地理标志质量保证和技术要求以及知识产权的保护是一项重大的任务和重大工程。地理标志保护制度是当今世界上多数国家,为适应日益激烈的全球化市场竞争,有效保护本国的特色产品所采用的主要做法。

(一)地理标志知识产权保护现状

1. 地理标志知识产权保护发展历程

从1985年3月加入《保护知识产权巴黎公约》,开始承担保护原产地名称的义务为开端,我国地理标志保护走过了30年的历史。原国家质量技术监督局与原国家出入境检验检疫局将国际地理标志保护实践经验和通行规则与中国国情相结合,于1999年和2001年先后发布《原产地域产品保护规定》和《原产地标记管理规定》。经过不断的发展完善,为应对"入世"需要,促进国际贸易发展,保护知识产权,国家质检总局成立以后,以原有两个规定及多年实践为基础,进一步完善了具有中国特色的地理标志专门保护制度。2005年国家质检总局修订发布了《地理标志产品保护规定》以及实施细则,该规定发挥了质量技术监督部门从源头抓产品质量,执法打假和出入境检验检疫部门对进出口产品实施监管的职能优势,开创了具有中国特色的地理标志专门保护制度。

2008年5月和2012年2月,国务院相继发布了《国家知识产权战略纲要》和《质量发展纲要(2011~2020年)》,从国家高度确认了地理标志是独立的知识产权形态,指出了地理标志发展的目标、任务,部署建立健全地理标志保护发展体系,从质量机制的高度指出了地理标志工作的内涵。

自2012年开始,国务院在《关于印发打击侵犯知识产权和制售假冒伪劣商品专项行动方案的通知》等相关文件中,将地理标志产品纳入"双打"工作,明确加大生产源头治理力度,严厉打击滥用、冒用、伪造地理标志名称和专用标志的行为。

2014年2月,《国务院关于推进文化创意和设计服务与相关产业融合发展的若干意见》出台,推进中国文化创意和设计服务等新型、高端服务业发展,促进与实体经济深度融合。在"重点任务"中专门指出"建立健全地理标志的技术标准体系、质量保证体系与检测体系,扶持地理标志产品,加强地理标志和农产品商标的注册和保护"。并要求质检部门牵头有关单位,持续实施。这是国家从推进文化创意和设计服务与相关产业融合发展的角度，对地理标志保护工作提出的新要求。

2. 地理标志产品保护监管工作体制

（1）管理体制。

依据《地理标志产品保护规定》，我国对地理标志产品实施两级管理。一级是质检总局作为地理标志产品保护工作的主管部门，另一级是有关省、自治区、直辖市质量技术监督局和直属检验检疫局。

（2）在两级管理体制下，质检总局建立了完善的审核制度、监控制度和专用标志制度。

一是审核制度。依据规定，任何地方申报地理标志产品保护必须按照法定程序经过审核批准，任何单位和个人申请使用地理标志产品专用标志来保护地理标志产品，必须依照规定进行注册登记。国家依据法律制定标准，对地理标志产品的通用技术要求、专用标志和产品质量、特性等要求进行规范。在程序上，地理标志产品保护实行两级申请，每级申请实行两次审查的制度。第一级申请是由地方申报机构向总局提出申请并提供相关材料。第二级申请是生产者提出地理标志产品保护和使用专用标志的申请并提交相关材料。

二是监控制度。实现了对地理标志产品产地范围、原材料、生产技术工艺、质量、质量等级、数量、包装、标识标签的监控，实现了市场监控和对环境、生产设备的监控。

三是专用标志制度。地理标志产品专用标志是国家在审核批准地理标志产品保护后，经登记，向社会公告，授予企业地理标志产品专用的地理标志专用标志。

3. 地理标志保护"三大体系"建设

质检系统的地理标志保护专门制度针对维护好地理标志特色质量的核心需要，注重建立健全地理标志的技术标准、质量保证与检测技术，构建了中国特色地理标志保护技术体系，为维护地理标志产品的特色质量及其人文自然环境提供了可靠的技术保障，发挥了地理标志保护的引领作用。

（1）建立健全地理标志保护的技术标准体系。围绕地理标志产品的注册与保护，制定地理标志产品的各类标准和技术性规范，使地理标志保护有准可依。

（2）建立健全地理标志产品质量保证体系。以技术标准规范为基础，实现对地理标志产品流通与零售过程中的智能甄别，打击假冒伪劣，加大地理标志产品保护力度。

（3）建立健全地理标志产品检测体系。加强各级地理标志产品质量认定与检测机构的建设，提高检测水平，实现产品产地、质量可鉴定，提高保护水平。

（二）地理标志知识产权保护存在的问题

经过 10 多年的探索与实践，我国已基本建立起具有中国特色的地理标志专门保护制度，取得了令人瞩目的保护成效，但依然面临着许多亟待解决的问题，最为突出的是多种地理标志产品保护体制并存的问题。我国目前共有三个国家部门对地理标志进行注册、登记和管理。即国家工商总局商标局通过注册商标的形式进行法律注册和管理，国家质检总局和国家农业部以登记的形式对地理标志进行保护和管理。由于我国现阶段地理标志保护制度存在着多头管理、管理体制不够协调，政府、企业和社会有效的协同保护欠缺，这一现象不但让企业无所适从，让消费者难以有效区分，更加不利于地理标志产品的有效保护与发扬光大。

（三）完善我国知识产权标准涉及地理标志相关政策的建议

结合《深入实施国家知识产权战略行动计划（2014~2020年）》的要求，按照依法保护、科学管理、有效运用的方针，加强我国地理标志知识产权运用和保护，积极营造良好的地理标志知识产权法治环境、市场环境、文化环境，推动地理标志知识产权的法治环境更加完善，法治、保护、管理、运用、创造知识产权的能力显著增强，消费者的知识产权意识更深入，地理标志保护制度的进一步完善，对经济发展、文化环境繁荣和社会建设促进作用更加明显。在此目标下，本研究建议，在"十三五"时期，推进地理标志保护立法，完善地理标志专门保护制度。以地理标志产品质量技术要求为基础，健全地理标志的技术标准体系、质量保证体系与检测体系。建立地理标志产品产地核查和监督检查专项制度，维护质量特色，促进质量发展。加强地理标志品牌评价工作，推进中国产品向中国品牌转变。深化地理标志国际交流合作，加强地理标志产品国际互认互保以及地理标志国际化应用，服务外交外贸，促进中国特色的自然、人文资源优势转化为现实生产力，推进地理标志产品走向世界。

围绕上述政策建议，提出如下重点任务。

1. 健全地理标志保护法律体系

持续推进地理标志保护立法，支持地理标志产品保护地方立法，完善地理标志保护法律体系，建立健全地理标志专门保护制度。增强法律法规之间的系统性和协调性，实施严密监管，依法打击各种质量违法违规行为。

2. 强化地理标志质保体系

以地理标志产品质量特色声誉保护作为核心，地理标志产品质量技术要求为基础，健全地理标志的标准体系、质量保证体系与检测体系，建立地理标志产品产地核查和监督检查专项制度，上下联动，跨地域联动，推动地理标志知识产权管理水平提升。

3. 完善地理标志产品维权体系

充分发挥司法保护主导作用，反复侵权、群体侵权、恶意侵权等行为受到有效制裁，知识产权权利人和消费者的合法权益得到有力保障，知识产权保护社会满意度进一步提高。地理标志保护制度更加健全、执法效能水平明显提升，促进地理标志知识产权利益最大化。

4. 增强地理标志产品运用效果

在地理标志知识产权领域，开展地理标志品牌评价，推进中国产品向中国品牌转变，增强市场主体运用知识产权参与市场竞争的能力，使得知识产权市场价值充分显现。同时深化加强与国际地理标志知识产权的交流合作，地理标志国际化应用进一步加强，对产业结构优化升级的支撑作用明显提高。

5. 提升地理标志产业发展创造水平

促进地理标志知识产权创造运用,注重质量和特色水平,优化产业布局,引导产业创新,提高地理标志知识产权附加值,促进地理标志产业提质增效升级。进一步提高地理标志产品质量特色保护的研发水平,鼓励商业模式创新,加强品牌开发和建设,扩大中国特色的地理标志知识产权领域。

附件一 知识产权服务标准体系明细表

1. 知识产权服务基础通用标准	1.1 基本规范	
	1.2 服务指南	
	1.3 通用术语	
	1.4 通用方法	
	1.5 通用流程	
	1.6 良好行为规范	
	1.7 ……	
2. 知识产权服务业务支撑标准	2.1 知识产权服务设施标准	2.1.1 硬件设施
		2.1.2 软件设施
	2.2 知识产权服务环境标准	2.2.1 物理环境
		2.2.2 心理环境
	2.3 知识产权服务合同标准	2.3.1 合同制定
		2.3.2 合同管理
	2.4 知识产权服务质量标准	2.4.1 服务职责
		2.4.2 服务资源
		2.4.3 服务实现
		2.4.4 服务评价
	2.5 知识产权服务质量测评标准	
	2.6 ……	
3. 知识产权代理服务标准	3.1 专利代理服务标准	3.1.1 专利代理服务质量规范
		3.1.2 专利代理服务管理标准
		3.1.3 专利代理服务质量分级评定规范
		3.1.4 ……
	3.2 商标代理服务标准	
	3.3 著作权代理服务标准	
	3.4 集成电路布图设计代理服务标准	
	3.5 植物新品种代理服务标准	
	3.6 ……	
4. 知识产权法律服务标准	4.1 专利法律服务标准	
	4.2 商标法律服务标准	
	4.3 著作权法律服务标准	
	4.4 知识产权属纠纷诉讼服务规范	
	4.5 知识产权尽职调查服务规范	
	4.6 上市并购重组中的知识产权服务规范	
	4.7 ……	

续表

5. 知识产权信息服务标准	5.1 专利信息服务标准	5.1.1 专利信息检索服务规范
		5.1.2 专利信息分析服务规范
		5.1.3 专利数据服务规范
		5.1.4 专利预警分析服务规范
		5.1.5 专利数据库建设服务规范
		5.1.6 专利信息系统集成服务规范
		5.1.7 ……
	5.2 商标信息服务标准	
	5.3 著作权信息服务标准	
	5.4 集成电路布图设计信息服务规范	
	5.5 植物新品种信息服务规范	
	5.6 地理标志信息服务规范	
	5.7 ……	
6. 知识产权咨询服务标准	6.1 知识产权战略咨询服务规范	
	6.2 知识产权政策法规咨询服务规范	
	6.3 知识产权管理咨询服务规范	
	6.4 知识产权分析评议服务标准	6.4.1 知识产权分析评议规范
		6.4.2 专利分析评议服务 服务模块与流程
		6.4.3 专利分析评议服务 服务规范
		6.4.4 ……
	6.5 商标咨询服务规范	
7. 知识产权商用化服务标准	7.1 专利价值分析服务规范	
	7.2 知识产权资产评估服务规范	
	7.3 专利许可交易服务规范	
	7.4 专利运营服务规范	
	7.5 知识产权质押融资服务规范	
	7.6 专利托管服务规范	
	7.7 知识产权证券化服务规范	
	7.8 专利保险服务规范	
	7.9 ……	
8. 知识产权培训服务标准	8.1 知识产权市场化培训服务规范	
	8.2 知识产权公共培训服务规范	
	8.3 专利信息培训服务规范	
	8.4 ……	
9. 知识产权公共服务标准	9.1 专利信息传播利用基地建设与服务规范	
	9.2 专利信息区域中心建设与服务规范	
	9.3 专利信息地方中心建设与服务规范	
	9.4 专利维权援助服务规范	
	9.5 专利信息公共服务平台建设规范	
	9.6 知识产权客户咨询公共服务规范	
	9.7 专利信息帮扶服务规范	
	9.8 ……	

附件二 全国知识管理标准化技术委员会标准制定、修订规划

序号	体系编号	标准编号	标准名称
1 通用标准			
1	1.01		知识管理 术语与词汇
2	1.02		知识管理 分类与代码
3	1.03		知识管理 图形符号
4	1.04		知识管理标准化通则
2 知识产权管理			
2.0 知识产权通用			
5	2.0.01		知识产权术语与词汇
6	2.0.02		知识产权分类与代码
2.1 知识产权管理体系			
7	2.1.01		知识产权管理体系 要求
8	2.1.02	GB/T 29490－2013	企业知识产权管理规范
9	2.1.03		企业知识产权信息管理
10	2.1.04		企业知识产权数据库规范
11	2.1.05		企业知识产权信息系统功能构件
12	2.1.06		知识产权实施、许可和转让指南
13	2.1.07		投融资过程中的知识产权管理
14	2.1.08		企业重组过程中知识产权管理
15	2.1.09		参与联盟及相关组织知识产权管理
16	2.1.10		知识产权风险管理
17	2.1.11		知识产权争议处理
18	2.1.12		涉外贸易知识产权管理
19	2.1.13		知识产权管理体系 生产型企业实施指南
20	2.1.14		知识产权管理体系 外贸型企业实施指南
21	2.1.15		知识产权管理体系 设计型企业实施指南
22	2.1.16	20130419－T－424	知识产权管理体系 高等院校实施指南
23	2.1.17	20130420－T－424	知识产权管理体系 科研组织实施指南
24	2.1.18		知识产权生命周期管理
25	2.1.19		商业方法管理指南
26	2.1.20		技术秘密管理指南
27	2.1.21		集成电路布图设计管理指南
2.2 知识产权业务规范			
28	2.3.01		知识产权培训规范
29	2.3.02		专利价值分析
30	2.3.03		专利分级分类
31	2.3.04		知识产权交易
32	2.3.05		知识产权金融
33	2.3.06		上市公司知识产权信息发布规范

续表

序号	体系编号	标准编号	标准名称
2.2 知识产权业务规范			
34	2.3.07	20132760-T-463	专利代理服务质量规范
35	2.3.08		知识产权托管
36	2.3.09		专利技术交易
2.3 文献与信息化			
37	2.4.01		知识产权文献与信息 分类及代码
38	2.4.02		知识产权文献与信息 基本词汇
39	2.4.03		专利元数据
40	2.4.04		中国专利文献号
41	2.4.05		专利信息检索
42	2.4.06		专利文献信息分析规范
43	2.4.07		专利分析评议服务 第1部分：服务模块与流程
44	2.4.08		专利分析评议服务 第2部分：服务规范
3 传统知识保护			
45	3.01		传统知识分类
46	3.02		传统知识 术语与词汇
47	3.03		传统知识 图形符号
48	3.04		传统知识 传承人
49	3.05		传统知识保护通用要求
50	3.06		传统知识 文化环境保护
51	3.07		传统技艺的分类
52	3.08		基于传统知识的创新管理
53	3.09		传统技艺标识符
54	3.10		传统技艺保护指南
55	3.11		传统知识 造纸
56	3.12		传统知识 陶瓷
57	3.13		传统知识 毛笔
58	3.14		传统知识 丝绸
59	3.15		传统知识 木雕
60	3.16		传统知识 制扇
61	3.17		传统农业种植方法通用要求
62	3.18		传统医药配方保护
63	3.19		口头传统 术语和词汇
64	3.20		口头传统 分类与编码
65	3.21		口头传统 基础元数据
4 组织知识产权管理			
66	4.01		组织知识管理术语与词汇
67	4.02		知识管理 第1部分：框架
68	4.03		知识管理 第2部分：术语

续表

序号	体系编号	标准编号	标准名称
4	组织知识产权管理		
69	4.04		知识管理 第3部分：组织文化
70	4.05		知识管理 第4部分：知识活动
71	4.06		知识管理 第5部分：实施指南
72	4.07		知识管理 第6部分：评价
73	4.08		知识管理 第7部分：知识分类通用要求
74	4.09		知识管理 第8部分：知识管理系统功能构件
75	4.10		知识型组织成熟度模型
76	4.11		知识管理 第x部分：知识交易导则
77	4.12		知识管理 第x部分：项目管理
78	4.13		知识管理 第x部分：会议管理
79	4.14		知识管理体系 第1部分：要求
80	4.15		知识管理体系 第2部分：评价指南
81	4.16		创新思维
82	4.17		设计管理体系
83	4.18		竞争情报管理
84	4.19		老年人知识管理
85	4.20		标杆管理
86	4.21		创意管理
87	4.22		知识评价
88	4.23		知识型（创新型）实践社区
89	4.24		知识地图
90	4.27		知识库建设导则
91	4.28		故障知识库
92	4.29		专家网络
93	4.30		文档知识库
94	4.31		知识库的质量

附件三 知识产权标准体系明细表（草案）

体系类别	标准制定方向	
基础通用	术语	
	分类、编代码	
	符号	
	文件格式	
	信息采集、处理与统计、评价、管理和发布	
	文字字体	
	风险管理	
创新管理	创新管理体系	
	战略情报管理	
	创新思维	
	基于生命周期的知识产权管理（除政府之外的各类组织）	GB/T 29490—2013 企业知识产权管理
		高等院校知识产权管理
		科研组织知识产权管理
		其他
	合作管理	
	创意管理	
	创新管理评估	
	其他	
知识产权运用	知识产权实施、许可与转让	标准制定的特殊程序 第1部分：涉及专利的标准
		知识产权实施、许可与转让指南
		其他
	知识产权风险与价值评估	
	知识产权交易	
	知识产权金融	
	知识产权效益评价	
	其他	
知识产权保护	知识产权信用	
	知识产权争议处理	
	知识产权侵权处理	
	传统知识保护	通用要求
		文化环境保护
	遗传资源保护	
	民间文艺保护	
	品牌建设与保护	
	其他	

续表

体系类别		标准制定方向
知识产权管理（政府）	行政审批事项管理	专利代理人资格认定审批流程与要求
		专利代理人资格认定服务指南
		专利代理机构设立审批流程与要求
		专利代理机构设立审批服务指南
		向外申请专利保密审查流程与要求
		向外申请专利保密审查服务指南
		著作权集体管理组织及分支机构设立审批流程与要求
		著作权集体管理组织及分支机构设立审批服务指南
		著作权涉外机构、国（境）外著作权认证机构、外国和国际著作权组织在华设立代表机构审批流程与要求
		著作权涉外机构、国（境）外著作权认证机构、外国和国际著作权组织在华设立代表机构审批服务指南
		其他
	非行政审批事项管理	中央财政科技计划知识产权全过程管理
		专利申请质量监测
		专利审查业务指南
		专利审查质量
		专利审查满意度评估
		商标审查业务指南
		商标审查质量
		商标审查满意度评估
		植物新品种审查测试指南
		其他
知识产权服务	基础通用	基本规范
		通用流程
		其他
	业务支撑	服务设施
		服务环境
		服务合同
		服务质量
	代理服务	专利代理服务
		商标代理服务
		著作权代理服务
		集成电路布图设计代理服务
		植物新品种代理服务
		其他

续表

体系类别		标准制定方向
知识产权服务	法律服务	专利法律服务
		商标法律服务
		著作权法律服务
		知识产权权属纠纷诉讼服务
		知识产权尽职调查服务
		其他
	信息服务	专利信息服务
		商标信息服务
		著作权信息服务
		集成电路布图设计服务
		植物新品种信息服务
		其他
	咨询服务	知识产权战略咨询服务
		知识产权政策法规咨询服务
		知识产权管理咨询服务
		知识产权分析评议服务
		其他
	知识产权商用化服务	专利价值分析服务
		知识产权资产评估服务
		专利许可交易服务
		专利运营服务规范
		知识产权质押融资服务规范
		专利托管服务规范
		知识产权证券化服务规范
		专利保险服务规范
		其他
	知识产权培训服务	知识产权市场化培训服务规范
		知识产权公共培训服务规范
		专利信息培训服务规范
		其他
	知识产权公共服务	专利信息传播利用基地建设与服务规范
		专利信息区域中心建设与服务规范
		专利信息地方中心建设与服务规范
		专利维权援助服务规范
		专利信息公共服务平台建设规范
		知识产权客户咨询公共服务规范
		专利信息帮扶服务规范
		其他

附件四 关于暂行规定及其配套国家标准的反馈意见

（一）GB/T 20003.1 与《管理规定》存在不一致的地方

1. 暂行规定第八条"国家标准化管理委员会应当在涉及专利或者可能涉及专利的国家标准批准发布前，对标准草案全文和已知的专利信息进行公示，……"

GB/T 20003.1 的：

"4.3.2 公布的相关信息应至少包括涉及了专利的标准或标准草案……

5.2 ……国家标准项目进行公示时，应同时公布涉及专利的标准建议稿……

5.4.1 ……应按 4.3 的规定公布标准相关信息……

5.6.2 ……发布前按 4.3 的规定公布标准中涉及专利的信息"

GB/T 20003.1 比暂行规定少了"可能涉及专利的标准草案"。

2. 暂行规定第九条的选项（一）（二）中"……专利人同意在公平、合理、无歧视基础上……"，GB/T 20003.1 的 4.2.2 中也有"公平"，但是 GB/T 1.1 的 C.3 中没有"公平"字样。

（二）关于标准的名称

现在使用的标准名称是审查会上专家的意见，正好中了 GB/T 1.1 的"D.2 避免无意中限制范围"的圈套。

现在标准的内容与原来的名称《国家标准涉及专利的处置规则》非常贴切，主体要素是标准，包括识别出专利的和尚未识别出专利的；补充要素是专利问题，可以包括提案准备（ISO 导则 1 的附录 C），标准制定程序（GB/T 1.2），标准实施阶段。

现在的标准名称的主体要素是标准制定的特殊程序，不应包括对提案方的要求和实施阶段的问题；补充要素是涉及专利的标准，不应谈论尚未发现专利的标准问题。

（三）GB/T 20003.1 的表 A.3 通用表与《ITU/ISO/IEC 专利实施指南》（以下简称指南）的附件 3 的总体表存在差异

GB/T 20003.1 的通用表是针对单个标准的，表的第一行就填写国家标准号和标准名称。因为是通用的，故不列出具体的专利，对于别人无法知道是什么专利。

而指南的总体表是一个"双盲"表，既不针对具体的单个标准（表内没有填写标准号和标准名称的空格），又不列出具体的专利。

从指南的"二、组织专用条款 1. ITU 专用条款的第二个自然段说："总体专利说明和许可声明表不能代替针对单个标准填写的单个的声明表……，如果可能的话，还应该提交单个专利说明和许可声明表"，可见总体表，可能作为加盟的一个条件，遇到具体的单个标准还需要填写与 GB/T 20003.1 的表 A.2 相同的必要专利实施许可声明表。

由此可见，GB/T 20003.1 的 4.2.1 中，"……专利权人或专利申请人应填写必要专利实施许可声明表（见表 A.2）和/或通用必要专利实施许可声明表（见表 A.3）"，这一规定需要推敲以下问题：

——什么时候用"和"？对于指南的总体表（双盲表）应该用"和"。执行我国标准时，"两个表"针对同一个标准有必要吗？

——什么时候用"或"？执行我国标准时，如果只填写通用表，不给出具体专利信息，请问工作组组长根据什么填写已披露的专利清单（见表 A.4）。如果让工作组组长去检索，符合不介入原则吗？

总之，从总体表转化为通用表时，栏目设置时出问题了！

（四）关于标准实施中发现专利的处置

6.1 实施中的专利处置的最后把"……实施许可声明，并提交国家标准化行政主管部门。"其实下面还有事情，却没有交代。

目前，遇到的戴尔案例和 Rambus 案例就是现成的两个事例。

假设戴尔案例涉及的标准中只有戴尔一项专利，但是戴尔隐瞒不报，则在标准中会有 C.2 的套话。法院判决败诉后，对于标准来说就没有事了吗？标准文本要不要变动？要不要修改，或修订？

从戴尔案例来看，就事论事的话，标准文本不动也可以，因为专利纠纷源头已败诉，纠纷不再发生。但是，从标准内容来看，此标准到底是有专利？还是没有专利！没有说清楚。如果要动，怎么做？

如果戴尔案例法院判决胜诉，标准文本是否需要变动？（见 Rambus 案例）

假设 Rambus 案例涉及的标准中，已经涉及了其他公司的一项专利，则标准中会有 C.3 的套话。法院判决胜诉后，按标准规定，TC 或归口单位很容易获得 Rambus 的专利实施许可声明，并提交国家标准化行政主管部门。但是，事情到此没完，标准文本要修改，还是修订？标准文本中原来的 C.3 的套话需要增加 Rambus 的专利说明吗？这是标准实施中出现专利后常见的现象，应该给出明确的说法：修改？修订？

6.2 中最新鲜的说法是推荐性国家标准的"暂停实施"，这个概念不清楚！

（五）关于不介入原则

《ITU—T/ITU—R/ISO/IEC 共同专利政策》中明确了标准是由技术专家而非专利专家制定的，明确了不介入原则。因为，这是三个标准化组织联合发布的政策，只有一个标准化的立场。

而暂行规定是标准化部门会同专利部门发布的，《规定》就具有标准化和专利两个立场，因此暂行规定能否替代《专利政策》需要很好的想一下。

在实施指南中，不仅明确组织不介入，还明确 TC 不介入（5. 会议说明的最后强调的）。

《规定》第五条的起草过程介绍，曾经明确过标准化组织对处理专利问题不介入原则（宣贯教材 143 页，1 与上一版本的区别之（2）），但是，最后发布时没有了，似乎不再可能有地方来表明这个原则了，因此这个原则是否存在，变得有些模糊。

从 GB/T 20003.1 的表 A.4 看，此表由工作组组长填写，同时 4.2.1 又没有规定必须填写表 A.2，如果有人填写的是表 A.3，这个表是留给那些连自己都不愿意说清楚涉及哪些专利的专利权人用的，此时让工作组组长去检索填写是否违反了不介入原则？

在5.8.2中，提出复审中由TC负责"核实"，是否也违反了不介入原则？

在《专利政策》的实施指南中介绍的国际惯例，是有一个专利信息数据库作为中介，专利说明和许可声明表由专利权人填写后直接递交给组织，录入数据库。该数据库由组织以声明表方式收到的信息构成。只反映组织收到的专利权人提供的信息，不保证这些信息的正确性和完整性。只是提醒用户可以联系提供信息的专利权人。这是《ITU—T/ITU—R/ISO/IEC共同专利政策》典型的"不介入原则"的做法。

相比之下，GB/T 20003.1的做法：TC负责"核实"，工作组组长填写，是否与国际惯例有差异？

专题 12　知识产权服务业"十三五"发展思路与对策研究

承担单位：北京强国知识产权研究院

作　　者：杨旭日　张思重　徐　霞
　　　　　戴　越　袁　雨

一、绪论

21世纪以来，全球产业结构进入由"工业经济"主导向"服务经济"主导转变的新阶段。特别是金融危机以来，世界主要发达国家为重塑国际竞争优势，不断加大对科技创新的投入，积极抢占后危机时代经济发展的战略制高点，现代服务业成为国际经济新的增长点。知识产权服务业作为现代服务业的高端环节，具有高附加值、高成长性和高产业依赖性的"三高"特征。发展知识产权服务业有利于深入实施创新驱动发展，有利于促进创新创业，有利于提高经济发展的质量和效益，有利于形成结构优化、附加值高、吸纳就业能力强的现代产业体系。加快发展知识产权服务业，是推动科技和经济社会深度融合的重要抓手，是提高产业核心竞争力的重要手段，是促进经济结构调整的重要举措，是加快经济方式转变的重要保障。

2006年，《国家中长期科学和技术发展规划纲要（2006～2020年）》及其配套政策出台，将"实施知识产权战略和技术标准战略"作为九个重要政策和措施之一。指出："要进一步完善国家知识产权制度，营造尊重和保护知识产权的法治环境，促进全社会知识产权意识和国家知识产权管理水平的提高，加大知识产权保护力度，依法严厉打击侵犯知识产权的各种行为。同时，要建立对企业并购、技术交易等重大经济活动知识产权特别审查机制，避免自主知识产权流失。防止滥用知识产权而对正常的市场竞争机制造成不正当的限制，阻碍科技创新和科技成果的推广应用。将知识产权管理纳入科技管理全过程，充分利用知识产权制度提高我国科技创新水平。强化科技人员和科技管理人员的知识产权意识，推动企业、科研院所、高等院校重视和加强知识产权管理。充分发挥行业协会在保护知识产权方面的重要作用。建立健全有利于知识产权保护的从业资格制度和社会信用制度"。该纲要没有直接指出要发展知识产权服务，但是强调了知识产权各项工作的重要性，并且提出实施知识产权战略。

2008年，国务院颁布《国家知识产权战略纲要》，将"发展知识产权中介服务"作为实施知识产权战略的九个战略措施之一，提出："完善知识产权中介服务管理，加强行业自律，建立诚信信息管理、信用评价和失信惩戒等诚信管理制度。规范知识产权评估工作，提高评估公信度；建立知识产权中介服务执业培训制度，加强中介服务职业培训，规范执业资质管理。明确知识产权代理人等中介服务人员执业范围，研究建立相关律师代理制度。完善国防知识产权中介服务体系。大力提升中介组织涉外知识产权申请和纠纷处置服务能力及国际知识产权事务参与能力；充分发挥行业协会的作用，支持行业协会开展知识产权工作，促进知识产权信息交流，组织共同维权。加强政府对行业协会知识产权工作的监督指导；充分发挥技术市场的作用，构建信息充分、交易活跃、秩序良好的知识产权交易体系。简化交易程序，降低交易成本，提供优质服务；培育和发展市场化知识产权信息服务，满足不同层次知识产权信息需求。鼓励社会资金投资知识产权信息化建设，鼓励企业参与增值性知识产权信息开发利用"。国家知识产权战略纲要的实施，首次在国家战略层面上将知识产权服务业上升到一定的高度，虽然并没有直接提出知识产权服务业的概念，但为之后知识产权服务业的发展提供了坚实的基础。

2011年，国务院办公厅发布《国务院办公厅关于加快发展高技术服务业的指导意见》，首次将"知识产权服务"作为高技术服务业发展的八个重点领域之一。提出："积极发展知识产权创造、运用、保护和管理等环节的服务，加强规范管理。培育知识产权服务市场，构建服务主体多元化的知识产权服务体系。扩大知识产权基础信息资源共享范围，使各类知识产权服务主体可低成本地获得基础信息资源。创新知识产权服务模式，发展咨询、检索、分析、数据加工等基础服务，培育评估、交易、转化、托管、投融资等增值服务。提升知识产权服务机构涉外事务处理能力，打造具有国际影响力的知识产权服务企业和品牌。加强标准信息分析和相关技术咨询等标准化服务能力"。《国务院办公厅关于加快发展高技术服务业的指导意见》将知识产权服务作为高技术服务业发展的八个重点领域之一，极大地提高了发展知识产权服务业的重要性，为知识产权服务业的发展提供了政策措施支持，是地方加大知识产权服务业工作的重要保障。

2012年，九部委联合发布《关于加快培育和发展知识产权服务业的指导意见》，首次明确提出知识产权服务业的概念，知识产权服务业，主要是指提供专利、商标、版权、商业秘密、植物新品种、特定领域知识产权等各类知识产权"获权—用权—维权"相关服务及衍生服务，促进智力成果权利化、商用化、产业化的新型服务业，是现代服务业的重要内容，是高技术服务业发展的重点领域。《关于加快培育和发展知识产权服务业的指导意见》按照重点领域划分，将知识产权服务业可以分为：知识产权代理服务、知识产权法律服务、知识产权信息服务、知识产权商用化服务、知识产权咨询服务和知识产权培训服务。该指导意见第一次正式提出知识产权服务业的概念，第一次将知识产权服务业作为独立的产业形态提出并被认可，使得知识产权服务业得到迅速催生，在发展形式、内容和模式上不断创新。

2014年，《国务院关于加快科技服务业发展的若干意见》将"知识产权服务"作为八个重点专项任务之一，"以科技创新需求为导向，大力发展知识产权代理、法律、信息、咨询、培训等服务，提升知识产权分析评议、运营实施、评估交易、保护维权、投融资等服务水平，构建全链条的知识产权服务体系。支持成立知识产权服务联盟，开发高端检索分析工具。推动知识产权基础信息资源免费或低成本向社会开放，基本检索工具免费供社会公众使用。支持相关科技服务机构面向重点产业领域，建立知识产权信息服务平台，提升产业创新服务能力。"《国务院关于加快科技服务业发展的若干意见》进一步指明知识产权服务业在推动科技创新、促进科技成果转化，促进创新创业中的重要作用，并且提供了若干政策措施予以支持，有助于知识产权服务业取得进一步的发展。

大力发展知识产权服务业，既是知识产权事业发展的需要，也是适应经济社会发展的需要。"十二五"时期，知识产权服务业对科技创新、产业发展、创新创业、对外贸易和文化发展的支撑作用日益显现。国务院先后印发了《关于加快发展高技术服务业的指导意见》和《关于加快科技服务业发展的若干意见》，将知识产权服务纳入高技术服务业和科技服务业的重要内容，出台《服务业发展"十二五"规划》，将知识产权体系作为四个服务业支撑体系之一。九部委联合印发《关于加快培育和发展知识产权服务业的指导意见》，充分认识知识产权服务业对我国经济发展的重要作用，全面指导知识产权服务业的发展。《关于培育和发展知识产权服务业的指导意见》指出，到2020年，知识产权服务与科技经济发展深度融合，知识产权创造、运用、保护和管理能力大幅提升，为科技创新水平提升和经济发展效益显著改善提供支撑；知识产权服务业成为高技术服务业中最具活力的领域之一，对经济社会发展的贡献率明显提高。

虽然中国知识产权服务业取得了长足发展，但从总体上看，"十二五"时期知识产权服务业存在知识产权服务业体系不完善，产业影响力较弱，区域发展不平衡，市场主体发育不健全，高端人才匮乏，品牌机构不足，综合服务能力不强等问题，与我国经济社会发展的要求不相适应，亟待着力培育发展，尤其是存在三个突出的问题。

一是知识产权服务业处于发展初期，产业形态还不完善。我国知识产权服务业作为独立产业形态的时间较短，存在着行政管理机构分割、市场主体发育不健全、服务机构专业化程度不高等问题。从服务内容上看，目前知识产权服务业主要还是以知识产权代理、法律服务为主，其他服务还相对较弱。从服务层次上看，主要集中于传统知识产权服务，新型的高端服务相对较少。

二是知识产权服务业重视程度不够，尚未形成统一的产业管理体制。政府、企业、社会将知识产权服务业被认为是从属性产业，远未将知识产权服务业上升到引领知识产权和推动科技创新的重要地位，创新主体对于知识产权服务的需求不足，行政管理机构提供的知识产权公共服务不足，政府对整个知识产权服务业的监督管理不完善，不能有效促进知识产权服务业发展。

三是知识产权服务业体系发展不完善，产业发展环境有待优化。从支撑体系上讲，知识产权服务业的统计体系和政策体系不完善，产业体系和标准体系相对缺乏。从重点领域上讲，代理、信息、法律等服务领域，知识产权商用化、咨询、培训等领域相对较弱。从产业链上讲，高附加值的产业环节尤为薄弱，涉外代理及法律服务、战略咨询、运营服务、风险预警服务、高端人才培训服务等高附加值服务环节的发展能力和水平明显不足。从服务属性上讲，知识产权公共服务不足，分布不均衡，极大制约着知识产权服务业发展。

因此，"十三五"时期，必须明确知识产权服务业发展思路，确定知识产权服务业发展的基本原则和重点任务，布局知识产权服务业发展的重大举措，保障知识产权服务业又快又好发展，满足经济社会发展。必须完善知识产权服务业市场环境，培育知识产权服务业市场需求，提高知识产权服务质量和效益，培育知识产权服务人才，壮大知识产权服务业。

二、知识产权服务业的理论分析

（一）知识产权服务业的概念内涵

1. 知识产权服务业的理论定义

根据《辞海》定义，产业是指由利益相互联系的、具有不同分工的、由各个相关行业所组成的业态总称。尽管它们的经营方式、经营形态、企业模式和流通环节有所不同,但是,它们的经营对象和经营范围是围绕着共同产品而展开的,并且可以在构成业态的各个行业内部完成各自的循环。行业一般是指其按生产同类产品或具有相同工艺过程或提供同类劳动服务划分的经济活动类别,如饮食行业、服装行业、机械行业等。因此,对知识产权服务业的理论定义必须特别区分其与知识产权服务行业的区分,如专利代理行业。

从理论角度来说,比较有代表性的观点是,知识产权服务业是指那些显著依赖于专门领域的专业性知识,向社会和用户提供以知识产权为基础的中间产品或服务的新兴产业。❶ 知识产权服务业是新型的业态,为各类知识产权的创造、运用、管理和保护提供专业服务产品的高技术服务业。❷ 知识产权服务业包括以知识产权为基础的传统专业服务和知识密集型服务,如专利申请、代理与推广、技术咨询与评估、技术转让、金融与法律服务、教育培训等。❸

2012 年,九部委联合发布《关于加快培育和发展知识产权服务业的指导意见》,首次明确提出知识产权服务业的概念,知识产权服务业,主要是指提供专利、商标、版权、商业秘密、植物新品种、特定领域知识产权等各类知识产权"获权—用权—维权"相关服务及衍生服务,促进智力成果权利化、商用化、产业化的新型服务业,是现代服务业的重要内容,是高技术服务业发展的重点领域。该指导意见按照重点领域划分,将知识产权服务业可以分为知识产权代理服务、知识产权法律服务、知识产权信息服务、知识产权商用化服务、知识产权咨询服务和知识产权培训服务。

本文认为知识产权服务业是贯穿知识产权创造、运用、保护和管理各环节的基本服务及其衍生服务的统称,其服务主体是各类知识产权管理机构、服务机构和社会组织;服务对象是从事知识产权创造、运用、保护和管理的个人、高校、科研院所、企业等;服务范围包含行政服务、代理服务、法律服务、信息服务、商用化服务、咨询服务和培训服务等。

必须注意的是,对于知识产权服务业的定义目前有两三种较为片面的认识,一是认为知识产权服务业仅属于知识产权行业,即仅与知识产权有关,缩小了知识产权服务业的范畴;二是把知识产权服务业等同于知识产权代理业,认为知识产权服务业就是知识产权代理,忽视了知识产权服务业其他领域的重要作用;三是把知识产权服务主体简单理解为中介机构,没有深刻认识知识产权服务业在产业转型、企业发展中的重要作用。在现代知识经济社会中,知识产权服务业是现代服务业和知识产权产业的重要组成部分,贯穿于知识产权的创造、运用、保护和管理的各个环节。

2. 知识产权服务业的产业定义

知识产权的产业定义是基于产业分类标准的定义,目前,比较具有代表性的产业分类标准有联合国统计署公布的国际标准产业分类 ISIC Rev. 4,中国《国民经济产业分类

---

❶ 刘海波、李黎明:《知识产权服务业行业分类标准研究》,第六届中国科技政策与管理学术年会论文,2010年12月。
❷ 杨红朝:"知识产权服务业培育视角下的知识产权服务体系发展研究",载《科技管理研究》2014 年第 8 期。
❸ 刘长平、叶春明:"上海知识产权服务业发展环境研究与战略选择",载《科技管理研究》2011 年第 4 期。

标准》（GB/T 4754—2011）和 WTO 服务产品分类标准。

联合国统计署正式公布国际标准产业分类〈ISIC〉共有四个版本，由于我国现行的《国民经济产业分类标准》（GB/T 4754—2011）与其第四个版本 ISIC Rev. 4 基本对应，为了便于与国际接轨，本文研究采用 ISIC Rev. 4，它以门类、大类、中类、小类四个层次划分全部门，门类以字母 A 到 U 表示，其余均用数字表示。在编码方式上采用 4 位数字，代表门类的字母不在编码中出现，前两位代表大类，第三位代表中类，第四位代表小类。根据知识产权服务业的特征和内涵，本文认为，在 ISIC Rev. 4 中，知识产权服务业主要集中于 M 类，见表 12 – 1。

《国民经济行业分类与代码》国家标准（GB/T 4754）自 1984 年首次制定，1994 年第一次修订实施以来，广泛应用于统计、计划、财务核算、工商、税务、管理等各个领域的统计工作，行业和部门管理起到了规范化、标准化的作用。但随着社会主义市场经济的不断发展和产业结构调整，旧的标准已不能明确反映我国目前行业结构状况。新《国民经济行业分类与代码》国家标准（GB/T 4754—2011）于 2011 年开始实施，新标准按照国际通行的经济活动同质性原则划分行业，首先立足于中国国情，同时考虑与国际标准的接轨，进行了调整与修改。本文将新《国民经济行业分类与代码》中与知识产权服务业相关的门类列出，见表 12 – 2。

WTO 的协议规则中，有一个主要用于成员国之间服务贸易统计的服务产品分类标准，该标准将全部的服务活动分为 12 个部门，155 个分部门，采用三级编码方式，服务部门用数字 1 – 12 表示，服务类别用大写字母表示，分部门用小写字母表示。根据知识产权服务业的特征和内涵，该标准的商业服务部门涉及知识产权服务产品，见表 12 – 3。

表 12 – 1　国际标准产业分类 ISIC Rev. 4 界定的知识产权服务业的类别[1]

门类	大类	中类	小类
J 信息和通信	62 计算机程序设计、咨询及有关活动	620 计算机程序设计、咨询及有关活动	6209 其他信息技术和计算机服务活动
	63 信息服务活动	631 数据处理、存储及有关活动；门户网站	6311 数据处理、存储及有关活动
K 金融和保险活动	64 金融服务活动，保险和养恤金除外	649 其他金融服务活动，保险和养恤金除外	6499 未另分类的其他金融服务活动，保险和养恤金除外
	65 保险、再保险和养恤金，强制性社会保障除外	651 保险	6512 非人寿保险
M 专业、科学和技术活动	69 法律和会计活动	691 法律活动	6910 法律活动
	70 总公司的活动、管理咨询活动	702 管理咨询活动	7020 管理咨询活动
	74 其他专业、科学和技术活动	749 未另分类的其他专业、科学和技术活动	7490 未另分类的其他专业、科学和技术活动

---

[1] 根据《国际标准产业分类（ISIC Rev. 4）》整理。

续表

门类	大类	中类	小类
N 行政和辅助服务活动	77 出租和租赁活动	774 知识产权和类似产品的租赁，版权作品除外	7740 知识产权和类似产品的租赁，版权作品除外
	82 办公室行政管理、办公支持和其他商业辅助活动	829 未另分类的商务辅助服务活动	8299 未另分类的其他商业辅助服务活动

表 12-2 国民经济行业分类与代码（GB/4754-2011）界定的知识产权服务业的类别❶

门类	大类	种类	小类
I 信息传输、软件和信息技术服务业	64 互联网和相关服务	642 互联网信息服务	6420 互联网信息服务
	65 软件和信息技术服务业	654 数据处理和存储服务	6540 数据处理和存储服务
J 金融业	66 货币金融服务	663 非货币银行服务	6639 其他非货币银行服务
	68 保险业	682 财产保险	6820 财产保险
L 租赁和商务服务业	72 商务服务业	722 法律服务	7221 律师及相关法律服务
		725 知识产权服务	7250 知识产权服务
M 科学研究和技术服务业	75 科技推广和应用服务业	751 技术推广服务	751*技术推广服务
		752 科技中介服务	7520 科技中介服务

表 12-3 WTO 服务部门分类界定的知识产权服务业的类别❷

大类	中类	小类
1. 商业服务	A. 专业服务	a. 法律服务
	B. 计算机及相关服务	d. 数据库服务
	F. 其他商务服务	c. 管理咨询服务
		d. 与管理咨询相关服务
		m. 相关的科学和技术咨询服务
7. 银行及其他金融服务	A. 所有保险及保险相关服务	b. 非人身保险服务
	B. 银行业和其他金融服务	b. 消费者信用、抵押贷款、商业贸易代理及融资
		e. 保证与承诺

根据上述三个重要产业分类界定的知识产权服务业的类别，知识产权服务业主要集中在计算机服务，商业服务、法律服务和金融服务中，按照我国《国民经济行业分类标准》（CB/T 4754—2011）的规定，知识产权服务业属于第三产业中"租赁和商务服务业"的子类。其中，知识产权服务（代码725）是指对专利、商标、版权、著作权、软

---

❶ 根据《国民经济行业分类与代码（GB/4754-2011）》整理。
❷ 根据《WTO 服务部门分类标准》整理。

件、集成电路布图设计等的代理、转让、登记、鉴定、评估、认证、咨询、检索等活动。因此，知识产权服务业应当不仅限于知识产权服务，还包括其他很多相关服务，尤其是法律服务，信息服务，金融服务等。

2012年《国家统计局关于批准试行知识产权服务业统计制度的函》批准国家知识产权局试行知识产权服务业统计制度。根据《2013年全国知识产权服务业统计调查报告》数据，目前我国知识产权服务主要集中在租赁和商业服务业（L部），批发和零售业（F部），科学研究，技术服务和地质勘查业（M部），信息运输，计算机服务和软件业（I部），金融业（J部），居民服务和其他服务业（O部），文化，体育和娱乐业（R部），公共管理与社会组织（S部）等8个经济行业大类。其中，租赁和商业服务业占71.0%，批发和零售业占8.2%，科学研究，技术服务和地质勘查业占7.9%，其他行业占12.9%。就国民经济行业小类而言，数量较为集中的领域包括咨询与调查业6319家（L7340），知识产权服务业3313家（L7250），贸易经纪与代理业1245家（H6380），技术推广服务业524家（M7710），其他专业技术服务业396家（M7690），科技中介与其他科技服务业232家（M7720，M7790）。传统的知识产权服务（L7250）仅占实际从事相关服务比例的1/5，随着社会对知识产权服务需求的迅猛增长，服务链条日益延展，大量非从事知识产权服务的机构利用其在相关领域拥有的专业团队，丰富经验和成熟的工作模式，快速与知识产权资源融合，社会资源向知识产权服务聚合成为市场发展的重要趋向。

（二）知识产权服务业的发展条件

知识产权服务业是以提供知识产权服务及其衍生服务为核心的现代服务业，它的业态定位于现代服务业的高端化和专业化服务。然而，知识产权服务业的形成有其特许条件，对地区经济发展水平、产业结构模式、要素市场环境等有着特殊的条件要求。

1. 经济发展水平

知识产权服务业是现代服务业，尤其是高技术服务业和科技服务业的配套服务业，是知识产权服务发展的衍生产业。因此，知识产权服务业的发展是由经济发展水平决定的。一是R&D的投入。有效的投入是知识产权产出的前提保证。例如，2013年，中国R&D经费达到1912.1亿美元，首次超过日本，升至世界第二位，占40个国家的份额由2000年的1.7%迅速提高到13.4%，与美国的差距进一步缩小。二是知识产权的占有量。知识产权是智慧财产权，产业化发展的前提是拥有合法的知识产权。以专利为例，2013年，中国国内发明专利申请量达到70.5万件，占40个国家总量的44.1%，连续4年居世界首位；国内发明专利授权量达到14.4万件，仅居日本之后，占到40个国家总量的21.4%。不断增长的自主知识产权为我国知识产权服务业的发展提供了良好的基础。经济发展水平的快速提高，R&D投入强度不断加大，知识产权拥有量快速增加，知识产权制度的逐步完善，这些因素促使知识产权服务业快速发展。

2. 产业结构模式

改革开放以来，一方面，我国经济发展形成的低成本生产要素组合的竞争优势，逐步向以技术进步为基础的知识产权产业化发展的竞争优势演变；另一方面，北京、上海、深圳等大都市经济体的出现，决定了包括知识产权服务业在内的现代服务业取代农业、制造业，发展为都市经济发展的产业支柱和新的增长点。目前，发达国家中的服务业增加值已占其总增加值 GDP 的 70% 以上。2014 年中国服务业增加值为 30.7 万亿元人民币，同比增长 8.1%，高出 GDP（国内生产总值）增速 0.7 个百分点。中国服务业增加值占 GDP 比重达到 48.2%，比上年提高 1.3 个百分点，超过"十二五"规划确定的 47% 的预期目标。服务业固定资产投资同比增长 16.8%，占全社会固定资产投资的 56.2%，创 2005 年以来新高。我国现代服务业的后发形势使得其在国家经济活动中的比重、地位和作用逐渐凸显，结合国外以往的经验和我国城市的经济资源，现代服务业的格局已初现端倪。知识产权服务业作为现代服务业的高端环节和重要组成部分，其预期发展速度将进一步加快。

3. 要素市场环境

由于知识产权服务业发展与传统工业产业不同，因而对要素市场的配置也有独特的要求。（1）创新的金融手段。知识产权是无形资产，在其产业发展中离不开财政投入、创新基金、风险投资、权利质押等金融手段的支持。由于我国对于金融资本和国有产业资本进入风险投资行业，以及私募方式设立风险投资资金等方面规制严格，金融支持手段单一，无法适应市场需要。（2）人才资源。知识产权服务业的特征决定了它对科技、文化智力资源的依赖。按照国际惯例和跨国公司的经验，企业和科研机构一般应按照研究开发技术人员的 1%～3% 的比例配置知识产权专业人员，而目前的知识产权人才培养体制无法满足这样的需求。因此，资本支持和人才培养是制约知识产权服务业发展的重要因素。

此外，知识产权服务还受到知识产权行政资源分布的影响，尤其是在知识产权代理服务领域十分明显。因此，知识产权服务业的形成条件必然导致中国由于地区经济水平发展差异、科学技术水平差异形成区域不平衡的发展形势，经济发达地区科技创新能力较强，知识产权服务业也呈现聚集发展。

（三）知识产权服务业的主要特征

（1）知识密集性。从 GDP 产出看，知识产权服务业提供知识产权的生产、传播和使用等价值转化服务；从服务提供手段看，知识产权服务业高度依赖知识和技能型的劳动力，因而要求从业人员具有良好的教育背景、专业知识基础和技术、管理等核心能力。

（2）新兴性。知识产权服务业在中国的发展历史并不长，在中国知识产权制度确立以及加入 WTO 后，知识产权服务业才逐步得到重视，但也因为经验不足，需要不断摸索总结发展规律和科学规划发展未来。

（3）高附加值性。知识产权服务业消耗的是有效的物质资源，却通过各种服务手段，实现了经济效益最大化，更重要的是，它还通过服务的规模效应和集聚效应，使得价值扩散化。

（4）网络性。网络时代先进的技术手段为知识产权服务业的发展提供了重要平台，并形成具有特色的网络上下的环节分工和复杂联通。知识产权服务业更加便捷，领域也更加宽广。

知识产权服务业的上述特征决定着知识产权服务业必然是现代服务业的高端环节，其从业人员也要求具有较高的能力水平，整体的产业必然规模较小，但盈利空间较大，发展速度较快。

综上所述，知识产权服务业的发展离不开地方经济发展水平、科技创新水平、产业发展环境等因素影响，知识产权服务业的范畴也由知识产权代理服务逐渐扩展到法律、信息、咨询、培训和商用化等其他领域。必须建立知识产权服务业的统计体系，明确统计的标准，适应服务业发展的新形势。

三、知识产权服务业的发展现状分析

（一）发展阶段

1. 第一个阶段是萌芽期，从改革开放初期到2008年，以《国家知识产权战略纲要》出台为标志

2001年中国"入世"，履行TRIPs协议成为中国应尽的义务。在中国"入世"谈判过程中形成的《中国加入工作组报告书》（WT/ACC/CHN/49）、《中华人民共和国加入议定书》是中国"入世"的重要文件，也是中国对WTO的郑重承诺，其中包括对履行TRIPs协议、保护知识产权的承诺。中国入世14年，全面履行了TRIPs协议，大大推进了我国知识产权法律制度的建设和发展，极大提升了知识产权的战略地位。2006年5月26日，胡锦涛总书记在中共中央政治局第31次集体学习时强调，抓紧制定并实施国家知识产权战略，从知识产权的创造、管理、保护、运用等各个方面采取措施。2008年6月5日，国务院发布了《国家知识产权战略纲要》，标志着国家知识产权战略已经完成制定，转向实施。2008年11月29日，胡锦涛总书记在十七届中央政治局第9次集体学习中指出："要坚持走中国特色自主创新道路，大力实施科教兴国战略、人才强国战略、知识产权战略。"2009年3月5日，温家宝总理在政府工作报告中提出，要继续实施科教兴国战略、人才强国战略和知识产权战略。提高知识产权创造、运用、保护和管理水平。在政府工作报告中把知识产权战略与科教兴国战略、人才强国战略并列提出，这是前所未有的。国家知识产权战略的实施，与转变经济发展方式、调整产业结构紧密结合，为我国加快经济建设、积极应对金融危机带来的冲击，加强自主创新、建设创新型国家，作出了积极的贡献。

虽然国家知识产权战略中没有明确提出知识产权服务业的概念、发展方向，但是该战略的实施极大地促进了专利、商标、版权等各类知识产权服务的发展，加强了知识产权创造、运用、保护和管理等环节的服务，为知识产权服务业的形成创造坚实条件。

2. 第二个阶段是发展期，从2008年《国家知识产权战略纲要》出台为标志开始到未来，可能是知识产权强国建成时期

从2008年到2015年，短短7年时间，知识产权服务业迎来了极大的发展，其发展

的速度和力度都是空前的。首先是提出了知识产权服务业的概念，2012年，九部委联合发布《关于加快培育和发展知识产权服务业的指导意见》，首次明确提出知识产权服务业的概念，知识产权服务业，主要是指提供专利、商标、版权、商业秘密、植物新品种、特定领域知识产权等各类知识产权"获权—用权—维权"相关服务及衍生服务，促进智力成果权利化、商用化、产业化的新型服务业，是现代服务业的重要内容，是高技术服务业发展的重点领域。其次是提高知识产权服务业的重要性，国务院先后印发了《关于加快发展高技术服务业的指导意见》和《关于加快科技服务业发展的若干意见》，将知识产权服务纳入高技术服务业和科技服务业的重要内容，出台《服务业发展"十二五"规划》，将知识产权体系作为四个服务业支撑体系之一。

因此，短时间内，知识产权服务业都将处于初级的发展阶段，还存在着诸多发展问题，同时也拥有较多的发展机遇。必须把握发展机遇，促进知识产权服务业的大发展、大繁荣。

（二）基本状况分析

1. 知识产权服务业作为一种独立的产业形态得到迅速催生，在发展形式、内容和模式方面不断创新

知识产权是继物力、财力和人才之后又一种新的经营资源，被人们称为"第四经营资源"。随着改革开放以来国家对知识产权保护和支持力度的加大、企业技术水平的提高和参与国际竞争的深入，我国知识产权服务业发展迅速。《关于加快培育和发展知识产权服务业的指导意见》的出台，标志着知识产权服务业从国家知识产权事业中开始独立出来，逐渐形成自身的产业形态。知识产权代理服务、法律服务、信息服务、商用化服务、咨询服务和培训服务全面发展，从业人数不断增加，产业规模快速扩大，对经济社会发展的支撑作用不断增强。

根据《2013年全国知识产权服务业统计调查报告》数据，截至2012年6月，我国从事各类知识产权服务的机构数量为16 399家，约占全国服务业机构总数的2.5‰。知识产权服务人员总数为28.4万人，约占全国全部服务业从业人员的1‰（2011年年底按三次产业分就业人员数）。回收的机构样本中，有效填写机构收入的服务市场总规模约为127亿元。经测算，2012年我国知识产权服务业市场收入规模应突破300亿元。截至2013年年底，我国专利代理机构共1000家，执业专利代理人共8950人，较2008年明显增长。专利代理人资格考试也日益受到考生追捧，2013年专利代理人资格考试报名人数和增长率再创历史新高，共有21 689人报名，同比增长29.26%。我国商标代理机构由2007年的3352家发展到2012年的8719家。律师代理知识产权案件数量由2007年的56 975件增长到2012年的90 976件。

从服务机构的性质来看，截至2012年6月，我国从事知识产权公共服务机构数量为863家，占服务机构总数的5.3%，市场服务机构的数量为15 536家，占94.7%。按照地区分布划分，我国东中西部知识产权服务机构数量分别占总量的74.7%、12.25%、13.34%，其中数量排名前五位的地区为广东，北京，上海，浙江，江苏，分别占全国知识产权服务资源总量的16.5%，15.2%，10.7%，8.8%，8.4%，而甘肃，海南，宁

夏，青海，西藏从事知识产权服务的机构仅在100家以内。

以专利代理行业为例，如图12-1所示，截至2014年年底，我国专利代理机构达到1103家，代理发明专利、实用新型专利和外观设计专利申请共计153.3万件，占专利申请受理总量的64.9%，专利代理人数增长显著。

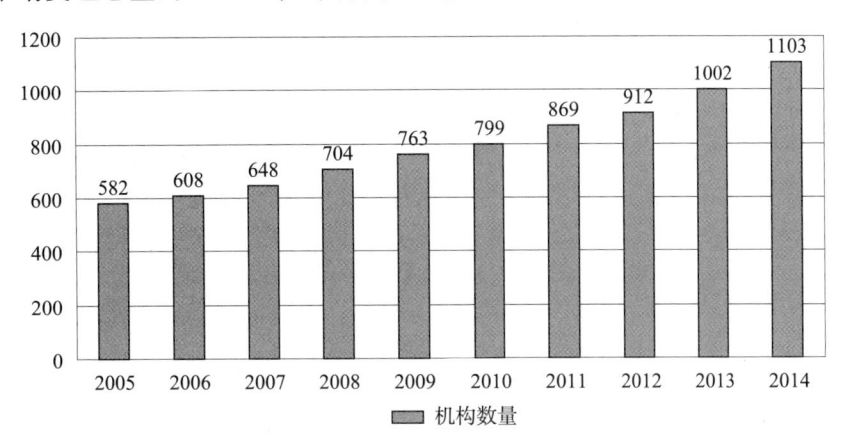

图12-1 2005~2014年我国专利代理机构数量变化情况（家）

2. 中央和地方层面对知识产权服务业的重视程度明显增强

中央和地方对知识产权服务业的重视程度不断提高。国家层面出台服务业发展的指导意见，将知识产权服务纳入高技术服务业和科技服务业的重要内容，将知识产权服务体系作为服务业发展的四个支撑体系之一，将知识产权服务业发展作为深入实施知识产权战略的重要内容，知识产权服务业发展享受相关政策支持。地方层面深入实施知识产权战略，大力开展国家知识产权试点、示范城市创建工作，部分省份实施"知识产权强省战略"，部分地区推动知识产权行政管理体制改革，知识产权服务业重视程度快速提升，发展速度也不断加快。地方知识产权服务业工作取得较大突破。2012年，广东出台《关于加快建设知识产权强省的决定》，实施知识产权强省战略，强调"知识产权服务能力稳步提升"。2014年，广东省知识产权局制定《广东创建知识产权服务业发展示范省规划（2013~2020年）》，确定了创建知识产权服务业发展示范省要求，广东省知识产权局出台《关于促进我省知识产权服务业发展的若干意见》。2015年，四川联合12个省直部门共同出台《关于加快培育和发展知识产权服务业的实施意见》，提出六个方面23条措施培育和发展知识产权服务业。同年，江苏省继广东之后出台《关于加快建设知识产权强省的意见》，实施知识产权强省战略。

3. 知识产权服务业发展的市场需求不断增大

伴随着国内高科技企业国际化、全球化经营，企业日益重视将知识产权作为核心竞争力，对知识产权服务的需求不断增大。2015年7月，国家知识产权局等八部委印发《关于全面推行〈企业知识产权管理规范〉国家标准的指导意见》，推进企业知识产权管理规范，引导服务机构参与推行规范，挖掘企业知识产权服务需求。同时，高等院校、科研机构知识产权管理规范正在征求意见，未来将进一步挖掘高等院校和科研机构的服务需求。同时，知识产权服务市场进一步开放，推动服务机构"走出去"，也必将迎来服务机构新一轮的发展机遇。

从知识产权服务业的发展内容来看，知识产权代理服务为我国知识产权事业快速发展发挥了良好的支撑作用，同时，知识产权预警、质押融资、专利保险和知识产权评议等服务向产业延伸，知识产权服务新业态不断涌现。在我国知识产权服务行业内，有73.1%的机构从事专利服务，77.3%的机构从事商标服务，59.6%的机构从事版权服务，从事商业秘密、植物新品种及其他知识产权服务类别的机构比例分别为13.4%、11.4%和21.7%。专利、商标、版权仍然是知识产权服务的三大基本类别。市场中仅从事一个服务类别的知识产权服务机构约占总体有效样本量的28.2%，较上一年度下降7.8个百分点。可见在我国知识产权服务市场中，知识产权服务机构的服务类别进一步扩展，包含多种服务类别的混合经营成为主流。

4. 知识产权服务能力和质量有所提高

2012年5月，国家知识产权局印发《专利代理机构能力促进工作实施方案（2012~2015）》。截至2012年年底，已在17个省（区、市）开展了30多起能力促进培训工作；启动专利代理援助试点，进一步提升代理服务能力。国家版权局每年组织版权代理人参加版权法律知识及相关业务培训，完善相关管理，提高版权代理人自身素质，提升版权国际业务处置能力。2013年调查数据显示，86.5%的机构表示近年来知识产权服务机构的整体服务质量有所提高，九成以上的被调查机构对服务机构的服务质量表示满意。❶

2014年12月，国家知识产权局等四部委印发《关于知识产权服务标准体系建设的指导意见》，建立知识产权服务标准体系，提高服务质量和效率。国家知识产权局开展专利代理人实务技能培训工作，提升从业人员专业能力。截至2012年年底，北京市知识产权局、广东省知识产权局、江苏省知识产权局共同承办了近千名专利代理人的实务培训工作。开展服务机构分级评价管理和品牌机构培育，鼓励服务机构提升自身服务质量。

5. 知识产权服务业发展的环境明显优化

知识产权服务业相关政策法规不断完善，出台《律师事务所从事商标代理业务管理办法》《商标代理管理办法》《专利代理惩戒规则（试行）》，修订《专利代理管理办法》，促进代理市场健康有序发展。制定《关于知识产权服务标准体系建设的指导意见》，推动知识产权服务标准化管理。知识产权行业协会、联盟、中心等社会组织不断涌现，社会组织的积极作用不断体现，行业监管和自律作用十分明显。知识产权的社会认知不断提高，政府、企业、社会对知识产权服务业的认识有所提高，有利于知识产权服务工作的开展。

国家知识产权局落实《关于加快培育和发展知识产权服务业的指导意见》，出台配套政策，建立知识产权服务业统计监测和信息发布机制；推进知识产权服务业集聚区建

---

❶ 数据来源：《国家知识产权战略纲要》实施五年评估报告问卷调查。

设,培育知识产权服务品牌机构;修订知识产权服务业统计制度,建立知识产权服务业统计监测和信息发布机制。国家工商总局按照新修改的《商标法》要求,进一步完善商标代理监管机制,依法加强商标代理机构监管,促进商标知识产权服务业健康发展。国家版权局大力发展知识产权服务业,提升知识产权公共服务水平。根据《著作权集体管理条例》,加强对各集体管理机构的监督管理和业务指导,进一步规范市场行为。

(三) 问题及原因分析

1. 知识产权服务业产业体系尚未形成

我国知识产权服务业作为独立产业形态的时间较短,存在着行政管理机构分割、市场主体发育不健全、服务机构专业化程度不高、高端服务业态较少、缺乏知名品牌、发展环境不完善、复合型人才缺乏、区域发展不平衡等问题。

就知识产权服务业自身发展的产业体系而言:2012年知识产权服务业被纳入国家高技术服务业发展内容,同年被纳入国家服务业发展的四大支撑体系,2014年知识产权服务业被纳入科技服务业的重点任务。我国知识产权服务业作为整体产业,最近一两年才逐步被社会知晓。发展知识产权服务业是国家主动进行经济结构调整的内在需要,具有强烈的政策导向。但是,目前知识产权服务业产业尚未形成具备系统性与独立性的完整体系,知识产权服务业内容界定与细化发展并不明确。

(1) 政策与国家政策体系尚未形成,地方缺少知识产权服务业的工作抓手。国家层面缺乏解决制约服务业发展的体制性和机制性问题的执行力度。国家知识产权局统筹知识产权服务业政策发展难度很大。地方层面缺少细化培育和发展知识产权服务业的政策手段,市场内驱动力尚未形成,领导意志成为主导地方知识产权服务业发展的核心要素。

(2) 知识产权服务业缺乏内容界定与细化发展。目前我国从事知识产权服务的机构分散在租赁和商务服务等多个经济行业之中,传统知识产权服务仅局限在市场化发展模式相对成熟的代理和法律服务,而对商用化、培训等新业态、新模式缺乏各方面的市场储备及政策经验。培育新兴的市场需求,引导知识产权中新的经济增长点,必将成为知识产权服务业政策的未来走向。因此,建立一套完整的、兼顾传统与新兴知识产权服务领域共同发展,既能统筹全局,又能实施差异化分类指导的知识产权服务业统计体系显得极其迫切。

(3) 知识产权服务业与市场化发展目标差距较大。2008年6月颁布的《国家知识产权战略纲要》明确提出了扶持自主知识产权成果产业化,加强专利信息公共服务,促进专利信息传播利用,大力发展知识产权中介服务等内容,确立了中介服务机构和行业协会的发展目标,中介服务机构要向市场化、专业化、规范化.规模化的方向发展。2009年,《专利代理行业发展规划(2009年~2015年)》发布,代表着我国推进专利代理行业发展的一个纲领性文件。2012年的《关于培育和发展知识产权服务业的指导意见》,是我国首个指导知识产权服务业发展的政策文件,但还比较原则和笼统。通过30多年的努力,我国知识产权法律制度体系已经建立和相对完善,但知识产权服务业的发展还处于政府主导和市场培育期,与政府引导和市场运作期的发展目标还有相当大的差距。我国的知识产权立法和知识产权工作，应由重视知识产权制度本身向尊重知识产权创造和商用化运营方向转变。

（4）知识产权服务业支撑体系尚不完善。知识产权服务业的统计体系和政策体系不完善，产业体系和标准体系相对缺乏。从重点领域上讲，代理、信息、法律等服务领域，知识产权商用化、咨询、培训等领域相对较弱。从产业链上讲，高附加值的产业环节尤为薄弱，涉外代理及法律服务、战略咨询、运营服务、风险预警服务、高端人才培训服务等高附加值服务环节的发展能力和水平明显不足。从服务属性上讲，知识产权公共服务不足，分布不均衡，极大制约着知识产权服务业发展。

（5）知识产权服务业整体规模较小。截至2012年6月，我国从事各类知识产权服务的机构数量为16399家，约占全国服务业机构总数的2.5‰。知识产权服务人员总数为28.4万人，约占全国全部服务业从业人员的1‰，我国从事知识产权服务的市场机构中，职工数小于100人、资产总额小于8000万的小微型企业约占全部机构数量的99.3%。我国知识产权服务业的机构与就业人数所占比例很低，专业化、商业化的知识产权服务机构数量偏少，尚未形成在国际上具有重要影响力和较强的国际竞争力的服务机构，知识产权服务机构的规模和效益还不突出。

2. 知识产权服务业管理体制相对分割

政府、企业、社会认为知识产权服务业是从属性产业，远未将知识产权服务业上升到引领知识产权和推动科技创新的重要地位，创新主体对于知识产权服务的需求不足，行政管理机构提供的知识产权公共服务不足，政府对整个知识产权服务业的监督管理不完善，不能有效促进知识产权服务业发展。

知识产权服务管理运行机制不合理主要源于相对分割的知识产权管理体制。我国的知识产权服务业受到知识产权类别管理归属的制约。知识产权服务业的行业范围是由知识产权的类别属性直接决定的。我国的专利工作由国家知识产权局负责，版权相关工作由国家版权局管理，商标的申请授权由国家工商行政管理局负责，植物新品种由农业部和国家林业局管理，地理标志由农业部、国家工商行政管理局和国家质检总局分别负责，更遑论遗传资源及传统知识的管理保护了。

从国际经验看，全世界目前实行知识产权制度的196个国家和地区中，有180多个是由统一的工业产权局进行集中管理，只有不到10个国家实行分散管理。❶ 知识产权的分散管理模式具有分工细、职能明确的优点，但行政管理成本较高，管理体系相对割裂，甚至出现"政出多头"、制度不一的情况。如我国制定了《植物新品种保护条例》，但在具体实施中却由国家农业部与国家林业局各自制定实施细则，有关农业新品种和林业新品种的规定不尽相同。我国知识产权服务业的体系相对割裂，各类职能部门因协调沟通机制不完善，服务于知识产权服务业的共识难以达成。

3. 公共服务与市场化服务的发展不协调

国家知识产权战略实施以来，国家知识产权局已经初步建成中外专利信息库，开发

---

❶ 吴汉东："我国知识产权保护水平总体并不存在'超高'或'过低'的问题"，载《21世纪经济报道》2008年12月6日。

专利检索和服务系统,并构建了国家、区域和地方网店三级服务网络。从 2009 年 11 月,国家知识产权局发布了《全国专利信息公共服务平台体系建设规划》,其他知识产权管理部门也建立了相应的基础信息库和检索服务系统。面向战略领域、重点产业,加强专利分析工作,建立重点产业专利专题数据库,对重点产业和关键技术领域开展专利分析和风险评估,建立知识产权预警应急机制。

国家基础知识产权信息公共服务具有公益性和综合性,但其建设还不够完善。公益性服务领域政企不分,营利性和非营利性不分,提供的产品内容单一,公益服务产品有效供给不足。市场化服务严重不足。知识产权服务机构规模小、业务层次较低、服务功能较弱。我国知识产权服务多集中在产业链的低端环节,如法律代理、资格审查、纠纷诉讼;而知识产权的高端服务,如知识产权的价值评估、战略咨询、产权融资、预警分析,还严重缺乏;能提供高附加值服务的商业化知识产权服务机构数量少、能力弱、竞争力不强。我国"走出去"战略所需要的涉外知识产权服务付之阙如。公共服务与市场化服务发展的不协调影响了知识产权制度的有效运用和知识产权产业的整体发展。

4. 知识产权服务业发展不均衡

(1) 知识产权服务内容的不平衡。我国知识产权代理服务体系已较为成熟,公众对于知识产权代理工作的内容和意义已普遍认可,知识产权代理服务机构众多,服务内容全面并且不乏高水平高质量的服务,相关管理部门和行业协会也已经在该行业内部建立起较为完善的监督和规范机制。但知识产权信息服务、咨询服务、培训服务、商用化服务的发展则相对滞后,其社会认知度还比较低,创新主体对于这些知识产权服务的主要内容和意义尚不甚了解,大多轻视知识产权咨询工作,知识产权咨询服务机构不能很好地全面开展服务工作,致使创新主体的相关知识产权工作缺乏规划和策略,知识产权的经济价值不能很好实现,知识产权风险不能得到有效控制。

(2) 知识产权服务的层次不平衡。一是服务范围比较狭窄。目前,我国知识产权服务基本还停留在专利、商标等传统知识产权领域,集中于传统的资格审查、法律咨询、代理、纠纷解决、诉讼应对等方面,在创意、服务外包等产业尚处于起步阶段,较少涉足地理标志、遗传资源、传统知识、民间文艺等新兴领域。这种服务能力难以适应当前技术创新日新月异和新兴产业突飞猛进的发展态势。二是服务集中于低端环节。我国知识产权服务多集中在传统的法律咨询、代理、资格审查、纠纷诉讼等方面,在知识产权价值评估、产权融资、知识产权预警等方面尚处起步阶段,难以为企业提供前瞻性、战略性的高水平服务。难以适应当前全球范围内知识产权浪潮,也难以应对技术日新月异的创新和新兴产业突飞猛进的发展态势。无法很好地满足企业的需求,对新兴业态的回应较为落后,不利于我国知识产权的有效运用运营,制约了知识产权业的整体发展。

(3) 知识产权服务发展的区域不平衡。按照地区分布划分,我国东部经济发达,知识产权服务机构众多,全国知识产权服务机构最多的城市北京比落后的好几个省市加起来的数量都要多;全国范围内东部、中部、西部知识产权机构分布不均匀,这也是对我国经济发展水平的一种反映。解决区域之间经济发展的不均衡问题能够促进知识产权服务资源的均衡分布。在某一地区推动知识产权强市战略、强省战略,也能促进经济发展的均衡。

以专利代理机构为例，如图12-2所示，除34家国防代理机构外，2014年全国专利代理机构共计1103家，北京、广东、上海和江苏共计614家，占全国55.7%，超过全国一半。

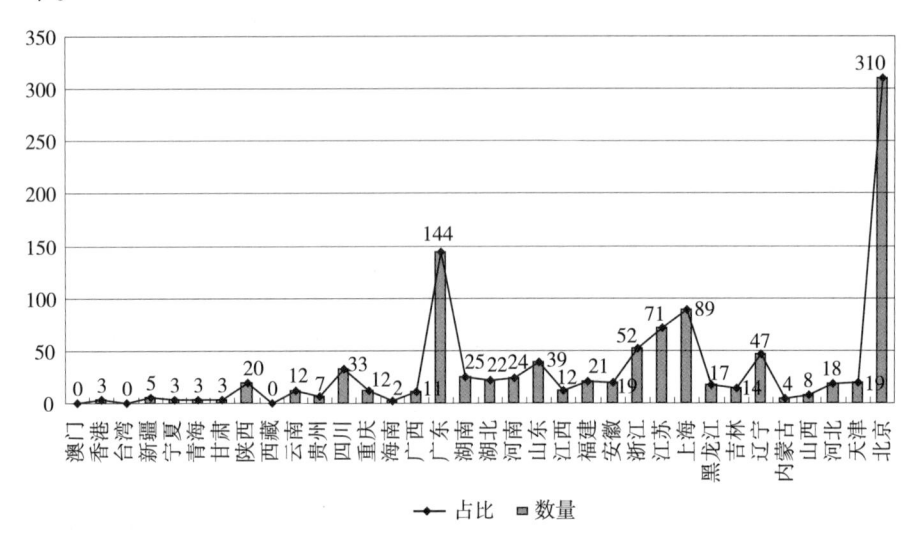

图12-2 2014年各省（区、市）专利代理机构数量及占比

5. 知识产权服务市场的规范性有待提高

随着社会对知识产权服务需求的增加，大量社会资本涌入知识产权服务行业，一些低资质机构盲目进入知识产权服务行业，恶化了行业竞争环境，扰乱了行业秩序，也损害了整个知识产权服务行业的诚信氛围。以专利领域为例，专利代理有较高的门槛，正规的专利机构发展缓慢，许多非法代理机构欺骗客户，采取低价、欺骗等手段拉拢客户。众所周知，专利申请撰写文件质量的好坏直接影响对专利的保护，这些没有资质或者专业水平很低的代理机构为企业申请的专利根本无法起到专利应有的保护作用，最后客户遭受损失，也失去了对专利代理整个行业乃至整个知识产权服务业的信任，不利于知识产权服务业的长远健康发展。

我国的知识产权服务行业协会虽然是民间社会团体，但隶属于相关政府部门，其"中立性"非常稀薄，其服务、监管和自律职能有待培育和发挥。中华全国专利代理人协会会员由专利代理机构和专利代理人组成。中华商标协会的会员由有志创立驰名商标的企业、商标代理机构、地方商标协会和商标方面的学者、行政执法官员和相关司法人员组成。中国版权协会（Copyright Society of China）下设学术委员会、反盗版委员会、鉴定委员会、版权贸易委员会和版权产业委员会。

6. 知识产权服务业面临严峻的国际挑战

国际化竞争是经济全球化带来的主题。经济全球化的本质是国际生产和再生产过程中要素流动障碍的消除，并不断向有活力、有潜力、有实力的国家集聚。改革开放30年多年来，我国经济的总体规模和结构水平决定我国正处于从粗放型经济增长方式向集约型经济增长方式转变的关键阶段，大力培育自主知识产权，建立创新型国家是我国必然的发展方向。

随着全球化的不断深入以及我国企业国际贸易和海外投资的进一步推进，我国企业与国外企业间的知识产权纠纷乃至诉讼逐渐进入高发期，知识产权服务面临着应对国际纠纷的挑战。自从加入世界贸易组织以来，我国涉外知识产权纠纷行业、涉及企业以及引发经济赔偿金额不断增加。2001年至今，中国输美产品遭遇"337调查"的数量急剧增加，发达国家尤其是跨国公司，多年来精心部署与构筑了"专利地雷阵""品牌封锁网""版权包围圈"以及"技术标准高压线"等知识产权壁垒，对我国目前发展尚不成熟的知识产权服务体系来说，无疑是一个严峻的挑战。随着我国对外开放的深化，将有更多国际先进的知识产权服务机构进入中国市场，将对国内知识产权服务企业形成巨大的竞争压力。

（四）发展机遇分析

1. 国家层面

（1）2008年6月，《国家知识产权战略纲要》的颁布，意味着知识产权战略已经与科教兴国战略、人才强国战略、可持续发展战略共同构成我国的四大重要战略。国家知识产权战略的提出，将专利、版权、商标等各类知识产权实行统一的发展战略，也让有关专利、版权、商标等各类知识产权服务构成了整个大的知识产权服务业，知识产权服务业的概念的兴起也由此产生。国家知识产权战略的深入实施，将"知识产权的中介服务"概念衍生到"知识产权服务业"，极大提高了知识产权服务业的内涵和重要性。

（2）国家经济转型和产业升级为知识产权服务业发展带来了新的契机。国民经济的发展中心由第一、第二产业向第三产业转移，现代服务业，尤其是以高技术服务业、科技服务业为代表的高端服务业的发展面临更紧迫的需求。同时，由于资源、环境等条件的约束，中国实行创新驱动发展战略，大力推动创新创业，转变经济发展方式，迫切需要发展知识密集型产业及其相关服务业，知识产权服务业发展的紧迫性和重要意义也逐渐突出。

（3）知识产权作为科技创新的基本保障和重要助推剂也为知识产权服务业的发展提供了机遇。党的十八大、十八届三中、四中全会高度重视知识产权工作，强调要促进知识产权保护和运用，这就迫切需要知识产权服务业全面融入知识产权的各个环节，大力提升知识产权的创造、运用、保护和管理能力。

2011年以来，《国务院办公厅关于加快发展高技术服务业的指导意见》《国务院关于加快科技服务业发展的若干意见》《关于加快培育和发展知识产权服务业的指导意见》和《深入实施国家知识产权战略行动计划（2014~2020年）》四个重要文件从宏观上指明了知识产权服务业的主要问题，确定了知识产权服务业的发展方向和重要举措。

从整个国家层面来看，对知识产权服务业影响最为深远的是实施国家知识产权战略和创新驱动发展战略，从宏观指导上看，上述四个文件将在一段时间指导知识产权服务业的发展，知识产权服务业借助高技术服务业和科技服务业的发展大潮，可以有效推动知识产权服务业的相关政策法规的完善，促使知识产权服务业快速发展。

2. 地方层面

（1）国家知识产权试点示范城市建设。

2004年以来，国家知识产权局开展了城市知识产权试点示范工作，按照"城市引领、典型带动"的总体原则，"以试点促推广普及、以示范促深化发展"的工作思路，引导、指导中心城市加强知识产权工作，发挥知识产权制度在支撑城市创新发展中的重要作用。各地方知识产权局对试点示范城市工作给予高度重视、密切配合。在全系统的共同努力下，经过10年的发展，初步探索出了"城市带动县域、城市辐射区域、城市引领全国"的知识产权地方行政管理工作路径。

目前，全国共有国家知识产权示范城市53个（其中副省级城市14个，地级市34个，县级市5个），试点城市156个（其中副省级城市1个，地级市78个，县级市77个），共计209个，覆盖除青海、西藏之外全国各个省区市的中心城市。试点示范城市工作的开展，特别是最近3年对示范城市的评选、直接联系指导和工作机制建设，取得了明显的成效。

据统计，第一、第二批41个示范城市2013年申请总量和发明专利申请量均占到全国的52%。试点示范城市工作已经成为国家知识产权局最具社会认知度的工作品牌，在各级党委政府、全系统以及社会公众中具有较强的影响力。

从内在发展需求看，截至2014年，第三批示范城市评定完成后，示范城市将共计53家。按照每年评定10个示范城市的规模，3~5年内示范城市将达到80~100个。

国家知识产权试点示范城市工作在很大程度上提高了知识产权工作的社会影响力，也使得知识产权工作在各级政府和党委中的重要性得以提高，各试点示范城市的知识产权创造、运用、保护、管理和服务发展速度较快，预计未来的示范城市将成为知识产权服务业发展的高地，在很大程度上带动整个区域的知识产权服务业发展。

（2）地方知识产权体制改革。

知识产权体制改革理论上谈论较多，但在实践上还是较难突破的，比较典型的是深圳借助"大部制"改革的发展契机，建立大知识产权工作机制。上海市借助自贸区建设的发展契机，在自贸区实现专利权、商标权、版权"三合一"。

从2002年在深圳市科技局加挂知识产权局牌子到2004年成立单独的深圳市知识产权局，到2009年成立深圳市市场监督管理局统一行使知识产权保护和促进职责，再到2012年在深圳市市场监督管理局的基础上加挂知识产权局的牌子。正是在此前10余年"深圳市知识产权局"牌匾的"变迁"过程中，深圳市知识产权管理体制走出了一条先行先试的改革之路，为全国知识产权战略实施擎起了一面旗帜。借"大部制"改革的契机，深圳市市场和质量监管委整合原工商、质监、知识产权、食品药品监管等部门职能，在全国率先构建专利、商标、版权和标准、品牌统一管理统一执法的大知识产权工作机制，统一知识产权发展战略、统一知识产权促进扶持、统一知识产权监管执法，服务创新驱动发展的质量明显提升。同时，"大部制"改革使市场和质量监管委融合了原工商部门的商标管理和原质监部门的品牌建设两大职能，创新带来的企业信誉和商品服务质量上的领先优势，得以在商标和品牌上双重巩固。"大部制"也使原工商部门的执法队伍和监管网络的优势，得以运用于专利和版权领域。市场和质量监管委在系统内部建立市局、区局和监管所三级联动的知识产权行政执法体系，区局能办理专利、商标、版权三类行政执法案件，其中区局一级办理的专利案件占全系统同类案件总数的60%以上，成为知识产权维权执法的新的主力军。

上海市借助自贸区改革创新的契机，在上海自贸区管委会成立了知识产权局，统一行使自贸区内专利权、商标权、版权"三合一"的行政管理和执法职能，构建了区域知识产权行政管理与保护联动机制。浦东新区政府也成立集专利权、商标权、版权"三合一"的知识产权局，建立"一个部门管理、一个窗口服务、一支队伍执法"的知识产权行政管理新机制。原来分别由三个部门承担的职责，现在由一个部门来承担。把商标、版权和专利合在一起，行政管理和行政执法合在一起，是两个统一，在中国知识产权行政管理的历史上还是首例。

知识产权的体制改革在很大程度上能够有效解决原有知识产权行政资源分散，统一发展战略，统一监督执法，知识产权工作能够有效推进，使得知识产权服务业取得较大的发展。这种知识产权体制改革为今后地方开展知识产权服务业工作创造了典范，可以学习和借鉴，有效提高知识产权服务业工作的行政力度。

(3) 知识产权服务集聚区建设。

2012年，国家知识产权局发布《国家知识产权服务业集聚发展试验区工作实施办法（试行）》，在苏州高新区、北京中关村和上海漕河泾三个地区设立首批国家知识产权服务业集聚发展试验区，发挥集中效应、集约效应和引领示范作用，促进知识产权服务和产业园区融合发展。截至2014年年底，国家知识产权局先后在苏州高新区、北京中关村、上海漕河泾、深圳福田区、河南郑州市、四川成都、广东佛山市设立了七个国家知识产权服务业集聚发展试验区，两年多来各集聚区开展了大量工作，推动我国知识产权服务业集聚发展工作取得了显著成效。

2015年，南京市鼓楼区、广西南宁、重庆高新区、广东顺德区也启动知识产权服务业集聚发展区建设，通过培育和建设知识产权服务业集聚区，做大做强知识产权服务业，推动知识产权与产业、科技和经济的深度融合发展，促进知识产权要素资源优势迅速转化为产业优势和竞争优势。

知识产权服务业集聚发展区主要依托高新技术产业开发区、经济技术开发区、知识产权试点示范园区开展建设，重点内容包括五个方面：根据集聚区内知识产权服务业发展状况，营造促进知识产权服务业发展环境，探索知识产权服务业发展新举措；整合优化资源，集聚服务力量，构建完整的知识产权服务链条，具备知识产权综合服务能力；聚焦园区产业及重点企业发展，挖掘知识产权服务需求，组织服务机构与创新主体供求对接，激活服务市场，发挥知识产权服务对科技创新、经济发展的支撑作用；通过激励与引导，提升服务机构服务能力，培育品牌机构，规范服务市场；深化交流，借鉴国内外先进理念，培养高端服务人才。

3. 企业层面

（1）全面推行《企业知识产权管理规范》。

2015年7月国家知识产权局等八部委印发《关于全面推行〈企业知识产权管理规范〉国家标准的指导意见》的通知，指导企业通过策划、实施、检查、改进四个环节持续改进知识产权管理体系，规范生产经营全流程，进一步提高知识产权管理水平，提升企业核心竞争力，有效支撑创新驱动发展战略。

《企业知识产权管理规范》能够加强知识产权管理体系建设，建立健全知识产权资产管理制度。全面推行《企业知识产权管理规范》，尤其是在国有企业、科技型中小企业推进知识产权管理规范。要求建立贯彻《企业知识产权管理规范》的咨询服务体系，形成遵循市场化机制的第三方认证体系，培养一支专业化的人才队伍，为知识产权咨询服务的发展提供机遇，有利于挖掘企业知识产权服务需求，带动知识产权服务业发展。

（2）企业知识产权服务需求不断增加。

企业对知识产权服务的需求与其所处的产业、发展阶段密切相关，全球经营的科技型企业对于知识产权服务的需求最为迫切。通常，知识产权服务需求可以分为权利管理、纠纷管理、竞争力管理和投资管理。权利管理是主要作用是固化公司研发成果，并打造成有竞争力专利资产，或者高水平专利组合及国际布局；纠纷管理是主要职能，包括帮助企业处理各类纠纷，确保企业长期经营。纠纷分为现实纠纷与潜在纠纷；竞争力管理是主干和关键，定义了公司在全球市场中地位和作用，是企业知识产权战略的出发点，知识产权是竞争力管理必要手段；投资管理是较高级的职能，包括自有权利的运营和外购权利形成专利组合，确保公司经营的合法性。

通常，我们认为知识产权服务中代理服务、法律服务是企业需求的最主要服务，其他的信息服务、咨询服务、商用化服务和培训服务相对较弱，但是当企业发展到一定阶段之后，其服务的重心也逐渐转移。以华为为例，最初华为还没打出国门的时候，基本也不申请专利，由于公司战略上的国际化，才开始和国外专利巨头打交道，只有开始一边交纳高额专利费，然后一边自主研发布局专利。到现在，逐渐布局核心专利，打入了国际标准体系，确定了全球领先地位。

因此，企业对知识产权服务的需求在很大程度上决定了知识产权服务业发展的活跃程度，伴随着中国企业自主创新能力提升，全球化经营的战略转变，企业对知识产权服务需求会越来越高，对知识产权服务机构服务能力、服务质量的要求也越来越高，对于中国的知识产权服务企业来讲，既是一种机遇，也是一种挑战。

四、地方知识产权服务业发展经验借鉴

（一）广东知识产权服务业发展经验

广东省是中国的知识产权大省，知识产权战略实施成果显著。《全国地方知识产权战略实施总结评价报告》报告显示，知识产权战略实施以来，广东省知识产权战略

实施总体得分在全国各省（区、市）排名前列，创造、运用、保护、管理、服务水平全面提升，其达标分值均处于全国高位状态，其中知识产权保护指标得分高居全国首位。

1. 整体谋划知识产权服务业发展，出台专项发展规划

2012 年，广东省出台《中共广东省委广东省人民政府关于加快建设知识产权强省的决定》，力争将知识产权大省变成知识产权强省，提出"知识产权服务能力稳步提升"的发展目标。确定从推进知识产权信息服务、促进知识产权代理和代办服务、建设知识产权服务和管理专业队伍、促进区域知识产权协调发展、深化知识产权国际交流及粤港澳台合作和健全涉外知识产权争端应对机制六个方面发展知识产权服务。

同年，国家知识产权局和广东省人民政府建立知识产权高层次战略合作会商平台，确定共同创建知识产权服务业示范省，大胆探索知识产权发展新途径，着力共同谋划知识产权服务业发展，推进知识产权成为新的经济增长极。

2014 年 1 月，广东省出台《关于促进我省知识产权服务业发展的若干意见》，提出 12 条促进知识产权服务业发展的意见，力争创建知识产权服务业发展示范省，提高产业核心竞争力。

同期，广东省知识产权局在全国首次出台知识产权服务业专项规划《广东创建知识产权服务业发展示范省规划（2013~2020 年）》，全面启动知识产权服务业发展示范省建设。该规划提出 2013~2017 年作为示范省达标时期，2017~2020 年作为示范省建设深化期。到 2020 年，巩固和完善知识产权服务业高水平发展产业体系，增强知识产权服务业在经济和社会发展中的地位和作用。建设创新能力强、维权保护有力、服务体系完善、高端产业集聚的知识产权服务体系，高水平建成国际性知识产权产业园区，形成知识产权服务与科技、产业、金融深度融合的良好局面，知识产权服务业成为广东省高技术服务业中最具活力的领域之一，对经济社会发展的贡献率显著提高，成为全国知识产权服务业参与国际竞争的主力省。该规划确定了五个主要任务和八个重点项目，如表 12-4 所示。

表 12-4　广东知识产权服务业规划的主要任务和重点项目

	任务和项目	具体任务和项目分解
主要任务	（一）不断完善，营造知识产权服务业发展良好环境	1. 完善政策法规。综合考虑科技、产业和金融发展情况，加强产业、区域、科技、贸易等政策法规与知识产权服务业政策的衔接 2. 提高市场主体知识产权意识
	（二）系统培育，完善知识产权服务产业链	1. 知识产权代理服务行业 2. 知识产权信息服务行业 3. 知识产权商用化服务行业 4. 知识产权法律服务行业 5. 知识产权咨询服务行业 6. 知识产权培训服务行业

续表

	任务和项目	具体任务和项目分解
主要任务	（三）融合集聚，促进知识产权支撑全省产业转型升级	1. 建立知识产权服务业产业集群 2. 打造知识产权与科技、产业、金融资本对接的高端平台 3. 构建以知识产权为纽带，有机融合科技、产业和金融的运行机制
	（四）创新机制，提高知识产权服务业市场活力	1. 完善知识产权市场导向机制 2. 培育知识产权服务业市场需求 3. 扩大知识产权服务业市场供给
	（五）重点培育，支持知识产权服务企业做大做强	1. 提高知识产权服务企业服务能力 2. 鼓励知识产权服务企业做大做强 3. 加大知识产权服务机构扶持力度
重点项目	（一）开展知识产权全覆盖服务	1. 依托珠三角地区知识产权代理服务机构雄厚实力，辐射粤东西北地区知识产权代理服务发展 2. 提供知识产权信息公共服务，实现知识产权信息网络共享 3. 发展专业知识产权法律机构和维权援助服务
	（二）建设国际化知识产权集聚中心	1. 在广州、深圳等珠三角重要城市建设国际化、高水平的知识产权集聚中心，加快建设广东省知识产权服务集聚中心 2. 探索建立国际性知识产权产业园区，积极推进中新广州知识城知识产权保护和服务试验区建设 3. 以知识产权为纽带，推进科技、金融、产业深度融合发展，促进国内外优质知识产权和优质金融资本集聚发展 4. 打造以知识产权产业化为核心，以"发明、服务、工作、生活和休闲"一体化的国际性知识产权集聚中心
	（三）培育知识产权运营公司	1. 培育并建立知识产权运营公司，打造知识产权价值链的系统服务商和系统集成商 2. 鼓励和引导金融机构、创业投资、民间资本等进入知识产权运营市场 3. 支持运营公司与广东省的各类专利池、专利联盟、知识产权展示交易平台及产业化基地等进行合作，提升知识产权转移转化能力 4. 探索建立知识产权证券化交易制度，丰富股权融资、债券融资及知识产权金融衍生品等服务内容
	（四）开展知识产权评估及价值分析试点	1. 探索广东试点设立知识产权评估师资质的可行性，研究知识产权评估方法，探索建立知识产权评估体系 2. 选择省内3~5家在知识产权评估方面实力较强资产评估公司，与省内知识产权服务机构对接，利用资产评估公司的资质和知识产权服务机构专业性，开展知识产权评估及价值分析工作 3. 搭建资产评估与知识产权专家、知识产权投融资试点合作平台，实现资产评估与专家库、市场及知识产权投融资的对接

续表

	任务和项目	具体任务和项目分解
重点项目	（五）建设广东专利信息大数据服务基地	1. 以国家知识产权局区域专利信息服务（广州）中心、广东省知识产权公共信息综合服务平台的海量数据为依托，根据信息服务市场需求，探索建设广东专利信息大数据服务基地 2. 充分利用数据仓库、数据安全、数据分析、数据挖掘等大数据技术，根据应用需求，开展专利数据深加工和分析，开发功能齐备的专利信息应用系统，完善知识产权信息服务设备，为市场各类需求者提供专利信息服务
	（六）推行知识产权服务行业星级评定试点	1. 开展知识产权服务行业星级评定试点，推行服务行业规范、服务标准、职业操守建设，推动服务机构开展企业专业化、案件质量标准化、流程管理系统化等标准建设 2. 建立健全知识产权服务收费、培训教育、惩戒等方面管理制度，充分发挥知识产权行业管理作用，促进知识产权服务业行业良性有序竞争
	（七）培育知识产权服务品牌机构	1. 开展知识产权服务品牌机构培育工作，支持专利、商标、版权等知识产权服务机构做大做强，重点支持60家基础好、能力强、信誉良的服务机构 2. 通过外部合并重组及内部优化整合来扩大规模，拓展业务范围，大力拓展知识产权服务高端产业链，提升服务能力，打造知识产权服务品牌机构
	（八）建设知识产权服务业人才培养基地	1. 建设知识产权服务业人才培养基地，开展校企合作，联合培养知识产权服务业人才 2. 完善知识产权专业技术资格评价体系，逐步在全省铺开知识产权专业技术资格评审工作 3. 适时开展知识产权领军人才培养和知识产权服务从业人员的评优工作，鼓励优秀人才发展 4. 推行"知识产权特派员"制度，在大型企业、创新团队和高新技术企业派驻知识产权专业人才 5. 建设知识产权服务业人才基地、专家库和人才库，完善知识产权人才使用机制 6. 在全省范围内选拔200名专利信息分析培训专家，组建师资队伍，针对全省的企业创新主体开展专利信息检索、分析、利用技能等培训计划

2. 积极推进产业专利联盟建设，大力推动知识产权运营服务

积极推动产业专利联盟规范化发展。先后认定中国彩电知识产权产业联盟、顺德电压力锅专利联盟、佛山市南海区联合广东新光源产业创新中心为广东省专利联盟示范单位。深圳出台《专利联盟管理办法》，鼓励专利联盟向标准联盟发展。到2014年年底，广东省专利联盟达25家。

30年来，广东积极推动专利转化和运用，专利质押融资、专利保险、专利交易平台建设、专利联盟建设和专利实施计划等系列措施的推进，大力提升专利运用能力，促使专利真正转化为企业和产业的核心市场竞争力。2014年，广东省专利质押融资额达到46.8

亿元。其中，南海国家知识产权投融资综合试验区通过验收，51家企业通过质押758件知识产权（专利权、商标权）获得5.74亿元贷款。顺德通过国家知识产权投融资服务试点验收。东莞7家银行开展专利质押融资业务，发放贷款1770万元。在专利保险工作方面，广东大力推进专利保险政策宣讲和服务平台搭建。积极支持广州、深圳、东莞、佛山禅城开展"全国专利保险试点"。2014年禅城区专利投保470件，同比增长24.01%，保费32.59万元，总保额达967.8万元。支持中山开展全国首例单一行业专利保险探索。

在专利交易平台建设方面。2014年，经广东省政府批准，依托省产权集团建立"广州知识产权交易中心"。广州组建由民营资本主导的广东（广州）汇桔知识产权交易中心。中山成立首个集战略咨询、托管孵化等众多服务于一身的广东省（灯饰照明）知识产权运营中心。截至2014年年底，深圳市专利展示交易平台可交易专利项目达7956项，完成549件专利交易，交易额累计达到4400多万元。

3. 完善知识产权服务体系，健全知识产权服务业市场环境

近年来，广东大力推动全省专利代理行业全面发展，依法开展对代理机构设立审批及执业监管工作，承办全国专利人资格考试，推进专利代理人实务技能全员轮训，切实提升广东专利代理服务的质量和水平。截至2014年12月，专利代理机构、分支机构和专利代理人，分别达到142家、134家、1155人。

积极推进专利信息化建设。在国家知识产权局的支持下，设立了国家知识产权局区域专利信息服务中心（广州中心）、国家知识产权局（广东）专利信息传播利用基地，建成"广东省知识产权公共信息综合服务平台"，进一步提升了专利信息服务能力。截至2014年年底，广东共建成战略性新兴产业专利数据库7个，重点产业专利数据库17个，地方特色产业专利数据库6个。同时先后在云计算、智能制造装备等17个产业领域深度开展专利分析预警。

积极发展知识产权公共服务。2011年9月22日，国家知识产权局专利局专利审查协作广东中心正式成立，这是我国首个京外的专利审查协作中心。截至2014年年底，该中心正式员工接近1500人，将极大推动广东专利服务水平的整体提升。

同时，广东还积极推进知识产权服务业发展示范省建设，出台《创建知识产权服务业发展示范省规划（2013~2020年）》。位于中新知识城的省知识产权服务业集聚中心完成立项工作。广东指导福田区建设国家知识产权服务业集聚发展实验区，支持东莞松山湖新区、广州越秀区设立省级知识产权服务业集聚发展试验区。

4. 专注企业知识产权工作，全面提升知识产权服务业的支撑作用

经过多年的发展，企业已经成为广东知识产权工作的主体力量。2014年，广东省共有1.98万家企业提交专利申请14.97万件，同比增长9.48%；1.81万家企业拥有授权10.42万件，同比增长12.38%，占全省专利授权总量的57.90%。其中8851家企业提交5.39万件发明专利申请，同比增长8.23%，占全省发明专利申请总量的71.72%，占企业提交专利申请总量的36.01%；3889家企业拥有发明专利1.74万件，占全省发明专利授权量的78.18%。

截至2014年年底，广东省共培育和认定省级知识产权示范企业140家、知识产权

优势企业 568 家。组织推荐并获得国家知识产权局认定首批国家级知识产权示范和优势企业达到 50 家。

近年来，在广东省委省政府的高度重视下，专利工作在该省经济社会、科技创新等领域地位越来越重要。多项专利指标纳入衡量地区经济社会科技发展水平的重要指标。2009 年，每百万人口发明专利申请量纳入《珠三角规划纲要》重点监测指标；2010 年，每百万人口发明专利申请量、授权量纳入广东国民经济和社会发展 5 年规划；2013 年，在落实《珠三角规划纲要》工作中，"实施知识产权战略"纳入"九年大跨越"主要任务，每万人口有效发明专利拥有量指标新增列入主要监控指标。

5. 完善知识产权服务业监督和管理，构建知识产权服务业发展软环境

2012 年，《中共广东省委广东省人民政府关于加快建设知识产权强省的决定》等文件中明确提出了促进广东省知识产权服务业发展的相应举措。省发展改革委在《关于加快发展高技术服务业实施意见》中，对知识产权服务业发展提出了具体实施意见。在第一轮合作基础上，2013 年，国家知识产权局与省政府深入推进第二轮知识产权高层次战略合作关系，将创建知识产权服务业示范省作为重要合作议题之一。同时，《广东省专利条例》《著作权侵权投诉管理办法》《广东省实施技术标准战略专项资金管理办法（试行）》《广东省著名商标认定和管理的实施细则》等一系列政策法规，为知识产权服务业发展营造了良好的软环境。

（二）江苏知识产权服务业发展经验

江苏省既是中国东部的经济发达地区，也是高度重视知识产权工作的省份，2014 年，江苏省知识产权综合发展指数年均增长率位居全国第一，区域知识产权综合实力位居全国第二。自 2008 年开始，江苏省深入实施知识产权战略，出台知识产权强省战略，大力发展知识产权服务业。

1. 政府宏观层面高度重视知识产权服务业工作，注重顶层设计

2009 年，江苏出台《江苏知识产权战略规划纲要》，率先将"健全知识产权服务体系"同创造、运用、保护、管理和区域发展并列作为六个重点任务之一，提出"提高知识产权公共服务能力，发展知识产权服务机构，推进知识产权市场建设"三个分任务，具体任务分解如表 12 - 5 所示。

表 12 - 5　江苏知识产权战略纲要中健全知识产权服务体系重点任务分解

分任务	任务描述	关键点
一、提高知识产权公共服务能力	1. 加强专利受理、审查机构和版权登记机构建设，满足日益增长的服务需求	加强知识产权行政服务
	2. 加强知识产权信息服务能力建设，构建集成专利、商标、版权、标准、植物新品种、集成电路布图设计等信息的知识产权公共信息服务平台	提高信息服务能力
	3. 鼓励社会资金投资知识产权信息化建设，开发满足行业和企业需求的专业信息数据库，为企业自主创新、产品出口、技术引进、应对纠纷等提供服务	鼓励投资信息化建设

续表

分任务	任务描述	关键点
二、发展知识产权服务机构	1. 支持知识产权代理、交易、咨询、评估、法律服务等服务机构发展	支持各类服务机构发展
	2. 推动知识产权服务机构经营方式和管理制度建设，加强人才培养和引进，完善服务功能，培育服务品牌，开展专业化、特色化经营	提高服务能力，培育服务品牌
	3. 扶持经济薄弱地区专利等知识产权服务机构发展	帮助落后地区发展
	4. 规范知识产权服务执业行为，取缔非法代理，发挥知识产权法律服务在知识产权运用和管理中的保障促进作用	规范知识产权服务行为
	5. 引导和扶持企业知识产权联盟、行业协会、知识产权社团开展知识产权服务	发展社会组织的重要作用
三、推进知识产权市场建设	1. 充分发挥技术市场作用，开展面向国内外的知识产权交易活动	发展知识产权交易活动
	2. 积极运用现代网络技术，重点建设省市联动、覆盖全省、面向国内外的知识产权展示交易平台，推进知识产权交易信息集成和交易服务集成	建设知识产权交易平台
	3. 加快资源整合，建设网上交易与现场交易相结合的知识产权贸易市场，吸引国内外知识产权成果向我省转移	建设线上线下相结合的知识产权市场
	4. 加强知识产权市场与金融市场、产权市场的衔接，促进知识产权成果转化	发展知识产权金融服务

2012年，江苏省知识产权局出台《江苏省知识产权服务业发展促进计划实施方案》，提出，"通过实施知识产权服务业发展促进计划，基本建成集知识产权代理、信息、法律、商用化、咨询、培训等较为完整的知识产权服务体系；形成一批基础扎实、创新性强、辐射范围广、具有示范带头效应的知识产权服务品牌；建成1~2个集知识产权信息开发利用、代理、评估、交易、知识产权孵化、商用营运以及培训等专业服务机构为一体的知识产权服务集聚区；全省专利代理机构达到100家以上，年收入超千万元的知识产权代理机构10个、年收入超亿元的综合性知识产权服务机构1~2个；开发高端知识产权服务新产品50个。"同时，确定五个重点任务，分别是知识产权服务品牌机构建设、知识产权服务产品开发与推广、苏北专利代理机构培育、知识产权服务集聚区建设和知识产权经济发展分析。2013年，江苏省知识产权局会同省财政厅出台了《江苏省知识产权服务能力提升工程实施意见》设立知识产权服务业专项发展资金，对相关机构进行适当补贴。2014年，江苏省确定了知识产权服务能力提升工程重点支持项目。

2015年2月，江苏继广东之后出台知识产权强省战略，出台《关于加快建设知识产权强省的意见》。该意见明确提出，"到2020年，知识产权服务业加快发展。建成一批技术先进、功能完备、服务优质、覆盖全省的知识产权公共服务平台，形成一批专业化、规模化、品牌化的知识产权社会化服务机构，服务机构数量超过1800家，主营业务收入超过70亿元。"总之，江苏省通过出台知识产权强省战略，出台促进计划等多种方式确定知识产权服务业的发展的重点任务，高度知识产权服务业的顶层设计，并且通过税收、财政、人才等政策落实主要任务，使江苏省知识产权服务业实现快速发展。

2. 加强服务机构品牌培育，保障服务机构引进管理

鼓励知识产权服务业机构参与国家知识产权服务品牌机构培育。2012年，国家知识产权局开展了知识产权服务品牌机构培育工作，评选公布了首批47家全国知识产权服务品牌机构培育单位，江苏省专利信息服务中心、南京天华专利代理有限责任公司、南京经纬专利商标代理有限公司等品牌机构培育单位在江苏省知识产权服务业快速发展的大潮中涌现出来。

为加强知识产权品牌机构自身建设，江苏省知识产权局会同江苏大学开展了《江苏省专利代理服务质量管理规范》的研究制定，并进行试点推广，努力推进品牌服务质量的提升。先后多次召开课题组、规范试点单位和相关标准化研究专家会议，不断完善规范内容，形成了比较适用的规范标准，在初步完善的基础上，选择6家专利代理机构开展试点运行，通过试点不断完善和总结经验。通过规范管理试点的运行，为提升江苏知识产权服务质量起到重要推动作用。

2012年，江苏省知识产权局印发《江苏省专利代理机构星级评定暂行办法》，在全国率先启动了专利代理机构星级评定。

同时，江苏开展"江苏省百件优秀发明专利申请文件"评比，鼓励专利文件撰写质量提升。有效地向专利代理人传递了加强专利文件撰写质量重要性的信号，也向社会传递了加强专利文件撰写管理的具体措施，为专利代理品牌化建设提供了有益的实践。

在加强本省知识产权服务机构培育的同时，江苏大力支持引进知识产权服务机构，实施知识产权服务能力提升工程，要求各地市大力支持知识产权代理、咨询、评估、法律等服务机构加快发展，吸引高水平知识产权服务机构到当地设立分支机构，开展特色化、高端化服务。各地市也积极出台了税收、财政、人才等优惠政策，积极引进知识产权服务机构到当地落户，以尽快满足全省创新的需求。

3. 挖掘企业知识产权服务需求，创新知识产权服务模式

创新"定制式"服务方式。处于不同行业、不同发展阶段的企业对知识产权服务差别较大，通常包括专利管理、专利布局、专利风险防控、专利许可转让、企业知识产权战略制定等，企业经营者对自身的知识产权需求不明，因此，帮助企业挖掘知识产权服务需求显得尤为重要。创新"定制式"服务方式。将私人定制的理念，运用于重点产业龙头企业的扶持服务中，针对企业的不同需求，分别提供知识产权战略规划指导、创新研发团队专利风险管控等专题培训、内部知识产权工作制度完善等个性化辅导。

为探索知识产权服务业的发展模式，江苏在位于苏州高新区的国家知识产权服务业集聚发展试验区，经过两年的努力，到2013年年底，已经完成了制度建设、设施建设、人员配备，先后入驻知识产权服务机构25家和知识产权人才学历教育机构1家。初步形成知识产权运营、人才培育和知识产权代理咨询的集聚区域，为知识产权服务业探索了一条新的发展思路。

截至2013年年底，苏州科技城累计获批科技项目600多项，获批金额近7亿元，

申报高企46家，认定软企、集成电路设计企业52家，获得专利授权量近1100件，其中发明专利178件；吸引了24名"千人计划"专家，31名江苏"双创"领军人才在内的创新创业人才聚集于此，成为推动科技城乃至高新区、苏州市创新发展的活力源泉。到2020年，苏州国家知识产权服务业集聚区预计将集聚全国百强知识产权服务机构50余家，知识产权服务业收入50多亿元，高新技术产业产值占规模以上工业总产值比重超过60%。

4. 加强知识产权服务人才培养，重视知识产权培训服务

实施知识产权人才培养工程是贯彻落实国家和江苏省知识产权战略纲要，创建实施知识产权战略示范省的重要举措，加快推进知识产权人才培养基地和知识产权学科建设，积极开展知识产权学历教育，培养知识产权后备人才，特别是大力培养知识产权工程师，力争5年内培10 000名知识产权工程师。

同时，加强知识产权人才培养工作研究，探索江苏知识产权人才培养新模式，使全省知识产权人才培养规范化、标准化。根据国家知识产权局、工业和信息化部与江苏省政府签署的协议，在南京理工大学首创知识产权学历教育共建模式，从更高层次、更新视角建设知识产权人才培养载体。

此外，江苏还加强了省级知识产权培训基地和国家专利代理人教学与研究中心的建设，充分发挥培训效能。2013年，依托培训载体，全省共培训专利专业人才3090名。同时，重点强化服务人员技能知识培训。充分利用国家机构培训力量，以专利代理机构工作人员为主体，吸收高校、企业相关人员参加，进行专利代理人考前强化培训。3年来，共培训360人，通过专利代理人考试174人，其中在专利代理机构执业105人，进一步壮大了专利代理人队伍。

五、知识产权服务业发展的主要任务和重大举措分析

2011年来，《国务院办公厅关于加快发展高技术服务业的指导意见》《国务院关于加快科技服务业发展的若干意见》《关于加快培育和发展知识产权服务业的指导意见》和《深入实施国家知识产权战略行动计划（2014~2020年）》四个重要文件从宏观上指明了知识产权服务业的主要问题，确定了知识产权服务业的主要任务和重大举措。因此，本章就通过对四个文件进行全面深刻的分解，确定知识产权服务业发展的主要任务和重大举措。

（一）知识产权服务业发展的主要任务

对上述四个重要文件进行深入分析，挖掘其对知识产权服务业的发展目标和重点任务的规定，如表12-6所示。

（二）知识产权服务业发展的重大举措

对上述四个重要文件进行深入分析，挖掘其对知识产权服务业的重大举措的规定，如表12-7所示。

表12-6 若干重要文件对知识产权服务业的发展目标和重要任务的规定

	《国务院办公厅关于加快发展高技术服务业的指导意见》	《关于加快培育和发展知识产权服务业的指导意见》	《深入实施国家知识产权战略行动计划（2014～2020年）》
发展目标、重点任务总结	关键点：高技术服务业营业收入快速增长，成为国民经济的增长点；培育骨干企业，形成产业基地和创新集聚区；完善高技术服务产业体系、标准体系、统计体系和政策体系。	关键点：形成科技服务水平明显提升；形成科技服务产业集群，产业规模扩大。	关键词：知识产权服务业快速发展，满足市场需求；对产业机构优化升级作用明显提升；密集型产业结构优化升级提升。
发展目标	"十二五"期间，高技术服务业营业收入年均增长18%以上，到2015年，发展成为国民经济的重要增长点，对经济结构调整、发展方式转变的支撑作用明显增强；培育一批创新能力较强、服务水平较高，具有一定国际影响力的骨干企业；形成若干特色鲜明、比较优势突出的产业基地和创新集聚区；基本建立高技术服务产业体系、标准体系、统计体系和政策体系。到2020年，形成较为完善的高技术服务业体系，成为服务业发展的主导力量，基本满足建设创新型国家和全面建成小康社会的需要，为经济社会可持续发展提供有力的支撑。	关键点：知识产权服务与科技经济深度融合；知识产权服务与科技经济深度融合，为科技和经济发展提供显著支撑，提高对经济社会发展的贡献率。到2020年，知识产权服务与科技服务深度融合，知识产权市场化水平和国际化竞争力明显提升。培育一批拥有知名品牌的知识产权服务机构和龙头企业，涌现一批创新型科技服务业态，形成一批知识产权服务业集群，知识产权服务业规模达到8万亿元，成为促进科技经济结合的关键环节和经济提质增效升级的重要引擎。	关键点：知识产权服务业快速发展，对经济发展和产业转型升级支撑作用明显提升，培育一批知名品牌和具有国际影响力的服务机构，形成一批知识产权服务产业集群。1. 形成知识产权服务体系，包含产业体系、标准体系、统计体系和政策体系。2. 知识产权服务业快速发展，对经济发展和产业转型升级支撑作用明显提升。3. 培育一批知名品牌和具有国际影响力的服务机构，形成一批知识产权服务产业集群。

续表

发展目标、重点任务	《国务院办公厅关于加快发展高技术服务业的指导意见》	《国务院关于加快科技服务业发展的若干意见》	《关于加快培育和发展知识产权服务业的指导意见》	《深入实施国家知识产权战略行动计划（2014~2020年）》	发展目标、重点任务总结
培育知识产权服务市场	关键点：发展知识产权各环节服务；培育市场主体；创新知识产权服务模式；发展重点增值服务；积极发展知识产权创造、保护和管理等环节的服务，加强规范管理，培育知识产权服务市场，构建服务主体多元化的知识产权服务体系。创新知识产权服务模式，发展咨询、检索、分析、培育评估、数据加工等基础服务，转化、托管、投融资等增值服务。	关键点：整合现有科技和商业资源，创新服务模式，构建全链条的知识产权服务体系；面向产业集群和区域发展需求，提供综合服务；向军民科技融合开展综合服务。以科技创新需求为导向，大力发展知识产权代理、法律、信息、咨询、培训等服务，提升知识产权分析评议、运营实施、评估交易、保护维权、投融资等服务水平，构建全链条的知识产权服务体系。鼓励科技服务机构面向产业集群和区域发展需求，开展专业化的综合科技服务，培育发展壮大若干科技服务集成服务商。支持科技服务机构面向军民科技融合开展综合服务，推进军民融合深度发展。	关键点：推进知识产权领域体制改革；发展新兴模式的知识产权服务；为科技型中小企业提供全流程服务；面向"走出去"提供专业服务。按照政府职能转变要求，推进知识产权领域事业单位改革的要求，推进知识产权领域事业单位改革，支持各地有条件的知识产权公共服务机构进行企业化转制改革试点，并按规定享受有关税收优惠政策培育发展知识产权证券化、知识产权经营等新兴模式。实施知识产权服务对接工程，为科技创新型中小微型企业提供全流程知识产权服务。鼓励知识产权服务机构为企业知识产权服务外包、境外设展、海外投资、品牌输出、专利技术入标等活动中提供专业化服务，支持"走出去"战略的实施。	关键点：服务现代农业发展；扩大服务规模，完善服务标准，形成服务集聚区；发展知识产权金融服务。服务现代农业发展。加强植物新品种、农业技术专利、地理标志和农产品商标创造运用，促进农业向技术装备先进、综合效益明显的现代化方向发展。大力发展知识产权服务业。扩大服务规模，完善服务标准，提高服务质量，推动服务业向高端发展，形成知识产权服务市场，形成知识产权服务业集聚区。支持银行、保险、证券、信托等机构广泛参与知识产权金融服务，鼓励商业银行开发知识产权投融资服务产品。完善知识产权投融资服务平台，引导企业拓展知识产权质押融资范围。引导和鼓励地方人民政府建立小微企业信贷风险补偿基金，对知识产权质押贷款提供重点支持。	1. 培育知识产权服务市场主体，发展新兴模式的知识产权服务，扩大服务业市场规模。 2. 完善知识产权服务标准，提高服务质量，形成服务集聚区。 3. 整合服务资源，构建全链条的知识产权服务体系。 4. 发展知识产权投融资服务，"走出去"服务，军民融合服务提供重点支持。

续表

发展目标、重点任务	《国务院办公厅关于加快发展高技术服务业的指导意见》	《国务院关于加快科技服务业发展的若干意见》	《关于加快培育和发展知识产权服务业的指导意见》	《深入实施国家知识产权战略行动计划（2014~2020年）》	发展目标、重点任务总结
加强知识产权公共服务	关键点：扩大共享范围，降低成本。扩大知识产权基础信息资源获取范围，使各类知识产权服务主体可低成本获得基础信息资源。	关键点：推进免费和低成本开放；开发高端知识产权检索分析工具。开放基础知识产权信息资源，推动免费或低成本检索工具免费供社会公众使用。支持相关科技服务机构面向重点产业领域，建立知识产权信息服务平台，提升产业创新服务能力。支持建立知识产权服务联盟，开发高端检索分析工具。	关键点：有序开放信息资源；加大政府采购公共服务力度；发展知识产权服务业资金。有序开放知识产权基础信息资源，使各地获得基础信息资源，以多种方式参与知识产权服务，增强市场服务供给能力。加大政府购买服务力度，探索建立由政府引导、市场主体多元参与的知识产权运营资金，促进知识产权运用。	关键点：建立专业化信息服务平台；提高信息利用率；搭建知识产权和产业化服务平台。建设专业化知识产权信息服务平台，创新知识产权服务模式，开发高端知识产权分析工具，提高知识产权信息利用效率。建立具有产业特色与产业化的全国专利信息服务平台。	1. 推进知识产权信息有序开放，使各类获取成本快速、有效获取基础信息资源。 2. 推进知识产权信息服务专业化专业化，开发高端分析工具。 3. 探索建立知识产权运营平台。
培育知识产权服务机构	关键点：提升知识产权服务处理能力；打造品牌服务机构。提升知识产权服务机构涉外事务处理能力，打造具有国际影响力的知识产权服务企业和品牌。	关键点：鼓励跨区域、跨领域合作；创新服务模式；发展全链条的科技服务。鼓励跨区域跨领域的跨科技服务机构合作，跨区域整合各类科技服务资源，跨方式融合各类科技服务模式，发展全链条服务外包、专业化分工，形成综合性的综合科技服务模式。	关键点：开展知识产权服务业集聚试点工作；开展知识产权服务业示范；引导集聚发展；开展知识产权服务集聚发展，自主创新示范区、国家现代服务业综合改革试点、国家知识产权服务业基地、高技术服务业综合创新发展试点城市和内地合作服务示范试点和示范城市和内地合作服务示范试点和示范城市开展知识产权服务业集中、集约、集聚发展。依托移动互联网、下一代互联网、云计算、物联网等新技术，开展新知识产权服务业重点发展领域工作，推进知识产权服务模式创新试点示范项目。在知识产权服务业示范领域，开展知识产权示范机构品牌建设工作，推进知识产权示范机构品牌能力较强、业绩显著、信誉良好的知识产权服务机构，提升社会影响力和国际竞争力。	关键点：提升服务能力；提供"走出去"服务；建立管理服务规范。加强知识产权服务部门和知识产权评议协同协作，制定知识产权评议指导手册，提高知识产权评议服务能力。引导知识产权服务机构为企业走出去"服务，提高海外知识产权事务处理能力。制定知识产权服务规范，引导知识产权服务机构为中小微企业提供知识产权委托管理服务。	1. 开展知识创建工作，打造品牌机构服务机构。 2. 鼓励跨区域合作、跨领域合作，形成集成化总包服务模式。 3. 开展各类知识产权服务示范工作，提升知识产权服务机构的服务能力，创新服务模式。

续表

发展目标、重点任务	《国务院办公厅关于加快发展高技术服务业的指导意见》	《国务院关于加快科技服务业发展的若干意见》	《关于加快培育和发展知识产权服务业的指导意见》	《深入实施国家知识产权战略行动计划（2014~2020年）》	发展目标、重点任务总结
加强知识产权服务人才培养	关键点：创新培养模式，多种形式综合运用；完善学科设置；鼓励企业加大培训力度；完善服务人激励机制；健全服务业人才评价体系。鼓励采用合作办学、定向培养、继续教育等多种形式，创新高技术服务人才培养模式。完善高技术服务业学科设置，允许部分地区高校根据产业需求自行设置高技术服务相关二级学科。鼓励高技术服务业企业加大职工培训投入力度，提高职工培训费用计入企业成本的比例。加强创新型人才的引进和使用。完善人股、股票期权等知识资本化激励机制。健全高技术服务业人才评价体系，完善职业资格制度，加强人才学管理。加快发展高技术服务业人力资源服务业，促进高技术服务业人才资源优化配置和合理流动。	关键点：完善学历教育和职业培训体系；利用人才计划引进和培养人才；依托社会组织开展专业人才培训；完善服务业人才评价体系。面向科技服务业发展需求，完善学历教育和职业培训体系，支持高校调整科技服务相关专业设置，加强对科技服务业从业人员的培养培训。积极利用各类人才计划，引进和培养一批懂技术、懂市场、懂管理的复合型科技服务高端人才。依托科协组织、行业协会、开展科技服务业人才评价体系建设，提高从业人员的专业素质和能力水平。	关键点：建立知识产权服务人职业资格制度和支撑评定制度；扩大代理人才规模，提高代理人才素质；引进国际高端人才；创新人才培养模式。推动建立知识产权服务人职业资格制度和职称评聘制度，加快培养知识产权实务人才。扩大知识产权代理人专业队伍规模，提高知识产权管理、咨询、运营、评估、保险、信息分析人才队伍。支持引进懂技术、懂法律、懂管理的知识产权复合型国际人才。完善知识产权服务人才培养机制，创新人才培养模式，鼓励开展校企合作、联合培养知识产权服务人才。引进国际师资，积极开展职业培训，培养知识产权服务高端实务人才。	关键点：建设人才培养基地；重点人员知识产权培训；纳入教育课程体系；依托社会人才库；完善人才评价制度。建设若干国家知识产权人才培养基地，推动建设知识产权协同创新中心。开展以党政领导干部、公务员、企事业单位管理人员、专业技术人员、文学艺术创作人员、教师等为重点的知识产权培训。将知识产权纳入大学校教育课程体系，建立若干知识产权教育示范学校。将知识产权内容全面纳入国家知识产权宣传教育和全民科学素质提升工作。依托海外高层次人才引进计划引进急需的知识产权高端人才。深入开展百千万知识产权人才工程，建立知识产权人才库。完善面向社会的知识产权评价体系，完善知识产权专业技术人才评价制度。	1. 完善知识产权职业教育和职业培训体系，加强对知识产权服务业从业人员的培养培训。2. 加大知识产权服务人才引进力度，完善知识产权服务机构引进管理制度。3. 依托社会组织发挥人才培训体系作用，开展重点人员培训。4. 完善知识产权服务人才评价体系，完善知识产权人才激励机制。5. 打通人才流通机制，建立人才交流合作平台。

续表

发展目标、重点任务	《国务院办公厅关于加快发展高技术服务业的指导意见》	《国务院关于加快科技服务业发展的若干意见》	《关于加快培育和发展知识产权服务业的指导意见》	《深入实施国家知识产权战略行动计划（2014~2020年）》	发展目标、重点任务总结
加强知识产权服务业的监督管理	关键点：提供信息分析和技术咨询等标准化服务。加强标准化制度，加强标准化咨询和相关技术咨询标准化服务能力。	关键点：完善法规和监管机制；有序开放市场准入，构建公平竞争的环境；推进国有服务企业改革；加快科技服务事业单位转制；发挥社会组织的重要作用。进一步完善科技服务业市场法规和监管体制，规范开放科技服务市场准入，加强科技服务市场秩序，加强科技服务企业信用体系建设，构建统一开放、竞争有序的市场体系，为各类科技服务主体营造公平竞争的环境。推动国有科技服务企业建立现代企业制度，引导社会资本参与国有科技服务企业改制，促进股权多元化改造。鼓励科技人员创办科技服务企业，积极支持合伙制科技服务企业发展。加快具备条件的科技服务事业单位转制，开展市场化经营。加快转变政府职能，充分发挥产业技术联盟、行业协会等社会组织在推动科技服务业发展中的作用。	关键点：发挥社会组织的行业自律作用；建立服务市场准入制度；提高服务质量和规范、建立服务标准评价管理体系；加强行业宣传和文化建设。建立并完善知识产权服务行业协会（联盟），充分发挥行业协会（联盟）在行业自律、标准制定、产品推广、交流合作等方面的作用。建立合理开放的知识产权服务市场秩序，维护公平竞争的市场准入制度，建立知识产权服务标准规范体系，提高服务质量和效率。加强对服务机构和人员的执业监督与管理，引导服务机构建立健全内部管理制度。建立知识产权服务机构分级评价体系，完善信用和失信公示和诚信惩戒等机制。鼓励服务联盟、实现优势互补、资源共享。加强政府对行业协会、行业协会的指导，支持与监管。加强知识产权宣传和文化建设，扩大行业影响。	关键点：建立联盟、协会等社会组织；建立服务标准规范和人员的自律；加强行业自律；加强人员的监督。建立健全知识产权服务标准规范、加强对服务机构和人员的监管。发挥行业协会作用，加强知识产权协同运用，推动专利联盟建设。发挥知识产权协会作用，加强知识产权宣传和文化建设，加强行业自律。	1. 建立联盟、协会等社会组织，发挥社会组织的自律作用。 2. 建立服务标准规范，提高知识产权服务的质量。 3. 建立合理的知识产权服务业的准入制度，监督管理从业人员。 4. 推进国有服务企业单位改革，开展市场化经营。 5. 加强知识产权宣传和文化建设，扩大行业影响。

表12-7 若干重要文件对知识产权服务业的重大举措的规定

重大举措	《国务院办公厅关于加快发展高技术服务业的指导意见》	《国务院关于加快科技服务业发展的若干意见》	《关于加快培育和发展知识产权服务业的指导意见》	《深入实施国家知识产权战略行动计划（2014～2020年）》	重大举措总结
完善市场环境	关键点：加大保护力度；诚信体系建设；加大政府采购力度；建立服务业技术体系、服务标准体系和职称评价体系；制定统计分类标准。加大高技术服务领域知识产权保护力度。加强诚信体系建设、推进服务业社会化。加大政府采购高技术服务的力度，拓展政府采购高技术服务业的领域。建立和完善高技术服务业技术体系、服务标准体系和职称评价体系，促进规范化发展。加快制定高技术服务业统计分类标准，完善统计方法和统计目录，加强统计调查和运行分析。	关键点：完善市场法规和监管体制；加强信用体系建设；推动国有科技服务企业改革；鼓励科技服务人员创办科技服务企业。进一步完善科技服务业市场法规和监管体制。加强科技服务企业信用体系建设，构建统一开放、竞争有序的市场体系，为各类科技服务主体营造公平竞争的环境。推动国有科技服务企业建立现代企业制度，引导社会资本参与国有科技服务企业改制，促进股权多元化改造。鼓励科技人员创办科技服务企业，积极支持合伙制科技服务企业发展。	关键点：建立服务标准规范体系；建立服务机构内部管理制度；完善服务机构分级评价体系；完善信用体系；成立区域服务业联盟；加强服务业协会的指导与监督。建立知识产权服务标准规范体系，提高服务质量和效率。引导服务机构建立健全内部管理制度。建立知识产权服务机构分级评价体系，完善行业信用评价、诚信公示和失信惩戒等机制。鼓励服务机构成立区域性服务联盟，实现优势互补、资源共享。加强政府对行业协会的指导，支持与监管。建立健全知识产权服务业统计调查制度。建立知识产权服务业发展监测和信息发布机制。	关键点：完善法律法规；加强类知识产权的保护；推进知识产权信息工作。完善法律法规。推动专利法、著作权法及配套法规修订工作，建立健全知识产权保护长效机制，加大对侵权行为的惩处力度。适时做好遗传资源、传统知识、民间文艺和地理标志等方面的立法工作。研究修订反不正当竞争法、知识产权海关保护条例、植物新品种保护条例等法律法规。研究制定防止知识产权滥用的规范性文件。知识产权信息服务工程。推动各类政府知识产权基础信息公共服务平台互联互通，逐步实现基础信息共享。	1. 完善知识产权服务法律法规。2. 建立知识产权服务业的统计调查制度，建立分级评价体系和职称评价体系。3. 建立服务机构的内部管理制度，建立分级评价体系。4. 完善诚信体系建设。5. 加强行业协会的指导监督，鼓励区域合作。

续表

重大举措	《国务院办公厅关于加快高技术服务业发展的指导意见》	《国务院关于加快科技服务业发展的若干意见》	《关于加快培育和发展知识产权服务业的指导意见》	《深入实施国家知识产权战略行动计划（2014~2020年）》	重大举措总结
培育市场需求	关键点：建立高技术服务产业创新联盟，完善创新体系；推进战略，构建专利联盟；推动建立各具特色的创新联盟；完善产学研用相结合的创新体系，产业标准体系、实施战略，构建高技术服务业创新联盟。	关键点：科技服务业事业单位改革；发挥社会组织的重要作用；推动建立科技服务联盟。加快推进具备条件的科技服务业事业单位转制，开展市场化经营。充分发挥转变政府职能，行业协会等社会组织在推动科技服务业发展中的作用，推动科技服务业企业牵头组建以技术、专利、标准为纽带的科技服务联盟，开展协同创新。	关键点：推进知识产权服务品牌培育；引导知识产权服务机构健康发展。实施知识产权服务引导项目，培育知识产权服务品牌机构，引导和支持民营知识产权服务机构健康发展。	关键点：建立行业信息库；鼓励社会机构提供专业知识产权信息服务；加大对中小微企业的支持。指导有关行业建设知识产权专利信息库，提供专业化、深加工的知识产权信息服务，完善知识产权资助政策，适当降低中小微企业知识产权申请和维持费用，加大对中小微企业知识产权创造和运用的支持力度。	1. 建立知识产权服务产业创新联盟，实施标准战略，建立联盟。 2. 引导知识产权服务业品牌服务机构发展，培育知识产权服务体系，将知识产权服务全面融入创新驱动发展。 3. 完善技术创新体系，将知识产权服务全面融入创新驱动发展。
加大财税支持	关键点：利用各种资金渠道加大对高技术服务业的支持；完善高新技术企业认定范围，高技术服务型事业单位受有关税收优惠政策。积极发挥财政投资引导基金的杠杆作用，利用中小企业创新基金、科技型中小企业创新基金等资金渠道加大对高技术服务业企业的支持力度，引导社会资金投向高技术服务业。针对高技术服务业发展重点，研究完善高新技术企业认定范围，符合条件的高技术服务企业可享受相关税收优惠政策。检验检测、研发等领域事业单位转制为企业的，可按规定享受有关税收优惠政策，按照增值税扩大征收范围改革安排，完善相关制度，解决高技术服务业发展存在的税收问题。	关键点：完善高新技术企业认定管理办法；推进营业税改征增值税试点；发展政府购买服务和"后补助"等方式。完善高新技术企业认定管理办法，充分考虑科技服务业特点，将科技服务业纳入国家重点支持的高新技术领域。加快推进营业税改征增值税试点，扩大科技服务业进项税额抵扣范围，消除重复征税。积极创新财政支持方式，"后补助"等以政府购买服务、探索以政府购买服务方式支持公共科技服务业发展。	关键点：设立知识产权服务业专项资金；落实高新技术服务业知识产权产业化专项资金。设立国家知识产权服务业发展专项资金，推动国家发展改革委有条件的地区设立知识产权服务业发展专项资金。落实高新技术服务业知识产权产业化专项对知识产权服务的支持。	关键点：推动对知识产权战略实施工作的支持；引导财政资金和基金相关方向倾斜。加强财政支持，中央财政通过相关部门预算渠道安排资金支持知识产权战略实施工作。引导支持知识产权产业化发展的财政专项资金向知识产权、知识产权化、成果转化方向倾斜。	1. 加大对知识产权服务业的财政资金支持。 2. 完善高新技术服务业认定管理办法。 3. 推进营业税改征增值税试点工作，重点面向知识产权服务业。 4. 落实高新技术服务业购买服务、科技服务业专项资金。 5. 发展政府购买、"后补助"等新型财政支持方式。

续表

重大举措	《国务院办公厅关于加快发展高技术服务业的指导意见》	《国务院关于加快科技服务业发展的若干意见》	《关于加快培育和发展知识产权服务业的指导意见》	《深入实施国家知识产权战略行动计划（2014~2020年）》	重大举措总结
拓展资金渠道	关键点：完善知识产权评估；推行知识产权质押融资；创新中小企业债券和票据；加大对高技术服务业的担保力度；拓宽融资渠道。完善知识产权价值评估制度和管理规定，积极推行知识产权质押等融资方式。继续推动高技术服务业基地发行中小企业集合债和集合票据。推动各类融资担保机构按照商业原则加大对高技术服务企业提供融资担保的力度。引导社会资本设立创业投资企业，支持符合条件的高技术服务企业在境内外特别是境外创业板上市，加快推进全国性证券场外交易市场建设，拓展高技术服务业直接融资渠道。	关键点：建立多元化的资金投入体系；拓展科技服务业融资渠道；支持科技服务业上市和股份转让；发展科技服务业专项资金。建立多元化的资金投入体系，拓展科技服务业企业融资渠道，引导银行信贷、创业投资、资本市场等加大对科技服务业企业的支持。支持科技服务业企业上市融资和再融资以及到全国中小企业股份转让系统挂牌。鼓励外资投入科技服务业。积极发挥财政资金的杠杆作用，利用中小企业发展专项资金、国家科技成果转化引导基金等渠道加大对科技服务业企业的支持力度。鼓励地方通过科技服务业发展专项资金等方式，支持科技服务机构提升专业服务能力，搭建公共服务平台，创新服务模式等。	关键点：推进知识产权质押融资等多种方式引导社会资本投入。综合利用基金、贴息等多种方式引导社会资本投入，推进知识产权质押融资、产业链金融等金融产品创新。鼓励金融机构加大信贷支持，推进知识产权质押融资、产业链金融等金融产品创新。综合运用基金、贴息、担保等多种方式，引导吸引信贷资金、外资和社会资本多渠道投向知识产权服务业。	关键点：推进知识产权质押融资等多种方式引导社会资本加大对知识产权服务业的投入。通过多种方式引导社会资金加大对知识产权服务业的投入。支持知识产权转让、上市、股份转让、债券、票据等方式融资。加大对知识产权服务业的融资担保力度。	1. 建立多元化的知识产权资金投入体系。 2. 推进知识产权质押融资、产业链金融等金融产品创新。 3. 通过多种方式引导社会资金加大对知识产权服务业的投入。 4. 支持知识产权转让、上市、股份转让、债券、票据等方式融资。 5. 加大对知识产权服务业的融资担保力度。

六、知识产权服务业发展的政策建议

(一) 政策思路

综合知识产权服务业发展的现状和存在的问题,结合知识产权服务业的理论分析、经验分析、发展机遇分析,知识产权服务业的发展必须有以下四点基本认识。

一是知识产权服务业虽然存在诸多问题,但是知识产权服务业的发展存在其独特的重要性和紧迫性。知识产权服务业发展的诸多问题是其处于发展初期的阶段性特征,其对经济社会发展的贡献还不显著,但是知识产权服务业的发展是建设知识产权强国的重要支持,是推动科技成果转化、促进创新创业的重要保障,是调整优化产业结构、培育新经济增长点的重要举措,在经济"新常态"的背景下,知识产权服务业的发展显得尤为重要,必须抓住发展机遇,抢先发展知识产权服务业。

二是虽然现阶段知识产权服务业更多地表现为从属性产业,但是未来知识产权服务业有机会成为主导型产业。知识产权服务业由知识产权中介服务的概念逐渐衍生,目前其产业规模、从业人员数量、对 GDP 的贡献稍显不足,但是知识产权服务业的高附加值,从业人员的高素质,产业发展速度较快,高技术产业的依赖性增强等特征使知识产权服务业有机会成为主导型产业。

三是知识产权服务业发展的基础是完善支撑体系,尤其是基于知识产权服务的产业体系、标准体系、统计体系和政策体系。形成集多种知识产权于一体的知识产权服务产业管理理念,对于发展知识产权服务业至关重要。完善知识产权服务业政策体系,构建标准体系和统计体系,有助于促进知识产权服务业大发展、大繁荣。

四是知识产权服务业的发展是政府、企业、社会共同努力的结果,政府发挥其宏观指导、财税投入、监督管理、公共服务的重要作用。企业既是知识产权服务的供给方和需求方,社会是知识产权服务业意识形态形成的关键因素,也是产业发展的重要推手。目前,诸多部门参与知识产权服务的指导工作,并出台相关政策文件,在"简政放权"的背景下,必须明确政府职责,统筹推进若干政策措施,确保政策合理有效实施。

基于以上对知识产权服务业的基本认识,为统筹利用知识产权服务业行政资源,促进各种政策措施有效实施,推动知识产权服务业大力发展,确定以下三点发展思路。

一是紧紧围绕知识产权战略的深入实施,推动知识产权服务业发展。知识产权服务业发展与国家知识产权战略的实施密不可分,必须紧紧围绕国家知识产权战略的政策措施,推动知识产权服务业的大力发展。尤其是利用地方知识产权战略实施,国家知识产权试点、示范城市创建,知识产权强省(市、县)战略实施等重要政策措施。

二是推动各类知识产权服务业政策措施形成合力,助力发展。合理利用已有的政策工具,推动知识产权服务业政策落地,尤其是可以享受的高技术服务业政策、科技服务业政策和知识产权政策。统筹各级知识产权行政管理机构资源,完善知识产权服务业基础条件,促使专利、商标、版权等各类知识产权百花齐放、百花争鸣,共同促进知识产权服务业发展。

三是加强知识产权服务业宏观引导能力建设，优化知识产权服务业发展环境。发挥政府的引导作用，完善服务体系和配套政策。针对区域经济发展不平衡状况，对知识产权服务业发展实行分类指导，明确重点发展领域。强化知识产权服务业发展基础，优化知识产权服务业发展环境。

（二）主要任务

1. 加强知识产权服务业发展的协调机制，统筹知识产权服务业产业发展

建立部门之间知识产权服务业发展协调协作机制，统筹规划知识产权服务业产业发展，协调解决各种突出问题。各有关部门和地方要结合实际情况，制定推进知识产权服务业发展的实施意见，落实各项工作。鼓励地方政府探索知识产权行政管理制度改革，集中知识产权行政资源，统筹知识产权服务业发展。鼓励地方政府探索专利、版权和商标"三合一"行政管理，完善知识产权管理运行机制。深入实施国家知识产权战略，鼓励有条件的地区实施知识产权强省（市）战略，将知识产权服务业发展工作融入强省（市）的大战略，加大知识产权服务业工作力度。鼓励开展知识产权服务试点示范工作。组织开展知识产权服务集聚发展和试点示范工作，鼓励先行先试。完善知识产权服务业政策法规，加强产业、区域、科技、贸易等政策与知识产权政策的衔接。

2. 将知识产权服务全面融入创新驱动发展，培育知识产权服务业市场需求

推动在高等院校、科研机构和企业制定和贯彻知识产权管理规范，建立知识产权管理制度，挖掘创新主体知识产权服务需求，鼓励服务机构参与相关服务。在政府重大财政投资项目，开展知识产权分析评议，支撑科学投资决策。在高新技术领域，鼓励知识产权服务企业参与关键核心技术和标准建设工作，围绕关键核心技术的突破和技术标准建设，形成一批关键核心知识产权和技术标准，确立产业优势。鼓励知识产权服务机构帮助企业在传统产业领域，利用自主知识产权改造传统产业，着力提升产业水平和竞争力。鼓励知识产权服务机构为企业知识产权提供"定制化"服务，重点布局知识产权托管、分级分类、战略制定、风险预警、商用化等领域。

3. 深化知识产权服务业开放合作，培育知识产权服务机构

建立合理开放的知识产权服务市场准入制度，扩大知识产权服务领域对外开放，规范市场秩序。支持知识产权服务机构"走出去"，通过海外并购、联合经营、设立分支机构等方式开拓国际市场。支持承接境外高端知识产权服务业转移，引导外商投资我国知识产权服务业。支持知识产权服务机构开展技术、人才等方面的国际交流合作。建立并完善知识产权服务行业协会（联盟），充分发挥行业协会（联盟）在行业自律、标准制定、产品推广、交流合作等方面的作用。

4. 加强知识产权公共服务，夯实知识产权服务业发展基础

加强知识产权基础信息资源整合和开放共享，提升知识产权信息公共服务能力。推进知识产权信息有序开放，使各类主体低成本、快速、有效获取基础信息资源。完善全国知识产权公共服务体系建设，建立政府部门、行业协会、图书情报机构、知识产权服务机构与企业、高校、科研机构等共同参与、协调联动的服务体系。推进知识产权信息

利用，建立专业化信息服务平台，开发高端分析工具，探索建立具有产业特色的全国知识产权运营与产业化服务平台。推动知识产权行政资源合理配置，支撑地方知识产权服务业发展。

5. 加强知识产权服务业人才培养，构建知识产权服务业人才市场

鼓励采用学科培养、在职培养、社会培训等多种形式，创新知识产权人才培养培训模式。积极利用各类人才计划，引进知识产权服务高端人才和人才团队。完善知识产权人才评价体系，健全职业资格制度。打通知识产权服务人才的流通渠道，促进知识产权服务业人才资源优化配置和合理流动。

6. 推进知识产权服务业支撑体系建设，完善知识产权服务业市场环境

培育知识产权服务市场主体，提高知识产权服务业创新能力，构建涵盖专利、商标、版权等多种知识产权于一体的产业体系。加快制定知识产权服务业统计分类标准，完善统计方法和统计目录，加强统计调查和运行分析，做好知识产权产业统计工作，为知识产权服务业决策提供必要支撑。完善知识产权服务业政策体系，重点包括投入政策、人才政策、监管政策等。加快制定知识产权服务业重点领域服务标准，强化服务业标准宣传和贯彻执行力度。

7. 加大对知识产权服务业的财税支持力度，引导社会资本投入知识产权服务业

积极发挥财政资金的杠杆作用，利用创业投资引导基金、科技型中小企业创新基金等资金渠道加大对服务企业的支持力度，引导社会资金投向知识产权服务业。拓展服务企业融资渠道，引导银行信贷、创业投资、资本市场等加大对服务企业的支持。支持符合条件的知识产权服务企业在境内外特别是境内创业板上市。结合高技术服务业财税投入政策，针对知识产权服务业发展重点，完善高新技术企业认定管理办法，将知识产权服务内容纳入国家重点支持的高新技术领域。加快推进营业税改征增值税试点，扩大服务企业增值税进项税额抵扣范围，消除重复征税。创新财政支持方式，积极探索以政府购买服务、"后补助"等方式支持公共知识产权服务发展。

8. 完善知识产权服务业的监督管理，促进知识产权服务业健康发展

进一步完善知识产权服务业市场法规和监管体制，建立并完善知识产权服务行业协会（联盟）。建立知识产权服务标准规范体系，引导服务机构建立健全内部管理制度，提高服务质量和效率。建立知识产权服务机构分级评价体系，完善行业信用评价、诚信公示和失信惩戒等机制。培育知识产权服务品牌机构，支持和引导民营知识产权服务机构健康发展。在知识产权服务业重点发展领域，开展知识产权服务示范机构创建工作，推进知识产权服务机构品牌建设。加强知识产权服务宣传和文化建设，扩大行业影响力。

（三）重大举措

一是实施城市知识产权服务业培育项目。以提高城市创新能力，促进城市产业结构优化升级为目标，完善国家知识产权示范城市工作，优化知识产权服务业发展环境，提

高知识产权服务业发展水平，促进示范城市知识产权服务业大发展、大繁荣。积极支持国家知识产权示范城市高标准建设，加强知识产权服务业管理机构、政策法规、基础条件、支撑体系、人才培养、需求环境等方面的建设。积极支持国家知识产权示范城市依据自身资源和条件，发展具有自身特点和优势的知识产权服务业。

二是实施知识产权服务集聚区建设项目。依托高新技术产业开发区、经济技术开发区、知识产权试点示范园区等领域，认定一批知识产权服务业集聚发展试验区，推动知识产权服务业集聚发展。积极发展知识产权服务业集聚发展试验区，构建全产业链的知识产权服务体系，改善基础设施和政策环境，引导产业集聚。支持以试验区为依托，探索建立基于产业的知识产权服务业联盟，制定行业服务标准规范，提升行业发展水平。

三是实施知识产权品牌机构培育项目。以提高知识产权服务企业服务能力，提升服务企业服务质量为目标，选取一批具有一定规模、服务模式较好、处于行业领先地位的知识产权服务企业开展品牌培育工作，充分发挥品牌服务机构在服务范围拓展、服务模式创新、服务能力提升方面的带动作用。积极支持品牌服务机构不断创新服务模式、积极打造服务品牌。开展知识产权服务机构分级评价管理，支持服务机构品牌创建工作，积累发展经验和创新实际做法。

四是实施知识产权服务业基础条件保障工程。加强知识产权基础信息资源整合和开放共享，提升知识产权信息公共服务能力。完善知识产权公共服务体系建设，支持欠发达地区公共服务设施建设，加强知识产权公共服务。支持知识产权服务业领域创新中心，产业化基地，产业集聚区等各类服务平台建设。

五是实施知识产权服务业质量提升工程。建立健全知识产权服务业标准体系，推进服务业标准贯彻实施。建立和完善知识产权服务机构评价体系，加强分类指导，支持知识产权服务机构品牌创建。开展知识产权服务业满意度评价试点。开展知识产权代理、培训等业务能力提升项目。

六是实施知识产权运用服务能力提升工程。大力发展知识产权运用服务，推进知识产权运用市场建设。支持以知识产权服务为核心，建立集技术转移、知识产权服务和投融资于一体的新业态发展模式。完善知识产权投融资体系建设，鼓励知识产权服务机构开展投融资业务。

专题 13 "一带一路"战略下企业"走出去"的知识产权困境及对策研究

承担单位：大连理工大学、大连海事大学

作　　者：贺高红　徐红菊　李冬梅　张志刚
　　　　　任　毅　张丽霞　李楠楠　张凌男
　　　　　李晓亮　刘丽娟　潘雪娇

一、"一带一路"下知识产权的战略价值

(一)"一带一路"战略的发展与主要特征

1. "一带一路"战略的发展进程

2013年9月和10月,中国国家主席习近平在出访中亚和东南亚国家期间,先后提出共建"丝绸之路经济带"和"21世纪海上丝绸之路"(以下简称"一带一路")的重大倡议,并得到国际社会高度关注。2015年3月,国家发展改革委、外交部与商务部经国务院授权发布了《推动共建丝绸之路经济带和21世纪海上丝绸之路的愿景与行动》。

到目前为止,"一带一路"战略已经在各方面得到了实质性推进。在国内,涉及"丝绸之路经济带"的西北各省市,以及涉及"21世纪海上丝绸之路"的南部省市,均已开始认真规划筹谋本省市在"一带一路"战略中可以发挥的优势作用。他们一方面积极配合国家战略推动"一带一路"经济合作的顺利发展,另一方面考虑借助国家"一带一路"战略,繁荣本地经济。国内多地能够结合地区优势,对"一带一路"战略加以探讨和研究,但就目前现状来看,各地处于探索阶段,在全国范围内还没有形成整合性的优势。在国际上,2014年11月,在亚太经合组织(APEC)领导人非正式会议上,会议就《亚太经合组织推动实现亚太自贸区北京路线图》达成共识。这说明"一带一路"战略已经不仅仅是中国自己的战略,而是得到亚太地区多数国家认可并积极参与的重要国际战略。

2. "一带一路"战略下企业走出去趋势与特征分析

(1)阶段性递进发展。

与以往中国企业"走出去"的无规划性不同,"一带一路"战略将呈现阶段性递进的发展趋势。《推动共建丝绸之路经济带和21世纪海上丝绸之路的愿景与行动》文件中指出,"一带一路"战略是一项系统性工程。这其中隐含的意思表明"一带一路"战略不求一蹴而就,而是阶段性逐步深入,最终实现资本、技术与文化的输出与区域融合。在"一带一路"战略下,企业走出去需要在宏观上配合战略的整体推进计划,将呈现阶段性递进发展的趋势。

在"一带一路"战略下,企业走出去的第一阶段是基础设施与能源建设企业"走出去",以实现"区域基础设施更加完善,安全高效的陆海空通道网络基本形成,互联互通达到新水平"。这一阶段将以高铁为先导,带动我国传统制造业企业走出去,以推动实现"一带一路"沿线交通网络建设。第二阶段是多元化投资与贸易输出阶段,在相对完善交通网络的推动下,不同类别企业选择更加多样化的途径走出去,进一步推动实现我国与"一带一路"沿线国家自由贸易带的建设。第三阶段则是侧重全面的文化交流与融合阶段,该阶段在贸易与投资的基础上,加强与"一带一路"沿线国家的文化交流与思想认同,数字化的便捷交易将会占据重要比重,进一步促进文化在不同地域的传播。在这三个阶段中,无论哪一个阶段,知识产权都将是支撑贸易与投资顺利进行

的重要条件。

（2）国际知识产权规范的影响力。

在TRIPs协议之后，一些西方国家在一些区域范围内尝试突破TRIPs协定，制定更高标准的国际知识产权规范，"一带一路"战略下企业走出去将直接面对国际知识产权规范的差异性压力。这些国际知识产权规范包括一国国内的法律规范，也包括FTA区域协定中确立起来的知识产权规范，它不仅决定了企业货物进出口顺利与否，也决定了在这些区域范围企业能否适应不同知识产权规范带来的挑战。"一带一路"战略的目标是确保中国企业"走出去"，进而建立与沿线国家的密切经贸合作关系，既是我国经济发展重大战略，在某种意义上，也可以被看作应对TPP的方式。一旦TPP生效，中国企业走出去的最大障碍将是TPP设置的知识产权困局，同时还可能面临着发展中国家知识产权问题的新挑战。如果"一带一路"战略能够顺利实施，就可以找到正确应对TPP的方法与规则。

（3）技术——"一带一路"战略的核心推动力量。

无论是古代丝绸之路，还是21世纪的"一带一路"，推动沿线国际贸易繁荣的重要因素都是技术，这也同样是吸引沿线国家参与贸易的主要吸引力。先进的技术对于沿线国家最具有吸引力，尤其是许多发展中国家，急需技术支撑本国经济的发展，也乐于接受中国"一带一路"战略带来的惠益。因此可以说，技术是"一带一路"战略下企业走出去的核心推动力量，也是"一带一路"战略向纵深发展的主要保障。

截至2014年7月渥太华谈判，TPP谈判已进行21轮。尽管TPP协定名义为自由贸易谈判，但实际上减少贸易保护主义这些政策对于美国已无任何实质性利益，其真正关注的是与贸易如影随形的知识产权规则。通过对泄密版TPP知识产权规则的初步梳理，该文本超出WTO知识产权保护标准，被称为TRIPs-PLUS标准。由于TPP谈判成员间知识产权规则差距较大，导致TPP很难顺利完成知识产权规则的推进与签署。我国通过技术吸引沿线国家合作，并在技术交易与合作过程中加快知识产权规则的研究，试推行贸易自由化。因此可以说，技术也是"一带一路"战略对抗TPP的核心基础。

（二）国际层面战略价值：国际知识产权规则的应对

"一带一路"战略下，中国企业对国际知识产权规则由被动受制转为主动面对。这必然在增加判断我国企业适应何种知识产权保护标准的实践经验，也可以考察我国企业面对更高知识产权保护标准的竞争能力。

以TPP为例，尽管"一带一路"战略可以在某种意义上应对TPP战略，但其并非建立实质性的经济共同体，因而无法实际取代TPP。知识产权是未来国际投资与贸易合作的核心要素，在推进实施"一带一路"战略中，必须筹划借助该战略实施的契机，应对TPP知识产权谈判在东南亚对我国形成的压力，为中国产业走出国门创造良好的国际法律环境。一旦TPP协定生效，其知识产权规则对我国对外经贸交往具有重要影响，必须认真分析TPP知识产权规则对我国亚太经贸可能产生的实质性影响。虽然"一带一路"战略无法取代TPP，其实也无意取代TPP，但可以通过"一带一路"建立新型国际经济规则，并成为应对TPP知识产权压力的主要途径。TPP协定拖至今日尚未形成一致签署意见,其重要原因是不同国家战略利益在知识产权规则上的博弈。

"一带一路"战略可以通过广泛的、全方位的经济合作,使一些国家重新衡量其本国可以取得经济利益。对知识产权的重视与保护,将成为中国企业被信赖关键性因素,建立适合中国与发展中国家交往的知识产权规则体系,而非美国为代表的 TRIPs - PLUS 体系的单一性选择,将是破解 TPP 的可行途径,也将是中国应对类似国际知识产权规范的主要途径。

(三) 区域层面战略价值:企业开拓海外市场的重要因素

1. 知识产权成为走出去企业的基本生产要素

知识产权成为企业基本生产要素的根源在于知识产权与技术的密切关系。知识产权是技术成为私有财产的法律体现,除公有技术外,所有的技术形式都可以通过知识产权得到保护。而依据 TRIPs 协议的规定,专利权与技术秘密都属于知识产权的保护范畴。不可否认,技术是企业能够走出去参与国际竞争的核心要素,但真正增强企业核心竞争力的决定性条件则是技术产权化。一个企业没有自身的核心技术,是企业能力的缺失;而一个企业拥有自身技术,却没有将技术产权化,则是企业能力的缺憾。因此,在"一带一路"战略下,企业走出去要做到的不仅仅是"知识产权先行",而应当做到由始至终的整体性布局与规划。

2. 知识产权实现市场资源最优配置

作为一种重要的生产要素,知识产权可以在商品市场经济条件下实现资源的最优配置。知识产权以一种商品的形式通过市场交易进行流动并重新配置,已经实现了与市场的高度融合。WTO 成员依据 TRIPs 协议承认知识产权为私权,这是知识产权能够在国际市场上作为生产要素自由贸易的法律背景。在"一带一路"沿线形成市场环境下,知识产权资源重新优化配置的速度很可能会超过国内的速度,其源于市场对于知识产权要素需求的更强程度。但基于知识产权的地域性,国际市场上的知识产权交易很可能会受到各地方国国内政治因素的影响,这种情形会造成资源优化配置的障碍。这就决定了在加强企业自身知识产权建设的同时,必须加强政府的引导与支持,尽力为企业完善走出去后当地知识产权市场的运作条件。

3. 避免知识产权成为"一带一路"战略合作的壁垒

自 1947 年《关税与贸易总协定》颁布以来,在国际贸易合作中,各国逐步削减关税,促进国际自由贸易,关税很难再成为国家限制进出口贸易的壁垒。但关税壁垒的逐步消除,并不意味着国际经贸合作壁垒的消失。环境、劳工标准、知识产权成为国际贸易的新型壁垒方式,尤以知识产权壁垒形式多样且利用率最高。知识产权可以独立成为一种壁垒形式,典型如美国 337 条款。此外,知识产权还可以与任何其他壁垒方式融合利用,如以技术标准的形式与环境、食品安全等要求结合等。虽然 TBT 协定对于各国中央政府、地方性政府技术标准制定,以及合格评定程序等问题进行了规范,但协定规范的原则性较强,而知识产权与技术标准的结合增加了这种壁垒的复杂性与隐蔽性。在新技术主导的市场环境下,知识产权对国际经贸的影响将逐步增强。因此,在考虑顺利推进"一带一路"战略,加强与沿线国家经贸往来的同时,必须考虑知识产权可能对我们将要建立的区域合作带来的阻碍。知识产权不仅是区域经贸合作的促进因素,也可能成为合作的阻碍因素,这同样是推进"一带一路"战略必须重视知识产权重要作用的原因之一。

二、企业知识产权问题的实际调查与数据分析

(一)企业知识产权困境经历比较

本调查中,并未将企业知识产权困境仅界定为遭遇知识产权诉讼,而是由企业自身来界定本企业是否面临知识产权困境,包括所遇到的各种类型的知识产权问题与纠纷。根据被调查对象类型的划分,可以看出无论传统制造业企业还是知识密集型企业多数认为本企业已经遇到知识产权困境,但知识产权密集型企业认为遭遇知识产权困境的比重稍大。

知识产权密集型企业认为遇到知识产权困境的比重为50%,而传统制造业企业认为遇到知识产权困境的比重为45%。知识密集型企业依赖知识营利的程度更大,面临知识产权困境的比重偏大为企业发展的正常现象。但这一调查也表明,传统制造业在知识产权方面遇到的困境也同样严重,这一方面表明传统制造业在企业转型升级过程中知识产权需求,另一方面也表明传统制造业企业由于历史上并未注重知识产权保护,隐含的内在知识产权问题或许比新兴的知识密集型企业要更为复杂,更为困难,对传统制造业的未来发展制约更大。

(二)企业知识产权问题类型比较

仅就有限调查对象而言,可以看出传统制造业企业的知识产权问题更多地集中在商标权,而知识密集型企业则更多地集中在著作权与专利权方面。这一数据可以反映出不同类型企业对于知识产权类别的重视程度不同,知识产权的相应意识也有所区别。

表13-1　不同类型企业的知识产权问题统计

企业类型	著作权	商标权	专利权	商业秘密
传统制造业企业	—	75%	25%	50%
知识密集型企业	50%	—	100%	50%

通过表13-1也可以发现,无论传统制造业企业还是知识密集型企业所遇到的商业秘密困境比例是同样的。这说明,商业秘密尽管也被归类于知识产权范畴,但与其他类型知识产权不同。其他类型知识产权在我国几乎算是"舶来品",企业从认知、熟悉到运用,要经历一个发展的过程,不同类型企业会由于企业的性质不同而遇到不同的知识产权问题。但商业秘密对于中国企业则并非是陌生的领域,商业秘密也并未由于被归类为知识产权在法律保护方面有突出的变化。因此,不同类型企业在商业秘密方面所遇到的问题也没有体现出较大差别。

(三) 企业对于知识产权托管服务态度比较

知识产权托管服务是对企业提供知识产权管理、申请、维权等方面服务的新型模式，以弥补企业自身缺乏知识产权专门部门的不足。知识产权托管服务是针对当下企业面临知识产权问题寻求的解决对策之一，这种对策是否能够在某种程度上解决企业面临的知识产权问题，不同类型企业对于知识产权托管的态度等，可以通过数据调查得以反映，并对本课题拟提出的对策提供数据支持。调查在企业接受知识产权托管服务方面，对不同类型企业的态度进行了分类分析。

表13-2 不同类型企业对于知识产权托管的态度

企业类型	是否愿意接受托管服务	知识产权托管服务机构对企业的作用	企业是否接受过知识产权托管服务	企业对托管服务的顾虑
传统制造业企业	是：50% 否：40%	有作用：50% 作用较小：20%	是：10% 否：90%	商业秘密问题：50% 成本问题：30% 其他：20%
知识产权密集型企业	是：100% 否：0	有作用：25% 作用较小：75%	是：25% 否：75%	商业秘密问题：50% 成本问题：50%

从调查数据结果分析，知识产权密集型企业对于知识产权托管服务持更加开放的态度，几乎所有的知识密集型企业都表示愿意接受知识产权托管服务，而传统制造业企业则持相对保守的态度，只有一半的企业表示愿意接受知识产权托管服务。与之相反，更多传统制造业企业认为知识产权托管对企业发展具有一定作用，而知识密集型企业持此观点的比重则大大减少，只占25%。从目前现状来看，无论传统制造业企业还是知识密集型企业接受过知识产权托管服务的比重都不大，更为一致的是，两种类型企业对于知识产权托管的顾忌基本都集中在本企业商业秘密的安全问题。

(四) 企业知识产权保护与维权意识比较

1. 知识产权的市场监控情况

从企业对知识产权侵权监控的数据分析，传统制造业对知识产权侵权关注较少，只有33%的企业表示进行过监控。而相比较而言，知识密集型企业则意识稍强，对知识产权侵权状况进行过监控的比重可以占到50%。

2. 竞争对手知识产权动态掌握

参与调查的企业在这组数据方面体现态度较为积极，其中传统制造业中有56%的企业关注竞争对手知识产权动态，而知识密集型企业的比重更高一些，占到75%。知识密集型企业主要依赖技术谋求市场空间，相应地对于市场上同类技术的知识产权状况更为关注。

行业市场知识产权侵权监控

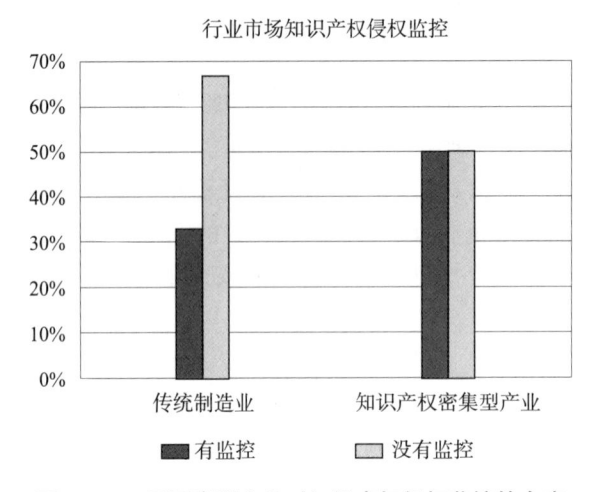

图13-1　不同类型企业对知识产权侵权监控的态度

行业对手知识产权动态关注情况

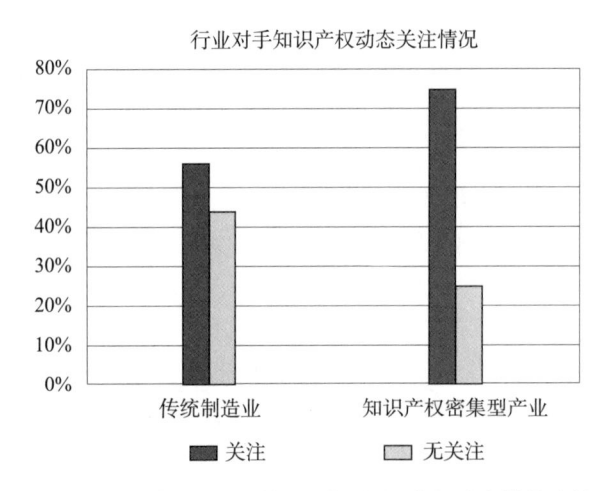

图13-2　不同类型企业对行业对手知识产权动态的关注情况

3. 与本企业员工的知识产权合同约定

职务发明创造或雇员发明创造是企业知识产权的主要来源，为了避免企业与员工之间因知识产权权属问题发生纠纷，或者更顺利有效地实施员工所完成的发明创造，企业应当注重与员工进行知识产权方面的合同约定。从调查数据结果分析，在传统制造业企业中与员工签订知识产权方面合同条款的企业比重有67%，而知识密集型企业的比重达到75%。从数据看，两种类型企业的差别并不明显。

这些数据似乎表明，两种类型企业均重视与企业员工进行知识产权方面的约定，但与企业进一步的咨询沟通中了解到，企业所签订的知识产权条款并非职务过程中完成知识产权权利归属方面的约定，而主要是关于商业秘密保护及竞业禁止方面的约定。无论传统制造型企业还是知识密集型企业，在有关知识产权，尤其是职务发明专利权等的归属、实施等方面的合同约定情形在企业中仍然比较少。

企业员工知识产权条款签订情况

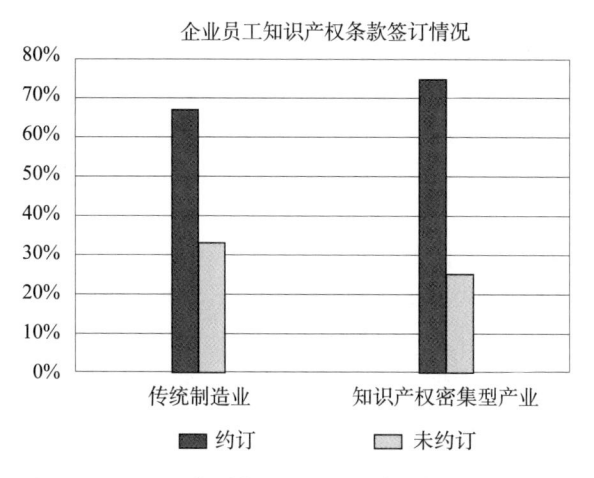

图13-3 不同类型企业员工知识产权条款签订情况

4. 对外合同中的知识产权条款

企业除在内部做好关于职工职务发明创造知识产权归属、商业秘密保护等方面的合同约定外，还应当在对外缔结的合同中认真约定知识产权归属及实施条款。如在企业对外签订的技术合作开发、委托开发、工程承包等类型合同中，均会涉及相应的知识产权问题。从调查数据看，传统制造业企业表示在对外合同中加入知识产权条款的比例达到89%，而知识密集型企业的比重则为75%。

对外合同知识产权条款签订情况

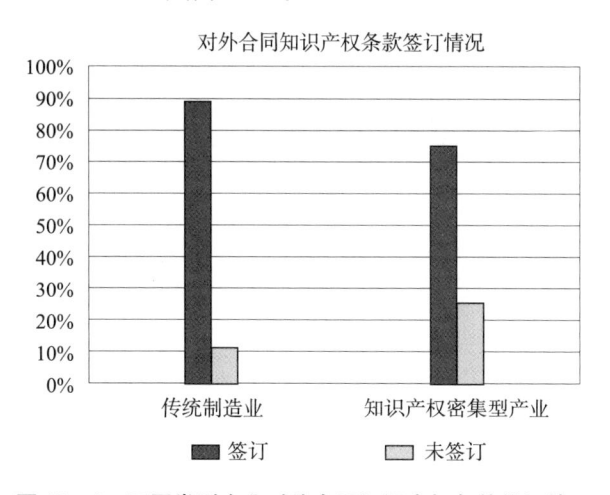

图13-4 不同类型企业对外合同知识产权条款签订情况

以上各组前期调查数据将为本报告提供了客观的数据依据，后文中对我国不同类型企业所面临的知识产权问题以及相应的对策分析部分建立在此调查结果之上，对数据中反映的具体问题也会在后文中加以详细分析。

三、传统制造业企业知识产权问题与原因分析

（一）传统制造业企业走出去面临的知识产权问题

1. 国际技术转让合同困局：限制出口

（1）限制出口条款的主要体现。

在技术许可协议中，限制出口的相关具体条款表现一般如："合同产品应当在本协议中规定的地域内销售""本协议地域指中华人民共和国"，或"限制合同产品只能在中华人民共和国境内销售"。按照协议，这种条款意味着，技术转让方同意所生产的产品只能在中华人民共和国地域范围内销售，而不得出口海外市场。合同中出现的这种条款，属于国际技术转让合同中限制性商业条款的一种，是国际技术许可合同中常见的限制条款。转让方规定这种条款的目的就是限制受让方的发展，确保对海外市场的绝对控制。

很多引进技术的制造业企业在技术转让合同中都包含这一条款，这种条款被称为"出口地域限制"条款，被很多企业无保留地签订在国际技术转让合同之中，成为合同的有效条款。有些合同因为期限较长，目前仍然处于合同有效期内。如果中国企业违反合同约定，将产品出口至海外市场，将可能会面临较大的知识产权风险和损害赔偿责任。

（2）违反出口限制条款的责任分析。

① 违反出口限制的境内责任分析。

由于该"出口地域限制"条款构成企业所签署技术转让合同中的有效条款，违反该条款将产品销售到中国境外，就会构成违约。承担的违约责任就是赔付给转让方所遭受的损失，具体的损害赔偿数额一般按照合同的约定加以确定。但需要注意的是，违反该条款将产品出口到海外市场，在我国境内并不构成知识产权侵权。因为产品在我国境内的制造和销售行为完全依照合同进行，尽管转让方在中国境内享有专利权，中国企业可依据技术许可协议享有在中国境内制造和销售的权利，因此，在中国境内不会构成专利侵权，而仅构成合同违约。

② 违反出口限制的境外责任分析。

由于国际技术转让合同中转让的技术多会涉及专利权，且这些技术往往会在不同国家申请并取得专利权。如果违反合同将产品出口海外，就可能由于未得到权利人许可而构成专利侵权。但对这种侵权责任需要明确两点：一是出口仅是有可能构成专利侵权，也同时存在不构成专利侵权的情形，这要依打算出口地的海外国家专利法而定；二是如果在海外市场国家构成专利侵权，具体数额和具体责任也要依据该国家的专利法来确定，而不能照搬我国的规范加以衡量。

2. 知识产权保护的时间差

与基础设施建设有关一些传统制造业企业，如土木工程、高铁制造、数控机床、民用核能等，都属于在"一带一路"战略第一期阶段需要走出去的企业。这些企业在进入海外市场时，面临着在中国境内与境外知识产权保护时间差问题。这种时间差可能为

企业带来两方面的问题，一是由于在海外建立企业知识产权保护的速度远远落后于企业走出去的速度，就使得企业产品或技术在走出国门一段期间内，面临无知识产权保护或被侵权的风险。另一个问题则更为严峻，就是由于错过优先权期限，企业在中国境内的有效知识产权在境外已经处于公有领域。两种情形都会使企业由于无法得到知识产权保护，在走出国门后不能真正放开手脚开拓市场，这也是许多专家提出"知识产权先行"的主要原因。而后一种情形可能给企业带来近乎颠覆性的影响，因为在国内可以依赖的知识产权已经不具有有效性，在开拓海外市场时，企业必须重新考虑市场与知识产权策略。

产生这种知识产权保护时间差的问题客观原因是知识产权的地域性。知识产权作为一种专有权，在空间上的效力并不是无限的，而是要受到地域的限制，即具有严格的地域性，其效力只限于本国境内。按照一国法律获得承认和保护的知识产权，只能在该国发生法律效力。知识产权没有域外效力，其他国家对这种权利没有保护的义务，任何人均可在自己的国家内自由实施该知识产品，既无需取得权利人的同意，也不必向权利人支付报酬。❶ 企业在中国境内的专利权、商标权，如果没有事先向产品输出国申请并取得专利权及商标权，就无法取得产品输出国的法律保护。企业在境内原本可以行使独占权的专利权与商标权就不能在海外市场获得独占利益，而且可能为当地企业运用，并形成与中国企业的竞争态势。

3. 关于输入国的"当地成分要求"

"当地成分要求"是指根据产品输入国的要求，商品的某些规定部分必须在进口国国内生产，其可以是具体数目，也可以是价值数目。当地成分要求又称当地含量要求或当地产比率要求。"一带一路"战略沿线很多为发展中国家。这些国家在接受外来投资时，往往会提出"当地成分要求"，或者称其为"国有化比例"，这种当地成分要求多种多样，既包括产品、原材料的购买来源，也包括雇佣本地居民等，以此促进本国商品的销售和人员就业。

根据调查，我国一些企业在海外进行的生产和制造已经开始面临一些国家提出的"当地成分要求"问题。这些要求有的与知识产权问题具有相关性，尤其是在当地成分要求比较高的国家。我国企业走出去后，为了减少贸易方面的阻碍，在当地设立分公司完成设备的制作与销售。但在两种典型情形下，一些核心设备或者仍然需要进口至输入国。一种情形是因为当地工作条件不允许，或者处于技术秘密保护的考虑，产品需要在国内生产。还有一种情形是这些核心设备是与他国企业签订国际技术转让合同的衍生物，必须从他国进口，然后再用于我国企业在海外的生产。但无论哪一种情形，都使得这些设备无法符合输入国的"当地成分要求"，或者无法满足其要求的当地成分比例，这就使其成为我国企业海外投资的主要障碍。

(二) 传统制造业企业面临知识产权问题的原因

1. 历史原因

我国传统制造业企业主要从事基础设备的制造与生产，技术起点较低。20 世纪 80

---

❶ 吴汉东主编：《知识产权法学（第五版）》，北京大学出版社 2011 年版，第 7~8 页。

年代，我国实行改革开放政策，对传统制造业企业提出新的要求。从20世纪90年代末始，传统制造业企业逐步参与市场竞争。为了提高竞争力，很多企业与国外技术实力较强的企业签订了国际技术转让合同。

20世纪90年代，中国的知识产权法刚逐一出台，公众还没有确立知识产权意识，对于知识产权法律规则的认识程度较低。相应地，企业对于国际技术引进合同中涉及知识产权的条款没有相关经验，也不具备风险防范意识。有时企业即使意识到某些条款对其存在限制，但认为这种限制无关紧要或者选择了当下利益。这种判断来源于不了解国际技术转让合同的特殊属性：国际技术转让合同与知识产权密切相关，其本质上属于知识产权许可合同，具有期间长、交易过程复杂的特性。技术引进合同的期间往往相当于专利权的有效期间，甚而长于专利权的有效期间。这种漫长的期限就使得企业对未来的发展很难进行正确的预判。由于传统制造业企业最初并没有先进的知识产权防范意识，技术引进合同的期限甚至会长于专利有效期限。因此，很多传统制造业企业签订的技术引进合同直至今日，往往仍为有效合同。而且，这种情形目前仍然存在，许多企业在签订技术引进合同时，仍然不了解或者忽视知识产权许可条款对于企业的影响。改革开放前期传统制造业接受出口限制条款，但用市场换来了技术。在市场竞争逐步激烈的今天，现代的企业再面临这种条款时，必须加以审慎对待，避免在牺牲市场的同时，技术也会被瞬息万变的市场所淘汰。

在"一带一路"战略指引下，我国传统制造业迈开走出国门的步伐，尤其是基础设施建设、交通装备、高铁等率先开始与"一带一路"沿线国家的合作，建设"一带一路"交通网络。这些传统制造业企业面临这种国际技术转让合同限制出口的情况最为典型，企业早期发展对知识产权的简单意识与当下的快速发展出现了冲突，原本对企业发展影响不大的出口限制，成为企业开拓海外市场的最大阻碍。

2. 知识产权运用法律缺乏体系性协调

加强知识产权实施运用是企业发展的必然途径，但知识产权运用规范的完善必须以"知识产权法"的发展为前提和基础。因此，可以说知识产权运用规范是知识产权法发展到一定阶段的必然要求，也是知识产权法发展特定阶段的必然产物。知识产权的实施运用不仅仅涉及知识产权财产的本身保护问题，也必然涉及以合同方式进行的许可实施，涉及在许可实施过程中权利人利用垄断地位导致的反竞争问题，涉及在进行海外出口、企业并购过程中与国际经济法规则冲突与协调等等。

将"中国制造"转变为"中国创造"是我国经济发展的重要目标，其中最为重要的途径是将知识产权中包含的技术、文化创意等转化为现实的生产力。为激励创新，我国已经展开了知识产权法的全面修订，在知识产权静态保护方面有了相当程度的提高，但仅完善知识产权法本身尚不能完全解决中国传统制造业所面临的知识产权困境。现有知识产权法偏重于知识财产的静态保护，这在我国经济发展的初期较为重要，是实现和保护知识产权的前提和基础。但随着我国经济的快速增长，对知识产权规范的需求也发生了重要的变化，要求我们更加侧重对于知识产权实施运用方面的促进规范，即真正实现知识产权的商业价值方面。目前，我国对知识产权实施运用方面的规范分散在不同的部门法之中，彼此之间不仅难于协调，还存在着一定程度的冲突。这种知识产权实施运用规范的相对割裂状态，成为中国制造业发展进程中的瓶颈，这一瓶颈将成为中国经济发展的阻碍。提出解决中国制造知识产权困境的法律对策，构建贯通的系统性知识产权运用法律体系，将有助于提升传统制造业企业的国际竞争力。

3. 缺少企业对知识产权的战略管理

传统制造业企业在初期的加工制造基础之上发展起来，在改革开放以后，受益于低附加值的产品市场优势，低端产品制造也足以让企业营利，而忽略了对于知识产权的关注。加之许多传统制造业企业为国有企业，缺少市场带来的竞争压力，在国内即便发生知识产权纠纷后，也能够通过多种途径对类似纠纷加以解决，知识产权没有真正融入企业生产发展体系之中。许多传统制造业企业缺少对知识产权的战略性管理，至今没有设立专门知识产权管理部门的企业也大量存在。在进军海外市场后，企业首先需要学会对本企业知识产权的保护，避免自己的知识产权被国外竞争者免费利用，加大拓展海外市场的难度。其次，还应做到了解海外市场同业竞争者的相关知识产权，既可以避免浪费研发资源，也可以避免侵犯他人知识产权，承担巨额侵权赔偿金。再者，企业还应研究竞争对手的知识产权战略，以便采取相应的知识产权对策研发新产品。企业在步入海外市场后，逐步意识到知识产权的重要性，这种现象也会促进国内知识产权管理的整体意识。

四、知识密集型企业知识产权问题与原因分析

（一）技术垄断问题与原因分析

知识密集型企业以相关智力知识作为市场竞争的手段，这种知识包括可以申请专利权的技术，秘密技术，以及可以自动取得版权法律保护的内容等，知识密集型企业的发展更加依赖知识产权制度的完善与利益平衡。知识密集型企业在"一带一路"战略下走出去将面临最为严峻的挑战，即发达国家在相关行业多年积累形成的技术垄断优势。

技术垄断指既存技术通过利用知识产权制度对非知识产权所有人后续开发技术形成的阻碍性控制。这种技术垄断形成的主要原因是利用知识产权制度赋予权利人的独占地位，所阻碍的是非知识产权所有人对技术的开发。在不同的语境下，有不同的含义。尼尔·波斯曼（Neil Postman）从技术地位上升的角度，认为技术垄断是技术对文化造成的控制和影响，认为技术的技术加速了文化的消逝。这种对技术垄断的理解是从技术对文化领域的控制加以分析，不同于本研究报告所定义的技术垄断，特别予以指出下文所论述技术垄断非此种含义，以示区分。技术垄断形成的优势很难被突破，这必然对我国知识密集型企业的发展造成影响。进一步技术研发的空间被已有专利及其防御性专利覆盖，很难有所突破，只能被迫选择技术许可实施的路径。在签订技术转让合同后，不仅要交付高额技术使用费，企业的发展及相关产品销售也会受到转让方限制。此外，因知识产权合法垄断形成的权利优势，使得企业在海外市场很容易遭受侵权诉讼，这种诉讼风险也会使企业却步。

从知识产权制度与技术发展的过程看，技术垄断的形成具有特定的历史原因与现实原因。

1. 已有专利权利人的先占优势

在技术的发展史中，发达国家很早就已经意识到以专利权对新兴技术加以保护。除去历史上的技术积累，就近代技术发展而言，发达国家占据着绝对的优势地位，1901年布斯发明了电动真空吸尘器，并获得专利，这项发明立即获得了成功，布斯因此创办一家公司。而这项专利是从1842年惠特沃思的马拉街道清扫机专利发展而来，它仍然是当今地毯清扫的主要手段。❶ 同一时期我国还处于清朝中后期，直至一百多年后，中国才颁布了正式的《专利法》。发达国家的企业在时间上占有技术垄断的先发优势，也具有运用专利制度保护专利技术的先发优势。他们享有免费利用各国先进技术为研发基础的优势，而专利制度确立后的企业就不再可能拥有这种优势了。专利制度在国际范围内并非一开始就十分完备，它经历了不断修正的过程。在这一过程中，许多企业都经历了从模仿到创新的过程，尤其是技术发展迅速的美国与日本企业。而对于后来企业，这一模仿优势由于专利制度的完善与专利执法的逐步严格，也很难再发生。

2. 借助知识产权制度赋予的合法垄断地位

知识产权制度保护专利技术的市场合法垄断地位。虽然专利制度为避免技术垄断规定必要的限制，如要求获取专利权的技术必须具备创造性、权利保护范围与固定的专有权期限等，但熟悉专利制度的企业仍然可以规避这种限制。由于技术之间的界线与技术的法律保护范围划分并不明确，专利权人通常可以获取更大的保护范围。专利权人不仅可以借助模糊的权利范围取得更大的保护，还可以借助延长专利权期限延续技术垄断地位。权利人依其合法垄断地位可以合法拒绝对外许可，或在技术许可合同中明确限制非权利人研究改进技术的可能性，一些企业利用专利制度将所拥有的技术变为"长青专利"。除借助专利制度本身获得技术垄断优势外，权利人通常可以将专利制度与技术秘密相结合，延长对技术控制的期限。

3. 我国知识产权发展的历史原因

在中国历史上不乏对技术的重视，但缺乏以知识产权保护技术的经验。我国在1984年才通过正式的《专利法》，将专利权作为"私权"加以保护的专利体系还未完善，专利制度的研究也刚刚起步。在《专利法》颁布之前，我国主要以奖励及保密的方式保护技术，甚至以促进技术的广泛传播为美德。在外来压力下，我国《专利法》不断完善，但人们以"产权"保护技术意识的转变仍需时日。在这种特定情形下，我国企业对技术的知识产权保护意识与经验落后于国外企业，在进入海外市场时，必然遇到技术垄断带来的竞争压力。

（二）当地尽职调查困难

"一带一路"战略下，国家是有重点、有计划地推进与沿线国家的合作，企业的海

---

❶ 特雷弗·威廉斯主编：《技术史（第Ⅶ卷）20世纪》，刘则渊、孙希忠主译，上海科技教育出版社2004年版，第306页。

外市场要受到"一带一路"战略政策与导向的指引。知识密集型企业以知识产权作为进入海外市场的主要手段,在进入海外市场之前,必须首先对当地国家的知识产权状况展开尽职调查。通过尽职调查提供相关市场信息与当地知识产权法律分布状况,以确保海外市场的安全性。但由于"一带一路"沿线国家具有发展水平不均、语言多样、国家保护主义程度不同等特点,为企业在当地进行尽职调查带来难度。

在进入这些国家市场之前,进行尽职调查首先遇到的是语言问题。由于海外经贸合作的迫切性及广泛性,短时间内找到精通当地语言的知识产权专家完成尽职调查,成为摆在知识密集型企业面前的难题。这种尽职调查不仅在开发市场之前急需,而且将伴随企业在海外市场的运作。有关知识产权方面的尽职调查专业性较强,既需要熟悉当地有关知识产权方面的法律制度,又应当能够对相关技术在当地国的专利申请情形作出恰当分析,并对侵权风险给出建议与评估。因此,仅仅是会运用当地语言也无法完成相关调查。

(三) 国际知识产权规范的差异

自 TRIPs 协议实施以来,知识产权国际保护制度中南北对立格局日益明显,发达国家为了进一步控制知识产权国际规则的主导权,试图在国际知识产权规则方面制定新的规范。如为加强与贸易有关的知识产权执法,主导制定了知识产权执法方面的国际标准《反假冒贸易协议》。《反假冒贸易协议》基本将 TRIPs 协议的内容囊括在内,从规则上说,没有很多的创新之处,但是其倾向于权利持有人的条文设计,对边境措施、数字环境下知识产权执法的明确要求无疑给发展中国家的执法提出了很高的要求。❶ 除《反假冒贸易协议》外,还包括近期美国推动的 TPP 贸易谈判,其中的知识产权文本也同样出现了高于 TRIPs 规则的规范,成为所谓的 TRIPs – PLUS 条款。

TRIPs – PLUS 条款是指旨在提高知识产权权利保护水平和扩展权利保护范围的、高于或者超出 TRIPs 协议最低保护标准的任何要求和条件,或者旨在缩减权利限制和例外的范围、削弱 TRIPs 协议弹性条款的措施。TRIPs – PLUS 条款在双边投资协定及多边国际协定中都有所表现。伴随着双边/区域体制下 TRIPs – PLUS 规则的多边化和全球化,其影响日趋广泛,我国不可能置身度外,进出口贸易将首当其冲地受到 TRIPs – PLUS 措施带来的贸易壁垒和贸易障碍之影响。❷ "一带一路"战略下的企业走出去与以往企业的分散对外贸易不同,具有国家政策主导下主动地、有计划地开展对外经贸合作特性。这就决定了对国外不同的知识产权规则只能面对,不能选择回避。

五、基础性策略:构建知识产权协同保护体系

(一) 构建知识产权协同保护体系的必要性与紧迫性

首先,构建协同保护体系是推进"一带一路"战略的根本保证。知识产权协同保

---

❶ 葛亮、张鹏:《〈反假冒贸易协议〉的立法动力学分析与应对》,载《知识产权》2014 年第 1 期。
❷ 杨静、朱雪忠:《中国自由贸易协定知识产权范本建设——以应对 TRIPs – PLUS 扩张为视角》,载《现代法学》2013 年第 2 期。

护体系不仅包括国内各部门法规范之间的协调，还包括国内规范与国际规范的协同发展。近年来，一些发达国家为了继续其在知识产权领域的主导地位，不断推出超出TRIPs标准的国际知识产权规则。一些类似的TRIPs – PLUS标准以及在一些国家间的双边协定或者自由贸易区协定中生效，新标准的国际知识产权规则正在部分区域内确立。我国"一带一路"战略的目标是推进中国与丝绸之路沿线国家的区域经济合作，输出中国理念与中国文化。在这些沿线国家中不乏已经或者正在筹划实施TRIPs – PLUS标准的知识产权规则。这种新标准的规则不仅影响着国家之间的贸易，还可能直接或间接影响我国企业在海外的投资、劳务、环境责任等问题。若要保证"一带一路"战略的深入推进，就必须正视知识产权标准方面的差别，实现国内知识产权保护与国际知识产权规则之间的协同发展。

其次，构建协同保护体系是促进知识产权运用的必然要求。自2008年我国颁布《国家知识产权战略纲要》以来，知识产权的运用就已经提升为国家战略的高度。党的十八届三中、四中全会再次强调了促进知识产权运用的重要性与迫切性，知识产权运用是知识产权价值体现的重要方式。知识产权运用是涉及知识产权的静态保护、知识产权转让与许可合同、知识产权质押融资、制止知识产权犯罪、知识产权垄断限制等各方面完整过程。目前只有知识产权法突出强调对知识产权的静态保护与部分许可行为，对于其他各主要环节的行为仍然欠缺有针对性的法律规范。若要真正促进知识产权的运用，必须完善各环节有关知识产权方面的立法，构建知识产权协同保护的法律体系。

最后，构建协同保护体系是新数字时代背景的必然反应。知识产权的具有无形性的特殊属性，数字化时代催生的电子商务模式，使得知识产权的转让迅速与网络紧密结合。新型的交易模式对传统的知识产权规则形成了巨大的冲击，很多传统规则在网络交易模式下无法正常适用，对新型知识产权交易模式的规范、管理是数字化时代的必然要求。

数字化时代正在使现代生活发生重大的变化，"一带一路"战略势在必行，尽快构建知识产权协同保护体系具有必要性与紧迫性。这种知识产权协同保护体系包括三方面的内容：（1）国内知识产权法与其他部门法的协同发展；（2）国内知识产权法与国际知识产权规则的协同发展；（3）传统知识产权法与数字化时代知识产权规范的协同发展。这几条线之间不仅可以自成体系，也必然发生交叉影响。知识产权协同保护体系的建立可以为我国企业营建完善的知识产权保护法律环境，增强企业在"一带一路"战略下走出去的自信，同时树立我国在国际知识产权领域的良好形象，从而加强与我国进行区域经济合作的信心。

（二）建立国内知识产权协同保护体系

1. 知识产权法与合同法的协同发展

除知识产权权利所有人自己实施外，通过签订知识产权许可与转让合同的方式让他人实施是知识产权运用的基本途径。调整知识产权许可实施行为的基本规范是合同法，知识产权运用的基本权利义务关系主要依赖合同法加以调整。但由于知识产权具有无形属性，约束知识产权许可合同的规范同样应具有特殊性，而我国目前的合同法规范尚未充分考虑知识产权许可合同的特殊属性。

（1）《合同法》的现状与问题。

1985年4月我国第一次正式实施《专利法》，1987年我国颁布了《技术合同法》。技术合同与知识产权有着密切的联系，这部法律不仅是我国技术转移关系的基本准则，而且也是调整知识产权的债权关系的重要立法。《技术合同法》颁布之时，我国的《专利法》才刚刚实施两年，无论历史环境还是运作经验都决定了这部法很难在知识产权运用规范方面做到完善。1992年10月，党的十四大提出"建立社会主义市场经济体制"，"大力发展全国的统一市场"。随后，在1999年3月统一的《合同法》颁布，废除了《技术合同法》，但《技术合同法》中关于"技术合同"的概念及相关规范并未取消，而是并入《合同法》中得到了沿袭。关于"技术合同"与知识产权的关系，在制定统一的《合同法》时，虽然进行过激烈的讨论，但最终关于"技术合同"的规定并没有实质性的变化。换言之，知识产权失去了在合同法中确立其本应具有的法律地位的良好时机。

我国目前已经着手《专利法》的第四次修改，从1985~2015年这30年间，知识产权在中国的地位不断提升，已经上升到国家战略的高度。普通公众对他人知识产权的态度由随意使用到反思再到尊重；企业对知识产权的态度由漠视到可有可无再到视其为企业的核心竞争手段；政府对知识产权的态度由迫于压力保护到国内战略再到国际战略。这一切都决定了对知识产权的规范不能再拘囿于知识产权法自身，知识产权辐射范围内的相应规范也必须加以改进，以适应知识产权的发展，而这些规范之中以调整知识产权运用的《合同法》为首当其冲。

（2）《合同法》与知识产权法协同发展的主要内容。

① 法律概念的一致性。在知识产权法，尤其是《专利法》的不断修订过程中，知识产权相关法律概念不断完善，而《合同法》中的相关概念则并未与之共进，实现法律概念的一致性。如《合同法》第327条规定，"非职务技术成果的使用权、转让权属于完成技术成果的个人，完成技术成果的个人可以就该项非职务技术成果订立技术合同"。法条中"技术成果"应当赋予其明确的知识产权法律地位，即应为"发明"或"专利权"等，而不应再继续使用"技术成果"这样不具有明确法律含义的词语。相应地，"非职务技术成果"其意为我国《专利法》中"非职务发明"。因此，有必要对《合同法》第18章技术合同中的基本法律概念加以重新梳理，使其与知识产权法协同一致，以增强知识产权运用当事人的法律确信。

② 确立合同自由原则在知识产权许可情形下的合理限制。缔约自由原则是合同法的基本原则，合同即为双方当事人之间的法律，法律本身不会对合同条款加以干涉。但在知识产权许可合同中，对于受让方是否出于真实的意思表示接受许可方施加的限制，往往很难进行判断，许可标的事实上的无可选择特性也降低了当事人意思自治原则的地位。加之知识产权许可合同往往具有更加复杂且时间较长的特征，受让方在合同缔结之时很难作出准确的判断。转让方不仅会对受让方的市场造成限制，还可能影响整体市场竞争秩序。因此，在合同法缔约自由原则基础之上，为知识产权许可与转让合同规定适

当的限制符合其特殊属性。

③ 重新酌定技术合同类别。我国《合同法》并未专门就知识产权许可与转让合同进行规范，而是在第18章对技术合同进行了规定，包括技术开发合同、技术转让合同、技术服务合同与技术咨询合同四种类型。其中，依《合同法》第342条规定，技术转让合同包括专利权转让、专利申请权转让、技术秘密转让、专利实施许可合同。这种合同分类方式以"技术"利用为区分标准，由于"技术"一词本身不具有明确的法律属性，在实践适用中产生了很大的混淆。为此，也产生了"技术委托开发合同"与"委托合同"有何实质性区别的质疑。在《合同法》中，将专利权许可等合同归入"技术转让合同"，而此处最大的问题是不容易区分"许可与转让"的不同属性。2004年11月30日，最高人民法院通过了《最高人民法院关于审理技术合同纠纷案件适用法律若干问题的解释》，该解释第22条规定，"转让合同"一词既包括技术买断的技术买卖合同，也包括技术所有权不转让，仅让使用权的许可合同。这就解释了"技术转让合同"中"转让"一词的范围，但这一解释也带来了新的问题，即如果"转让"一词既包括技术所有权的转让，也包括技术使用权的转移，那么在《合同法》中的范围为什么未列入"技术秘密许可实施合同"这一类别呢？由此可以判断，对以"技术"利用为界定标准划分合同类别存在一定的混淆性，而应当适用以"知识产权"利用为标准来划分合同的类别。如此既可以明确知识产权利用的不同方式，也不会在实践中造成不同类别合同当事人的混淆。

基于以上分析，《合同法》中并未在有名合同部分专门规范知识产权许可与转让合同，而是将其置于"技术合同"内容之中。但由于技术合同传承于1987年的《技术合同法》，其时对知识产权的市场运作尚不熟悉，无法准确界定相关的法律概念并对合同的类别加以准确划分。尽管明确了技术为一种商品，但这种商品的属性是通过明确赋予其私有权的方式实现的，1987年的专利权尚未在中国确立明确的私有权地位，相应的"技术"合同运用必然存在瑕疵。为了加快推进"一带一路"战略，促进知识产权利用，必须加紧以合同方式进行知识产权利用方面的规范，即加快《合同法》相关条款与知识产权法协同发展，为知识产权实施行为提供科学、稳定、可靠的法律保证。

2. 知识产权法与《担保法》的协同发展

(1)《担保法》的现状与问题。

我国《担保法》于1995年10月施行，其时尚未有统一的《合同法》，不仅是知识产权产权，物权制度也相对并不完善。在《担保法》中规定了保证、抵押、质押、留置与定金五种担保方式，知识产权被归入权利质押这一担保类型之内。在《担保法》中仅有两项条款涉及知识产权担保问题，即第79条与第80条。

《物权法》在知识产权担保这一领域同样未将知识产权担保作为重点领域加以关注，因而也未作出较大创新，而是基本沿袭了1995年《担保法》中的规定。对知识产权担保规定较为详细的规范是2010年国家知识产权局颁布的《专利权质押登记办法》，该办法取代了1996年《专利权质押合同登记管理暂行办法》，对专利权质押的流程与相关要求作出了更为细致的规范。但囿于《担保法》与《物权法》的位阶，该办法不可能作出突破，基本保持了与两部法的一致性。

因此，无论《担保法》《物权法》还是《专利权质押登记办法》都未对知识产权的特殊属性予以认真考虑，仅依据知识产权为一种无形财产权，将其归入权利质押范畴，这种归类方式不利于促进知识产权的运用。依据目前立法，专利权在出质后，不能够再对外许可使用，除非质权人同意此种做法。这就意味着，专利权人只有在质权人同意的情况下，才能够将专利权许可他人使用，且许可的费用要向质权人提前清偿债务，或者向出质双方约定的第三方处进行提存。如果专利权未经质权人同意，擅自将出质后的专利权向外许可，其效力将为法律所否定。专利权人还要承担由此给质权人或第三人造成的损失。知识产权质押后，严重限制了知识产权的实施利用，而这种限制并不符合《担保法》的立法初衷。

（2）《担保法》与知识产权法协同发展的主要内容。

《担保法》与知识产权法协同发展的重要内容就是在知识产权质押后，不再限制知识产权所有人对于知识产权的实施与许可。从法学理论上看，不要求这种对于质押后专利权实施与许可的限制，并不违背《担保法》的根本宗旨。

我国《担保法》之所以作出限制性规定，是为了保持与质押体系的一致性。以专利权为出质物，同样要对专利权人的处分行为进行限制，限制专利权出质后再许可给任何第三方使用。首先，如果允许专利权人在专利权质押之后继续实施，可以保证与《专利法》的协调一致。专利法意在通过给予专利权人一定范围的专有权，使专利权利人的发明能够在实践中得以应用，并进而推动社会的发展。因此，专利权人在取得专利授权后，不仅有实施专利技术的权利，还有实施专利技术的义务。否则，国家将允许任何第三人就该项专利技术申请强制许可。专利权质押后，质权人对专利权不得再许可的限制，则在很大程度上限制了专利技术的实施。而允许专利权人的许可实施不仅是为了维护质权人的合同利益，也兼顾了专利法对于社会公共利益的平衡。其次，允许专利权人继续实施专利技术并不与《担保法》相冲突，相反，可以更加有利于实现《担保法》的立法目的。担保法律担保制度的设计，无论抵押权还是质押权设定，其基本目的都是为了担保主合同债权的实现。抵押这种担保方式就不需要限制抵押人对抵押物的利用，因为通常为保值功能较好，不会因为使用而使本身价值急剧下降。只是对会因使用而贬值的动产，才通过转移占有的质押方式控制对动产的利用。虽然归类于权利质押，专利权的利用具有与有形物不同的特点。专利权价值的实现主要通过对专利技术的实施与利用来实现，而专利权人获取价值的主要手段之一就是专利权的实施许可。

在《担保法》中可以考虑将知识产权担保归类于抵押这种方式，允许质押人继续利用抵押物获取利益。在实践中，专利权质押的方式也基本与抵押一致。按照质押的规定，当事人不必办理质押登记，质押合同自质物或权利凭证交付之日起生效。而由于知识产权为无形财产权，即使按照质押规定了动产的转移，知识产权出质人事实上仍然可以占有使用该项财产。因此，在实践中知识产权担保的确立与抵押权确立标准一致，都以"登记"为标准，这一规定在《担保法》与《物权法》的现有规定中均有体现。按照抵押这种担保方式，专利权人在抵押专利权后仍然可以继续利用该项财产，实施或许可的收入可以提前清偿或者向第三方提存,用以担保主债权的实现,这也可以与《担保法》及《专利法》追求的立法宗旨能够保持一致。因此,考虑知识产权的特殊属性,实现《担保法》与知识产权法的协同发展,会更加鼓励权利人实施专利技术的积极性,并促进知识产权的运用。

3. 知识产权法与《反垄断法》的协同发展

(1) 反垄断的相关法律规范分析。

1994年起,我国《反垄断法》的制定工作已经被列入第八届、第九届全国人大常委会的立法规划,经历了10余年的努力,终于在2007年8月第十届全国人民代表大会常务委员会第29次会议上通过,2008年8月1日起开始正式施行。

《反垄断法》并未明确界定和规范具体的知识产权许可行为以及与限制竞争之间的关系,仅在第55条作出了原则性的规定:"经营者滥用知识产权,排除、限制竞争的行为,适用本法。"随着知识产权在我国经济发展的作用不断增强,对于知识产权滥用的调整已经不可避,如将知识产权纳入技术标准的行为,就能够使一些企业形成技术垄断的优势地位,这就应当有可能成为《反垄断法》重点规范的对象。

(2) 其他法律规范中原则性体现。

对于依靠技术形成垄断地位及对市场竞争造成消极影响的规范,除《反垄断法》外,还体现在其他法律规范之中,但多数为比较原则性的规定。如《合同法》第329条规定:"非法垄断技术、妨碍技术进步或者侵害他人技术成果的技术合同无效。"2004年最高人民法院出台的《关于审理技术合同纠纷案件适用法律若干问题的解释》中对"非法垄断技术、妨碍技术进步"进行了具体说明。关于对具体行为的限制还体现在《中华人民共和国技术进出口管理条例》之中,第29条对七种限制性商业行为进行了具体列举。

(3)《反垄断法》与知识产权法协同发展的主要内容。

① 界定知识产权垄断行为。

由于知识产权权利人拥有法律赋予的合法垄断地位,更容易与一些行为相结合形成危害市场自由竞争的垄断行为。知识产权人可以通过将知识产权纳入标准的方式增强其垄断地位,也可以通过在知识产权许可合同中订入限制性商业退款保持其垄断地位。对于知识产权基于无形属性获取的垄断地位,必须寻求科学的途径对其加以界定,否则其带来的垄断危害要远远大于传统工业时代垄断造成的危害。

2015年4月7日我国发布了《关于禁止滥用知识产权排除、限制竞争行为的规定》,规定中对于一些限制性条款的排除标准,首次作出了明确的规定。对知识产权许可的一些具体行为进行了规范,但仍然缺少对知识产权许可合同在实践中特殊性的认识,而应进一步制定相应的界定标准,制止利用知识产权对自由竞争的市场秩序造成危害。

② 完善对知识产权垄断行为的救济。

知识产权权利人利用专有权的垄断地位限制受让方相应行为,可能进一步限制知识产权产品所延伸至的产品市场。如果根据法律能够界定限制出口属于知识产权权利人滥用垄断地位进行不合理限制,对自由竞争秩序造成危害,国家势必采取有关的救济措施。而就目前法律规定而言,对于这种垄断造成损害的救济措施并不充分。我国规定的主要救济措施是罚款,这种救济措施相对单一,往往很难成为受害当事人提供突破的有效途径。法律还应当对界定为垄断协议后,对协议的法律效力加以明确,一旦该协议的法律效力丧失,受害方当事人就可以不再受到合同条款的制约,真正有机会开拓海外市场。尤其在我国"一带一路"战略下,使更多有实力走出去的企业不再受其多年前签订合同中限制出口条款的制约,不再有顾虑地开展海外经营,具有极为重要的意义。若要解除企业在"一带一路"战略下运用知识产权的后顾之忧,《反垄断法》必须发挥其应有的作用。

(三) 国内与国际知识产权规范的协同保护体系

1. "一带一路"战略下看待 TRIPs – PLUS 标准

我国在 2001 年加入世界贸易组织后,我国的知识产权相关法律经历了数次修改,基本上实现了与国际知识产权规范的接轨。但在 2006 年后,在一些发达国家的倡导下,国际上兴起了超越现有国际标准的 TRIPs – PLUS 知识产权标准,又被学者们称之为"后 TRIPs"时代标准。发达国家通过签订自由贸易协定推行 TRIPs – PLUS 标准,国际知识产权保护体制开始转向双边与区域发展。虽然我国并非这些双边贸易协定或者自由贸易区的成员,但新标准知识产权规范会通过 WTO 协定下的互惠待遇及最惠国待遇得以广泛传播,并有可能确立新的国际知识产权规范标准。

在"一带一路"战略下,我国对待 TRIPs – PLUS 标准国际知识产权规范的态度将产生巨大差别。不同于从国内的视角看待 TRIPs – PLUS 标准,在"一带一路"战略下,企业必须学会以国际的视角看待这一标准,看待中国企业,乃至看待中国应对这种"后 TRIPs"时代标准的态度。在进行区域贸易合作时,需要考虑的是理解和适应这种高于 TRIPs 协议规范,高于我国知识产权规范的 TRIPs – PLUS 标准。从长远看,我国 2013 年起推出的"一带一路"战略正是应对这种 TRIPs – PLUS 标准的最佳途径。通过带动企业"走出去",可以促进企业适应国外知识产权环境,提高企业创新意识,一方面提高企业借助知识产权提高市场竞争力,另一方面可以测试国内接受 TRIPs – PLUS 标准知识产权规范的可行性。TRIPs – PLUS 标准侧重于保护具有知识产权优势的企业,在我国企业经受住国外激烈的知识产权竞争,成为知识产权优势企业后,接受 TRIPs – PLUS 标准对于我国就是有利的。在企业走出去之前,必须详细分析体现 TRIPs – PLUS 标准的双边、区域、多边贸易或投资协定中的知识产权规范。

2. FTA 协定中的知识产权规范

(1) FTA 中知识产权条款的发展。

目前我国已经签署近 20 项 FTA 协定,既包括与发达国家之间的 FTA,也包括与发展中国家之间的 FTA。从两类国家来看,FTA 中的知识产权条款各有不同的特点。《中国—新西兰自由贸易协定》是我国政府与发达国家签署的第一个自由贸易协定,该协定设立了独立的知识产权章节,但仅规定了较为宽泛的知识产权条款。《中国—新加坡自贸协定》《中国—冰岛自贸协定》中没有涉及知识产权内容。我国与发展中国家之间的FTA一般包含知识产权条款,但这些知识产权条款大都是松散合作和软性协调,强调缔约方之间的合作与法律、政策等信息交流,仅有少数实体性规定。❶ 发展中国家在FTA谈判中目前主要还是关注有形商品初级阶段的自由贸易,对知识产权无形资产的关切度相对较低。

但自《中国—瑞士自由贸易协定》签署以来,中国在2015年后又完成了中韩自贸区、中澳自贸区的谈判,中国自由贸易区(FTA)实践实现了快速的发展和新突破。在中韩、中澳自贸区协定中,知识产权成为独立的章节,规定得比较详细,而且已经相应地提高或者扩大了知识产权的保护范围。这种发展趋势表明,面对TRIPs-PLUS标准的FTA协定,已经成为我国对外投资贸易不可回避的问题。现行TRIPs-PLUS标准的知识产权规范主要依据欧美模式确立,不可避免带有维护其各自国家利益的痕迹。

(2) FTA中TRIPs-PLUS标准知识产权条款的分析与应对。

首先,TRIPs-PLUS标准的知识产权条款依然是建立在TRIPs基础之上,这就意味着它仅是高于TRIPs标准之上,而不会反向或过度偏于TRIPs条款,TRIPs中规定依然是自贸区TRIPs-PLUS标准知识产权条款的基础。我国知识产权法在经历数次修改之后,基本与TRIPs中规定保持了衔接一致,这就决定了我国目前的知识产权法律规范与TRIPs-PLUS标准知识产权条款并不相对立,差距也并不显著,两者之间有共同的基础,就存在共通的可能性。其次,TRIPs-PLUS标准的知识产权文本只是就文本模式的整体性定位,其涵盖的范围广,条款也具有多样性,有些条款与我国经济的发展趋势具有一致性,并非完全与我国经济利益相悖,因此,必须分解具体条款加以详细分析,而不能一概反对TRIPs-PLUS标准的所有知识产权条款。最后,在现有TRIPs-PLUS标准基础之上,可以融入符合我国利益,在我国具有优势的知识产权保护如遗传资源、传统知识的知识产权保护等内容。这些知识产权范畴在美国FTA知识产权范本中很少出现,但我国在FTA中则可以将这部分内容补充进去。同时,发挥中国在制定新型国际知识产权规则与标准的积极能动性,促进改进TRIPs-PLUS的具体标准,进而形成中国模式的TRIPs-PLUS标准知识产权范本。随着我国参与国际竞争能力的增强,在知识产权领域的经验也将逐步丰富,中国已经从被动接受向主动参与并提出更具科学性的国际知识产权规则转变。在"一带一路"战略的推动下,中国势必将加速这一转变过程。

3. TPP知识产权规则及其应对

(1) TPP知识产权规范的主要特征。

① 加入TPP自由贸易谈判的门槛更高。

TPP所要求缔约方加入或者批准的知识产权方面的国际合约比TRIPs协议中要多,除《保护工业产权巴黎公约》《保护文学和艺术作品伯尔尼公约》《世界知识产权组织表演和录音制品条约》外,还要求缔约方加入《专利合作公约》《关于播送由人造卫星传播载有节目的信号的公约》《商标国际注册马德里协定议定书》《国际承认用于专利

---

❶ 向非凡:"浅析自贸区协定中的版权问题",载《中国版权》2014年第4期。

程序的微生物保存布达佩斯公约》《国际植物新品种保护公约》《新加坡商标法条约》《世界知识产权组织版权公约》。我国目前为止尚未加入的公约有《关于播送由人造卫星传播载有节目的信号的公约》。

② 执法措施更为严厉。

TPP 自由贸易谈判的知识产权规范规定了比 TRIPs 更为严厉的执法措施，这些措施一旦生效，对于我国目前走出去的很多企业会构成挑战。我国许多企业是 OEM 企业，由于知识产权意识薄弱等因素，对于加工委托方货物是否存在侵权现象缺乏足够的警惕，有时在委托方知识产权侵权的条件下承接业务而陷入知识产权"被动侵权"陷阱，由于司法管辖中的第三方和临时强制措施的扩大适用，在 TPP 国家很容易被排除进入市场并且遭受严重惩罚。❶ 我国知识产权法中尚未确立关于知识产权间接侵权的规范，企业对于间接侵权的警惕意识不足，在企业走出去初期很难快速确立这种对间接侵权，甚至严于间接侵权处罚的预警。

③ 提高了知识产权保护标准。

TPP 知识产权文本被认为是所有 TRIPs – PLUS 标准知识产权文本中标准最高的文本，由于 TRIPs 协议对于成员及成员间有关知识产权立法只是限定了最低保护标准，有关的知识产权高标准并不违背 TRIPs 协议的原则。TPP 知识产权文本中的保护标准基本体现了现有立法的最高水平，它将版权的保护期限延长至作者有生之年后 70 年，这在欧盟一些成员国的较高保护标准立法中已经有所体现。此外，TPP 要求缔约方应对动植物以及对人类或动物的疾病诊断、治疗和外科手术方法的发明授予专利。而这两种类型在 TRIPs 协议中明确规定成员可以排除授予其专利权。TPP 的高标准必然会对国际贸易投资产生影响，一些知识产权水平较差的国家将在实质上失去与发达国家竞争市场的能力。

（2）TPP 知识产权规则的应对。

① "一带一路"的战略性应对。

如果 TPP 生效，必然对我国的经济发展产生影响，因此，"一带一路"战略既是我国对外经济发展重大战略，在某种程度上，也可以说是应对 TPP 的战略。"一带一路"战略回避了与 TPP 自由贸易谈判的正面交锋，我国政府一方面明确表态，中国对 TPP 自由贸易谈判持开放的态度，愿意在做好准备时随时加入 TPP 谈判，一方面积极推进"一带一路"战略，磨炼企业对外在国际市场上参与竞争的战斗力，在政府的支持下，鼓励企业适应更高保护标准的市场环境。

② 综合考虑"公共利益"之平衡：以印度专利法为例。

TPP 推行最高 TRIPs – PLUS 知识产权保护标准与严厉的知识产权执法措施，这些规范的强化却凸显了其致命弱点，即忽略了与知识产权相对的公共利益的平衡与保护。我国应当立足客观科学的标准，维护知识产权独占权与公共利益之间的平衡。这种做法不仅会维护本国利益，也能够维护全人类共同发展的基本利益。

---

❶ 刘雪凤、高兴、刘鹏："《跨太平洋伙伴关系协定》知识产权条款对中国的影响及其对策研究"，载《中国科技论坛》2014 年第 2 期。

TRIPs – PLUS 标准对公共利益造成的损害，在药品专利领域体现最为显著。印度药品价格低的主要原因是其本国专利法在药品领域加强了对公共利益的平衡。印度政府依据立法授予强制许可，如此一来，不仅本地企业有了发展机会，印度政府还可以控制大多数药品的价格。印度专利法维护人类生命健康的基本利益，并实现了降低药品价格的目标。

1995 年印度加入 TRIPs 协议，过去 20 年来印度只对药物制造方法授予专利的情形将被打破，药品可以其药品化学成分取得产品专利，印度依赖仅授予方法专利获得的优势地位必然受到冲击。但印度利用专利法制止了对药品专利权人的过度保护。

TPP 知识产权规则加强了对知识产权权利人的独占权保护，强化了知识产权人的垄断地位，使得原本在司法上模糊不清的合法权利与垄断行为的界定更加复杂。这种对权利人独占权的保护会损害人类整体利益，维护知识产权与公共利益的平衡可以在更大的程度上认识到知识产权的真实价值。

（四）传统知识产权规范与数字化时代新规范的协同发展

1. 数字化时代为知识产权规范带来的挑战

今天的"数字化"定义无法停留在技术性层面，已经成为商品交易的主要方式。数字化时代的根本特征，就是对传统知识产权法理论提出挑战。我国知识产权法对于数字化背景下知识产权规范的重视上不足够，在《著作权法（草案）》中虽然包括了关于网络服务提供商责任等领域的问题，但尚不够全面和彻底。数字化对于知识产权制度的影响是根本性的，是参与当代知识产权国际竞争必须面临并加以解决的问题，我国必须针对"数字化时代"带来的影响考虑知识产权法律制度的进一步修改。

由于 TRIPs 协议制定于 1995 年，彼时尚未明显突出数字化时代的特征，条约中也未有具体条款体现与此相关的内容。在新科技革命来临之际，数字化必将对知识产权规则形成较大冲击，这对于我国建立符合本国利益的知识产权规则是难得的机遇。在这一新技术时代，我们应当意识到其可能对未来国家经济产生的深远影响，利用形成知识产权新规则的契机，逐步摆脱受原有国际知识产权制度牵制的被动局面。

2. 数字化知识产权规范协同发展的具体内容

（1）技术性保护措施。

技术性保护措施是版权人在数字时代保护版权利益的重要技术性手段，是版权人所主动采取的，能有效控制进入受版权保护的作品并对版权人权利进行有效保护，防止侵犯其合法权利的设备、产品或方法。

早在 20 世纪 50 年代，复制方法上的技术程序就产生了私人复制例外条款，复印、录音设备技术的进步，使使用者能够对作品进行复制，从最初的文学与视听作品，到最后的音像作品，可以轻而易举地获得，而且质量极佳。版权所有人很快在这种轻松复制与版权作品最终用户发挥的作用中，感觉到了对作品商业实施的威胁。在 20 世纪 90 年代早期，新技术进步以双倍的速度向私人复制例外发起挑战。一方面，数字复制作品的能力在每个人范围内都在提升，它使使用者可以轻易地以低成本进行高质量的复制。当复制以数字化形式进行的时候，私人复制可能比类似的其他复制对版权人造成更大的经济损害。另一方面，技术性保护措施的出现阻碍了内容的复制，目的是恢复作者对私人复制领域的控制。一些技术性措施对于例外条款的运用具有直接的影响，它能够阻止实现任何私人复制或者限制其数量。这两者之间的矛盾就是数字化带来的冲突，使传统的私人复制例外原则要重新加以规范。考虑技术性保护措施对私人复制的影响时，应当首先确定其所禁止或者允许的复制是否属于复制的法定例外范围。其次，还应当对技术性措施在受保护作品上的使用程度进行评估，可以尝试将技术性措施隶属于作品传播和获取作品的价格管理的整体体系。

（2）"升级"数据库的保护。

数字化时代加速了数据库的发展，改进升级的数据库拥有自己的保护期间。如根据《欧盟数据库保护指令》第10条，数据库著作权在数据库发布后15年，或如果在此期间内未发布，在制作完成15年后，期间届满。对每一次进行实质性再投资产生的新特别权利，将额外授予15年的保护期间。按照自由获取信息与自由竞争的观点，整个新升级数据库的保护或许存在问题，因为持续升级的数据库可能会要求整体得到永久保护。[1]对升级"数据库"的保护，其保护期间届满也必然应包括与保护范围有关的数据库"实质部分"的概念范围内。

综上所述，在"一带一路"战略下，推进我国企业走出去的基础应对策略是实现构建协同保护的知识产权法律体系。这一协同保护体系主要包括三个层面：第一，实现知识产权法与其他部门法的协同发展；第二，实现国内知识产权规范与国际知识产权规范的协同发展；第三，实现传统知识产权规范与数字化时代下新知识产权规范的协同发展。这三个层面并非彼此独立，而应当相互作用，相互促进，共同形成企业国际市场竞争力的知识产权保障，并推进我国"一带一路"战略的顺利实施。

六、支撑性策略：发挥政府资源整合与协调作用

（一）规划并制定国际知识产权战略

在"一带一路"战略下，政府应当具有国际性的视野，我国的国家知识产权战略应当加紧研究战略的国际性，并尽快推出国际知识产权战略。在数字化时代下，国家知识产权战略必然应当带有国际性，单独某个国家已经无法解决知识产权跨国保护与运用产生的实质性问题。目前，我国国家知识产权战略的方向是加强本国知识产权的创造、保护、管理与运用，大力开发和利用知识资源，以提升国家核心竞争力。对于知识产权的国际性，《国家知识产权战略纲要》仅在最后一部分简单地提及，没有过多地涉及知识产权的国际利益，对于国际知识产权制度体系的建设也仅限于"积极参与"的程度。在经济全球化日益向纵深发展，数字化已经打破知识产权的事实地域性，我国知识产权战略的目标应当逐步调整，确立国际化视野的战略框架。在数字化时代下，知识产权不

---

[1] Cf. also Leistner, 33 IIC 2002, 460 et seq.; Derclayc, 38 IIC 2007, p. 275, at 287 et seq.; cf. also the references supra, at note 49.

再是限于国内范围的问题，必须借助统一国际规则的保护，中国的发展中大国地位决定了对这一问题不可回避。

1. 评估全球知识产权规范实施状况

"一带一路"战略下对国际知识产权规范的考虑，必然面对不同经济发展水平国家对知识产权规范持有不同态度的难题，确立国际性的知识产权战略有必要首先对这一问题进行客观的评估，然后才能据此作出客观的判断与决策。各国确立知识产权规范的目的大致一致，都是为了促进本国的技术创新，鼓励企业在创新方面的投入，并藉此增加本国企业的市场竞争力。由于各国技术水平的差异，同一保护标准的知识产权规范可能产生不同的效果，对于技术水平较高国家的企业会取得更大的优势，知识产权规范就是其进行海外贸易与投资的"门"。而对于技术水平较低的国家，企业无法逾越这种技术上的差距，同样的知识产权规范就可能抑制该国的创新能力，成为企业进行国际贸易投资的"槛"。这种情形必然会产生的结果就是，未来的国际市场只是目前技术水平占优势企业的独占性市场。

对于这一问题很多国家政府已经加以衡量，一般来说，发达国家认为知识产权有利于激励经济增长，鼓励私有企业在创新方面进行投资。但发展中国家、新兴经济体以及非政府组织认为，如果缺少人力与技术能力，则知识产权不可能在发展中国家激励创新，知识产权将使发展中国家无法在其所能负担的价格下，获得所需的药品、技术、教育资源和农业产品，从而对经济发展形成障碍。但所有这些争论的难点之一是，缺少知识产权与经济发展之间联系的证据。中国的经济发展处于非常关键的阶段，既不能归入发达国家，也很难将其归入无法创新的发展中国家。如何制定适应本国发展的国际知识产权战略，如何使我国的主张取得其他国家的认可，都必须建立在事先完成的客观评估报告基础之上。因此，对目前全球知识产权规范的实施状况加以调查并结合经济发展水平加以评估，是规划国际性知识产权战略的基础工作。在"一带一路"战略下，掌握并熟悉沿线国家的知识产权法律环境与相关运行状况，对于我国企业顺利"走出去"具有重要的战略价值。

在进行此项基础工作之前，应当参考目前一些发达国家已经作出的一些评价报告，或者提出的相应观点。一些发达国家并不重视这一问题，认为知识产权规范应当不断确立更高的标准，这与其技术能力和经济水平有关。但也有的国家认为应当加以具体分析，如英国政府认为，以数字化时代为重点制定知识产权政策，并在国际层面上改革知识产权制度，这一国际知识产权制度体系要适应不同种类的创新模式，不同的技术发展增长速度。对于高收入国家，强知识产权保护表现为国家经济的增长，至少部分是由于其不断地创新与技术的传播。对于中等收入国家，国内创新与技术传播会通过强知识产权保护授权外国专利、许可与国际贸易得到促进，而非通过模仿。而对于低收入国家，证据表明，如果按照世界贸易组织 TRIPs 协议规定的强制保护水平，强知识产权保护不会对他们产生有利影响，却相反会对其发展造成障碍。尽管属于发达国家，但英国能够认清这一现实，即知识产权对于各个国家的影响不能一概而论，而是应当根据各个国家不同的发展状况区别对待。❶ 这说明，对于知识产权规范的不同影响具有一定国际基础，我国目前的技术水平还无法与一些发达国家相比。

若要准确定位我国在国际知识产权战略中所应当持有的正确立场，必须对全球知识产权状况加以客观评估。虽然美国、英国等发达国家进行了此项工作，但发达国家得出的结论及相关依据，我国可以参考但不能以此作为本国制定国际知识产权战略的依据。因为任何一个国家所衡量的知识产权状况必然渗入本国的利益，我国必须在本国利益、经验、国情基础之上，对全球的知识产权状况加以重新评估。反之，如果不对这一影响加以切实评估，不断水涨船高的知识产权标准很可能会对我国的发展造成严重的阻碍。"一带一路"战略使我国直接面对国际知识产权规则的挑战，我国必须制定国际知识产权战略，为应对企业在国外面对的知识产权问题、政府应对国际知识产权问题应当持有的态度等提供战略指导与具体规划。

2. 借鉴"绿色通道"

"绿色通道"一般指手续简便、安全快捷的通道。在知识产权领域，绿色通道主要指对于绿色技术适用的便捷、快速专利审查与受理通道。对于绿色技术给予的专利便捷通道由英国首先倡导，最早实施绿色专利加速审查程序的是英国知识产权局（UKIPO），UKIPO 在 2009 年 5 月 12 日启动对环境友好型技术的专利申请优先审查的程序，并把该程序叫做绿色通道（Green Channel）。在全球范围内，越来越多的知识产权机构在主动加快授予所谓的绿色、清洁技术专利，例如，美国、英国、加拿大、以色列、澳大利亚和韩国都先后引进了这一程序。这些程序之间并不完全相同，但基本模式是相似的。

在"一带一路"战略下，企业当下遇到的问题之一就是"走出去"与在境外取得专利权之间的时间差，在很多国家取得专利权往往需要 2 两年以上甚至更长的时间。即使利用 PCT 国际专利申请机制，其专利挤压状况也非常严重。因此寻求更加快捷的方式，改善目前的专利积压状况是一个国际性的问题，这一问题在"一带一路"战略下显示出对我国企业的直接影响。世界知识产权组织估计目前全球积压量达到 42 万，需几年时间的工作才能完成。而这段时间，正是我国企业开展海外市场的重要时期，在"一带一路"战略下，企业专利权获得的期限越短，越有利于企业尽早开展海外贸易与投资，否则，不仅面临专利侵权的风险，专利申请中披露的技术还可能随着技术的发展被淘汰。我国在推进"一带一路"战略的实践中，可以借鉴并利用"绿色通道"的全球性影响，发挥政府先导作用，促进全球专利改革，缩短我国企业取得海外专利授权的等待时间。为更快得到目的国的专利保护，促进绿色技术创新及其商业化，避免被侵权造成的损失，我国企业应积极利用相关国家和地区的"绿色通道"。适用"绿色通道"的条件是对环境有益，并未有非常明确具体的要求，而且可以在申请专利的任何环节提出，程序方便而简单，一些相关的企业可以在专利申请时加以利用。另外，我国知识产权局为 PCT 国际局，应当不断增强其国际影响，在专利申请方面，我国可以考虑借鉴"绿色通道"的方式，建立类似绿色通道的快捷审查方式，或在其他方面提出具有建设

---

❶ 徐红菊："英国国家知识产权战略于我国立法的价值"，载《社会科学辑刊》2015 年第 3 期。

性的快捷领域，缩短在 PCT 的申请程序。

3. 加强东亚知识产权区域一体化

中国的世界政治影响不断加强，在知识产权领域也应当发挥同样的全球性影响，首先应当重视增强在东亚的政治影响，并由此推进知识产权的国际改革。我国的"一带一路"战略与此建议是契合的，"一带一路"战略的推进是一个循序渐进的过程，而"丝绸之路经济带"与"21 世纪海上丝绸之路"的起始国家几乎都为东亚国家，这也决定了首先加强与东亚国家合作的重要性与必要性。

2010 年 1 月《中国—东盟全面经济合作框架协议》签署，中国—东盟自贸区正式全面启动，在该协议中，缔约方同意将合作扩展至知识产权领域。在此之前，东盟曾通过了《2004~2010 年东盟知识产权行动计划》，这说明在东盟领域推进知识产权规范的一体化建设目标已经先行启动。在该行动计划通过后，东盟各国在知识产权方面采取了一系列的行动，修改知识产权法、制定本国的知识产权战略、加强知识产权的宣传与合作等，并在不同程度上提高了本国知识产权法的保护标准。东盟国家与中国近邻，在历史上曾经受到中国文化与法制的影响，加强与东盟国家的合作，增强在东盟的话语权，知识产权领域的共同利益与价值观对我国的经济发展具有重要意义。行动计划为东盟国家协调知识产权问题提供了平台，但总体而言，该行动计划仍然是一项纲领性较强的文件，它提出了促进东盟知识财产创造、建立统一协调知识产权保护体系的倡导，但缺少一些具体条款的磋商。因此，在中国日后与东盟的合作中，就知识产权领域中的具体问题还有很大的空间，一方面增强对东盟各国的了解，另一方面也可以帮助东盟国家建立客观且符合本国利益的知识产权保护标准。

东盟知识产权现状呈现相对多元的发展趋势，新加坡知识产权保护水平较高，同时也有知识产权保护程度较低的国家，在东盟建立统一的知识产权规范仍然是一个较长的过程。在"一带一路"战略下，东盟国家是"一带一路"战略沿线的主要国家，政府之间通过双边贸易与投资协定或者自由贸易区的形式加强知识产权规范的协调，有利于保护我国企业在海外市场的利益。中国—东盟自由贸易区建立后，双方已互为第四大贸易伙伴，伴随"一带一路"战略的推进，彼此间的经贸往来将越来越频繁，相应地商会、企业和个人之间知识产权纠纷也会不断增加。加强我国在东盟知识产权领域的影响，不断提高双方区域知识产权一体化程度，可以更加有利于为加快区域经济发展提供保障。

（二）协调整合知识产权多方资源

我国目前的技术水平依然落后于许多发达国家，如动车、数码控制等高新技术仍然掌握在德国、日本、美国等大企业手中。我国传统制造业的劳动力成本以及资源成本优势正在逐步消失，国际市场上的竞争主要是以知识产权为核心的技术能力的竞争。在这种情形下，我国企业在"一带一路"战略下走出去优势何在？答案就是政府的整合与协调优势。尤其在"一带一路"战略规划下，政府支持企业走出去，并将区域经济合作作为国际重要战略部署，在金融、基础建设、能源等各方面形成了相互促进的一种合力,这就是"一带一路"战略下企业走出去的最大优势。这种优势对于其他国家企业则不存在,单独企业的竞争力如何强大,都无法拥有政府的整合协调功能。因此,在"一带一路"战略下知识产权领域,政府仍然需要整合多方资源,协调多元的知识产权保护力量,加强企业走出去的信心。

1. 获取当地知识产权相关信息

海外市场国家的知识产权法律规定对于确定是否构成知识产权侵权,侵权损害赔偿额度的计算等对企业市场竞争策略具有重要影响。在确定出口海外之前,政府可以通过多种渠道了解并获取出口国的知识产权法律规定以及相关案例,用以评估该市场的知识产权法律风险。在知识产权方面,企业出口会遇到多大程度的法律风险,不仅需要了解当地法律规定,还需要了解相关技术的法律状态。如以专利为例,要对正在使用的专利进行数量、法律状态、国别、期限等方面的具体评估,只有了解到这些基础的数据,才能够最终评估出具体的法律风险。

同样,在将本企业改进的技术进行 PCT 申请时,仍然需要具体信息予以支持。知识产权的地域性决定了在一国取得的专利,其法律效力并不能自然延伸到其他国家和地区。如果要在他国受到法律保护,就必须按照该国法律规定登记注册或经审查批准。因此,对于已经由公司进行了改进的技术必须尽快在该海外市场申请专利。如果拟出口的海外市场较多,要充分运用 PCT 的作用,申请专利,防止在该市场被其他竞争者抢占竞争优势。企业在最初进入所在国市场时,由于语言、技术、法律专业性的限制,很难再短期内顺利得到相关信息,如果我国政府相关部门能够协调当地外交、行业组织的资源,为企业提供相关协助,对所在市场的特殊风险及时发出预警,就可以避免或减少企业遭受的损失。

2. 设立固定的知识产权联络处

企业在海外进行市场经营时,由于自身的限制,往往对于当地文化、习俗并不了解,在遇到法律纠纷时,也需要相关的专业性知识加以协助。政府可以考虑"一带一路"沿线国家设立固定的知识产权联络处,既可以及时获取当地的知识产权信息,也可以在企业需要时随时提供知识产权方面的协助或者培训,并就所在国相关法律政策及时向企业通报。此外,这种联络处也可以在日常活动中,加强与当地知识产权执法、司法或其他机构的联系,通过彼此的交流互助,输出中国观念,增强国家间在知识产权领域的共同认知。

3. 整合知识产权执法力量

整合知识产权执法力量是指强调政府整合与执法机构及行业力量,加强知识产权执法,预防并制止侵犯知识产权的行为,包括普通侵权行为与严重的犯罪行为,完善知识产权法律环境。

"一带一路"战略得以有效实施的关键是政府、执法机构与行业的密切配合与合作,除制定无论在国内与国际都具有影响力的知识产权法律体系外,政府的核心作用还应当包括整合知识产权执法力量。政府对于执法机构支持的表现为授予其解决知识产权犯罪所需的适当权利,并提供相应的知识技能培训。同时,利用合法程序,要求一些信息服务等机构为执法机构提供相关的情报,以协助执法。在某些特殊领域,如药品,设立专门的组织来推动执法。政府还必须为知识产权的执法提供清晰的战略思路,要求其他部门能够理解和配合知识产权侵权、犯罪方面的执法行动。在数字化环境下,知识产权的执法必然会越来越多地出现跨越国境的问题,我国政府应当做好预先的筹备工作。一旦发生需要国际合作的情形,应当尽量做到率先对发生的知识产权犯罪采取行动,能够按照法定程序在地方、区域及国家的层次上进行合作,以避免重复的工作。

(三) 知识产权托管的具体指导

根据本报告的调研情况,目前我国很多企业尚没有设立专门的知识产权管理部门或者相关负责人。为了提高企业的知识产权管理意识,政府倡导适用知识产权托管的方式,为没有能力进行知识产权管理的企业提供知识产权托管服务,帮助其开展知识产权业务,拓展海外市场。由此,提供知识产权服务的机构和需要进行知识产权管理的企业之间出现了被称为"知识产权托管"的服务新模式。

知识产权托管的价值主要体现在以下几个方面:第一,知识产权托管可以有效地为中小企业节省在知识产权方面的开支,从而使企业有更多的财力、物力和人力去进行产品生产和技术创新;第二,为中小企业的研发提供方向,将知识产权相关领域的检索工作交给托管机构,以便及时有效地校正企业研发方向的偏差;第三,将企业已有的知识产权维护工作交给托管机构,减少企业的后顾之忧;第四,通过知识产权托管在企业内部树立知识产权观念,通过托管机构对企业员工进行知识产权相关的培训,使之形成知识产权意识。[1] 知识产权托管工程入驻北京中关村软件园和内蒙古"8337"知识产权托管工程托出新飞跃等实例都说明知识产权托管服务新模式在一些地区取得了成功。但是武汉市专利信托的"昙花一现"也说明了我国的知识产权托管制度还存在一些问题。

政府知识产权托管推行的对象主要为知识密集型的中小企业,对于传统制造业企业仍然需要不断加强知识产权管理方面的意识。而知识产权托管机构在提供服务时,也应该注重根据不同的企业类型加强所提供托管服务的针对性和目的性。

七、实践性策略:企业知识产权战略

(一) 加强企业商业秘密保护

在 TRIPs 协议中,商业秘密已经被归入知识产权的范畴,并为成员广泛接受。相对于其他类型的知识产权而言,我国企业更加熟悉和了解商业秘密的保护与运用。这种情形与我国历史有关,三千年前我国已经开始对技术秘密的保护和利用,在家族或行业中建立了一整套完备的商业秘密保护程序。而其他知识产权类型则是近代在外国压力下输入中国,企业不仅在技术研发上缺乏先占优势,对于相关知识产权的规范也需要一个逐步适应并为己用的过程。因此,从目前项目的实践调查来看,中国大多数企业在

---

[1] 于希萌:"论中小企业的知识产权委托管理",载《经营管理者》2013 年第 11 期。

运用商业秘密的方式保护企业的利益，企业利用商业秘密进行市场竞争的情形远远高于运用专利权。因此，就短时期内而言，中国企业这种状态还将继续持续，在未来会过渡到结合专利权共同维护企业的利益。在"一带一路"战略下，企业申请获得专利权需要较长时期，又缺乏前期的铺垫，利用商业秘密将成为企业开发海外市场的重要手段。

商业秘密是不为人所知的，能够为秘密控制人带来商业价值，并为秘密所有人采取了合法保密措施的相关信息。在TRIPs协议中将商业秘密称为"未披露的信息"，在合同法、反不正当竞争法以及侵权行为法中均有关于商业秘密保护方面的规定。尤其对于传统制造业企业，由于长期的技术积累，在设备的生产工艺、生产流程中总结了很多技术诀窍，这些技术秘密如果保密得当，都将成为企业参与国际竞争的主要手段。我国的传统制造业企业也比较重视对于商业秘密的维护，由于商业秘密属于知识产权类别，这也成为其不愿意接受知识产权托管的重要原因之一。但传统制造业企业对于商业秘密的相关法律规范的专业性知识仍然不够，需要加强企业相关知识的培训，以更好地维护企业利益。在项目组进行调研时，一家企业展现了在商业秘密维护方面的技巧和经验，也谈到了研究开发商业秘密的艰难。这位负责人同时提到企业在开发商业秘密时，还要花费很多的时间研究如何抹去反向工程的痕迹，因为很多技术秘密的开发都是通过研究对手设备得来。什么是反向工程呢？所谓反向工程是指通过研究权利人售出的产品或用户手册等，运用反向、回溯的手段，获得权利人生产该产品所运用的技术的方法，又称之为逆向工程或还原工程。反向工程所研究的技术应是技术的所有人采取了保密措施的专有技术，对于专利技术和公开技术，则不存在反向工程的问题。只要企业能够证明其是通过一系列的反向演绎过程推导出了该秘密技术，它就可以合法持有这一研制出的反向工程技术。反向工程的合法性在很多国家都已得到承认，如我国、美国、日本等国家的法律均规定，根据公开销售的设备或者公开发表的文章而取得反向研发出的技术，属于研发者合法拥有的技术。而企业对于这一点显然并不明确，因害怕侵权而浪费了一些时间来掩盖反向工程行为。这表明，传统制造业企业在注重保护商业秘密的同时，还应当加强培训关于商业秘密最新法律保护与维权方面的规范。

（二）增强企业海外知识产权实施风险防范意识

1. 重视知识产权合同

（1）制定知识产权相关合同模板。

自我国改革开放以来，我国很多企业与国外的先进企业有过缔结国际技术转让合同的经历。在履行合同的过程中，虽然受到一些限制性商业惯例的限制，但也从中学到了缔结类似合同的经验与教训。为了对企业日后缔结国际技术转让合同或其他技术开发及合作合同提供指导，避免企业再遭受类似问题，并为企业提供多种选择，可以尝试制定不同的知识产权合同多层链接模板。

根据多层链接式合同模板，企业可以根据本企业的需要参考不同的选项，同时可以根据相应的法律信息展开可能产生的法律效果，以此为企业的进一步抉择提供更为清晰的依据。这样的合同模板既可以为企业提供多种参考选项，也可以节省企业的时间与咨询成本，提高企业的竞争力，同时预防因知识产权合同特殊性可能发生的风险。

这种多层链接式的知识产权合同模板可以在一定程度上解决企业对于知识产权不了解而产生的未来发展困境，用较为简单、清晰的语言对相关的知识产权问题进行链接式解析。此种知识产权合同模板的制定，可以由企业行会组织，也可以由相关政府主管部门进行组织，汇集企业的前期经验，由知识产权法学专家实际落实完成。在知识产权合同模板确定后，可以在企业之间征询反馈建议，从而进一步完善知识产权合同的内容，切实服务于企业走出去过程中对知识产权知识的需求。以专利权许可合同为例，本课题尝试作出部分示例如下：

第7条：共有约定

7.1 专利权实施 二级链接：相关法规（国内与国外）
三级链接：对双方当事人利益的不同影响、可能产生的结果

【选项1】被允许人成为共有专利权人后，专利权的对外许可实施应当取得专利权共有人的一致同意，任何一方不得擅自签订任何类型的专利实施许可合同，将该专利许可他人实施，并收取相应费用。

【选项2】被允许人成为共有专利权人后，专利权的对外独占许可实施应当取得专利权共有人的一致同意，任何一方不得擅自签订专利独占实施许可合同。但任何一方均可以签订专利普通实施许可合同，并收取相应许可费用。签订普通许可合同取得的受益应当分配许可费用的（ %）给另一方共有人。

【选项3】被允许人成为共有专利权人后，专利权的对外独占许可实施应当取得专利权共有人的一致同意，任何一方不得擅自签订专利独占实施许可合同。但任何一方均可以签订专利普通实施许可合同，并收取相应许可费用。签订普通许可合同取得的受益归签订合同一方共有人独自享有，不必向其他共有人分配。

7.2 改进技术

【选项1】被允许人成为共有专利权人后，双方对该技术进行的后续改进，归改进方所有，除双方另有约定，不能推定任何一方拥有未经许可实施改进技术的权利。改进方拥有实施改进后技术，并另行申请专利的权利。

【选项2】被允许人成为共有专利权人后，任何一方对该专利完成的后续改进技术，仍归双方共同所有，允许人与被允许人均有实施改进后技术的权利。如另行申请专利，专利申请权及所获专利权归双方共有。

【选项3】被允许人成为共有专利权人后，任何一方对该专利完成的后续改进技术，均应免费授予另一方实施，但改进技术另行申请专利权及所获专利权归改进方所有。

（2）注重实施许可合同备案。

除必须实现研究海外市场知识产权法律规范及相关技术信息避免知识产权侵权的风险外，企业还可以通过对知识产权实施许可合同登记行为加以避免。由于著作权自动取得所在国保护，尤以专利权的实施许可要在此方面加以重视。专利实施许可合同是指专利权人、专利申请人或者其他权利人作为让与人，许可受让人在约定的范围内实施专利，受让人支付约定使用费所订立的合同。我国企业在"一带一路"战略下走出去，为了节约成本或符合当地要求，必须在所在国设立工厂，并不可避免地要签订专利技术实施许可合同。专利实施许可合同登记备案是国家保护专利权，规范交易行为，促进专利实施而对专利实施许可进行管理的一种行政手段。经过登记备案的专利实施许可合同的许可性质、范围、时间、许可使用费的数额等，可以在发生知识产权纠纷时作为司法机构确定侵权纠纷赔偿数额时的参照，对于保护专利许可合同双方的权利，防止专利纠

纷的发生具有重要的意义。我国企业在海外进行知识产权实施许可时，应当考虑及时对许可合同登记备案，以保护自己的合法利益。

2. 了解所在国对权利人转让权的要求

我国企业在海外签订知识产权实施许可合同时，应当注意所在国对于知识产权权利人实施权的法律规范。不同国家对于实施权的规范差别很大，如果不了解很容易造成企业巨大的损失。以共有专利实施权为例：两个或两个以上对同一项发明共同构思，并作出创造性贡献的共同发明人所拥有的发明为共同发明。在共同发明获得专利权后，共同发明人对发明专利权为共同所有关系，其申请专利权和获得专利权，归共同发明人或者共同设计人共同所有。各国对于共有专利许可实施的法律规定存在着差异，依照《美国专利法》第262条规定，除有相反的约定外，专利权的每一个共同所有人都可以制造、使用或出售其取得专利权的发明，不必取得其他所有人的同意，而且无需向其他所有人说明。根据这条规定，任何共有人都可以在未取得其他共有人同意的情况下，只要是非独占，按照自己的意思自由利用该专利技术，共有人可以与第三方签订许可协议，而不必得到其他共有人的同意，也不必向其他共有人负告知义务。而《日本专利法》对于共有专利权的许可，则明确规定：①专利权共有时，未经其他共有人同意，各共有人不得转让自己的份额，或者将其份额作为标的设定质权；②专利权共有时，除在契约中已作特别规定的外，各共有人未经其他共有人同意，不得实施其专利发明；③专利权共有时，各共有人未经其他共有人同意，不能就其专利权设定独占实施权，或者对他人许可普通实施权。可见，依照日本法律的规定，如果专利为共有专利，未经共有人同意，其他共有人不仅不能与第三方签订独占协议，也不能签订普通许可协议。我国《专利法》则规定，专利权共有人可以单独实施或者以普通许可的方式许可他人实施该共有专利。共有人许可他人实施该专利的，所取得的许可使用费应当在共有人之间分配。因此，在企业进行海外贸易时，即使转让人为知识产权合法拥有者，也必须在知识产权实施许可之前确保知识产权权利人是否拥有完整的转让权，避免合同签订后为企业造成风险。

（三）企业知识产权货物的过境保护

企业应当加强对不同国家关于边境货物相关知识产权规范的重视，学会利用海关知识产权保护战略，尤其是在"一带一路"战略下，企业主要依赖进出口业务，尤其应当关注国际以及各国国内关于知识产权货物海关及边境措施的规定。重视知识产权货物的边境保护，可以避免企业可能遭受的意外损失。

企业首先应当了解所在国关于货物进出口的相关海关规范，如我国《海关法》第44条规定，"海关依照法律、行政法规的规定，对与进出境货物有关的知识产权实施保护"。许多国家都有关于海关知识产权保护的法规，企业应当加以利用。如企业在海关进行了知识产权备案，发现侵权嫌疑货物即将进出口，可以直接向海关申请扣留，但应当向海关提供相当于侵权嫌疑货物价值的担保。海关扣留侵权嫌疑货物后，企业可就扣留的货物向法院申请保全。如果企业不了解相应的规定，未能在海关扣留货物后20个工作日内通知海关协助扣押，海关就会放行货物。企业主动备案后，海关对发现的侵权货物有权主动中止其进出口,并对侵权货物进行调查处理。企业对海关专利权保护战略的运用,可以使企业从更多、更有力的途径加强对本企业知识产权的保护。

此外,企业在进行国际贸易时还要了解关于过境货物的知识产权边境措施的规定。20世纪末,经济全球化,国与国之间的贸易往来日益密切,发达国家不满足于在本国范围内的知识产权执法,开始将侵犯本国知识产权的打击力度延伸到全球范围内。TRIPs协议以国际条约的形式要求WTO各成员国必须在国内法中规定有关知识产权边境保护的措施,知识产权的边境措施从国内立法走向国际立法。近年来,发达国家对于边境措施的保护标准不断增强,并且不满足于TRIPs协议中的规定,又制定了一些区域性文件加强知识产权货物的边境措施,如《反假冒贸易协定》等,我国企业在进行国际贸易中应当对这些边境措施加以关注。

(四)企业的标准化战略

实施标准化战略是一个发展的过程,不具有相对技术实力的企业很难实施标准化战略,标准化战略的典型特征是将标准与专利权结合,专利标准化具有重要的意义。专利标准化能够为一个企业赢得竞争优势,标准化成为经济和社会发展的重要技术基础,成为国际市场竞争的主要形式,具有相应技术能力的企业,都应将专利标准化上升到战略的高度加以认识。

实现标准化战略的目标一般需要经历三个发展阶段。(1)技术专利化。标准与专利结合首先要做到技术专利化,这一过程相对容易,大多数企业通过研发努力可以做到,但这只是标准化战略的初级阶段。如何促进技术专利化,如何激励技术人员进行技术开发,开发重点支持领域,以及如何申请专利,这些是企业制定本企业专利权战略要考虑的内容,具体参考专利权战略部分。(2)专利标准化。在技术专利化的过程实现后,企业需要进一步做到的是专利标准化,即将本企业的专利技术制定为同行业产品生产的标准,其他企业组织生产的技术依据。专利标准化首先应做到成为企业标准,保证所掌握的技术确实是本行业具有影响力的核心技术,然后进行技术的推广实施,在专利技术产业化过程中逐步对技术的市场适用性加以完善,形成一套真正符合条件的技术标准。掌握成熟的技术后,还要了解并积极参与国际标准、国家标准与行业标准的制定,在此过程中,将专利技术向标准制定组织及标准管理机构推介,通过法定的程序将自己所有的专利技术制定为标准,实现专利标准化。(3)标准许可化。专利技术形成标准后,会为企业带来巨大的商业利益,首先,本企业对技术的实施最为熟悉,产品的生产质量具有竞争优势,即使将相关的技术作为标准已经公开,企业还有自身的专有技术可以利用,这是其他企业所不具备的优势;其次,一旦企业的专利技术成为标准,意味着同行业的产品都要依据该技术标准进行生产,原利用其他技术的竞争企业不得不依据新的标准生产产品,否则,将会被淘汰出局;最后,企业的专利技术成为技术标准后,企业的专利权并未失去,任何其他生产者若要应用该项技术,就必须向所有权人支付相当的技术使用费,这就是标准许可化。企业可以将自身最具优势的产品形成标准化的优势,这样可以更加有力地参与国际市场的竞争。

专题 14 "十三五"知识产权运营体系建设规划研究

承担单位：国家专利导航试点工程（江苏）研究基地
　　　　　（镇江市高等专科学校）

作　　者：陆介平　胡军建　饶波华
　　　　　杨　琥　王宇航　李　艳

一、国内外知识产权运营体系研究

（一）知识产权运营概述

知识产权运营是当下知识产权业界使用频度最高的词，在很多文献、文件以及多个场合中被频繁使用。

关于知识产权运营，国内外文献有多种表述。对于知识产权运营的理解主要集中在三个方面：①法律方面，强调知识产权的法律属性，注重权利的保护；②技术方面，强调其技术属性，主要针对专利权或专利技术的许可转让等，注重知识产权运营对创新活动的支撑；③经济方面，强调其经济属性，将知识产权作为资产进行管理和运营。

从知识产权运营的属性，可将知识产权运营定义为：知识产权运营是知识产权价值经营活动的集合。它既包括了传统的知识产权许可、转让、作价入股等交易行为，也包括企业知识产权资产管理、知识产权资金运作、知识产权金融等新业态。从过程的角度，知识产权运营需要运用现代信息处理技术，对专利信息存在高度依赖，数据挖掘、大数据理论都是专利运营过程中必不可少的工具，因此，知识产权运用从某种意义上是知识产权有价值经营＋知识产权的信息利用的过程。从知识产权服务业的角度划分，专利运营业属于知识产权服务业中的高端服务部分。

（二）知识产权运营的主要内容

1. 专利运营的主要内容

专利运营是专利运用的重要内容，从内容分析，专利运营不同于一般的以实施对重点的运用，而是从价值实现的层面体现专利的商业价值，促进专利的更为广泛的运用。国内一些专利运营机构往往把专利运营的重点放在授权专利的运营，但实际上专利运营是从发明创意、技术的研发到专利实施的全过程服务。由于科研人员在研发过程中更多地关注技术本身，对专利制度的理解不够深入，在申请专利过程中往往会出现保护范围窄、权利要求少，公开了技术路线，却难以达到技术垄断和成果保护的目的的状况。这种状况在专利制度仅仅实施了30年的中国尤为明显，专利数量多、质量低、保护效果差是普遍现象，导致了新产品、新技术、新工艺发布后难以保护，专利要么可以绕开，通过替代技术实现相同目的，要么通过无效程序被轻易无效。单纯的对授权专利的运营已无法克服由于专利质量差所带来的技术和成果的贬值，有可能使具有巨大市场潜力的专利技术因专利本身的原因无法获得应有商业价值。因此，对技术、构思或者技术方案的研发初期进行分析评判是必要的，也是发达国家通行的做法。

将专利作为商品运营的过程可以有以下几个方面。

（1）高价值专利的培育。

① 理解高价值专利。

专利价值是指专利预期可以给其所有者或使用者带来的利益在现实市场条件下的表现。高价值专利需要具备五个方面的特征：一是发明创新难度大；二是专利文献披露度高；三是同族专利数量多；四是权利要求保护范围宽；五是技术适用方案程度广。具体来说高价值专利有两个关键特征：一是专利所保护的技术属于关键核心技术，二是专利撰写质量高，保护效果好。高价值专利可以为单一专利，也可表现为围绕某一项技术或工艺的专利组合。

② 我国专利总体状况。

我国知识产权制度从建立到运用仅仅30年的时间，这期间，我国企业和教育科研机构经历了"入世"，跨国企业运用以专利为核心的技术壁垒对中国企业进行打压和围追堵截，各级政府为加快知识产权运用，制定并出台了包括申请资助、授权奖励等一系列的专利申请政策措施，极大地激发了企业创造和运用知识产权的热情，短短十年，我国已经从一个知识产权弱国发展成为专利申请全球第一的知识产权大国。但数量的优势并未体现为产业发展的支撑，数量大、质量差、保护能力弱、核心专利少是我国现阶段专利发展的基本状况，反映在产业上，则体现为产业竞争力不强，绝大多数产业处于产业链的中低端，创新型企业数量不多，因此提高高校、科研机构和企业知识产权运用能力，围绕核心技术研发创造高价值专利和专利组合已成为产业高端发展的重要环节，也是实现《中国制造2025》战略目标的基础。

③ 高价值专利培育。

高价值专利是专利运营的基础，也是专利运营的重要环节，没有质量的专利同样没有价值，专利培育过程相当于农业生产过程中的育种过程。高价值专利的培育重点针对重大项目、重点人才和核心技术的产品开发，其基本思路为：对重大科研目（如863、973项目等）、重要新产品开发项目进行分析，对其中有实施价值、商业潜力大，能形成基本专利、基础专利和核心专利的构思、技术和方案纳入专利培育计划。在撰写专利申请文件时应充分考虑对市场的垄断，尽可能扩大保护范围，对可能的技术方案、技术路线进行仔细研究和分析，在申请文件提交前进行新颖性检索分析，确保专利能够获得授权。

（2）专利布局。

专利布局是专利运营的重要内容，是指对于特定目标市场通过专利申请，形成未来产品和技术的保护网。专利布局基于两个方面进行，一是对所涉及的技术、方案和工艺，特别是关键零部件、关键工艺，以难以绕开或难以替代为目的进行一定量的专利申请，形成专利"地雷阵"；二是对于尚未完全成熟的技术和工艺，不追求尽快授权，尽量延长专利文献公开前的时间，为研发活动争取尽可能长的保密时间。

（3）专利价值分析。

科技创新的法律成果是专利，但专利不一定就能够实现产业化，也不一定具有实施价值。发明人往往认为具有巨大市场潜力的专利，投资人却有可能认为没有实施的价值或者产业化前景不大。据统计，我国高校专利转化率为20%左右，而与此同时，每天都有大量的投资人和企业家手里拿着数千万的资金，却找不到好的专利项目，或者即使有产业化前景的专利技术，却因为专利和技术本身的专业性而无法作出科学判断，形成巨大的投资风险。专利价值分析从法律的稳定性、保护范围、垄断性、技术成熟度以及市场前景、投资回报等方面对专利进行科学分析，解决了专利转移转化中难以进行科学判断的难题，也为正确评判专利的价值提供了科学指标和工具。

一般人容易将专利价值分析的概念与专利资产评估混为一谈,事实上,专利资产评估与专利价值分析有着本质的区别。专利资产评估属于无形资产评估的范畴,其目的是评估专利的时点价值。专利价值分析不同于专利资产评估,在实际运用中,专利资产评估往往使用于需要确定价值的场合,如以无形资产的形式作为注册资本的一部分、银行的质押融资或者专利纠纷侵权判定中赔偿等,由于评估主要根据无形资产评估准则,以实际发生费用(成本法)、已销售情况(市场法)来确定,对处于刚完成的科技创新成果、尚未产业化的重大发明并不适用,对智力劳动的体现不够,投资人想投资该专利技术是不会依据评估价格来完成转让的,重大发明也不可能依据研发成本来定价。因此,专利资产评估对于具有产业化前景的专利投融资并不适用。高校、科研机构的专利转让或专利许可则很少运用专利资产评估来定价。

事实上,专利价值分析的方法与科技评价的方法、指标体系相似,但科技评价的对象主要是科技成果,所关注的内容主要是成果的先进性、经济效益情况或可能获得的经济效益。对科技成果的法律状态、技术的垄断性以及保护范围等关注较少,实际评价往往不一定能够反映科技成果商业价值和潜在价值。

正是由专利价值分析体系对专利的法律价值度、技术价值度和经济价值度构成了客观的评价,在专利产业化投资、专利技术参与要素分配等方面作用得以充分发挥,在专利运营过程中成为重要的决策参考。

(4)专利的许可与转让。

许可是指专利权属不变,但允许他人实施的一种形式。许可包括独占许可、排他许可、普通许可等形式,不同的形式其权利和义务不尽相同。

转让是指专利权属发生变化的行为,转让分为商业购买和赠予等形式。转让后,除非获得新权利人(即受让方)的许可,原权利人失去了所有的权利,包括实施、质押、许可等权利。

无论是许可还是转让,发明人的署名权并不改变。

许可和转让行为通过在国家知识产权局备案、登记形成更好的法律保障。专利许可备案在法律上并非必须的,专利许可和专利转让行为受合同法保护。通过专利许可备案、专利转让登记,可以避免重复许可、重复转让等纠纷发生。如果没有备案、登记,核查过程中的疏漏是很难发现的。被许可人或受让方可以通过登记簿副本了解既往许可和转让情况,并核查许可或转让专利的法律状态。

(5)二次开发。

二次开发是指对具有实施前景和商业价值的专利进行产业化研究,使其方法路线不断完善、技术工艺不断成熟,从而具备实施条件和基础的过程。《专利法》允许对方法、构思加以保护,对方法和构思授予专利权,其前提是符合三性原则,即新颖性、创造性和实用性。这类专利往往由于技术不够成熟或者配套技术不完善而无法实施,需要通过产业化研究进行二次开发,在具备了实施条件后才能进行产业化实施。这类专利虽不具备实施条件,但可能蕴藏着极大的商业价值和市场前景,许多基础专利都需要通过二次开发才能获得商业运用。投资人通过前期投入得到独占的实施机会,是当前产学研合作的新形式。

(6) 构建"专利池"。

"专利池"是专利运营的重要形式,也是对整个产业或某个领域关键技术进行控制的商业模式。国家主导的专利运营机构的运营方式之一就是围绕战略性新兴产业中的专利密集型产业,通过大量专利的购买、许可以及托管等形式形成数量庞大的专利群,通过向国内企业实施低费许可来保障我国产业的技术安全。但事实上围绕一个产业构建"专利池"的做法并不可行。国外"专利池"构建主要针对三种形式:①以标准为对象,可以是一个产品、产品的某个零部件、一个接口技术甚至一个协议,或围绕标准的应用技术。②以产品为对象,以一个产品的各个部件、技术工艺为内容构建"专利池"。这种产品往往是以家电、日用消费品等小产品为主。③围绕系列产品中的某个关键零部件或技术构建"专利池"。

(7) 专利产业化实施。

专利产业化实施是专利由技术转化为产品的过程,也是专利运用的重要特征,只有变成有效的商品才能发挥专利应有的作用。专利产业化或专利实施并不一定通过专利运营才能实现产业化,众多企业在预研或未来产品的研发后所形成的专利一般由专利申请企业自我实施。专利运营是第三方机构通过运营由投资人或企业获得专利许可与转让后所实施的专利产业化项目。专利产业化的过程是一个复杂的过程。一是需要对运营专利进行专利价值分析,分析技术是否成熟、权利是否稳定、产业化的前景并确定许可或转让的基准价格,按项目可行性要求确定投资规模和回报率。二是建立专利产业化的融资平台。很多情况下,专利产业化投资比较大时,单个投资人往往没有能力单独投资一个完整的项目,融资成为专利产业化过程的重要环节。在一般情况下,专利产业化投融资可由天使基金、风险投资或PE(私募)担任。但实际上风险投资以上市退出为主要经营方式,很少涉足风险比较大、有时还需进行二次开发的专利产业化项目;天使基金的投资方式在很多情况下是种子基金模式,逐步投入,投资强度一般不大。专利产业化最终需要落实到实施企业,由实施企业作为实施主体负责资金募集、建设、生产和经营。实施主体主要分为:①成熟的生产企业,实施围绕原有产品系列,通过技术改造或新上生产线的方法实施,其实施资金除自筹外,还可通过银行贷款解决。贷款可通过信用贷款、土地或厂房抵押等形式,其风险是可控的。②新投资企业,投资人在决定投资专利产业化项目后,通过募集资金、购买或租赁场地、购买设备,进行专利产品生产,并为之建立销售体系。新投资企业无论是投入还是风险都远大于成熟企业的技术改造项目,但对于全新领域或产品,往往并不适用于技术改造,新设厂房又是唯一选择。此外,投资人如果属于转行进入实业,投资专利产品往往有较大的技术保障,产品一开始就处于高端,其收益也会远高于投资一般产品。③以专利权人为主体,通过融资平台融资后实施。这种专利产业化实施项目,能够获得更好的技术支持,但除非专利权利人自身有较强的资本实力,否则很难实施重大专利产业化项目。

(8) 质押。

质押是专利运营的常用模式。质押通常是因为企业在生产经营过程中,经营情况良好,但流动资金缺乏,作为科技型企业,又没有土地、厂房或设备抵押,或上述抵押不足以获得足够的资金用以生产。在这种情况下,企业通过将专利资产质押的方式获得短期流动资金。通过银行获得资金称之为专利权质押贷款，其他质押融资的方式还有企业间的质押融资、专利质押信托资金，或者通过银行理财产品发布的方式获得资金等形式。但由于专利权质押首先需要确定专利的价值，因此，专利资产评估成为专利权质押融资过程中估值的工具。为了降低质押风险，出资人往往在估值的基础上打很大的折扣，如一般不超过评估值的30%。对于有较大规模的企业来说，专利资产评估的值能满足企业的融资需求；对于科技型小企业、科技创业企业而言，其评估值不会很高，质押融资的量有限。而且大企业融资渠道多，银行贷款能力强，专利权质押往往不是主要融资形式；而中小企业本身融资能力弱，专利权质押能够解决企业急需的流动资金。在专利资产评估的同时，引入专利价值分析的方法，通过实施专利的潜在价值进行科学分析，对分析价值度比较高的专利可通过提高折扣率的方法加以解决。

（9）专利权入股。

专利权人或专利运营机构如果对专利运营的长期收益有比较好的预期，除通过许可或转让方式获得固定收益外，还可通过专利权入股的方式，作为企业注册资本的一部分，以获得企业的产权。专利权入股属于无形资产入股的范畴，最高可占企业注册资金的70%。

（10）权利放弃。

专利权维持需每年缴纳年费。企业对于不实施的专利、高校对于长期转化前景差的专利都会选择及时放弃以节约年费支出。在专利运营过程中，专利权的放弃也是专利运营的内容，可以有以下几种情形。

① 对无经济价值的专利应及时放弃。对这类专利在放弃前应进行分析评估，确定其价值趋于零。

② 以公开技术为目的，放弃专利权。公开技术可以阻止他人获得与此专利技术相关的专利，专利权人或运营机构并不选择运用此类专利技术，但也不希望他人拥有该领域的专利技术。公开技术的方法有很多种，常见的方法有发表论文、公开出版，但这些方法要么成本较高，要么不易控制。通过申请专利，及时放弃权利，或者公开后不请求实质性审查等方法更加方便。

2. 其他知识产权的运营

（1）商标的运营。

① 商标的转让。商标的转让是通过权利的转让获得相应的收益。商标转让往往存在于企业经营转向、战略投资后由原企业向新企业转让以及其他可能的转让行为。

② 驰名商标的创建。驰名商标的创建过程是品牌的建设与创建过程，也是商标价值的提升过程，因此创建驰名商标是商标运营的主要内容之一，也是企业知识产权价值提升和固化的过程。

③ 商标的许可。商标的许可是在权利属性不改变的情况下所实施的许可过程，可以是独家许可，也可以是普通许可。

④ 商标的特许经营。商标特许经营的本质是品牌产品的特许经营，经营者并无商标的许可权，只是拥有商标或品牌商品的销售权，这种销售权有时仅限定在某一区域。

品牌厂商出于区域外布局战略，往往都会采用这一模式。

⑤ 商标的质押。与专利权质押相同，商标的质押也是权利人的资产处置行为，最常见的质押是用于融资需求。

⑥ 商标的作价入股。最常见的有两种情形，一是加盟企业中，不以现金入股而是用商标、专利等知识产权作价入股，二是引进战略投资时，对现有包括专利、商标在内的无形资产的评估，通过知识产权财产化成为被投资企业的资产。

⑦ 商标的品牌加盟。商标的品牌加盟类似于特许经营，但品牌加盟往往在管理流程、店面装修、商品配送和售后服务等方面会有一套相对统一的流程和服务。

⑧ 商标证券化。知识产权证券化是将其拥有的知识产权或其衍生债权（如授权的权利金），移转到特设载体，再由此特设载体以该等资产作担保，经过重新包装、信用评价等，以及信用增强后发行在市场上可流通的证券，借以为发起机构进行融资的金融操作。适用于各类知识产权，商标权也不例外。

（2）版权的运营。

版权的运营可以从两个方面来描述，一是软件著作权，带有一定的技术特性，运营方式与专利权运营类似，二是普通作品的运营，如著作权及其衍生，包括出版、印刷、许可、转让等。

二、我国知识产权运营业态分析

（一）知识产权运营需求分析

知识产权运营是知识产权数量以及市场对知识产权的必然需求，当一个国家产业发展到一定的规模，产业发展方式从制造向创造转型，产品从产业链低端向高端提升，企业赢利模式不仅仅依靠劳动密集型产品而是通过智慧成果和创新驱动产生时，对知识产权的运营需求应运而生。

1. 创新驱动的发展需求

2012年年底召开的党的十八大明确提出："科技创新是提高社会生产力和综合国力的战略支撑，必须摆在国家发展全局的核心位置。"强调要坚持走中国特色自主创新道路、实施创新驱动发展战略。这是我们党放眼世界、立足全局、面向未来作出的重大决策。创新驱动发展战略有两层含义：一是中国未来的发展要靠科技创新驱动，而不是传统的劳动力以及资源能源驱动；二是创新的目的是为了驱动发展，而不是为了发表高水平论文。

（1）传统发展模式的主要特点。

① 投资拉动。这种发展方式能够在较短时期内拉动经济增长，但如果在制造业产业链中研发和设计能力等最核心的部分不能取得突破，长期依赖投资拉动经济增长必然不可持续，并引发产能过剩、环境负担重等问题。

② 劳动力密集。以来料加工、OEM为主的产业发展模式几乎是工业化初期的共同发展模式，由于缺少核心技术知识产权，产品始终面临成本的压力，其市场竞争的主要

手段不是领先的技术和功能，而是价格，控制成本的主要方法之一就是降低劳动力成本，因此产业链中有低端产品制造不断地向劳动力成本较低的地区转移。

③ 设备依赖。通过技术改造引进进口设备生产高品质产品，这些设备主要是数控设备和相应的生产线，其核心还是投资，当行业内普遍采用该模式，其产品品质的优势就不复存在，其结果是低价竞争，甚至在成本线下运行。

④ 创新能力弱。传统的发展模式主要依靠投资拉动、劳动力密集等资源要素，其产品主要为 OEM、来料加工或一些技术含量低的初级产品，由于处于产业链的低端，创新能力弱、研发设计能力弱是这种发展模式普遍存在的问题。

（2）创新驱动发展模式的主要特征。

① 人才支撑。企业一般有较强的研发、设计和工艺团队，有较强的技术队伍，与高校、科研机构的产学研合作密切，科技人员在企业员工总数中的比例较高，部分企业可达 60% 以上，形成了科学合理的人才团队，为企业发展提供了人才支撑。

② 创新研发。创新研发已经成为企业发展的原动力，由于处于行业的领先地位，产品被研究、仿制和追赶是这类企业的常态，只有不断的研发，适时推进适销对路的新产品，并开展未来市场和产品的预研和储备，形成生产一代、研发一代，企业研发投入占销售收入的 10%。我国高企业的认定标准中 R&D 的投入一般要求占企业销售收入的 2%~4%，而创新型企业会远高于这一比例。

③ 知识资产。知识资产是以知识产权为核心的无形资产，包括专利、具有品牌价值的商标、专有技术等，创新驱动是将资本和有形资产转化为无形资产的过程，无形资产既有为创新所投入的资金、设施，更多的是智力劳动的成果，是一种智慧财产，创新型企业的重要标志是，企业的资产结构中知识资产所占比例高，此比例越高企业的创新能力越强，企业赢利模式也从传统模式转化为知识资产运营模式。分析国际上主要跨国公司的资产结构，不难发现，其知识资产已经成为企业的核心资产，知识资产所带来的收益成为企业最主要的收益。

④ 商业模式创新。与传统的生产销售模式不同，依靠商业模式创新已经成为企业运营的新模式，"互联网+"的兴起，使传统产业可以依托互联网，运用最新的网络技术和云平台，通过大数据分析客户心理，再通过柔性制造为客户订制心仪的产品。由于商业模式创新过程一般都是新技术的运用过程，因此这种创新既是管理创新又是技术的创新。

（3）创新驱动发展中知识产权战略运用。

① 政府层面。创新驱动的发展模式并不单纯是企业自身的行为，也不能完全交由市场调节。即使是市场化最充分的美国，政府同样在创新驱动战略的实施中发挥主导作用，美国政府先后推出了创新发展战略和知识产权战略，通过政策引导、环境营造为市场主体实施创新驱动战略提供全球最好的发展环境。但创新驱动不仅仅是技术创新、管理创新和商业模式的创新，同时还需要通过知识产权战略的实施获得法律保障，如果没有知识产权战略的实施就无法保护技术创新的成果，也无法通过知识产权运营获得更多的商业价值。2015 年颁布实施的《中共中央 国务院关于深化体制机制改革加快实施创新驱动发展战略的若干意见》以及国务院颁布实施的《中国制造 2025》都明确提出在

创新过程中知识产权的运营,也表明实现中国制造只有有了知识产权的支撑和服务才能转化为智能化、智慧化。国家知识产权局提出了建设知识产权强国的发展目标,都对创新驱动发展战略中知识产权的运营提出了明确的意见,政府需要在政策引导、服务体系建设、知识产权人才培养和知识产权维权保护方面作进一步的努力。

② 企业层面。企业技术创新的目的是为了保持在市场中应有的地位,保持产品的特色和领先水平,因此企业是创新驱动发展的主体,也是大量创新成果实践和转化的载体。由于企业的创新驱动最终都会以产品形式面向市场,竞争对手一定会通过产品来分析企业的创新路径和创新成果,找出和设计新的技术路线和更好的产品,在此过程中知识产权必将扮演重要的角色。尽管我国企业在"入世"以后知识产权综合运用的能力有所提高,但知识产权在企业所发挥的作用主要还是成果保护、高企认定、项目申报等,其财产属性并未获得体现,在大多数企业,知识产权实际上创造了成本而不是创造价值,市场控制功能、知识产权资产运营功能难以体现。未来五年是我国制造业瞄准国际水平大发展的过程,也是智能化、智慧化的发展过程,通过知识产权运营、还原企业知识产权的财产属性是企业创新驱动发展过程中必然的需求。

③ 高校院所。高校和科研机构对于知识产权运营的需求源于多个方面,一方面,科研机构是我国优秀人才的汇聚之地,集中了我国最优秀的科技人才,产生了大量的创新成果,这些创新成果都会以专利的形式加以表达,这些专利技术需要与产业发展实现对接,需要企业承接并转化;另一方面,近十年来,特别是"十二五"期间,国家对于科技的投入有了大幅的增加,这些项目成果以及相应的专利需要转化为现实生产力,需要建立专业的专利转移转化的机制来实现这一目标。再者,我国高校、科研机构的技术转移机制不适应市场的需求,其管理模式落后,管理手段陈旧,与欧美国家高校专利转移机构相比显得十分落后。根据国家发改委的统计,2013年,欧美大学专利转移转化率平均值为40%左右,专利的平均许可和转让价值在40万美元左右,而我国高校在专利数量上已经超越了欧美高校,但转移转化率不足10%,平均专利许可价格为人民币10万元左右。对于我国研究型大学和省部属以上科研机构,建立专业的知识产权运营体系,加快科技成果的转移转化显得十分迫切。

2. 知识产权数量积累的需求

(1) 我国知识产权创造情况。

"十二五"期间,我国知识产权申请在数量上实现了大的飞跃,特别是专利创造的数量几乎是以几何级的速度增长,从建立知识产权制度到2015年,我国用30年的时间走过了欧美国家300年的知识产权发展历程,成为全球专利申请数量最多的国家,表14-1与表14-2是"十二五"以来我国国内专利申请与授权的情况。知识产权制度的本质是通过创新成果的保护促进运用,表14-3是近几年我国知识产权质押融资的情况,可以看出,知识产权创造与运用的增长是同步的,也就是说创造的数量必然会反映在运用的效果上。

表 14 – 1 2010～2015 年国内发明专利受理情况

年度	国内发明专利受理量（件）	国内发明专利职务申请受理量（件）				
		合计	大专院校	科研单位	企业	机关团体
2010	293 066	223 754	48 294	18 254	154 581	2625
2011	415 829	324 224	63 028	25 222	231 551	4423
2012	535 313	428 427	75 688	29 518	316 414	6807
2013	704 936	571 073	98 509	36 582	426 544	9438
2014	801 135	648 023				
2015	215 360	174 734				

表 14 – 2 2010～2015 年国内发明专利授权情况❶

年度	国内发明专利授权量（件）	国内发明专利职务申请授权量（件）				
		合计	大专院校	科研单位	企业	机关团体
2010	79 767	66 149	19 036	6557	40 049	507
2011	112 347	95 069	26 616	9238	58 364	851
2012	143 847	125 954	33 821	11 248	78 651	2234
2013	143 535	126 860	33 309	12 284	79 439	1828
2014	162 680	146 172				
2015	72 228	65 499				

表 14 – 3 "十二五"期间我国专利质押融资情况❷

年份	2010	2011	2012	2013	2014
融资额（亿元）	70	90	141	254	489

知识产权运营是我国知识产权数量大幅提升、知识产权由成果保护的属性向资产属性转变过程中的必然需求，"十二五"期间，我国知识产权数量呈高速增度的态势，其中以专利申请与授权数量的高速增长最为突出，已连续四年成全球第一的专利大国，专利是具有技术特性的工业产权，专利的数量能够反映产业的创新能力，但"十二五"期间我国专利等知识产权增长并没有明显体现为产业发展的优势，尽管同期我国产业规模增长很大，GDP 总量成为美国之后的第二大经济体，从进出口总额看，成为世界第一大经济体。但从产业链的角度分析，我国绝大多数产业仍处于国际制造业低端这一状况未发生根本性转变。我国制造业还有很长的路要走，而知识产权作力经济、产业的重要支撑扮演了极为重要的角色。这就需要通过运营来体现知识产权的价值，并使知识产权成为产业发展主要引擎。

---

❶ 2010～2013 年度数据来源于《国家知识产权统计年报》；2014～2015 年度数据来源于《国家知识产权局专利业务工作及综合管理统计月报》。2015 年数据为 1～4 月。

❷ 数据来源为国家知识产权局备案统计数据。

（2）关于数量与质量的讨论。

尽管从数量角度比较，我国已经成为全球第一的知识产权大国，专利申请数量、商标注册的数量都是如此，但从质量的角度分析，我国还不是知识产权强国，大而不强是"十二五"期间我国知识产权发展的重要特征。

从专利的角度，体现在三个方面：

① 一般专利多，核心专利少。我国专利总量中，国内申请以外观设计居多，外观设计代表的是创意和产品造型，而发明专利则是体现技术的创新，而在发明专利构成中，核心专利偏少的矛盾十分突出，大多数专利属于改进型专利，即一般专利。能够反映科技创新能力的基础性专利少之又少。

② 专利质量差。主要表现在专利的撰写质量方面，特别是企业专利的质量问题尤其突出，一是专利权率低，发明专利申请平均授权率不足20%。二是授权专利质量不高，保护范围不宽，这样专利申请授权虽然容易，但作用十分有限。这也就是为什么近年来国外企业对我国企业发起的专利诉讼案件较多，我国企业很少向国外企业发起诉讼的原因之一。

③ 专利未能有效发挥作用。对企业而言，专利的作用在于通过保护机制获得技术的领先地位，从而实现控制市场的目的，但我国企业能灵活运用知识产权实现价值经营企业不多。有专家将企业知识产权运用能力分为五个层级：第一层次把专利作为企业核心资产来维护和运营；第二层次利用专利跑马圈地，获取竞争优势，重视专利布局，也重视维权，利用专利打压竞争对手；第三层次把专利作为通行证，没指望利用专利独占市场，只希望研发成果能自由使用，不受限制、不作被告；第四层次不知专利有什么用，专利是摆设和花瓶，其作用主要为高企认定、申报项目和获得政府资助；第五层次无专利企业，无技术秘密管理。我国企业绝大多数都位于第四、第五层次，少数位于第三层次，处于第一、第二层次的企业屈指可数。

从商标的角度，体现在两个方面：

① 国际知名品牌少。与国际知名企业的名牌相比，我国知名品牌不仅数量十分有限，而且品牌价值不高，部分在国内叫得响的知名品牌，在国内市场属于一线产品，但到了国际市场，特别是美国、欧盟等发达国家市场仍属于低端产品。

② 商标运营能力不强。从表面上看，品牌属于商标运用的范畴，但实际上其内涵丰富，与核心技术、产品品质密切相关，国际知名产品大都有众多核心技术专利支撑。企业在运用商标战略时，应将专利战略与宣传推广有机结合，加强商标的运营能力，提升品牌的价值和美誉度。

（3）知识产权在企业发展中的作用分析。

对于知识产权，企业既熟悉又陌生，由于近年来各级政府不遗余力的宣传和引导，并从政策措施等方面加以推进，使众多企业能够将企业技术创新和工艺改进等申请专利，并在高新技术企业认定、科技项目申请、创新成果的保护等方面发挥作用，但能够真正将知识产权作为资产并实施价值运营的企业并不是很多。部分知识产权运用能力较强的企业已经意识到这一问题，正探索还原知识产权的财产属性，将知识产权作为企业的核心资产加以运营，并获得高额的收益，更多的企业则是运用知识产权的保护职能，将知识产权定位为创新成果的保护，重点确保企业的产品不被诉侵权，同时保证企业在市场中的地位。还有部分企业将专利作为成果和荣誉看待，这时专利对企业而言仅仅是企业的品牌，创造了成果却不能创造更多的价值。

3. 市场竞争的需求

从关贸总协定到世界贸易总协定，国际贸易体系发生了巨大变化，其中知识产权在世界贸易体系中发挥的作用和影响尤为突出。关贸总协定主要是国与国之间货物贸易的关税安排，世贸组织则在关贸协定的基础上增加了服务贸易和与贸易有关的知识产权，使知识产权能够在进出口贸易中扮演更加重要的角色，成为跨国公司限制竞争对手贸易、大幅增加竞争对手成本并实现市场控制的有效手段，而服务贸易的准入又使国际服务业能够轻而易举地进入中国市场，这些因素都极大地促进了专利运营业的发展，催生以知识产权为主要特征的经济业态。

伴随着知识产权运营业的发展，知识产权经济应运而生，其主要特征体现在以下几个方面。

① 知识产权的财产特征日益显现。曾经在手机市场叱咤风云的 Nokia 公司在新一轮竞争中不敌苹果、三星等通信业新秀，最终濒临破产，但由于长期的知识产权积累，专利已成为 Nokia 的核心资产。2013 年 3 月 26 日美国知识产权管理公司宣布，已经从 Nokia 收购了 125 项专利，这 125 项专利中有 81 项被 Nokia 宣布为标准要素专利，涵盖了 SD 卡、嵌入式闪存和通用闪存等多种技术。如果对 Nokia 的土地、厂房和设备进行资产权评估，估计不足这 125 件专利价值的十分之一。类似的例子还有著名的胶卷企业柯达，柯达持有的数字图像专利价值已经达到 30 亿美元，是当时柯达市值的 5 倍。这些案例都说明，企业的核心资产是知识产权，知识产权的财产属性是知识产权运营业发展的主要特征。

② 高端制造中知识产权已经成为主要标签。高端制造是现代装备制造中最核心的制造，处于产业链的高端，高端制造有两个特征，一是智能化，大量使用现代信息技术；二是智慧化，核心技术、关键零部件都有大量的专利申请，形成了围绕核心技术和零部件的专利保护，其专利成本已占产品成本的一定比例。无论是专利密集行业的 IT 产业、还是生物制药，甚至传统的机械产品都体现了专利战略，即产品研发、专利先行，产业布局的基础是专利布局，只要是依靠技术创新所获得的竞争优势，必然贴上知识产权的标签。

③ 技术创新成果必然伴随着专利的布局。统计表明，全世界最新研发成果中 95% 以上的成果能够从专利文献中找到，这说明专利制度已经深入到研发的各个阶段、各个群体之中。现今的技术创新几乎都是有针对性的研发，带有很强的市场布局因素，因此其创新成果必然会通过专利申请加以保护。技术创新的专利战略不仅仅是对创新成果加以保护，而且是对可能的创新成果和技术路线实施知识产权布局，这些布局不仅仅在本国市场，更多的是在可能的目标市场。专利运营业的发展与壮大，加速了这一趋势，研发人员通过与专利运营团队的合作，放大了技术创新成果的价值，使研发机构和专利运营机构呈现双赢的格局。

④ 标准与知识产权的融合成为必然。标准的最初目的是通过产品的标准化降低制造成本，提高产品品质。基于这一特点，标准运用过程中往往对专利采取排斥的做法，除非专利权利人放弃许可费用。但专利战略的实施，使高端制造无法回避专利问题，标准中包括专利技术已成为普遍做法，在此情况下，只要专利许可在可控状态，标准中的专利战略就成为企业在制定标准时的通行做法，标准与知识产权的融合已成为标准研制的发展方向。

⑤ 知识产权运营已成为新的商业形态。我国的知识产权服务业主要以知识产权代理业为主，伴随着知识产权经济的发展，传统的代理已经无法满足日益增长的知识产权运营需求，海量的专利文献需要通过信息技术的应用实现对专利文献的分析，互联网的应用加速了这一进程。知识产权交易也可运用现代技术手段在更大的范围实施，优质专利培育、专利的展示交易、知识产权证券化、知识产权的资产管理、侵权赔偿运营、标准中专利战略的运用等逐渐形成了从知识产权培育到产业化实施的产业链，并依托互联网迅速放大，形成了新的商业形态，同时聚集了大量优秀的知识产权高端人才。

（二）从"互联网+"到"知识产权+"

1. 认识"互联网+"

"互联网+"战略是全国人大代表、腾讯董事会主席兼CEO马化腾于2015年向全国人大提出的四个建议之一。马化腾解释说，"互联网+"战略就是利用互联网的平台，利用信息通信技术，把互联网和包括传统行业在内的各行各业结合起来，在新的领域创造一种新的生态。简单地说就是"互联网+××传统行业=互联网××行业"。但这并不是简单地两者相加，而是利用信息通信技术以及互联网平台，让互联网与传统行业进行深度融合，创造新的发展生态。"互联网+"代表一种新的社会形态，即充分发挥互联网在社会资源配置中的优化和集成作用，将互联网的创新成果深度融合于经济、社会各领域之中，提升全社会的创新力和生产力，形成更广泛的以互联网为基础设施和实现工具的经济发展新形态。

"互联网+"的兴起不仅改变人们传统的生活方式，而且形成了全新的商业业态，它对传统产业运营模式的影响是巨大的，已经改造及影响了多个行业，当前大众耳熟能详的电子商务、互联网金融、在线旅游、在线影视、在线房产等行业都是"互联网+"的杰作。正是意识到"互联网+"对经济发展的作用，国务院总理李克强在2015年政府工作报告中提出，制定"互联网+"行动计划，推动移动互联网、云计算、大数据、物联网等与现代制造业结合，促进电子商务、工业互联网和互联网金融健康发展，引导互联网企业拓展国际市场。

2. 认识"知识产权+"

"知识产权+"在产业经济发展过程中与"互联网+"既有相同之处，更有本质区别，"互联网+"体现了商业模式的创新，而知识产权则是关键核心技术的支撑。从德国工业4.0到中国制造2025都是产业发展智能化、智慧化的过程，其中创新驱动战略必然是产业发展的关键，而知识产权在其中扮演着不可替代的角色。产业发展中知识产权运用过程的本质是知识产权运营过程，也是知识产权经济的形成、发展和壮大的过程，没有专利技术的支撑和健全的知识产权保护就不可能实现中国制造 2025 的战略目标，从商业业态的角度分析，这就是"知识产权＋"。

3. "互联网＋"与"知识产权＋"的比较

（1）"互联网＋"与"知识产权＋"的相同特征。

"互联网＋"是依赖网络互联技术或互联网平台所形成的产业嫁接，其特点是利用互联网技术促进传统产业发展，如互联网金融、互联网医疗、互联网农业、互联网电子商务等。

因此"互联网＋"已不再是单纯的技术概念，其特征是后面的"＋"，通过这个"＋"赋予了互联网在产业发展中的作用和地位。

知识产权是具有法律特征的专业术语，无论是专利、商标还是著作权都需要建立在产品（作品）和技术基础之上，它定义了产品或技术在市场中的独占权利。与"互联网＋"相同，"知识产权＋"也是与产品、技术相结合，并不单独存在。

（2）"互联网＋"与"知识产权＋"的不同之处。

① 权利不同。"互联网＋"可复制、可推广，任何模式都可以不加限制地复制，除非其商业方法获得相应的知识产权保护，"知识产权＋"强调的是市场的独占性，通过知识产权战略实施可以保持在本领域的技术领先地位，而这是"互联网＋"无法做到的。

② 模式不同。"互联网＋"体现的是共性技术支撑下的商业模式，其特征是市场驱动；而"知识产权＋"是独占技术支撑下的高端制造，其特征是创新驱动。

③ 效果不同。"互联网＋"体现的是市场环境和市场的活跃程度，而"知识产权＋"体现的是综合国力和科技创新能力，反映的是核心竞争力。

（三）国家专利导航试点工程实施情况

1. 国家专利导航试点工程的基本内容

（1）总体目标。

初步形成专利导航产业发展有效模式。专利导航产业发展工作机制基本建立，一批专利密集型产业在专利导航下实现升级发展，产业核心竞争力明显提升，产业利润率大幅增加；专利导航产业发展工作体系初步形成，企业主导、"政产学研金介用"深度融合的专利协同运用体系逐步完善；专利导航产业发展工作基础不断夯实，在若干个产业关键技术领域形成一批专利储备初具规模、专利质量整体较高、专利布局科学合理、专利结构明显优化，具有产业发展优势的专利组合；专利导航产业发展工作环境持续优化，资源集聚、价值公允、流转活跃、保护有力的具有产业特色的专利市场体系初步形成。

（2）重点任务。

① 建立专利导航产业发展工作机制。通过专利分析，把握产业链中关键领域的核心专利分布，明晰产业竞争格局、确定产业发展定位，发挥专利在产业发展中的导航

作用。

② 优化产业的专利创造。完善以市场需求为导向、以专利运用为目的的专利创造体系，推动专利质量的提升；以提升企业知识产权综合能力为目的，引导市场主体对专利进行科学布局，形成与产业发展相匹配的专利储备体系。

③ 鼓励专利的协同运用。引导并支持市场主体开展专利的集中管理、集成运用等专利运营服务；鼓励以专利资源为纽带，构建企业主导，高校院所、金融机构、专利服务机构等多方参与的专利运用协同体，开展协同创新和专利协同运用，实现资源共享、利益共享、风险共担、协同运行。

④ 培育专利运营业态发展。通过专利运营机构，形成深化专利运用的专业化服务，突出专利作为无形资产的商业价值。

⑤ 完善专利运用服务体系。推进重点产业专利运用基础服务平台建设，建立服务链条完整的一体化专利运用服务体系。探索建立订单式专利研发模式，重点支持从发明创意产生、专利申请到专利技术转移转化全过程服务业态的发展；培育发展专利投融资服务体系，通过投融资服务，加速专利产业化的实施。

⑥ 构建专利导航发展的政策支撑体系。研究制定有利于专利导航发展的各类政策，促进专利运用和产业发展。

根据上述重点任务，从园区、产业和企业三个方面确定了具体的导航产业发展的重点工作：一是以专利运用导航区域经济和产业发展为重点，以各级产业园区为载体，建设一批专利导航产业发展实验区，成为我国产业高端发展的先导区。二是以专利导航产业发展为重点，以行业协会、联盟等行业组织为载体，建立一批专利协同运用试点单位，探索通过行业协会和联盟组织建立专利运用协同体，促进全行业的产业进步和协同发展。三是以专利运营导航企业发展为重点，以培育企业专利战略运用能力为目标，培育一批专利运营试点企业。四是以建立专利导航产业发展服务体系为目的，大力扶持和培育中介服务机构、创业投资服务机构等专利运用服务机构开展专利运营服务，培育一批专利运营服务试点企业。

2. 试点工程实施情况

国家专利导航试点工程围绕园区、行业和企业开展专利导航实验区、行业专利协同运用和企业专利运营试点工作，建设了国家专利导航综合服务平台，为试点园区和试点单位提供服务。试点以来，主要做了以下方面工作。

一是统筹工程实施。仅2014年就提出工作任务276项，计划投入经费共计近6.7亿元。制定了《2014年度专利导航试点工程项目计划》，并形成了《重点项目计划》。

二是推进实验区建设。对重点领域实施专利分析导航产业发展是实验区的重点任务，也是产业科学布局的重要基础，中关村等8个国家专利导航实验区均完成了《专利导航产业创新发展规划》编制，其中中关村出台《中关村专利导航移动互联网产业创新发展的意见》，并配套实施方案；苏州工业园制定《MEMS产业创新发展规划》，提出四大工程十二项举措；杭州高新区制定《专利导航企业"走出去"专项规划》；东湖高新区出台《东湖高新区专利导航产业发展的若干意见》，并配套制订《2015年专利导航光通信产业发展项目推进计划》;长春高新区制定专利导航疫苗产业创新发展总体规划;宝鸡高新区制定"十三五"规划钛产业专利导航子规划;上海张江制定专利导航抗体药产业创新发展规划。

三是推进专利联盟建设。发布了《产业专利联盟建设指南》,指南初稿包括总体要求(指导思想、工作原则、发展目标)、联盟的类型(联合创新、协同布局、标准共建、专利池运作、共同防御、运营实体 6 类)、联盟的职责、联盟的组建、联盟的管理等内容。

四是推动全国专利运营体系建设。会同财政部以市场化方式促进知识产权运营服务工作,争取到 4 亿元中央财政资金在 11 个省市开展试点,用于建设全国知识产权运营公共服务平台和扶持高水平的专利运营机构,形成了"1＋2＋20＋n"的知识产权运营发展思路。其中"1"是国家专利运营综合服务平台建设,"2"是两个专业知识产权运营平台建设,"20"是重点支持 20 家专利运营企业开展股权改造试点,"n"是带动若干专利运营企业发展。

3. 专利导航试点工程对知识产权运营业的影响

专利导航产业发展的本质是利用专利信息规划产业发展,试点工程三大任务无不与专利运营密切相关,促进专利运营业态发展、订单式专利培育,促进产业知识产权联盟建设,开展企业专利运营试点等都是由国家专利导航试点工程首先提出,并在探索中实践,在实践中推广。正是由于试点工程的推进,才激发了各地对专利运营工作的高度重视,多个省份推出了地方版的专利导航工程,其重点几乎都集中在专利运营上。具体来说,国家专利导航试点工程对专利运营业发展的重大影响主要有五个方面:一是促进了专利运营的理论和应用研究;二是实现了专利分析与产业发展有效融合;三是激活了专利运营的市场;四是逐步形成了专利运营基金模式;五是推进了产业知识产权联盟建设。

三、知识产权运营体系建设规划研究

(一) 明确"十三五"知识产权运营体系建设目标

1. "十三五"我国知识产权运营体系建设的指导思想

指导思想是贯彻落实中央治国理政的战略部署,重点是党的十八大和十八届二中、三中、四中全会精神,这些精神具体体现在《中共中央 国务院关于深化体制机制改革加快实施创新驱动战略的若干意见》和《中国制造 2025》等政策文件及中央的战略部署中。上述文件对知识产权都有较多的表述,落脚点是国家知识产权局提出的建设知识产权强国的新目标,其目的是通知识产权运营体系建设促进产业的发展,推进我国知识产权经济的繁荣。

2. 确定"十三五"知识产权运营体系建设的总体目标

根据我国知识产权运营体系建设的指导思想,课题组提出了"十三五"期间我国知识产权运营体系建设的总体目标:在政策方面,制定并完善促进我国知识产权运营业发展的政策体系；在措施方面，全面推进促进我国专利运营业发展的专利导航试点工程，实施分类指导的知识产权区域布局规划，构建支撑专利运营管理和服务的国家平台，建设功能完备、覆盖知识产权创造、运用、管理和保护各个环节的知识产权运营服务链，重点建设高校、科研机构、行业、区域和园区专利运营体系；在商业模式和运营业方面，推进知识产权投融资、产业知识产权联盟、知识产权布局、品牌建设以及技术标准中专利运用等知识产权业态的发展，引导企业强化知识产权的资产管理，引导民间资本投资专业产业化项目，鼓励和支持企业开展专利运营业务。到"十三五"末，建成能够支撑我国知识产权强国战略、服务产业高端发展和创新驱动战略的知识产权运营体系。

（二）夯实知识产权运营业的发展基础

1. 优化知识产权运营业的发展环境

（1）建立促进知识产权运营业发展的法制环境。

法制环境建设是促进行业发展的基础，"十三五"期间，恰逢我国《专利法》等知识产权法律修订，应将知识产权运营的内容纳入修法进程。1985年4月1日实施的《专利法》于1992年作了第一次修正，2000年因"入世"，对《专利法》进行了第二次修正，2008年对《专利法》第三次修正。《专利法实施细则》分别于1993年、2001年进行两次修改。目前全国人大常委会正在实施第四次《专利法》的修改工作。《商标法》等其他知识产权法律也适时进行了修改。自1985年我国建立知识产权制度以来，知识产权法制建设取得了令世界瞩目的成效，形成了与国际接轨的知识产权法制体系。随着我国知识产权创造能力的快速提高，我国已经逐步从知识产权制度的参与者、执行者转化为国际知识产权规则的制定者，知识产权数量的提升以及知识产权经济的发展需求，对知识产权运营提出了更高的要求，需要从法制建设的高度建立促进专利运营发展的法律保障体系。

从促进知识产权运营业发展的角度来看，可以从两个方面推进法制建设。一是通过《专利法》及相关知识产权法律的修订，增加促进知识产权运营的内容。在《专利法》第四次修改中增加鼓励和促进专利运营的内容，在《商标法》中增加品牌建设、鼓励许可和加盟经营的内容。尽管限于篇幅只能原则性地涉及，但对行业的健康发展可以提供法律依据。二是研究制定促进知识产权运营业发展"条例"。鉴于专利的技术性和复杂性，建议研究制定"中华人民共和国促进专利运用条例"，将专利运营体系建设、促进专利运营业发展作为其中核心内容，将中国专利奖升格为与国家科技进步奖相同规格的政府奖，并立法加强知识产权运营人才培养和人才队伍建设。

（2）出台促进知识产权运营体系建设的政策措施。

研究制定促进知识产权运营业发展的税收优惠政策，明确知识产权交易享受技术贸易相关税收政策，如比照技术转让和合作开发对知识产权交易、专利二次开发项目实施免税政策；作为人才高度集中的行业，对专利运营人才比照现有各级政府的人才政策享受必要的优惠，给予必要的扶持和资助；研究出台国家知识产权运营业发展指南，在中央财政设立知识产权运营发展专项，鼓励地方政府出台更多的促进知识产权运营业发展的优惠政策，充分发挥政策的引导和杠杆作用。

（3）建设知识产权运营企业孵化的"众创空间"。

知识产权运营企业有跨国企业的知识产权运营，大学专利转移转化机构，也有投资数亿元的知识产权运营基金，但有相当数量的知识产权运营企业属于小、微企业的范畴。发展知识产权运营业既要有国际一流的大企业，同时需要众多的知识产权运营中、小、微企业。支持和鼓励知识产权专业人员创办领办知识产权运营企业，加速专利技术的转移转化、推动品牌的许可、连锁和加盟经营既需要市场的包容，更需要政府的扶持。因此，"十三五"期间，应有目的地选择产业基础好、工业集中的城市和园区，建设由政府扶持的知识产权运营企业"众创空间"，培育知识产权运营企业做强做大，为高校院所和企业提供更多更好的知识产权运营服务。

（4）加强知识产权运营业态的研究。

作为新业态，知识产权运营无论从商业模式、运营平台、产业链构建还是运营人才培育都有待深入研究，因此加强知识产权运营体系建设的研究，科学规划知识产权运营产业显得十分重要。"十三五"期间，国家及地方政府应依据需求，建立能够提供决策参考、指导运营业态发展的知识产权运营国家智库，建立知识产权运营研究专家团队，选择知识产权运营产业的重大课题以及热点、难点问题开展研究，形成一批促进知识产权运营业发展的理论成果和应用指南，为科学规划行业发展、制定相关政策提供依据。

2. 培育促进知识产权运营业发展的商业业态

（1）构建面向市场的知识产权运营体系。

知识产权运营的核心是市场主体按市场规律实施市场化运营，其核心是运营模式、运营产品的市场化，运营收益为市场所接受，因此是可持续的知识产权运营路径。面向市场的知识产权运营体系需要构建适应市场需求的商业模式，通过市场化、专业化服务生存、发展和壮大，体系的各个环节、运营的重点都是需要通过市场的检验。市场化知识产权运营体系是我国未来知识产权运营的核心，除非确需政府提供支持或扶持的运营或强制运营，普惠制的知识产权运营服务理论上都由市场化运营体系负责。政府的作用主要体现在三个方面：一是制定促进知识产权运营发展的政策，如税收优惠政策；二是对知识产权运营市场实施必要的监管，建立知识产权运营的技术仲裁机制；三是对行业发展实施必要的引导。

（2）完善知识产权运营公共服务。

知识产权运营既有政策引导性的基础服务、普惠服务，也有不同企业所需要特定服务和增值服务。由于我国企业知识产权运营能力较弱，为了引导企业实施知识产权资产经营，对知识产权运营业一些基础性业务，如专利托管、一般专利信息检索、企业知识产权人才培养等通过政府提供的知识产权公共服务加以支持，而对于科技型中小微企业由于其规模小、运营能力弱等因素，政府应提供更多的知识产权服务来促进其发展。

"十三五"期间，行业主管和各级政府应区分市场化增值服务和普惠制公共服务的界限，对市场化的增值运营以市场环境建设为主，对普惠制的公共服务应建立财政支持和补贴机制，重点建立两个方面的公共服务。一是建设知识产权运营公共服务平台。将知识产权运营服务链中普惠制服务通过信息平台建设为企业或权利提供免费的服务。二是通过政府购买服务的形式向企业或社会公众提供服务，这些服务包括信息服务、托管服务、专利培育、人才培养、知识产权展示交易等。鼓励地方政府根据财力和需求设立更多的知识产权运营公共服务。

（3）发展互联网知识产权运营。

加强知识产权运营中互联网技术的应用，通过线上线下结合的运营模式促进互联网技术在知识产权运营中运用，这是未来知识产权运营的发展方向，专利交易过程中可以实施线上展示，线下交流，线上竞标，线下签约等方式实现，既利用了互联网的信息平台，运用大数据技术对交易标的进行分析，同时通过线下谈判促进了解，确保交易的安全可靠。再如，对优秀专利产业化项目可以通过互联网平台实施项目众筹，解决专利产业化过程中的资金瓶颈。

（4）探索知识产权运营新业态。

互联网和信息技术的发展带来诸多的商业革命，同时也催生一些知识产权运营的新业态，如专利产业化项目的众筹模式、知识产权证券化的投融资服务、专利运营基金运营模式、线上线下展示交易模式、基于互联网的专利信息分析大数据服务、专利价值分析服务等，不仅颠覆了传统的知识产权运营模式，而且企业和公众的参与度都有了极大的提高，这些新业态的产生将会带来政府监管、消费者维权等诸多问题，需要认真研究、鼓励和引导。

3. 推进知识产权运营基础设施建设

（1）推进知识产权运营公共服务基础平台建设。

知识产权运营需集合不同的服务内容，构建相互支撑和配套的服务链，其中还需要有专利信息、展示交易、大数据分析等资源信息，构建以专利运营为核心的知识产权运营服务基础平台，既能为中小微知识产权运营服务企业提供资源支撑，同时也为企业、高校、科研机构和其他权利人提供知识产权运营服务。随着我国知识产权创造数量的积累，来自企业和高校科研机构的知识产权运营需求快速增长，从国家层面，需要建立大型的知识产权运营服务基础平台，建设促进行业健康发展的载体。

① 建设国家知识产权运营综合服务基础平台。

建立交易集聚、市场统一、信息公开、规则透明、流程规范的知识产权运营公共服务平台，培育高水平、国际化的知识产权运营机构，实现知识产权运营服务的专业化、模块化、平台化、品牌化、国际化。形成和完善知识产权交易价格发现机制，搞活、壮大我国知识产权市场，提高我国知识产权的转化应用水平。争取到2020年，初步建立起覆盖重点区域、重点产业，定位清晰、领域齐全、能力突出、竞争有序的知识产权运营体系，将知识产权运营公共服务平台打造在全球具有重要影响力的知识产权交易市场。

② 建设区域知识产权运营公共服务平台。

鼓励和引导经济发达、科教创新资源丰富、知识产权运营需求旺盛的地区建设以服务区域企业、高校、科研机构和投资的知识产权运营服务平台，作为国家知识产权运营综合服务基础平台的补充，为区域内企事业单位提供专业的知识产权运营服务。

（2）推进知识产权运营集聚区建设。

知识产权运营集聚区是依托工业集中优势，主要为国家高新技术开发区、国家经济技术开发区等规模大、企业集度高、高新技术产业发达的重点、成熟园区建设的以知识产权运营服务为重点的知识产权服务和专利产业化孵化园区，是我国知识产权运营的重要载体和基础平台，其中专利运营是核心。

园区知识产权运营集聚区或专利产业化集聚区一般可按功能分为两块，一是以知识产权运营服务为主要内容的知识产权运营服务集聚区，主要集中与知识产权运营有关的服务业企业并建设相应服务平台，二是专利产业化集中区或专利产业化孵化区，重点开展专利产业化实施项目，以实体制造业为主。

园区知识产权运营服务集聚区一般应包含以下方面的内容：①知识产权代理服务机构。根据知识产权申请或登记需求以及专利技术所涉及领域，应鼓励多个专利代理机构、知识产权服务机构入户并引导国内知名专利代理机构开展连锁经营服务。②专利信息服务机构。开展企业专利数据库、专利分析、预警等服务。③知识产权运营服务机构。开展知识产权价值分析（专利价值分析）、专利交易，帮助企业寻找和挖掘可供产业化或提高产品质量、优化工艺过程的专利，通过专利集中实施许可等业务。④知识产权咨询服务机构。开展企业知识产权标准化咨询认证服务，对小、微企业实施知识产权管理托管服务以及其他企业需要的知识产权服务。⑤知识产权运营金融服务机构。包括科技银行、风险投资以及围绕上述机构的服务内容，应对整个服务链进行布局和规划，通过建立园区专利运营服务平台，做到公共资源的共享和协同处理。⑥知识产权运营综合服务平台。包括专利信息服务平台、知识产权运营平台、知识产权托管服务平台和专利产业化融资平台。

（3）开展知识产权区域布局试点。

"十三五"期间可选择部分知识产权工作基础好，产业发达的省份或城市开展试点，在试点的基础上，形成可复制、可推广的经验，向具有区域知识产权布局需求的省份或城市推广。

试点主要围绕以下方面开展。

① 区域重点产业知识产权资源分析。以试点区域重点发展的产业、战略性新兴产业为对象进行知识产权资源分析，重点分析产业链知识产权分布状况、知识产权在区域内分布状况以及知识产权与产业发展和创新资源的耦合状况，形成区域重点产业的知识产权资源分析报告。

② 开展区域知识产权资源分析。以试点区域城市为对象，以市域重点产业和创新资源为核心，开展区域知识产权资源分析，结合重点产业和创新资源的分布状况，形成以城市为重点、产业为导向的区域知识产权资源分析报告。

③ 编制并发布知识产权资源配置导向目录。在重点产业知识产权资源分析、区域知识产权资源分析的基础上，编制区域知识产权资源配置导向目录。

④ 发布知识产权区域布局研究报告。在资源分析和导向目录编制的基础上，开展

知识产权区域布局政策研究，提出政策建议，并形成区域知识产权布局研究报告。

⑤ 建立知识产权区域布局试点推进机制。建立知识产权区域布局协调推进机制，形成国家知识产权局支持、省知识产权局统筹、国家知识产权局专家组指导、各方参与的研究支撑体系和专家咨询体系。

（三）知识产权运营体系建设

1. 城市知识产权运营体系建设

这里所述的城市是指直接管理的直辖市、省辖市，从知识产权运营体系建设的角度，这两类城市构成了城市知识产权运营的主体。城市知识产权运营体系围绕城市的产业发展、企业服务和区域经济展开，应有以下几个方面的内容。

（1）制定推进知识产权运营的政策措施。

知识产权运营的过程覆盖从创造、运用到保护全过程，因此相应的政策措施应从优质专利培育、专利信息分析与利用、核心专利储备、知识产权交易到专利产业化全过程，其公共财政政策也应具有普惠性，通过政策措施的制定，既有具体的扶持政策，也代表了政府的政策导向，因此，知识产权运营的政策措施是城市知识产权运营体系建设的工作基础。

（2）建设服务城市的知识产权运营综合服务平台。

包括专利储备、托管、专利分析、专利价值分析报告、专利展示交易、专利产业化投融资服务等与专利运营相关的专业模块；商标许可与转让、品牌加盟、商标质押等与商标运营有关的内容；版权许可与转让、软件著作权交易等与版权运营相关的内容等作为综合服务平台。主要提供下述服务：一是提供全过程的服务，形成完整的服务链；二是整合已有服务平台，发挥中介服务机构的作用，避免由政府主管部门包办；三是探索综合服务平台的商业运作模式，除公益性、普惠性等公共服务由财政支持外，增值服务、个性服务等应通过市场主体进行商业运作，通过提高服务能力和质量赢得客户和发展空间。

（3）指导园区围绕特色产业、优势产业开展知识产权运营服务。

园区是企业集聚、人才集中、信息资源汇聚的载体，知识产权运营的目的是为产业高端化提供支持和服务，经过多年发展，园区在区域经济发展中发挥了巨大的作用，而园区本身也由无特色的企业集中区向特色产业、优势产业的集聚发展转变，在知识产权运营中，专利运营更多地是以产业为基础，因此，在城市知识产权运营体系建设中，除建设面向城市各类产业、高校院所和发明人的综合服务平台外，围绕产业建设具有产业特色的专业专利运营平台可以使专利运营服务更加细化、专业。

（4）指导辖市、区（或县）开展知识产权运营服务。

县域知识产权工作在我国知识产权服务体系中扮演了重要的角色，许多政策措施都需要通过县级知识产权管理部门实施。通过知识产权运营服务，指导企业实现转型升级是我国产业结构调整的重要任务，也是民营企业、乡镇企业转型发展的机遇，因此城市知识产权运营体系的建设，可以引导县域知识产权工作从仅关注知识产权创造的数量，逐步向知识产权运营的质量和支撑企业发展转变，真正发挥专利制度在经济发展中的作用。

（5）建立产学研合作的专利协同运用体系。

对一般城市而言，高校、科研机构相对薄弱，我国的优质研究资源主要集中在大学和科研机构以及一些大企业，以中小企业为主体的城市经济结构在我国很多中小城市具有普遍性。企业的发展过程除依靠自我研发和完善外，产学研合作是极为重要的方面。产学研合作的过程是技术向市场主体转移的过程，其中作为创新成果的专利发挥了重要作用。此外，产学研合作的过程就是专利产业化的过程，这一过程也是企业、科研机构、中介服务机构，甚至包括政府都介入其中，是专利协同创造和协同运用的过程。建立产学研合作的专利协同运用体系有利于高校、科研机构的专利向企业转移转化，也有利于将企业的专利创造和运用需求挖掘出来，使高校、科研机构的研发活动更加贴近产业的发展和企业的需求。

（6）引导企业开展专利储备运营和专利布局。

目前，我国企业知识产权意识有所增强，但专利运用的能力有待提高，专利在企业研发、生产和经营中的作用也有待进一步发挥。城市知识产权运营体系建设的目的，更多的是引导企业从重申请、轻运用，重数量、轻质量向保护企业创新成果，支撑企业可持续发展转变，引导企业围绕核心技术、关键工艺及零部件进行核心专利储备，使企业掌握相应领域内的关键、核心知识产权；引导企业围绕未来发展实施创新研发，对未来产品所涉及技术进行有目标、有目的、有计划的专利储备，并针对现有和未来市场进行专利布局，确保与城市发展过程中的优势产业和特色产业始终处于国际国内领先地位。

（7）推进专利技术转移和专利产业化实施。

建立与城市产业相匹配、与企业需求一致的专利展示交易体系，实现优势产业、特色产业、支柱产业相关的专利集中，推进高校院所以及一般发明人的专利向市场主体转移和转化。同时对区域内外高校、科研机构的专利产业化提供支持，鼓励发明人、权利人通过专利实施进行创业。

（8）构建专利产业化的投融资服务体系。

投融资服务体系包括引导民营资本、风险投资机构投资专利产业化项目，鼓励金融机构通过知识产权质押等为科技型企业进行融资服务。投融资服务体系是专利产业化过程中必要的资本保证，特别是科技人员将专利作用为资源创业的过程，重知识、轻资产的特征使得资金问题成为企业能否顺利投产的关键，只有资本与"知本"的完美结合，才能使专利的市场作用得以充分发挥。

2. 行业知识产权运营体系

（1）行业的概念。

在讨论行业知识产权运营模式前，首先对有关行业和领域的概念需要明确。从百度的搜索结果我们看到的定义为：行业是一种类别和分类标志，类别一般是指其按生产同类产品或具有相同工艺过程或提供同类劳动服务划分的经济活动类别，如饮食行业、服装行业、机械行业、IT行业等等。领域对某一科目分类划分后，对应的各部分就称之为某某领域。关于行业、产业、领域,我们不妨这样理解,行业是相近产业的集合,产业是若干领域的集合,领域则是相同技术、产品的集合。图 14-1 说明了行业、产业、领域和企业之间的关系。产业是领域的集合,行业又是产业的集合,产业经济学中的行业是一个广义的概念。图 14-1 中,A 表示行业,B 表示产业,C_i 表示相应产业中的领域,d_i 则为不同领域中的企业,图中还表明了其中交集的关系,反映的是产业和产业间的边际是交叉的、模糊的,如船舶产业中可能包含了信息产业的内容,信息产业与船舶产业间会产生既属于信息产业又属于船舶产业的交集。各领域中交叉的情况也很普遍,同属信息产业的无线通讯领域和光通信领域必然存在交叉。此外,领域和行业的边界也是模糊的,一个大的领域其实就是一个小的行业,因此大的领域可以继续细分为若干小的领域,小的领域依然可以细分为更小的领域,只有细分后的领域其边界才会逐渐清晰。

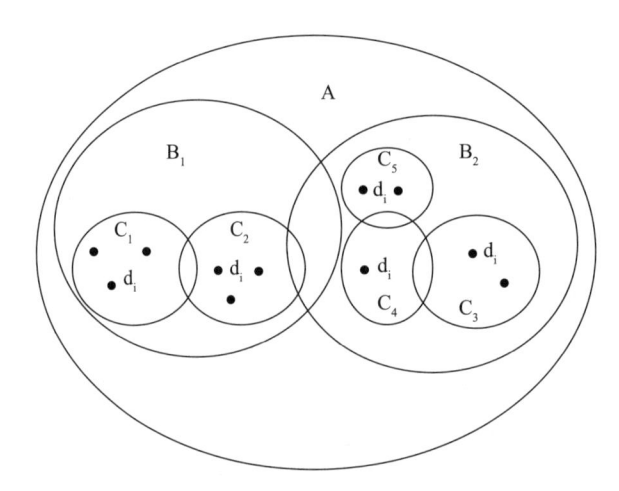

图 14-1　行业、产业、领域和企业间的关系

(2) 行业专利运营的特点和模式。

① 行业知识产权运营的特点。

以行业为对象的专利运营应有明确的领域背景,选择 1~2 个行业内专利相对密集的领域,通过专利的集中进行许可或转让。由于专利运营的专业性特别强,专利运营人才的产业背景、领域知识在专利价值分析中发挥着极为重要的作用。因此,领域越小,专利集中就越容易,专利运营的对象越明确,专利运营效果就越明显。

② 区域专利运营和行业专利运营的差别。

区域专利运营是以区域内企业、研发机构和高校作为主要运营对象,运营的商品,即可供许可或转让的专利,也主要来自区域内的企业和高校院所,尽管地方政府能够在财政经费、资助政策、服务平台以及运营支持等方面给予特殊的优惠,由于受区域内企业、研发机构等因素的限制,由财政支持的地方专利运营公司几乎很难实现某一领域内的专利集中,即使该区域在部分产业或领域内存的优势,通过非市场方法运行的专利运营公司要想通过专利集中后对区域内企业提供优惠许可服务并非易事。这也是国内部分经济发达地区设立的专利运营公司至今未能有效开展专利运营的重要原因。因此,区域专利运营企业通过专利集中、分散许可的模式作为主营业务难以发挥其区域优势。但地方政府有着研发资源、企业资源、资本资源以及其他投资资源，如土地、厂房、科技孵化的优势，能够通过产学研合作的方式提高专利运营的成效，加快专利的转移转化，这种以核心专利的实施或产业化为目标，或者以企业需求为目的的区域专利运营的模式应成为区域专利运营的首选模式。只有认识到区域专利运营与行业专利运营的不同，才能发挥各自的特长，通过专利运营为企业或投资人服务，同时，专利运营机构也能得到发展和壮大。

③ 行业专利运营的几种模式。

本课题中所述行业，更多地是以领域为背景的专利运营，或者以不同行业组织为基础的专利运营，可以有以下几种模式。

一是围绕某个系列产品的专利许可运营。以领域内某个系列产品为对象，通过关键零部件的专利集中，或围绕产品专利集中，对下游生产企业实施普通许可，这类专利集中许可大都在专利密集型产业内实施，最常见是IT产业，如DVD技术中的激光头、伺服系统和解压解码等关键技术，彩电产品以及其他数码产品。

二是围绕领域内研发机构的专利许可运营。将行业内主要研发机构的专利集中起来，按领域或产品技术进行细分后，组成适合不同领域内企业的专利组合，对企业通过许可的方式进行推广应用，使行业内的企业都能通过支付一定数额许可费的方式获得最新的创新成果。这些研发机构大都属于省部级研发机构，应用技术和产品研发能力很强，承担了从科技部、工信部、发改委到省科技主管部门的许多重大科技支撑项目，其创新成果所形成的专利指向性强，应用价值高，特别适合通过专利运营的商业模式进行许可。当然，对这些专利在细分的同时还要进行评级，根据评级结果确定收益分配比例。

三是围绕特定领域内关键技术或产品的专利布局。与专利交易、许可不同，专利布局是专业机构为企业提供运营服务的一种模式。处于专利密集型产业的企业，通过专利布局的方法，对其产品、产品关键零部件或者关键技术，穷举其所有方法、路径，广泛申请专利，形成无缝隙、无漏洞的专利壁垒，其他企业难以再进入同一技术领域。国外跨国公司、专利运营企业很多都通过专利布局为竞争对手设置专利壁垒，从而确立其竞争优势。专利运营企业能够为研发机构、生产企业实施专利布局的服务是高技术企业、行业龙头企业和科技型企业所需要的专利运营服务。

四是产业专利联盟框架下的专利交叉许可运营。专利联盟有三种不同的情形，第一种情形是指产品相同、技术相同、都拥有一定核心专利的企业联盟，或企业、研发机构联盟，其本意有两方面：一方面是各自的产品在制造过程中需要获得对方的专利许可，通过交叉许可的方式相互免交或少交专利许可费，降低生产成本；另一方面是通过联盟，形成强大的专利池，保持对联盟以外企业的竞争优势。第二种情形是同一产业链的不同企业，通过专利的集中形成与产业链相对应的"专利池"，形成以产业链为基础的专利联盟，促进围绕产业链企业的共同发展。第三种情形是联盟企业都缺少核心专利，都受到专利侵权指控，彼此结成联盟，共同应对。内容广泛，以大行业、大产业为背景的产业联盟，如包装机械产业专利联盟、物联网产业专利联盟、智能电器产业专利联盟、新材料产业专利联盟等等，包含了产业内几乎没有关联的众多企业，一些城市联盟成员达到几十家、上百家，并非上述意义的专利联盟，是类似于行业协性质的联盟，这类联盟需要明确专利运营的目标和任务,实现专利运营产品的聚焦,否则很难开展专利运营业务。

(3) 行业专利运营实例。

案例 中彩联专利运营模式。

中彩联全称为深圳市中彩联科技有限公司(CTU),是一家从事知识产权高端服务的企业,由中国著名彩电集团——TCL、长虹、康佳、创维、海信、海尔、厦华、上广电、新科、夏新等十家股东共同投资组建的彩电联盟企业;中彩联的成立使我国彩电业的骨干企业在面对日益增加而又十分复杂的知识产权纠纷时不再单打独斗,其宗旨是解决中国彩电行业面临的知识产权问题,建立中国彩电行业知识产权保护体系。为此,中彩联建立了先进的彩电专利信息公共服务平台,该平台包容了全球主要数字电视标准的专利,公司组建了国内彩电自主创新的专利池,一方面为联盟企业提供知识产权服务,另一面通过专利运营为全行业提供专利许可、实施等专利运用服务。

① 中国彩电行业的专利问题。

随着彩电产业从模拟向数字、从 CRT 到平板的升级换代,中国彩电企业在出口方面遭遇的专利纠纷日益增多,在数字电视领域,中国彩电出口到欧美市场,目前主要遭遇信源、信道以及功能性专利纠纷,但随着中国彩电企业开始进军上游产业,在液晶电视模组、面板等方面的隐蔽专利会逐渐暴露出来。目前,由于很多专利权人同时又是核心元器件的提供者,暂时不会提出专利费要求,但当我们自己开始生产面板等关键器件时,专利纠纷很可能会蜂拥而至,这就要求中国企业必须未雨绸缪。

2007 年 3 月,美国联邦通信委员会(FCC)规定,自 2007 年 3 月 1 日起,出口到美国市场的电视必须是数字电视,同时 13 英寸以上的电视必须符合先进制式委员会(ATSC)标准的技术规范。包括 Lucent、Zenith、汤姆逊、索尼在内的多家 ATSC 专利所有人也开始向中国彩电企业发出了具体的 ATSC 专利清单,根据当时的计算,每台彩电出口要交纳的专利费用将超过 23 美元。同一年,欧洲 DVB - T 标准的专利权人陆续发函给数字电视制造商长虹、康佳、Coship、DVN 等,要求这些企业就每个使用 DVB - T 专利的产品支付 2.5 美元的专利费,付费周期要回溯 7 年,即从 2000 年开始制造的产品都要支付专利使用费,LG 电子公司在美国起诉 TCL 公司、法国汤姆逊公司,认为其 ATSC 数字电视侵犯 4 项美国数字电视专利。

ATSC 的中文全称是美国高级电视业务顾问委员会,该委员会于 1995 年 9 月 15 日正式通过 ATSC 数字电视国家标准。ATSC 制信源编码采用 MPEG - 2 视频压缩和 AC - 3 音频压缩;信道编码采用 VSB 调制,提供了两种模式:地面广播模式(8VSB)和高数据率模式(16VSB)。

这是继中国 DVD 行业遭遇专利危机后,中国彩电行业遭遇的最严重的一次专利危机。

② 中彩联专利运营模式和效果。

中彩联公司成立后,其专利运营业务主要有以下三个方面。

一是建立专利运营平台。投资近 500 万元建设的中国彩电专利预警信息服务公共平台,一期、二期工程已全部完工,该平台包容了全球主要地区彩电专利。目前该数据库已经放入与北美相关的专利 2158 件，与欧洲相关的专利 592 件，与中国相关的专利 4299 件，共计 7049 件。平台能简便、快捷、高效地提供电子视像行业专利信息，已在彩电出口专利集体谈判中取得重要成果，大幅降低彩电专利收费。平台建设了面向行业的成彩电专利预警，平台数据库包括北美数字电视专利信息模块、中国 DTMB 专利信息模块、欧洲数字电视专利信息模块，为国内彩电企业联合创新发挥积极作用。

二是集体谈判、共同应对。集体谈判是由中彩联代表主要彩电企业与专利权人进行许可谈判，集体谈判不仅解决了彩电生产企业谈判能力不足，有可能被各个击破，而支付高昂许可费的情形，也避免了专利权人逐一与制造商谈判的痛苦。中彩联成功地与包括汤姆逊、LG、索尼在内的多家 ATSC 专利所有人进行谈判，把原本每台出口到美国的数字电视需缴纳 41 美元的专利费降至 28 美元，而且在中彩联的抱团谈判下，该专利费价格更可能降至 20 美元以下。其中，与法国汤姆逊公司的谈判是集体谈判的关键，汤姆逊公司是全球彩电专利的鼻祖，它拥有数字电视的大量专利。中彩联成立以来，经过与汤姆逊公司多次交流，确定了双方彼此作为合作对象，平等互利进行谈判与协商。中彩联以务实创新的想法和举措，汤姆逊公司以开放合作的积极心态，通过近 3 年商谈，汤姆逊更是将其 8000 项数字电视专利技术全部授权给中国彩电企业。这是有利于中国彩电行业发展的双赢合作模式。

未来趋势，中国的地面数字电视专利中虽然部分与 ATSC 等存在重合，但是其拥有的 10 项自主专利已许可向在中国市场销售的索尼、LG 等日韩巨头出售芯片，这意味着双方专利已经存在交叉许可的可能性，通过专利交叉许可，中国企业可大幅降低专利许可费用。拥有核心专利的企业，甚至有通过交叉许可免交专利许可费。

三是构建"专利池"。目前平台拥有彩电专利 2000 余项。2000 多件专利均是我国彩电企业的自主创新成果，其中只有发明专利和实用新型专利，不包括外观设计专利，但实用新型专利在其中占较大比重。中彩联将在已建成"专利池"基础上，认真进行专利分析、价值评估、交叉许可等工作。并将进一步推动企业联合开发更多有价值的专利，分析国内外技术发展趋势及专利信息，充实完善中国的数字电视专利池。专利池的运营方式，由于没有相关资料，无法获知真实情况，有分析认为主要有两种方法：一种为"绝对共享"，即所有加入专利池的企业都可以无偿使用专利池内的所有专利，不分专利价值大小，体现互助精神；另一种观点则认为，专利池或将采用标准的利益分配方式，无论被授权人是不是参加专利池的企业，假设专利池内一件专利的授权许可费用为 1，那么其中的 50% 归专利权人，30% 作为专利池的运营费用，20% 则分给专利池内的其他企业。

由于"专利池"运营不久，需要通过实践和时间来评价其商业运营方法是否成功。但可以肯定的是，中彩联的专利运营模式是目前我国行业专利运营中最成功的案例。

3. 园区知识产权运营体系

（1）我国工业园区发展概况。

① 我国工业园区建设情况。

改革开放以来，我国陆续建立了一些工业园区、工业集中区，这些园区主要有各级经济技术开发区、高新技术园区、出口加工区、工业园区、工业集中区等。截至2011年,我国有国家级、省、市、县级经济开发区、国家级工业园区共20 256个,面积15 078平方公里。经历了20多年的快速发展,我国园区经济已成为国民经济不可或缺的组成部分,企业和研发机构在各级园区实现了聚集,总体来说,园区主要分为经济技术开发区和高新技术园区,最高等级是由商务部命名的国家经济技术开发区和由国家科技部命名的国家高新技术开发区,到2015年6月,我国共有国家级新区12个。截至2014年1月,全国共有国家级经济技术开发区215个,国家高新技术园区113个。

② 高端园区建设及发展趋势。

高端园区主要有以下特征:一是产业特征。形成一定的产业集聚,且无论是企业还是产品都处于产业链的中高端,从行业的角度,园区的特色产业从规模、创新能力以及市场份额都处于国内领先或先进水平,在国际有一定的影响。二是创新资源。园区内研发机构数量、规模和影响都在国内处于领先水平,拥有在行业有影响的创新型领军企业,技术转移、专利转化活动活跃。三是人才汇聚。创新创业载体建设成熟,高端人才大量集聚,创新型孵化企业数量多,创新氛围浓郁。

依据上述特征,我国的产业高端园区主要有国家自主创新实验区,如中关村自主创新实验区、上海浦东张江自主创新实验区、武汉东湖自主创新实验区,以及部分优秀的国家级高新区,如杭州高新区、成都高新区、西安高新区,部分国家级济技术开发区和苏州工业园等园区。

高端园区内领先的产业需要进行产业的专利分析,通过专利分析的结果确定创新研发的重点和未来产业发展方向,对园区内创新型领军企业而言,需要通过专利布局保持行业的领先地位和对市场的控制。对研发机构和中小型科技孵化企业而言,要通过专利运营实现专利的转移转化,需通过资金资本的战略投资金实现专利技术和产品的产业化生产。此外,在产业高端园区对于品牌的打造和技术标准的制定和运用都会成为最基本的需求,而这些内容属于知识产权的高端服务,是知识产权运营的核心内容。

(2)园区知识产权运营体系建设。

从园区升级转型、智慧发展的角度,园区使工业企业高度集中,对创新相关的服务集约集聚要求较高,特别是对于产业高端园区来说,应把知识产权运营体系作为园区科技创新的基础实施进行建设,从政策引导、公共服务、运营业集聚到运营服务链建设都需要认真规划,使其成为产业高端园区必要的公共服务和软环境建设的标志。因此,"十三五"期间,我国应大力推进和支持在国家级高新园区、国家经济技术开发区构建适应园区产业发展的知识产权运营体系,重点体现在以下几个方面。

① 建立健全产业高端园区,促进知识产权运营体系建设的政策措施。这些措施包括:出台促进知识产权运营业发展的指导意见,开展园区重大项目知识产权评议、实施园区知识产权资源分析、发布园区知识产权资源配置导向目录,大力培养知识产权运营人才,设立知识产权运营引导资金,支持企业开展专利导航应用、知识产权储备运营、高价值专利培育和围绕关键核心技术实施专利布局等,引导园区内企业组建产业知识产权联盟,引导企业加强企业知识产权资产管理等。

② 大力推进专利导航试点成果推广。国家专利导航试点工程已实施近3年,其中

国家专利导航产业发展实验区建设是试点的重点，已经取得一批可复制可推广的政策，应在高端园区中加以推广应用。

③ 构建园区知识产权运营服务平台。通过园区知识产权运营服务平台汇聚园区的知识产权运营企业和各类知识产权运营服务，并以平台为基础建设线上线下的知识产权运营交易市场，一方面，园区管委会可通过购买服务的形式为区内企业提供知识产权运营公共服务；另一方面，依托此平台，知识产权运营企业可以有效开展知识产权运营增值服务。

④ 形成知识产权运营服务集聚。引导产业高端园区和有条件的产业园区建设知识产权运营服务集聚区，制定优惠政策培育发展和引进园区企业实施知识产权资产管理和运营所需的知识产权运营咨询服务机构，形成竞争有序、服务配套、能够形成知识产权运营服务链，可以充分为企业提供优质知识产权运营服务的运营集聚区，有条件的园区应在场所安排、租金优惠、人才培养以及业务支撑等方面加以协调和支持。

（3）扩大园区专利导航产业发展试点。

① 专利导航产业发展在园区发展中的作用。

专利导航产业发展战略是从专利分析、产业状态分析以及园区要素分析的基础上构建产业链、实现产业高端发展以及寻求产业突破，使产业发展的路径更加科学，园区的产业配套功能更加完善。同时充分运用园区的载体作用，建设专利运营综合服务平台和专利产业化孵化平台，使园区成为产业发展中关键技术、核心专利实施和产业化的苗圃。因此，专利导航产业发展战略对园区发展的作用可以归纳为以下几个方面。

一是完善园区的产业规划。对园区内产业链进行分析，结合园区人才、科技能力进行园区企业、研发机构的技术分析，同时从专利分布和专利技术的角度进行专利分析，通过技术、产业分析共同确定专利高端发展过程的重大问题：产业发展趋势、重大关键技术、关键材料和零部件等需要重点突破的问题，通过分析进一步完善园区的产业发展规划，通过规划，确定未来努力方向和重点发展的领域。二是培育产业高端技术与产品。通过分析找出薄弱环节和重点发展的方向、技术和产品，通过订单式专利培育与创造，形成关键技术和核心专利的突破。不断拉长产业链，通过高端技术的研发和高端产品的设计制造，不断导航产业的高端发展。三是健全园区专利运营和产业化服务。从科技创新到专利布局，再到产业繁荣与发展，离不开专利战略的实施，专利导航的作用就是通过优质专利代理、专利联盟组织的建立，专利价值分析体系建立和专利产业化投融资服务体系的建立，形成"政产学研金介用"专利运用和运营的综合服务体系。成为覆盖园区的完整服务链。四是实现产业关键技术的突破和核心专利的拥有。通过专利导航工程实施，改变过去专利申请与获取的简单模式，克服无目的的专利申请，在充分分析专利信息利用、主要竞争对手和产业最新发展趋势以及对最新科技创新成果的基础上，围绕对产业发展有重大影响、对企业未来有重要支撑、对产品形成重大改进的关键核心技术进行研发和专利培育，从竞争、市场布局和创新成果保护的角度实施高价值专利的培育与申请，形成高质量的核心专利群，在导航产业发展的同时，支撑产业的高端发展。五是实现园区产业高端发展。专利导航产业发展实验区就是通过专利导航战略的实施，形成更加科学的产业发展规划，引导企业有序地开展研发活动和专利布局，完善产业配套能力。周到的专利运营服务以及专利产业化投融资服务平台的建立，使园区的产业特色和发展优势更加明显，不断突出从科技创新到专利战略实施的载体功能，可以汇聚科技创新人才、专利技术、资本以及服务机构，在这样的环境下，逐步淘汰落后产业和产能、实现产业的转型升级，实现产业的高端发展，这是专利导航产业发展实验区建设的必然结果。

② 扩大试点范围。

2013年国家知识产权局启动专利导航试点时，从18家申报园区中遴选了8个园区的特色产业作为国家专利导航产业发展实验区试点。经过2年多的试点，实施从产业专利分析到编制《专利导航产业创新发展规划》，对所在园区发展产生了深刻的影响。尽管试点成效明显，但覆盖面不宽，许多产业基础比较好、知识产权资源丰富的园区未能列入试点，一些属于产业高端园区地区希望能够扩大试点，使更多的园区能够获得专利导航产业发展的专业指导。因此，在"十三五"期间，有基础条件好的园区，可结合知识产权区域资源分析，开展试点扩容，再命名一批国家专利导航产业发展实验，其规模可达30家左右。

表14-4 首批国家专利导航产业发展实验区名录

编号	实验区名称	所选产业领域
1	中关村科技园区	移动互联网
2	苏州工业园区	纳米技术应用
3	上海市张江高科技园区	生物技术药物及医疗器械
4	杭州高新技术产业开发区	物联网
5	郑州新材料产业集聚区	超硬材料
6	武汉东湖新技术开发区	光通信
7	长春高新技术产业开发区	生物医药
8	宝鸡高新技术产业开发区	钛产业

③ 加大推广力度。

在认真总结专利导航试点工程的基础上，对可复制可推广的经验与做法加以总结，编制专利导航产业发展推广指南和相应的工作指引，通过国家专利导航产业发展实验区的经验推广，推进我国园区的高端发展和园区知识产权运营体系建设。

(4) 探索国家专利产业化实验区建设。

国家级科研院所和央企集团集中了我国除高校以外最顶级的科技人才、重大科技平台和其他科技资源，在国民经济和产业发展中扮演了极为重要的角色，央企和国家级科研机构近年来在科技创新过程中取得了大量科技成果并通过专利加以保护，这些核心专利或专利组合除企业自行实施、少量许可或转让外，其中大部分没有及时产业化，部分军民两用技术的民用专利技术具有巨大的产业化前景。通过专利导航产业发展实验区建设，构建央企和国家级科研院所专利产业化实验区，吸引民间资本参与，对央企和科研机构的专利产业化建设及建立专利的商业运营体系有着十分重要的意义，对我国产业高端发展、深化专利运用和实现产业的转型升级有着重要意义，对地方政府和大学、科研机构和企业示范意义明显。

① 主要思路。

以央企中创新能力强、市场影响力大、专利密集和产业带动力强的大型集团企业以及国家科研管理机构、重大产业行业协会、专利拥有量大、专利技术产业化前景好的科研机构的核心专利或专利组合为主体，通过央企、国家级行业协会或国家级科研管理机构与地方政府合作，选择产业条件好、转化能力强、专利运营基础好的园区建立国家专利导航产业发展实验区，构建重大专利产业化实验区，其中核心专利经专利价值分析后以无形资产入股的形式向民间资本发布，形成民企资本投入、央企及科研管理机构专利入股、中央部委支持、地方政府运营的专利导航产业高端发展实验区，加快核心专利的产业化，探索专利运营的新路经。

② 工作目标。

"十三五"期间，以中科院研究院所、中央直属科研机构和大型央企业为重点，从专业领域角度开展专利产业化试点，重点推进重大科技项目和重点人才团队的专利产业化项目，通过财政扶持实施专利产业化研究，组织积极性高、产业基础好的城市和园区实施对接，建设国家专利产业化实验区，引入专利产业化运营基金、风险投资基金和民营资本共同投资专利产业化项目，在全国建设 10 个国家级重点专利产业化实验区试点（或称为国家专利运营集聚区），园区由央企、国家级行业协会以及国家级科研或科研管理机构与地方政府共建，每个园区至少实施 10 个专利或专利组合，并以专利或专利组合的产品为基础创建相应的企业，每个企业注册资本平均为 1 亿元，即每个园区的投资强度至少为 10 亿元，10 家国家重点专利产业化实验区的投资总额不低于 100 亿元，建设五年后每个园区工业产值不低于 100 亿元，总产值达到 1000 亿元，形成我国产业高端发展、专利转化的示范平台。

③ 实施方案。

一是建立央企、国家级科研机构专利产业化推进工作机制。由国家知识产权局、工业和信息化部、国资委等部委统筹推进十个国家导航示范工程。二是建立中央部委和地方政府实验区建设协调联动机制。三是探索推进高端产业实验区建设的商业模式。四是强化实验区知识产权服务。五是突出实验区专利导航产业高端发展的目标定位。六是加强实验区专利导航产业发展的指导。七是打造专利产业化和产业转型升级的国家平台。八是建立实验区建设的考核评价机制。

4. 高校科研机构专利运营体系

（1）高校科研机构在科技创新中的地位和作用。

高校在国家创新体系中起着重要作用，拥有丰富的智力资源和知识财富，具有强大的科研能力和人才优势，已经成为我国科技创新的主体。目前我国共有 2246 所高等院校，拥有各类科研机构 5059 个，国家重点实验室 101 个，占全部国家重点实验室的 2/3。全国高校拥有 60 万科研人员，截至 2008 年，全国两院院士中来自高等院校的约占院士总数的 38.81%，高校共获得的国家技术发明奖占全国总数的 36.4%；另据教育部 2009 年统计，近 10 年来，国内高校承担各类科研课题 27.2 万项，申请专利 4.1 万多件，获得专利授权近1.9万件。截至2014年，全国有效发明专利总累计为708 690件，其中高校13 663件，占19.07%；科研单位56 274件，占7.94%。在上海、北京、江苏、陕西以及广东等高校、科研单位比较密集的地区，高校在区域科技创新的引领和支撑作用明显。以江苏省为例，现有高校134所，还有众多的各级科研机构，2014年，江苏省高校、科研单位累计申请专利分别为26 771件和4919件，其中发明专利申请分别为17 221件和3418件，高校授权发明专利5426件，科研单位授权发明专利为842件。

高校、科研单位的专利一般具有质量好、技术含量高的特点，很多属于机理性的核心专利或基础专利，包含许多核心技术，代表了当今最先进的科学研究成果和最新技术突破，是现今和未来产业发展的前沿技术和成果。因此，加速高校、科研单位的专利向企业转移，促进高校专利实施，对实施国家知识产权战略、建设创新型国家意义重大。

(2) 高校现有专利转移中的问题。

长期以来，我国高校、科研单位科技成果转化难的问题十分突出，尽管近年来各级政府积极推进产学研合作，不断加大科技成果转化力度，但由于技术本身的复杂性和实施高风险的特征，重大科技成果的转化和产业化比例依然不高。大多数产学研合作项目属于技术改造范畴，具有国际领先水平的重大、关键技术的技术转移在高校并不多见。为此，很多综合性大学和以理工科为背景的高校相继参考欧美高校的模式，建立了技术转移中心。但由于绝大多数高校的技术转移中心都设在高校科技处内，1~2个编制，主要负责技术合同备案和登记，为技术合作提供技术贸易发票，真正开展技术转移的并不是高校技术转移中心，而是各个院系，更多的是发明人，也就是科技成果的开发者——教学科研人员。正是由于高校技术转移中心的普遍行政化，其在高校技术转移中的作用并不是很大，这也是高校拥有核心专利的技术成果却难以转移和实施的原因之一。随着各级政府科研投入的不断加大和高校科技人才队伍层次的不断提高，高校高水平的发明专利快速增加，科技成果和重大核心技术不能及时转移和实施的情况越来越多，表现在大量的核心专利一方面需要缴纳不菲的维持费，另一方面难以通过转移和实施取得应有的回报，现行的高校技术转移中心无论是在体制、机制，还是在人才和运行模式都不能适应时代的要求，需要一种全新的模式加以替代，这就是引入商业化的专利运营体系，通过专利运营尽快使专利与产业实现对接。

(3) 高校和科研机构在科技创新中的不同作用。

① 人才结构不同。大学集中各个学科的人才，从理工科到人文科学应有尽有，与产业相关的专业人才往往十分齐全，而科研院所面向产业方向，专业领域单一。相比而言，大学专业人员虽多却比较杂，往往不够专业，高校的特色专业和优势学科往往在某一领域集中了相对多的人才，服务产业的能力比其他专业强，而科研院所则仅集中领域内的专家，从基础研究、产业研究到产品、工艺都有，专业性更强，与产业贴得更紧。

② 涉及领域不同。高校几乎是全领域涉及，人才多而全，除优势学科外，存在不够深入的实际情况，对企业实际要求了解不够，通过产学研合作的项目针对性较强，且合作申请专利，合作企业往往要求以企业申请，对产业贡献度不大。科研机构围绕产业需求，往往会针对行业发展需求进行系统研究，所获得的专利技术因贴近企业需求而受到欢迎，近年产业类研究机构已成为企业产学研合作的首选就说明了这一点。

③ 目标目的不同。高校教师更多地关注自然科学基金项目、科技部项目，这类项目对理论研究有较高要求，基础性强，所产生的专利要么属于重大核心专利，要么是为完成项目指标而申请专利，这类专利无实施前景和产业化价值，因难以许可或转让而在高校沉淀，或授权后很快因不维持而失效。而科研院所和高校的考核机制有所不同，对论文、专利的要求不仅看数量，更要看实际运用效果，由于研发人员清晰地了解产业发展状况和企业需求，因此专利技术转化率要远远高于高校。

④ 产业地位不同。大学以培养人才为主要目标，注重理论研究和前沿科学，特别是研究型大学更加注重基础研究，往往适合进行产业预研，而科技机构在产业链中主要为企业提供技术服务、产业技术研究，必须与产业发展和企业建立密切合作关系。因此大学在产业发展中的定位是不同的。当然特色学科、以行业为背景在高校与综合性高校也存在不同，如电子科技大学、化工大学等与产业的结合度会比较高，加上人才聚集的优势，其专利运营的可行性要远高于一般高校。

（4）高校的专利运营模式。

① 美国斯坦福大学的专利运营模式。斯坦福大学率先建立了专利市场化运用的商业模式，后来这一模式成为全球高校专利转移转化的通用模式。国际上，技术转移和专利转移并无区别，由于欧美国家专利制度十分成熟，因此其技术转移工作的本质就是专利转移。因此，斯坦福大学的专利运营由技术许可办公室（OTL）实施，OTL 于 1970 年 1 月 1 日成立，已成为当代美国大学的标准模式。其运作程序为：发明人→向 OTL 提交披露表（技术交底书）→专人负责（技术经理）→决定是否申请专利→专人开展许可谈判及签协议→OTL 收取许可收入→专人全权代表学校。发明人不参加谈判，如有关联需要或与对方有关联，要报 OTL 主管和学院院长批准。

② 中国高校专利运营模式。由于中国的科研体制和大学运行模式与国外并不相同，尽管目前大学的技术转移中心的运行模式已不能适应市场需求，即使复制国外成功的经验也未必能够取得相同的效果。国内很多城市都参照香港生产力促进局，成立了大量生产力促进中心，但真正能够发挥生产力促进、开展技术转移又能发展壮大的却十分鲜见。建立大学专利转移中心，不能重复走过去大学技术转移中心的老路，需要认真分析大学的科研体制，本着兼顾权利人和发明人二者利益的原则，充分考虑专利转移中心的发展来设计专利转移中心的体制、机制和运行流程。在当前情况下，大学专利转移中心的运行模式可以有以下三种：一是事业型专利运营中心，有固定人员负责专利运营或转移过程的各项工作，学校按教师或校内研究机构的分配方法确定人员的工资福利。二是以事业为基础的市场化运作机制，即学校仅支付与普通教师相同或相近的工资福利，中心从专利许可或转让中按比例提取费用，这些费用主要支付中心的运行、开展专利价值分析以及支付业务提成。三是完全市场化运作，即按企业运行模式运行，所有费用均通过托管、专利运营、技术服务的收益获得。员工也可自由选聘。

专利运营机构在运行过程中最为关键的问题有两个方面，一是运行模式，二是高素质的人才，其中人才不仅需要专业背景，而且需要了解技术经济，做到市场与技术的融合，同时对专利也要精通。大学专利运营机构可以依靠高校多学科、多层次的人才优势，既可以选聘部分优秀的学科人才加盟，也可以对在读博士生进行培训后使用，博士生所在实验室提供必要技术和学科支持,这样学科选择的范围会很大,可以避免因为专业细分而难以开展专利价值分析或分析结果存在专业偏差的情况发生。

③ 大学专利运营的基本要求。

不是所有的高校都需要建立大学专利运营机构,一般高校、科研院所很难支撑一个能有效运行的专利运营中心,建议大学专利运营中心应具备的条件如下:一是学科、科研基础雄厚。应在理工科背景的大学中建立,综合性大学应有较强的理工科专业,绝大多数理工科专业具有硕士和博士授予点。此外承担国家自然科学基金项目,863、973重大科技项目以及国家、省两级科技部门项目情况也应作为重要参考依据。二是专利创造和运用基础好。有较强地专利创造和运用能力,特别是发明专利申请和授权情况应是最重要指标,这是大学专利运营的工作基础,如年专利申请超过500件,其中发明专利申请占90%以上。当然这些条件并不是必然的,但如果没有一定高质量的专利,就会失去运营的对象,失去运营对象就意味运营收益不足以支撑运营机构的存在,无论是高校还是市场因素都难以维持专利运营机构,因此专利运营对每所大学来说都是需要的,但运营机构并非是必须的。三是机构要求。大学专利运营中心应是独立机构,可代表所在高校管理大学知识产权业务,以专利培育、专利许可和转让业务为主,并开展与专利运用有关的学术研究。除专职(正式员工)运营人员外,可聘请一些专业人员和评估分析专家,机构设置、人员编制数量主要依据专利转移能力以及运营情况。四是人才基础。大学专利运营机构需有一批高素质的人才组成,这些人才包括:专利代理人、专利价值分析师、产业专家以及涉及各学科的领域专家。中心固定编制人才应具备专利代理和专利价值分析的学术背景,根据专利转移情况聘请产业专家和领域人才。对于高校来说,在读博士生经过培训协助进行专利分析等业务既有利于业务开展,降低分析成本,也有助于培养专业的专利价值分析师。

(5)科研机构的专利运营模式。

科研机构,主要指省、部级以上科研机构、中国科学院下属研究机构与大学相同,具有专业人才集中、科研成果集中的优势,这些研究机构是我国创新的巨大源泉,除了承担大量国家、省部级重大科技计划项目外,科研机构一般都以学科、产业为背景,其研发成果对我国产业的发展有重大影响。

因此,科研机构的专利具有依托行业或领域、贴近产业发展,与所属行业的企业关系密切,研发人员对所属领域内企业情况、产业发展状况以及最新研发动态了如指掌,其研发成果、专利具有集中度高、实用性强的特点,且研究机构更加注重专利的产业化,而不关注论文、专利等学科排名,更加追求质量,而非数量,固其专利的转化实施率远高于一般的大学。其专利运营的模式与大学有很大的不同,科研机构专利运营有以下几个方面特点。

① 专利数量少,但质量高。我国理工科背景或综合大学中,年发明专利申请超过1000件的有很多,一般学校每年也会超过200件,其中有近80%的专利所申请的目的为完成项目指标、评定职称需要、完成工作量或完成指标,这些专利只寻求创新点,保护范围窄、权利要求少,基本上不可能实施。而科研机构更加注重经济指标、弱化学术指标,研究课题大多来自产业、贴近企业,因此,很多研究机构没有专利申请数量的压

力，只有转移转化和对创新成果的保护需求，绝大多数科研机构每年仅申请几十件专利，甚至更少，但绝大多数与实际应用有关，容易转化，尽管这些专利的平均许可或转让价格远高于大学，但企业往往认定这些专利货真价实，是真金白银。

② 专利处于同一领域，目标客户清晰。无论是科学院所属的研究院所、还是省部级科研机构，他们都有强烈的学科背景。因此其研究课题、科研活动均围绕相应的专业或产业展开，有强烈的目标和方向性，所针对的企业也十分明确，其成果转化、专利转移的目标群是清晰的。

③ 专利转化率高，运营效果好。高校专利转移转化率一般在20%左右，而应用型科研机构专利转化率在60%以上，这些专利往往在项目研发期间就受到企业的关注，还未授权就开始转让，授权后再办理专利的著录项目变更手续。绝大多专利实施效果较好，正是基于上述原因，专利运营的收益普遍高于高校，重点大学的重点学科的专利运营情况类似。

④ 具备自主构建"专利池"的条件。一些应用型研究机构在所从事科研的领域内拥有绝对的权威，集中了许多相应领域的核心专利，这些专利分布集中，又有一些是核心专利，尽管难以做到技术路线的穷举，但由于专利多，在关键核心技术方面已形成专利布局，且这类应用型研究机构往往是行业技术标准的制定者和起草者，标准在执行过程中已隐含了专利技术，形成了专利壁垒，企业的生产经营中不易规避。这样的研究机构已具备了构建"专利池"，面向企业实施普通许可，收取固定许可费的条件。

5. 培育知识产权运营企业

（1）对知识产权运营企业实施税收优惠政策。

比照软件企业发展模式，对经认定的从事专利交易、品牌建设、商标许可等专业知识产权运营咨询服务企业实施必要的税收优惠政策，免征或减半征收营业税，增值税实施优惠税率，比照高新技术企业税收政策，对知识产权运营企业所得税按15%征收。

（2）鼓励民营资本投资知识产权运营企业。

鼓励和支持民营资本投资知识产权运营业，引导中小微知识产权运营机构实施现代企业制度，实施股权改造，引导各类社会资本对民营知识产权运营企业进行战略投资，创造条件，支持民营知识产权运营企业在创新板或新三板上市。

（3）支持大院大所以及大型企业创办知识产权运营企业。

引导并支持大学研究机构按现代企业制度创设知识产权运营企业，按市场化模式实施校所知识产权专业化运营，建设高校院所主导投资、员工参股的专职知识产权运营机构，实施校（所）企剥离、管办分离、独立运营、自负盈亏的经营模式，探索大学科研机构知识产权运营的创新模式。

引导知识产权优势企业、专利密集型产业领域的创新型企业设立知识产权基金，创办知识产权运营企业，由知识产权运营企业专职管理和运营企业知识产权，开展对外许可、建立产业知识产权联盟，开展知识产权侵权赔偿运营等业务，通过二产三产分离的形式，享受服务业企业优惠政策和知识产权运营企业的税收优惠政策。

6. 推进知识产权交易市场建设

（1）加强国家专利展示交易中心建设。

"十一五"以来，国家知识产权局陆续在全国批设了41家国家专利展示交易中心。

专利展示交易中心是国家知识产权局为深化专利运用、促进专利的流转和交易而鼓励地方建设的国家级专利展示与交易平台，申报国家展示交易中心需要有一定面积的场地作为专利介绍和专利产品的展示，需要有专人负责专利的展示和交易工作，需要投入一定的经费进行平台的建设和中心的运营，为了推动这项工作，国家知识产权局给予一定经费的支持，并对交易中心运营情况进行绩效考核，每年11月还举办为期一周的专利活动周，重点推进专利的运用和流转。

尽管41家国家专利展示交易中心分布广泛，基本覆盖我国知识产权密集区域，形成了遍布全国的展示交易网络，但其运营模式、提供服务都难以吸引企业和投资人，存在着公益性服务投入不足、硬件条件不到位、业务过于单一、专业人才缺乏、协作有待加强等问题，大都处于维持状态，或者作为下属事业单位工作的一部分，没有大的发展，也未能成为专利许可和转让的主要平台。

加强国家专利展示交易中心的建设，可区分不同类别按市场化机制对国家专利展示交易中心实施改造，改变中心性质、引入民营投资机构，增加造血功能，从单一专利交易展示向综合服务转型，增加其他知识产权交易和服务，在现有专利展示交易中心的基础上开展连锁运营，依托国家知识产权运营综合服务基础平台，构建分布式知识产权展示交易平台。

（2）建立线上知识产权交易市场。

依托国家知识产权运营基础平台和区域知识产权运营平台，建设知识产权交易市场，对进入的市场转让、许可、专利产业化项目众筹等信息通过信息平台挂牌展示，为重点运营机构、大学和科研机构建立展示交易窗口，形成线下知识产权交易市场、线上知识产权展示同步运行的互联网市场运营模式。探索基于"互联网+"的知识产权运营和知识产权市场建设模式。

（3）完善知识产权交易的备案登记。

建立统一的知识产权交易备案登记体系，建设专利、商标、版权合一的知识产权备案信息平台，开展网上在线知识产权转让、许可备案服务，根据备案信息比照技术合同登记，享受技术贸易中相应的税收优惠政策，同时建立完善的知识产权运营统计分析体系。

（四）知识产权投融资服务

知识产权投融资是知识产权运用的重要环节，也是知识产权运营的主要业务，是企业知识产权产权资产管理的集中体现，包括通过质押融资，通过投资专利技术，实现专利技术的商品化和产业化，通过知识产权证券化募集必要的发展资金等内容。

1. 知识产权投融资的基本概念

（1）知识产权质押融资。

知识产权质押融资就是指债务人或者第三人以其享有且有效的知识产权中财产权向

银行、其他金融机构设定质权担保，获取贷款，当债务人在合同规定的时间内没有偿还贷款债务时，债权人（银行和其他金融机构）有权依法以该知识产权折价或拍卖、变卖所得的价款优先受偿。其中，为债权提供知识产权担保的债务人或者第三人为出质人，银行和其他金融机构为债权人，也叫质权人，质押的知识产权为质押标的物，即质物。通过创新质物品种，将企业的核心专利权、商标权、著作权等知识产权进行质押融资。这种新的融资方式可以将知识资本化为资金资本，为解决中小企业的融资难题提供了一种新的渠道。

（2）知识产权证券化。

知识产权证券化本身就是一个资产变现融资的过程（结构性融资）。所谓知识产权证券化，是指发起人将其能产生可预期现金收入的知识产权或其相关权益移转给特殊目的机构（Special Purpose Vehicle，SPV），由此特殊目的机构以该知识产权或其相关权益产生的未来现金收入为基础发行在市场上可流通的证券，据以融资的金融操作。知识产权证券化是知识资本与金融资本的有效结合，其最大的益处在于证券化将大幅提高知识产权资产的流动性，使得权利人可以提早取得数年后才能产生的货币价值，从而达到融资的目的。

在整体架构和运作流程上，知识产权的所有者（原始权益人，发起人）将知识产权未来一定期限的许可使用收费权转让给以资产证券化为唯一目的的特殊目的机构（SPV）；SPV 聘请信用评级机构进行 ABS 发行之前的内部信用评级，特殊目的机构（SPV）是为配合证券化而专门设立的一种经济实体，其经营范围只限于与证券化有关的业务；SPV 聘请信用评级机构进行 ABS 发行之前的内部评级，SPV 根据内部信用评级的结果和知识产权的所有者的融资要求，采用相应的信用增级技术，提高 ABS 的信用级别；SPV 再次聘请信用评级机构进行发行信用评级；SPV 向投资者发行 ABS，以发行收入向知识产权的所有者支付知识产权未来许可使用收费权的购买价款；知识产权的所有者或其委托的服务人向知识产权的被许可方收取许可使用费，并将款项存入 SPV 指定的收款账户，由托管人负责管理；托管人按期对投资者还本付息，并对聘用的信用评级机构等中介机构付费。

（3）知识产权投资。

知识产权作为一种核心竞争力，对企业和国家的发展起到了越来越重要的作用。我国《公司法》第 27 条规定，"股东可以用货币出资，也可以用实物、知识产权、土地使用权等可以用货币估价并可以依法转让的非货币财产作价出资；但是法律、行政法规规定不得作为出资的财产除外"。知识产权价值的最终实现，必然是转化为产品，经过市场来流通或消费。这个过程，通常会涉及知识产权开发成本之外的追加资本的投入，这就是知识产权投资性融资需求。

知识产权投资主要是指知识产权的转让和知识产权的使用许可的方式出资，继而享有基于股权而带来的包括资产受益、重大决策以及选择管理者等权利，即将知识产权的货币价值转化为股权价值。知识产权作为出资入股公司以后与货币、设备、人力等其他因素相结合，将会为公司带来巨大收益。以知识产权转让方式出资是指知识产权所有人以转让知识产权所有权，而获取所投资公司相应的股权；以知识产权许可使用方式投资是指知识产权人保留知识产权所有权,而仅许可其知识产权中一定期限和范围的使用权给所投资的公司而获得相应的股权。知识产权投资是企业知识产权资本化最主要的形式之一。知识产权所有人通过知识产权投资,虽然不能立即实现投资变现,但获得了所投资企业的一部分股权。对被投资的企业来说,知识产权的投资总体加快技术进步和经济发展。正是由于知识产权投资对投资方和被投资方来说都具有重要意义,企业知识产权投资已成为当前企业投资的一种重要方式。

2. 健全知识产权质押融资服务

(1) 完善知识产权价值评估机制。

知识产权评估是质押贷款过程中最为关键的一步,评估价值是否准确,直接影响到银行是否发放贷款以及贷款额度。因此,知识产权价值评估机制的建立与完善直接关系到知识产权质押制度的发展。合理的知识产权价值评估制度,有利于降低融资的成本,减少融资的困难。在无形资产评估准则的框架下,分步制订专利、商标、著作权等具体评估指南,完善知识产权评估的准则体系,逐步建立知识产权评估数据平台,推动我国知识产权质押评估机构的发展与建设。

① 优化知识产权价值评估方法。

知识产权评估是对知识产权的市场价值进行评估的一种特殊的无形资产评估,它类似于任何有形或无形资产评估,着眼于知识产权的未来经济效益,通过价值评估促进知识产品的开发和有效利用。科学、合理的知识产权价值评估方法可以减少双方在价值问题上的分歧,使知识产权质押融资工作更具操作性。在价值评估方法上,评估机构应该掌握先进的技术与理念,根据宏观经济、行业和知识产权变化情况,考虑交易条件、交易时间、交易地点和影响价值的其他各种因素的差异,并根据被评估对象的知识产权类别、特点、评估前提条件、评估目的与原则等具体情形,进行恰当的判断,并选择最优的评估方法。

② 加强对知识产权评估机构的监管。

知识产权评估机构在知识产权质押贷款业务中发挥了桥梁、纽带作用。一方面向金融机构提供被质押知识产权的价值水平,为金融机构确定融资金额提供参考依据,以最大限度地保证金融机构的贷款资金安全;另一方面合理的知识产权评估价值将帮助企业更有效地获得与其融资知识产权价值相匹配的贷款金额。主管部门和行业协会等自律性组织加强对知识产权价值评估机构的监管,保证知识产权价值评估机构在评估过程中有独立的判断和立场,评估结果公平、公正,对于严重违反评估规则或弄虚作假的评估机构,应该取消其资格。对于评估人员,应该强化评估人员的个人责任。

③ 加强知识产权价值评估人才的培养。

知识产权中的财产权在市场化过程中存在不确定性,对评估人员的业务素质和知识广度提出较高要求,这些因素将对价值评估的准确性产生影响。知识产权价值评估是一个包含多学科、多专业的复合型知识的评估活动。知识产权价值评估行业需要的是既了解知识产权知识,又精通法律和金融的复合型人才。知识产权价值评估人员除了对所评估知识产权的技术方面及合同条款有所掌握以外,还应当对各项评估因素有整体上的把握,从而准确地接近知识产权的真实价值。评估人才的道德素质和法律意识也是知识产权价值评估人才培养需要注重的一方面,全方位培养知识产权人才是完善知识产权评估机制的关键。

④ 确立知识产权价值评估报告备案制度。

我国现有的知识产权价值评估还处于摸索阶段,经验和标准都不成熟。针对这一现象,应建立完善的专利权价值评估报告制度,实现资源信息共享。每当出现新的评估项目,知识产权评估机构就可以查询之前报备过的评估资料,节约知识产权评估机构搜集资料、处理资料的成本,同样也可以参考评估数据和分析,提高评估的评估效率。

(2) 建立风险控制与补偿机制。

合理的经济活动在追求利益最大化的目标下要求风险可控。知识产权融资的风险要远高于金融机构的其他业务。我国知识产权质押融资处于探索阶段,政府、银行、企业及担保机构之间的密切合作非常必要。银行应针对知识产权质押贷款建立风险控制机制,政府应当发挥调控作用,建立补偿机制,用于补偿银行和担保机构开展知识产权质押融资服务后出现的损失;政府鼓励交易各方在交易风险的分散机制上进行多种尝试和组合,例如保证资产收购价格机制、知识产权质押反担保机制、风险补偿机制等。知识产权质押融资风险补偿机制,是指设立一个专项基金,当金融机构发放知识产权质押贷款到期后企业未能还款,通过处置质押品不能完全实现其债权时,由专项基金给予未实现债权的款项补偿。该专项基金可以由很多中小企业联合设立,实行会员制,对基金成员企业给予知识产权质押融资的补偿担保;也可以由政府与企业共同出资设立。

充分发挥信用保险的风险保障、融资推动功能,通过保险分散企业及银行风险,推动信用保险和银行信贷的优势互补,促进贷款融资。对于符合条件的信贷机构,在开展知识产权质押贷款、知识产权担保融资等贷款业务时,按照发放贷款的规模给予金融机构、担保机构、小额贷款机构一定的风险补贴。

(3) 建立知识产权交易平台。

由于知识产权投融资还处于初步阶段,只有部分城市在实现试点知识产权投融资业务,贷款的数量不多,不良率也低,但并不能掩盖知识产权投融资的高风险。应该继续完善知识产权交易平台,消除知识产权买卖双方信息的不对称,改变知识产权交易过程中一对一的现象。加强与有关方面配合协调,充分运用知识产权交易市场平台,做好相关基础工作。知识产权平台的建立可提供买方和卖方多种选择,提高交易的成功率。各地应充分利用现在已存在的技术产权交易市场,推动信贷机构与创业投资机构的合作,建立投保贷一体化模式,通过对知识产权的投资、经营,完善知识产权转化促进机制。逐步建立知识产权交易市场网络,促进知识产权交易的市场化、统一化和开放化,探索知识产权许可、拍卖、出资入股等多元化价值实现形式,支持银行、担保机构质权的实现。知识产权质权实现时,利用知识产权处置平台实施知识产权有序流转。

在流转方式上,知识产权流转的具体操作方式可以采用通行的资产变价拍卖方式,包括竞价、拍卖等途径。培育质押物的流转市场体系,可以为知识产权质押融资提供源头定价及退出操作等市场支撑。政府部门充分发挥金融机构、行业协会及各类中介机构的作用,引导企业采取知识产权质押方式实现知识产权的市场价值,开展知识产权成果的转化工作，积极探索基于知识产权价值所体现的创新融资机制。因此，建立知识产权交易平台可以为知识产权投融资提供源头定价及退出操作等市场支撑，提高知识产权的流动性，创造知识产权的交易机会，从而从根本上解决知识产权处置变现难的现状。

(4) 完善知识产权质押融资的第三方服务。

知识产权质押融资的第三方服务是指政府和金融机构以外的知识产权投融资咨询服务。由于各级政府在知识产权质押融资过程中所扮演的角色，其主要工作是制定引导和鼓励金融机构开展知识产权质押融资的政策，由财政出资建立必要的知识产权质押融资风险补偿资金，组织银企对接，建立企业和银行间知识产权质押融资的平台。但知识产权质押过程中涉及诸多知识产权业务，包括法律事务、运营事务等，在市场体系下，这类业务政府难以也无法包办，而金融机构在专业和人才方面也难开展，鉴于知识产权质押融资业务在银行所占比例不大，银行并无意愿引进专业人才从事知识产权质押融资的专业人才，而是倾向于将此业务纳入科技贷款或中小企业贷款业务体系，这也使得金融机构因此通过政策引导，建立以知识产权中介机构为主体的知识产权第三方服务体系显得十分重要。第三方服务主要有以下内容：①企业知识产权的尽职调查。包括知识产权法律状态，知识产权与企业主导产品的关系，专利产品在企业生产销售中的份额，专利的实际价值，是否核心专利等。质押知识产权的许可情况等。②质押知识产权的动态管理。包括及时办理和解除知识产权的质押备案，对知识产权的法律状态实施动态跟踪和预警，当出现可能的侵权或无效风险时，应及时知会银行处置，化解可能出现的金融风险，督促权利人及时缴纳年费，维持知识产权有效状态等。③引入保险或担保机制。对未纳入政府风险补偿体系的知识产权质押融资业务，在进行风险评估的同时，可引入第三方中介机构共同承担可能的风险，如引入保险公司，运用保险公司科技贷款中的科技贷款保证保险，设立知识产权质押融资保证险，引入中小企业担保机构开展知识产权质押融资担保业务，稀释知识产权质押融资可能产生的还款风险。④质押知识产权的处置。质押专利的处置变现是银行开展知识产权质押贷款业务的重要环节，只有解决了知识产权流转、处置、变现的渠道，并且在变现过程中能够接近知识产权资产评估的价值或者高于银行的贷款额，银行才有可能控制风险，否则，银行会因无法控制风险或者风险过高而中止知识产权质押融资业务。专利权的处置需要对质押知识产权进行再评估和专对质押专利进行价值分析，通过专利交易平台发布或向关联企业询价等，专业性很强，银行往往无力处置，与固定资产的保质增质不同，知识产权的价值会由于技术进步而发生剧烈变化，因此银行不能将专利权搁置，而是需要尽快处置变现，这也需要专业的知识产权运营机构和专利交易平台来完成。

3. 构筑知识产权投资体系

(1) 建立知识产权运营投资平台。

① 集中区域内主要投资人或投资企业信息。通过投资平台将分散的知识产权运营投资企业、主要投资人、知识产权运营基金的资金规模、主要投资方向、投资模式以及投资企业的信用评级等关联信息汇聚，使发明人或专利权利人可以根据投资平台上发布的信息进行分析和判断，进行进一步的对接。

② 集中知识产权运营项目的融资需求信息。对专利转让、许可、高价值专利培育以及知识产权质押融资等运营需求进行发布，包括融资模式，如质押贷款、资金投资、股权投资等进行网上发布，为投资人和资金需求双方搭建交流沟通的平台。

③ 集中专利产业化项目信息。对需要较大投资的专利产业化项目进行重点推介，包括项目资金需求，投资回报，专利价值分析结果等详细信息的发布。

④ 开展项目众筹。通过平台发起项目众筹，通过众筹的模式募集资金。项目众筹的另一种方式是发起知识产权质押融资的信托基金，即对融资项目向机构实施融资计划。

（2）引导民营资本投资知识产权。

专利运用的主体是企业，专利实施项目、专利产业化投资均属实体经济的范畴，尽管风险投资基金、专利运营基金能够在专利产业化投资和专利实施过程中发挥作用，但最终还需由实体企业来实施，这就需要民营企业家和民营资本的参与或主导，没有民营资本的投入，专利产业化项目就难以做实。因此，积极引导和鼓励民营资本投资和参与专利产业化项目，在政策、科技项目等方面予以扶持。

（3）建立多元化的知识产权投资体系。

知识产权运营项目内容广泛，涉及专利产业化、技术改造、品牌运营、专利的产业化研发等内容，现有的投资体系和基金规模数量少、投资规模小，难以满足日益增长的知识产权运营需要，应在充分发挥财政引导资金激励作用的基础上，调动各类主体的投资积极性，建立多元化的知识产权运营投资体系。积极探索基于互联网的专利运营新模式，建立知识产权运营项目投资的众筹模式，形成专利运营中大众创业、万众创新的良好格局。

4. 探索知识产权运营基金的运营和管理模式

（1）推进知识产权运营基金建设。

知识产权运营基金是为知识产权储备、专利产业化投融资、知识产权质押融资风险补偿而设立的投资基金，与风险投资资金比较既有共同之处，也有不同之点，如知识产权储备、质押融资风险补偿等在风险投资基金中并不是其主要业务。风险投资依据其不同的类别（VC、PE 和天使投资），其对象基本为企业，以投资项目以企业为主，有成熟的管理模式、风险防控机制和退出机制，我国 1 万多家风险投资公司绝大多数都把企业上市作为退出并获得高额回报的关键节点。而知识产权运营基金在产业化项目投资环节与风险投资基金类似，但在其他业务方面却有很大差别，两者几乎没有可比性。

以专利运营基金为例，运营基金主要开展以下业务。

① 专利收储并运营。专利收储包括购买和获得许可，这需要通过运营基金的投入。其运营模式有四个方面：一是打包后转手向特定企业和利害关系人转让或许可，打包是指向多个权利人收购或获得许可后，形成可向市场运营的专利组合；二是建立"专利池"并运营"专利池"；三是进行专利产业化投资；四是其他运营目的，如实施专利的二次开发等。

② 专利的产业化投资。专利产业化投资所针对的是具有产业化前景的专利产业化

项目,专利产业项目包括新建企业的投资项目、在现有企业实施新项目以及企业技术改造项目的投资,后两类项目需要实施单独的会计核算。与风险投资项目不同,专利产业化项目具有风险投资性质,由于专利产业化项目投资期一般较长且未必以上市为目标,因此需要探索与专利产业化投资项目的退出机制,确定项目实施的不同节点、项目的运营和管理模式。

③ 培育高价值专利。对重点人才、重大项目中的产业化前景好的创新和方案进行先期投资,培育高价值专利组合,与高校、科研机构合作,建立权利人、发明人和投资人共享的研发、投入机构,以市场为目标进行专利或专利组合的运营,并在运行获利后进行收益分配。

④ 实施侵权赔偿运营。侵权赔偿运营是知识产权运营的重要内容,国际专利诉讼案件其本质就是专利侵权赔偿运营,知识产权产业化基金通过购买和许可途径聚合关键领域核心专利,并在此基础上参与标准制定等,形成在某地领域的基本专利组合,对侵权企业发起侵权诉讼,并依此获得赔偿和许可回报。

(2) 探索市场化的知识产权运营基金的管理模式。

在定义知识产权运营基金使用范围和基金公司主要业务范围的前提下,应加强知识产权运营基金管理和运营的引导和监管,出台知识产权运营基金管理指南和工作指引,按市场规律规范知识产权运营基金的经营,特别是加强各级财政资金投资入股的知识产权运营基金的经营行为。

(3) 发挥知识产权运营基金的政府引导作用。

2014年中央财政已经拿出4亿元,用于建设运营平台,支持专利运营企业按现代企业制度进行股权结构改造,2015年中央财政继续设立专项基金,用于支持10个省(直辖市、自治区)用于建立地方专利运营基金,突显了政府在知识产权运营基金建设中的引导作用。鉴于我国知识产权运营业处于刚刚起步的新业态,无论是知识产权拥有的数量,还是市场潜力都是巨大的。可以预见,风险投资、民营资本以及企业都会逐步进入知识产权运营行业并开展知识产权运营业务,各类知识产权运营基金也会应运而生,对促进知识产权运用,促进知识产权经济的发展必将产生巨大的推动力。在此进程中,如何引导、怎样监管都是政府部门应该研究和探讨的问题,特别是初始阶段,政府应通过优惠政策、加强服务和建立政府出资入股参股的知识产权运营基金加以引导,使知识产权运营基金在知识产权转化实施等运营发挥作用。

(4) 研究专利产业化投资项目的基金退出机制。

风险投资作为资本对实体经济的投资模式,已经建设起了有效的运营和管理模式,通过阶段性、持续地投资支持实体经济的发展,特别是风险投资的退出机制,不仅确保了风险投资在赢利后及时退出,也使风险投资基金能够在企业发展的关键阶段提供支持。专利产业化等知识产权运营一般都处于企业发展的初始阶段,对资金的需求现实而又迫切,对于一般知识产权运营项目而言,运营投入可在运营项目实施后通过收益获得回收,但对于专利产业化项目而言,可能涉及专利许可转让、基本建设、设备采购制造,工艺设计等复杂过程,真正实现生产可能需要数年之久,实现赢利则需更长的时间,传统的投资收益模式并非知识产权运营基金的主流模式,需要探索阶段性投入或退出机制，确保运营基金不会长久滞留于单个投资项目。

（五）推进企业知识产权资产管理

制造业企业知识产权运营是对于企业知识产权的价值经营。大多数企业没有知识产权价值经营的概念，知识产权对于企业来说，主要作用是创新成果的保护，作为品牌在高新技术企业认定、科技项目申请等方面发挥作用，在企业的资产结构中几乎没有知识产权的资产结构，这与国际上创新型企业资产结构以知识产权为主有很大的区别，因此，"十三五"期间应加大制造业企业知识产权资产管理的推进力度，引导企业合理配置企业资产结构，充分发挥知识产权的财产作用，重点在管理能力、高价值专利培育、目标市场的知识产权布局和产学研合作知识产权协同运用方面有所突破。

1. 企业知识产权资产管理与配置

目前，我国企业知识产权管理主要存在四个方面的问题：①数量多、质量差。无论是商标申请还是专利创造数量，企业申请的数量近年都保持了高速的增长，但企业知识产权创造虽然数量上升较快，但质量提高不快，主要体现在企业高端制造能力依然不足，也体现在企业知识产权的作用难以发挥。②发明专利授权率低。来自企业的发明专利申请授权率远低于高校和科研机构，我国企业发明专利申请授权率仅在20%左右，与国际知识产权制度成熟的国家相比要低得多，说明企业的研发创新性不强，企业的专利申请随意性较大，企业对于知识产权认识和重视程度都有待提高，这和企业知识产权的作用发挥不够有很大关系。③核心知识产权数量少。我国中小企业的专利申请以改进型专利为主，基础专利的数量很小，从新颖性、创造性和实用性三性分析，能够体现核心技术创新的专利数量不多，这基本反映了我国企业的创新能力和在产业链中的位置，如果核心知识产权少，作为资产的价值也就难以体现了。④知识产权运营能力弱。企业知识产权作用主要用于说明企业产品的知识产权状况，但通过专利纠纷的分析，发现由于专利质量不高，企业专利保护范围普遍较窄，造成竞争对手通过替代技术很容易规避专利保护，此外由于专利申请前的检索分析不到位，尽管通过了审查员的实质性审查，但遇到专利纠纷时，竞争对手通过向复审委提起无效请求使专利无效的风险很大，导致许多专利在申请过程中公开了技术路线和工艺方法，却未能获得有效的保护，这而与专利制度的本质相去甚远。

加强企业的知识产权资产管理和配置，重点做好两个方面的工作，一是提高企业的知识产权综合管理和运用能力，从战略层面将知识产权作为企业的核心资产加以管理。贯彻实施《企业知识产权管理规范》，按规范要求建立企业知识产权制度，构建执行制度的管理体系，设计关键节点的记录文件，并通过PDCA进行持续改进；与专业机构建立战略合作机制，针对专业性的特点，将知识产权运营交由专家管理，通过与专业机构合作获得高水平高质量的服务。二是加大企业知识产权研发储备，知识产权资产的基础是企业的创新能力和创新成果的运营能力，没有高水平的知识产权储备，就不可能有优质的企业知识产权资产配置，企业无形资产比例偏低只能说明企业的发展方式较为原始，企业发展的要素资源不是知识产权而是资金和劳动力。因此企业需要通过研发、运营等途径获取一批与未来发展、下一代产品相关的核心知识产权,建立企业知识产权的储备机制,用知识产权的战略储备带动未来产品和市场的储备。

2. 培育高价值专利或专利组合

(1) 高价值专利的基本特征。

专利价值是指专利预期可以给其权利人或使用者带来的利益在市场条件下的所表现的商业价值,所谓高价值专利是权利人能够通过对专利在占有、使用、转让、许可使用、质押、投资等运营方式中给企业带来的盈利,同时对企业发展战略作出贡献,即专利对企业开发新产品、开拓新市场、提高核心竞争力、获得发展空间等战略性规划具有一定作用。其主要特征是具有较高的法律价值、技术价值和经济价值,所谓的法律价值指因法律赋予权利人专有权而产生的价值,主要衡量指标包括稳定性,依赖性、有效期、多国申请、专利许可状况等。技术价值指专利技术本身的性能带来的价值,主要衡量指标包括适用范围、可替代性、成熟度、产业链中的位置等。经济价值,指专利技术在商品化、产业化、市场化过程中带来的预期利益,主要衡量指标包括市场规模前景、市场占有率、竞争情况和政策适应性等,或者专利直接许可转让获取的价值。

三种专利(发明、实用新型和外观设计)依专利的功能都有相应的价值,但从技术创新角度来衡量专利的价值主要是指发明专利,由于《专利法》对发明专利的定义是显著的新颖性,加之只有发明专利才经过实质性实查,其专利性的特征更加明显,因此我们往往将高价值专利指向为优质发明专利。

(2) 培育高价值专利的路径和措施。

① 改进知识产权工作评价体系。"十三五"及未来,我国专利、商标等知识产权不仅需要数量的增加,更加需要质量的提升,数量可以反映创新的投入和创新成果,而质量则体现了知识产权的资产价值。现有对各级政府的知识产权考核指标,包括万人有效发明数,都反映了数量需求,从政府层面难以提升专利的质量,造成创新研发大幅增加,高价值专利培育却难以取得突破。因此应改变现有对城市知识产权工作的考核评价体系,在考核数量的同时,明确要求知识产权的运用指标以及优秀专利的数量指标等。通过城市知识产权评价体系的调节引导各级政府和企事业单位重视专利质量的提高,重视高价值专利的培育。

② 建立专利的分类评级机制。专利的分类评级是企业知识产权资产管理和专利运营的基础性工作,将专利按一定的类别进行分类,有助于对专利实施差别化管理,而评级则是确定专利价值的重要手段,也是专利运营中定价的依据。专利评级是对专利所保护技术的重要性以及专利保护的效果,即专利质量进行分析,随着专利数量的海量化,对专利进行分类和评级有助于更好地开展专利运营和专利处置,不断优化专利结构,确保重点专利得到维护,同时也使高质量的专利能够获得应有的市场价值。

③ 加强知识产权运营体系建设。制造业企业的知识产权运营不同于专业知识产权运营企业,知识产权运营企业主要从第三方的角度来开展知识产权运营,即运营企业或者没有研发或者研发的目的是为了许可,而制造业企业知识产权运营的目的是为了扩大

产品的市场，通过企业自身知识产权的运营获得更大的发展空间，如对上下游企业的知识产权运营能够强化协作关系，形成较为稳定的定向市场，通过购买或许可高校科研机构的知识产权能够获得更多高价值专利。总之，工业企业的知识产权运营重点围绕企业的主营业务，除非企业转型，否则一定是为其产品能够获得更加广阔的市场和稳定的利润。因此，制造业企业需要建立与企业所处行业、规模以及产品相适应的知识产权运营体系，通过参加产业知识产权联盟、构建"专利池"、与高校研发机构以及咨询服务机构建立知识产权协同运用体系、开展侵权赔偿运营等知识产权运营活动，使企业的知识产权充分体现其应有的价值。

④ 建设高价值专利培育示范中心。引导和支持行业、重点领域和大型企业通过与高校科研机构开展创新合作，与知识产权中介机构开展专布局或优质专利培育等方式建立以研发企业为核心、多方共同参与的高价值专利培育示范中心，适时推出国家级高价值专利培育示范基地的试点工作，通过高价值专利的培育中心建设引导企业创造更多的优质核心专利，通过示范引领，促进全行业、全社会专利质量的提升和工业企业的知识产权价值经营。

⑤ 加强代理机构代理质量。高价值专利的核心是所保护的技术是否领先且有市场价值，同时也是专利撰写质量是否达到要求，而专利质量的提升是申请人与代理机构协同合作的结果，代理机构在其中扮演了重要角色，实践证明，当企业知识产权综合管理能力和运用能力不是很高时，专利的质量主要取决于代理机构和代理人的质量和职业操守。近年来，由于我国专利申请数量大幅攀升，对专利代理的需求很大，这其中有相当数量的专利代理人缺少必要的研发和工艺经验，加上责任心等因素，产生了大量低质量的专利申请，不仅损害了企业利益，而且浪费了许多审查资源。因此要实现提升专利质量，培育高价值专利或专利组合，就需要加强专利代理机构的监管和推进专利质量的提升，依据代理机构的业绩和企业反映建立代理机构星级管理制度，同时对代理人也可实施星级评价制度，形成若干国际国内知名的代理品牌。

3. 关键技术的知识产权布局

专利布局是在对目标市场或全球领域内与企业核心技术或关键零部件技术、产品进行系统分析后，为构建技术壁垒，限制或阻止竞争对手进入该领域，使用该专利技术，或使同类产品无法取得相应的功能的专利战略。通过对技术方法和路径的详细分析，将所有可能的技术、结构通过专利申请加以保护，并通过尽可能宽的保护范围和尽可能多的权利要求，实现专利保护全覆盖，使其他企业只要生产相同产品，就一定使用专利技术而构成侵权。

专利布局有两大特点：一是围绕一个关键技术点形成一个专利群或专利组合，二是通过后期产品技术标准的制定，将专利技术纳入标准体系，只要按标准体系生产就可判定为专利侵权。

引导企业针对目标市场实施专利布局是企业知识产权运营的重要内容，因此加强企业知识产权布局的培训和指导，加大产业高端发展过程中的知识产权战略运用，实现我国部分产业和一定数量的企业在全球市场保持竞争优势。

4. 推进产学研知识产权协同运用

(1) 产学研协同创新是高价值专利培育的基础

在高价值专利培育过程中,产学研协同创新和知识产权协同运用是必不可少的环节,高价值专利需依赖技术创新。一般而言,高价值专利多为基础专利和核心技术专利,而基础专利需要在理论和应用层面都有较大突破,属于重大创新。而我国企业结构中,除少数央企或创新型领军企业外,能够开展重大创新活动、组织重大创新研发项目的企业不多,绝大多数企业通过产学研合作的途径申报科项目并进行产品研发,因此企业在高价值专利的研制过程中需要借助高校、科研机构的人才、创新资源等优势。

(2) 高水平代理是高价值专利的重要保障

高价值专利培育不同于一般专利申请,属于重大发明申请,无论是技术基础还是撰写要求都十分严格,其要求高于专利布局。专利布局的目标是关键技术、关键零部件以及关键工艺技术的布局,所追求的是法律价值度,并非一定要求重大发明,而高价值专利不仅要求法律价值度,而且强调技术价值度,即既要是重大发明创造,又要实现专利布局的效果,完成一个高价值专利或专利组合,至少需要做以下几个方面的工作,图14-6给出了高价值专利培育的路线图,可以直观地体现一般专利申请与属于基础专利的高价值专利的产生过程是不一样的。

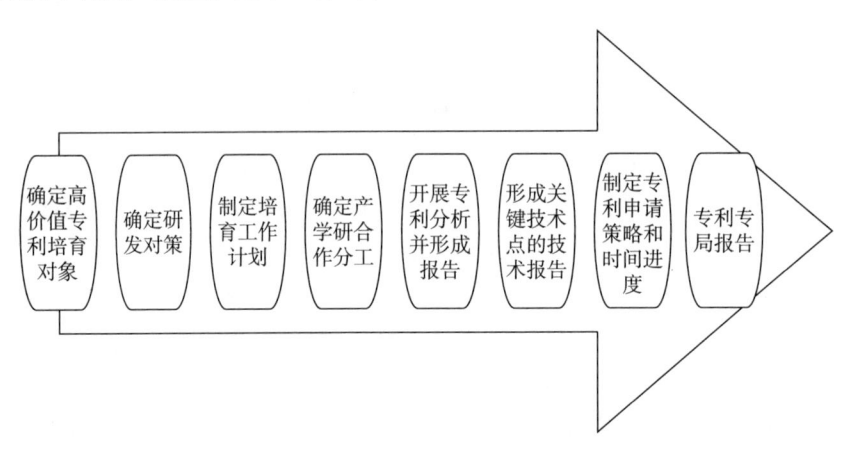

图14-6 高价值专利培育路线图

① 制定高价值专利培育计划。在仔细分析培育对象和竞争对手的前提下,对采用技术或方法以及所有相关的技术或方法进行研究,形成主导技术或可能的替代方案专利申请的计划,对保护范围从理论和应用两个层面进行研究,形成高价值专利或专利组合的培育计划,该计划应伴随研发的全过程并及时进行修正。

② 进行详细的专利分析。围绕培育产品或技术进行专析,重点分析当前研发进展、主要竞争对手的研发和布局动态、科研机构的研究动态,与企业研发企业是否存在冲突,是否有规避方案等,通过这些分析确定企业的产品研发走向。这就是专利导航产业发展企业版的概念,俗称企业微导航。

③ 确定专利申请目标和计划。初步确定在哪几个方面申请专利,在每个方面的哪些点进行布局,每个点需要申请专利的数量,申请专利的时点,专利文献公开的时间

等，初步目标和计划在研发过程中还需及时修正和完善。

④ 形成高价值专利分析报告。在上述计划实施结束时还需要认真研究，审核，并形成高价值专利分析报告，从技术、法律和经济三个维度进行总结和分析，从运营的角度提出未来许可、转让或价值经营的建议。

四、加强知识产权运营的技术支撑

知识产权运营是知识产权价值实现的过程，运营体系建设则包含了这类商业行为的政策、服务和相应的市场建设。正如知识产权运营业的发展需要建立在产品（知识产权）和市场基础之上，运营过程同样需要强大的技术支撑，就如同"互联网+"需要依托先进的信息技术，而知识产权运营同样需要信息技术和人才的支撑。

（一）普及专利信息利用

1. 专利信息利用的价值分析

（1）专利分析的意义。

专利分析是企业战略与竞争分析中一种独特而实用的分析方法，是企业竞争情报常用的分析方法之一。专利分析，即对专利信息进行科学的加工、整理和分析，经过深度挖掘与缜密剖析，转化为具有较高技术与商业价值的可利用信息。信息经过分析处理，可转化为互相关联的、准确的、可使用的知识情报。通俗地说，即是对专利说明书、专利公开文件中大量零碎的专利信息进行分析、加工、组合，并利用统计学方法和技巧使这些信息转化为具有总揽全局及预测功能的竞争情报，从而为企业的技术、产品及服务开发中的决策提供参考。开展专利分析工作，可有效利用专利信息，降低运营风险，防范专利权纠纷问题，进而保护自主知识产权，提升竞争优势。专利分析不仅是企业争夺专利优势的前提，更能为企业发展其技术战略、评估竞争对手提供有价值的情报。

（2）专利信息分析的作用。

知识产权运营的核心是专利运营，而专利运营的本质是专利的经营和专利信息的利用，没有专利信息的支撑，专利运营中一些关键业务就难以展开。比较普遍的专利信息分析有三个方面。

① 研发或运营过程中的专利检索分析。这是企业情报或研发人员的基础性工作，研发时随时进行新技术的专利检索，既可以了解行业动态或竞争对手情况，还能够借鉴现有的专利技术，降低研发成本，节约研发时间，运营时对专利的检索分析主要集中在三个维度：专利的法律价值度、技术价值度和经济价值度，其目是了解运营专利的详细指标，为产业化投资和专利定价提供参考。

② 产业导航中的专利分析。专利导航产业发展的核心是通过专利分析了解本领域的知识产权状况，将分析结果传导给产业管理和规划部门，供政府或园区作为产业布局规划的决策参考，因此专利导航中的专利分析是将专利信息分析和专利运用融入到区域或企业产业技术创新、产品创新、组织创新和商业模式创新的过程中，充分发挥导航

引领的作用,以提高本区域或企业产业自主发展实力、增强企业参与国际市场的核心竞争力。具体做法是通过专利分析获取竞争情报,有效导航区域经济发展,达到辅助区域或企业产业转型升级和经济结构调整决策的目的,产业导航中的专利分析主要由产业情报分析、产业专利分析和产业规划设计三部分组成。

③ 重大项目的知识产权评议。重大经济科技活动知识产权评议是指,对于资金投入数额巨大、对当地经济科技社会发展或企业利益有重大影响的经济科技活动,综合运用情报分析和挖掘手段,有针对性地对所涉及的知识产权风险、知识产权价值、产业发展方向进行评估、评价或审查,针对潜在风险提出解决建议,依据技术要素启发创新思路,基于发展目标制定战略策略,为政府管理决策和企业市场竞争提供咨询参考。

④ 专利预警分析。专利预警分析是在项目研发前或产业进入市场前的专利信息分析,其目的是找出研发前与研发项目相关的专利,如果发现已有专利布局且无法规避则放弃该项目,另一个目的是在产品进入目标市场前对目标市场的专利布局状况进行分析,重点分析产品投放市场后是否会受到侵权指控,如果发现有专利布局且与产品有冲突则提前进行处置,或采用无效方法去无效对方的专利,这取决于能否找到破坏布局专利新颖性、创造性和实用性的证据,或者获得对方许可,这两种方法都失效时,可通过修改产品来规避风险,或者放弃该市场。

2. 普及专利信息分析

推进知识产权运营首先要提高科技人员、企业管理人员的参与度,而专利分析作知识产权运营的必要手段,需要推广和普及,这是知识产权运营的客户基础。普及专利信息分析主要从以下方面实施。① 出版专利信息利用普及类教材。目前有关专利信息检索分析的出版物存在过于专业、通用性不强以及实用性不够等问题,应组织专利信息服务机构面向一般研发人员需求,尽快编辑出版普及类教材或读本,与相应的专利信息平台结合,形成学做一体的学习模式。② 加强科技人员专利信息检索分析的培训。开发适用于一般科技人员学习的专利信息检索分析学习课程,利用现有知识产权培训机构或培训基地,开展专利信息检索分析的培训班,利用专利信息服务平台建立专利信息检索分析在线培训和辅导体系。③ 建立专利信息分析公共服务平台。建设以公共服务为主,普惠服务为特色的公益性专利信息服务平台,为一般科技人员提供简单、便利和实用的知识产权信息公共服务。

(二) 开展专利分析大数据研究

从专利文献的数据结构分析,专利文献并不属于大数据的范畴,这是由于专利文献是根据 IP 分类号所建立的结构化数据库,一般检索分析仅需通过关系数据库算法即可实现,但从专利文献内容而言,又属文本挖掘的范畴,如果要直接通过内容分析,而非关键字分析,则需运用数据挖掘技术来实现专利的分析,在专利运营中,专利分析人员不仅需要分析专利文献的相关信息,还需要将专利分析的结果与产业分析有效融合,产业信息量大、分散,传统的数据分析方法已经不能满足信息分析的需要,运用大数据理论和技术是未来专利分析与产业分析结合的有效途径。由于大数据在应用时往往需要结合数据特征形成一些特定的文件管理系统和算法，使专利分析更加高效，因此，需要有目的地开展以知识产权运营为目的大数据应用研究，重点解决基于大数据理论的专利文件管理和分布数据处理技术等难点问题。

1. 研究以流处理为对象的专利文件系统

专利分析用户分为两种情况，一是专业专利分析师使用的专利信息平台，往往通过镜像或其他方式构建数据库，通过增量方式进行数据更新，数据更新来源是分布方式的。二是企业用户或在线用户希望提供分析工具，在线对分布在不同地点的数据库进行检索分析，在分析过程中捕获并抓取数据。第一类适用于批处理方式建立文件系统，第二类用户面广量大，适用于流处理方式建立分布式文件系统，并将计算推到数据端。专利数据文件系统主要解决数据的存储，索引和数据结构等问题。

2. 研究分布、异构、多专利文献集数据处理技术

根据不同专利文献分类差异、数据库分布广泛、文献语种不同以及数据库的异构特点，研究适用的数据处理技术，如文本数据语义解析、关键技术关联规则提取、增量数据挖掘，用离群点剔除低质量专利文献等技术并研究相应算法，开发分布异构多专利文献集的分析系统。

3. 研究专利数据与产业数据耦合处理技术

研究专利数据与产业数据的投影与耦合技术，将专利分析的结果嵌入到产业分析之中，使产业分析的专利密度值与产业发展形成关联，为产业发展提供决策参考。由于专利分析叠加了产业分析，或者说产业分析中嵌入了专利分析，使数据量呈几何级增长，数据的并行处理技术研究显得尤为重要。

（三）完善专利价值分析体系

专利价值分析从法律的稳定性、保护范围、垄断性、技术成熟度以及市场前景等方面对专利进行科学分析，解决了专利转移转化中难以科学判断的难题，也为正确评判专利的价值提供了科学的指标和工具。专利价值分析基于专利的技术、经济、法律的多维特性，建立一套分析体系，通过综合分析相关信息，以科学全面地反映专利产业化运营的价值。专利价值分析对于核心专利产业化过程中对投资人判断专利价值、确定投资规模以及专利许可或转让的价格都有重大参考作用。

自国家知识产权局于2012年推出专利价值分析指标体系并出版了相应的操作手册以来，专利价值分析并未能够获得广泛应用，其原因主要以下几个方面。

1. 指标体系适应性有待改进

由中国技术交易所研究制定的专利价值分析指标体系是一个通用的专利价值分析指标体系，在实际使用过程中还存在不同需求、对指标要求不同等情况，即指标体系存在适应性问题。如在专利产业化投资中指标数据还需有所增加，但在评奖或评级等批处理状况时指标体系又过于复杂。因此，可以根据应用需求，对指标作必要的增减，即先构建一个指标体系，然后再实施专利价值分析。

专利价值分析适合不同的应用需求，有较宽的应用范围，但由于要求不同，其指标

体系需要做适应性调整，以突出重点。其主要应用场景如下：①专利转移。包括专利的许可与转让、专利产业化投资等。②专利质押。专利质押的目的是融资、贷款以及涉及对价的经济活动。其作用是在专利资产评估的基础上对未实施却有重大运用价值的专利起增信作用。或者作为双方融资议价的基础。③专利资产处置。专利资产处置包括专利无形资产入股、资产重组中专利资产处置、专利资产参与收益分配以及拟放弃专利的决策处置等。④专利评价。包括专利评级，通过评级对专利资产实行差异化管理，优秀专利评选，以及科技项目立项审查和评审过程中对专利进行评价，以确定项目所列专利与项目的关联，以及在项目中的地位和作用。

2. 指标体系需进一步优化

专利价值分析指标共有3个一级指标，18个二级指标以及80个三级指标，这些指标在不同的应用场合会呈现出不同的作用，另有一些则过于细化不易操作，如在技术价值度指标中，技术成熟度分了10级，实际分析时难以操作，这些因素也是专利价值分析体系推广过程中的难点，需要通过一段时间试用后，结合实际需求进行认真研究，进一步优化指标体系，建立相对完整的专利价值分析指标库，并形成不同场景和不同需求的指标抽取模式。

3. 建立适应不同场景的应用指南

目前的操作手册主要对指标进行了介绍，但针对不同需求的专利价值分析如何实施没有详细介绍，没有经过系统培训的运营人员不易掌握，需要编印出版有针对性的专利价值分析操作指南，具体指导知识产权运营人员开展专利的价值分析，使专利价值分析体系成为知识产权运营的重要载体。

（四）加强知识产权运营人才培养

细分知识产权运营人才，不难发现其涉及很多专业人才，但核心应聚焦在两类人才，一是专利分析人才，二是知识产权经营人才。

专利分析是专利信息利用的基础，专利分析的作用几乎覆盖了研发、产业发展知识产权保护等方方面面，如，研发前期通过专利的分析可以了解当前本领域的发展动态，了解最新的科技进展，避免不必要的重复研究与开发，大大节约研发成本和研发周期；产业发展中的专利分析可以凸显专利信息在产业发展过程中的导航作用，通过与产业基础分析的融合，使产业发展方向更加明确，产业规划更加科学合理；重大项目的专利分析可以避免可能的专利风险，及时规避专利地雷；企业专利分析体现的新产品开发的各个阶段、市场布局和对主要竞争对手的动态跟踪，因此专利分析在产业规划、科研开发和企业发展中至关重要。正是认识到这一点，国家知识产权局于2013年启动了专利导航试点工程，其核心就是通过专利分析导航产业发展。而专利分析除需要必要的分析平台、专利数据资源和专利分析工具外，更多地依靠专利分析人才。高层次专利分析人才不仅熟悉专利分析的方法和工具，而且有很强的产业和专利背景，能够从海量的专利信息中筛选出有价值的信息并能提交专业的专利分析报告。

知识产权运营人才是在专利分析基础上结合市场需求，从事知识产权交易和其他运营的人才，其中主要任务是制定专利运营计划，捕捉市场需求，挖掘潜在客户，设计知识产权运营的方法和路径，在专利分析的基础上，从法律、技术和经济三个方面对专利实施价值进行分析，在许可、转让、证券化和投资入股等专利运营环节实现专利价值的最大化。知识产权运营人才同样属于复合型知识产权人才，需要了解并掌握专利的专业基础，能够从产业发展和企业需求的角度敏锐地挖掘运营对象的知识点和重要特征信息，及时向投资人或企业进行推介，使知识产权的技术价值成为企业发展的支撑。

"十三五"期间，我国知识产权事业的重点将从单纯地追求数量向量质并举，更加注重质量，关注专利的产业化实施等运用环节转变，引导企业通过知识产权资产运营，实现知识产权应有的财产价值。运用需求必将体现为人才的需求，因此，从专业的角度，重点面向企业需求，开展专利分析人才的培养，面向中介机构和大学、科研院所，实施知识产权运营人才培养计划，大量培训、培养专利分析和知识产权运营高层次人才，以适应不断增加的高层次专利分析和知识产权运营人才的需求。做好这项工作，应充分发挥现有国家知识产权培训基地的作用，建立专利分析和知识产权运营的师资队伍和人才培养实训基地，形成专利分析和知识产权运营的人才培训培养体系。

（五）加强知识产权运营新业态的研究

作为一种新的商业形态，知识产权运营体系建设直接与知识产权运营业的发展关联，并且对我国产业发展产生影响，形成产业发展的"知识产权+"，其政策、体系、商业模式需要从理论高度加以研究，从应用层面不断实践，这就需要加强对知识产权运营新业态的研究，并在此基础上对行业发展进行科学规划。为此可以从两个方面进行布局。

一是建立知识产权运营业发展的国家智库。加强知识产权运营研究人才队伍建设，构建知识产权运营专家库，并在此基础上成立知识产权运营的国家智库。定期、专项研究知识产权运营业发展中的政策、措施和热点难点问题，在政策措施出台前对试点项目实施做到理论研究先行，为国家的政策措施提供决策依据。

二是围绕知识产权运营业发展热点难点问题进行研究。包括运营体系建设、知识产权运营业的"众创空间"建设、运营管理和商业模式研究，国家知识产权运营平台的定位、商业平台和公共服务平台的角色定位，知识产权运营人才评价培养以及相应的学科建设等都是需要系统研究的问题，这些理论和应用实践的研究、成功和失败案例的总结与凝练对知识产权运营业的建设发展、对知识产权运营体系建设都是非常必要的。

五、"十三五"规划建议

（一）规划编制的原则

作为规划研究，在对我国知识产权运营业发展现状、知识产权运营体系建设进行分析和对知识产权创造、运用、管理和保护各个环节的知识产权运用需求进行分析的基础上，围绕国家"十三五"国民经济发展规划，《中国制造2025》的目标，以及国家知识产权局《知识产权强国战略》《深入实施国家知识产权战略行动计划（2014～2020年）》的目标，在"十三五"国家知识产权发展规划的框架下，细化目标，作为研究、编制"十三五"知识产权运营体系建设规划的依据。

规划研究过程中，重点对"十三五"促进知识产权运营体系建设的政策措施、重点任务以及重要工作进行研究和规划，注意三个问题的衔接：一是国家规划和地方规划、行业规划的衔接，国家规划作为刚性目标，地方规划作为引导目标，国家规划的实施主体是中央，地方规划的执行主体为地方政府；二是政府与市场主体的衔接，各级政府重点在制度体系建设、政策措施制定、公共服务平台通读环境营造方面发挥主体作用，对市场主体主要是鼓励和引导，在规划中表述有所不同；三是公共服务和商业运营之间的衔接，公共服务是政府主导的普惠制服务，不以收益为核心，商业运营是基于市场条件下的增值服务，政府在政府制定等方面提供政策支持，但运营中的作用主要是监管，在规划中表述亦有不同。

（二）规划建议内容

根据规划研究的结果，浓缩了"十三五"中我国知识产权运营体系建设规划建议，知识产权运营需求和运营业发展状况简述，"十三五"中促进我国知识产权运营体系建设的指导思想和目标任务以及为实现这一目标拟推进的重点工作。

1. 我国知识产权运营业态分析

（1）我国知识产权运营需求分析。

知识产权运营是我国知识产权数量大幅提升、知识产权从成果保护的属性向资产属性转变过程中的必然需求。"十二五"期间，我国知识产权数量呈高速增长的态势，其中以专利申请与授权数量的高速增长最为特出，已连续四年成全球第一的专利大国。专利是具有技术特性的工业产权，专利的数量能够反映产业的创新能力，但"十二五"期间我国专利等知识产权增长并没有明显体现为产业发展的优势，尽管同期我国产业规模增长很快，GDP总量成为美国之后的第二大经济体，从进出口总额看，成为世界第一大经济体，但从产业链的角度分析，我国绝大多数产业仍处于国际制造业低端这一状况未发生根本性转变。从德国工业4.0的定义，我们不难发现，我国制造业还有很长的路要走，而知识产权作为经济、产业的重要支撑扮演了极为重要的角色。这就需要通过运营来体现知识产权的价值，使其成为产业发展的主要引擎。

（2）知识产权运营业发展状况。

知识产权创造和运用能力的快速增长以及产业发展过程中对知识产权的巨大期望和需求推动了知识产权运营业的高速发展，无论是制造业企业、高校科研机构还是知识产权服务业都在探索如何建立适应我国知识产权经济发展的专利运营体系，从高校科研机构的角度，希望通过专利运营加快专利技术的转移转化；从企业的角度，希望通过知识产权运营提升企业知识产权资产管理水平，使企业资产中知识产权资产成为最具竞争力的优势资产；从服务业的角度，希望通过知识产权运营业态的发展，尽快形成能够促进产业做强做大的知识产权服务业，改变以知识产权代理服务为主的单一业务模式。目前，我国知识产权运营业发展主要体现在五个方面：一是高校科研机构职业化专利运营体系逐步建立；二是知识产权投融资服务得到了快速发展；三是知识产权运营企业发展迅速；三是产业知识产权联盟建设逐步启动；四是企业知识产权运营能力不断提高；五是专利导航产业发展试点工作取得初步成效。

（3）存在问题。

作为服务业的新业态，我国的知识产权运营业发展处于起步阶段，与国际成熟的运营业比较差距明显，这些不足主要体现在五个方面：①知识产权运营规模、能力总体偏小。无论是运营企业数量、运营业领军企业、知识产权运营率、知识产权平均交易价格、年交易数量都处于较低水平，与发达国家相比差距明显。②知识产权运营对产业发展的促进作用有待提高。知识产权创造的优势应及时转化为产业发展的动力，体现为高端产业的核心知识产权拥有，而高价值专利数量少是我国当前知识产权质量指标的主要短腿。③知识产权运营基金规模不大。2012年以来，知识产权运营基金在部分地区开始出现，但总体规模很小、运营活跃度不高，基本运营的商业模式尚不清晰。④促进知识产权运营业发展政策体系尚待完备。现行法律法规以及从国家层面有关促进专利运营的政策措施尚未建立，不利于知识产权运营业的健康发展。⑤知识产权运营人才队伍匮乏。专利价值分析、专利分析、专利运营等从业人员数量少，高层次人才匮乏，也成为知识产权运营发展的瓶颈。

2. 指导思想和战略目标

（1）指导思想。

全面贯彻党的十八大和十八届二中、三中、四中全会精神，落实《中共中央国务院关于深化体制机制改革加快实施创新驱动战略的若干意见》和《中国制造2025》的规划目标，根据"十三五"国家知识产权发展的总体要求和《深入实施国家知识产权战略行动计划（2014~2020年）》，紧紧围绕知识产权强国战略目标，大力推进知识产权运营体系建设，通过知识产权运营业的发展，充分体现知识产权的商业价值，使我国知识产权创造的优势转化为产业高端发展的重要引擎，促进知识产权经济的繁荣和发展。

（2）战略目标。

制定并完善促进我国知识产权运营业发展的政策体系，全面推进促进我国专利运营业发展的专利导航试点工程，实施分类指导的知识产权区域布局规划，构建支撑专利运营管理和服务的国家平台，重点建设高校、科研机构、行业、区域和园区专利运营体系，推进知识产权投融资、产业知识产权联盟、知识产权布局、品牌建设以及技术标准中专利运用等知识产权业态的发展，引导企业强化知识产权的资产管理，引导民间资本投资专业产业化项目，鼓励和支持企业开展专利运营业务，形成支撑我国知识产权强国战略的知识产权运营体系。

3. 重点任务

（1）建立促进我国知识产权运营业发展的政策体系。

加强知识产权经济和知识产权运营业态的研究，建设专利运营体系的国家智库，出台促进专利运营业发展的政策措施和指导意见,在《专利法》《专利法实施细则》等法律文件中增加并完善专利运营的内容,创新支持知识产权运营业发展的财税扶持政策,支持知识产权运营企业做大做强。

(2) 加强知识产权运营业基础设施建设。

推进知识产权运营综合服务平台建设,开展区域知识产权功能区布局规划,在"1+2+20+n"的基础之上,激活现有知识产权运营资源,依托国家专利展示交易中心体系建设分布式知识产权展示交易平台,在推进产业联盟建设的基础上,建设以行业为背景的行业知识产权运营平台,综合专利、服务以及知识产权管理资源建设全景知识产权地理信息系统(GIS),"十三五"期间,逐步形成支撑产业高端发展的知识产权运营基础实施。

(3) 培育促进知识产权运营业发展的商业业态。

努力培育和壮大知识产权运营业态,构建以市场化运营为主、政策性运营相结合的有公共服务和发展商业运营的知识产权运营体系,建立适应社会主义市场经济需求,与国际知识产权运营接轨的知识产权运营市场,探索和创新知识产权投融资、知识产权证券化、专利保险等新型知识产权运营业态,建设知识产权运营的"众创空间",支持中小微知识产权运营企业围绕重点领域创设知识产权运营新业务,探索多元持股、众筹和基金等模式促知识产权运营业的发展。

(4) 推进高校科研机构的知识产权运营。

建立健全高校科研机构的知识产权管理体系,科学设计高校科研机构的专利转化与流转的流程,推进高校科研机构知识产权分类分级管理,建立高校国防和保密专利的管控机制,实施高校和科研机构协同创新中专利战略,建立重大项目、重点人才团队的核心知识产权培育和运营制度和体系,重视高价值专利的培育和转化,健全权利人和发明知识产权运营的利益分享和收益分配制度,允许发明人以现金收益和持股等方式获得收益,明晰高校科研机构在专利运营中的权利和义务。

(5) 加强园区知识产权运营体系建设。

加强园区知识产权运营体系建设的分类指导,根据园区的产业特征,以国家自主创新试验区、国家高新技术产业园、国家经济技术产业园等高端产业集聚区为重点,重点推进专利导航实验区、知识产权服务业集聚区建设,形成与运营有关的知识产权服务业和知识产权投融资服务的集聚,以知识产权运营服务链建设为重点,建立从高价值专利培育、品牌和标准战略实施、专利信息利用、知识产权布局、知识产权许可、转让、知识产权股权投资、法律维权、贯彻实施《企业知识产权管理规范》、小微企业知识产权托管等全系列的知识产权运营服务,建设以园区企业服务为重点的知识产权公共服务平台。"十三五"期间,在实施专利导航产业发展的基础上,探索建设国家专利产业化实验区,聚合高校、科研机构以及大型企业的核心专利资源,形成服务、产业化实施的创新平台。

(6) 行业知识产权运营体系建设。

建立以行业为特征、技术领域为重点的知识产权协同运用体系,充分发挥行业组织的桥梁和纽带作用,重点推进专利密集型行业、战略性新兴产业以及优势产业的知识产权运营平台和体系建设，支持和鼓励以技术和产品为对象，以行业发展为重点而建立的产业知识产权联盟，以联盟为基础开展行业知识产权布局，支持重点领域构建"专利池"，建立行业知识产权分析、预警、维权和共同应对机制，在部分领域形成知识产权协同运用工作体系，实现知识产权的协同创造、协同运用、联合保护和协同管理。

（7）推进制造业企业知识产权运营。

实施企业知识产权管理和运营能力提升工程，建立健全《企业知识产权管理规范》推广和认证认可制度，将企业知识产权管理标准化建设纳入高新技术企业认定的主要指标，引导企业实施知识产权资产管理，通过企业知识产权资产运营，充分体现知识产权在企业生产经营中的资产价值。"十三五"期间，培育一批国家级知识产权优势企业和示范企业，夯实知识产权强国战略的企业基础。

（8）构建全产业链的知识产权运营服务。

实施知识产权运营服务能力提升工程，以知识产权服务链建设为重点，提升从高价值、优质专利培育、知识产权价值分析、知识产权资产评估、专利信息加工和利用、知识产权交易、知识产权投融资、知识产权布局、知识产权侵权赔偿、专利保险、知识产权证券化、知识产权法律维权、标准中的专利运用、品牌建设到知识产权产业化实施等关键节点的运营服务能力，形成较为完整的知识产权运营服务链，实现全过程的知识产权服务。

（9）推进高价值专利的培育。

建立高价值专利评价认定指标体系，支持高校、科研机构、重点龙头企业建立产学研中合作的高价值专利培育中心，以重大项目、重点人才团队、重点领域和创新型领军企业为核心，实施高价值核心专利的培育，形成从成果保护性专利向市场布局和知识产权运营的优质专利的提升，从单一专利申请向专利组合的提升，为产业高端发展提供知识产权支持，为创新驱动战略提供法律保障。

（10）构建知识产权价值分析体系。

建立适应知识产权运营的知识产权价值分析体系，完善专利价值分析指标体系，加大专利价值分析的推广力度，为专利产业化投资、专利交易、高价值专利认定、专利分类评级等提供科学的评价依据，探索商标、版权以及商业秘密等其他知识产权的价值分析体系，推进知识产权价值分析平台建设。

（11）加强示范城市知识产权运营体系建设。

以国家知识产权示范城市为重点，以建设知识产权强市为目标，推进城市知识产权运营体系建设，推动知识产权示范城市。结合城市发展和产业布局与规划，制定适应地方经济需求的知识产权运营政策措施，构建以服务企业为核心的区域知识产权运营服务体系。支持和鼓励示范城市开展特定行业的专利运营试点，建立"政产学研金介用"的知识产权运营体系，通过示范引领，扎实推进城市知识产权运营体系建设，支撑区域经济的健康发展，促进城市知识产权事业的全面发展。

（12）完善知识产权交易市场。

充分依托国家专利展示交易中心平台，建设分布式国家知识产权展示交易体系，支持和鼓励行业协会、联盟组织以及知识产权运用协同体构建行业知识产权交易平台，支持高校科研机构建设专利转移中心,促进专利技术的转移转化。按照知识产权功能区划分,在有条件的地区建设由政府主导的知识产权交易市场,聚合高校、科研机构以及企业知识产权,形成产权交易为基础、技术服务为支撑、市场化运营为核心的知识产权许可、转让、入股投资和证券化的交易平台。

(13) 建立专利产业化的投融资体系。

完善金融服务促进知识产权运用的体制机制,深入实施以中小微企业为主要对象的知识产权质押融资服务,建立以财政资金为主,民营资本参与的知识产权质押融资风险补偿基金,建立知识产权质押融资过程中的服务体系和风险防控机制,使知识产权质押融资成为科技型中小微企业重要的融资渠道。建立以高价值专利培育、核心专利产业化为目的的专利产业化运营基地,探索专利产业化过程中民营资本投资、基金投资、项目众筹等多种形式的专利产业化投融资体系,加速专利技术的转移转化。

(14) 加强知识产权运营人才队伍建设。

制定我国专利运营人才培养计划,编制重点紧缺人才目录,重点培育专利价值分析、专利分析、知识产权布局、高价值专利培育以及专利运营人才的培养,依托中国知识产权培训中心和国家知识产权培训基地,建立有针对性的知识产权运营人才专业培训基地,组织专利运营系列教材的编写,将知识产权运营人才纳入国家人才目录,建立一支高层次的知识产权运营人才队伍。"十三五"期间,新培养专利代理人 10 000 名,专利信息分析人才 10 000 名,专利价值分析人才 1000 名,企业知识产权管理认证和咨询服务人才 2000 名,专利运营人才 1000 名。

参考文献

[1] 陈伟,康鑫,冯志军. 区域高技术产业知识产权运营效率研究——基于 DEA 和 TOPSIS 模型的实证分析 [J]. 科学学与科学技术管理,2011,32 (11):125-130.

[2] 李黎明,刘海波. 知识产权运营关键要素分析——基于案例分析视角 [J]. 科技进步与对策,2014,31 (10):123-130.

[3] 倪新洁,梁彪,邹涛. 企业知识产权运营模式初探 [J]. 江苏科技信息,2014,12 (24):9-10.

[4] Sawhney M, Prandelli E. Communities of creation: Managing distributed innovation in turbulent market [J]. California Management Review. 2000, 42 (4): 20-54.

[5] Tumasjan A, Sprenger T O, Sandner P G, et al. Predicting election with Twitter: What 140 characters reveal about political sentiment [J]. ICWSM, 2010, 10: 178-185.

[6] 张涛,李刚. 企业知识产权价值及其评价研究 [J]. 改革与战略,2006,(8):23-26.

[7] 吕阳红,王亚利等. 高质量高价值专利评价指标体系研究 [R]. 2015:1.

[8] 胡伟武:如何克服科技与经济"两张皮" 黑龙江理论网. 2012-12-14 [引用日期 2013-09-2].

[9] 国家知识产权局保护协调司,《知识产权区域布局工作推进方案》,2015.6.

[10] 熊春红,肖海. 知识产权证券化的国际借鉴与路径依赖 [J]. 2009.8:102-110.

[11] MICHAEL MILANI. Enabling IP securitization by improving cash flow predictability [J]. Patent Strategy & Management, 2005, 5 (12): 1-2.

[12] 孙洁丽. 论知识产权价值评估 [J]. 中国证券期货,2011 (1):87-88.

[13] 李清海，刘洋，吴泗宗，许晓冰. 专利价值评价指标概述及层次分析 [J]. 科学学研究，2007，（2）：281-286.
[14] 国家知识产权局，实验区产业专利分析工作操作指南，专利导航试点工程工作手册（第一版）2013：10.
[15] 国家知识产权局，实验区重大经济科技活动知识产权评议工作操作指南，专利导航试点工程工作手册（第一版）2013：10.

专题15　国家整体利益最大化原则下知识产权强国建设的路径研究

承担单位：南京理工大学知识产权学院

作　　者：刘运华　陈方冉　李黎明　李军政
　　　　　林秀芹　李　晶　罗　敏　唐代盛
　　　　　曹佳音　朱一青　孟　扬　锁福涛
　　　　　余长林

一、国家整体利益最大化原则下建设知识产权强国的总思考

近年来,我国通过实施创新驱动发展战略和知识产权战略,发明创造数量迅猛增长、专利审查能力大幅提升、知识产权意识大幅提高,[1] 知识产权大国地位已确立。但与此同时,当前我国经济发展中科技含量普遍较低、专利数量虽多但经济效益不佳,[2] 专利质量普遍不高的现象并未根本改变。我国知识产权大而不强、多而不优的矛盾比较突出。2008 年国家制定的《国家知识产权战略纲要》对执法体制等进行了超脱性和富有前瞻性的战略设计,但这一战略仍有待于实践检验、充实和深入落实,实施中也可能受到部门利益等因素的干扰。[3] 在此背景下,2014 年 11 月国务院常务会议审议通过了《深入实施国家知识产权战略行动计划(2014~2020 年)》,首次明确提出了"努力建设知识产权强国"的新目标。国家整体利益最大化原则是制定、实施《国家知识产权战略纲要》的一项基本原则,该原则最早由张勤教授明确提出并进行了系统论述。[4]

(一)国家整体利益最大化原则

1. 关于国家整体利益最大化原则的探讨

探讨国家整体利益最大化,首先需要厘清何谓国家利益。国家利益是指一个国家在经济、军事或文化上的目标和抱负。一个国家的国家利益具有多个层面。首先是国家的生存和安全。同样重要的是对财富和经济增长与权利的追求。尼可罗·马基亚维利是公认的倡导国家利益应为首位的第一位思想家。国家利益理论的第一次实践是在三十年战争中的法国进行的,当时为了阻止神圣罗马帝国力量的增长,法国尽管属于天主教国家,却加入了新教一方。为了自身的利益,国家可以公然地发动战争。重商主义可以被看作积极追求国家利益的一个经济借口。根据追求国家利益而调整的外交政策是国际关系现实主义学派的基础。当前,国家利益的概念通常与政治现实主义者有关,现实主义者希望将他们的政策与理想主义者的政策有所区分;理想主义者追求将道德加到外交政策中,或推进基于多边制度的解决方案,这种做法无疑会削弱国家的独立性。但在什么是国家利益,什么不是国家利益的问题上,每个国家都存在相当大的争论。

事实上,在我国加入世界贸易组织前的判断——"有利有弊、利大于弊",即是充分考量了国家整体利益之后所得出的结论。因为,虽然严格保护知识产权为发展中国家带来了沉重的负担,特别是在医药专利对公共健康的影响等方面,严重威胁发展中国家的社会稳定和国家利益。但是,减少发达国家贸易保护在内的整体一揽子协议会给我们带来利益,并且我们可在发达国家承诺开放的农业、纺织品市场获得利益。同时,更关

---

[1] 张勤:"评 2012 年我国每万人有效发明专利拥有量超过 3.3 件",载《知识产权》2013 年第 1 期。
[2] 根据经济合作与发展组织的统计数据,2005~2012 年,我国知识产权收入与支出的国际贸易逆差急剧增加,各界在专利权授权上的巨额投入,并未有效地转为专利权经济价值。我国的知识产权收支与技术比和周边国家相比较,约相当于日本的百分之一、韩国的十分之一,即使与我国台湾地区和新加坡相比也有不小的差距。
[3] 孔祥俊:"积极打造我国知识产权司法保护的'升级版'——经济全球化、新科技革命和创新驱动发展战略下的新思考",载《知识产权》2014 年第 2 期。
[4] 张勤:《知识产权基本原理》,知识产权出版社 2012 年版,第 163 页。

键的是，专利和版权制度的存在，刺激了国内的创新。由于专利、版权等知识产权保护制度的存在，我国各类经济主体、特别是私营经济体和新兴计算机、生物等产业经济体获得了巨大的收益。进一步分析可知，由于不存在代表全世界人民整体利益的立法主体，自然也就不存在符合全世界人民整体利益的知识产权制度。所谓国际知识产权制度或者规则不过是不同国家为了本国利益而达成的交易。即使有朝一日我国加入了美日欧倡导的"世界专利"，也并不意味着我们认同世界专利是对人类共同道德标准或者自然财产权利这一观点，而只是因为，我们加入世界专利符合我国的整体利益。综上所述，知识产权的终极客体并非财产，知识产权的财产权客体为特许用益权，这是立法创设的，其职能依据立法主体所代表的国家整体利益来决定。这与自然财产权完全不同。

对知识产权而言，追求本国整体利益最大化更是知识产权制度的本质要求，无可厚非。无论各国怎么宣称，各国事实上都按照这一原则行事。以美国为例，虽然其在建国之初就将保护知识产权写入了宪法，但建国初期的美国与欧洲相比还非常落后，保护外国人的知识产权不利于美国的根本利益。因此，在1790~1836年期间，作为当时的技术净进口国，为保护本国创新能力，美国限制对其他国公民和居民的专利权授予。例如，1800年专利法修正案中规定，外国人想取得专利权，必须在美国居住两年以上，而且要求他们宣誓申请专利的发明在国内外不为人知或从未使用过；1832年专利法规定，已申明欲加入美国国籍的外国人可以申请专利，但是被授予的专利如果在授权一年内没在美国公开使用会被宣布无效。随着其崛起，美国才开始保护外国的知识产权，因为这样有利于技术引进，也有利于本国发明创造在国外获得保护。但美国仍然规定外国人在美国申请和维持专利的费用远高于美国人，即美国采用了歧视性的专利费用制度（其他外国人取得一个专利需要交纳的专利费是300美元，英国人则要500美元，美国公民仅仅30美元），换而言之，外国人的专利申请费高出美国公民9倍（若是英国人，还要高2/3）。对于著作权也是同样的情况，出于其文化、教育落后于欧洲国家的现实考量，美国1790年版权法规定，外国作品不受保护，直到1891年，美国的著作权保护仍仅限于美国公民，外国著作权在美国仍受到各种各样的限制（如印刷必须使用美国排版），因此美国始终游离于《伯尔尼著作权公约》之外，直到1989年才加入。

另一个典型的例子就是日本，它的知识产权政策的制定更是直接反映了国家整体利益最大化的要求。自建立专利保护制度之始，日本就将知识产权保护的最终目标放在促进民族工业的发展上。日本在其经济发展初期，采取的是专利的弱保护策略：一方面，限制专利的保护范围，将食品、饮料、药用物和化学物质等排除在专利保护之列；另一方面，规定了出于公益考虑的强制许可或者对法定期间不施行专利的强制许可使用制度，规定了专利申请授权之前的信息披露制度，以便专利审查以及公众异议程序的提出。这些做法为日本企业相对从容地吸收外国的技术，例如进行反向工程等等，提供了制度上的便利。后期，日本对专利保护强度进行调整，其调整动因是，日本的相关产业已发育到相当程度，具备了与国外同行竞争的能力，因而产生了为化学和药用制品提供专利保护的利益诉求。

需要说明的是，知识产权制度的国家整体利益最大化原则不应当被狭隘理解。知识产权只是国家整体利益的一部分，不是全部，所以立法主体在建构知识产权制度时，还应当考虑政治、外交、军事、科技、文化、商贸等非知识产权方面的利益。例如，我国加强保护发达国家在华的知识产权，换取发达国家取消或者减少对我国廉价纺织品进口的关税和配额限制。

2. 专利制度中遵循国家整体利益最大化原则的必要性

专利制度从根本上说属于国家主导创设的技术创新收益的再分配制度，是专利权人市场竞争的工具。因为并不是所有的技术创新都能产生经济收益，所以专利制度只能保证，如果技术创新能够产生经济收益，那么申请人可依其与代表公众的政府达成的"社会契约"（契约的载体为专利文件）分配该技术创新所产生的经济收益。国家创设专利制度的目的是为了提高本国的创新能力，促进本国实体产业发展。这是制定专利法时希望实现的立法宗旨，加之国家在专利社会契约论中代表社会一方，这一角色扮演，决定了国家整体利益最大化原则是一国实施专利制度的一项基本原则。

专利制度中遵循国家整体利益最大化原则意味着，实施知识产权战略既要充分发挥知识产权的作用，又要严格预防知识产权的副作用。对于专利权而言，如果权利效力不定，权利边界不清，权利保护不当（特别是权利要求解释和禁令颁发条件），将会导致"专利丛林"现象，致使"垃圾专利"丛生、"专利流氓"遍地，致使本国的市场经济秩序受扰、经济社会发展受阻、自主创新受挫。

虽然财产权都是从获得承认时就存在限制，但是法律对物权和专利权的限制并不相同。对于物权，其实体形式的所有权性质，决定了对物权的限制可通过所有权的界定和行使限制来实现。而对于专利权，其无形性的排他权性质，决定了对专利权的限制要通过权利授权中的专利性标准，权利行使中的限制与例外，权利保护中的权利要求解释、等同侵权认定、禁反言援引及禁令的颁发条件等来化解专利制度可能对实体产业带来的危害。一国在专利权利授予、权利行使、权利保护中的制度安排和制度选择是国家整体利益最大化原则在本国专利制度运行中的具体表现。

专利权不仅是一项财产权，而且也是国家发展的战略性资源和国际竞争力的核心要素。专利制度被现代社会广泛地视为公共政策工具，用于加强本国的社会经济福利。现代专利社会契约论最重要的是，发明人提交申请的发明创造必须具有社会价值，或者至少具有潜在的社会价值，但是，获得专利的发明创造是否能够产生社会价值以及产生何种程度的社会价值要由市场来检验和决定。❶ 即践行发明创造的社会价值全赖于相关的政策（产业政策、商贸政策、能源与环境政策、财政政策、政府采购政策等），❷ 这与国家整体利益最大化原则的分项原则综合利益原则相符。❸ 各国对专利权的获取条件，对本国企业知识产权运用的支持，❹ 以及对本国专利权人提供的救济都是基于公共政策理由而定，❺ 这些都是立法者依据本国当前发展状况及未来长远利益需求而作出的选择

---

❶ 尹新天：《中国专利法详解》，知识产权出版社 2012 年版，第 9 页。
❷ 彼得·达沃豪斯：《知识的全球化管理》，邵科等译，知识产权出版社 2013 年版，第 28 页。
❸ 知识产权价值对政策的依赖从实施《国家知识产权战略纲要》所涉及的发改委、商务部、财政部等 33 个成员部委也可以得到印证。
❹ 例如，欧盟 2002 年制定的打火机 CR 标准。
❺ 2013 年华为、中兴在美国的遭遇告诫我们，需要对我国的知识产权保护的依据进行深刻的检讨和反思。

和安排。在此基础上，我国建设知识产权强国还需保护整个市场的公平竞争，而竞争本身又能赢得市场。归根结底，以国家整体利益最大化为主要内容的公共政策，在知识产权制度的运行和价值实现中发挥着不可缺少的重要作用。

（二）建设知识产权强国路径的思考

目前，我国的宏观经济基本面正在进入一个痛苦的转型期，企业营业收入利润率低下，公司整体治理水平较低，在此背景下建设知识产权强国，首先应当改变当前大量专利在利润微薄的传统产业激烈竞争的局面，因为这将扰乱市场竞争秩序，不利于我国高技术水平原创性专利技术获利和发展，不符合我国整体的产业利益。如此，建设知识产权强国便需要对知识产权制度进行全方位的改革，通过深入实施知识产权战略，进一步发挥专利在推动经济社会转型升级中的支撑作用。建设知识产权强国，亟待向行政管理制度、司法保护制度和企业知识产权管理改革要动力，向提升专利权经济价值要发展，向我国产业经济竞争优势要表现，最终通过深入实施国家知识产权战略，向创新型国家建设要效果。

笔者认为，在推进我国由知识产权大国向知识产权强国转型升级的过程中，在遵守国家整体利益最大化的原则条件下，应以提升专利权经济价值为指南，通过"调整客体范围""确定专利授权标准""界定专利排他性权利的界限""调节专利排他权保护的司法确认"等手段，来决定发明创造各个周期长短的节奏与快慢的频率，从而促进我国科学技术进步和经济社会发展目标的实现，切实推动我国由知识产权大国向知识产权强国转型升级的历史性进程。相关部门可采取适当措施提高专利行政部门审查授权的创造性和实用性标准，规范司法机关对权利要求的解释方法和禁令颁发的条件，落实损害赔偿制度（根据现实情况调整证据规则和证明标准，对恶意侵权引入惩罚性赔偿），解决权利保护不当的问题，让知识产权保护与防止滥用并重。

概括来讲，现阶段提升专利权经济价值建设知识产权强国应以知识产权公共服务为基础，以司法保护为保障，以企业知识产权管理能力为重点进行系统改革。

（三）知识产权强国建设的三大要素

1. 建设知识产权强国主体

首先，企业是建设知识产权强国的主体，建设知识产权强国需要由我国企业去实现。知识产权强国是指本国企业通过保护和运用知识产权，鼓励发明创造，推动技术发展，为提升本国产业的国际核心市场竞争力作出贡献，依托知识产权，铸就制造强国。因为企业是知识产权创造、运用和保护的主体，所以知识产权强国的微观主体是企业。"知识产权强企"是"知识产权强国"的微观经济组织体现，以企业竞争力带动产业竞争力，以产业竞争力增强国家竞争力，最终实现知识产权强国。

其次，知识产权强企意味着企业专利权应作为维持企业核心竞争力的非常竞争优势工具，其作用要体现在对竞争对手的排他性上，以及对上下游合作伙伴的控制上。

最后，要实现知识产权强企需要企业将知识产权全面融入其生产经营，以切实提高企业面向全球资源的知识产权配置能力,降低创新成本和风险来获得非常竞争优势。伴随着具备如此知识产权配置能力的企业的增多,距离知识产权强国建设的目标也就越来越接近。换言之,知识产权强国建设主要是通过法律制度、国家经济政策等软环境文化建设,孕育出一批又一批在知识经济时代具有优势竞争力的大中小各类企业,通过市场竞争机制实现合理配置,推动科学技术和经济社会不断向前发展。

2. 建设知识产权强国的条件基础

专利制度实际上是一种发明人与国家间订立的契约。按照这种契约,发明人以公开其发明创造作为代价,来换取国家对其专利权的授予。进一步可以说,国家创设专利制度的目的是鼓励发明创造,推动发明创造的应用,提高创新能力,促进本国科学技术进步和经济社会发展。要让知识产权成为国家竞争力的核心要素和经济发展的根本驱动力,政府需要不断完善专利制度良性运行的外部环境,使专利制度重新回到正确的道路:即让专利制度所激发的市场竞争优势成为技术创新的持久动力。

首先,政府需要设置合理的专利授权标准,并以是否有利于科技创新和经济发展为依据,调整和创新专利授权标准和方式。如果专利授权标准过低,低技术水平的专利过多,则此类专利有可能形成彼此之间的过度围堵封杀,导致市场主体陷入低水平专利彼此包围的混乱格局之中,动辄需要面对专利官司,增加社会生产成本,阻碍生产力的健康发展。而真正有价值的专利技术也可能因此而陷入大量低水平专利的汪洋大海之中难以发挥作用,不能给其带来应有的高额回报,导致激励创新的强度不够。此外,这种情况还有可能滋生专利流氓,进一步扰乱正常的社会生产和市场竞争秩序。

其次,知识产权强国建设需要政府创建良好的管理制度和文化环境,向公众提供便捷的、能够满足查全和查准要求的专利公共信息。专利信息作为专利制度运行的载体,已成为推动创新、提高企业竞争力、实现产业转型发展、加快转变经济发展方式的基础资源。专利信息本身具有巨大价值。专利信息公开不足将致使专利权人在专利权的创造、运用和保护环节无法进行有效的专利信息分析、无法作出有效的预期和采取得当措施,使专利权的创造、运用和保护程度受限。

再次,政府需要建立健全的专利技术市场交易平台,重塑促进知识产权运营的体制机制,以此助力企业知识产权的创造、运用、保护和管理,是提升专利权经济价值建设知识产权强国的基础所在。知识产权强国建设归根结底,最终需要人来落实完成,因此建议政府成立国家知识产权研究院,支援科研院所培养知识产权专业人才。同时,还要深化推进依法行政,加快建设法治政府,推动知识产权管理行政机关和执法机关的整合,加强综合性的知识产权行政执法,严厉打击群体侵权、反复侵权、完全以侵权为业及假冒专利等损害知识产权公共利益的违法行为。

最后,建设知识产权强国固然需要强化知识产权的保护和运用,但加强专利权保护和运用的同时也伴随着专利权人在某种程度利用其垄断或滥用优势地位对公平竞争原则破坏,为了将这个"某种程度"控制在"合理程度"范围内,维护知识产权制度在"合法垄断"与"合理竞争"之间的平衡,推动我国经济发展和社会进步,我国行政机关需要依据国家整体利益最大化原则规定必要的保证措施,予以规制,或确保专利权不至于被滥用。

3. 建设知识产权强国的司法保障

首先,建设知识产权强国要求实行严格的知识产权保护制度,注重以宏观方向指引和调适微观的法律适用,改革专利诉讼程序,化解现存突出问题并同时预防"专利流氓"等知识产权异化现象。这一点,西方国家有不少成熟的经验可供借鉴。例如,在世界范围内专利申请、授权数量急剧增加,"问题专利"大量存在的背景下,美国等发达国家在其国内通过一系列的司法判决,提高专利权保护范围的法律确定性,并对专利排他性权利的界限进行限制,以克服"专利丛林""专利质量"等现行专利制度的弊端。

其次,知识产权保护水平不应超越知识产权保护自身,其本质是一国经济竞争的手段。司法机关在对专利权进行救济时,对知识产权侵权责任中的禁令和损害赔偿金的选择,须切实体现我国"发展"和"创新"的阶段性特征,把握我国制造业大国和加工贸易大国的基本国情,反映专利法激励创新、推动发明创造应用、促进经济社会发展的立法宗旨,并考虑产业政策等因素。更进一步,司法保护实践中应进一步完善对主体特征和产业属性的考量,对面临严重知识产权产业领域,司法机关可以是否有利于科技创新和经济发展为标准,适当援引竞争规则,以维护国家整体利益最大化。

再次,针对我国建设知识产权强国面临"双重"困难,司法机关应根据专利法价值取向,从权利授予、权利行使、权利保护三个阶段通过司法解释和法律适用对专利滥用风险进行规制。

最后,建设知识产权强国的司法保障还要求设立知识产权法院,统一专利司法标准,进一步发挥案例指导制度的作用,为企业配置、运用知识产权提供稳定的、清晰的分析和预测工具,并依据国家整体利益最大化原则适时调整专利权利要求解释、禁令及损害赔偿制度。

二、深化行政制度改革,做好公共服务,提升专利权经济价值

(一) 微观层面深化行政制度改革

1. 专利质量提升策略的具体建议

知识产权强国由 2014 年 11 月通过的《深入实施国家知识产权战略行动计划(2014~2020 年)》首次明确提出。根据国家整体利益最大化原则可知,建设知识产权强国与知识产权保护问题一样,不是一个要面子还是要银子的问题,而是既要面子,也要银子。❶ 知识产权强国不同于知识产权大国,也不同于科技大国,其宏观表现为知识产权成为国家竞争力的核心要素和经济发展的根本驱动力,微观表现为知识产权具有经济价值并成为企业发展的国际核心市场竞争力。知识产权强国建设背景下的专利质量问题是关涉专利权是否具备经济价值,进而能否实现国家知识产权战略目标的关键问题。

近年来,我国通过实施创新驱动发展战略和知识产权战略需要,发明创造数量迅猛

---

❶ 张勤:《知识产权基本原理》,知识产权出版社 2012 年版,第 163 页。

增长、专利审查能力大幅提升、知识产权意识大幅提高,知识产权大国地位已确立;但与此同时,当前我国经济中科技含量普遍较低、专利质量普遍不高的现象并未根本改变,我国知识产权大而不强、多而不优的矛盾比较突出。对此,笔者认为,我国企业专利权人未能充分发挥创新优势,促进经济发展,究其原因与专利质量不高有密切关系。现阶段唯有充分认识专利质量的重要性和紧迫性,突出市场在资源配置中起决定性作用,推动企业将专利当作新事业来经营,重视专利质量,才有机会跳出桎梏,开创新局面。

2014年6月,全国人民代表大会常务委员会执法检查组在关于检查《中华人民共和国专利法》实施情况的报告中指出,当前我国专利质量总体上处在较低水平,不能适应经济和社会发展的需要,建议促进专利创造和运用,充分实现专利的经济价值。对此,笔者认为,提升专利质量是促进专利创造的根本目的,是促进专利运用的重要前提,也是实现专利权经济价值的重要保障。我们应当客观地认识到,造成我国现阶段专利质量问题的原因是多方面的,不仅是专利申请质量的问题,而且还包括审查质量和控制机制的问题。提升专利质量是一个复杂的系统工程,需要知识产权服务机构、管理者和监督者协同配合、共同完成。现阶段要提升专利质量,需要服务机构、行政机关、司法机关各负其责,推动形成高质量申请、高质量授权、高质量控制的良性运行。

(1)提高知识产权服务机构专业能力,推动形成高质量专利申请。

首先,专利申请主体应高度重视专利申请文件的质量,通过知识产权教育让申请人全面理解专利权客体的信息本质以及相应而创设的有别于传统物权所有权的权利机制,全面认识到专利权的经济价值来自于其排他性所构成的市场竞争优势,全面认识到专利权的排他性范围是以专利申请文件为载体而由申请人申请圈定的。其次,高质量的专利申请需要有高素质的专利代理人和制度化、规范化的专利代理行业。专利申请质量是影响专利质量的主要因素,撰写高质量的专利申请文本不仅需要专利代理人能够通过对现有技术的检索和分析全面了解现有技术,还需要专利代理人具有高超的语言文字能力,以确保能够准确把握专利申请文本中文字用词及语法的精确性,权项组合的逻辑性及关联性。最后,高质量的专利申请需要以技术方案的市场应用前景为导向,紧密结合企业的生产经营活动。这不仅需要申请人设计一套协同化的运作机制,加强知识产权服务机构管理,以提高专利申请与企业核心事业的契合度,而且还需要知识产权服务机构打破现有的专利申请模式,由专利代理人、企业研发工程师、知识产权管理人、营销团队等组建专利申请团队,根据产品的使用和销售模式变化及时调整申请策略,以最小的产品结构单元或制造程序为单位确定申请主题,从市场体验的角度切实提高专利申请文件的质量,确保专利申请文件限定的保护范围的涵盖性。

(2)提高专利行政机关专利审查透明度,推动形成高质量专利授权。

专利行政机关严格把握专利授权要件,将不符合条件的申请从源头上予以清除是提高专利审查质量的最佳途径。❶ 首先,明确规定检索报告公开制度,在公开的检索报告中清楚地记载检索的领域、数据库以及所用的基本检索要素及其表达形式(如关键词等)。通过专利审查中相关现有技术检索资讯的透明化,督促专利审查员更完整地检索

---

❶ 文希凯:"提高专利申请质量的重要性刍议",载《中国发明与专利》2014年第2期。

现有技术，审慎比对引用文献找出最接近的对比文件，严谨判断申请的主题的新颖性、创造性。同时，检索报告公开制度亦可为申请人及公众提出合理的建议和帮助。其次，探索建立专利审查案例指导制度，约束可专利性标准判断的主观性，提高专利审查授权的连续性、一致性。专利行政机关可将审查中具有代表性的案例集结成册或者建立专利审查案例数据库，使审查员实务中遇到类似案例时有所借鉴和参考，以保证审查质量的一致。这也使得发明人、专利代理人可以对专利申请、授权形成预判，进而从源头上改善专利审查质量。最后，完善专利审查模式，引入公众审查制度。专利行政机关的有限理性及现有技术信息不足严重影响专利审查质量，引入公众审查制度，让拥有与审查专利最突出和最相关知识的第三方参与审查，能有效克服专利审查中现有技术信息的不足。❶ 我国专利行政机关可借鉴美国专利商标局的 Peer to Patent 平台设立开放透明的公众审查平台❷，设计科学的参与激励机制，并通过宣传推广吸引相当数量的相关公众特别是研究人员和工程师等专业知识人才参与到项目中。公众审查平台提供的有关现有技术信息能协助专利审查员，确保高质量专利授权。

（3）发挥无效宣告与司法机关的控制职能，推动形成高质量专利控制。

首先，无效宣告制度对专利授权具有纠错职能，是保证专利质量，实现专利法立法目的的重要手段。为使无效宣告制度更好地纠正专利授权的错误，需逐步减低专利无效成本、简化无效程序、提高无效效率，具体可借鉴《美国专利发明法案》的举措，包括单方再审、双方复审和授权后再审，以完善我国专利行政机关行政审查机制，发挥专利无效宣告制度对专利质量的控制职能。其次，司法机关是专利制度中不可或缺的一部分，其不仅要保护专利权，而且还要对专利行政机关的授权进行控制以维持其完整性。❸ 在目前专利司法体制下，我国可借鉴伯克—莱姆利方案的举措，适度调整司法机关对专利质量的校正职责，发挥司法机关控制专利质量的重要作用。❹ 最高人民法院和知识产权法院可以通过判例设置合理的专利授权标准，纠正专利行政机关在专利授权确权中的错误，并可通过一系列公报判例适度提高创造性标准，以维护专利权人的利益与社会公众无偿使用该技术方案的利益之间的平衡。最后，完善专利行政与司法控制的衔接机制。司法裁判的非终局性是造成专利授权确权程序繁杂、冗长，法律标准适用不统一是一个重要原因，影响了司法机关的专利质量控制职能。现有体制下，修正专利行政无效程序和专利民事侵权程序的二元分立体制，除进一步完善现有技术抗辩、专利说明书无法解释权利要求等具体规则的适用外，也可以通过确立专利复审委员会的准司法机构地位来完善专利行政与司法保护的衔接机制，实现高质量专利控制。

2. 改革完善中国专利奖评审指标

（1）中国专利奖评审的背景、意义及现存问题。

中国专利奖由中国国家知识产权局与世界知识产权组织共同评选并颁奖，是专利领

---

❶ 刘珍兰：《公众参与专利评审机制研究》，华中科技大学 2011 年博士学位论文，第 14 页。
❷ http://www.peertopatent.org/。
❸ 竹中俊子：《专利法律与伦理——当代研究指南》，彭哲等译，知识产权出版社 2013 年版，第 240 页。
❹ 梁志文："专利质量的司法控制"，载《法学家》2014 年第 3 期。

域我国政府颁发的最高奖项。自 1989 年设立至今，中国专利奖已成为国家知识产权局加强引导创新、促进加快转变经济发展方式、积极实施《国家知识产权战略纲要》的重要措施。中国专利奖不仅不断提升自身的影响力，而且其中的获奖专利已成为我国创新能力和专利水平的优秀代表，在转变经济发展方式中发挥了重要的支持作用。❶ 中国专利奖获奖项目逐渐成为创新主体和市场主体核心竞争力的体现和象征，成为实现创新发展的风向标。

另一方面，中国专利奖评审委员会近年来不断完善中国专利奖评审工作机制，在第十二届和第十三届中国专利奖评选工作中，进一步细化了评审指标，通过科学设计评审指标，进一步完善评审机制。但是，现有的评审指标和评审机制仍存在待改进之处，表现在现有评审指标和评审机制对专利权的法律特性重视不足。例如，在李国栓等诉温州市跃宇五金电器有限公司等专利侵权纠纷案、❷ 东莞市双知艺坊洁具有限公司与北京励展华群展览有限公司等侵犯发明专利权纠纷案，❸ 都存在获奖专利的权利要求的授权文本质量不高，撰写权利要求时将非必要技术特征写入权利要求，进而导致发明创造得不到有效保护的情况。这些专利之所以被授予奖项，很大原因是因为现有的评价指标对专利权的法律特性重视不足，仅凭授权专利权的技术价值和一定时期的经济价值决定专利奖的授予与否。忽视专利权之所以有价值是因为其具有排他性，即发明和实用新型专利权被授予后，除本法另有规定的以外，任何单位或者个人未经专利权人许可，都不得实施其专利，即不得为生产经营目的制造、使用、许诺销售、销售、进口其专利产品，或者使用其专利方法以及使用、许诺销售、销售、进口依照该专利方法直接获得的产品。根据《专利法》第 59 条的规定，发明或者实用新型专利权的保护范围以其权利要求的内容为准，说明书及附图可以用于解释权利要求的内容。但现有的评审指标却缺少对专利权利要求评审的指标。

另外，从专利奖评审委员会的组成上来看，也可以看出其对专利权法律属性的不重视，以厦门市为例，根据《厦门市专利奖评奖办法》的规定，厦门市人民政府成立了市专利奖励委员会，23 名委员会成员中仅有两人从事知识产权工作，委员会的组成人

---

❶ 根据国家知识产权局 2010 年对前 11 届中国专利金奖项目的跟踪调查结果显示，中国专利金奖在提升企业市场竞争力、促进专利实施及转化、鼓励研发、提高员工自主创新积极性、提高知识产权保护意识、促进单位知识产权管理建设、吸引优秀人才、提高单位在行业或区域中的地位、获得政府及相关部门扶持等方面均发挥了积极的促进作用。接受调查的获奖主体中，98%的获奖企业对于金奖专利的发明人/设计人都有不同形式的奖励；83%的企业设有专门的专利管理部门；90%的企业会定期或不定期组织专利培训；56%的企业和 46.5%的科研单位或其上级主管单位对金奖项目投入了更多的研发经费；12%的企业和 20.9%的科研单位或其上级主管单位因此招募了更多的专业人才；获奖后专利产品销售额同比增长 18.6%，企业销售额平均增长 81.9%。

❷ 本案中原告指控被告侵犯其发明名称为"一种物流配送箱"、专利号为 ZL02268271.6 的实用新型专利权，该专利曾获得中国专利博览会金奖。法院审理认定，被控侵权产品没有带定位孔和立柱的支架、定位装置这 4 个技术特征，而被控侵权产品的技术特征没有完全覆盖"一种物流配送箱"专利的全部必要技术特征，因此不落入该专利权的保护范围。

❸ 本案中原告指控被告侵犯其发明名称为"利用不饱和聚酯树脂生产卫浴产品及工艺方法和生产设备"、专利号为 ZL01135010.5 的发明专利，该专利曾于 2009 年获得东莞市科技一等奖，并被东莞市授予东莞市专利金奖，本案同样因被控侵权产品的技术特征没有完全覆盖"利用不饱和聚酯树脂生产卫浴产品及工艺方法和生产设备"专利的全部技术特征，因此不落入该专利权的保护范围。

员在工作背景和知识结构上有所欠缺,严重缺少专利法方面的专家、学者。专利奖区别于国家技术进步奖、国家技术发明奖的本质之处在于获奖专利不仅代表我国的创新能力,更代表我国的专利水平,而现有的评价标准和评审机制对专利水平的认识仍多局限于技术水平和经济效益,忽视了专利权利要求所代表的法律价值。确切地说,如果缺少了法律保护(如权利要求撰写质量差),再先进的专利技术,从专利法的角度看,也将分文不值。

(2)现有评审指标存在的问题。

研究发现,《国家知识产权局关于评选第十四届中国专利奖的通知》和《中国专利奖评奖办法》有关评奖标准的指标中,缺少对专利权保护范围的评审指标。因为专利权作为一项法定权利,其价值是以一项项权利要求作为载体而体现出来,而非以技术方案本身为载体表现出来。❶ 专利权的价值以权利要求为载体,这要求发明人特别注意权利要求的撰写方式。一方面,权利人在撰写权利要求时,对写入权利要求(特别是写入独立权利要求)的每一个技术特征都要进行仔细分析,确保将每一个技术特征都是实现本发明创造技术效果必不可少的技术特征写入权利要求。如果权利人在撰写专利权利要求时写入了非必要技术特征或对说明书中具体实施方式或实施例未采用概况性语句描述,则会造成独立权利要求保护范围过窄,第三人仍可以利用本发明构思而绕过独立权利要求的保护范围进行仿造。此种情况下,纵使该技术方案如何先进,具有多么好的应用前景,但作为一项专利权其价值可能已宣告殆尽了。

同时,中国专利奖作为我国专利水平的优秀代表,其评奖指标的设计直接影响了地方专利行政机关、专利权人、专利代理人和社会公众对专利权认识。❷ 首先,由于我国建立专利制度的时间短,专利权人对专利法的正确理解尚存有差距,中国专利奖将决定专利权保护范围的专利权利要求纳入评奖指标,可以提升发明人对权利要求重要性的认识,使其真正理解和掌握专利法的实质,因为在专利领域内常常出现一种现象,即"你可能并不拥有你自以为拥有的财产"。❸ 其次,中国专利奖作为我国专利水平的优秀代表,不仅是对专利权人的鼓励,对负责该专利的专利代理人也是一种鼓励。专利代理人也是我国专利事业的重要组成部分,专利代理人的业务水平也应在中国专利奖的评审指标中得到体现,现有评审指标中仅规定专利授权文本质量优秀,这一点不足以反映专利代理人在中国专利事业中的重要地位,特别是,目前我国专利代理事业面临着重大机遇和调整,中国专利代理行业亟需做优、做大、做强的大背景下,将决定专利权保护范围的专利权利要求纳入评奖指标是对专利代理行业的认可、鼓励和鞭策。最后,将决定专

---

❶ 对于专利技术与权利要求书中一项项权利要求之间的关系,在我国,目前仍有不少人错误地将两者视为等同,因此对权利要求的撰写不重视。

❷ 《厦门市专利奖评奖办法》《深圳市科技技术(专利奖)申报指南》《南京市知识产权局关于组织2011年度南京市优秀专利奖申报工作的通知》《济南市知识产权局关于评选济南市2011年专利奖的通知》《广州市专利奖励办法》《汕头市专利奖励办法(2012)》和《南阳市专利奖励办法》均以中国专利奖的评奖指标为蓝本,仅《无锡市专利奖励实施办法》第四条增加规定优先申报在专利权侵权纠纷裁审中获胜的专利项目。

❸ [美]亚历山大·I.波尔托拉克,保罗·J.勒纳:《知识产权精要》,于东智、谷立日译,中国人民大学出版社2004年版。

利权保护范围的专利权利要求纳入评奖指标还有助于营造尊重保护专利权的良好法制环境，提升社会公众对专利权保护范围的理性认识，使公众能够以相对确定的程度知道什么是受到专利权保护的技术方案，从而自觉规范其生产经营行为。

（3）中国发明、实用新型专利奖评奖标准建议稿。

笔者提出了中国发明、实用新型专利奖评奖标准的建议稿，希望对有关部门有所借鉴。

中国发明、实用新型专利奖评奖标准建议稿

（一）专利权稳定，专利权属关系清楚。

（二）专利授权文本质量优秀。独立权利要求中必要技术特征提炼准确、概括合理，从属权利要求适当限定、阶梯布局，撰写权利要求用语精确、得到说明书支持。

（三）技术方案新颖，创新性强，技术水平高。

（四）发明专利技术方案对解决本领域关键性、重要性技术问题的贡献程度较大，对本领域技术进步和产业结构优化升级起到重要促进作用；实用新型专利技术方案对本领域技术革新、产品升级换代的贡献程度较大，对行业技术发展起到积极促进作用。

（五）对提高产品市场竞争力发挥了重要作用，取得了突出的经济效益或社会效益，具有良好的发展前景。

（六）专利权人、实施单位对于该项专利权的运用和保护措施积极主动，取得了显著成效。

3. 加强应用型知识产权人才培养

创新驱动发展离不开知识产权基础能力的提升，要提升知识产权基础能力，就需要加大知识产权人才培养力度。实施国家知识产权战略建设知识产权强国的一项重要基础性工作是培养应用型知识产权人才，让面向企业的知识产权管理和中介服务人才全面掌握知识产权的权利内容和权利的获得途径等专业服务能力，藉此帮助我国的市场竞争主体增加自主创新与自主知识产权。[1] 知识产权是一门实践性极强的学科，无论是知识产权创造人才还是知识产权工作队伍，研究型知识产权专业人才还是实务型知识产权专业人才都需具备基本的知识产权实务认知能力、实务操作能力和综合运用能力。知识经济时代，对应用型知识产权人才的需求量很大，对于应用型知识产权人才的培养质量要求也很高，各用人单位特别注重知识产权人才的实践操作能力，他们必须能够熟练处理国内外各种知识实务问题，因此，知识产权人才的培养应以应用型、国际型为主。

国家知识产权战略实施七年来，虽然我国知识产权人才培养取得了不斐的成绩，但是也要看到，目前知识产权人才培养仍相对滞后，知识产权制度对经济社会发展的促进作用尚未得到充分发挥。目前我国应用型知识产权人才不仅数量紧缺，素质也有待提高，应用型知识产权人才培养的质量令人担忧。"十年树木，百年树人"，对应用型知识产权人才培养来讲恰如其分，越是面临知识产权应用型人才急需，越不能粗制滥造生产低质量"产品"，否则将严重影响我国市场主体的竞争力及后续持续发展。应用型知

---

[1] 张勤：《知识产权基本原理》，知识产权出版社2012年版，第272页。

识产权人才培养是一场浩大的系统工程，不是一蹴而就的，应该通过实证调查、分析检讨，客观地面对应用型知识产权人才培养中存在的问题。

现阶段应用型知识产权人才在培养机制上，与其他法学人才一样，缺乏法律职业部门的介入和引导。❶ 笔者建议应用型知识产权人才培养应坚持理论与实务并重的原则，培养环节除知识产权基础理论课程外，还应注重案例与实务教学，聘请实务经验丰富的专利审查员、知识产权法官、知识产权律师、知识产权中介服务人员及企业知识产权经营与管理人员等参与教学，通过案例教学和实务教学将知识产权制度的规则、原则融入知识产权的申请与授权、运用、保护与管理中去。❷ 同时，应用型知识产权人才培养还应注重知识产权的技术领域特征，培养环节注重结合学生的兴趣爱好、知识结构和学习能力，引导、鼓励学生选择通信、半导体、光电、医药生物、电子商务等前沿高科技领域进行知识产权问题研究，提高学生分析、解决特定领域实际问题的能力。❸

（二）宏观层面深化行政制度改革

1. 推进制定知识产权基本法

我国知识产权工作比较分散，涉及国家知识产权局、国家工商总局、国家新闻出版广电总局、国防科工局、商务部等三十几个机关部委，部门交叉管理导致资源分散、行政效率下降，管理缺位、越位、错位情况时有发生。建议参考2002年《日本知识产权基本法》和2011年《韩国知识产权基本法》，广泛凝聚社会知识产权管理改革共识，在梳理完善知识产权公共政策体系和知识产权法律制度的基础上，制定我国的知识产权基本法，明确深入实施知识产权战略推进机制和组织机构的责、权、利关系；提高知识产权管理的行政层级，成立直属中共中央或国务院的国家最高层次知识产权管理机构——知识产权委员会，增强国家知识产权政策的权威性和执行力，整体提升知识产权水平。

2. 加强知识产权的创造、运用和保护

针对不同主体采取分类指导的原则，出台有助于加强中小企业知识产权创造的政策，引导企业从追求数量向追求质量转变，尤其要在关键领域、关键环节获取一系列布局完善的高技术水平原创性发明专利。

建立完善知识产权交易市场，促进高校和科研机构的知识产权产业化，培养知识产权密集型企业。为中小企业知识产权初期产业化提供融资支持和价值评估服务，为大学

---

❶ 王健："构建以法律职业为目标导向的法律人才培养模式——中国法律教育改革与发展研究报告"，载《法学家》2010年第5期。

❷ 西方主要发达国家对知识产权实践训练非常重视，注重培养学生发现问题和解决问题的能力，以德国马克斯普朗克知识产权法、竞争法研究所为例，它的学生在选修专利法课程时，教师是欧洲专利之父Joseph Straus教授。Joseph Straus教授将课程分为四部分，第一部分由他本人主讲，第二部分邀请巴伐利亚高等法院的法官主讲专利侵权诉讼，第三部分邀请欧洲专利局的审查官主讲专利的申请授权，第四部分邀请联邦专利法院的专家主讲专利无效。

❸ 知识产权具有浓厚的技术领域特征，实践中无论是知识产权的申请授权还是知识产权的经营与管理均以特定的技术领域开展的。以国家知识产权局为例，其审查部门按照技术领域即可划分为机械发明审查部、电学发明审查部、通信发明审查部、医药生物发明审查部、化学发明审查部、光电技术发明审查部、材料工程发明审查部等七个部。

和公共研究机构知识产权产业化提供专家顾问团队，挖掘有潜力的知识产权并力促市场化，从而形成知识产权创造、运用、再创造、再运用的知识产权循环发展模式，推动知识经济发展。

加强全民知识产权保护意识，构建政府部门间及政府与非政府组织协同配合、国内外维权并重的知识产权执法保护机制，发挥专利的导航作用，为企业提供专利预警信息，打击各种知识产权假冒和侵权活动。加强知识产权行政执法信息公开，设立知识产权假冒和侵权举报奖励制度，开展宣传活动，提高知识产权保护意识。向出口企业及参加海外展会的企业提供知识产权纠纷检索服务，将纠纷发生率降到最低。

3. 引领国际知识产权制度发展潮流

积极参与双边或多边知识产权国际事务，包括中、美、欧、日、韩五局机制、审查高速路机制、战略性快速审查机制等；与世界知识产权组织合作推出多项知识产权培训计划，设立亚太经合组织知识产权专项合作基金，不断推动我国在国际知识产权制度改革方面的建设性作用，倡导更加合理的、符合发展中国家利益的知识产权国际新规则。

特别加大对发展中国家的知识产权支援力度，提升我国知识产权国际影响力，一是利用亚太经合组织合作平台提出知识产权支援计划，二是利用"一带一路"建设的良好机遇加快"走出去"，在保护知识产权的框架下，以新的形式促进我国与"一带一路"沿线国家建立知识产权合作备忘录，推动"中国创造"、中国品牌、中国文化更好地融入国际大局，实现共同的繁荣与发展。

4. 加快知识产权公共服务体系建设

全面改善知识产权领域严格执法、公正司法、全民守法的法治环境，不断完善知识产权高效运用的市场环境，积极营造尊重知识、崇尚创新、诚实守法的文化环境。

构建国家知识产权基础信息公共服务平台，推动专利、商标、版权等各类知识产权基础信息逐步共享，收集整合世界基础知识产权数据，推动知识产权信息资源向社会公众无偿开放。鼓励社会机构对知识产权信息进行深加工，提供专业化、市场化的知识产权信息服务，满足社会多层次需求。培育知识产权服务市场，引导知识产权服务业融入区域产业集聚区，发挥知识产权信息在技术创新和经济活动中的有效作用。

完善知识产权申请与审查制度，改革专利审查快速通道，由"加速审查"转向"加快、减慢"审查，建立健全便捷高效的商标审查协作机制。树立良好的服务意识，对不同类型的知识产权分别采取差异化服务措施。加强知识产权审查质量管理，提炼第三方对知识产权审查的意见建议，提高知识产权审查质量和效率。

成立国家知识产权研究院，支援科研院所培养知识产权专业人才。健全完善知识产权人才培养机制，将知识产权内容全面纳入国家普法教育和全民科学素养提升工作。建设若干国家知识产权人才培养基地，加强知识产权人才培养和储备，依托海外高层次人才引进计划引进急需的知识产权高端人才，促进人才合理流动。建设一批中国特色知识产权智库。

5. 探索开展知识产权金融业务

成立官民合营的知识产权管理经营公司，通过"创意资本"实现研发人员创意的知识产权化；通过扩大投融资规模，扩大资金供应量，完善知识产权担保制度，以此促进针对知识产权的投资，为知识产权产业化提供融资保证。

通过支持银行、证券、保险等金融机构参与知识产权金融服务，充分发挥知识产权对产业转型升级、经济体制增效的促进作用，提升中国制造水平，设立制造领域战略型产业专利基金和成熟型产业专利基金，从基础专利和高价值专利着手保障和提升产业发展。

三、深化司法制度改革，做好司法保障，提升专利权经济价值

国务院《深入实施国家知识产权战略行动计划（2014～2020年）》提出，认真谋划我国建设知识产权强国的发展路径，努力建设知识产权强国。优质高效的知识产权司法是知识产权强国的关键指标和核心要素之一。每个知识产权强国的司法体系都不仅能够高效地解决纠纷，还能够通过明晰法律和制定规则确保该国知识产权制度促进国家的创新发展，进而能够参与和引领国际知识产权规则的形成。近年来，我国法院审理了一批处于国际纠纷解决前沿、在国内外均有较高关注度的案件，通过妥善解决纠纷或者明确规则，获得了国内外的高度肯定，在国际上产生了重大影响。例如奇虎公司与腾讯公司不正当竞争与垄断案、华为公司与IDC公司标准必要专利纠纷案、IPAD商标权属纠纷案等。但是，与美欧等知识产权强国相比，我国法院在知识产权案件审理质效方面还存在较大的提升空间，在知识产权国际治理规则形成方面发挥的作用还非常有限。对此，我们既要正确认识自己的方位，了解自己的长处和短处，增强自信和战略定力，又要以建设知识产权强国作为目标追求，扬长补短，迎头赶上。我们要在正确认定事实、妥当适用法律上进一步提高质量和水平，通过大案要案的审理，进一步提高我国知识产权的国际影响力，努力实现从追随者、跟随者到参与者、推动者乃至引领者的转变，力争使中国法院成为当事人信赖的国际知识产权争端解决首选地。当然，这需要一个漫长的过程，并面临着来自发达国家司法系统的竞争。美国联邦巡回上诉法院前首席法官Randall R. Rader曾说，每一个司法系统都是与全世界竞争的，必须确保我们的知识产权司法系统有效地实现鼓励创新的目的，并力争成为世界知识产权争端的解决中心。

（一）建设知识产权强国背景下的专利排他权保护问题研究[1]

专利权的本质为排他权，其财产权的直接客体为体现发明人技术思想的专利权利要求书，技术思想的抽象性特点决定了专利权的内容及权利范围须经过司法机关解释方能确定。专利权经济价值是指以专利文件为载体，以专利行政部门授予的排他性权利为核心，以司法机关的司法确认为边界，由权利人行使而呈现的经济价值。[2]专利排他权不同于物权所有权，司法机关对专利排他权保护范围的司法确认是专利权经济价值分析的

---

[1] 需要说明的是，本文的分析是在理想的法制环境、完善的市场经济制度、诚实的举证程序以及专业的专家证人（专利技术背景和专利技术特征的专家证人、估算损害赔偿专家证人等）证明之下进行的。本文主要基于专利权作为商业工具的立场，受研究内容及篇幅所限，对专利的社会责任例如产业影响、公共利益等较少论及，但并不是说这些不重要。

[2] 林秀芹、刘运华："专利权经济价值的界定"，载《厦门大学法律评论》2014年第23辑。

一项重要内容,司法机关对专利排他性权利的确认程度,严重影响甚至决定专利权经济价值的创造与实现。❶ 统一的专利法治是实现专利和专利法价值的基础。❷ 正如美国律师协会在回答 Phillips v. AWH Corp. 案再审决定书中问题的咨询意见中所言"在专利法中没有比专利权利要求解释更重要的了"。❸ 专利权利要求的范围是推动实用技术进步的发动机。❹ 专利侵权诉讼成为企业发展和市场竞争的重要手段之一,专利权利要求的解释影响企业的兴衰。同时,司法机关对专利侵权损害赔偿以及对专利排他性权利的确认亦对专利权经济价值有重要影响。例如,以标准必要专利为例,自 Apple Inc v. Motorola Mobility, Inc. 案,Posner 法官裁定驳回摩托罗拉与苹果公司对彼此的禁止令,经 Microsoft Corp v. Motorola, Inc. 案,James Robart 法官驳回摩托罗拉要求微软每年支付 40 亿美元专利许可费诉请,而仅判决微软支付 180 万美元专利许可费,到 ITC 决定对于标准必要专利要求权利人必须进行 F/RAND 授权流程,并对专利排他权进行限制。美国司法机关对标准必要专利排他性权利和损害赔偿额的确认已对标准必要专利的经济价值产生重要影响。

1. 司法机关对权利要求覆盖宽度的保护问题研究

专利是一种必须通过法院加以强制实施的法律权利。❺ 司法实践中越来越多的确认之诉,即司法机关对专利权的确认之诉更能直接界定专利的保护范围大小,反映专利权经济价值高低,体现司法机关对专利权经济价值的重要影响。❻ 同时,在专利侵权审判实践中,完全仿制或者照搬他人专利进行"字面"侵权的行为并不多见,常见的是通

---

❶ 有学者认为禁令影响专利权经济价值的实现,但对专利权经济价值的产生不产生影响,因为专利权经济价值是客观的,专利权经济价值的实现与专利权经济价值的产生之间的关系犹如价格与价值的关系,影响价值的因素众多,但价值本身具有客观性。也有学者认为禁令威吓是专利权交易市场存在的基础,专利权经济价值的高低由市场对专利权限定的技术方案的需求情况来确定,禁令威吓仅是确保专利交易市场的秩序,禁止他人未经授权实施专利权的专利权。但作者认为专利权经济价值的产生与专利权经济价值的实现不能截然分开,因为专利权不同于有体物,有体物具有天然的边界,容易确认,但专利权是无形的,其外延是不明确的,其权利的产生和实现均需要借助外界来界定,因而专利权经济价值不具有客观性。并且,技术、技术方案、专利权三者,在理想情况下技术方案可以做到对技术的全面准确描述,具有客观性,但专利权不仅是对技术方案的简单覆盖,还是以此为中心适度的扩展,扩展的范围视技术方案本身的创造程度、不同国家、不同时间等因素而有所不同。作者认为技术和技术方案是客观的,但专利权不是客观的,由此专利权经济价值不具客观性。以等同原则为例,侵权诉讼中适用该原则具体判断"三个基本相同"和"显而易见性"的主体是本领域普通技术人员,通说认为他是一种假设的人,且现有技术随时间变化而变化,因此不具有客观性;判断等同特征的时间标准是以侵权日为标准,侵权日本身具有非客观性,由此科技进步导致的等同替换也不是客观的。综上所述,专利权不是客观的,专利权经济价值不是客观不变的,司法机关对专利排他权保护的确认不仅是对专利权人的救济,而且对专利权经济价值的大小也有很大影响。

❷ 杨利华:《美国专利法史研究》,中国政法大学出版社 2012 年版,第 224~246 页。

❸ AWH Corp. v. Phillips, App. No. 05 - 602, proceedings below, Phillips v. AWH Corp., 415 F. 3d 1303, 本案为 2005 年度美国最高法院十大专利案件之一。本案事关专利权利要求解释这一重大争议,其裁决结果将可能影响美国乃至全世界所有诉至法院的专利案件的权利要求范围的界定,给法院评估专利侵权及专利有效性的方法论带来重大变革。

❹ 师彦斌:"专利权利要求中功能性限定特征的审查标准及对策建议",载《知识产权》2011 年第 1 期;闫文军:"Phillips 诉 AWH 案与美国专利权利要求解释",http://blog.vsharing.com/ZFIP/A1154028.html。

❺ 丹·L. 伯克、马克·A. 莱姆利:《专利危机与应对之道》,马宁、余俊译,中国政法大学出版社 2013 年版,第 26~47 页。

❻ 知识产权诉讼的确认不侵权之诉最早出现在确认专利不侵权之诉中,2001 年最高人民法院在苏州龙宝生物工程实业公司与苏州朗力福保健品公司请求确认不侵权专利权一案中。

过对专利权人的产品专利或者方法专利的有关专利文件加以研究分析，对独立权利要求中的某些必要技术特征进行简单替换，以达到该产品专利或者方法专利所特有的发明目的、优点或者积极技术效果。自美国最高法院1853年Winana V. Denmead案创设了均等论概念，等同原则已被各国广泛接受。由于专利权本身具有非物质性，无法像有形物那样将权利的行使限制在以实体物为中心的有限范围，司法机关对专利排他权的保护范围的司法确认意义重大。❶ 司法机关对权利要求覆盖宽度的司法确认是在符合一国国家利益最大化的前提下不断动态调整的。❷ 司法机关对权利要求覆盖宽度的司法确认主要包括，法院通过解释确认权利要求的保护范围和确认权利要求的保护范围之后控辩双方对技术方案内容的对比判断两部分内容。对司法机关司法政策的研究分析是专利权经济价值分析的重要组成部分，例如从多余指定原则到使用环境特征的解释，司法机关对权利要求覆盖宽度的司法确认对专利权的排他性保护范围有重大影响，并影响专利权经济价值的大小。❸ 多余指定原则系我国建立专利制度的初期从德国的有关概念中引进，为适应我国专利代理水平不高、专利代理人员在撰写权利要求时常将一些非必要技术特征写入独立权利要求这一客观情况。该原则在解释专利权的保护范围时，区分必要技术特征和非必要技术特征，专利侵权诉讼中允许原告将明显的非必要技术特征略去，客观上扩大了专利权的排他性保护范围，放大了专利权的经济价值。但为保障专利制度的正常运作和价值实现，最高人民法院在提审大连新益建材有限公司与大连仁达新型墙体建材厂侵犯专利权纠纷案中，明确指出不赞成轻率地借鉴适用"多余指定原则"，从而否定了所谓的"多余指定原则"。❹ 对环境特征的解释，在株式会社島野与日骋公司侵犯发明专利权纠纷案中，最高人民法院认为，"已经写入权利要求的使用环境特征属于必要技术特征，对于权利要求的保护范围具有限定作用；使用环境特征对于权利要求保护范围的限定程度需要根据个案情况具体确定，一般情况下应该理解为要求被保护的主题对象可以用于该使用环境即可，而不是必须用于该使用环境"。由此可知，使用环境特征

---

❶ 因为专利权利要求书既是法律文件，也是事实文件，这决定了侵权诉讼中双方当事人在权利要求技术特征的划分上纠缠不休，甚至引用说明书中的各个部分内容和文字作为依据进行争辩。

❷ 以日本为例，其在"二战"后至20世纪末对等同原则的适用非常消极，这期间司法实践中大多数案件认定不构成等同，但随着日本经济和科技的崛起，对等同原则开始非常积极地适用，并于1998年日本最高法院通过无限折动用滚珠花键轴承案发展出自己的等同原则认定规则，明确了适用等同原则的五个要件：非本质部分、置换可能性、置换容易性、非公知技术和特别事由（禁止反悔）。而对于非本质部分的含义，主要有技术特征说和技术思想说两种理解。技术特征说将权利要求中的技术特征分为本质特征和非本质特征，非本质部分指的就是非本质的技术特征。而技术思想说认为，非本质部分并不是针对具体的技术特征而言的，而是指专利发明中解决特定技术课题的技术思想。置换可能性比较的对象则是发明的作用效果和发明目的。这里的作用效果指的应当是发明的作用效果，而不是某一技术特征的作用效果。

❸ 多余指定原则，是指在专利侵权判定中，在解释专利独立权利要求和确定专利权保护范围时，将记载在专利独立权利要求中的明显附加技术特征（即多余特征）略去，仅以专利独立权利要求中的必要技术特征来确定专利权保护范围，判定被控侵权物（产品或方法）是否覆盖专利权保护范围的原则。

❹ 本案专利权利要求书只有一项权利要求，即独立权利要求。最高人民法院认为该独立权利要求对筒底和筒管的壁层结构分别给予了明确记载，所以，仁达厂关于专利筒底壁层结构不是必要技术特征的主张，不能成立。"筒底以至少二层以上的玻璃纤维布叠合而成，各层玻璃纤维布之间由一层硫铝酸盐水泥无机胶凝材料或铁铝酸盐水泥无机胶凝材料相粘接，筒底两侧板面亦分别覆盖有一层硫铝酸盐水泥无机胶凝材料或铁铝酸盐水泥无机胶凝材料"，这是本案专利的一项必要技术特征。

对权利要求保护范围的限定程度，对确定专利权的排他性保护范围，分析专利权的经济价值也有重要影响。

同时在司法实践中，司法机关对专利权保护范围的司法确认有时与专利行政部门在审查、授权中的解释标准并不一致。以功能性特征为例，《审查指南2010》规定："对于权利要求中所包含的功能性限定的技术特征，应当理解为覆盖了所有能够实现所述功能的实施方式。对于含有功能性限定的特征的权利要求，应当审查该功能性限定是否得到说明书的支持。"而根据《最高人民法院关于审理侵犯专利权纠纷案件应用法律若干问题的解释》的规定："对于权利要求中以功能或者效果表述的技术特征，人民法院应当结合说明书和附图描述的该功能或者效果的具体实施方式及其等同的实施方式，确定该技术特征的内容。"据此可知，侵权诉讼中，司法机关对权利要求中功能性特征的内容的确认不是以权利要求中记载的该功能本身为准，而是以说明书及附图描述的实现所述功能的具体实施方式及其等同实施方式为限。❶ 在塞某某股份有限公司等与杭州某某超市有限公司侵害发明专利权纠纷上诉案中，浙江省高级人民法院审理认定，涉案专利权利要求1记载的"锁定/解某系统"，由安全阀、具有控制底部的安全销、由闭锁凸缘和闭锁抵对凸缘构成的安全销闭锁装置、设置在锅手柄上的触发装置、凹槽、由保持边缘、制动装置等构成的用手柄打开的控制装置等部件组成。但其对闭锁装置的描述并未涉及详细的结构表达，只是以效果或功能加以表述。依据前述规定浙江省高级人民法院认定，因涉案专利说明书及附图未给出与被诉侵权产品"内凹贯通缺口与闭锁凸缘的配合"相类似技术方案，且被诉侵权产品对"闭锁凸缘和闭锁抵对凸缘"替换并非本领域的普通技术人员无需经过创造性劳动所能够联想到的，因此被诉侵权产品未落入涉案专利权的保护范围。

专利侵权诉讼中，在进行技术对比判定时，应当以权利要求记载的全部必要技术特征与被控侵权物的相应技术特征进行对比，并且根据全部技术特征等同的方法，权利要求中的技术特征与被控侵权物中的技术特征不必存在一一对应关系。例如，在 Eagle Comtronics, Inc. v. Arrow Communication Laboratories, Inc. 案中，联邦巡回上诉法院认为，"尽管权利要求中的限制不能在被控侵权物上完全消失，但限制是否被损坏必须要看被控侵权物中的两个技术特征实现了专利发明的一个功能，或者两个限制被结合进被控侵权物的一个技术特征这一事实。如果差异是非实质性的，权利要求中的限制不一定被损坏，等同原则仍然可以使用"。❷ 无论是相同侵权还是等同侵权，应当仅就被控侵权物的技术特征与权利要求记载的相应技术特征是否相同或者等同进行判定，不应对被控侵权物的技术方案与专利技术方案在整体上是否相同或者等同进行判定并进而以此认

---

❶ 对功能性特征在不同阶段规定与实践不尽一致，有学者提出了一些对策、建议。参见党晓林："功能性限定特征的审查与保护范围之探讨"，载《知识产权》2011年第1期。

❷ 305 F. 3d1303, 64 USPQ2d1481。因此如果被控侵权物用一个技术特征实现了专利中两个技术特征的功能，或者被控侵权物中的两个技术特征实现了专利中的一个技术特征的功能，只要在被控侵权物中找到了权利要求中技术特征的对应特征，都不影响等同的认定。

定专利侵权。❶ 尽管我国《专利法》第 59 条规定，发明或者实用新型专利权的保护范围以其权利要求的内容为准，说明书及附图可以用于解释权利要求的内容，但立法的规定过于原则，对专利侵权对比判断往往通过司法实践进一步发展和完善。技术特征的分解是侵权对比判断的重要环节，对技术特征的对比鉴定有重要影响。❷ 技术特征分解得越少，进行相同或者等同侵权的技术特征对比鉴定时对专利权人越有利，反之，技术特征分解的越多，进行相同或者等同侵权的技术特征对比鉴定时对专利权人越不利。在适用等同原则判断专利侵权与否时，运用技术特征的合并与分解规则与机械运用逐一技术特征比较规则可能会得出完全不同的结论。❸ 例如在宁波市东方机芯总厂诉江阴金铃五金制品有限公司侵犯专利权纠纷案中，一审南京市中级人民法院和二审江苏省高级人民法院均认为，金铃公司生产音板的设备上缺少专利保护范围中的必要技术特征，不构成侵权。而最高人民法院经提审认为，被控侵权产品和方法是将导向和固定盲板这一整体的技术特征予以分解，从而认定二者构成等同，侵权成立。对于技术特征对比的方法，目前我国审判实践中多采用技术特征的逐一对比方法，忽略了技术特征之间的合并与分解，在这种情况下，就很容易得出被控侵权物由于缺乏必要技术特征而认定不构成侵权的结论。❹ 司法实践中，专利侵权判定在适用等同原则时，是否运用技术特征的合并与分解，对确定专利权的保护范围以及判定侵权与否具有非常重要的影响，并进而影响专利权经济价值的大小。

2. 司法机关对专利排他性权利的保护问题研究

禁令与损害赔偿是知识产权侵权责任中最具代表性的二元救济模式。❺ 专利权的本质特征决定了专利权人更需要司法机关对其专利排他性权利的确认。❻ 专利权作为无形物，不可能像金条一样放在保险柜里来防止侵权。与有形物不同，对专利权而言，司法机关对专利排他性权利的确认程度，严重影响甚至决定专利权经济价值的创造。❼ 专利

---

❶ 参见《最高人民法院关于对河南省高级人民法院请示郑州市振中电熔锆业有限公司与郑州建嵩耐火材料有限公司专利侵权纠纷再审一案有关问题的答复》。相同侵权中的"相同"，包括被控侵权技术方案的技术特征与专利权利要求的技术特征在表述上完全相同，或者表述上虽不同，但实质表达的含义相同，或者被控侵权技术方案的技术特征属于专利权利要求相应技术特征的下位概念等。

❷ 2013 年北京市高级人民法院出台的专利侵权判定指南，其中将技术特征界定为在权利要求所限定的技术方案中，能够相对独立地执行一定的技术功能、并能产生相对独立的技术效果的最小技术单元或者单元组合。

❸ 技术特征的合并与分解是指将权利要求或被控侵权物中的各技术特征按照一定的功能或用途进行划分，并将划分后的技术特征的集合依据我国司法解释关于三个基本相同和置换容易性的判断标准认定是否构成等同。

❹ 李新芝："专利侵权判定中等同原则的适用"，载《人民司法》2011 年第 2 期。

❺ 杨涛："我国知识产权临时禁令制度的现实困境与立法完善"，载《知识产权》2012 年 1 期。

❻ 不少学者在研究专利侵权诉讼纠纷中的和解时，往往更关心和解的金额，但其实和解的重点是专利排他权能限制承诺的协调，而不是和解金额。

❼ 在美国，法院在认定构成专利侵权后，通常会发一个措辞宽泛的禁令，禁止任何"进一步的专利侵权"。侵权人为绕开禁令通常通过专利回避设计重新设计产品，但是重新设计的产品仍然可能继续构成侵权，如果侵权人将涉及专利侵权的产品投放市场销售，最终可能会因为构成对法庭的藐视而承担巨额罚款甚至刑事责任。因为，美国法院认为，如果一旦侵权人对侵权产品做了哪怕只是细微的修饰性修改，专利权人就需要提起新的专利侵权诉讼来解决，那么专利权经济价值和法庭禁令的作用将会被削弱。目前美国司法实践中，法院通过分析原侵权产品的侵权要素，从而确定重新设计的产品是否对这些要素做了实质意义上的修改，完善了以往通过"貌似不同"的判断方法来区分合理的和不合理的重新设计意图的做法，以便在专利权人和侵权人之间建立适当的平衡。参见万勇、刘永沛：《伯克利科技与法律评论——美国知识产权经典案例年度评论》，知识产权出版社 2013 年版，第 344～369 页。

权的排他性保护范围,只能依赖法律来实现其排他性,禁令制度是满足专利权排他性本质的必然要求。司法机关对专利排他性权利的确认程度对专利权经济价值的大小有重要影响。如佳能知识产权之父丸岛仪一所言,"知识产权(主要指专利权)存在的唯一意义就是帮助公司成就事业"。对企业专利权人而言,成就事业包含竞争与合作两层含义,具体视企业发展阶段、技术领域、商业生态环境而定。企业在发展的早期阶段因市场开拓存在较大市场风险或受限于企业专利权人运营能力,通过各种形式的合作成就企业事业,但随着市场对专利产品的认可及专利权人运营能力的整体提高,利用专利权将竞争对手排除在市场之外可能成为成就企业使用的主要手段。当然不同技术领域、不同主体形态仍存在很大差异,对制药产业、生物技术企业、技术风险投资型企业等,成就事业往往意味着独占市场,否则即面临"非全则无"的窘境,因此强有力的专利保护制度是保障其产业生存所必须的,对于侵犯其专利权的,禁令救济是唯一能够帮助企业成就事业的司法救济手段。而技术转化机构的大学和研究所、专利运营公司等专利事业体,成就事业意味着专利许可,专利技术服务等形式实现,强有力的专利制度对专利许可收益也有重要影响。禁令制度有助于实现其与企业交涉时的地位平等,提高其专利许可中的议价能力,禁令所产生的威慑力,有助于专利许可条件的专利权人获得反映出专利钳制价值的权利金数额。❶

对专利权而言,及时制止侵权人的侵权活动通常比赔偿损失更为重要。因为专利侵权诉讼,从起诉到终审判决生效,短则半年,长则数年,司法程序旷日持久。若待诉讼程序结束确定后,才开始对专利权提供保护,恐怕已严重影响了专利权人的竞争优势或市场占有率,此时专利权经济价值或因产业技术进步而不复存在或其对市场的占有率已丧失无法获得完全弥补(严重的甚至丧失市场占有率而被迫退出市场),无异于缩短专利权的保护期。即使专利权人可主张损害赔偿,但专利权的非常竞争优势已不存在,故诉前临时禁令具有极大的价值。我国司法实践上,自2001年11月江苏省南京市中级人民法院受理启动首例临时禁令之后,全国各地法院陆续开始积极、谨慎地适用临时禁令,取得了良好的司法效果。❷ 数据统计显示,2010～2012年全国地方法院与知识产权有关的诉前临时禁令、诉前证据保全、诉前财产保全的裁定支持率均高于85%。❸ 原最高人民法院副院长曹建明在2008年全国法院知识产权审判工作会议上指出,诉前停止侵权对于及时有效地制止侵权行为和保护知识产权具有独特的作用和重要的意义,审判中须严格审查被申请人的社会公共利益抗辩。❹ 近年来,虽然在专利侵权诉讼中,由于诉讼禁令的执行存在"困境"加之"垃圾专利"的泛滥,法院受理诉前禁令呈低位徘

---

❶ 禁令不仅意味着被告生产线所必须进行的调整、既有库存的处分等,而且还将增加被告负担,让其耗费时间资源去从事回避侵权的研发。
❷ 杨涛:"我国知识产权临时禁令制度的现实困境与立法完善",载《知识产权》2012年第1期。
❸ 张先明:"近3年诉前临时禁令等裁定支持率高于85%",载《人民法院报》2013年10月23日第1版。
❹ 最高人民法院印发《关于当前经济形势下知识产权审判服务大局若干问题的意见》的通知中规定,法院在责令停止侵权或颁发诉前禁令前,为达到妥善停止纠纷,有效遏制侵权行为的目的,至少应考虑下述因素:当事人是否有明确的诉求;与该侵权行为的严重程度相比,是否有责令停止侵害的实际需要,即是否确有必要适用停止侵害的责任;适用停止侵害责任是否与社会公共利益相悖;与适用停止侵害责任比较,通过更充分赔偿或者经济补偿等替代性措施是否也可了断纠纷。

徊状态，但是理论上，我国对这种"偏重实体正义"的专利侵权救济方式并未设置严格的适用条件。❶

当专利权人将专利付诸商业实施并与专利侵权人具有商业竞争关系时，侵害行为一般会对专利权人造成不可挽回的损失，包括专利产品市场份额的减少、专利产品市场竞争优势的弱化、专利权人作为技术创新者的社会声誉以及对专利权人商标的认知度降低等。❷ 例如，由于美国司法机关近年来对专利权人特别是标准必要专利权人的禁令救济逐渐谨慎，致使2013年美国专利交易价格的平均值和中位值相比2012年均有较大幅度的下降，2013年专利的平均交易价格为22.0588万美元，较2012年平均交易价格下跌了37%。❸ 因此，可以说专利权经济价值的大小与专利权人的垄断排他权有直接关系。责令侵权人停止侵权使专利权人可排他性地垄断法定授权期限内的市场利益，因而与损害赔偿相比具有更大的经济价值，通过禁令阻止未经授权即实施是保持专利权具有排他性的唯一手段。美国联邦巡回上诉法院在SmithInt'l, Inc. v. Hughes Tool Co. 中论述，"如果没有禁令之力，赋予专利的排他性效力将会消灭，立法者所追求的促进有用技术发展的目标将会受到严重损害"。董美根建议，我国可以借鉴美国永久禁令四要素检测规则及适用，赋予法院有条件停止侵害责任的权限。这增加专利"强制许可"授权的一个简单且切实可行的办法。国外也有学者注意到对武汉晶源公司要求华阳电业公司停止侵权的诉讼请求不予支持的判决，关注我国司法实践中法院以公共利益为由作出不支持专利权人要求停止使用相关设备（侵权行为）的诉求与颁发公共利益强制许可的关系。❹ 当前，我国除个别案件外，法院或专利管理机关在作出侵犯知识产权的判决后一般均责令侵权人立即停止侵权行为、然后是赔偿损失等，这已成为我们判决知识产权案件的定式。❺ 但是，从国外经验看，司法实践中对责令停止侵权行为正变得日益谨慎。例如联邦巡回上诉法院在20年内没有拒绝对任何一个认定侵权的被告签发永久禁令，法官们认为专利权是一种排他权，当法院判定侵权成立时，当然应该发出禁令。❻ 这种

---

❶ 参见李晓郛："公共利益冲突时美国联邦法院的司法实践——以专利案件的预先禁令为视角"，载《法治研究》2013年第9期；胡充寒："我国知识产权诉前禁令制度的现实考察及正当性构建"，载《法学》2011年第10期。

❷ 董美根："美国专利永久禁令适用之例外对我国强制许可的启示"，载《电子知识产权》2009年第1期。

❸ Managing Intellectual Property. Averrage price of US patents fell 37% in 2013，http：//www.managingip.com/Article/3307037/Average-price-of-US-patents-fell-37-in-2013study.html

❹ 文希凯："知识产权法律中责令停止侵权罚则的探讨"，载《知识产权》2012年第4期。文希凯文中还指出，法官应尽量选用经济方式平衡，走调解结案的途径。法院责令不停止侵权只应是对专利权人断然拒绝法院调解，不顾大局坚持不许被许可人使用其技术的罚则，除非在合理付费条件下专利权人仍坚持不予当事人使用许可，法院均应尽量避免这种"事实上"的强制许可，减少误会或质疑，为技术的推广使用构建更和谐的实施氛围。

❺ 在武汉晶源环境工程有限公司与日本富士化水工业株式会社、华阳电业有限公司侵犯发明专利权纠纷案中，最高人民法院认为，鉴于本案烟气脱硫系统已被安装在华阳公司的发电厂并已实际投入运行，若责令其停止行为，则会直接对当地的社会公众利益产生重大影响，认同福建省高级人民法院在充分考虑权利人利益与社会公众利益的前提下，未支持晶源公司关于责令停止行为的诉讼请求，而是判令华阳公司按实际使用年限向晶源公司支付每台机组每年24万元，从2000年开始支付，至2015年专利权届满为止的判决。

❻ 张玲："论专利侵权诉讼中的停止侵权民事责任及其完善"，载《法学家》2011年第4期。

做法在 eBay 案中得到了纠正，传统的衡平标准被重新强调。❶ eBay 对禁制令这一英美法系国家知识产权诉讼的常用救济措施提出质疑，不但引起美国最高法院的重视，还引发专利权人与技术使用者之间新一轮的纠纷。最高法院认为"只要能认定专利权有效和侵权行为成立就可以签发永久禁令"的做法是不正确的，权利人欲请求法院签发永久禁令，必须符合"四要素检验法"。❷ 2008 年在最高人民法院知识产权庭主办的知识产权侵权责任调研课题成果论证会上，北京高院、天津高院、广东高院、湖南高院四个研究小组和与会专家一致认为"知识产权请求权是一种绝对权请求权，绝对权请求权是基于绝对权的排他性、绝对性派生而来的防卫性请求权，停止侵权、排除妨碍、恢复原状是与之相对应的民事责任形式。"❸ 闫文军教授的研究也表明，与美国法院的做法相比，我国法院对专利侵权产品使用者的停止侵权责任的处罚更严重。❹ 综上所述，相比其他国家，我国司法机关对专利排他性权利的确认比较彻底，程序性的诉前临时禁令和实体性的侵权成立责令侵权人立即停止侵权行为，对专利权经济价值的创造及实现均具有重要影响，仅以司法机关对专利排他性权利的确认为限，一件中国专利的经济价值将大于一件美国专利的经济价值。❺

（二）深化司法制度改革，建设知识产权强国

1. 树立知识产权司法保护的新思维

知识产权强国建设背景下的专利排他权保护需要新思维，因为专利法具有创新的基本属性，既包括它所追求的技术创新，也包括专利法本身的制度创新，并通过制度创新参与和引领国际知识产权规则的形成。同时，专利排他权保护水平不应超越知识产权保护自身，其本质是一国经济竞争的手段。司法机关在对专利权进行救济时，对专利侵权责任中的禁令和损害赔偿金的裁决，需要体现出我国"发展"和"创新"的阶段性特征，结合我国制造业大国和加工贸易大国的基本国情，把握好专利排他权保护的"力

---

❶ 2001 年，MercExchange 公司指控 eBay 公司使用的"立刻购买"（一种在线固定价格拍卖技术，允许消费者不参与拍卖过程即可购买商品）交易方法技术侵犯其专利权。2003 年，弗吉尼亚联邦地方法院作出有利于 MercExchange 的判决，裁定 eBay 侵权，并向 MercExchange 支付赔偿金。法院同时签发限制 eBay 使用该专利技术的永久性禁制令。随后，eBay 上诉至联邦巡回上诉法院，辩由是 MercExchange 从未实施相关专利，仅仅通过征收高于专利自身价值的使用费达到渔利目的，但 eBay 的上诉请求被上诉法院驳回。2005 年，eBay 向联邦最高法院提起上诉，同时提出目前法院在作出侵权裁决后即签发禁制令的现行做法不合理，要求法院改变现有惯例。2005 年 11 月 28 日，最高法院受理 eBay 的调卷令请求，签发调卷令。

❷ 四要素检验法包括：专利权人受到了难以弥补的损害；法律提供的诸如损害赔偿的救济方式不足以补偿专利权人受到的损害；平衡考虑原告与被告的经济困难程度，给予衡平救济是合理的以及颁发永久禁令不会损害公众的利益。

❸ 与会人员认为，"在特殊情况下是否应判令停止某种行为，则要根据案件具体情况，合理平衡当事人之间以及社会公共利益来确定。如果权利人受到的损害并非难以弥补，停止有关行为会造成当事人之间利益的极大失衡，或者不符合社会公共利益，或者实际上难以执行，可以根据案件具体情况进行利益衡量，在采取充分切实的全面赔偿或者支付经济补偿等替代性措施的前提下，可不判决停止某种行为。"

❹ 闫文军："专利产品使用者之停止侵权责任分析"，载《中国知识产权法研究会 2014 年年会论文集》。

❺ 与我国不同，德国法院将诉前临时禁令的请求作为一个独立诉讼程序来处理；实践中，法院对当事人要求颁发诉前临时禁令的请求，要经过有关当事人在法庭上口头辩论后，才能作出决定。美国法院在采取诉前措施时一般都设立了听审程序，当事人围绕是否适用临时禁令充分举证质证，法官根据质证结果决定是否发布临时禁令。

度"和"速度",反映专利法激励创新、推动发明创造应用、促进经济社会发展的立法宗旨。这要求司法机关要不断完善专利权司法保护机制,继续推进以审判为中心的诉讼制度改革,进一步发挥案例指导制度的作用,为企业配置、运用知识产权提供更清晰的分析和预测工具,并依据国家整体利益最大化原则动态调整专利权利要求解释、禁令及损害赔偿制度。

2. 进一步发挥司法保护的主导作用

司法机关应进一步发挥司法保护的主导作用,积极推动我国知识产权司法保护的完善和司法保护质效的提升。注重依法发挥司法对知识产权行政执法的司法监督职能作用。强化司法审查在知识产权授权确权中的主导作用。积极探索加大知识产权保护力度的具体实施方案。注重统一法律适用标准,明确裁判尺度,重视司法政策和典型案例的指导作用,为企业配置、运用知识产权提供稳定的、清晰的分析和预测工具。

3. 实行严格的知识产权保护制度

完善权利人维权机制,注重以宏观方向指引和调适微观的法律适用,改革专利诉讼程序化解现存突出问题并同时预防"专利流氓"等知识产权异化现象。在严格依法保护知识产权的同时,保障公众依法合理使用创新成果和信息的权利,促进创新成果合理分享。不保护不应保护或者无法保护的专利权。

四、深化企业知识产权管理改革,提升专利权经济价值

随着经济全球化的脚步不断加快,各国之间的国际竞争已不只存在于贸易与市场竞争中,能够理解和运用他国法律来保护自己的权利甚至合理利用规则来钳制对手更能体现一个国家的综合竞争能力。对于企业,无论规模大小,事实上都置身于这样的国际大环境中。在第十一届投洽会"美国337调查及企业应对策略研讨会上",长期就职于美国的知识产权专家李靖讲述了这样一个故事:一个中国公司曾遭遇美国337调查,而其产品与韩国三星公司的同类产品几乎一模一样。当这家公司事后问美国公司为何不起诉三星而只把矛头对准自己时,美国公司直言:三星有非常完善的知识产权保护战略和体系,跟他们打官司会惹来很多麻烦,甚至可能被三星反诉,而很多中国公司却在这方面不堪一击。由此可见,我国企业应建立起自己的知识产权保护战略。李靖先生认为,建立知识产权策略可以起到自我保护的作用。如果公司有正确的知识产权策略,就可以尽可能避免被提起知识产权之诉,一旦被提起诉讼,也可以利用应诉技巧积极应诉,减少损失。同时,如果企业有自己的知识产权储备,更可以向对方提出反诉。不仅如此,拥有知识产权战略,更可增加企业在市场中的竞争优势,提高对投资者的潜在吸引力。简言之,企业应尽快建立完善的知识产权战略。从应对危机的策略看,企业迫切需要提升科技产业专利诉讼谈判与侵权判断能力,强化产业专利攻防力。从长远发展战略来看,企业需要累积专利筹码,建立完善的专利经营策略与管理制度,真正形成与国外巨头抗衡的实力,刺激研发成果专利化,并提升专利的长期竞争力。

(一) 建设知识产权强国背景下企业专利运作的策略和方法

1. 建设知识产权强国背景下企业专利运作的内部策略和方法

(1) 企业专利运作须以各部门同步化运作为保障。

根据1993年IBM的Henderson与Venkatraman两位顾问所提出的IT策略校准模型，企业的主要营运机能，包括生产制造、行销业务、研究发展、人力资源、财务会计、资讯网络、商业模式、投资并购、授权移转与租税法制等均可以策略—执行架构展开。依循Henderson与Venkatraman针对IT战略所进行的策略校准经验，专利策略的对焦与聚焦也可分为四种驱动模式。专利策略对焦与聚焦的四种模式值得我国企业反思与进一步思考。

路径①，如图15-1所示，其步骤为Business Strategy→Business Execution→Patent Execution。此模式是现阶段企业专利部门最常见的运作机制，专利部门仅进行专利申请等基本功能运作。基本上，企业并未有完整的专利战略。在此驱动路径下，专利仅是附属品，并且是研发或工程改良下的附属品。路径②，其步骤为Business Strategy→Patent Strategy→Patent Execution。企业已有独立的专利策略拟定，并且此策略拟定是在完整的商业策略下的策略分项。企业根据整体商业战略与专利战略，规划与运作其专利部门，包括专利部门的组织、流程、人力部署与工具部署。专利部门可满足企业整体战略与专利战略的要求。路径③，其步骤为Patent Strategy→Business Strategy→Business Execution。在此模式下，企业将专利战略位阶拉到最高，在以出售有形产品与无形服务为主的企业，此模式不常见，但以经营专利为主的NPE多采用此驱动模式。一般来说，专利战略包括专利之取得与运用战略，专利取得上包括自行生产与向外购买，而运用上则包括授权、让与、诉讼与作价投资等专利运用商业模式。路径④，其步骤为Patent Strategy→Patent Execution→Business Execution。企业通过专利整体战略的拟定、战略组织之建立、专利流程的建置与专利人力之部署落实整体专利战略与执行，并将相关专利执行流程渗透到企业各功能部门之运作，亦即通过专利流程让企业各营运机能更具竞争力（强化各功能部门之核心）。

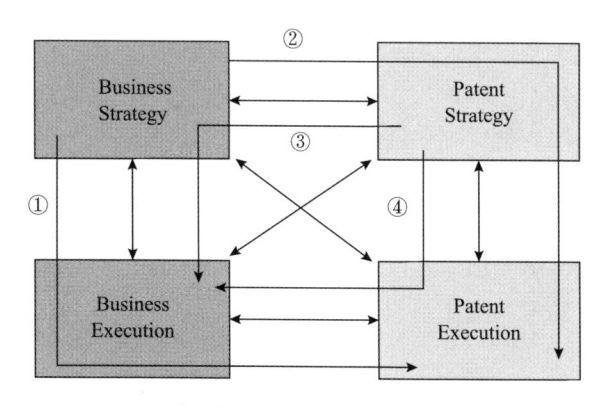

图15-1 专利策略的对焦与聚焦之四种驱动模式

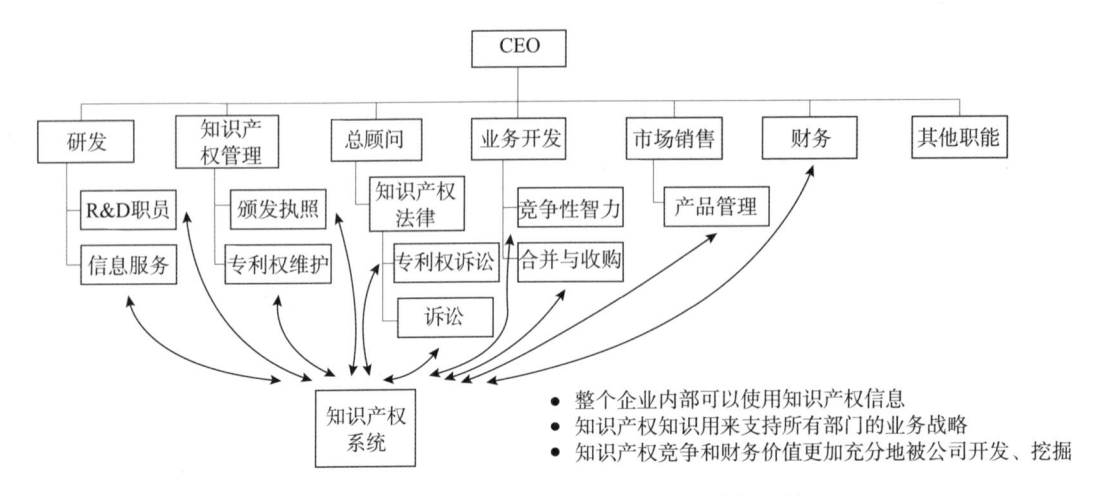

图 15-2　各部门同步化运作的企业知识产权系统

详言之，研发过程中对技术解决方式的各种实现路径及未来技术发展趋势进行严密论证，配合及时精确的市场行销资讯和产业情报，便可在发明创造过程中，规划好专利侵权诉讼的被告、被许可的对象等，并在专利申请授权环节，为被告、被许可对象、竞争对手量身定做排他范围，通过充分合理的专利权利项安排将他们的产品纳入专利权保护范围内。否则，专利权人便无法凭借授权专利对竞争厂商主张权利，行使非常竞争优势。同时，研发部门、知识产权部门应将发明创造过程中的资料文献妥善存放（含此过程中与发明创造有关的电子文档、电子邮件，因为发明人和企业内部的知识产权管理人员或专利代理人常常就申请过程中的一些事项进行邮件沟通），并做好档案管理。这些资料对企业法务部门至关重要，因为在专利侵权诉讼中，这些档案材料足以支撑专利有效性或判断有无侵权所需的证明材料。

研发环节与生产制造环节不能脱节，研发部门的技术创新成果最终要在生产制造部门应用。因此，要实现生产制造阶段与研发阶段、专利申请授权阶段的资讯同步连结，便不能忽视制造过程中所作的设计变革。企业生产实践中，制造过程中很多原先申请专利的技术方案，可能因为在试产、小量生产阶段，生产效率、生产成本等方面的原因而需要改进，因为修改了原申请专利的技术方案的权利要求范围，此时生产制造部门应同步将这些改变反馈给知识产权部门和研发部门，协助知识产权管理部门重新调整申请专利的权项组合。以美国为例，知识产权做得好的企业多数专利申请都有很多连续案、分割案、接续案，就是因为美国厂商将生产制造阶段获得的相关资讯同步连结到知识产权部门，后者据此不断调整专利申请授权的进程和权项组合，专利权组合。美国企业在同步化运作机制的保障下将美国专利法中的连续案、接续案、分割案制度发挥到极致，为企业后续的生产运营和专利运作奠定了坚实的制度基础，其娴熟的专利运作策略，值得我国企业学习。

同样的情况，专利权作为维持企业核心竞争力的非常优势竞争工具，其价值体现为对竞争对手的排他性上，及时掌握竞争对手的研发、生产和行销资讯，对量身定做专利权组合与权项安排至关重要。如能将行销信息与技术研发并行连结，知识产权部门便可掌握第一手最新的市场资讯，了解该领域所有主要竞争者及其市占率，在专利布局时便能快速精准地选择专利申请的区域；在专利授权后，市场资讯还可以作为决定是否维持各国专利的重要决策依据。因此，对于行销阶段的资讯，行销部门亦应将行销阶段获得的资讯同步连结到知识产权部门。在销售商品或提供服务时，知识产权部门应会同营销部门制定专利权的使用规则，明确专利权在产品、服务、包装、广告、图样等的标示方法和使用规范，并定期向营销部门的工作人员告知企业专利权在其商品或者服务上应用的情况，使他们了解公司所有产品专利的组合，即哪些专利覆盖哪些产品，在此基础上设计整套合理可行的制度，使他们方便快捷地将行销过程中知悉的竞争者的产品信息、市场信息同步反馈给行销部门和知识产权部门。这其中有一点需要注意，即专利权以一国（地区）专利行政机构的授权而产生，具有鲜明的地域属性，专利权在全球范围内的申请、包括在不同国家（地区）权利要求书中权利项的组合都应依据该国家（地区）专利技术的应用情形及主要竞争者不同而有所侧重，而不是将专利申请在所有拟申请的国家均一成不变地作简单的语言转换翻译。公司行销部门会同知识产权部门以一国（地区）为单位收集、汇总行销人员收集到的市场资讯，并将这些资讯同步反馈给行销部门、知识产权管理部门和研发部门。

　　（2）企业专利运作以主导产业链、控制分配链、分配价值链为目标，实现专利多元化商业价值。

　　专利管理实践中，专利权唯有与有形产品连结整合，其价值方有可能得以实现；脱离有形产品（市场）资讯，专利技术商品化和产业化亦难以实现。反之，以产业机构化为导向，整合产业结构、供应链、价值链、产品结构、技术结构和专利权结构等各方面资讯，通过本企业各部门协调一致的同步化运作机制，将其应用到企业优质的创新技术研发成果上，并经由知识（经验）丰富和能力的知识产权管理人员在全球范围内合理地进行布局与组合，该专利技术才有望成为全球范围本技术领域内可主导产业链、控制分配连、分配价值链的关键专利。如此，专利权作为知识经济时代企业的一项非常重要的竞争优势资源，其商业价值便有望随之实现。

　　专利权是一项解决了特定技术领域中某一技术问题，产生了预期技术效果的技术方案。依据《专利审查指南（2010）》的规定，如果一项发明的技术方案成为解决某一个实际技术问题的唯一的技术方案，则该技术方案将因此丧失创造性。从这个意义上说，专利权就是为了获得更好的技术效果而需要对最接近的现有技术进行改进而创造的一项技术方案。如此即解决一个技术问题的技术方案并不是唯一的，这也就涉及回避设计的问题。如果一项专利不能特定的阻绝回避设计，容易理解通过一系列微小的回避设计就能被避开的专利，是不可能在控制产业链中的某一环节的，同时说明本专利创造性程度的欠缺，而低创造性的专利一般均无须经过漫长的研发过程或昂贵的研发经费投入，因此通过如此微小的创造性取得授权的专利对企业而言一般不可能具备太大的商业价值。但是，对于标准必要专利，则是另一种情形。俗话说，一流企业卖标准，二流企业卖专利，三流企业卖产品。企业若拥有技术标准中的标准必要专利，不仅是对该企业科技声誉的一种宣示，而且更重要的是，其专利技术在该技术标准中是不可或缺的，企业生产的符合该技术标准的产品都将使用其专利技术，一些优秀的跨国企业，特别是在通讯领域，通过技术标准中的标准必要专利实际控制了该产业的原材料、关键零组件，主导了该产业的发展，分配了价值链中大部分利润。故，在某些产业领域，下游厂商投入巨大的人力、物力、财力，但其在价值链中分得的毛利份额仅为上游领先企业的二三十分之一。

专利赋予专利权人，未经其许可，不得以生产经营为目的制造、使用、许诺销售、销售、进口其专利产品的权利，专利权能的多样性，加之日新月异的商业环境，使专利权人的商业价值的实现方式从传统的主要将专利作为保护技术研发及专利侵权诉讼的工具，逐渐开始复杂化和多元化。对企业而言，专利权商业价值的实现方式具有鲜明的多样性特点，包括新创事业、作价入股、许可与移转、侵权诉讼、技术服务、融资担保、技术标准、专利联盟等专利商品化与产业化形式。但是，与此同时，需要注意的是，和有形产品通过向消费者销售商品实现其商业价值不同，专利权商业价值的实现也复杂得多。

2. 建设知识产权强国背景下企业专利运作的外部策略和方法
（1）企业专利运作实战技巧可善用、合作能力要提高。

专利是市场竞争的利器。专利同样是市场进入壁垒，权利人可以利用专利对自己的事业设置参与壁垒。以智能手机为例，智能手机市场的迅速增长，伴随着苹果iPhone进入智能手机领域，传统手机产业链发生显著变化，一场智能手机领域的专利大战随即拉开帷幕，各智能手机系统厂商及相关智能手机制造厂商纷纷利用手中的专利"武器"进行知识产权时代新的"圈地运动"。在智能手机领域的这场专利大战中，苹果公司和三星公司的专利战无疑最具代表性，因此它们之间的专利纠纷也被称为"世纪专利审判"。苹果和三星激烈的专利侵权诉讼之争的背后是对智能手机市场占有率之争，即公司市场经济利益最大化之争。通过专利侵权诉讼，苹果不仅取得了三星几十亿乃至几百亿美金的损害赔偿、专利许可收益，而且更重要的是，通过司法程序对三星发出限制性排除令及禁止令，禁止三星侵权产品的进口和销售，限制性排除令和禁止令的杀伤力对企业而言意义极大，因为禁售就等同于该产品的市场生命结束。据苹果提交给法庭的一份文件显示，从2010年4月至2012年3月底期间，苹果在美国市场所售的iPhone毛利率为44%至69%，如此高的利率之下，苹果以专利诉讼打乱竞争对手三星、摩托罗拉及HTC等企业进入多媒体整合时代的脚步。

在创新需要时日，且存在很大不确定性的情况下，能够快速扩大专利储备的途径就是通过专利收购来实现，然而面临高额的专利收购资金，单个中国企业无力角逐。华为、中兴等具有一定实力的企业可以联合组团参与收购，既可以选择与谷歌组团，也可以视情况与其他厂商组团，但最终目的是购买到有价值的专利。同时，政府可引导民间成立知识产权管理组织，如专利池、专利联盟、专利银行，整合与集中管理专利资源以应对国际激烈竞争。建议工信部牵头组织智能手机企业协商，成立专利运营公司，完全由企业出资，其后每年由企业缴纳年费，专利运营公司的运作模式可以借鉴高智公司的模式。从战略意义出发收购具有潜力的专利，即那些具有诉讼价值的专利，具有钳制竞争对手价值的专利。比如，HTC三亿美金收购S3，原因就在于S3的两个专利曾在与苹果的专利侵权互诉中击败苹果,收购这两件专利,HTC一定程度上可以在与苹果的专利侵权诉讼大战中找到可以与苹果讨价还价的筹码,不至于无还手之力。移动互联网的发展中,技术的开发与获得越来越需要大量的人力物力财力的投入,与其他厂商进行交互授权不失为良策。以LTE为例,尽管华为、中兴在LTE领域的专利实现了一定的突破,数量上可与爱立信等主流企业持平,但是,也不要忽略了新兴企业,美国专利资讯机构TechIPm2014的报告显示,从暂定的标准候选专利数量来看,LG电子申请的专利数量占到了23%,三星电子占到了18%。面对韩国的这两大智能手机制造商,华为和中兴如果能在LTE领域加强合作,则在4G市场会有较大的话语权。对于中国企业而言,专利联盟不仅可以弥补自身专利不足,研发能力薄弱的劣势,同时通过专利联盟还可以降低专利风险。

专利合作是促进产业发展的重要条件,而只有产业链上各个企业拥有共同的产业与市场发展目标时,产业链上下游企业的专利合作才有了基础。同时,产业链上下游企业为了共同的目标而开展专利合作,又会进一步提升企业推动产业与市场发展的积极性,进而加速一国产业与市场的发展。近年来,通过我国政府知识产权战略及科研项目引导,企业自身的知识产权意识显著提升;我国企业在电信无线电产业国际竞争中谈判地位初步有所改善。但专利质量不高、核心专利拥有数量较少、产学研用结合的知识产权机制尚不健全、市场主体专利运营能力较弱等问题仍制约着我国知识产权的发展和企业竞争力的提高。要从"中国制造"迈向"中国智造"还有很长的路要走,政府、企业、研究机构以及全社会都需共同肩负起创新的重任。

可喜的是,虽然困难很多,但是重要的第一步已经迈出。日前,TD产业联盟宣布成立移动技术专利公司,希望带动产业链上下游企业,以市场化运作机制推动移动技术专利合作,从而降低4G准入门槛,尤其是降低千元多模4G终端的专利费。成立技术专利公司,是国内产业界的首次尝试和探索。从被动应对国外企业的专利诉讼,到联合起来寻求共赢,显示出我国高科技产业在运用知识产权上,更加自信成熟。

(2) 适当整合和集中管理专利资源。

与生命科学领域的药物、护理及相关产业不同,信息技术和通信领域等产业的产品由数量众多的专利所支撑,专利货币化的机会较多,因此对于信息通信产业适当整合和集中管理专利资源可有效发挥专利集中管理机构的多元化拓展潜在目标,进而增强企业的竞争优势。面对愈来愈强烈的国际竞争,不仅科技大厂纷纷成立专利许可证管理公司,各国政府及私营部门为强化其知识产权竞争力,也纷纷成立专利基金或者经营机构,以期望在现今及将来的科技竞争中赢得竞争优势。2013年7月,日本成立一项公私联合投资基金IP Bridge,目的是将日本境内未使用的专利转让或者许可给日本企业,该项目旨在日本国内的知识产权保护及有效活化,使日本制造业更好地利用知识产权资源带来的机会,提升日本企业的实力,以应对来自韩国和中国的竞争。

表15-1 近年来各国成立的具有代表性的专利基金

国家	名称	时间	主要投资人	专利基金特色
美国	高智发明	2000	微软、谷歌、苹果等	资金雄厚，专利组合庞大，行动诡秘
日本	INCJ	2009	日本政府持股90.5%	可用资金较大，出购买专利外，还有多重任务，动向受关注
法国	France Brevets	2010	法国政府及投资公司	主要向法国各高校、科研机构购买专利，以避免被外国购买
韩国	创智发明	2010	韩国政府及企业	拟向外大量购进专利，保护韩国科技企业免受专利侵权指控
中国	中以智库	2010	苏州市政府、以色列英飞尼迪集团	打造集科技项目产业化、资本运作和专家咨询为一体的知识产权银行
中国	IP银行	2011	台湾工研院	帮助私营企业获取专利参与国际竞争，应对专利侵权诉讼
中国	北京知识产权运营管理有限公司	2012	北京市政府	推动知识产权商用化进程，促进知识产权实现商业价值

以适当的组织机构整合和集中管理专利资源，能够增强成员之间相互分享专利信息和资讯、降低专利诉讼成本、创造更高价值的专利权、促进专利转让及许可交易、提升产品品质，最终达到整体提升各会员企业核心竞争力的目标。

（二）建设知识产权强国背景下企业专利运作的建议

1. 企业专利工作应高度重视专利文件，质量为先

专利排他权不同于物权所有权，不具排他性的专利权徒增"费用"，毫无"价值"。企业专利布局和专利战略均建立在高质量专利的基础上，企业应尽快走出"先求有再求好、先求量再求质"的误区。因此，企业在专利工作中应高度重视专利文件对专利排他权的限定作用，通过各部门协同化的运作机制争取获得理想的专利权利要求，不仅将企业资金生产的产品纳入专利权的保护范围之内，同时也要将竞争对手的产品纳入专利排他权的保护范围内。这不仅要求企业的研发部门、生产制造部门、营销部门及知识产权部门积极与专利代理机构进行有效地沟通，而且要求专利代理机构在审查授权中积极同专利审查员进行有效地沟通，确保企业获得理想的专利权保护范围。这需要企业改变对知识产权部门和专利代理机构工作绩效的评价机制，逐步遏制单凭专利申请授权时间、获得专利授权数量的工作评价机制。

2. 完善专利信息系统，提升企业专利运作能力

完善的专利信息系统可以为企业专利布局及专利战略提供制定的依据，为企业专利诉讼提供支撑，同时通过专利信息系统，准确判断专利的价值，避免在收购时造成不必要的损失，或者错失收购良机。实施专利导航，逐步建立专利分析与产业运行决策深入融合、专利运用对产业运行效益高度支撑的运行模式。对于政府而言，完善专利信息系

统要求专利行政部门向企业提供便捷的、能够满足查全和查准要求的专利权公共信息，其不仅应当提供专利申请、授权、无效等个案信息，更应当提供便捷有效的检索服务平台，并及时公布内部统计信息。对于行业协会而言，完善专利信息系统要求相关行业协会建设专题专利数据检索和加工系统，以及专题专利预警数据库，向企业提供本行业领域及时的产业动向、技术趋势、专利申请趋势、专利诉讼分析等，协助企业拟定专利运作策略，提升专利运作能力。对企业而言，完善专利信息系统要求企业建立自己的专利信息系统平台，不仅要将研发部门、知识产权部门在发明创造、申请授权及无效诉讼中的文件资料妥善保存，而且还要对本产业领域内企业自身及竞争对手发生的专利侵权诉讼进行整理追踪，并对本产业领域的专利权按照技术功效、引证分析、产品布局分析等做好定期的统计分析，及时更新专利信息系统。

3. 企业专利运作协调与竞争两者缺一不可

企业的生产经营战略以取得竞争优势为目的。专利可以强化产品的不同特质，能避免专利产品市场竞争的同质化。我国企业应当学习跨国企业之间亦敌亦友、协调竞争的商业关系。面对国际上跨国企业间各种合纵连横的竞争行为，我国企业迫切需要跳出传统商业思维，在国内、国际市场上协调竞争，以便专注于强化自身关键技术优势，进而实现企业主导产业链、控制供应链、分配价值链的竞争优势。一方面，企业可以运用将不代表企业核心竞争力的专利技术与其他企业进行专利交叉许可、组建专利池等方式，进行协调竞争，使企业可以专注强化自身优势而不在不必要的专利技术上消耗资源。另一方面，企业对代表其核心竞争力的专利技术又应当当仁不让，在企业的核心专利技术被其他企业侵犯时，应积极行使专利排他权，将竞争对手"赶出"特定市场。同时，企业专利运作"协调"和"竞争"的关系还具有动态性的特点，企业通过专利运作形成竞争优势的过程亦是一个"制"与"反制"的动态过程，谁能取得竞争优势取决于各自的实力，但实力可以通过"投入"和"策略"加以转化。

4. 对企业专利运营策略选择的建议

依据现存的可行性技术方案的多少以及专利技术对对应专利产品利润贡献率和市场占有贡献率的大小，笔者对企业的高质量专利提出了四种专利运营策略。第一种专利运营策略，对于具有较大产品利润贡献率和市场占有贡献率的专利权，如果其同时存在较少的具有可行性替代的技术方案，则决策者应以战术的方式使用这些专利，尽量避免专利许可、专利标准化、专利池、专利联盟等有损专利"排他性"的运营行为。当然，决策者如果发现其他企业、研发机构或者独立发明人拥有这样的专利，则应从战略层面积极地以这些专利为目标开展并购活动。第二种专利运营策略，对于具有较小产品利润贡献率和市场占有贡献率的专利权，如果其同时存在较少的具有可行性替代的技术方案，决策者可以通过专利使用、专利许可、专利标准化、专利池、专利联盟等形式使用这些专利，因为这些专利可以在不改变其竞争优势地位的前提下获得额外收入。第三种专利运营策略，对于具有较大产品利润贡献率和市场占有贡献率但是具有较多的可行性替代技术方案的专利权，决策者可以通过专利使用、交叉许可、专利池、专利联盟等形式使用这些专利，即决策者通过与其他专利权人共同构筑自己的地位，通过限制市场准入来获益。当然，产业领先的企业也可以通过一系列战略层面的企业重组或并购活动，将这些可行性替代的专利权"购入囊中"，而后按照第一种运营策略进行专利运营。第四种专利运营策略，对于具有较小产品利润贡献率和市场占有贡献率的专利权，但是其同时存在较多的具有可行性替代的技术方案，决策者可以通过专利使用、专利转让、专利拍卖、专利许可等形式使用这些专利。但现实中因为这些专利对产品利润贡献率和市场占有贡献率都很小，并且存在大量可行性替代的技术方案，所以可能较少有人愿意接受这样的专利。此时，如果撇开影响其决策的其他因素，建议决策者在权衡专利维持费的基础上，适时放弃这些专利权。

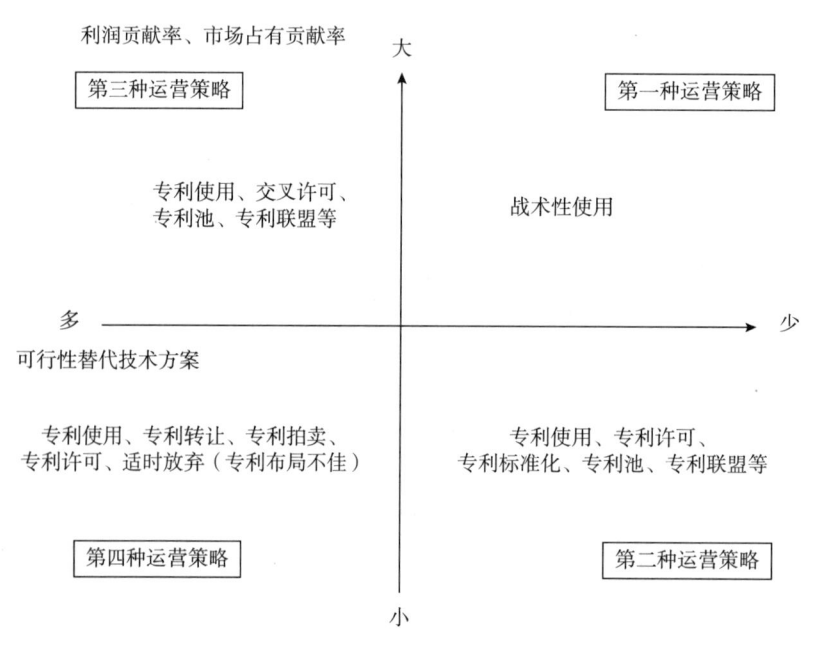

图 15-3 企业高质量专利的四种专利运营策略

5. 做好企业知识产权运用能力培育工程

通讯标准技术与企业专利布局紧密连结，影响深远，目前我国企业在激烈的商业竞争环境中，常面临被迫支付巨额专利许可费。因此，具有实质经济效益的专利布局对国内产业极为重要。同时，通过过去领先公司的专利运作及诉讼个案，更能协助企业认清既有优势并掌握未来商机，进而促使整体产业竞争力之提升。因此，国家知识产权局可持续针对各个不同技术领域委托相应协会或高等校院研发联盟对产业转型升级关键环节、战略性新兴产业、专利密集型产业发展中的重大问题、焦点问题，开展知识产权专题研究；面向行业和企业组织相关领域知识产权态势发布会和论坛交流；研究建立影响产业发展的重大知识产权问题应对机制。具体可由国内技术专家与专利法律专家、资深专利代理人、资深专利审查员等对特定技术领域的重要议题进行报告。通过协助产业界及学界提升专利布局能力，结合经营与研发策略以强化市场竞争力。在此基础上，指导企业建立知识产权管理制度，制定《企业知识产权运用能力评估指标》，支持知识产权优势企业开展知识产权特色培育试点，推动知识产权运用与技术创新政策相结合；提升产业基地、产业链创新主体的知识产权运用保护和服务能力；组织知识产权实务培训和宣传交流。针对专利运用问题，企业应积极"走出去"，针对知识产权政策法律环境问题，反垄断、知识产权和产业政策协调问题等焦点问题，进行政策分析与研究。

6. 建立企业知识产权运营联盟，加强专利协同运用

支持知识产权优势企业建立以企业为主导、知识产权运营服务机构以及高校、科研院所、企业、银行、投资公司等多方参与的企业知识产权运营联盟，整合国内外知识产权资源，构建产业化导向的专利组合和战略布局，加快创新成果转化为企业和产业竞争力，为建设知识产权强国、推动创新驱动发展作出贡献。同时，依靠企业知识产权运营联盟提高风险防范能力，建立产业知识产权风险应对机制，主动采取知识产权联合布局、防御性知识产权收购、知识产权许可谈判和启动专利权无效程序等多种形式，共同应对可能发生的产业重大知识产权纠纷与争端，增强风险防范和处置能力。以战略性新兴产业、高新技术领域为重点，组建产业专利联盟，形成产业专利集群优势，引领产业快速发展。

引导企业实施《企业知识产权管理规范》，面向市场主体推行标准化知识产权管理，深入实施专利导航试点工程，改变企业当前研发式推动（push）的知识产权管理流程，重视专利质量，引入专利权经济价值的观念，采用后拉式（pull）的方式进行知识产权的创造、布局、运用、保护和管理。

五、促进知识产权运用的"加法"，加快建设知识产权强国的"乘法"

当前我国正大力推行知识产权强国建设，扎实推进知识产权质押贷款和专利保险等金融服务，专利权质押制度的完善将利于实现"优化创新成果运用环境、推动产业结构转型升级、从制造大国转向制造强国"的宏伟目标。

（一）我国专利权质押融资的现状及存在问题

2013年，我国专利申请量达到82.5万件，占全世界的1/3，其中我国的居民申请量及国际专利申请量增幅均排名第一。❶ 可以说，中国正在从"中国制造"走向"中国创造"。然而，我国的科技型中小企业拥有大量的知识产权，却因为缺乏固定资产和担保机构，陷入了融资难的困境。为了缓解科技型中小企业资金匮乏的处境，实现专利权产业化的发展，我国政府不断探索新型融资模式，鼓励企业和金融机构加强合作，通过专利权质押融资等方式加大对专利权的拓展和延伸。下面，笔者将对我国专利权质押的现状进行分析，以期为相关部门的配合工作提出具体的建议。

1. 我国专利权质押制度的立法现状

我国的专利权质押融资制度起步较晚，政府通过不断实践和摸索，逐渐形成了一套符合我国国情的操作模式，然而在与实践相配套的立法方面却不尽完善。目前我国规范专利权质押的法律条例主要由法律、部门规章、司法解释以及地方性的管理条例所组

---

❶ "2013我国发明专利申请量82.5万件，连续3年居世界首位"，载《法制晚报》。

成,具体包括《担保法》《物权法》《专利权质押登记办法》《最高人民法院关于适用〈担保法〉若干问题的解释》以及各地市的专利权质押融资管理办法。

(1) 我国法律对专利权质押融资的规定。

我国法律对专利权质押的一些基本原则进行了规定,主要体现在《担保法》和《物权法》中。其中《担保法》是最早明确专利权可以用以质押担保的法律,其第75条规定了可进行质押的专利权必须是专利权中的财产权,且需具备可转让性;❶第79条规定了专利权质押的设立程序和生效条件;❷第80条规定了专利权质押后,债务人对专利权行使权利需经过债权人的同意,且将受益对债权人进行提前清偿或向第三人提存。❸而2007年出台的《物权法》在《担保法》的基础上进行了补充,除了与《担保法》一样规定了可用以质押的专利权范围和专利权质押后债务人行使专利权的问题,还对专利权质押的生效条件进行了明确规定,其第227条具体规定了专利质权的设定,除了要订立质押合同,还需以向登记机关登记作为质权生效的条件。可见,《物权法》是对《担保法》中未针对专利权质押生效条件的界定作出的进一步完善。

(2) 我国部门规章对专利权质押融资的规定。

部门规章主要针对专利权质押实践中的一些程序性问题以及质押合同登记事项进行了规定,具体体现在2010年出台的《专利权质押登记办法》中。《专利权质押登记办法》是以专利权质押管理实践中反映出来的具体问题作为参考,在1996年制定的《专利权质押合同登记管理暂行办法》基础上进行修订的,明确了专利权质押登记中的客体并非"质押合同",而是"专利质权",并规定了专门的管理部门、申请程序及当事人合法权益等内容,其第15条和第16条规定了保障质权人利益的条款,有利于提高质权人参与此项业务的意愿,推动专利权质押业务的发展。❹

除此之外,鉴于《担保法》《物权法》中的规定过于笼统,缺乏可操作性,各地政府为了具体落实相关政策,依据各地不同的发展情况制定了符合各地实践需要的地方性法律规范,如北京市施行的《关于促进专利权质押和专利项目贷款的暂行办法》、湘潭市颁布的《湘潭市专利权质押贷款管理办法(试行)》、上海市制定的《浦东新区科技发展基金知识产权质押融资专项资金操作细则(试行)》、《关于本市促进知识产权质押融资工作的实施意见》和成都市出台的《成都市知识产权质押担保融资合作框架协议》

---

❶ 我国《担保法》第75条规定,下列权利可以质押:(一)汇票、支票、本票、债券、存款单、仓单、提单;(二)依法可以转让的股份、股票;(三)依法可以转让的商标专用权,专利权、著作权中的财产权;(四)依法可以质押的其他权利。

❷ 我国《担保法》第79条规定,以依法可以转让的商标专用权、专利权、著作权中的财产权出质人与质权人应当订立书面合同,并向其管理部门办理出质登记,质押合同自登记之日起生效。

❸ 我国《担保法》第80条规定,本法第79条规定的权利出质后,出质人不得转让或者许可他人使用,但经出质人与质权人协商同意的可以转让或者许可他人使用。出质人所得的转让费、许可费应当向质权人提前清偿所担保的债权或者向与质权人约定的第三人提存。

❹ 《专利权质押登记办法》第15条规定,专利权质押期间,出质人未提交质权人同意其放弃该专利权的证明材料的,国家知识产权局不予办理专利权放弃手续。

《专利权质押登记办法》第16条规定,专利权质押期间,出质人未提交质权人同意转让或者许可实施该专利权的证明材料的,国家知识产权局不予办理专利权转让登记手续或者专利实施合同备案手续。出质人转让或者许可他人实施出质的专利权的,出质人所得的转让费、许可费应当向质权人提前清偿债务或者提存。

等。但是这些地方性法规普遍对出质人的准入标准及专利的价值提出了较高的要求,导致在实践中有许多企业因为条件不符而被拒之门外,难以实现建立专利权质押融资制度的初衷。

可见,我国现有的专利权质押融资法律条例过多是原则性的规定,许多没提及的内容均参照动产质权的规定,专业性不强,且对当事人的权利义务、主体限制等基本法律问题没有提及,内容过于宽泛,操作性极低;而部门规章主要规范的是质押登记程序方面及效力方面的基本内容,同样无法给予实践很好的指导性意见;相比之下,地方性规范条例真正涉及了具体实践中所面临的情况,如质押标的物、期限、质权实现等具体操作性问题,但是鉴于各地市对于专利权质押的操作过于谨慎,且规定的内容大相径庭,缺乏统一性,使得专利权质押的作用大打折扣。

2. 我国专利权质押融资的突出问题

(1) 专利权质押融资的立法及其配套制度存在的缺陷。

专利权质押融资中的法律风险既涵盖了法律制度缺失导致的风险,也涵盖了基于专利权价值本身的不确定性所造成的风险,主要表现为如下几个方面。

一是专利权质押融资立法体系内部不统一且过于宽泛。

目前,我国的专利权质押立法体系极不完善,法律、法规、部门规章和地方性法规间并没有形成统一、协调的体系,而是在相同的立法上不断重复并造成冲突,不利于专利权质押融资制度的稳定发展。《担保法》和《物权法》作为规范专利权质押制度的主要法律,仅设定了一些概括性的规定为专利权质押提供法律依据,将动产质押的相关规定作为兜底条款适用于专利权质押融资,在专利权质押的具体操作方面规范甚少,这样的条款太过宽泛,难以和实践相结合。此外,《专利权质押登记办法》和一些地方性的法规也针对专利权质押融资业务作出了规定,此类法规的针对性更强,但是此类法律规定过于零散,同样的事项存在不同的规定,造成了法律、规章、法规之间的不协调,仍然存在着诸多问题。

二是专利权质押融资的标的范围有待商榷。

我国《物权法》第 223 条和《担保法》第 75 条规定了专利权质押融资的标的必须是依法可以转让的专利权中的财产权,而根据我国《专利法》可知,专利申请权也具有财产性和可转让性,那么专利申请权是否可以进行质押融资呢?答案是不确定的。持赞同观点的学者认为是否利用专利申请权来设立质权,取决于当事人双方的个人意愿,若双方经过商榷达成了一致的意见,且意思表示真实,那么行政机关不应对此进行干涉;[1]持反对观点的学者认为专利申请权仅是申请人向国务院专利行政部门申请权利保护的一种权利,并非一定能获得授权,因此其并不具备法律上的财产性,不应作为标的进行质押。[2]就此问题,我国法律并未作出明确的规定,然而在具体实践中,我国专利主管机构出台的《专利权质押登记办法》直接否定了专利申请权作为质押标的的可能性,即对于以专利申请权进行质押登记一概不受理。《专利权质押登记办法》之所以否

---

[1] 蔡祖国:"专利权质权法律制度研究",载《知识产权法研究》2009 年第 1 期,第 67 页。
[2] 戴谋富:"论知识产权质押的客体范围",载《金陵科技学院学报》2005 年第 2 期。

定专利申请权的适质性,主要是基于专利申请权在法律效力上具有不确定性。[1]但是专利权从申请到取得授权间的时间比较长,而这段时间正是科技型中小企业起步的时期,他们对资金的需求很大,如果能将专利权质押融资标的的范围扩大到专利申请权甚至更大的范围,将能在现有基础上促进科技型中小企业的蓬勃发展。

三是专利权质押融资实现的法定形式有局限性。

专利质权的实现,是指当债务人无法按期偿还债款时,债权人应就出质的专利权进行变现,以变现后的价款优先受偿。根据我国《担保法》第81条规定,质权的实现可通过折价、拍卖及变卖的形式来进行。[2]可是在实际操作中,基于专利权自身的特性,这三种实现方式均难以适用于专利质权的实现。第一,专利权质押实践中的质权人多为银行等金融机构,此类机构由于业务范围的限制难以采取折价的方式实现质权;[3]第二,我国现有的专利技术交易市场尚不完善,专利权很难在交易市场中脱手,因此,以变卖的方式实现质权也很困难;[4]第三,我国目前尚未制定有关专利权的拍卖的法律法规,若要通过拍卖的形式实现质权,则应先制定相应的法律法规。第四,专利权作为一种无形财产,它的流通通常需要搭配专业的配套设施和技术人员,且随着时间的流逝,专利权的价值也会不断下降,若是仅限于传统的三种质权实现方式,将难以走上专利技术的产业化道路。

四是我国的专利技术交易平台有待通过立法的配套规则进一步完善。

专利质权的实现有赖于完善的专利技术交易平台和法律法规。目前,我国的专利技术交易平台仍处于起步阶段,交易量小,且实践经验少。同时,鉴于专利权价值难以评估及审批程序较为复杂等因素,专利权的交易成本较一般财产交易高,因此市场上的交易中介机构普遍呈现出收费高但是执业水平低的情况,不利于交易市场的稳步发展。再者,我国与专利权交易配套的法律法规也不尽完善,多是参照有形财产交易的规则来制定,限制了诸多灵活的交易模式,阻碍了专利权的市场化进程,加剧了质权实现的困难。事实上,基于我国当前的现实情况,许多具备高技术水平的专利权完全可能因为缺失专利交易平台而失去其巨大的价值。尽管我国近年建立了一批国家专利技术展示交易中心,但是其对专利权的技术水平和企业准入条件的要求很高,且多为地方政府开办的,规模有限,投入巨大,并不能作为长久的发展模式。若是我国一直缺乏市场化的专利权交易体制,则专利质权的实现问题仍会是制约专利权质押融资业务推广的重要因素。

(2)专利权质押融资的价值评估制度的空白。

当前,专利权价值评估的问题已成为全球性的难题。专利权价值评估作为保障质权人利益的一种手段是专利权质押融资的基础,其评估结果的准确性将直接影响到专利权

---

[1] 张卫、罗彩云:"我国知识产权质押若干问题研究",载《河南政法管理干部学院学报》2007年第5期。

[2] 我国《担保法》第81条规定,权利质押除适用本节规定外,适用本章第一节的规定。

[3] 张德芬:"论知识产权质权的效力——以知识产权客体的特点为视角",载《郑州大学学报(哲学社会科学版)》2010年第2期。

[4] 王政贵、徐珍、张可鹏:"促进科技创新目标下的知识产权担保融资及其法律问题",载《行政与法》2010年第8期。

质押融资业务的开展。然而在实践中，由于专利权本身的特性以及评估机制的落后，使得专利权的价值评估结果出入很大。❶可见，专利权价值评估难的现实情况已成为制约我国专利权质押融资制度前进的绊脚石。❷

① 专利权价值评估法律体系的缺失。

我国目前暂未出台专门的专利权价值评估法律法规，而是通过套用无形资产评估的模式在操作，此种模式在专利权价值评估实践中的操作性较低。为了促进我国专利权价值评估制度的发展，2009年我国资产评估协会制定了《专利资产评估指导意见》，同年财政部制定了《资产评估准则——无形资产》。然而由于前者仅具有指导意义而后者规定的内容不具针对性，这两项规定对于我国专利权价值评估的实践并无太大帮助。此外，我国缺乏统一的专利权评估标准，尽管现有专利权评估机构100多家，❸但是这些机构在专利权价值评估的方法上却各不相同，使得同样的专利权在不同评估机构得出的评估结果大相径庭，无法获得客户的认可。同时，我国目前的会计制度无法准确地体现专利权的价值，❹因此建立标准化的专利权评估准则是十分必要的。

② 专利权价值监督管理机制的缺乏。

我国缺乏专利权价值评估的监督管理机制。尽管目前已有些许针对专利权评估的管理条例，但这只是杯水车薪，无法真正规制评估市场中的不良行为。评估机构仍存在着因缺乏诚信监督而出现的黑幕交易，❺如在价值评估中最常见的倒评行为，即评估人在评估过程中是以事先与客户沟通好的融资额度来寻找专利的价值点，而非根据专利的价值评估结果来设定融资额度，此种行为直接扰乱了专利权价值评估市场，亟需通过相关的法律制度来规范。可见，建立健全的专利权价值评估体系是当前的首要任务。

(3) 专利权质押融资的风险共担机制保障的缺乏。

科技型中小企业作为典型的"潜力股"，集高风险、高收益于一身。然而，其高风险的特征致使银行等金融机构在缺乏风险共担机制的情况下，不愿意为其办理贷款业务。可见，除了专利权本身的价值波动风险、评估风险等原因，风险规避机制的缺失也是制约我国专利权质押融资制度发展的主要瓶颈。

第一，我国现行的专利权质押融资模式过于单一，主要是以银行等金融机构与专利权人直接签订质押合同的形式来进行，缺乏担保机构的参与。在这种模式下，银行理所应当地承担起了所有的风险。尽管我国政府采取了多项专利权质押融资的贴息补偿制度，仍不能有效地起到风险共担的作用，正因如此，银行等金融机构对于专利权质押融资业务一直保持谨慎的态度，致使科技型中小企业难以利用专利权获得融资。

第二，我国缺少专业性的专利权质押担保机构。在专利权质押融资实践中，通常是由普通的担保公司为企业不能按期偿还债权提供担保，并且此种担保形式较为传统，并未针对专利权的特殊性为其在质押过程出现的各种问题进行担保。然而在专利

---

❶ 蒋逊明："中国专利权质押制度存在的问题及其完善"，载《研究与发展管理》2007年第3期。
❷ 李骏：《知识产权出资的缺陷及其修补》，苏州大学2009年硕士论文，第39页。
❸ 郭柱楠：《我国专利权质押融资的法律制度研究》，重庆大学2012年硕士论文，第24页。
❹ 梁京华："专利权质押贷款业务开展中存在的问题和建议"，载《中国集体经济》2009年第10期。
❺ 胡海洋：《知识产权质押融资风险分散和防范机制研究》，中国科学技术大学2009年硕士论文，第35页。

权质押融资的过程中,债权人最担忧的就是专利权的价值贬损问题,如果专利权因为新技术的替代而丧失价值,债权人将无法实现债款的回收。因此,建立专业性的专利权质押担保机构能够在专利权质押实践中为权利人提供相关的建议和服务,分担债权人所承担的风险,增强银行等金融机构的从业信心,实现专利权质押融资业务的全面推广。

(二) 完善我国专利权质押融资制度的对策

为了突破专利权质押融资难的瓶颈,促进我国中小企业持续健康的发展,笔者将在借鉴域外经验的基础上针对我国专利权质押融资面临的困境提出几点建议。

1. 针对我国专利权质押融资配套制度方面的建议

(1) 建立健全的专利技术市场交易平台。

我国的专利权质押融资制度建设是一个庞大的系统性工程,其中专利技术市场的完善尤为关键。当债务人无法按期偿还债款时,债权人则可通过将该专利折价、变卖、拍卖,来获得价款,并优先受偿,这就需要完善的专利权交易市场。据统计,2002年全国登记在案的技术合同达23.71万个,成交总金额达884.17亿元。❶从数据上看,我国的专利技术交易市场似乎发展迅速,但在实践中却并非如此。许多金融机构不愿意开展专利权质押融资业务,首先就是出于对专利技术变现难问题的担忧。国家为了促进专利技术的产业化发展不断在政策上进行扶持,如2006~2007年相继发布的《关于实施全国专利技术展示交易平台计划的通知》《建立和完善知识产权交易市场指导意见》等文件,又如2011年,我国已在全国29个省市建立了43家国家专利技术展示交易中心。❷但是就目前而言,我国的专利技术交易市场仍然处于起步阶段,国内的技术交易所存在着定位模糊、配套服务落后、交易形式单调等问题,因此,完善专利权交易体系是推动我国知识经济战略的重要力量。笔者认为,应结合我国的具体国情从以下三个方面来着重完善我国的专利技术市场交易平台。

① 制定相应监管标准完善专利技术市场交易的法律规范。

我国现行法律并未对专利权交易的具体实施作出任何规定,只在《专利法》中就专利权交易的基本原则进行相应的界定,而各地市制定的地方性管理条例在内容上又相去甚远,可见,我国的专利权交易体系缺乏统一、规范的法律约束,也因此使得专利技术的交易难以在实践中开展起来。因此笔者认为,完善专利技术市场交易的法律法规是十分重要的。国务院专利行政部门应在现有专利权交易体系的基础上,借鉴外国相关经验,总结我国各地市法规的优劣性,制定出涵盖交易各主体的市场准入、交易程序、法律责任等内容在内的专利技术市场交易法规。❸

---

❶ 陈勇:"建设我国知识产权综合交易平台的思考",教育部科技发展中心,http://www.cutech.edu.cn/cn/zscq/webinfo/2005/03/1180951188474681.htm。

❷ "我国专利技术展示交易体系初成",http://paper.chinahightech.com/html/2011-11/07/content_26106.htm。

❸ 杜蓓蕾:《知识产权质押制度研究》,上海大学2005年硕士论文,第36页。

② 利用现有技术市场打造专有信息平台。

专利技术交易市场的规范化有赖于相关信息的透明化，由于我国专利权质押的数量不多，透明度低等原因，许多信息往往难以搜集，不利于专利权质押融资业务的发展。与我国相比，西方发达国家会在技术市场上公布专利权的估值、交易情况等信息，并会提供相应的咨询服务，这是值得我们借鉴的。❶笔者认为，我国可在这些技术交易市场的基础上建立一个全国性的专利信息数据库，通过提供专利权质押、专利使用以及专利评估价格和成交价格等数据追踪情况，使企业能准确地得知所关注的专利权的具体信息，并以此对将来有可能出现的风险作出预估和应对，提升质权人的抗风险能力。笔者相信，此种专有信息平台的建成将有利于促进专利技术的转化，推动专利权交易市场的快速发展。

③ 打造高水准的专利权交易人才队伍。

鉴于我国专利权质押融资业务仍处于初级发展阶段，专利权质押融资业务的专业机构和专业人才均相对较少。据了解，目前我国专门从事专利权质押融资业务的中介机构几乎没有，而国内实力较强的知识产权中介机构所办理的专利权质押案件也仅占所有案件量中的很少一部分。正所谓实践出真知，现阶段我国亟需通过政策指引、业内交流、专业技能培训等多种形式来培养一批具备法律、营销等多重专业素养的专利权交易经纪人，并由国家出面，鼓励和扶持专业化的专利代理、评估、交易等中介机构，❷以期凭借提升相应中介机构和市场从业人员的专业水准来增强金融机构参与专利权质押融资业务的积极性，帮助中小微企业尽快筹得资金实现专利的产业化生产，推动整个专利权交易市场的发展。可见，高质量的人才体系和中介机构是完善专利权交易体系的重要环节，可为企业和金融机构的合作发挥桥梁与纽带的作用。

（2）建立专门的专利权质押融资服务平台。

随着专利权质押融资业务的发展，社会对于通过专利权质押来实现融资的需求越来越大，尽管如此社会上已有许多知识产权服务中心，然后针对专利权质押融资业务的仍然少之又少，鉴于当下专利权质押融资市场信息的高度不对称且网络信息分散，笔者认为，建立一个专门性的专利权质押融资服务平台已成为现实需求。正如在求职应聘中，用人单位需要通过了解应聘人员的基本信息、学历背景、实习经历来作出聘用与否的决策，而在专利权质押融资的实践中，需求方和融资方同样也需要了解对方的基本概况，信息沟通的流畅程度决定了业务开展的顺利程度。因此，我国可参考"中细软"知识产权服务中心网站的运营模式建立专门性的专利权质押融资服务平台。

首先，应在整合当前处于分散状态的专利权质押融资相关信息的基础上提供受众所需的相关内容，如专利权质押融资业务的申请流程、发展现状、法律规定以及信息和数据的查询服务，让需求者能直接获得有关专利权质押的信息。

---

❶ 张美灵："对知识产权质押评估的认识和思考"，载《中国资产评估》2011年第3期。

❷ 《建立和完善知识产权交易市场指导意见》第4条第2款规定，整合各类中介服务资源，积极发展技术中介、咨询、经纪、信息、知识产权和技术评估、风险（创业）投资、产权交易等中介服务机构，为知识产权顺畅交易提供支撑。

其次,平台可借鉴目前电商的 B2C 模式,在服务平台上构建一个电商板块,通过与专业的专利评估机构、担保公司、律师事务所等第三方机构合作开展在线销售活动,让受众可直接在网站上通过了解这些机构的具体信息来选择专业性机构为其专利权质押融资实践提供服务,并可在服务结束后为此机构评分。这种模式可以改善许多客户因不具备专业水平无法判断和选择适合自己的专业机构的情况,它通过简洁明了的方式为客户提供机构讯息以供对比和选择。

再次,平台应为受众提供相关的咨询和评估、代理、转让等服务内容,为有需要的客户提供便利。可以说,专利权质押融资服务平台的建立使对现有相关资源的重新整合,既有利于提高受众对业务的认知和操作水平,又有利于推动相关机构的业务开展。因此,建立一个专门的专利权质押融资服务平台至关重要。

(3) 建立标准化的专利权价值评估体系。

专利权作为一种典型的无形资产,其价值会随着市场环境、技术成熟度等因素而波动,难以用直观的方式来体现,而需经过专门的评估机构通过多方调研对其作出客观的评判,因此专利权价值评估就是对专利权未来的价值进行预测。[1] 而在专利权质押融资实践中,金融机构就是根据评估机构得出的数据报告来确定是否开展此项业务以及贷款的金额。可以说,专利权的价值从本质上决定了以其作为质押标的进行融资的能力。2006 年,我国财政部和国家知识产权局共同发布了《关于加强知识产权资产评估管理工作若干问题的通知》,就我国知识产权价值评估问题进行了简要的规范。然而由于评估过程中存在差异性和复杂性等问题,专利权价值评估成为限制我国专利权质押融资业务市场化发展的现实阻碍。因此,笔者针对如何完善专利权价值评估机制提出几点建议。

① 推陈出新,完善现有专利价值评估方法。

我国传统的专利权价值评估方法有成本法、收益法和市场法,三者在适用范围、评估模型和数据搜集等方面都各有特色,因此,在专利权价值评估的实际操作中评估机构必须厘清每种评估方法间的区别,根据专利技术所处的不同阶段、不同情况来决定适用的哪种评估方法或是哪两种复合型评估方法。笔者认为,完善现有专利权价值评估方法可以从两个方面入手:一方面,在进行专利权价值评估时,应着重考察影响专利权估值的法律因素,[2]如不同专利类型的稳定性、专利权的实施状态和许可情况、专利权是否涉及侵权或是经过撤销、无效及异议程序、专利权的年费缴纳以及专利权的剩余保护期等等,同时可以将专利的技术使用寿命、权利所及地域范围纳入专利权价值评估所需参考的因素。另一方面,国家可在现有评估方法的基础上,引入新型的评估模式,在此可参考郑成思先提出的"超额收益法"和"割差法"。[3] 这两种方式通常用于企业商誉价值的评估实践中,程序复杂但精准度较高。商誉作为一种典型的无形资产,其构成复杂、价值波动性大,在这点上,专利权与其存在共同点。因此笔者建议,我国可在原有

---

[1] 李文江:"构建中小企业专利权质押贷款制度",载《中州学刊》2010 年第 9 期。
[2] 郑成思:《知识产权价值评估中的法律问题》,法律出版社 1999 年版,第 32 页。
[3] 郑成思:《知识产权论》,法律出版社 2003 年版,第 77 页。

的评估方法中嵌入割差法和超额收益法中的具体思路，完善现有评估体系，提高专利权价值评估的准确性，以使企业和金融机构双方都能对专利权的估值结果感到信服和满意，促进我国专利权价值评估方法的创新发展。

② 加强管理，建立专业的评估机构和组建专业化的评估专家队伍。

首先，专利权的评估工作主要涉及了企业和金融机构双方利益，其评估出的价值将直接影响当事人双方对于融资额度的敲定，这就要求评估机构必须拥有独立的"人格"，不应在评估过程当中偏袒任何一方，我国可以通过财政补贴的形式以及信息披露机制的建立来降低评估机构受金钱和权力驱使的可能性。其次，专利权的评估工作难度大、专业性较强且涉及各个领域，这就要求了从事此项工作的评估机构必须是专业水准高的权威性专利权评估机构。尽管我国目前出台的《专利资产评估指导意见》《资产评估准则——基本准则》等规定，对于专利权价值评估机构和执业人员的具体事项进行了界定，但就现状而言，我国仍缺乏从事专利价值评估工作的专业从业人员和评估机构，专利价值评估事业止步不前。笔者认为，其一应就评估机构的准入条件进行规范，可包含注册资本、风险承担能力等条件；其二应严格把控评估从业人员的资质认定标准，保证人才队伍内必须包含法律、金融、会计、管理等领域的专业型人才和各行业代表，并借鉴"佛山模式"建立专利评估专家数据库，提升团队的专业水准和职业水平。❶最后，当评估机构步入稳定发展的阶段后，机构应着重完善内部的管理机制，通过建立评估机构从业人员考核制度，做到奖罚分明，强化行业专业性和纪律性，实现评估机构的规范化管理，推动专利权价值评估市场的蓬勃发展。

③ 强化责任，建立严格的专利权价值评估责任追究体系。

现阶段，根据我国《专利资产评估指导意见》的规定，专利权价值评估过程违法的责任一般由评估机构来承担，而相关评估从业人员仅承担行政惩处的责任。这种责任归咎体系使得评估从业人员没有风险和责任意识，因为无需担忧评估失误所带来的损失，而在工作中有可能出现不端的行为。因此笔者认为，为了实现专利权价值评估的客观性和准确性，保证评估机构和从业人员在从业过程中遵守职业道德和专业水准，应着重建立完善的责任追究体系，引入损害赔偿责任。若是评估出现问题是由于从业人员自己的过错导致的，则应由该从业人员承担就此所产生的民事损害赔偿责任，若是情节严重构成犯罪时，则应当依照法律规定追究其刑事责任。笔者相信，通过完善现有的专利权价值评估责任体系将有利于减少评估过程中的道德风险，强化从业人员的责任意识，促进专利权价值评估机构的不断进步，以形成无形资产信用评价机制和运作体系。❷

（4）建立完善的中小企业信用体系和监管机制。

企业信用评级是解决投资者与经营者之间信息不对称问题的有效办法，是金融机构决定是否放贷的重要指标。可以说，专利权质押融资业务的顺利开展有赖中小企业信用

---

❶ 佛山模式是指我国广东佛山市南海区的专利权质押融资专家数据库收集了很多专利价值评估方面的专家，促进了当地专利价值评估的发展。

❷ 苑泽明：《无形资产评估》，复旦大学出版社2005年版，第56页。

体系的支持。然而目前我国的中小企业信用体系仍然存在着许多问题，如社会认可程度低、法律依据不足、评估机构不专业等等，且我国最缺乏资金的中小企业往往处在事业的起步阶段，缺乏完善的信用机制，以至于在融资过程中刻意淡化自身的劣势，夸大企业的运营情况，造成银行无法获取企业的真实情况。因此，国家应推进税务机关、工商部门、统计局等相关机构的共同合作，建立中小企业信用评级数据库，通过信息共享的形式在企业和银行之间搭建信任的桥梁，从根本上解决信息不对称的问题，促进中小企业专利权质押融资业务的发展。除此之外，在完善中小企业信用体系的基础上还应加强银行等金融机构对所放贷款的企业的监管力度。针对专利权质押融资业务，我国在各地市的地方性管理办法中皆对贷款资金的用途进行了限定，如《浙江省专利权质押贷款管理办法》。❶

因此，当银行批准了企业的质押贷款后，应主动开展监督工作，实时监测企业的资金走向、专利权状态等有可能影响到贷款收回的因素。同时，由于我国当下的中小企业信用体系仍处于发展初期的阶段，政府应作为主导力量推动中小企业信用体系的完善，制定相关法律法规，鼓励和宣传诚实信用理念的养成，提高社会整体的信用观念，争取建立起一个内有思想外有保障的中小企业信用体系。

（5）建立以龙头企业为核心的供应链融资模式。

供应链金融是指银行将核心企业与上下游企业联结起来共同提供灵活运动的金融产品和服务的一种融资模式。在我国，传统龙头企业向来处于产业供应链的核心，操控着整个供应链的运作，然而随着社会分工的不断细化，这些龙头企业逐渐将注意力转向生产制造与科技研发方面，而将许多非核心业务外包给上下游的中小企业，这就给了银行等金融机构开展供应链金融业务的机会，通过将龙头企业与中小企业联系在一起，以龙头企业为核心，向供应链提供资金支持，一方面能有效地解决中小企业融资难的问题，另一方面能够促进中小企业与龙头企业的长期合作，通过资金的支持增强供应链的流动性，既提升了供应链的竞争力，又为中小企业的不断发展创造了机会。

因此，笔者认为国家可建立以龙头企业为核心的高新技术产业联盟，来有效地整合现有的专利资源。龙头企业通过将供应链中的专利权质押给银行等金融机构来获得贷款，并以此来扶持供应链上下游的中小企业稳定发展。这种将专利权与供应链金融结合的新型融资方式，建立了龙头企业与中小企业的战略联盟关系，既能帮助中小企业将手中的专利权变现为资金，又能为银行等金融机构寻找集群客户，从产业链发展的角度来评估专利权的市场价值，为专利权质押融资的业务寻找合适的切入点，促进更多的专利权走向产业化的道路。

2. 针对我国专利权质押融资风险分担机制方面的建议

专利权质押融资业务的风险控制核心就在于建立完善的风险分担机制，通过将风险

---

❶ 《浙江省专利权质押贷款管理办法》第4条规定，借款人以专利权出质贷款人取得的信贷资金，只能用于技术研发、技术改造、流动资金周转等生产经营，不得从事股本权益项投资，不得用于有价证券、股票、期货等高风险的投资经营活动。

分散和转化到其他组织,来降低融资过程中金融机构所承担的风险,从而提高金融机构参与此项业务的积极性。因此,笔者将就完善我国专利权质押融资风险分担机制的建设提出几点建议。

(1) 建立政策性的信用担保机构。

所谓担保机构,是指为金融机构分担贷款风险的第三方机构。目前,市场上愿意为专利权质押提供信用担保的担保公司通常是以利益为导向,如政府设立的经费补贴、企业给予的额外酬劳等。然而此类担保机构并不能成为专利权质押融资业务的长期合作伙伴,当没有显著的利益回报时,它们便可能拒绝提供服务。相较于域外专利权质押融资实践,我们发现美国、日本这样的市场机制成熟的发达国家,都通过建立美国小企业管理局、日本信用保证协会等政策性机构来为专利权质押融资提供信用保证,通过政策倾向促进专利权的产业化发展。可以说,政府的介入直接推动了专利权质押融资制度的前进。

尽管我国在专利权质押融资的发展过程中,也通过政策扶持和资金支持的方式来推动其发展,但是鉴于目前我国的专利权技术交易市场尚未成熟,银行等金融机构又对企业以专利权进行质押的行为多持有怀疑的态度,为建立银行等金融机构对企业的信心,提升其开展专利权质押融资业务的积极性,政府应加快建设步伐,以实现扶持中小企业发展的产业政策为基准,为企业向金融机构申请贷款提供信用担保,提高企业融资的成功率。

因此,笔者建议,我国可借鉴日本信用保证协会的形式,由国家财政拨款设立符合中国国情的具有国家背景的公益型担保机构,它不以盈利为目的,仅仅通过提供政府信用担保来为中小企业融资增加资本,当企业无法如期偿还债务时,由此信用担保机构先行还款,这样一来,既能打消银行等金融机构的疑虑,又能解决中小企业融资难的问题,可谓一举两得。

(2) 建立专利权质押融资的专项贴息制度和风险补偿金机制。

专利权作为一种典型的无形财产,其价值的波动性大,融资的风险高。因此银行在面对专利权质押贷款的业务时一般持保守态度。而政府作为推动专利权质押融资制度发展的助推力量,其应当为企业和金融机构提供完善的后备支持。笔者认为,政府应加大扶持力度,主要通过以下两种方式推进专利权质押融资业务的发展:第一,设立贴息专项基金。目前,北京及佛山政府均利用利息补贴的模式来鼓励中小企业进行专利权质押融资贷款业务,笔者建议,国家应将此种贴息制度推广开来,制定出台有关贷款贴息的具体扶持政策。在具体操作中,政府可为符合贷款条件的中小企业提供包含登记费、评估费等相关费用在内的专利权贷款贴息补助,降低企业的融资成本。❶第二,建立风险补偿金机制。风险补偿金机制是指由政府或企业联合设立的一个专项基金,当质权无法实现时则由专项基金进行补偿,其意义在于它能够有效地为银行等金融机构承担无法收

---

❶ 徐珍:"专利权质押贷款融资的探讨探索风险防范加强财政支持",载《今日科技》2008年第12期。

回债权的风险。目前,此种补偿机制在我国的个别地方已开始实施。❶

因此,笔者认为政府可借鉴这种模式,建立以政府为主导的专项担保基金,专门为银行等金融机构进行补贴和支持。当金融机构出现债权难以收回的情况时,由国家承担起偿还的责任。除以上两种方式外,政府还可将中小企业的信用评级资料与政府科技处进行联结,动态跟踪和记录中小企业的履约情况,以此提高企业的违约成本,强化企业的责任意识,并给予那些专利权质押融资业务量达标的金融机构奖励和优惠政策,争取促成专利权质押融资制度的良性发展。

(3)建立适用于专利权质押融资的保险制度。

专利权作为一种典型的无形财产,其价值难以捉摸,且由于专利权在实践中容易涉及侵权问题,从而导致权利本身的价值波动大,所以普通的金融机构对于以专利权质押来融资的形式缺乏信心。我国现行的专利权质押风险分担机制主要是以担保机构的风险共担形式为主,然而为保障机构自身的利益,通常它们会对此类业务有所保留。同时,我国政府为促进专利权质押融资业务的发展也在政策上不断给予支持,通过相关法例的出台,设立专项基金等形式来鼓励金融机构积极地参与这项业务。然而这并非长久之策,政府的主导不利于市场化经济的发展,也无法从根本上化解潜藏在专利权质押融资中的风险。因此,为完善我国在专利权质押融资制度中的风险分担机制,实现风险分担的市场化运作,应将保险这种最基本的风险管理手段纳入其中。❷

专利权质押保险产品是知识产权市场化融资发展到一定阶段的产物,尽管目前各大保险公司仍对此多处于观望态度,但其全面推行已是指日可待。因此笔者建议,政府在现有成果的基础上,仍应加大对保险公司的财政扶持,对保费进行补贴,鼓励保险公司积极开发新型保险产品,如由义务人以自己的信用风险为保险标的的"专利权融资保证保险"、由债权人以债务人的信用风险作为投保标的的"专利权融资信用保险"、以专利权价值评估失误所造成的损失为保险标的的"专利权价值评估保险"以及一些职业责任险等等。❸同时应以镇江市在专利权质押融资试点工作的成功案例作为典型在全国推广,鼓动广大保险机构参与到专利权质押融资实践中来,推动新兴产业领域的专利成果快速实现产业化的进程。

---

❶ 深圳市政府2008年发布了《深圳市重点民营企业贷款风险补偿暂行办法》。该办法规定深圳成立"重点民营企业池",池中企业将缴纳一定金额的互保金。深圳市财政将对银行为池中企业提供中长期贷款所产生的风险损失按比例进行补偿。根据这项风险补偿机制,商业银行在向参与合作的重点民营企业发放贷款时,将得到两方面的资金担保:一是重点企业互保金;二是政府提供的贷款风险补偿金。如果企业贷款逾期6个月后,合作银行可启动代偿程序,由互保金先行代偿;当互保金不足时,不足部分由政府风险补偿资金和银行按比例分摊。政府和银行的分担比例各为50%。在启动债务追偿程序后,追索回的资金或者企业在恢复还款时,先按比例补偿政府和银行的损失,再补偿互保金。

❷ 杨明:"专利权质押贷款的可操作性难题及其应对",载《电子知识产权》2011年第8期。

❸ 保证保险以义务人的信用风险为保险标的,但是债务人因客观的自然灾害和人身意外事故而丧失偿债能力时,以该风险为对象设定的保证保险就不应该是纯粹的财产保险,而属于人身意外保险,此时必须按保险的机制,即风险转移、分担、化解和损失补偿的规则确定保险合同内容,保险人不得享有担保人享有的权利。

专题16　法治背景下知识产权工作服务创新驱动发展战略研究

承担单位：陕西省社会科学院

作　　者：陈　波　冯家臻　郑敬蓉　张　生
　　　　　姚新动　蒋瑞雪　胡映雪　张小号

一、加强运用法治思维与法治方式是党的十八大以来法治背景的核心要义

（一）党的十八大以来党中央将法治思维与法治方式上升到依法治国的战略高度

1. 加强运用法治思维与法治方式是党的十八大以来关于依法治国首次提出的新内容

（1）改革开放至党的十八大中国法治建设的整体情况。

可以大致分为两个阶段，一是从1978年党的十一届三中全会至党的十五大，二是从党的十五大至党的十八大。

早在1978年中国共产党十一届三中全会就确定了社会主义法治建设的基本方针，即"有法可依、有法必依、执法必严、违法必究"。有法可依是推进法治建设的前提，于是健全法律制度就成为我国社会主义法治建设初期的主要工作，这种情况一直持续到2011年3月10日全国人大常委会庄严宣布中国特色社会主义法律体系已经形成。这期间知识产权工作的重心也是以完善各个领域的法律制度为主，如制定修改《商标法》《专利法》《著作权法》等。

1997年党的十五大报告里首次提出"依法治国是党领导人民治理国家的基本方略"，并提出要"依法治国，建设社会主义法治国家"这一宏伟目标。这就正式将依法治国提升为国家治理的基本方略。依法治国不仅要求具备"依法办事"的制度安排及运行机制，而且强调法律面前人人平等、规范权力、保障权利、程序公正、良法之治等精神和价值。在此期间，我国知识产权工作也发生了重大转变，那就是从单纯注重依靠各种法律制度、政策规范管理知识产权工作向制定国家知识产权战略全面规划知识产权立法、执法、司法以及人才队伍建设等各项工作，工作方式也从单纯依靠制度管理向建立有助于知识产权工作良性运行的程序机制方面转变，工作中也逐步树立起尊重和保障市场主体权利、规范形式行政权力、依程序正义保障实体正义等现代法治观念。

（2）党的十八大首次提出法治建设要加强运用法治思维与法治方式。

党的十八大报告提出"全面推进依法治国，加快建设社会主义法治国家"，将各项工作、各种人群都纳入到法治领域，同时加快建设法治国家步伐，通过科学立法、严格执法、公正司法、全民守法将依法治国尽快落到实处，这就将"依法治国"方略提升到新的高度。

法治思维和法治方式是党的十八大以来中国法治建设发展到这一特定阶段而提出的新要求。我国改革进入攻坚期和深水区、社会稳定进入风险期，这时比以往任何时候都更加需要运用法治思维和法治方式开展工作、解决问题。因此是否具有法治思维、能否善用法治方式，关系到社会主义法治强国建设，关系到国家治理体系和治理能力现代化的实现。

2. 加强运用法治思维与法治方式是自党的十八大以来始终强调的重要法治工作

"运用法治思维和法治方式"这一概念不断出现在党的十八大报告、十八届三中全会决定、十八届四中全会决定中。

表16-1 十八大以来中央历届全会关于法治方法与法治思维的表述

十八大报告	提高领导干部运用法治思维和法治方式深化改革、化解矛盾、推动发展、维护稳定能力
十八届三中全会	坚持依法治理，加强法治保障，运用法治思维和法治方式化解社会矛盾
十八届四中全会	抓住立法、执法、司法机关各级领导班子建设这个关键，突出政治标准，把善于运用法治思维和法治方式推动工作的人选拔到领导岗位上来 提高党员干部法治思维和依法办事能力。党员干部是全面推进依法治国的重要组织者、推动者、实践者，要自觉提高运用法治思维和法治方式深化改革、推动发展、化解矛盾、维护稳定能力，高级干部尤其要以身作则、以上率下

可见，加强运用法治思维与法治方式是党的十八大以来始终强调的重要法治工作。在习近平总书记主持召开中央全面深化改革领导小组第二次会议时提出，"在整个改革过程中，都要高度重视运用法治思维和法治方式，发挥法治的引领和推动作用，加强对相关立法工作的协调，确保在法治轨道上推进改革"。

3. 加强运用法治思维与法治方式是党的十八大以来推进法治建设的逻辑起点和实践落脚点

运用法治思维与法治方式是推进整个法治建设的逻辑起点。法治建设是指遵循保障人权、实现社会公平正义等法治理念的指引，运用法律制度、机制、机构、设施、程序处理等各种法律手段处理经济社会发展中的矛盾。简单地说，就是要运用立法、执法、司法、守法、法律监督等方式去实现治国理政的目标。这其中无论是法律制度与程序的设计，还是通过执法、司法保障法律规定得以落实，都需要运用法治思维和法治方式，从而将法律治理与其他社会治理方式不同的特点、要求、规律呈现出来。离开了法治思维的运用，法律建设要么落入空谈，要么根本无法启动。同时，法治建设不是一个空洞的概念，它体现在国家各项工作的法治化进程中，就是将法治思维和法治方式全面而充分地运用于各项国家工作中的过程。法治建设的实践过程最终也体现为将法治思维和法治方式运用于法治建设每一领域、每一环节的过程，运用法治思维与法治方式是推进法治建设实践落脚点。

（二）运用法治思维与法治方式的内涵与具体要求

从字面理解，法治思维就是按照法治理念，基于法治的固有特性来认识事物、判断是非、解决问题的思维方式，是"将法治的诸种要求运用于认识、分析、处理问题的思维方式，是一种以法律规范为基准的逻辑化的理性思考方式"[1]。法治方式则是指在法治思维的基础上，按照法律的规定和程序要求处理、解决问题的实践过程和工作方式，

---

[1] 张立伟："什么是法治思维和法治方式"，载《学习时报》2014年3月31日，第A5版。

是法治思维在法治建设各项具体工作层面的展开运用与实际体现。法治思维强调思维的定势要符合法治的理念、精神、原则和逻辑❶，着眼于社会主体的内在思想；而法治方式强调各种措施、方法和行为要符合法治的规定性，着眼于社会主体的外在行动。但法治思维和法治方式显然是无法分割的，任何一件法律事实或法治工作，都是法治思维和法治方式的综合体现。法治方式是法治思维的具体呈现，法治思维只有外化为法治行为、体现为法治方式，才能真正发挥作用。

作为一种偏正结构，无论是认识法治思维还是法治方式都离不开对法治内涵的理解。作为"迄今为止人类能够认识到的最佳治国理政方式"❷，法治的内涵非常丰富，是"一种国家治理和社会治理方式，具有稳定、可预见、公正等特征，是现代国家的治理工具"❸。在西方法学思想发展史上，法治既被作为一种治理工具，也被作为一种价值目标。作为治理工具，"是现代国家治理的基本方式，实行法治是国家治理现代化的内在要求"❹；作为价值目标，"法治应内化为自己的价值观、人生观与生活观。"❺《中共中央关于全面推进依法治国若干重大问题的决定》中明确提到全面推进依法治国必须坚持四个维护，即"坚决维护宪法法律权威，依法维护人民权益、维护社会公平正义、维护国家安全稳定"。可以看出，中国特色社会主义法治具有价值与工具的双重属性："法治既是国家治理的方式，也是保护人民权利的价值目标。作为价值目标的法治和作为工具的法治，二者是相互统一，相辅相成的。"❻法治本身蕴含着一些的核心要素，主要包括：坚持规则至上，树立法律权威；坚持权利本位，保障公民权利；坚持依法行政，规范行使行政权力；坚持程序优先，以程序正义保障实体正义等四个方面，这也是运用法治思维和法治方式的具体要求。

1. 坚持规则至上，树立法律权威是运用法治思维和法治方式的基本前提

所谓法律权威，其实是指全社会信仰法律、尊崇法律的文化心态，以及这种心态反映出法律得到普遍且有效遵守的社会治理状态，即"法律在一个社会居于至高无上的地位，得到社会公众普遍的遵守和广泛的认同，在社会关系调控中发挥基础和主导作用，其他行为规范在法律的统帅下发挥作用"❼。

法律权威和法治、法治思维有着内在的一致性。著名哲学家亚里士多德在其名著《政治学》对法治的基本定义受到后世一致推崇："法治应该包含两重含义：已成立的法律获得普遍的服从，而大家所服从的法律又应该是本身制定得良好的法律。"亚里士多德将法治理解为两个层面：良好的法律是法治的前提，法律被普遍服从是法治的实现状态。良好的法律指的是法律本身的品质和质量，包括法律的内容是否符合现实需要，

---

❶ 张渝田："试论法治思维与法治方式"，载《天府新论》2013年第3期，第75页。
❷ 李中元：运用法治思维法治方式推进依法治国，资料来源中国共产党新闻网，http://dangjian.people.com.cn/n/2014/1014/c117092-25832520.html，最后登录日期，2015-06-29。
❸ 胡田野："论法治的含义及其实现的路径"，载《北京警官学院学报》2015年第1期。
❹ 张文显："法治与国家治理现代化"，载《中国法学》2014年第4期。
❺ 汪习根："论法治中国的科学含义"，载《中国法学》2014年第2期。
❻ 胡田野："论法治的含义及其实现的路径"，载《北京警官学院学报》2015年第1期。
❼ 沈强、卢晓峰："简论中国法律权威生成的理念基础"，载《长白学刊》2009年第5期。

法律的权利义务设置是否适当，法律的目的是否以维护公平正义为价值取向，法律是否具有良好的可操作性等。法律是否得到普遍遵从是法律权威的外在表现，主要指包括政府在内的各种社会组织及社会公众是否严格遵守法律。良好的法律被普遍服从构成了后世法治思想的基本逻辑结构和精髓。因此，树立法律权威是法治的基本前提，运用法治思维和法治方式首先必须树立法律权威。法律被普遍服从所呈现出的结果是法律权威，遵守法律、按照法律要求行为的思维方式便是法治思维的体现。

在依法治国背景下，只有树立起法律的极大权威，才能使体现人民意志的法律规范成为治国理政和指导人们行为的最终和最权威的依据。没有法律权威，法治就会成为无源之水、无本之木。如果不能树立起信仰法律、遵守法律的法治意识，再完美的法律制度也不过是一纸空文。所以，树立法律权威是一切法治工作的基础。当然，树立法律权威要破除"唯法律论"和"就法律谈法律"等现象。对前者而言，就是要在坚持法律权威基础上，认识到其他社会规则、规范对于法治的支撑作用，从而在依法治国过程中懂得发挥其他社会治理机制的作用。对后者而言，就是要明确法治的最终目的不是完善法律规则体系或是支撑法律规则有效运行的制度机制体制，而是为了通过法律制度设计实现对人权的保障，进而推进社会整体发展与进步。

2. 坚持权利本位，保障公民权利是运用法治思维和法治方式的价值指向

"法律是权利和义务的载体。坚持权利本位还是坚持义务本位是法治国家与非法治国家的重要的区别，以权利为本位是法治国家的明显特征"。❶ 据国内法学界大多数学者的观点，以权利为第一性的权利本位观相对于以义务为第一性的义务本位观，是现代法治的核心精神。

权利本位内涵丰富，其核心在于权利和义务的结构中，将权利而不是义务作为出发点，这可概况为"权利构成法律体系的核心，法律体系的许多因素是由权利派生出来的，由它决定，受它影响，权利在法律体系中起关键作用。在对法律体系进行广泛解释时，权利处于起始地位，是法律体系中心的环节，是规范的基础和基因"。❷ 在权利本位的法治理念下，"一切法律问题，说到底都是权利义务问题"❸。权利本位和法治思维和法治方式可理解为一种从权利义务这个特定的角度来观察、分析、解决问题的思维方式和制度安排。

权利本位作为法治的核心要义之一，是将权利作为现代法学的基石范畴。❹ 而这个观点，已经被吸收到党的十八大以后关于中国法治建设的论述中，成为我国社会主义法治建设的重要组成部分。如党的十八届四中全会通过的《关于全面推进依法治国若干重大问题的决定》中就不仅将以人为本的科学发展观作为法治建设的指导思想，更明确指出"必须坚持法治建设为了人民、依靠人民、造福人民、保护人民，以保障人民根本权

---

❶ 卓泽渊：《权利本位：法治国家的基本特征》，资料来源：法律教育网，http://www.chinalawedu.com/news/15300/157/2003/11/zh74751373410211300223219_93713.htm，最后登陆日期，2015 - 07 - 25。
❷ 马图佐夫："发展中的社会主义法律体系"，载《苏维埃国家与法》1983 年第 1 期。
❸ 郑良成："论法治理念与法律思维"，载《吉林大学社会科学学报》，2000 年第 4 期。
❹ 参见张文显：《法哲学范畴研究》，中国政法大学出版社 2001 年版，第 335 页。

益为出发点和落脚点"。这里的关于将保障人民利益作为出发点和落脚点,正是权利本位以保障公民权利为价值指向和根本目标的思维体现。

从尊重权利、维护权利的角度出发去推动中国社会主义法治建设,是党的十八大以来法治建设的新要求。包括知识产权工作在内的国家各项建设,都要从思想层面领会权利本位的核心要求,将一切从权利出发、以维护权利为目的作为开展工作的指导思想。将权利本位的法治思维和法治方式贯彻运用到具体工作中,体现到从宏观制度安排到微观行动措施的各个层面。

对"十三五"时期的知识产权工作而言,贯彻权利本位尤其要重视法律制度建设问题。首先,在制度设计思路上,要以权利为目的、义务为手段。在权利和权力的设计上,坚持权利是权力配置的目的和运作的界限,权力配置和运作只有在有利于权利的情况下才具有合法性与合理性。其次,要以权利为整个法律规范系统的逻辑基点,将权利贯穿到整个法律环节、体现到每个法律关系中。使权利成为支撑整个法律系统的力量原点。

3. 坚持依法行政,构建规范高效严密的权力运行机制,是运用法治思维和法治方式的关键环节

在近现代民主社会中,以国家行政权为代表的公权力源于社会成员部分权利的让渡。这种"以部分权利换得对权利保护"的理论观点,能比较充分地解释公民私权是国家公权力的本源,没有公民权的让渡就不存在合法正当的公权力❶。显然,公权力行使的限度在于不能突破法律没有明文禁止而后为私权主张的范围,换句话说,公权力不能在没有法律明确规定并授权的情况下侵害私权。正是在此意义上,保护公民权利与规范公权力恰如一枚硬币的两面,被认为是现代法治的最核心内容。❷ 当然,公权力存在的意义并非仅在于不对私权造成侵害而已,还需要为私权的实现提供有力保障。但在实践中,由于公权力广泛地调整社会关系,直接地作用于人们的日常生活,如果其无序扩张,不能得到有效规范,就很容易侵犯公民权利。特别是随着时代的进步和发展,国家和社会公共事务种类不断增多、领域日益扩大,权力也有不断扩张的趋势。公权力的不规范行使会逐渐侵蚀了其存在的合法性基础。"一旦公权力被确立用以控制人与人之间的暴力,则该项权力本身必须得到控制,否则公权力专横将会替代自然状态下人与人之间的互相侵害,这个并不比自然状态要好。"❸ 而要解决公权力的异化及其对私权可能造成的危害,就必须坚持依法行政,将行政权力运行纳入到法治轨道中。

显然,运用法治思维与法治方式是依法行政的必然要求。政府是否依"法治思维与法治方式"行事,是衡量国家治理体系和治理能力是否成熟的标志之一。党的十八届四中全会强调"坚持依法执政,各级领导干部要带头遵守法律,带头依法办事,不得违法行使权力,更不能以言代法、以权压法、徇私枉法",同时提出政府应在法治轨道上开展工作,要"创新执法体制,完善执法程序,推进综合执法,严格执法责任,建立权责

---

❶ 万高隆、罗志坚:"法治视角下公权力与私权利的冲突与平衡",载《江西行政学院学报》2012 年第 1 期。
❷ 王利明:"法治的核心是规范公权、保障私权",载王利明:《人民的福祉是最高的法律》,北京大学出版社 2013 年版。
❸ 胡田野:"论法治的含义及其实现的路径",载《北京警官学院学报》2015 年第 1 期。

统一、权威高效的依法行政体制,加快建设职能科学、权责法定、执法严明、公开公正、廉洁高效、守法诚信的法治政府"。要求领导干部把传统的行政思维、领导思维、管理思维转变为法治思维。可见,法治思维和法治方式是推进依法行政,建设法治政府的前提。公职人员是否依法行政一定程度上取决于是否具有法治思维和法治方式。

推进依法行政的关键就在于运用法治思维和法治方式建立与完善规范、高效、严密的行政权力运行机制,将行政权力运行纳入到法治轨道中,有效发挥行政权力保障公民私权以及维护市场秩序和社会公共利益的职能。具体来说有以下几个方面。

一是要建立与完善权力规范运行的法律机制,明晰权力边界,确保权力行使的合法性。明晰权力边界就是要避免公权力对公民合法权利造成不应有的侵害,同时要明确公权力的职责,发挥公权力在维护市场秩序和社会公共利益方面的作用,夯实公权力运行的合法性基础。明晰权力边界就是要坚持"法无授权不可为",要求行政机关等公权力部门不得法外设定权力,没有法律法规依据不得作出减损公民、法人和其他组织合法权益或者增加其义务的决定。推行政府权力清单制度,坚决消除权力设租寻租空间。同时,完善行政权力运行的程序规定,特别是严格实行行政执法人员持证上岗和资格管理制度、建立执法全过程记录制度、建立健全行政裁量权基准制度、全面落实行政执法责任制,加强监督和政务公开。

二是要建立与完善权力高效行使的法律机制,提高行政执法效能,确保权力行使的及时有效。提高行政执法效能,就是要合理配置公共行政资源,加强行政执法对公民权利和社会公共利益的保障功能,更好发挥政府作用,推动经济社会持续健康发展。目前影响行政执法效能的因素比较复杂,主要表现有:(1)执法主体混乱。既有政府部门,又有法律、法规授权的组织;既有行政机关,又有企事业单位,还并存着行政委托执法、授权执法不统一的标准,存在较大的随意性。(2)行政执法权纵横交叉严重。从横向看,"政出多门、多头管理",执法机构权责不清,执法冲突、重复处罚现象严重,管理成本增加,管理效率低下;从纵向角度看,从中央到地方,从省级政府到市县,乃至乡镇,垂直管理和属地管理并存。同一行政执法事项,不同层级行政执法机构都有权管理,上下级之间职责分工不明确,从而导致条块关系复杂。(3)缺乏长效机制。阶段性、临时性的执法机制,带着强制性、短期性、容易造成执法者与行政相对人的对立冲突。❶ (4)选择性执法、趋利性执法仍然存在。一些行政执法机关以利益为导向,选择有利可图的领域和行为进行执法。有些地方行政执法则与地方保护、部门利益相结合,把对地区或部门利益的保护作为发展地方保护经济的重要条件,因而,在行政执法中,不惜牺牲国家的整体利益,采取地方经济贸易壁垒政策使国家法律的权威服从于某些个人的权力。❷ 上述弊端不仅导致行政执法行为违背行政伦理,造成公权力滥用、寻租、异化,严重损害政府的形象和公信力,还由于很多行政执法机构重叠,职能交叉,

---

❶ 黄仕宏:"关于行政执法效能的思考",载《成都学院学报》2010年第2期。
❷ 李粉霞:"论影响行政执法效能的主要因素及对策",资料来源:百度文库,http://wenku.baidu.com/link?url = VwKdMUVdGKpd_ AZlKO6Vn － NS7hdvp_ ltwc1ok － xYZmWJlzbt3hVjzqQQuRKvTexIlhyl2Eo6SvhC317mVWPPrB6rkcX5K7PIB1W5LJ0eLEu,最后登录日期,2015 - 06 - 30。

导致行政执法程序过多过长、部门之间相互扯皮以及对同种法律行为有多种不同执法依据的交叉等,客观造成行政执法者不作为、乱作为或难作为,最终影响到对私权的保护。因此,要运用法治思维须革除一切与依法行政的要求不相适应的旧观念,同时以法治方式理顺现行行政执法体制机制制度中存在的弊端。首先,要坚持法定职责必须为、法无授权不可为,勇于负责、敢于担当,坚决纠正不作为、乱作为,坚决克服懒政、怠政,坚决惩处失职、渎职。其次,深化行政执法体制改革。根据不同层级政府的事权和职能,按照减少层次、整合队伍、提高效率的原则,合理配置执法力量。推进综合执法,特别是推行跨部门综合执法。最后是完善省市县三级政府行政执法管理,加强统一领导和协调,提高执法和服务水平。

三是要建立与完善权力相互配合的法律机制,加强权力衔接,构建严密保护权利与公共利益的权力体系。司法公权力与行政公权力既有区别又有联系,在惩治侵权行为,保护社会公共利益方面均有目标一致性。但由于我国历史长期形成的原因,两者之间因分属不同职能系统而缺乏相互监督与制约,更缺乏有效配合,其结果导致很多侵权行为无法得到有效制裁。特别是行政公权力通过行政处罚而使本应追究犯罪的行为逃避了刑事处罚,客观上鼓励了犯罪行为的滋生。一些不构成犯罪的行为,也由于司法与行政的衔接不够,往往在免于刑事处罚以后,没有及时移送行政机关追究其行政责任。这同样造成对违法行为的过度放纵。究其内在原因,既有法律制度不健全因素,也有体制分割以及两法衔接机制不完善的因素,但更深层次原因,则是没有形成运用法治思维和法治方式的体制机制与制度问题。为此,一方面要树立起违法必究、执法必严的法治理念和法治思维,另一方面要通过健全两法衔接机制保障公权保护私权的无缝链接体系。对此,党的十八届四中全会明确指出要"完善案件移送标准和程序,建立行政执法机关、公安机关、检察机关、审判机关信息共享、案情通报、案件移送制度,坚决克服有案不移、有案难移、以罚代刑现象,实现行政处罚和刑事处罚无缝对接"。

4. 坚持法律程序优先,以程序正义保障实体正义是运用法治思维和法治方式的重要特征

法治的目的是要以法律来规范和约束国家权力的运作,防止、杜绝国家权力在实际运作过程中的恣意,通过公开和相对稳定的制度化的程序设计使权力的运作明晰化和规范化,从而将权力的运作纳入程序的制约之下,防止在权力运作过程中伤害公民的人格尊严与基本权利造成,由此而言,程序优先原则同现代法治具有内在的、天然的联系[1]。

程序性是法治思维区分于道德思维等其他思维的重要特征。通过程序设计限定出权力的清晰边界并制约与监督权力运行是运用法治思维与法治方法的实质。一方面,运用法治思维和法治方式强调法律程序的重要性,是因为法律程序提供了一套保护自由和排斥恣意性的机制,为权力的正确行使提供了合法性基础。另一方面,程序是保障权利实现的法律手段。"程序优先于权利"的法治原则强调权利只有在这公开、平等的正当程

---

[1] 尤海东、王清坤:"程序公正的优先性",载《中国法院报》2003 年 2 月 10 日。

序中才可真正得以实现。所以,凡事都要有程序观念,必须按照法定程序和正当程序办理,违反程序规则同样构成违法。要发挥程序在运用权力和保护权利中的重要作用。遇到争议或纠纷时,即使表面上的是非对错非常清晰,也要善于从程序设计上考虑,充分保障当事人应有的权利,这是法治思维和法治方式与其他处理方式最重要的区别,也是法治思维和法治方式的重要特征。

程序优先思维意味着对司法权和司法程序的尊重。一方面正当法律程序源于司法领域的适用,之后逐步扩展到行政领域以及其他国家公权力领域。可以说,司法程序是正当法律程序的起源;另一方面,司法程序也是其他法律程序的适用基础与最终保障。如绝大多数情况下,行政裁决往往不是终极的,常常都以必要的行政救济或司法救济作为其正确性与公正性的保证。行政裁决可能在经过司法程序后为司法裁决所撤销,但司法程序中所形成的司法裁决绝不可能为行政裁决所撤销。能否定司法裁决的只能是由经过新的司法程序后所形成的新的司法裁决,也就是说只有司法才具有修正司法的效力,而其他裁决,包括行政裁决在内,都可能为司法程序中的司法裁决所撤销或否定。正因如此,在法律实施过程的诸多环节中,司法具有非常重要地位。

综上所述,在运用法治思维和法治方式的四个具体要求中,坚持权利本位无疑是最为核心的,而树立法律权威、规范行政权力和程序优先的最终目的都是为了更好保障公民权利服务。所以,我们可以说运用法治思维和法治方式就是以保护创新主体权利为本位,从科学立法、严格执法、公正司法和全面守法思考有助于权利保护的思维模式和工作方式。在所有公民权利中,财产权无疑是其他权利的重要基础。因此,运用法治思维和法治方式首先应建立起能有效保障公民财产权的思维与方式。作为现代社会最重要的财产权表现形式,知识产权对公民、法人等私权主体具有非常重要的价值,运用法治思维和法治方式保护知识产权无疑是知识产权工作贯彻落实党的十八大以来全面推进依法治国的必然要求。

二、知识产权工作应主动运用法治思维和法治方式推进创新驱动发展

(一)知识产权工作主动运用法治思维和法治方式推进创新驱动发展的逻辑

1. 主动运用法治思维和法治方式是知识产权工作推进创新驱动发展的内在要求

2015年3月13日中共中央、国务院发布了《关于深化体制机制改革加快实施创新驱动发展战略的若干意见》,指出:"加快实施创新驱动发展战略,就是要使市场在资源配置中起决定性作用和更好发挥政府作用,破除一切制约创新的思想障碍和制度藩篱,激发全社会创新活力和创造潜能,提升劳动、信息、知识、技术、管理、资本的效率和效益,强化科技同经济对接、创新成果同产业对接、创新项目同现实生产力对接、研发人员创新劳动同其利益收入对接,增强科技进步对经济发展的贡献度,营造大众创业、万众创新的政策环境和制度环境。"可见,市场与政府是推进创新发展的重要力量,其内在动力则来自于运用法治思维和法治方式实现知识产权工作法治化。

首先，确立市场在创新资源配置中起决定性作用，必须运用法治思维和法治方式推动市场法治化进程。社会化大生产条件下，资源配置方式主要表现为按照集体计划配置和运用市场机制配置两种方式。计划经济是通过中央计划直接调节资源配置的经济组织方式；市场经济是以市场机制为基础，调节资源配置的经济组织形式，就是运用市场运行中的价格、供求和竞争等市场要素之间的相互联系和相互作用的制约关系来调解资源的配置，强调资源配置按照市场规律进行自由流动，强调通过价格杠杆和竞争机制的功能，把资源配置到效益较好的环节中去。但在运用市场机制配置资源过程中，无论市场资源的确权、市场主体权利的保护、市场主体间利益纠纷的解决、对市场侵权行为的制裁，还是维护平等自由的市场竞争秩序都离不开法律的有效保障。市场化程度越高，对法治的要求就越强烈。而在全球化背景下，随着国际贸易的扩大，以国际规则为核心的法律规则体系成为维护国际市场秩序的重要工具，或者说依法治理是国际市场的基本方式。

其次，更好发挥政府在推进创新驱动发展中的作用，核心在于坚持依法行政，规范行政权力运行。实施创新驱动发展，必须坚持市场在创新资源配置中起决定性作用，可市场也有其不足，尤其是当市场失灵的时候，必须依靠政府宏观调控加以引导，否则市场机制难以有效发挥其作用。但要避免行政权力在宏观调控中对创新主体的市场活动进行不正当干预，就必须运用法治思维和法治方式对政府知识产权行政权力予以规范。具体来说，一是要树立行政权力行使的最终目标在于保障创新主体合法权益的法治思维。其内在原因除了行政权力的合法性来源于公民权利的让渡这一法理外，还在于创新驱动发展的根本立足点就在于通过保障创新主体的合法权益而激发起全社会的创新热情，让社会公众认识到创新活动是有巨大利益价值并受国家法律保护的行为，所以说创新驱动发展离不开创新主体的创造性智力劳动，而对创新主体创造性智力劳动成果的法律保护无疑是激发和维持其创新热情的重要保障，"只有使创新主体能充分自由地行使其权利以满足自身合法利益需求，物质和精神都得到极大满足，才能以此激励创新主体怀以巨大热情投入到智力成果创造中去"[1]。二是要树立在调整市场创新活动中行政权力行使的范围是有限的法治思维。发挥市场对创新资源要素配置的主导作用，说明创新活动中的大多事务是属于市场主体意识自治范围，政府行政不宜干预过多，也即是说政府权力的范围应当是有限的，要通过制定权力清单明确在创新驱动发展中哪些是政府的事务，而哪些是市场自身可以管理的事务。三是要树立依法规范高效行使权力的法治思维。市场的逻辑在于保障市场主体地位平等基础上尊重其合法的自由选择。对知识产权工作而言，就是要求知识产权行政管理部门及其工作人员具有尊重创新主体权利、尊重知识产权法律权威，严格按照法律程序规范，公平地依法履行其职能，从而为市场创新资源要素自由流动提供安全稳定的交易秩序。显然，无论是维护市场交易秩序还是规范行政权力的行使都离不开法治的作用。

可以看出，主动运用法治思维和法治方式是知识产权工作推进创新驱动发展内在的需要。围绕创新主体需求主动加强立法，将创新主体的正当利益通过法律固定为创新主

---

[1] 马一德："创新驱动发展与知识产权战略实施"，载《中国法学》2013 年第 4 期。

体的知识产权,通过完善知识产权保护机制,为激发创新主体创造热情、协调创新主体间利益关系、维护创新成果交易秩序提供良好的法治环境。

2. 运用法治思维和法治方式是建设知识产权强国支撑创新驱动发展的现实需要

2014年7月11日,李克强总理在会见世界知识产权组织总干事高锐一行时,表示中国要"努力建设知识产权强国",在同年12月10日国务院发布的《深入实施国家知识产权战略行动计划(2014~2020年)》中首次以政府文件的形式提出了建设知识产权强国的目标:"认真谋划我国建设知识产权强国的发展路径,努力建设知识产权强国,为建设创新型国家和全面建成小康社会提供有力支撑。"

经过改革开放以来三十多年发展,我国知识产权事业取得巨大成就。至2013年年底,"我国发明专利申请量连续3年位居世界第一,商标注册申请量连续12年位居世界第一,作品和软件著作权登记量等均创下历史新高"[1]。可以说,单纯从知识产权的数量而言,我国是名副其实的知识产权大国,但从内在质量而言,距离国际知识产权强国还有不小差距。这体现在:一是由于知识产权数量虽大,但以核心专利为代表的具有国际竞争力的优质知识产权成果不多;二是知识产权转化慢,创新成果价值没有体现出财富效应,创新能力没有及时转化为现实生产力,导致科技创新与经济融合度低;三是推动创新驱动的法律保护环境还不完善,知识产权侵权现象严重,在一定程度上制约了社会的创造力;四是还没有将知识产权在国际区域中的比较优势转化为国际竞争优势,在国际知识产权规则体系和纠纷解决中的话语权还较弱。

建设知识产权强国是新时期突破"大而不强、多而不优"这一知识产权发展中面临的瓶颈问题,并以此深入推进创新驱动发展战略顺利实施的重大举措。首先,知识产权强国是以新的理念推进创新驱动发展以解决中国知识产权工作所面临的现实问题,那就是以追求知识产权质量为中心而不是单纯追求数量的增长,更加强调知识产权的运用成效而不是静态的持有,这与我国经济新常态下发展转型的思路是一致的,即去除知识产权GDP;其次,知识产权强国是在国际交往中体现出的知识产权比较优势以及由此所形成的国家竞争力优势。所以,建设知识产权强国必须具有"走出去"的战略眼光,加强与他国的知识产权交往,并在交往中主动争取更大的话语权。由此,一方面可以为国内创新资源寻找更广阔的国际市场,促进创新成果转化;另一方面可以更好地学习别国经验,特别是依照国际知识产权强国的标准,花大力气提升我国的知识产权质量。

建设知识产权强国需要进一步加强运用法治思维和法治方式,打造知识产权"升级版"。

首先,要提高保护标准,加大对高质量、高水准创新成果保护。一是根据国民经济发展方向,扩大有助于提升行业与国家竞争力的知识产权客体保护范围;二是提高专利授权标准,适度延长专利保护时间;三是优化专利申请、审查、复审和无效程序,增加外观设计国内优先权制度,完善有关优先权要求的规定,明确专利复审和无效宣告审查

---

[1] 谭谟晓、董峻:"支撑创新驱动发展 建设知识产权强国",载《科技日报》2015年1月5日。

程序的审查原则。

其次，加大保护力度，构建更加严格严密的知识产权保护体系。一是科学立法，建立更加严格的知识产权保护体系，重点是建立惩罚性赔偿制度，加大民事侵权的赔偿责任，同时健全知识产权刑事保护制度，降低知识产权入罪门槛；二是严格规范执法，加强两法衔接，建立严密的知识产权保护体系；三是深化司法改革，加强知识产权司法审判的专业性和独立化。

最后，国际交往中的知识产权贸易与纠纷解决更加需要运用法治思维和法治方式来处理。一方面，国际知识产权交往是在尊重、遵守国际知识产权条约、规则与惯例的前提下进行的，这些知识产权国际条约、规则、惯例都是法治思维和法治方式在国际领域知识产权交往中体现。只有更好地运用法治思维和法治方式，才能理解和运用这些国际知识产权规则体系处理好与他国在知识产权方面的交往、贸易乃至争端。另一方面，中国在建设知识产权强国的过程中，应当主动学习其他发达国家建设知识产权强国的经验，参考发达国家的知识产权标准来推进中国的知识产权强国建设。从国外经验来看，无论美国、英国、日本等老牌知识产权强国，还是韩国、新加坡等中生代强国，甚至印度、巴西等正在崛起的新兴知识产权国家，通过立法、执法、司法等法治方式推进创新驱动发展是其最基本的经验。因此，在同这些知识产权强国交往时，也只有运用法治思维和法治方式才能取得更好的效果。

3. 主动运用法治思维和法治方式推进创新驱动发展是知识产权工作贯彻落实全面推进依法治国战略部署的要求

党的十八大以来，党中央国务院对依法治国提出新的认识、布置了新的任务，作为中国特色社会主义法治体系的重要组成部分，知识产权工作推进创新驱动发展必然应纳入法治轨道，并服从全面推进依法治国战略的总部署。这除了要贯彻和落实新时期法治建设提出的各项具体任务，推进依法治国总目标的实现外，更重要的是主动运用法治思维和法治方式去解决知识产权推进创新驱动发展过程中遇到的矛盾与问题，遵循市场经济就是法治经济的逻辑，依法推进创新驱动发展。

一是知识产权工作推进创新驱动发展必须在现有法律框架下进行，做到于法有据。政策创新、制度创新必须依法进行，在法无规定或无法可依时，要坚持创新与法律原则、法的精神相一致，坚持底线思维，不能违背法治精神，片面追求创新发展。

二是创新主体的约定不能突破法的强制性规定。创新主体在市场活动中的行为，原则上遵循"法无禁止皆可自由选择"。如对于委托或职务发明、专利，为了促进科技成果转化，当事人在不违反知识产权法的强制性规定的前提下，可以就创新成果所有权、转化程序、收益分配等进行约定，但创新成果的知识产权归属、权利人的法律地位，必须经由合法有效的合同才可能发生变更。

三是遵循重大改革必须"于法有据"的要求，坚持重大领域的改革创新，在条件成熟时要先立法，进行立法规划，这是确保中国市场经济法治化的基本要求❶。

---

❶ 周悦丽："法治是创新驱动发展的保障"，载《前线》2015 年第 7 期。

综上,在国家战略层面,创新发展与法治建设相辅相成。法治为创新发展保驾护航,引领、推动创新发展;反过来,创新也会对法治建设不断提出新的要求,倒逼法治发展,以满足创新对环境的要求。

(二)知识产权工作运用法治思维与法治方法推进创新驱动发展的着力点

1. 树立法律权威是知识产权推进创新驱动发展的基础

树立法律权威不仅是知识产权工作运用法治思维的要求,也是服务创新驱动发展的要求。创新以思想自由为前提,需要公开、平等、权利本位的规则体系来为思想自由划定私有空间;创新以公平交易为核心,需要明晰的产权界定和交易体系来推动创新成果流通;创新以收益为目的,需要合理的权利维护机制来保护成果免受侵犯,以及权利平衡机制协调相关利益关系。这些都离不开法治和法律权威。只有全社会形成遵法守法的法律信仰,才能使我们的规章制度发挥真正的约束力,构建出一个理想的市场环境、法治环境,减少创新驱动的发展阻力。

2. 坚持权利本位是知识产权推进创新驱动发展的原点

知识产权工作要以权利本位为出发点,做好知识产权创新主体及相关利益主体的权利确定与维护,这是知识产权私权属性的基本要求。基于知识产权的私权知识产权在推动创新驱动过程中的所有工作,都不能以牺牲知识产权的私权属性为代价。而是应从私权保护的权利本位出发,"在规范方法上以授权性规范为主,在立法重心上以保护创造者权利为首要"❶,围绕权利取得、变动、管理、救济、平衡等方面,处理好创新主体与其他主体、创新群体与其他社会群体的利益关系。

知识产权推进创新驱动发展要以权利为原点,要将权利本位思维体现到具体工作中,将尊重和保护创新主体的知识产权作为改革制度、解决问题的起点,要从权利类型、权利范围、权利保护出发维护创新主体的合法权益,激发其创新热情。这不仅是法治思维和法治方式的要求,也是创新驱动发展模式的内在需要。推进创新驱动发展至少需要构建起健全的产权安排机制、创新激励机制和市场交易机制。知识产权工作要发挥好创新驱动发展助力器的作用,自然要以三大机制为着力点。而这三大机制都要遵循权利本位的法治思维,以权利为制度的出发点、重心和中轴。

"知识产权是科技成果向现实生产力转化的'桥梁',解决的是科技成果转化为现实生产力'最后一公里'的问题"❷。"十三五"期间,我国的知识产权工作能否实现这个目标,成为推进创新驱动发展的有效推动力,关键要树立起权利本位的法治思维模式,建立符合权利本位的法治化工作方式。以权利为起点和轴心,调整创新驱动发展中涉及的权利义务、权利权力关系,加强知识产权的创造、运用、保护和管理,激发全社会的创新、创造、创业热情。

3. 规范权力行使是知识产权推进创新驱动发展的重点

规范权力行使,发挥政府在推进创新驱动发展中的重要作用,建设公平公正、公开

---

❶ 吴汉东:"知识产权的多元属性及研究范式",载《中国社会科学》2011年第3期。
❷ 申长雨:"知识产权是给创新的火花'加油'",http://cache.baiducontent.com/c? m,2015年6月18日访问。

透明、规范高效的知识产权行政管理和执法体系是知识产权工作运用法治思维和法治方式的重点内容。

首先,要正确认识知识产权行政管理机关在推进创新驱动发展中的角色定位和职能范围。创新驱动发展必须以企业为主体,以市场为导向,要发挥市场在创新资源配置中的基础性作用。而行使行政权力的主要目的则在于维护市场秩序,为创新驱动发展提供公平公正的市场环境。当前,转变政府职能就是要对照知识产权行政管理机关的应有职能,处理好政府和市场的关系,查找职能越位、缺位和错位的地方,核心任务是"把该放的权力放掉,把该管的事务管好"。

其次,要依法清晰完整地界定知识产权行政管理机关在推进创新驱动发展中的权力范围和程序规定,推进知识产权行政管理机构、职能、权限、程序、责任法定化,坚持法定职责必须为、法无授权不可为。还需要推进各级知识产权行政管理机关事权的规范化、法律化,科学划分和设计不同层级知识产权行政管理机关事权范围,强化国家知识产权行政管理机关的宏观管理、制度设定职责和必要的执法权,强化省级知识产权行政管理机关统筹推进区域内基本公共服务均等化职责,强化市县知识产权行政管理机关的具体执行职责。拟订权力清单制度是界定知识产权行政管理机关在推进创新驱动发展中的权力范围和程序规定的重要措施。通过建立权力清单,坚决消除权力设租寻租空间,打造规范、清廉和有为的政府。

最后,还要加强执法体制改革,整合行政管理资源,提高知识产权执法效能。知识产权的非物质性导致了同一件商品可能共存不同的知识产权类型,或者同一侵权行为可能会侵害多种知识产权,但知识产权执法领域历史形成的知识产权各管理部门分设执法队伍,导致力量分散,统一执法的协同成本高、效率低,对侵权行为打击不及时,最终会侵害创新主体的权益,并影响其创新的积极性。按照党的十八届四中全会的部署和要求,深化行政执法体制改革要坚持减少层次、整合队伍、提高效率的原则,所以整合执法资源、提高执法效能是知识产权行政执法的发展趋势。这其中需要注意的是:一是要依法明确界定各级知识产权行政管理部门的执法主体地位,科学设计不同层级知识产权执法主体的权限范围,形成从中央到地方的较为完整的执法体系;二是探索建立包含专利、商标、版权等在内的知识产权综合执法模式;三是加强两法衔接,形成保护知识产权的无缝链接机制。

4. 完善司法程序设计是知识产权推进创新驱动发展的保障

司法程序是保障权利实现的最终力量,它在协调创新驱动利益关系,保护创新驱动各方主体权益,推动创新市场形成中发挥着关键作用。确立起司法在知识产权保护中的主导地位,给予权利人充分司法保护属于一项基本的国际惯例。我国知识产权制度创建之初,由于司法资源和经验缺乏,基本形成了以行政执法为主,执法与司法并行的知识产权保护体系。经过三十余年的发展,司法保护需求日益增长,专业的知识产权法官队伍初见规模,知识产权司法保护在推进创新驱动发展中的作用日益凸显,发挥司法保护在知识产权中的主导作用成为知识产权工作未来发展的重要内容。

"十三五"期间,要确立司法在保护知识产权中的主导地位进而推动创新驱动发展,首先应当重视加强知识产权司法程序的完善。一方面，完善司法程序，处理日益增多的知识产权私权纠纷，不仅是国际惯例，更是作为中立性裁判力量的司法机关介入平等主体纠纷的法理所需；另一方面，由于知识产权客体的非物质性，知识产权民事侵权、行政违法与刑事犯罪行为往往同时出现在同一件案件中，知识产权侵权赔偿计算、案件事实认定往往都需要专门的司法程序，因此，完善司法程序设计，特别是加强知识产权司法的专业化和独立性是发挥司法对保障创新主体权利和确立司法在保护知识产权中主导地位的重要因素。

就知识产权服务创新驱动工作而言，重视司法程序设计，除了司法程序在正当法律程序中的基础地位外，还因为司法程序是我国知识产权工作的薄弱点和战略重点。一方面，我国知识产权司法审判起步晚，制度不健全，审判力量还比较薄弱，但创新驱动的快速发展使得大量知识产权案件不断涌现，这使得现有审判力量更显薄弱；另一方面，无论是应对国内知识产权案件激增的状况，发挥司法审判力量，更好维护创新主体权利，激发创新热情，还是与国际知识产权保护接轨，都需要继续加强知识产权司法审判的专业化建设，不断完善知识产权司法审判程序。

此外，知识产权是一种民事权利，属于私权的范畴，但另一方面知识产权包含推动社会发展进步的新技术，会对整个社会及公众的福利产生影响，所以又兼具公权利的法律属性。所以，知识产权虽然本质是私权，但具有明显的公共利益色彩，离不开知识产权行政执法保护。这就要建立起符合私权本位需求，又能与行政执法相衔接的司法保护程序，以此形成司法在知识产权纠纷处理中的主导地位，发挥出知识产权应有的"给天才之火添油"的创新激励作用。

按照知识产权服务创新驱动发展的整体要求，"十三五"期间，我们要构建起以权利本位为原点的新型保护机制，就必须查遗补缺，着力解决当前相对薄弱的司法保护问题。推动我国知识产权保护体系逐渐由双轨并行转向司法保护主导，向私权保护的本来面目归位。以完善司法机制为重点，着力解决知识产权服务创新驱动发展的程序保障问题。

三、知识产权工作运用法治思维与法治方式推进创新驱动发展中存在的主要问题

（一）"十二五"期间知识产权工作运用法治思维和法治方式依法推进创新驱动发展的工作与成效

1. 完善知识产权法律法规体系，巩固知识产权工作的制度基础

"十二五"以来，我国知识产权法律法规不断修订，知识产权制度日趋完善。新《商标法》及《商标法实施条例》修改后正式施行。积极推进《专利法》《著作权法》《专利代理条例》修订审查工作。《促进科技成果转化法（修正案草案）》正式形成。《职务发明条例》制定工作也在逐步推进中。修订发布《驰名商标认定和保护规定》《商标评审规则》。修订颁布《使用文字作品支付报酬办法》。《民间文学艺术作品著作

权保护条例（征求意见稿）》面向社会征求意见。修改完善《林产品地理标志保护办法》，出台《林业植物新品种保护行政执法办法》。最高法发布《关于审理商标案件有关管辖和法律适用范围问题的解释》，逐步形成了较为完善的知识产权法律法规及司法解释体系。

2. 推进知识产权执法体系，提升知识产权行政保护能力

"十二五"期间，知识产权执法体系建设进一步加强，统筹协调知识产权保护工作进一步完善，基本形成了持续推动知识产权的保护合力。加强行政执法体系建设，有效利用行政执法资源，持续开展知识产权专项保护行动，严厉打击各个领域、各种形式的知识产权侵权行为。全国范围的知识产权维权援助网络初步形成，执法协作机制得到进一步深化。2014年，全国专利行政执法办案总量24 479件，同比增长50.9%。全国工商系统共查处侵权假冒案件6.74万件，案值9.98亿元。全国版权系统立案查处侵权盗版案件2600余件，收缴侵权盗版制品1200余万件。全国海关共扣留侵权货物2.3万批，新核准知识产权海关备案5306件，同比增长11%。

3. 加强知识产权审判体制改革，充分发挥司法保护知识产权的主导作用

在加强执法体系建设之外，我国"十二五"期间充分发挥了司法对于保护知识产权的主导作用，这体现在：一是加大对民事侵权行为的制裁力度与裁判执行力度，进一步提高侵权行为的成本；二是通过严厉制裁侵犯知识产权犯罪行为，发挥刑事司法保护的惩罚与震慑犯罪的功能；三是继续深化知识产权司法改革，推动和扩大由知识产权审判庭集中审理知识产权民事、行政与刑事案件的试点范围；四是完善知识产权民事案件管辖制度，提升知识产权的审判和执行效率；五是改革与健全知识产权审判机构，充实知识产权审判工作人员队伍，实施"三五工程"，强化知识产权审判的基层基础建设。截至2014年，全国22个省（区、市）建成知识产权行政执法与刑事司法衔接信息共享平台。北京、上海、广州设立知识产权法院，具有一般知识产权案件管辖权的基层法院数量进一步增加。2014年，全国地方法院新收知识产权民事一审案件95 522件，同比增长7.83%；新收知识产权行政一审案件9918件，同比增长243.7%；审结知识产权刑事一审案件10 803件，同比增长17.3%。全国检察机关共批准逮捕涉及侵犯知识产权犯罪案件2924件4859人，提起公诉5156件8834人。全国公安机关共破获侵犯知识产权和制售假冒伪劣商品犯罪案件2.8万起，抓获犯罪嫌疑人3.3万人，涉案总价值177.9亿元❶。

4. 积极培育知识产权法律文化，提升社会公众知识产权法治意识

近年来，社会公众对保护知识产权、尊重知识产权的法治意识不断提高，这和我国积极培育知识产权法治文化有密切联系。"十二五"期间，我国实施了一系列提高公众知识产权法治意识的举措，包括以一些知识产权典型案例为基础，出版一批相关的宣传图书，制作播出一批有关知识产权的影视节目；围绕社会上的热点、焦点知识产权话

---

❶ 国家知识产权局2014年中国知识产权发展状况新闻发布会，资料来源：国家知识产权局网站，http://www.sipo.gov.cn/twzb/2014zgzscqfzzk/，最后登录日期，2015-06-17。

题,以讲座、论坛、展览等形式开展公众参与的主题活动。在知识产权法制宣传方面,不断提高法制宣传力度。积极向社会公众普及知识产权相关知识,探索将知识产权教育纳入国民教育体系。在知识产权文化建设方面,大力宣扬创新诚信光荣、假冒侵权可耻的道德观念,引导全社会树立起尊重知识产权的文化氛围,提高公众知识产权意识。

(二)存在的主要问题

1. 尚未全面树立起法律权威,知识产权工作推进创新驱动发展的基础有待进一步夯实

(1)填平性原则的民事赔偿制度不足以遏制侵权行为。

近年来知识产权侵权案件数量几呈"井喷"态势。2011年,全国地方各级人民法院共审理知识产权民事一审案件59 612件,审结58 201件❶,而2014年全国法院新收知识产权民事一审案件95 522件❷,4年时间里仅一审民事案件便增长了64%。2014年全国法院共新收各类知识产权案件高达133 863件,审结12 7129件❸。而2014年11月才相继成立的北京、上海、广州知识产权法院,截至2015年2月底,便已受理知识产权案件2832件,其中一审案件2219件,二审案件613件;民事案件1630件,行政案件1202件❹。知识产权侵权案件居高不下的状况,虽然有知识产权数量增长的原因,但也有我国现行知识产权制度违法成本偏低、现行侵权赔偿责任设置不合理的原因。现行知识产权惩罚力度不足,不能在社会公众中形成不敢违反知识产权法的法律压力。

我国现行知识产权制度违法成本偏低、现行侵权赔偿责任设置不合理,导致社会公众对法律的权威性认识不足。无法保障权利,则无法体现法律的权威。现实生活中,权利人常常是赢了官司却输了钱,知识产权诉讼"不仅前期取证难,而且诉讼周期长、成本高,而且因为受制于现行法律的有关规定,权利人通过诉讼实际获得的赔偿很低,甚至不足以弥补诉讼的成本和支出,更别说填平其因侵权而遭受的损失"❺。由于举证难,即使胜诉,获得的赔偿也极低,权利人通过法律维权的信心和对法律权威的信仰都受到严重伤害。

(2)入罪门槛高,无法有效惩治知识产权犯罪行为。

刑法对知识产权侵权行为的责任认定和处罚,代表了一个国家对知识产权的重视程度和保护决心。刑事责任是追究知识产权侵权行为的最严厉责任形式,也是树立和保障

---

❶ 最高人民法院:《中国法院知识产权司法保护状况》(2011),资料来源:中国最高人民法院网站,http://www.court.gov.cn/zscq/bhcg/201304/t20130407_183080.html,最后访问日期,2015-06-18。

❷ 申长雨:"2014年中国知识产权发展状况",资料来源国家知识产权局网站,http://www.sipo.gov.cn/zscqgz/2015/201504/t20150417_1103073.html,2015年4月22日访问。

❸ 最高人民法院:《中国法院知识产权司法保护状况》(2014),资料来源:中国最高人民法院网站,http://www.court.gov.cn/zixun-xiangqing-14207.html,2015年4月30日访问。

❹ 最高人民法院:《中国法院知识产权司法保护状况》(2014),资料来源:中国最高人民法院网站,http://www.court.gov.cn/zixun-xiangqing-14207.html,2015年4月30日访问。

❺ "知识产权侵权到底应该如何处罚",国家知识产权局网站:http://www.sipo.gov.cn/mtjj/2013/201307/t20130708_806573.html。

知识产权法律权威的重要因素。

事实上，我国刑事法律制度一直重视降低知识产权侵权行为刑事责任门槛。自1997年《刑法》第三章"破坏社会主义市场经济秩序罪"的第七节规定了"侵犯知识产权罪"以来，最高法、最高检、公安部等司法机关通过出台司法解释、部门规章等立法措施对降低知识产权刑事责任门槛作了很多规定，如对侵犯著作权犯罪而言，在最高法、最高检联合颁发的《关于办理侵犯知识产权刑事案件具体应用法律若干问题的解释》中就将原来规定的起刑标准按照非法经营数额达20万元降低至5万元，将违法所得数额达到5万元降至3万元。但是，一直以来对知识产权侵权行为犯罪的入罪门槛主要关注于违法所得数额或非法经营数额，对于实践中当事人提起刑事自诉的立案标准、证据标准以及侵权数额计算方面都存在较高门槛，如"公安机关往往要求当事人在立案时就承担较重的举证责任，甚至接近于证明犯罪成立的标准，这几乎已经达到检察机关审核提起公诉的标准"，其后果是"许多人求诉无门或望而却步"。❶

所以，从立案数额来看，我国现行刑法对知识产权犯罪的认定门槛已经有降低，但还存在犯罪构成、罪型结构不合理等问题，刑法对知识产权犯罪行为的认定、罪刑结构等方面有待完善。现行刑法要求侵犯知识产权犯罪必须是以营利为目的的故意犯罪，使得一些虽没有盈利目的但具有严重破坏性的知识产权侵权行为不能纳入刑事制裁的范围。现行刑法只设置了侵犯商标权、专利权、著作权和商业秘密罪，对于植物新品种、地理标志等知识产权类型没有相应罪名，导致这一类型的知识产权侵权行为难以被追究刑事责任。现行刑法责任以短期自由刑和罚金为核心，但处罚力度属于经济犯罪中较弱的类型。比如生产、销售伪劣商品罪和侵犯知识产权罪有交集，但生产、销售伪劣商品罪的加重犯罪构成可处以15年有期徒刑甚至无期徒刑，并处销售金额的50%以上2倍以下罚金或没收财产，相较于侵犯知识产权罪的加重情节无疑严格许多。

通过降低知识产权犯罪行为的认定门槛，不仅对提高国内知识产权保护力度有重大意义，对于我国知识产权保护高度达到世界先进水平也同样重要。2007年，以美国为首的发达国家启动了旨在建立知识产权执法新的全球黄金标准的《反贸易协定》（ACTA），该协定第二章"知识产权执法的法律框架"中专门规定了"刑事执法"，降低了《与贸易有关的知识产权协定》中有关知识产权犯罪的认定标准。按照 TRIPs 协议规定，知识产权侵权行为应该是"故意的"，且具有"商业规模"。而 ACTA 对 TRIPs 协议的规定进行了衍生和细化，大大降低了 TRIPs 协议的认定标准，包括：只要求侵权行为是商业的，而不再有侵权行为达到一定"规模的"要求；对扣押、销毁侵权商品等执法措施作出了强制要求；增加了新的刑事制裁内容。总体而言，ACTA 将知识产权犯罪的追究门槛降低到"具有明显故意"的"为了商业利益或个人获利"的侵权。❷ 目前，接纳 ACTA 的大多是以美国为代表的知识产权发达国家，它们对于知识产权积极且严格的保护思路，值得我们深思与借鉴。

---

❶ 何国强、马婷婷："知识产权刑事案件立案、定罪、量刑问题考察"，载《湖北警官学院学报》2013年第5期。

❷ 张伟君："知识产权刑事保护门槛——从 TRIPs 到 ACTA"，载《电子知识产权》2011年第8期。

(3) 我国知识产权法律本身的整体质量有待提高。

经过"十一五""十二五"的连续建设，具有中国特色的知识产权法律体系基本建立健全，但整体质量方面还有进一步加强的空间。首先，知识产权法律体系还不够全面。现有法律规范仍以商标、作品、专利等传统知识产权客体为主，非物质文化遗产、遗产基因等新型知识产权客体的立法比较滞后。其次，立法主体过多过杂，各自为政，割裂了知识产权两法衔接的统一性，各层次的规定不相一致，使各市场主体无所适从。知识产权效力位阶涉及法律、部门规章、地方性法规和地方政府规章、国际条约等多个法律层次，立法主体除全国人大、国家知识产权局、国家版权局、最高人民法院外，还包括林业部、农业部等其他中央部署机构，以及省、市人民政府和人大。地方省、市级的人民政府、政府部门也会结合地方情况出台相关政策性文件。很多制度都是从某一个方面或者某一个领域规范知识产权有关工作，因而在增加了部门或者系统内部可操作性的同时，减弱了各部门之间规定的协同与融合，特别是不同立法主体制定的不同制度往往会破坏制度的整体性。

我国知识产权立法也存在"重实体、轻程序"的倾向，知识产权程序性立法亟待加强。"知识产权程序法十分不完善，关于知识产权行政执法、司法的规定少之又少，且不成系统"。[1]同样重要的是，现有法律对侵权行为的制裁力不够，举证困难、诉讼周期长等规定在一定程度上降低了人们尊重法律的意愿。总体而言，我国现行的知识产权法律体系还需在体系完整度、规范合理度、程序公正度方面还有许多工作要做。

2. 创新主体合法权益未能得到及时全面有效保障，推进创新驱动发展的知识产权法律体系有待健全

（1）现有知识产权法律体系不能完全满足创新成果产权安排机制的要求，新兴领域的创新主体权益的确权工作有待加强。

从中国知识产权推进创新驱动发展趋势来看，我国知识产权立法还需进一步建立健全知识产权权利保障体系。知识产权作为无形财产，具有无形性、共享性、流动性特征，只有通过国家立法确定其产权地位，并通过相应的登记制度保障，作为无形财产的知识成果才能具有垄断性和排他性，从而成为法律意义上的权利。相较于其他有形财产可通过占有、合意等社会默认规则来获取与保护权利以弥补立法不足，知识产权的权利取得主要依靠国家立法。知识产权立法的滞后将直接导致知识成果权利地位的缺失。因此，知识产权立法工作之于权利保护的意义尤为重大。

"十三五"期间，知识产权运用法治思维和法治方式推动创新驱动发展，必须重视知识产权立法工作。只有建立起健全的知识产权法律体系，及时回应创新驱动发展的新权益类型、赋予其权利地位，研究创新驱动发展规律、制定前瞻性的权利体系，才能有效推动创新驱动发展。

随着中国经济社会的快速发展，尤其是科技创新和互联网的快速发展，无论是创新主体，还是创新成果及其权利类型都发生了很大改变，如"创客""互联网+"等新型

---

[1] 马一德："创新驱动发展与知识产权制度变革"，载《现代法学》2014年第5期。

创新形态的保护都需要知识产权法律及时作出呼应。还有一些对促进国民经济发展和提升产品竞争力具有重大作用的知识产品形态，如局部外观设计、遗传资源、传统知识、民间文艺和地理标志方面的立法都没有及时跟进，知识产权推进创新驱动发展的法律制度体系有待进一步完善。与此同时，随着"一路一带"战略的推进，中国在"十三五"期间势必要积极主动地走出去，以"政策沟通、设施联通、贸易畅通、资金融通、民心相通为主要内容"与国际社会发生更为密切的接触。这其中国际区域知识产权规则的制定是无法回避的现实问题。如果中国在国际知识产权规则制定始终处于被动地位，将会严重损害我国企业在海外市场的合法权利。知识产权立法如何确立在国际区域知识产权规则体系中的主导地位是"十三五"时期的一项重要任务。

（2）产权激励机制不完善，知识产权推动创新驱动发展的激励举措要从政策主导转变到法律主导。

知识产权推动创新驱动发展，首先是通过知识产权立法确立知识成果的排他性，确立知识成果的权利类型、内容、行使程序等，使知识成果及其创造者获得保护其成果的法律依据。其次，是建立相关的产权激励制度。正面激励机制以保护创新主体权利为出发点，负面激励机制以设定创新主体义务为出发点，两者在价值取向上分别体现了权利本位和义务本位。目前不符合法治思维和法治方式的主要问题有两点，一是以正面激励为主的创新激励机制还不健全，二是现有激励机制的出台主要是政策手段，未来还需逐步转移以法律为主导，通过法律制度去保护创新利益、激励创新行为。"十三五"期间，我国知识产权工作要运用权利本位的法治思维推动创新驱动发展，应建立正面的产权激励机制，着重运用确定权利、保护权利的权利本位法治方式，激发创新热情。

"十三五"期间，我国知识产权工作还需进一步加大相关配套制度的建设。完善财政、税收、信息服务等相关制度，给予创新相关主体资助、补贴、奖励，多元方式投资基础研究，通过完善风险预警、法律维权服务体系等做好知识产权相关服务，以使知识产权的投入与产出有充分的信息支撑，使知识产权与其他经济要素的组合更加通畅和有效。

（3）创新成果产权交易机制出现网络化、专业化趋势，现行相关制度对此的回应还不够。

"十二五"期间，我国以产学研、专利联盟、专利技术标准等工作为核心，以建设知识产权交易中心、交易所为方式，着力建立知识成果向市场转化的中间桥梁。这些工作，对保护创新主体权利、激发创新热情发挥了重要作用。"十三五"期间，在继续完善产学研等政策的同时，还要关注"互联网+""一带一路"、战略性新兴产业等新型业态对知识产权的冲击，知识产权工作要主动回应这些战略变化对知识产权工作提出的新要求，建立起符合新兴战略需求的市场交易机制。

新兴战略给市场交易机制的变化，至少体现在两个方面：一是创新出现全球化、网络化趋势，创新合作网络与外部创新资源成为创新驱动的主要动力。与此相适应，知识产权交易和服务将更多的借助网络平台、在世界范围内完成。传统知识产权交易模式具有交易信息不对称、交易成本与交易风险高的缺点，由此引发的技术市场失灵问题是制约创新要素配置效率的主要问题。而基于网络的知识产权交易市场和服务体系可以弥补此缺陷，网络空间中更为开放自由的知识产权交易、知识成果拍卖、合同订立行为有助于形成知识成果市场化价格发现机制，完善知识产权市场供求机制。当然，依托网络的知识产权交易市场对我国知识产权立法、行政、司法工作都是新的挑战。而我国现行知识产权工作对"互联网+"、知识产权国际竞争方面的储备还不够充实。

二是知识产权交易的专业化趋势。创新在市场环境下，知识产权运营要符合集约、高效的市场竞争要求。这对知识产权交易交易机制而言，知识产权确认程序、保护手段、维权程序、交易规则的设计，都要以创新主体最便捷高效地完成知识成果交易为目的。创新知识产权以新兴技术知识为主，因其复杂性，往往表现为多种知识产权竞合。我国现行的知识产权交易和管理对专业化的回应还不够。传统的知识产权管理与运营以分头管理为特征，各部门各司其职。这种管理手段适合于知识产权状态单一的技术成果及知识成果，但却不利于复杂形态的创新技术。"十三五"期间，我国的知识产权交易机制以及相应管理体制，都需积极回应创新技术市场化运营的效率要求，以专业化为指导思想重塑现行相关制度。

3. 依法行政规范行使行政权力的机制有待完善，执法力量和效能有待加强

（1）行政主体地位尚需进一步明确。首先，创新作为一种市场活动，知识产权行政管理部门应当具有的市场监管执法主体地位在法律中没有规定，使得知识产权行政管理部门对市场的监管职能受到限制。其次，实践中一些县级等基层人民政府已设立专利管理部门，开展了大量工作，但现行专利法仅提及"省、自治区、直辖市人民政府管理专利工作的部门"，使得基层知识产权行政管理部门行政主体地位的合法性存在模糊状态。

（2）行政职能的法定化还需要进一步完善。首先，现行法律规定仅对知识产权行政机关的管理职能作了较为明确规定，但是对服务等职能缺乏规定，这不利于法治背景下推进服务型政府建设的要求，也与实践中知识产权行政机关事实上已经承担的诸多服务职能不符，更会对下一步知识产权行政机关服务工作的合法性产生不利影响。其次，对国务院下属的知识产权管理部门之职能规定较为明确，但对地方知识产权管理部门之职能规定较为模糊，这对地方知识产权行政管理工作的合法性和工作开展会产生不利影响。

（3）行政执法赋权不全面。就专利执法而言，无论国务院专利管理部门还是地方专利管理部门的执法权都需要进一步完善。首先，国务院专利行政部门主管全国的专利工作，承担指导地方知识产权行政执法的重要职能，但自身却不是执法主体，缺乏行政执法的实践和经验，不利于更好地指导各地方知识产权局开展工作，对于很多群体侵权、跨地区侵权，有重大影响的专利侵权案件无法形成由国务院专利行政部门牵头查处的执法机制。其次，地方知识产权行政管理部门的执法权，特别是县级知识产权行政管理部门的执法权缺乏明确法律依据。甚至由于现行专利法将地方知识产权局笼统表述为"管理专利工作的部门"，造成各地方局法律地位和机构性质方面存在较大差异，于是实践中有的地方局属于行政编制，有的还属于事业编制，其行政主体地位尚模糊不清，

其行政执法权也就具有很大争议。但这不仅影响到专利行政执法工作的效果，也与地方经济发展中落实创新驱动发展战略的现实需求严重不符。最后，就专利执法权范围而言，对专利侵权行为缺乏具体的执法手段和措施。我国专利法规定，对于假冒专利的行为，执法机关可以查阅、复制有关合同、发票、账簿及其他资料；对有证据证明是假冒专利的产品，可以查封或者扣押。但对于专利侵权行为，并没有具体执法措施的法律规定。

（4）知识产权行政管理机构设置存在资源分散、权限不明晰、标准不统一的问题，直接影响执法效能的发挥。具体表现在：一是在总体设置上，知识产权分散管理，行政管理与执法一体化。专利、商标、版权行政管理工作分属不同部门，其结果不仅分散人力物力，也降低行政管理效率。而在同一部门内部，行政授权与行政执法一体化的体制缺乏有效的监督与制约；二是各地方知识产权机构的设立往往不是依据明确的法律制度或地方知识产权工作发展实践需要，有很多时候是靠地方政府重视程度来决定，其结果就导致了全国各地知识产权机构设置模式标准不统一，造成地方知识产权管理机构发挥作用的不同，地区之间知识产权工作开展程度不平衡，甚至有很大差别，这也给各地区之间开展协作执法带来合作交流中的很多障碍；三是知识产权管理机构不健全、不系统，很多地方知识产权管理部门是事业编制，不具备行政执法主体的适格性，影响了知识产权执法权威和效能。

（5）就执法理念而言，由于历史形成的特殊执法体制和习惯做法，还存在官本位思想，重政策轻法律的运动式治理方式权重过大，对于知识产权发展中出现的问题时常开展阶段性的专项整治而忽视建立稳定的长效机制。执法中较关注行政相对人的法律义务而忽视了对行政相对人的权利保障，以及重实体轻程序，执法方式较为简单，有时候也由于权力范围不清而导致的怠于执法的现象。

（6）就行政执法与刑事司法的配合衔接而言，也存在立法混乱、政出多头、监督不力、信息共享平台等硬件支持还有待完善等问题，从而导致知识产权两法衔接不紧密，影响了知识产权保护效果。

在当前依法治国的政治新生态下，改革知识产权执法机制，提高执法效率，整合执法资源，首先必须要转变知识产权执法理念。应把"法定职责必须为"，"法无授权不可为"的法治思维贯穿到知识产权执法机制改革的整个过程，致力于建设以公平为基础的高效执法机关，不追求以牺牲公平公正为代价的执法效率，而是在保证执法公正基础上逐渐完善执法机制、提高执法效能。

4. 知识产权司法程序的专业化和独立性有待进一步深化，推进创新驱动发展中确立司法保护知识产权的主导地位还有待进一步巩固

（1）知识产权司法审判的专门化力量还不足。即使在北上广成立三家知识产权法院以后，也依然存在诸如管辖关系比较混乱、知识产权法院布局无法兼顾国内其他地方等问题。所以，知识产权法院的成立只是个开始，今后的任务仍旧艰巨。

（2）知识产权审判人员的专业化程度有待进一步提升。由于我国知识产权专门审判体制建立较晚，现有知识产权法官都是从民事、刑事审判工作转化而来，尚未建立起专门的知识产权法官遴选与培训机制。此外，由于知识产权审判所涉及的案件事实往往

需要专门的科技专业知识，因此建立技术调查官制度是国外知识产权强国的惯常做法，但我国尚没有建立相应的技术调查官制度，这不利于查明案件事实。

（3）知识产权案件的专门化审理程序和审理规则还没有完全确立。知识产权纠纷往往混杂着民事、刑事与行政程序。现有审判机制是"先刑后民"或"先行后民"，割裂了知识产权审判的统一性，其结果造成一些侵权人利用审判程序漏洞，提起恶意诉讼，延长诉讼时间，增加权利人的维权成本。另一方面，在实践中，各地审判标准还不完全统一，同案不同判现象依然存在，这影响到对权利人利益的平等和公平保护。

四、知识产权工作运用法治思维与法治方法推进创新驱动发展的重大工程与重大举措

（一）知识产权法律权威提升工程

1. 建立惩罚性赔偿制度，强化知识产权法律对侵权行为的制裁效果

现行知识产权制度按照"损害填平原理"设计的侵权赔偿方法，不能实质性保护知识产权权利人的合法利益。2013年8月施行的《商标法》标志着惩罚性赔偿正式进入知识产权法。《商标法》首次在知识产权制度中引入"恶意侵权"概念。恶意侵犯商标专用权，情节严重的，可以将损害赔偿数额增加一倍以上三倍以下。同时将法定赔偿上限提高到300万元。继商标法之后，国家版权局、国家知识产权局公布的著作权法修订稿、专利法修改稿也都提出引入惩罚性赔偿，提高赔偿上限，加大惩罚力度。

"十三五"期间要继续完善知识产权民事侵权的惩罚性赔偿制度，研究"恶意侵权"的认定标准，明确知识产权惩罚性赔偿的适用条件与范围，科学设计惩罚性赔偿额度，惩罚性赔偿和填平性赔偿的协调。研究改进权利人损害赔偿数额举证责任、法官自由裁量权限范围等程序性问题，从诉讼立法的层面解决损害赔偿计算和证明的难题。通过加强惩罚性赔偿，增加侵权行为的违法成本，从而逐步树立起知识产权法应有的法律权威。

2. 降低入罪门槛，提升知识产权法律的威慑力

（1）可以继续降低现行的侵权数额要求。销售侵权商品500件以上且违法经营所得在15万元以上，违法所得在两万元以上，构成追究刑事责任的条件。

（2）要增加不受侵权数额限制的追责门槛。规定两年内因知识产权犯罪行为受过行政处罚二次以上的，又再次实施知识产权犯罪行为的累犯；侵犯知识产权犯罪行为造成恶劣社会影响或者其他严重后果的严重犯罪，可以不受违法所得、侵权商品数额的限制。

3. 完善遗传资源、传统知识、民间文艺和地理标志等方面的立法工作，形成更加严密科学的知识产权法律体系，提升法律的完整性

传统知识产权主要指著作权、商标权、专利权和商业秘密权，随着新技术和新经济模式的发展，植物新品种、集成电路图等新型权利也被纳入知识产权范畴。我国继"十一五"规划提出植物新品种的知识产权保护立法后，"十二五"规划继续加大非

传统知识产权的权利保护工作，作出传统知识、遗传资源和与价值开发促进工程的工作部署。

按照"十二五"规划部署，国家知识产权、农业部等相关部门加快非传统知识产权保护的立法工作，先后颁布了《民间文学艺术作品著作权保护条例（征求意见稿）》《农业地理标志登记专家评审规范》《农产品地理标志登记审查准则》等法律文件。但总体而言，我国非传统领域的知识产权保护工作进展比较缓慢。遗传资源、传统知识和民间文艺作品的立法工作没有完成。这些非传统知识产权仍处于无法可依的状态。一些地方省份虽然有当地中医药名录、非物质文化遗产保护名录，但各地名录登记及保护水准差异较大，且各自信息共享程度低，一旦被侵权后因为法律定位不明，权利人难以获得法律救济。

在"十三五"期间，建议继续加大遗传资源、传统知识、民间文艺和地理标志的基础性立法工作，使相关权利的保护实现有法可依。目前，地理标志的知识产权保护工作、民间文学艺术作品的著作权已经进入征求意见阶段，而以中医药知识、生物遗传资源为代表的非传统知识产权缺少基本法保护。继续推动"生物遗传资源获取与惠益分享管理条例""生物遗传资源获取管理条例""人类遗传资源管理条例"的制定工作，研究中医药知识数据库建设和知识产权保护工作，推动全国范围内的中医药知识、民间文艺作品保护名录、数据库的编录，将现行知识产权保护的遗漏区域修订完整。

（二）新兴领域知识产权维权工程

1. 通过完善立法，强化"互联网+"等新兴领域的创新主体及时获得知识产权法的保护

（1）应转变互联网领域的知识产权立法思路，从等待问题出现后再想办法解决的消极立法策略转向主动研究问题、提前发现问题并设计好解决方案的积极立法策略。在《著作权法》《专利法》《商标法》等知识产权基本法新一轮的修订中，主动增加互联网方面的法律规范，使这些基本法能适应互联网知识产权保护的需求。完善《反不正当竞争法》《反垄断法》等相关法律中关于信息产业、互联网企业的知识产权内容，规范虚拟空间中的知识产权行为。

（2）积极发挥行政立法、出台司法解释性规范性文件的作用，提高互联网知识产权立法效率。技术革新是互联网新业态的竞争力，只有不断创新才能生存发展。对于传统的知识产权立法工作而言，为保障法律文本的准确性，往往需要耗费1~3年的立法时间成本。如果我们仍采用传统立法思路，便不能完全满足互联网领域的知识产权解纷需求。

在互联网这个"融合、快速、创新"的新型经济模式下，唯有同样快速便捷的立法手段才能适应其发展要求，甚至有时需要前瞻性立法，在侵权行为尚在萌芽时就能制定出相应的法律规范。

（3）以《反不正当竞争法》《反垄断法》为基础，规范互联网竞争行为，推动建立良性互联网生态环境。对现有《反不正当竞争法》中的不正当竞争行为、《反垄断法》中的滥用市场地位行为进行扩张性解释，或是明确增加互联网中的行为类型，清晰界定互联网竞争行为的正当性认定标准。加强和相关部门的合作,借鉴现有立法成果。继续完善互联网竞争法规,出台相应的配套规范。

2. 加强对国际知识产权规则制定的主导性,维护中国企业国际市场的合法权益

(1) 重视中亚、西亚等国家知识产权制度的现状研究。目前,国内知识产权研究的重点还是美国、日本、韩国等知识产权发达国家,而中亚、中欧、中东欧等"一带一路"战略上的大部分国家知识产权研究几乎空白。2015年3月,国家知识产权局和中国知识产权研究会共同组织"一带一路有关地区和国家知识产权环境研究课题"❶,启动了相关国家的知识产权制度研究工作。接下来,可以通过项目申报、课题规划、学术论坛、研讨会等多种形式,吸收、鼓励更多的科研工作者参与"一带一路"国家知识产权研究工作,为"一带一路"知识产权立法做好知识储备。

(2) 加大"一带一路"知识产权人才储备工作。通过强化我国知识产权工作人才培育工程,组建起系统的"一带一路"知识产权专业服务队伍,为"走出去"的企业提供知识产权服务。重视"一带一路"国家知识产权工作者对我国知识产权制度的培训工作,发挥我国知识产权制度对相关国家的影响力。2015年4月,国家知识产权局委托同济大学法学院举办"一带一路"国家知识产权负责人培训班。不同于常规的培训班,这次培训的学员来自沙特阿拉伯、伊朗、塔吉克斯坦等18个国家,培训内容主要是我国知识产权司法保护、行政执法、知识产权的国际合作、专利信息利用等领域。❷ 这种主动"走出去"的知识产权人才培养方式,有助于提高我国知识产权制度的国际认同度,对于知识产权国际立法主导权有积极作用。

3. 开展多元化知识产权服务,为企业维权提供有力支持

(1) 加大中西部地区知识产权维权援助机构建设力度。

按照《推动共建丝绸之路经济带和21世纪海上丝绸之路的愿景与行动》计划,新疆、陕西、宁夏等西部省份是陆上丝绸之路建设的重点地区,是中国和中亚、西亚合作的关键区域。"十三五"期间,要通过资金扶持、人员培训、经验交流等多种方式,加大这些地区的知识产权维权援助机构建设力度,提高这些地区的知识产权保护水平。

(2) 完善创新型小微企业知识产权维权援助标准。

维权援助是为保障社会弱势群体社会权利、维护社会公平正义的一项重要公共职能。关于社会弱势群体的界定,传统通常以"经济困难""知识困难"为标准。我国知识产权维权援助标准也基本沿袭这一思路,但在具体内涵和外延上,却缺少更符合知识产权特征的界定。知识产权维权援助重点对象大致包括:自主创业、小微企业、大学生创业等为主体的小规模企业,高新技术研发、应用、转让等领域的技术人员、高科技企

---

❶ 中国知识产权研究会:"'一带一路有关地区和国家知识产权环境研究课题启动会'在京召开",资料来源:中国知识产权研究会网站,http://www.cnips.org/xwzx_list.asp?NewsID=5069,2015年4月28日访问。

❷ 同济大学法学院:"一带一路国家知识产权负责人培训班举行",资料来源:同济大学新闻网,http://xuerentang.sinaapp.com/k.php?u=http://news.tongji.edu.cn/classid-15-newsid-46821-t-show.html,2015年4月27日访问。

业，在国际经济贸易、技术投资等活动中需要了解相关国家、地区知识产权状况的"走出去"企业。它们是国家创新驱动发展战略的主力军之一，而它们在经济能力和诉讼能力上与大企业相差甚远，维权能力有限，应该被列为我国知识产权维权服务的重点对象。

（3）重视知识产权海外预警体系建设。

国家知识产权局在2008年便成立了专利分析和预警工作领导小组及办公室，并通过与中科院、发改委和科技部等部门合作，开展专利预警工作。但现有的知识产权预警体系以专利为主，商标、版权等知识产权侵权预警几乎没有涉及。而且限于资金、人力的缺乏，大部分维权援助机构尚不具备提供有效预警信息的能力。

知识产权是现代企业市场竞争的核心力量，专利、商标、作品、商业秘密等知识产权都与企业生命力有着千丝万缕的联系。中国企业遭遇的商标侵权风险并不比专利少。有资料显示，我国企业在海外投资过程中，每年都有数以百计的商标被国外企业抢注而失去商标经营自主权，其中大部分都是享有较高市场知名度的名牌商品，包括飞鸽、海信、联想等国际大牌。知识产权援助机构要重视知识产权预警体系建设，不仅要建设完备的专利风险预警，还要根据市场反应、企业态势等建设商标预警、版权预警等多维度的预警体系，为我国企业发展提供全面的知识产权服务。

（4）加强海外企业知识产权维权援助工作。

海外企业知识产权维权援助本就是援助机构的工作内容之一。❶但目前的海外企业知识产权维权工作却是以商务部为主导，国家知识产权局及援助机构为辅助的模式。隶属于商务部的企业知识产权海外维权中心是国内专门的海外知识产权维权援助机构，任务包括发布海外知识产权预警信息，建立并完善海外维权专家库、法规资料库，开展重点行业知识产权竞争和布局调查，设立涉外重视产权重大纠纷协调处理机制，通过政府间知识产权交流机制来推动和解决知识产权重大案件，提供境外展会知识产权保护服务工作，并通过培训研讨宣传等形式帮助企业提升海外知识产权维权意识和能力等。

商务部作为企业海外商业活动的主管机构，由其主导企业海外知识产权维权有资源优势，但是也存在专业性不强、服务能力有限等不足。"一带一路"战略鼓励国内企业积极拓展海外市场，随着"走出去"企业数量的增多，将出现企业规模多样化、企业类型多元化、企业地域扩大化的趋势。为保证"一带一路"战略的顺利实施，我国援助机构需要正视知识产权海外维权援助工作的重要性。

"十三五"期间，知识产权维权援助工作必须重视国际贸易中的知识产权维权工作，通过保护知识产权海外宣传、搭建企业知识产权海外维权平台、发布海外知识产权环境报告、引导优秀服务机构与外向型企业对接等，加强海外知识产权维权机制建设，为中国企业"走出去"提供更多、更好的实质性帮助。

---

❶ 《关于开展知识产权维权援助工作的指导意见》明确规定，当事人无力支付高昂的维权或应对成本的涉外案件；当事人由于知识或信息的缺乏难以寻得有效帮助的涉外案件，知识产权援助机构应提供相应的智力援助和经济援助。

(5) 研究建立企业海外知识产权应诉预备专项资金。

早在2008年,时任国家知识产权局副局长的张勤指出国家知识产权局"必须建立企业对外贸易知识产权纠纷应诉预备资金,以减轻企业对外知识产权诉讼压力"[1]。2009年,江苏省发布《江苏省企业境外知识产权维权指引》,在企业遭受知识产权侵权或者受到指控时,由江苏省的知识产权维权援助机构提供申请知识产权法律状态的查询、侵权与否技术判定参考意见等援助服务,并对企业知识产权境外维权进行资金援助。

但因为各种原因,应诉专项资金没有得以实现。近年来,不少中小企业积极参与海外市场拓展,但面临知识产权纠纷却难以应对。"不少企业在面对境外知识产权纠纷时,选择放弃和退却,不战而败,宁可丢掉一片市场,其中一个重要原因就是资金缺乏。特别是对于中小企业而言,国际知识产权纠纷中巨额的诉讼(仲裁)费和律师费,常常令其难堪重负,望而生畏。"[2] 为此,我们有必要尽早建立支持中小企业应对境外知识产权纠纷的专项资金。建议专项资金可以政府财政支持为主、社会援助为辅的多元资金筹集途径。资金委托给各地维权援助中心管理,企业应诉涉外知识产权纠纷时,可向当地援助中心申请支持。

(三) 知识产权依法行政工程

在当前依法治国的政治新生态下,改革知识产权执法机制,提高执法效率,整合执法资源,应把法治理念、法治思维贯穿到知识产权执法机制改革的整个过程,坚持"法定职责必须为、法无授权不可为"的原则,依法全面履行政府职能,建立和推行知识产权权力清单制度,"不得在知识产权法律规定之外设定权力,不得在没有法律法规依据的情况下作出减损公民、法人和其他组织合法权益或者增加其义务的决定"[3];应致力于建设以公平为基础的高效执法机关,不追求以牺牲公平公正为代价的执法效率,而是在保证执法公正基础上逐渐完善执法机制、提高执法效能,加快推进知识产权行政管理机构、职能、权限、程序、责任法定化,加强知识产权事权的规范化、法律化,全面落实行政执法责任制;加强知识产权行政执法与司法保护的两法衔接与互动,构建严密的知识产权保护体系。

1. 建立权力清单规范行使权力

行政执法是加强知识产权保护的有力手段,也是加快创新驱动发展的重要力量。但行政主体的法律意识、法治思维水平、依法办事能力等因素都会对行政保护的效果产生重要影响,可以说,知识产权行政主体的依法行政水平是衡量行政执法效能的重要标志之一。提升知识产权依法行政水平,一方面要增强执法主体法治意识,转变思想观念,

---

[1] 李立:"企业海外维权有望获法律援助",资料来源法制网,http://www.legaldaily.com.cn/bm/content/2008-01/05/content_776014.htm。

[2] 贸促会:"应对出境展览知识产权纠纷应当建立长效机制",资料来源:中国专利信息中心,http://www.cnpat.com.cn/show/news/NewsInfo.aspx?Type=Z&NewsId=523,2015年4月27日访问。

[3] 《中共中央关于全面推进依法治国若干重大问题的决定》,资料来源:《人民日报》2014年10月29日第1版。

转变工作方法，提高依法行政的自觉性，严格依据法律行使行政权力外，在履行职责时强化"法定责任必须为、法无授权不可为"的意识，另一方面，要建立权力清单制度，从实体与程序界定权力行使的边界，努力营造公平公正、开放透明的法治和市场环境。

"所谓权力清单，就是把各级政府及其所属工作部门掌握的各项公共权力进行全面统计，并将权力的列表清单公之于众，主动接受社会监督。"❶ 以推行权力清单制度为手段，营造更加公平的市场环境以及良好的政务环境，积极打造有限、有为、有效的法治型政府与服务型政府。

党的十八届三中全会决定指出，"推行地方各级政府及其工作部门权力清单制度，依法公开权力运行流程"。2014年《政府工作报告》也指出，"建立权力清单制度，一律向社会公开；清单之外的，一律不得实施审批"❷。这说明实行权力清单制度是行政体制改革的大趋势之一，知识产权执法体系改革也要积极建立权力清单制度。推行权力清单制度的根本目的是，"廓清政府机关行使公权力、干预私权利的边界，建构符合现代市场经济规律和现代法治发展要求的政企（政社、政民）关系，从而约束行政权力、保障公民权利、服务社会大众、建设法治政府"❸。

通过权力清单的确立，要求知识产权行政机关应明确其行使行政权力的主要目的是维护市场秩序，为创新驱动发展提供公平公正的市场环境。应当审慎介入市场主体的私权纠纷。对于市场主体之间的纯粹私权性纠纷应当确立起司法保护的主导地位。

建立知识产权行政执法权力清单制度，"有利于优化和公开权力运行流程，促进形成权责清晰、程序严密、运行公开、监督有效"❹ 的知识产权行政执法机制，以解决实际操作中存在权责交叉、多头执法、监管缺位等问题。知识产权权力清单制度的关键是要给各方权力划定边界，首先要明确知识产权行政管理机关该做什么，做到"法无授权不可为"，重点是确定权力清理范围，清理行政权力事项，明确行使权力责任，优化权力运行流程。其次要明确市场主体不该干什么，给出"负面清单"，做到"法不禁止即自由"。最后要明确行政机关应该如何管理知识产权市场，理出"责任清单"，确定行政管理机关的法定职责，做到"法定责任必须为"。

推行权力清单制定至少包含五个连续的步骤：一是"清理权力"，加强权力的有限性，即明确知识产权行政职能范围所在，厘清行政权力的来源，梳理部门的具体职责范围；二是"明确权力"，加强权力规范性，即按照具体行政职能范围编制权力目录和运行流程图；三是"配置权力"，保障权力运行的科学性，即根据内设部门职责，对现有权力进行调整、优化权力流程；四是"公开权力"，突显权力运行的透明度，即将权力清单和流程向社会公示；五是"制约权力"，保障权力运行的民主性，建立健全事中事后监管制度。

建议由国家知识产权局牵头，由国务院法制办、其他国家知识产权行政管理机构

---

❶ 柳霞："权力清单制度：将权力关入透明的制度之笼"，载《光明日报》2014年1月17日第11版。
❷ 李克强：2014年政府工作报告，载《光明日报》2014年3月15日第1版。
❸ 莫于川：推行权力清单，不等于"依清单行政"，载《人民日报》2014年4月23日。
❹ 刘志月：建立权力清单制度，载《法制日报》2014年1月11日。

共同参与形成知识产权权力清单会商机制。具体任务包括：一是全面梳理知识产权部门权责。根据法律法规的规定，对各个知识产权行政管理部门承担的职权职责和内设机构权责进行认真梳理，逐条逐项进行分类登记，确定部门权责清单。二是开展权责清理调整。各知识产权行政部门在全面梳理权责的基础上，按照职权法定、职能转变和简政放权的要求，对现有权责提出保留、取消、下放、整合等调整意见。三是优化流程建立清单。各知识产权部门对保留和整合的权责事项，按照规范运行和便民高效的要求，减少内部运转环节，优化权责运行流程，明确权责履行界限，规范自由裁量空间，确定办理程序、办理期限和承办机构，编制部门权责清单和权责运行流程图。四是健全常态管理制度。建立权责清单和权责运行流程动态调整机制，根据执法依据和机构职能调整变化，定期修订完善，确保政府权责管理科学化、规范化、法制化。

2. 建立规范统一高效的知识产权行政管理和执法体系

当前知识产权行政执法存在多头执法，条块分割，机构设置和职能运作复杂等问题。如根据现有法律规定，具有执法权的知识产权行政机关有：国家知识产权局、国家工商行政管理局、国家版权局、国家农业部、林业局、海关总署及地方海关。这些单位的工作都与知识产权密切相关，在知识产权执法上难免政出多门、交叉执法，各管理部门出台的规定相互冲突以及执法标准高低不一，一方面市场主体无所适从，另一方面也不利于监督和制约。为此应从以下方面着手改革，以整合执法资源，构建高效的知识产权执法体系。

（1）加快体制改革，整合资源，尽快建立"三合一"或"多合一"的知识产权综合管理和执法队伍。近年来，国家知识产权局积极组织全国知识产权系统通过开展集中检查、集中整治、集中办案活动，不断加大执法办案力度，深入开展"雷雨""天网""护航"等专项行动，有效遏制了知识产权恶性侵权行为多发的态势，为营造公平有序的市场环境发挥了重要作用。但整体而言，目前我国知识产权行政保护的多元多层级分散保护模式还存在较大弊端，也不太适应国际上知识产权行政保护的发展趋势，从而限制了知识产权行政保护的执法效果。从法治角度而言，需要建立稳定的行政执法长效机制，而这首先需要执法队伍或执法力量的稳定、高效。事实上，从国际知识产权行政保护发展的基本趋势来看，建立较为统一的知识产权行政管理机构是主流做法，"据统计，全球90%加入世贸的国家在知识产权管理体制方面的做法主要有两种：一种是商标、版权、专利'三合一'，另一种是商标、专利'二合一'"❶，而我国是少数几个采取分散管理的国家之一。而在国内，深圳市早在2008年就试点建立了专利与版权"二合一"的知识产权管理模式，2014年上海浦东则成立了包含专利、商标与版权在内的"三合一"模式的知识产权管理与执法机构。通过试点运行，浦东知识产权管理机构初步形成"监管和执法统一、保护和促进统一、交易和运用统一"的工作体系，做到"一个部门管理、一个窗口服务、一支队伍办案"❷，从而有助于提高知识产权保护工作效率。所

---

❶ 凤飞伟：“知识产权行政执法谋求'三合一'”，载《南方日报》2008年12月26日第SC08版。
❷ 方翔：“'三合一'知识产权局 实现集中管理”，载《新闻晨报》2014年11月17日，资料来源：http://finance.eastday.com/m/20141117/u1a8447074.html，最后登录日期，2015年4月30日。

以，从国内外经验来看，建立"三合一"或至少是"二合一"式的知识产权管理体系是"十三五"期间加快知识产权行政体制改革推动创新驱动发展的重要工作。

（2）提高对知识产权保护重要性的认识，尽快完善具有独立建制或编制的省、市、县三级知识产权管理机构。由于历史形成的原因，我国知识产权管理体制比较混乱，迄今在一些市、县缺乏专门的知识产权管理机构。有些虽然挂了牌子，但是在管理体制、人员编制、配套资源方面仍不独立，这直接影响到地方知识产权事业的蓬勃发展。特别是在国家大力推动创新驱动发展战略的背景下，各地都纷纷结合自身资源禀赋建立起具有地方特色的创新驱动发展战略。但知识产权无疑是创新驱动发展的核心。若缺乏专门的知识产权管理与执法机关，既无法从整体上有效把握当地创新驱动发展的基本方向，又缺少为推动当地创新驱动发展的可靠保证力量。所以，建立健全具有独立编制的省市县三级知识产权管理机构是"十三五"期间加快知识产权行政体制改革推动创新驱动发展的工作重点，至少应当在地级市和知识产权较发达的县级市健全具有独立编制的知识产权管理机关。

（3）健全长效机制，不断加强知识产权行政执法效能。

首先，要健全人才培养长效机制，不断提升行政执法人员的专业素养和执法能力。与其他领域执法不同，知识产权领域行政执法所针对的事项都具有较强的专业性，因此需要执法人员既要精通法律程序又要对专利、商标、版权等具体专业知识有一定的掌握。并且由于国际贸易的不断深入，知识产权行政执法人员还需要掌握知识产权国际条约、惯例等方面的知识。而随着科技文化与立法的快速发展，行政执法人员的专业知识必须不断更新，才能适应知识产权行政保护的需要。所以，建立知识产权行政执法人员培训长效机制，不断提升执法人员的执法能力是加强知识产权行政执法效能的核心因素。

其次，要增强和规范行政执法，健全行政执法长效保护机制。由于知识财产的非物质性，使得侵犯知识产权的行为无处不在，因此要继续保持打击侵犯知识产权的高压态势，除采取专项行动外，要建立知识产权执法部门与其他执法部门之间，知识产权执法部门与各企事业单位、会展场所、互联网终端之间的各领域全方位的联动机制，通过联合执法、设立举报点、公布举报电话、有奖举报、保护举报人信息等举措建立起打击知识产权违法行为的长效机制，为权利人提供事前、事中、事后的快速维权手段。同时要规范行政执法，明确行政执法打击侵权行为的界限与重点对象，对于市场主体之间的私权纠纷不宜主动用行政力量解决。目前，应加快专利法修法进程，确立专利管理部门作为市场监管执法单位的地位，明确界定各级专利行政执法的主体、权限、手段，以此加强和加快专利行政执法体系建设❶。应对反复、恶意侵权等可能危害公共利益的违法行为赋予专利行政机关主动查处权；对情节严重的专利侵权行为赋予一定的行政处罚权；对于处理专利侵权纠纷，在当事人提供必要初步证据的基础上，应赋予专利行政机关调查取证权；同时应赋予县级人民政府设立的专利管理部门专利行政执法权，以解决当前基层执法部门普遍存在缺乏专门的执法人员、执法手段薄弱、执法权威性不

---

❶ 卢鹏起：陕西突出特色提升专利行政执法水平，中国知识产权报，2014-06-11。

够等问题，进一步促使专利执法重心下移，改变当前基层执法极度弱化的现状，加强专利行政执法资源的配置，加强基层专利行政执法队伍建设，建立跨部门跨地区的专利联合行政执法机制。

3. 加强"两法衔接"构建严密的知识产权保护体系❶

我国在知识产权保护上实行的行政执法与司法保护并行的"双轨制"，一方面知识产权是一种民事权利，属于私权的范畴，另一方面知识产权包含推动社会发展进步的新技术，会对整个社会及公众的福利产生影响，所以知识产权同时又具有公权性质，在遇有违法行为时需要行政管理机关的及时介入。但总的来说，"知识产权行政执法重点应该是维护社会公众利益，而不是单纯地去维护知识产权权利人的利益"。❷ 所以，作为知识产权行政执法来讲，既要明确其自身的界限，又要与司法保护之间建立起严密的衔接机制，从而构建起严密的知识产权保护体系。

（1）高度重视完善知识产权"两法衔接"机制工作的重要性。

党中央、国务院高度重视知识产权保护工作，多次强调要完善有中国特色的知识产权法律制度，依法保护知识产权，而完善行政执法与司法衔接机制则无疑是加强知识产权保护的重要环节。如党的十八届三中全会不仅指出要"加强知识产权运用和保护，健全技术创新激励机制"，同时指出要"完善行政执法与刑事司法衔接机制"，而党的十八届四中全会更是就健全行政执法和刑事司法衔接机制的具体内容作出明确指示，这包括"完善案件移送标准和程序，建立行政执法机关、公安机关、检察机关、审判机关信息共享、案情通报、案件移送制度，坚决克服有案不移、有案难移、以罚代刑现象，实现行政处罚和刑事处罚无缝对接"。如果说知识产权保护状况事关创新驱动发展的最终成效那么实现行政执法与司法保护的有效衔接则是评价知识产权保护状况的重要指标。对此，各级政府各部门首先应有充分的认识。

（2）完善制度规定，探索知识产权"两法衔接"统一立法可行性。

2000年公安部、国家工商总局、国家知识产权局联合发布了《关于在查处侵犯知识产权违法犯罪案件工作中加强协作配合的通知》，首次对知识产权行政执法与刑事司法的衔接配合作出规定，指出"各级公安机关、工商行政管理机关、专利工作管理部门在打击侵犯知识产权违法犯罪活动工作中，应进一步加强协作配合，充分发挥各自在打击工作上的优势，在侦办大要案件时，要适时采取联合行动，形成打击合力，严厉打击此类违法犯罪活动"。2001年国务院制定了《行政机关移送涉嫌犯罪案件的规定》❸，对行政机关向司法机关移送涉嫌犯罪行为作出了较为详细的制度设计。之后，国务院、国家有关部委、最高检、最高法等部门以及各级地方政府、知识产权行政管理机关等都纷纷制定或者联合发布了一系列关于建立健全知识产权两法衔接的法规、规章、司法解

---

❶ 关于知识产权"两法衔接"的主要内容引自本课题负责人文章《知识产权"两法衔接"机制的立法完善》，发表于《西安财经学院学报》2015年第1期。

❷ 魏小毛：要合理协调行政执法与司法保护，中国知识产权报，2013-08-23。

❸ 尽管该规定还存在很多不足，但是对我国行政执法与刑事司法衔接机制的完善而言意义重大，是我国对两法衔接机制进行规范的首部行政法规，此后知识产权两法衔接的制度规定基本上都是以该规定为摹本的。

释及其他规范性法律文件,至今本研究报告能搜集到的涉及知识产权"两法衔接"的法律法规和规章类文件已有 27 部之多(参见表一),这为我国知识产权"两法衔接"机制的运行提供了坚实的制度基础。但其中也存在如下不足:一是立法目的过分偏重惩戒与打击违法犯罪,忽视了知识产权保护对推进创新驱动发展的作用和对利益平衡原则的维护;二是立法主体过多过杂,各自为政,割裂了知识产权两法衔接的统一性;三是法律效力等级偏低,约束性不强;四是部分法规内容冲突,整体缺乏系统性;五是法律实施的监督机制不强,法律执行效果较弱。这些缺陷导致了虽然涉及知识产权"两法衔接"的法律规范非常多,但实施效果不理想,知识产权行政保护与司法保护的衔接仍然差强人意。为此,课题组建议:

第一,更新立法理念,加强创新驱动发展战略对知识产权"两法衔接"立法工作的指导。立法是一种实践活动,因而离不开一定的理论指导。正确的立法理念有助于法律效力的充分发挥。党的十八大明确提出要实施创新驱动发展战略,强调科技创新是提高社会生产力和综合国力的战略支撑,必须摆在国家发展全局的核心位置,同时由于"知识产权与思想、信息、知识的表述和传播有着密切的关系,在保障知识创造者权益的同时,必须兼顾促进知识广泛传播和推动社会文明进步的公益目标"[1]。所以,知识产权立法的理念是鼓励创新,平衡社会公共利益,最终促进社会技术进步、文化繁荣、经济发展,这对于知识产权"两法衔接"的立法同样适用。更新知识产权"两法衔接"的立法理念就必须改变当前知识产权两法衔接中以打击犯罪为目的的立法倾向,应更加注重保护创新,平衡权利人私益与社会公共利益之间的冲突。

第二,整合现有立法资源,增强知识产权"两法衔接"法律规范的体系性。知识产权领域"两法衔接"机制的建立,可以由国务院知识产权主管部门与司法机关,改变现有由各知识产权部门分别立法的现状,可以由国务院和最高司法机关联合发布知识产权"两法衔接"的法规性文件,或者由各知识产权行政管理部门与司法机关联合制定一部有关知识产权领域"两法衔接"的规范,而不再需要由各个具体行政执法部门分别与司法机关去制定。这样既能使知识产权领域"两法衔接"的法律规范具有统一性,能够调动与整合各种知识产权管理资源,更好发挥"两法衔接"打击侵权的合力,也能节省宝贵的立法资源。

第三,加强人大立法,提升知识产权"两法衔接"的效力等级。知识产权两法衔接包含着对行政权和司法权的协调和配合,对此由人大牵头负责显然更为有效。通过人大制定知识产权"两法衔接"的规范性文件显得更为妥当,不但能够提升"两法衔接"法律制度的效力等级,还能够更好地整合行政权和司法权,使其运转更加协调与高效。

第四,加快法规清理,增强知识产权"两法衔接"的可操作性。加快清理当前部分知识产权两法衔接法规存在一些重复规定及其他不适应经济发展的情况。通过法律清理,使法规条文更加明确、具体、没有歧义,这样才能被正确地加以执行,才能降低"两法衔接"的执行成本,提高执行效能,增强"两法衔接"规则的可操作性。首先应对各个层级和种类的法律法规加以梳理,根据经济社会的发展和国家法律、行政法规的

---

[1] 吴汉东:"知识产权法的平衡精神与平衡理论",载《法商研究》2007 年第 5 期。

修改，不断加以完善，并妥善处理好各法规的系统性。规定与规定之间不能脱节或相互冲突，要彼此关联、相互配合，这样才能对两法衔接提供明确有序的指导。其次，清理法规应注意立法权限的问题，注重法规的统一性。对某些法规规定超越法定立法权限的问题、与新出台的法律、行政法规不相适应的问题以及部门利益倾向和地方保护主义倾向，都应及时加以清理，以维护两法衔接法规的统一性。

(3) 强化监督，增强知识产权"两法衔接"法律制度的执行力。

当前知识产权"两法衔接"法律制度存在立法主体杂乱的问题，在实际操作中依据不同的法规就能得到不同的结果，因此在"两法衔接"法律制度的执行中，应不断完善监督体系，以加强法规的执行效果。在现有的"两法衔接"体制下，应加强检察机关的监督职能，运用多种检察监督手段，全方位地监督知识产权两法衔接过程，保障"两法衔接"的合法与高效。

首先，积极发挥人大在知识产权"两法衔接"中监督作用。我国宪法规定了"一府两院"由人大产生，并受人大监督。人大在"两法衔接"中的监督地位毋庸置疑，对知识产权行政执法与刑事司法衔接的监督作用同样无法代替。应在知识产权"两法衔接"机制中明确规定人大的监督主体地位、监督重点领域、监督职责、监督手段、监督保障措施、监督结果落实等，充分发挥人大在推进知识产权"两法衔接"机制中的作用。

其次，健全协同监督机制。继续发挥监察部门、上级机关与本级政府的监督职责以及知识产权行政执法机关与公安机关之间相互监督，进一步明确检察院对公安、法院的监督职责。在此基础上，建立以人大为核心的联合监督机制。通过日常监督信息互相通报、定期与不定期联席会议中知识产权监督工作交流等，发挥个监督机关合力，督促知识产权行政执法予刑事司法衔接机制的不断完善。

(4) 加快信息共享平台建设，逐步推动知识产权"两法衔接"透明、公开。

首先，完善硬件建设，尽快在省、市、县建立健全知识产权行政执法与刑事司法信息共享网络，为知识产权"两法衔接"提供网络技术条件；其次，加强制度建设，制定知识产权行政执法与刑事司法衔接网络信息共享规范，推进知识产权"两法衔接"信息共享工作的积极开展。从政府信息公开的发展趋势来看，随着信息平台建设不断完善，应将"两法衔接"的信息逐步向社会公开，接受社会监督，推动知识产权两法衔接更加规范、透明、高效。

(5) 完善知识产权"两法衔接"的机构设置，增强执法力量。

第一，在继续完善省级知识产权行政执法机构的同时，建立健全地市级知识产权行政执法机关机构，统一编制。对地市级知识产权保护工作而言，也应当逐步增强执法力量。在具备独立行政主体地位的地市知识产权局，应努力建立专门的执法机构，使知识产权执法逐渐规范化。

第二，加强学习和培训，提升执法人员两法衔接工作的意识、能力与水平。知识产权"两法衔接"不同于一般的执法行为或司法行为，要面对如何正确处理从行政执法向刑事司法的转化与衔接，或者从刑事司法向行政执法的转化，需要具备跨界思考的意识与能力，加之"两法衔接"中对时效性要求较高，对移送手续要求规范，因此对工作人员的业务素质要求较严格。加强业务培训与学习,无疑有助于提升执法人员对于"两法衔接"方面的工作水平,推进知识产权"两法衔接"工作顺利开展。

第三,探索建立统一的知识产权"两法衔接"机构,及时处理知识产权"两法衔接"问题。目前知识产权行政执法力量分散,知识产权领域内的"两法衔接"往往是各自为政,这不仅分化了知识产权保护资源,而且也给两法衔接带来很多不便。可以借助全省知识产权保护协调领导小组力量,在全省建立统一的知识产权"两法衔接"机构,由每个知识产权行政管理部门与公安、检察、法院都分别抽调1~2名工作人员,集中办公,集中处理知识产权"两法衔接"中的案件移送等问题。

(6) 建立健全知识产权"两法衔接"激励机制,完善举报投诉奖励制度。

第一,建立健全知识产权"两法衔接"激励机制。在案件移送之前,行政执法部门对拟移送的案件已经耗费了大量人力物力,如果在移送后,行政执法部门及其工作人员的工作业绩得不到相应的评价,其工作积极性必然会受到严重打击,从而也就会影响行政执法与刑事司法有效衔接的可持续性。建议将知识产权执法机关在"两法衔接"中的工作作为考核内容,对于完成较好的单位与人员给予奖励。

第二,充分发挥现有举报投诉机制的作用,创新知识产权社会管理,调动社会力量参与知识产权两法衔接工作中来。完善举报投诉奖励制度,鼓励社会公众通过各种平台,包括拨打"12330"知识产权维权援助与举报投诉电话等方式,监督知识产权"两法衔接",提供案件线索。对于提供重要案件线索的当事人,给予奖励,扩大执法机关与司法机关获得违法犯罪信息的渠道与来源。

当前应协调好知识产权私权保护和政府公权力监管的关系。一是要做好知识产权服务工作,在当前,知识产权保护不仅仅应着眼于打击各种侵权行为,为应该更加重视知识产权服务,解决"权为民所用"等问题;二是要做好知识产权权利配置的权力监管问题,通过规范权力、合理配置权力来建立良好的知识产权执法体制,推动知识信息共享平台建设,从而实现信息共享与工作机制创新。

(四) 知识产权司法专业化建设工程

我国近年来知识产权案件量增长很快,新类型案件层出不穷。2013年一年就达到了11万件[1],在国际领域发生过的绝大多数知识产权诉讼案件类型,我国法院也都基本遇到过,甚至出现了一些在其他国家尚未出现过的新颖案件。深化知识产权司法专业化建设工程,保护各类创新主体的合法权益是推进创新驱动发展的重要保障。"十三五"期间为进一步确立司法在知识产权保护中的主导地位,推进创新驱动发展,应采取如下重大举措以全面推动知识产权审判体系专门化、专业化建设。

1. 健全知识产权法院,加强知识产权司法审判体系专门化建设

(1) 继续增加和进一步完善基层法院知识产权审判机构的设置。一是在知识产权比较发达的市县基层法院或派出法庭设置知识产权审判庭,可以结合该地方优势知识产

---

[1] 新华网:知识产权审判的新起点,资料来源新华网:http://news.xinhuanet.com/politics/2014-11/06/c_1113146901.htm,最后登录日期,2015-5-1。

权产业设立具有地域特色的知识产权审判机构；二是在全国知识产权示范城市、示范园区等知识产权集中与发达地区增设知识产权法庭或巡回审判庭，以完善目前的知识产权维权机制，为推动"大众创业、万众创新"提供更有力的法治保障。

（2）在总结北京、上海、广州知识产权法院相关经验的基础上，于我国知识产权案件发生较突出地区的中心城市进行知识产权中级法院试点，负责知识产权相关的一、二审的民事、行政案件以及合适的知识产权刑事案件审理。目前，我国仅有三个知识产权法院，广州知识产权法院不仅要审理珠三角地区的知识产权案件，还要兼顾华中地区和西南各省，任务十分繁重。建议除北京、上海、广州之外，在西安、成都、大连、武汉等区域知识产权实力较强的大城市设立知识产权法院，确保在东北、西北、西南、华东、华北、华南等每一个大行政区能有一个独立的知识产权法院。这样既满足各地知识产权纠纷专业性审判的需要，又能在一定程度上打破地方垄断对知识资源流动与合法使用的障碍。

（3）探索建立跨行政区域的知识产权上诉法院，以满足打破地方垄断和统一审判标准的要求。

2. 通过建立严格准入资格，加强知识产权法官队伍建设

（1）从理论水平与实践经验，以及政治素养等方面严把知识产权法官准入关。

（2）完善法官职业保障机制，突出法官的主体地位和责任。建立和规范法院员额制，减少管理层级简化内部管理程序，赋予主审法官独立审理案件的职权，确保实现让审理者裁判，让裁判者负责。按照精简和扁平化设置原则，从严控制内设机构，优化知识产权法院内部人员配置。法官、司法辅助人员和司法行政人员分类管理，实行主审法官、合议庭负责制，减少法院内外行政权力对审判的干预。

（3）加强对法官审理案件的监督和责任追究机制。

（4）建立符合中国国情的技术调查官制度，为知识产权案件审理专业化提供有效技术支持。技术调查官的主要职能是协助法官调查研究涉及知识产权前沿、艰深的专业技术问题，然后向法官提出专业意见，由技术调查官就技术问题向法官提供辅助，作为法官裁决的参考。应尽快明确技术调查官的职能定位、配置数量、选任条件、管理模式、履职程序等问题，充分借鉴日、韩、中国台湾在知识产权法院设立技术调查官的成熟经验，建立与中国国情相适应的技术调查官制度。

3. 按照知识产权案件特点，不断创新知识产权审判工作机制

在法庭庭审调查辩论前增设法律释明程序，增强当事人尊重司法、敬畏法律、诚信诉讼的意识自觉；法官助理参与庭审工作，使合议庭法官从事务性工作中解脱出来，有效提升审判效率；创新庭审程序，围绕案件的争议焦点，将法庭调查和法庭辩论程序穿插进行，增强庭审的针对性；不断创新知识产权审判工作机制，发挥专家证人、技术调查官的作用，提高查明知识产权纠纷事实的效率和效果。尝试通过设立技术调查官、鉴定人出庭接受质询、具有专门知识的人出庭作证、建立技术专家咨询库等方式拓宽知识产权案件中技术事实查明的渠道，提升法院技术事实查明能力，为公正裁判打下坚实的基础。

五、知识产权工作运用法治思维与法治方式推进创新驱动发展的保障条件

（一）政策法规保障

一方面，加强《专利法实施细则》等知识产权配套法规修订，使创新主体的权益界定更加具体，对创新主体权利保护更具操作性，促进知识产权法律制度得到有效执行，保障知识产权法在推进创新驱动发展中的权威性；另一方面，建立以知识产权为导向的公共政策体系，包括投资政策、金融政策、税收政策、科技政策、文化政策、教育政策、贸易政策，为知识产权法的实施提供配套政策环境，通过知识产权公共政策与法律制度的联动，弥补知识产权法律调整创新活动中的不足方面，共同推动创新驱动发展。

（二）组织保障

在知识产权工作中全面运用法治思维与法治方式推进创新驱动发展，不仅依赖于政府部门间的组织与协调、专业干部队伍的培养，还需要从全社会角度发挥企业家群体、行业协会、仲裁、公证等社会组织的力量，为运用法治思维与法治方式推进创新驱动发展全方位提供组织机构的保障。

1. 组建包含人大、法院、检察院等在内的知识产权工作协调领导小组

发挥协调领导小组作用，整合各类法治资源，为知识产权工作的顺利推进提供强有力的组织和机制保障，并就知识产权运用法治思维与法治方式推进创新驱动发展进行整体部署。

2. 细化国家知识产权战略实施工作部际联席会议的职能

制定具体方案建立完善相互支持、密切协作、运转顺畅的工作机制，并就知识产权运用法治思维与法治方式推进创新驱动发展制定各部门的具体实施方案。

3. 建立运用知识产权工作运用法治思维和法治方式绩效考核制度

将知识产权运用法治思维与法治方式推进创新驱动发展的绩效作为政府及相关部门年度考核内容，建立考核结果与干部选拔、任用、奖惩和财政拨款的挂钩机制，健全行政问责机制。同时，加强地区间、部门间、行业间的协同联动，确保知识产权运用法治思维与法治方式推进创新驱动发展的各项任务措施落到实处。

4. 在知识产权工作人员队伍建设上注重法治思维与法治方式的教育培训

力争培养一批懂法律、高学历、熟悉高新技术领域知识产权知识的复合型工作队伍。

5. 引导企业家群体提升运用法治思维和法治方式处理知识产权事务能力

引导企业家群体注重运用法治思维和法治方式制定企业知识产权战略，依法处理知识产权纠纷，推动形成一批具有国际视野并熟悉国内外知识产权规则体系，能主动运用法治思维和法治方式积极开展国内外知识产权事务的中国企业家群体。

6. 为知识产权工作运用法治思维与法治方式推进创新驱动发展提供广泛的社会组织保障

（1）充分发挥重点行业协会的作用，成立全国性的知识产权非诉解决机构。目前，一些经济发达地区已在尝试建立专门的知识产权非诉解决机构，但迄今为止尚没有一个全国统一的知识产权非诉仲裁机构，有限的地方性知识产权非诉解决机制实践还处在各自为战的初期摸索阶段。因此，成立全国性的知识产权非诉解决机构并制定其内部的组织规则是运用法治思维和法治方式解决知识产权纠纷推进创新驱动发展的重要途径。

（2）培育一批社会调解组织和培养一批专业调解员，加快推进建立知识产权侵权纠纷快速调解机制，是运用法治思维和法治方式解决知识产权纠纷推进创新驱动发展的重要手段。同时在知识产权企业聚集地区设立维权服务援助分中心或工作站，帮助被侵权的知识产权企业制定比较完善的维权方案，给经济困难的权利主体提供无偿法律帮助。

（3）完善知识产权仲裁制度。第一，现有仲裁庭设置已不能满足大数据时代裁决知识产权纠纷的需要。可以在经济比较发达或者各省会城市设立专业化的知识产权仲裁庭；第二，严格限制知识产权仲裁庭仲裁员门槛，尽量聘请兼具法律知识和科技艺术类知识的专业人才；第三，裁调结合，建立灵活的仲裁裁决机制，鼓励双方选取对所涉案件和当事人都比较了解的仲裁员。

（4）发挥公证机关在知识产权和解中的作用，加强公证和解制度构建。和解在整个非诉机制中是时间短、花费低、效率高的纠纷解决方法。应当大力宣传，引导企业建立先"和解"再"调解"最后"诉讼"的观念。经过公证机关确认后，和解书即具有法律效力，这样既能解决纠纷又能成为执行的依据。

（三）人才保障

知识产权人才是知识产权工作运用法治思维和法治方式推进创新驱动发展的具体承担者。"十二五"规划启动的知识产权人才建设工程，已经为我国知识产权事业培育了一批高素质的知识产权学者和律师、代理人等从业人员，对知识产权事业的蓬勃发展作出不可磨灭的贡献。新的时代下，我们除了继续加强知识产权人才工程建设外，还需要从国家智库的高度充分发挥知识产权人才的作用，使知识产权人才参与到国家政策的制定、实施与论证的各个环节中，成为知识产权工作运用法治思维和法治方式推进创新驱动发展的人才保障。

1. 着力建设有中国特色的知识产权国家智库体系

知识产权智库建设的直接成效是推动政府决策的科学化，其社会效果表现在完善政府民主工作机制，提升政府治理的法治水平。知识产权智库是对人才库建设的挖掘和提升。党的十八届三中全会《关于深化改革若干重大问题的决定》提出"加强中国特色新型智库建设，建立健全决策咨询制度"，首次将智库建设提高到完善社会主义民主制度的高度。2015年1月，中共中央办公厅、国务院办公厅印发《关于加强中国特色新型智库建设的意见》，对中国智库建设的基本原则、指导思想等作出具体部署。可以说，知识产权智库是人才库建设的更高目标，它是建立更成熟、更民主的知识产权决策咨询制度体系的关键。

第一，要以高起点、高标准建设有中国特色的知识产权国家智库。建设知识产权强国，除了要追求更多高质量的专利技术、更具影响力的商标和作品，还要拥有影响知识产权规则制定的能力。只有拥有主导知识产权规范制定权的国家才足以担当知识产权强国的称谓，而这就需要一大批具有高水平研究能力和知识输出能力的国家智库。中国特色的知识产权国家智库，应该定位于知识产权强国的助推器，成为党和国家知识产权相关问题的核心智囊、成为知识产权相关政策解读的权威机构、成为知识产权相关问题研究的人才高地、成为国际著名智囊。❶ 国家知识产权智库包括中央政府层面的知识产权智库和地方政府知识产权智库，前者要凸显高水平、国际化、综合性与前瞻性，而地方知识产权智库则应当与当地经济和知识产权特色相适应，具有区域优势和地方特色。

第二，鼓励大中型企业、高科技企业、跨国企业建立知识产权企业智库。近年来，我国企业的知识产权保护意识已有普遍提升，但相对于发达国家的企业知识产权保护仍有较大差距。国内企业除华为、中兴、联想等少数企业有自己的企业知识产权智库，大部分企业都没有建立专门的知识产权保护队伍。很多企业没有建立知识产权发展的长远规划，缺少知识产权相关信息收集、分析机制，应对知识产权纠纷或主动知识产权维权的能力较弱。在"一带一路""创新驱动发展""经济新常态"等战略推动下，知识产权已经成为企业最核心的竞争力。企业的知识产权保护意识和维权能力，直接关系到企业生存空间与发展前景。而在国际竞争市场上，中国企业知识产权保护的整体水平又决定了中国的国家实力。

同时，还需要建立有助于智库运行的保障机制。

第一，知识产权国家智库立足于中国实际。"中国经济新常态""创新驱动发展战略""一带一路战略"等在宏观上是对中国经济、政治格局的全新布局，在微观上必将对创业模式、商业规则、日常生活等造成影响。在全面深化改革的攻坚期，中国社会的宏观利益、微观利益都面临着分配规则的更新。以创业创新为特征的信息化社会，涉及知识产品的利益分配更多依赖知识产权法律规范。

第二，着力搭建智库的决策参与机制。国家智库的建设目的分为生产思想、提供人才、凝结共识和参与决策四个层面。参与决策、充当政府表达的"第二渠道"是智库建设的最终目标，也是智库作用的核心体现。当前我国虽然一些领域也有智库建设，但普遍存在智库重要地位没有受到普遍重视，提供的高质量研究成果不够多，参与决策咨询缺乏制度性安排，资源配置不够科学等问题。❷ 为了避免此类问题的发生，知识产权国家智库建设在根本思路上要重视和政府工作机制的沟通协调，通过完善知识产权信息公开制度、重大决策意见征集制度、政府评估制度等建立起智库参与知识产权智力的法定机制。

第三，探索将智库建设与使用情况纳入政府考核指标。《关于加强中国特色新型智

---

❶ 杨哲："建设中国特色知识产权国家智库的几点思考"，载《知识产权》2014 年第 9 期。
❷ 参见中共中央办公厅、国务院办公厅《关于加强中国特色新型智库建设的意见》。

库建设的意见》将智库建设"作为推进科学执政、依法行政、增强政府公信力的重要内容,列入重要议事日程,并要求各级党委、有关部门以及业务主管单位按照谁主管、谁负责和属地管理、归口管理的原则"[1],加强国家智库建设。《意见》明确国家智库建设是政府工作的重要内容,建议考虑在适当时机将知识产权国家智库建设纳入政府考核指标,以调动各级政府建设、使用知识产权智库的积极性,充分发挥知识产权智库在治国理政中的重要作用。

2. 继续推动知识产权人才库建设,加大国际化知识产权人才培养力度

继续实施"百千万知识产权人才工程计划""高层次人才引领计划",完善知识产权人才评价制度、工作机制和政策环境,充实知识产权人才库。同时,配合"国家经济新常态""一带一路"战略等新需求,加大海外知识产权人才的吸收力度,加大知识产权人才培养的国际化程度。鼓励高等院校知识产权学院、研究机构开设知识产权国际化的相关课程,翻译、编写相关学术著作。鼓励高等学校知识产权学科和外国语学科联合办学,围绕"一带一路"战略布局培育懂外语的知识产权国际人才。推动知识产权课题、项目向国际化倾斜,引导产出更多高质量、国际视野的知识产权研究成果。依托重大科研和工程项目、重点学科和科研基地、国内外学术交流合作项目,采取政府支持、市场推动的办法,积极引进一批既懂技术,又懂法律、经济、管理的复合型人才。对于精通海外知识产权法律和技能、掌握知识产权国际规则和事务的高端人,应当要大力吸引和聘用其来华全职、兼职或短期工作。

(四) 社会文化保障

良好的知识产权文化氛围推进创新驱动发展的社会心理基础。目前,要大力营造勇于探索、鼓励创新、宽容失败的社会文化氛围,增强全民知识产权意识并使得尊重知识、崇尚创新、诚信守法的知识产权文化理念深入人心。

1. 充分利用各种新型传媒平台,针对不同群体的受众特征广泛开展知识产权宣传

当前各种新型传媒平台已成为日常传播的主要方式,"截至2014年12月,我国网民规模达6.49亿,全年共计新增网民3117万人。互联网普及率为47.9%,较2013年底提升了2.1个百分点。我国手机网民规模达5.57亿,达到网民人数的85.8%"[2]。这说明人们可以通过移动设备随时随地发布信息并接受信息,信息传播的速度将更为迅速。因此,强化知识产权教育和宣传应当充分利用各种新型传媒平台,根据各群体的受众特征,有针对性地采用他们更易接受的方式进行知识产权文化宣传,促进全社会知识产权意识不断增强。

2. 建立知识产权宣传的常态化机制

目前我国已有"4·26世界知识产权日""4·26知识产权宣传周""3·15"消费

---

[1] 参见中共中央办公厅、国务院办公厅《关于加强中国特色新型智库建设的意见》。

[2] 第35次中国互联网络发展状况统计报告,资料来源中国互联网络信息中心,http://www.cnnic.net.cn/hlwfzyj/hlwxzbg/hlwtjbg/201502/t20150203_ 51634. htm,最后登录日期:2015-05-01.

者权益保护日等常规的知识产权宣传活动日,但还应当进一步建立知识产权宣传的常态化机制。要努力在全社会营造尊重创新、诚信守法的文化氛围,充分发挥舆论引导作用,挖掘全国各地区、各行业知识产权战略实施的典型案例,常态化、规范化、制度化报道全国创新驱动发展战略的推进计划、工作措施如何落实、目标任务如何分解以及取得的成就,严格坚持新闻发布制度,针对我国的知识产权重大事项,认真组织新闻发布,强化对国内外知识产权的舆论、新闻的搜集整理,加强与国外知识产权组织和境外媒体的交流与合作,拓宽我国对外宣传渠道。[1]

3. 结合国家普法规划,在全国分类别、分层次、有重点、有针对性地开展知识产权普法教育活动

一是提升党政领导干部和广大公务员知识产权法治意识。将知识产权法治教育纳入公务员培训,利用党校、行政学院等教学单位,从多渠道、多途径开展党政领导干部、国企经营管理者以及行政执法人员专题培训,在党政领导干部以公职人员中普及知识产权法律知识。

二是鼓励高校与企业、知识产权中介服务机构紧密合作,开展知识产权专业培训工作,培养企业和中介机构急需人才。

三是在各居民社区举办形式多样的知识产权宣传活动,营造全社会尊重知识产权的文化氛围。

4. 与教育相结合,形成从小学到成人教育的知识产权教育体系

结合各种形式的学历教育和非学历教育,在大学、中学、小学以及其他类型教育机构中有针对性的开展知识产权教育活动,从小培养学生尊重知识产权的法律素养。

---

[1] 李群、张海志:"文化建设:加大宣传力度 营造良好氛围",载《中国知识产权报》2013年5月4日。

专题 17　我国知识产权行政执法发展路径研究

承担单位：上海知识产权研究所

作　　者：游闽键　王勉青　李静之
　　　　　苗　雨　黄阳阳　于　光
　　　　　关　健　安亚磊

一、知识产权行政执法的理论分析

(一) 知识产权行政执法的概念及内涵

行政执法，通常是指国家行政机关和取得行政授权的组织，为了实施、执行法律、法规、行政规章和其他具有普遍约束力的决定、命令，完成国家行政管理职能，对行政相对人采取的直接影响到行政相对人权利义务的、具有法律效力的具体行政行为，包括行政决定、行政命令、行政处理、行政许可、行政授权、行政检查、行政监督等行为。本课题所要研究的知识产权行政执法，是指涉及知识产权的专业行政执法机构和取得相应行政授权的专业执法组织，以及涉及知识产权的准司法行政机构，依据知识产权法律规范查处知识产权侵权的行为。❶

对于知识产权行政执法需要从三个层面来加以理解。首先，知识产权行政执法是一种依法行政的行为。知识产权行政执法的具体行为必须具有相应的法律依据和规范。由于知识产权行政执法涉及知识产权人的生产经营活动和合法财产利益，需要执法机关公正合法地行使职权。其次，知识产权行政执法应当具有明确的程序性要求。明确执法程序和执法标准，规范和监督行政执法活动，既可以提高行政执法水平，确保依法行政各项要求落到实处，也可以防止执法机构权利滥用，减少相关各方的负担。再次，知识产权行政执法既是一种法定职能，也是一种法律责任。在知识产权行政执法中，无论是专业执法机构还是依法接受委托取得相应行政授权的专业执法组织和执法人员，依据法定职权，通过行政执法手段，对各类知识产权侵权行为进行处理，切实体现行政执法的力度。

《国务院办公厅关于推行行政执法责任制的若干意见》认为，行政执法的核心问题是行政职权的行使和行政职责的承担问题。通过分解职权与职责，量化指标，确定相应的行政执法责任，并通过自身监督机制与外在的评议考核、错案追究等激励机制来促进依法行政，从而最终达到提高行政执法水平与质量的目的。这对于知识产权行政执法同样具有重要意义。

(二) 知识产权行政执法的必要性和迫切性

1. 知识产权行政执法的必要性

(1) 加强知识产权行政执法，有助于推动我国国家经济的转型发展。保护知识产权，就是保护创新，就是保护先进生产力。通过知识产权保护，激励发明创造，促进创新与发展，形成保护、创新、发展的良性循环。而加强知识产权行政执法，有利于提高市场主体创新积极性，促进有序竞争，深化改革开放，完善社会主义市场经济体制；有利于履行知识产权保护的国际义务，进一步提升我国国际形象，吸引境外先进技术和优秀人才，实现互利共赢，营造和平发展的良好环境；有利于促进我国经济由要素驱动向

---

❶ 中国社会科学院知识产权中心：《中国知识产权保护体系改革研究》，知识产权出版社2008年版，第101页。

创新驱动转变，提高我国创新能力和国家竞争力，推动经济发展方式转变。

（2）加强知识产权行政执法，有助于更好地体现知识产权制度的功能。知识产权制度是保护知识产权的法定依据。智慧成果的获得者依据知识产权制度的规定，或通过法定程序，获得了知识产权。对依法审批授予或依据法律规定获得的知识产权，政府应当承担相应的保护职责。这关系到政府的公信力，也是保障知识产权制度有效运行的基本需要。近年来，随着与知识产权有关贸易的日益发展，一方面，知识产权对社会、经济各方面的促进作用日益凸显；另一方面，针对知识产权的各类侵权行为也越发猖獗。在这种情况下，仅靠不告不理的司法方式无法有效地保护权利人的合法权益。知识产权行政执法因其具有主动、简便、快捷的优势，符合我国的国情和执法传统，应得到更好的重视。

（3）加强知识产权行政执法，有助于建设完善具有中国特色的知识产权保护体系。知识产权行政执法是我国知识产权行政机构的基本职责，是区别于其他行政部门的基础工作，是决定知识产权行政机构存在和发展的关键，是知识产权行政机构履行工作职责的重要内容，应该不断加强和完善。一直以来，我国对知识产权的保护奉行行政保护与司法保护并行的模式，不但取得了良好成绩，也得到了国际的广泛认可。加强知识产权行政执法，目的在于建立上下联动、相互衔接、政民协作的知识产权保护体系，切实提高知识产权保护的实际效果，打造具有中国特色的政府执法、企业维权、行业自律、中介服务、社会监督的多元一体知识产权保护模式。

（4）加强知识产权行政执法，有助于知识产权的国际合作和交流。随着全球一体化的发展，以知识产权为诉由的国际争端时有发生，知识产权领域国际合作的深度和广度有了长足的发展。尤其是在当前的经济形势下，各国政府间知识产权关系不是零和关系，知识产权纠纷、争端总会存在，谈判、协商将会继续，需要各国通过各种渠道来加以合作、协调。由于各国在知识产权国内执法、国际执法协调方面的力度持续增强，我国加强知识产权行政保护，不但可以在国际上树立我国知识产权保护强国的形象，充分体现我国知识产权保护的特色，而且还能切实落实知识产权保护工作，从而帮助我国的知识产权权利人在国际合作和交流中获得更好的互助惠益，增加参与国际竞争的实力。

2. 知识产权行政执法的迫切性

（1）知识产权侵权现象严重，知识产权执法保护形势严峻。知识产权保护是实现知识产权价值的保障。近年来，随着我国经济实力的日益提高，知识产权研发和运营能力的不断提升，知识产权侵权现象愈发突出，知识产权保护面临严峻的挑战。如果无法为知识产权人的合法权益提供有效保障，就会使知识产权的创新创造主体失去继续投入的信心，创新环境不利，盗版侵权行为严重，一定程度上形成了恶性循环，扼杀自主创新，这将使得我国创新驱动、转型发展目标落空。因此，加强自主创新和维护正常市场秩序亟需知识产权执法的保障，知识产权行政执法就是其中重要的手段。

（2）知识产权行政执法成为知识产权的热点、难点和焦点问题，面临严峻的国际压力。当前我国知识产权保护的重点已经由立法阶段和审查阶段过渡到执法保护阶段。我国在产业结构的调整发展中，如何加强自主创新能力，创造公平竞争环境，摘掉"山寨"大国的帽子,对我国建成创新型国家意义重大。当今中国的国际地位日渐重要,我国知识产权的执法保护水平已经成为我国与其他国家,尤其是发达国家同中国政治、经济、贸易关系中的核心问题之一。特别是随着TPP、TTIP等国际服务贸易和投资新规则谈判的推进,知识产权保护标准将日益提升,这已成为发达国家进一步掌控世界贸易规则的核心手段。加强知识产权行政执法,不但有助于我国在短期内迅速解决各类知识产权冲突,缓解知识产权各类矛盾带来的国际压力,也有助于我国通过建设具有中国特色的知识产权行政执法模式,在国际知识产权保护体系中争取更多的话语权。

(3)知识产权行政执法是我国建设创新型国家和规划"十三五"发展目标的重要举措。根据2014年全国人大常委会开展的专利法执法检查工作汇报,❶ 我国在专利法实施中存在如下突出问题:专利质量总体上还处在较低水平,不能适应经济和社会发展的需要;侵权行为时有发生,专利保护实际效果与创新主体的期待存在较大差距;专利运用能力不足,专利的市场价值没有得到充分体现;专利公共和社会服务能力不强,与快速增长的社会需求之间还存在较大的差距。因此,加强知识产权行政执法,严打各类侵权行为,应该成为我国建设创新型国家重要举措之一。

在即将到来的下一个五年发展期间,我国知识产权事业将面临更加复杂的国际环境,同时,深化改革和实施创新驱动发展战略又对知识产权工作提出了更为强烈的国内需求。在设计"十三五"期间我国知识产权事业的发展路径时,一方面需要坚持宏观顶层设计,加强统筹协调,强化知识产权资源的效益发挥;另一方面需要以制度建设和政策优化设计为手段,充分释放出市场配置创新资源的决定性力量,健全知识产权运用的市场导向机制,发挥市场对科技成果产权化和知识产权产业化的导向作用。加强知识产权行政执法是可以持续激发全社会的创新动力和活力的重要手段之一。

二、国外知识产权行政执法概述

(一)主要国家的知识产权行政执法体制

1. 德国知识产权行政执法

在德国,知识产权行政执法的依据主要包括加强知识产权保护和反产品侵权斗争法、商标法、专利法、实物专利法、外观设计法等多项本国法律。

德国知识产权行政机构由联邦司法部、专利商标局、植物新品种局、海关等机构组成,分别执行知识产权的法律草案制定、国际交流;相关各项工业产权申请和异议的审查并作出决定;在口岸查扣涉嫌侵权的进出口商品等知识产权行政管理和执法任务。

对于在德国境内违反知识产权的行为,海关是没有管辖权的。海关只在涉及货物进出境的禁令和限令监控框架内行动。验关和扣押是紧密结合在一起的,一旦存在违反保护知识产权法律规定的刑事案件时,海关便可以进行"边境扣押程序"。❷

---

❶ 2014年《全国人大常委会执法检查组关于检查专利法实施情况的汇报》。
❷ "边境扣押程序"是一项重要的打击仿冒产品的措施,它的主要依据是欧洲共同体规则1383/2003号规则,凡是该规则没有涵盖的事项,由德国国内保护知识产权的法律调整。

2. 法国知识产权行政执法

法国的工业产权局是其主要的知识产权管理机关,主要负责专利、商标、外观设计和企业注册,根据《法国知识产权法典》第四卷第一编第一章的规定,法国工业产权局隶属于经济财政与工业部,是具有民事资格及独立财务的行政事业机构。法国工业产权局设置七个业务部门,其工作由局长负责,以定期召开办公会议的形式进行协调管理。法国的文化交流部主要负责版权的行政管理工作。农业部负责植物新品种。经济部则主要负责反不正当竞争。海关部门在法国的知识产权行政执法中扮演着至关重要的角色。

1991年,法国立法规定了商标持有人可以向海关提出申请,要求对涉嫌带有假冒商标的产品予以暂扣,该申请有效期为一年并可以延期。其间任何时候若海关决定扣押某批货物,他们将于货物被扣押之日起10日内,将可能采取行动(诉讼或保全措施)的人员信息通知商标持有人。随后,法国又通过《龙格法》将这一制度的适用范围扩展到著作权和外观设计,并对10日期限的计算进行修改,改为从通知知识产权所有人之日起计算(而不是扣押之日)。如果公诉人介入案件后决定延期的,还可延长10日。

3. 英国知识产权行政执法

英国知识产权行政执法机构主要由专利局、植物品种权局和农业渔业食品部、知识产权顾问委员会、海关等机构组成。

英国现行专利法赋予其专利局较为广泛的专利争议管辖权:英国专利局不仅可以处理专利申请案审查过程中的相关争议,而且在授予专利权后也有权处理几乎所有的专利冲突诉讼和无效诉讼,其对于专利侵权诉讼也有一定的行政处理权。英国专利局对专利纠纷的广泛处理权是英国专利行政保护制度的一大特点。❶ 在解决专利侵权纠纷方面,英国实行的是行政和司法并行处理的"双轨制模式"。这一模式在发达国家中极为少见,构成了英国专利行政保护制度的又一大特色。如果向英国专利局请求处理专利侵权纠纷,需要以当事人之间达成的相关协议为前提,而法院受理该类案件则无此限制。英国专利局与法院在受理专利侵权纠纷上并没有明确的权限划分,但与法院相比,英国专利局行政处理专利侵权纠纷的权力有许多限制。专利局对专利侵权纠纷的行政处理权力相对较小,只涉及要求被告赔偿侵权行为造成的损失;和该专利有效并受到被告侵犯的相关侵权纠纷,也没有对侵权行为下达任何禁令,或命令扣押、销毁有关物品等权力。❷

英国海关主要查处假冒及盗版货物,现场查获侵权嫌疑货物后,通过电话联系海关总部或者通过内部局域网确认权利的有效性;海关内部确认后,通知权利人确认是否构成侵权;海关可扣留10个工作日,经权利人申请可延长10个工作日;一旦权利人确认的,海关没收货物,并通知进口人。进口人可以在1个月内向海关申诉,海关收到申诉后,请权利人再行评估自己的判断。权利人推翻自己原先的确认的,海关放行货物;权利人仍坚持的,海关将告知进口人在6个月内有权向法院提起诉讼,如果逾期不提起诉

---

❶ The Patents Act 1977 (as amended in 2006).

❷ The Patents Act 1977 (as amended in 2006), s61 (1).

讼，海关将销毁货物。海关也可以处理假冒外观设计的专利侵权行为。同时，海关还可以依据职权主要开展行政保护。

4. 美国知识产权行政执法

美国知识产权行政执法制度最初来自《美国对外贸易法》的"337条款"和"特别301条款"，正是这两个特殊条款的发展，赋予了美国行政机关认定受到潜在或现实的侵害，威胁该国知识产权公共秩序时可以采取各种行政救济措施的权力。

在知识产权行政执法层面，美国贸易代表办公室、国际贸易委员会、海关和边境保护局起着举足轻重的作用。

美国贸易代表办公室（USTR）作为总统行政办公室的一部分，主要职责包括：发展和协调美国国际贸易、商品和直接投资政策，以及国际贸易事务的谈判。美国贸易代表作为USTR的负责人，是总统的主要贸易顾问、谈判代表和关于贸易问题的发言人。在知识产权行政保护体系中，USTR的职能可概括为两个层次：一是处理海外国家和地区对美国知识产权主体的侵权纠纷，以"特别301条款"的执行与实施为主。USTR每年发布《特别301报告》，监测美国的贸易伙伴是否具有有效的知识产权保护体制，以及它们执行双边和多边贸易协定的情况，并根据需要采取中止、撤回或者不适用相关的贸易减让、对该国产品征收关税等制裁措施或者采取进口撤回、限制或中止相关免税待遇。二是推动知识产权国际条约多边、双边协定的制定。USTR的另一项职能是推动国际知识产权协定的制定，不断将美国的知识产权保护标准推向国际化。

国际贸易委员会（ITC）的前身为美国关税委员会，如今则是一个独立的联邦准司法机构，对贸易中发生的违法行为拥有广泛的调查权。就知识产权保护而言，负责1930年《美国关税法》第337条不公平贸易做法的调查和裁决，是ITC五大主要职责之一。ITC有权对进口贸易中的知识产权违法行为进行调查、裁决、发布禁令、处罚，包括：进口商品侵犯专利、商标权、垄断行为、其他不正当竞争行为。如权利人向ITC提出进口产品侵权时，ITC应尽快启动调查，并对调查作出裁决，判定是否存在侵权行为。最终，ITC可依据有关法律规定发布针对特定对象的产品排除令、停止侵害令、针对特定物品的普遍排除令、临时排除令、临时停止令。同时，ITC有权向财政部发布扣押和没收任何违法进口的物品的命令，财政部在收到通知后必须依法执行。并且，法律还规定了ITC没收担保金并将其给予相关当事人的权力。

在美国知识产权行政执法体系中，海关和边境保护局主要负责进口贸易保护。ITC发布的有关"337条款"的各种命令，多数需与海关协作配合。在日常知识产权执法活动中，海关和边境保护局主要负责缴获假冒和盗版商品进入美国。具体的执法措施包括：海关知识产权备案，判定货物是否侵犯商标权或版权、没收侵权产品、执行ITC各项禁令等。

美国的知识产权行政执法主要有以下几个特点：一是执法机构分工化。作为一个法律制度完备的国家，美国的知识产权的行政管理与行政执法机关相互分离，各司其职、各展所长。二是执法协调网络化。细致的分工使得知识产权行政执法职能散布在美国各个政府部门中，就像一个精细的机器那样，任何一个部件的故障都可能造成巨大的损失。因此，美国知识产权执法代表办公室应运而生，作为知识产权执法体系的"总司令"，使得各政府部门成为完整的网络。而各部门代表组成的顾问委员会，不仅能向执法代表提供部门工作的专业意见，更能够促进各部门间的相互交流。三是执法标准国际化。美国主要知识产权行政执法机构尤其注重海外或国际贸易中对美国知识产权保护，采取各种强有力的措施维护国家利益和本土权利人的利益。而这些行政执法机构的职能之一，就是通过不断地在国际性贸易协定中提高知识产权保护力度，将美国的知识产权执法标准和法律理念强加给世界各国。

5. 日本知识产权行政执法

日本现行知识产权法律体系包括发明专利、实用新型专利、外观设计专利、产品形状、商业秘密、半导体集成电路、作品、植物新品种、商号、商标、地理标志等形成了由日本经济产业省、文部省、版权局、农林水产省、软件情报中心半导体电路登记部、海关等数个行政机关分立协作的行政管理格局。

日本知识产权海关的知识产权侵权认定制度具有一定的特点：第一，海关而非法院为日本知识产权海关保护中的侵权认定机构。而其他多数国家的做法是，即使是知识产权海关保护，也不是由海关，而是由法院作为知识产权侵权认定机构，海关只是在法院进行关于侵权的实质性认定的基础上进行执法。第二，日本海关进行知识产权侵权认定时可以借助专门委员的意见。根据《日本关税法》第69条第5款，日本海关选定了37名专门委员候补名单，都是学者、律师、辩理士（专利商标代理人）等。根据具体案情每案由海关选出最为适合的3名作为该案委员。第三，征求其他省厅意见的制度。在认定有困难，或者权利人或进口者有所请求时，海关可求助于各个领域的主管省厅，征求其专业性意见。第四，海关中止放行的还包括部分不正当竞争行为。海关并不对所有的不正当竞争行为进行取缔，只对那些虽然不能归于《日本商标法》，但也对商标构成某种侵害的不正当竞争行为进行认定。这实际上已经把知识产权海关保护的范围扩大到了反不正当竞争法领域。

在日本，由于制假售假呈现组织化、产业化和国际化的趋势，加大了各部门单独执法的难度。针对这一情况，日本海关、警视厅和专利局等相关部门在明确各自分工和侧重的基础上，着力加强部门间的协作，并为此在各部门设立了协调课（处）室，由各部门的行政副手具体负责。

6. 韩国知识产权行政执法

韩国知识产权局是韩国知识产权行政执法的主要机构，承担着解决知识产权相关纠纷、打击假冒活动等行政执法职能。需要特别说明的是，1993年，韩国最高检察院成立"侵犯知识产权联合调查中心"，在全国21个主要地方厅和分厅设立"区域联合搜查队"，建立了检察机关保护知识产权的专门机构，调查侵权犯罪的专门检察官被选派在这一部门工作。尽管韩国知识产权局加强了对假冒行为的打击力度，但是该局以及地方政府的行动仅限于行政措施，如对地方市场分销的假冒产品进行曝光，对犯罪者进行警告并发出整顿建议等行政指导。但是，正是因为有了这支特殊的司法警察队伍的协助，韩国知识产权局可以对假冒产品生产商、分销商和小贩等进行逮捕，直接对他们进行控诉并施以刑事处罚,相应地,韩国的知识产权局的反假冒行动也得以加强。

韩国海关知识产权保护的执法依据比较分散,散见于海关法、商标法、著作权法、反不公平竞争法、商业秘密保护法等各种法律当中。在韩国,知识产权权利人如果要求海关予以保护,必须事先持其知识产权证书向海关备案,海关要求知识产权权利人提供知识产权信息和侵权信息,并帮助海关识别侵权货物。海关查获侵权嫌疑货物后,为防止知识产权权利人滥用权利,并保护侵权嫌疑人的合法权利,海关要求权利人缴纳一定数量的担保金。另外,韩国海关有权依据知识产权权利人的确认来判定出入境货物的侵权性质,若有争议,提交法院,而非提交其他知识产权主管机关,韩国特许厅等主管机关只负责注册,而不负责判定。

(二)国际知识产权行政执法的制度规定

在现行的国际法律体系中,知识产权主要由世界知识产权组织(WIPO)和世界贸易组织(WTO)两个框架下的公约来保障。其中,WIPO 框架下主要包括《巴黎公约》《伯尔尼公约》《罗马公约》和《集成电路知识产权条约》等保护知识产权的公约,而 WTO 框架下,知识产权保护方面的条约主要是 TRIPs 协议。在 1986 年以前,WIPO 作为联合国系统的一个专门机构,是唯一在知识产权国际保护方面对世界各国都有较大影响的国际组织,多达 26 项的协议和协定形成了一个世界性的知识产权保护体系。但是,在 WIPO 体制下,国际条约中关于知识产权执法的规定十分罕见,几乎没有直接的关于公约成员执法义务或执法举措的规定。但是这一局面随着 TRIPs 协议的签署发生了较大的变化,并且随着知识产权国际合作和交流的深入,知识产权行政执法固有的优势得到了充分的体现,也使得越来越多的国际条约倾向于积极采取知识产权行政执法手段来保护知识产权。

1. WTO 框架下的知识产权行政执法制度

WTO 中与知识产权行政保护相关的条款主要体现在《建立 WTO 协定》和作为其附件 1C 的 TRIPs 协议中。TRIPs 协议对知识产权行政执法的规定在序言和正文中均有体现。序言不是 TRIPs 协议的正式条款,它是各成员在正式规定条款之前已经达成的原则性共识。TRIPs 协议有关知识产权行政执法的主要条款规定在正文中,主要包括以下四个方面。

(1)原则性规定。

TRIPs 协议第 41 条第 1 款为知识产权执法设置了一个总原则,即有效实施的原则。它对各成员国域内的知识产权立法规定、执法方式和执法程序三个方面规定了明确要求,即所有执法规定能够依照各成员的国内法得到有效实施;各成员国的执法措施能够有效地制止侵犯知识产权的所有行为;这些执法程序不至于导致合法贸易的障碍,也不得导致该程序本身被滥用。这意味着知识产权行政执法可以由各成员自主选择为有效保护知识产权的重要手段。

(2)行政程序及救济措施。

TRIPs 协议第 49 条规定,"在以行政程序确认案件的是非并责令进行任何民事救济时,该行政程序应符合基本与本节之规定相同的原则"。这条是整个 TRIPs 协议中对行政程序作出专门规定的唯一条款,主要规定行政程序对案件是非曲直的裁决而采取某种民事法律救济措施时,行政程序应遵照民事诉讼程序及救济的原则。

TRIPs协议第62条是关于知识产权的获得与维持及有关当事人之间的程序的规定。对于本条中所涉及的事项,司法机关和行政机关均有可能参与。该条第1款是总的规定,对本条所涉及的知识产权内容及应遵循的义务进行了规定。第2款规定了知识产权获得的审批期限与程序必须合理,不得以审批为名而无保障地缩短该知识产权的保护期。第4款对知识产权获得、维持及当事人间的各种程序进行了规定,这些内容大多属于知识产权行政保护的范畴。第5款是关于终局行政决定复审问题的规定,可以接受"准司法机关"的复审。

TRIPs协议第63条是关于"透明度"的规定。对与知识产权行政执法相关的内容,特别是具有普适意义的行政裁决,该条要求各成员均应以出版的方式或其他方式公开,使各成员政府或权利持有人能够有机会知悉。

(3)边境措施。

海关行政保护具有不可替代的重要性,TRIPs协议第3部分第4节共有10个条文规定了边境措施的相关内容。

一是海关中止放行。海关中止放行是指根据权利持有人的申请,海关对有可能涉及假冒商标或盗版的货物,暂时停止其进入关口。此内容规定在TRIPs协议的第51条,协议要求各成员国应制定相应的程序,允许权利持有人在有正当理由怀疑假冒商标或盗版货物有可能进口时,向行政或司法主管机关提出书面申请,要求海关中止放行此类货物进入市场自由流通。同时协议规定只要符合第4节的要求,各成员国可允许权利持有人针对涉及其他知识产权侵权行为的货物提出此种要求。此外,各成员国还可以制定关于海关中止放行从其境内出口的侵权货物的相应程序。

二是海关实施中止放行措施的程序。根据TRIPs协议的规定,知识产权人可以向海关申请中止放行,但必须提供充分的证据可以初步推定其知识产权受到侵犯。主管机关则有权要求申请人提供足以保护被告和主管机关并防止滥用权利的保证金或同等的担保;海关采取中止放行措施后应迅速通知进口商和申请人。对因被错误扣押或因扣押超过期限未放行的货物而遭受的损失,有关主管机关有权责令申请人向遭受损失的进口商、收货人和货物所有人支付适当的补偿。海关在执法中有权检验和获得信息。

(4)依职权的行政执法保护。

TRIPs协议的"地理标志"一节,首次明确对知识产权行政保护作出了规定。各成员国可以对地理标志提供两种保护方式:一是依职权主动保护地理标志,二是依利害关系人的请求保护地理标志。前者就是典型的知识产权行政保护,因为司法保护是不可能依职权主动行使的,它只能依利害关系人的请求来启动保护程序;而对于后者,利害关系人的保护请求既可以向法院提出,也可以向相关行政机关提出,如果是向行政机关请求保护地理标志,则当然属于知识产权行政保护的范畴。而是否规定依职权的行政保护方式,完全由各国法律自由选择,并不具有强制性。TRIPs协议规定对葡萄酒和白酒地理标志实行补充保护,规定的是成员在履行该款规定时可以不采用TRIPs协议第42条关于民事程序的保护方式而代之以行政保护的方式。这些规定都强调了行政当局对某些问题的

主动干预,行使行政保护的职权,这确实是考虑了许多国家的现有实践和制度差异的。❶

2. ACTA 框架下的知识产权行政执法制度

2011 年 5 月 1 日开放签署的《反假冒贸易协定》(ACTA) 和 TRIPs 协议相比,对知识产权执法提出了更高标准的要求。由于发达国家对 TRIPs 协议所确立的知识产权保护标准并不满意,因此一直在利用 TRIPs 协议的弹性规定,在与其他国家签订的双边协定或自由贸易协定中,加入高于 TRIPs 协议规定的知识产权保护义务(所谓 TRIPs - PLUS 条款)。ACTA 的出现更是发达国家希望一揽子解决这些问题的成果体现。根据 ACTA 的文本内容以及缔约方的期望,ACTA 的目标是在新的知识产权执法国际标准下,通过促进国际合作和更有效的国际执法,来打击日益增加的假冒和盗版商品侵权行为。ACTA 的宗旨非常明确,旨在建立新的国际知识产权保护标准。❷ ACTA 在保护措施上,涵盖了民事、行政、刑事等所有保护手段,极大地丰富了知识产权执法实践内容。❸

(1) ACTA 中关于行政执法的规定。

依据 ACTA 的最终公布文本,ACTA 主要内容分为六章。其中,第一章是初始条款与一般定义。第二章是知识产权执法的法律框架,涉及知识产权的民事执法、边境措施、刑事执法和数字环境下的知识产权执法等执法规定。第三章是执法实践,第四章是国际合作,第五章是机构安排,第六章是最后条款。

① ACTA 的边境措施规定。

ACTA 关于边境措施的规定多达 10 个条文,占第二章执法框架总条文数 1/3 以上。首先,第 13 条、第 14 条规定了边境措施的适用范围,排除了旅客个人行李中的少量非商业货物,强调具有商业性质的小件货物落入 ACTA 的保护范围。其他条文具体规定了边境措施的内容、权利人申请执行边境措施的条件、救济及费用承担。

对涉嫌侵权的进出口货物,根据第 16 条第 1 款规定,海关可自主中止放行或依权利人请求中止放行。对于转运中或处于海关监管下的其他货物,根据该条第 2 款规定,海关可依职权或依权利人申请中止放行或扣留货物。依据第 17 条,权利人申请海关执行相关措施时,需提供充分的证据证明遭受侵权,提供充分的信息以合理识别侵权货物。根据第 16 条第 4 款的规定,当权利人滥用第 16 条规定的执法程序或由合法原因时,海关有权拒绝或中止、无效申请。

权利人要申请海关措施,则需提供担保和保证。根据第 18 条的规定,在主管机关认定涉嫌货物不侵权的情况下,被申请人不会遭受损失条件下,申请人的担保可采用担保书的形式。只有在例外情况或根据司法命令,被申请人可提交担保以获取货物。当边境措施的相关程序启动后,主管部门应当在合理期限内作出货物是否侵权的决定,ACTA 没有强制规定这一期限或作原则性规定。当主管部门作出侵权决定后,主管机关

---

❶ 郑成思:《WTO 知识产权协议逐条讲解》,中国方正出版社 2001 年版,第 91 页。

❷ Anti - Counterfeiting Trade Agreement (Fact Sheet) [EB/OL]. (2008 - 11) [2011 - 07 - 31] http://trade.ec.europa.eu/doclib/docs/2008/october/tradoc_ 140836.11.08.pdf.

❸ Margot Kaminski. Recent Development: The Origins and Potential Impact of the Anti - Counterfeiting Trade Agreement (ACTA) [J]. The Yale Journal of International Law. Winter, 2009: 247.

将对货物进行处理并有权对侵权人作出行政处罚。第20条规定，主管机关有权决定是否对货物进行销毁，若未被销毁，应清除出商业渠道。对于假冒商标的货物，该条第2款明确了除特殊情况下，仅简单的去除侵权商标也不能放行货物进入商业渠道。

第22条对信息披露进行了规定，要求缔约方可授权主管机关向权利人提供侵权货物批次信息（包括品名、数量）以助查获侵权货物。在主管机关被授权时，其应向权利人提供品名与数量，托运人、进口人、出口人或收货人的名称、地址，货物原产国、生产商的名称和地址等信息。第3款规定，即使没有授权，至少在出口货物的情况下，无论是扣押或是作出侵权决定，主管部门应当在30日内向权利人披露上述信息。

② 数字环境下的知识产权执法。

随着数字时代的日渐兴盛，ACTA紧扣知识产权国际强保护的趋势，知识产权执法手段更加具体全面，更加追求实际执法的最佳效果，知识产权执法更加便利权利人。❶

ACTA第27条共8款对数字环境下的知识产权执法进行了规定。首先原则性规定了缔约方国内法应在民事或刑事执法程序中有相应制度制止数字环境下的侵权行为。数字环境下的侵权行为包括侵犯商标权、版权与邻接权，如第2款所列举的，出于侵权目的而非法使用广泛传播的方法。当权利人有充分证据证明侵权时，缔约方可授权主管机关要求网络服务提供者向权利人迅速披露被控侵权的用户信息。第5条、第6条规定了应制止规避有效技术措施行为❷。第7条对电子权利管理信息❸的保护进行了规定。

③ 执法实践与国际合作。

ACTA第三章和第四章为执法实践和国际合作，这对知识产权国内执法、跨国执法具有一定意义。执法实践着眼于制度建设、信息分享等。第28条明确，应鼓励执法机关储备专业知识，促进信息收集与分析，如该条第2款提到的防止和打击侵权的最佳实践信息。第3款要求执法机关与主管机关的协调与合作。除此之外，第4款规定，可建立正式或非正式的机制，如顾问组，以协助主管机关处理案件。边境管理方面，根据第29条的要求，各缔约方主管机关间、主管机关与利害关系人可商议以防止风险及推进行动。执法机关间也可信息沟通，如识别、确认侵权货物运输信息。当一方扣押了侵权进口货物时，可向出口国缔约方主管机关提供货物与当事人相关信息，出口国可在未来采取行动。

充分公开知识产权执法的信息是十分重要的。第30条要求，应公开知识产权实施的程序、主管机关、联系点以及司法决定、司法裁定等。以增强第31条所要求的公众的知识产权重要性和侵权意识。

国际合作大多是原则性建议，建议货物原产地、权利人国籍国积极合作，特别是在刑事执法和边境措施的合作。第34条强调了信息共享的必要，在执法信息、知识产权执法与立法措施等信息。

（2）ACTA与TRIPs协议的比较。

与同样重视执法措施的TRIPs协议相比较，ACTA在行政执法方面呈现以下主要特

---

❶ 陈福利：《反假冒贸易协定》述评"，载《知识产权》2010第5期。
❷ ACTA Article 5 Footnote 2.
❸ ACTA Article 5 Footnote 4.

点：一是扩大了海关权利。TRIPs 协议中海关的审查仅限于进口，而 ACTA 扩大到出口、进口以及转运。TRIPs 协议中海关中止疑似侵权货物的放行应由权利人提出申请，而 ACTA 增加了海关自主中止的权利，并向权利人披露疑似侵权货物的包装信息、货物及其他信息。二是新增了数字环境下知识产权执法。TRIPs 协议制定于 1994 年，而网络的广泛普及是在 21 世纪初期，许多国家都是在部门法里面加以修正补充，而 ACTA 的新增规定是对 TRIPs 协议相关条文空白的补充。三是强调紧密的国际合作。ACTA 的宗旨很明确，加强国际合作打击知识产权侵权行为。ACTA 的条约也贯彻了这一思想，主张国际信息共享，包括执法实践统计数据等，也包括海关方面获得的侵权信息。

3. TPP 框架下的知识产权行政执法制度

《跨太平洋伙伴关系协议》（TPP）是一个综合型的自由贸易协定，协定内容涵盖货物贸易、原产地规则、贸易救济措施、卫生和植物卫生措施、技术性贸易壁垒、服务贸易、知识产权等内容，旨在促进亚太地区的贸易自由化。随着 TPP 谈判的不断深入，知识产权问题日益凸显。2016 年 2 月 TPP 协议正式签署，TPP 协议关于知识产权保护的规则基本形成。[1]

（1）关于知识产权执法措施。

① 对民事和行政程序及侵权救济的规定。

这是 TPP 知识产权执法规定的主要部分。第 8 节第 13 条规定：表明，对知识产权侵权行为做行政处理时，TPP 成员国主管机关有权根据民事司法救济的标准对涉嫌侵权人下达禁令、实施证据保全措施、责令侵权人对权利人进行损害赔偿、销毁与侵权有关的物品等。这一规定极大地增加了行政机关的执法权限，同时将确保通过行政途径，知识产权持有人的合法权利也能取得与司法途径相同的保护。

② 行政执法信息收集与公开。

TPP 第 8 节第 3 条特别设置了"与知识产权执法相关的办法"。具体内容包括：第一，各缔约国应规定，关于知识产权执法的最终司法判决和行政裁决必须以书面形式作出，并且载明判决或裁定的法律依据或理由。同时，该司法判决和行政裁决必须用该国的官方语言正式发布或者以其他形式公之于众，从而使相关权利人和其他缔约国对此得以知晓。第二，各缔约国一致认可收集和分析知识产权侵权的统计数据及其他相关信息的重要性，以及收集预防和打击侵权最佳办法的重要性。第三，各缔约国应当正式发布或者以其他形式公开其为有效落实知识产权民事、行政和刑事执法所取得的成果，比如该缔约国为此收集到的相关数据信息。

③ 与边境措施有关的特殊要求。

一是海关中止放行和扣留。TPP 第八章第 6 条要求各缔约国根据本法制定相关程序，允许权利持有人在有正当理由怀疑假冒商标或盗版货物有可能进口或出口时，向行政或司法主管机关提出申请，要求海关暂停放行这些货物进入自由流通领域。就海关对涉嫌侵犯知识产权的货物实施中止放行或扣押的措施，各缔约国应对该措施的具体适用

---

[1] Secret Trans‐Pacific Partnership Agreement（TPP）‐ IP Chapter（https：//wikileaks.org/tpp/#sdfootnote1sym）.

作出规定,例如,海关可根据权利人的申请,在权利人选定的出入境口岸中止放行或扣留嫌疑货物。

二是海关实施中止放行及扣留措施的程序。根据TPP第6条规定,知识产权人在启动该程序时,需要向海关提出申请并提供充分证据证明嫌疑货物侵犯了该权利人的权益。海关有权要求其提供合理、充分的抵押或担保以保护被告及海关的利益并起到防止权利滥用的作用。而在扣留或中止放行嫌疑货物后,各国海关应立即将嫌疑货物的发货人、出口商、收货人或进口商的姓名及地址、嫌疑货物的描述、数量、原产地等信息通知申请海关保护的权利人。同时,根据第6条第4款,各缔约国应规定,对有侵权嫌疑的进口、出口、以出口为目的进出自由贸易区及从自由贸易区过境的涉嫌假冒商标、混淆商标或盗版的货物,海关也可依职权主动查处。各缔约国有义务制定相关程序,使得海关在启动对嫌疑货物的检查后的合理时间内有权作出嫌疑货物是否侵权的决定。同时应当规定海关有权对确定为侵权的货物的持有者实施行政处罚,包括罚金和扣押。海关有权销毁侵权货物或保证将该货物在商业流通领域之外妥善处理,使得其不会对知识产权权利人造成损害。第6条第7款规定了一国在依据本条款制定海关知识产权行政执法程序,设定申请费、仓储费和销毁费时,不得超过合理限度、阻碍执法程序的适用。

(2) TPP知识产权行政执法的评价。

与以往的国际知识产权条约相比,TPP对知识产权行政执法部分的规定更接近于ACTA,较TRIPs协议的相关规定更加细致,对执法力度和救济措施的要求也更为严格。TPP中关于自由贸易园区内的知识产权保护内容和美国与韩国、哥伦比亚以及巴拿马签订的三份自由贸易协定如出一辙,即要求缔约方允许有关机关对进口、出口、过境或自由贸易园区内流动的涉嫌假冒和盗版的货物主动采取措施。

(三) 总结

1. 各国知识产权行政执法的主要特点及其启示

(1) 知识产权行政机构统一设置已是发展趋势。国外知识产权行政执法体制因各国法制历史、司法制度、行政制度的差异而有所不同,但其基本模式上却已形成逐步趋同趋势。在知识产权行政执法机构的设置方面,全世界实行知识产权制度的196个国家和地区中,有180多个国家和地区实行二合一体制,即将专利和商标的行政管理机关统一设置,称为工业产权局或专利商标局,其中的美国、加拿大、澳大利亚、新西兰等74个国家和地区实行三合一体制,将专利、商标和版权的行政管理机关统一设置。只有阿拉伯联合酋长国、沙特阿拉伯、巴基斯坦、利比亚、希腊、埃塞俄比亚、埃及、中国等不到10个国家将专利行政机构和商标行政机构分开设置。

(2) 知识产权行政执法机构的职能整合是普遍做法。与我国知识产权行政执法分散管理模式不同,国外大部分国家的知识产权行政执法职权相对集中。这些国家的知识产权行政管理部门,一般都设在综合性的科技或经济管理部门之内,而我国的知识产权管理部门与科技或经济管理部门是割裂的。有不少学者提出将知识产权相关行政部门进行整合,成为独立的知识产权大部,这一观点有待进一步研究。对政府机构的部门整合,非一朝一夕就能完成的工作,即使成立知识产权大部,仍无法避免与其他政府部门的协调合作。美国设立的知识产权行政代表办公室更值得我国借鉴。通过设立中央层面的知识产权统筹协调机关,不仅有利于各个部门的知识产权执法机关的相互协调、明确分工,更重要的是从全局上整合执法资源,真正体现行政执法的效率。

(3) 知识产权行政执法应注重海关执法环节。我国要从制造大国向创新型国家转化就必须改变加工贸易中存在的缺乏自主创新能力的现状,必须实现自主创新能力的提高、出口产品的升级换代和知识产权的合理有效保护,而知识产权海关执法是实现这一目标的有力保障。因此,我国知识产权海关保护制度很有必要将执法的环节延伸至加工贸易环节,强化对加工合同备案的知识产权审核,把知识产权状况列为合同备案审核的条件之一,把好合同审核关。同时加强对经批准从事定牌加工的加工贸易企业的中期核查,将商标管理列为核查重点,防止来料加工生产中商标侵权活动的发生,降低国外商人将侵权风险转移到国内生产商的风险。这样就可以在很大程度上从源头防止知识产权侵权现象的发生。

(4) 知识产权行政执法应以提供优质行政服务为基本理念和核心。国外知识产权行政执法体制情况表明,行政服务不仅在其知识产权法律中有详细规定,而且也在整个知识产权行政执法体制中处于核心地位。基于我国建设服务型政府的要求以及国外知识产权行政执法的经验,我国知识产权行政执法体制应以提供优质行政服务作为基本理念和核心。

2. 国际知识产权行政执法的趋势和启示

(1) 知识产权行政执法规定规范化、标准化。

从知识产权国际条约的规定可以看出,知识产权国际保护正在从实体权利向执法实践的重心转移。早期的巴黎公约和伯尔尼公约主要关注协调国际知识产权保护的实体内容。ACTA 更是以完全关注知识产权执法实践为己任,表明国际知识产权保护在未来或许将主要围绕执法问题展开。ACTA 呈现出的"TRIPs +"态势,提高了知识产权执法标准,已经超出了 TRIPs 协议的保护范围。ACTA 在知识产权国际执法问题上建立了新的标准,不仅包括民事执法、边境措施、刑事执法,还把触角延伸到了数字环境下的知识产权执法。这些强保护措施使得知识产权执法手段更加具体全面、更加追求实际执法的最佳效果、知识产权执法更加便利权利人。❶

加强知识产权行政执法,我国首先要将知识产权行政执法的权限、范围、具体操作程序等问题的法律规定,予以合理化和具体化。明确规定各部门、各地区知识产权行政管理机关的权限,尤其是对跨部门、跨地区的知识产权纠纷案件查处的权限。跨部门、跨地区协作执法的内容可以突破"重大案件"的限制,只要有利于保护知识产权权利人的权利和知识产权秩序,行政执法部门就可以协商决定是否对某一案件进行协作执法。

(2) 行政执法程序应当公开透明、公正合理。

从 TRIPs 协议的一般义务及其他规定来看,TRIPs 协议十分重视程序的合法性和公

---

❶ 陈福利:"《反假冒贸易协定》述评",载《知识产权》2010 第 5 期。

平合理性。行政执法机关应严格按照《行政处罚法》及相关法律法规，实行政务公开，执法过程除涉及国家机密或特殊商业机密外都应公开透明，保持知识产权行政执法的透明度。行政机关的工作人员在执行公务时应依法办事，执法时应出示其身份证明；及时通知相关权利人并告之其依法享有的权利；通过合法的手段收集证据；处罚后应及时将行政裁决送达当事人并明确告之其享有申诉的权利。同时在执法过程中应做到公正合理，不能偏袒任何一方当事人。

（3）均衡各类知识产权行政执法的保护力度。

我国的知识产权法律法规需要对知识产权行政保护中的一些共性问题通盘考虑之后，再作出类似的法律规定。例如，消除弱化专利行政处理的规定，使其行政执法职能可以与商标和版权的行政执法达到稳定协调。事实上我国《专利法》赋予了管理专利工作的部门有限的行政裁决权和较广泛的行政调节权，全盘否定行政执法是对依法行政基本原则的违反，也违背了多元化纠纷解决机制原理和行政保护理论优势理论。

研究我国的知识产权行政执法路径，应该从知识产权行政保护制度这个大范围下来考虑行政执法的发展问题。这个大的整体不会消失，但是知识产权行政执法可能会发生很大变化。随着我国司法保护制度的不断完善和公民司法意识的不断加强，以及其他一些条件的变化，知识产权纠纷的行政裁决可以弱化，甚至消失，行政查处也要根据需要作出调整。而同属于知识产权行政保护制度范围内的行政服务、行政救济可能会不断强化。但基于现阶段我国经济的发展目标，知识产权行政执法在可预期的发展未来需要得到更好的加强。

三、我国知识产权行政执法的制度发展

（一）我国专利行政执法制度发展

新中国第一部《专利法》于1984年颁布，其后经历了1992年、2000年和2008年三次修改，形成了现行《专利法》。从1984年第一部《专利法》颁布到现在，我国专利行政执法制度也发生了较大转变，行政执法职能得到了提升。

1984年3月12日颁布的第一部《专利法》，于1985年4月1日正式施行，确立了专利行政保护与司法保护并行的保护体系，实施专利行政保护的机关是专利管理机关，即国务院有关主管部门和省、自治区、直辖市、开放城市和经济特区人民政府设立的专利管理机关。专利管理机关的主要职责是处理专利侵权纠纷，处理专利侵权纠纷时有权责令侵权人停止侵权并赔偿损失。

此时的专利管理机关实际上仅处理民事纠纷，所有的案件均依当事人请求才处理，类似法院采取不告不理的方式。专利管理机关的行政职权也仅在处理民事纠纷的过程中履行，而不具备依职权主动查处专利违法行为的职能。

1992年《专利法》并未就专利行政执法部分做大幅修改，保留了原处理侵权纠纷和假冒专利纠纷的职能，在第63条增加第2款，"将非专利产品冒充专利产品的或者将非专利方法冒充专利方法的，由专利管理机关责令停止冒充行为，公开更正，并处以罚

款"。根据1992年《专利法实施细则》第78条规定,对于冒充专利的,专利管理机关可以处1000元至5万元或者非法所得额1~3倍的罚款。

2000年对《专利法》进行了第二次修改,将专利行政保护的主体由"专利管理机关"改为"管理专利工作的部门",指"由省、自治区、直辖市人民政府以及专利管理工作量大又有实际处理能力的设区的市人民政府设立的管理专利工作的部门",扩大了行政保护主体的范围。在处理专利侵权纠纷方面,增加了调解职能。同时,增加了对假冒专利的行政处罚,"责令改正并予公告,没收违法所得,可以并处违法所得3倍以下的罚款,没有违法所得的,可以处5万元以下的罚款"。此外,该法还将对冒充专利行为处罚额度的法律渊源从原来的部门规章上升为法律,并将罚款额度调整为5万元以下。总体而言,相较前两部《专利法》,2000年《专利法》加强了管理专利工作的部门的专利行政执法职能。

我国现行《专利法》是2008年12月27日通过的第三次修正案,该法进一步提高了专利行政执法的地位和力度。首先,将原冒充专利行为纳入假冒专利行为,加大了对假冒专利行为的处罚力度。从原来的违法所得3倍以下罚款或5万元以下罚款提高到现在的违法所得4倍以下罚款或20万元以下罚款。其次,赋予管理专利工作的部门查处假冒专利的职能,以及配套的行政强制措施,包括查封和扣押。2008年《专利法》真正意义上赋予了管理专利工作的部门依职权主动执法的权力。

2015年4月1日,国家知识产权局公布了《专利法修改草案(征求意见稿)》,公开向社会征求意见,虽然尚未通过成为法律,但在一定程度上能够体现专利法第四次修改进一步加大专利行政保护和执法力度的趋势。其一,将履行专利行政保护职能的主体从现行"管理专利工作的部门"改为"专利行政部门"。其二,在调处专利侵权纠纷方面,明确了调解协议的效力——可以向人民法院申请强制执行。其三,赋予专利行政部门查处涉嫌群体侵权、重复侵权等扰乱市场秩序的故意侵权行为的权力,并规定了相应的处罚。其四,提高了对假冒专利行为的处罚力度,"非法经营额5万元以上的,可以处非法经营额1倍以上5倍以下的罚款;没有非法经营额或者非法经营额5万元以下的,可以处25万元以下的罚款"。

(二)我国著作权行政执法制度发展

我国第一部《著作权法》于1990年颁布,其后经历了2001年、2010年两次修改,形成了现行《著作权法》,目前正在第三次修改进程中。

1990年,全国人大常委会通过了《著作权法》,明确规定要对著作权实行行政保护,这标志着我国著作权行政保护制度的建立。与此配套的《著作权法实施条例》,以及1997年通过的《著作权行政执法处罚办法》,构建了相对完整的著作权行政执法处罚体系。这一时期的立法实践,由于著作权法本身不尽完善,实践中侵犯著作权的案件相对不多,社会经济发展程度有限,对侵权行为规定得相对比较简单,处罚金额并不高。

2001年,我国根据社会经济发展情况对《著作权法》及相关的法律法规进行了修改,调整了有关著作权法行政保护范围,加大了著作权侵权行为查处。比如,行政处罚增加了"情节严重"的具体情形,并对处罚金额进行了提高。2003年国家版权局修改了《著作权行政处罚实施办法》，对违法行为增加了"同时损害公共利益"的内容，严格规定了实施行政处罚的种类，对没收物的处置、行政处罚的程序、保全措施、紧急措施等问题作出了非常详细的规定。

2009年的《著作权行政处罚实施办法》，除了保留对行政处罚范围、手段、程序详尽的规定外，对"情节严重"的情形进行了调整，并增加了惩罚性赔偿的内容，体现了对著作权侵权从严打击的特征。2010年，我国再次对《著作权法》进行了修订，删除了对非法出版物不予保护的条款，增加了著作权出质的相关规定，但未对著作权行政执法进行修改。

2012年10月，《著作权法》修改草案第三稿向社会公布。草案中大量增加了行政执法措施。其中规定权利人可选择损害赔偿的方式，提高了法定赔偿的标准（从50万元升到100万元），增加了惩罚性赔偿的规定，还对著作权行政调解作出了规定，由此看出，加强行政保护力度是立法的趋势。

在实践中，著作权的行政执法与其他知识产权执法相比，呈现出特殊性，即我国目前许多地方采取的是文化市场综合行政执法模式。

在我国，文化部是中国文化行政的最高机构，对文化产业起到执法指导监督作用。国家版权局原为文化部下属局，现与国家新闻出版总署为一个机构两块牌子。目前，文化部统领着包括著作权执法在内的所有文化领域行政执法。

2004年8月31日，中央办公厅、国务院办公厅转发了《中央宣传部、中央编办、财政部、文化部、国家广电总局、新闻出版总署、国家法制办关于在文化体制改革综合性试点地区建立文化市场综合执法机构的意见》，明确了文化综合执法机构主体资格的两种性质：一是直辖市、副省级城市文化综合执法机构主体资格为"法律授权"性质，以自己名义实施行政处罚。二是省辖市、县级市和区县文化综合执法机构主体资格为"行政委托"行政，以被委托政府行政机关的名义实施行政处罚。而与文化市场综合行政执法相关的机构与人员、执法程序、执法监督、责任追究等内容，均规定在文化部《文化市场综合行政执法管理办法》中。

（三）我国商标行政执法制度发展

1982年8月23日新中国第一部《商标法》颁布，该法于1983年3月1日起施行，后经1993年、2001年和2013年三次修改，形成现行《商标法》。

从1982年第一部《商标法》到现行《商标法》，商标专用权行政执法的主体一直是工商行政管理部门，三次修改整体呈现出执法职权逐步扩大和处罚力度逐渐加强的趋势。

1982年《商标法》赋予工商行政管理总局商标执法权的事项包括：（1）对使用注册商标商品的质量管理；（2）对强制注册商标商品的管理；（3）对未注册商标的管理，包括商品质量管理和禁止冒充注册商标等；（4）商标侵权纠纷的处理。

1983年，国务院制定实施了《商标法实施细则》，对工商行政管理部门各项行政处罚的罚款额度作出了规定。该细则对罚款额度的规定主要是以设定最高罚款额的方式，如对使用注册商标的商品，有粗制滥造、以次充好、欺骗消费者行为的，对情节严重的,责令检讨,并予通报,或者处以 2000 元以下的罚款。

1988 年 1 月 3 日,国务院批准修订了《商标法实施细则》。该细则增加了对非法印制或买卖商标标识的行政处罚;并对各项行政处罚的罚款额度进行了修改,改为根据非法经营额计算罚款。

1993 年《商标法》第一次修改,将 1988 年《商标法实施细则》规定的对非法印制或买卖商标标识的行政处罚纳入法律。1993 年《商标法实施细则》增加了对商标使用许可合同未备案和经许可使用他人注册商标,未在使用该注册商标的商品上标明被许可人的名称和商品产地的行政处罚。同时,该细则提高了对侵犯注册商标专用权的罚款额度。

2001 年 10 月 27 日,全国人大常委会通过了《商标法》第二次修正案。该法第 54 条赋予了工商行政管理部门依法查处侵犯注册商标专用权行为的权力,同时规定了工商行政管理部门查处商标侵权的一系列职权,其中包括查封、扣押等行政强制措施。同时,与该法相配套的 2002 年《商标法实施条例》第 52 条将对侵犯注册商标专用权的罚款数额提高到非法经营额 3 倍以下;非法经营额无法计算的,罚款数额为 10 万元以下。此外,该条例还规定,对于使用的商标是复制、摹仿或者翻译他人驰名商标的,工商行政管理部门依当事人申请责令停止侵权,收缴、销毁其商标标识;商标标识与商品难以分离的,一并收缴、销毁。

我国现行《商标法》于 2013 年 8 月 30 日修正通过,2014 年 5 月 1 日起正式施行。现行《商标法》增加了对使用"驰名商标"字样的行政处罚,"生产、经营者不得将'驰名商标'字样用于商品、商品包装或者容器上,或者用于广告宣传、展览以及其他商业活动中",违反该条规定的,由地方工商行政管理部门责令改正,处 10 万元罚款。现行《商标法》第 68 条还赋予工商行政管理部门对商标代理机构违法行为的处罚权。同时,与之配套的 2014 年《商标法实施条例》第 89 条规定,"商标代理机构有商标法第 68 条规定行为的,由行为人所在地或者违法行为发生地县级以上工商行政管理部门进行查处并将查处情况通报商标局"。

(四)我国知识产权海关执法制度发展

我国知识产权海关执法制度主要由《知识产权海关保护条例》规定。新中国第一部《知识产权海关保护条例》于 1995 年 7 月 5 日发布,规定了海关依法禁止侵犯知识产权的货物进出口的知识产权边境保护措施。该条例经 2004 年和 2010 年两次修改,形成了现行《知识产权海关保护条例》。

根据 1995 年《知识产权海关保护条例》规定,海关知识产权保护包括知识产权海关保护备案、扣留侵权嫌疑货物和对违法行为的行政处罚。其中,知识产权海关保护备案是申请海关采取知识产权保护措施的前提,而知识产权海关保护的主要手段即是扣留侵权嫌疑货物。1995 年条例规定了海关可以依权利人申请扣留嫌疑货物,也可以在发现进出境货物有侵犯在海关备案的知识产权嫌疑时,主动扣留。换言之,海关既可以依申请扣留侵权嫌疑货物,也可以依职权扣留。对于被扣留的货物,经海关、知识产权主管部门或人民法院确定为侵权货物的,由海关予以没收,并进行进一步处理,如销毁货物、消除商标、依法拍卖等。同时，1995年条例还赋予海关对故意侵权和未如实申报知识产权状况的行为人处以罚款的权力：收货人或者发货人"明知或者应知其进口或者出口货物侵犯他人知识产权的"和"未如实申报与进出口货物有关的知识产权状况，交验有关单证的"，海关可以处以进口货物到岸价格或者出口货物离岸价格等值以下的罚款。对于个人携带出境的行李物品、邮寄出境的物品，超出自用、合理数量，并侵犯知识产权的，视为侵权货物。

2004年《知识产权海关保护条例》对海关扣留侵权嫌疑货物的程序作了较大修改。首先，不再将知识产权海关保护备案作为申请海关扣留侵权嫌疑货物的前提。其次，知识产权权利人申请海关扣留侵权嫌疑货物应当提供不超过货物等值的担保。最后，海关不再拥有主动扣留货物的职权。对于海关没收的侵权货物的处理方式，2004年条例规定了四种方式，包括转交给有关公益机构、有偿转让给知识产权权利人、消除侵权特征后依法拍卖，以及无法消除侵权特征的予以销毁。此外，对于个人携带或者邮寄出境的物品，超出自用、合理数量且侵犯知识产权的，由海关予以没收。

2010年《知识产权海关保护条例》对海关依法扣留侵权嫌疑货物的职权并未作大幅修改，海关仍然只能依申请和担保扣留侵权嫌疑货物。对于被没收的侵权货物的处理，2010年条例作出了部分调整，规定"对进口假冒商标货物，除特殊情况外，不能仅清除货物上的商标标识即允许其进入商业渠道"。对于超出自用、合理数量的个人物品侵权，按侵权货物处理。

（五）我国知识产权反垄断行政执法制度发展

我国于2008年8月1日起施行第一部《反垄断法》。该法第10条第1款规定，"国务院规定的承担反垄断执法职责的机构（以下统称国务院反垄断执法机构）依照本法规定，负责反垄断执法工作"。现阶段，我国由国家发改委、国家工商总局和商务部共享行政执法权。其中，国家发改委负责依法查处价格垄断协议行为；商务部负责经营者集中行为的反垄断审查工作；国家工商总局负责垄断协议、滥用市场支配地位、滥用行政权力排除限制竞争的反垄断执法（价格垄断协议除外）等方面的工作。根据三部门的反垄断行政执法权分配可知，与知识产权相关的反垄断行政执法职权主要归属于国家工商总局。

在2015年之前，我国法律条文中针对滥用知识产权排除、限制竞争行为的规制，特别是行政处罚的规定，极其匮乏，相关法条多类似于《专利法》第48条，仅是给其他竞争者的一种救济措施或者是国家市场调节措施，而缺乏对滥用知识产权排除、限制竞争行为的行政处罚的规定。

2015年4月7日，国家工商总局颁布了《关于禁止滥用知识产权排除、限制竞争行为的规定》。该规定除禁止经营者之间利用行使知识产权的方式达成横向或纵向的垄断协议，禁止具有市场支配地位的经营者在行使知识产权的过程中滥用市场支配地位，排除、限制竞争外，还规定了经营者不得利用专利联营排除、限制竞争，也不得在行使知识产权的过程中，利用标准（含国家技术规范的强制性要求）的制定和实施排除、限制竞争。该规定第17条第1款和第2款规定，"经营者滥用知识产权排除、限制竞争的行为构成垄断协议的,由工商行政管理机关责令停止违法行为,没收违法所得,并处上一年度销售额百分之一以上百分之十以下的罚款;尚未实施所达成的垄断协议的,可以处50万元以下的罚款。经营者滥用知识产权排除、限制竞争的行为构成滥用市场支配地位的,由工商行政管理机关责令停止违法行为,没收违法所得,并处上一年度销售额百分之一以上百分之十以下的罚款"。在工商行政管理机关依法行使调查经营者涉嫌滥用知识产权排除、限制竞争行为的程序方面,《关于禁止滥用知识产权排除、限制竞争行为的规定》第14条规定,"依据《反垄断法》和《工商行政管理机关查处垄断协议、滥用市场支配地位案件程序规定》进行调查"。

四、我国知识产权行政执法的制度现状及问题

(一)我国知识产权行政管理的模式

当前,国际上知识产权的行政管理总体以集中管理模式为主,知识产权的保护主要以司法保护为主,辅之以行政保护和多元纠纷解决机制,而我国大部分地区的专利、商标、版权则采取的是分散的管理和执法模式。回顾我国知识产权行政管理和执法体制的改革路径,作为在我国先行先试的市场监管局集中管理的深圳模式,"二合一"的苏州模式以及"三合一"的上海市浦东新区知识产权局,都反映了我国知识产权行政管理和行政执法体制改革创新的努力,体现了我国知识产权行政管理由分散到集中管理的趋势,其中一些有益的经验值得汲取和推广。

1. 基本模式

我国知识产权行政执法的职权主要分属于五大系统:知识产权局系统、工商行政系统、文化版权系统、海关系统和其他与知识产权相关的系统。各系统在国家层面通过国家知识产权战略实施工作部际联席会议统筹协调,在地方层面通过各地知识产权联席会议统筹协调。浦东、苏州、深圳的知识产权行政执法体制则是在我国现有知识产权行政执法体制上的改革创新试点,与现有五大系统的行政执法体制有所不同。

这五大系统中,①知识产权局系统主要以国家知识产权局为首,地方各级知识产权局为中坚。其知识产权行政执法职能主要包括三个部分:其一,处理专利侵权纠纷;其二,调解专利侵权纠纷;其三,查处假冒专利。②工商行政系统的执法机构主要是指国家工商行政管理总局及地方各级工商行政管理机构的商标处和反垄断与反不正当竞争执法局。其知识产权行政执法职责主要包括:其一,依法保护商标专用权和查处商标侵权行为;其二,处理商标争议事宜;其三,规范商标使用;其四,负责滥用知识产权排除、限制竞争的反垄断执法工作等。③文化版权系统包括国家版权局和地方各级版权局,以及国家文化部和地方各级文化市场综合执法机构。著作权行政执法职责由各级文化市场综合执法机构承担。④海关系统是指我国陆海边境监督查处各类违法行为的机构,包括中国海关总署和地方各直属海关单位、隶属海关和办事处以及通关监管点。根据我国《知识产权海关保护条例》,海关对与进出口货物有关的知识产权实施的保护。⑤其他与知识产权相关的系统大致包括质量监督检验检疫总局系统、农业、林业行政管

理系统、保护知识产权工作领导小组办公室下辖的系统,主要负责打击假冒伪劣、保护植物新品种等知识产权执法工作。

2. 深圳模式

(1) 深圳模式概述。

2004年,深圳市政府首次在我国地方知识产权机构设置方面进行改革尝试,成立了深圳市知识产权局(挂深圳市版权局牌子),将专利和版权的行政管理和行政执法工作划入其职能范畴。同时,深圳市政府撤销了文化局加挂的深圳市版权局牌子,以及原深圳市科学技术局加挂的深圳市知识产权局牌子。2009年,深圳市实行大部制改革,新设市场监督管理局,在已有商标管理的基础上,原来独立的知识产权局也被并入市场监督管理局,知识产权、版权、商标管理在全国率先实现统一,但知识产权局实际上被撤销。2012年2月8日,深圳市市场监督管理局加挂市知识产权局牌子,将深圳市监督管理局的知识产权管理职能凸显出来,也标志着"深圳模式"的知识产权集中管理体制的正式确立。2014年,深圳市药品监管局与深圳市市场监督管理局合并,深圳市市场和质量监督管理委员会成立。

(2) 深圳模式的特点和优势。

深圳模式从它的发展历程就可以看出走的是"大市场、大监管、大标准、大质量"的大知识产权保护体系的道路。深圳模式中,深圳市场和质量监督管理委员会的各项功能主要体现在:监督管理委员会行使综合监管职能,市经信委、住建局、交通运输委、海关、出入境检验检疫、烟草专卖、盐务等部门分别行使专业监管职能,各区和街道行使辖区管理职能,文化宣传部门加大宣传教育力度,财政、法制、监察部门强化保障和督导,公安机关、检察院、法院依法加强打击侵犯知识产权刑事犯罪和司法审判工作,发改委、教育局等单位在职责范围内配合知识产权保护工作,通过加强组织协调、签订信息共享协议等方式,各单位案件信息互通、线索移交、案件协作工作机制进一步完善。

深圳知识产权行政管理模式的主要优势反映在:一是采取分类监管模式,体现管理专业化。充分考虑并区分对待普通产品质量与食品药品安全,将食品安全监管职能调整由食品药品监管局承担,实现专业化监管。二是统一监督执法队伍,解决多头执法的问题。由于行政强制、处罚等行为与市场主体利益直接相关,解决多头执法问题有利于减轻市场主体负担,提升监管公平性。三是宏观政策设计与微观监管有机结合。在现有的知识产权行政机构架构下,深圳的知识产权行政执法取得了良好的成绩。

(3) 深圳模式评价。

深圳知识产权的行政管理模式采取上下统一、中间分开的"纺锤型"结构模式,是一种完全的大包大揽式的体系架构,那么在顾及方方面面的行政管理职能的同时,如何确保监管政策一致性则是需要解决的主要问题。

由于各类市场监管部门的"前世今生"截然不同,例如,工商部门管理方式较为粗放;质监部门技术支撑能力较强;卫生监督机构注重产品和公共场所的清洁无菌以及对人体健康无害等。这种差异会带来行政许可、行政执法和行政处罚的标准不同和风格冲突。当前,我国工商系统现有工作人员42万人,全国食药监系统到岗9万人,全国质检系统约 20 万人。如果采用深圳模式，需要将这支庞大的公务员队伍糅合在一起，避免因为合并产生内部行政文化冲突。

在行政执法中需要协调各部门之间的职能，形成执法的稳定性和一致性。例如，标准化、知识产权促进和保护、消费者权益保护工作原分属质监、知识产权和工商部门，机构改革后标准化与知识产权促进的关系密切，知识产权保护又与消费者权益保护密切相关，这就需要按业务内在联系的逻辑而非部门间联系的逻辑来确定工作流程。

加强行政执法手段的现代化，充分发挥互联网的快捷便利，提高行政执法的效率。工商部门作为老牌市场监管部门嵌入实体市场较深，在传统行政执法中拥有更大话语权，有能力主导市场监管体制改革，工商部门惯用的排查、索证索票等行政管理方式被广泛用于基层市场监管。但由于互联网的崛起，整个市场结构正在发生巨大的变化，需要应用"互联网+"的思路，通过网络技术等手段来体现新形势下的知识产权行政执法。

总体来看，"深圳模式"强化了知识产权行政管理中与工商行政管理有关的内容，集中力量进行知识产权有关的市场监管，与质量监管、市场稽查等工商行政管理内容进行高度整合，实现了包括知识产权在内的集中管理模式。

3. 苏州模式

（1）苏州模式概述。

2010 年 4 月，根据《苏州市知识产权局（苏州市版权局）主要职责、内设机构和人员编制规定》，苏州市知识产权局成立，挂"苏州市版权局"牌子。其实早在 2008 年，苏州市就设置了独立的知识产权管理的政府工作部门，较早在全国进行专利、版权"二合一"的尝试。2010 年苏州市知识产权局的挂牌，率先实现专利、版权职能"二合一"，创立了独树一帜、全国特有的"苏州模式"，也是苏州市人民政府对知识产权机构设置模式的再次确认。

2011 年 8 月，苏州市知识产权局在其下属的苏州市知识产权举报投诉服务中心增挂"苏州市知识产权行政执法支队"副牌。成立至今，知识产权行政执法支队通过一系列的专项执法活动，充分发挥了知识产权行政执法的各种优势，使得知识产权行政管理职能得以有效实行，提高了知识产权行政保护的效率。至 2014 年，该支队已经查处假冒侵权专利案件 1200 多件。

（2）苏州模式的特点和优势。

苏州模式采用的"二合一"模式，率先整合机构合并矛盾较少、难度较低的专利和版权，是其模式成功的主要原因。这种模式一是实现了职能整合，是全国唯一实现了专利、版权职能"二合一"的地方知识产权局。二是部门地位重要，体现了政府的充分重视。三是职能加强，负责组织建立市知识产权保护工作体系，负责组织协调知识产权战略实施，负责建立市知识产权风险预警机制，负责审核市级财政资金支持的重大科研项目、经济活动和文化创作中的知识产权状况等，对知识产权行政管理工作的顺利开展有重要意义。

苏州市知识产权局专门成立了专利、版权联合行政执法小组。这是苏州局在整合内部行政资源，探索建立联合工作机制方面作出的有益尝试。该联合行政执法小组的工作主要是开展专利、版权行政执法保护，依法打击和查处假冒他人专利、冒充专利以及著作权侵权行为，处理专利、版权纠纷案件，协调市知识产权相关部门开展知识产权联合执法和专项行动等职能。它对提高行政效率，强化专利、版权的行政执法工作具有重要意义。

（3）苏州模式评价。

苏州模式形成是对苏州经济转型发展在行政管理上所提出要求的回应，对于苏州当时当地的知识产权行政管理工作是非常重要的创新。特别是苏州模式还发挥了良好的示范效应，影响了我国其他一些知识产权试点城市的知识产权行政管理模式。

4. 上海浦东模式

（1）上海浦东模式概述。

2014年11月16日，集专利、商标、版权行政管理和综合执法职能于一身，全国首家单独设立的知识产权局在上海市浦东新区正式成立。浦东新区知识产权局一方面归并整合新区层面的专利、商标相关职能；另一方面承接上海市知识产权相关部门下放的部分专利、版权管理和执法事权，实现专利、商标和版权的集中管理和综合执法。浦东新区知识产权局通过全面履行辖区内的专利、商标、版权的行政管理和执法职能，从而实现区内知识产权工作的统一规划、统一管理和统一执法，做到"一个部门管理、一个窗口服务、一支队伍办案"，形成了"三合一"的知识产权行政管理和执法体系。

与此同时，知识产权行政管理体制"三合一"改革工作也在上海自贸区试水前行。自贸区管委会知识产权局的成立，作为一个独立建制的行政单位，标志着自贸区知识产权行政管理和执法工作进入了新的阶段。自贸区管委会知识产权局的行政功能将由原先有限的审批事项拓展为更为广泛的行政管理职能，主要承担自贸区知识产权统一的行政管理，开展重点领域、重点产业、重大专项知识产权管理和执法，推动知识产权服务体系建设，促进知识产权的转化运用等职责。同时，为与知识产权行政执法的专业性相适应，管委会在直属事业单位综合执法大队下建立一支具有较高专业素养的知识产权执法分队。根据统一的知识产权行政管理和执法体制的要求，管委会还拟建立区域知识产权行政保护的联动机制、纠纷多元化解机制和社会参与机制等相关的配套机制。

（2）上海浦东模式的特点和优势。

浦东新区知识产权局全面梳理了各项权力和责任事项，精简到75个权力事项和9个责任事项。这些事项原本分散在三个部门，各具体事项又有许多交叉和重复，将知识产权统一管理后，就可以按照统一标准，综合平衡，实现真正意义的公平、公正。

知识产权"三合一"改革之后，要凸显知识产权行政管理和执法的综合效应，需要调整和完善原有管理和服务的做法，浦东正在积极筹建三个知识产权综合性平台，即综合性运用与服务平台、综合性保护平台和综合性管理平台。这三大平台的核心是：基于国际化的视角，充分运用信息技术手段，结合互联网思维，能够真正支撑知识产权事业的发展。总之，要凸显改革之后知识产权的整体性和系统性，与互联网、云计算、大数据的发展趋势同步。浦东新区知识产权局做的第一件事情就是打造一个工作网络，通过构建一个横向到边、纵向到底、资源共享、全面覆盖、多方协同、相互促进的大知识产权工作格局，全力推进知识产权战略的实施。横向上，重点完善知识产权联席会议制度，将新增自贸试验区管委会相关内设机构、上海国际旅游度假区管委会作为成员单位，加强对自贸试验区、迪士尼知识产权工作协同推进。纵向上，重点打造一个以知识产权局本部工作队伍为主力，依托7个开发区和36个街镇，全覆盖、高效率的工作队伍，将知识产权战略实施工作向纵深推进，真正落地。浦东新区和自贸区管委会知识产权局将知识产权行政执法统一的做法，不仅可以避免条块分割，而且可以促进执法标准的统一，建立权威高效的知识产权行政执法体系，更好集中力量为权利人提供一门式的知识产权服务。

（3）上海浦东模式评价。

世界知识产权组织（WIPO）的187个成员国大多数都实施了对知识产权的集中管理和管辖。此前全国部分省市和一些地区也对知识产权行政管理和执法体制进行过"三合一"或"二合一"探索，取得了一些成效，但并没有实质性突破。上海浦东模式不仅是对建立统一、高效的行政管理体制的重要突破，也符合国际知识产权管理和保护工作发展的大趋势。

但是上海浦东模式的具体操作仍然遇到不少问题，需要在下一步的工作中加以改进和完善。

一是三项执法职能主体不同、程序不同。

根据《上海市人民政府关于浦东新区知识产权工作有关事项的决定》规定，浦东新区知识产权的专利行政执法方面，由浦东新区知识产权局受上海市知识产权局委托行使执法权，以上海市知识产权局的名义执法，执法主体是市知识产权局。著作权执法方面，执法权原属上海市文化市场综合行政执法总队，市辖区级别无执法权，该决定直接为浦东新区知识产权局新增了著作权行政执法权，属授权执法，执法主体是浦东新区知识产权局。商标执法方面，将原属于浦东新区市场监督管理局的行政执法权划转给浦东新区知识产权局，属授权执法，执法主体也是浦东新区知识产权局。

同时，由于专利、商标和版权在国家层面分属于三个国家局管理，相关行政处罚程序由国家知识产权局、国家工商总局和国家版权局分别制定，是三套不一样的流程。如果一个违法主体涉及专利、商标和版权中的两类或三类违法行为，浦东新区知识产权局需要针对同一违法主体不同种类的违法行为启动多个行政处罚程序，作出多个行政处罚决定。

虽然实行了知识产权"三合一"综合执法，但在这一问题上，并没有减轻当事人的行政程序负担，也没有提高行政机关的执法效率。

二是执法力量与职权不匹配。

浦东新区知识产权局现有工作人员不到30人，尽管实行的是全员办案制，但由于其集知识产权管理、运用、执法于一体，因此不可能全体人员专职执法。浦东新区知识产权局保护处现有工作人员7名，负责日常执法保护工作。无论从工作人员业务能力方面，还是从执法人数方面，均难以满足负责整个浦东新区专利、商标和版权行政执法工作的需求。

（二）我国知识产权行政执法的问题

1. 知识产权行政执法的执法机构设置

（1）执法机构分散，造成知识产权行政执法效率降低。

从资源配置有效性来看，知识产权行政管理总体都以趋向集中管理模式为主的。我国专利、商标、版权的行政执法分属于知识产权局系统、工商行政系统和文化版权系统，形成了自上而下的行政执法的分散局面。这种"多头管理""条块分割"的模式表面上面面俱到，实则易产生各部门间的职能交叉和空白，削弱了知识产权行政执法的效力，大大提高了权利人的维权成本，降低了知识产权行政执法的效率。同时，由于缺乏国家层面上的统筹协调，在加强知识产权工作力度的同时，新的问题也层出不穷。比如，各省新成立的保护知识产权工作领导小组、与原有的知识产权联席会议、整顿和规范市场经济秩序办公室（整规办），在工作内容和职能发挥上均存在着重叠，但由于主管领导和参与部门的不同，往往造成各行其是和行政效率的低下，与机构设置的初衷存在着偏差。这已经成为限制我国知识产权行政执法功能有效发挥的制度性障碍。

（2）行政执法机构职能不清，与知识产权行政管理职能界限不明。

行政机关的主要职能是行政管理，行政执法与管理职能于一体，不利于集中使用行政资源，提高行政效能。我国知识产权执法机构多身兼知识产权管理和执法多项工作职能于一身，大包大揽，负担任务过重，执法效力和影响受制于现有条件无法得到充分发挥。行政机构职能划分不清，除产生职能交叉外，也产生了许多执法空白地带，这些"沙漠荒原"无人问津，造成执法上的漏洞。

（3）执法依据不统一，知识产权行政执法权差别过大。

由于我国知识产权行政执法分属不同机构，全国人大及地方各级人民代表大会通过的法律、法规，部门规章和地方政府规章、相关的管理办法等均可成为行政机关执法的法律基础。同时，各个行政机构除依据法律法规执法之外，也不断推出本部门的各种办法、通知，扩张自己的权力管辖范围，导致不同行政执法机构间的职能交叉，重复授权，甚至出现权力冲突，部门利益化现象越来越严重。

2. 知识产权行政执法的执法力量

（1）执法机关内部缺乏专门执法建制，编制有限。我国知识产权局系统内缺乏自上而下的专门知识产权行政执法建制。国家知识产权局专利局仅在专利管理司下设立了执法管理处，并无专利执法司专门负责专利行政执法，地方知识产权局也并未设置执法处。以上海市知识产权局为例，执法人员隶属于政策法规处，不仅承担行政执法任务，还要承担知识产权局政策法规的制定修改工作。

由于缺乏必要的建制，我国知识产权行政执法人员的人员编制和数量无法满足日益增长的知识产权行政执法的需要。目前地方知识产权局的人数编制并不多，负责专利行政执法的工作人员人数更少。如在浦东新区建立"三合一"知识产权局前，上海市知识产权局政策法规处负责专利行政执法的人数约为5人，上海市所辖各区县负责专利行政工作的人数约为2~3人，17个区县共约50人，市区两级负责专利行政的人员总共不到 60 人，这 50 余人负责整个上海市的专利管理和行政执法，包括专利侵权纠纷调处和查处假冒专利。人员配备与所担负任务不平衡，严重影响了相关执法工作的效率与应有的社会效果。

（2）执法权设置级别高，执行主体资格受限制。与商标和版权执法权级别设置不同，我国的专利行政执法权大多集中于省级执法机构，市级管理专利工作的部门只有部分享有专利行政执法权，县级管理专利工作的部门没有调解专利纠纷的权限，也不是专利执法的主体。以上海市为例，上海市知识产权局负责处理和调解侵犯专利的纠纷案件以及查处假冒他人专利行为和冒充专利行为，上海市所辖各区县均无专利行政执法权，因此，各区县均不能单独展开专利执法活动，进行执法检查、查处时必须由上海市知识产权局派出执法人员带领区县管理专利工作的部门的工作人员开展专利执法活动。由于只有上海市知识产权局享有专利行政执法权，区县级无执法权，因此，仅有市局的 5 名执法人员是真正有执法职权的执法人员。

（3）知识产权行政执法专业性有待提升。由于我国开展知识产权保护的时间不长，我国现有的知识产权执法人才数量与我国知识产权行政执法队伍所需人才之间存在较大缺口，高端知识产权人才尤其缺乏。如果我国要建立统一的知识产权行政执法机构或者进一步扩张现有的知识产权执法队伍，其中，商标执法队伍最为庞大，但其执法人员的知识产权水平较低，无法适应。

知识产权案件专业性较强，涉及技术和行业专业问题，使之有不同于其他行政案件的复杂性。分散的知识产权行政执法机构人员配备上已经很匮乏，加上专业水平的限制，在知识产权方面的执法力度就会弱于一般的行政执法。

3. 知识产权行政执法的执法手段

（1）行政执法的权限来源不统一，执法地位差别较大。

根据我国《行政强制法》的规定，我国具有行政强制措施权的主体分为三类：其一，法律、法规规定的行政机关；其二，由国务院或者经国务院授权的省、自治区、直辖市人民政府决定行使相对集中行政处罚权的行政机关；其三，法律、行政法规授权的具有管理公共事务职能的组织。

我国知识产权行政执法机构的地位不统一，许多执法机构并非授权执法而是受委托执法，这就导致受委托执法的机构无法享有实施任何行政强制措施的权力。一是受委托执法的机构缺乏法律、法规授权，显然不属于法律、法规规定的行政机关。二是受委托执法的机构也不属于依据《行政处罚法》行使相对集中行政处罚权的行政机关。❶ 三是受委托执法的机构也不属于法律、行政法规授权的具有管理公共事务职能的组织。因为具有管理公共事务职能的组织要行使行政强制措施权必须有法律、行政法规的授权，并且要以自己的名义实施行政强制。而行政强制措施权的缺失，不仅会对执法证据取得固

---

❶ 根据《国务院关于进一步推进相对集中行政处罚权工作的决定》规定，"不得将集中使用行政处罚权的行政机关作为政府一个部门的内设机构或者下设机构，也不得将某个部门的上级业务主管部门确定为集中行使行政处罚权的行政机关的上级主管部门。集中行使行政处罚权的行政机关应作为本级政府直接领导的一个独立的行政执法部门，依法独立履行规定的职权，并承担相应的法律责任"。

化造成很大困难，也会使得违法违规行为难以得到有效的防范和制止，影响执法人员办案效率，造成市场监管乏力。

（2）行政执法权限不统一，执法效果受影响。

根据我国《商标法》的规定，对侵犯注册商标专用权的行为，工商行政管理部门有权依法查处。《著作权法》也规定著作权侵权行为同时损害公共利益的，可以由著作权行政管理部门责令停止侵权行为，没收违法所得，没收、销毁侵权复制品，并可处以罚款；情节严重的，著作权行政管理部门还可以没收主要用于制作侵权复制品的材料、工具、设备等。相比较而言，我国专利行政执法的权限不足，缺乏自主查处权，执法手段非常有限。我国《专利法》第60条规定，侵犯专利权引起纠纷，当事人协商不成的，专利权人或者利害关系人可以请求管理专利工作的部门处理。管理专利工作的部门认定侵权行为成立的，可以责令侵权人立即停止侵权行为和进行调解。可见，对于上述专利侵权行为，专利行政机构只能作出"应请求行政行为"和责令停止侵权的行政处理行为，而不能主动查处，不能实施行政处罚。

（3）行政执法手段有限，无法发挥应有的威慑力。

我国《商标法》和《著作权法》都赋予工商和著作权行政执法部门没收、销毁、罚款的执法手段，相形之下，专利的行政执法手段则非常有限。《专利法》第60条规定，管理专利工作的部门认定侵权行为成立的，可以责令侵权人立即停止侵权行为和进行调解。第63条和第64条规定，对于假冒专利的行政责任，一是责令假冒者改正并予公告，二是没收违法所得，三是可以并处罚款。即对涉嫌假冒专利行为进行查处时，可以采取询问、调查、现场检查，查阅复制有关合同、发票、账簿及其他资料等措施，对于有证据证明是假冒专利的产品，可以查封或者扣押。由于专利侵权假冒行为的处罚力度相对较轻，难以起到对专利侵权假冒行为的遏止和震慑作用。但《专利法》对于实践中广泛存在的专利侵权行为并未规定相应的执法手段和措施，使得行政执法对普遍存在的专利侵权行为无能为力，而后者对权利人损害更大。这也是影响专利行政执法成效的重要原因之一。

（4）缺乏专项化、制度化的行政执法拨款保障。

虽然每年的知识产权行政保护方面的财政投入在不断增加，但仍无法赶上我国行政执法机关的增加数量，"僧多粥少"的现实导致分摊到每一个执法机关的执法车辆、调查取证设备、信息网络设备等物质资源仍然十分有限，不利于知识产权行政执法水平的提高。特别是由于行政执法成本由地方财政承担，从而导致地方往往让地方知识产权局不但要承担额外的其他行政工作，而且也仅仅被视为是一般的行政管理机构，没有行政保护方面的专项拨款，使得行政执法受制于经费无法完善。我国目前知识产权行政执法机关中工商行政管理总局相比而言占主导地位，具有较强的执法能力，人员和经费的投入远大于其他执法机关，其他执法机构都受到一定的限制。

4. 知识产权行政执法投入不平衡，执法能力有差异

知识产权行政执法机构受制于编制、经费、权能、执法能力等因素，在专利、版权和商标行政执法三大领域中，商标行政执法的力度最大，版权次之，专利最弱，这给执

法的效力带来了一定的阻碍。特别是知识产权案件具有显著的专业性，这种专业性可能使行政执法涉及技术问题，使之有不同于其他行政案件的复杂性，在知识产权方面的执法力度就会弱于一般的行政执法。

（1）三者的执法案件数量差异大，社会效应不同。从近些年知识产权行政执法现状来看，专利、版权和商标行政执法占据了半壁江山，但这三大行政执法机构执法力度却不平衡，商标执法力度＞版权执法力度＞专利执法力度。

（2）三大执法机构的设置和协调不均衡。在三大知识产权行政执法系统中，主要负责商标行政执法的是工商行政系统和海关系统，负责版权行政执法的是版权管理系统和文化执法系统，负责专利行政执法系统的是知识产权系统。虽然海关系统也承担对版权和专利的行政执法，但是从海关系统近些年查处侵权货物的数量比例来看，查处侵犯商标专用权的货物数量占到绝大部分。因此，从执法机构及其机构的职能设置上，现有的知识产权行政执法系统偏重于商标的行政执法，版权其次，专利的行政执法最弱。

（3）执法能力有差别，执法力度不足。

基于人员配备与所担负任务的不平衡、物质资源的有限性、各个行政执法机构财务支出的重复性与交叉性，在执法资源相对稀缺（总量或许并不少）的条件下，有限的执法资源又不能得到合理的分配与利用，受这种资源稀缺与资源浪费的双重影响，行政执法的条件无法得到充分的满足，各个知识产权行政执法机关的执法手段和执法能力受到严重的制约，现有的执法队伍得不到足够的锻炼，执法能力受到质疑，最终导致知识产权行政执法的总体水平不高、成效不够明显。

（三）我国知识产权行政执法的优势和不足

我国知识产权制度发展比较晚，被动性、程序性、中立性的司法救济无法满足我国快速发展的知识产权保护程度和要求，而知识产权行政执法的主动性、快捷性的特点，不但可以根据权利人申请，及时有效的制止侵权行为，通过实施知识产权行政保护，对侵权纠纷进行处理；而且还可以依职权主动调查、收集证据，及时采取上门查处、扣押等执法措施，进行没收、罚款等行政处罚，及时制止侵权行为。

1. 我国知识产权行政执法与司法保护的比较

根据国家知识产权局《2014年中国知识产权发展状况》的统计显示，近年来知识产权案件总体数量都保持上涨的趋势。但2014年知识产权司法处理的案件与行政执法案件的数量相比，两者保持着2∶1的比例，前者差不多是后者的两倍。《2014年中国知识产权保护状况》白皮书显示，全国专利行政执法办案总量同比增长50.9%；全国工商系统共查处侵权假冒案件6.74万件；全国版权系统立案查处侵权盗版案件2600余件；全国海关共扣留侵权货物2.3万批，新核准知识产权海关备案5306件，同比增长11%。从这些的数据可以看出，知识产权行政保护案件有不断增加趋势，已经成为司法保护的重要补充，也是我国知识产权管理和保护的一大特色。

（1）知识产权行政执法相对于司法保护的优势。

知识产权行政执法与司法保护尽管都是维护权利人的合法权利，但具有本质上的区别。行政保护更注重维护社会秩序，公共利益被侵犯是行政保护的前提。由于行政执法是行政主体利用行政权力处理纠纷的职能型活动，因此其具有行政化的特征和优势，包括效率高、灵活性、社会效果好等。

一是行政执法具有主动性和灵活性。

行政机关一旦发现违法行为即主动以国家的名义责令其改正，并给予相应的处罚、采取相应的强制措施，这体现了行政机关一种基于职权的保护。同时，为了规范和保障知识产权权利主体的合法权益，使权利主体意识到自身知识产权的重要性，还根据权利人的申请，积极确认其获得或者解除某种资格，并依法对这种资格进行管理，这又体现了行政机关一种基于申请的保护。所以说，知识产权行政保护既有行政机关的依职权行为，也有行政机关的依申请行为，行政保护具有灵活性。这也是行政保护与司法保护的区别所在。

在我国，由于知识产权保护制度的历史还比较短，公众的知识产权法律意识还不够强，知识产权侵权行为还比较普遍。再加上我国各地区知识产权发展水平参差不齐，知识产权权利人对侵权行为有时不能及时发现，从而无法通过司法途径及时有效地保护其合法权益；而通过对知识产权行政保护可以很好弥补这一问题。

二是行政执法具有效率性和手段多样性的优势。

行政保护的措施比较直接、迅速、有力，程序也相对简单，体现了其效率性。这就更便利于权利主体及时地维护自身的合法权益。从侵权人最终承担责任的大小来看，在司法保护中侵权人仅负赔偿的民事责任，并不涉及惩罚性内容。而在行政保护中侵权人除了向知识产权权利主体负赔偿责任外，还必须接受国家给予的处罚，也即侵权人必须负担更大的经济责任。从责任的执行情况来看，行政强制、罚款等行政保护措施一经作出即付诸执行，即便在行政诉讼期间一般也不停止执行，这更便利于维护权利主体的权益。所以说，相对于司法保护而言，行政执法的打击力度更大。

知识产权行政执法还可以采取多种手段保护知识产权。例如，可以通过确权行为授予权利主体知识产权，可以运用职权进行行政调解；可以通过收取专利费，加强对商标标识管理等行为维护知识产权运行的良好市场环境。行政执法可以通过行政处罚、行政强制等各种合法的行政执法手段打击侵权违法行为，维护权利人的合法权益。另外，行政执法机关实施某一种执法手段的表现形式也是多样的。

三是行政执法更具专业性和社会效应。

知识产权纠纷专业性强，案件数量也越来越多，由于当前我国知识产权行政管理和执法兼顾，因此，知识产权部门在处理知识产权侵权纠纷时，特别是处理涉及比较复杂的技术问题的知识产权纠纷方面具有一定的人才专业优势。由这些行政管理部门进行保护，能更好地发挥其专业优势，对知识产权的保护也比单纯的司法途径更为全面。

我国有两千多年的行政权力至上的传统，国家行政机关对社会的影响力和控制力很强，行政机关决定的威慑力和影响力远远超出立法权和司法权，社会公众对行政权力普遍存在敬畏心理。行政机关在作出决定时，也体现了国家的意志和政策，某些典型案件的处理对整肃整个行业都能起到威慑作用，收到良好的社会效益。

(2) 知识产权行政执法相对于司法保护的不足。

一是行政执法程序简单，容易引发新的纠纷。由于行政保护注重效率，兼顾公平，因此在一些证据、程序等方面不如司法保护那样严苛，会让投机者有漏洞可钻。

二是滥用行政执法权，浪费行政执法资源。行政执法程序多由当事人向行政机关提起，有初步证据即可立案，程序比较简便，实践中就容易发生当事人滥用权利打击市场竞争对手、对方恶意提起商标专利无效宣告程序拖延维权进程等行为，实则对市场秩序不利，也浪费了行政资源。

三是行政执法机构互相推诿，缺乏法定约束。知识产权行政保护因为行政机关固有的特征，有一些局限性，即管理机构多，层级复杂，职权范围固定，容易出现相互扯皮、地方保护主义等问题，这些都不利于良好知识产权环境的培育。

四是专利行政执法决定不能直接作为司法裁判依据。根据法律规定，经过管理专利工作的部门作出侵权或者不侵权认定的专利侵权纠纷，人民法院在作为民事纠纷受理后，还要对当事人的诉讼请求进行全面审查。这虽然保证了对专利侵权判定的标准统一在司法部门，解决了行政机关认定水平参差不齐的问题，但行政程序中的侵权认定就有程序重复之嫌，使得行政执法处理的意义大为淡化。

2. 我国知识产权行政执法与其他国家知识产权行政执法的比较

我国知识产权行政管理和执法体制采取管理和执法"一体化"的模式，即知识产权行政管理与行政执法不分，属于同一行政主体，这使得管理部门执法负担和压力较大。知识产权行政管理机关同时负责行政执法，需要动用大量的社会公共资源为少数知识产权权利人提供保护，培养具备专业水平的执法人才需要培训，执法经费又要靠财政支出，因此行政机关执法人手不足、保障不力是普遍现象。并且，我国知识产权行政执法系统各自为阵，执法权限、执法力量和执法规模等都差异很大。在专利执法方面，英国的做法与我国有点类似。在英国，由于诉讼费用高昂且当事人不能直接参加诉讼，只能由出庭律师代理，专利行政机关处理了大量赔偿额不高的侵权案件。英国专利法赋予其专利局较为广泛的行政处理专利侵权纠纷的范围和权限：处理专利申请案审查过程中的相关争议、专利冲突诉讼、无效诉讼以及专利侵权诉讼等所有的专利纠纷。双方当事人须就提请行政处理协商一致并达成协议，专利局局长有权决定是否受理，而且在受理后，可以宣告专利权有效、专利侵权成立以及决定侵权赔偿数额。

国际上，许多国家的知识产权行政管理机关仅仅负责管理和服务，参与争议解决，但没有行政执法职能，即采取管理与执法相分离的模式。这些国家知识产权行政主管部门的职责限于行政管理、行政处理和行政服务，而行政处理的具体内容也主要是在商标或专利申请过程中的行政纠纷，而不处理知识产权侵权等纯民事纠纷。这些国家依照本国特点，采用专利、商标、版权合署执法，或者是专利、商标合为工业产权与版权并行执法。在执法力量上，警察、稽查机构通常是执法的生力军，包括美国、法国、日本、印度等国家都以警察部门作为知识产权保护的主要执法部门。

以美国为例，美国知识产权行政执法主要由警察机构和海关部门负责，之外还有联邦贸易委员会（FTC）、国际贸易委员会（ITC）和美国贸易代表办公室（USTR），后三个机构的行政保护构成了美国知识产权行政保护的特色。USTR 主要负责处理美国以外的国家和地区对美国知识产权主体的侵犯事宜；ITC 主要负责处理外来产品对美国本土知识产权的侵犯，阻止外来知识产权侵权产品进入美国；海关则负责具体采取措施制止侵犯知识产权的货物进入美国，例如，配合 USTR 对侵犯专利权产品进行查验、扣押；FTC 主要处理与知识产权紧密相关的不正当竞争行为。这些非知识产权行政主管部门的行政保护，大多倾向于对海外或国际贸易中美国知识产权的保护，环环相扣，构成一个相互连接的有机整体，能有力、及时、高效地打击海外或国际贸易中的知识产权侵权行为，最大限度地维护美国知识产权主体的利益。美国对知识产权侵权性质的不法投资与消费的处罚也非常严厉。如规定仅非法使用软件的罚款就高达 15 万美元。如情节严重，罚款可增至 25 万美元，甚至受到刑事处罚。

综上所述，我国在开展知识产权行政执法过程中需要注意：一是加强政策引导，通过研究制定不同阶段的执法工作文件，指导、推动地方局加强执法工作的科学性、规范性与积极性；二是争取条件支持，推动地方局执法能力建设，加强执法培训与研讨，提高执法人员业务水平，不断推进改善执法设备；三是加强调研督导，掌握第一手情况，指导执法工作的深入开展；四是强化执法协作，充分发挥行政执法的特点与优势，遏制地方保护主义；五是完善统计考核，在比较中发现问题，推进经验，激励先进；加强培训研讨，提高执法人员素质与办案能力。

五、互联网环境下的知识产权行政执法

（一）互联网环境下的知识产权行政执法的现状和问题

1. 互联网环境下的专利行政执法

随着我国经济社会的快速发展，技术进步和市场竞争的加剧带来专利保护领域的新情况、新问题。其中，由于虚拟经济的发展和电子商务的兴起，如何有效解决网络环境下的专利保护问题备受社会关注。为加强网络电商领域知识产权保护力度，有效遏制和打击电商专利侵权假冒行为，开展各类"打击侵犯知识产权和制售假冒伪劣商品"专项行动以及人大常委会专利法执法检查中发现，一些电商平台在部分商品宣传语中使用了"专利产品""专利技术"等字样，却无法提供有效的专利权证明，涉嫌假冒专利的侵权行为。通过专利执法检查，查处各类假冒专利商品，要求提供侵权产品的电商平台尽快删除或屏蔽涉嫌假冒专利商品相关网页链接，并加快建立有关专利维权的内部监管机制，营造权利人和广大消费者放心的电子商务环境，促进全市电子商务领域健康发展。

对电子商务领域的专利行政执法建章立制。电子商务的新特点，令很多知识产权权利人更希望能有快速、便捷、高效的维权方式。这对专利行政执法工作提出了新的课题，要执法，就要有统一的标准、规范的程序。2014 年 5 月，国家知识产权局办公室印发了《电子商务领域专利执法维权专项行动工作方案》的通知，规定了电子商务领域专利执法维权专项行动的工作目标和工作分工，并规定了处理和查处侵权行为的工作

方式，如针对明显的侵权行为，快速删除或屏蔽侵权产品链接；对于较为复杂的专利侵权行为，可以联系有关维权中心出具专利侵权判定咨询意见书等，为规范电子商务领域专利行政执法工作提供了工作方向和思路。随后，各地相继出台了地方性的电子商务领域专利保护指导意见和电子商务领域专利保护专项行动实施方案等，为规范电子商务领域专利行政执法工作提供了样本。

突破电子商务领域专利行政执法形式。由于电子商务的特点，如果按照以往一样方式，在专门的时间、地点进行线下执法，专利行政执法的优势无法突出。因此，处理电子商务专利侵权假冒案，需要打破常规，打破地域限制，对跨地域的专利行政执法队伍进行统一调配，并积极寻求各地知识产权维权援助中心的专业工作人员的支持，根据电子商务企业的需求，直接在现场提供专业咨询，现场处理侵权纠纷，现场作出处罚决定。

构建电子商务领域专利行政执法工作的长效机制。专利行政执法快速调处机制成效显著，但由于电子商务数量迅速增长，侵权假冒形势日益复杂，必须建立一种长效机制，才能从根本上解决问题。例如，2014年12月，浙江省知识产权局与阿里巴巴（中国）有限公司签署了知识产权保护合作备忘录，双方将共同加强电子商务环境下的专利行政保护立法研究和实践，探索建立专利侵权纠纷投诉处理新机制并协同开展专利行政执法专项行动，通过与重点企业，重点领域的对接，推进电子商务领域知识产权保护长效机制建设。❶

2. 互联网环境下的著作权行政执法

近年来，互联网在促进社会科技、文化进步的同时，也成为版权侵权的重灾区。它不但影响了我国互联网产业的发展，也对我国文化产业的发展造成冲击，由于互联网下的版权侵权行为发生范围更加广泛、侵权行为更为隐蔽，使得网络版权的执法遭遇更多困难，加上我国知识产权保护的双轨制和司法资源的相对有限，权利人对其享有著作权的作品在网络环境下被侵害往往缺乏有效手段获得保护。

由于网络版权行政执法保护部门都是专业性较强的版权专门机关，相对于其他保护方式，网络版权的知识产权行政执法具有主动性、便捷性、专业性等多种优势，可以更及时地保护知识产权人的权利。通过对网络版权侵权行为的行政执法，可以建立对知识产权侵权行为的有效威慑。在网络版权的执法机制方面，确立了具有中国特色的司法与行政并行的网络版权保护双轨制，网络版权行政执法与刑事司法衔接机制逐步成熟。一是网络专项治理机制。在"剑网行动"中，各地版权、互联网信息管理等部门密切配合、集中执法，严查互联网侵权盗版案件，取得了显著成效。自2005年起，我国连续10年组织开展打击网络侵权盗版专项治理的"剑网行动"，有效遏制了网络侵权盗版高发势头。自2005年起，我国连续10年组织开展打击网络侵权盗版专项治理"剑网行动"，集中强化对网络侵权盗版行为的打击力度。据国家版权局日前公布的数据，据统计，2005～2013年，各地版权、公安、电信等部门共查办互联网侵权盗版案件4241起，

---

❶ "浙江：探路中国电子商务专利行政执法"，载《中国知识产权报》2015年2月6日，http://www.sipo.gov.cn/mtjj/2015/201502/t20150206_1072489.html。

其中，依法关闭侵权盗版网站1926个，没收服务器及相关设备1178台，移送司法机关追究刑事责任案件322件。二是"两法衔接"联合办案机制。对情节严重、影响恶劣的网络侵权盗版案件，国家版权局联合全国"扫黄打非"办等部门挂牌督办，推动案件依法查办。根据我国相关法律规定，国家版权局是我国网络版权执法主要机关，文化部门系统对网络环境下的网络版权保护也负有一定的职权。此外，根据我国《刑法》《互联网著作权行政保护办法》等法律法规的规定，公安部门对网络版权刑事犯罪案件、广播电视管理部门对互联网上传播的影视作品侵权案件、电信管理局部门对侵权网站的警告或者断开网络联接等也享有一些执法权限。

虽然我国在网络版权执法监管领域已经取得了显著成果，但工作中也遇到一些问题和困难，打击网络侵权盗版仍面临诸多困难。首先，需要明确网络版权执法机关的权限，促进部门间的联合协调执法。我国网络版权执法因为行政部门划分原因，多个部门都享有版权执法职权。尽管立法已经对各部门的网络版权执法权限进行了界定，但是由于网络版权执法的复杂性等原因，各部门职权的交叉重叠仍不可避免，需要联合各部门的协调执法来加以解决。具体到网络版权执法上，国家版权局可加强与电信管理部门和公安部门的合作，以便于对在互联网上侵权的网站予以警告、断开接入服务，甚至引入刑事程序。其次，增加网络行政执法权限，增强网络行政执法手段。根据我国著作权法相关规定，著作权行政部门享有的执法权限为责令停止侵权行为，没收违法所得，没收、销毁侵权复制品，并可处以罚款；情节严重的，著作权行政管理部门还可以没收主要用于制作侵权复制品的材料、工具、设备等；构成犯罪的，依法追究刑事责任。但这些执法措施往往并不能很好地制止网络环境下版权侵权行为，网络版权执法机关在具体执行上仍有困难，所以赋予执法机关更加切实可行的执法措施势在必行。最后，配备足够的执法人员和提升网络版权执法队伍专业化程度。网络版权侵犯行为多发、样态纷繁，具有较高的专业性，信息数字化使版权的权利内容变得更加丰富，需要执法监管人员具备较高的技术手段和一定的版权法律知识。如果不掌握专业技能，不提高法律水平，则不能有效打击侵权盗版，目前我国一些市基层执法人员办理网络案件数量少，办案经验不足、查处手段单一，导致对有些案件查而无果，无法适应网络版权行政执法较高的专业性要求。

3. 互联网环境下的商标行政执法

互联网的出现和电子商务的发展，导致了与传统线下商标侵权不同的许多新的商标侵权形式出现，如域名抢注侵犯商标权、文本元标记语言对商标的隐性侵权、网络广告和网络链接中的商标侵权以及在网络上销售侵犯商标权的商品等。如何通过行政执法手段来依法惩处互联网下的各类商标侵权行为，是网络环境下知识产权行政执法的重要内容之一。

网络上的商标使用与传统意义上的商标使用一样，都是"商标的使用"，只不过是传统商标使用在网络领域的延伸，由此形成的网络商标侵权也是传统商标侵权在网络领域的扩张，但其改变应该不仅仅是不同平台上商标侵权行为的形式和手段，也需要在法律性质及法律适用进行更加合理的解释和规制。长期以来，商标的行政执法无论是在人员配置、经费投入，还是执法能力和执法效果上都是我国知识产权行政执法中实力最强的。但也正因为如此，导致商标行政执法过分重视在线下的做强做大，而相对忽略了对近年来互联网下电子商务中商标版权侵权的有效规范，对于互联网商标侵权的新情况新问题，无法作出及时的回应。这无论对于"互联网+"各产业风起云涌的发展还是与其他网络知识产权行政执法衔接和协作都是不利的，也是有碍于我国互联网产业和电子商务的发展的。

（二）国外网络知识产权行政执法的规定

1. 国际网络知识产权立法和保护体系

综观世界上主要国家的网络法律，与知识产权有关的调整领域涉及网络犯罪、信息安全、电子商务、网络版权等方面。在网络管理和执法方面，经过多年的探索和实践，各国都已形成了以法律为基础，综合运用技术、经济、行政手段的管理方式。无论是在管制较为宽松的美国还是管制较为严格的新加坡都是如此。

网络知识产权立法形式有两种，一是在传统法律基础上的修正和补充，例如，很多国家在著作权法中增加了与网络有关的内容；二是制定全新的法律制度，例如，为了建立网络平台上的商务活动规则，各国纷纷出台了电子签名法等电子商务法律来进行规范。

从网络法律手段和其他手段在网络知识产权保护中的运用来看，可以看到：一是法律手段往往和其他手段同时运用。例如，我国大部分与网络有关的行政法律规定，就是以法的形式来确认政府的行政管理和执法手段。二是网络知识产权保护需要综合运用多种手段，有的是因为网络中的社会关系和行为不适合通过司法来调整；有的则是因为网络技术和日新月异的特点不适合由相对稳定的法律来调整和规范。三是网络知识产权法律调整需要其他手段的辅助。尽管法律规定非常明确，但是网络知识产权侵权行为仍然屡禁不止，这与网络本身非中心性、虚拟性、跨地域性和高度自治性有关，也与网络知识产权侵权行为的隐蔽性、低成本和便捷性的特点有关。因此，很多国家尝试引入包括知识产权行政执法在内的多种执法手段来有效打击网络的各种侵权行为。

2. 各国网络版权知识产权行政执法规定

2015年4月，英国国家知识产权局发布了《国际网络版权侵权执法比较研究报告》。该报告研究了西方多国的网络版权执法制度，其中部分国家都规定了通过行政执法方式来组织监督和制约网络版权行为。

（1）美国。

美国网络版权执法的主要手段是对网络服务提供者适用"避风港"原则，只要网络服务提供者遵循一定的义务，即可以对网络版权侵权免责，具体规定如下：一是网络服务提供者在发现侵权作品后，立即采取措施删除该作品或移除访问链接。在实践中，网络服务提供者可能会主动发现侵权作品的存在，但是多数情况下他们是在接到著作权人的"侵权通知"后才知道的。此时，他们必须删除侵权作品或移除访问链接（即对侵权作品采取"通知既移除"的制度）。二是网络服务提供者采取并实施政策，终止重复侵权者的网络接入并明确告知该用户；如果著作权人要求指认涉嫌的侵权人，网络服务提供者必须配合法庭送达传票。为此，美国有一个民间自发组建的版权警报系统（Copyright Alert System，CAS），通过该系统，网络服务提供者能够及时通知侵权个人其行为是违法的，并且根据避风港原则将后果告知重复侵权人。虽然版权警报系统强调以教育为目的，它也可以对重复侵权人采取一定的惩罚性措施。网络服务提供者必须将与侵权行为有关的信息记录在案，一旦他们接到法院的传票或指令就可以将信息提供个著作权人。

值得一提的是，对利用网络侵犯商业秘密的行为，2015年4月1日，奥巴马签署了一项新的总统令，授权美国财政部对直接或间接利用网络实施重大恶意侵权的行为人或组织，采取冻结其在美国的资产的措施。所针对的侵权行为包括利用网络破坏美国重要的基础设施、破坏电脑系统，以及窃取商业秘密或其他敏感信息并对美国的国家安全和商业竞争力造成严重威胁的行为。

（2）法国。

法国对网络版权侵权的执法的主要手段是监督和打击个人对侵权作品的需求，即侧重于管控个人用户及他们对侵权作品的消费行为。2009年法国通过特别立法设立了一个独立的、完全致力于网络版权侵权保护的机构—网络创意作品传输版权保护高等管理机构（HADOPI）。该机构的职能主要为：一是在公共网络领域保护作品的版权；二是促进网络版权保护法律服务的发展；三是依据版权及邻接权有关的法律，监控公共网络领域内作品的合法和非法使用。因此，该机构不仅承担了协调网络用户、网络服务提供者、著作权权利人和法国刑事法院之间关系的任务，最重要的是，对于涉嫌以P2P方式侵权的个人，HADOPI可启动三级预警程序警告行为人停止侵权，如警告无效则有权对行为人采取一系列的惩罚性措施（包括罚金及通过技术手段限制其接入互联网）。该程序设置的主要目的是教育消费者尊重版权、遵守版权保护法。

此外，根据法国法律，著作权的权利人也有权对网络服务提供者和搜索引擎提供者实行"通知移除"的措施。据此，2013年法国音像版权组织曾通过法律手段要求网络服务媒介屏蔽了16个电影流媒体网站。

（3）韩国。

韩国在处理网络版权侵权行为时，对侵权的个人用户及相关网络服务提供者不加以区别对待，两者都是执法的重点。2009年韩国著作权法的修订赋予了韩国文化、体育和旅游部（MCST）一系列新的权力，以打击网络侵权，包括针对网络服务提供者采取"通知即移除"和对侵权个人用户"通知即停止"的权力。这些措施的实施是一个分级响应的过程，包括三级预警。根据2009年著作权法，MCST还有权采取特殊的司法惩戒手段，禁止侵权人上网长达6个月。目前为止，韩国已有大量的案件通过MCST的行政执法系统被提交到检察院作为刑事案件调查。

韩国在处理版权侵权问题上比任何其他国家更积极主动，发现侵权行为的责任不仅在于权利人自身，多个不同政府机构和准政府机构都对侵权行为的发现负有积极的义务。在韩国,甚至一般公众也有义务通过"网友"举报系统(开放式监控系统)监督并举报网络版权侵权。不过,如此多的机构参与应对网络版权侵权也有其缺点,即对侵权行为的执法存在一定程度的重叠、重复和碎片化。为此,韩国政府正检讨现行制度,希望将其整合成一个新的版权保护模式。

(4)英国。

英国对网络版权侵权的方式是既处理侵权的个人用户,也对涉案的网络服务提供者设定义务。此前,英国唱片协会、电影协会和四家英国最大的网络服务商(BT,Sky,Talk Talk 和 Virgin Media)之间设立了一个专门打击网络版权侵权的协作项目"英国创意作品"(Creative Content UK)。根据该协作项目,网络个人用户一旦访问侵权作品即会被定位;对于以 P2P 方式分享侵权作品的行为人,相关网络服务商会根据著作权人的指定向侵权人发出警告通知。这一主要以教育为目的的项目于 2015 年启动,得到了英国政府的大笔资金扶持。

对这些提供侵权资料的网站的执法可依据《英国版权、设计及专利法案》(The Copyright, Designs and Patents Act, CDPA)实施。根据 CDPA,法院一旦发现网站所有者有侵犯版权的行为,即可对其处以罚款或监禁。立法也规定了"通知即处理"制度,即权利人在发现侵权作品后,有权通知网络服务提供者采取措施删除涉案内容或要求阻止访问涉案内容。根据 2000 年欧盟电子商务指令第 18 条和第 19 条,网络服务提供者迅速配合权利人阻止侵权,不但可以免责,还可获得一定的物质激励。

2013 年 9 月,英国知识产权局设立了知识产权犯罪警部(PIPCU)。PIPCU 独立运作,专门处理重大的网络知识产权侵权案件,主要职责之一即是打击由网站所有者参与的网络版权侵权。

随着"互联网 +"飞速发展,加强互联网知识产权行政执法,实现网络空间知识产权行政执法与司法保护的协调配合,实现行政执法资源和司法审判资源的共享和优化配置。尝试构建行政执法部门与大型互联网平台机构的紧密、长期、有效的深度合作机制,将互联网的技术优势和执法部门的行政执法能力相结合,形成新型的现代化网络空间知识产权保护联动体系对于我国未来互联网产业的发展是具有重要意义的。

六、我国知识产权行政执法的发展路径

(一)加强知识产权行政执法的总体目标

在知识产权保护实践中,我国已经形成了行政保护和司法保护"两条途径、并行运作"的知识产权保护基本模式,行政执法与司法保护相互衔接,相辅相成,共同构筑了我国知识产权保护体系。其中,加强知识产权行政执法作为我国实施和推进国家知识产权战略的重要举措,是当前国际国内经济形势发展和我国知识产权事业发展的客观要求。2014 年,我国专利行政执法办案总量首次突破 2 万件,达到 2.4479 万件,同比增长 50.9%。其中,办理专利纠纷案件 8220 件(专利侵权纠纷 7671 件),同比增长

62.6%；假冒专利案件 1.6259 万件，同比增长 45.5%。❶ 同时，全国各级工商和市场监管部门共查处商标侵权假冒案件 37 219 件；在这一年查处的商标一般违法案件中，涉外案件为 208 件；查处的商标侵权假冒案件中，涉外案件为 9636 件，占商标侵权假冒案件总数的 25.89%。全国工商和市场监管部门共查处侵权假冒案件 6.75 万件，办结案件 5.94 万件，案值 9.98 亿元。捣毁制假售假窝点 1007 个，依法向司法机关移送涉嫌犯罪案件 355 件，涉案金额 4.8 亿元。❷ 我国知识产权行政执法正迈入快速发展的轨道，已经成为我国知识产权保护一支不可或缺的力量。

党的十八届四中全会提出了关于全面推进依法治国的总目标，要加强重点领域立法，完善激励创新的产权制度、知识产权保护制度和促进科技成果转化的体制机制。知识产权已成为全面推进依法治国的重要内容和经济发展新常态的重要支撑。在我国创新驱动转型发展的进程中，知识产权行政执法应当发挥更加关键作用。集中知识产权行政执法的资源，提高知识产权行政执法的力度，发挥知识产权行政执法的成效，通过有力打击知识产权侵权行为，保护知识产权权利人的合法权益，建立公正公平、竞争有序的市场环境，这将是下一阶段加强我国知识产权行政执法发展路径的总体目标。

（二）加强我国知识产权行政执法的路径

本课题在充分研究我国知识产权行政执法的历史、现状和问题后，结合国内外的经验和实践，对如何加强我国知识产权行政执法，以便充分发挥行政执法的功能，为我国"十三五"发展和创新型国家建设提供有效保障，提出以下发展路径选择以供参考。

1. 路径一：整合现有知识产权行政部门

本着精简高效的原则，整合我国现有的各大知识产权局行政执法部门是最简便高效的一种路径选择。但是，国家知识产权局、国家工商总局、国家新闻出版广电总局、工信部、农业部、林业局、海关等政府部门在知识产权行政执法的职能上差异较大，特别是国家新闻出版广电总局、农业部、林业局和海关等部门，其涉及的知识产权执法职能只是其众多行政执法职能中的一部分，为了整合知识产权行政执法而将这些部门整合合并，既不合理，更不现实。

在知识产权行政机构的设置上，据统计，全世界实行知识产权制度的 196 个国家和地区中，有 180 多个国家和地区实行"二合一"体制，即将专利和商标的行政管理机关统一设置，称之为工业产权局或专利商标局，其中，又有 74 个国家和地区实行"三合一体制"，将专利、商标和版权的行政管理机关统一设置；而采用将三类知识产权分散管理的模式，包括中国还不到 10 个国家。❸ 有鉴于此，参考国际通行做法，考虑将各部门具体负责专利、商标、版权等知识产权业务的机构调整合并到知识产权局系统应是一种合乎国家机构要求和国际合作交流的基本路径。

---

❶ "2014 专利行政执法"，载《中国知识产权报》2015 年 1 月 9 日。
❷ "2014 工商行政执法"，中国商标网，http：//sbj.saic.gov.cn/sbgl/201504/t20150427_155526.html。
❸ 刘炎军："论我国的知识产权行政保护及行政管理机构设置时间"，http：//www.101lunwen.com/a/qitalunwen/2011/0219/2456.html，2011 - 02 - 19。

目前我国的深圳模式和上海浦东模式都是开展专利、商标和版权行政管理与执法职能综合、三合一合并的先例，但这两种模式在实际运作中都不同程度地存在问题。如果以中央各大知识产权行政管理机构为基础，实现整合和统一的、独立的知识产权行政管理机构，那么需要结合深圳和上海浦东的经验，有效解决它们所遇到的问题，做到权、财、人、物的全方位整合，才真正有可能在全国层面推行这一做法。

2. 路径二：部分整合现有知识产权行政部门

课题研究表明，在现有较具规模的知识产权行政机构中，商标局的行政执法实力最强，不仅仅体现在执法投入大，执法规模强，执法社会效应明显等方面，更重要的是它拥有一支依托于市场监管的全社会布局的庞大的执法队伍为它的商标行政执法提供支撑。相形之下，无论是版权的行政执法还是专利的行政执法，甚至海关的知识产权边境措施在性质上、技术上、需求上都有着显著的差别。正是因为这个原因，要求商标执法机构放弃自身优势，与其他行政机构合并还是比较困难的。也是基于这个理由，可以由执法水平和执法力度相差不是很大的专利和版权行政机构进行部分整合，汇集现有部门的行政执法力量，抓住"互联网＋"的线上发展契机，克服现有执法发展瓶颈，等待时机成熟，再进行全面整合。

专利行政机构和版权行政机构的合并在我国也有先例，苏州模式就是这种路径的先行者。在苏州知识产权局内设机构中，分别设有专利管理处和版权管理处，它们分别负责专利行政管理和版权行政管理的职能。同时，苏州市知识产权局专门成立了专利、版权联合行政执法小组。这是苏州局合并两大行政机构的基础上，整合内部行政资源，探索建立联合工作机制方面作出的有益尝试。这个执法小组工作主要是开展专利、版权行政执法保护，依法处理专利、版权的各类侵权行为。随后，苏州市知识产权局在其下属的苏州市知识产权举报投诉服务中心增设苏州市知识产权行政执法支队。苏州市知识产权行政执法支队的主要职能是受市知识产权主管部门委托，依法对专利和版权进行行政执法；负责处理、调解知识产权（不含商标）纠纷案件，依法查处假冒专利、版权侵权等行为；参加市知识产权联合执法、专项执法等工作，监督检查全市各类市场、展会的知识产权保护情况，完成上级交办的与知识产权保护相关的各项工作。这条路径在苏州得以成功，也在其他地方得到推广。部分整合现有知识产权，使得行政执法力量得到加强，执法水平得到提高，是最终走向第一条路径的捷径。

3. 路径三：实行知识产权行政机构行政管理分离和行政执法统一

知识产权行政管理和执法是我国知识产权行政机构肩负的两大职能，由行政机构担负直接行政执法的职能，除了国家工商总局力量雄厚，其他知识产权部门都面临着外部国际国内压力，内部经费短缺、人员缺乏等困境。根据很多国家的经验，知识产权行政机构只承担知识产权管理和服务，并没有直接行政执法职能，而知识产权行政执法则主要依靠警察等专业行政执法队伍或通过机构内的准司法机构来承担。

目前，我国知识产权行政执法职能也是对应于各自的行政执法机构，既然知识产权行政执法职能目前分散国家知识产权局、国家工商总局、国家新闻出版广电总局、工信部、农业部、林业局、海关等各政府部门，在无法实现整合合并的情况下，可以在保留原职能部门的基础上，调整合并知识产权行政执法职能，建立知识产权行政执法局统一执行。当然，这种路径选择虽然便利了行政执法，但也会引起新的问题。例如，知识产权行政管理分散在各个政府部门，但其行政执法又集中在某一个或几个政府部门，可能让公众难以适应，也缺乏科学性和合理性。甚至会出现有些政府部门的知识产权管理与执法职能分离了，但有些政府部门的知识产权管理与执法职能不仅没有分离，反而还有所加强的情况。这相当于在保留一些政府部门知识产权管理职能的同时，又将其知识产权执法职能集中转移至另一些政府部门，显然在部门利益分割和条块管理的现有格局下，此种路径操作难度较大。

但我国不乏这种做法的成功先例。版权的行政执法模式就是这一路径的主要代表，也在该领域中取得了成功。目前很多地方的版权执法均交由文化执法总队执行，但版权管理职能仍然保留在版权局。以上海市为例，上海市在1999年就建立了文化稽查总队，是全国第一个独立建制的文化领域综合执法机构，主管全市文化领域综合执法工作，是上海市文化市场行政执法总队的前身。上海市文化市场行政执法总队依据国家及本市有关文化市场管理的法律、法规、规章和政策，综合行使上海市文化广播影视管理局、文物局、新闻出版局、体育局、旅游局的行政处罚权。目前，版权执法交由文化执法总队，但版权管理职能仍然保留在版权局，上海市文化市场行政执法总队8个处中，有6个处是执法处，分别承担对上海市的体育艺术、文化娱乐、版权音像、出版印刷、网络版权和旅游等25个领域的行政执法，依据的法律法规共计80多部，涉及50多个行政处罚事项。这种行政管理部门与行政执法部门相分离的路径的优势是多方管理、综合执法、分工负责，对涉及行政处罚的法规调配使用，对企业公平；部门间相互配合、相互制衡、相互监督，体现了行政机关适度管理、权责对等的优点，提高了行政效率。

如果我国知识产权行政执法也参照这一路径改革，可以考虑将各个政府部门的知识产权确权、管理机构和职能继续保留或小范围调整，但将各个系统的知识产权行政执法职能分离出来，授权集中于知识产权行政执法局一个机构上，关键是合并执法力量，也可以专设的知识产权行政执法大队。在提高知识产权局的行政规格的基础上，可以将知识产权行政执法大队归口到知识产权局主管领导。这样一来，在机构设置与职能设定上比较科学，更顺理成章。

4. 路径四：在知识产权范畴内建设发展专利行政执法

我国专利、商标、版权等的知识产权行政执法之所以表现出当前的不平衡现状，是与其各自的执法依据、执法权限、执法传统、执法手段以及执法机构设置、执法人员配置等各方面的差别所造成的，因此通过路径四的做法来加强专利行政执法，不但可以提升专利行政执法的地位，有助于日益增多的专利侵权纠纷的解决，也可以为今后与其他知识产权部门的整合创造和谐的条件。这种做法也非逆势而行，英国就是这种思路和做法。

2015年年初，国家知识产权局修改发布了《专利行政执法办法》。首先，该办法表明在专利行政执法领域，依法行政取得了不错的实效。为了更好地服务于社会经济生活，深入推进依法治国、依法行政成为必要条件。其次，根据李克强总理在政府工作报告中提出"互联网+"理念的大势下，电子商务领域愈发成规模化。鉴于电子商务领域交易比传统领域更为快速、便捷，交易量及交易速度迅猛增长，因此打击该领域的专利侵权纠纷行动也更为迫切和要求高效。修改后的《专利行政执法办法》正是顺应这一市场经济需求，要求行政执法工作人员快速调解、处理展会期间和电子商务平台上的专利侵权纠纷。当人们发现冒牌产品后，可以依据新《办法》通过行政投诉的途径，及时有效保护专利权人的权益。再次，规定了在展会或电子商务平台上的行为构成侵犯专利权的行为时，专利行政执法人员的处理方式，为专利行政执法工作人员如何执法提供了法律依据，从而间接提高了处理该类专利侵权行为的效率。最后，《办法》规定了专利行政执法部门处理专利侵权行为后应在一定期限内将处理结果在网络上公开，一是对准专利侵权行为人的警示，二是使得社会公众更全面、及时地获得知悉专利侵权信息，从而保护自己的合法权益。最终，使得依法行政能取得更好、更适应快速发展的社会的需求。

与此同时，正在进行的我国《专利法》第四次修改公布的征求意见稿，就加强专利行政执法进行了重点规范，体现了专利法修改强化专利权保护以鼓励和保护创新的宗旨。在《专利法修改草案（征求意见稿）》中特别就加强专利行政执法进行了重点规范，主要体现在以下三点：一是增强了专利行政部门对涉嫌扰乱市场秩序的专利侵权行为的行政处罚权。当专利行政部门处理侵权行为时，不但可以责令侵权人立即停止侵权行为，还可以采取没收、销毁侵权产品、专用制造侵权产品或者使用侵权产品的零部件、工具、设备等专用设备的行政处罚手段。并处罚款。通过赋予专利行政部门行政处罚的职能，可以使其对在应对涉嫌扰乱市场秩序的侵权行时采取有效措施制止侵权行为。二是增加了专利行政部门对专利侵权赔偿的判定职能。双方达成的调解协议一旦被人民法院认定有效，当事人如果不予履行，则可以申请强制执行，从而解决了以往行政调解的民事赔偿协议没有强制执行力问题。三是增加了管理专利工作的行政部门在行使职权时的调查职权。专利行政部门查处侵权行为时，可以询问有关当事人，调查与涉嫌违法行为有关的情况；对当事人涉嫌违法行为的场所实施现场检查；查阅、复制与涉嫌违法行为有关的合同、发票、账簿以及其他有关资料；检查与涉嫌违法行为有关的产品，对有证据证明是扰乱市场秩序的故意侵犯专利权的产品或者假冒专利的产品，还可以进行查封或者扣押。

长期以来专利行政机关的执法职能、执法手段和执法力量，与商标和版权相比都是比较受限的。通过本次专利法的修订，可以大大提升专利行政执法的法律地位，扩大执法权，强化执法手段，对于未来的知识产权整合是有用的。但是，专利纠纷始终有别于商标和版权纠纷，专利侵权的认定有一定的技术性和复杂性。现实中的确有不少专利权人希望有类似工商执法的渠道进行专利侵权执法，从而获得侵权证据，方便后面的专利诉讼维权。但是，如果要让行政执法效率提高，就必须要避免难缠的问题，也即只让简单明了的案件进入行政执法程序。否则，如果大量有争议的案件进入行政诉讼，则不仅快不起来，出错可能性也会增大，导致不必要的行政诉讼，反而会降低行政执法的效力。如果本次专利法上述条款内容修改得以通过，那么专利管理机构实质上有权对任何专利侵权行为采取单方行动。但在这种情况下，地方管理专利的部门是否有能力胜任侵权行为判定则是一个无法回避的问题。在许多地方法院还不能审理专利案件的情况下，地方管理专利的部门是否可以胜任权利要求解释和技术特征比对,对知识产权行政执法能力和知识产权执法人才提出了较高要求。

路径四主要是凭借我国正在进行的第四次专利法修改的契机,通过法律规范的形式,解决一直存在的专利执法依据不足,专利权限过小,执法手段单一,执法效力缺乏强制性,执法级别设置过高等一系列妨碍专利行政执法和合作的问题。在解决了执法来源合法性问题后,需要进一步采取下列措施来进一步完善专利行政执法机制:一是正确结合专利审查专业力量,提升地方特别是基层执法队伍的执法地位,挖掘现有执法力量的潜力,整合专利系统内各层次的行政执法力量,改变专利行政执法部门的执法队伍、执法能力相对较弱的局面;二是完善部门间知识产权行政执法协调机制,与执法力量更强的部门一起综合执法,取长补短,从而更快、更好、更有力地开展知识产权行政执法,为将来专利、商标和版权等行政执法部门的职能集中到一个部门(无论知识产权部门还是知识产权执法大队)做好的必要的准备;三是建立专利行政执法听证制度。专利行政执法机构在作出行政决定前,由专门的听证机构或听证官员主持,由行政官员和行政相对人及代理人参加的听证会,行政官员对要作出的行政决定进行说明,行政相对人可对之提出不同意见,展开辩论和对质。[1] 这一制度是行政程序的核心制度内容,引入该项制度既可以调动执法者与守法者依法办事的主动性和自觉性,又可以在一定程度上解决由于一旦放开基层执法,执法人员在专业性上欠缺而导致专利行政执法稳定性的隐患。四是加强对"互联网+"新形势下对涉及专利侵权问题的执法研究和实践,在互联网经济的新发展中改变线下行政执法的后发不足,建立适合网上专利行政执法的实体和程序规定,逐步建立专利行政执法的独有优势。

(三)"十三五"期间我国知识产权行政执法的发展规划

1. 建设系统完善的中国特色知识产权法规政策体系

自国家知识产权战略实施以来,我国知识产权法律和政策体系建设发展迅速,与经济、产业发展的融合愈益密切。在知识产权法律制度建设方面,逐步健全了以制定、修订国家法律法规为核心,以完善地方性立法、加强司法解释以及部门规章为补充的既符合国际通行规则又具有中国特色的知识产权法律制度。"十三五"时期要在坚持知识产权立法中国特色自主性的基础上,继续推进专利法、著作权法等知识产权法律法规的制定,建设具有中国特色的知识产权行政执法的法律法规政策。

(1) 明确合法有效的知识产权的执法权限。目前商标侵权的行政处罚可以罚款,但专利侵权的行政处罚却没有罚款,这也是导致专利侵权行政执法力度弱的重要原因之一。无论出于知识产权联合执法的需要,还是建立专门知识产权行政执法部门的需要,都应该统一知识产权的行政执法权限。事实上,为知识产权行政执法部门提供必要的法律依据,增加执法部门在处理知识产权,尤其是处理专利侵权纠纷、查处冒充专利、假冒他人专利行为中的执法手段,赋予执法部门更为有力的行政执法措施,将有利于打击

---

[1] 肖尤丹:"我国专利行政执法发展路径的制度思考",载《中国科学院院刊》2014年第6期。

和遏制知识产权侵权和违法行为。

（2）平衡各类知识产权的行政执法职能。目前各类知识产权行政执法职能的规定能过于分散，有的部门行政执法经费有保障，执法投入大，执法案件数量较多，有的部门行政执法次数少，人员不足，经费短缺，导致不同知识产权利益受到的行政执法保护的待遇存在较大差异，这并不具合理性。为打破各类知识产权执法不均衡的现象，通过修改修订知识产权法律法规，保证各类知识产权执法职能的平衡，将有助于将来知识产权行政执法职能相对集中。

2. 建设知识产权行政执法统一机制

（1）加快专利行政执法机制建设。通过提升专利行政执法实力，为整合合并知识产权行政执法创造条件。明确专利执法职能、执法权限和执法手段，提升地方特别是基层执法队伍的执法地位，挖掘现有执法力量的潜力，建立我国专利行政执法的规范、程序机制，全面提升专利行政执法能力。关注互联网专利侵权新情况新问题，摸索网络专利行政执法手段和方法，建设网络专利行政执法模式。

（2）积极探索建立统一的知识产权行政执法机制。在全面提升知识产权各行政执法机构执法能力的同时，参照国外和地方在整合知识产权行政执法上的经验，摸索建立统一知识产权行政执法机构和机制。明确知识产权统一行政执法的职能、权能、手段和配备，协调各部门间执法力量的整合、分离与合作机制，尝试设立专门的知识产权行政执法大队开展知识产权的行政执法活动。

3. 建设能动高效的知识产权行政执法机构

当前我国知识产权行政执法体制存在颇多问题，最为典型的问题在于知识产权行政执法机构设置过多而且分散，职能部门复杂交叉。

（1）建立知识产权行政联合执法机制。狭义的知识产权联合执法机制主要是指将专利、商标和版权等执法部门的联合执法，在各类知识产权执法职能仍然分散在不同部门的现实情形下，此种联合执法机制需要进一步深化。加强综合性侵权的情形下的联合执法合作；加强知识产权行政执法部门的案件信息资源共享，整合行政执法部门的行政处罚案件信息；建立相对稳定的、常态化的知识产权联合执法机制作。

（2）加强行政执法与强执法部门的合作机制。专利、商标和版权等知识产权行政执法部门需要加强与公安、城管等强执法部门的联合执法合作。由于目前知识产权执法部门的执法队伍、执法能力相对较弱，需要借助执法力量更强的部门一起综合执法才能取得更好效果。通过知识产权政策协调，进一步完善行政执法和刑事司法衔接机制，畅通知识产权行政执法部门与公安机关的犯罪线索移送渠道，形成联合执法协调机制，提高知识产权保护整体效能。

4. 构建和谐高效的知识产权行政执法配套机制

"十二五"期间所进行的知识产权管理体制的机构调整、职能优化主要发生在机构内部，机构之间存在的职责分散、业务交叉等情况并未根本改善。而下一个发展阶段需要继续解决知识产权行政执法主体分散、执法目标不同步，执法体制和统筹协调机制不够顺畅等一系列问题。

（1）完善知识产权行政执法公开机制。完善中央级信息共享平台，加快建立省级以下信息共享平台，推进平台间对接互联，实现案件的有效移送和反馈。建立行政执法信息公开机制，依法公开制售假冒伪劣商品和侵犯知识产权行政处罚案件信息。完善重大案件披露制度，依法公开侵犯知识产权行政处罚的各类执法信息，将执法信息和案件公开情况纳入打击侵权假冒统计通报范围。拓宽群众参与监督的渠道。开通知识产权保护执法监督热线。加强网上投诉平台建设，形成政府主导、行业自律、社会各界广泛参与的知识产权行政执法合作机制。

（2）重视知识产权行政与司法的衔接。目前我国执法与司法实践中，已经建立起知识产权行政执法与司法保护相互衔接的机制。比如公安部门与知识产权部门的联合执法机制，案件移送程序等。但是可以通过下列途径继续加强两者的有效衔接。一方面，可以通过各地广泛建立的知识产权联席会议机制，加强行政执法与司法保护的衔接。通常知识产权联席会议的成员单位既包括知识产权行政执法部门，也通常包括公安、检察部门，甚至包括法院部门在内。利用这个联席会议的平台，通过案件通报、疑难问题研讨、执法信息公开与共享等形式，能够比较有效的进行具体案件的执法与司法的衔接。另一方面，要着力加强案件通报和信息共享机制。行政执法与司法保护机关应通过协商，建立有效的案情通报制度，促进行政执法与司法保护尤其是刑事保护的有效衔接。

参考文献

[1] 郑成思：《WTO 知识产权协议逐条讲解》，中国方正出版社 2001 年版。

[2] 张乃根：《TRIPs 协定：理论与实践》，上海人民出版社 2005 年版。

[3] 邓建志：《WTO 框架下中国知识产权行政保护》，知识产权出版社 2009 年版。

[4] 张丽娜主编：《WTO 与中国知识产权法律制度研究》，中国民主法制出版社 2006 年版。

[5] 陈福利："《反假冒贸易协定》述评"，载《知识产权》2010 第 5 期。

[6] 衣淑玲："《反假冒贸易协定》谈判述评"，载《电子知识产权》2010 年第 7 期。

[7] 论我国反垄断执法机构的市场监管职能，http：//www.sdlawyer.org.cn/001/001002/001002002/2343183370967.htm.

[8] 朱一飞："论知识产权行政执法权的配置模式"，载《法学杂志》2011 年第 4 期。

[9] 冯晓青，邵冲："我国知识产权行政管理现状及其市场规制功能完善研究"，载《中国市场》2012 年第 2 期。

[10] 肖尤丹："我国专利行政执法发展路径的制度思考"，载《中国科学院院刊》2014 年第 6 期。

[11] Intellectual property officer, International Comparison of Approaches to Online Copyright Infringement：Final Report.

[12] Daniel Gervais, The TRIPs Agreement：Drafting History and Analysis, Second Edition, Sweet & Marxwell, Lodon, 2003.

[13] OECD. The Economic Impact of Counterfeiting and Piracy ［R］. http：//www.oecd.org/document/4/0,3746,en_2649_34173_40876868_1_1_1_1,00.html, June 2008.

[14] Margot Kaminski. Recent Development：The Origins and Potential Impact of the Anti – Counterfeiting Trade Agreement（ACTA）［J］. The Yale Journal of International Law. Winter, 2009：247.

[15] Anti – Counterfeiting Trade Agreement（Fact Sheet）［EB/OL］.（2008 – 11）［2011 – 07 – 31］

http：//trade. ec. europa. eu/doclib/docs/2008/october/tradoc_ 140836. 11. 08. pdf.

[16] James Love. Obama Administration Rules Texts of New IPR Agreement are State Secrets [EB/OL]. (2009 – 03 – 12) [2010 – 11 – 30] http：//www. huffingtonpost. com/james – love/obama – administration – rule_ b_ 174450. html.

[17] Charles R. McManis. The Proposed Anti – Counterfeiting Trade Agreement (ACTA)：Two tales of a treaty [EB/OL]. (2009 – 12 – 17) [2011 – 07 – 28] http：//www. houstonlawreview. org/archive/downloads/46 – 4_ pdf/6_ McManis. pdf.

专题 18　自贸区知识产权保护与管理机制研究

承担单位：天津大学管理与经济学部
　　　　　天津市科学学研究所

作　　者：张慧颖　张俊艳　李晓锋
　　　　　俞风雷　马虎兆　余慧华
　　　　　栾　明　邢　彦　陈玺光

一、自贸区知识产权管理和保护机制建设的外向视野和内生需求

（一）国际多边贸易活动中知识产权发展面临的新趋势、新特点

1. 全球区域经济一体化新格局

全球化与区域化是当今和未来世界经济发展的两大趋势。由多边体制推动的多哈回合进程成效甚微，全球化进程进入慢车道，与此同时，区域化越来越受到各国的重视，区域化的主要支持机制是区域性自贸协定❶。

（1）区域化发展大趋势。

在区域化加速发展的情况下，各国都在实施积极的自贸区政策，积极寻求机会，参与更多的双边、次区域的自贸区协议❷。在诸多区域性自贸区构建中，最有影响的是"巨型自贸区"，它们对世界贸易及相关活动走向，对经济活动实施规则以及对整个世界经济增长都产生巨大影响。如今全球范围内的主要"巨型自贸区"倡议有跨太平洋伙伴关系协（TPP）跨大西洋贸易和投资伙伴协定（TTIP），东亚区域全面经济伙伴关系协定（RCEP）。

TPP 由美国领导，12 个亚太地区的国家参加，由美国、欧盟共同推动。它们都由发达国家推动和主导，发达国家抱团（日本也在与欧盟协商谈判构建自贸区）推进市场开放，制定新的市场规则是一个新动向。迄今，世界多边贸易体系所推动的开放主要涉及关税和与货物贸易有关的服务和投资领域开放。RCEP 则是由东盟规划和推动的，一是它有应对 TPP 的意图，即通过新议程提升自身内部的吸引力，四个东盟成员参与了 TPP 谈判，如果没有 RCEP 东盟的吸引力就会大大下降，甚至会影响其共同体的建设；二是通过领导 RCEP 凸显其在东亚区域合作中的中心地位，东亚地区是当今和今后世界经济发展最有活力和潜力的地区。RCEP 有三个主要的目标：一是推动东亚地区的市场开放，构建区域一体化大市场，增加区内的贸易、服务和投资，提升区内的经济活力。二是制定规则，解决多个"10 + 1"自贸协定规则不一致的问题。三是推进经济合作，改善区内经济发展环境❸。

（2）TRIPs – PLUS 标准的兴起。

"TRIPs – PLUS"协议并不是一个具体协定的名称，也不是 TRIPs 协议的附加议定书，而是对 TRIPs 协议缔结生效以来签署的包括"TRIPs – PLUS"标准的各种条约的统称，涵盖双边、区域或多边框架下的自由贸易协定、投资协定及知识产权协定。例如，美国与智利签署的自由贸易协定（FTA），扩大了知识产权保护范围，将气味商标、地理标志、域名、卫星电视节目、未披露的信息等知识产权客体均纳入协定的保护范围；

---

❶ 张蕴岭："地区架构制度性分裂：中国的自贸区战略与复兴"，载《亚太经济》2014 年第 4 期。
❷ Masahiro Kawai and Gancshan, The Asian 'Noodle Bowl': Is it Serious for Business?, ADBI working paper Series, No. 136, April 2009. p5.
❸ Peter A. Petri and Michael G. Plummer, The Trans – Pacific Partnership and Asia – Pacific Integration: Policy Implications, PIIE Policy Brief, No. 12 – 16, June 2012, pp. 2 – 3.

发达国家与发展中国家签订的双边投资协定,将知识产权作为投资资产,扩大了"投资"概念的适用范围,实现了投资保护与知识产权的强制许可❶。这些协议因为包含了高于TRIPs协议的知识产权保护标准,所以,被学术界统一称为"TRIPs-PLUS"协议。

"TRIPs-PLUS"协议所涉内容包括但不限于以下几个方面:一是增加知识产权的保护客体;二是扩大知识产权的保护范围;三是延长知识产权的保护期限;四是加强知识产权的保护措施;五是强化知识产权限制的反限制;六是要求缔约方承担加入知识产权国际条约的义务。值得注意的是,上述"TRIPs-PLUS"标准所涉及的对象只是发达国家具有优势的知识产权,而不涉及对于发展中国家占优势、TRIPs协议尚未涉及的传统资源保护问题。

"TRIPs-PLUS"协议的影响,一是"TRIPs-PLUS"协议破坏了国际知识产权条约既有的制度安排,特别是削减了发展中国家在时间和空间上依TRIPs协议所享有的自主立法和政策选择的自由。二是"TRIPs-PLUS"协议缩短了适用TRIPs协议的过渡期。三是"TRIPs-PLUS"协议创造了知识产权制度国际协调的新形式,使后TRIPs时代有利于发展中国家的国际知识产权制度变革更加困难,并可能导致已经取得的变革成果成为"空头支票"❷。

2. 国际多边贸易协定新规则

(1) TPP协定的发展历程、内容及谈判进展。

跨太平洋伙伴关系协议(TPP),是由美国主导、共有12个国家参与谈判的一项多边自由贸易协定。目前,该协定正处于谈判进程中,其发展进程大致可分为以下三个阶段:

酝酿阶段(1990~2000年)。这一时期,全球区域经济一体化的势头迅速兴起,在亚太地区主要体现为亚太经合组织(APEC)的诞生。在APEC的推动下,亚太地区各经济体的开放程度不断提升,经济合作领域迅速拓展,新加坡、智利等贸易自由化程度较高的国家开始考虑建立高标准的自由贸易区,这为TPP的出现奠定了重要基础❸。

起步阶段(2001~2008年)。这一时期,WTO多边贸易体制进展缓慢,多哈回合谈判陷入停滞。与之相对照,区域自由贸易协定(FTA)呈现迅速发展的态势,亚太地区逐渐成为全球FTA的中心。受此影响,新西兰、新加坡、文莱、智利4国于2005年共同签署了跨太平洋战略经济伙伴关系协定(TPSEP),这也是TPP的前身。

快速发展阶段(2008年至今)。2008年下半年爆发的国际金融危机对世界经济产生了严重的冲击。出于应对金融危机和美国战略重心转移的需要,加上美国反恐战争和伊拉克战争基本结束,奥巴马政府将TPSEP作为美国介入并主导亚太地区经济一体化进程的重要杠杆,更名为TPP。除美国以外,越南、秘鲁、澳大利亚、马来西亚、加拿大、墨西哥、日本等国相继加入谈判,从而使TPP成员国范围由最初的4国迅速扩大到

---

❶ 李顺德:《WTO的TRIPs协定解析》,知识产权出版社2006年版,第54页。
❷ 古祖雪,揭捷:"'TRIPs-PLUS'协定:特征、影响与我国的对策",载《求索》2008年第30期。
❸ 求朝兵:"未来发展面临的三大问题",载《双多边合作》2015年第4期。

目前的 12 国❶。

TPP 的主要特点：一是成员国之间存在巨大的差异性和复杂性。二是协议内容的广度和深度超过以往任何自由贸易协定。三是协议内容和标准更多体现美国自由贸易理念及其战略利益诉求❷。

TPP 发展有利因素：一是亚太地区国家对加入 TPP 有着现实的需求和内在动力。二是各成员国的产业互补性大于竞争性。三是各成员国有望在非传统领域的谈判达成共识。四是美国强大的影响力有助于 TPP 谈判成功。五是奥巴马政府将会强力推进 TPP。

TPP 发展不利因素：一是参与谈判成员国数量与谈判难度成正比。由于成员国数量较多，加上所提的相关标准和要求过高，可能导致谈判久拖不决。二是部分敏感问题将对谈判进程构成制约。如农产品问题、知识产权问题及日本的加入使敏感性问题进一步增多。三是各国国内利益集团可能对谈判进程形成阻力❸。

（2）TTIP 协定发展历程、动因、内容及进程。

跨大西洋贸易与投资伙伴关系协定（TTIP）并非现在才产生的新想法，早在 20 世纪 90 年代初就曾被提出过，但因当时双方关注的重点是 WTO 推动下的多边贸易自由化，这一想法暂时被搁置。在 2007 年德国担任欧盟轮值主席国时，这一想法再次浮出水面，但终因双方缺乏紧迫感、态度反复不定，而未能使其成为现实。只是在 2008 年国际金融大危机发生之后才使双方的态度发生了重大改变❹。

推动 TTIP 谈判的原因主要在于：一是通过扩大双边贸易和投资，以促进经济增长、创造就业，最终摆脱金融危机的影响。二是提高国际竞争力，应对新兴经济体的挑战。三是最重要的原因在于，通过 TTIP 谈判，在 WTO 之外解决"边境线后"的贸易壁垒问题，并为 21 世纪的国际商品—投资—服务贸易制定新的国际规则。

TTIP 谈判的内容主要包括以下三个领域。

市场准入：一是关税。尽管美欧双边贸易的平均关税税率已经很低，但通过 TTIP 谈判在取消关税方面实现更高目标："协议生效时实质性地立即取消所有双边贸易的关税，只有少量最敏感的商品的关税在较短时间框架内分阶段取消"。二是服务贸易。美国和欧盟国家服务业发达，在全球服务贸易中占有突出领先地位。双方希望通过谈判就双边服务贸易达成"承诺将其约束在各自迄今在其他贸易协定已经达成的自由化的最高水平上，在承认某些领域具有敏感性的同时通过消除长期存在的市场准入壁垒，以寻求获得新的市场准入的机会"。三是投资。美国和欧盟互为最大的 FDI 来源和投资目的地。根据迄今双方在其他谈判中已达成的投资自由化和投资保护的最高标准来确定双边投资自由化和投资保护的条款。四是政府采购。"谈判的目标是通过在国民待遇的基础上实质性地改善进入所有各级政府采购的机会来增进商业机会"。

---

❶ "Trans–Pacific Partnership Trade Ministers' Report to Leaders" Office of the United States Trade Representative, November 10, 2014.

❷ 蔡鹏鸿："横向议题与下一代贸易规则及其对中国的影响"，载《国际贸易》2013 年第 12 期。

❸ 吴涧生，曲凤杰："跨太平洋伙伴协定（TPP）：趋势、影响及战略对策"，载《国际经济评论》2014 年第 12 期。

❹ 徐曼："TTIP 谈判进展与中国的应对策略"，载《双多边合作》2014 年第 14 期。

监管与非关税壁垒：一是在 WTO 的"卫生与检疫协议"（SPS）关键原则基础上，谈判达成一章具有雄心的"卫生与检疫附加条款"（SPS+），旨在使双边 SPS 措施的适用更公开、透明，避免造成不当延误，并将其仅限于保护人类和动植物生命与健康的必要程度。二是在与 WTO 的"技术贸易壁垒协议"（TBT）纪律相平行基础上，谈判达成国一章新的"TBT 附加条款"（TBT+），包括建立一套为解决双边 TBT 问题而持续改进对话和合作的机制，目的在于使规制框架、要求和相关标准制定过程更加公开、透明和更为趋同。

制定规则，共同应对全球贸易的挑战与机遇：一是知识产权。鉴于知识产权保护在当代国际贸易与投资发展中的作用愈益显著，双方力图通过谈判承诺维持和促进对知识产权的高水平保护，尤其是加强知识产权保护的执法。二是环境保护、可持续发展及劳工保护。三是其他相关规则。如海关与贸易便利化，旨在确保采取超出 WTO 谈判达成的此类纪律的有效措施以促进双边贸易；竞争政策；国有企业及其他从政府获得补贴或特权的企业，主要是对其商业行为加以规范，防止其获得不当竞争优势；本土化要求造成的贸易壁垒，主要是指那些旨在以限制进口商品、服务或外国人所持有的知识产权为代价来保护、偏向或促进本国的产业、服务提供者或知识产权拥有者的措施；原材料和能源产品，要针对此类产品的出口限制；中小企业政策，鼓励其发展并积极参与全球竞争❶。

TTIP 面对的困难和问题：双方谈判的实力存在非对称性。无论欧盟还是欧元区的决策过程都过于复杂，致使其效率低下。如何平衡各成员国从 TTIP 中的获益与代价无疑会在很大程度上决定着欧盟在 TTIP 谈判中的态度及双边谈判的进程。

（3）国际服务贸易协定（TISA）的内容及发展进度。

TISA 主张采用"负面清单"的谈判模式，推动达成更高标准的服务贸易协议。TISA 谈判目的在于服务贸易领域的进一步自由化，其涉及的主要领域有：一是有关自然人移动，尤其增加商务访客、专家和技术人员准入的便利性，包括对公司市场开拓意义重大的内部调动人员；二是实现数据跨境自由流动，取消数据必须预先存储于使用国境内服务器的要求；三是对其他国家的服务提供者提供水平承诺下的国民待遇，采取有限限制，即否定清单的方式；四是约束对跨境服务提供的限制，包括许可"居住要求等，约束对通过投资提供服务的机构设立"参与合资企业或经济需求测试的要求等。同时，国有企业和政府采购领域也是 TISA 涉及的重要议题❷。

参与 TISA 谈判的成员特点：TISA 是发达大国与发达小国（地区）间的服务贸易谈判；TISA 是服务贸易依存度较大的国家或地区间的谈判；TISA 是贸易关系较密切且稳定的国家或地区间的谈判；TISA 是服务业劳动力较发达的国家或地区间的谈判。

TISA 谈判主要成员的态度：美国政府一直积极参与并推进多边区域及双边服务贸易协定的签署，以求为本国服务贸易发展提供更广阔的市场空间以及便利的准入条件。美国主张采用"否定清单"的谈判模式，将市场准入谈判作为开拓国际市场的重要手段。美国竭力推进全球服务贸易的高度开放，希望借助 TISA 谈判，加大各成员方服务

---

❶ 徐明棋："美欧对 TTIP 的战略考量及其对全球贸易体系的影响"，载《欧洲研究》2013 年第 2 期。

❷ 屠新泉："服务贸易自由化的新选项：TISA 谈判的现状及其与中国的关系"，载《区域合作》2014 年第 7 期。

市场的开放力度，从而增加本国的服务出口以及改善内就业情况。对于中国的申请加入，美国一直处于多种方式阻挠状态，单独为中国设定五项考核指标，多次声明中国的加入会打破 TISA 的高标准化，甚至会致使 TISA 谈判夭折。美国援引中国前期对于降低高科技贸易壁垒的谈判实例，企图联合其他成员拒绝中国的加入。美国的种种举动实质是尽可能扩大本国市场，遏制正在崛起的竞争对手。欧盟对于 TISA 谈判总体持有积极态度，希望快速推动 WTO 成员间开放服务市场，进一步提高自由化。但欧盟的谈判路径与美国不一致，欧盟致力于使 TISA 与 GATS 兼容，确保新协议不仅对后加入成员开放，而且使其更易纳入 WTO，希望消除其他国家对于 TISA 的陌生感。

3. 各国自贸区战略新常态

(1) 美国自贸区战略。

美国次贷危机引发国际金融危机以后，美国反思了全球经济不平衡的原因，其中归咎于中国为代表的亚洲经济体的看法成为主流观点，美国开始采取重返亚洲的再平衡策略，其经济上的支柱就是加入并主导跨太平洋伙伴关系协议 TPP 谈判，试图通过重整经贸投资规则来构建一个从制度上限制中国等新兴国家经济竞争优势的规则网络[1]。

选择自贸区合作伙伴标准可归为四个方面：对美国国内政策的影响、对美国经济目标的影响、伙伴国贸易相关改革的承诺水平以及对美国外交政策的影响等方面的考虑。六个方面可用于今后对潜在伙伴国的评估，包括：国家在贸易能力、政治和法律体系成熟度、实施改革的意愿等方面的准备情况、对美国的经济（商业利益）、对美国扩展贸易自由化战略的利益、与美国外交和经济政策利益的一致性、美国国会和私人部门的支持情况以及美国政府的资源约束。

(2) 欧盟自贸区战略。

从决策背后的逻辑看，同样存在政治外交和经济诸方面的综合考虑。各项协议的签订不仅注重增进欧盟内部和平与稳定、支持发展中国家的民主改革和深化其贸易、投资自由化等政治和外交方面的考虑，而且强调为欧盟出口商获得新的市场等经济方面的考虑[2]。

欧盟在潜在贸易伙伴选择上考虑的因素主要有：市场潜力，包括市场规模（增长前景以及欧盟的投资机会）、针对欧盟出口的保护程度（包括各类关税和非关税壁垒等），欧盟在获取资源（如能源、皮革、金属等原材料和初级产品）方面的经济利益，包括获得这些资源的可持续的管理以及对欧盟市场的影响。政治方面的考虑，包括人权纪录、民主状况、在区域中的角色、在欧盟安全战略中的地缘政治意义，等等。侵蚀欧盟现有享受优惠进入条件的发展中国家贸易伙伴利益的风险、对贸易伙伴参与区域一体化及融入世界经济的影响。

(3) 日本自贸区战略。

日本认为开展自贸区战略存在经济和政治及外交上的利益。经济方面，日本希望通过自由贸易协定来扩大进口和出口市场、转换产业结构使之更有效率，并且令竞争环境

---

[1] 李向阳："美国自贸区战略的发展方向"，载《光明日报》2014 年第 14 期。
[2] 张军："欧盟自贸区战略影响中国对欧出口冲击研究"，载《财经纵横》2015 年第 14 期。

得以改善。此外,日本还希望通过自由贸易协定减少经济摩擦,避免由此引发政治纷争。日本选择潜在贸易伙伴的标准有:经济考虑;"地理位置"政治与外交考虑;具有实现"可能性"时机考虑。包括:能否增强日本的经济力量并有助于解决政治与外交问题,能否因而强化日本从事国际经贸谈判的地位,如是否有利于稳定与分散日本的食品与其他物资之进口来源等❶。

TPP、TTIP、TISA 等主要国际投资贸易协议具有标准高的特征,其达成有望全面推进服务贸易和投资自由化,强化知识产权保护环境,保护与劳工标准建立更高水准的多边经济合作机制,还将政府竞争中立和国有企业管制提出更高的要求,在金融服务领域强调东道国管制的合法性,不要求投资者用尽当地救济,即可采用国际仲裁解决争端等内容。这些贸易新规会造成国际经济贸易造成深远影响。其一,国际经贸规则向纵深拓展在加速经济全球化、促进全球福利增长的同时,也将极大地限制国家经济合作和主权行使的能力。其二,淡化了符合发展中国家利益的多边体制的作用,一方面增加了全球经贸规则谈判和执行的难度,另一方面 WTO 成员方因签署不同的 RTA(Regional trade agreement)协定而享有不同的贸易待遇,容易造成贸易歧视。这会使得积极推动规则拓展的发达国(中心国家)获利,发展中国家(外围国家)则难逃被边缘化的命运。自贸区作为改革的试验田,在准入前,国民待遇及负面清单等方面已作出积极尝试。今后,在知识产权保护、环境保护、劳工标准、政府和国企改革以及金融改革等具有挑战性的领域探索出符合中国国情及利益的管理模式,为全国进一步深化改革提供借鉴。

(二)国内经济转型和产业升级迎来知识产权发展的新需求、新挑战

1. 知识产权密集型产业的蓬勃发展

2012 年 4 月 13 日,美国商务部联合专利商标局对外发布了知识产权与美国经济的实证研究报告《知识产权和美国经济:聚焦产业》,该报告对知识产权密集型产业的定义是:专利密集型产业、商标密集型与版权密集型产业的合集。其中,专利密集型产业包括医药制造业,专用设备制造业,电气机械及器材制造业,通信设备、计算机及其他电子设备制造业,仪器仪表及文化、办公用机械制造业,和通用设备制造业六大产业。❷

知识产权密集型产业对国家经济增长贡献度的提高具有直接和重大的影响。2005 ~ 2013 年,专利密集型产业主营业务收入由 54 015.56 亿元增长到 241 365.8 亿元,增长了 4.47 倍,年均增长率高达 20.58%。六个分行业均保持高速增长的态势,其中,增速最快的为专用设备制造业,为 28.84%。然后,依次为医药制造业,电气机械及器材制造业,通用设备制造业,通讯设备、计算机及其他电子设备制造业,仪器仪表及文化、办公用机械制造业,分别为 26.51%、23.02%、20.31%、16.42%、15.71%。六个分行业中,贡献率最高的是医药制造业,为 19.65%,然后,依次为仪器仪表及文化、办公用机械制造业,通用设备制造业,电气机械及器材制造业,专用设备制造业,通讯设

---

❶ 唐翀:"日本推进与印尼自贸区的背景及战略动机",载《现代日本经济》2009 年第 164 期。
❷ 姜南、单晓光、漆苏:"知识产权密集型产业对中国经济的贡献研究",载《科学学研究》2014 年第 8 期。

备、计算机及其他电子设备制造业，贡献率依次为 16.33%、14.28%、13.25%、12.95%、10.42%。

2004~2013 年，专利密集型产业增加值由 7345.04 亿元增加到 36 937.2 亿元，增长了 5 倍，年均增长率为 19.66%，占工业增加值的比重为 17.53%，占 GDP 的比重为 6.49%。其中，六个分行业中，年均增长率最高的是专用设备制造业，为 24.24%，然后依次为电气机械及器材制造业，通用设备制造业，医药制造业，仪器仪表及文化、办公用机械制造业，通讯设备、计算机及其他电子设备制造业，分别为 21.18%、20.9%、20.73%、18.07%、15.29%，这表明专利密集型产业在整个产业经济中具有重要的战略性位置，对宏观经济增长具有重要的促进作用。

伴随着知识产权密集型产业的蓬勃发展，我国专利申请量与授权量也呈现逐年上升的趋势。2004~2013 年，我国专利申请量由 27.98 万件增长到 223.45 万件，年均增长率达 23.77%；专利授权量由 15.13 万件增长到 122.84 万件，年均增长率更是高达 26.2%。根据汤森路透知识产权与科技集团发布的研究报告《创新在中国——中国专利活动发展趋势与创新的全球化》显示，2013 年，我国发明专利申请量超过日本与美国，成为全球专利产出总量最多的国家。我国专利申请与授权量突飞猛进，300 万件指日可待，使得我国稳居世界"专利大国"行列。但是，我们还不是专利强国。因为专利强国不仅要强在数量增长上，更要强在质量提升、强在实施利用、强在做大产业。我国企业专利申请数量虽然节节攀高，但多数企业依旧依靠技术引进，通过模仿创新获取技术，核心技术少，在企业发展过程中缺乏自主权，导致产业被辖制。因此，我国应进一步完善有助于推动自主创新的知识产权激励措施，不断提高专利质量，增加核心专利数量，使我国的创新模式逐步由模仿创新转变到自主创新上来。

同时，伴随着知识产权密集型产业的快速发展，近年来，该产业诉讼案件的数量也在随之增长，审理难度有所加大，新类型案件越来越多。从 2006~2013 年，中国专利诉讼案件的数量增长了 2 倍，2013 年，中国法院受理各类知识产权一、二审案件超过 11 万件，跃升为全球受理知识产权案件数量最多的国家。

知识产权密集型产业相对于其他产业来说，在形成技术竞争优势的基础上，更多借助知识产权这种生产要素，本质上属于知识密集型产业。因此，在知识产权密集型产业蓬勃发展的同时，我们还应该看到涌现出的大量知识产权问题，例如，核心专利少，产业被辖制，侵权诉讼案件的数量不断攀升，涉及领域更加广泛，案件审理过程更加复杂，这对中央政府和各级政府的知识产权政策设计工作提出了全新的思路与更高的要求，完善知识产权立法与执法制度，充分发挥知识产权的保护作用，减少诉讼案件数量，从而进一步提升知识产权密集型产业对经济发展的推动作用。

2. 创新驱动发展战略的加快推进

2015 年 3 月 13 日，中共中央、国务院发布《关于深化体制机制改革加快实施创新驱动发展战略的若干意见》中指出，创新是推动一个国家和民族向前发展的重要力量，也是推动整个人类社会向前发展的重要力量。面对全球新一轮科技革命与产业变革的重大机遇和挑战，面对经济发展新常态下的趋势变化和特点，面对实现"两个一百年"奋斗目标的历史任务和要求，必须深化体制机制改革，加快实施创新驱动发展战略[1]。

该意见指出，加快实施创新驱动发展战略，必须实行严格的知识产权保护制度。（1）完善知识产权保护相关法律，研究降低侵权行为追究刑事责任门槛，调整损害赔偿标准，探索实施惩罚性赔偿制度。完善权利人维权机制，合理划分权利人举证责任；（2）完善商业秘密保护法律制度，明确商业秘密和侵权行为界定，研究制定相应保护措施，探索建立诉前保护制度，研究商业模式等新形态创新成果的知识产权保护办法；（3）完善知识产权审判工作机制，推进知识产权民事、刑事、行政案件的"三审合一"，积极发挥知识产权法院的作用，探索跨地区知识产权案件异地审理机制，打破对侵权行为的地方保护；（4）健全知识产权侵权查处机制，强化行政执法与司法衔接，加强知识产权综合行政执法，健全知识产权维权援助体系，将侵权行为信息纳入社会信用记录。

该意见进一步强调了深化体制机制改革，加快实施国家创新驱动发展战略的重要性，同时对知识产权保护工作提出了新的要求。国家创新驱动战略与知识产权保护工作具有密不可分的关系，完善的知识产权保护制度是促进国家创新驱动发展战略的重要保障，必须将二者紧密地结合起来，将知识产权保护工作向纵深推进，在发展知识产权事业方面有新的更大作为。

3. "引进来"与"走出去"相结合的开放战略进一步实施

伴随着经济全球化的不断加深，以及国内经济的快速发展，我国始终坚持实施"引进来"与"走出去"相结合的开放战略，进一步放开国内市场，努力拓展对外开放的新空间，在更大范围、更广领域和更高层次上参与国际经济、技术合作与竞争。

近年来，我国吸引外商直接投资（FDI）总额日益增加。2004~2013年，由于我国经济的快速发展，为 FDI 流入奠定了良好的基础，FDI 大幅增长并保持较高增长率。2013年，我国成为仅次于美国的第二大外商直接投资的东道国，对我国的经济增长与技术进步起到了巨大的推动作用。利用外资额由2004年的724亿美元增长到2013年的1187.76亿美元，年均增长率为5.65%。此外，我国外商直接投资的质量与技术含量也是在逐步提高。

在国际贸易方面，我国贸易产品种类日益增多，产品结构日趋完善，规模不断扩大。2004~2013年，我国出口贸易额由5933亿美元增长到23 211.07亿美元，年均增长率高达15.73%，进口贸易额由5612亿美元增长到19 420.52亿美元，年均增长率为14.84%，分别高于 GDP 增速5.6个百分点和4.7个百分点，保持高速增长的态势。以电子信息产业为例，2004年，我国的电子信息产品进出口贸易总额为3884.3亿美元，2014年，我国电子信息产品进出口总额达13 237亿美元，年均增长率达13%，占全国对外贸易出口额的30.78%。

以上数据说明了我国贸易与 FDI 的总体规模在不断扩大，技术含量日益提高，技术密集型产业所占比重不断提升。当我国加速融入全球经济，越来越多的中国企业和中国产品在全球市场上扮演重要角色时，知识产权危机给我国全球化进程蒙上了一层阴影，

---

[1] 参见《中共中央 国务院关于深化体制机制改革加快实施创新驱动发展战略的若干意见》。

我国企业在海外市场遭遇知识产权纠纷的消息此起彼伏，例如，思科诉华为案，美国Google公司诉北京谷歌科技有限公司不正当竞争案，微软公司诉攒机商侵犯计算机软件著作权纠纷案，等等。来自美国、欧盟、日本、韩国等国家的知识产权压力已经对中国构筑了一道高高的门槛。

作为贸易大国与全球最具投资吸引力的国家，在享受对外开放为国民经济作出巨大贡献的同时，我们更应重视知识产权工作。进一步完善知识产权制度，制定符合国情的知识产权保护政策，加强知识产权执法力度，为FDI与贸易的发展创造良好的投资环境与贸易环境。

综上所述，伴随着知识产权密集型产业的蓬勃发展，国家创新驱动政策的加快推进，以及"引进来"与"走出去"相结合的开放战略进一步实施，对我国知识产权保护工作的发展提出了新的需求与挑战。因此，为顺应新时期的变化，我们应积极探索知识产权保护与管理的新机制与新模式。以自贸区为试点和示范窗口，加快推进自贸区知识产权保护与管理机制的研究工作，进行前瞻性的政策试水与实践尝试，❶担负起知识产权保护制度先行先试、复制推广的任务，对其他地区的知识产权保护工作起到良好的示范作用，并最终在全国推广，以适应国家在产业、创新与开放方面发生的新变化。

二、欧美自贸区知识产权管理和保护制度的比较研究

从国外一些国家或地区与自贸区相关的知识产权管理与保护情况来看，各国对于自贸区知识产权保护的法律差异很大，对自贸区知识产权保护的力度有强有弱，对知识产权管理的布局与措施也有各自的特点和重点。有的国家授权海关对自贸区的货物进行监控，而有的国家则不允许海关对自贸区的货物实施监管。有些国家对所有涉嫌侵权货物，即便它们是过境货物也要进行检查，而有些国家则排除对过境货物的检查。知识产权制度发展较为完善的欧美发达国家在自贸区知识产权管理与保护制度方面给我们带来了不少的启示。

（一）美国对外贸易区知识产权管理和保护制度研究

美国每年超过5万亿美元的GDP来自于知识产权密集型产业，根据美国商务部发布的报告，美国电影公司、制药商和其他依靠版权、专利和商标保护的企业支撑着大约4000万个就业岗位，约占美国员工总数的28%。所以，美国产业发展的兴盛无法离开知识产权的有效保护。美国在要求贸易伙伴遵守自由贸易区知识产权执法规则时，不得不自己首先做好表率，切实保护美国知识产权和贸易利益。因此，美国对外贸易区不可能成为知识产权侵权货物的避风港，美国必然在立法和司法实践中严格对外贸易区知识产权保护。

1. 美国对外贸易区模式的现状及特点

美国对外贸易区（foreign-trade zones）是世界自由贸易园区（FTZs）的一种重要模式，尽管在整体规模、经济发展目标、具体形式上与其他类型的贸易区存在很大差异，但都是在正常海关监管以外通过简化通关流程和减免区域内的零部件和原材料关

---

❶ 杨静："基于内生需求与外向视野的上海自贸区知识产权保护构想"，载《电子知识产权》2013年第11期。

税来促进贸易发展而开辟的一个或多个特殊区域。

截至2013年年底，全美每个州都至少有一个对外贸易区，这些对外贸易区通过把输入的外国资源和本国资源结合起来以低廉的成本进行生产，使每个州都参与到对外贸易区系统之中。一般而言，对外贸易区输入产品的58%原产于美国，其余42%的输入产品来自于国外。据统计，到目前为止对外贸易区系统占据了所有进口到美国货物的13%，雇用了大约37万名员工❶。随着对外贸易区的不断发展和区内产业不断集聚，美国对外贸易区模式已经成为世界自由贸易区中独具特色的模式之一，其主要特点如下：

（1）对外贸易区的多数产出物在美国国内消费。

当前美国对外贸易区规模十分庞大。2012年，活跃的贸易区总数有174个，活跃的制造业项目共有276个，吸引了大量国内外原料和零部件进入贸易区，年总产值高达6620亿美元。❷虽然美国对外贸易区的产品输出也在逐年增加，但是从贸易区进入美国国内市场和出口到国外的产品比例基本维持在9:1，美国对外贸易区的产品主要用于国内消费，只出口少量份额的产品，这与发展中国家的贸易区恰恰相反。

表18-1 美国对外贸易区的经营活动概括

贸易区类别与表现	活跃的FTZ	活跃的制造业项目	外来要素输入（亿美元）	国内要素输入（亿美元）	出口额（亿美元）	国内消费或进口（亿美元）
总量	174	276	3040	4290	700	6620

数据来源：CRS analysis, from Foreign-trade zones board, 74th annual report.

（2）对外贸易区以资本密集型企业为主。

1997年后，对外贸易区主要以资本密集型的企业为主，包括汽车、石油化工、制药、机械制造等，如石油化工公司生产的汽油、柴油、航空煤油和喷气燃料，以及石油化工品。这是因为汽车和石化等资本密集型行业中的企业能充分利用贸易区的税率转换优惠，在贸易区内对原料、零部件进行加工、组装，然后出口或进入美国境内，从而有助于提升贸易区产出的价值，成为区内企业的主要形式。

（3）设置主区、分区，扩大对外贸易区的覆盖范围。

主区是具有多种用途的区域或工业园，分区大多数只有一个公司在区域内生产、经营，是有特定用途的区域。由于一些企业的固定资产投资较大，或是用地成本和环保等一些原因无法进入主区，分区的设计就使它们也可以利用对外贸易区的政策优势，从而提升了对外贸易区发展机制的灵活性。目前，建立分区的优势已得到充分体现，不仅对外贸易区的覆盖范围不断扩大，而且生产资源的空间配置效率也逐步提升。

2. 美国对外贸易区知识产权保护制度的架构

（1）对外贸易活动中知识产权相关法律体系。

美国的对外贸易区立法十分成熟，自1929～1933年经济大萧条后，美国国会于1934

---

❶ Bolle, M. J. and B. R. Williams, US Foreign-Trade Zones: Background and Issues for Congress. 2012, Congressional Research Service, Library of Congress.

❷ 刘晔、陆夏："美国'自贸区'模式的经济效应及其经验借鉴"，载《上海经济研究》2014年第12期。

年批准的《对外贸易区法案》(Foreign – Trade Zones Act of 1934)以及《对外贸易区委员会条例》(Regulations of the Foreign Trade Zones Board)构成美国自由贸易区基本法规体系。前者是美国自由贸易区设立、运行等有关事项的基本法律依据；后者则围绕有关做法和程序方面的规则提供具体操作细则。由于自由贸易区处于海关监管之下，法律渊源包括海关条例在对外贸易区的适用。

虽然，严格意义上美国海关没有主动对自由贸易区过境货物进行依职权执法，但海关仍然可以依据民事诉讼中法院的判决或国际贸易委员会的禁令对其进行执法和查扣；这种做法并不违反 TRIPs 协议的条约义务。协议边境措施规定：缔约方有义务对进口环节侵犯商标和著作权的假冒和盗版货物进行执法；但成员方国内是采取单独立法的模式，还是在海关法或知识产权法体系中规定相关内容，是成员方所具有的自由裁量权。根据协议的规定，成员方具有以适当的方式在其本国的法律体制和实践中执行本协议规定的自由。

此外，尽管对于关税而言，美国对外贸易区视为处于"关境之外"，国外货物进入对外贸易区可以视为进口行为，但对于知识产权执法行为，即使是因过境而进入对外贸易区的货物也处在美国领土之上，并且应接受联邦或州法律的管辖，因为海关法语境下，美国对外贸易区仍然属于"关境之内"，知识产权边境保护措施也同其他海关制度一样适用于该区域。[1]

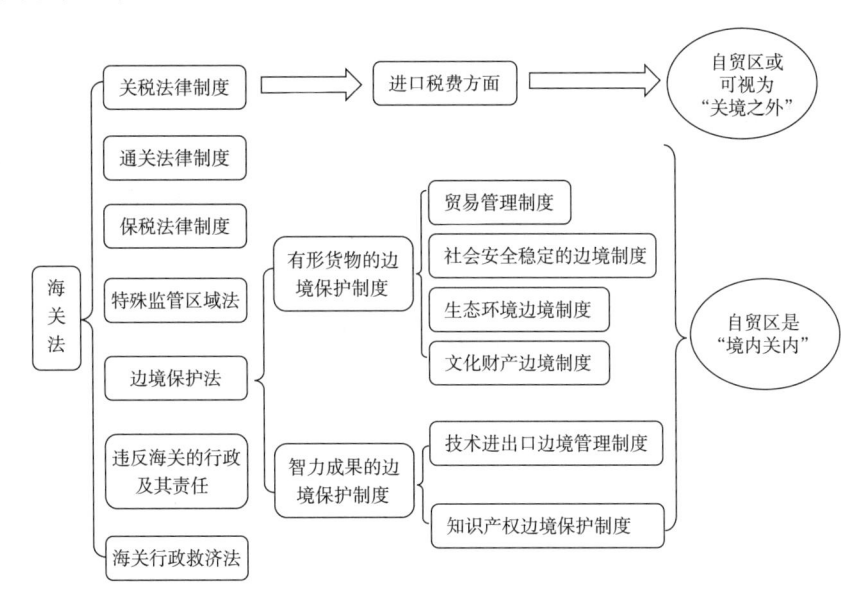

图 18 – 1 美国海关法律体系与自贸区海关地位的关系

美国自 20 世纪 70 年代起陆续出现了一系列利用自贸区转运和仓储自由的规定进行跨国知识产权侵权的情况。20 世纪 70 年代末的 A. T. Cross 公司诉 Sunnil 贸易公司与

---

[1] 朱秋沅："中国自贸区海关法律地位及其知识产权边境保护问题的四点建议"，载《电子知识产权》2014 年第 2 期。

Narson 案，80 年代的 Reebok 诉美国销售公司案，以及 90 年代的海洋花园（Ocean Garden）公司诉 Marktrade 公司案等都涉及美国海关对转运货物进行知识产权边境执法，通过这一系列案例美国海关已确立对转运货物进行边境执法的规则，即无论转运货物是否进入美国，无论在美国领土上的具体行为是否违法，只要其转运人整个行为违反了海关法律制度，侵害了美国权利人的利益，损害了美国自贸区的海关管理秩序，则海关都有权进行知识产权执法。

（2）对外贸易区知识产权保护的管理体制。

在对外贸易区行政管理方面，美国对外贸易委员会由商务部部长、财政部部长或他们指定的其他成员组成，其总部设在商务部内，同时任命执行秘书（Executive Secretary）担任主要管理官员。其中，海关在对外贸易区内扮演一个中立的执法角色，它的主要任务是对货物进出对外贸易区进行控制，征收有关税收，并确定对外贸易区的所有手续符合《对外贸易区法案》（FTZA）与相关法律法规的要求，一般与知识产权相关的保护行为多依靠海关执法。在具体运营中，美国海关与边防局（CBP）有三个主要的监管对象：受让人（Grantee）、经营人（Operator）、使用人（Users）。[1]

美国对外贸易区执法的总体思路遵循"知情守法"的原则，即海关和对外贸易区参与方应共同承担责任。其对外贸易区的海关监管方式自 1986 年便由现场查验（on-site supervision）创新为审计稽查（audi-inspection）形式。具体而言，海关将充分相信对外贸易区内经营人、使用人均有自律能力，通过对货物的审计核查制度，将逐单逐票的海关监管模式改变为以对外贸易园区经营人及使用人自律管理为主体、以海关不定期审计核查为保障的方式进行的监管。海关在区内不再派设常驻官员，以一段时期内的抽查监管方式取代了原来在某一个时间节点上的监管，以严格的审计执法来平衡货物自由流动可能出现的管理风险。同时，在监管手段上实行全程计算机控制，降低对外贸易区货物进出手续的办理时间，促使行政管理效率成倍提高。

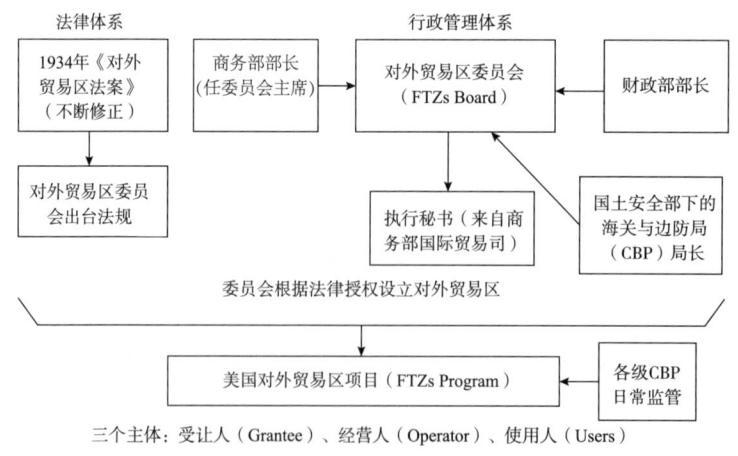

图 18-2 美国对外贸易区行政管理体系

---

[1] 刘奇超："欧美自由贸易区贸易便利化经验及对中国的启示"，载《西华大学学报（哲学社会科学版）》2014 年第 6 期。

(二) 欧盟自由区知识产权管理和保护制度研究

1. 欧盟自由区的现状和特点

欧洲现代意义上的自由区始于1888年10月15日建立的汉堡自由港，汉堡自由港依托汉堡港而建立，拥有180多万平方米储存区，建有160万平方米的集装箱中心。在自由港蓬勃发展的过程中，欧洲人已不再满足单单依托自由港的贸易区，更多功能的综合自由区正在形成，爱尔兰香农自由贸易区就是其一，是极具特色的欧洲自贸区代表。香农自由贸易区拥有国际先进水准的基础设施，航空运输、陆运与海运交通极为便利；周边高校科研力量雄厚，有着良好的科研与实业相结合的传统；区内提供优惠的鼓励投资的税收、融资、财政等方面经济支持，有着健全高效的配套服务业。目前，区内有110家外商投资企业，雇员总数约7500人，年出口额约25亿欧元，主要有航空运输、租赁及相关服务企业、信息通讯技术企业、研发中心、工程技术设计和组装企业、国际金融及财务服务企业、国际物流服务与管理等企业及制药、电子及机械设备等制造业企业，包括通用电气公司、西屋公司、富士通等跨国公司。[1]

至2013年，欧盟28个成员国共有72个以功能综合与封闭监管为特点的自由区和12个以保税仓储为特点的自由区，平均每个国家有2.99个自由区。正是如此众多依据各成员国不同的制度和规则所建立的自由区，使得欧盟层面区域的协调显得尤为重要。1988年欧洲经济共同体理事会颁布了《自由区和自由仓库条例》，欧共体的自由区与保税制度从协调性指令上升为统一的区域法，使得欧共体自由区制度开始走向高度统一化和法典化之路。

欧盟自由区分为Ⅰ型和Ⅱ型两种模式。Ⅰ型自由区以功能综合与封闭监管为特点，采用物理围网管理方式，四周以围墙或栅栏等实体障碍物加以隔离，并且能够防止货物不规则地从自由区移出。Ⅱ型自由区以保税仓储为特点，实质上，Ⅱ型自由区的设立目的是利用仓储保税政策，厂商或贸易商能够把握最有利的时机，将仓储的货物转销到其他国家和地区，以获得最佳利润。鉴于欧盟不再依赖于自由区制度拉动经济发展，2016年《联盟海关法典》将自由区类型单一化，取消了Ⅱ型自由区。目前，存在Ⅱ型自由区的国家都停止了Ⅱ型自由区的指定或授权，待原来的Ⅱ型自由区的授权终止后，欧盟的Ⅱ型自由区将不再存在。

自由区内可从事商业、物流与加工等多种经营行为。欧盟对自由区内可从事经营活动并无明显限制，置于自由区内的货物可接受以保存、改善外观或适于销售的质量或为了零售或转售而改装为目的的一般表面处理（如品质检验、分级分类、分拣分装、加刷唛码、刷贴标志、打膜、改换包装等）；区内也许可任何工业（即货物进行实质性加工行为）、商业或服务（如国际转运、分拨、配送、仓储、展示等）行为，但此类行为的实施应预先通知海关。由于上述行为所涉货物的性质或海关监管的要求或安全保障的要求，海关可对上述工商业、服务行为实施禁止或限制。对于不能对遵守规定提供必要保

---

[1] 陈倩冰："新时期中国FTZ与FTA的发展研究"，国际贸易经济合作研究院2014。

证的人,海关可禁止该人在自由区内实施上述行为。❶

2. 欧盟自由区知识产权管理和保护制度

(1) 协调立法,加强自贸区知识产权保护机制。

自贸区知识产权相关立法是知识产权战略实施的前提。就欧盟而言,各成员国在知识产权制度方面的差异成为知识产权战略实施的障碍。为克服这一阻碍,欧盟打破了成员国间"各自为政"的局面,加快欧盟各成员国在知识产权和边境执法方面的一体化进程。

1992年欧共体制定了欧共体海关法典,并于1994年生效,欧共体海关法典的实施条例也随后颁布。这两项条例构成了当代欧盟海关法的基石,极大地统一了各成员国的海关制度。欧共体海关法典对自由区的设立、运营和货物的海关法律地位,以及区内货物可以进行的操作作出全面规定,确立当代欧盟自由区制度的主要内容。❷ 从1999年7月1日起,欧盟海关就开始对自由区进行知识产权海关执法,并于2013年6月对现有的知识产权海关执法条例作出修订,试图澄清原有条例在成员国海关执法实践和法院司法适用中出现的法律争议。为了促进欧盟经济发展,适应实施更高标准知识产权海关执法制度的需要,新修订的条例扩大海关执法的保护客体,增加侵权类型的认定,澄清原有法律中的模糊规则,更好地平衡所有程序参与者的权利和减轻权利人的负担。

欧盟自由区是欧盟关税领土的部分,但分离于其他关税领土;就进口关税和商业政策进口措施而言,放置在其中的非共同体货物视为不在欧盟关税领土境内,只要其没有放行自由流通,也没有根据自由区知识产权海关执法条例设置的条件进入另一个海关程序。欧盟自由区与其他单个主权国家或单独关税区的自由贸易区制度有两点不同之处:一是进入自由区的货物无需受制于欧盟内部市场的共同商业政策;二是进口关税和商业政策的豁免对象是"非共同体货物",而非普通单独关税区界定的"进口货物"。欧盟作为区域性协调组织,虽然其总部位于布鲁塞尔,但其本身并没有领土可供建立自由区。因此,欧盟成员国可以指定其关税领土的一部分作为自由区或许可建立自由仓库。

(2) 联动管理,便利化自贸区知识产权管理制度。

一是国际贸易单一窗口统一化。

欧盟以高层次立法将电子海关与单一窗口建设固化在《现代化海关法典》中,并定于2020年12月31日实现其自由区内以海关为主体的电子环境建设。❸ 为了按期实现目标,欧盟委员会和参与国不断加强系统研发,以确保其沟通与信息交换的实现,该制度一旦实施,在国际贸易便利化的同时,也使得知识产权保护更加便利透明,使欧盟成员国可以更加便捷地实行自贸区知识产权联动执法。

二是海关执法开放协调机制。

欧盟各国的海关立法并不完全统一,执法也不完全一致,为了推动欧盟自贸区海关执法的一体化,欧盟采用了开放协调机制。该机制一共包括四个方面:第一,制定欧盟

---

❶ 朱雪忠、孙益武:"欧盟知识产权海关执法条例的修订及其影响评析",载《知识产权》2014年第5期。
❷ 朱秋沅:"欧盟自由区海关制度分析及对中国自贸区建设的启示",载《国际贸易》2014年第5期。
❸ 刘奇超:"欧美自由贸易区贸易便利化经验及对中国的启示",载《西华大学学报(哲学社会科学版)》2014年第6期。

的短期、中期和长期政策目标和指导方针,并设定实现这些政策目标的具体时间表;第二,建立满足不同成员国和部门需要的定量、定性指标和基准,作为比较实践的方法;第三,各成员国和地区根据各自情况,通过制定具体目标、采取具体措施,将欧盟上述指导方针转化为国家、地区甚至地方政策;第四,进行定期监督、评估和同行评价,形成一个相互学习的过程。❶ 因此开放协调机制并不是一个立法决策机制,而是一个以目标为导向的,进程灵活的协调机制。

三是主动知识产权维权机制。

在自贸区知识产权保护与维权方面,欧盟与知识产权执法相关的国际组织保持着密切的联系,如与WCO、欧洲刑警组织、国际刑警组织等合作,以便掌握知识产权执法的国际动向,也可以欧盟高标准的自贸区知识产权执法方式向国际推广。当第三方执法不足常态化时,则可实质上构成争端解决案件,当存在明显的、正当理由的情况下,欧盟会帮助其成员国主动使用WTO争端解决机制。

(三)欧美自贸区知识产权管理与保护机制对中国的启示

1. 关于海关对转运货物进行知识产权执法的权力

目前我国海关的知识产权执法授权一般限于"进出口货物",很少会对转运货物进行执法。但是,为了维护自贸区健康发展,我国有必要以WCO《京都公约》和美国相关立法、司法经验为参考,对自贸区内转运货物进行知识产权边境执法。我国海关法应明确:自贸区内的"转运自由"是有限自由,转运的"自由"不能包括"转运侵权货物的自由",而应限于进出境税费的免除和通关程序的便利,但要受到海关法律和海关措施的限制。同时,我国海关法应授予海关对转运货物进行知识产权执法的权力,并在具体规范方面进行细化。为了兼顾知识产权保护与公共健康的关系,考虑到《实施〈TRIPs协议和公共健康多哈宣言〉第6条的决议》,我国对无论是否经过转船、仓储、拆包或者改变运输方式或工具而从我国转运的仿制药物,海关机构在评估其侵权风险时,应当考虑此类货物转移进入我国市场的实质可能性。如果没有进入我国市场的实质可能性,则可以免于执法。

2. 自贸区知识产权的整体规划与立法先行

欧盟在20世纪60年代时就预见到如果各成员国自由区执法与贸易制度不统一可能会导致的贸易偏转,那么欧盟的统一大市场是无法真正实现的。因此,欧共体在1968年就开始协调与统一其他包括自由区制度在内的海关和各种执法保护制度,将各国多样的自贸区统一为两种类型,后经过40年努力才走向制度成熟。

目前我国各地纷纷酝酿设立自贸区,也希望本地的自贸区政策更为优惠,从而吸引经济与贸易流向。如果内陆与沿海采用统一政策,则内陆自贸区难以发展;如果内陆与沿海采用差别政策,则自贸区之间的贸易扭曲和恶性竞争不能避免。因此,我国在自贸区实施过程中,应当全面思考,不仅应考虑沿海地区自贸区模式,还应考虑由于物流和

---

❶ 朱秋沅:"贸易安全与便利视角下欧盟海关制度发展新趋势",载《海关法评论》2013年。

经济条件的不同所需要内陆地区自贸区模式,在整体统一立法的情况下,允许短期和中期内合理布局不同的自贸区模式。注意区分可统一推广的知识产权管理和保护机制和依据各自贸区自身特点形成特殊知识产权发展机制之间的不同。

3. 利用各种贸易制度加强知识产权管理和保护

美国不遗余力地在各种场合推动自由贸易协定,其中一个重要目标是鼓励贸易伙伴按美国法律的标准保护知识产权。所以,美国在与其他国家的谈判中都要求按美国法律标准实施知识产权保护,通过贸易协定施加的条约义务而促使贸易伙伴根据协定内容修改国内法律,以达到与美国国内知识产权法相一致或高于TRIPs协议的保护水平和执法标准。对于中国这样的发展中国家,也可以借用双边自由贸易协定、区域协定或多边结盟策略的方式来建立符合自身利益的国际知识产权保护标准。中国如果只是消极地被纳入美国所设定的双边和区域自由贸易协定谈判进程中,就难以对抗发达国家的谈判力量,被迫在知识产权方面作出妥协。因此,中国可以主动与其他具有相近利益诉求的国家开展国际合作,推动发展中国家之间的双边或区域自由贸易协定谈判。这样至少可以避免发达国家在自由贸易协定设定的知识产权保护水平在国际层面不断扩散而逐步具备国际习惯法地位,成为未来多边体制下的统一标准。

4. 对各类知识产权保护国际化措施的正确认识

中国是欧盟知识产权边境保护国际化的综合性战略的主要目标国之一。学习并且借鉴欧盟这些或强硬或灵活、制裁或援助,形式多样、内容综合的措施对我国正确认识知识产权国际化保护有很大的帮助和启示。我国不仅仅是欧盟相关战略的接受者,而且也是其他不同发达国家诸多边境保护国际化措施的重点目标国之一,其根本原因并不在于我国侵权数量的多寡,而在于发达国家期望我国制定并执行高标准的知识产权实施制度,客观上对我国自身经济发展有遏制的一面,从而维持了这些国家的知识集团的市场垄断和因此产生的垄断利益。因此,单边、双边、多边各类措施已经在全球范围内被广泛使用,其中蕴含的保护标准日趋提升,发展中国家在此国际框架下自主空间日愈减少,欧盟的做法只是显得更为综合和灵活一些,如何合理应对各类知识产权保护国际化措施是我们当前需要思考的问题。

(四) FTZ 和 FTA 所涉及的知识产权问题

1. 自由贸易园区(Free Trade Zone)

在传统的自贸园区(FTZ)内可能涉及知识产权问题的主要是货物过境(含转运)或区内加工等。此外便是各国关于临时过境运输工具不视为侵权的情况。这一点大部分国家专利法或海关法中都有规定;如中国《专利法》规定,临时通过中国境内外国运输工具,依照有关条约或互惠原则,为运输工具自身需要而在其装置和设备中使用有关专利,就不视为侵权。因此,在传统自贸区内发生的知识产权纠纷案件主要集中于过境或转运过程中假冒或盗版产品,其他方面则较为少见。

自贸区货物因知识产权保护的需要受到海关监管是国际社会的共识。根据WCO《海关与知识产权》报告,自贸区内发生知识产权侵权案件呈历年递增趋势。国际商会

(ICC) 2013 年发布《控制区域：在世界自由贸易区内平衡便利与打击非法贸易》研究报告，重点关注自由贸易区相关知识产权侵权问题。❶ 传统自贸区内知识产权保护和管理主要涉及三个方面：一是自贸区内知识产权海关保护的监管模式，二是自贸区内涉外定牌加工的商标侵权问题，三是自贸区内知识产权平行进口问题。

而新型自由贸易实验区的使命和主要特点决定了其涉及的知识产权问题可能更多地集中于商标（含商号或企业名称）、商业秘密、版权等方面，因而其涉及的知识产权侵权可能更多的是假冒、盗版产品等，这与传统自贸区并无根本性区别，其核心是相关方面的执法问题。《中国（上海）自由贸易试验区总体方案》指出，自贸区要建立集中统一的市场监管综合执法体系，在知识产权、工商等管理领域，实现高效监管，并建立知识产权纠纷调解、援助等解决机制。自由贸易试验区的含义与特点决定了其涉及知识产权问题的面显然大于传统自贸区，并有一定的特殊性。在服务（金融、航运、商贸等）、总部经济等领域中涉及的知识产权问题，与自贸区外这些领域的知识产权问题有很大的相似性。其特殊性方面主要有三点：首先是知识产权管理和执法问题；其次是知识产权争端解决及法律适用问题；再次是涉及具体的知识产权贸易行为。❷

2. 自由贸易区（Free Trade Area）

自由贸易区（FTA）的知识产权保护关乎贸易流动、投资、技术创新与转移，进而对缔约方的社会福利、经济增长产生直接影响。近年来，发达国家将自由贸易协定作为向上协调区域知识产权保护水平、获取贸易利益、维持竞争优势的重要工具，超越TRIPs 协议标准的知识产权保护成为发达国家主导之贸易协定的显著特征。❸

FTA 成员间在签署自由贸易协定前会广泛讨论多种类型知识产权的保护，包括商标、地理标志、著作权及相关权利、专利、商业秘密、特许经营，以及知识产权保护的法律执行和生物资源及传统知识的保护，等等。实际上，各国对知识产权保护标准与保护水平存在立场上的根本分歧，导致知识产权议题也成为 FTA 各种谈判中最为艰难的议题之一。对于中国这样的发展中国家，也可以借用 FTA 中双边自由贸易协定、区域协定或多边结盟策略的方式来建立符合自身利益的国际知识产权保护标准。发展中国家如果只是消极的被纳入欧美等发达国家所设定 FTA 谈判进程中，就难以对抗发达国家的谈判力量，被迫在知识产权方面作出妥协。因此，发展中国家可以主动与其他具有相近利益诉求的国家开展国际合作，推动发展中国家之间的 FTA 谈判。这样至少可以避免发达国家在自由贸易协定设定的知识产权保护水平在国际层面不断扩散而逐步具备国际习惯法地位，成为未来多边体制下的统一标准。

FTA 和 FTZ 均涉及知识产权的管理与保护议题，只是 FTZ 更偏向知识产权管理制度的建立和保护机制的完善，而 FTA 注重以自由贸易协定规范知识产权国际保护的标准，推行更高更有效的知识产权价值观。

---

❶ 姜铭、颜晨："对自贸区内知识产权海关保护制度的思考——以中国（上海）自由贸易试验区为视角"，载《科学发展·协同创新·共筑梦想——2014 年天津市社会科学界第十届学术年会论文集》第 6 页。
❷ 马忠法："论中国（上海）自由贸易试验区制度下的知识产权问题"，载《电子知识产权》2014 年第 2 期。
❸ 杨静、朱雪忠："FTA 知识产权保护强度评价体系设计研究与试用"，载《科学学研究》2013 年第 6 期。

表 18-2　FTZ 和 FTA 关于知识产权方面的异同

	区分点	FTZ	FTA
不同点	所涉及的知识产权议题	知识产权海关保护的监管模式；涉外定牌加工的商标侵权问题；知识产权平行进口问题。	国际贸易中商标、地理标示、著作权及相关权利、专利、商业秘密、特许经营以及知识产权保护的法律执行和生物资源及传统知识的保护
	国际标准	京东公约；海关法	TRIPs；TRIPs-PLUS
	目的导向	阻止假冒货物的国际贸易，保护本国知识产权	推行知识产权秩序的重新构建
	保护手段	海关执法，司法，调解，仲裁	协议约定
共同点	促进对外贸易中知识产权的保护与发展		

三、国内自贸区知识产权管理和保护机制建设实践情况

（一）自贸区知识产权行政管理体制实践情况

1. 自贸区知识产权行政管理体制建设情况

自贸区设置的主要目的之一是以开发倒逼改革加速，但在金融、税收、贸易、政府管理等一系列改革措施出台以促进区内贸易自由化及贸易便利化的同时，贸易安全对知识产权的保护提出了更高的要求。为此，在四个自贸区的总体方案中都明确提出"加强自贸试验区知识产权保护"，并对四个自贸区的知识产权行政管理体制创新提出了具体要求。

从各自贸区的相关规定和发展趋势来看，自贸区的知识产权行政管理体制建设向两种不同的趋势发展：第一种趋势是向集中行政管理发展，其代表是上海自贸区，建立了知识产权综合行政管理和执法体制。福建自贸区和广东自贸区的知识产权行政管理体制正在建立中，从相关规定来看，其发展趋势亦是探索建立统一的知识产权管理和执法体制；第二种趋势是仍然沿袭了原有的多元分散行政管理体制，但加强了协调管理，其代表是天津自贸区，未设立明确的知识产权管理归口单位。表 18-3 为四个自贸区知识产权行政管理体制规划及建设的具体情况。

2. 上海自贸区知识产权行政管理体制评析

目前，从四个自贸区的知识产权行政管理体制的建设来看，天津、广东、福建三个自贸区的知识产权行政管理体制尚在建设的起步阶段，而上海自贸区的知识产权行政管理体制经过近两年的建设，已经初步成型，故下面主要就上海自贸区的知识产权行政管理体制建设情况进行评析。

（1）知识产权综合行政管理执法体制的建设经验。

所谓知识产权综合行政管理和执法体制，是指由一个行政机关或法律法规授权的组织或者依法授权的组织，依据一定的法律程序综合行使知识产权方面多个行政机关或法律法规授权的组织的法定职权的行政管理和执法制度。[1]

---

[1] 孟小龙："上海自贸区知识产权综合执法体系的构建"，载《党政论坛》2014 年第 4 期。

表18-3 各自贸区知识产权行政管理体制规划及建设情况

	要求和目标	具体规划	建设情况
上海自贸区	探索知识产权综合行政管理和执法体系	《中国(上海)自由贸易试验区总体方案》规定，建立集中统一的市场监管综合执法体系，在知识产权、工商等管理领域，实现高效监管。《中国(上海)自由贸易试验区条例》第6条规定，上海自贸区按照深化行政体制改革的要求，坚持简政放权、放管结合，积极推行告知承诺制等制度，在自贸试验区建立事权划分科学、管理高效统一、运作公开透明的行政管理体制。《中国(上海)自由贸易试验区管理办法》第6条规定，上海自贸区管委会负责自贸试验区内综合执法工作，集中行使原由本市知识产权部门依据法律、法规和规章规定对使用的行政处罚权和行政检查权。《进一步深化中国(上海)自由贸易试验区改革开放方案》规定，完善专利、商标、版权等知识产权行政执法强制措施和行政处罚有关的行政强制措施权和行政检查权。	2014年9月26日，上海自贸区管委会成立知识产权局，首创"三合一"模式，统一承担自贸区除海关知识产权边境保护外，专利、商标、版权的管理和执法工作。2014年10月，自贸区知识产权局的权力清单和责任清单出台，明确了自贸区知识产权局的职责重点和权限。上海自贸区管委会在直属的综合执法大队中下设了一支具有知识产权专业素养人员组成的知识产权执法分队，具体负责开展知识产权现场执法工作。上海自贸区管委会知识产权部门依据法律、法规和规章规定，依托上海自贸区综合监管和执法联席会议制度，与海关、公安、工商、司法等部门实现联动执法，提高区内知识产权保护效能。
天津自贸区	探索知识产权联动执法保护体系	《中国(天津)自由贸易试验区总体方案》在第三部分明确提出，天津自贸区应加强知识产权保护和服务，完善知识产权行政管理和执法体制。同时，提高知识产权行政执法与海关保护的协调性和便捷性，建立知识产权执法协作调度中心。《中国(天津)自由贸易试验区管理办法》规定，中国(天津)自由贸易试验区管理委员会(以下简称管委会)，根据实施自贸试验区改革创新的扶定和部署，具体统筹协调、组织实施自贸试验区改革创新任务。	天津自贸区管委会不具有综合执法权限。天津自贸区管委会目前主要设有办公室、综合改革局、综合协调局、综合监管局、知识产权管理局四个部门，没有明确的知识产权管理归口单位。在知识产权行政管理体制方面，仍采取原知识产权多元分散行政管理体制。天津滨海新区科委会同知识产权局、市市场监管委、天津海关，正在商讨筹建天津自由贸易试验区知识产权执法协作调度中心事宜。

615

续表

要求和目标	具体规划	建设情况
福建自贸区 探索与国际接轨的知识产权综合保护和管理机制	《中国（福建）自由贸易试验区总体方案》在第三部分提出，福建自贸区应完善知识产权管理和执法体制，并提出，建立各部门监管数据和信息归集、交换、共享机制，形成执法主体、权威责任统一、协调高效的综合执法体制，提高知识产权行政执法与海关保护的协调性与便捷性，建立知识产权执法协作调度中心和专利导航产业发展工作机制。《中国（福建）自由贸易试验区管理办法》第56条规定，福建自贸区将加强自贸试验区知识产权保护工作，探索建立与国际接轨的知识产权综合保护和管理机制，完善行政保护与司法保护衔接机制。	从平潭综合实验区、厦门市、福州市设立的自贸试验区管理机构设置来看，目前并没有设置明确的知识产权管理归口单位。
广东自贸区 探索建立统一的知识产权管理和执法体制	《中国（广东）自由贸易试验区总体方案》在第三部分明确要求，完善知识产权管理和执法体制。《中国（广东）自由贸易试验区管理试行办法》第32条规定，自贸试验区应当加强知识产权保护工作，完善行政保护与司法保护衔接机制，探索建立统一的知识产权管理和执法体制。《中国（广东）自由贸易试验区建设实施方案》规定，探索建立统一的知识产权管理和执法体制，加强行政执法与刑事司法的有效衔接，建立跨部门、跨区域的知识产权案件移送、信息通报、配合调查等机制。	目前，广东自贸区广州南沙新区、深圳前海蛇口片区、珠海横琴新区等三个片区管委会的具体职责尚不清晰，但就现有管理机构来看，并未设置明确的知识产权管理归口单位。根据《中国（广东）自由贸易试验区知识产权实施方案任务表》，由广东省知识产权局牵头探索建立统一的知识产权管理和执法体制，省编办、省工商局、省版权局协助。

616

表 18-4 自贸区知识产权多元争端解决机制建设情况

	具体规划	司法保护	仲裁	调解
上海自贸区	《中国（上海）自由贸易试验区总体方案》在"主要任务和措施"部分提出，建立知识产权纠纷调解、援助等解决机制。《中国（上海）自由贸易试验区条例》第51条第3款规定，上海市自贸区应完善知识产权纠纷多元解决机制，知识产权中介服务机构在协调解决知识产权纠纷中发挥作用。《进一步深化中国（上海）自由贸易试验区改革开放方案》提出，完善知识产权保护、行政监管、仲裁、调解和知识产权纠纷多元解决机制，完善知识产权工作社会参与机制。	2014年12月28日，上海知识产权法院正式挂牌成立。2015年4月9日，上海市浦东新区人民法院正式宣布，在本级法院内成立自贸区知识产权法庭，专司受理涉自贸区知识产权官司。同时，司法审批方面，先后颁布了《上海法院服务保障中国（上海）自由贸易试验区建设的意见》、《上海市浦东新区人民法院（上海）自由贸易试验区改革开放方案》、《上海司法服务保障中国（上海）自由贸易试验区建设的意见》、《上海市第一中级人民法院涉中国（上海）自由贸易试验区案件审判指引（试行）》等规范性文件。	2013年10月22日，中国（上海）自贸区仲裁院成立。2014年4月8日，《中国（上海）自由贸易试验区仲裁规则》（简称《上海自贸区仲裁规则》）在上海颁布。	2013年11月20日，上海自贸区国际商事联合调解庭暨上海文化创意产业法律服务平台知识产权调解中心正式成立。
天津自贸区	《中国（天津）自由贸易试验区总体方案》在"主要任务和措施"部分提出，天津自贸区应加强知识产权保护和司法援助、仲裁等服务机制。	天津市高院初步确定由滨海新区法院在自贸区内派出法庭，审理与自贸区有关的金融、知识产权等有关的商事纠纷案件，自贸区法庭将于近期正式挂牌。对于知识产权案件，自贸区法庭将探索建立专业陪审员制度。同时，根据自贸区案件难易程度的不同，天津自贸区法庭将建立案件繁简分流机制，大力推行程序灵活化、送达多样化、裁判快捷化的速裁工作机制。	中国国际经济贸易仲裁委员会和中国海事仲裁委员会决定在天津自贸区成立"中国贸仲天津自贸区仲裁中心"和"中国海仲天津自贸区仲裁中心"。按照计划，6月份，中国贸仲天津自贸区仲裁中心、中国海仲天津自贸区仲裁中心将在于家堡金融区揭牌，并发布。	

续表

	具体规划	司法保护	仲裁	调解
天津自贸区	《中国（天津）自由贸易试验区总体方案》部分任务和措施"中提出，天津自贸区应加强知识产权保护和服务、完善纠纷调解、援助、仲裁等服务机制。	同时，司法审批方面，2015年1月，天津市高院发布了《天津法院服务保障中国（天津）自由贸易试验区建设的意见》；天津二中院于2015年4月出台了《天津市第二中级人民法院中国（天津）自由贸易试验区案件审判指引》；天津海事法院于2015年5月8日出台了《服务天津自由贸易试验区建设的若干举措》。	《中国贸仲、中国海仲天津自贸区仲裁中心服务保障自贸区建设的工作举措》。	
福建自贸区	《中国（福建）自由贸易试验区总体方案》"主要任务和措施"中提出，完善知识产权纠纷调解、援助、仲裁等服务机制。	福建法院拟在自由贸易试验区设立4个自贸区法庭，即在福州市马尾区人民法院、平潭综合实验区人民法院、厦门市湖里区人民法院和厦门海事法院分别下设自贸区法庭。除厦门海事法院外，其他3个法院设在自贸区的自贸区法庭均受理自贸区辖区内的普通知识产权民事案件，涵盖著作权、商标权、特许经营合同、侵害商业秘密和不正当竞争纠纷等类型的案件。	厦门仲裁委员会国际商事仲裁院、厦门仲裁委员会平潭分会以及福州仲裁委员会国际商事仲裁院等3个自贸区仲裁分支机构在自贸区设立，标志着福建省自贸区三个片区全部设立国际商事仲裁机构。	2015年6月6日，厦门国际商事调解中心在厦门片区正式成立。
广东自贸区	《中国（广东）自由贸易试验区总体方案》"主要任务和措施"中提出，完善知识产权纠纷调解和维权援助机制，探索建立自贸区知识产权快速维权机制。发展国际仲裁、商事调解机制。	2014年12月16日，广东知识产权法院正式挂牌成立。2015年4月23日，珠海中院巡回法庭在横琴新区片区设立知识产权巡回法庭挂牌，负责审理与自贸区相关的属于珠海市中级人民法院管辖的各类知识产权纠纷案件。	2011年12月19日，南沙国际仲裁中心成立。2013年，9月22日，深圳国际仲裁院在前海合作区正式挂牌。2014年8月7日，珠海在横琴成立了国际商事仲裁院。	2013年12月7日，粤港澳商事调解联盟在深圳前海成立。2015年4月，"珠港澳商事争议联合调解中心"成立，该调解中心设在珠海国际仲裁院。

618

上海自贸区知识产权综合行政管理执法体制的建设是对新型知识产权行政管理体制的有益尝试。该尝试既符合国际知识产权行政管理的发展趋势，也符合国务院在进一步深化改革中对机构改革和职能转变的要求，同时也响应了我国知识产权行政管理改革的呼声。在建设过程中，已取得了如下成就。

第一，实现了一个部门管知识产权。

目前，我国知识产权行政管理体制多元化、多层级、一体化❶，职能分散并列、独立并行。这种知识产权行政管理导致知识产权行政管理职能缺位、错位、越位现象严重。同时，经济调节、市场监管、社会管理和公共服务等方面又有待加强。

而自贸区知识产权局作为集专利、商标、版权"三合一"的知识产权综合行政部门，在主要知识产权领域实现了"一个部门管知识产权"，从而在很大程度上改变了原有的知识产权行政管理多元分散的管理体制。并且，这里的"一个部门"与在市场监督管理局加挂知识产权局牌子的"深圳模式"不同，统合在知识产权局之中，更为"名副其实"，同时，其建设经验在全国将更具有可复制性。

第二，实现了一支队伍管知识产权执法。

在原有的知识产权行政管理多元分散的管理体制中，知识产权行政执法层级较多，且多头执法导致执法资源分散，兼之各部门的协作机制不健全，导致知识产权的监管效能较低。而在自贸区知识产权，上海自贸区管委会在直属的综合执法大队中下设了一支具有知识产权专业素养人员组成的知识产权执法分队，具体负责开展知识产权现场执法工作，且该执法分队不同于过去的联合执法、联合执行等执法方式，而是一个具有独立的执法主体，从而实现了一支队伍管知识产权执法。自贸区对知识产权执法方式的重构，创新了知识产权行政执法体制，提高了知识产权行政执法效率。

第三，实现了一个窗口受理知识产权诉求。

建立"三合一"模式后，公众诉求处置由从原专利、商标、版权分别由不同部门处理申诉、举报变为"诉求处置一体化"。例如，原先专利纠纷由市知识产权局负责，版权纠纷由市版权局负责，商标纠纷由区市场监管局负责，行政管理相对人遇到侵权纠纷等问题时，可能涉及多个部门。上海自贸区知识产权局成立后，对社会公众的诉求处置将更加集中。同时，社会公众对知识产权的维权申诉、举报投诉将更加便捷。"三合一"模式的建立实现了"一个部门管理、一个窗口受理、一支队伍办案"，能更快、更好地维护企业和当事人的合法权益，降低权利人的维权成本。

（2）上海自贸区知识产权局权力清单和责任清单的制定。

第一，明确了上海自贸区知识产权局作为"专利权、商标权、著作权"的知识产权综合行政管理机构的行政主体资格。行政法上的行政行为是由具体行政主体资格的机关或组织实施的。尽管《中国（上海）自由贸易试验区管理办法》第6条规定，上海自贸区管委会负责自贸试验区内综合执法工作，集中行使原由本市知识产权部门依据法律、法规和规章行使的行政处罚权，以及与行政处罚权有关的行政强制措施权和行政检查权。但是，上海自贸区知识产权局对具体行政行为的行政主体资格仍待进一步明确。

---

❶ 邓建志：《WTO框架下中国知识产权行政保护》，知识产权出版社2009年版，第236页。

以浦东知识产权局为例，权力清单和责任清单颁布后，在著作权方面，浦东知识产权局经上海市版权局委托授权享有两项著作权行政审批权力、一项著作权行政备案权力，在专利权方面，浦东知识产权局经上海知识产权局委托授权享有三项专利行政处罚权力、一项专利行政裁决权力、一项专利行政调解权力。此外，作为区工商行政管理机构享有其他知识产权行政权力。因此，实现了浦东知识产权局作为知识产权综合行政管理机构的"法无授权不可为"。而上海自贸区知识产权局权力清单和责任清单制定后，同样明确了其对涉及著作权、商标权、专利权的具体行政行为的行政主体资格。

第二，对不同形态的行政权进行了整合，明确了每一项具体行政权力的权源、权力种类、层级权限、事态权限等。在建设知识产权综合行政管理和执法体制的过程中，权力清单和责任清单的制定实际是从行政法的角度对知识产权行政权力的重构。这种重构梳理了知识产权局与其他主体在行政权运作中的相关关系，包括知识产权局与行政相对人之间的关系以及知识产权局与其他国家机关的关系问题。同时，厘清了上海自贸区知识产权局作为知识产权综合行政管理机构的职能权限、地域权限、层级权限、事态权限和幅度权限等。这将为全国范围内知识产权综合行政管理体制的建设提供宝贵经验。

3. 上海自贸区知识产权综合行政管理和执法体制建设的局限

（1）立法滞后阻碍制度创新。

为鼓励自贸区进行制度创新，2013年8月30日，全国人民代表大会常务委员会通过了《关于授权国务院在中国（上海）自由贸易试验区暂时调整有关法律规定的行政审批的决定》，在上海自贸区内，对国家规定实施准入特别管理措施之外的外商投资，暂时调整《中华人民共和国外资企业法》《中华人民共和国中外合资经营企业法》和《中华人民共和国中外合作经营企业法》规定的有关行政审批。2014年12月28日，该规定适用于其他三个自贸区，同时，在四个自贸区内暂时调整《中华人民共和国台湾同胞投资保护法》规定的有关行政审批。但是，上述规定不涉及知识产权相关的行政审批事项，因此，关于知识产权的行政审批及其他方面，自贸区内和自贸内外适用的是统一的规则。

但是，上海自贸区建设综合知识产权行政管理和执法体制的实践需要高位阶法律的先行授权，否则，将处于"法无授权不可行"的尴尬境地。例如，上海自贸区知识产权局是集专利、商标、版权"三合一"的知识产权综合行政部门，但根据《中国（上海）自由贸易试验区管理办法》附件的规定，其职权主要是关于专利权和著作权，并没有关于商标权方面的职权的规定。

（2）强调行政执法，疏于公共服务。

知识产权行政机构的主要职能是行政执法和公共服务，并且，自贸区在知识产权信息供给、知识产权价值评估、知识产权成果转化与交易中介服务、知识产权融资服务、维权援助服务等方面对知识产权公共服务提出了更高的要求。但从权力清单和责任清单来看，上海自贸区知识产权局的主要工作重点是行政执法，而知识产权公共服务仍显不足，这将影响知识产权运用和管理的成效。

（3）知识产权行政保护的协调性不足。

在知识产权行政保护的协调方面，根据《上海自贸区条例》，上海自贸区内具有综合执法性质的海关和公安部门保留原有职能：前者重在边境上控制知识产权的侵权，后者重在打击知识产权犯罪，相关职能并没有并入统一的上海自贸区知识产权管理机关。因此，如何建立和海关以及公安部门的联动机制，提高执法的协调性是自贸区知识产权综合行政管理和执法体制面临的又一问题。

（4）知识产权行政管理职权的确定性和灵活性的冲突。

上海自贸区知识产权局权力清单和责任清单的制定和实施，在明确了知识产权局的职权范围的同时，亦产生了"各部门不得在公布的清单外实施其他行政审批""不属于清单列举范围内的职能和权限，行政机关不得为之"的后果。而为适应创新驱动发展的需要和自贸区内企业对加强知识产权保护日益强烈的诉求需要，上海自贸区的知识产权行政管理需要具有较大的灵活性。

因此，在一定程度上，上海自贸区知识产权局权力清单和责任清单实施后，知识产权局行政保护职权范围的确定性和对知识产权行政保护灵活性的要求将构成冲突。

4. 推进知识产权综合行政管理和执法体制改革的可能路径

（1）立法先行。通过高位阶立法的授权，以及与授权相应的权力清单和责任清单的制定，进一步厘清知识产权综合行政管理机构的职能权限、事态权限等，建立职责明确的知识产权行政管理体制。

（2）增加知识产权局的公共服务职能，建立主动服务机制。将提供相应的知识产权公共服务纳入其职权范围之内，包括制定激励知识产权创造的公共政策、搭建知识产权公共服务平台、营造社会知识产权文化等，为自贸区进驻单位提供从权利获得、实施转化与转让、融资到维权的一条龙式的服务，打造知识产权一站式综合服务窗口。

（3）建立知识产权行政保护的协调机制，加大与公安、海关的联动机制，完善线索通报、案件协办、联合执法、定期会商等衔接制度，建设高效的行政执法体系。

（4）建立知识产权局权力清单和责任清单的常态更新机制。在改革试点的过程中，面对知识产权管理遇到的新问题，可通过常态更新机制，对权力清单和责任清单进行修改，以实现知识产权行政管理职权的确定性和灵活性的统一。

（二）自贸区知识产权多元争端解决机制实践情况

1. 自贸区知识产权多元争端解决机制建设情况

从总体方案来看，四个自贸区的总体方案都提出建立多元争端解决机制。而在多元争端解决机制建设方面，天津自贸区、福建自贸区和广东自贸区皆以上海自贸区为借鉴对象，探讨"行政监管、司法审判、仲裁判决、商事调节"四位一体的知识产权纠纷多元化解机制。同时，又根据各个自贸区的不同各有侧重。如福建自贸区和广东自贸区在建设知识产权多元争端解决机制的过程中，重在发展国际仲裁、商事调解机制。四个自贸区多元争端解决机制的具体规划和建设情况见表18-4自贸区知识产权多元争端解决机制建设情况。

2. 上海司法保护、仲裁、调解体制经验

因上海自贸区的多元争端解决机制建设的时间较长,且已经初步形成体系,同时,天津自贸区、福建自贸区和广东自贸区皆以上海自贸区为借鉴对象,故本文主要对上海自贸区知识产权多元争端解决机制进行评析。

(1) 自贸区知识产权民事案件具有以下基本特点❶。

第一,涉外知识产权案件多。

随着上海自贸区的发展,区内离岸贸易、跨境电子商务、涉外定牌加工、跨境技术交易与许可、跨境融资等业务的拓展,使得区内知识产权涉外诉讼增多。根据统计,48件案件中,受理涉外知识产权案件14件,占知识产权民事案件收案数的29.17%,占同期上海自贸区涉外民商事案件的48.3%。其中涉美国企业6件、涉加拿大企业2件、涉韩国企业、德国企业、澳大利亚、西班牙及卢森堡企业各1件,涉香港特别行政区企业1件,共涉及12家境外企业,以及1个外籍公民。

第二,出口商品被诉侵害商标权案件多。

上海自贸区设立的理念以"要素自由流动"为主导,且为实现自贸区内货物、服务等各类要素自由流动,推动服务业扩大开放和货物贸易深入发展,采取了"境内关外"即所谓"一线放开、二线管住"的监管模式。在"一线放开"的监管模式之下,货物从"先报关、后入区"转变为"先入区、后报关",允许企业凭进口舱单将货物直接入区。随着进口货物的直接入区,过去在海关实施知识产权保护、扣留侵权嫌疑货物的措施将在实际上被弱化。在推动贸易便利化、加速物流快速流转的同时,大量涉嫌侵犯知识产权的货物流入自贸区内,这导致自贸区内出口商品被诉侵害商标权案件增多。

第三,电商非自营商品被诉侵权案件多。

随着自贸试验区服务业领域的扩大开放及电子商务服务平台的发展,大量互联网企业纷纷入区,在扩大和转型的过程中,非自营商品的知识产权纠纷凸显。自贸区法庭共受理12件涉及电子商务平台的非自营商品经营者被诉侵害他人知识产权的案件,其中著作权侵权纠纷8件,侵害商标权纠纷4件。电商平台上发生的著作权侵权纠纷占同期上海自贸区著作权侵权纠纷案件数的61.5%,涉及"腾讯QQ企鹅""熊出没""喜羊羊与灰太狼""小Q"系列美术作品中卡通形象作品。

(2) 上海司法保护体制经验。

从浦东新区人民法院2013年11月15日成立自贸区法庭开始至今,自贸区建立了知识产权司法保护体制,并颁布了审批指引,积累了大量知识产权司法审查的经验。

第一,体制方面,建立了"三审合一"知识产权法院,通过构建电子送达、专业化审判、便利诉讼、多元化解、外国法查明、风险预警等符合自贸区特点的知识产权审判工作体制机制,充分发挥了司法服务保障自由贸易试验区建设的作用。第二,参与人员方面,自贸知识产权案件的审理和执行加强了社会专业人士的参与。第三,对典型

---

❶ 孙黎、朱俊:"提升自由贸易试验区知识产权保护水平的思考——以上海自贸试验区知识产权案件审判为分析样本",http://www.izhiliao.com.cn/event/EventShowInfo.aspx?rid=EVT7F06D78C83CF65F95A22E4BEECFC621E,访问时间:2015/06/23。

知识产权案件和创新知识产权案件的审理为形成可复制、可推广的自贸区建设司法经验提供了一线实践素材。

（3）上海自贸区知识产权仲裁机制的经验。

上海国际仲裁中心和上海市第二中级人民法院为满足上海自贸区法制环境建设和自贸区纠纷解决特点的需要，针对我国现行仲裁制度中存在的问题，依据我国仲裁法律的立法精神，在《自贸区仲裁规则》和《司法审查若干意见》中进行了一系列的制度创新和探索。

第一，创设仲裁员开放名册制，并纳入了友好仲裁制，最大程度地尊重当事人意思自治。第二，创新仲裁程序和执行机制，促进仲裁纠纷解决的高效与便捷。第三，创新了证据制度，减轻了当事人的举证难度。第四，创新了司法支持仲裁机制。❶

（4）上海自贸区知识产权调解制度的经验。

自贸区知识产权人民调解和司法调解机制的建立为区内企业提供了一种快捷、高效和灵活处理知识产权纠纷的方式。❷ 其中，自贸区商事纠纷委托调解机制的建立，是自贸区审判工作机制改革的一项新尝试。该机制为自贸试验区商事活动的参与者提供了多元、灵活、经济的纠纷解决方式，在注重公平公正的同时，实现了涉自贸试验区商事纠纷处理的高效益和高效率，进而形成了可复制、可推广的诉讼与非诉讼相衔接的商事纠纷解决模式，为建成法制环境规范的自贸试验区提供司法保障。第一，法律规范化。第二，制度规范化。第三，人员规范化。

3. 自贸区知识产权多元争端解决机制的局限

（1）知识产权法庭业务量不足。

目前对自贸区知识产权案件有管辖权的有上海市知识产权法院和上海市浦东新区人民法院自贸区知识产权法庭。自贸区知识产权法庭设立后，可以实现知识产权纠纷的专业化审理。但是，从目前的统计来看，2013年11月至2015年4月，自贸区法庭受理的上海自贸区知识产权民事案件仅为48件。❸ 尽管在自贸区内，知识产权纠纷在逐渐增多。但自贸区知识产权法庭设立后，其现在及将来一段时间内所能审理的案件数量极可能较少，与专门法庭的设置不相适应，这将造成司法资源的浪费。

（2）制度创新和法制统一相矛盾。

对于自贸区仲裁纠纷解决机制的创新，目前最大的问题是有些创新不符合法制统一原则。《自贸区仲裁规则》创新的前提是遵循法制统一原则，即在中国现有仲裁法律框架内进行制度创新。《司法审查若干意见》亦强调其对涉《自贸区仲裁规则》案件的司

---

❶ 瞿淼："自贸区仲裁：知识产权争议的新选择——评上海自贸区仲裁规则对知识产权类争议解决的应用"，http：//www.chinalawinsight.com/2014/09/articles/ip-2/%E8%87%AA%E8%B4%B8%E5%8C%BA%E4%BB%B2%E8%A3%81%EF%BC%9A%E7%9F%A5%E8%AF%86%E4%BA%A7%E6%9D%83%E4%BA%89%E8%AE%AE%E7%9A%84%E6%96%B0%E9%80%89%E6%8B%A9-%E8%AF%84%E4%B8%8A%E6%B5%B7%E8%87%AA%E8%B4%B8%E5%8C%BA%E4%BB%B2%E8%A3%81%E8%A7%84%E5%88%99%E5%AF%B9%E7%9F%A5%E8%AF%86%E4%BA%A7%E6%9D%83%E7%B1%BB%E4%BA%89%E8%AE%AE%E8%A7%A3%E5%86%B3%E7%9A%84%E5%BA%94%E7%94%A8%EF%BC%8C访问时间：2015/7/6。

❷ 陈颖婷："非诉调解快速化解自贸区商事纠纷"，载《上海法治报》2014年5月28日。

❸ 孙黎、朱俊："提升自由贸易试验区知识产权保护水平的思考——以上海自贸试验区知识产权案件审判为分析样本"，http：//www.izhiliao.com.cn/event/EventShowInfo.aspx?rid=EVT7F06D78C83CF65 F95A22E4BEECF C621E，访问时间：2015/06/23。

法审查和执行时应当遵循依法原则、支持仲裁制度发展与创新原则等四原则。司法机构在对于涉《自贸区仲裁规则》案件进行审查时,如涉及可能会与现行《仲裁法》和《民事诉讼法》产生冲突的制度,如开放名册仲裁员选定、非仲裁协议当事人加入仲裁程序、仲裁证据、友好仲裁等,《司法审查若干意见》强调"不违反我国法律的相关规定,在司法审查时,可予以认可"。

以临时措施为例,《自贸区仲裁规则》第3章共7条详细规定了临时措施的制度及实施程序,这可以说是本规则最大的创新点之一。但是,在我国,法院是唯一有权决定采取临时保护措施的机构,《仲裁法》没有给予仲裁庭作出临时措施的权力。因此,在上海自贸区试行临时仲裁,将与我国《仲裁法》《民事诉讼法》等法律构成冲突。

《自贸区仲裁规则》借鉴了国外仲裁先进的经验,在许多制度上作出了突破性的尝试,但一些创新制度的引进缺乏国内法律和实践的支撑,这可能导致这些规定在具体实践中难以实施,所以,需要推动我国仲裁法的修改工作,以达到仲裁立法对仲裁实践的引导和支持。

在仲裁机构方面,目前自贸区中执业的只有上海国际仲裁中心建立的上海自贸试验区仲裁院。自贸区的仲裁服务不应当是排他性的,而应当对国内的其他仲裁机构开放,从长远来看,自贸区还可以探索引进我国港澳台地区或者国外仲裁机构到区内执业。

(3) 支持诉调机制的高位立法不足。

诉调对接机制作为我国司法改革过程中出现的新型纠纷解决机制,即是对传统的人民调解资源的挖掘和利用,又给司法调解赋予了新的内涵。但我国的诉调对接制度尚在试验中,关于诉调机制的具体操作规则尚未出台。

(4) 知识产权快速维权援助机制不健全。

随着自贸区"先进区、后报关"等新型监管服务制度的实施以及跨境电子商务新业态的"落地",知识产权的快速维权需求将日益增加。但目前,自贸区内知识产权快速维权援助机构不足,并且尚未建立知识产权快速维权的绿色通道。

4. 促进知识产权多元争端机制建设的可能路径

(1) 健全知识产权司法保护制度。知识产权法庭的设立应根据自贸区的发展而定,在知识产权纠纷数量较少时,可以由自贸区法庭一并审理,而无需成立单独的知识产权法庭,以免造成司法资源的浪费;同时,对新型知识产权纠纷,可通过指导性案例的方式,明确裁判规则,再进一步上升为法律。

(2) 健全知识产权仲裁制度。修改《仲裁法》等法律,使其与仲裁制度创新相一致;在引入国际仲裁机制的同时,推进国内外知识产权仲裁机构开展合作,健全自贸区知识产权国际争端解决机制。

(3) 健全知识产权调解制度。制定诉调对接的操作规则;设立自贸区知识产权纠纷调解中心,构建包含行政调解、行业组织调解、社会调解在内的多元化调解制度。

(4) 健全知识产权快速维权援助机制。建立重点产业知识产权快速维权中心,为自贸区的企业提供快速知识产权的申请、授权、维权的绿色通道。鼓励扶持快速维权援助机构在自贸区内设立，并搭建知识产权举报投诉互转和维权援助互通平台，形成便利化的举报与维权通道。

（三）知识产权服务运营机制

1. 各自贸区知识产权服务运营机制建设情况

（1）各自贸区对知识产权服务运营机制的规划。

关于知识产权服务运营机制，《进一步深化中国（上海）自由贸易试验区改革开放方案》在"主要任务和措施"部分明确提出，优化知识产权发展环境，集聚国际知识产权资源，推进上海亚太知识产权中心建设。充分发挥自贸试验区和国家自主创新示范区政策叠加优势，全面推进知识产权、科研院所等领域体制机制改革，建立积极灵活的创新人才发展制度，健全企业主体创新投入制度，建立健全财政资金支持形成的知识产权处置和收益机制，建立专利导航产业发展工作机制，构建市场导向的科技成果转移转化制度，完善符合创新规律的政府管理制度，推动形成创新要素自由流动的开放合作新局面，在投贷联动金融服务模式创新、技术类无形资产入股、发展新型产业技术研发组织等方面加大探索力度，加快建设具有全球影响力的科技创新中心。

《中国（天津）自由贸易试验区总体方案》在"主要任务和措施"部分中，提出探索开展财政资金支持形成的知识产权处置和收益管理改革试点，建立华北地区知识产权运营中心，发展知识产权服务业。开展知识产权跨境交易，创新知识产权投融资及保险、风险投资、信托等金融服务，推动建立知识产权质物处置机制。同时，依法合规开展知识产权转让，建立专利导航产业发展协同工作机制。

《中国（福建）自由贸易试验区总体方案》在"主要任务和措施"中提出，发展知识产权服务业，扩大对台知识产权服务，开展两岸知识产权经济发展试点。创新知识产权投融资及保险、风险投资、信托等金融服务，推动建立知识产权质物处置机制。

《中国（广东）自由贸易试验区总体方案》在"主要任务和措施"中提出，建立华南地区知识产权运营中心，探索开展知识产权处置和收益管理改革试点。创新知识产权投融资及保险、风险投资、信托等金融服务，推动建立知识产权质物处置机制。发挥自贸试验区高端要素集聚优势，搭建服务于加工贸易转型升级的技术研发、工业设计、知识产权等公共服务平台。

（2）各自贸区知识产权服务运营机制建设的基本情况。

从上述各自贸区知识产权服务运营机制的规划来看，其重心在于如下方面：提出探索开展财政资金支持形成的知识产权处置和收益管理改革试点；建立知识产权商用化服务平台；建立知识产权运营中心；创新知识产权金融服务体系。另，上海自贸区和天津自贸区的规划中还提出建立专利导航产业发展工作机制，构建市场导向的科技成果转移转化制度；广东自贸区的规划中提出搭建知识产权公共服务平台等。

表 18-5 自贸区知识产权服务运营机制建设情况

	财政资金支持形成的知识产权处置和收益管理改革试点情况	知识产权运营机制的建设情况	知识产权服务体系的建设情况	知识产权金融服务建设情况
上海自贸区	开展了市级事业单位科技成果使用处置和收益管理改革；于2015年5月26日发布了《中共上海市委 上海市人民政府关于加快建设具有全球影响力的科技创新中心的意见》。	上海张江高科技园区实施专利导航试点工程，已经取得初步成就；自贸区内将建立专利导航产业发展工作机制。	2001年3月，上海市知识产权服务中心成立；建立了知识产权（专利信息）公共服务平台；加强了与国家知识产权局和WIPO等机构的合作；培育了一批熟悉国际规则、具备实务操作能力和较强竞争力的高端知识产权服务机构和高层次实务人才。	建立了政府主导向市场主导转变的一种"银行＋政府基金担保（融资担保公司担保）＋知识产权反担保"的间接质押融资模式；已经开展开展专利保险工作。
天津自贸区	开展了市级事业单位科技成果使用处置和收益管理改革；于2015年3月27日发布了《关于开展市级事业单位科技成果使用、处置和收益管理改革试点工作的通知》。	华北知识产权运营中心尚在建立之后；自贸区内将建立专利导航产业发展工作机制。	建设中。	正在探索市场主导向知识产权质押融资模式，政府辅助的"征集需求、对接服务、业务指导、流转、政策引领"的知识产权质押融资模式；已经开展开展专利保险工作。
福建自贸区	开展了省级事业单位科技成果使用处置和收益管理改革；于2014年11月26日发布了《关于深化省级事业单位科技成果使用处置和收益管理改革的暂行规定》。	将建立适应对台经济发展的知识产权运营机制。	建设中。	正在探索市场主导向知识产权质押融资模式；已经开展开展专利保险工作。
广东自贸区	部分市开展了事业单位科技成果使用处置和收益管理改革。	华南知识产权运营中心已经建立；2015年4月24日，"2015年知识产权运营与金融服务研讨会暨华南知识产权运营中心成立仪式"在广东股交中心举行。	建设中。	正在探索市场主导向知识产权质押融资模式；已经开展开展专利保险工作。

自《国家知识产权战略纲要》实施以后，上海、天津、广东、福建等各自贸区所在地在贯彻战略纲要提出"激励创造、有效运用、依法保护、科学管理"的指导方针的过程中，已经初步建立了各地的知识产权服务体系，为自贸区知识产权服务运营机制的建设奠定了一定基础。其中，2012年7月19日，上海市人民政府颁布了《上海市知识产权战略纲要（2011—2020年）》，纲要明确提出建立亚太地区知识产权中心城市的未来10年目标。而从纲要实施至今，在建设亚太知识产权中心的过程中，上海市政府采取了一系列措施，尤其是在浦东新区尝试"先行先试"，因此，上海知识产权服务运营机制相对于其他地方更为健全，且在多个方面都有创新。下表为各自贸区知识产权服务运营机制建设情况。需要说明的是，不同的自贸区有不同的功能定位，因此，其知识产权服务运营机制的建设重心各有不同，由于篇幅所限，表18-5仅列举了各个自贸区知识产权服务运营机制重点建设的部分。

2. 自贸区知识产权服务运营机制建设评析

（1）关于知识产权处置和收益管理改革试点。

高校作为知识创新和技术创新的重要引擎以及高层次创新人才的集聚之地，每年都承担大量的国家科研项目，积累了大量科技成果，但是，科技成果转化率同发达国家相比严重偏低。

而《关于开展深化中央级事业单位科技成果使用、处置和收益管理改革试点的通知》破除制约科技成果转化的制度性障碍，赋予了中央级事业单位对其持有的科技成果的使用、处置和收益权利，并建立了权责一致、利益共享、激励与约束并重的新机制。上海市、福建省、天津市等开展的省级事业单位科技成果使用处置和收益管理改革，将该通知的政策进一步扩大至省级事业单位，既有利于在本省（市）落实创新驱动发展战略，又有利于落实简政放权的要求。并且，福建省《关于深化省级事业单位科技成果使用处置和收益管理改革的暂行规定》中明确提出的配套税收优惠政策，将有效的促进科研机构和高等院校的科研人员参与单位科技成果的转化工作。

（2）关于知识产权运营机制建设。

从已经建立的华南知识产权运营中心来看，该中心为知识产权一站式交易、融资、孵化等服务的平台。创新之处体现在如下方面：第一，该运营中心在探索新型的知识产权运营模式方面作出了有益尝试，提出了"通过专利运营实现企业商业自由"的全新理念，这将正面引导企业加强创新和研发，对于规范市场竞争秩序、鼓励公平竞争将起到积极的促进作用；第二，该中心借助广东股交中心与广东金融高新区共同组建的"蓝海众投"的投融资平台及股权众筹平台（正在申请），积极探索"互联网+知识产权"的知识产权和股权融资新模式。

（3）关于知识产权服务体系建设。

第一，上海知识产权（专利信息）公共服务平台的建设经验。

首先，和国家知识产权机构紧密合作，成为所在经济区域的知识产权信息中心。提供知识产权信息和服务资源是平台的基本功能，而国家知识产权局专利局具有国内最详实的专利信息数据库和信息资源。目前，上海知识产权（专利信息）公共服务平台已经配置了国家知识产权局在线专利信息分析系统,成为国家知识产权局区域专利信息服务中心、国家专利信息传播与利用基地建设单位。因此,可以提供丰富的专利信息数据库和信息资源。专利检索数据库中包含了近80个国家、国际组织和地区的专利文摘数据,总计5000多万条专利文献数据,是现有国内开放最为齐全的专利数据库系统。其次,平台功能丰富,能提供多样化服务。平台有六大功能系统,除了专利检索和分析功能外,个性化平台可提供企业在线知识产权信息管理和专利申请流程管理,提供基于专利信息的预警功能以及知识产权案例、集成电路布图设计数据库等。❶

第二,上海知识产权商用化服务的建设经验。上海构建了"一个服务平台,两个专利市场、三大合作网络"知识产权服务体系,鼓励和促进了知识产权作为生产要素参与分配和交易,加快培育、壮大了知识产权交易市场。促进了知识产权法律、咨询、代理、评估、交易、托管、司法鉴定等知识产权服务业的发展和服务机构的合作。推动了知识产权确权评估、挂牌上市、转让报价、交易鉴证、结算清算、托管登记等相关制度的建立健全。❷

(4)关于知识产权金融服务体系建设。

关于知识产权质押融资。各自贸区所在区域知识产权质押融资的实践为自贸区创新知识产权质押融资模式,推动知识产权质物处置机制的建立奠定了基础。从上述各自贸区所在区域知识产权质押融资情况的分析来看,现行的知识产权质押融资模式一般都是以市场为导向,而政府通过补贴担保费用、中介费用、贷款利息等提供辅助。但是,知识产权质押融资面临的主要风险,即评估风险、法律风险及质物处置变现风险,仍然阻碍了知识产权质押融资。在这方面,各地可借鉴的经验如下。

第一,南山模式。❸ 面对上述风险,深圳市南山区创新了知识产权质押融资的操作模式。其中,技术导向模式聘请清华大学的专家团队对申请企业拟质押知识产权的技术水平进行充分评估,再结合企业的运营状况确定担保额度;法律导向模式由具有丰富的知识产权法务经验的公司主要从法律的角度对知识产权进行评估,并确定拟质押知识产权的价值。同时,该评估公司提供一定的担保,承诺一定条件下的赔偿义务。南山模式根据知识产权质押融资中涉及的技术、法律和企业资质的不同情况,设置了多种操作模式,并较好的减少了知识产权评估不准确带来的风险,有效地促进了知识产权质押融资的发展。

第二,建立小微企业专利权质押贷款风险补偿金制度。2015年6月3日,省财政厅和省知识产权局联合制定并发布了《福建省小微企业专利权质押贷款风险补偿资金管理办法(试行)》。根据该办法,小微企业专利权质押贷款风险补偿资金(以下简称风险补偿金)由福建省财政专项资金设立,福建省知识产权局与福建省财政厅共同管理,初始额度暂定1000万元,专项用于补偿与省知识产权局签订合作协议的国有银行(以下简称合作银行)在开展小微企业专利权质押助保贷业务(以下简称助保贷业务)过程中产生的

---

❶ http://www.shanghaiip.cn/wasWeb/index.jsp,访问时间:2015/6/18。
❷ 陈勇:"上海形成知识产权服务体系",载《中国科技投资》2008年第2期。
❸ "深圳市厚积薄发构建知识产权质押融资'南山模式'助力高新技术企业发展",http://www.gdipo.gov.cn/shared/news_content.aspx?news_id=9875,访问时间:2015/6/18。

贷款本息损失。该办法实施后，将有效地促进高新技术中小企业专利权质押融资的发展。

3. 自贸区知识产权服务运营机制的局限

（1）知识产权处置和收益配套政策不足。

第一，科研项目与市场需求脱节，"中试"环节严重滞后。政府是科研机构、高校等事业单位科技投入的最大主体，但现行的纵向项目评审标准或指标体系偏重于学术化，对于技术创新目标和战略重点的市场导向把握不够，这种情况下，科研机构、高校等事业单位研发的科技成果往往和市场脱节或难以直接投入市场，而需要"二次研发"，经过"中试"产业化研究。但是，我国"中试"环节严重滞后。目前，科研开发的前期工作和成果的市场推广等都有相应的部门可以承担，但是对于科技成果鉴定以后的"中试"、落实合作伙伴、沟通信息或牵线搭桥、推广应用等，这些介于高校、科研院所与企业之间协调管理环节的实现等，都缺乏有效的制度和机制，且"中试"产业化的风险较大，中小企业一般没有能力或不愿承担。❶

第二，科研机构、高校等事业单位的科研评价和激励机制不够科学。以高校为例，当前高校在教师专业技术职称评定（聘）过程中，以获得高水平项目数、发表高影响因子论文数、获得高级别奖项数等指标作为教师和科研人员的职称晋升、岗位聘任的先决条件，导致高校科研立项的主导思维很大程度上还是"学术思维""专家思维"，而缺少"市场思维"，同时，影响了高校科研人员开展科技成果转化工作的积极性。

（2）知识产权运营平台服务不足。

在知识产权运营中心的建设中，最为重要的是能否吸引企业入驻并进一步集聚知识产权资源。而吸引企业入驻的关键在于知识产权运营中心提供的服务是否具有高附加值，能够真正解决企业在知识产权运营中面临的问题。这种情况下，需要知识产权运营中心能提供知识产权信息服务、评估、金融、登记等一系列服务。从华南知识产权运营中心的建设来看，该中心虽为知识产权一站式交易、融资、孵化等服务的平台，但功能仍需要进一步拓展。另外，上海和天津自贸区都尚未开展专利导航试点工程试点。

（3）知识产权信息服务体系不完善。

目前，除了上海和广东之外，天津、福建并未建立统一的知识产权信息公共服务平台。同时，从各地知识产权服务体系的建设来看，知识产权评估机构、金融服务机构等知识产权服务机构都较为分散。

（4）知识产权金融服务体系不健全。

从各地知识产权质押融资的实践来看，各地知识产权质押融资的开展存在以下障碍：首先，能够申请质押融资的知识产权门槛太高。以专利为例，为减少专利质押融资的风险，提高银行的积极性，各地出台的专利质押融资管理规定都对可质押的专利提出了较高的要求。其次，知识产权质押融资中的登记程序较为繁琐，时间较长。我国目前专利权、著作权、商标权、计算机软件等进行质押融资时都必须办理登记，但登记机构有限，程序繁琐，耗时较长，难以满足融资企业快速获得资金的需求。有些地方规定，

---

❶ 葛剑平："强化市场引领机制 提升高校科技成果转化率"，http://cppcc.people.com.cn/n/2014/0305/c34955-24539096.html，访问时间：2015/7/6。

登记前即可先行向企业发放资金,但这导致部分企业办理登记手续拖沓,以至于贷款银行面临知识产权质押无法实现的风险❶。再次,缺乏统一的知识产权质押处置平台,以至于知识产权质押的实现困难。最后,尽管政府在财政上给予担保补贴、利息补贴,贷款银行仍面临较大的融资风险。

目前,我国资产证券化业务已经进入常规化发展,但是并无一单知识产权证券化业务。此外,上海、天津、福建、广东都已经开展专利保险工作,但主要提供的仅为专利侵权保险和专利执行保险,保险的种类较少。

4. 健全自贸区知识产权服务运营机制的可能路径

(1) 继续在知识产权处置和收益管理改革试点。

各自贸区可以在现行规定的基础上,进一步细化与上述规定衔接的配套规制,使得权责一致、利益共享、激励与约束并重的新机制得以真正落实。如落实高校教师专业技术职称评定(聘)机制,将科技成果转化作为职称评定(聘)机制的一个重要因素等。并可进一步将知识产权处置和收益管理改革推进到市级事业单位等。

(2) 建立统一、高效的知识产权运营服务平台,形成综合性区域知识产权交易中心,构建知识产权要素市场。

在促进统一的知识产权运营服务平台的建设方面,第一,该平台应能提供知识产权登记、查询、交易、托管、融资、运营等多样化服务。第二,在平台建立后,应不断拓展知识产权运营平台的功能及相关服务,形成一个以知识产权交易为核心,知识产权运营咨询、分析咨询、司法鉴定及物联网服务为重要辅助功能的综合性区域知识产权交易中心。第三,借助综合性区域知识产权交易中心,促进自贸区与周边区域知识产权要素资源高效流转、运用,推动知识产权市场一体化发展。

另外,上海和天津自贸区应尽快开展专利导航试点工程试点,并借助该试点,引导区内企业的知识产权转移转化。而在建立专利导航试点工程工作机制的过程中,应注意根据各自贸区的定位,通过专利分析确定各自贸区产业发展的重点,形成并支撑产业规划,并据此引导企业开展专利储备运营,同时,推进专利行业联盟。最终,形成区域内的知识产权集聚。

(3) 关于知识产权服务体系建设。

建立统一的知识产权信息公共服务平台。该平台应能提供包括专利检索和分析功能、专利预警企业在线知识产权信息管理和专利申请流程管理等多种功能。同时,该平台可通过和国家知识产权局的合作,配置国家知识产权局在线专利信息分析系统,成为国家知识产权局区域专利信息服务中心、国家专利信息传播与利用基地建设单位。

建立一个知识产权服务中心。促进知识产权法律、咨询、代理、评估、交易、托管、司法鉴定等知识产权服务机构的合作,并提供多方面的知识产权服务。同时,知识产权服务中心可和知识产权信息公共服务平台、知识产权运营中心及其他交易市场联合,构建统一的知识产权服务运营体系。

---

❶ 李瑜青、雷明贵:"知识产权质押中的登记问题探究",载《北方法学》2011年第4期。

(4) 关于知识产权金融服务体系建设。

推动知识产权投融资服务联动体系的建立，构建融资担保公司、债权基金、股权基金、银行、保险一体的知识产权金融服务体系。

建立适合本地的知识产权融资模式，细化知识产权质押融资的操作程序，取得知识产权质押登记的授权，同时，为进一步促进知识产权质押融资，可通过知识产权服务中心运用政府给予的各项科技发展专项资金或中小企业担保基金，建立知识产权质押融资的风险补偿机制，对银行开展知识产权质押融资业务创新的风险给予合理补偿，以减少知识产权质押融资的风险。

引入风险投资等投融资机构，通过知识产权投资基金、集合信托基金、融资担保基金等多种基金和银行等融资机构的合作，提供募资、投资、孵化、运营一站式服务，支持区域内企业的知识产权创造、运用、保护和管理活动；鼓励区内金融机构开展知识产权资产证券化，发行企业知识产权集合债券，探索专利许可收益权质押融资模式等，为市场主体提供多样化的知识产权金融服务。

进一步创新专利保险种类，推进知识产权保险的发展等。

四、自贸区知识产权管理和保护机制建设的思路研究

（一）战略定位

1. 整体定位

紧紧围绕推进自贸区发展战略部署，服务开放型经济体制建设，充分发挥自贸区知识产权资源密集和政策先行先试的优势，将自贸区建设成为定位明晰、改革先行、保护严格、服务健全、要素密集、规则接轨、管理高效、水平领先的知识产权体制机制改革的示范区、知识产权引领开放发展的新载体和知识产权强国的战略支撑点，营造一个严格依法保护、体现市场导向、符合国际惯例、具有国际竞争力的知识产权环境，具体为"四个区"：成为全国重要的知识产权创造及运用核心区、与国际接轨的高水平保护示范区、高水平全链条知识产权服务聚集区、知识产权体制机制创新先行区，在知识产权强国建设和创新驱动发展战略中发挥重要的引领示范作用。

（1）全国重要的知识产权创造及运用核心区，服务国家战略，成为知识产权强国的先行者，探索区域知识产权合作新模式，辐射带动周边。打造知识产权要素自由流动的"特区"，促进知识产权要素集聚，探索形成具有国际竞争力的知识产权发展机制和运作模式，培育一批知识产权龙头企业，提升知识产权综合发展水平，能够高效率、高效益实现知识产权价值，服务于"一带一路"建设、京津冀协同发展、长江经济带发展等国家战略，形成以自贸区为核心的区域知识产权新格局。

（2）与国际接轨的高水平保护示范区，建设成为知识产权开放的桥头堡，建设法治化知识产权环境。坚持高标准和高起点，以创新自贸区知识产权行政保护和司法保护机制为基础，以建设多元化的知识产权纠纷解决机制为重要补充，建立"行政、司法、仲裁、调解"四位一体的知识产权纠纷多元化解决机制，构建低成本、便利化的知识产

权纠纷快速处理通道，克服条块分割的行政执法体制弊端，加强各管理部门的联动和合作，构建统一、便捷、高效的自贸区知识产权保护体系。

（3）知识产权体制机制深化改革试验区，坚持制度创新，率先建立符合国际化和法治化要求的跨境知识产权规则体系，为国家参与新一代投资贸易协定谈判先行先试，探索建立与国际接轨的自贸区知识产权行政管理和保护机制，成立集专利、商标、版权"三合一"的自贸区知识产权综合行政部门。自贸区知识产权将坚持市场导向，在知识产权管理体制、运行机制、激励政策等方面开展先行先试，形成一些在全国可以复制推广的新模式、新机制等，解决当前知识产权面临的一些新问题。

（4）高水平、全链条知识产权服务聚集区。培育和引进一批高端和国际化知识产权服务机构入驻自贸区，形成规模优势突出、功能定位清晰、集聚效应明显、辐射带动有力的知识产权服务体系，加强知识产权信息、交易、投融资公共服务平台建设，提高知识产权公共服务能力，为自贸区内外快速发展的企业、产业和经济社会提供前瞻性、战略性、实用性和国际化的高水平知识产权服务，成为服务自身、辐射区域的知识产权服务集聚区，服务于开放型经济新体制建设，助力知识产权走出去。

2. 特定功能定位

（1）天津自贸区知识产权的发展定位。围绕航运物流、航空航天、装备制造、电子信息、生物医药等现代服务业、先进制造业和战略性新兴产业，以建设全国先进制造研发基地和打造京津冀协同创新共同体为导向，以科技型中小企业为主体，加快双自联动、促进双创特区建设，以知识产权制度创新为核心，加快知识产权金融创新，努力成为京津冀知识产权协同的核心载体、知识产权高水平对外开放平台、全国知识产权体制机制改革先行区、面向世界的高水平知识产权运营中心。

（2）上海自贸知识产权的发展定位。围绕上海"四个中心"建设的战略任务，加强自贸试验区与全球影响力科技创新中心建设的联动上实现新突破，充分发挥金融贸易、先进制造、科技创新等重点功能承载区的辐射带动作用，建立健全财政资金支持形成的知识产权处置和收益机制，成为知识产权服务业对外开放的试点，成为我国进一步融入知识产权全球化的重要载体，在更广领域和更大空间积极探索知识产权制度创新的新平台，促进上海成为亚太地区知识产权中心城市，力争建设成为开放度最高的知识产权贸易便利、知识产权要素流动自由、服务高效便捷、法制环境规范的知识产权高地。

（3）福建自贸区知识产权的发展定位。围绕立足两岸、服务全国、面向世界的战略要求，充分发挥改革先行优势，以东部沿海地区先进制造业重要基地为导向，营造国际化、市场化、法治化知识产权环境，把自贸试验区建设成为知识产权改革创新试验田，建设成为深化两岸知识产权合作的示范区，建设21世纪海上丝绸之路知识产权核心区，区域知识产权新高地。

（4）广东自贸区知识产权的发展定位。依托港澳、服务内地、面向世界，更加突出同我国香港、澳门地区的知识产权合作，围绕航运物流、高端商务商贸、科技智慧、高端装备等为主导的现代产业体系，将自贸试验区建设成为粤港澳深度知识产权合作示范区、世界知识产权贸易重要基地、21世纪海上丝绸之路知识产权重要枢纽和全国知识产权改革开放先行地。

(二) 建设策略

紧紧围绕国家自贸区战略和知识产权战略,坚持"企业主体,市场主导,政府服务"的原则,一是以改革为导向,进一步解放思想,坚持知识产权先行先试,加强知识产权体制机制创新,探索提升政府知识产权职能新机制;二是以开放为路径,以开放促改革、促发展,率先建立符合市场化、国际化和法治化要求的知识产权规则体系,探索扩大知识产权开放、聚集知识产权要素新路径;三是以聚焦为手段,集中资源,重点支持,形成支持自贸区知识产权发展的合理机制,探索深化区域知识产权合作新模式;四是以环境为保障,建立高标准、立体化的知识产权保护体系,拓展加强知识产权保护新方式,营造国际化知识产权保护环境;五是以联动为方向,加强知识产权与科技、投资、贸易、金融等工作的衔接,加强知识产权部门与其他部门的协同,实现自贸区知识产权政策与其他政策的联动,实现知识产权融入自贸区发展全局。发挥市场在知识产权资源配置中的决定性作用,努力打造知识产权发展新引擎,使自贸区成为我国进一步融入知识产权全球化的重要载体,打造中国知识产权升级版,充分发挥自贸区知识产权对产业转型升级和实现创新驱动战略的重要作用。

(三) 建设目标

到2020年,自贸区知识产权规则更加接轨,知识产权保护标准更加严格,知识产权管理体制机制更加灵活,知识产权服务体系更加健全,知识产权创造运营更加高端,知识产权金融环境更加优良,建设成为知识产权强国的核心支撑点,基本形成定位明确、要素聚集、保护严格、服务健全、管理顺畅、辐射周边的与自贸区发展相适应的知识产权发展格局,在区域协同发展和我国经济转型发展中发挥示范引领作用。

(1) 成为全国知识产权质量强区和运用中心。知识产权数量保持快速增长,每万人口发明专利拥有量全国领先,核心专利、知名品牌、版权精品大幅增加,知识产权产业化规模进一步提高,围绕自贸区重点产业,构建强有力的知识产权布局,知识产权密集型产业增加值占国内生产总值的比重显著提高。

(2) 成为全国知识产权保护高地。形成完善的知识产权保护体系,知识产权法治环境更加完善,区域知识产权权利人的合法权益得到有力保障,知识产权保护社会满意度进一步提高,围绕自贸区创新生态体系,营造良好的知识产权市场环境、法制环境。

(3) 成为全国知识产权服务聚集区。构建"中心突出、多点支撑、多层次梯度辐射"的网状知识产权服务发展体系,探索共同建设、共同收益、协同发展的知识产权服务发展机制,区域知识产权服务业快速发展和合理布局,知识产权公共服务互联互通,专业服务能力大幅提升,围绕区域市场一体化,构建区域高效快捷的知识产权要素流动体系和协同发展格局。

(4) 成为全国知识产权改革先行区。在知识产权管理机制、运营机制、激励政策等方面开展先行先试,探索知识产权新体制机制。

(四) 发展模式

目前各地的管理架构已经基本确立。

天津成立了天津自贸区推进工作领导小组，同时还设立了自贸区管委会，自贸区管委会最重要的任务是协调、统筹，对内对外的管理。具体实施则由三个片区的办事处，也就是东疆港保税区管委会、中心商务区管委会、天津空港保税区管委会来负责。因为三个片区都在滨海新区，滨海新区重点负责社会事业、规划管理、招商引资、统筹协调，形成各方合力，来加速自贸区建设。

福建自贸区也在省级层面成立了福建自贸区工作领导小组，同时在福州、厦门、平潭三大片区设立管委会，以负责具体工作的落实。

广东成立了自贸试验区工作领导小组及其办公室，并组建了各片区管理委员会。广东自贸区包括广州南沙新区片区、深圳前海蛇口片区、珠海横琴新区片区，广东同时向三个片区全面下放省级管理权限，以更大力度深化商事制度改革、简政放权。与此同时，这三个片区的管理机构，将行使省一级管理权限，将来会有更多的省级管理权限下放到三大片区。各片区加强信息沟通和相互协作，实现协同发展、错位发展。

上海自贸区的管理大框架也基本明确，自贸区管委会将会设立几个职能局，比如综合协调局、政策研究局、对外联络局；同时陆家嘴、张江、金桥、世博几个片区会设立相应的管理局。自贸区管委会与浦东新区人民政府合署办公，承担统一自贸试验区的各项行政管理职能。上海的方案会是一个"推进更加有力、衔接更加有效、震动不大的方案"。目前也在研究上海自贸区管委会的事权覆盖问题，以及如何在非特殊监管区域实现贸易监管的便利化问题。自贸试验区管委会知识产权局成立后，自贸试验区除海关知识产权边境保护外，专利、商标、版权的管理和执法工作将统一由知识产权局负责。

不同的自贸区有不同的管理架构，知识产权管理与执法应当与现有的管理架构相统一，是现有管理架构之下的最优设计。

1. 综合型知识产权管理和保护模式

成立自贸区知识产权局，为建立有限、有为、有效的现代知识产权管理体系，深化知识产权行政管理体制改革，将统一负责辖区内的专利、商标、版权等知识产权事务的行政管理、行政执法和公共服务工作，实现知识产权工作"发展统一规划、事务统一管理、执法统一行动"的行政管理模式及"一个部门管理、一个窗口服务、一支队伍执法"的工作运行机制，设立权力和责任事项清单，就可按照统一标准综合平衡管理，提高管理效能，构建一个横向到边、纵向到底、资源共享、全面覆盖、多方协同、相互促进的大知识产权工作格局，全力推进知识产权行政管理和执法体制改革，以实现"1+1+1＞3"的效果，筹建知识产权综合性平台，包括综合性运用与服务平台、综合性保护平台和综合性管理平台，强化知识产权行政管理和执法的综合效应，探索形成权责一致、分工合理、决策科学、执行顺畅、监督有力的知识产权行政管理体制。

2. 协调型知识产权管理和保护模式

成立高规格自贸区知识产权综合协调机构，省市知识产权局和自贸区管委会为牵头单位,自贸区管委会各部门和省市相关政府部门为成员,加强知识产权协调机构的职能和效力,强化地位和层级,拓展协调手段和方式,建立多层级、多类别的协调结构,评估、考核各部门的协调及落实情况,激发各部门在协调过程中的积极性,提升协调能力,建立部门间协调的长效性。建立知识产权信息共享平台,通过信息共享平台分享协调信息、协调进程、协调结果,通过网络沟通平台或者电视电话平台进行多方沟通,从而高效、快捷地实现部门间协调。建立自贸区知识产权考核评价标准和体系,对知识产权管理和保护情况进行定性和定量的评估,建立督察考核制度,明确考核依据,明确评价标准,明确考核权重,分阶段对各责任单位进行督察考核,强化相关部门的责任。

(五)重点任务和措施

围绕知识产权行政管理、知识产权保护、知识产权服务、知识产权金融和知识产权运营等五大重点任务,提出自贸区发展的"12个一",强化自贸区知识产权管理和保护的执行,打造标准版工具箱。

1. 建立统一高效的知识产权行政管理机制

应关注知识产权行政管理主体身份与意识的转变:作为自由贸易试验区的知识产权行政管理主体,其身份应当是"裁判员",而不是"领队",其意识应当是严格依照"负面清单"所确定的规则进行裁判或者说监管,而不是决定"运动员"也就是被裁判或被监管者应当如何行为。同时,在裁判与监管过程中,根据遇到的一些新问题,提出制定或修改"负面清单"规则的建议。推进自贸区知识产权行政管理机构改革,集成知识产权管理职能,将专利、商标、版权等职能整合到知识产权管理部门,建立集中统一、权责明确、上下协调、执行顺畅的知识产权行政管理体制,提高知识产权行政管理效能。

(1)实行"一个部门管知识产权",探索建立与国际接轨的自贸区知识产权行政管理和保护机制,成立集专利、商标、版权"三合一"的自贸区知识产权综合行政部门,履行专利、商标、版权等知识产权行政管理和保护、重大涉外经济活动的知识产权评议、进口产品知识产权纠纷和滥用行为的调查处理等职责。

(2)实行"一支队伍管知识产权执法",成立自贸区知识产权综合执法队伍,加大与公安、海关的联动机制,完善线索通报、案件协办、联合执法、定期会商等衔接制度,建设高效的行政执法体系。加快实施自贸区知识产权行政执法人员联合培训工程,加快高素质执法人员培养。

(3)实现"一个平台(窗口)提供知识产权服务",在自贸区实行知识产权行政服务集中办公,实现知识产权"一站式"服务。鼓励社会力量参与知识产权保护,加大对违法行为打击力度。发挥专业化社会机构力量,提高知识产权保护成效。逐步实现基于企业诚信评价的知识产权抽验制度。提高知识产权行政执法与海关保护的协调性和便捷性,建立知识产权执法协作调度中心。

(4)制定"一份权力清单和责任清单",明确自贸区知识产权行政管理的主要职能和责任,促进政府部门职能转变,明确规定专利行政部门的行政审批、行政许可事项以及行政执法权限,强调专利行政部门在提供专利信息公共服务、促进专利运用等方面的职责。负责知识产权的创造、运作、管理、保护和服务;重点监督指导重点领域、重点产业、重大专项的知识产权工作;推动知识产权服务体系建设和人才的培养;研究涉外知识产权事项;组织国际合作交流等。开展重点领域、重点产业、重大专项知识产权保护,推动知识产权服务体系建设,促进知识产权的转化运用等职责,建立权力清单和责任清单的适时更新制度,以适应区内知识产权行政保护的变化。

(5)建立"一个知识产权信息共享平台",由管委会牵头,由海关、质检、工商、税务、外汇等各部门共同参与的信息共享平台,整合涵盖注册备案管理、行政许可管理、日常监管、应急管理、稽查执法、信用评定等信息系统,通过电子数据自动采集、交换和动态表单等方式,动态记载各自贸区注册企业知识产权信息并实现信息共享,避免重复采集、重复存放和重复加工,加快信息流通速度和提高信息准确性,方便各职能部门访问和获取数据,降低政府行政成本;并通过利用该平台获取的信息资源,进行数据的深度挖掘和分析,为政府决策和服务社会提供有效依据。

2. 建立统一、便捷、高效、多元的知识产权争端解决机制

随着自贸区的建设和发展,必定会产生大量的知识产权国际纠纷。自贸区要在统一行政执法的基础上,引进知识产权仲裁、调解等机制,建立"行政、司法、仲裁、调解"四位一体的知识产权纠纷多元化解决机制。应关注独立第三方的作用:一方面由于政府部门往往人手紧张,另一方面也由于政府部门工作范围的局限性,利用独立第三方机构在自贸区开展知识产权工作,显得十分重要,这也是西方国家的通常做法。比如,通过第三方代理机构进行代理业务管理、通过调查机构进行情事调查、通过仲裁与调解机构进行纠纷处理、通过咨询机构进行各种信息的收集、整理、分析以及交流。

(1)建立"一个知识产权仲裁院",创新自贸区知识产权纠纷仲裁解决机制。制定或完善区域《自由贸易区仲裁规则》,吸纳和完善国际商事仲裁的先进制度,引入国际仲裁机制,推进国内外知识产权仲裁机构开展合作,健全自贸区知识产权国际争端解决机制,构建自贸区仲裁机构、自贸区仲裁规则、涉自贸区仲裁规则的司法审查意见三位一体的自贸区仲裁机制,积极探索争议解决的途径和行使,充分借鉴国内外争议解决机构的先进制度和实践,丰富自贸区多元化争议解决机制。同时,从知识产权立案、司法审查和裁决执行等各环节,对自贸区仲裁规则的施行,从司法的角度予以大力支持。

(2)建立"一批快速维权援助机构",畅通自贸区知识产权维权援助渠道。建设自贸区重点产业知识产权快速维权援助机构,为自贸区企业和个人提供有效的知识产权快速维权救济手段。搭建知识产权举报投诉互转和维权援助互通平台,形成便利化的举报与维权通道。成立自贸区专利侵权判定咨询委员会,建立专利侵权判定联合咨询机制,提升自贸区处理重大、疑难专利侵权纠纷和假冒案件的执法能力。

(3)建立"一个知识产权信用档案",提升市场化保护能力。推进自贸区建立统一的知识产权信用档案,构建知识产权保护诚信体系。推进建立自贸区知识产权保护社会调查报告制度,定期发布《自贸区知识产权保护状况白皮书》。围绕自贸区重点产业,支持企业整合行业知识产权优势资源,共建一批自贸区产业知识产权保护联盟,提升知

识产权保护能力。发挥自贸区作为我国对外开放窗口的作用，支持四地企业共同在自贸区建立知识产权海外维权联盟，构建知识产权海外维权与保护协作机制，提升企业知识产权海外维权能力。组建"自贸试验区建设法律服务团"，针对自贸试验区建设中遇到的重大知识产权法律难题，提出解决方案和专业法律意见。

（4）建立"一个三合一知识产权法庭"，提升自贸区知识产权司法保护水平。为自贸区的知识产权案件指定专门的管辖法院，或在自贸区内设立常驻案件受理机构和流动法庭，在案件审理上也可多采用简易程序。健全自贸区知识产权审判工作机制，推进知识产权民事、刑事、行政案件的"三审合一"，促进知识产权审判资源的优化配置，加强审判力量配置，加大对知识产权、贸易和金融等案件的研究，编制《自贸区知识产权司法保护案例集》。积极发挥北京、上海和广州知识产权法院作用，探索自贸区知识产权案件快速审理机制，打破侵权行为的地方保护，提升司法保护一致性。《自由贸易试验区案件审判指引》对知识产权案件的审理专门进行规定，创新知识产权审判工作，如全新的电子送达制度。探索实施从相关行业及高校专家中选任专业人民陪审员，真正参与到案件事实调查和案件审理之中。争取建立自贸区高效、快捷的知识产权国际争端解决机制，探索开展知识产权执法的国际合作。建立自贸区知识产权巡回法庭，根据自贸区的特点，遵循国际通行规则和惯例，公正、高效审理涉自贸区的知识产权案件。加强行政执法保护程序与司法保护程序之间，民事、行政与刑事司法保护程序之间的衔接配合。

（5）创新海关知识产权执法保护。海关身处于进出口贸易第一线，在知识产权执法中扮演着重要角色。加强海关知识产权保护和其他知识产权保护互动。加强海关保护和行政保护的对接。创新知识产权监管技术，及时调整海关知识产权风险甄别手段和方法，构筑高效严密的监管网络。各类企业主动在海关进行知识产权备案，进一步扩大海关知识产权保护对象。海关要从单纯的货物进出口监管延伸到在整个自贸区中的产品制造和销售上；保护对象要从在海关备案的知识产权延伸到所有的合法知识产权权利上；从目前主要依靠"主动发现然后通知权利人维权"的工作模式扩展到主动发现和高效处理并重的模式上来。加强跨境电子商务知识产权侵权监测与保护，着手知识产权授权许可"白名单"建设，即针对跨境电子商务企业所经营商品境外来源复杂、进货渠道多、境内收货多为个人、品牌和种类众多等特点，通过"白名单"建设，引导跨境电子商务企业加强货物来源渠道管理，建立正规品牌及商品名录，便利合法授权商品快速通关。

（6）建立"一批知识产权调解机构"。支持设立的行业协会、商会及商事纠纷专业调解机构等可以参与自贸区商事纠纷调解，鼓励社会化中介服务机构设立自贸区知识产权纠纷调解中心，构建包含行政调解、行业组织调解、社会调解在内的多元化知识产权争端解决机制，发挥争议解决作用。在自贸区法庭内建立司法与非诉讼纠纷解决的对接平台，引入商事调解组织、行业协会、商会及其他具有调解职能的组织，建立自贸试验区纠纷特邀调解组织名册，探索建立自贸试验区知识产权诉讼与非诉讼相衔接的商事纠纷解决机制。

（7）设立"一个自贸区知识产权保护中心"，实行一个窗口对外、一口式受理、相关执法单位分别核查处理的联合行政执法模式。该中心可由自贸区管委员协调牵头,由自贸区工商分局、法院、检察院、公安分局、海关部门以及仲裁院等执法单位和仲裁单位组成联合执法办公室,并开通统一对外的保护热线,通过电话、网络、现场接待等方式接受市民和企事业单位知识产权保护方面的咨询和投诉,受理执法请求。

(8) 完善一个自贸区条例,探索知识产权保护新举措。在自贸区条例中探索知识产权保护的新举措,主要建议包括:为解决专利维权"举证难"问题,完善相关证据规则,明确规定专利行政部门对专利侵权案件的调查取证手段;为解决专利维权"周期长"问题,明确行政调解协议的效力,规定无效宣告请求审查决定及时公告;为解决专利维权"赔偿低"问题,增设对故意侵权的惩罚性赔偿制度,将赔偿数额提高至二到三倍的相关规定;为解决专利维权"成本高,效果差"问题,加大对假冒专利的处罚力度,完善行政执法手段,就群体侵权、重复侵权行为的行政处罚以及制止网络侵权作出规定。是灵活创新知识产权行政查处案件处理程序。

建议在自贸区知识产权处理程序上进行大胆和灵活创新。具体而言,要依据货物金额、侵权行为人侵权行为的性质、程度的不同,对侵权案件进行区分。尤其对于那些数额不大、货物数量不高,可以通过简易程序进行处理,以提高行政执法的效率,方便行政执法机构将办案力量主要集中在大案要案的处理上。同时,自贸区管委会可以充分发挥其统筹管理职能,对侵权货物的数量范围设定一定的标准,对工商、质检、海关各机构在各自职权范围内查获的小额、小批量侵权货物实施简易执法程序。

(9) 探索建立"中国版337"调查制度。第一,中国正致力于经济转型,其中一个重要的方面就是扩大内需,国外企业进入中国抢占中国市场,将不可避免地出现国外企业不公平进口的情形,为了保护中国境内注册的知识产权和中国境内企业的商业秘密,完全有必要建立"中国版的337"调查制度。第二,建立"中国版的337"调查制度能够帮助中国企业将侵犯其知识产权的进口商品挡在国门之外。随着中国企业自主知识产权不断增多,随着各国对华出口不断增长,中国政府可以抓住这个契机设立337调查制度,建立起以保护专利为重点的进口贸易知识产权保护体系。第三,合理的制度设计,可以解决法院诉讼进程慢、效率低和潜在执行效果不佳的问题。第四,中国企业在应对"美国337"调查时还可以策略性的发动"中国版337"调查作为和解谈判的筹码,尤其是针对那些没有充分理由恶意挑起事端,意图以高额诉讼费吓退中国出口企业的申请人。第五,"中国版337"调查制度将促进中国企业真正重视知识产权。

3. 建立高端化、国际化的知识产权服务体系

加快知识产权服务业开放,聚集国内外高端知识产权服务机构,进一步完善知识产权服务体系,形成一批专业化、规模化和国际化的知识产权服务机构,知识产权服务业从业人员数量和服务能力大幅提高,建设成为服务自身、辐射周边的知识产权服务集聚区。

(1) 建立"一个知识产权公共服务平台",推进自贸区知识产权公共服务。在自贸区开展知识产权公共服务平台建设,提供一站式服务,建立知识产权"1+×"服务模式。在孵化器等各种创新创业载体建立知识产权孵化服务站点,以知识产权托管形式,

引入专业资源，逐步构建便捷化的知识产权服务体系。建立自贸区重点产业专利信息平台，共同围绕新一代信息技术、智能制造、生物医药等重点产业领域开展专利信息分析和专利预警，指导开展专利布局。建立集成专利、商标、版权、科技、产业、贸易、海关等知识产权信息大数据公共服务平台，逐步实现基础信息共享，提高知识产权信息利用便利度，满足自贸区企业对知识产权的多层次需求。

（2）建设国际化知识产权创造高地，要通过各种措施和政策，引导区内企业开展知识产权创造，探索知识产权成果孵化方式，吸引国内外知识产权权利人和投资人进入区内开展知识产权转化。围绕战略性新兴产业，依托重大创新载体建设高价值专利培育示范中心，创造一批科技含量高、权利状态稳定、市场前景好的高价值专利。鼓励跨国公司设立地区性总部、研发中心等，鼓励先进制造业延伸价值链，产生一批高质量专利。坚持需求导向和产业化方向，推动科研机构、高校、企业协同创新自主知识产权。按照国际通行做法探索人才评价方法，实施更加积极的拥有知识产权人才引进政策，强化激励，吸引领军科学家、企业家、归国创业人员等高端人才。

（3）建设"一个境外知识产权预警和服务体系"，打造低成本知识产权国际化服务平台。探索建立对外知识产权合作服务的新模式，围绕对自贸试验区企业走出去提供全方位服务，建设高水平、低成本、全方位、一站式、便利化的知识产权服务平台，组建知识产权"走出去"的服务联盟，要降低企业享受国际专业咨询机构服务的门槛。支持企业及个人开展多种形式的境外研发和知识产权投资合作，在法律法规规定范围内，允许自担风险到各国各地区自由承揽项目。加强对外知识产权投资合作事后管理和服务，建设多部门信息共享平台，完善境外知识产权风险预警和应急保障体系。积极鼓励从事境外投资的股权投资企业和境外投资的股权投资母基金，开展知识产权运营服务。实施国际化企业知识产权标准化管理体系计划，建立重点企业知识产权联络员制度，引导规范知识产权管理。

（4）建设"一个知识产权服务共同体"，推进自贸区知识产权服务业聚集区建设。组建自贸区知识产权服务联盟，构建资源共享的知识产权服务共同体，为重点产业、重点企业、重大经济科技活动等提供深度知识产权服务。允许取得国际资质的外籍和港澳台地区知识产权专业服务人员和机构，在自贸试验区内依照有关规定开展相关业务。吸引国际高端知识产权服务机构，强化高端业务发展，支持知识产权服务机构不断拓展涉外知识产权服务，建立健全知识产权服务标准规范，使之成为服务自身、辐射周边的知识产权服务集聚区。建立知识产权服务业机构库，组织服务机构开展"知识产权服务自贸行"活动。

（5）创新自贸区知识产权服务整合机制。依托重点机构，打造知识产权服务机构电商化网上服务平台，支持平台采用线上线下结合的服务模式，创新知识产权服务方式。搭建自贸区知识产权人才信息共享平台，培养职业化的技术经纪人、专利代理人。建立自贸区知识产权专家库，成立知识产权顾问团，提升区域知识产权工作水平。天津自贸区依托国家专利审查协作天津中心、北京中心，建立国家专利局审查员实践基地。依托自贸区统一服务平台向企业免费提供服务，依托各类行业和园区平台提供低成本服务，鼓励社会机构对知识产权信息进行深加工，形成"基础性服务—专业化服务—高端化服务"体系，满足社会多层次需求。

4. 建立新形态、多形式的知识产权金融机制

结合自贸区金融创新，创新知识产权金融政策，优化知识产权金融发展环境，建立与投资、信贷、担保、典当、证券、保险等工作相结合的多元化多层次的知识产权金融服务机制，构建融资担保公司、债权基金、股权基金、银行、保险一体的知识产权金融服务体系，显著提升知识产权金融服务促进企业创新发展的作用。

（1）建设"一个自贸区知识产权质押处置平台"，支持自贸区创新知识产权质押融资。支持建立自贸区知识产权质押处置平台，简化知识产权质押融资流程。支持自贸区探索建立知识产权质押贷款风险补偿机制。与国家新兴产业创业投资引导基金、国家科技成果转化引导基金形成合作机制，支持投资知识产权。联合国内外知名股权投资机构共同成立知识产权基金，在自贸试验区先行先试。推动自贸区保险机构规范服务流程，简化投保和理赔程序，重点推进专利执行保险、侵犯专利权责任保险、知识产权质押融资保险、知识产权综合责任保险等业务运营。鼓励和支持保险机构加强运营模式创新，利用专利保险重点加强对出口企业和高新技术企业创新发展优势的服务和保障。

（2）探索自贸区知识产权资本化新模式。鼓励自贸区金融机构开展知识产权资产证券化，发行企业知识产权集合债券，探索专利许可收益权质押融资模式等，为市场主体提供多样化的知识产权金融服务。鼓励金融机构积极开展知识产权融资业务，建立知识产权融资统一登记平台，服务中小企业发展。支持在自贸试验区内设立专业机构，开展知识产权保险试点工作。探索合作设立自贸区知识产权创投基金，引导风险投资和种子基金投入以专利池或专利组合为主的知识产权转移转化。推进专利保险试点，探索建立知识产权银行和互联网知识产权金融平台。组建的众投投融资平台及股权众筹平台，实现众筹交易所化，积极探索"互联网+知识产权"的知识产权和股权融资新模式。

（3）加强自贸区知识产权金融服务能力建设。支持自贸试验区内符合条件的单位和个人按照规定双向投资于境内外知识产权证券市场。允许具备条件的民间资本依法发起设立中小型知识产权银行等金融机构。整合自贸区投融资机构及配套服务机构资源，成立知识产权投融资服务联盟，为企业提供贯穿知识产权价值链条的投融资全方位服务。建立统一的区域知识产权价值评估标准，加快培育一批高水平知识产权评估机构，强化复合型知识产权评估人员的专业培训。开展自贸区知识产权金融服务需求调查，建立企业知识产权投融资项目数据库，搭建企业、金融机构和中介服务机构对接平台，定期举办知识产权项目推介会。引导知识产权评估、交易、担保、典当、拍卖、代理、法律及信息服务等机构进入自贸区知识产权金融服务市场，支持社会资本创办知识产权投融资经营和服务机构，加快形成多方参与的知识产权金融服务体系。

5. 建立新模式、多元化的知识产权运营机制

通过政府引导和市场推动，逐步构建以自贸区知识产权运营平台为主导，各类分支交易市场为基础，专业知识产权机构为补充，各类专业中介组织广泛参与，与国际惯例接轨，布局合理，功能齐备，充满活力的多层次知识产权运营体系。

（1）鼓励自贸区建设一批高水平运营机构。鼓励和引导自贸区企业、科研院所和知识产权服务机构单独或者联合开展知识产权运营。鼓励和引导知识产权服务机构从单一代理服务向综合性知识产权服务机构转型。鼓励自贸区民间资本通过成立基金、建立知识产权运营公司、搭建平台等方式参与知识产权运营。鼓励和支持技术转移机构开展知识产权运营，扩充知识产权价值实现的途径。培育、引进一批有影响力的知识产权服务机构。吸引境外资本在自贸区设立基金或者服务机构，参与知识产权运营。在自贸区企业、科研院所、知识产权服务机构中培育知识产权运营试点单位。

（2）促进自贸区建设知识产权要素市场。促进自贸区与周边区域知识产权要素资源高效流转、运用，推动知识产权市场一体化发展。围绕天津自贸区，整合京津冀三地资源，联合北京知识产权商用化公司、滨海国际知识产权交易所及三地国家专利运营试点机构，组建"京津冀知识产权交易联盟"，形成跨区域、信息共享、标准统一、梯度化的知识产权交易服务体系。支持自贸区重点产业依托产业协会或者骨干企业建立专利联盟或专利池，提高产业共同抵御风险和知识产权运用能力。支持自贸区各产业联盟内成立专利联盟或标准联盟，推动专利技术标准化、国内标准国际化。

（3）建设"一个知识产权运营平台"，打造一批高水平知识产权运营平台。支持天津自贸区探索开展财政资金支持形成的知识产权处置和收益管理改革试点，建立华北地区知识产权运营中心，打造一站式交易许可平台。京津冀三地知识产权产权交易市场、技术交易市场可在自贸试验区内开展合作。在自贸区合作共建专利创业俱乐部等一批专利孵化转化平台，引入风险投资等投融资机构，提供募资、投资、孵化、运营一站式服务。开展知识产权跨境交易，创新知识产权投融资及保险、风险投资、信托等金融服务，推动建立知识产权质物处置机制。依法合规开展知识产权转让，建立专利导航产业发展协同工作机制。积极探索知识产权贸易发展的新途径和新模式，搭建知识产权贸易公共服务平台、知识产权贸易促进平台，推动现有融资平台依法合规为中小知识产权贸易企业提供融资服务。增强自贸试验区知识产权交易市场的集散功能，加强区域交易市场互联互通，推动各类资源合理高效流转。支持横琴建立自由流转的国际知识产权交易市场和平台，打造知识产权国际交易中心，培育和发展各类知识产权运营机构，提升知识产权对促进产业转型升级的推动作用，争取建成国际知识产权成果转让、许可、交易、转化的集散地。

（六）建设路线图

在总体思路指导下，根据不同阶段的发展定位，依据发展目标，结合重点任务，按照"发展需求—存在问题—发展愿景（战略定位）—发展目标—建设策略—重点任务—战略措施—实施保障"，编制未来 5 年自贸区知识产权的发展路线图，参见图 18-3。自贸区知识产权的发展路线图分为建体系、提能力、上效益及走出去四个阶段。在此基础上，实现知识产权做大、做好、做优和做强的目标。

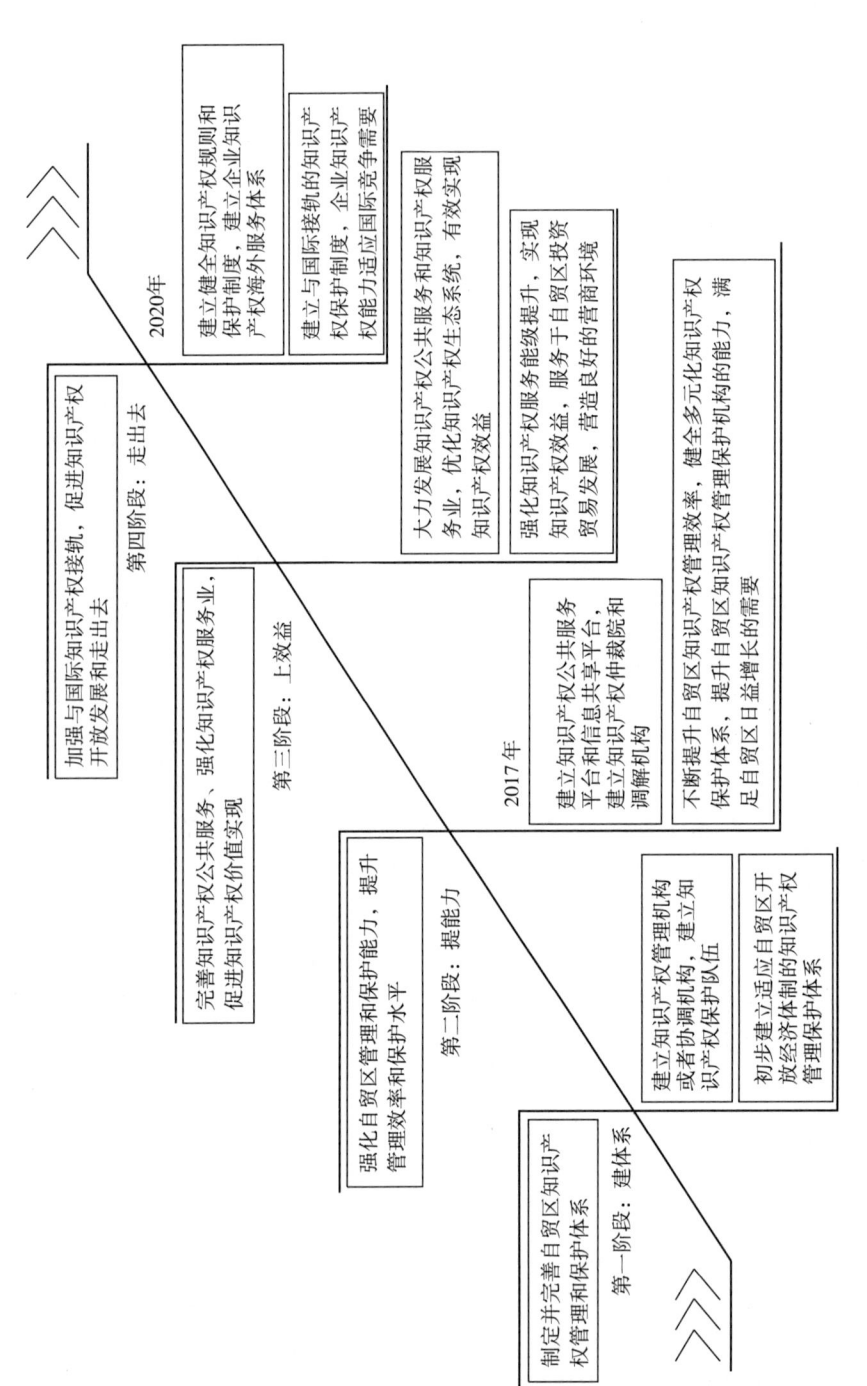

图18-3 自贸区知识产权路线图

第一阶段：建体系
- 制定并完善自贸区知识产权管理和保护体系
  - 建立知识产权管理机构或者协调机构，建立知识产权保护队伍
  - 初步建立适应自贸区开放经济体制的知识产权管理保护体系

第二阶段：提能力
- 强化自贸区管理和保护能力，提升知识产权管理效率和保护水平
  - 2017年
  - 建立知识产权公共服务平台和信息共享平台，建立知识产权仲裁院和调解机构
  - 不断提升自贸区知识产权管理效率，健全多元知识产权保护体系，提升自贸区知识产权管理保护的能力，满足自贸区日益增长的需要

第三阶段：上效益
- 完善知识产权公共服务，强化知识产权服务业，促进知识产权价值实现
  - 大力发展知识产权公共服务和知识产权服务业，优化知识产权生态系统，实现知识产权效益
  - 强化知识产权服务能级提升，实现知识产权效益，服务于自贸区投资贸易发展，营造良好的营商环境

第四阶段：走出去
- 加强与国际知识产权接轨，促进知识产权开放发展和走出去
  - 2020年
  - 建立健全知识产权规则和保护制度，建立知识产权海外服务体系
  - 建立与国际接轨的知识产权保护制度，企业知识产权能力适应国际竞争需要

五、自贸区知识产权管理和保护机制建设的保障措施

（一）加强组织领导，强化协调机制

国家知识产权局和地方政府将自贸区知识产权建设纳入到部市会商重要议程，国家知识产权局将自贸区知识产权纳入到推进计划之中，组织编撰制定《中国自贸区知识产权行动指南》，为自贸区知识产权工作提供指引。建立国家知识产权局、省市知识产权局和自贸区知识产权局三级协同机制，定期召开自贸区知识产权建设汇报和协调会，加强共建。地方知识产权局要将自贸区知识产权工作纳入《推进计划》，重点支持。自贸区知识产权管理部门应建立区内知识产权联席会议制度，建立统筹协调机制，制定《自贸区知识产权推进计划》，加强与金融、财政、科技等部门的沟通合作，建立工作协调机制，将知识产权系统在政策、信息、项目以及知识产权保护和服务等方面的优势与相关部门的资源优势有机结合，促进知识产权工作有效开展。

（二）健全政策法规，强化法制保障

自贸区制度创新，法律要先行。自贸区立法需和我们国家正在进行的双边、多边谈判中涉及的国际通行知识产权保护规则和条款规定相对接。加快制定自贸区综合管理基本法，要包含知识产权条款。应当推出相关法规条例的英文版，同时要配备熟悉英文、熟悉国际规则，熟悉法律的团队。根据区域特点和发展需求，针对区域知识产权发展中面临的突出问题，在自贸试验区内开展有针对性的政策试点。例如，我国的技术进出口条例，规定了技术的进出口（包括了转让和许可）必须经备案或批准后才能生效。是否可以简化程序不再需要政府部门来审批，而单由合同法来规范？应关注知识产权外国制度与商业惯例：自贸区知识产权监管团队应当通晓国际知识产权制度、知悉外国知识产权规范、谙熟通行商业惯例。试验特区之"特"，就在于它的涉外性，如果行政监管团队只了解中国知识产权法律制度，甚至还了解一些国际知识产权法律制度，这都是不够的，最好还能或多或少了解一些外国当事国的知识产权法律和国际通行的重要商业惯例。

（三）加强广泛交流，促进合作发展

建立自贸区知识产权合作与交流的磋商机制，确立知识产权保护与贸易自由的合作目标，扩大自贸区知识产权国际交流合作的高度、深度和广度。加大宣传力度，提升自贸区企业和公众的知识产权意识，尽快形成与国际接轨的"尊重知识产权，保护知识产权"的社会氛围。借鉴学习国际上知识产权先进保护经验，鼓励自贸区的企业到海外去经营和布局，为企业提供更好的知识产权帮助，营造一个良好的知识产权生态体系。

（四）培养高端人才，加强人才保障

培育通晓国际知识产权规则的高端知识产权人才队伍。依托高等院校和现有培养机

构,建立高端知识产权人才培育基地和国际知识产权合作交流基地,尽快吸引和培育一批既通晓国际规则又熟悉中国知识产权制度和法律体系的专业人才,为自贸区知识产权提供智力支撑。支持华东政法大学等加强和世界知识产权组织合作,加强知识产权的人才培养、司法合作及数据库的使用。

(五)加强智力支撑,举办高端论坛

按照"联合主办、轮流承办"的方式举办年度自贸区知识产权论坛,提升论坛的影响力与号召力,组织区域内外和国内外的政府领导、知名企业家、学术界代表人物和专家学者参加,为自贸区知识产权发展战略献计献策,为在各种重大问题上形成共识提供讨论空间。支持各地自贸区研究机构开展知识产权专题研究。

(六)加强品牌打造,树立国际形象

通过各种方式,加大自贸区知识产权保护的宣传,尤其是借助"4·26知识产权周"等加大宣传力度,每年发布《自贸区知识产权保护白皮书》《自贸区知识产权发展水平指数》等,提升自贸区知识产权保护的形象。

专题19　经济新常态下知识产权发展趋势研究

承担单位：中国科学技术大学

作　　者：宋　伟　周　宏　苟小菊　狄　勇
　　　　　孙　伟　彭小宝　宋晓燕　胡海洋
　　　　　葛章志　许斌丰　刘　奇　李敏思

一、知识产权发展面临的挑战与机遇

(一) 全球"后危机时代"与我国经济发展"新常态"

当前,世界经济处于"后危机时代"❶,危机缓和后虽进入相对平稳期,但因固有的危机并没有解决或是不可能完全解决,而使世界经济等方面仍存在诸多不确定性和不稳定性。全球金融市场和商品市场波动明显,全球债务危机不断扩散,大国货币政策、贸易投资格局、大宗商品价格的变化方向难以估计。近年来,世界经济出现向好的势头,主要国家宏观经济政策趋于稳定、经济发展前景相对乐观❷,但这并不意味着困难时期已经过去,未知的动荡可能随时发生,经济回升的基础还不稳固,外需萎缩的局面仍在持续,各类市场主体仍面临较大的危机感与紧迫感。全球经济也出现了许多亮点,如页岩气革命、互联网商务、人工智能、新能源汽车为代表的绿色产业等,但长期看,这些经济"亮点"能否形成产业革命带动世界经济强劲增长还有待观察,新的增长动力源尚不明朗。世界经济仍将持续深度调整,预计将长期保持中低速增长态势。

高度复杂敏感的国际形势与我国经济发展的不利因素❸相互交织,使得我国原先的经济发展方式难以为继❹。中央立足世情、国情提出了经济发展"新常态"❺,并指出正确认识新常态、主动适应新常态、勇于引领新常态是"当前和今后一个时期我国经济发展的大逻辑,也是把握经济工作主动权的关键"❻。"八期叠加"❼ 的现实背景与经济发展"新常态"的现实表现,引起诸多专家、学者对我国经济走势的预测❽,虽有分歧,但一致性的判断是探底回升。须重申,我国当前仍处于发展的重要战略机遇期❾,但其

---

❶ "后危机时代"并非学术概念,而是社会用语,一般指全球经济自 2008 年美国次贷危机后的触底、回升直至下一轮增长周期到来前的时间段。

❷ 当前,美国经济总体复苏,英国经济增速创新高,欧元区经济有所向好,印度经济增速已超过中国,拉美国家结构性改革取得成效。

❸ 由于劳动投入放缓、资本投入放缓、全要素生产率难以大幅提高、统计基数越来越大,我国经济潜在增长率下降成必然趋势,潜在增长率是理想状态下的增长率,GDP 实际增速往往围绕潜在增长率合理波动。

❹ 2015 年上半年,国内经济同比增长 7%,其中消费、投资与净出口的贡献率同比下降甚至为负值,"三驾马车"的驱动作用同比进一步减弱。

❺ 2014 年 5 月,中共中央总书记习近平在河南考察时首次提及"新常态";2014 年 7 月 29 日,在中南海召开的党外人士座谈会上,习近平总书记再一次提出要正确认识新常态、适应新常态;2014 年 11 月,习近平主席在亚太经合组织工商领导人峰会上,首次系统阐述了"新常态"。

❻ 2014 年 12 月,中央经济工作会议提出要准确把握经济发展新常态,从消费需求、生产要素、出口和国际收支、市场竞争、资源和环境约束、投资需求、生产能力和产业组织方式、经济风险积累和化解、资源配置和宏观经济调控方式等 9 个方面概括了经济新常态的特征,丰富了社会对经济新常态的中高速、优结构、新动力、多挑战等 4 个方面的总体认识。

❼ 郭占恒:"关于'十三五'规划研究视野和思路的几个问题",载《政策瞭望》2014 年第 10 期。"八期"叠加与融合,即"三期"(经济增长换档期,结构调整阵痛期,前期刺激政策消化期,)加"五期"(社会矛盾凸显期、环境治理紧迫期、全面深化改革攻坚期、国际市场低迷常态期、国际地区冲突频发期)

❽ 各种几何图谱,如 U 型、V 型、W 型、L 型、√型、反√型、₣ 型等交替出现却又莫衷一是,其基本分歧在于对经济筑底时间持续性与反复性的判断不一。

❾ 中共十六大报告中提出,"综观全局,二十一世纪头二十年,对我国来说,是一个必须紧紧抓住并且可以大有作为的重要战略机遇期"。

内涵和条件发生了深刻变化。当前经济运行面临较大的下行压力，经济增速进入到个位数的增长阶段，发展的质量和效益亟需提高。外需低迷，内需不振，经济结构调整刻不容缓。资源、环境约束加强，推进新型城镇化、促进区域协调发展、保障和改善民生的任务十分艰巨。保障国家安全难度加大，宏观债务水平持续上升，结构性就业矛盾突出。生态环境恶化、食品药品质量堪忧、社会治安状况不佳等突出问题仍没有缓解。这些都是我国实现由"由大国到强国"转变以及全面建成小康社会目标的巨大挑战。

总之，全球金融危机造就了新的国际格局：世界市场比危机之前变得更加拥挤，西方大国与新兴经济体经济权重此消彼长，各国回归实体经济并寻找新经济增长点的欲望更加强烈，国际经济合作和保护主义呈现新态势，国际金融体系变革成为不容回避的话题。对我国而言，"十三五"时期是承上启下的重要阶段❶，正处于成长上升阶段的中国自身发展潜力、发展空间和回旋余地都很大，加之我国当前稳增长、促改革、调结构、惠民生和防风险的政策措施正不断出台和推进，工业化、城市化、市场化、国际化进程正在快速演进和转型，这些都预示着中国经济完全有条件在"十三五"期间保持中高速增长，并在遵循"三大规律三大发展"的基础上，探索"两个平衡点一个结合点"❷，顶住经济下行压力，激发经济增长持续动力❸，实现经济持续平稳健康发展的既定目标。

（二）知识产权角色的重新界定

知识产权对经济新常态的支撑作用应予以重视。随着经济发展的条件和环境已经或即将发生诸多重大转变，传统的不平衡、不协调、不可持续的规模速度型粗放增长模式逐步改变，新型全面、协调、可持续的质量效益型集约增长方式将逐步构建。国家经济转入"新常态"是一个长时期的调整过程，创新驱动发展是这一时期的核心与主流，而创新又与知识产权鱼水相连。党的十八大以来，创新驱动发展战略与知识产权战略已上升为国家战略，其有效实施为经济发展输入新的动力，助力中国经济结构的优化。关于知识产权的重要性，《国家知识产权战略纲要》中指出，"知识产权日益成为国家发展的战略性资源和国际竞争力的核心要素，成为建设创新型国家的重要支撑和掌握发展主动权的关键"；《深入实施国家知识产权战略行动计划（2014~2020年）》在此基础上进一步指出，"深入实施知识产权战略是全面深化改革的重要支撑和保障，是推动经

---

❶ 根据党和国家提出的长远发展目标任务，如实现"四个现代化"、实现小康和全面小康、实现"两个一百年"和实现中华民族伟大复兴中国梦的目标，研究提出五年中期国民经济和社会发展的目标、任务和工作举措，以期一步一步推进长远目标任务的实现。

❷ 中共中央政治局在2014年7月29日召开的会议上，对经济增长速度和如何发展问题释放新的信息，提出新的要求。一是正确看待经济增长速度，"我国发展必须保持一定速度，不然很多问题难以解决"。二是准确把握平衡点和结合点，主要是"准确把握改革发展稳定的平衡点，准确把握近期目标和长期发展的平衡点，准确把握经济社会发展和人民生活改善的结合点"。三是尊重规律性，主要是"发展必须是遵循经济规律的科学发展，必须是遵循自然规律的可持续发展，必须是遵循社会规律的包容性发展。"

❸ 中央政治会议在2015年7月30日召开的会议上，对当前经济形势进行总体把握，认为上半年经济"经济增长与预期目标相符"。第一，主要经济指标有所回升；第二，结构调整继续推进；第三，农业形势持续向好；第四，发展活力有所增强。但是"经济下行压力依然较大，一些企业经营困难，经济增长新动力不足和旧动力减弱的结构性矛盾依然突出"。

济结构优化升级的重要举措"。2014年与2015年交替之际，国家再度拔高知识产权的重要性，要使知识产权"有力地支撑经济发展新常态"❶，要使"知识产权制度成为激励创新的基本保障"❷。一方面，知识产权的权利安排机制和创新激励机制，成为创新的源动力所在；另一方面，知识产权前连创新后连市场，成为科技成果向现实生产力转化的桥梁和纽带。此外，知识产权作为国际社会的竞争筹码，实力与规则的博弈也日趋激烈。因此，在经济新常态下，更需实现知识产权与经济社会发展的深度融合。

经济新常态对知识产权的传导效应也值得关注。由于经济下行压力、补助政策调整等原因，2014年上半年，我国专利数量曾一度出现严重下滑，特别是外观、实用新型专利，之后止跌回升，知识产权的发展呈现出一定的动荡。当前，"知识产权事业发展新常态"的概念亦被相关学者使用❸，使用范围虽小但至少说明知识产权发展正处于一个新阶段。同时，社会舆论中，"知识产权运营2.0模式"（中国知识产权运营联盟首先提出）、"知识产权服务2.0时代"（鼎宏知识产权集团首先提出）、"知识产权人才培养2.0时代"（中国知识产权培训中心首先提出）等反映"知识产权2.0时代"的从属概念浮现。其实，"知识产权新常态""知识产权2.0时代"与规范性文件中的"知识产权强国"三者在本质上是一致的，均指出了知识产权在经济新常态下的新发展趋势及新阶段特征，只是各自的侧重点有所不同❹。经济新常态下，知识产权发展方向的变化主要是：①知识产权由追踪型向超前谋划型调整；②知识产权由追求数量向注重质量调整；③知识产权四大环节中要着力加强其运用和保护；④知识产权由发挥区域各自优势向加强协作方向发展；⑤知识产权国际规则的调整和知识产权竞争的加剧；⑥知识产权由注重自身建设向加强国际交流合作调整。❺

（三）知识产权理论与实践的新发展

通过对中国知网（CNKI）2000~2014年相关文献进行检索，再利用Excel统计有效文献的关键词总数及每个关键词的词频，得出两两关键词之间的关系矩阵，并用可视化软件Ucinet显示，得到知识产权领域学术研究热点图谱。图谱显示，学界研究超高频

---

❶ 国家知识产权局申长雨局长2014年12月在中国经济年会（2014~2015）上发言指出，"知识产权是支撑经济发展新常态的一个因素，支撑经济发展新常态，知识产权要进一步实现与经济社会发展的深度融合，首先要当好攀枝花，同时做好顶梁柱，另外能够直接贡献GDP"。在国家知识产权局2015年新年贺词中，申长雨局长进一步指出，"我们一定要站在党和国家事业发展全局的高度，着眼世界发展的大势，立足我国知识产权事业发展的阶段性特征和长远发展目标，坚持走有中国特色的知识产权强国之路，全面提升知识产权事业发展水平和综合实力，有力地支撑经济发展新常态"。

❷ 2015年3月，中共中央、国务院印发《关于深化体制机制改革 加快实施创新驱动发展战略的若干意见》，明确提出"要使知识产权制度成为激励创新的基本保障"。

❸ 2014年12月21日，中南财经政法大学学术委员会主席、知识产权研究中心主任吴汉东教授在国家知识产权智库建设研讨会暨中南财经政法大学知识产权研究基地十周年庆典上发表讲话，认为知识产权新常态至少包括三句话："第一，制度建设的本土化；第二，创新成果的产权化；第三，环境治理的法治化"。

❹ "知识产权新常态"强调当前与过去发展状态的不同，"知识产权2.0时代"强调知识产权发展阶段的前后更替，"知识产权强国"强调知识产权发展的目标。

❺ 北京市知识产权局副局长潘新胜："新常态下知识产权工作的新思路"，载《中国知识产权报》2015年1月23日第8版。

词有知识产权制度、知识产权滥用、知识产权保护、利益平衡、专利、WTO、TRIPs等。同时，知网上以"新常态"为关键词搜索的文献有4万多篇，但"新常态"与"知识产权"相结合的有价值的文献不足20篇。对于新常态下的知识产权，学术主要关注点有知识产权产业化、知识产权保护、知识产权发展思路等。2014年国家社科基金法学类与知识产权相关的课题有9个，而2015年国家社科基金法学类与知识产权相关的课题为13个，比上年多出4个。社科基金关注点在于数字新媒体时代下知识产权问题、国际知识产权新规则、交易及竞争中的知识产权问题等。可见，经济新常态下，学界对知识产权的关注点已悄然发生了改变。

2014年知识产权发展状况主要有以下几个方面❶：①知识产权法律法规建设稳步推进。《商标法》及其实施条例《专利法》《著作权法》《专利代理条例》《促进科技成果转化法（修正案草案）》《职务发明条例》《驰名商标认定和保护规定》《商标评审规则》《使用文字作品支付报酬办法》《民间文学艺术作品著作权保护条例（征求意见稿）》或已实施，或在审查修订，或在征求意见。②知识产权数量持续快速增长。我国发明专利申请量连续4年位居全球第一，商标申请量连续13年位居全球第一，作品登记、计算机软件著作权登记、植物新品种申请等都创下了历史新高。各类知识产权申请量和授权量稳步增加。③知识产权行政执法和司法保护进一步加强。全国专利行政执法、工商系统、版权系统、海关等办案量和案值显著增加。知识产权行政执法与刑事司法衔接信息共享平台建设，软件正版化工作，知识产权法院建设均取得重要成果。知识产权民事案件、行政案件和刑事案件立案及审结数量显著增加。④知识产权运用管理水平逐步提升。专利权、商标、版权质押融资额均突破新高。知识产权局深入实施专利导航试点工程，工商总局推进商标富农工作，版权局新设多个贸易基地/交易中心/示范园区/示范单位，农业部成立国家种业科技成果产权交易中心，林业局建立林业植物新品种和专利技术展示对接平台。⑤知识产权对外交流合作不断深入。世界知识产权组织中国办事处在北京正式设立。我国政府与新加坡政府签署知识产权领域合作谅解备忘录，国家知识产权相关部门积极参与知识产权多双边磋商谈判。国家知识产权局、版权局、海关总署、最高检、最高法积极推进知识产权对外交流活动。

二、知识产权发展方向预测

当前，国际知识产权发展呈现出如下特征：（1）国际社会更加看重创新引擎对经济增长的提振作用，对知识产权的重视程度也显著增加，知识产权价值纳入整个国民生产总值的核算正在被发达国家实践并向新兴经济体传导❷。（2）美欧国家依然是全球核

---

❶ 国务院新闻办公室于2015年4月16日举行新闻发布会，国家知识产权局局长申长雨介绍了2014年中国知识产权发展五个方面的状况。

❷ 当前包括我国在内的大多数国家采用联合国1993年发布的《国民经济核算体系-1993》（SNA1993）进行国民经济核算。2009年，联合国等五个国际组织联合发布了新的国民经济核算国际标准SNA2008。SNA2008较之SNA1993的变化在于：一是将研究开发支出从中间消耗改变为资本形成的一部分，计入GDP；二是将无形生产资产改为知识产权产品列入固定资产中，将包括计算机软件和数据库、文学艺术作品等在内的知识产权产品列入资本账户固定资产分类中。美国2013年7月率先依照新标准对GDP核算方法进行了改动，澳大利亚、加拿大、欧盟紧随其后，日本则表示于2016年进行改变将动漫等巨额无形资产计算在内。

心技术的产出地，引领全球的创新和技术的变革，但知识产权创造的重心正在自西向东转移，亚太地区核心知识产权开始外溢和扩散❶。（3）各国及与知识产权相关的国际组织开始关注知识产权授权后的运用阶段，并成立了相应的机构❷，探索知识产权运用与保护的新模式。（4）互联网的虚拟环境及数字化技术对传统知识产权带来巨大挑战，尤其是在著作权领域，还有部分属于商标领域、域名领域及专利领域，著作权管理模式亟需确认与细化❸。（5）各国都在调整其知识产权制度及国际规则以应对新挑战，世界知识产权组织之外的其他地区组织开始发力，产生出许多新的多边合作机制❹。（6）PCT、EPC等实践使得知识产权地域性特点日益向全球化和区域化方向转变，知识产权资源，如审查资源、教育培训资源、审判资源将进一步集中❺。（7）"高大上"的尖端科技继续受到重视，加强科技创新中的知识产权保护依旧是重点；民生知识产权的关注度不断提高，成为知识产权文化建设的重要突破口❻。

对我国知识产权发展趋势的把握，将从知识产权发展环境、知识产权创造、知识产权运用、知识产权保护、知识产权管理、知识产权"走出去"六个方面进行剖析。

（一）知识产权发展环境将不断改善，政府与市场将更好地发挥各自作用

（1）依法治国理念下，知识产权制度和政策体系建设将协同推进。激励创新的产权制度、知识产权保护制度将进一步完善，尤其是职务发明权益分配机制与促进科技成果转化的体制机制，将更加顺畅。2016年我国将自动成为市场经济国家，发挥市场在知识产权资源配置中的决定性作用更是大势所趋。

（2）简政放权、放管结合、优化服务将在知识产权行政管理上同时推进。加强和改善宏观调控与市场监管，反对垄断，促进合理竞争，维护公平竞争的市场秩序等将进一步开展与实施❼。原有的行政管理职能（科技创新IP服务、IP审查服务、重大经济

---

❶ 近两年，知识产权五大局（中、美、欧、日、韩）中，东亚中、日、韩三国的国际专利申请总量猛增并已超过美国。

❷ 世界知识产权组织之前主要负责国际规则的协调，更多关心授权前的阶段，能够让国际规则如专利合作协定、海牙协定、马德里协定等运作。现在，随着知识产权价值不断提升，该组织开始关注其运用阶段。

❸ 互联网上的知识产权出现二元化的使用模式，一种传统的知识产权保护，强调著作权，强调许可、有偿；另一种是自由的流通。两种模式要有不同的管理方式，权利人可以决定接受哪种模式，用户也要适应这两种模式。

❹ 目前国际上成立了很多多边合作机制，如美日欧三边合作，可称为"大三边"；还有中日韩三边合作，可称为"小三边"。知识产权五局已实现业务的深度合作。东盟也在策划，想借鉴欧洲经验，建立统一的专利制度体系。另外，拉丁美洲的几个主要国家也在协调，力图合作统一。

❺ 知识产权主要的审查资源将进一步集中在知识产权五局，知识产权宣传、教育和培训等将集中在德、英、法、澳、加等中等知识产权局，广大发展中国家（地区）分发知识产权外包业务，知识产权审判资源也逐步在区域范围内或国家范围内集中。

❻ 从《环球科学》近两年评选出的十大科技热词及世界知识产权组织近两年确定的主题可以看出，公众关注度集中于气候环境、食品医药、互联网信息、航天航空、智能制造5个领域，民生知识产权关注度高。

❼ 2014年10月，党的十八届四中全会通过的《中共中央关于全面推进依法治国若干问题的决定》中明确提出，"完善激励创新的产权制度、知识产权保护制度和促进科技成果转化的体制机制"，同时要求"加强和改善宏观调控、市场监管，反对垄断，促进合理竞争，维护公平竞争的市场秩序"，这不仅是依法治国的重要体现，也是当前和今后一个时期我国知识产权法律法规建设和完善的重要指南。

活动 IP 评议服务等）与基础工程支撑（IP 信息服务、IP 调查统计服务、IP 人才队伍建设服务等）将进一步向服务性事项转变。部分日常管理工作和有关事项将下放，向社会组织购买服务力度将加大，相关行业协会将脱钩改制。而且，具体业务将会进行综合型性的整合，办理流程更加细致，办理时间明显缩短。

（3）政府行为更加积极主动，"大众创业、万众创新"潮流❶呼唤知识产权服务平台、交易平台、信息咨询平台、援助平台等有效响应，对创业者和小微企业的知识产权运营和知识产权维权给予充分支持❷。"三权改革"赋予市场主体使用、处置知识产权的自由，并能自享收益，调动了知识产权市场化运作的积极性，市场对转化的失败更加包容。

（4）精神文明建设、国家普法教育、知识产权专题教育等活动将持续、有效地开展，尊重知识、崇尚创新、诚信守法的知识产权文化进一步形成。高科技发展的日新月异与产品的不断升级，社会交流更加便捷，公众生活质量不断提高，知识产权保护宣传的基础将更加厚实。知识产权的价值将进一步得到社会的认可。

（二）知识产权创造量质并重，结构调整快速进行

（1）"数量布局，质量取胜"❸的专利发展策略将向知识产权各领域溢出，知识产权将迎来数量与质量的同步发展。知识产权行政管理部门对低质量专利生成的监控力度加大❹，"调速不减势，量增质更优"的工作原则将会拓展，知识产权高水平的创造、高质量的申请、高标准的审查、高规格的授予将逐步落实，著作、专利、商标等知识产权横向结构及其内部结构将进一步优化。

（2）经济新常态下的产业结构从"二三一"向"三二一"转变，服务业的迅速发展与"互联网＋"的紧密结合，新的商业模式不断涌现❺，对商业模式的保护要求变革现有知识产权制度的框架❻，寻求对商业模式的整体保护而非是对商业模式中技术内容

---

❶ 2015 年 3 月国务院办公厅印发《关于发展众创空间推进大众创新创业的指导意见》，加强知识产权公共服务平台建设，为创新创业者提供专利信息检索、专利技术展示交易、知识产权咨询等服务。加快培育品牌知识产权服务机构，为创新发明提供知识产权专业化服务。

❷ 2014 年 10 月，国家知识产权局印发《关于知识产权支持小微企业发展的若干意见》，以知识产权公共服务的形式支持小微企业创新发展。

❸ 2014 年 1 月国家知识产权局党组扩大会议上申长雨局长讲话指出，专利发展要"以数量布局，靠质量取胜"。2014 年 4 月国家知识产权局发布会介绍 2013 年中国知识产权发展状况，申长雨局长在回答记者提问中指出了专利数量与质量的关系，即"数量是基础，质量是关键"。

❹ 2013 年 12 月，国家知识产权局印发《关于进一步提升专利申请质量的若干意见》。

❺ "2015 中国互联网大会" 7 月 21 日在北京召开，奇虎 360 公司总法律顾问、副总裁傅彤律师在大会创新知识产权论坛正式发布《"互联网＋"新商业模式的知识产权保护研究报告》，并受邀发表主题演讲，首次提出通过商业方法专利的方式加强对"互联网＋"新商业模式的知识产权保护。

❻ 将 "商业模式" 作为知识产权的一种类型进行保护已形成共识。以美、欧、日为代表的发达工业国对商业模式保护很早就从研究、立法、实施等各层面全面展开，我国也在 2004 年颁布了《商业模式相关发明专利申请的审查规则（试行）》，但是商业方法专利不是我国专利法所保护的客体，知识产权对商业模式的保护只能通过保护对实现商业模式的具有新颖性和创造性的技术方案、计算机软件和相关文档资料文献，从而达到侧面、局部保护商业模式的目的。体现在具体的知识产权工作上，就是技术专利申请、软件著作权申请和作品著作权申请三方面的工作。

的保护。服务业商业模式的快速成熟也与制造业领域的绝对专利产出产生对抗之势。

（3）知识产权因所属主体、领域或地域上相同或相近，通过组团实现共同或互补发展。单个或少数知识产权已经无法满足企业自身发展与应对知识产权诉讼的需求，围绕企业发展战略做好核心知识产权保护与外围知识产权布局是赢取市场竞争的良策。战略新兴产业将继续抓紧布局以专利为核心的知识产权，弥补核心技术自主研发的空白，抢占产业发展的先机与制高点，应对发达国家的"跑马圈地"。传统产业将更多依靠知识产权获取持续发展空间。单一主体的知识产权创造活动将进一步向产学研合作创新方向发展。

（4）实施专利导航试点项目，推动专利联盟建设，开展知识产权集群管理试点，建设知识产权示范企业、园区及城市，建设自主创新示范（试验）区，京津冀城市协同发展，长江经济带建设，新型城镇化建设等措施，知识产权集群化将随着区域一体化进程的加快而更加突显，不同区域知识产权储备的差异及互补性使得区域竞争与合作更加频繁。知识产权利益分享机制、知识产权协同工作机制、知识产权平衡发展机制期待更合理的设计。

（5）知识产权众包借助"开源"的思想，较好地实现了个体利益与公共利益之间的平衡❶。未来，通过互联网征集工业品、工艺品外观设计方案，征集商标设计方案，网友联合撰写图书、编写软件等将会流行。

（6）重要科技领域知识产权质量较好，并已形成产业化。如机器人、无人机、轨道交通、导航系统、海洋装备、核电开发等，但若取得市场竞争力还需核心知识产权的攻关与创造。

（三）知识产权运用模式出新，服务于产业发展并引领产业变革

（1）随着产权社会化❷与权利商品化❸的快速发展，知识产权所有权与使用权、担保权、经营权进一步分离，由更多市场主体分别拥有或行使不同层面的知识产权，合作、委托开发关系的存在使得多主体对同一知识产权的共同分享，知识产权控制权主体进一步从个人向组织体转移，知识产权成为重要的投融资工具与分红依据。

（2）传统的知识产权许可、转让的交易规模仍在逐渐扩大，但在应对复杂多变的市场时依旧略显不足。拓展新的知识产权投融资方式，尤其是解决时下中小企业投

---

❶ 互联网众包平台作为网络任务集散平台，将原本由单位员工执行的工作任务以自由自愿的形式外包给非特定的大众网络予以完成，它强调公众体验，充分利用公众碎片化的业余时间，也优化企业的管理流程，缩短产品开发与市场需求之间的反馈过程。《赫芬顿邮报》成功秘诀就是增加用户的参与，把用户变成新闻制作过程的一部分；维基百科千万计的词频条目就是全球用户的自助编辑，用户享受的是贡献内容的快乐。

❷ 即产权的私人性向社会性转变的趋势和过程，产权改变原来的专有性、集中性、不可分性、封闭性、凝滞性特征而具有了非专有性、可分性、分散性、开放性、流动性特征，如财产范围的扩大、产权重心的改变、产权明晰的需求、资本形态的变更、企业形式的变化等。产权社会化实质上就是社会给予了每个人可以拥有、行使社会现有生产资源的所有、经营、使用等不同产权的权利和机会，同时也赋予了他们由此取得相应收益的权利和机会。

❸ 权利具有天然的垄断性和稀缺性，进入市场以后其含金量越来越高。权利商品化以后，权利和资本成了等价物，权利商品化的方式包含但不限于转让、许可、作价入股等方式。新型产权交易中心的建设改变了分散交易的状况，权利商品化走向统一化与规范化。

融资难的问题，是顺应企业发展需求的关键举措。未来，知识产权金融化可通过知产出资、知产引资、质押贷款、融资租赁、证券化、众筹等股权或债权投融资方式实现。

（3）在知识产权资本化过程中，也会出现新的管理运营方式，如知识产权信托、知识产权保险、知识产权拍卖等。同时，公共部门通过与私人部门建立伙伴关系（PPP）提供公共产品或服务的方式将兴起，社会资本通过市场化方式设立以知识产权投资基金、集合信托基金、融资担保基金等为基础的投融资平台和工具将会增多。

（4）农业生产实现由人力密集型向科技密集型快速转变。现代农业科技的注入更加迅速，更有利于运用金融、资本的力量打造新农业产业❶。在实现农业机械专利布局与转化的同时，农业信息化和智能化加速发展❷。地理商标源头追溯与农产品驰名商标打造用于保障食品安全，植物新品种和转基因技术的商业化运作用于解决日益突出的粮食安全问题。

（5）制造强国是一个拥有高质量知识产权创造并大规模、高价值应用的强国。《中国制造2025》发布，重点领域知识产权转化受到重视❸，提升和保障产业发展将更多依靠知识产权尤其是核心专利。知识产权的权威将进一步增强，知识产权的质量和市场价值进一步提升。

（6）知识产权使得行业边界与职业边界日渐模糊，知识产权服务业将融入现代高端服务业，服务业新商业模式层出不穷，实体店的转型与退出加快。房地产等知识产权冷行业更加注重与知识产权的紧密结合，外观设计和品牌意识将提升当代人的生活品味。家庭农场与整体厨房迅速发展，空间立体应用技术快速普及，种植体验和家居结构发生重要改变。周边的物质世界就是知识产权的世界。

（四）知识产权保护力度加大，社会满意度进一步提高

（1）知识产权执法资源和审判资源进一步集中。对相关自贸区的知识产权统一行政管理与综合执法进行经验总结与模式推广❹，探索在自主创新示范（试验）区、城市新区试点的可能性。总结北京、上海、广州三地知识产权法院建设的经验，探索知识产权主管部门对知识产权法院的组建与运行提供人财物等方面的保障和支持。

（2）知识产权行政执法信息公开范围继续扩大。通过互联网渠道公开专利执法案

---

❶ 产业资本进入农业领域已成趋势，基于土地流转的各种创新使土地规模化经营加快，如阿里巴巴集团推出的"聚土地"项目、中信信托推出的"土地信托"等。

❷ 如用大数据来分析土壤和气候，测土配肥；用物联网来武装田地，实时监测控制农作物生长情况；用分离器将太阳光中对植物生长有用的光谱分离，其余大部分太阳能通过反射聚光用于光伏发电。

❸ 2015年5月，国务院印发《中国制造2025》，部署全面推进实施制造强国战略，文件中18次提及知识产权，明确了9项战略任务和重点，强化新一代信息通信技术产业、高档数控机床和机器人、航空航天装备、海洋工程装备及高技术船舶、轨道交通装备、节能与新能源汽车、电力装备、新材料、生物医药及高性能医疗器械、农业机械装备等十大领域知识产权运用。

❹ 上海市自由贸易区设立专门知产管理机构取代传统的专利授权、商标注册、版权登记等行政机关，实行版权、商标、专利"三合一"的统一执法模式。

件信息，有效震慑违法者，促进专利执法人员规范、公正、文明地执法❶。知识产权领域的社会信用体系将逐步建成，恶意侵权行为纳入社会信用数据库，实现恶意侵权记录查询，开展信用联合惩戒，提高恶意侵权者违法的机会成本。

（3）知识产权行政执法更具针对性。专项执法行动将制度化、规范化，重要侵权案件的打击力度将增强❷，执法协作将在更大的范围内开展。对电子商务平台交易行为、网络侵权盗版、知识产权海关保护将重点监管。

（4）软件正版化工作在更大范围内推进。软件正版化工作走向常态化、规范化❸。在巩固政府机关软件正版化工作成果基础上，进一步推进国有企业、事业单位的软件正版化。软件资产管理、经费预算、审计监督、年度检查报告、考核和责任追究等制度将落到实处。

（5）知识产权司法保护外的纠纷社会预防与调解工作受到重视。以公证的方式保管知识产权证据及相关证明材料将逐步推广，知识产权纠纷诉讼与调解对接更加紧密，知识产权纠纷可实现行业内或行业间的调解。

（五）知识产权管理更加细致，科学高效的管理方式逐步推广

（1）云计算、大数据将进一步改善知识产权管理。从知识产权申请、文档存储到审批流程管理、审查、出版等一系列业务将在全电子化的庞大信息处理系统中完成，各类知识产权数据库与检索系统将不断升级与完善，全国性的专利信息网络和平台建设全面铺开。企业、高校和科研院所通过向云计算平台提供商支付一定服务费即可在线应用。用户通过应用程序可及时了解专利申请受理情况、审查进度、审查结果等。

（2）知识产权评议工作将成为常态。知识产权主管部门和产业主管部门间的沟通协作更加密切，评议程序更加规范，评议内容更加明确。企业自主知识产权评议工作亦将有序开展，自行规避知识产权风险的意识加强。

（3）企业知识产权管理进一步加强。通过引导企业提高知识产权规范化管理❹，提升企业竞争力，优势企业可进行知识产权管理标准认证并贯彻知识产权管理规范。知识产权价值分析标准和评估方法将更加完善。

（4）国防知识产权管理强化。随着我国周边安全局势的恶化，国防知识产权的储备与运用对于提高战斗力、赢得战争主动权、战略威慑潜在对手至关重要。国防科研生产和装备采购各环节均需要加强知识产权管理，军事技术民用化将更加广泛，同时优势民用知识产权也将进入军品科研生产领域，国防知识产权权利归属与利益分配问题将会显现。

---

❶ 2014年2月，国务院批转全国打击侵犯知识产权和制售假冒伪劣商品工作领导小组《关于依法公开制售假冒伪劣商品和侵犯知识产权行政处罚案件信息的意见（试行）》的通知。

❷ 重点查办跨区域、大规模和社会反响强烈的侵权案件，加大对民生、重大项目和优势产业等领域侵犯知识产权行为的打击力度。

❸ 2013年8月，国务院办公厅关于印发《政府机关使用正版软件管理办法》的通知。

❹ 2013年3月，由国家知识产权局起草制定的《企业知识产权管理规范》经国家质量监督检验检疫总局、国家标准化管理委员会批准颁布实施，是我国首部企业知识产权管理国家标准。

（5）国有企业知识产权管理强化。国企改革也引起知识产权等无形财产的管理变革。交叉持股、社会资本投入中，知识产权投资作将纳入国有资本范畴。高管薪酬制度改革，知识产权收益将在工资基数之外。资产证券化是国企改革路径之一，但知识产权证券化尚待实践突破。企业间的兼并与收购，知识产权等无形资产的转移亦需加强管理。

（六）知识产权国际化加快，知识产权国际影响力和国际竞争力将受到重视

（1）发达国家高端领域、高端产品的知识产权更新速度加快，转化加速，继续占有大比例市场份额；发展中国家通过复制、模仿获取利润的成本增大甚至不被市场所认可。固守在维护技术创新者、技术领先者利益的基本准则之上的知识产权制度将逐渐打破，更加重视发展中国家和最不发达国家的基本利益，国际知识产权规则朝着普惠、包容方向发展，创新创造将更多惠及各国人民。

（2）以经贸合作为支撑，建设全球性的知识产权保护体系和长效机制，知识产权保护力度将加大；各国贸易部门和知识产权界的合作将加强，防止知识产权沦为设立贸易壁垒的工具；通过国际合作拓展发展中国家知识产权保护的人才培养新途径。

（3）知识产权贸易相对于货物贸易、服务贸易的比重将继续上升。自贸区内多元化的知识产权争端解决机制、国际化的知识产权服务机制、顺畅的知识产权合作交流机制、高标准的知识产权司法保护机制将逐步建立。知识产权规则更加有利于公平贸易，自贸区内对进口贸易进行知识产权境内保护将会实现。

（4）伴随"一带一路"建设的推进，我国知识产权对中亚、西亚、南亚、非洲、拉丁美洲的输出将增多，与东亚、北美洲、欧洲、大洋洲的知识产权储备形成互补共赢。涉外知识产权工作将得到加强❶，企业"走出去"将更加便利❷。

（5）发达国家利用其科技和经济实力作为竞争优势，将其意愿和国内规则带到了国际社会，而发展中国家为了保护其利益也参与到制定国际知识产权规则的博弈中。我国许多新兴专利具有相应竞争优势，加强其国际保护实有必要；重大前沿领域的知识产权实力还比较薄弱，但仍需产生自己的竞争规则；积极参与国际规则的制定，改变由过去规则的执行者向参与制定规则的角色转变❸。

---

❶ 国内外知识产权的同等保护，多边与双边交流的加强，专利审查国际业务承接能力的提高，驻外使领馆知识产权工作力度的加强，双双、多边执法合作机制的建立和完善，国际海关间知识产权执法合作的进一步推进。

❷ 对主要贸易目的地知识产权相关信息的收集发布是必然，企业知识产权培训将加强，探索建立公益性和市场化运作的知识产权运营公司，加大海外知识产权维权援助机制建设，鼓励企业建立知识产权海外维权联盟，帮助企业在当地及时获得知识产权保护，引导知识产权服务机构提高海外知识产权事务处理能力。

❸ 2015年7月，第七轮中美战略与经济对话框架下的经济对话发布联合成果情况说明，涵盖了强化经济政策合作、促进开放的贸易和投资、支持金融稳定和改革、提升全球合作和国际规则四大领域。在对知识产权的关注上，根据反垄断法，发布行政决定的反垄断执法机构所在地的中级人民法院对有关决定的行政诉讼拥有管辖权；当有关决定涉及知识产权，并且发布机构位于北京、上海或广州，当地的知识产权法庭将对相关行政诉讼拥有管辖权。中美双方承诺继续通过联合联络小组开展识别、调查和起诉知识产权犯罪者的工作，包括互联网上的有关犯罪行为。美方确认将继续在特别301报告和"恶名市场"名单中客观、公正和善意评价中国政府和企业在知识产权保护和执法方面所做努力。

三、应对策略与政策措施

（一）促进知识产权融入国家各项发展战略，实现"知识产权+"的全方位布局

知识产权除自身的升级发展外，还需融入经济社会发展的方方面面。当前，除国家知识产权战略纲要、知识产权事业"十二五"规划外，尚有诸多涉及知识产权的规划，包括知识产权领域内的专项规划、科教文卫事业知识产权参与、产经投贸知识产权促进、税投贸政策对知识产权的优惠等。知识产权已与国家各项战略密切相关，加强知识产权与产业、区域、科技、贸易、竞争等政策的配套衔接和深度融合，构建适应改革发展、激励创新要求的知识产权制度设计和管理模式，服务改革发展大局，也是实施知识产权强国的核心要义。知识产权制度助推创新资源市场化配置，规制滥用知识产权和不正当竞争等行为，构建以知识产权利益合理分享为纽带的技术创新体系，这些都保障了全面深化改革的顺利进行[1]，推动经济结构优化升级。大力发展战略性新兴产业，大力推进传统产业自主创新，支持高科技改造传统农业，发展现代服务业带动就业，有助于充分发挥知识产权效能、改善民生。

（二）推动知识产权四大环节的均衡发展，促进知识产权综合能力的显著提升

知识产权战略以知识产权创造、运用、保护、管理的"四位一体"为核心内容，知识产权综合能力是知识产权创造能力、运用能力、保护能力、管理能力的合称，不可偏废其一。知识产权创造方面，需进一步提高知识产权拥有量，优化结构，提高核心专利、知名品牌、版权精品和优良植物新品种数量，形成一批拥有国外专利布局和全球知名品牌的知识产权优势企业。知识产权运用方面，需进一步提升市场主体运用知识产权参与市场竞争的能力，促进知识产权投融资额的增加，充分彰显知识产权市场价值，提高知识产权密集型产业增加值占国内生产总值的比重，加快发展知识产权服务业，服务能力基本满足市场需要，提高其对产业结构优化升级的支撑作用。知识产权保护方面，建立健全知识产权保护体系，充分发挥司法保护的主导作用，提升行政执法效能和市场监管水平，有效制裁反复侵权、群体侵权、恶意侵权等行为，提高知识产权保护的社会满意度。知识产权管理方面，提高知识产权行政管理水平，促进审查能力与国际先进水平接轨，国家科技重大专项和科技计划实行知识产权全过程管理，引导重点院校和科研院所普遍建立知识产权管理制度，提升企业知识产权管理水平。四大环节的均衡发展并不等于同等发展，当前经济新常态提出"提质增效升级"的目标，要求着力加强知识产权的运用和保护。

---

[1] 当前，国企改革正在进行通过产权市场和证券市场实现知识产权资产的处置和流转，通过知识产权入股参与混合所有制经济推进股权多元化都需知识产权制度的保障。

(三) 提升知识产权服务三大产业的水平,探索知识产权融入经济新路径

知识产权服务三大产业的发展有两个表现:一是加强知识产权在产业政策中的导向作用,在三大产业层面大力推进知识产权运用,逐步形成产业竞争优势,推动知识产权成为促进经济增长的关键要素,努力实现与经济发展的全面融合。具体而言,要发挥知识产权服务于现代农业、现代制造业的能力,支撑产业转型升级。农业方面,要加强植物新品种、农业技术专利、地理标志和农产品商标创造运用,促进农业向技术装备先进、综合效益明显的现代化方向发展。制造业方面,要促进专利技术的产业化,规范企业知识产权管理,加强制造行业知识产权联盟建设,实现跨越式发展。二是知识产权服务业的发展本身是第三产业重要组成部分,要大力发展知识产权服务业,扩大服务规模、完善服务标准、提高服务质量,推动服务业向高端发展。具体措施包括:培育知识产权服务市场,形成一批知识产权服务业集聚区;建立健全知识产权服务标准规范,加强对服务机构和从业人员的监管;发挥行业协会作用,加强知识产权服务行业自律;完善知识产权投融资服务平台,引导企业拓展知识产权质押融资范围;引导和鼓励地方人民政府建立小微企业信贷风险补偿基金,对知识产权质押贷款提供重点支持;通过国家科技成果转化引导基金对科技成果转化贷款给予风险补偿;增加知识产权保险品种,扩大知识产权保险试点范围,加快培育并规范知识产权保险市场。

(四) 突出知识产权对科技创新与文化创作的作用,谋划知识产权密集型产业的发展

科技创新成果的不断涌现是世界经济科技发展的重要表现之一,而且涉足领域之广、发展速度之快,前所未有。发挥科技创新对转变经济发展方式和发展战略性新兴产业的支撑引领作用,全面落实知识产权战略,加强知识产权管理,提高知识产权创造能力,在若干关键技术领域获得一批核心技术知识产权,促进知识产权扩散和运用,为经济社会发展提供强有力的技术支撑和权利保障。与科技创新相对的是文化创作,同样作为对知识资源的开发,文化创作有助于缓解资源环境约束,提升国家核心竞争力,满足人民群众日益增长的物质文化生活需要,其重大意义不言而喻。当前,高新技术产业、文化创意产业等知识产权密集型产业迎来快速发展的良机,助力中国经济结构的调整和优化。推动知识产权密集型产业发展,需要更加注重知识产权质量和效益,优化产业布局,引导产业创新。实施专利导航试点项目,加强专利协同运用,建设资源集聚、流转活跃的专利交易市场体系,发展区域特色知识产权密集型产业,构建优势互补的产业协调发展格局,建设知识产权密集型产业集聚区等,都不失为发展良策。同时,要鼓励文化领域商业模式创新,加强文化品牌开发和建设,建立一批版权交易平台,活跃文化创意产品传播,增强文化创意产业核心竞争力。

(五) 统筹知识产权区域布局与国际布局,推动国内国际知识产权的平衡发展

知识产权的区域布局既有京津冀地区、长江经济带等大区域布局,也有知识产权示范区、自主创新示范(试验)区等小区域布局。在大区域内,要建立健全城市群与经

济圈的知识产权联席会议机制,推动知识产权综合管理与联合执法;推动企业专利联盟建设,促进知识产权密集型企业集聚,促进区域统一规则与统一市场的形成。在小区域内,主要试水机制创新。知识产权过于集中的布局可能会影响国家均衡发展,特别是国家安全和中西部地区的经济转型升级。因此,可对基础、有条件的中西部区域中心城市,加快布局一批重大科学工程和国家实验室,大幅提高区域自主创新能力。随着WTO 的 15 年过渡期即将结束、FTA 谈判的逐步开展、"一带一路"对外战略的实施、TPP/TTIP 等国际服务贸易和投资新规则谈判的推进、双边/多边国际关系的加强,知识产权国际化运营将进一步增多,关税和其他商业管制壁垒将逐渐削弱,知识产权保护标准将日益提升,发达国家进一步掌控世界贸易规则的力度加大,我国知识产权将面临严峻的国际挑战。同时,伴随我国产能输出与资本输出,对发展中国家的知识产权输出也将增多,在发展中国家我国应采取知识产权合作与保护并重的战略。我国综合实力的提高也使得我国在国际规则制定中的话语权增强,高铁、核电、导航、通信等知识产权优势企业的"走出去",更加有利于提升我国国际竞争力,但也对涉外知识产权工作提出新要求。

四、知识产权发展趋势相关内容在其"十三五"规划中的体现

顺应国家规划文本编写结构与体例以及《国家知识产权事业发展"十二五"规划》具体内容安排,可见"知识产权发展趋势"的研究内容较为特殊,相关内容贯穿整个"十三五"规划的始终,但表现的程度不同:在"发展环境"上是直接、具体的呈现,在"指导思想""指导原则""发展目标""重点任务""重大举措""专项工作"上具有指导性作用,在"保障措施"上有相应涉及。因此,本课题重点对纳入知识产权"十三五"规划"发展环境"中的相应内容作出梳理,其他内容只给出框架。原"十二五"规划对发展环境的表述分为 1 个段落,共有 6 句话,"十三五"规划中仍然拟写入6 句话,但较之"十二五"规划的表述有重要变化。

(一) 对第 1 句的解释

该句是对世界形势的整体判断。"大变革、大调整"的说法,最早出现在 2007 年党的十七大报告中,其中指出,"当今世界正处在大变革大调整之中",并提出,"当今世界正在发生广泛而深刻的变化,当代中国正在发生广泛而深刻的变革。机遇前所未有,挑战也前所未有,机遇大于挑战"。对于世界形势的判断,更早的一个定义是 2002 年党的十六大报告所指出的:"21 世纪头 20 年,对我国来说,是一个必须紧紧抓住并且可以大有作为的重要战略机遇期。""大发展"是对形势尤其是世界经济形势的一个相对乐观的判断;"大变革"则是对于大变化的应对和态度,要主动设计而不是被动接受;"大调整"则是对于以往取得成功的战略、经验、政策,在新形势下要做调整,而且幅度比较大。"十三五"时期,世界经济仍将处于"后危机时代"的结构调整期,总的趋势是经济总体增长速度趋缓,市场扩展力较前减弱。2015 年以来,世界银行和国际货币基金组织分别两次下调对全球经济增长率的预测,并预示存在进一步下调经济预期

的可能性。全球经济增长过去一段时间放缓的重要原因在于全球投资增长率和全要素劳动生产率出现双双下降。世界经济发展困难重重，地区冲突、恐怖袭击、国际制裁、主权债务危机等频现，理应作谨慎预测。但是科技创新和互联网经济快速发展，新型商业模式的广泛兴起，机遇尤多，"大发展"亦不失时机。"大发展"不仅是经济的大发展，也是政治、社会、文化、生态的大发展。

(二) 对第2句的解释

该句描述了全球竞争加剧的趋势。新形势下，"南方国家"力量正在崛起，随着南南合作，以亚太经济合作组织、金砖国家、东盟10+1、欧盟与亚欧会议、南方共同市场等为代表的区域一体化组织快速发展，世界格局正在深度调整。未来新技术革命的发展将会对国际和区域生产网络的调整与转变产生重要的影响。从未来的发展看，世界上没有一个地区能替代东亚成为全球生产网络的中心，而在未来的东亚新生产网络构建中，中国将成为重构东亚区域生产网络的最重要驱动因素。中国经济的增长已成为拉动新兴经济体总体增长的主导性因素，美国在去杠杆化、加强金融监控、促进产业回归等方面取得成效，经济恢复的力度较强，环太平洋周围其他国家活力大幅提升。资源与市场"竞争不断加剧"的事实描述，也没有反映两者之间的关系，已不符合当前国际国内资源整合的现状。目前，产学研协同发展、基础资源与产权交易平台建设、线上线下市场争夺、技术优势企业专利围攻、技术创新应用引发产业链再造等共同发力，竞争已成白热化状态。同时，国际金融市场动荡性增加，世界经济发展中不稳定、不确定和不平衡的因素增多，影响主权国家安全的因素迅速扩展，国家安全被提上新的高度。全球各国都在进行调整与改革，作为内生动力的创新，在提高综合国力方面受到特别重视。

(三) 对第3句的解释

该句强调发达国家知识产权保护的强化使我国面临巨大的外部压力。发达国家进一步深化知识产权转化，推动质量控制由单一制造环节向设计、专利、制造、标准并举转变，引导企业产品创新、产业组织创新和商业模式创新；依法打击侵犯知识产权、制假售假、商业欺诈、滥用市场支配地位等行为，营造安全诚信的市场环境。发达国家采取了新的贸易保护主义形式——知识产权壁垒，经常使用知识产权武器向我国企业发难，背后虽然有知识产权滥用的争议，但是我们还应看到，发达国家及其企业对知识产权保护的重视以及保护触发机制的快速、灵敏。

(四) 对第4句的解释

原第四句说明我国经济发展中存在的问题——"此外，我国经济发展中不平衡、不协调、不可持续问题依然突出，资源环境约束强化，粗放式的经济增长模式难以为继，迫切需要运用知识产权等要素投入，推动我国经济发展走上创新驱动、内生增长的轨道"。应改为"此外，我国经济发展中不稳定、不确定、不平衡的因素增多，楼市风险、地方债风险、金融风险、财政风险等潜在风险逐渐显现，稳增长、调结构、惠民生难度增大，运用知识产权提升创新驱动的动力和活力亟需强化"。我国经济发展的目标是"全面、协调、可持续"的质量效益型集约式增长方式,并多次予以强调,再用"不平衡、不协调、不可持续"作经济发展问题的总结,不太合适,也不能概括合经济新常态下问题的特征,因此用"不稳定、不确定、不平衡"替代。紧跟着用经济新常态下的常见问题来描述现行经济存在的问题,如潜在风险暴露、稳增长难度加大等。同时,作为激励创新重要保障的知识产权的作用需进一步强调,知识产权投融资和知识产权转化的广泛开展,进一步提升创新驱动的活力,但评估难、融资难的问题没有根本解决。随着我国简政放权与创新创业政策的实施,知识产权创造和运用的制度性障碍正在削减,职称评定与人才评价标准与知识产权运用程度开始挂钩,但传统知识产权创造标准仍有巨大影响力,转化动力需进一步提高。

(五)对第5句的解释

该句过渡到新形势下我国知识产权工作面临的问题。时代发展新要求下,知识产权制度建设是依法治国的重要一环,也是知识产权环境建设的一个方面,另外还有市场与文化环境建设,这些对知识产权保护至关重要。知识产权保护机制和执法力度是同一位阶的问题,应予合一。第二个"问题"上,知识产权转化中的利益分配不清晰需要强调,在当前"三权改革"背景下,各地知识产权转化后的利益分配标准也不统一,试点企业外的其他企业仍使用原有的利益分配标准。第三个"问题"上,将原"知识产权服务体系"进行拆分,强化知识产权公共服务体系、中介服务体系、人才培养体系对经济发展的服务力度。第四个"问题"上,"中国制造"的升级以及向"中国创造"的转变,需要进一步提升知识产权保护力度,并以知识产权为核心形成对外技术、设备输出的优势,面对国际需求及我国进出口水平的下降,迫切需要改变传统国际贸易以量取胜的状态。同时,美欧对现行的多哈发展回合议程不再予以支持,它们一方面努力推进"诸边协议"谈判,如服务协定(TISA),新信息技术协定(ITA2);另一方面大力推进巨型区域自贸协定,如跨太平洋战略经济伙伴协定(TPP)、跨大西洋贸易和投资伙伴关系协定(TTIP)。它们欲通过由其主导的区域合作机制,或者诸边协议来主导国际贸易、服务和投资的新规则制定,并力图把由它们主导的诸边和区域新规则推行到多边机制,以在未来国际竞争中占据主导权。而我国在国际规则制定中的处境则较为被动,话语权较少。

(六)对第6句的解释

该句提出新形势下的对策。整段文字逻辑清晰,环环相扣。但在经济新常态的背景下,需进行相应调整:(1)在"抓住机遇、重点突破、创新发展"之后加入"引领未来",主要考虑"十三五"时期是承上启下的重要时期,相关政策对未来有重要的引导作用。(2)将"加快从知识产权大国向知识产权强国迈进"变为"努力建设知识产权强国",进一步明确目标,更加注重知识产权动态运用与保护,改变知识产权多而不优、静而不动的状况。

表19-1 "十三五"规划中的内容设计

知识产权"十三五"规划拟纳入的新内容	知识产权"十二五"规划的内容
一、发展环境	

"十三五"时期国内外形势高度复杂、敏感,大发展、大变革、大调整持续。世界重心向环太平洋地区转移,全球资源整合加剧市场竞争,生态破坏、气候变化、贫富差距、贸易保护、信息泄露、社会冲突等各种国家安全威胁更加突出,以改革和创新推动综合国力的提升成为世界各国的首要选择。发达国家进一步强化知识产权市场化运用与全方位保护,我国面临更多国际挑战和更大外部压力。此外,我国经济发展中不稳定、不确定、不平衡的因素增多,楼市风险、地方债风险、金融风险、财政风险等潜在风险逐渐显现,稳增长、促改革、调结构、惠民生难度增大,运用知识产权提升创新驱动的动力和活力亟需强化。新形势下,知识产权工作面临诸多考验,主要是:知识产权法治、市场和文化环境尚待改善,知识产权保护机制不健全,保护力度不协调;产学研合作中的知识产权共享机制不成熟,利益分配不完善,知识产权综合运用能力较弱;知识产权公共服务体系、中介服务体系、人才培养体系与经济社会发展需求存在较大差距;知识产权参与国际竞争的主动性不强,国际知识产权议题提出能力、规则制定能力和话语权较弱。面对新的发展形势和要求,我们必须科学判断和准确把握发展趋势,抓住机遇、重点突破、创新发展、引领未来,努力建设知识产权强国,为建设创新型国家和全面建设小康社会提供有力支撑。	"十二五"时期是世界大发展、大变革、大调整的重要时期。全球资源、市场竞争不断加剧,气候变化问题更加突出,贸易保护主义正在抬头,综合国力的竞争日益体现为创新能力的竞争。发达国家进一步强化知识产权保护,竭力将创新优势转化为市场竞争优势,我国面临更多国际挑战和更大外部压力。此外,我国经济发展中不平衡、不协调、不可持续问题依然突出,资源环境约束强化,粗放式的经济增长模式难以为继,迫切需要运用知识产权等要素投入,推动我国经济发展走上创新驱动、内生增长的轨道。新形势下,知识产权工作面临诸多考验,主要是:知识产权制度建设对科学发展的时代要求因应不足;产学研用结合的知识产权机制尚不协同,知识产权运营能力较弱;知识产权保护体制机制不健全,执法力度仍显不足;知识产权服务体系建设和人才培养能力与经济社会发展需求存在较大差距,全社会知识产权意识不强。面对新的发展形势和要求,我们必须科学判断和准确把握发展趋势,抓住机遇、重点突破、创新发展,加快从知识产权大国向知识产权强国迈进,为建设创新型国家和全面建设小康社会提供有力支撑。

二、指导思想、指导原则和发展目标

(一)指导思想

以邓小平理论、"三个代表"重要思想、科学发展观为指导,以增强企业市场竞争力和国家核心竞争力为目标,全面落实党中央、国务院各项决策部署,深入实施创新驱动发展战略和知识产权战略,按照"激励创造、有效运用、依法保护、科学管理"的方针,坚持中国特色知识产权发展道路,着力加强知识产权运用和保护,积极营造良好的知识产权法治环境、市场环境、文化环境,充分发挥知识产权制度对加快经济发展方式转变的重要支撑作用,促进经济提质增效升级。	高举中国特色社会主义伟大旗帜,以邓小平理论和"三个代表"重要思想为指导,深入贯彻落实科学发展观,以增强企业市场竞争力和国家核心竞争力为目标,大力实施国家知识产权战略,不断完善知识产权法律制度,积极营造良好的知识产权氛围,加强知识产权创造、运用、保护、管理,充分发挥知识产权制度对加快经济发展方式转变的重要支撑作用,促进经济长期平稳较快发展。

(二)指导原则

——全面促进知识产权与经济的融合 ——全面推进知识产权保护 ——全面加强知识产权能力建设 ——全面支持知识产权国外布局	——坚持把促进知识产权与经济融合作为主攻方向 ——坚持把服务经济发展方式转变作为出发点和落脚点 ——坚持把全面推进知识产权保护作为重要基础 ——坚持把加强知识产权能力建设作为关键环节 ——坚持把统筹兼顾、共享发展作为基本方法

续表

知识产权"十三五"规划拟纳入的新内容	知识产权"十二五"规划的内容
（三）发展目标	
——知识产权发展环境显著优化 ——知识产权创造水平显著提高 ——知识产权运用效果显著增强 ——知识产权保护状况显著改善 ——知识产权服务能力显著提升	——知识产权制度文化环境显著优化。 ——知识产权创造与运用水平大幅提高。 ——知识产权服务能力明显提升。 ——知识产权人才队伍稳步发展。
三、重大任务	
（一）促进知识产权创造和运用，全面服务现代三大产业的发展 （二）积极营造良好的法治、市场和文化环境，加强知识产权保护 （三）大力加强知识产权公共服务体系与中介服务体系建设，提升运行效能 （四）推进知识产权国际合作，推动我国国际竞争力提升	（一）完善知识产权法律制度 （二）健全知识产权政策体系 （三）强化知识产权保护和管理机制 （四）促进知识产权创造和运用 （五）推进知识产权服务业创新发展 （六）深化和拓展对外交流与合作 （七）培育知识产权文化
四、专项任务	
（一）专利 （二）商标 （三）版权 （四）植物新品种 （五）集成电路布图设计 （六）地理标志 （七）遗传资源、传统知识和民间文艺 （八）国防知识产权 （九）国有企业知识产权	（一）专利 （二）商标 （三）版权 （四）植物新品种 （五）集成电路布图设计 （六）地理标志 （七）遗传资源、传统知识和民间文艺 （八）国防知识产权
五、重大举措	
（一）企业知识产权运营能力建设 （二）知识产权公共服务体系建设 （三）互联网知识产权保护 （四）区域知识产权协同管理 （五）促进知识产权服务业发展 （六）促进知识产权密集型产业的发展 （七）加强知识产权人才队伍建设	（一）知识产权执法保护能力建设工程 （二）知识产权运营促进工程 （三）知识产权优势企业培育工程 （四）知识产权审查及登记能力推进工程 （五）知识产权信息公共服务工程 （六）知识产权服务业培育工程 （七）知识产权惠农工程 （八）知识产权人才建设工程 （九）知识产权文化建设工程 （十）传统知识、遗传资源和民间文艺保护与价值开发促进工程
六、保障措施	
（一）加强组织协调 （二）加大投入力度 （三）强化监督评估	（一）加强组织协调 （二）加大投入力度

五、结语

经济新常态背景下,对知识产权的认识亦分三个层次,但有新的内涵:从价值论角度看,需发挥知识产权对创新的激励和保障作用,支撑经济发展新常态;从本体论角度看,需深入实施国家知识产权战略,进一步规划全社会知识产权的创造、运用、保护和管理;从运行论角度看,需将知识产权深度融入企业、产业、区域及国际投资贸易的发展,打造经济发展的新动力,提升活力。现有政策虽已对三个方面作出基本回答但仍需细化。本课题在把握知识产权发展的国内外环境的基础上,预测我国知识产权发展趋势,提出"十三五"规划中知识产权"发展环境"方面的内容,并通过相关案例对知识产权相应发展趋势及政策需求进行细致分析。

附录 A

案例 1 知识产权证券化——知识产权融资方式的创新

1. 知识产权证券化的含义与特征

知识产权证券化是指发起人将其具有可预期现金收入流量的知识产权（称为基础资产），通过一定的结构安排对基础资产中风险与收益要素进行分离与重组，转移给一个特设载体（Special Purpose Vehicle，SPV），由后者发行一种基于该基础资产所产生的现金流的可以出售和流通的权利凭证，据以融资的过程，如图 9-1 所示。

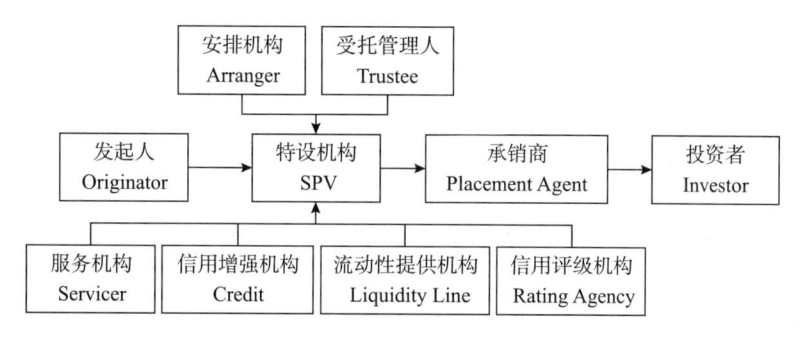

图 9-1 知识产权融资过程

知识产权证券化与传统资产证券化相比较，具有其特殊性：①相对于传统基础资产单一、简单的权利人而言，知识产权证券化基础资产上的权利人及其法律关系相对复杂。②在知识产权证券化中的基础资产以知识产权为主，但通常并不局限于知识产权本身，往往延伸到相关必要无形或有形资产。③知识产权固有的依附性、时间性、地域性、可复制性、不稳定性、无形性等特点，导致其收益现金稳定性降低，不确定性增大。

知识产权证券化实质是一种基于知识产权的结构性融资，是随着金融对社会经济的不断渗透，现代技术创新已经发展到技术金融一体化阶段的重要表现，是世界经济发展到知识经济阶段资产证券化的一种创新探索。知识产权证券化的目的在于通过金融安排最大限度地开发知识产权，充分利用其担保价值。知识产权证券化作为知识产权开发运营模式的创新，对知识产权发展及其制度完善具有重要意义。就宏观层面而言，作为在知识产权开发模式与融资模式的双重创新，知识产权证券化利于一国知识产权产业深化发展；就微观层面而言，知识产权证券化对于各参与主体都具有诸多合理性和优势。

2. 知识产权证券化的历史回顾与典型案例

（1）鲍伊债券：1997 年，英国超级摇滚歌星大卫·鲍伊因卷入一场与政府的税务纠纷而急需现金，在金融界创新性金融安排下，以其 25 张个人专辑版权收入为担保，发行了 10 年期利率 7.9%、总额度为 5500 万美元的债券，金融界称之为鲍伊债券。在知识产权证券化的历史上，鲍伊债券具有里程碑意义。此次音乐版权证券化的实施，把传统资产证券化局限于抵押住房贷款、汽车按揭贷款、信用卡贷款、应收账款等方面的应用又向前推进了一大步，首次将知识产权纳入证券化的视野，开启了知识产权证券化的新纪元。

（2）梦工厂影视：鲍伊债券发行后，美国梦工厂电影公司的知识产权证券化是较经典的案例。1997年，摩根大通为梦工厂拟拍摄的14部影片付出了10亿美元制作费用。这批债券的发行采用了精确的数据模型来预测，精确计算的还本付息压力使电影公司不得不严格控制制作成本。2002年，梦工厂以已经发行和旗下工作室将要制作的部分电影未来利润为支持，又发行了10亿美元的债券。由于富利波士顿金融公司和摩根大通这两家著名投资银行的介入，标准普尔和穆迪都给了这个债券最高的"AAA"投资级别。摩根大通旗下一家财务公司和富利国民银行旗下的老鹰投资基金买下了其中1.2亿美元债券，其余由另外7家金融投资公司包揽。

（3）药业特许公司：在专利证券化方面，美国药业特许公司的两个项目是目前已知的经典案例。药业特许公司是美国一家经常从大学、生物科技公司、药品生产公司购买药品专利的公司。2000年6月，药业特许公司对耶鲁大学的艾滋病治疗药物"Zerit"专利进行了资产证券化处理，设立了Bio-Pharma Royalty Trust特设载体（SPV）。在发行了1.15亿美元债券和其他证券后，以1亿美元收购了耶鲁大学此项专利。2003年上半年，药业特许公司又将13种药物专利权组成了资产池。通过瑞士信贷第一波士顿，发行了2.25亿美元多种投资券。穆迪和标准普尔为这次发行都给出了"AAA"的投资级别。

（4）足球产业证券化：1998年5月，西班牙皇马足球俱乐部通过把来自阿迪达斯公司的赞助收入证券化筹得5000万美元。2001年年初，"英超"利兹联队在财务状况开始恶劣的情况下，以其未来20年的门票收入作为支持发行了7100万美元的资产证券化债券，用于购买顶级球员。债券持有人每年收益大约700万美元。2002年5月，足球劲旅"意甲"帕尔玛队也进行了一项涉及9500万欧元的资产证券化。它的支持主要由资助商收入、广告收入、商标收入和电视转播权的收入构成。菲奥迪特公司承担了特设载体的功能，发行了A、B两种债券。后来，欧洲大陆又陆续有英超阿森纳队等几支球队进入了知识产权证券化的行列。

（5）其他案例：2001年4月25日，挪威石油地质服务公司宣布，通过把油、气勘探的地震数据库的未来收益进行证券化筹资获得成功。2002年2月，日本实现了"基于某一系列流行电影的电视播放权的无追索权贷款"。继而2003年3月出现了首个专利证券化的案例。2003年10月则出现了"基于光盘和录像带传播权的无追索权贷款"。最近的著名案例是，2005年5月美洲银行以披头士唱片专辑50%权益为担保，将其总额为2.7亿美元的贷款打包出售给了福特雷斯投资集团公司。毋庸置疑，随着投资者对这些知识产权这一新型资产类别更为熟悉，发行人不断探索更多元化的融资途径，今后将会出现更多富有创意的知识产权证券化类型。

纵观这些案例，我们可以看到，近些年，美国等发达国家知识产权证券化逐步发展，从音乐版权、电影版权到药物专利权再到足球电视转播权，甚至油气勘探资料等，都纳入到证券化的范围。由此可见，虽然知识产权作为"非常规资产"具有与传统的证券化资产不同的特点，导致其证券化复杂性及难度提高，但由于两者实质上都具备资产证券化的最基本要素——可预期的未来现金流量。在创新性金融工程制度安排下，知识产权证券化具有其合理性和客观基础。21世纪现代经济已发展到知识经济阶段，在知识产权对社会经济的重要性、影响力日益增大、金融工程技术日益发展的背景下，知识产权证券化前景广阔，意义重大。

3. 知识产权证券化在我国的应用前景

与国外知识产权证券化的蓬勃发展相比较，目前知识产权证券化在我国无论从理论研究还是从经济实践方面，都相对薄弱。但我国已经具备知识产权证券化的基本条件。

（1）知识产权法规体系日趋完善，建立具有中国特色的司法和行政执法"两条途径，并行运作"的知识产权执法体系，知识产权侵权救济及犯罪打击依法进行，知识产权证券化法制环境基本建立。

（2）经过数十年的快速发展，我国目前适宜证券化的知识产权已有相当积累，知识产权交易量已具规模，为推行知识产权证券化打下了良好基础。

（3）知识产权证券化专业中介服务机构已经有相当发展。已初步具备为知识产权证券化提供相关专业服务的能力。同时，国外著名投资银行、评估机构、评级机构以及会计及税务服务机构也开始或准备在我国开展业务。

（4）资产证券化的开展，为知识产权证券化的推广创造了有利条件。既为知识产权证券化的推广扫除障碍，还可以起到普及宣传、转换投资者投资理念的作用。

（5）知识产权证券化符合当前我国政府政策导向。2004年2月国务院颁布《关于推进资本市场改革开放和稳定发展的若干意见》、中国人民银行和银监会2005年4月公布《信贷资产证券化试点工作管理办法》、2013年7月国务院印发《关于金融支持经济结构调整和转型升级的指导意见》等，这些政策文件为知识产权证券化在我国的探索发展，提供了法律依据和政策支持。

（6）我国推行知识产权证券化具有后发优势。虽有人质疑我国连不动产与金融资产证券化的发展尚未成熟，现在就要谈发展知识产权证券化似嫌过早。但事实是，自鲍伊证券成功发行以来，世界范围内的知识产权证券化取得了迅猛发展。

知识产权证券化是一种市场行为，但其发展离不开良好的制度支持。在我国知识产权证券化发展初期，通过相关立法及导向性政策，建立高效安全的市场体系和交易规则，进行有效的监督管理和风险控制，是知识产权证券化健康发展的必要条件。基于此，提出以下对策建议。

首先，成立专门的知识产权证券化主管机构。知识产权证券化是一项对于我国知识产权事业与金融业创新发展均具有重要意义的创新，为促进这一制度创新的形成与顺利发展，应成立专门的机构，负责相关政策导向、可行性方案的研究完善、立法协调、试点推动以及监督管理工作。具体可由国家知识产权局单独，或与银行业监督管理委员会联合组织成立专门办公室或小组，作为我国知识产权证券化的主管机构，指导相关工作的开展。

其次，完善相关法律法规。我国知识产权证券化相关法律法规目前存在法律冲突和法律空白两大问题。就法律冲突而言，知识产权证券化在设立、功能等诸多方面与我国

《民法通则》《公司法》《破产法》《企业债券管理暂行条例》部分条例相抵触，如特设载体的法律规定性与我国《公司法》《破产法》抵触。就法律空白而言，知识产权证券化中证券定义、真实销售的鉴定、税收、产品交易、信息披露等方面缺乏相关法律规定，如特设载体的法律规范、证券化会计处理等基本上是一片空白。上述法律冲突及法律空白亟待研究解决。

第三，推动中介服务结构的发展完善。知识产权证券化涉及环节众多，专业性强，必须依靠投资银行、知识产权价值评估机构、评级机构、法律服务机构等众多机构所组成的中介服务体系。而目前，我国这一服务体系建设相对滞后，总量尚不足，专业化水平还不高。为了保障知识产权证券化的顺利发展，必须建立完善知识产权证券化相关中介服务结构体系，提高其专业水平。可以在法律和政策允许的条件下，以合资等方式引进国外领先的中介服务机构及其技术。

第四，制定相关优惠政策。作为一项对于我国技术创新事业和金融业发展都具有重大意义的创新探索，在其发展初期，应制定一定的合理优惠政策促进其发展。如合理的税收政策，能够降低资产证券化的融资成本；合理的产业政策，能够促进技术创新及知识产权产业的顺利发展及产业集群的形成；合理的金融政策，能够推动知识产权证券化投资主体的多样化及二级市场的发展。上述导向性政策，将有效推动知识产权证券化的创新发展。

第五，建立健全监管组织与监管制度，防范风险。知识产权证券化是以知识产权为载体的金融创新，而金融运作一般蕴含着一定风险。美国即在此付出过代价，之后即在完善资产证券化监管、修订相关法规方面作了大量工作。基于知识产权证券化理论的高难度性和实践上的复杂性，以及我国证券市场的特定国情，在合理推动知识产权证券化发展的同时，必须注意建立健全相关监管体系与监管制度，防范潜在风险，保障其健康发展。

案例2 医药专利的转化——战略新兴产业专利现状与出路探讨

本案例旨在通过对医药专利的转化描述，映射到其他战略新兴产业，如机器人、无人机、轨道交通等，进行转化出路探讨。

20世纪70年代，随着基因技术和单克隆抗体技术的出现，以基因工程、酶工程、发酵工程为代表的现代生物技术发展迅猛，生物医药产业展现了其广阔的市场前景。当前，作为七大战略性新兴产业之一，生物医药产业的国民经济支柱性产业地位和国际战略性新兴产业地位日益凸显。不过，尽管政策体系不断完善，目前生物医药行业面临的处境仍十分尴尬。

有资料显示，新药研发中仅有约1/5000的化合物最终成为新药；动物实验结果不能完全预测临床结果，许多临床前研究投入没有回报；Ⅱ期临床试验失败率约为40%；进行Ⅲ期临床研究的各治疗领域的新制剂成功率平均仅为11%；抗肿瘤药只有5%能够最终进入市场。在长周期、高难度、高投入、高风险的特征下，目前的产业现状却是：承担巨大风险，却未必能享受到预期回报。

生物医药行业容易形成依靠知识产权的局部品种垄断，进而形成了一种"新药+知识产权=巨额利润"的模式，并促成了研发单位在一段时间内很难被超越的行业地位。

但中国的生物医药企业却无法按此模式获得高回报以及高速发展，从而导致中国生物医药产业发展缓慢水平低下。究其原因，这与我国生物医药企业自主研发能力和转化能力不足、发展缺乏战略眼光和自主知识产权意识尚待加强有关。作为生物医药创新的最后环节，研发成果唯有进入市场流通，借由资本不断接力获取回报，才能打破生物医药创新的困局。生物医药专利想要投入市场，需要同时具备实际应用价值和市场商业前景。但就是满足这样条件的专利，从投入生产到形成产业链，也要经受诸多环节的考验。

1. 专利转化的现状与困境

在生物医药创新的成果转化方面，我国的优势是病源充足、市场大且规模效益明显。然而，凤毛麟角的自主医药知识产权未必能成功地由"专利"转化为"利益"。北京大学生物医学工程系的教授胡晖甚至将研发和转化之间的跨越比喻为一条"死亡峡谷"。而我国生物医药专利在转化方面依然困境重重。

（1）我国生物医药领域存在着模仿过多、拥有自主知识产权的成果少、专利申请量还很低、在有限的研究中出现低水平的重复等问题。一般新药的开发流程是基础研究、发现和筛选化合物、临床前实验、临床试验等，每一个环节都有可能失败。即使成功还需要4~5年完成三期临床前实验，然后再经过4~5年才能实现上市销售。平均1个新药的成功要投入数亿美元，研发时间超过10年。这些因素造成国内企业虽然看到了生物医药蕴含的经济价值，但又难以承受巨额的投入。与国内相比，国外的药厂自己会有一整套知识产权的战略，而国内尚未达到这个层面。一方面有资金的问题，因为医药的研发往往需要投入大量的资金与人力物力，而国内的大多数药厂规模都较小，还无法在这一领域投入太多的资金进行研发；另一方面是国内的某些企业有些短视，往往认为与其投入大量资金进行研发，不如直接生产一些仿制药品更容易实现资金周转。由于在化学合成制药领域的研发投入相对少一些，可能一两百万元就可以产生一个项目并出结果，所以在这个领域，一般都是在做仿制药。但是在生物领域，动辄一个项目都是几千万元的投入，风险太大。

（2）知识产权保护的不足。从事生物医药产品研发生产的企业都很难避免"专利海盗"——在技术申请专利后，被其他的医药企业仿制，市场空间减少。另外，我国自主研发的新药技术被国外企业捷足先登，抢先申请专利，从而导致失去专利保护机会的情形也并不罕见。同时，这种保护不足也加速了产业内的专利泛滥，直接造成产业专利质量参差不齐的局面，让本身就面临融资困难的生物医药企业雪上加霜。投融双方因专利权属问题而陷入纠纷的案例屡见不鲜，一场旷日持久的专利权属诉讼足以导致企业裹足不前。

（3）缺乏医药专利成果转化意识，转化渠道缺少"红娘"。在许多发达国家，产品早期研究多在大学和研究机构完成，在开发的不同阶段转让给企业，这样做有利于尽快地完成新药的成果转化。相比之下，国内的生物医药研发单位还很不适应研究成果进行商品化转让。一些大学和科研机构在开发上做得很多，投入也很大，取得的成果也比较多，但对专利转化问题并未重视。有的高校学者进行研发是为了在学术上获得认可，很多专利最后并没有转化成产业。在转化方式上，国际上通行的合作方式是技术许可、双方利益共享、风险共担,而国内常见的方式是买断。专利供给方的科研人员和专利需求方的企业,都倾向于独享专利,而不愿意选择合作从而分享专利转化可能带来的市场利润。另外,还有一种情况,科研人员不了解企业的运作,怀疑对方的能力,而企业方往往对医药专业知识了解不深,双方难以达成共识。价格因素亦在一定程度上阻碍了专利的顺利转化。由于国内欠缺正式的专利价值评估机构,专利供求双方在交易时心里没底,对技术成果这样的无性资产的价值评估不易把握。若定价过低,会挫伤研发的积极性;若定价过高,无人接盘,会阻碍专利成果的推广应用。而且从目前国内的医药行业现状来看,新药专利技术购买力偏低下,拥有巨大财力的受让方屈指可数,不可能满足诸多专利的转让需求。

(4) 医药专利转化还面临"墙内开花墙外香"的无奈。2010 年年底,法国赛诺菲-安万特制药公司与中国科学院上海生命科学研究院签订了 6000 万美元的专利许可合同,获得一项由上海生科院的蛋白抗肿瘤药物的发明专利许可,备受国内生物医药领域的争议。而这只是我国自主知识产权药品的潜在国际市场正在"让与"国外企业的一个缩影。由于国内外新药技术交易价格水平的巨大差异,国内企业不重视专利技术国际化的问题,或者没有财力与能力构筑专利产品国际市场销售体系等原因,导致国内优秀的专利技术流入跨国药企囊中。而购买除中国之外的专利国际许可权,则成为一些国际医药资本机构新的经营手段。这些资本机构作为中间方,从发展中国家以较低价格购进具有一定国际市场前景的新药专利技术除研发国之外的国际经营许可权,然后以高价转让给大型跨国药企,或继续投资完成申请国外上市的工作,最终实现自行生产与销售。目前,外资企业已占据先机,在中国市场并购创新型企业,大肆收购研究成果,就地开展临床试验,已经给国内生物医药产业敲响警钟。

此外,有行业内人士认为,国内临床研究审批慢、新药研发转移难、生产环节转移慢等原因,也导致生物医药研发成果出现转化难的现象。

2. 专利保护意识要进一步加强

目前国内药品的申请专利周期已经很快了,国家专利局从提出实审到结果,一般就是两年的时间,在速度上已经接近世界上最快的美国了。所以不存在审批时间过长的问题。

医药领域的专利申请和其他领域不同,从研发申请专利到上市,当中还有大量的临床研究、审批报批的工作要做,因此一个周期往往需要十几年的时间。有不少专利到手后,等到可以产业化推向市场时,专利期已经没剩下多久了,因此就需要再去办一个延期。从这个层面上看,申请专利的时间长短,对于医药企业而言意义并不大,国外的医药企业往往希望专利不要那么早到手,因为国外有些企业一个专利包里有几百个专利,需要企业付出的年费是一个非常巨大的数字。

有企业抱怨的专利申请过程中将配方公开,其实这是一个必需的流程,不向公众公开就无法给专利换取保护,国外也是这样做的,所以不能说是专利申请的程序有问题,而应该注意公开后的执法环境和司法保护力度是不是跟得上。目前国内在执法上或许稍欠力度,比如对仿制药的管理,原则上讲,仿制药肯定是有侵犯知识产权的,但是具体个案要具体分析。专利法中存在一个"强制许可"的条款，就是说如果相关药品深刻地关系到民生问题，但是作为研发方又不愿意让你国内药厂来生产的时候，国家可以通过这个条款来让本国的药厂生产这一药物，但是药厂也是需要向国外的研发方支付专利费用的。只是目前国内并没有真实地执行过这一条款。

美国在药品的知识产权保护相当严格。因为所有的药品都是由制药公司投入大量的财力人力开发研制的，所以医药公司这些财团也会督促推动政府保护药物知识产权的工作。但是，美国的知识产权保护只在欧美发达国家中有效，对于其他一些国家的仿制药品，美国有时也鞭长莫及。

美国曾经研发了一种专门治疗艾滋病的药物，有较好的疗效但是售价昂贵。很多发展中国家的艾滋病病情比较严重，因此对此项药物有较大的需求，但是在经济上又承担吃力，因此要求研发方能够共享这个药物的产权。而药物公司自己投入了大量的成本研发，当然不会接受共享的要求。于是有不少发展中国家如巴西就开始仿制这个药物，仿制一个新药只需要对药物进行一个解构，在技术上实现的话并不难。结果就是生产这种药物的公司花了大力气，却只能在有限的几个国家里收获利益，很大程度上，他们是花大力气为他人做嫁衣。这样做对这家研发企业来说当然是不公平的，但是由于艾滋病是全球都需要面对的所谓"世纪绝症"，话题敏感，而且超越了医药医疗本身，因此最后这家公司也只能是当作奉献了。如果是其他领域出现这样的情况，比如治疗癌症的专用药，公司就会一告到底的，美国政府也会支持公司去"维权"。

一般来说，美国的医药公司背后都有知名的大财团支持，这些大财团背后又与一些政党关系紧密，可以说是一个利益链条，为了最大程度地维护自己的利益，美国生物医药领域的知识产权保护也会相对比较严格。所以一旦发现了侵权事件，美国的公司会选择起诉，如果最后罪名成立的话，可以罚到侵权方破产，对于拥有专利的医药公司而言，这样的法律保护与执行力度是它们持续开发的保证。

3. 专利转化的出路探寻

尽管生物医药业在国家知识产权战略中的地位至关重要，但目前该行业本身尚未建立一整套系统的专利战略。行业的发展需要找对落脚点。

首先，对专利研发之外的环节进行布局。药物研发的过程很长也很耗费财力，既然很多中国的医药公司都不愿意或者没有能力来投入人力物力进行医药研究，那么这些医药公司还可以通过其他手段来获得专利，比如由政府利用税收优惠或者资金奖励的方式来激励中国医药公司从西方医药产业买进相关的科研档案、技术或者人力。这样做的投入成本压力要远远低于自己动手开发。

其次，等待专利进入公有领域再使用。我国目前生物医药的研发主要以仿制为主，根据我国国情，生物医药企业普遍生产规模小，科研技术水平落后，而模仿则是缩短研制周期和缩减研发经费的绝好方法，也是我国生物医药业发展的必经历程。因此，尤其可以注意一些竞争对手拥有的、自己难以突破又不急用的专利技术，可以静等专利期满成为公有技术后再加以开发利用；或者及时跟踪发现与自己企业有关的专利是否有过期的可以为己所用。对于整个行业而言，不仅要善于模仿，更要鼓励在模仿基础上的创新。只有通过创新获得拥有专利权的技术，才有可能具备抵御发达国家同行业竞争的实力。

第三，面向市场需求进行研发。专利成果的转化实际上从研发启动阶段就已经开始了。研发必须针对自身情况、市场定位、产品特点进行策划。因为生物医药专利最终是以疗效和垄断经营程度决定回报。只有在成果转化成产品的过程中充分引入市场导向，在转化的最初阶段即紧密结合市场分析和需求进行调整，才能保障产品在进入市场时充分满足成果实用价值与市场价值的契合，从而较易完成从技术到产品的转化。

第四，研发初期就要考虑专利形成后如何进行成果转化，要考虑是完全创新还是微创新，因为完全创新风险要高于微创新。国外现在有一种做法是，当老药的保护期快到时，略微修饰一下结构，再重新申请专利。比如日本就是不断地对引进技术加以更新、改进，从而围绕外国的基本专利，衍生出许多带有日本特色的从属专利（被称之为"蚕食政策"），使自己成为世界公认的专利大国之一。这是国内药企应该关注的一个领域，在相关政策许可的情况下，如果从头开始做研发的成本与投入太高，或者说新的化合物药研发不出来的时候，可以考虑围绕着某个所关注领域的药品进行开发，比如在剂量上、与其他药物的搭配上或者剂型等多个方面进行二度开发，同样可以申请相关的专利。从某种意义上讲，对于国内目前规模较小、资金有限的药厂而言，这是一个比一味生产仿制药更好的发展策略。当然，在此情形下需要更注意法律事务，事先获得法律方面的知识与支持，以避免侵权风险。

第五，在现阶段的中国，罕有生物医药企业能独自包揽从基础研究、应用研究再到市场化的整个过程。因此，对于研发机构和企业而言，寻找合作伙伴与寻找技术诀窍同等重要。鉴于此，应向外部借用资源，把自己的研发努力集中到指导专利设计与转化、把成果调整到适合市场需求以及设计有效的生产工艺这些方面，使新产品赢得市场。国内还应当建立更为科学的无形资产评估机制并培育专业的评估机构。在明晰专利权属之后，对企业拥有的专利进行科学的评估作价，才有助于企业开拓多方融资渠道和技术许可合作渠道。为转让方和收购方提供一个便利的平台和专业的服务，才能高效的促进转化。在此背景下，未来医药成果的市场流通中蕴含着重大商机，搭建转化渠道的第三方中介机构将大有所为。

第六，我国在促进科技创新的环境建设方面仍然存在改善的空间，例如，投资者与企业经营者的知识产权意识仍需加强，国家关于科技成果转化的权属划分的法律制度需要细化，专利评审标准应从重量转变为重质，促进产学研合作的中介机构应该增多等。另一方面，国内生物医药的创新发展及成果转化，倚赖于医药行业体制机制的转变。目前中国医药管理体系中，从研究、审批、生产、价格到流通、使用、安全、储备、医保等，共有超过8个环节进行监管，效率难以提高。虽说药监局现行审批流程是学习了欧美药监管理机构经验，但是也需要考虑到国内的情况，进行一些微调，以避免知识资源的流失，维护刚刚复苏的新药创新的发展。

案例3　量子通信知识产权态势分析——尖端领域知识产权布局

本案例旨在通过对量子通信知识产权态势分析，映射到其他尖端领域，如导航系统、海洋装备、核电开发等领域的知识产权布局分析。

1. 量子通信技术研究概况

(1) 量子通信简介。

量子通信是现代通信领域中的一门新兴交叉学科。随着量子技术的发展，量子比特通信将成为从量子计算至无条件安全通信等基于量子密钥分发（QKD）的应用中极其重要的一个组成部分。从应用的角度来看，研究主要集中在 QKD，因为 QKD 首次为远距离的伙伴之间建立密钥提供了一种可证明的安全方式。虽然已经在实验室里实现了基本的量子通信方案，但是在高速率和长距离应用中还需要诸多攻关。

(2) 主要国家和地区的战略重点领域。

① 欧盟大力支持量子通信发展。早在 20 世纪 90 年代，欧洲就意识到量子信息处理和通信技术的巨大潜力，从第五框架计划开始，持续对泛欧洲乃至全球的量子通信研究给予重点支持，并于 2010 年更新了欧洲未来五年和十年的量子通信研发目标，欧洲航天局已经开始着手制定首个未来空间量子通信研究规划。

② 日本政府将量子技术视为本国占据一定优势的高新科技领域，重点发展。2001年开始，日本先后制定了以新一代量子信息通信技术为对象的长期研究战略和量子信息通信技术发展路线图。近年来日本机构的研发取得了显著成绩，如 NEC、NTT、三菱电机、JST 等专利申请量全球领先且专利质量较高，技术水平突出。

③ 美国量子通信研发实力强劲，但除美国能源局外尚未推出其他国家级重大战略规划。美国的 DARPA 量子网是世界上第一个成功的 QKD 网络，2012 年 DARPA 继续支持两项量子通信技术相关项目。美国太空总署认为 QKD 和量子通信定义为空间通信领域中具有高风险、高回报特点的革命性概念，但认为量子通信技术的前景并不明朗，因此建议最低限度跟进相关技术的科学研究和技术开发，以确定量子通信空间应用优势是否合理。

2. 量子通信技术专利发展态势

(1) 整体发展。

① 国际量子通信相关专利申请始于 1982 年，在 2002～2006 年专利数量迅速增长，年均增长率为 30.0%。2007 年之后增速放缓。1982 年至今，量子通信研究论文总数与专利总数之比超过 10:1，表明论文产出倾向明显，世界量子通信科研领域整体尚处于基础研究阶段，专利申请处于缓增期，初步判断量子通信技术研发可能遇到了亟需突破的技术瓶颈。

② 根据国际专利分类号（IPC）统计结果，国际机构申请专利基本集中在点对点量子密钥分配相关的技术点上。主要研发方向包括光子源，光子探测，传输，授时，组件和调制器技术，探测器技术等。从技术研发布局来看，电通信技术中数字信息的传输（H04L）、电通信技术中的传输（H04B）、半导体器件及电固体器件（H01L）是位居量子通信领域专利申请量前 3 位的技术方向；目前竞争最激烈的技术领域是"使用移位寄存器或存储器用于块式码的密码装置，进行密钥分配"（H04L-009/08）和"用于保密通信领域的同步的或最初建立特殊方式的发送和接收密码设备"（H04L-009/12）。

③ 技术关注点的变化非常明显。1990 年之前，仅有一个重点技术领域——保密或安全通信装置（H04L-009/00）受到关注；1992 年，使用移位寄存器或存储器用于块

式码的密码装置进行密钥分配（H04L-009/08）、用于保密通信领域的同步的或最初建立特殊方式的发送和接收密码设备（H04L-009/12）、保密通信（包括保密线路和辐射传输系统）（H04K-001/00）、自由空间传播中利用微粒辐射束或无线电波以外的电磁波的传输系统（H04B-010/00）等4个技术分类也开始起步；1998年后，非线性光学（G02F-001/35）、保密或安全通信装置中使用的特殊的加密算法（H04L-009/28）、自由空间传播中利用微粒辐射束，或无线电波以外的电磁波传输系统中的发送器（H04B-010/04）、保密通信装置中包括用于检验系统用户的身份或凭据的装置（H04L-009/32）、自由空间传播中利用微粒辐射束，或无线电波以外的电磁波传输系统中的接收器（H04B-010/06）等技术分类专利申请逐渐兴起；保密通信装置中包括用于检验系统用户的身份或凭据的装置（H04L-009/32）技术是重点技术领域中最新的技术类别，始于2002年。2000以后新出现技术主要包括电通信传输技术（H04B），半导体器件（H01L），用于控制光的强度、颜色、相位、偏振或方向的器件或装置及用于上述操作的技术或工艺（G02F），静态存储器（G11C）等技术领域。

（2）主要专利受理国家/地区。

① 国际专利集中在日本（36.1%）和美国（35.2%）申请以获得保护和占据市场，其次是中国和英国，韩国和欧洲也受理了部分专利。

② 从各个时段的专利数量来看，日本和美国受理专利总数分居世界一、二位，说明日、美始终是量子通信相关专利技术开发最活跃的国家。2000年以来，中国、英国和韩国专利受理量总体呈增加趋势；国际研发机构已经开始进军中国市场，其申请专利占到中国知识产权局受理的发明专利申请的1/3。

（3）主要专利申请机构。

① 超过90%的国际发明专利由国外申请人提交，中国机构（含香港地区）申请的国际专利仅占世界总量的8.2%。日本、美国机构的专利申请量名列前茅。中国的专利申请人中包括29个机构，共申请专利70项。中国申请专利数量排名前3的机构分别是：中国科学院（12项），中国科技大学（9项）和安徽量子通信技术有限公司（8项）；其他专利申请人还包括北京邮电大学（5项）、香港大学（4项）、华南师范大学（3项）、清华大学（3项）、浙江大学（3项）、中兴通信公司（3项）等。

② NEC（日本电气）、MAGIQ（美国神奇量子科技）、Toshiba（东芝电器）等公司不仅专利申请量名列前茅，且被引用频次也位居前列，专利质量水平最高。根据总被引次数，Toshiba、NEC和MAGIQ公司是最受关注的专利权人，其研究成果具有较高价值。相比之下，中国机构的专利无论从总被引次数还是从平均被引次数的角度看，专利质量整体均处于偏低的水平。

③ 重要机构的专利技术布局与优势

日本电器、电报电话公司和三菱电机三家公司较注重"用于保密通信领域的同步的或最初建立特殊方式的发送和接收密码设备"（H04L-009/12）的专利申请，而东芝、富士通和惠普则更注重"使用移位寄存器或存储器用于块式码的密码装置，进行密钥分配"（H04L-009/08）的专利技术研发；NEC在5个IPC分类中具有明显优势，在"自由空间传播中，利用微粒辐射束或无线电波以外的电磁波传输系统中的发送器

（H04B-010/04）和接收器（H04B-010/06）"两项技术中的优势也较明显；MAGIQ公司比较注重"保密或安全通信装置"（H04L-009/00）和"保密通信（包括保密线路和辐射传输系统）"（H04K-001/00）两项系统技术的专利技术研发；日本电报电话公司和科学技术振兴机构在非线性光学（G02F-001/35）方面具有较强实力；各机构在"保密或安全通信装置中使用的特殊的加密算法"（H04L-009/28）和"保密通信装置中，包括用于检验系统用户的身份或凭据的装置"（H04L-009/32）两项技术上的竞争比较激烈。

3. 量子通信关键技术专利保护策略分析

（1）申请专利合作条约专利，拓展专利保护国。

美国 MAGIQ 公司申请的 PCT 专利数量最多，MAGIQ 和 HP 的 PCT 专利比例也分别达75%和50%；相比之下，我国目前仅有香港大学和中国科技大学分别申请了3项和2项PCT 专利，平均 PCT 专利申请比例仅为7.1%。此外，重要机构都积极在美、日等国布局，而我国70项专利中仅有6项专利（中国科技大学2项，香港大学4项）提出申请要求在海外获得保护，中国机构专利的平均保护区域数量仅为1.3，说明我国机构在该领域的国际竞争力总体水平较低。

（2）构建专利家族。

从机构的层面上讲，MAGIQ 公司的平均专利族最大，为4.4。日本三菱电机和英国国防科技公司（QINETIQ）分居二、三。美国 MAGIQ 公司、日本的三菱电机和英国 QINETIQ 公司的平均保护区域数量达到了2个以上，表明这些机构的技术研究持续性良好，同时非常重视对他们的专利进行广泛的保护。相比之下，中国机构整体的专利保护国家地区和平均专利族大小水平都相对较低，机构专利的平均保护区域数量仅为1.3，平均专利族大小为1.7。

（3）重视权利要求。

从专利申请中的权利要求上看，重要机构不仅重视独立权利覆盖较广的范围，还非常重视对技术附加特征进行严格的限定和详细说明，以保证专利具有足够宽的保护范围和足够的技术精度以阻止竞争者进入。由此也反映出相关专利在技术保护范围方面战略起点高覆盖面广、战术设计严密精细的整体策略，值得我们在相关工作中学习和参考。

4. 专利知识产权风险分析

量子通信专利技术集中在电学和物理学领域，涉及90个 IPC 技术小类，H04L（电通信技术中数字信息的传输）、H04B（电通信技术中的传输）、H01L（半导体器件及其他类目未包含的电固体器件）小类专利合计超过专利总数的80%。

（1）竞争热点和技术空白点。

从技术层面上讲，在电通信技术中数字信息的传输领域明显形成"使用移位寄存器或存储器用于块式码的密码装置进行密钥分配"（H04L-009/08）、"用于保密通信领域的同步的或最初建立特殊方式的发送和接收密码设备"（H04L-009/12），"保密或安全通信装置"（H04L-009/00）"三足鼎立——联合互补"的竞争态势；在半导体器件技术领域呈现出"适用于整流、放大、振荡或切换的半导体器件"（H01L-029）、"对辐射敏感的半导体器件"(H01L-031)、"半导体发送器件"(H01L-033)、"超导或高导器件"(H01L-039)"四大金刚——势均力敌"的竞争态势。

各技术方向上专利申请薄弱的空白点主要是对已有技术的补充,涉及密钥生成算法及效率的技术点不多,对量子密钥应用场合设定的影响也不突出,说明现有专利整体上已基本占据了量子通信的主要技术点,后继研发活动将重点围绕塑造核心竞争力展开。

(2) 需要持续关注和引起重视的技术方向。

结合专家判读,"使用移位寄存器或存储器用于块式码的密码装置进行密钥分配"是传统加密和量子保密通信必需的通用技术,需要持续关注。"保密或安全通信装置"是量子通信领域核心重点,除了关注物理底层和单机保密通信之外,还需要加强分布式/分段加解密和设备协作加解密方式、工作期间动态变化算法,以及相关模型和算法的研究。在半导体技术领域中,应该重点关注相关材料研究的进展和技术成果;同时,单光子检测尤其是高速单光子检测以及基于硅的光通信和计算也需要持续关注。对于任何通信系统而言,同步都是非常重要的组成部分,因此需要重点加强对"同步的或最初建立特殊方式的发送和接收密码设备"的关注。此外,随机数生成方法,例如量子随机数生成也是需要进一步关注的技术方向。

(3) 热点领域主要竞争对手。

英国电信和QINETIQ对"使用移位寄存器或存储器用于块式码的密码装置,进行密钥分配"技术开发的聚焦程度最高;QINETIQ公司近3年专利技术研发非常活跃,且表现出高度聚焦的研发态势,建议特殊关注。NEC和三菱电机在"用于保密通信领域的同步的或最初建立特殊方式的发送和接收密码设备"领域的技术开发能力最强,二者在光子探测器偏置电路/偏置信号发生器/随机数质量控制电路、接收器光脉冲/量子探测及窃听查验等技术领域有重合。

5. 启示与建议

(1) 加强战略支持,努力赢取重点优势领域的高回报。

量子通信作为一项"革命性技术",已获得欧盟、日本和美国等国的大力支持,但目前尚未得到未来任务的"拉动",量子通信技术研发固有的投资风险性和无法达到既定目标而失败的概率都很高——但是一旦成功,将可能带来巨大的回报。因此,为了充分满足国家需求,取得重点领域突破,必须对已有或未来有前途的优势领域给予必要和持续的支持。

(2) 优化保护策略,加强核心专利的严密保护。

通过国内外机构专利保护策略对比,可以看出,与世界最优秀研发机构相比,我国机构的专利保护策略设计存在明显的软肋:

①在专利保护地域方面,我国机构的专利基本局限在本国申请,受保护的地域范围非常有限,抢占海外市场的规划明显不足。中国机构在世界其他国家申请的专利数量仅占中国机构专利总数的8.6%,平均保护区域数量为1.3,与美国MAGIQ公司、日本三菱电机和英国QINETIQ动辄在三五个甚至更多国家和地区申请保护的情况形成鲜明对

比；同时中国机构的平均 PCT 专利申请比例仅为 7.1%，与 QINETIQ、MAGIQ、HP 超过 50% 的 PCT 专利占比差距悬殊。另一方面，虽然整体看目前国内市场的竞争形势不像国外那么严峻，但随着国内市场快速发展，国外竞争对手也已摩拳擦掌积极抢占市场份额，MAGIQ、三菱电机等机构对中国市场的竞争也已逐渐显出剑拔弩张之势。②中国机构整体上在被引频次和在平均专利族大小方面的表现也差强人意，反映出在持续开展技术研发和专利逐层严密保护方面"短腿"严重。

建议我国机构：①提升战略眼光，抓紧在海外市场的专利布局。一方面可以通过"定制套餐"的形式设计申请 PCT 专利，另一方面也可以采取重点市场"各个击破"的策略迅速扩展专利保护区域规模；②通过持续的技术研发，构建专利家族，提高专利质量，对已有专利和优势技术点进行重点完善和拓展保护；③提前预警，未雨绸缪，重视专利独立权利要求和从属权利要求的设计和撰写，以"防患于未然"。这就要求我国的科研机构重视和优化基本框架和技术要件设计，保证专利具有足够宽泛的保护范围，同时对核心专利的技术细节进行严格的限定和精细说明，充分利用高效、合理的知识产权保护策略手段阻止竞争者进入关键的技术环节。

（3）保持在热点竞争领域中的能力特色，有选择性地抢占技术空白点。

根据国内外重要市场和核心机构的专利技术布局情况，建议我国机构的下一步研发工作和专利申请可以重点围绕两个方面同时进行：①在量子密钥分配中的具体技术方向上进行研发和专利申请；②从未来可能产生专利知识产权领域入手，即量子密钥分配与网络安全通信、传统密钥体系的融合方式、方法和形态，以及量子通信网络的标准化、结构化、层次化等。

此外，从机构介入的角度看，目前国际上已有一些实力并不突出的机构或个人也可以以专利的形式加入到量子通信的产业化队伍中；考虑到相关产业尚未成熟，随着研究的推进，也建议更多的国内各种类型机构（大学、研究所、企业）参与进来，开拓思路，挖掘各种潜在的应用领域，根据具体实现及不同适用场合在现有的专利技术空白点上优先争取一席之地。概言之，我国相关科研机构应该在对技术热点及其变化和重要竞争机构布局了然于心的基础上，不断强化在热点竞争领域中的能力特色，同时讲究策略，拓展思路，选择性地介入和抢占现有专利的薄弱点和空白区。

案例 4 汇桔网知识产权商品化交易——"互联网＋知识产权＋产业"运营模式的细化

汇桔网（www.wtoip.com）隶属广州博鳌纵横网络科技有限公司，是全球最大知识产权交易与产业升级平台。其原名为中外知识产权网，于 2014 年 2 月 18 日正式更名为汇桔网。汇桔网在知识产权运用领域，开创了知识产权交易与综合服务线上线下融合新模式，围绕知识产权交易链条，提供线上线下全方位、分层次、一站式的知识产权交易、评估、知商会员服务、知识产权金融等创新服务。汇桔网拥有庞大的资源库，汇聚全球超过百万级别的知识产权交易品，知商会员数量超过 6 万人。汇桔网从庞大的知识产权海洋中拎出"确权""维权"和"用权"三种业务，5 年做下 5 亿生意，在网点和人数方面位列行业第一。

1. 汇桔网提出的核心概念

(1) 知商。

知商是指所有创造、保护、运用知识产权的企业、企业家及个人所组成的商业生态圈。广义来说，心中有知识产权意识、重视知识产权的人，也可称为知商，他们的生活与知识产权有密切联系，处于知识产权生态圈。知商活跃于知识产权交易的方方面面。多年来，汇桔网管理者在各种场合不遗余力地推广和倡导知商，引起了政府与社会各界的关注。

(2) 知识产权用权。

知识产权用权是指拥有知识产权的企业或者个人，对知识产权的运用。具体包括，利用自主知识产权进行政府项目申请、知识产权交易、知识产权许可、质押贷款、技术入股等方式获得既得利益的方法。

(3) 知识产权生活化。

知识产权生活化是由汇桔网管理者首次提出的。知识产权服务人们的生活，也来源于生活，也将最终运用于生活，它融于生活是一个趋势。汇桔网的"桔"字即体现出汇桔网知识产权生活化理念，致力于让知识产权为人们的生活而服务，只有当知识产权深入生活，成为人们生活的习惯，知识产权时代才能真正到来，知识产权生活化是知识产权事业发展的终极目标，也是知识产权的终极价值。"桔"将与"苹果""土豆""豆瓣""芒果"等品牌词一样，成为在网络世界中象征知识产权成果转换、实现知识产权产业化的代名词。

2. 汇桔网主要业务介绍

汇桔网以知商为服务对象，使其知识产权在流通中创造财富，在运用中创造商业价值。汇桔网目前已为路易威登、飞利浦、格兰仕、中国石化等知名企业提供知识产权服务，服务客户超过十万家，遍布国内外各行各业。汇桔网在中国内地拥有超过70家分支机构，拥有近3000人的交易经纪人、商务团队，发挥遍布全国的经纪人服务网络优势，庞大的团队可为客户提供上门服务，是知识产权贴身管家。汇桔网主要业务有三——知识产权交易、知识产权投融资与知识产权经纪服务，具体细分见表9-2：

表9-2 汇桔网主要业务

知识产权交易	商标交易	汇桔设置五大交易子市场，并实现了行业类别的分类检索。截至2015年6月30日，汇桔拥有的知识产权交易品有：专利项目614431个，技术项目18634个，商标375629个，域名29个，版权1个。汇桔网提供超过百万计的交易资源，并实现每日更新，买家可自助选购，即时在线与卖家沟通，线上下单付款，平台提供资金担保，一站式服务方便快捷
	专利交易	
	技术项目交易	
	版权交易	
	域名交易	
知识产权投融资	汇桔宝	"汇桔宝"全称"汇桔宝知识产权委托交易"，客户委托汇桔进行知识产权的委托采购与代理出售，利用知识产权的稀缺性和唯一性，实现财富的保值与增值
	创客贷	"创客贷"全称"知识产权创业性贷款"，是汇桔以客户知识产权质押为基础，利用互联网众筹，专门针对有融资需求的客户筹集创业资金的贷款，并设定相应期限和收益率
	展业贷	"展业贷"全称"知识产权经营性贷款"，是汇桔以客户知识产权质押为基础，利用互联网众筹，专门针对有融资需求的客户筹集用于支持企业生产经营的贷款，并设定相应期限和收益率

续表

知识产权经纪服务	知商通	知商通是汇桔推出的会员制服务产品,为知商会员提供知商认证服务、平台推广服务、展会服务、培训服务和经纪人服务等
	中外宝	"中外宝"全称是中外宝知识产权管理顾问,是汇桔为知商提供的一项全新的知识产权投资型顾问增值服务,包括知识产权规划、推荐、注册/申请/登记、代管、授权、交易等顾问咨询服务,是全球首创的兼具保本且高收益的理财产品
	中外通	汇桔为中外通会员提供国际线上线下推广服务、涉外知产风险评估与战略布局方案、海外行业资讯推送、海外成果化实验与评估咨询服务、国内外各地政策及法律问题咨询、一对一涉外交易经纪人及专属客服等服务,为知商企业开拓海外市场提供有效途径
后台具体业务		1. 知识产权猎头:汇桔提供专业的知识产权服务,利用分支机构遍布全国的资源优势,为知商找到指定知识产权的持有人,定向服务,为其寻获心仪的知识产权
		2. 定向交易品推荐:交易经纪人根据买家需求线上线下匹配知识产权交易品,定期通过站内信、QQ 信息或邮件等双方约定的多种方式推送交易品信息。着眼于客户需求,及时、高效匹配交易资源
		3. 供需双方谈判撮合:知识产权交易双方谈判易陷入价格拉锯战,汇桔专属经纪人为交易买卖双方搭建起沟通的桥梁,根据买家和卖家意向,双向沟通协调,公平公正地保障双方的利益,促进交易高效进行,实现双赢
		4. 国家手续代办:知识产权交易手续办理费时、复杂,专属经纪人全程贴身协助客户办理相关手续,保障交易安全进行,确保整个流程透明、高效
		5. 专家评价:引入无形资产价值评价体系,依托经济领域与知识产权领域的专家团队,对无形资产的法律状态、技术水平(专利)、产业化价值、投资价值四个维度进行科学的评价,为无形资产交易、政府部门、园区、企业、投资人等提供权威、科学的价值分析报告
		6. 价值评估:依据《资产评估准则》,运用合理的资产评估方法,考察知识产权法律状态,分析知识产权技术水平、市场化价值,提供知识产权价值评估报告;该报告可用于知识产权交易、公司注册增资、质押贷款、投融资等经济行为提供知识产权价值参考
		7. 交易品优化:提取商标、专利等交易品的优势/亮点,通过图文结合的方式对交易品进行市场化描述,并从专家角度对交易品的价值、市场前景及应用进行点评,给予相应推荐指数
		8. 助力企业技术升级:组建全球能力网络,汇聚全球近万高校/科研机构/研发企业等机构的技术项目资源供技术转移方选择。并提供经纪人代理谈判撮合、合同认定登记代办、手续办理等多种专业化服务
		9. 提供用权报告:为会员提供年度知识产权整理和调查服务,并针对客户现状和未来发展规划,给出创意和创新项目运营的知识产权风险应对措施;具体报告内容包括客户知识产权状态、竞争对手调查、行业技术分析、知识产权运营建议等

3. 汇桔网发展经验总结及不足

(1) 把握知识产权运用的核心需求。

汇桔网秉承"让天下创意成为现实"的使命,响应国家大力发展"互联网金融"

"万众创新"的号召，打造"全球最大知识产权交易与产业升级平台"，体现了以促进知识产权应用为己任，着力服务于知识产权资本化与商品化的大趋势，专注于为创新型中小微企业及"创客"提供知识产权金融综合服务，化解其面临的贷款门槛高、融资难、融资贵的困局，而这正是中小科技型企业及个人知识产权运用的核心需求。

（2）面向客户需求的服务供给。

汇桔网以客户需求为导向，以会员制为基础打造客户的知商身份，认证的门槛也较低，保证了客户的广泛性，认证后分为知商通企业用户和知商通个人用户。汇桔网以产权交易和投融资为业务支撑，发挥庞大的经纪人团队优势，提供全方位的经纪服务，让知识产权在流通中创造财富，在产业化运用中创造商业价值，让知识产权成为中国企业转型升级的助推器。汇桔网不满足于国内资源，面向全球聚合知识产权资源。

（3）适时的服务创新。

汇桔网首次提出知商认证标准，用以认证企业品牌能力和技术实力。2014年，知商通与欧洲权威认证机构合作，成为行业的基本标准。知商通的5大服务功能中，知商认证、知商网店是知商核心竞争力的表现和证明，能显著提升竞争力。2015年初，汇桔网联合厚朴投资等多家知名企业投资建立中国首家互联网知识产权金融平台——知商金融，注册资本1亿元人民币。2015年6月20日，汇桔网与广东省知识产权研发中心签署战略合作协议，并正式启动全国首家互联网知识产权金融平台，进一步推动知识产权与网贷的结合，专注于互联网知识产权金融细分领域，将推出知商贷服务与知识产权创投基金两大重点项目。汇桔网目前已经正式推出3.0版本，不但全面开放平台资源，更在全球业内首次实现平台在线交易免服务费，并由招商银行作为平台资金托管方为交易双方提供更强的资金安全保障。此外，3.0版本还进行了一系列的功能优化改革，知识产权资源价格更加透明、操作流程更加简便、交易经纪人提供专业O2O服务等。

（4）协同合作打造知名度。

汇桔网的发展得到了广东省委、广东省知识产权局、全国工商联、广州经济技术开发区等各级单位的高度重视与实质支持。并与各省市科技厅局等政府平台的知识产权及科技成果展示平台、交易平台的平台共建合作关系，与国家级技术转移示范机构、创新驿站各服务站点合作，与各类型技术转移对接会、知识产权培训会合作，实现了资源供给、信息共享与业务拓展，实现了技术市场监督、市场秩序维持，创造力有序发展、充分竞争的市场环境与政策引导。在营利的同时，汇桔网亦有公益行动。2014年4月，《南方都市报》报道《父卖商标只为救女》的文章后，汇桔网交易中心通过线上线下等方式，为安安父亲陈先生进行商标匹配的工作。最后，陈先生一家来到汇桔网与交易中心签署委托交易书，顺利实现陈先生所有商标的变现，及时安排安安手术。

（5）专业性的运营管理团队。

汇桔网拥有一支国际视野、前瞻思维的国际复合型职业管理团队，他们以敏锐的视觉洞悉国际、掌控市场，迅速建树汇桔网品牌。汇桔网凝聚了一批高素质的技术咨询顾问和市场服务人才，他们洞察行业规律，用职业的态度和渊博的专业知识为客户提供高质高效的知识产权交易、融资、孵化，及VIP高端订制等系列用权解决方案。矢志于助推知识产权事业发展，促进知识产权成果转化，加速知识产权产业化进程。

当然，汇桔网当前也存在一些不足，如域名市场交易资源较少，文化版权市场只有《小沃与咖喱》一个动漫推介，国外市场资源相对较少，知识产权资源配置不太均衡；知识产权金融相比于知识产权交易业务规模较小，只有部分创客贷品种，展业贷与汇桔宝品种几乎没有；买家风险与责任较重，在交易过程中只能根据卖家的描述及办理的公证衡量该知识产权是否满足于自身需要，对买家冷静期制度没有安排，等等。

4. 促进互联网与知识产权融合的对策

汇桔网不断追求模式创新、技术创新、服务创新，利用开放的互联网平台与知识产权行业深度融合，凭借一流的运营管理团队，强大的资金、专业、渠道等资源优势，汇聚政府、高校、金融机构等战略合作伙伴及众多知商企业，结成了广泛的知识产权"用权"产业联盟，协助企业实现商标、专利、版权的买卖、许可、合作，让企业有效配置技术创新资源，实现知识产权产业化，助力企业转型升级。在互联网技术越发普及的社会背景下，如何利用互联网手段，探索知识产权运营，帮助有转型升级需求的企业提升运营能力，汇桔网管理者提出如下建议：

首先是开启"免费"服务模式，对于企业来说，降低其使用成本，无疑将提高他们寻求知识产权运营与战略规划合作伙伴的意愿，互联网技术也使得"免费"服务的成本大大降低。

其次是知识产权服务的O2O服务模式，其线上功能在于通过互联网手段为客户提供更加快捷、方便的解决方案，而线下与客户的面对面交流、沟通、启发、传递则是创造价值的核心所在，能够更加深入地与客户就知识产权运营达成共识，形成共鸣。

最后是平台生态圈与体验服务模式进行高度结合，不断满足客户所需，提升客户体验，通过口碑形成一个持续发展的良性生态圈。在用户体验决定用户行为的时代，技术创新形态正在发生转变，以用户为中心、以人为本越来越得到重视，用户体验也是创新2.0模式的精髓，将反作用于知识产权创造。

专题 20　促进战略性新兴产业发展的知识产权政策体系研究

承担单位：中国科学院大学公共政策与管理学院

作　　者：霍国庆　李玲娟　卢文祥　张　艳
　　　　　张继承　徐　辉　尹锋林　张古鹏
　　　　　李慧聪　王少永　王　萌　袁　铭

一、引言

(一) 研究背景和意义

1. 为摆脱本次全球金融危机带来的影响,并促进经济和社会的可持续发展,各国相继布局战略性的新兴产业

自 2008 年全球金融危机之后,全球许多国家相继通过布局新兴产业来摆脱金融危机,从而促进经济和社会的可持续发展。美国于 2009 年颁布《美国复苏和再投资法案》,方案中将太阳能、智能电网、高效电池、碳捕获等可再生能源为重点支持产业。同年出台的《美国创新战略》报告,重申清洁能源的战略意义,同时还将健康产业、先进汽车技术创新列为发展重点。12 月出台的《重整美国制造业框架》表明要积极培育纳米技术产业、大力发展智能电网等。欧盟委员会在金融危机出现之后出台了"环保经济"的中期规划,力图将"绿色产业"发展成为具有全球竞争力的产业,并实现"绿色电器""绿色能源""绿色交通""绿色建筑"等产业的系统化和集约化。英国于 2009 年发布的《构筑英国未来》规划,提出要通过大力发展生物产业、低碳化的经济、数字化经济等新兴产业,来维持英国在全球的大国地位。日本于 2009 年提出重点发展太阳能发电产业、环保型汽车和电动汽车产业、文化旅游产业和医疗与护理等产业。同年 12 月内阁府又出台了《面向日本的新成长战略》,指出大力发展健康产业和环境与能源两大产业,其中健康产业主要包括医药产业、护理产业和医疗产业。同时,日本政府在 2009 年颁布的《新国家能源战略》将新能源创新、领先节能、核能立国、新一代运输能源、综合资源确保战略、强化能源紧急应对、亚洲能源环境合作战略和制定能源技术战略作为八个重点能源战略。韩国在金融危机背景下,于 2008 年 8 月底实施了《国家能源计划》,并于 2009 年年初出台了《低碳绿色增长基本法》。同时在《新增长动力规划及发展战略》中,韩国将生物产业、新一代运输装备、能源与环境产业等六大产业以及新能源汽车、海洋生物燃料、太阳能电池等 22 个领域作为重点发展方向。作为"金砖四国"的巴西,在金融危机后也大力发展生物质能产业、核能产业以及风能等产业。

2. 为促进产业结构的调整和经济发展的转型,并抢占新一轮科技革命的制高点,我国也开展了七大战略性新兴产业战略举措

在国际金融危机的冲击下,我国也面临着经济发展方式的转型和产业结构的调整。2009 年 9 月国务院多次召开座谈会,来自多方的专家对战略性的新兴产业的发展提出了宝贵的意见和发展建议。2009 年 11 月国务院前总理发表了《让科技引领中国可持续发展》的重要报告,报告强调发展战略性的新兴产业关键在于选择真正的具有战略性的新兴产业,如果选择了错误的战略性新兴产业,将会使我国在新一轮科技革命中再次贻误发展战机。2010 年 9 月我国正式出台《国务院关于加快培育和发展战略性新兴产业的决定》,布局战略性新兴产业已成为我国乃至世界主要国家抢占新一轮科技和经济发展制高点的战略性举措。该决定进一步明确将生物产业、节能环保产业、新能源产业、新一代信息技术产业、新能源汽车产业、高端装备制造产业、新材料产业等产业作为我国战略性新兴产业的七大重点方向。国务院在2012年7月发布了《"十二五"国家战略性新兴产业发展规划》，将七大战略性新兴产业细分为23个子产业，并提出了23个子产业到2020年的发展目标。

3. 战略性新兴产业发展初期关键在于制定符合战略性新兴产业的特征、并能够促进战略性成长形成具有市场竞争力的知识产权政策

近些年，跨国企业利用我国企业尚未重视知识产权重要作用、知识产权保护不健全的客观情况，展开了知识产权战略进攻；国内不计其数的企业，因侵犯别人专利权，跌入了专利池和品牌陷阱而支付高额赔偿。对此，我国产业的发展会为自身对知识产权的漠视付出沉重的代价；有的产业将无法绕开外国产业设置的重要知识产权壁垒而陷入大量的知识产权纠纷中。

发展战略性新兴产业是我国抢占未来经济制高点的重要选择。《国家知识产权十二五规划》提出支持重点行业、重点技术领域组建产学研联盟，以技术创新、知识产权合作、标准制定等为纽带，推进知识产权创造与产业化应用。这与战略性新兴产业发展专利战略不谋而合。知识产权政策是促进战略性新兴产业发展的有效途径之一。但是战略性新兴产业知识产权政策的研究在我国尚属起步阶段，许多制度和政策体系尚未建立，操作层面的规定尤其缺乏；各个专项内部知识产权的管理细则也都在制定当中，亟须专业化机构开展持续的专利分析研究工作；战略性新兴产业行业产业链较长，涉及不同的科技部门、产业部门，没有形成应有的互动关系。本文就战略性新兴产业这一特定对象进行研究，构建其发展所需要的知识产权政策体系，并尝试提出一些建议。

（二）研究思路和技术路线

我国战略性新兴产业还处于发展的初期阶段，必须依赖政府知识产权公共政策的制

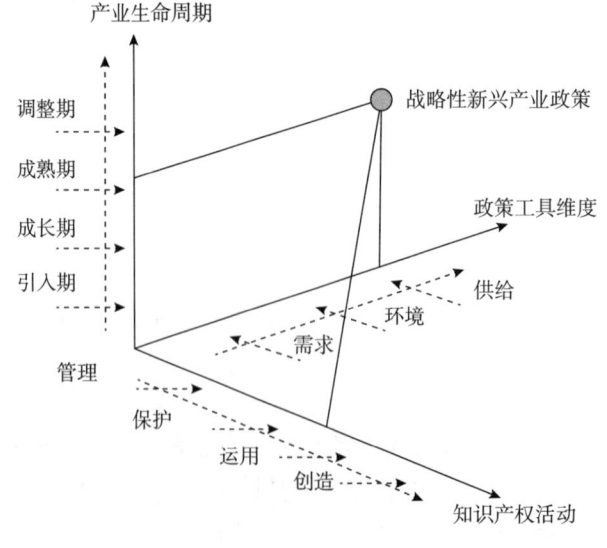

图 20-1

定和配合才能抢占先机。良好的知识产权公共政策有利于战略性新兴产业的培育和成长。本报告结合战略性新兴产业的发展路径，从专利信息、金融服务、知识产权服务、共性技术研发、专利联盟、知识产权运营环境等方面探讨促进战略性新兴产业发展的知识产权政策体系。

（1）战略性新兴产业的成长路径。战略性新兴产业由于其战略性、成长的不确定性、正外部性、复杂性等特点，需要政府的公共政策进行调节、规范和制约。本部分主要对战略性新兴产业的成长周期及关键节点进行分析，包括产业孕育期、产业初创期及产业成长期。关键的节点则是核心技术的研发、主导设计的完成、技术向产品的跃迁三个阶段。同时，对战略性新兴产业中的创业企业成长周期及关键因素进行分析。

（2）基于成长周期的关键知识产权活动分析。战略性新兴产业生命周期不同阶段，企业的知识产权活动存在很大差异。在产业孕育期，主要的知识产权活动是专利信息分析，需要知识产权服务及资金的筹措。在产业发展初期，主要的知识产权活动是核心技术研发及主导设计确立；需要的知识产权服务是研发平台的搭建、知识产权申请的便捷性和时效性，此时知识产权运营还不具备战略性。成长期，战略性新兴产业的主要知识产权活动是配套技术的研发，专利丛林及专利运营，需要搭建专利联盟及实现专利技术标准化。

（3）促进战略性新兴产业发展的知识产权政策体系。现有战略新兴产业知识产权政策与其他政策交叉存在，没有明显的界限。因此，本部分在对战略性新兴产业各成长周期的知识产权活动进行分析基础上，有针对性地提出促进战略性新兴产业发展的知识产权政策建议。

二、战略性新兴产业的基本理论

一、战略性新兴产业的本质及特征

发展战略性新兴产业的目的是促进我国经济发展的转型和产业结构的调整，摆脱全球金融危机的冲击并在全球新一轮科技和经济发展中抢占制高点，使我国的国家竞争力得到较大程度的提升。然而要想通过发展战略性新兴产业，实现这一目的，前提是必须对战略性新兴产业的本质和发展规律有深入的认识。

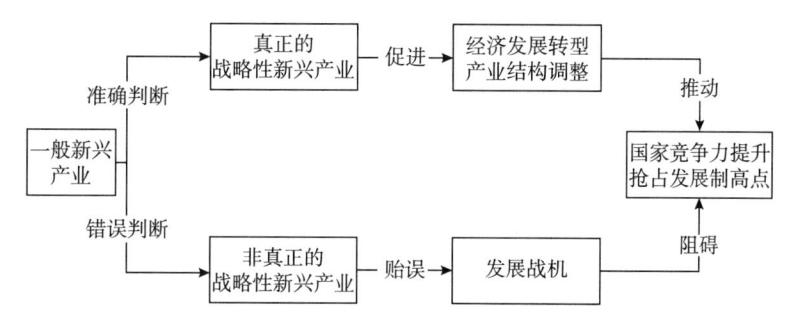

图 20 - 2　战略性新兴产业判断指标的重要性分析

1. 战略性新兴产业的本质

战略性新兴产业的"新"是指在当前的经济发展时期，这些产业的产品服务形式或组织形式是以前不存在的，发展过程中可能面临较多的不确定性（刘洪昌，2011）；"兴"是指该类产业刚起步，但未来可能高速增长并带动经济发展（李晓华，吕铁，2010）。然而李金华（2011）提出，"战略性新兴产业不仅是新兴产业，更应具备战略性产业和新兴产业的共同的产业特征"。因此，战略性新兴产业的本质是战略性产业和新兴产业的交叉。所谓的"战略性"是针对产业结构调整而言的，表现为产业的带动效应大、市场成长快以及对产业结构的高端化转换具有决定性的促进和导向作用。"新兴性"则体现为技术创新和商业模式创新。战略性新兴产业发展成长的关键是技术链和产业链协同发展，将技术创新和市场需求表现出来的潜在商业机会转换为现实生产力的过程。

科技部部长万钢（2010）指出"战略性新兴产业应对国家的经济发展、社会进步以及国家的安全等具有重要性的、长远性的影响，并且战略性新兴产业应该在未来能够成长为国家的支柱产业"；贺正楚等（2011）指出战略性新兴产业的战略性还体现在其全局性，即对国家的经济发展有重大的贡献，同时对综合国力的提升有重要促进作用；战略性新兴产业未来会成长为国家经济增长的先导性产业（Zhiying Liu，2012）；发展战略性新兴产业首先可以提高我国企业的竞争力，进而实现国家产业结构的优化和调整，加速我国经济发展的转型，最终增强我国在国际上的地位（Tian Man，2012）。因此，战略性新兴产业更多的是战略性的产业。国务院发布的规划文件中明确提出，战略性新兴产业未来要发展成为我国的主导产业和支柱产业，从前文的分析可知，国内外学者都将主导产业和支柱产业看作是战略产业的范畴。

结合战略性新兴产业的产业特征以及上述分析可以确定，战略性新兴产业本质上就是战略产业。至此可知，战略产业不仅包括主导产业、支柱产业、基础产业，还包括战略性新兴产业。所以，战略产业并非指具体的某一类产业，战略产业是一个业态演进的概念，战略性新兴产业只是战略产业某一个阶段的特定称谓，战略性新兴产业未来为演化成为主导产业和支柱产业等产业业态。

由前文对战略性新兴产业、主导产业、支柱产业、基础产业的产业特征分析可知，战略产业的几个产业型态的主要区别在于产业规模及产业规模和技术进步的增长速度。根据战略产业规模和增长速度两个维度可以绘制出战略产业的范畴演化图（王少永，霍国庆，2014）。

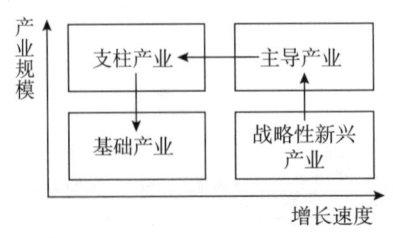

图 20-3 战略产业范畴演化图

从图20-3可以看出，战略产业处在战略性新兴产业时期时虽然产业规模较小，但在产业规模和技术进步方面增长速度较大；在主导产业时期，产业已经度过新兴时期，并且具有了一定的产业规模，但产业规模和技术等要素仍具有较大的增长潜力；但到了支柱产业阶段，产业的技术进步程度较低，同时产业规模增长也较为缓慢，但产业的规模达到最大程度，并占国民经济的比重较大；而到了基础产业阶段，产业规模相对于新兴的支柱产业的规模而言有所萎缩，但该产业对整个国民经济的运行和其他产业的发展都具有不可替代的作用，如果基础产业发展不好，就会导致国民经济增长机会丧失。

2. 战略性新兴产业的特征

（1）战略性。战略性新兴产业是对经济发展具有重大战略意义的新兴产业。与一般的新兴产业不同，战略性新兴产业的发展源于重大技术创新、消费需求的重大改变或者政府政策的重大调整。因此，往往伴随着重大的经济范式转变，体现出战略性的突出特征。战略性新兴产业的战略性主要表现为以下几个方面：第一，具有巨大的发展空间，能够发展成为未来的支柱产业；第二，是未来高速增长的产业，对经济增长的带动作用强；第三，与其他产业的关联度大，具有重大的辐射带动作用，能够带动其他产业的发展；第四，代表科技的发展前沿，符合低碳、环保等先进理念；第五，对人民生活能够产生重大的影响；第六，战略性新兴产业的发展决定未来国际的竞争优势。对后发国家来说，发展战略性新兴产业还是实现赶超的重要机遇。

（2）不确定性。战略性新兴产业具有新兴产业的典型特征，在技术、市场和组织等方面都存在极大的不确定性。一是技术的不确定性。战略性新兴产业发展的核心是技术创新，重大技术创新一般都面临着很大的风险或不确定性。不确定性或风险可以划分为可度量的不确定性或狭义的风险，以及不可度量的不确定性或实际风险。技术创新通常被定为第二类。大部分对技术发展的预言都被证明是错误的，特备是那些根本性的技术变革及其产品的市场需求更是难以预测。对于我国来说，战略性新兴产业领域要面对以往几乎未经历的不确定性。在传统产业中，发达国家处于技术的前沿，相关技术已经实现产业化，其技术水平领先于中国，中国是技术的跟随者、赶超者，这时中国面对的技术路线是确定的。"无论是推进科研型产业的技术前沿，还是创造出新的技术范式，都不是技术后进者的职责"，因此后发国家能够节约因创新的高度不确定性所产生的高额研发成本，使其在传统产业具有后发优势。但是在战略性新兴产业领域，中国从技术的追随者转变为同行者，与发达国家几乎站在同一起跑线上，前面没有确定的技术路线可供遵循模仿，因此不得不与发达国家一起面对技术的高度不确定性和高昂的研发投入。二是市场的不确定性。市场需求的变化是战略性新兴产业发展的重要推动力，同时市场的不确定性也是战略性新兴产业发展所面临的重要障碍。一项新技术被开发出来后，常常不能准确定位其市场用途，并且一项技术最终能够在市场竞争中胜出，除了技术的先进性，还要受到用户的转换成本、用户的消费习惯、市场规模和特点、市场策略等因素的影响。

（3）正外部性。一是研发的正外部性。战略性新兴产业发展的重要动力之一是基础性研究的重大突破，而基础研究是一种公共物品。公共技术具有外部性和溢出效应所导致的"市场失灵"。企业研发激励不足,共性技术研发成为科技投入的"死亡谷",如果没有高校、政府等外部力量介入研发,单靠追求利润最大化的企业无法完成共性技术研发任务。二是产业化的正外部性。由于产业化之初,本土企业的产品还很不成熟,在技术水平、稳定性等方面可能低于跨国公司的产品,因此对市场缺乏吸引力。市场需求的不足使企业很可能处于亏损状态。从单个企业的角度看,产业化的成功并没有为其带来实际利益,甚至常常表现为初期的亏损。但是从整个国家的角度看,本土企业的产业化迫使跨国公司的产品价格大幅度降低,从而提高了整个国家的福利水平;或者迫使跨国公司引入更先进的技术,从而加快了我国整体产业技术水平的提高。因此,本土企业的产业化也具有很强的正外部性特征。产业化的投入往往达到研发投入的十倍乃至百倍以上,试图产业化的企业一方面要面临巨额的投入和极大的风险,另一方面正外部性的存在又使它们不能完全获得产业化的收益,因此也会导致愿意从事产业化的企业的数量和投资规模小于市场均衡水平。

(4)复杂性。第一,技术的复杂性。不仅产业核心技术的突破是一个长期复杂的过程,而且还需要其他众多的技术相配合、支持,甚至要求相关配套技术也要有重要的突破性进展。第二,产业化的复杂性。随着社会分工的日益细化,产业间的相互融合、交流也日趋深入,使产业间的界限变得模糊,各个产业呈现出新的面貌和特征。第三,战略性新兴产业的复杂性还表现在现代产业本质上是一个产业生态系统,产业链不同环节的企业各司其职,形成分工合作的关系。然而在新兴产业发展的初期,由于其产品的市场容量有限,企业无法从市场获得所需的新种类或新品质的原材料,所以只能自己制造有关的设备和零部件;随着市场的逐步扩大,市场中会衍生出更多的配套企业,但仍然存在产业链各环节发展不同步的可能,产生对战略性新兴产业发展的瓶颈制约。

(二)战略性新兴产业的生命周期

战略性新兴产业虽然具有多重的不确定性,其发展过程也存在着明显的波动和风险,但如同所有产业的发展一样,其发展的过程也呈现出一定的规律性。战略性新兴产业的成长过程除了遵循产业的一般规律,还具有彰显其产业基本属性的特定过程。

1. 产业生命周期理论

产业的演化是技术创新、产业需求、产业环境和资源禀赋等因素共同作用的结果,但创新因素的推动和产业需求的拉动在产业演化过程中则起关键性的作用,产业环境、资源禀赋、国际环境等因素在产业演化过程中因影响产业演化的速度和力度而起到催化作用。本部分通过研究这些因素对产业演化影响的一般规律,进而对我国战略性新兴产业不同演化阶段给予不同的知识产权政策予以调控以促进战略性新兴产业的健康发展。

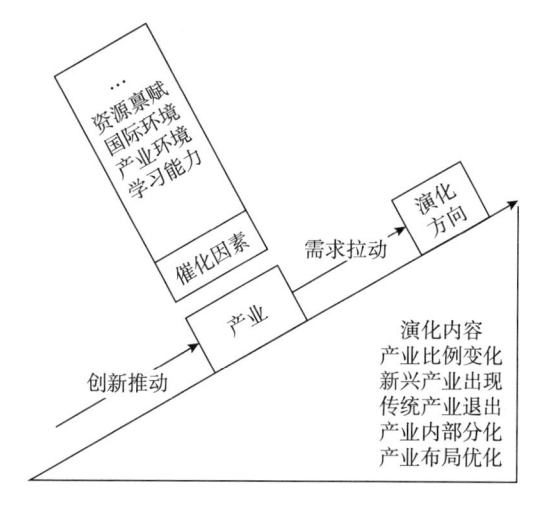

图 20-4　产业演化动力因素结构图

产业生命周期理论来源于产品生命周期理论,1982 年 Gort 和 Klepper 将研究重心转移到产业,他们根据产业中厂商数目变化,将产业生命周期分为厂商引入、大量厂商进入、厂商数目稳定、大量厂商退出或淘汰和成熟等五个阶段并提出了 G-K 模型。中国学者对产业生命周期理论进行了扩展,例如 2002 年范从来和袁静等通过前后时期产出增长率与平均增长率的比较划分出形成期、成长期、成熟期和衰退期四个阶段。

从现有产业生命周期理论可以发现,单一产业在演化过程中产业组织、产业规模、和技术的变化呈现"缓慢—快速—缓慢"的特点。一般产业的生命周期随着产业规模、技术增长和产业组织等产业特征的变化大致呈现倒 U 型,并可将产业生命周期划分为产业发展初期、成长期、成熟期、衰退期四个阶段,如下图中生命周期的实线类型 1 所示。

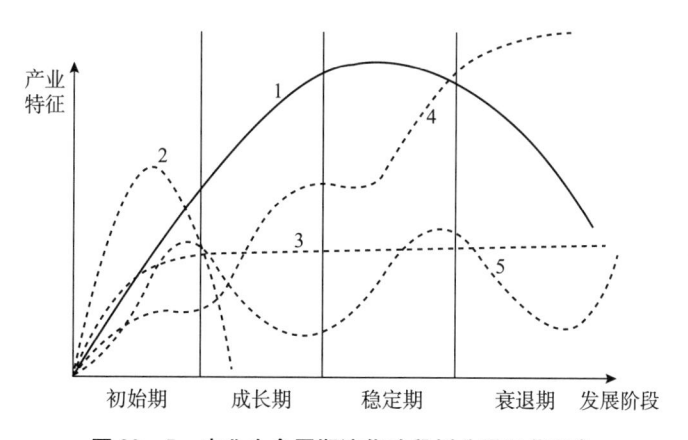

图 20-5　产业生命周期演化阶段划分及异化现象

理论而言,产业发展应按产业生命周期的内在逻辑运行,但现实经济生活中鉴于一些产业独特的产业特征,以及产业所面临的技术创新、市场需求、宏观环境等因素的差异,导致生命周期跨度和对经济发展的影响程度不同,最终产业生命周期的实际表现脱离一般规律而出现异化现象。由产业演化的动力因素分析可知技术创新和产业需求对产业演化起关键作用,而经济学中利用"需求弹性"来判断需求的程度;克里斯坦森则将创新分为颠覆性创新和延续性创新。因此,本文利用产业需求程度和创新程度两个维度将产业生命周期的异化现象分为以下几种情况:

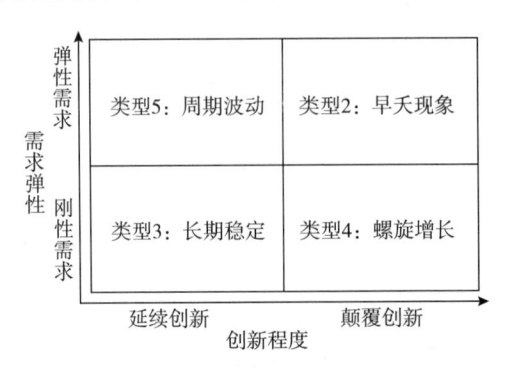

	延续创新	颠覆创新
弹性需求	类型5:周期波动	类型2:早夭现象
刚性需求	类型3:长期稳定	类型4:螺旋增长

图 20-6 产业生命周期异化现象二维图

第一,虽然"食品"和"服装"等产业中经常有创新出现,并在宏观经济环境的影响下产生微小波动,但这些行业关乎人类基本的"衣食"需求,所以产业生命周期会表现出的长期稳定的状态,如生命周期类型3;第二,对于"汽车"和"钢铁"等这些需求弹性较大的产业,可能因宏观经济的萧条、政策法规的限制或生产技术落后、生产成本高等因素出现衰退,但随着延续性技术创新使得整个产业的生产成本降低、生产效率提高而又开始成长,并且如此反复而呈现出周期性波动,如生命周期类型5;第三,对于"计算机"和"手机"等具有刚性需求的产业,虽然面临过多次发展瓶颈,但处理器、存储器等硬件技术颠覆性的创新,互联网技术的发展使得计算机产业一直处在螺旋式增长过程中,如生命周期类型4;第四,当具有弹性需求的产业面临颠覆性的创新时,即使这些产业正处在成长时期,也会迅速衰退并消失而表现出早夭的现象,例如"胶卷"和"磁带"产业在数字技术的颠覆下迅速消亡,其如生命周期类2。战略性新兴产业具有高技术含量和高不确定性等特征,与传统产业有着本质的区别,战略性新兴产业的生命周期可能会有不同的表现,因此需要我们进一步进行研究。

2. 战略性新兴产业的产业生命周期

战略性新兴产业作为战略产业演化的初期阶段,具有一般新兴产业的特征,面临着诸多不确定性,但战略性新兴产业未来要发展成为对国民经济发展和产业结构调整和综合国力提升起促进作用的主导产业和支柱产业,所以战略性新兴产业在被选择发展的初期就具有科技含量高、增长潜力大、综合能耗少和社会效益好等"战略性基因"。战略产业到了产业发展的成长期,就发展成为推动国家经济快速发展的主导产业,主导产业阶段具有较高的创新率,即能迅速地引入技术创新或制度创新;并且高速增长的能力,其增长率比整个经济的增长率更高;同时具有很强的带动其他产业部门发展的能力,即具有很高的"扩散效应"。战略产业的发展趋于稳定后,战略产业则成为支撑国民经济的支柱产业,支柱产业具有较大的发展规模,经济效益比较好,市场前景比较广阔,虽然技术更新率趋于平稳,但技术密度较高。

如果产业发展过程中具有良好的政策、融资、市场等外部环境,并且产业内部具有优秀的人才和高速的创新效率,那么战略性新兴产业阶段会稳定成长并顺利进入主导产业的发展阶段。如果推动产业不断演化的各种因素不能起到很好的协同效果,战略性新兴产业的生命周期可能会出现图 20 - 7 中各种类型的"震荡期"。例如有些产业会因为技术瓶颈或市场需求增长缓慢等原因出现短期的平缓发展或停滞而表现出"增长—放缓—增长"或"增长—停滞—增长"的现象。

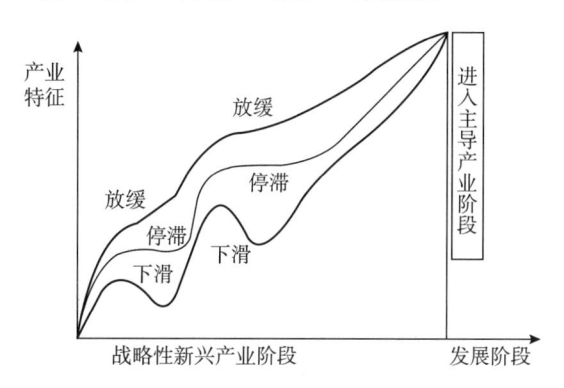

图 20 - 7　战略性新兴产业生命周期

结合技术创新向新兴产业演变中涉及的不同要素,从技术体系、创新路径、主导设计、产业规模和市场环境五个方面,将新兴产业分为孕育期、成长期和发展期三个阶段。对不同战略性新兴产业而言,由于技术基础、发展模式和产业背景的不同,在五要素上可能分别处于不同的阶段。比如风能和太阳能产业的技术体系和主导设计已经基本确立,进入发展期,但产业规模很小,仍处于孕育期,市场环境则处于成长期。因此,在五要素初步分析之后,再综合判断出整个产业所处的发展阶段。总体上处于孕育期的,表示该产业仍处于技术研发时期,与产业和市场有一段距离;处于成长期的,表示该产业基本完成了关键的重大技术创新,确立了主导设计,产业化取得一定进展,但产业规模和市场环境还不成熟;处于发展期的,表示该产业基本解决了相关的技术和市场风险,需要进一步扩大规模、完善市场制度环境,向国民经济主导产业方向发展。

表 20 - 1　战略性新兴产业的产业生命周期及特征

创新要素	孕育期	成长期	成熟期
技术体系	产业技术预见,核心技术研发已经取得突破	核心技术研发,产品开发和工艺流程	上下游产业配套技术研发,形成产业技术体系
创新路径	重大产品创新开始出现,新企业破坏性的技术体系进入行业	产品创新和工艺创新并行,技术路线基本确定	产品创新渐少,渐进性的工艺创新出现,产业趋于稳定

续表

创新要素	孕育期	成长期	成熟期
主导设计	无明确的主导设计,各种高技术路线并存	开发出明确的主导设计,新产品、新技术的成本不断下降,工艺趋于稳定	主导产品和技术相对成熟。标准体系已经形成,可大规模市场应用
产业规模	新兴产业的用户较少,产业规模小,但是增长很快,配套产业不完善、不平衡	新兴产业的产值、专用设备和配套产业等在整个经济体系中的总规模达到一定量级	新兴产业已经形成完整的产业链,上下游配套产业已经完备,正向主导产业发展
市场环境	生产和消费脱节,投融资体制不健全,商业模式未成形,产业政策尚待建立	适合不同类型技术、不同类型企业、不同商业模式的市场结构和政策环境初步形成	已经形成多种成熟的商业模式,竞争环境有序,产业政策完备

(三) 战略性新兴产业企业的生命周期

1. 企业的生命周期理论

大型企业由于已经具有明确的技术轨道和成熟的商业模式,并形成了庞大的存量固定资产和专利、人才、科研装备等技术储备,往往表现得迟疑不决,因此,难以在战略性新兴产业的先期培育上有主动作为。另外,战略性新兴产业具有不确定和巨大的利益前景,又急需灵活有效的运行机制和强烈明确的产权激励,因此,科技型中小企业特别是以追求新兴技术的高回报率为宗旨的新创科技企业,在培育和发展战略性新兴产业中表现出极大的热情,具有不可替代的历史性作用。

作为对企业的一种仿生研究,企业生命周期理论是分析企业一段时间内动态发展过程的一种参照模式。在一个连续的时间段内,依据一定的标准人为地将企业的发展划分为若干个阶段,通过演技不同阶段的特征,归纳企业从诞生到衰退的发展规律的方法。我国学者陈家贵、黄速建在1998年出版的专著《企业经济学》中将企业规模引入了企

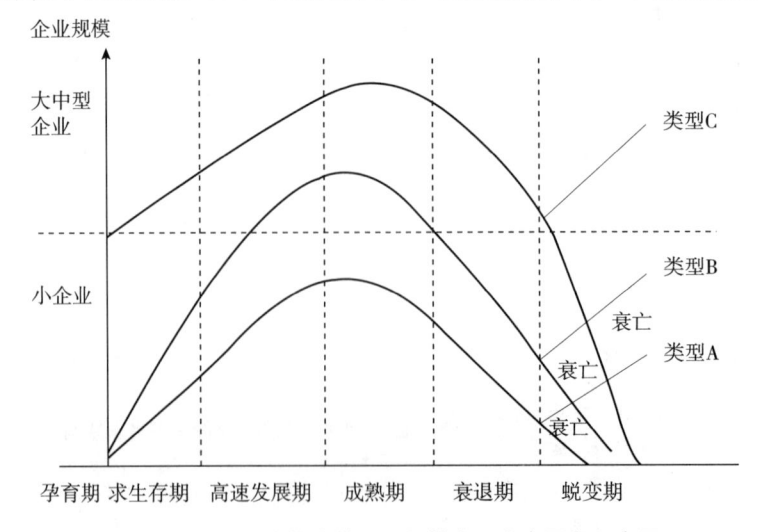

图 20-8 陈家贵提出的不同规模企业生命周期示意图

业生命周期模型中,从而将企业分为大中型企业和小型企业两类。同时,陈家贵、黄速建也在企业生命周期阶段的划分上提出了自己的观点,将企业生命周期划分为孕育期、求生存期、高速发展期、成熟期、衰退期和蜕变期6个阶段。

2. 战略性新兴产业中创业企业的成长路线

在上述模型基础上,本课题认为科技型中小企业的生命周期包括种子期、初创期、成长期和成熟期和衰退期。针对不同的生命周期阶段,高科技型中小企业有不同的成长方式和路线。

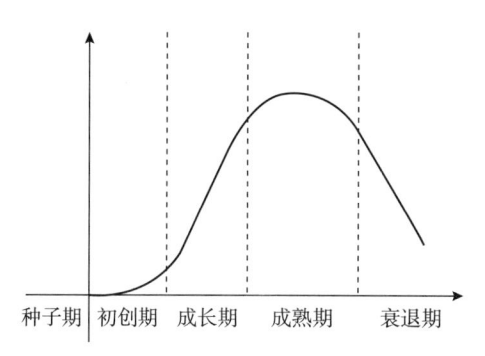

图 20-9 科技型中小企业生命周期

(1) 种子期。种子期是指科技人员提出高新技术设想,通过其创造性的探索研究,形成新的理论、方法、技术、发明或者具有商业开发前景的项目成果的阶段。这一阶段主要投入的是科技人员的创造性智力劳动,资金需求量相对较小,一般仅占创业过程投入金总量的5%~10%。这一阶段所面临的风险主要是技术风险,即把创意形成样品、样机的过程中存在着失败的可能性。国外有关资料表明,在研究开发活动中,从创意提出到形成具有商业开发价值的项目,淘汰率高达95%。在这个具有强烈创新特征的阶段,高素质的人才选择和倾斜的政策支持是高科技型中小企业成长的关键。

(2) 初创期。初创期是将由商业开发前景的项目成果向产业化转变的阶段。这一阶段既是科技人员把研究成果从理论方法和实验室样品、样机向工业化实际生产转移的技术过程,同时也是创业者吸引整合各种创业资源的创业过程。这一阶段资金需求数量相对较大,供应相对短缺,是科技型中小企业成长过程中资金问题最为凸显的一个阶段。同时,初创期也是创业风险最高的一个阶段,既包括技术风险、产品风险,也包括管理风险和市场风险等。企业家稍有不慎,创业就会归于失败。在初创期,高科技型中小企业已经知道了要生产什么样的产品,所以这一阶段的高新技术企业要格外关注涉及转化的技术行为。

(3) 成长期。成长期是科技型中小企业技术发展和生产扩大阶段,企业的主要目标是扩大市场份额。科技型中小企业经过艰苦创业,实现了科研成果向工业化生产的转化后,作为一个自主经营、自负盈亏的经济实体,开始进入其正常的成长发展时期。在这一阶段企业要保持不断的工艺,要大量的追加资金投入。进入成长期以后,企业基本上排除了技术风险,主要风险是企业正常运作的管理风险和市场环境变动带来的市场风险。

（4）成熟期。与一般中小企业一样，经过一段时间的高速发展，科技型中小企业会步入成熟期。企业发展速度减慢，甚至出现发展停止现象，但是效益提高，财务状况良好；产品逐渐向多元化发展，并且形成了有特色的产品，甚至名牌产品；会形成自己的经营方式、企业文化和管理模式；创新精神减退，思想趋于保守。因此，企业稍有不慎，就会掉进"衰退的陷阱"，因此，企业在这一阶段需要不断的资金融入，保持企业的不断成熟壮大，通过管理创新、组织创新、技术创新、产品创新以及市场创新，从而避免走向衰退。

（5）衰退期。经过成熟期以后，大量的企业会因为逐渐老化而走进衰退期。"大企业病"日益严重，管理官僚化；技术装备陈旧，生产工艺落后，产品老化，从而导致企业生产萎缩，效益降低，利润下降，负债沉重。企业经历衰退期后，面临着两种可能性：一是死亡；二是蜕变，即开始下一个生命周期过程。

从上面的研究中可以看出，科技型中小企业在不同的发展阶段上具有不同的风险特征和资金需求。因此，科技型中小企业应该在不同的生命周期阶段，根据自身所处阶段特点，寻求最适合的融资方式、治理模式、政策支持等，并在企业进入下一阶段时及时调整这些成功的关键因素。

根据上述逻辑思路、路线和方法进行研究，构建科技型中小企业成长路线模型架构。路线图总体上是由以企业成长阶段与企业成功关键因素构成的二维矩阵。横向为企业的成长阶段，大致可以分为四个时期：种子期、初创期、成长期和成熟期。而每个时期又可以划分为三个阶段：种子期可以分为创意期、育种期、萌芽期；初创期可以分为研发期、中试期、试产期；成长期可以分为推广期、改进期、高速期；成熟期可以分为饱和期、创新期、转型期。纵向为企业成功的关键因素（KSF），可以分为知识、团队、技术、平台、服务、资金、治理、政策8个关键因素。科技型中小企业在其发展的各阶段所需要的关键成功因素不同。

（1）"知识"这一成功关键因素贯穿科技型中小企业成长的始终，它在企业成长中应体现为一套科学的、完整的、系统的知识创新系统。这一创新系统通过四个模块的无缝集成贯穿于企业成长的四个阶段。在种子期，为创意引导模块，其功能是通过更全面、更系统的知识资源为创业者提供创意来源，并使之系统化；在初创期，为创意集成模块，其功能是通过对企业研发工作的支撑将发散型、非系统化的创意固化为系统性的知识，为知识的产业化做好准备；在成长期，为竞争情报系统模块，由于这一时期，企业的工作重心转向市场，则知识创新系统的功能就是通过完善的竞争情报系统使企业能够监测市场与技术信息，对这些信息进行深度挖掘，并能够为企业提供预警；在成熟期，为知识回采及创新模块，由于企业在成熟期面临着市场饱和、亟待创新和转型的问题，这一模块的功能主要是通过评价企业现状，对既有知识的回采，对新知识进行开采，来为企业的转型提供创新动力。

（2）"团队"这一成功关键因素也贯穿于科技型中小企业成长的始终，其核心是要形成一个有利于团队组建、成长的环境。这一环境的开发即是要构建创业环境系统。在不同的企业成长阶段，创业环境系统体现为不同的功能：在企业的种子期，要着力构建创业的氛围，培育创业意识，培养创业文化；在初创期，要通过专业技术人才的培养以

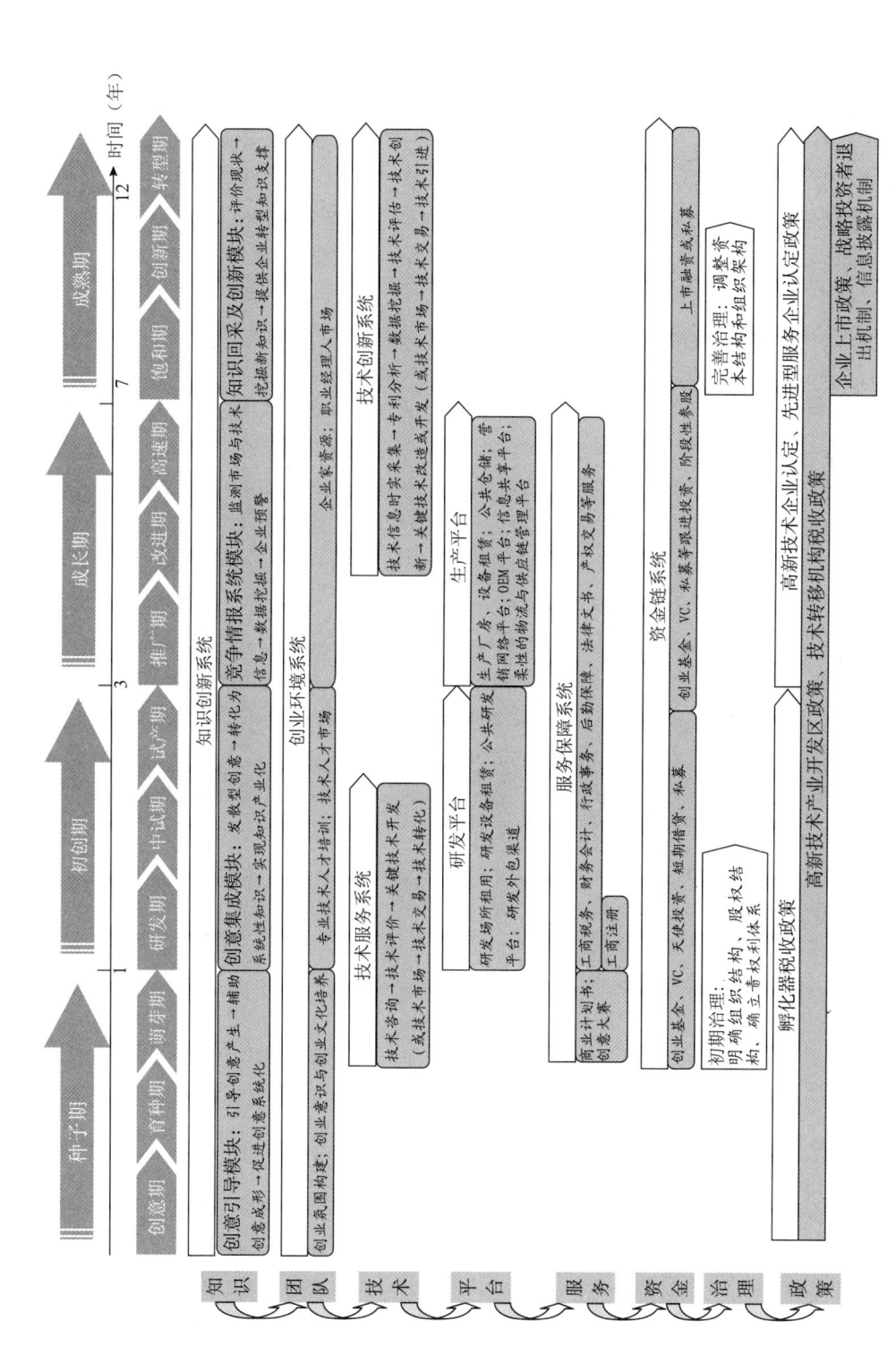

图 20-10 科技型中小企业成长路线图

及技术人才市场的构建来为新创建的企业提供合格的人才，保证无形的创意能够转化为有形的产品；在企业的成长期和成熟，则要通过构建职业经理人市场、为企业提供丰富、优秀的企业家资源。

（3）"技术"这一成功关键因素体现在科技型中小企业成长的两个阶段。一是在企业的萌芽期至中试期这一阶段，其功能主要是体现在为企业的初期构建提供技术服务上，如为企业提供技术咨询，对技术进行评价，为企业提供技术辅助开发的平台，或通过技术市场为企业寻找技术转化的渠道。二是在企业的改进期至转型期，其功能是为企业提供技术创新的支撑，如对技术信息进行实时采集，对全球专利数据进行分析，对数据进行挖掘，对现有技术进行评价并进行关键技术改造或开发，推动企业技术创新工作，或通过技术市场，对新技术进行引时，实现企业的再次技术革命。

（4）"平台"这一成功关键因素也体现在企业成长过程的两个阶段，一是在企业的初创期，其主要的功能为初创的企业提供研发平台，由于科技型中小企业规模较小，前期资本不足，为其前期提供研发平台至关重要，如为企业提供可以租用的研发场所、研发设备，提供公共的研发平台，或为企业提供研发外包的渠道。二是企业的成长期，其主要的功能是为成长中的企业提供生产平台，包括生产厂房的租用、生产设备的租售等，为企业提供公共仓储，为企业提供营销网络支持，提供 OEM 平台、信息共享平台以及柔性的物流与供应链管理平台，等等。

（5）"服务"这一成功关键因素贯穿于企业的萌芽期至高速成长期。在萌芽期通过为企业提供商业计划书、组织创意大赛等服务，促使创业者的创意能够得到系统化。在企业的整个初创期和成长期，为企业提供工商税务、财务会计、行政事务、后勤保障、法律文书、产权交易等服务，使企业能够专注核心业务。

（6）"资金"这一成功关键因素从萌芽期开始贯穿于企业成长全过程。在萌芽期和初创期的整个过程中，要创业基金、风险投资（VC）、天使投资等为企业提供低成本的融资支持，使企业能够茁壮发展；同时，也要通过搭建畅通的私募渠道来使企业获得创业资金。在企业的成长期，创业基金、风险投资等通过跟进投资、阶段性参股等方式来继续为企业注入资金，保证企业的资金链延续。在企业成熟期，要通过建立规范、有序的股票市场，为企业提供更广泛的融资渠道，支持企业战略转型和二次创业。

（7）"治理"这一成功关键因素体现在企业成长的两个阶段，一是萌芽期至中试期这一阶段，这是企业成立初期的治理行为，要明确企业的组织结构、股权结构，确立清晰的责、权、利体系，为企业的发展打下良好的组织基础。二是饱和期和创新期这一阶段，这时企业面临着二次创业和战略转型的关键任务，企业必须要加强内部治理行为，根据现行发展需要对组织架构进行调整，对资本结构进行梳理，对激励约束机制进行完善，以适应企业革新的需要。

（8）"政策"这一成功关键因素贯穿于企业成长始终，其目的是要从体制上和机制上为企业营造一个良好的创业环境。在企业的种子期和初创期，通过孵化器税收政策来为企业提供优惠的税收政策，降低企业的运作成本；在企业的成长期和成熟期，通过高新技术企业认定、先进型服务企业认定等政策来促进企业的发展；在企业的成熟期，健全、规范的上市政策、战略投资者退出机制、信息披露机制等为企业的跨越式发展提供广阔的平台；同时，高新技术产业开发区政策、技术转移机构税收政策等将为企业成长提供全程的服务与辅导。

这 8 个因素是科技型中小企业成长的关键要素，只有这 8 个因素共同作用才能保证企业"营养"均衡。因此，涉及这 8 个因素的相关部门和单位必须要改变过去"条块分割、多重管理、服务缺位"等现象，相互配合、系统规划、协同运作，在业务上实现无缝连接，做好企业的"保育室""学习室""实验室""工作室"，为企业提供良好的成长环境。本路线图的作用就是围绕企业的成长过程为各部门各单位提供一个系统的思路，来协同做好企业的服务工作。

三、战略性新兴产业的主要知识产权活动及对策分析

（一）战略性新兴产业的知识产权活动分析

战略性新兴产业往往是知识和技术高度密集的产业，战略性新兴产业的产品和技术体系具有显著的新颖性与前瞻性。战略性新兴产业的形成和成长是创造性的开拓过程，充满原始创新的机遇，具有巨大的知识产权创造空间。而知识产权是促进战略性新兴产业形成、成长和成熟的必然途径。

1. 产业孕育期的知识产权活动

从战略性新兴产业进入孕育期，知识产权的竞争就已经成为产业竞争的核心，此时主流技术尚未形成，多种产业技术并存，产业发展方向不明确，难以在全球范围内配置生产要素并有效开拓市场。因此，在这个时期，科技型中小企业主要的知识产权活动是组建研发团队，进行专利检索和风险分析，对产品领域的技术标准和专利进行充分检索，摸清风险所在。

（1）专利情报分析。由于战略性新兴产业初始发展过程中至少存在三种不确定性：一是市场的不确定性，如未来的需求如何变化，潜在市场多大；二是技术的不确定性，如技术路线是否可行，能否达到标准；三是竞争的不确定性，如竞争对手是谁，会采用什么策略等。因此，为减少上述这些不确定性，客观上必须对战略性新兴产业发展的技术创新趋势、重点领域竞争对手等问题进行全面的 CTI 分析和预见。技术竞争情报活动划分为战略 CTI、产业 CTI 和企业 CTI 三种基本类型。其中，战略 CTI 是针对国家战略性技术研发与产业化的竞争情报，实施主体一般为政府、重点科研机构、研究型高校和企业集团；企业 CTI 则是指能够直接改善和提升其核心技术竞争力的竞争情报，实施主体大多为企业及其合作研究共同体，产品具有较强的独享性和保密性；而产业 CTI 活动则介于上述两类 CTI 之间，主要是针对在整个产业或多个产业具有广泛使用的共性技术，其实施主体通常为公共研究机构、行业技术联盟和大中型企业。

就企业的视角，专利情报分析包括：一是技术趋势分析。通过专利检索，来分析本产业的技术处于什么周期？是上升期还是下降期？技术是否成熟？通过自己研发还是引进？本企业进行研发，如何选择技术主题，进行布局？二是专利权人分析。通过专利检索，分析竞争对手情况以及合作伙伴情况，在此基础上决定自主研发还是引进。尤其是

战略性新兴产业,更加需要产业链上的研发联盟。三是发明人分析。明确该技术处于技术生命周期的具体阶段及主要技术人才分布及该行业的领军人物。其拟引进人员的甄选,均应按照图20-11所示的流程步骤实施。

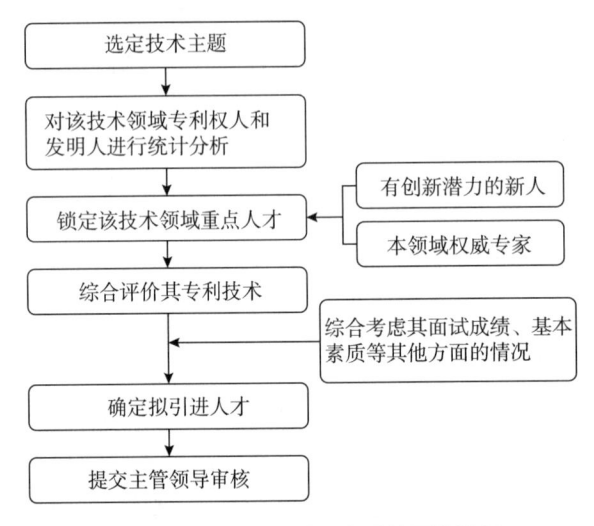

图20-11 企业拟引进人员的甄选流程

(2)创业资金筹措。战略性新兴产业是高技术和知识密集型产业,在孕育期,产品存在于创业者的头脑中,没有形成具体的行动,运营机制和组织架构还较为松散,创业行为还不稳定,无法得到风险投资机构的青睐,资金的缺乏容易导致技术创意的覆灭,需要创业基金、天使投资等为创业人员提供低成本的融资支持,因此,种子期需要通过搭建畅通的渠道来使企业获得启动资金。

(3)知识产权服务需求。处于孕育期的企业既没有知识产权的申请经验,又没有知识产权的诉讼经验,其可能并不能够切实体会到知识产权对其企业发展的重要性,知识产权意识比较淡薄。企业通常没有设立专职的专利管理机构及人员,将专利事务等同于企业的法律事务来处理,或者交由专利代理机构代而为之。这一时期的特点决定了企业管理者更加关注企业专利纠纷的解决与应对,且在专利纠纷中常常处于被动地位。

2. 产业初创期的知识产权活动分析

初创期是指科技人员或机构对已选定的具有商业开发前景的科技成果进行生产可行性研究、技术难点攻关和中间实验,以将其转化为现实的生产力,生产出可供市场出售的新产品(服务)或新工艺的过程。本文将初创期细化为研发期、中试期和试产期,并对每一阶段的成功因素进行深入的分析。

研发期的里程碑是开发技术。研发期科技型中小企业的主要任务:明确研发方向、提出研发计划、制定研发预算、组建研发团队、决定研发模式(外包、自己研发、合作)、加强项目管理。研发期科技型中小企业面临的关键问题:研发队伍整合、研发资金筹措、研发风险防范。研发期科技型中小企业需要的环境与服务是研发平台、研发融资、知识产权服务。中试期的里程碑是形成产品设计。中试期科技型中小企业的主要任务降低技术风险,控制技术成本,形成产品设计。中试期科技型中小企业面临的关键问题批量化生产技术和控制风险。中试期科技型中小企业需要的环境与服务是中试基地、技术评估和产品论证。试产期里程碑是推出产品。试产期科技型中小企业的主要任务是制订产品生产计划、组建生产团队或实施生产外包策略、完善产品流程设计、监控产品生产过程、进行产品质量检查。试产期科技型中小企业面临的关键问题是产品生产模式的选择、产品质量控制、产品成本控制。试产期科技型中小企业需要的环境与服务是生产平台、生产的配套服务、税收、商标、财务等管理服务、生产资金的筹措、信息技术服务、专门人才服务。

(1) 核心技术研发—核心技术专利化—必要专利技术储备。

在全球开放式创新的背景下，任何一个国家或产业都不可能拥有某一产业或某一产品所需要的所有技术和专利。企业应从新兴技术链中选择所专注的某些技术环节。核心技术并非某一单项技术，而是物化于战略性新兴产业中的各种新兴技术依据产业环节而形成的技术链接关系。初创期的科技型中小企业要在技术创新方向选择上进行科学的论证。然而战略性新兴产业一般都是源于原始性的重大科学突破，其新兴技术尚处于混沌状态，未来产业主流技术的发展方向难以预测；即使在主流技术总体发展方向明确的情况下，实现它的具体技术路径也可能有许多种；即使在同一种技术路径下，技术升级换代的速度也很快，而且往往具有颠覆性，初创期的科技企业的技术研发活动充满了不确定性。

专利制度是企业控制技术链或产业链高端环节进而获取丰厚利润的重要方式。企业的专利战略应由"一体化战略"向"集中化战略"转变。从环境需求角度看，企业的新兴技术研发成功后，面临着知识产权的申请和保护等事项。专利从申请到获得授权过程往往需要耗费较长的时间。而技术变革速度越来越快、更新周期越来越短，企业随时都面临着巨大的外部冲击和技术变革的风险。因此，在专利技术的申请和授权方面能否形成快捷高效的服务是需要考量的重要因素。

战略性新兴产业的技术研发不会仅仅依赖于一两类学科或某种单一技术，而是多学科、多技术领域的高度交叉和深度融合。在某些高新技术产业领域很难掌控核心技术和核心专利，可以围绕核心专利在其技术外围，零部件设计和生产上布局外围专利和从属专利，由此可以提升与跨国巨头的专利谈判地位，并逐步向产业的核心技术领域推进。对于某些必须技术如果已经存在专利壁垒，科技型中小企业自主研发耗费成本过高，可以建立必要的专利技术储备制度。

(2) 研发平台搭建—资金筹措—知识产权法权风险控制

战略性新兴产业能否在竞争中占据优势地位，关键在于能否掌握产业链上的核心技术。而核心技术突破的基础和关键是产业共性技术。共性技术研发投入高、风险大，单独一个企业很难承担研发失败的风险，并且共性技术具有较高的外部性，容易溢出，导致企业缺乏动力。由于共性技术存在上述特点，如果政府不搭建共性技术产学研合作平台，高校和企业都不会主动进行共性技术研发。就科技型中小企业而言，为了应对日新的技术变革，时刻保持知识和技术上的领先优势，也必须和高校或科研机构保持密切合作。

战略性新兴产业的高投入、高风险、企业中小型化及产业周期长，决定了战略性新兴产业资金需求的特殊性。高投入意味着战略性新兴产业的门槛较高，产业发展初期一般缺乏成熟的产业配套，原材料及零部件短缺而且价格高昂，需要强有力的资金后盾。战略性新兴产业又有很强的不确定性，风险极高，体现在企业巨大的研发投入创造的产品一旦没有被接受，企业会陷入破产境地。战略性新兴产业推进的主体主要是科技型中小企业，中小企业大多拥有知识产权等"软资产"，由于其在初创阶段前景不明朗，获得各类外部投资，如风险投资、天使投资的比率较小，资金多以私人借款为主。战略性新兴产业周期较长，投资回报晚，不受银行等金融机构青睐。这四个特征决定了战略性新兴产业的资金需求量非常大。

专利技术只有将其商业化才有产业的形成。该阶段科技型中小企业拥有较先进的技术，但市场风险较大，容易被其他企业收购或兼并。企业战略定位于区域市场，管理者在现有技术平台和核心技术框架内，以研发投入专一化策略为专利战略理念；企业管理者注重能产生眼前财务绩效的专利资产，但未能对专利运营予以战略规划，尚难于依靠知识产权优势支撑企业持续竞争力的提升，该阶段的企业虽已建立法权保护部门，但多将专利事务作为研发管理的重要构成；随着企业研发投入的不断增加，研发风险也随之上升，新产品研发的有效性成为企业专利测度的关键点；而企业立足于模仿创新的技术战略定位，使得企业管理者更关注外部技术来源质量的风险控制，能采用主动防御的策略，以降低及减少后续的专利纠纷。

3. 产业成长期的知识产权活动分析

成长期的战略性新兴产业企业在技术研发方面解决了关键核心技术的研发，开始开展配套技术的研发及产品工艺流程设计，新产品、新技术的成本不断下降，工艺趋于完善。然而企业新兴技术向产业跃迁过程中存在着"死亡谷"。从技术视角而言，"死亡谷"意味着"从技术到产品的跃迁"过程中，技术能否经得起批量生产的考验，主要包括技术和产品标准的确立、规模生产的稳定性和成本竞争力。从产业视角而言，"死亡谷"意味着"从产品到商品的跃迁"，主要涉及用户需求、市场策略和商业模式等众多挑战。若无法跨越"死亡谷"，意味着产业很难通过从市场获取收益的方式实现自我积累式的快速成长。

（1）外围技术研发—专利丛林—专利运营。

成长期的科技型中小企业在关键核心技术取得突破，最终产品的市场开发和生产已经具备了初步条件。这一时期是企业研发向产业化转换的关键时期，重点推动形成主导设计，配套技术的全面开发。就知识产权活动而言，主要是围绕已有的专利技术进行专利网布局，即在核心专利的周围设置多个原理相同的小专利组成专利网，从而形成以基本专利为中心，外围专利和从属专利为栅栏的密集网络，来增强企业的竞争实力。

然而随着专利授权数量的增长，特别是改进专利的过度膨胀，出现了专利丛林现象。而企业的产品制造需要对多个专利的集合加以实施，才能制造出终端产品。企业需要与诸多的专利权人谈判取得授权才能从事产品研发，因而导致科技型中小企业新产品的开发或者技术革新的成本猛增，阻碍其技术创新及向产业跃迁的动力。而导致这种危害创新现象出现的因素有两个：一是专利审查机制过分有利于专利申请人获得专利权；

二是过于强化对专利的保护。法律制度的变革使得专利系统从一个创新激励器转变为一个威胁创新过程本身的诉讼和不确定性发生器。

成长初期，企业能创造一定数量自主专利技术，并以此作为与跨国集团进行专利交叉许可的谈判砝码，能够通过专利技术贸易的方式促进企业更快成长，但此时专业化的知识产权运营还未形成。随着核心技术突破及配套技术成功研发，主导设计的完成，企业逐步扩大市场占有率。企业专利运营进入战略运营的阶段。该阶段企业已处于所在产业链的上游，企业战略定位于全球市场，能系统性、前瞻性地审视专利技术的开发和运营，对支撑企业产品平台和技术平台的专利技术及其配套技术制定长期发展规划；在专利组织架构上，一般由研发副总裁负责企业专利事务，其以专利平台为载体，构建了多层次的专利管理体系；企业将专利平台的运营绩效作为专利测评的关键点；企业的专利诉讼不仅是法权保护手段，而且是企业运营全过程的重要竞争手段。企业管理者能以专利贸易为手段，不断强化企业的技术标准优势，并能将专利运营战略与资本运营战略、市场运营战略相耦合，积极开展企业专利资产投融资活动，使企业研发中心转变为重要的利润中心，在以技术创新为主导的现代市场竞争中谋求最大的价值增值。

（2）专利联盟搭建—专利标准化—专利技术固化。

专利联盟内专利权人之间的相互交叉许可，形成联盟优势，加固了知识产权的市场效力，同时还能够降低专利许可中的交易成本，减少专利实施中的授权障碍，有利于专利技术的推广和扩散，并减少专利纠纷。科技型中小企业在成长初期的专利联盟主要是以防御为目的，受到跨国公司专利联盟打击的产物。从目前各地联盟的构建情况来看，还存在很多障碍。首先是小企业无力推动联盟的建立，其次，联盟实施起来存在风险，联盟构建中，落后的专利何时退出专利池，什么样的专利放入专利池，专利研发的方向、重点及其领域等都需要联盟决策小组进行分析研究。

由于新兴技术的知识密集性、不确定性和动态性等特征，决定了战略性新兴产业技术链的构建要以专利和技术标准为战略工具，进而主导新兴技术发展路径和占据国际技术竞争的制高点。通过搭建专利联盟可以有效的降低企业间专利的交易成本。企业是专利池和技术标准制定的当然主体。科技型中小企业可以通过协议的方式与同技术领域内多家掌握核心专利技术的企业结成专利池。在专利池的基础上，以核心专利为基础形成技术标准，这一技术标准既可以通过由政府及其授权的标准化组织或国际标准化组织确认为法定标准，也可以通过市场竞争成为被市场认可的事实标准，进而达到"专利标准化"的目的。

专利被标准化后，需要将现有的专利技术进行推广，让更多的企业主动接受并融入到专利技术所设置的标准当中。在此过程中，专利标准技术逐渐固定下来，行业内企业围绕标准专利进行新一轮的技术创新活动，直到更先进的替代技术产生为止。例如，高通公司的 CDMA 技术在其 1988 年申请了第一项专利后逐渐成为移动通信领域的标准技术，越来越多的企业开始逐渐采纳并接受该技术下的主要行业标准，CDMA 技术逐渐稳固并成为其他企业进行技术创新的基础。

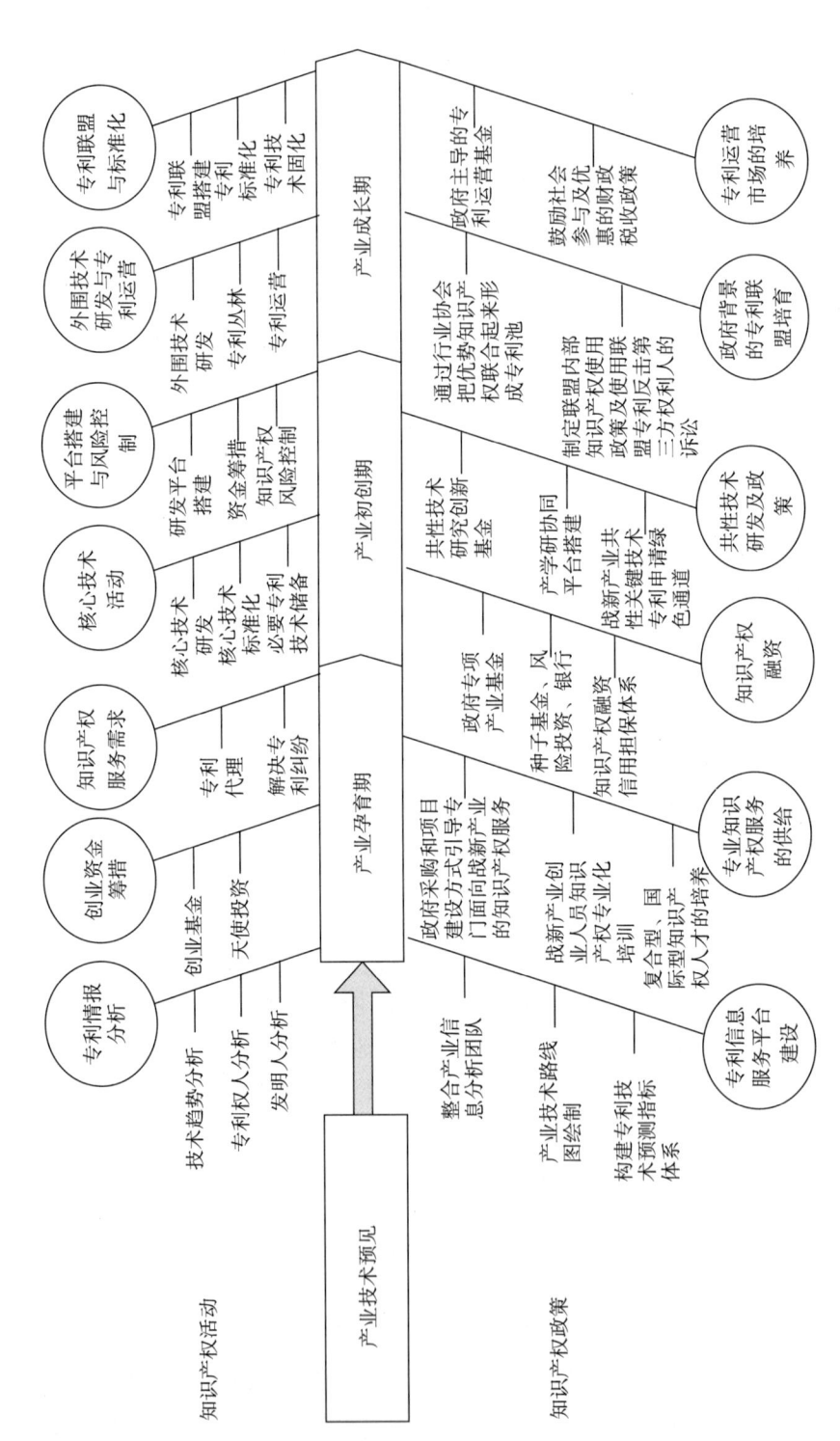

图 20-12 战略性新兴产业的知识产权活动及知识产权政策

（二）战略性新兴产业的知识产权政策分析

1. 战略性新兴产业专利信息服务现状及对策

信息匮缺是战略性新兴产业发展过程中遇到的一个障碍。由于科技型中小企业受经费、设备、人才等条件的限制，无法及时获得尽可能多的信息，以致贻误商机、影响发展。通过政府提供的专利信息服务，科技型中小企业可以迅速和准确地把握市场需求变化和国内外高新技术发展的前沿动态，避免重复创新和制造，降低风险。

战略性新兴产业的信息化环境目前存在的问题有：（1）现有信息化环境下提供的战略性新兴产业信息服务处于初级层面，信息发掘深度不够，信息资源整合能力有待提升，因而无法充分满足战略性新兴产业更加专业化、高端化的信息需求。

（2）战略性新兴产业信息人力资源不足和使用不当并存，没有建立健全的激励和约束机制，缺乏相应的人才机制，导致一方面难以引进优秀的信息人才，另一方面部分信息员工因使用不当而严重流失。

（3）战略性新兴产业信息风险管理意识欠缺和防范手段不足。

（4）战略性新兴产业信息机构之间缺乏互动协作，服务效率不高。

为解决战略性新兴产业信息需求问题，本报告提出如下政策建议：

（1）完善和升级现有知识产权信息公共服务平台环节，合理整合企业、高校、政府、科研机构的信息资源，构建多元化的信息服务渠道，以便满足企业高层次的信息需求。

（2）多途径培养和整合多层次信息人才，构建和完善专利技术预测指标体系，使之常态化应用于战略性新兴产业技术分析，制定战略性新兴产业技术发展路线图。

（3）加强战略性新兴产业信息风险管理，建立预警系统，做好危机应对策略，防患于未然。

（4）建立政府各部门、产业界、科研机构之间稳定的信息交流协同机制，提升信息服务效率。

2. 战略性新兴产业知识产权服务现状及对策

知识产权服务在战略性新兴产业的培育和发展中具有重要的支撑作用，这是由战略性新兴产业发展和知识产权服务之间的内在关系所决定的。知识产权服务体系的发展程度已经成为制约战略性新兴产业竞争力提升的重要方面。战略新兴产业知识产权服务现状包括服务机构本身存在问题及服务内容的不足：

（1）缺乏创新意识和服务意识，服务功能不能满足战新产业发展的高层次需要。

（2）由于技术创新服务，尤其是具有政府背景的知识产权服务机构在较大程度上被视作公益性事业，服务机构自我发展和盈利能力不强，市场化程度不高。

（3）复合型人才严重缺乏，尤其缺乏熟悉国际知识产权规则的战略性新兴产业人才，同时出现人才流失的情况，导致整体服务能力较低。

（4）总体上处于发展的初级阶段，与技术创新的互动机制尚未真正形成，其功能和效力的发挥还不能很好地适应战略性新兴产业发展的需要。

基于化解上述不利局面，本报告提出如下政策建议：

（1）构建更为市场化的知识产权服务机构组织机制，从支持公共机构向支持公共服务转变。

（2）加强专业技术服务人才培训和培养，完善执业资格认证和资质评价体系，制定灵活的工资税收政策，吸引人才进入创新服务业。

（3）建立战略性新兴产业知识产权工作培训机制，以战略性新兴产业高新技术产业化项目承担单位为对象开展知识产权培训，针对战略新兴产业领军人才的知识产权专项培训。

（4）通过政府采购和项目建设培育和引导知识产权服务向孕育期的战略性新兴产业倾斜。如通过制度安排，将情报检索、项目评价、侵权分析等知识产权服务纳入到产业专项基金的申请、立项、技术引进等管理程序，使知识产权服务资源向战略性新兴产业倾斜。

（5）对于处于成熟期的战略性新兴产业，培养一批掌握知识产权、国际标准化规则、熟悉专业技术、能够参与国内外标准化活动的专业人才队伍，为战略性新兴产业提供知识产权、专利池、标准化技术推广服务。培育战略性新兴产业知识产权、标准化中介服务组织和技术服务机构，培育全国性或区域性的知识产权服务业自律性组织。

3. 战略性新兴产业资金需求现状及对策

战略新兴产业资金需求中存在的问题：

（1）在产业孕育期，战略性新兴产业的创业企业在融资方面的需求主要是天使投资、创业基金、公益基金、政府资金等，相应的资金支持措施单薄，只有国家孵化器启动的火炬创业导师辅导工作开展了"天使投资"行动、战略性新兴产业发展专项资金支持战略性新兴产业创业投资。但是这两项支持措施在具体运作上似乎缺乏力度、效果不明。

（2）在初创期，战略性新兴产业的创业企业，其融资需求主要是天使投资、政府资金（创新基金）、风险投资等，相应的资金支持措施主要包括科技型中小企业技术创新基金的无偿资助、创业项目；此外还有发改委、财政部实施的"中小企业发展专项资金"。现状则是创业企业很难从银行体系、风险投资机构筹集资金，政府基金的无偿资助无法取得预期的结果。

（3）在成长期，战略性新兴产业的创业企业，其融资需求主要是风险投资、产权投资、银行贷款、证券融资、基金融资以及减免税收需求等。在此阶段企业面临的融资环境是：相应的资金支持措施主要包括科技型中小企业技术创新基金的贷款贴息、一般创新项目、创业投资引导项目（风险补助和投资保障）；商务部、财政部实施的"中小企业国际市场开拓资金"；此外还有国有风险投资公司的介入、银行贷款项目、各类证券和基金的融资；税收减免方面主要是科技企业孵化器内的税收减免确认、国家大学科技园的税收优惠政策等。

（4）在成熟期，战略性新兴产业的创业企业，其融资需求主要是银行借贷、股市融资、产权投资等。在此阶段企业面临的融资环境是：相应的资金支持措施主要包括科技型中小企业技术创新基金的重点项目、重大项目、创业投资引导项目（股权投资）；科技园区代办股份转让试点（火炬）；商务部、财政部实施的"中小企业国际市场开拓资金"；此外还有银行贷款项目、各类证券和基金的融资、股票市场融资渠道。

着眼于进一步满足创新产业创业企业的融资需求，完善其融资环境，本报告提出如下政策建议：

（1）加强对创业企业种子期的政策性资金支持，着力于引导天使投资对企业进行扶助，帮助企业成形。引导风险投资向企业发展的前端尤其是向萌芽期延伸。降低战略性新兴产业专项资金中的准入门槛高，覆盖面小，融资参与各方动力不足等问题。

（2）进一步加大对初创期、成长期科技型中小企业资金支持的力度。创新知识产权抵押贷款的融资模式，根据战略性新兴产业无形资产的特点，探索专利抵押的信用担保模式。将专利抵押担保由有限责任扩展到企业家个人无限责任，并建立针对战略产业知识产权抵押的征信体系，实现多部门联网的信息共享体系，为准确了解企业生产经营和信用状况提供条件。鼓励银行通过持股的方式获得新兴企业的股权。

（3）强化政策功能之间的衔接合作，重视政府措施与银行、股市等市场组织的对接互动与互相认可，解决创业企业融资难的问题。

4. 战略性新兴产业共性技术研发现状及对策

目前，全球战略性新兴产业大多处于从概念形成到局部应用的导入阶段，尚未有可供借鉴的成熟模式。从技术的角度来看，在传统产业中发达国家处于技术的前沿，相关技术已经产业化，我们是技术的追随者和赶超者，我们面对的技术路线是确定的。然而在战略新兴产业领域，我们从技术的追随者转变为同行者，与发达国家几乎站在同一起跑线上，没有确定的技术路线可供模仿和借鉴。因此，面临着技术的高度不确定性和高昂的研发投入，需要政府搭建共性技术研发平台。

产业共性技术研发存在以下问题：

（1）政府共性技术研发缺乏完善进入和退出机制。在技术的赶超阶段，因为有发达国家的路径可借鉴，政府主导的技术发展战略可能会收到较好的效果。但是在进入"同行者"阶段后，由于不确定性的存在，由政府来决定技术发展方向的做法并不可取，政府主导的产业化创新往往会以失败告终。

（2）共性技术研发模式单一。关键共性技术攻关一般采取产学研结合的形式，目前共性技术研发最常见的组织形式是由多个单位共同设立专门的临时性合作组织，产学研协作模式还处于初级阶段，没有形成协同创新模式。

（3）现有共性技术研发政策主要从供给的角度，没有从需求的角度切入，没有考虑到后续共性技术的产权、扩散和运营问题。

（4）投入不足，缺乏持续性的支持。而共性技术研发中科研体制和产学研转化机制不顺畅使得很多小企业选择自主研发，效果不尽如人意。

基于化解上述不利局面，本报告提出如下政策建议：

（1）制订与产业共性技术相关的科技计划，将公共性质的产业共性技术研发作为首要目标。如以解决共性技术难题和产业关键技术研发为目的的"共性技术开发计划",即通过政府与企业共同承担风险,支持企业自主研发中小企业迫切需要的共性技术。

(2)产业共性或关键技术研究成果的知识产权权属。共性技术介于基础研究与应用研究之间,可能形成"有形技术"与"无形技术"。对政府资助的能够形成知识产权的"有形技术",知识产权应归承担单位所有,同时承担单位负有技术转移和扩散的责任;不能形成知识产权的"无形技术",应该通过协议的方式,保护共性技术成果为项目承担单位所有,通过技术市场促进技术扩散。对产业共性技术研究创新基金支持的项目,成果所有权归基金董事会,任何企业要取得成果使用权需向基金管理机构支付费用,有关收益由基金组成单位分享。

(3)战略性新兴产业共性技术或关键技术的研发和专利申请。对战略性新兴产业的国内专利申请免收相关费用,对在国外的专利申请给予补助,对授权专利给予奖励,并将专利作为申请国家创新资金、项目申报、验收的重要指标。

(4)市场需求创造。对战略性新兴产业共性技术或关键技术实施政府采购,实行国产新技术产品政府首购制度。政府应在重大装备上推广国产首台(套)装备风险补偿机制,在国家和地方政府投资的重点工程中实施政府采购,对战略性新兴产业的产业化成果政府优先购买。

5. 战略性新兴产业专利联盟现状及对策

战略性新兴产业专利联盟存在的问题:

(1)战略性新兴产业专利陷入"量"与"质"的困境。无论专利联盟采取哪种运行模式,专利池内所汇集的专利数量都很重要,总体来看,我国战略性新兴产业领域专利申请量并不乐观。

(2)战略性新兴产业内中小企业无力搭建专利联盟。现有专利联盟大多是以防御为目的,受到跨国公司专利联盟打击的产物。

(3)专利联盟起步较晚,联盟如何运作,采用何种管理模式,都还处于摸索的过程。

(4)行业内的相关企业各自为政,在知识产权方面不能形成合力。

基于化解上述不利局面,本报告提出如下政策建议:

(1)依托行业协会组建专利联盟,结合战略性新兴产业的特点,制定联盟内部知识产权使用制度,以及有利于该联盟的合理许可费率。

(2)鼓励联盟成员将优质专利资源注入联盟,形成联盟专利池,合理制定联盟专利池政策,鼓励成员间进行交叉许可,鼓励成员不利用自有知识产权对其他成员行使权利,鼓励成员利用联盟专利池专利对联盟外第三方知识产权诉讼提起反诉讼。

(3)鼓励联盟利用联盟解决其与联盟外第三方,尤其是国外专利权人之间的纠纷;通过联盟统一与国外专利权人进行专利许可或纠纷谈判,以获得谈判优势。

6. 战略性新兴产业知识产权运营环境现状及对策

战略性新兴产业知识产权运营环境存在的问题:

(1)本土企业长期以来并非创新的领导者,一直以来都是他人技术的模仿者,对他们的知识产权存在着漠视的习惯，此时，本土企业又很少持有相关行业的基础专利、核心专利，不具备运营知识产权的先天条件，这些都不利于在本土形成知识产权运营环境。

（2）当前知识产权运营机构的数量虽然逐渐增多，但是，真正有知识产权运营经验的机构凤毛麟角，有知识产权运营经验的人才更是短缺，个别有相应经验的从业人员大部分都是在国外进行的从事，回国后存在着水土不服的情况。

（3）现行法律与政策、知识产权的保护现状不利于知识产权运营的开展，具体体现在：当前的政策环境并不支持 NPE 主张权利，而知识产权运营机构无疑也是 NPE 的一种；当前中国专利法在专利侵权赔偿方面采用填补原则，即以填补专利权人所遭受的侵权损失为原则，而专利运营机构一般并没有实体产业，其因侵权人的侵权而遭受的损失比较少，无法通过行使专利权而获得其所期待的侵权赔偿。

基于化解上述不利局面，本报告提出如下政策建议：

（1）以政府主导或参与的方式，成立知识产权运营机构，政府的参与有利于知识产权运营环境的形成，扭转不利于知识产权运营的政策环境。

（2）以政府资金主导、企业资金介入的方式成立专利运营基金，用于购买行业基础专利，增强运营专利池的实力。

（3）加强知识产权运营人才的培养。

（4）加强有利于知识产权运营开展的法律、政策的制订与实施：例如可以提高知识产权侵权赔偿数额标准，改变当前以填补原则为基础的损害赔偿立法；制订并发布培育知识产权运营机构、鼓励社会力量开展知识产权运营的政策性文件。

（5）对知识产权运营机构给予财税政策支持。

四、七大战略性新兴产业的知识产权政策分析

（一）节能环保产业的特征及知识产权政策

1. 节能环保产业特征及现状

节能环保产业具有较强的跨行业、跨领域特点。节能环保产业与其他相关产业部门，互相交叉、互相渗透，是一个综合性的新兴产业，它承担着对其他几乎所有产业的节能降耗、绿色设计、清洁生产的使命，涉及节能环保材料、技术、装备、产品和服务等宽泛的领域。它是一个新兴的产业部门，但不是一个独立的产业，与其他产业发展密切结合，其产业领域范围非常广，涉及有机农业、循环农业和其他环境友好型农业活动，致力于节能降耗、资源循环利用的工业技术和装备，同时还包括产品设计、产业发展规划、产业发展相关咨询、管理、运营、碳交易、绿色金融等方面的节能环保服务业。

节能环保产业的产业链长、产业关联度大。节能环保产业与其他产业部门的结合，使产业发展呈现出全新的价值构成。它与其上下游相关产业呈现出较大的关联性，节能环保产业与上下游产业的关联性主要体现在两个方面：首先，相对于整个社会的生产活

动,任何一个部门的产品都可以作为其他相关部门的投入要素,除非此部门的产品是最终消费品,作为节能环保产业也不例外,节能环保产业的产品会以其他相关产业的生产要素投入方式出现;其次,节能环保产业属于新兴产业,它的发展进步需要其他相关产业提供相应的技术、设备等方面的支撑,与此同时,节能环保产业的发展也会在一定程度上促进其他相关性产业的技术方面的进步,从整个社会的角度讲,各产业之间相互促进从而推进社会整体技术水平提高。

节能环保产业具有较高的成长性、产业发展前景广阔。节能环保产业位列国家战略性新兴产业之首,在"十二五"期间国家在产业政策、税收优惠、资金投入上都给予了大力支持,行业产值将有很大提高,其成长性将使其具有广阔的发展前景。预计在"十三五"期间,该领域的资金投入和产业规模实现跨越式增长可期。节能环保产业的出现是环境问题发展和社会劳动分工深化的必然结果,它的产生和发展存在着一个动力机制。美国环境产业联盟主席格兰特·福瑞尔(Grant Ferrier)认为,节能环保产业的外部动力因素主要有:一是法律、法规的驱动;二是公众的环境意识和企业的支付能力;三是基于市场的经济刺激手段。而且在环境产业发展的不同阶段,各外部动力因素所起的推动作用的影响不同。在产业发展的初期和中期阶段,主要的动力因素是法律、法规,公众的环境意识和企业的责任(支付能力)。在产业发展进入成熟期,产业发展的外部推动的主要动力因素是基于市场的经济刺激手段,公众的环境意识和企业责任(支付能力)。在这一阶段,由于法律、法规体系比较完善,较少或没有新的法律、法规出台,法律、法规对环境产业的推动作用表现为逐渐减弱。

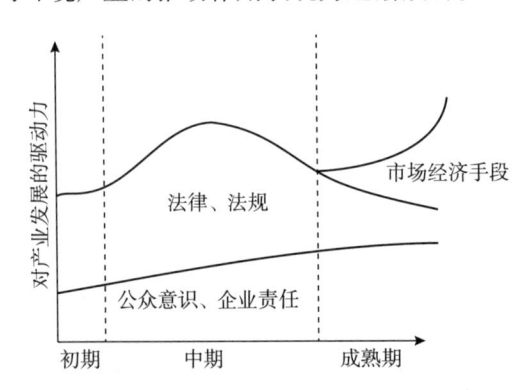

图 20-13 节能环保产业发展周期内各阶段的外部动力因素

在 WTO 体制下,我国环保企业的生存与发展可以说是机遇与挑战并存。

我国环境服务业产值与发达国家相比差距甚大,国外环保企业急于抢占中国环保行业这个巨大的市场。套用我国的一句古语"兵马未动,粮草先行",在现在的知识经济时代,外国企业对中国市场是"垄断未动,专利先行"。拥有先进技术的国外环保企业,为有效占领中国市场,在涉及环保技术的各个领域开始在中国申请专利。此外,我国环保产业技术与发达国家相比仍有很大的差距。绝大多数环保企业的科研、设计力量薄弱,大部分环保企业知识产权意识淡薄,只有少数企业拥有专利技术,但这些专利技术又存在着技术含量低、工艺落后、自动化程度低、运行可靠性差等问题。在环保技术的核心领域,自主知识产权程度较低。

2. 节能环保产业的知识产权政策

为促使环保行业能够更健康长久的发展,可以从以下几个方面来加强建设:

(1) 节能、环保技术专利与科技项目申报、科技进步奖评选相挂钩。将节能、环保技术专利作为科技项目申报、科技进步奖评选的一个重要指标,对有专利的项目优先报评,从而刺激本地民营企业对专利的重视。

(2) 实施节能环保产业知识产权实施试点工程。加大节能环保专利技术的试点推广,加快示范工程建设。建立如废旧电池、废塑料等再生资源分拣、分选、拆解、分离、无害化处理、高附加值利用技术等资源循环利用关键技术研发及产业化示范工程。

(3) 成立节能、环保产品生产企业行业协会。适当重组整合节能、环保产品生产企业和专利技术,把成熟专利技术列入国家标准。

(4) 培育节能环保服务业。有关节能环保服务业市场化、专业化程度低,信息咨询服务规模小、技术手段落后,不能满足市场的需求。因此,应当着力培育咨询公司、中介机构等服务力量。

(二) 新兴信息产业的特征及知识产权对策

1. 新兴信息产业的特征及现状

20世纪以来信息技术发展很快,从半导体、集成电路、计算机、光纤通信到互联网技术,信息技术被广泛应用于各个领域,它推动产业结构的调整。当代科技发展的主体是信息技术,信息技术的变革引起产业结构转换,信息技术是产业升级的重要推动力。在产业结构优化、经济增长方式转变的同时,信息技术孕育出信息产业。信息技术使传统产业信息化,从而引发了第五次产业革命,从而涌现出信息产业群。工业化后期,在信息革命浪潮的冲击下,特别是信息高速公路的建设和国际互联网的普及,使信息产品生产规模不断扩大,不断有新的信息企业加入,从而引发产业结构的变化。在该时期,信息产业逐渐发展壮大,最后,成为国民经济的主导产业。在美国,信息产业在GDP中所占份额超过了纺织业、建筑业、汽车业和钢铁业等产业。由于信息技术的发展,使得传统产业的许多企业不断地进行创新,不断地改造产品,许多的企业加入到信息产业的行列,加大了信息产业规模。

信息产业发展模型如图20-14所示,其发展阶段的主要构成要素包括:信息企业(主体)包括企业家能力、企业资本量、企业投资、创新和利润、市场销售网络等。推动产业演进的一个主要动力是创新,通过创新,企业不断改进产品,产品的改进和突破、市场结构、产品供应量及生产决策等会影响到价格,从而影响企业利润,影响企业的投资能力,影响生产和投资决策,政策制度和市场需求也改变企业生产和投资的决策。企业对其对手行为的了解、市场结构的变化及利润、市场份额的预期、企业技术竞争力、生产成本及资本产业率均影响企业生产和投资决策。信息产业是知识密集性产业,所需的资本量相对较少,但是它需要有充足的信息作基础,信息技术环境影响信息的获得。企业家的能力促进企业的发展,企业家的能力越强,企业越容易取得利润。利润的增加，可以吸引多余的资源和产业资本向信息企业发展，信息企业利润的增加，使得企业的规模越来越大。企业家的投资能力依赖于企业的存款、债务状况、资金和借贷能力。投资回报率越高，经营的利润率越高，吸引力就越大，就越有利于产业的形成和发展。信息企业（主体）创新需要有 R&D 投入和信息技术创新环境的支撑。市场是以需求为导向的，对信息产品的稳定需求，形成了一个稳定的市场销售网络。市场销售网络越大，产业越容易形成。信息企业发展的速度和规模决定了产业演进的速度和程度。

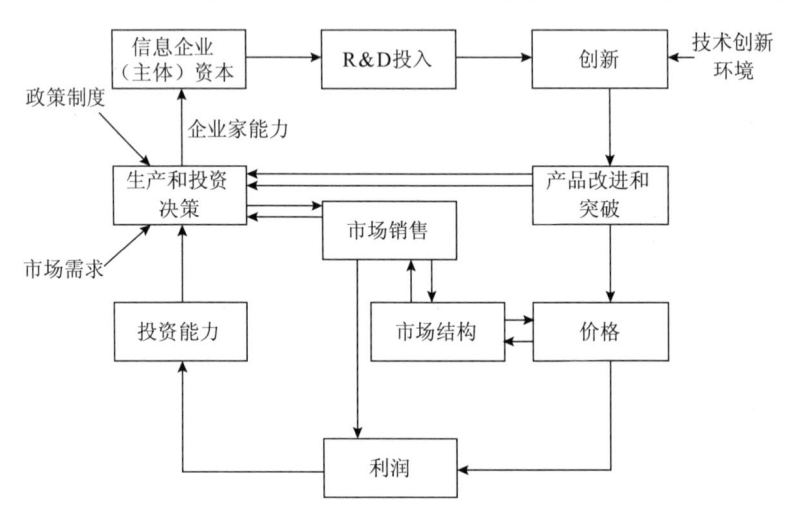

图 20-14 信息产业发展模型

就中国当前的科技发展水平而言，新兴信息产业是所有七大新兴产业中发展较快，并且在世界层面上来看，发展也比较靠前的行业，尤其是以电子商务为代表的互联网产业，中国已经开始处于世界领先水平。这一产业的发展现状如下：

（1）知识产权制度面临全新的、无可借鉴的挑战。中国以往在对有关知识产权的法律、政策进行制定或者修改时，都会参考或者借鉴其他国家，如美国、德国、日本及我国台湾地区的做法，也就是说，中国以往走的都是模仿之路。但是，当今中国的科技发展水平已经处于一个新的发展高度，尤其是以电子商务为代表的互联网产业，中国已经成为世界的"领头羊"。互联网技术的发展已经开始对中国当今的知识产权制度提出了挑战，如何应对这些新出现的、在世界范围内都不曾有过的新挑战，是中国知识产权政策制定者当前必须务实考虑的问题。由于其他国家也没有应对类似挑战的经验，因此，中国必须改变以往的模仿做法，而应该学着去创制合适的知识产权制度。

（2）专利授权比例低，中国当前在互联网产业的创新活动非常活跃，涌现了许多好创意、好发明，同时，提交的专利申请也呈现出显著增长的趋势。但是，当前存在的问题是，这一领域的专利申请被授权的比率很低，而且很多专利都是以其涉及智力活动的规则和方法而被拒绝授权。然而，这些发明对于企业在商业上的成功却起了很大的作用，如果采用以往的授权标准去审查涉及互联网的专利申请的话，对互联网企业是不公平的。因此，有必要针对这一行业的特别，在《专利审查指南》中制订比较适宜的审查标准。

（3）专利审查周期长。新兴信息技术相对于其他行业的一个显著特点就是技术更新速度快、新技术生命周期短。一般一项发明，其商业化市场应用的生命周期可能也就几年。而从中国当前的审查实践来看，一件发明专利申请可能需要经过2年左右的时间才能够得到授权，而一项相关技术在其得到专利授权的时候，其可能已经不具备市场应用价值了。因此，针对新兴信息技术的这一特点，可以加大这一领域审查员队伍的建设力度，同时，缩短专利审查授权周期，从而能够使相关专利得到快速授权，并及时发挥其应有的价值。

（4）知识产权国际垄断、控制与保护呈现强化趋势。知识产权的专有性和垄断性使知识产权成为市场竞争强有力的武器，跨国公司通过实施进攻型知识产权战略，申请大量的专利，形成专利网或专利陷阱来控制发展中国家企业的技术进步。随着标准时代的到来，跨国垄断企业从知识产权向知识霸权转变，跨国垄断企业通过私有协议公共推广、交叉许可寡头垄断、多层标准层层推进、政策游说全球施压的手段，强化自己对产业链的控制，攫取产业的绝大部分利润。这对包括我国在内的发展中国家加快信息技术创新，提高电子信息产业科技竞争力构成了极大的挑战。

2. 新兴信息产业的知识产权对策

（1）完善信息产业知识产权立法。加快知识产权立法步伐，以适应高技术发展对法律环境的要求。我国目前正在进行《专利法》和《商标法》的修订，本报告认为应当利用修订法律的时机，将软件和电子商务方法等所引发的知识产权问题，作为立法时考虑的问题，争取通过完善立法予以解决。在数据库立法方面，我国可以借鉴欧盟的《数据库指令》，对不具有独创性的数据库提供特殊权利的法律保护，并基于公众利益的需要对数据库套有权利进行适当的限制。

（2）高效的知识产权行政管理和保护，是促进信息产业知识产权创新和运营的有力保障。对于信息产业的专利申请和授权，可以适当放宽标准。我国应当向韩国学习，全面实现知识产权行政管理的自动化、网络化。缩短专利、商标的审查期，为申请人提供便捷的服务。

（3）重大知识产权事件预警和沟通机制。建议有关部门以多种方式开辟政府部门与企业界的直通渠道。一是通过公开网站和内部信息刊物等渠道。二是建立知识产权预警联络点。在行业协会和大企业中建立联络点，定期交流信息。三是借鉴日本专利局的经验，开设知识产权直通热线。四是借鉴美国贸易代表办公室的经验，各管理部门应建立由产业界和理论界参加的各种专家顾问委员会体系，充分发挥研究和咨询作用。

（4）新兴信息产业知识产权强保护制度。采取技术保护、行业自律、行政执法、司法保护等综合措施，对新兴信息产业采取强保护制度。通过制定行业公约等行为规范来保护知识产权，比如保护网络著作权的行业自律公约就有《中国互联网行业自律公约》和《保护网络作品权利信息公约》等。此外，我国可以借鉴印度的经验，在政府监督下成立数据库产业行业协会，和国外的软件或数据库产业行业协会相联合，通过行业协会和执法部门与司法部门的配合，来保护软件或数据库产业知识产权。

(5) 新兴信息技术的标准化。标准对内可以促进产业、分工和贸易的发展，对外意味着技术壁垒和产业壁垒。标准对垂直链条意味着产业利益分配的工具，对横向竞争者意味着产品差异化的能力降低。新兴信息产业的显著特点就是互联互通性，这就有必要加大对这一领域的技术进行标准化，从而可促进优势技术的推广并节省社会资源。国家可考虑将具有自主知识产权的优势技术纳入标准，并通过标准的推广，扩大自主知识产权优势技术的应用广度和深度。

（三）生物产业的特征及知识产权政策

1. 生物产业的特征及现状

生物产业作为 21 世纪的战略性和先导性产业目前尚处于大规模产业化的开始阶段，生物技术的重大突破正在迅速孕育和催生新的产业革命。如美国《时代》周刊预言：到 2020 年，生物经济将取代信息经济，成为世界经济发展的主流。这一时期也是发展中国家把握历史契机，发挥后发优势，实现跨越式发展的重要战略机遇期。我国是一个生物资源总量丰富、生物产品市场潜力巨大的发展中国家，加速发展生物产业，是我国建设创新型国家，转变经济增长方式的必然选择。

生物产业的发展过程是生物科技主体在具体制度环境内，基于一定的知识技术水平，通过多种活动实现价值创造的过程。生物产业本质功能通过一些具体功能体现，例如新知识的发现是科学价值的体现，新技术和新产品的开发是技术价值的体现等。生物产业的价值创造，主要通过以下具体功能体现：

（1）产业发展的合法性。建立产业发展合法性有助于生物产业的长远发展。当政府、企业与各参与主体在产业化发展中都做好了充分的准备，生物产业化才能顺利地进行。促进生物产业发展合法性建设的主要行为有政府规划、生物企业的宣传、提高人们意识以及环境保护等。建立生物产业发展合法性可以创造社会价值与文化价值。

（2）生物知识开发。生物知识的开发主要是指发现新的生物知识。影响生物知识开发的创新行为主体通过引导研究方向、进行基础实验等活动发现新的生物知识和原理，为生物技术的发展提供理论支持。生物知识发现能够创造一定的科学价值。

（3）生物知识应用。生物知识的应用主要是指生物知识和理论的技术化，包括生物技术开发、生物设备工程化、生物技术改造和升级等。影响生物知识应用的创新行为主体主要是与生物相关的企业，科研机构和大学，这些组织和机构通过研发活动对生物技术进行应用性研究。生物知识应用能够创造技术价值。生物知识和技术扩散。生物知识和技术的扩散主要是指生物的规模化生产与应用。生物相关企业是生物知识扩散的主要行为主体。生物企业通过研发与生产过程中的模仿和竞争、产学研合作等活动，促进了生物知识和技术的扩散。生物知识和技术的扩散为企业带来经济效益，实现生物产业的经济价值创造。

（4）生物市场培育。影响我国生物市场规模的行为主体主要是政府和生物企业等。政府通过生物发展规划等活动，引导生物开发项目的发展；生物企业根据国家生物项目发展规划，根据市场需求研发生物新产品。因此，国家生物政策和生物企业开发能力决定了生物的市场规模。生物市场培育过程直接创造了经济价值，同时也间接影响生物产业创新系统的技术价值和科学价值创造。

（5）生物企业竞争力提升。生物企业竞争力的提升主要是指我国生物企业技术研发能力和生产制造能力不断提高，生物企业规模不断扩大，国际竞争优势不断增加。生物企业发展战略规划和研发投入等是企业能力提升的关键要素，政府对生物企业的技术水平要求、对研发活动的财税支持以及生物产业技术标准体系建设等活动有助于生物企业的规模扩大和能力提升。生物企业能力的提升有利于生物产业的技术价值创造和经济价值创造。

（6）经济外部性。经济外部性主要是指生物产业发展带来的正向经济外部性，包括环保、创造就业、带动相关产业发展等。影响生物产业经济外部性创造的行为主体主要是政府和企业，政府对生物产业的政策支持能够影响生物产业的发展方向与发展速度，拉动生物相关产业发展。生物经济外部性包括经济价值、社会价值和文化价值创造等。

2. 生物产业的知识产权政策

追随全球生物产业发展浪潮，我国亦将生物产业纳入战略性新兴产业的发展体系中。生物技术知识产权的法律保护很重要一点的是体现在专利保护之上，专利法是生物技术知识产权法律保护的重要手段。

（1）基因技术的专利法律保护。随着生物基因技术的快速发展，转基因药物和转基因事物越来越多的出现在公众的视野中，基因技术给社会带来了极大的利益。专利是对基因产品发展利益回收的特别渠道，因此，基因技术本身以及基因相关技术的可专利性问题一直是近年来困扰国际法学界的一个难题。法学界对于基因专利法律保护一直存在疑虑，法学家们认为基因专利的负面影响很大，给予早期基因产品授予专利会阻碍产品的发展。由于争议一直没能得到解决，所以各国有关基因技术的专利保护也不能达成共识。尽管世界各国在基因专利法律保护方面始终存在争议，但是各国也在积极稳妥地探索和发展基因专利法律保护的理论和实践，促进基因的研究和开发。我国应制定相应的法律法规以求能够为基因技术提供更加完善和全面的专利法律保护。

（2）微生物的专利保护。微生物主要包括细菌、放线菌、真菌、病菌、原生动物和藻类等。因微生物不属于动物，也不属于植物的范畴，所以微生物不属于《专利法》第25条第1款第（4）项所列的情况。然而，那些未经人类的任何技术处理而存在于自然界的微生物仅属于科学发现，所以不能授予其专利权而进行专利保护。只有当微生物经过分离成为纯培养物，并且具有特定的工业用途时，微生物本身才属于可给予专利保护的客体。如果是公众不能得到的菌种材料，申请人则必须按《专利法实施细则》第25条的规定进行保藏。

（3）动物和植物品种的专利保护。依据《专利法》第25条的规定，对动物和植物品种不给予专利保护，但是可以适用《植物新品种保护条例》进行保护。但是随着生物技术的不断发展，转基因动植物也早已出现在公众视野之中。由于转基因动植物本身仍然属于《专利审查指南》中的"动物品种"以及"植物品种"，所以根据我国《专利法》第25条第1款第（4）项的规定也不能授予专利保护。因此，应当完善相关法律法规，给予动植物发明尤其是转基因动植物发明给予专利保护。

（4）人类克隆技术的专利保护。对于我国是否保护人类克隆技术，不管是《专利法》还是《专利法实施细则》都没有作出具体规定，但是我国《专利审查指南》第二部分第八章明确了排除这类技术主题，规定以下发明属于不授予专利权的发明："（1）克隆人的方法以及克隆的人；（2）改变人生殖系遗传身份的方法；（3）人胚胎的工业或商业目的的应用。"生物技术快速发展给社会带来巨大利益的同时，也给现行知识产权法律保护体系带来了很大的冲击，现在生物技术知识产权保护领域关于发明和发现之争、生物体保护问题以及公共秩序和伦理道德之间的争论等各类课题都在如火如荼地进行着，我国应尽快完善相应的法律规定，促进生物技术的可持续发展。

（四）新能源产业的特征及知识产权政策

1. 新能源产业的特征及现状

新能源是指以新技术为基础，尚未大规模利用、正在积极研究开发的能源，既包括非化石不可再生能源核能和非常规化石能源如页岩气、天然气水合物（又称可燃冰）等，又包含除了水能之外的太阳能、风能、生物质能、地热能、地温能、海洋能、氢能等可再生能源。

新能源产业化发展的影响因素很多。Reiche（2002）通过对欧盟各国新能源发展的研究提出五大影响因素：一是地理/能源政策开始的位置。具体有降雨数量、日照强度、风速、化石资源的可用性、核电的可用性或政府的决策等因素。二是经济环境。具体有石油和天然气价格水平、化石燃料和铀的基础能源补贴、外部成本内部化等因素。三是政治。具体有目标和定义、行政责任、绿色电源方、许可程序、国际义务和方案（欧盟指令、京都议定书）等因素。四是技术。具体有新能源技术发展、电网容量等因素。五是认知环境。具体有公众意识、效率主导等因素。结合新能源产业化发展的困境与障碍分析。

与传统产业类似，新能源在新能源产业发展生命周期也可以分为四个阶段：投入期、成长期，成熟期和衰退期。随着新能源产业进入规模化发展阶段而到达成熟期。但是，原有新能源的发展有可能面临对更新的能源的开发利用所带来的竞争，原有新能源产业进而进入衰退期，由于更新的新能源的出现替代原有新能源，新一轮的新能源产业发展生命周期由此开始。

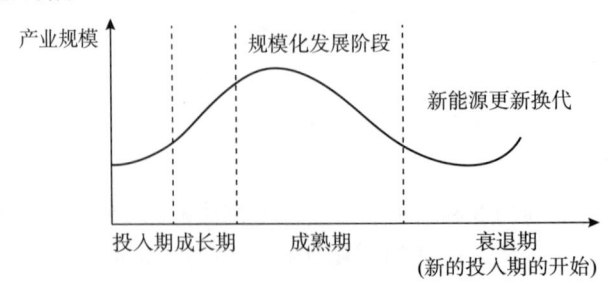

图 20-15 新能源产业发展生命周期的四个阶段

新能源产业发展的现状：

（1）新能源技术特点决定了转让和应用的难度大、风险高、障碍多。新能源技术的复杂性决定了研发难度大、周期长、投入风险高、技术成熟度或稳定性差、技术产权可能由多个主体掌握等特点。新能源技术进入市场的途径有限，有各种影响市场采用的因素，采用会遇到很多障碍，导致技术研发难度高。能源领域里经常的情形是现有各级政府或者能源公司构成自然垄断，传统能源基础设施已经占据位置和市场，新能源技术应用没有配置空间，阻碍其技术扩散。至少部分消费者不愿意改变能源消费习惯。新能源领域技术创新有可能短期内得不到市场全面应用。新能源技术创新需要充分考虑市场准入和采用的可能限制，需要考虑面对现有能源基础设施以及控制格局的约束中运营的创新思路。

（2）专利丛林现象严重。由于世界各国争相发展新能源产业，新能源产业技术研发过度投资，企业纷纷寻求专利丛林策略规避外部竞争，使得专利丛林现象更加严重。无数小专利或垃圾专利泛滥，稀释了专利质量，给企业运用技术造成巨大成本、障碍和风险。而且新能源技术市场是一个双方地位不对称、信息不完全的市场，给新能源技术转让带来诸多挑战。

（3）产业政策的必要性和重要性。形成一定商业化规模的新能源技术开发应用需要大笔资金投入，形成效益周期长，商业风险高。新能源技术的前沿性与学科交叉性决定了其在技术进步过程中存在较大的不确定性，主要包括外部环境的不确定性和技术本身的不确定性两大方面，这种不确定性仅仅依靠单个企业的力量难以克服。政府管制或激励政策以及公众观念都可能显著影响新能源技术开发的成败。公共政策，包括知识产权政策是新能源技术开发、转让、应用的重要影响因素。

2. 新能源产业的知识产权政策

新能源技术知识产权成为国际新能源战略博弈的焦点，知识产权政策是影响技术转让的基础性制度。从以下几个方面完善知识产权政策环境。

（1）共性技术、关键技术研发专项资金。设立的新能源产业共性技术研发的专项资金，重点支持企业实施新能源领域的高新技术产业重要共性关键技术研发项目和公共服务平台项目。

（2）搭建新能源产业专利联盟。解决专利丛林问题主要有交叉许可、专利联盟和合作分享平台三种机制。

（3）充分重视专利信息。我国需要完善专利信息传播机制我国创新和研发既要立足实践，同时要利用全球专利信息资源，站在别人成就基础上继续攀登。加强外国专利信息的国内扩散起着关键性作用。建议设立专利信息传播中心，专门负责世界专利信息搜集、分类、整理、分析和报送，定期向我国具有有关专利申请实力的企业、机构、个人发送相关技术专利的电子信息。

（五）新能源汽车产业特征及知识产权政策研究

1. 新能源汽车产业特征及现状

20世纪90年代以来，随着技术的进步，以混合动力汽车、纯电动汽车、燃料电池汽车为代表的新能源汽车涌现出来。近年来，随着国际能源供应的持续紧张、原油价格的持续上涨以及全球环境保护呼声的日益高涨，新能源汽车的技术研发和产业化发展受到了越来越多的重视。

新能源汽车发展将遵循节能（降低总能耗）、环保（减少污染物排放）两大趋势，逐步实现对化石类传统能源的替代。同时据国际相关组织进行的权威研究显示，电动类汽车的总能耗（包括燃料制备和汽车运行）及排放指标均优于内燃机类汽车。短期内，混合动力汽车被视为最理想的过渡类型，而长期来看，在实现技术和成本的瓶颈突破后，"零排放"的纯电动和燃料电池汽车都可能成为最终的解决方案。混合动力汽车在2020年以前将是新能源汽车的主流类型，2020～2030年逐渐被纯电动汽车取代，燃料电池汽车则有望在2030年以后占据重要地位。

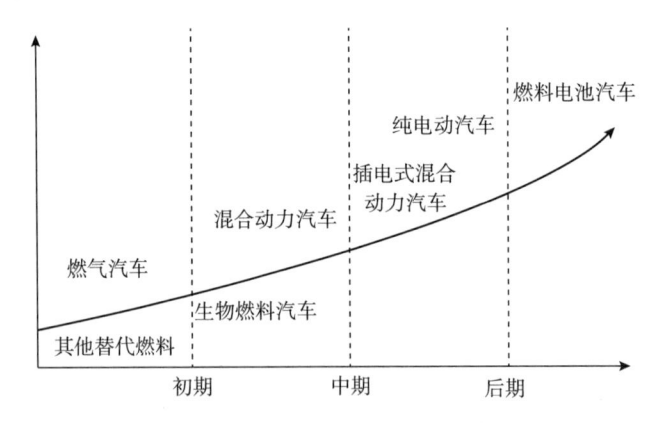

图 20－16　新能源汽车产业发展路线图

（1）总体技术水平较低，尚处于初级发展阶段，其中只有部分技术达到世界领先水平。我国太阳能热利用产业在核心技术等方面处于世界领先水平，但光伏发电发展相对缓慢。我国在这两个领域已拥有一定自主知识产权，但专利申请质量低下，专利实施效果较差。我国新能源产业的专利类型以实用新型专利为主，并呈现逐年增长的趋势，且主要分布在东部地区。

（2）新能源汽车市场处于培育期，消费者认可度不高。中国新能源汽车主要在城市公共服务用车领域进行推广，消费者的购买意愿普遍比较低，主要原因是新能源汽车性能、成本以及现有基础设施不完善。品牌不具有吸引力，没有完善的售后服务等。

（3）核心技术有待新突破。比如，动力电池能量密度较低，其续航里能远低于传统燃油汽车的续航里程。电池使用寿命短，无法满足消费者的需求。

2. 新能源汽车知识产权政策

国内新能源汽车产业核心技术和自主知识产权匮乏与欧美钳制我国新能源产业发展的双重压力，新能源汽车产业应秉承以自主知识产权为核心的"技术专利化—专利标准化—标准市场化"的创新路径，将自主知识产权垄断优势放大和增值，最终形成知识产权市场竞争优势。

（1）制定新能源产业专利战略。新能源汽车知识产权战略是发展新能源汽车技术进步的主要保障。在企业的新能源汽车项目的预研阶段，要充分研究国内外新能源汽车的专利地图，在确认避开国外汽车大公司和竞争对手的专利壁垒的基础上，设计自主产权的新能源汽车的技术方案。从而避免产品上市后，遭遇竞争对手的专利起诉问题。

（2）组建专利联盟，以专利联盟为平台加快专利标准化的步伐。一是加大科研院所、高校、汽车企业协同研发的力度，突破关键技术难题，并降低成本，以提升消费者的认可度。通过专利联盟平台制定、参与、影响新能源汽车标准，不仅要广泛参与国内新能源汽车标准的制定，而且要积极影响国外新能源汽车标准的制定。为此，各联盟企业首先要尽快建立联盟内企业的专利数据库。二是成员企业之间要进行专利的交叉许可和相互授权。三是采用适当的专利联盟组织形式，对外代表联盟企业进行专利许可和抵御国外企业提出的专利侵权诉讼。四是不断将开发出来的专利技术与标准结合起来，加大专利授权和交叉许可的力度，努力实现私有技术的公共标准化。

（3）强化新能源汽车品牌意识，打造我国新能源汽车驰名品牌。新能源汽车产业化的早期要重视技术的研发和专利申请，但新能源汽车产业发展到一定阶段后，如果不重视品牌建设，就会严重影响新能源汽车产业的发展。从新能源汽车的长远发展看，新能源汽车企业应针对新能源汽车的特点创设新的品牌，加大品牌培育的力度，通过专利的技术优势和品牌的信誉优势，不断提高我国新能源汽车的竞争能力，提升我国汽车产业的国际地位。

（六）高端装备制造业产业特征及知识产权政策

1. 高端装备制造业的特征及现状

作为七大战略新兴产业之一，高端装备制造业中的"高端"二字表现在以下三个方面：一是科技水平高，高端装备制造业需要较高的知识、技术水平，并同时反映了各个领域的高端技术；二是由于处在价值链的上游部分，所以相对于低端产品附加值高；三是代表产业链的最高水平，所以决定整个产业的竞争力。

高端装备制造业的主要特征在于集成化、智能化和柔性化，其技术研发强度高、涉及多种高新技术领域、产业带动性大、发展空间足，其本质特征是高科技含量高，并且技术复杂和财务价值高昂，应强调为高端装备提供配套服务。高端装备制造业亦是一国战略性产业和工业发展的象征，一国在制造业上的竞争力基本上由高端装备制造业的发达程度所决定。由于高端装备产业具有带动作用强、附加值高等优点，它是经济社会发展的基础之一，也是战略性新兴产业其他六个领域（节能环保、新一代信息技术、生物、新能源、新材料、新能源汽车）发展的基础性产业，有助于我国工业竞争力的提升和"制造强国"战略目标的实现。

高端装备制造的产业创新过程包括技术改进、任务分解、外包选择、模块开发、集成联调和市场跟踪六个阶段，反映出高端装备作为复杂产品系统创新的极端复杂性。一是产品并非局限在一个企业内部完成，需要跨公司的协作，通常是以跨组织边界的项目形式在复杂产品创新网络中完成创新。二是模块创新和集成创新并行，每个独立模块的开发过程包含了传统研发的核心过程，而复杂产品系统创新最关注的是功能模块怎样集成整个系统。由于界面问题，需要模块反复改进，循环多次，顶层设计和界面创新占据主导地位。三是由于是单件定制或者小批量生产，整个研发过程完成，产品随即成型。研发和制造融合在一起，和传统大规模产品创新相比，没有单独的研发过程，没有单独的样品试制和中试阶段，没有单独的制造和扩大再生产的过程以及为产品进入市场的推广过程。系统交付给用户使用即直接进入市场，然后是跟踪维护过程。在维护过程中，将系统运行大量数据信息反馈回来，运用到下一个复杂产品系统创新环节，推动技术更新，当反馈积累到一定程度，会导致高端装备制造业全面升级的创新活动。

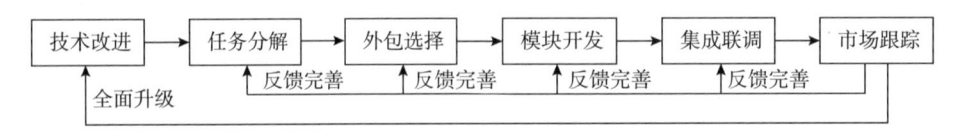

图 20-17　高端装备制造的创新过程模型

高端装备业应当与工业 4.0 结合在一起，我国东部沿海的一些省市的工业发展水平已经总体上达到了工业 2.5 时代，甚至少数省市已经接近工业 3.0 时代，但为数尚多的中西部地区甚至还没有达到工业 2.0 的发展水平。同时，中国制造业的工业化和信息化融合程度相对较低，低端 CAD 软件和企业管理软件得到很好普及，但应用于各类复杂产品设计和企业管理的智能化高端软件产品缺失，在计算机辅助设计、资源计划软件、电子商务等关键技术领域与发达国家差距依然较大。从宏观角度而言，搭建平台、协同创新和信息保护是未来我国政府在工业 4.0 发展高端装备行业最重要的三点对策。

2. 高端装备制造业的知识产权政策

（1）聚焦自主创新。国家应该基于宏观方面加强重大先进技术、技术消化吸收和技术再创新的管理，对于很多的重大技术引进项目，要制订一系列吸收再创新方案。在项目验收和评估时，要将是否能通过消化吸收形成自主创新能力和自主知识产权作为一项重要标准；为了促进企业之间以及企业与研究机构之间联合消化吸收，相关政府部门要采取措施解决它们合作过程之中所存在的知识产权归属和利益分配问题。

（2）研究开发共性技术。为了得到更多的共性技术，我国应该编制高端装备制造业重点技术目录，根据此目录，将共性技术的研发工作按照一定的计划和一定的步骤分配到国家重点实验室、国家工程技术研究中心或行业科研院所中，采用多种措施支持共性技术的研究开发。同时为了共性技术开发的持续性，需要培养一批高技术人才，这批高技术人才不但精通基础技术和行业技术，并且具有掌握核心技术、关键技术以及拥有创造出自主知识产权的能力。

（3）知识产权情报信息分析。高端装备制造业企业在研发之前，通过对产品研发、生产、销售全过程所涉及的知识产权进行检索和技术分析，有利于把握研发方向。建立高端装备制造业知识产权情报信息制度所应该做的措施有：一是建立专利信息数据库，为企业知识产权开发、运营和保护提供及时的信息检索服务；二是建立技术领域专利池，加强该专利池与其他企业成员之间的合作；三是导高端装备制造业企业专利地图的绘制与利用。

（4）确立信息所有权。信息财产权是以具有财产利益的信息为客体，由信息制作者和购买者享有的、排除他人干涉的财产性权利。数据的所有权问题将会是工业4.0时代的一个重点。虽然在已有的版权法和隐私权体系下，信息财产权是一个可有可无的问题，但是对于数据将变成一个重要经济因素的情况下，对于商家有着不可替代的重要意义，因此，应当加强对信息所有权的立法。

（七）新材料产业特征及知识产权政策

1. 新材料产业特征及现状

新材料产业作为20世纪发展起来的新兴产业，是一个充满发展前景的朝阳产业。由于从20个世纪以来的科学技术突飞猛进的发展，为材料工业的革命奠定了坚实的基础，同时各国政府为提高本国产业竞争力，在产业政策上、资金保障上为新材料产业的发展提供了有力的制度保障，大的跨国公司为了自己在全球市场上的竞争地位，纷纷采取投入巨额研发资金及购并等手段，加快加大新材料产业的发展速度及规模，使新材料产业的发展呈现出高速持续的发展态势。新材料产业是构筑现代产业共性关键技术的基础性产业。可以说，现代产业包括工业农业军事等一切领域，都离不开新材料产业，新材料产业中所采用的技术已经成为构筑现代产业的共性技术，对新材料的是否使用已经成为现代产业能否具有领先性的基础性条件之一。新材料产业是国防建设的基础，是高新技术发展的保障条件，是国民经济的支柱，是人类文明进步的标志，更是世界各国科技、人才、资源和综合实力竞争的制高点。

新材料产业包括从事材料生产加工及科研的企业与相关机构。由于新材料产业本身处于制造业产业链的上游，因此新材料产业的上游产业大多为基础性原材料产业，基本上包括冶金和化工产业，都是属于传统材料产业。新材料产业作为制造业的基础性产业，它的下游产业几乎包括了所有的制造业，包括能源、计算机、交通运输、航空航天、电子信息、汽车、建筑等各种行业。新材料产业本身又可分为多种行业。

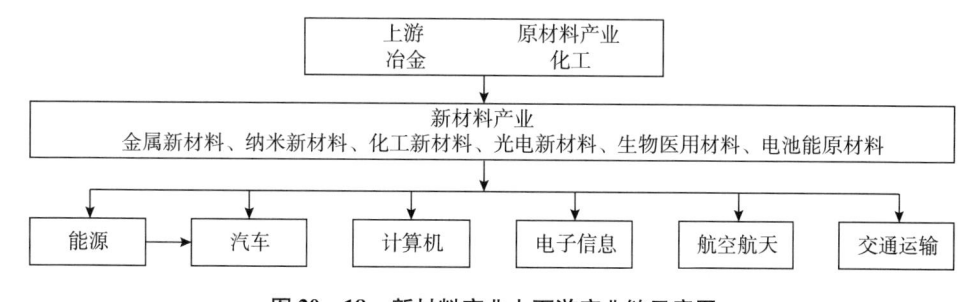

图20-18 新材料产业上下游产业链示意图

2. 新材料产业的知识产权政策

（1）促进新材料行业专利申请的政策。目前，新材料企业的专利申请量已有稳步提高，企业已掌握了一些新技术。但是企业的这种专利意识尚未提升专利战略的高度，专利布局也不尽完善。从行业的角度看，某些行业的专利布局正在逐步形式中。基于新材料行业特征，其专利申请策略如下：

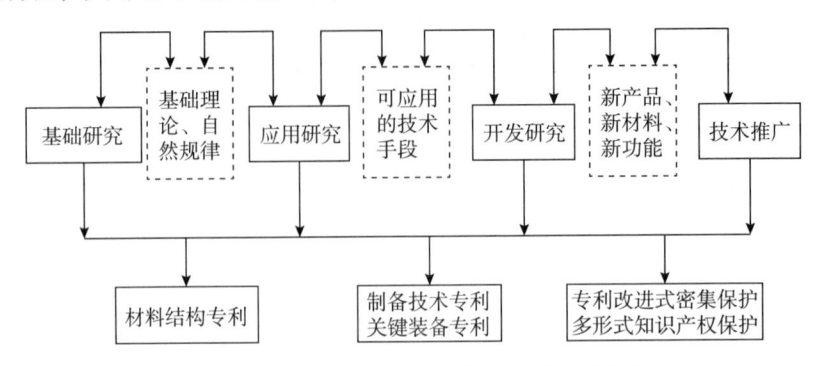

图 20-19 新材料项目各阶段的专利申请策略

在新材料的基础研究阶段，研发人员在现有物质的基础上采取化学和物理方法改变现有物质微观至宏观某层面或多层面上的结构，科研人员应积极对该种材料申请发明专利，以保护其结构不被竞争者模仿。制备技术之所以关键，一方面是它保证了材料获得的可能性；另一方面，只有研发人员不断提高制备效率、降低制备能耗，才能保证材料的工业化及大规模应用。因此，在应用和开发阶段，应注重对于关键制备技术申请制备技术专利。一定的工艺流程的完成需要相应的生产及检验设备装置与之配套，对关键过程设备和检验设备申请专利，可以使得新材料技术更加系统化，从而更全面地巩固新材料技术的竞争力。新材料专利申请方面政策，一方面保证主动实行材料研发及专利申请的绿色通道，另一方面应主动申请国际专利，给予国际专利申请补贴等政策。

（2）围绕产品链的专利保护策略。新材料类产品的开发遵循从基础料—专用料—产品的过程。因此，在新材料的研发中，"新结构、新工艺、新装备"的专利组合不仅应关注基础料的研发过程，更应关注并适用于专用料的研发和产业化过程。因此政府主管部门鼓励专用料的专利申请，并在推广和产业化过程中给予相应的优惠政策支持。

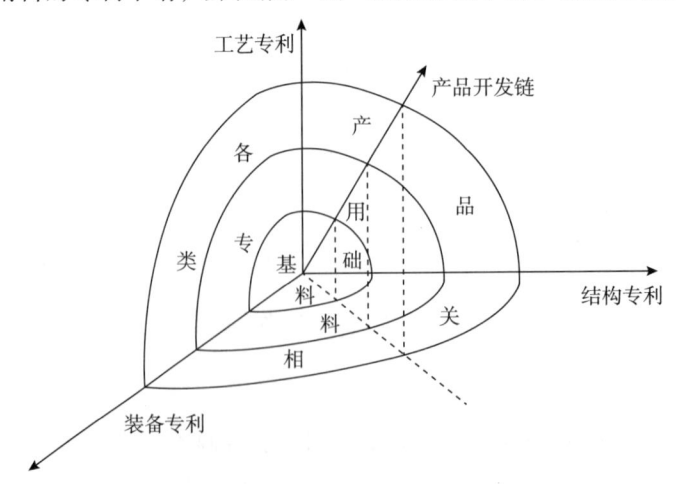

图 20-20 围绕新材料产品链的三维专利保护模式

(3) 尽快在产业联盟的基础上组建专利联盟，以专利联盟为平台加快专利标准化的步伐。材料科学的基础性使环境材料产生后可能对多个产业产生影响，深入工业的各个领域，应用潜力巨大，扩散效果好，社会效益和经济效益高；与环境材料相关的专利是建立其他行业标准，设定行业准入门槛、提高产品水平和优化产业结构的基础。因此，应当以专利联盟为平台加快新材料行业专利标准化的步伐。

参考文献

[1] Makri, M., Lane, P. j., Gomez – Mejia, L. R. CEO incentives, Innovation, and performance in technology – intensive firms: a reconciliation of outcome and behavior – based incentive schemes [J]. Strategic Management Journal. 2006 (27): 1057 – 1080.

[2] Balkin, D. B., Markman, G. D., Gomez – Mejia, L. R. Is CEO pay in high technology firms related to innovation? Some empirical evidence [J] Academy of Management Journal. 2000 (43): 1118 – 1129.

[3] 宋河发，李玉光，曲婉. 知识产权能力测度指标体系与方法及实证研究—以某国立科研机构为例 [J]. 科学学研究，2013 (12)：1821 – 1825.

[4] 王少永，霍国庆，孙皓，杨阳. 战略性新兴产业的生命周期及其演化规律研究——基于英美主导产业回溯的案例研究 [J]. 科学学研究，2014 (11)：1620 – 1638.

[5] 李捷，霍国庆，孙皓. 我国战略性新兴产业集群效应决定因素分析 [J]. 科技进步与对策研究，2014 (9)：55 – 59.

[6] 徐小钦，易长清. 知识产权战略对区域创新能力的影响研究 [J]. 科技管理研究. 2007 (12)：34 – 36.

[7] 张古鹏，陈向东. 基于专利的中外新兴产业创新质量差异研究 [J]，《科学学研究》（CSSCI），2011, 29 (12)：1813 – 1820.

[8] 张古鹏，陈向东. 新能源技术领域专利质量研究——以风能和太阳能技术为例 [J].《研究与发展管理》（CSSCI），2013, 25 (1)：73 – 81.

[9] 冯晓青. 企业知识产权运营管理研究 [J]. 当代经济管理，2012 (10)：89 – 93.

[10] 柴金艳. 基于价值链的企业知识产权竞争优势培育——以华为公司的知识产权管理为例 [J]. 科技进步与对策，2009：54 – 56.

[11] 常菲，单晓光，知识产权管理的价值链构成与维度研究 [J]. 现代经济信息. 2012：315 – 31.

[12] 孙颖，包海波. 战略性新兴产业的知识产权作用机制研究 [J]. 科技管理研究，2013 (5)：141 – 145.

[13] 魏国平，黄亦鹏，李华军. 战略性新兴产业发展中的知识产权战略研究 [J]，科技管理研究，2013 (12)：164 – 166.

[14] 顾海燕. 知识产权国际强保护下我国战略性新兴产业发展模式研究 [J]. 经济纵横. 2014 (4)：43 – 46.

[15] 李晓华，吕铁. 战略性新兴产业的特征与政策导向研究 [J]. 宏观经济研究. 2010 (9)：20 – 26.

[16] 潘东品，翟立琪. 我国战略性新兴产业专利联盟构建的障碍与对策研究 [J]. 市场周刊，2014 (6)：44 – 46.

[17] 刘红光，孙惠娟，刘桂锋，孙华平. 国外专利运营模式的实证研究 [J]. 图书情报研究，2014 (2)：39 – 45.

[18] 朱国军，杨晨. 企业专利运营能力的演化轨迹研究 [J]. 科学学与科学技术管理，2008 (7)：

180-183.

[19] 马晓楠，耿殿贺. 战略性新兴产业共性技术研发博弈与政府补贴 [J]. 经济与管理研究，2014 (1)：73-78.

[20] 岳中刚. 战略性新兴产业技术链与产业链协同发展研究 [J]. 科学学与科学技术管理，2014 (2)：154-161.

[21] 兰凤崇，黄维军，陈吉清等. 新能源汽车产业专利分析综述 [J]. 科技管理研究，2013 (21)：104-119.

[22] 薛伟贤，曹佳. 新能源产业技术路线研究综述 [J]. 中国人口. 资源与环境，2014 (3)：276-279.

[23] 王明明，程蕾，戴鸿轶. 新材料领域知识产权策略研究 [J]. 科技管理研究，2007 (4)：55-58.

专题 21 "十三五"知识产权保护和运用政策研究

承担单位：中国科学院科技政策与管理科学研究所

作　　者：宋河发　李振兴　吴　博　张思重

一、研究背景

当前,我国经济下行压力空前增大,经济正在进入新常态,GDP 增速从过去 10% 左右的高速增长转为 7% 左右的中高速增长,我国依靠廉价劳动力和政府投资的增长模式面临巨大的转型压力。然而,自 2006 年我国发布中长期科技规划纲要和配套政策以来,虽然科技创新取得巨大进步,但我国仍然没有进入创新驱动发展阶段,我国的科技进步贡献率刚刚超过 50%。目前,距离创新型国家和知识产权高水平国家目标实现只有 6 年时间,但我国自主创新能力落后的局面还没有根本改变,重大科技创新成果不多,科技成果和专利转化率低的局面一直没有大的改观,高技术产业由外资主导,核心技术依赖进口的问题没有得到根本解决。

知识产权保护不力严重降低创新收益的预期,从而降低创新投入和先进技术的引进,是制约科技成果转化的核心问题。据统计,我国专利侵权实际赔偿额平均只有 8 万多元,商标只有 7 万元,著作权只有 1.5 万元,而美国专利侵权赔偿则高达 450 多万美元。

近年来,我国虽然专利数量大幅上涨,但专利质量和专利运用的效果较差,专利对经济社会发展的支撑作用仍未充分发挥出来。中科院 2013 年三种专利申请达到 13 292 件,有效专利 22 122 件,但通过各种方式实施的专利只有 1955 件,实际收益 6.75 亿多元。全国高等院校 2012 年专利申请量达到 113 430 件,有效专利 117 000 件,但转让和许可的只有 2380 件,收入只有 4.36 亿元。我国创新型国家建设和国家知识产权战略实施时间紧迫任务艰巨,可以说已进入关键时期和攻坚阶段。

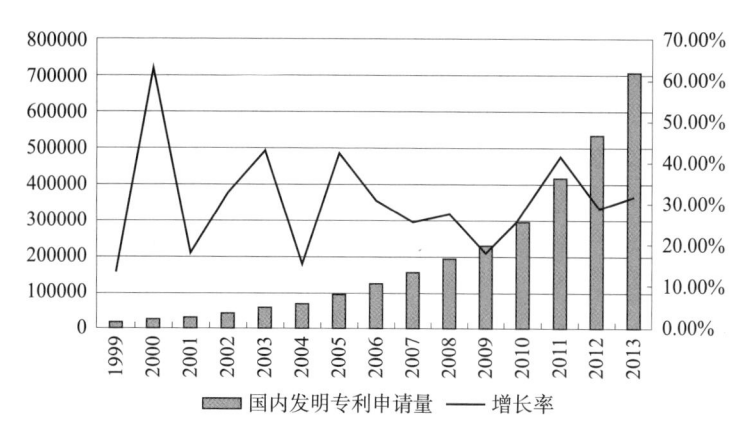

图 21-1 中国国内居民发明专利申请量及增速

党中央高瞻远瞩,提出实施创新驱动发展战略,党的十八大第一次正式把创新驱动发展作为国家战略。尤为重要的是,党的十八届三中全会通过的《中共中央关于全面深化改革若干重大问题的决定》特别强调,要"加强知识产权运用和保护,健全技术创新激励机制,探索建立知识产权法院","发展技术市场,健全技术转移机制,改善科技型中小企业融资条件,完善风险投资机制,创新商业模式,促进科技成果资本化、产业化"。党的十八届四中全会通过《中共中央关于全面推进依法治国若干问题的决定》,

更提出"完善激励创新的产权制度、知识产权保护制度和促进科技成果转化的体制机制"。

2014年11月5日，李克强总理主持召开国务院常务会议，专门部署加强知识产权保护和运用。会议提出，进一步深入实施《国家知识产权战略纲要》，打造更好保护和运用知识产权的法治、市场和文化环境，是政府监管的责任，有助于建设创新型国家，让千千万万创新者以创造成果造福人民，实现自身价值，促进经济提质增效升级。为此，一要强化知识产权保护，鼓励创新创造。对国外企业和个人的知识产权一视同仁、同等保护。二要促进专利、版权、商标、植物新品种等的创造和运用，向社会特别是创新者免费或低成本提供知识产权基础信息。三要建立国家科技重大专项和科技计划知识产权目标评估制度，促进创新成果转移转化。四要加大财税金融支持。运用财政资金引导和促进科技成果产权化、知识产权产业化。鼓励地方政府建立小微企业信贷风险补偿基金，对知识产权质押贷款提供重点支持。努力建设知识产权强国，催生更加蓬勃的创新创造创业热潮，用智慧升级"中国制造"。

创新驱动发展的核心是知识产权的高水平创造和有效运用，关键是要成为知识产权强国。我国确定要在2030年左右建设成为知识产权强国，"十三五"时期是我国知识产权事业发展的关键时期，必须奠定知识产权强国建设的制度框架和政策体系。知识产权制度是创新驱动发展战略实施的基本制度之一。在新形势下，知识产权制度应当成为促进我国创新发展、科学发展和可持续发展的重要动力和保障。

本课题的研究目的是通过梳理现有知识产权保护和运用相关法律政策，结合经济新常态下创新驱动发展战略的实施要求，提出"十三五"期间面向知识产权强国建设和适应创新驱动发展战略要求的知识产权保护和运用的政策建议。加强知识产权保护和运用重点在保护，要以知识产权保护促进知识产权运用，以改善创新生态环境营造良好的知识产权运用氛围，以更优的知识产权运用效果引导知识产权意识提升和保护能力增强，核心在运用，合适的知识产权保护水平以最优创新激励为标准，制定科学的运用政策，并以科技成果转化和知识产权运用效果为衡量；加强知识产权保护的目的是提升知识产权运用水平，应当以促进运用引导知识产权保护政策的调整和完善，建设相平衡的知识产权保护水平与运用能力。

二、文献综述

（一）其他国家的知识产权政策

知识产权政策是针对知识产权的权利界定及权利行使而制定的策略措施。从狭义角度看，是通过对知识产权制度的调整，来影响个体的行为决策，实现效率的改进或协调利益冲突。从广义角度看，可以将知识产权权利行使产生直接影响的各种政策措施都看成知识产权政策（吴欣望，2007）。

近年来，发达国家不断完善知识产权制度和政策。国外知识产权政策主要集中在引导产业发展、激励中小企业和支持创业投资等税收政策上。美国1980年通过的《拜度法案》《技术创新法案》以及后来的《技术转移商业化法案》《美国发明家保护法案》等，规定了知识产权权利归属、技术转移机构岗位、收益分配、发明人利益保护等，促进知识产权创造和运用，成为许多国家学习的榜样。美国 2011 年通过的新专利法加大了联邦技术利用和知识产权保护（United States Code，2011）。行政执法 37CFR 规定了承担联邦项目非盈利机构和小企业作出的发明创造的知识产权归属政策。美国税法规定，获得专利和软件开发的成本可以列入研发费用加计扣除范围，外购或被许可的知识产权应在 15 年内摊销，任意时间出售知识产权都可享受 10% 的优惠税率。美国不断降低资本收益税税率，目前税率仅为 20%，风险投资额的 60% 可免税，其余课以 50% 的所得税，资本收益和损失可以相互冲抵，经核准的创投公司，可冲抵 8 年内的一切资本所得。

欧盟允许将专利费在共同体框架经费中按研究费列支。欧洲专利盒子（Patent Box）是激励创新企业开发专利产品的工具（Codes of federal regulations，1999.），匈牙利、英国等许多国家允许知识产权许可收入在企业所得税税基中扣除 50%，并实行知识产权转移所得税收的低税率政策，许可与特许权使用收入、专利权直接收入、独占产品收入的税率从 0.5% 到 5%，英国是 10%（Internal Revenue Code Sec 1231（b））。

英国"企业扩大计划"允许向风险企业投资 4000 英镑以上的个人免交收益所得税 5 年，免税数额最高可达收益的 1/3。"风险投资信托计划"允许创投公司免缴资本利得税、个人投资者免缴从创投公司所得税，对持有创投公司股份超过 3 年的个人投资者按其投资金额的 20% 抵免个人所得税。"公司创业投资计划"允许投资小型加工贸易类企业并持股 3 年以上的公司可获得相当于投资额 20% 的公司抵免税；如将投资所得再投资，公司可延迟缴税；如在创立创投计划时出现损失，公司可以从公司收入中扣除损失，以减少税基。英国实行研发经费 150% 加计扣除政策，对中小企业实行 175% 的政策，尚未盈利中小企业的研发投入可预先申报税收减免，中小企业投资电子商务和新资讯技术的允许其费用 100% 进行税前扣除，还对企业在专利、商誉等无形资产的费用扣除上放宽了限制。风险资本信托基金（Venture Capital Trust，VCT）主要投资于新股票或总资产低于 1000 万英镑的企业股票，投资于新发行 VCT 股票持有 5 年可抵减 20% 的所得税，对 VCT 的分红不课税，出售 VCT 股份免征资本利得税，对投资于新发行 VCT 股份，缓缴资本利得税。英国还将企业教育项目转变为知识转移伙伴项目，建立创新的基金中的基金，投资创投公司投资高技术企业。

德国 CAESAR 欧洲研究中心采用"新技术"孵化器制度孵化专利技术。德国 2006 年的高技术战略提出建立激励"高等院校和企业间的技术转移"的机制，允许对参股份额减税，扩大"高技术创始人基金"；2008 年的高技术战略提出强化创新产品政府采购，对中小企业专利进行资助等政策。葡萄牙采取"预先行动"措施，激励企业使用知识产权。法国采取减免税收、建立孵化器和启动基金等鼓励研究人员以专利作为资本入股参与企业创建和发展（科技日报，2006）。爱尔兰规定，知识产权收入不收包括印花税在内的任何税，500 万欧元以下的专利收入都免税，并在 2001 年建立商业化专项资金支持企业科技成果保护和前期商业化开发。意大利允许包括专利在内的研发成本在税前抵扣。荷兰和瑞士实行减免专利新产品税收的政策（European Commission，2004）。

日本对企业的研发支出给予10%的税收抵免，对中小企业的研发支出给予15%的税收抵免。日本依靠政策性投资银行实施"知识产权担保融资"，民间银行也有实施知识产权担保融资的产品。日本法律要求大学必须设立专业性组织来管理知识产权，对共同承认的技术许可办公室TLO可给予最多达3000万日元的年度资助和上限为10亿日元的贷款担保，对TLO专利申请费和审查费实行三年减半收费，TLO可以免费使用大学的研究实验设备和设施。日本曾通过窄专利保护政策给予创造性不高的改进发明专利保护，以此削弱外国人的专利优势（和育东，2013）。日本特许厅还通过减免费用和加快审查支持中小企业创新（贾晓辉，2010）。日本新修改的专利法规定，即使没有在日本专利局注册，获得非排他许可者仍然可在专利被独占许可给第三方后继续使用该专利，本应获取专利权的发明人在专利被他人抢占申请后，仍然有专利普通许可实施权，而不必无效该专利。

韩国制定了研究开发投入加计扣除政策、研发经费结转政策和技术开发准备金制度，将职务发明报酬的比例提高到30%以上，通过税收优惠和财政补贴鼓励企业加大对职务发明的奖励。韩国科技信用担保基金KOTEC，为具有创新性的创业公司从创建到技术产业化等每个成长阶段提供所需要的资金。成立专利技术产业化理事会，设立3734亿韩元产业化基金；帮助中小企业实现技术产业化，提供专利技术融资贷款。韩国协助中小企业试制专利技术，资助专利商业化，减免有关税费，建立权利人与资本方的对接关系和待交易专利技术的数据库。韩国规定知识产权实施收入可减免所得税或法人税，职务发明专利转化收入免征个人所得税。韩国实行中小企业专利费用减免制度，还建立向高校派驻专利管理顾问制度和高技术专业化审查制度。

（二）中国的知识产权政策

我国2006年颁布了《国家中长期科学和技术发展规划纲要（2006~2020年）》（简称《科技规划纲要》），制定了知识产权相关配套政策和实施细则。我国2008年又颁布了《国家知识产权战略纲要（2008~2020年）》，明确了知识产权政策的方向。党的十八大提出"实施创新驱动发展战略"前后，我国激励知识产权创造和运用的政策措施数量达30余项。我国知识产权公共政策体系逐渐成形，其中法律形态的知识产权政策已比较完善，但非法律形态的知识产权政策还存在不全面、不系统，不协调、不全面，低主动、低水平，低结合、低运用等（彭茂祥，2009）。我国知识产权政策必须调整、完善和提高，应与国家的科技政策、产业政策、文化政策、教育政策、外贸政策相互配合，并在有关政策出台时增加知识产权条款（吴汉东，2010）。我国知识产权公共政策发展相对缓慢，应与知识产权相关的产业政策、区域政策、科技政策、贸易政策、文化教育政策、社会保障政策相协调（刘华等，2009）。我国知识产权尤其是专利政策的终极目标是激励创新。

由于我国知识产权制度主要借鉴国外，我国很少发布知识产权保护范围和期限、利益平衡等政策，尤其是审查政策和司法保护政策对知识产权创造运用的引导作用没有充分发挥出来。《科技规划纲要》中的知识产权政策只涵盖了知识产权创造和保护的一部分，在运用方面涵盖得很不够。《科技规划纲要》知识产权运用政策和《国家知识产权战略纲要》提出的政策又多是思路性和原则性政策，可操作性显得不足（宋河发，2014）。刘华、孟奇勋（2009）研究了知识产权公共政策的模式选择与体系构建，研究了与知识产权相关的产业政策、区域政策、科技政策、贸易政策、文化教育政策、社会保障政策，提出了政策协调的思路。张志成（2009）指出，知识产权法律制度的移植需要公共政策的支撑，要在 TRIPs 协议下实现国家利益和目标必须辅之以相应的公共政策，如促进市场主体创造和运用知识产权，明确知识产权授权标准，加强人才培养等。

吴汉东（2007）指出，知识产权制度在公共政策体系中也是一项知识产权政策，是在国家层面上制定、实施和推进的，即政府以国家的名义，通过制度配置和政策安排对于知识资源的创造、归属、利用以及管理等进行指导和规制，中国应建立以知识产权为导向的公共政策体系，在建设创新型国家的总政策目标引导下，中国知识产权政策必须调整、完善和提高，知识产权制度应与国家的科技政策、产业政策、文化政策、教育政策、外贸政策相互配合，并在有关政策出台时增加知识产权条款。应指出，"加强产业政策、区域政策、科技政策、贸易政策与知识产权政策的衔接"，即完善国家知识产权政策体系的目标在 2008 年《国家知识产权战略纲要》中已经得到明确。然而，过去我国专利制度对经济社会发展影响有限的重要原因在于，只关注和强调了专利制度在执行法律标准、依法授权等方面的作用，而忽视了知识产权制度本身的公共政策价值。换言之，只关注了知识产权的法律属性，而忽视了知识产权的政策属性。我国目前已逐步建立了较为全面的知识产权保护的法律体系，形成了相对比较完整的法律形态公共政策，但是非法律形态知识产权公共政策发展缓慢，没有形成全面、系统的知识产权公共政策，这使得我国知识产权制度的整体效用大打折扣（吴汉东，2007）。而将知识产权政策作为市场机制的替代选择，之所以能够防止知识产品供给不足并带来知识财富增长的收益，关键也在于这种政策工具所具备的基本功能（吴汉东，2006）。

吴汉东（2011）还指出："从国家层面看，知识产权是一种社会政策工具。是否保护知识产权，对哪些知识赋予私人财产权属性，采取什么标准保护知识产权，实际上是一个国家根据现实发展状况和未来发展需要而作出的公共政策选择和安排。"而另一方面，"对知识产权进行政策科学分析，可以揭示知识产权立法背后的政策立场，评价知识产权执法过程中的政策效果，提出知识产权法律变革的政策选择，以新的角度把握知识产权制度的合理内核"。孙斌、彭纪生（2010）在分析了 479 项与技术创新相关的政策后发现，国家的知识产权保护政策力度呈现出逐渐增强的过程，1996 年后中国知识产权保护政策的上升达到了一个新的历史增长阶段。而从 2004 年后，中国知识产权保护达到了一个平稳的时期，增长速度比较缓慢。本研究认为，应当关注知识产权制度的公共政策内涵，将知识产权保护与运用政策视作整个公共政策体系的一部分，从而以更大的弹性和包容性解读和运用知识产权政策。

（三）知识产权保护

知识产权具有自身发展的规律，知识产权保护是手段，知识产权运用是目的。与知识产权创造和管理相比，知识产权保护政策涉及我国的发展环境和市场机制的建设，知识产权运用政策是深入落实创新驱动发展战略的迫切需要。制定符合创新驱动发展战略需要的知识产权保护和运用政策应是我国当前和今后一段时间知识产权政策研究和制定工作的重中之重。

知识产权保护是国家司法机关和行政机关根据法律规定对知识产权权利人的合法权利进行的保护，主要包括知识产权司法保护和行政执法保护两个方面。

从实践来看，知识产权保护是我国多年来受发达国家诟病较多的问题。尽管国外的一些观点有失偏颇，但我国现有知识产权保护状况实际上已影响了我国的国际形象，也影响了我国由"中国制造"向"中国智造"转型。知识产权制度是一种创新的激励制度，而过强的激励又往往伴随着社会福利的损失。国际知识产权政策研究主要集中于保护宽度、利益平衡等基于知识产权法理学的知识产权政策研究，如光一二神等（Koichi FutagamiaTatsuroIwaisako，2007）研究了专利政策及其对社会福利的影响，认为专利长度不能最大化社会福利。维斯（Pia Weiss，2010）将专利制度作为柔性政策工具，以专利长度和宽度作为政策工具研究最优的专利政策。李墨尔和伯克（Mark A. Lemley and Dan L. Burk，1989）从期望理论、竞争理论、累积创新理论、知识产权丛林理论研究了知识产权的政策杠杆。加夫（Adam B. Jaffe，2000）研究了美国专利政策的演变，尤其是专利范围、等同原则、专利研究工具、软件专利和先申请制与先发明制的变化。田村善之（2009）通过自然权利论与激励论、劳动所有论与精神所有权论研究了知识产权法的政策。马斯库斯（Keith E. Maskus，2002）认为应将知识产权政策与发展政策结合考虑。波特瑞（Bruno van Pottelsberghe de la Potterie，2008）等研究了比利时的专利政策，提出给予专利申请资助，降低中小企业专利申请费用等十大政策建议。

国内也有许多学者研究了知识产权保护政策。世界知识产权保护强化的趋势必然会提高知识产权垄断性和滥用的可能性，较大的自主研发投入和较强的自主创新能力基础也往往对应于较高的知识产权保护强度（宋河发、穆荣平，2006）。姚利民、姚燕（2009）的研究表明，从2001年开始中国知识产权保护的静态指标已超过绝大部分发达国家1990年的水平，表明中国知识产权保护的法律条款已相当完备。但是，执法力度相对较低，且全国各个地区的知识产权保护水平相差非常大。经济发展水平在知识产权保护对技术引进的促进作用中发挥着重要的影响，只有在一定的经济水平之上，它才能发挥出更重要的作用，才可能更明显地被当地政府和企业家所认知。在模仿能力和技术创新比较强的地区，市场竞争力比较大的地区，加强知识产权保护更能促进技术引进和经济发展。

对于处于转型期的中国而言，短期内较弱的知识产权保护程度有利于经济增长，而较强的知识产权保护程度则有碍于经济增长；在长期均衡的状态下，较强的知识产权保护程度确实可以促进经济增长（董雪兵、朱慧等，2012），发展中国家知识产权保护水平和稳态人均经济增长率、研发部门人力资本配置之间呈倒U型关系，加强知识产权保护不一定有利于发展中国家经济增长，当知识产权保护水平处于临界值之下时，提高知识产权保护水平能有效促进经济增长，较高的人力资本水平和较强的模仿能力能进一步促进知识产权保护的经济增长效应，而稳态人均增长率的提高也将促使人力资本向研发部门流动（阳立高、贺正楚等，2013）。李平、宫旭红（2013）基于改进GP指数的研究证实了知识产权保护与技术创新间的倒U型关系，其中，自主研发的最优知识产权保护门槛值要求最高,其次是专利申请、FDI及进口贸易也对知识产权保护水平有较高的要求。王华(2011)采用2006~2008年27个发达国家和57个发展中国家的面板数据考察了开放经济条件下知识产权保护制度与技术创新之间的作用机理,为"最优知识产权假说"提供了来自跨国层面的经验支持,认为知识产权保护制度内生于各国要素禀赋所决定的经济发展阶段,发达国家的最优知识产权保护力度高于发展中国家。发展中国家的知识产权保护力度不能太低,以确保知识"专属性"和创新回报,使研发者有动力进行技术创新;另一方面,知识产权保护水平不能太高,以保证产权保护不至于赋予专利所有者太强的垄断势力而造成市场扭曲和资源配置的失衡。蔡虹、吴凯(2014)通过构建实证回归模型发现,中国知识产权保护对经济增长的作用呈倒"U型"关系,最优的知识产权保护强度值为3.564,而我国现有的知识产权保护强度并没有达到最优值,继续加强知识产权保护对经济增长有着正向的促进作用,且主要通过国际贸易和R&D活动发挥作用。

因而,为了改善我国作为知识产权大国的形象,更为了激励自主创新,必须从根本上加强知识产权保护,构建更加完善的知识产权保护体系,靠低水平模仿,甚至假冒和侵犯他人知识产权的发展模式永远实现不了知识产权强国的建设目标,也永远实现不了创新驱动发展战略和创新型国家的建设目标。基于高技术产业面板数据的实证分析发现,提高知识产权保护水平会激励高技术产业加强研究开发,降低对外商直接投资的依赖程度;不仅如此,知识产权保护会提升高技术产业的技术效率,促进产业从依靠粗放低效率的要素投入向加强内部组织管理转型(李黎明、刘海波,2014)。因此,在实施创新驱动发展战略的背景下,提升知识产权保护水平,完善知识产权保护政策,理顺知识产权保护机制,已经成为当前我国加强和改进知识产权保护和运用的重要课题。

然而,现有研究还发现,行业不同特征使得知识产权保护对技术创新的激励效应也

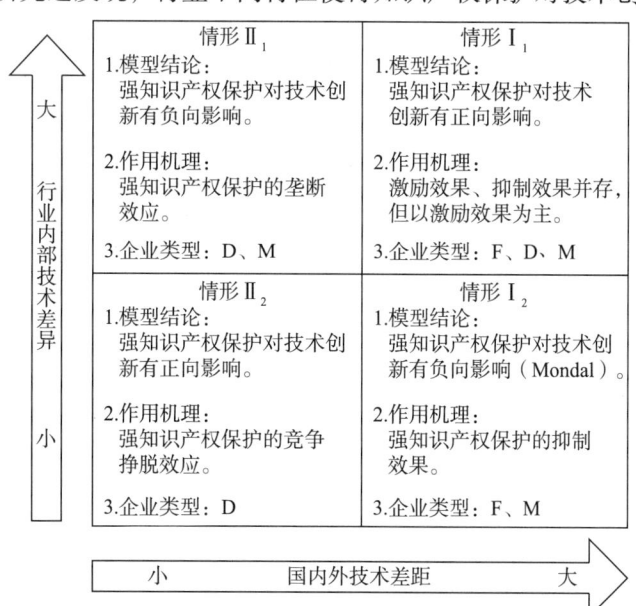

	情形 II$_1$	情形 I$_1$
行业内部技术差异 大	1.模型结论: 强知识产权保护对技术创新有负向影响。 2.作用机理: 强知识产权保护的垄断效应。 3.企业类型:D、M	1.模型结论: 强知识产权保护对技术创新有正向影响。 2.作用机理: 激励效果、抑制效果并存,但以激励效果为主。 3.企业类型:F、D、M
行业内部技术差异 小	情形 II$_2$ 1.模型结论: 强知识产权保护对技术创新有正向影响。 2.作用机理: 强知识产权保护的竞争挣脱效应。 3.企业类型:D	情形 I$_2$ 1.模型结论: 强知识产权保护对技术创新有负向影响(Mondal)。 2.作用机理: 强知识产权保护的抑制效果。 3.企业类型:F、M

小　　　国内外技术差距　　　大

图 21-2　发展中国家的知识产权保护强度与其行业技术创新行为之间的影响机理

存在差异，高技术密集度行业对知识产权保护更加敏感，而随着行业技术差距的缩小，知识产权保护的技术创新效应会越发明显（许培源、章燕宝，2014）。李黎明、刘海波（2014）的研究也发现，知识产权保护存在显著的行业差异，对自主型产业的影响要大于对引进型产业的影响。贺贵才、于永达（2012）讨论了发展中国家的知识产权保护与本国行业技术创新的内在关系，从发展中国家行业与发达国家的技术差距、发展中国家行业内部的技术差异这两个技术结构变量维度，分析发展中国家的知识产权保护强度与其行业技术创新行为之间的影响机理。

（四）知识产权运用

知识产权运用政策是知识产权政策的核心。我国2008年颁布的《国家知识产权战略纲要》在战略任务中特别指出，要"促进知识产权创造和运用。即运用财政、金融、投资、政府采购政策和产业、能源、环境保护政策，引导和支持市场主体创造和运用知识产权，推动企业成为知识产权创造和运用的主体"，并提出了一系列政策措施。此后，我国每年发布的知识产权战略推进计划和知识产权保护行动计划都提出了一系列政策措施。

在科技创新政策的带动下，知识产权运用政策制定逐步开始受到重视。但《中长期科技规划纲要》中的知识产权政策没有涵盖知识产权创造、运用、保护和管理的全部，而只是涵盖了创造和保护的一部分内容，在知识产权运用方面涵盖得很不够，知识产权运用等政策主要体现在科技投入、税收优惠、政府采购、投融资政策之中。而且，《中长期科技规划纲要》知识产权运用政策和《国家知识产权战略纲要》提出的政策又多是思路性和原则性的政策，可操作性显得不足。

目前我国知识产权运用面临的重大挑战是高校、科研机构创造的大量专利不能有效转化为生产力，造成大量创新资源浪费，科技经济两张皮成为制约我国创新型国家建设的突出问题。与此相关的知识产权运用问题在我国学术界常被称为"科技成果转化"问题。一般认为，知识产权转移转化的动力来源包括科技推动和需求拉动，以及政府政策的引导（陈朝晖、朱雪忠，2011），但我国高校科技成果转化的需求则主要来自外部压力或考核要求，这使得转化科技成果、运用知识产权很难成为高校科研机构发展的内在动力（陈宝明，2013）。

专利的产业化过程天然地存在着"死亡之谷"现象（周程、张杰军，2009），其原因是多方面的：一是由高校科研的特点决定的。大学科学研究工作与技术创新活动在目标、路径、组织方式、评价标准以及环境要求等方面都存在着很大的差别。这些差别导致高校的成果很难直接转化成适应市场需求的新产品。二是由技术和技术交易的特点决定的。成功的技术转移需要具备以下条件：（1）研究开发人员不出现机会主义行为；（2）要将显性和隐性知识同时转移给企业，因而需要核心技术人员的参与和转移；（3）在技术转移的同时，要实现技术创新的组织管理和协调方式的转移；（4）需求方要能在供应方保守技术秘密的情况下与其签订技术交易契约；（5）在技术转移过程中，供需双方要能建立起合作伙伴关系。三是企业的技术吸纳能力对于成果转化也具有重要影响（梅姝娥，2008）。

除了上述客观困难，目前我国的知识产权运用难还面临科技成果转化资金投入不足，"供给型"的科研模式导致供需双方难以对接，缺少风险评估、技术评价、技术定价等中介机构，企业难以判断科技成果的价值风险造成转化渠道不畅，转化工作缺乏系统性和协调性、成果转化的管理体制机制存在障碍等问题（张俊芳，2010）。同时，科技成果入股还存在许多制度性障碍（赵捷、张杰军等，2011），知识产权处置权、收益权配置等方面政策不配套，没有真正实现国家、机构、研究者之间的利益平衡（邸晓燕等，2013）。在知识产权落地转化环节，中小企业面临初创期和扩张期的融资困难：一是银行要求的门槛过高，中小企业不能提供相应的资产抵押或者担保，获取银行贷款的可能性低；二是国家支持科技型中小企业成果转化的政策方式少，只有1999年设立的科技型中小企业技术创新基金；三是创新基金无论是资金总量、资助金额还是资助方式，都满足不了科技型中小企业发展的资金需求；四是政府控股的创业风险投资机构对科技型中小企业的支持力度不够；五是科技型中小企业与金融机构之间缺少中介，导致金融机构和企业之间的交流不通畅（李希义，2008）。此外，税收政策仍然主要运用降低税率、减半征收、免税期、亏损结转等直接税收优惠方式，侧重于事后优惠，在促进转化方面有较大局限性（马海涛、姜爱华，2010），国有资产管理导致转化手续繁琐、延误转化时机等问题（赵捷，邸晓燕等，2010）也是影响我国高校、科研机构创造的知识产权运用和转化效率的重要原因。

由于我国知识产权制度主要借鉴国外。当前，影响我国自主创新尤其是创新驱动发展战略实施的主要问题有：一是关于知识产权运用的财政和税收政策一直没有实质性突破，财政政策主要用于知识产权申请资助和奖励。税收政策对自主知识产权产品尚没有提出切实的举措，促进知识产权转移转化和商业化的运用政策还没有实质性突破。二是政府采购政策还存在不足而且被废弃。自主创新产品以所谓的自主知识产权为标准，该自主知识产权标准并不合理。而且自主创新产品政府采购三个政策文件2011年7月被废弃。三是知识产权质量亟待提高。尤其是专利的申请质量和审查质量均有待提高。四是高校、科研机构和企业知识产权管理水平还较低，知识产权运用能力较弱，而有关政策缺位（宋河发，2014）。

三、知识产权保护政策与体系

（一）知识产权保护范畴

知识产权保护和运用政策是知识产权政策的核心。知识产权保护是国家司法机关和行政机关根据法律规定对知识产权权利人的合法权利进行的保护，主要包括知识产权法规、知识产权司法保护和行政执法保护三个方面。从知识产权创造、运用、保护和管理的四个维度来看，创造是基础，运用是核心，保护则是创造和运用的前提，没有得当有力的知识产权保护，创造就会缺乏动力，运用和管理就会缺乏环境。在实施创新驱动发展战略和建设知识产权强国的背景下，完善知识产权保护的制度和政策体系，是"十三五"期间深入实施国家知识产权战略的首要着力点。

知识产权保护政策主要分三类。一是知识产权保护的法律，如专利法及其实施细则、《商标法》《著作权法》《反不正当竞争法》《科技进步法》《专利代理条例》《知识产权海关保护条例》《植物新品种保护条例》《集成电路布图设计保护条例》等。二是知识产权司法解释和行政保护规章。最高人民法院关于知识产权保护的司法解释主要包括专利、商标和著作权三类，专利司法保护政策涉及申请权纠纷，案件管辖与法律适用，诉前禁令与财产保全、证据保全等；商标司法保护政策涉及案件管辖与法律适用，诉前禁令和财产保全、证据保全，损害赔偿计算等；著作权司法保护政策涉及著作权集体管理、网络著作权纠纷等。最高人民法院2007年发布《最高人民法院关于审理侵犯知识产权纠纷案件应用法律若干问题的解释》就办理侵犯知识产权刑事案件具体应用法律问题进行了解释。2011年，最高人民法院、最高人民检察院、公安部发布了《关于办理侵犯知识产权刑事案件适用法律若干问题的意见》，进一步明确了知识产权刑事案件的适用条件。知识产权行政执法保护政策主要是《专利行政执法办法》（2015）《关于加强知识产权保护和行政执法工作的指导意见》《驰名商标认定和保护规定》《商标印制管理办法》《著作权行政处罚实施办法》等。三是知识产权保护专项行动。如有关部门发起的知识产权"雷电"行动、"天网"行动、"反盗版天天行动""打击假冒，保护名优"活动、打击利用互联网侵犯知识产权专项行动等政策。

（二）知识产权基本政策

知识产权法律法规也是知识产权政策，其中关于知识产权保护的长度、宽度、信息公开、审查和费用政策是知识产权保护的基本政策。

1. 专利信息公开政策

我国专利制度以及其他国家专利制度专利技术信息传播的规定是落后的。我国《专利法》第34条规定，"国务院专利行政部门收到发明专利申请后，经初步审查认为符合本法要求的，自申请日起满18个月，即行公布。国务院专利行政部门可以根据申请人的请求早日公布其申请"。18个月公布专利申请的制度产生很大程度上是由于当时的科学技术不发达。在说明书制度最早产生的英国，18个月公开制度很大程度上是由当时的制定设计、交通与打字技术落后等客观条件决定的。1711年，英国出现了第一份真正意义上的专利说明书，英国衡平法院（Court of Chancery）要求发明人约翰史密斯（John Nasmith）在获得专利权后6个月内必须提交一份对其发明详细的说明，这奠定了此后以公布说明书方式作为专利授权的条件。专利说明书还要在各专利分局之间传送，符合要求的说明书送到图书馆让公众能够看到的时间也很长，所以形成了18个月公开的制度。但在互联网和电子技术日益发达的今天，专利电子申请已成为很多国家专利申请的普遍方式。纵然专利申请后有可能存在技术不成熟、需要修改以及要求国内优先权问题等情形，但专利制度的根本是促进创新，即促进专利实施。专利实施的前提是专利技术信息的扩散，18个月公布的规定显然已经不符合科技迅猛发展和专利实施的要求。所以，有必要增加一条规定，"国务院专利行政部门收到发明专利申请后，经初步审查认为符合本法要求的，可以即行公布申请，申请人特别声明的除外"。

专利制度最重要的原理之一是通过授权换取申请人将技术公开，从而促进社会福利提高，我国《专利法》第24条规定了不丧失新颖性宽限期的时间和情形。为适应我国自主创新能力建设需要，有必要充分研究美国专利法修改可能带来的影响，借鉴美国专利法采用的不丧失新颖性格宽限期中自由发表论文、最佳实施例等制度。与美国的新专利法将不丧失新颖性的宽限期设定为1年，而且在1年内发明人发表学术论文并不影响专利的新颖性的规定相比，我国的法律规定显然较为严格。不丧失新颖性的规定既要防止有人将公知技术申请为专利，也要防止伤害发明人的积极性。但过于严格的条件会影响专利创造的积极性，也会导致一些重要技术不能得到专利保护。我国确有许多发明创造因为先发表论文或者在国际展览会、国务院主管部门主办或全国性学术会之外的其他途径公开，因不符合不丧失新颖性宽限期规定，而失去获得申请专利机会的例子。在目前我国专利申请量较大、向国外申请量较小的情况下，如果允许延长不丧失新颖性宽限期的时间比如1年，允许发明人自由选择知识产权保护方式，如本人发表论文也不影响其专利申请的新颖性，则不仅可以减小发明人的担心，有利于提高发明人申请专利的积极性，也有利于提高专利的质量，避免专利权丧失，避免为申请而申请的情况发生。另外，采用美国的做法也不会对外国人在我国的专利申请行为产生较大的影响。

2. 专利保护长度政策

Arrow（1962）指出，知识的市场垄断会带来社会福利的净损失，过度的知识产权保护不利于知识的传播与技术创新。因而，设定合适的激励和保护强度就十分重要。Clancy和Moschini（2013）认为，专利对发明人的激励强度取决于专利能带来的私有价值（private value），而私有价值可定义为专利长度、宽度或范围三者的函数。前者是专利保护的年限，决定了垄断使用权的时限，由各国专利法明确规定。后者是由申请人提出并由审查员决定的专利权的权利宽度，宽度不能直接规定，只能由审查员根据一定的规制进行量裁。

专利长度就是专利的保护时间长短，尽管诺德豪斯通过数学模型得出了专利的最佳保护时间应当为授权后17年，但其研究基于的一个基本假设是专利都能够得到实施，由于过去专利数量少，大多不是防御性专利，而现在相当大部分专利是防御性的，申请专利的目的并不全部为了实施，所以虽然在理论上存在专利的最优长度，而实际上的专利最优长度应小于17年，如果大多数专利是为防御而不是为实施目的，专利的最优长度应该更短。1624年《英国垄断法》将专利保护期确定为14年，主要的根据是研究开发时间长短和专利产品的生命周期，也便于发明人能够培训成功两个工匠。当前，随着科技进步的加快，研究开发的时间和专利产品的生命周期大大缩短。有关研究显示，医药专利的研发时间和产品生命周期较长，大约有20年左右，而大多数信息通讯技术产品的生命周期很短，只有5年左右。美国、日本和欧洲1990~1995年的医药专利寿命平均为11.7年（Grabowski，2002），欧洲和日本医药专利只有13%和34%达到了最大的保护长度。我国专利的平均寿命为5年左右，达到20年保护的发明专利的比例也很低。所以将TRIPs协缔约国至少要提供20年的保护期，并适用于所有技术领域的规定不仅缺乏理论基础,而且也不符合实际。当然,大量专利在申请日后 5~6 年后放弃有利于促进专利技术进入公开领域,有利于创新,而且仍然有相当一部分专利维持了 20 年。但这并不能证明 20 年就是最优的专利保护长度,如果专利保护期设定为 40 年,也肯定会有权利人将专利保护时间维持到 40 年。专利长度应根据不同技术领域和产品生命周期实行分类。

3. 专利保护宽度政策

专利宽度就是专利独立权利要求界定的保护范围大小。吉尔伯特和夏皮洛(Gilbert and Shapiro, 1990)等将专利宽度定义为专利权人在专利保护期内获得的利润总量。格利尼(Gallini, 1992)认为专利宽度是追随者的模仿成本。在此基础上,明格斯、纳尔逊(Merges and Nelson, 1990)进一步研究了专利的宽度,他们指出,在累积创新环境下,专利保护水平或者有效专利寿命主要是由专利保护宽度确定,而专利保护宽度可由累积创新厂商之间的许可比例来表征,因此,奥凯和斯皮格(Aoki, R. and Y. Spiegel, 1999)将专利保护宽度定义为其他厂商进行不构成侵权周围创新的成本。

日本通过调整专利宽度政策以促进本国改进创新。Ordover (1991) 的研究表明,专利权利要求的宽度取决于两个核心要素:一是单个专利申请中允许的权利要求数,在 1988 年以前,日本的专利法规定每个专利申请只能有一个独立权利要求。二是专利权的覆盖范围。日本这一规定极大地降低了单个专利持有者的市场势力,造成一个基本专利的持有者在实施该专利时不得不面对大量相关的改进专利。同时,相关的竞争者可以在专利公开期间通过反向工程等手段,基于很小的改进申请自己的专利并与最初的创新者形成制衡。"窄专利"加上"弱新颖性要求"相当程度地限制了在日本获取的专利的排他性价值,并极大地促进了专利交叉许可的发展。因此,日本专利制度的价值取向是:促进技术扩散的目标要优先于对创新者给予排他性权利和创新激励的目标。故而日本的制度更多地鼓励了改进发明和渐进创新,但不利于发明人对其突破性创新进行保护。但是,Ordover 也指出,并不能认为日本的专利制度达到了垄断与促进扩散的理想平衡,因为这一做法也造成了大量的专利申请和分拆成本。但是该制度最大的优势在于十分适应日本的经济结构:其一,极大方便了当时的日本企业引进和消化吸收外国技术;其二,非常适用于日本的工业结构——以大集团为单位开展研发活动,可以安排充足的人员紧密监视专利局公开的技术动向,主动参与授权前的异议程序,开展频繁的许可与交叉许可谈判。但是,结合当时的背景,日本的专利制度安排极大帮助了其在最短时间内赶超美欧等发达国家的先进技术。

类似地,Granstrand (2004) 也认为,日本的经验提供了如何通过建立专利制度追赶先进国家的优秀例证:日本要求专利在提交申请 18 个月内即公布,而美国直到 1999 年才采纳(在此之前只公开已授权的专利),日本的做法有力地支持了技术信息在日本国内和国外的扩散。更重要的是,日本的专利制度同时限制了专利要求的数量与范围,很多日本企业获得了大量相对面较窄的本国专利组合,并且参与到密集的专利网络中,可以说,正是日本专利法独有的特征推动了交叉许可和技术信息的广泛扩散,并帮助日本企业避免了大量知识产权纠纷。然而,也正是由于日本的专利制度更有利于技术追赶者的赶超行为，但不利于技术领导者保持其地位。因此，随着日本国内技术领先者的崛起，以及在美国的压力下，日本后来也逐渐强化了对知识产权和创新的保护。

专利保护宽度主要由专利独立权利要求的全部必要技术特征综合来确定，这实际上是专利的创造性问题。必要技术特征的多少和技术特征的抽象程度决定了专利宽度的大小，一般说来，必要技术特征越少，技术特征越抽象，专利的宽度就越大。当然不是说专利独立权利要求写的越少和越抽象就越好，全部必要技术特征实际上就是专利的技术方案，必须符合"清楚"和"简要"的要求，必须得到说明书的支持，权利独立权利要求不清楚会使得整体技术方案不清楚，权利要求书得不到说明书的支持会造成被宣告无效的后果，而且会使普通技术人员需要花费创造性劳动去实施专利。不简要会缩小权利要求的宽度甚至造成全部必要技术特征不完整，不仅影响权利人的利益，不利于激励发明创造，而且可能会造成被宣告无效的后果，也会使普通技术人员需要花费创造性劳动去实施专利。但我国专利法规和审查指南对权利要求书的清楚简要的解释很少，给申请人和审查员很大的自由裁量空间。

由上述分析也可知道，专利独立权利要求是一种客观存在，或者说只能有一种写法，而不管所用的语言和遣词造句如何变化。如果独立的两个人就同一技术方案撰写的专利独立权利要求整体或者一部分是相同或者等同，就说明专利独立权利要求撰写得是正确的，这就是等同原则。运用等同原则的关键是要采取正确的权利要求解释和判断方法，我国法院目前采取"折衷主义"权利要求解释原则，虽然比中心限定原则的解释范围窄，比周边限定原则的解释范围宽，但也必须有解释的度和标准问题，而我国在这个度和标准上却缺乏明确深入的规定，主要根据法官的经验和主观判断。

例如在解释功能性限定的权利要求时，代理人、审查员和法官关于功能性限定的看法就很不一致，一些人认为应当，应允许功能性限定表征的技术方案涵盖没有给出实施例的可能的技术方案，而一些人认为，因为是功能性限定，应当严格按照权利要求的文字表述确定保护范围。我国审查指南在此问题上还缺乏清晰的规定。在我国大力推进大众创新万众创业的新形势下，我们必须深入研究分析设计互联网、物联网、计算机软件发明的权利要求解释问题，必须制定此类商业方法专利权利要求解释的政策，政策既要防止标准过于严格不能很好激励自主创新和引进先进技术，也要方式标准过于松懈导致授予过多低质量专利和无法保护自主创新成果，导致产业可能空心化的情况发生。

还比如，中药技术的可专利性问题。实践中，专利保护客体及其审查标准并不相同，尤其是中药组合物。我国对中药实行专利保护的目的是想提升中药产业的创新能力，可是多年来的实践表明这种制度存在一定不足，由于许多中医药专利申请来自民间，转化实施率较低，实行专利保护会造成大量本属于我国5000年技术秘密的民间验方秘方的传统知识公之于世。民进验方大多属于民间中医的代代相传，组合物发明的中药技术专利实现产业化的可能一般较小。

4. 专利费用政策

专利费用是调节专利申请与维持或专利权放弃的重要经济杠杆。专利申请费用降低有利于专利申请增长（Marco and Prieger，2009），年费标准降低有利于专利维持，而申请费用提高则会降低专利申请的积极性，年费标准提高则会促使专利放弃，缩短专利长度（RassenfosseandPotterie，2012），因此，较低的申请费和较高的年费有利于专利申请和专利权放弃和技术扩散，但申请量大增也会造成专利局的审查负担，大量专利放弃也会产生浪费。

早期的专利收费是申请者友好型设计的，并强调平衡专利局自身的开支。比如，英国专利局自1991年起要财政自足并取得一定的资本回报率，类似地，1995年《美国专利商标局公司法案》同样规定 USPTO 必须完全自给自足（De Rassenfosse，Van Pottelsberghe，2013）。即使是在年费的设计上，也是遵循着支付专利局管理成本的理念，而之所以要收取年费，也是因为其有利于分散收费压力从而降低申请费，可以鼓励更多的专利申请（Federico，1954）。但整体而言，自给自足型专利局的专利收费往往比较低（Watson，1953），并没有关注到专利费用对专利权人行为的影响，也没有对专利费用的调控作用及对社会福利的影响给予重视。

事实上，将专利收费定位于用于补偿审查人员的劳动和专利局的成本这种理论也是不准确的，专利审查并非一个私营事业，专利制度是鼓励和支持创新的具有社会公益活动性质的事业，虽然有国家将专利局改为私营性质，但提高专利审查效率和专利质量与专利审查公益性并不是一回事，覆盖专利审查的成本与专利制度维持私权与社会利益平衡原则并不完全一致，专利收费标准主要应考虑激励创新活动，其终极目标应当是有利于专利运用和技术扩散。专利费用标准也与专利的未来收益相关，虽然有很多专利是为了防御，但主要目的还应该是实施和获得利益。所以，应考虑专利的未来收益大小和可能性，而专利收益与专利质量紧密相关。考虑专利未来的平均收益有必要参考近期的专利实施率和平均收益。从价值分析来看，对真正需要保护的专利应当加强保护，如降低收费标准，而对产生不合理垄断阻碍创新的专利应当降低保护标准，比如提高年费收费标准。

美国、欧洲专利局近年都相继提高了专利的收费标准。美国对小实体收费优惠一半，对微型实体优惠75%。日本和韩国总的趋势也是在提高专利收费标准，但日本2011年和韩国2008年的专利收费标准有所降低。我国专利申请费总体上也呈不断提高趋势，但2008年以来就不再有变化，表21-1的数据也表明，我国的专利费用标准更新是最慢的。

专利费用可分为申请、复审和维持三个组成部分，复审是指初审驳回后的上诉程序，在美国表现为单方上诉（exparte appeal）程序，在欧专局、日本一般称为上诉（appeal/trial），其实质依然是由专利行政部门的复试和上诉委员会受理的专利申请救济程序，各国专利收费情况如表21-1所示。

表 21-1　中外专利收费情况[1]

国家	申请	申请费减免后	审查+检索	审查减免后	复审费	三年平均维持	维持费减免后
中国 ¥	900	270/135	2500	750/375	1000	900	810/405
美国 $	280	140/70	1320	660/330	（单方）2000	457	228/114
欧专局 €	120	84	2905	2033	1860	465	无维持减免
日本 ¥	15000	未见	118000 + 4000/claim	未见	49500 + 5500/claim	2300 + 200/claim	未见

从结构来看，我国申请费、审查费、复审费、维持费的比例为1:2.78:1.11:1，美国这一比例为1:4.71:7.14:1.63，欧专局为1:24.2:15.5:3.88。可见，欧专局的审查费显著高于其他国家，维持费较低，但是维持没有费用减免。复审费用方面，美国和欧专局的复审费都较高，而我国几乎与申请费持平。从三年的维持成本来看，我国的维持费仍然没有与申请费拉开差距，与审查费的差距同样较小。综合来看，我国的专利费用结构梯度较缓，层次结构不够分明。此外，日本的专利费用结构非常特殊，美国、中国均采用了超过一定页数或权利要求项数后的额外收费，而日本对每一项权利要求均收取费用，再次表明日本对"窄专利"的偏好，即通过收取更多针对权利要求数量的费用，尽可能压缩一个专利申请的权利要求数，一方面降低审查员的审查压力，另一方面也有利于为改进发明和专利留出创新的空间和余地。

从申请阶段费用标准看，采用世界银行公布的2010年人均国民总收入（美元现价）数据，欧洲人均国民总收入采用德国、法国、英国、意大利四国平均值，汇率采用2012年6月1日汇率，则中、美、欧、日、韩年人均国民总收入对应的专利申请阶段负担系数分别为0.1142、0.05212、0.1448、0.0717、0.0137，中国负担仅次于欧洲，维持阶段的负担系数分别为0.05956、0.0537、0.0549、0.0037、0.0102，中国负担仅次于欧洲。救济阶段的负担系数分别为0.08824、0.08951、0.1177、0.0591、0.0137，中国的负担系数最大。

但由于目前我国外国发明申请量仍占一半左右，我国的收费标准相对于美国和欧洲申请人来说很低，而欧、美、日、韩标准对于我国居民来说负担很高。我国申请人在美、欧、日、韩专利申请负担是其申请人在华申请负担的30倍，与美、日、欧相比则超过40倍。如表21-2所示，从中可以看出，发达国家和发展中国在知识产权发展中存在严重的不公平问题，这也是导致我国产业空心化和我国知识产权国际布局不足的原因之一。

---

[1] 数据来源：中国2008年标准 http://www.sipo.gov.cn/zlsqzn/sqq/zlfy/200804/t20080422_390241.html，
美国2014年1月起费用标准 http://www.uspto.gov/web/offices/ac/qs/ope/fee010114.htm，
欧盟2013年 http://www.epo.org/law-practice/legal-texts/official-journal/2014/etc/se3/p1.html，
日本2012年起费用标准 http://www.jpo.go.jp/tetuzuki_e/ryoukin_e/ryokine.htm。

表 21-2 中美欧日韩外国人专利负担比较

	申请阶段	救济阶段	维持阶段
美国在华	0.0172	0.0133	0.0090
欧洲在华	0.0204	0.0158	0.0106
日本在华	0.0194	0.0212	0.0103
韩国在华	0.0408	0.0300	0.0114
中国在美	0.7705	1.3232	0.7939
中国在欧	1.3505	1.0980	0.5122
中国在日	0.7026	0.5796	0.0360
中国在韩	0.0854	0.0638	0.0476

在费用减免方面，如果不考虑地方资助，我国实行的仍然是2006年出台的《专利费用减缓办法》的标准，其中规定费用减缓仅仅限于年收入在2.5万元以下的申请人或专利权人，上限多年未调整政策明显落后。而且，限制年收入的做法在美欧日等国专利局中均无此规定，一是增加核实和管理成本，二是只考虑申请人或专利权人的支付能力，没有考虑对激励创新的影响，专利费用应当主要考虑专利未来收益，而不应将重点放在专利权人的财产结构上。同样，我国还规定专利实施后应当补交已减缓的相关费用，但实际上我国从没有向减缓过的申请人收过已减缓的费用。而且该政策同样没有考虑对创新活动的影响，与促进专利实施的目的是相悖：越是实施许可的专利越需要补交费用，不实施的不需要补交费用。而德国和美国则恰好相反，德国法律规定，对签订许可合同的专利申请实行减免一半费用的政策，较好地激励了专利商业化。

本报告认为，专利费用结构的设计一是应当有利于促进更多的专利申请和技术公开，二是应当有利于提高专利局的审查和授权质量，三是应当有利于专利广泛应用和技术扩散，四是应当符合国情，有利于本国实现经济社会发展目标。因此，在理想的条件下，专利费用结构应当设计较低的申请费、较高的审查和检索费、较高的维持费，从而达到鼓励申请和技术公开、降低审查负担和提升授权质量、促进专利信息尽早进入公知领域。同时，应在费用结构上拉开梯度，以达到充分影响专利申请人或专利权人行为的目的。此外，可以效仿日本的做法，对每一项权利要求收费，提高权利要求数量的价格敏感度，从而降低专利覆盖宽度，为本国产业模仿创新、技术改进留出空间。为有效激励专利申请和促进专利技术扩散，从国际比较出发，单从收费结构优化来看，我国应当降低申请阶段的费用，适当提高维持阶段的费用，提高维持阶段的费用主要是授权后三年内的费用，而后期阶段如授权后3~5年的维持费用应适当降低。

（三）知识产权行政保护

1. 知识产权行政保护现状

在知识产权保护上实行的行政执法与司法保护平行的"双轨制"是世界上许多国家通行的做法。我国在建立现代专利制度之初，依据民法与行政法的相关规定，确立了行政执法保护和司法保护"两条途径、并行运作"的立法理念。结合李顺德、吴汉东等人的研究（2013），当前知识产权行政执法包括三种类型：第一种是由专门的执法机关行政执法，如海关、警察，世界上各国这些都是行政机关，都担负着知识产权执法的任务；第二种类型是所谓的准司法机构，专利复审委、商标评审委员会这类机构在国外都是按照准司法机构来对待的，在我国现在仍然把它看作是行政机构，而不是司法机构；第三种是行政管理机关直接执法。

知识产权行政保护的基本理念是：普通的专利权纠纷可以通过司法途径予以解决，但当专利权遭到严重侵害危及公共利益时，专利管理部门有必要依法介入专利纠纷，以维护公平的市场竞争秩序。根据这一理念设计的专利行政执法制度，与司法保护制度互为补充。我国知识产权行政保护的特色在于，一是行政保护具有普遍性，现有法律赋予了各个行政管理机关行政处罚权，对知识产权纠纷的行政裁决权和行政调解权；二是行政执法具有相对的独立性；三是行政管理机关的直接执法也是我国独有的。

我国知识产权保护社会满意度调查显示，专利权人对执法主动性等指标的满意度高于行政执法、司法保护、执法效果等方面各项指标的综合平均得分。专利权人更期待通过主动、持续的行政执法来提升执法效果。专利行政执法作为一种有效的法定纠纷解决方式，切实维护了专利权人的合法权益。

然而，知识产权行政执法的发展并非没有争议，知识产权行政保护与司法保护的衔接、执法标准的统一性等在实践中还存在一定的问题。目前，专利法第四次修改正在进行中，2015年4月公布的《专利法修改草案（征求意见稿）》的一个核心内容就是加大了专利行政保护的力度。以党的十八届四中全会《中共中央关于全面推进依法治国若干问题的决定》中提出"完善激励创新的产权制度、知识产权保护制度和促进科技成果转化的体制机制"为基本指导，在全面依法治国的背景下，如何更好地运用知识产权行政保护，加强司法保护和行政保护的有效衔接其重要性也越发凸显。

2. 知识产权行政保护政策问题

专利行政执法较司法保护更加主动、灵活、直接，处理程序、处理成本和处理效率均比司法保护较优，这也是社会上许多专利权人更希望能由专利管理部门来处理各类专利纠纷的原因。从专利行政部门内部来看，相比司法诉讼也具有专利信息资源丰富、执法人员技术专业水平较高等先天优势。然而，在知识产权行政保护的政策和执行中，还存在着一些问题。

（1）一些知识产权保护政策存在重复交叉问题。专利、商标、著作权等各类知识产权虽然不同，但其基本性质相同，各部门都制定了一套本部门的知识产权保护政策，很容易出现重复和不统一问题。如专利、商标纠纷案件都规定了诉前禁令、财产保全、证据保全政策。专利司法损害赔偿标准与专利行政处罚标准不同。2012年，深圳市在市场监督管理局实现了专利、商标、版权等知识产权行政管理职能的统一，是整合知识产权行政保护力量的重要探索，在我国知识产权管理体制改革中具有里程碑意义。

（2）知识产权行政执法与司法保护职能存在重复。我国知识产权行政执法保护尤其是在知识产权权属纠纷和侵权纠纷调解处理与知识产权司法保护没有大的不同，而且案件大多数以调解结案,尤其是专利侵权案件上诉率还较高,不仅会造成周期延长,也会造成行政保护资源浪费,行政保护中"行政裁决职能"的效度总体不高。

(3) 行政保护与司法保护缺乏衔接、标准不统一。缺乏衔接主要表现在:一是行政裁决与民事诉讼衔接不足;二是行政确权与司法审查之间缺乏衔接;三是行政执法与刑事司法之间衔接不顺畅。行政保护和司法保护的标准不一致主要表现在:其一,立法本身存在模糊与不统一;其二,行政执法与司法机关管辖重叠导致法律适用不统一;其三,地域差异导致执法标准难以统一。

(4) 知识产权行政保护大多是被动式保护。现有的知识产权行政执法大多规定有关部门可以应申请人的请求查处知识产权侵权或假冒行为,也可以依职权查处这些行为,这种规定并没有错误,但关键的问题是,政府部门是"可以"依职权查处违法行为,而不是"必须",政策规定的不足容易导致行政执法的执法责任不强,执法保护力度较弱,也容易产生地方保护主义。一些地方知识产权侵权假冒现象长期存在就与此有关。

(5) 知识产权行政执法保护政策规定不一致,且自由裁量空间大。如《专利法》规定对假冒行为的行政机关可以没收违法所得,处4倍以下罚款,而《商标法》及实施条例规定行政机关可没收、销毁侵权商品与工具,并可处3倍以下罚款,《著作权法》则可以没收侵权、销毁复制品和违法所得并处3倍以下罚款。与知识产权法规相比,知识产权保护政策对知识产权假冒行为的违法所得处罚上并没有具体化,仍存在较大的自由裁量空间,如《专利行政执法办法》规定了对假冒、冒充行为违法所得的认定和处罚,也没有详细规定假冒行为罚款的额度。

(6) 知识产权行政执法保护实效还不高。我国许多地方虽然建立了举报热线,经常采取联合行政执法行动,由于协调成本高,但这种"刮风"式的执法行动效果并不高。一些地方知识产权假冒和恶意侵权行为仍很严重,尤其是计算机软件著作权和商标侵权,使我国知识产权文化和自主创新文化建设进展缓慢,也严重影响了我国的国际形象。

(7) 缺乏合资合作中知识产权保护政策。我国长期缺乏合资合作、兼并收购中保护自主知识产权的政策,由于控股权丧失导致自有知识产权流失的现象较为严重。现有政策只规定了对驰名商标和老字号的保护,而缺乏对兼并收购中专利、商号、地理标志、技术秘密专有权等知识产权的保护规定。一些地方政府只考虑招商引资,在外资兼并收购审批中更较少考虑自主知识产权保护问题。

3. 知识产权行政保护政策发展思路

我国知识产权行政保护制度有三个主要的职能:一是行政裁决职能(行政裁决民事纠纷),二是行政查处职能(查处违法行为),三是行政调解职能(调解专利纠纷)。纵观我国专利法修改历程可以发现,在历次专利法修改中行政保护一直是修订重点,除1992年第一次专利法修改没有涉及行政保护的第60条外,其他条款每一次都进行了修订,如表21-3所示。

表 21-3 历次《专利法》修订内容

	1984 年《专利法》	1992 年《专利法》	2000 年《专利法》	2008 年《专利法》	专利法修改草案（征求意见稿）
行政裁决	第 60 条	第 60 条（无修改）	第 57 条（有修改）	第 60 条、第 61 条（有）	第 60 条、第 61 条（有）
行政查处	第 63 条	第 63 条（有修改）	第 58 条、第 59 条（有修改）	第 63 条、第 64 条（有）	第 63 条、第 64 条（有）
行政调解	第 60 条	第 60 条（无修改）	第 57 条（有修改）	第 60 条、第 61 条（有）	第 60 条、第 61 条（有）

然而，以 2000 年第二次专利法修改为契机，我国专利行政保护的内容重点发生了变化，其重心由主要裁决专利民事纠纷向违法行为的行政查处和专利纠纷调解转移。从 2015 年新公布的《专利法修改草案（征求意见稿）》中可以发现，新的修订草案中以加强对我国知识产权的行政保护，主要体现在三个方面。

一是扩大了专利行政部门的行政查处职能的权利范围，增加了没收、销毁侵权产品及相关设备的权利。修改草案第 60 条规定："专利行政部门处理时，认定侵权行为成立的，可以责令侵权人立即停止侵权行为，并可以没收、销毁侵权产品、专用于制造侵权产品或者使用侵权方法的零部件、工具、模具、设备等。"这是原专利法中没有的查处权利。

二是建立了专利行政部门行政调解的司法确认制度。修订草案第 60 条规定："达成的调解协议经人民法院依法确认有效，一方当事人拒绝履行或者未全部履行，对方当事人可以向人民法院申请强制执行。"行政调解的司法确认制有利于提高行政调解的效力，承接了专利行政保护和司法保护两者的优势。然而，对于如何使"达成的调解协议经人民法院确认"，目前的草案中还欠缺程序性规定。

三是增加了专利行政部门对"故意侵权且扰乱市场秩序"行为的处罚权利。修改草案第 60 条提出，"专利行政部门认定故意侵权行为成立且扰乱市场秩序的，可以责令侵权人立即停止侵权行为……非法经营额 5 万元以上的，可以处非法经营额 1 倍以上 5 倍以下的罚款；没有非法经营额或者非法经营额 5 万元以下的，可以处 25 万元以下的罚款"。草案还规定，对于假冒专利的，也可以类似标准处罚。这表明，专利行政保护的"公共利益"取向，以及维护专利制度社会威信的取向渐趋明显。

本研究认为，未来我国知识产权行政保护政策的发展应当遵循三个原则：一是公共利益原则，实现行政保护与司法保护在定位上互相区隔。司法保护虽然最终也是为了维护全社会共同的利益，但是司法保护的重点是保护私有财产权，确保专利权人的权利不受侵犯。动用政府行政资源维护私有权利，会造成行政保护与司法保护功能重叠，也是社会对知识产权行政保护存在疑虑的重要原因，因此坚持公共利益应当是知识产权行政保护的基本原则。在此原则下，单纯的知识产权民事纠纷的行政裁决应当弱化乃至逐步取消，同时进一步发展行政调解职能，并逐步向服务型知识产权行政保护转型。

二是规范市场秩序原则，这是知识产权行政保护实现公共利益的基本途径。目前的修订草案已经提出给予专利行政部门对"故意侵权且扰乱市场秩序"行为的处罚权,并新增规定"对涉嫌群体侵权、重复侵权等扰乱市场秩序的故意侵犯专利权的行为,由专利行政部门依法查处"。这一条款的目的不言而喻,但是该条款并没有明确专利行政部门是否就是这一行为的最终处理部门,专利行政部门的处罚结论是否可以由法院来确认也没有言明;如果当事人进行上诉,是否要进入《行政诉讼法》的基本程序。

三是依法行政原则,这是知识产权行政保护制度有效性的重要标尺。《中共中央关于全面推进依法治国若干重大问题的决定》明确指出要"深入推进依法行政,加快建设法治政府",提出了"严格实行执法人员持证上岗和资格管理制度""全面落实行政执法责任制"等具体要求。依法行政是依法治国的重要组成部分,全面推进依法治国,建设法治政府,必须全面推进依法行政。知识产权行政保护要依法行政,就必须在规范行政执法队伍素质的基础上,完善执法程序,规范执法行为,扎实推进侵犯知识产权行政处罚案件信息公开,在震慑违法者的同时,接受社会监督。

(四)知识产权司法保护问题

1. 惩罚性赔偿制度

由于知识产权无体性的特征,导致知识产权侵权行为的易发性。赔偿是侵权人承担民事责任的一种重要方式,也是对知识产权权利人所受损失的补偿,对于权利人来说意义重大。因此,合理确定赔偿的原则与计算方式对赔偿功能的实现及知识产权权利的保障具有重要的意义。目前,我国知识产权侵权赔偿制度对于侵权赔偿数额的确定主要是基于"填平"原则。随着我国科技进步与经济发展,知识产权侵权案件呈现出专业性强、赔偿额大的趋势,知识产权侵权赔偿制度存在矛盾问题凸显出来。

一是实际赔偿额度过低,无法充分补偿权利人。当前我国绝大部分知识产权侵权案件采用的是法定赔偿,然而法院实际判定的赔偿数额与权利人要求往往相差很大,存在"赢了官司输了钱"等问题,严重挫伤了权利人维权的积极性。因为侵权赔偿数额低,如果侵权人侵权收益大于侵权成本,那么侵权人就有可能继续实施侵权行为,如果权利人的救济成本大于救济收益,那么权利人可能会失去寻求救济的动力。

二是填平原则在知识产权相关法律中难以得到完全实现。填平原则认为,侵权人必须被完全剥夺因侵权行为而获得的不法利益,否则即纵容了侵权行为;另一方面,权利人也不被允许从赔偿中获利,否则即构成不当得利,鼓励了"敲诈式诉讼"行为。但是在知识产权侵权案件中,权利人的损失与侵权人所获得的利益几乎总是不相等的,往往差距很大,依据填平原则无法给予权利人充分保护。

三是当前的侵权赔偿制度无法起到威慑、吓阻侵权人的作用。目前的知识产权侵权赔偿制度主要是起到事后救济作用。知识产权侵权本身被发现的几率并不高,在证据搜集上存在困难,加上诉讼具有诸多的不确定性,侵权人侵权成本降低并存在侥幸心理,这也导致了目前国内一些大规模、恶意侵权案件的发生。

(1)知识产权侵权赔偿制度现状。

我国第一部《专利法》自1984年实施以来已经进行了三次修订,目前正在进行第四次修订。1984年和1992年《专利法》只是规定了侵权人应赔偿权利人损失，并没有规定侵权赔偿数额确定的相关条款。2000年《专利法》增加了侵权赔偿数额确定条款，规定侵犯专利权的赔偿数额按照权利人因被侵权所受到的损失或者侵权人因侵权所获得的利益确定；被侵权人的损失或者侵权人获得的利益难以确定的，参照该专利许可使用费的倍数合理确定。2008年《专利法》对于赔偿数额的确定新增了法定赔偿制度，并且对赔偿数额的确定方法的顺序进行了规定，当权利人因侵权所受到的实际损失、侵权人获得的利益和专利许可费均难以确定时，人民法院可以根据权利的类型、侵权行为的性质和情节等因素，确定给予1万元以上100万元以下的赔偿。从《专利法》历次修订，可以看出对于知识产权侵权赔偿的规定越来越具体，体现出对于权利人权利的保护程度逐渐增强的趋势。

2015年3月23日，中共中央国务院公布了《关于深化体制机制改革加快实施创新驱动发展战略的若干意见》，在构建创新环境方面第一条就提出"实行严格的知识产权保护制度"，要求"完善知识产权保护相关法律，研究降低侵权行为追究刑事责任门槛，调整损害赔偿标准，探索实施惩罚性赔偿制度。完善权利人维权机制，合理划分权利人举证责任"。

2015年4月，国家知识产权局修改并公布了《专利法修改草案（征求意见稿）》，其中第65条引入了惩罚性赔偿条款：对于故意侵犯专利权的行为，人民法院可以根据侵权行为的情节、规模、损害后果等因素，将根据前两款所确定的赔偿数额提高至2～3倍。新增条款体现出了新的修订草案对权利人的利益加强了保护，有利于解决目前侵权赔偿数额过低的问题，同时对侵权行为加大了惩罚力度，对目前存在较多的故意侵权行为起到了一定的吓阻、惩戒作用。但是，该征求意见稿并没有提出对普通侵权行为的惩罚性赔偿，不利于实体企业积极主动避免侵权。本研究认为，对于普通侵权行为的惩罚性赔偿，应当在探索和落实对"故意侵权"行为惩罚性赔偿的实施效果的基础上，进一步研究其可行性。

（2）惩罚性赔偿制度必要性。

惩罚性赔偿在英美法系国家，尤其是在美国运用较为普遍。惩罚性赔偿更多地被定义为对恶意侵权人的惩罚，对知识产权进行惩罚性赔偿是指当个人或组织以肆意、故意或放任的方式侵犯知识产权所有者权利而导致其遭受损失时，司法或行政机关判定侵权者需要承担超出实际损害之外的赔偿。与常见的补偿性赔偿相比，惩罚性赔偿更强调支付给权利人实际损害之外的赔偿金，主要体现赔偿责任的惩罚性和威慑性。目前我国专利侵权实际赔偿额平均只有8万元，仅相当于权利人平均赔偿额的1/3甚至更低，甚至低于专利权人专利申请和维持费用，可见依据填平原则的补充性赔偿即使是提高法定赔偿额也很难维护权利人的利益。

我国目前知识产权损害赔偿制度难以维护知识产权权利人的正当权益，在知识产权侵权案件中，因为权利人的损失难以确定，损失和侵权行为之间的关系很难证明，并且涉及权利人商誉和其他相关权利导致权利人的损失是长期的，因此事前预防可能比侵权事后赔偿显得更为重要。所以，引入惩罚性赔偿是十分必要的。

（3）惩罚性赔偿制度可行性。

目前侵权赔偿数额过低，损害了权利人的利益，同时也纵容了侵权行为。惩罚性赔偿的引入是十分必要的，但是国内对于惩罚性赔偿可行性问题仍存在一些争议。

一是知识产权惩罚性赔偿制度是否违反传统民法理论一向强调损害赔偿的补偿功能。研究认为，知识产权同其他民事权利（尤其是物权）不同，因为知识产权本身无体性的特征，仅依靠补偿性赔偿权利人权利难以得到有效保护，损失难以得到有效补偿。目前在一些民法领域，在立法上已经相继引入了惩罚性赔偿制度，如 2013 年通过的《消费者权益保护法修正案》在第 49 条明确，消费者对于有欺诈行为的经营者可以要求高于其损失的赔偿额。2009 年《食品安全法》第 96 条将惩罚性赔偿的数额提高到 10 倍。2009 年《侵权责任法》第 47 条规定被侵权人对于产品质量引起的损害可以提出惩罚性赔偿。在现行《专利法》中依据许可费合理倍数确定损害赔偿数额本身也带有一些惩罚性赔偿色彩。《最高人民法院、最高人民检察院关于办理侵犯知识产权刑事案件具体应用法律若干问题的解释》中已经包含类似惩罚性赔偿的条款。所以在知识产权侵权赔偿中引入惩罚性赔偿条款是可行的也是必要的。

二是对于惩罚性赔偿是否有否定专利权高效利用，鼓励专利低效率利用的嫌疑。研究认为，提高侵权成本的目的在于制止使用侵权的方式来获得利益，激励其通过许可等合法方式来进行利用，这样不仅会激励权利人积极进行知识产权创造，而且促进了知识产权的市场交易，更有利于专利权的优化配置，增进社会的整体效率。同时惩罚性赔偿有助于遏制故意侵权行为的发生，有助于权利人最小化其防范故意侵害知识产权的成本投入，更有助于实现资源的优化配置。

三是惩罚性赔偿是否是对侵权人的合法权益的一种损害。研究认为，在惩罚性赔偿适用问题上，应该对适用范围与条件进行界定，细化惩罚性赔偿标准的适用原则，如最大限度地实现惩罚性赔偿预防侵权行为多发的原则；侵害的严重程度与惩罚相适应的原则。惩罚性赔偿主要应适用于侵权人主观故意、恶意侵权，多次侵权，对权利人造成巨大损失的侵权行为。

惩罚性赔偿虽然可以提高权利人的救济收益，但是惩罚性赔偿本身并不能完全解决知识产权领域中的侵权赔偿数额过低的问题。惩罚性赔偿与填平性赔偿的目的和功能不同，前者在于惩戒侵权人、吓阻潜在侵权人，后者在于给予权利人充分的补偿。

同时，为了避免一些专利权人的恶意诉讼行为，法律还应作出明确规定，针对通过本身不能得到授权的专利，低劣专利进行恶意诉讼的专利权人也应有相应的惩罚性条款，以规范市场合理经济秩序，避免在中国市场出现类似美国的 NPE 影响实体经济发展的问题。

2. 诉前禁令制度

（1）诉前禁令规定。

诉前禁令，是 TRIPs 协议要求的"临时措施"（Provisional Measures）之一，在大陆法系国家往往归入民事诉讼行为保全制度中的"假处分"（Einstweligeverfu – gung），英美法系国家多称为"临时性禁令"（Preliminary injunction）。在 2000 年以前，我国并无民事诉讼行为保全制度,更无诉前禁令制度,TRIPs 协议后,我国对《专利法》《商标法》和《著作权法》的修订中都增加了诉前禁令制度,并发布了一系列相关司法解释。

在我国,立法中并没有直接而明确的"诉前禁令"的称谓,在 2008 年修订的《专利法》中,对于"诉前禁令"是这样规定的(第 66 条):(1)专利权人或者利害关系人有证据证明他人正在实施或者即将实施侵犯专利权的行为,如不及时制止将会使其合法权益受到难以弥补的损害的,可以在起诉前向人民法院申请采取责令停止有关行为的措施。(2)申请人提出申请时,应当提供担保;不提供担保的,驳回申请。(3)人民法院应当自接受申请之时起 48 小时内作出裁定;有特殊情况需要延长的,可以延长 48 小时。裁定责令停止有关行为的,应当立即执行。当事人对裁定不服的,可以申请复议一次;复议期间不停止裁定的执行。(4)申请人自人民法院采取责令停止有关行为的措施之日起 15 日内不起诉的,人民法院应当解除该措施。(5)申请有错误的,申请人应当赔偿被申请人因停止有关行为所遭受的损失。

2013 年施行的新的《民事诉讼法》第 100 条规定:(1)人民法院对于可能因当事人一方的行为或者其他原因,使判决难以执行或者造成当事人其他损害的案件,根据对方当事人的申请,可以裁定对其财产进行保全、责令其作出一定行为或者禁止其作出一定行为;当事人没有提出申请的,人民法院在必要时也可以裁定采取保全措施。(2)人民法院采取保全措施,可以责令申请人提供担保,申请人不提供担保的,裁定驳回申请。(3)人民法院接受申请后,对情况紧急的,必须在四十八小时内作出裁定;裁定采取保全措施的,应当立即开始执行。同时,2015 年 1 月出台的《最高人民法院关于适用〈中华人民共和国民事诉讼法〉的解释》还规定,"当事人对保全或者先予执行裁定不服的,可以自收到裁定书之日起五日内向作出裁定的人民法院申请复议。人民法院应当在收到复议申请后十日内审查。裁定正确的,驳回当事人的申请;裁定不当的,变更或者撤销原裁定"。

可见,我国民法和现行专利法对"诉前禁令"采取了相近的处理方式,即由申请人提出申请,法院裁定,并都要求申请人提供"担保",对于"诉前禁令"执行错误的,要由申请人"买单"。

(2)诉前禁令国外经验。

对比之下,美国的诉前禁令分为两个部分,其一是临时禁令,其二是预备性禁令。临时禁令(Temporary Restraining Order)适用于诉前的紧急情况,可在证据全部听审之前发布,当事人可单方面获得,不必通知被告。预先禁令(Preliminary injunction)是在诉讼程序启动后至判决之前法院发布的一种禁令。试图获取预先禁令时,案件已经进入诉讼阶段,双方都有机会提供证据并有机会交叉质证。如果就禁令形成争议焦点,双方可以进行局部辩论,因此预备性禁令的审查标准因被申请人的充分介入而更加完整。法院也可在诉讼程序启动后决定临时禁令(Temporary Restraining Order)是否应当延续,如果批准延长,这时临时禁令则转化为预先禁令(preliminary injunction)(刘晴辉,2008)。

具体而言,获得临时禁令的条件相对宽松,《联邦民事诉讼规则》规定,只要申请人提供证据(specific facts)表明,如果不执行临时禁令,将对申请人造成立即且不可挽回的损失（immediate and irreparable injury），或者由申请人的律师可以提供合理的理由（attorney certifies in writing any efforts made to give notice and the reasons why it should not be required.）。而预先禁令则要求，寻求预先禁令的申请人必须能够取得《联邦民事诉讼规则》第 65 条规定的以下条件：（1）展现诉讼获胜的实质可能性（substantial likelihood of success）；（2）如果不执行预先禁令则很可能立即遭受不可挽回的损失；（3）申请人受威胁的损失超过了预先禁令给另一方造成的损害❶；（4）禁令的出台不会影响公共利益❷。同时，美国法院同样要求，申请人应当提供足以补偿对方因禁令错误实施所遭受损失的适当担保额，政府及法院机构无须提供担保❸。

(3) 诉前禁制度改革思路。

美国的"诉前禁令"本质上包含了诉"前"禁令和诉"中"禁令两个部分，相比之下，我国的诉前禁令只是起诉之前可以提起，没有给予被诉方足够的质证机会。实践中各地法院对诉前禁令申请的审查主要包括四个方面：对申请人权利状态的审查，对申请人担保状态的审查，对被申请人侵权可能性的审查，对申请人所受损失状态的审查。由于侵权的可能性难于判定，所受损失的也往往难以弥补，法院实质上更关注诉前禁令与判决结果的一致性，由于担心诉前禁令与审判结果发生差异，导致各地法院对诉前禁令的适用极为谨慎，适用率极低，影响了这一制度的功效。

为此，一是创新"临时禁令"制度，实施诉前与诉中相结合的销售禁令制度。限制诉前禁令的有效时长，重点发展"诉中禁令"制度（美国称为预先禁令），在诉中禁令认定中完善双方质证程序，给予被申请人充分的证据提供和抗辩机会。

二是进一步规范"诉前禁令"的适用条件和实施程序，适用条件包括：申请人应能提供证据表明，如果不执行预先禁令则很可能立即遭受不可挽回的损失；申请人受威胁的损失超过了预先禁令给另一方造成的损害；禁令的出台不会影响公共利益。人民法院收到申请之后，应当在规定时间内决定是否实施该禁令（现行 48 小时可能过短），对于实施禁令的，应与各地工商执法部门（知识产权行政执法部门？）联动，在指定时间内禁止涉案产品在国内市场上销售。

三是承认临时禁令是在最终判决出台之前、双方质证尚未彻底完成之前出台的，具有不稳定性。在保证严格执行相关法律程序的基础上，允许诉前禁令"出错"（与最终判决结果不一致），允许诉前禁令依申请人请求随时"撤销"，如果最终判决申请人败诉，应根据给对方造成的实际不当损失程度给予赔偿。临时禁令适用于民法的相关原则，其本质是申请人依据自身掌握证据，在提供自身财产担保基础上发起的针对可能侵权人的"对赌"，法院只需按照相关法定程序执行即可，无需为最终裁决与临时禁令是否一致程度责任。

四是完善临时禁令滥用的法律细则。在提高临时禁令对促进市场竞争、提升专利制

---

❶ The threatened injury outweighs the harm that the preliminary injunction may cause the opposing party.

❷ http：//us.practicallaw.com/0-502-5651.

❸ The court may issue a preliminary injunction or a temporary restraining order only if the movant gives security in an amount that the court considers proper to pay the costs and damages sustained by any party found to have been wrongfully enjoined or restrained. The United States, its officers, and its agencies are not required to give security.

度有效性的作用的基础上，应当对滥用临时禁令的行为作出规制。应当要求申请人提供禁令对被申请人可能造成损失的第三方评估报告，并适当提高担保数额要求。应当要求禁令申请书中提供更多的细节，包括被侵权的权利要求、申请人一方的主要业务、侵权证据等。

（五）知识产权保护政策发展建议

在遵循公共利益原则、规范市场秩序原则、依法行政原则的基础上，本课题对完善我国知识产权保护，提出如下政策建议。

1. 要建立高效一致的知识产权司法保护体系，尤其是知识产权法院或专利法院

将知识产权无效和民事侵权案件纳入知识产权司法体系。加强知识产权司法解释制定工作，尽快建立和完善全国统一的知识产权上诉法院，设立统一的知识产权高级法院，统一审判标准、提高审判效率，解决"同案不同判"的问题；要制定中国的专利创造性判断标准，必要时举出足够的案例。同时，要加强知识产权司法与行政执法人才队伍建设，建设高素质知识产权司法与行政执法人才队伍，尤其是知识产权审判庭庭长、法院院长必须具有知识产权法或竞争法知识和科学技术能力，地方知识产权局局长应当具备专业的背景和知识产权工作的经历。

2. 加快知识产权行政保护职能转型，建设统一的知识产权行政保护体系

2015年7月1日起实施的《专利行政执法办法》中仍然规定了专利行政部门的"专利侵权纠纷的处理"权利，仍然没有明确行政部门介入的"公共利益原则""规范市场秩序"原则，仍然没有明确惩罚力度问题，仍然与民事侵权的司法保护缺乏区隔。（1）应将专利侵权处理行政职能逐步归并到知识产权司法保护机关，同时应加强知识产权法院与复审无效部门之间的结合，加快侵权案件中知识产权有效性的判定，提高知识产权侵权纠纷案件确权效率。

（2）建设统一的知识产权行政执法部门，合并商标侵权、专利侵权和著作权侵权的执法队伍，并将知识产权执法保护常态化。要发动社会力量保护知识产权，尤其是建立知识产权侵权假冒举报网络，奖励举报人，加大知识产权侵权假冒打击力度。还要加大对电商企业的指导力度，加强网络知识产权保护的维权的力度。

3. 完善相关立法，健全执法机制，提高知识产权保护能力

（1）出台对故意侵权的惩罚性赔偿认定细则，探索建立针对专利民事侵权的惩罚性赔偿制度。通过一批知名知识产权司法案件推动对知识产权的全社会保护，特别要加大对民生、重大项目和优势产业的知识产权侵权行为的打击力度和惩罚强度。通过提高司法惩戒水平来传导专利价值提升。

（2）要完善专利相关立法，在我国《专利法实施细则》中明确界定"群体侵权、重复侵权等扰乱市场秩序的故意侵权行为"的判定标准。应将"重复侵权"界定为："知道或者应当知道侵犯他人专利权，或者专利权人有证据证明其行为属于侵犯他人专利行为并发出通知或警告，或者行政执法部门或司法部门判决或裁定其行为属于侵权行

为要求停止侵权但仍然实施的行为。"应将"群体侵权"界定为："三个或三个以上主体在已经知道或应当知道有其他侵权人正在或即将实施对同一专利客体的侵权行为的情况下，分别故意实施了该侵权行为。"特别是在各方有意联络的情况下，更可能被判定为群体性侵权。无论是重复侵权还是群体性侵权，"主观故意"都是行为认定的关键要件。

（3）要开展跨地区联合执法。要坚决打击和取缔专利、商标、著作权等知识产权重复侵权和群体侵权的违法和犯罪行为，加大对利用互联网直接侵权和间接侵权行为的惩处力度。在查处群体性、重复性专利侵权过程中，应当加大跨地区的联合执法力度。在专利权人已经无力通过一一收集证据、逐个发现专利侵权行为并逐一诉诸司法程序的情况下，需要专利行政执法的联合专项行动，以维护专利制度的社会公信力。可以说，对重复侵权、群体侵权的查处，是专利行政执法体现其规范市场秩序、维护公共利益原则的核心体现。

（4）要将知识产权执法保护行动常态化、主动化、责任化，要在专利、商标、著作权法及其实施细则中进一步明确行政执法责任，行政机关不是可以而是必须依职权查处知识产权假冒侵权行为。

4. 面向创新驱动发展战略要求，将知识产权保护纳入地方政府考核指标体系

（1）建立知识产权保护水平考核指标体系，发布知识产权保护水平测算年度报告。应当根据我国产业的自主创新能力建设需要调整知识产权保护水平，专利保护水平要根据产业发展需要稳步提升，不能过快，也不能过慢。

（2）要建立包含知识产权的全国区域发展环境评价指标体系，并逐步列入国民经济和社会发展规划考核指标体系中，地方政府要将知识产权侵权假冒案件查处列入政府年度考核目标。

5. 加强知识产权保护政策与投资政策的协调

建立重大经济活动知识产权分析评议制度，加强外商投资、合资合作活动中自主知识产权和产业安全的审查，增加兼并收购与合资合作过程中知识产权和自主创新能力的评估和审批环节。对关系国家安全和国家重大经济利益，具有较好知识产权创造基础或者具有较好知识产权基础的高技术产业骨干和龙头企业，不能放弃控股权，不能造成知识产权流失。制定反知识产权滥用垄断的标准和具体措施，防止知识产权滥用，防止知识产权流失影响产业安全和国家安全。

6. 加强知识产权的国际保护，研究新国际合作中的知识产权保护制度和框架设计

（1）对进行国际申请的专利，国内审查应当给予优先处理。国内审查加速要有助于中国企业海外专利布局。（2）加强专利审查国际合作，拓展专利审查高速公路网，开辟印度、巴西等新兴国家PPH通道，为中国企业国际化发展延展路径。（3）建立专门机制，对出口产品专利简化审查程序，加快审查速度，并充分利用PPH等国际审查合作项目。（4）随着"一带一路"国家战略的实施，我国应当带动"一带一路"战略

相关国家知识产权制度的建设，出台如TRIPs协议一类的国际性知识产权合作协议。目前，国际上重要的投资贸易协定如美国牵头的TPP，都对知识产权有着许多进一步的要求。为促进"一带一路"战略实施过程中，知识产权能够有效构筑我国企业国际竞争力，必须完善投资合作中的知识产权协议制定。

7. 完善专利审查过程的市场参与机制，提升专利作为竞争工具的价值。

应当引入任何第三方授权前后现有技术抗辩原则。通过抗辩，可以有效提升企业对专利审查过程的参与度和关注度，也更有利于面向产业竞争态势调整专利审查进度。通过抗辩，企业之间的专利竞争将更加提前，有利于提升整个社会对专利作为竞争工作的认识。此外，为了提高专利制度的开放性，还可以探索在我国较有实力的技术领域建立向公众开放的部分专利审查参与机制。

8. 创新"临时禁令"制度，实施诉前与诉中相结合的销售禁令制度

限制诉前禁令的有效时长，承认诉前禁令的不稳定性，重点发展"诉中禁令"制度（美国称为"预先禁令"），在诉中禁令认定中完善双方质证程序，给予被申请人充分的证据提供和抗辩机会。完善临时禁令制度滥用预防程序，提高申请人担保数额要求，提高申请时的证据要求水平。

9. 成立知识产权保护基金

（1）对拥有自主知识产权并积极维权的科技型中小微企业，以及个体发明人提供支持，对于维权成功的，补贴专利诉讼律师费的不超过30%，并给予所获赔偿额10%的奖励。

（2）支持中国企业积极应对海外知识产权诉讼，特别是应对NPE、"337调查"等。对采购律师服务的，给予后补助。

四、知识产权运用政策与体系

（一）知识产权运用问题

1. 供需矛盾问题

目前，科研机构专利技术不能有效转化，其根本的原因在于专利技术存在严重的供给与需求矛盾。一方面，我国科研机构和高校的原始创新能力不足，专利技术供给不能满足企业需求。由此企业对引进技术产生需求，并产生对引进技术的依赖。二是我国很多的专利和科技成果是国家战略、规划、工程、计划甚至是领导人指示的产物。但国家战略需求并不等同市场需求。三是企业创新能力弱。事实证明，企业创新能力强，其对专利技术的需求也越大；企业创新能力弱，也导致专利技术不能有效转化的重要原因。

市场需求是科技成果转化的根本动力，任何科技成果转化都必须识别市场需求和符合有效需求。识别有效需求、发挥需求导向作用就是发挥市场对科技资源配置的决定性作用。有效需求只能来自市场、企业和用户。实际上，现有的很多科技成果转化是通过合作或者委托研发合同方式进行的，比如德国弗朗霍夫学会85%的研发资金来自于企业，需求导向的科技成果转化是主要的转化方式。

2. 市场失灵问题

知识产权运用与科技成果转化有其自身的客观规律，这些客观规律产生的问题往往是市场失灵问题，市场失灵是制约知识产权转移转化的基本问题。促进知识产权运用，必须充分把握专利转移转化的客观规律，认识制约专利运用的市场失灵问题。

（1）信息和风险不对称是制约专利技术转移转化的客观问题。由于专利技术存在大量的隐性知识和权利归属问题，专利技术转化存在严重的信息不对称问题。与信息不对称相对应的是风险不对称。专利权人可能存在交付技术信息而不能获得相应收益的风险，被转化人可能存在交付资金而专利技术难以实施甚至被骗的风险。专利技术价值评估是解决信息不对称和风险不对称的重要方法，但我国目前的价值评估参数选择缺乏有效依据，评估随意性较大，评价结果可信度低。我国现有的技术交易所、技术转移中心等多为简单的第三方模式，游离于科研、市场和资本之外，不能有效解决信息和风险不对称问题。

（2）知识产权创业难是制约专利技术转化的瓶颈问题。实际上，初创企业的最大困难是缺乏资金，尤其是种子资金、风险资金和战略投资。虽然北京市云集着大量的工程实验室、工程（技术）研究中心支持专利技术的熟化、二次开发和集成，虽然国家科技部设立了科技型中小企业创新基金与创业引导资金、科技成果转化引导基金，但这些政策大多属于事后的政策，基本上都是创业企业已经转化专利技术三年后才可以获得支持。而且这些政策门槛过高，缺乏普惠型政策。

（3）知识产权权属分散是制约专利转化的突出问题。在开放式创新环境下，知识产权往往分属不同的权利人，呈现纵向交叉和横向交叉局面。专利转移转化的往往是单项专利技术，科技成果转化往往面向市场可独立销售的产品或服务，以至工程，转移转化必然涉及不同创新者拥有专利的集成问题。在科技创新速度越来越快，知识产权越来越分散的情况下，知识产权集成难，已成为制约专利转化的最突出问题。要解决知识产权分散问题，必须建立有效的知识产权集中管理服务平台，我国近年已经有许多单位试水专利池运营，但还没有真正将专利池或专利组合作为主营业务，并实现盈利的知识产权集中管理服务机构。

（4）机构、团队和能力是促进专利技术转移转化的重要条件。专利技术转化涉及技术、法律、商业等诸多领域，促进专利技术转化必须靠组织机构，靠人才团队，靠运营能力。欧美日本等许多国家科研机构都建立了内部技术转移办公室和外部技术转移公司，拥有一支由有科技背景专家、有企业背景专家和知识产权律师组成的超过30人的人才团队，大多既拥有本领域的技术背景，又拥有知识产权、专利、经济管理或投资等方面的学位。但目前，我国高校、科研机构普遍没有建立集知识产权管理、技术转移和投资职能于一体的OTL或OTT办公室、缺少专利运营的人才团队和运营能力，技术经纪人资格认证模式落后而且停止。

（5）职务发明人参与是促进专利技术转化的必要条件。专利转移转化不是简单的技术转移转化，它包含转移转化后的技术咨询服务、后续研究开发等工作，离不开发明人的参与。为激励职务发明人参与专利技术转化过程，应当对职务发明人进行适当的激励。国外科研机构和高校的发明人获得收益不仅是一种奖励,也是一种权利,收益分配比例兼顾了各方的积极性,职务发明人基本可以分得扣除成本后收益的 1/3 左右。目前湖南、湖北、山东、北京等许多地方都提高了科技人员奖励下限,如北京"京校十条"规定,"将高校实施科技成果转化给予科技人员奖励比例下限由 20% 提高至 70%",比例过高且缺乏上限,容易影响单位运营专利的积极性,不利于单位建设专利运营的管理团队,还可能导致科学家不再专注于科研。

(6)权利共享交易是促进产学研合作效率的根本制度安排。产学研合作是专利技术转化的重要途径,也是需求拉动的典型模式。多年来,无论是创新联盟、技术联盟,还是科研机构与企业互派科技人员,都没有从根本上解决产学研合作中合作研发与知识产权权利分享问题。知识产权是产学研合作的最基本保障,也是激励各方研发投入的激励要素。近年,包括我国各地方组建了许多专利联盟、技术联盟,但由于对知识产权、转化收益等缺乏明确可操作的指南或规定,加之对协议的履行缺乏有效的监管,许多联盟缺乏实质性运作,无法成为专利运营的有效模式。

(二)知识产权运用政策问题

政府政策失灵是影响知识产权运用的一个重要问题。政府失灵表现在两个方面。一是干预不足,二是干预过度。

1. 科技创新法律问题

(1)知识产权运用的法律可操作性存在不足。法律主要是解决市场规则问题,而市场失灵问题则主要由政策解决。我国长期以来存在的知识产权和技术转移转化难、专利实施率不高、技术市场混乱等问题均与我国法律和政策的规定不足有关。目前,我国的《专利法》仍然定位于审查法、保护法,缺乏促进运用的政策措施,《科技成果转化法(修订草案)》强调的仍是科学到技术到产业的线性思维,对把握市场需求,对专利技术创业和产业化的规定不多,而且该法还是一部可操作性很不足的法律。

(2)相关法律规定之间存在交叉重复冲突。我国知识产权运用的相关法律间存在交叉、重复甚至冲突问题,一些重要的环节存在缺失。冲突主要表现在三个方面。一是关于专利技术转化的相关规定重复和冲突并存。目前与知识产权运用概念相关的还有技术转移、知识产权实施、专利产业化、高技术产业化等。这些概念主要体现在一些政府部门的职能中,也体现在《科技成果转化法》《科技进步法》《专利法》等法律法规中。法律和政府职能的交叉重复必然造成科技创新资源的重复投入和浪费,也会造成政府对某些环节的过度干预,从而影响创新效率。如《科技成果转化法(修订草案)》与《专利法实施细则》对职务成果的奖酬比例不一致,而且两者都遵循职务发明优先的原则,影响了发明人的积极性。

(3)没有解决专利运用的所有权与实施权的分离。财政部、科技部、国家知识产权局 2014 年 9 月 26 日发布的《关于开展深化中央级事业单位科技成果使用、处置和收益管理改革试点的通知》,将科技成果转化的权利完全授予试点单位。中共中央国务院 2015 年 3 月 23 日发布的《关于深化体制机制改革加快实施创新驱动发展战略的若干意见》，明确要求将符合条件的财政性科技成果使用权、处置权和收益权全部下放给有关项目承担单位。但科技成果的处置、使用和收益权在法律上不明确。什么是处置权、使用权和收益权？这些权利如何行使？处置权是否包括制造、销售、转让、许可、赠与、继承？使用权是否是使用科技成果的产品或是使用方法、工艺？实际上《科技进步法》已经将知识产权的所有权下放给承担单位了，单位自然就具有了科技成果知识产权的处置权、使用权和收益权，这些权利是所有权衍生出来的权利。

此次改革是想借鉴农村土地联产承包责任制的经验推进科技成果转化，但农村土地改革与知识产权制度改革是两类性质不同的问题。农村土地承包权归农户，经营权可以转让给企业，但科技成果转化不同，科技成果的知识产权所有权归承担单位，但科技成果完成人没有相应的实施权，亦即制造、销售科技成果知识产权产品或者是使用科技成果专利方法的权利，只是规定在合理期限内没有实施的科技成果，完成人可以根据与单位签订的协议实施科技成果，但并没有明确成果完成人的权利是什么。科技成果知识产权往往需要集中才能转化为现实生产力。而现有政策也没有规定，科技成果实施权是否可以转让、集中、许可和入股。此外，"三权"政策在许多地方被架空了，没有真正落到实处。如北京、山东等地将对职务成果完成人的奖励比例提高到70%，江苏和黑龙江更是高达90%，有些地方甚至达到99%。但这些地方成果转化难的问题仍然明显存在。这些地方科技成果使用、处置和收益权下放到承担单位的政策实际上被架空了，科技成果收益政策上归单位、实际上大部分都奖励给了个人。高比例激励政策还会造成科研人员不能安心科研，有可能对基础研究产生不利影响，同时也会造成对高校科研机构激励不足，长此以往科技成果转化的组织机构、人才团队建设产生必然受到影响。

2. 专利扶持政策问题

（1）没有建立对小微企业专利申请、获取知识产权的支持政策。中小企业是国家创新体系中最具活力的创新主体，具有灵活性强、将技术转化为生产力的效率高等特点，并可以拉动社会就业。目前，我国小微企业占企业总数的77%，但却完成了全社会65%的发明专利和80%的新产品开发。然而，我国没有类似国外通行的针对中小企业的费用减免政策。享受费用减免的应当是经济困难的单位和个人，而关于出具"经济困难情况证明"的规定造成了较高的减免制度的实施成本。事实上，作为费用减免方的国家知识产权局在实践中也不会核实"困难证明"的真实性程度，很多地方知识产权局没有起到有效审核经济困难和出具合法费用减缓请求的作用，一些地方和单位甚至出现弄虚作假现象。2014年国家知识产权局出台了《关于知识产权支持小微企业发展的若干意见》，虽然对支持小微企业创新成果在国内外及时获权、完善小微企业专利资助政策、扶持知识产权服务业小微企业等提出了政策安排，但应更进一步实现对小微实体实行统一一致的专利费用减免政策，并缺乏专门面向小微企业提供的快速审查服务。

（2）没有建立普惠、有效的面向产业创新发展的专利审查机制。我国2012年出台的《发明专利申请优先审查管理办法》对优先审查的发明专利申请的范围作了详细规定，涉及节能环保、新一代信息技术、生物、高端装备制造、新能源、新材料、新能源汽车等技术领域的重要专利申请；涉及低碳技术、节约资源等。并规定申请人办理优先审查手续的，应当提交"由省、自治区、直辖市知识产权局审查并签署意见和加盖公章的《发明专利申请优先审查请求书》"等。然而，由于规定的优先审查范围过宽，加上优先审查的手续繁琐，调研发现我国的优先审查制度并没有形成广泛的社会影响，也未能对刺激战略性新兴产业专利申请，有效支撑产业创新发展形成较强的引导作用。

3. 税收政策问题

我国尚缺乏有效促进专利运营和转化的政策体系，特别是税收政策不能对专利运营形成有效激励。对专利密集型的战略性新兴产业、高技术产业没有实行如软件集成电路产业那样3%~6%的低增值税优惠政策。现行科研机构和大学技术转移额低于500万不需要交纳所得税规定的额度也过低，高于500万元需要交纳所得税的政策也正好与激励专利技术转化的目的相反。从对创业投资机构的税收优惠来看，《科技成果转化法（修订草案）》第36条第1款规定，"国家鼓励创业投资机构投资于科技成果转化项目，对创业投资机构投资于未上市的中小高新技术企业按照国家有关规定享受税收优惠。"这一条已经在《国家中长期科学和技术发展规划纲要》配套的实施细则中有规定，其前提是已经被科技部门认定为"高新技术企业"。然而，在满足了高新技术企业的条件后，知识产权创业已经过了最艰难的时期。

(1) 企业研发费用加计扣除问题。

2006年颁布了《国家中长期科学和技术发展规划纲要》及配套政策，提出了对企业技术开发费实行税前150%加计扣除的政策，激励企业加大研究开发投入，促进自主创新。然而，在实践中存在税法与《会计准则》关于研究开发费或技术开发费内容不一致，以及不同部门出台的技术开发费或研究开发费用统计口径不一致的问题。更重要的是，从激励知识产权管理与运用的角度看，知识产权事务费没有列入加计扣除的范畴。目前《税法》规定"企业为开发新技术、新产品、新工艺发生的研究开发费用，未形成无形资产计入当期损益的，在按照规定据实扣除的基础上，按照研究开发费用的50%加计扣除；形成无形资产的，按照无形资产成本的150%摊销"。《企业技术开发费税前抵扣申请审批表》中包含的项目只有"专利权和执照费等的摊销"，这仅是对已有的专利进行摊销，不包括知识产权事务费，且摊销范围不明确。由于检索分析费直接关乎研究开发活动的效率，专利申请审查费关乎研发成果的权利化和企事业单位知识产权管理能力建设，代理费关乎知识产权申请的质量，当前加计扣除正常不包括知识产权事务费的做法不利于研发成果的知识产权保护，不利于企业知识产权管理能力建设，不利于知识产权质量提升，不利于科研效率的提升。

同时，我国2007年颁布的《企业所得税法实施条例》对涉及知识产权的无形资产的计税规定是，"（1）无形资产按照直线法计算的摊销费用，准予扣除。（2）无形资产的摊销年限不得低于10年。（3）作为投资或者受让的无形资产，有关法律规定或者合同约定了使用年限的，可以按照规定或者约定的使用年限分期摊销"。考虑到专利权的有效期问题，这个摊销年限太长，不利于引进新技术和专利。这个规定也不利于企业的自主创新，对于企业自身开发的技术产生的无形资产，按照《企业所得税法实施条例》第66条的规定,自行开发的无形资产,以开发过程中该资产符合资本化条件后至达到预定用途前发生的支出为计税基础。相对于外购的无形资产按购买费用进行摊销,企业自行开发的无形资产的摊销是按照开发成本来进行计算的,这样对自主研发型企业反而不利。

(2) 发明人的个人所得税问题。

《个人所得税法》规定,"劳务报酬所得、稿酬所得、特许权使用费所得、财产租赁所得,每次收入不超过4000元的,减除费用800元;4000元以上的,减除20%的费用,其余额为应纳税所得额"。但知识产权收入往往一次性发生,负担较高。2010年,中关村"1+6"试点政策规定"以股份或出资比例等股权形式给予本企业相关技术人员的奖励,技术人员一次缴纳税款有困难的,经主管税务机关审核,可分期缴纳个人所得税,但最长不得超过5年"。虽然提出了分期交税,但由于专利转化乃至企业运营都存在风险,一旦转化失败或企业倒闭,技术人员不仅股权化为乌有,还可能欠下大量个人应缴所得税。那么,如果收税,个人所得税股权奖励的计税价格如何确定呢?按照"1+6"的政策,"参照获得股权时的公平市场价格确定",存在较大的量裁空间。2013年2月,在国家将中关村改革实验的经验推广时,发布了《关于中关村、东湖、张江国家自主创新示范区和合芜蚌自主创新综合试验区有关股权奖励个人所得税试点政策的通知》,其中沿用了上述5年内分期缴税的做法。

2014年8月,财政部、国家税务总局、科技部发布了《关于中关村国家自主创新示范区有关股权奖励个人所得税试点政策的通知》,其中首次明确提出,"股权奖励的计税价格参照获得股权时的公平市物价格确定,但暂不缴纳税款;该部分税款在获得奖励人员取得分红或转让股权时一并缴纳,税款由企业代扣代缴"。然而,目前该文件仅适用于"示范区内、实行查账征收、经北京市高新技术企业认定管理机构认定"的高新技术企业及由北京市制定相关管理办法认定的"科技型中小企业",仅适用于"给予本企业技术人员的奖励"。这意味着,示范区内的高校、科研机构如果通过技术入股转让或许可专利给企业使用,仍然会面临个人所得税的问题,这也是影响我国高校、科研机构知识产权运用效果的重要因素。

国务院总理李克强2015年2月25日主持召开国务院常务会议时提出,"从2015年4月1日起,将已经试点的个人以股权、不动产、技术发明成果等非货币性资产进行投资的实际收益,由一次性纳税改为分期纳税的优惠政策推广到全国,以激发民间个人投资活力"。2015年4月1日,财政部、国家税务总局发布《关于个人非货币性资产投资有关个人所得税政策的通知》,其中提出"个人以非货币性资产投资,应按评估后的公允价值确认非货币性资产转让收入。非货币性资产转让收入减除该资产原值及合理税费后的余额为应纳税所得额"。其进步之处在于允许在扣减成本的基础上计算税基,但该通知仍然规定,"个人应在发生上述应税行为的次月15日内向主管税务机关申报纳税。纳税人一次性缴税有困难的,可合理确定分期缴纳计划并报主管税务机关备案后,自发生上述应税行为之日起不超过5个公历年度内(含)分期缴纳个人所得税"。因此,应缴税个人在没有取得现金收入之前,仍要在5年内缴纳个人所得税,如果技术入股创业失败,欠缴税款是否可以不缴并没有明确。而在税基方面,财政部、国家税务总局《关于个人非货币性资产投资有关个人所得税政策的通知》中指出,"个人以非货币性资产投资,应于非货币性资产转让、取得被投资企业股权时,确认非货币性资产转让收入的实现。"可见,应缴税收入已经明确为"当时计算",但是对于如何分期缴纳,现行规定还应当进一步细化。

此外,在税率的计算上,2013年财政部、国家税务总局出台了《关于中关村国家自主创新示范区企业转增股本个人所得税试点政策的通知》,规定,企业以未分配利润、盈余公积、资本公积向个人股东转增股本时,应按照"利息、股息、红利所得"项目,适用20%税率征收个人所得税。这一政策在后来的《关于中关村、东湖、张江国家自主创新示范区和合芜蚌自主创新综合试验区有关股权奖励个人所得税试点政策的通知》并没有提及。

表21-4 个人所得税的计算方法

项目	内容	政策依据
税额计算时间	转让、取得股权时确认收入（获得股权时的公平市物价格确定）❶	财政部、税务总局《关于个人非货币性资产投资有关个人所得税政策的通知》
税额计算方法	转让收入—（资产原值+合理税费）,作为应纳税所得额	
延缓纳税条件	纳税人一次性缴税有困难的,可合理确定分期缴纳计划并报主管税务机关备案	
缴纳时限	不超过5个公历年度内（含）分期缴纳个人所得税	
税率	20%（企业以未分配利润、盈余公积、资本公积向个人股东转增股本时,应按照"利息、股息、红利所得"项目,适用20%税率征收个人所得税）	关于中关村国家自主创新示范区企业转增股本个人所得税试点政策的通知（仅限于中关村）
其他限制条款	取得了现金收入的,现金部分应当优先抵扣应缴税款	关于个人非货币性资产投资有关个人所得税政策的通知

4. 财政和金融政策问题

(1) 财政投入政策。《科技成果转化法（修订草案）》关于财政投入政策主要有四个方面：国家设立专项资金、鼓励中介机构的发展、完善和建立技术市场、支持公共科技服务平台建设。科技成果转化本身是一个纯粹的市场行为,财政性资金应当主要是平台建设资金和财政性引导资金,用纯投入的方式促进科技成果转化会扭曲技术市场。我国目前逐步建立了面向科技成果转化的引导基金,但面向知识产权保护、权利集中与知识产权运用的基金还有待建立。

(2) 从金融政策来看,我国目前出台的多数金融政策存在可操作性不足问题。虽

---

❶ 参见财政部、国家税务总局、科技部发布的《关于中关村国家自主创新示范区有关股权奖励个人所得税试点政策的通知》。

然出台了促进专利技术转化急需的种子基金和风险投资支持政策、创业引导资金政策，但存在很多落实问题。例如，面临创业初期的资金困难，风险投资的介入是十分必要的。然而《中长期科技规划纲要》配套政策实施细则规定的风险投资公司2亿元设立门槛过高，实际上多数风投企业难以享受到该政策的优惠。此外，我国还一直没有出台支持专利技术转化的保险和再保险政策。

对于备受关注的专利证券化的运营模式，国务院2011年《关于清理整顿各类交易场所切实防范金融风险的决定》指出，基于收益权的证券化是规范的重点，其中明确规定了交易场所不得将任何权益拆分为均等份额公开发行，因此面向社会公众的竞价都是被禁止的，我国专利证券化的市场探索空间基本消失，知识产权交易重新回到一对一交易的时代。

（3）针对天使投资的支持政策不足。中央和国务院《关于深化体制机制改革加快实施创新驱动发展战略的若干意见》中提出，要"研究制定天使投资相关法规。按照税制改革的方向与要求，对包括天使投资在内的投向种子期、初创期等创新活动的投资，统筹研究相关税收支持政策"。然而，各地方近年却在国务院要求各地清理税收优惠政策的号召下减少了针对天使投资和风险投资的税收优惠政策。例如，2015年3月，深圳市取消了合伙制PE区域优惠政策（2010年7月9日深圳市下发的《关于促进股权投资基金业发展的若干规定的通知》），成为首个取消该项优惠的城市。至此，该地合伙制PE个人所得税税率将由20%调整为严格按照"个体工商户的生产经营所得"项目征税，适用5%~35%的五级超额累进税率计征个人所得税。

根据广东省发改委原主任李春洪给出的数据，在中国创业投资、特别是在天使阶段的投资，占创投基金比例大概不足5%。而在欧美等地，这一数字可以达到30%到50%。天使投资阶段是技术落地的首个关键时期，然而，目前的税收制度并不利于引导天使投资等风投机构的发展。

其一，我国现行的税收法律法规针对创投企业的优惠政策过少。仅有2007年的《企业所得税法实施条例》第97条规定，"创业投资企业采取股权投资方式投资于未上市的中小高新技术企业2年以上的，可以按照其投资额的70%在股权持有满2年的当年抵扣该创投企业的应纳税所得额；当年不足抵扣的，可以在以后纳税年度结转抵扣"。而同时，国家税务总局《关于实施创业投资企业所得税优惠问题的通知》规定，中小高新技术企业"除应按照科技部、财政部、国家税务总局《高新技术企业认定管理办法》和《高新技术企业认定管理工作指引》的规定，通过高新技术企业认定以外，还应符合职工人数不超过500人，年销售（营业）额不超过2亿元，资产总额不超过2亿元的条件"。这进一步导致我国基本没有容许创投机构进行市场化投资的创投税收优惠政策。与国外相比，我国缺乏创投风投企业知识产权和技术投资收入的所得税税收抵免政策，仅仅有70%投资额税前列支政策不足以很好激励创投和风投企业知识产权的积极性，尤其是不符合当前我国政府倡导的大众创业和万众创新的号召。

其二，对天使投资的征税时点存在问题。目前，一些地方税务部门的征税时点取决于投资机构的项目退出时间，并没有考虑天使基金的整体盈利情况，往往在只有单个项目退出的情况下要求基金全额缴税。由于我国没有实施资本利得税制度，天使投资人的投资损失不能抵扣投资收益，这也意味着现有税收政策并不分担投资风险，不利于激励个人风险投资。

此外，对天使投资与PE/VC实施一样的税收政策也是不合理的，天使投资项目的成功率比PE/VC要低得多，沉没成本更大，但缴税时并不能扣除成本，这进一步加剧了我国风险投资的后端化趋势。

其三，存在重复缴税问题。目前，公司型风投机构在取得收益之后，要缴纳企业所得税25%。然而，这类机构只是负责资本运作，投资收益最终属于股东，因而收益分给投资者个人（股东分红时）又要按照我国《个人所得税法》以20%税率缴纳个人所得税，这使得政府对创业风投活动征税比例高达40%左右，存在重复征税和税负过重的问题。

其四，合伙制创投企业与公司制创投企业无法享受同等的优惠政策。国家税务总局《关于实施创业投资企业所得税优惠问题的通知》规定，享受创投企业税收优惠政策的前提条件，必须是工商登记为"创业投资有限责任公司"或者是"创业投资股份有限公司"的专业性法人创投企业，采用合伙制设立的创投企业被排除在外，处于竞争劣势。

另一方面，公司制企业与合伙人制企业的税收缴纳方式也存在差异。根据财政部和国家税务总局发布的《关于合伙企业合伙人所得税问题的通知》规定，合伙企业采取"先分后税"的原则。合伙企业本身不是纳税主体，税收直接征收到个体合伙人，即"先按合伙人各自分配比例分别确定应纳税所得额后，再按各自适用税率计算缴纳个人所得税，合伙人是企业的，缴纳企业所得税"。

总结以上四点可以看出，公司制创投面临企业和个人重复缴税且负担过重问题，但是可以享受投资额70%的抵减优惠，且仅当其投资于科技部认定的高新技术企业时；合伙人制创投（PE）虽然不存在重复缴税，但是不能享受国家的优惠政策。此外，缺乏针对天使投资的政策支持，不能充分引导风险投资向创业前端转移。

《加快实施创新驱动发展战略的若干意见》中明确提出，要"坚持结构性减税方向，逐步将国家对企业技术创新的投入方式转变为以普惠性财税政策为主"。结构性减税的重点是支持创新创业，支持中小微企业发展，促进支持中小微企业的创投企业的发展。《国务院办公厅关于发展众创空间推进大众创新创业的指导意见》也明确提出，"发挥财税政策作用支持天使投资、创业投资发展，培育发展天使投资群体，推动大众创新创业"。因此，推进针对天使投资和创业投资的税收优惠政策，是十分必要和可行的。

5. 政府采购政策问题

2007年财政部出台的《自主创新产品政府首购和订购管理办法》规定了"首购"和"订购"的定义，明确了首购、订购需满足的条件，但存在不符合WTO国民待遇原则的问题。2011年废弃政府采购自主创新政策的四个文件后，我国政府采购支持自主创新的制度实际上已经失效，通过政府采购促进知识产权运用实际上无法推行。目前，一些地方进行了许多有益的探索。2014年4月，北京市政府印发了《关于在中关村国家自主创新示范区深入开展新技术新产品政府采购和推广应用工作的意见》，提出通过"首购，订购，首台（套）重大技术装备试验、示范项目，推广应用四种方式"支持创新产品。2014年12月，北京市科委、发改委等联合发布了《北京市新技术新产品（服务）认定管理办法》，其中要求"产品（服务）应具有技术先进性和创新性，并拥有自主知识产权"。

然而，在国家层面一直没有相应的政府采购支持科技创新的政策。2015年3月1日起生效的《政府采购法实施条例》作为对政府采购法的程序性补充，同样没有提及政府采购应当支持新产品新技术新应用的研发与推广。2015年3月出台的《中共中央 国务院关于深化体制机制改革加快实施创新驱动发展战略的若干意见》再次提出，"建立健全符合国际规则的支持采购创新产品和服务的政策体系，落实和完善政府采购促进中小企业创新发展的相关措施，加大创新产品和服务的采购力度。鼓励采用首购、订购等非招标采购方式，以及政府购买服务等方式予以支持，促进创新产品的研发和规模化应用"。并要求"研究完善使用首台（套）重大技术装备鼓励政策，健全研制、使用单位在产品创新、增值服务和示范应用等环节的激励和约束机制。"

（三）财政性知识产权问题

财政性资金支持形成的专利等知识产权是重要的国有资产。但总体上我国此类知识产权的运用效果并不好。据统计，中科院2013年三种专利申请达到13 292件，有效专利22 122件，但通过各种方式实施的专利只有1955件，转化率为8.83%；全国高等院校2012年专利申请量达到113 430件，有效专利117 000件，转让和许可的只有2380件，转化率为2.03%。

创新驱动发展是主要依靠科技创新驱动经济社会全面发展的模式，其核心是科技成果和知识产权的高水平大规模创造并将其向现实生产力的有效转化。为此，我国近年来加强了促进科技成果转化和知识产权运用有关法律的修订和政策制定工作。2007年通过的《科技进步法》规定将财政性科技计划和资金项目形成的知识产权授予项目承担者，并且规定对未实施和涉及国家安全及公共利益需要的知识产权实行无偿或许可他人实施。国务院报审全国人大的《科技成果转化法（修订草案）》规定，国立研究开发机构、高等院校转化科技成果所获得的收入全部留归本单位，科技成果完成人可以根据协议转化未适时转化的职务科技成果并享有权益。正在修订的《专利法（征求意见稿）》规定，允许发明人或者设计人根据协议自行实施单位息于实施的职务发明并获得相应收益，引入专利当然许可制度以降低专利许可成本，还规定了标准必要专利默示许可制度以促进标准制定和推广。

为进一步促进知识产权运用和科技成果转化，2014年9月26日，财政部、科技部、国家知识产权局发布《关于开展深化中央级事业单位科技成果使用、处置和收益管理改革试点的通知》，取消了财政部门和单位主管部门所有关于科技成果审批和备案要求，将科技成果转化的权利完全授予试点单位，试点单位可自主采取转让、许可、作价入股等方式转化科技成果。2015年3月23日，《中共中央 国务院关于深化体制机制改革加快实施创新驱动发展战略的若干意见》，明确要求将符合条件的财政性科技成果使用权、处置权和收益权全部下放给有关项目承担单位，不再审批或备案，科技成果转移转化所得收入全部留归单位，处置收入不上缴国库。同时还要求，强化高等学校、科研院所原则上不再新办企业,以许可方式对外扩散科技成果,对合理期限内未能转化的财政性资金支持形成的科技成果,由国家依法强制许可实施。

上述法规政策的主要特点是放权和让利。但放权和让利并不一定能够大幅度提高科技成果和专利的转化率。如北京、山东等地将对职务成果完成人的奖励比例提高到70%,江苏和黑龙江更是高达90%,但成果转化难的问题仍然明显存在。在一些地方,科技成果使用、处置和收益权下放到承担单位的政策实际上被架空了,科技成果收益政策上归单位实际上大部分都奖励给了个人。高比例激励政策还会造成科研人员不能安心科研,有可能对基础研究产生不利影响,同时也会对科技成果转化的组织机构、人才团队建设产生负面影响。

市场发挥决定作用的基础是明晰的产权制度,而产权制度的前提是产权信息公开。当前,影响我国专利转化运用效率的主要问题在于专利转化运用中存在严重的信息不对称及其由此带来的风险不对称问题。企业和个人很难知道哪些专利是属于财政性资金支持形成的专利,很难知道财政性资金形成专利的实施和转让许可情况,不知道自己是否可以合理使用这些专利,信息获取难,信息获取成本高,导致财政新专利的转化运用难。

同时,财政性资金形成的专利权往往分散在不同的专利权人手中,专利存在丛林问题,面向技术标准和重大产品与服务的专利池和专利组合转化运用是专利转化运用的有效模式,但我国一直缺乏专利池或专利组合经营的企业和财政性资金的公共集中管理平台,华为与中兴通讯、正泰与德力西、南车与北车、南船与北船等企业专利纠纷不断,纷纷恶性竞争,主要原因在于缺乏这类企业和公共平台,导致我国高技术和战略性新兴产业等领域专利转化运用的效率十分低下。

为从根本上加快财政性资金形成专利的转化运用,我国应当建立财政性专利标识制度和进场集中交易制度,将标识的财政性专利进场展示和交易。建立财政性专利标识制度将有效改变财政性专利信息查询难,辨识权利人身份难,专利交易程序繁琐,时间长,成本高等一系列问题,利于企业和个人适时掌握财政性资金专利的基本信息,适时对财政性专利进行评估和筛选,适时把握许可时机实施财政性专利。建立财政性专利集中进场交易制度,将极大改变过去我国财政性资金专利的专利权分散、无法"一站式"许可导致的效率低下问题,显著改变专利与技术标准不能有机结合,专利对我国产业发展支撑不足的问题,有利构建一批符合我国深入实施创新驱动发展战略需要的面向技术标准和重大产品与服务的专利池和专利组合,从而大大提高财政性专利和其他专利的转化运用的效率,引导现有科技中介等服务机构的转型发展,提高我国产业的竞争力。此外,建立财政性专利标识制度和集中进场交易制度也是我国承担财政科技计划和资金项目的高校和科研机构坚持公益性,发挥支撑经济社会发展作用的必然要求,也是我国优化财政科技资源配置,接受社会监督,提高财政科技资金使用效益的重要手段。

同时,我国已具备建立财政性专利标示制度和进场集中交易制度的条件。一是党中央和国务院高度重视。党的十八大提出实施创新驱动发展战略,第一次将创新驱动发展作为国家战略。党的十八届三中全会又作出了全面深化改革的战略部署,要求"加强知识产权运用和保护","促进科技成果资本化、产业化"。党的十八届四中全会更是提出

"完善激励创新的产权制度、知识产权保护制度和促进科技成果转化的体制机制"。为深入实施创新驱动发展战略,我国许多部门和地方政府出台了相应的政策措施,加强科技成果转化和知识产权运用,全社会形成了支持专利转化运用的良好社会氛围。二是具有成熟的国际经验可供借鉴。目前,美国等许多发达国家建立了财政性资金形成的知识产权的标识制度,明确了财政性专利的来源和属性,为公共利益的强制许可、支撑产业发展的许可提供了可能性。美国 MEPEG – LA、意大利 SISVEL、荷兰 TECHNICHCORLOR 等专利池运营公司的经验证明,面向技术标准或重大产品的专利池、专利组合许可模式是最有效率的模式。我国每年制定大量的技术标准,构建了闪联、AVS、LED 等专利池,虽然这些专利池经营组织并未获得实际的许可收益,但也为财政性专利进场集中交易提供了重要基础和丰富经验。三是我国已建立比较完善的中介服务体系。目前,我国与专利转化运用有关的中介服务机构主要有专利展示交易中心、知识产权交易所、技术交易所、产权交易所、技术转移中心、专利产业化基地以及科技孵化器等。这些机构在技术和知识产权交易中发挥了重要作用。随着专利作用和专利运用重要性的不断提高,我国知识产权中介服务机构发展迅速,与专利创造和运用的结合越来越紧密,一些还具有了知识产权投资能力,并形成了运用网络。建立财政性专利标识制度和进场集中交易制度,通过专利公共运营公共服务平台,并与现有中介服务机构网络体系融合,将会极大促进财政性专利的转化运用。

(四) 知识产权运用政策发展建议

(1) 明确专利运用权利。应进一步明确科技成果处置、使用和收益权的内容和边界。处置权应包括制造、销售、转让、许可。使用权应包括使用科技成果或专利产品或是使用专利方法、工艺。收益权包括自行实施、转让或许可他人实施,以及作价入股实施的收益。为促进知识产权运用,应在专利法修改时增加"实施权"规定,真正实现财政性专利的所有权和实施权分离规定,专利申请权和专利权的受让人和被许可人以及单位合理期限内怠于实施的职务发明完成人获得实施权,实施权包括临时许可实施权(授权前)、独占许可实施权或普通许可实施权,这些实施权可以转让、(继承)投资入股、质押。但这些权利应当到国务院专利行政部门登记。还包括在先权利的实施权,"在专利申请前已经制造相同产品、使用相同方法或者……准备的,获得该专利的普通许可实施权"。

(2) 推动完善专利费用结构体系。健全专利费用定价机制,修订专利费用标准和相关政策,研究修订《专利收费标准》(2008) 和《专利费用减缓办法》(2006),逐步提高专利收费标准。取消经济困难证明的专利减缓方式,减缓对象应当主要面向市场失灵的小微企业和可实施专利,可组合或可构成专利池的专利,取消对"专利权人在其发明创造取得经济收益后,补缴所减缓的各项专利费用"的规定。

(3) 提升专利审查引导能力。加强对知识产权服务业发展的支撑,制定专利申请质量管理政策,指导代理人和申请人撰写高质量的专利申请文件,并提供丰富的案例。加强对科技创新的支撑,协调推进国家科技计划立项验收中知识产权的检索分析,高新技术企业知识产权的认定,各类产业化项目中专利技术产业化价值的评价,各类创新机构评价中专利数量与质量的认定等工作。指导企事业单位建立内部专利质量监测指标体系，定期开展监测，及时调整政策。应要求申请人对专利申请的实用性进行客观描述，并提供真实声明。

（4）建设基于专利大数据分析的专业化知识产权检索分析平台。专利信息挖掘和利用在专利运营中具有基础性地位，基于全国知识产权运营公共服务平台，建设基于专利大数据分析的专业化知识产权检索分析利用平台，开发基于文本挖掘的专利权利要求相似度匹配分析方法和专利预警工具，联合行业领军企业、行业协会，面向政府、高校科研机构和企业发布国家科技计划、行业发展态势、投融资知识产权分析报告，提供高水平知识产权信息服务。

（5）发展各类新型知识产权运用机构。一是引导和支持重点理工类大学和技术研发类科研机构，或转移转化收入超过一定数额的机构建立知识产权与技术转移办公室，并支持其将技术转移、知识产权管理和投资功能三合一。支持其通过市场化方式加强包括技术评估、专利申请、合同谈判、投资融资等的人才团队建设。二是引导和支持以技术标准制定和实施为依托，以专利池或专利组合为基本手段的专利许可经营企业的建立和发展，开展"一站式许可"，畅通知识产权交易渠道。三是支持有条件的科技中介机构发展第三方支付和担保功能，提供不同阶段信息和风险的平衡保障手段。四是支持各类产权和技术交易所交易知识产权。支持交易所建立知识产权网上实时评估系统和竞价系统，加大以知识产权为核心的股权、债券交易。五是发展知识产权证券化。支持某一知识产权运营或管理公司通过中关村代办系统在深圳或上海交易所开设知识产权投资板块，以一定期限（如两个月）和一定额度（1000万元）为标准，投资成功的收取一定比例如1%的中介费，融资不成功的退还股民的投资，并将知识产权进行拍卖。

（6）支持组建市场化的知识产权管理公司。为了防御跨国公司的进攻，也为了促进知识产权的集中管理和有效运营，降低专利丛林问题，采用政府购买服务或者股权投资等方式支持知识产权运营企业，引导企业、高校、科研机构加入运营公司，优化股权结构，建立企业投入为主，政府投入为附的多元化专业知识产权管理企业，将分散的知识产权组合打包，以非排他、非可转让许可的方式低价或免费许可给国内企业使用。有针对性收购国内外大公司、高校科研机构的专利或拟放弃的专利，构建专利池或专利组合，并进行二次开发。政府投入规模不低于10亿元，但不参与管理，只发挥监督作用。

（7）组建知识产权运用引导基金❶。协商财政部门建立4亿元的专利运用引导基

---

❶ 2015年1月，国务院印发《关于深化中央财政科技计划（专项、基金等）管理改革方案》的通知，提出要"分类整合技术创新引导专项（基金）"。即按照企业技术创新活动不同阶段的需求，对发展改革委、财政部管理的新兴产业创投基金，科技部管理的政策引导类计划、科技成果转化引导基金，财政部、科技部、工业和信息化部、商务部共同管理的中小企业发展专项资金中支持科技创新的部分，以及其他引导支持企业技术创新的专项资金（基金）。通知要求"进一步明确功能定位并进行分类整合，避免交叉重复，并切实发挥杠杆作用，通过市场机制引导社会资金和金融资本进入技术创新领域，形成天使投资、创业投资、风险补偿等政府引导的支持方式。政府要通过间接措施加大支持力度，落实和完善税收优惠、政府采购等支持科技创新的普惠性政策，激励企业加大自身的科技投入，真正发展成为技术创新的主体。"知识产权运用引导基金定位于知识产权权利的交易、组合和转化，与科技部的科技成果转化基金并不完全相同。

金，并设立参股基金，目标5年内带动社会资本超过40亿元[1]。一是通过资助和后补助等方式支持高校科研机构建设内部知识产权与技术专利机构，连续支持3年，每年支持30万~50万元，对其知识产权转化给予总额不高于5000万人民币的担保额度。二是支持专利池运营公司和企业专利池建设，对建立并投入实际运营取得收益的专利池资助不低于一半收益高达200万元的资助。三是通过入股、补贴、奖励、后采购等方式，引导社会创投和风投机构投资知识产权商业化。入股期为3年，3年后按银行活期存款利率退出。凡是投资知识产权运用的创投和风投业给予其收益1/3的奖励。四是支持中介机构转型发展，中介机构发展担保功能、第三方支付功能或者建立投资资金的基于实际技术成交额1%~2%的补助。五是支持地方知识产权运用平台的发展。全国知识产权运营公共服务平台可通过入股、奖励、后采购等方式，引导全国地方知识产权运用平台投资知识产权商业化。入股期为3年，3年后按银行活期存款利率退出。凡是投资知识产权运用的地方平台给予其收益1/3的奖励。六是对获得知识产权质押贷款并成功转化实施的知识产权贷款基于最高50%的补贴。七是采购知识产权运用，通过后采购方式对提供符合要求的知识产权信息分析服务、知识产权战略咨询服务、技术标准制定服务、国际知识产权诉讼服务等的机构补贴不超过30%的补贴。

（8）建立技术转移师资格认证制度和知识产权专员制度。抛弃技术经纪人培养模式，试点推进以知识产权为核心的技术转移师资格认证制度建设，重点加强知识产权管理、技术转移和投资能力培养。培养技术转移师而非技术经纪人是国际上通行的促进技术转移的有效方式，目前中技所正在开展国际技术转移师的培训。推动高校科研机构建立知识产权专员制度，通过实行课题组项目组负责人与知识产权专员"双向负责，双向制约"机制，开展科研创新项目知识产权全过程管理，提升科技创新的效率。

（9）恢复并完善创新产品政府采购政策。将北京市新技术新产品政策作为自主创新产品政府采购的替代政策，推进政府采购政策对知识产权和包含知识产权的创新产品的支持。一是恢复废止的政策文件中对中小企业自主创新产品的优惠政策，中小企业创新产品符合我市新技术新产品认定条件的应当享受原有投标、合同评审、预算等方面的优惠政策。二是要完善首购和订购政策。应当根据《自主创新产品政府首购和订购管理办法》制定我市的首购和订购政策，将包含知识产权产品首购和订购政府采购政策的认定条件改为"北京市新技术新产品"，并应当在符合《补贴与反补贴协议》情况下，允许实行普惠的后补偿式研发采购政策，即根据首台首套设备的研发成本补贴其一定比例的研发经费。

（10）推动完善各类支持知识产权运用的税收政策。一是完善增值税政策。建立以自主知识产权产品和服务为主题的增值税税收优惠政策。凡是具有自主知识产权的战略性新兴产业等国家支持发展的产业企业可以实行按销售收入超过3%~6%部分即征即退政策。并研究知识产权进项允许按一定比例抵扣进项，如30%。二是完善所得税政

---

[1] 据统计，政府引导基金的杠杆作用平均为10倍，国家发改委高技术产业司和财政部经济建设司联合编制的《2014国家新兴产业创投计划年度报告》显示，到2013年年底，中央财政投入70.5亿元，参与设立141只创投基金，引导带动地方、社会资本投入638.5亿元，实现9.7倍的杠杆效应。

策,允许在研发加计扣除政策中加入知识产权事务费,包括检索分析费、代理费、维持费等纳入加计扣除范围。将自主研发知识产权的证书费、登记费和年费列入无形资产摊销范围,并且自主开发技术产生的无形资产,在减去研发成本和形成无形资产前的知识产权费用(包括申请费、维持费、实审费、代理费)后,应当按照市场评估价值或公允价值,实行加速摊销。并允许知识产权产生的无形资产加速摊销,允许在5年内加速摊销,低于一定数额的,可以一次性摊销,降低企业负担。高新技术企业认定过程中要对其知识产权与主营业务的关联度进行考察,完善高新技术企业知识产权认定制度,及时建立自主知识产权企业和产业认定制度。三是降低或免除向境内单位技术转移、技术服务、商标著作权转让服务、知识产权服务增值税,向境外转移已在境外缴纳的所得税税款不再作为抵免税额。四是出台针对天使投资的低税率政策。对知识产权投资收入实行所得税抵免政策,如20%~30%。五是完善个人所得税政策。知识产权入股的不再缴纳个人所得税,允许5年内扣除研发和知识产权成本计算收入。职务发明转化个人奖励股权减半股权转让、分红和获得股息收益的个税,最高不超过20%税率(对2015年审议通过的税改的解释见脚注❶)。降低或免除个人技术转让、许可和服务收入的个人所得税,如减征30%。职务知识产权人作为个人股东用"未分配利润"直接转增股本时暂不缴纳个人所得税,在取得现金分红或股权转让收入时缴纳个人所得税。六是改革和发展知识产权质押融资制度,支持"投贷保""委托贷"模式探索,试点社会资本质押借款模式。七是结合互联网金融特别是股权众筹的发展,通过完善投资者准入、信息披露要求,探索开展专利证券化的经营试点。八是允许合伙制创业投资机构和公司制创投机构一样,享受"投资额的70%在股权持有满2年的当年抵扣该创投企业的应纳税所得额",且当年抵扣不足时允许结转抵扣。

(11)建立财政性知识产权标识和进场集中交易制度。一是明确财政性专利标识信息。财政性专利标识信息包括资助来源、计划或项目类型、权利归属状况、法律状态、实施情况、转让意向、评估价格等。二是明确财政性专利标识主体。承担各类财政性科技创新计划和项目的单位是财政性专利的标识主体,这些单位应及时将财政性科技计划和资金项目形成的专利进行标识并向国家知识产权局报告(备案)。三是明确财政性专利标识管理单位。国家知识产权局为财政性专利标识管理单位。国家知识产权局委托全国知识产权公共服务平台具体管理财政性专利标识信息的报告、公开、更正和纠纷处理等。国家知识产权局建立包括财政性专利在内的专利实施信息登记制度,专利权人应当向国家知识产权局报告(备案)专利自行实施、转让、许可的信息和数量、价格、股权结构等信息。四是财政性专利集中管理。根据国家经济社会发展需要,全国知识产权公共服务平台面向技术标准和重大产品与服务构建财政性专利组合,与社会知识产权运营机构合作,以公平合理无歧视原则,构建权利结构明晰、机制运转顺畅、收益分配合理的重要专利池。五是促进财政性专利实施运用。国家知识产权局委托全国知识产权公

---

❶ 2015年3月15日通过的《立法法》规定,"税种的设立、税率的确定和税收征收管理等税收基本制度"只能制定法律。对特定扶持对象的低税率政策有待税收相关法律的进一步修改,专利许可转化的个人所得税税率还可能在职务发明人条例中进一步明晰。

共服务平台对财政性专利进行展示、推介。全国知识产权公共服务平台还根据专利法的规定，及时公布申请之日起满 4 年或授权后满 3 年未实施专利的信息，供具有实施意向的单位和个人选择。

参考文献

[1] Aoki, R. and Y. Spiegel. Public Disclosure of Patent Applications, R&D, and Welfare. Working paper, The Berglas School of Economics, Tel Aviv University. 1999.

[2] Arrow K. Economic welfare and the allocation of resources forinvention [M] /The rate and direction of inventive activity: Economic and social factors. Princeton Univ. Pres, 1962: 609 – 626.

[3] Bruno VanPottelsberghe De La Potterie, SiskaVandecandelaere and Emmanuele De BeThune. Policy Recommendations for the Belgian Patent System [J]. World Patent Information, 2008 (30): 309 – 319.

[4] Clancy M S, Moschini G C. Incentives for Innovation: Patents, Prizes, and Research Contracts [J]. Applied Economic Perspectives and Policy, 2013: ppt012.

[5] Codes of federal regulations: Patents, Trademarks, andCopyrights. 1999.

[6] European Commission. TrendChart Innovation Policy in Europe 2004 [R]. 2005.

[7] Gallini, N. Patent Policy and Costly Imitation [J]. Rand Journal of Economics, 1992 (23): 52 – 63.

[8] Gilbert, R. andShapiro, C. "Optimal Patent Length and Breadth" [J]. Rand Journal of Economics, 1990 (21): 106 – 112.

[9] Grabowski. Patent and New Product Development in the Pgarmaceutical and Biotechnology Industries [M]. Duke University, Mimeo, 2002.

[10] Granstrand O. The economics and management of intellectual property towards intellectual capitalism [M]. Edward Elgar Pub, 1999.

[11] Internal Revenue Code Sec 1231 (b).

[12] Jaffe, Adam B. The U. S. Patent System in Transition: Policy Innovation and the Innovation Process [J]. Research Policy, 2000 (29): 531 – 557.

[13] Jeffrey A. Marine, Xuan – Thao Nguyen. Intellectual property taxation. Carolina Academic Press [R]. Durham, 2004.

[14] KoichiFutagamia, TatsuroIwaisako. Dynamic Analysis of Patent Policy in an Endogenous Growth Model [J]. Journal of Economic Theory, 2007 (132): 306 – 334.

[15] Lemley, M. A. and Burk, D. L., Policy Levers in Patent Law [J]. Virginia Law Review, 1989: 1575.

[16] Maskus, K. E. Integrating Intellectual Property Rights and Development Policy: Report of the Commission on Intellectual Property Rights. Commission on Intellectual Property Rights September 2002 [R]. Journal of International Economics, 2004 (62): 237 – 239.

[17] Merges, R. and NelsonR. . On the Complex Economics of Patent Scope. Columbia Law Review, 1990 (90): 839 – 916.

[18] Ordover J A. A patent system for both diffusion and exclusion [J]. The journal of economic perspectives, 1991: 43 – 60.

[19] United States Code, 2011.

[20] Weiss, P. PatentPolicy: Legal – Economin Effects in a National and International Framework [M]. Routledge, Talor& Francis Group. Londn and New York, 2010.

[21] 蔡虹，吴凯，蒋仁爱. 中国最优知识产权保护强度的实证研究［J］. 科学学研究，2014 (9)：008.
[22] 陈宝明. 对科技成果转化问题的思考［J］. 高科技与产业化，2013 (3)：015.
[23] 陈朝晖，朱雪忠. 专利商业化的动力生成与策略选择：基于专利动机的一种解释［J］. 情报杂志，2011，30 (6)：1－6.
[24] 邱晓燕，赵捷. 政府资助形成的科技成果：转移现状，政策制约及建议［J］. 中国科技论坛，2013 (8)：9－14.
[25] 董雪兵，朱慧，康继军，等. 转型期知识产权保护制度的增长效应研究［J］. 经济研究，2012 (8)：002.
[26] 和育东. 专利政策目标的一元化. 中国专利政策研究报告［M］. 知识产权出版社，2013：11.
[27] 贺贵才，于永达. 知识产权保护与技术创新关系的理论分析［J］. 科研管理，2012，32 (11)：148－156.
[28] 贾晓辉、潘峰. 日本技术转移机构 (TLO) 经验对我国重大专项知识产权 (IPR) 转移的启示. 科技创新导报，2010 (1)：250－253.
[29] 姜芳蕊. 知识产权行政保护与司法保护的冲突与协调［J］. 知识产权，2014 (2)：76－81.
[30] 李黎明，刘海波. 知识产权保护是否影响了我国高技术产业的发展转型？［J］. 科学学与科学技术管理，2014，35 (09)：3.
[31] 李平，宫旭红，齐丹丹. 中国最优知识产权保护区间研究——基于自主研发及国际技术引进的视角［J］. 南开经济研究，2013 (3)：010.
[32] 李希义. 中小企业科技成果产业化过程中的融资瓶颈和对策［J］. 中国科技论坛，2008 (4)：70－74.
[33] 刘斌，连燕华. 科技成果转化的信息经济学探讨［J］. 科技进步与对策，2001，18 (11)：75－77.
[34] 刘华、孟奇勋. 知识产权公共政策的模式选择与体系构建［J］. 中国软科学，2009 (7)：10－18.
[35] 刘晴辉. 正当程序视野下的诉前禁令制度［J］. 清华法学，2008，04：137－143.
[36] 马海涛，姜爱华. 促进科技成果转化与产业化的税收支持方式研究［J］. 税务研究，2010 (8)：3－7.
[37] 彭茂祥. 我国知识产权公共政策体系的构建［J］. 知识产权，2006 (5)：32－37.
[38] 曲三强，张洪波. 知识产权行政保护研究［J］. 政法论丛，2011 (3)：56－68.
[39] 顺应时代发展的法国知识产权政策［C］. 科技日报. 2006－1－17.
[40] 宋河发，穆荣平. 知识产权保护强度与我国自主创新能力建设研究［J］. 科学学与科学技术管理，2006，27 (3)：97－103.
[41] 宋河发，曲婉，王婷. 国外主要科研机构和高校知识产权管理及其对我国的启示［J］. 中国科学院院刊，2013 (4)：450－459.
[42] 宋河发. 科研机构知识产权管理［M］. 知识产权出版社，2014.10.
[43] 宋河发. 自主创新能力建设与知识产权发展. 知识产权出版社. 2013.3：241.
[44] 孙斌，彭纪生. 中国知识产权保护政策与创新政策的协同演变研究［J］. 科技管理研究，2010，30 (1)：33－35. DOI：10.3969/j.issn.1000－7695.2010.01.012.
[45] 田村善之. 智慧财产法政策学初探［M］. 知识产权法政策论丛，2009：97－114.
[46] 王华. 更严厉的知识产权保护制度有利于技术创新吗？［J］. 经济研究，2011 (S2)：124－135.
[47] 王旭. 我国知识产权保护中政策工具选择研究［D］. 华北电力大学，2014.
[48] 吴汉东，锁福涛. 中国知识产权司法保护的理念与政策［J］. 当代法学，2013，6：005.

[49] 吴汉东. 利弊之间：知识产权制度的政策科学分析 [J]. 法商研究, 200 (5)：6-15.

[50] 吴汉东. 中国应建立以知识产权为导向的公共政策体系 [J]. 中国发展观察, 2007 (5)：4-6.

[51] 吴欣望. 知识产权-经济、规则与政策 [M]. 北京：经济科学出版社, 2007：104.

[52] 肖尤丹. 中国知识产权行政执法制度定位研究 [J]. 科研管理, 2012, 33 (9)：138-145.

[53] 许培源, 章燕宝. 行业技术特征, 知识产权保护与技术创新 [J]. 科学学研究, 2014 (6)：016.

[54] 阳立高, 贺正楚, 柒江艺, 等. 发展中国家知识产权保护, 人力资本与经济增长 [J]. 中国软科学, 2013 (11)：123-138.

[55] 姚利民, 饶艳. 中国知识产权保护地区差异与技术引进的实证研究 [J]. 科学学研究, 2009, 27 (8)：1177-1184.

[56] 张金马. 公共政策分析 [M]. 北京：人民出版社, 2004：41-42.

[57] 张俊芳, 郭戎. 我国科技成果转化的现状分析及政策建议 [J]. 中国软科学, 2010, S2：137-141.

[58] 张志成. 对知识产权战略的法学认识 [M]. 知识产权法政策论丛, 2009：128-156.

[59] 赵捷, 邸晓燕, 张杰军. 关于落实促进科技成果转化政策的若干思考 [J]. 中国科技论坛, 2010 (012)：10-14.